UTB **8423**

Eine Arbeitsgemeinschaft der Verlage

Böhlau Verlag · Köln · Weimar · Wien
Verlag Barbara Budrich · Opladen · Farmington Hills
facultas.wuv · Wien
Wilhelm Fink · München
A. Francke Verlag · Tübingen und Basel
Haupt Verlag · Bern · Stuttgart · Wien
Julius Klinkhardt Verlagsbuchhandlung · Bad Heilbrunn
Lucius & Lucius Verlagsgesellschaft · Stuttgart
Mohr Siebeck · Tübingen
Orell Füssli Verlag · Zürich
Ernst Reinhardt Verlag · München · Basel
Ferdinand Schöningh · Paderborn · München · Wien · Zürich
Eugen Ulmer Verlag · Stuttgart
UVK Verlagsgesellschaft · Konstanz
Vandenhoeck & Ruprecht · Göttingen
vdf Hochschulverlag AG an der ETH Zürich

HANDBUCH UNTERRICHT

herausgegeben von
Karl-Heinz Arnold
Uwe Sandfuchs
Jürgen Wiechmann

2., aktualisierte Auflage

VERLAG
JULIUS KLINKHARDT
BAD HEILBRUNN • 2009

Die Deutsche Bibliothek – CIP-Einheitsaufnahme
Die Deutsche Nationalbibliothek verzeichnet diese Publikation in der Deutschen National-
bibliografie; detaillierte bibliografische Daten sind im Internet über
http://dnb.d-nb.de abrufbar.
ISBN 978-3-7815-1701-1 (Klinkhardt)
ISBN 978-3-8252-8423-7 (UTB)

2009.11.I. © by Julius Klinkhardt.
Das Werk ist einschließlich aller seiner Teile urheberrechtlich geschützt.
Jede Verwertung außerhalb der engen Grenzen des Urheberrechtsgesetzes ist
ohne Zustimmung des Verlages unzulässig und strafbar. Das gilt insbesondere für
Vervielfältigungen, Übersetzungen, Mikroverfilmungen und die Einspeicherung
und Verarbeitung in elektronischen Systemen.

Einbandgestaltung: Atelier Reichert, Stuttgart
Druck und Bindung: Friedrich Pustet, Regensburg.

Printed in Germany 2009.
Gedruckt auf chlorfrei gebleichtem alterungsbeständigem Papier.

UTB-Bestellnummer: 978-3-8252-8423-7

Inhaltsverzeichnis

Einleitung 13

1 Grundlagen

1. Unterricht als zentrales Konzept der didaktischen Theoriebildung und
   der Lehr-Lern-Forschung 15
   Karl-Heinz Arnold

2. Geschichte des Unterrichts 22
   Heidemarie Kemnitz und Uwe Sandfuchs

3. Lehren und Lernen 30
   Karl-Heinz Arnold

4. Unterricht und Erziehung 37
   Frank Tosch

5. Entwicklung und lebenslanges Lernen 40
   Marcus Hasselhorn

6. Unterrichtsforschung 44
   Andreas Helmke

7. Wissen: Erwerb und Anwendung 50
   Frank Fischer und Christof Wecker

8. Unterrichtsrelevante Wissensquellen:
   Schulpädagogische Standardwerke und Periodika 53
   Annegret Eickhorst

9. Unterrichtsrelevante Wissensquellen:
   Didaktische Texte und Unterrichtsmaterialien 57
   Dietlinde Hedwig Heckt

2 Bedingungen und Kontexte des Unterrichts
2.1 Institutionelle Bedingungen

10. Schule als Institution 63
    Konrad Fees

11. Schulreform – Schulentwicklung 67
    Wolfgang Melzer und Matthias Wesemann

12. Vorschulische Bildungseinrichtungen 71
    Hans-Günther Roßbach

13. Schulstufen und Schulformen des allgemeinbildenden Schulwesens 74
    Eiko Jürgens

14. Berufsbildendes Schulwesen 80
    Thomas Vollmer

15. Hochschule 87
    Andrä Wolter

16. Erwachsenenbildung und Weiterbildung 90
    Rudolf Tippelt und Bernhard Schmidt

2.2 Kontexte des Unterrichts

17. Gesellschaftliche Bedingungen des Unterrichts 95
    Ulf Preuss-Lausitz

18. Die Einzelschule 101
    Bernd Dühlmeier

19. Die Schulklasse 105
    Matthias von Saldern

20. Das Unterrichtsklima 108
    Clemens Zumhasch

21. Familie 111
    Christiane Papastefanou

22. Peers 114
    Burkhard Fuhs

2.3 Individuelle Bedingungen

23. Voraussetzungen beim Schüler 119
    Burkhard Fuhs

24. Voraussetzungen bei der Lehrperson 122
    Sigrid Blömeke

3 Ziele und Inhalte

25. Lehrplan, Curriculum, Bildungsstandards 127
    Werner Wiater

26. Allgemeinbildung 134
    Barbara Koch-Priewe

27. Grundlegende Ziele des Unterrichts 137
    Eva-Maria Kirschhock

28. Lehrziele/Lernziele 140
    Hanna Kiper

29. Problemlösen 144
    Heinz Neber

30. Soziales Lernen 147
    Carola Lindner-Müller

31. Fachübergreifende Kompetenzen 150
    Bernd Dühlmeier

32. Selbstgesteuertes und selbstreguliertes Lernen 154
    Anne Levin und Karl-Heinz Arnold

4 Unterrichtsmethodik

33. Grundlagen der Unterrichtsmethodik 161
    Jürgen Wiechmann

4.1 Kommunikation und soziale Interaktion

34. Unterricht als kommunikatives Geschehen 165
   Paul Walter

35. Unterricht als Lehrer-Schüler-Interaktion 168
   Peggy Richert

36. Klassenführung 171
   Hans Jürgen Apel

4.2 Grundfragen der Unterrichtsmethodik

37. Unterrichtsqualität 177
   Hartmut Ditton

38. Das Verhältnis von Didaktik und Methodik 183
   Matthias Wesemann

39. Unterrichtsprinzipien 189
   Norbert Seibert

4.3 Unterrichtsmethoden und Instruktionsmodelle

40. Stufung des Unterrichts 197
   Liane Paradies

41. Direkte Instruktion, Frontalunterricht, Klassenunterricht 200
   Jürgen Wiechmann

42. Projektmethode 204
   Michael Knoll

43. Epochenunterricht 207
   Helmut Kamm

44. Offener Unterricht 211
   Eiko Jürgens

45. Entdeckendes Lernen 214
   Heinz Neber

4.4 Methoden und Verfahrensweisen im Unterricht

46. Darbietung im Unterricht 219
   Hans Jürgen Apel

47. Unterrichtsgespräch und Diskussion 223
   Stefan Bittner

48. Partner- und Gruppenarbeit 226
   Sabine Kirk

49. Lernen durch Lehren in tutoriellen und
    kooperativen Lern-Arrangements 229
   Matthias Nückles

50. Teamteaching 233
   Olga Graumann

51. Fallstudie 236
   Volker Brettschneider

52. Planspiel und Simulation 240
    Bärbel Fürstenau
53. Rollenspiel 243
    Bernd Thomas
54. Üben 246
    Karl-Heinz Arnold und Sabine Schreiner
55. Situiertes Lernen 249
    Hans Gruber
56. Gestaltung problemorientierter Lernumgebungen 252
    Cornelia Gräsel
57. Kognitive Meisterlehre 256
    Helmut Felix Friedrich

4.5 Organisationsformen, Differenzierung, Integration

58. Lerngruppendifferenzierter Unterricht 261
    Liane Paradies und Hans Jürgen Linser
59. Lerngruppenintegration 265
    Rolf Werning
60. Förderunterricht 271
    Uwe Sandfuchs
61. Nachhilfe 276
    Margitta Rudolph
62. Lernen mit Experten 279
    Felicitas Thiel
63. Lernorte außerhalb der Schule 283
    Bernd Thomas
64. Hausaufgaben 287
    Heike Seupel

5 Unterricht mit Medien

65. Funktionen von Medien im Unterricht 291
    Gerhard Tulodziecki
66. Nutzung von schriftlichen Informationen und Bildern im Unterricht .. 297
    Tina Seufert und Roland Brünken
67. Tafel- und Folienarbeit, Modelle und Beamereinsatz 300
    Bernd Thomas
68. Lehrwerke 304
    Ulrike Jürgens
69. Nutzung von Tonmedien im Unterricht 311
    Wolfgang Schill
70. Nutzung von audiovisuellen Medien im Unterricht 314
    Walter Stickan

71. Computerbasierte Medien im Unterricht 317
Axel Nattland und Michael Kerres

72. Netzbasierte Information, Kommunikation und
Kooperation im Unterricht 324
Aemilian Hron und Helmut Felix Friedrich

73. Medienerziehung 327
Ralf Vollbrecht

6 Fachunterricht und überfachlicher Unterricht

74. Fachunterricht und fächerübergreifender Unterricht: Grundlagen 331
Peter Labudde

6.1 Fachunterricht

75. Deutsch 337
Albert Bremerich-Vos

76. Deutsch als Zweitsprache 340
Ulrich Steinmüller

77. Fremdsprachen 343
Joachim Appel

78. Mathematik 350
Uwe Gellert

79. Biologie 353
Marcus Hammann

80. Chemie 356
Reinhard Demuth

81. Physik 360
Peter Reinhold

82. Geographie 363
Yvonne Schleicher

83. Geschichte 366
Markus Bernhardt

84. Politische Bildung 369
Sibylle Reinhardt

85. Musik 373
Andreas Lehmann-Wermser

86. Kunst 376
Bettina Uhlig

87. Sport 381
Reiner Hildebrandt-Stramann

88. Religion, Philosophie und Ethik 385
Roman Heiligenthal

6.2 Überfachlicher Unterricht

89. Fächerübergreifende Unterrichtsaufgaben 393
    Bernd Thomas
90. Anfangsunterricht in der Grundschule 400
    Sabine Martschinke
91. Sachunterricht 406
    Joachim Kahlert
92. Fächerübergreifender Unterricht in den Naturwissenschaften 412
    Andreas Müller
93. Fächerübergreifender Unterricht in den Sozialwissenschaften 416
    Sibylle Reinhardt
94. Berufspropädeutischer Unterricht 421
    Margitta Rudolph und Heike Seupel

7 Schüler und Lehrer
7.1 Schüler

95. Kognitive Voraussetzungen 425
    Friedrich-Wilhelm Schrader
96. Motivationale und volitionale Voraussetzungen des Unterrichts 429
    Matthias Jerusalem
97. Emotionale Voraussetzungen des Lernens 432
    Anne C. Frenzel, Reinhard Pekrun und Thomas Götz
98. Selbstkonzept 435
    Sabine Martschinke
99. Soziale, kulturelle und sprachliche Herkunft 439
    Leonie Herwartz-Emden und Sibylle Schneider
100. Mädchen und Jungen im Unterricht 445
    Marianne Horstkemper
101. Lernschwierigkeiten 448
    Rudolf Kretschmann
102. Behinderung 451
    Karl Dieter Schuck

7.2 Lehrer

103. Beruf, Rolle und Professionalität von Lehrern 455
    Axel Gehrmann
104. Lehrerhandeln: Lehrerkognitionen und Lehrerexpertise 461
    Ludwig Haag und Katrin Lohrmann
105. Belastung im Lehrerberuf 467
    Uwe Schaarschmidt

8 Lernen und leisten

106. Diagnostische Aufgaben und Kompetenzen von Lehrkräften 471
    Reinhold S. Jäger

107. Lernprozessdiagnostik 476
    Gabi Ricken

108. Bezugsnormorientierung 479
    Falko Rheinberg

109. Lernstandsbeurteilung: Tests, Zensuren, Zeugnisse 483
    Werner Sacher

110. Veröffentlichung und Würdigung von Unterrichtsergebnissen 490
    Thorsten Bohl

111. Erklärungsansätze für Schulleistung 493
    Friedrich-Wilhelm Schrader und Andreas Helmke

112. Schulsystembezogene Evaluation 497
    Vera Husfeldt

113. Beratung im Schulsystem 500
    Norbert Grewe

9 Vorbereitung und Analyse des Unterrichts

114. Didaktische Theoriemodelle und Unterrichtsplanung 505
    Werner Wiater

115. Grundfragen der Unterrichtsplanung 512
    Uwe Sandfuchs

116. Ebenen, Prinzipien und Situationen der Planung 519
    Uwe Sandfuchs

117. Analyse und Beurteilung von Unterricht 524
    Werner Wiater

Sachregister 531

Autorenverzeichnis 539

Einleitung

Unterrichten ist die zentrale Aufgabe von Lehrerinnen und Lehrern; dieser Aufgabe widmet sich das vorliegende Handbuch. In den vergangenen zwei Jahrzehnten ist das Fachwissen zu den verschiedenen Bereichen der Didaktik vielfältig und tief greifend angewachsen, nicht zuletzt dank der Forschungsleistungen im Bereich der Lehr-Lernforschung. Das vorliegende Handbuch verfolgt daher das Ziel, den aktuellen Stand der „Wissenschaft(en) vom Unterricht" zu präsentieren und dies mit deren Mitteln, d.h. mit dem Begriffssystem und den Wirksamkeitsansprüchen der Allgemeinen Didaktik sowie der Fachdidaktiken, der Lehr-Lern-Forschung, der Schulpädagogik und anderer Bereiche der Erziehungswissenschaft sowie der Pädagogischen Psychologie und der Bildungssoziologie. Das Handbuch soll die besonderen Möglichkeiten, aber auch die Grenzen für fachliche Ergänzung und Konvergenz von Didaktik und Lehr-Lern-Forschung aufzeigen. Insbesondere wird die empirische Forschung zum Unterricht mit (fast) allen Themen verknüpft und auch in dieser Ausrichtung Interdisziplinariät betont. Vorgelegt wird damit eine Übersicht zum didaktischen Wissen als „Nachlesewerk". Um aber zugleich Informationen im lexikalischen Sinne zu erschließen, findet sich ein ausführliches Stichwortverzeichnis am Ende des Werkes.

Das Handbuch ist in neun Kapitel untergliedert. Am Anfang steht die orientierende Darstellung grundlegender Begriffe. In der Gliederung der folgenden Kapitel lässt sich unschwer eine Systematik der Analyse von Unterricht erkennen, wie sie bereits in der sog. Berliner Didaktik von Heimann, Otto und Schulz entfaltet worden ist: Unterricht konstituiert sich in zu berücksichtigenden Bedingungs- (Kapitel 2 und 7) und in zu bearbeitenden Entscheidungsfeldern (Kapitel 3, 4 und 5) sowie in der Planung und Analyse didaktischer Prozesse (Kapitel 9). Dass Unterricht auch hinsichtlich der Lernwirksamkeit zu beurteilen ist (Kapitel 8), ist sowohl in dem Berliner Modell als auch in dem von Klafki als Überarbeitung der „Didaktische Analyse" vorgelegten Perspektivschema bereits vorgesehen. Diese auf Unterrichtsplanung und damit auf Wissenserwerb ausgerichtete Gliederungsstruktur erschließt sehr beträchtliche Systematisierungsvorteile. Kapitel 6 bietet ergänzend die insbesondere schulfachliche Differenzierung und erschließt die inhaltliche Anbindung von Unterricht unter der Perspektive disziplinärer und interdisziplinärer Bereiche.

Wir haben namhafte Autoren aus den Fachgebieten der Allgemeinen Didaktik und Schulpädagogik, Lehr-Lern-Forschung, Pädagogischen Psychologie, Medienforschung sowie den Fachdidaktiken zur Mitarbeit eingeladen und gebeten, das einschlägige Theoriewissen zum Unterricht in kritischer Perspektive darzustellen. Ihre Fachbeiträge folgen weitgehend einem einheitlichen Aufbau: Zunächst wird im ersten Abschnitt der zentrale Begriff kurz erläutert und in den übergreifenden Theorie- und Fachbegriffskontext eingeordnet. Anschließend erfolgt im zweiten Abschnitt – soweit möglich – eine kurze Darstellung zu seinem historischen Entwicklungsprozess. Der dritte Abschnitt dient der Entfaltung zentraler Aspekte des Begriffs bzw. Themas unter einer oder mehrerer fachlich begründeter Hauptüberschriften. Abschließend werden schulsystembezogene Unterschiede und kritische Fragen bzw. offene Forschungsperspektiven erläutert. Ein Verzeichnis der zentralen Fachliteratur und somit eine aus Platzgründen begrenzte Literaturliste beschließen jedes Kapitel.

Für die Konzeption des Handbuchs Unterricht mussten Akzentuierungen vorgenommen werden, um das Ausmaß der Differenzierung zu begrenzen und so eine zwar systematisch korrekte, eher aber ermüdende Darstellungsweise zu vermeiden. Die Herausgeber haben sich entschlossen, so weit möglich *keine* schulstufen- und schulformspezifische Darstellung der Wissenschaft vom Unterricht vorzunehmen. Fast keine Berücksichtigung finden ebenfalls Spezifika des Unterrichts in der beruflichen

Bildung, der beruflichen und privaten Weiterbildung und des Lehrens und Lernens in spezifischen Fertigkeitsbereichen, die gleichwohl mit den Begriffen Unterricht oder Schule verknüpft werden (z.B. Fahr- oder Tanzschulen). Aus der Sicht der Lehr-Lern-Forschung ist diese Ausgrenzung nicht zu rechtfertigen, denn diese aus der psychologischen Lernforschung hervorgegangene Teildisziplin basiert auf der eher axiomatischen Setzung denn auf einer beweisbaren Hypothese, dass der Erwerb aller menschlichen Fertig- und Fähigkeiten mit einem einheitlichen Begriffssystem erklärbar ist. Aus der Perspektive der Didaktik als einer dem Bildungsbegriff verpflichteten Theorie des Unterrichts können Trainings und spezielle Fertigkeitsvermittlungen nur unter erheblichen Zusatzannahmen bzw. Einschränkungen analysiert werden. Die Entscheidung der Herausgeber fällt in diesem Bereich eher pragmatisch, aber auch konservativ aus: Spezialunterricht jenseits des Curriculums und des bildenden Anspruchs der Allgemeinen Schule wird weitgehend ausgeklammert.

Die Herausgeber haben in zwei weiteren zentralen Bereichen die Entscheidung getroffen, die schwierigen Diskussionen auf der Ebene der Unterrichtstheorie pragmatisch zu verkürzen. Weder werden auch nur annähernd vollständig alle jemals publizierten didaktischen Modelle und alle Teil- bzw. Bindestrichdidaktiken behandelt, noch wird die Vielfalt der in Veröffentlichungen unterschiedlichster Qualität anzutreffenden Unterrichtsmethoden abgebildet. Die Auswahlentscheidungen für die Unterkapitel folgen deshalb einer eher traditionellen didaktischen Theoriebildung und ignorieren die zum beträchtlichen Teil überzogenen Geltungsansprüche von Partialtheorien oder Methodenerfindungen. Dass empirische Forschung dieses Theorieproblem nicht zu lösen vermag, zeigt sich auch in den Konzepten der Instruktionspsychologie bzw. Lehr-Lern-Forschung (z.B. Situated Learning, Anchored Instruction, Problem Based Learning, Cognitive Flexibility), die in der Gesamtbetrachtung eben kein System repräsentieren. Eine entsprechende Entscheidung betrifft die fachlich sicherlich kritisch zu diskutierende Subsumption von „Kommunikation und sozialer Interaktion" als Teilbereiche der Unterrichtsmethodik. Weiterhin wird auch die Praxis der Ausbildung zum Unterrichten, d.h. die Lehrerbildung im Sinne von Aus-, Fort- und Weiterbildung, nur knapp dargestellt.

Abschließend möchten wir auf ein grundlegendes Dilemma der hier verfolgten Darstellung der „Wissenschaft(en) vom Unterricht" hinweisen: Es gibt in Deutschland ein gestuftes und gegliedertes Schulsystem, dem gleichwohl eine übergreifende Theorie des Unterrichts zugeordnet werden kann. Die empirischen Belege und die Modelle der Lehr-Lern-Theorie stammen zu einem beträchtlichen Teil aus weniger gegliederten Schulsystemen, insbesondere aus der empirischen Forschung der USA. Wir haben uns – vielleicht aufgrund einer gewissen Nachlässigkeit – daran gewöhnt, die Frage der internationalen Vergleichbarkeit für beantwortet zu halten und von einem „Weltmodell Schule" (Adick) auszugehen, dem auch ein „Weltmodell Unterricht" zuzuordnen ist. Ob dies jedoch fachlich zulässig ist, kann bisher nur vermutet werden.

Das vorliegende Handbuch hat eine interessierte Aufnahme gefunden, so dass nach kurzer Zeit eine zweite Auflage notwendig geworden ist. In zahlreichen Rezensionen und Stellungnahmen ist die grundlegende Konzeption des Handbuches einhellig bestätigt worden, so dass wir die Bearbeitung weitgehend auf die Korrektur von Fehlern und die Aktualisierung des Autorenverzeichnisses beschränkt haben.

Hildesheim, Dresden, Landau im Juni 2009   Die Herausgeber

1 Grundlagen

1| Unterricht als zentrales Konzept der didaktischen Theoriebildung und der Lehr-Lern-Forschung
Karl-Heinz Arnold

1.1 Unterricht: Definition und wissenschaftliche Bezugsdisziplinen

Als Unterricht werden didaktisch geplante und deshalb sowohl thematisch abgrenzbare als auch zeitlich hinreichend umfassende Sequenzen des Lehrens und Lernens im Kontext pädagogischer Institutionen bezeichnet. Unterricht in der Schule bzw. Hochschule stellt die häufigste Realisierungsform dar; gleichwohl findet Unterricht auch in zahlreichen anderen gesellschaftlichen und privaten Einrichtungen statt (z.B. betriebliche Aus- und Weiterbildung, Militär, Religionsgemeinschaften, eher privater Fähig- und Fertigkeitserwerb in Musik-, Tanz-, Fahr- oder Sportschulen). In der heutigen Allgemeinen Schule wird Unterricht in der Regel von einer Lehrperson (Lehrerin oder Lehrer) durchgeführt und als Lernangebot an eine Gruppe von zwanzig bis dreißig Lernenden (Schülerinnen und Schüler) gerichtet.

Die englischsprachigen Bezeichnungen für Unterricht sind vielfältiger und differenzierter. Aus erziehungswissenschaftlicher Perspektive werden die Begriffe „teaching" (umfassendere Bezeichnung für alle fach- und personbezogenen Aspekte) und „instruction" (engere Bezeichnung für fachbezogene Aspekte) verwendet. Schulunterrichtliche Organisationsformen werden als „classes" (Unterricht als Teil eines z.B. im Tages- oder Wochenplan angeordneten Unterrichtsangebots) oder als „lesson" (eigenständiger Teil einer thematischen Großeinheit wie z.B. „course of instruction", zumeist eine Zeiteinheit (z.B. Unterrichtsstunde) umfassend). „Tuition" stellt eine eher auf individuelle Lernförderung ausgerichtete Form des Unterrichts dar („extra tuition": Nachhilfeunterricht). Der Begriff „training" bezeichnet nicht nur eine Form des Übens, sondern auch schulunterrichtlich organisierte Fertigkeitsvermittlung („vocational training": berufsbildender Unterricht). Ähnlich wie im Deutschen wird hingegen für die Tätigkeit des Lehrens lediglich ein Begriff verwendet: „teaching" (unterrichten).

Im deutschsprachigen Raum hat sich eine spezifische Teildisziplin als *Wissenschaft vom Unterricht* entwickelt – die *Allgemeine Didaktik* als seit dem 17. Jh. entwickelte Theorie des v.a. schulischen Lehrens und Lernens sowie deren *Bereichsdidaktiken* (Fachdidaktiken). Die gegen Ende des 19. Jhd. aufkommende *empirische Lehr-Lern-Forschung* versteht sich gleichfalls als *Unterrichtswissenschaft*.

Die gesellschaftliche und anthropologische Begründung von Unterricht ist eng verbunden mit der Entwicklung von Schulen bzw. dem Aufbau des öffentlichen Schulwesens. Die *Schulpädagogik* als erziehungswissenschaftliche Teildisziplin intendiert, diese nur zum Teil wissenschaftsbasierten Formen der Institutionalisierung von (a) Unterricht und (b) Ausbildung von Lehrpersonen für Unterricht (Bildungswesen) beschreiben und analysieren sowie Eigenentwürfe formulieren zu können. Didaktik als Wissenschaft vom Unterricht wird aufgrund der Dominanz schulisch organisierten Unterrichts auch als eine Teildisziplin der Schulpädagogik angesehen. Personengruppenspezifische Didaktiken (z.B. Lernbehindertendidaktik) oder fachspezifische Didaktiken haben disziplinäre Eigenständigkeit entwickelt und können zugleich als Spezialisierungen der Schulpädagogik und der Allgemeinen Didaktik betrachtet werden.

Mit dem Gegenstand Unterricht sind weitere erziehungswissenschaftliche Teildisziplinen befasst. Die *Allgemeine Pädagogik* analysiert sowohl den kulturhistorisch-gesellschaftlichen Auftrag von Unterricht („Bildung") als auch die Grundstruktur der Lehrer-Schüler-Beziehung („pädagogischer Bezug"). Die *Sozialpädagogik* ist mit Risiko- und Präventionsstrukturen familiärer und öffentlicher Erziehung befasst und konzipiert schulergänzende pädagogische Angebote (z.B. Schulsozialarbeit). Die *Erwachsenen- und Weiterbildung* sowie die *Berufs- und Wirtschaftspädagogik* konzentrieren sich auf den großen Aufgabenbereich von schulergänzender Bildung und fachlicher Qualifizierung. Weitere Themen- oder Institutionsbereiche entwickeln sich zu auch schulbezogenen und damit unterrichtsbedeutsamen Teildisziplinen (z.B. Medienpädagogik, Interkulturelle Pädagogik, Vorschulpädagogik bzw. Pädagogik der frühen Kindheit, Rehabilitationspädagogik).

Als Teildisziplin der *Psychologie* hat vor allem die *Pädagogische Psychologie* eine starke Tradition der Unterrichtsforschung entwickelt; die im deutschsprachigen Raum davon z.T. abgrenzbare empirisch-pädagogische Erforschung dieses Gegenstandsbereichs wird im angelsächsischen Sprachraum als „Research on Teaching" bezeichnet. Von unterrichtsbezogener Bedeutung sind auch Themenfelder der Entwicklungspsychologie (z.B. kognitive und emotional-soziale Entwicklung), der Diagnostik (z.B. Testtheorie, Test-, Beobachtungs- und Befragungsverfahren, Begutachtung), der klinischen (Kinder- und Jugend-)Psychologie bzw. -psychiatrie (z.B. Verhaltensauffälligkeit, psychische Erkrankung – bei Schülern und bei Lehrern; Prävention, Psychotherapie), der Sozialpsychologie (z.B. Gruppenprozesse, Einstellungsbildung – bei Schülern und bei Lehrern) und der Arbeits- und Organisationspsychologie (z.B. Organisationsentwicklung).

Die *Soziologie* analysiert schwerpunkthaft die gesellschaftliche Dimension von Erziehung und Unterricht (Sozialisationsforschung, Institutionstheorie, sozialgruppenbezogene Bildungsforschung (Chancengleichheit)) und wendet sich im Rahmen des Symbolischen Interaktionismus auch der Interpretation von Unterrichtshandlungen (z.B. Rituale) zu.

Mit schulischem Unterricht sind weiterhin viele Einzelwissenschaften unter spezifischen Fragestellungen befasst, z.B. Innen- und Außenarchitektur (Schulgebäude, Klassenraumeinrichtung), Gesundheitswissenschaft (Krankheits- und Drogenprävention) und Medizin (z.B. Rehabilitation), Medienwissenschaften und Informatik (z.B. Lernsoftware) oder Rechtswissenschaft (z.B. pädagogische Eigenverantwortlichkeit, Rechtsmittel bei Leistungsbewertungen).

1.2 Didaktik als Wissenschaft vom Unterricht

Die so genannte Berliner Didaktik (Heimann, Schulz) postulierte in den 60er Jahren des letzten Jahrhunderts Didaktik als „Wissenschaft vom Unterricht" und wies damit dem Unterrichten als der zentralen Tätigkeit von Lehrern den Status wissenschaftsgeleiteter Praxis zu. Diese Ausrichtung der Didaktik bildet einen Schwerpunkt fast aller deutschsprachigen Lehrbücher und korrespondiert mit der primären Nutzung didaktischer Kategorien für die Planung und Analyse von Unterrichtseinhei-

ten und -stunden. Das von Glöckel (1996) herausgegebene „Lehrbuch der Allgemeinen Didaktik" trägt einen in dieser Sichtweise akzentuierten Titel: „Vom Unterricht".
Allgemeine Didaktik fungiert primär als *Berufswissenschaft von Lehrern*, wobei die explizite Nutzung dieser Berufswissenschaft vor allem in der Ausbildungsphase stattfindet, was Zweifel an der Wissenschaftsbasiertheit der routinierten Unterrichtspraxis oder gar der Notwendigkeit einer Wissenschaft vom Unterricht begünstigt (s. Terhart, 2002). Eine gewisse Erweiterung der auf Unterricht bezogenen Allgemeinen Didaktik findet sich in dem Lehrbuch von Steindorf (2000) und schon bei Dolch (s. Kron, 2000, S.43): Didaktik als Theorie jedweder systematisch verbundenen Lehr- und Lernprozesse. Die Verbindung zur Lehr-Lern-Forschung ist damit zumindest über die zentralen Konzepte hergestellt und wird in der Berliner Didaktik, die auch als „Lerntheoretische Didaktik" bezeichnet wird, explizit beansprucht.
Die aus der ersten Hälfte des 20. Jh. stammende Tradition der geisteswissenschaftlichen bzw. bildungstheoretischen Didaktik (Weniger) und deren Weiterentwicklung zu einer „kritisch-konstruktiven Didaktik" (Klafki 1994) ging zunächst von einem weiten und den Unterricht als Handlungsbereich explizit einschließenden Begriff aus: „Didaktik im weiteren Sinne" als Analyse aller am Lehrgeschehen beteiligten Faktoren. In der Lehrplantheorie Wenigers erfolgte jedoch eine Einschränkung: Didaktik als Theorie der Bildungsinhalte und des Lehrplans – „Didaktik im engeren Sinne" nach Klafki. Diesem enggefassten Didaktikbegriff ist Wenigers Postulat von „Primat der Didaktik (im engeren Sinne) im Verhältnis zur Methodik" zuzuordnen.
In Klafkis Theorie der Kategorialen Bildung und der nachfolgend konzipierten „Didaktischen Analyse" (1958) wird die Allgemeine Didaktik als wissenschaftliche Disziplin für unterrichtsplanerische Entscheidungen ausgearbeitet. Klafki interpretiert das Weniger'sche Postulat als „Primat der Zielentscheidungen im Verhältnis zu allen anderen, den Unterricht konstituierenden Entscheidungen" und sichert damit dem unterrichtsplanenden Lehrer eine spezifische pädagogische Autonomie zu: die lehrplanbezogenen Vorgaben der Unterrichtsgestaltung sollen mit den Begrifflichkeiten der Allgemeinen Didaktik nachvollzogen und dabei kritisch im Sinne eines emanzipatorischen Bildungsbegriffs gewürdigt und spezifisch für die zu unterrichtenden Schüler konkretisiert und adaptiert werden.
Die lehr-lernprozessbezogene Komponente der Allgemeinen Didaktik, d.h. die Entscheidungen über die *methodische* Gestaltung des Unterrichts, wird jedoch nicht in einer einfachen Nachrangigkeit belassen, sondern mit Kategorien der allgemeinen und der fachbezogenen Bildung aufgeschlüsselt. Der „immanent methodische Charakter der Thematik" (Klafki 1994) verknüpft fachliche, fachwissenschaftliche und bildungstheoretische Aspekte und hebt die unterrichtliche Methodenentscheidung aus dem Kontext einer einfachen Lernprozessoptimierung heraus. Das didaktische Prinzip des *exemplarischen Lernens* (Klafki) schließt hier an: die Aufgabe der Unterrichtsmethode besteht darin, die immanent methodische Struktur des jeweiligen unterrichtlichen Themas an elementarisierten Beispielen zugänglich zu machen. Zugleich wird durch diese Methodenentscheidung ein zentrales Lehrplanproblem auf der Ebene des Unterrichts zumindest in der Grundstruktur lösbar gemacht: die Stofffülle der *Bildungsinhalte* kann vom exemplarisch unterrichtenden Lehrer reduziert werden, ohne dass der *Bildungsgehalt* des Unterrichts reduziert wird. Das Transferproblem der Lehr-Lern-Forschung kann somit in eine primäre, d.h. didaktische, und eine sekundäre, d.h. empirische Optimierungskomponente transformiert werden.
Die Rezeption dieser „German Tradition" der Didaktik als Wissenschaft vom Unterricht findet im angelsächsischen Bereich kaum statt. Auch deshalb bleibt bis heute der Anschluss von empirischer Lehr-Lern-Forschung an die didaktische Theoriebildung gering. Ansätze zu einer von didaktischer Seite ausgehenden Verknüpfung sind jedoch vorhanden (s. Westbury, Hopmann & Riquarts 2000). Insbesondere in den skandinavischen Ländern wird die Synthese z.B. von Gudmundsdottir, Grankvist und Kansanen versucht.

Die Anbindung der Lehr-Lern-Forschung an die Allgemeine Didaktik kann durch ein Stufenmodell der Unterrichtsplanung (Peterßen) und dessen lernprozessbezogene Erweiterung (s. Diederich 1988, S.114) präzisiert werden (s. Tab. 1). Die Lehr-Lern-Forschung trägt insbesondere zur Analyse und Optimierung der Unterrichtsstundenplanung und der im Unterricht stattfindenden Lernhandlungen und der intendierten kognitiven Prozesse bei sowie auf der Ebene von Unterrichtseinheiten zur Optimierung von Lernmaterialien.

Tabelle 1: Horizonte der Unterrichtsplanung

Entscheidungsqualität	Planungselemente	Beteiligte
Vorentschiedenes	• Verfassung	Politiker
	• Schulgesetz	Politiker
	• Bildungspolitische Programme	Politiker, Experten
	• Lehrplan/Curriculum	Experten
Unterrichtsplanung	• Jahresplan/Arbeitsplan	Lehrer(team), Kollegium
	• Unterrichtseinheit	Lehrer(team), Schüler
Unterrichtsstundenplanung	• Unterrichtsstundenentwurf	Lehrer
	• Aufgabenstellungen/Impulse	Lehrer
Unentschiedenes	• Lernhandlungen	Schüler
	• kognitive Prozesse	Schüler

1.3 Lehr-Lern-Forschung als Erforschung von Unterricht

Die Lehr-Lern-Forschung entsteht als wissenschaftliche Analyse von unterrichtlichem Lernen gegen Ende des 19. Jh. und steht in der Tradition einer angewandten psychologischen Erforschung von Lernprozessen. Meumann und Lay gelang es, in Deutschland eine eigenständige, empirische Unterrichtsforschung zu begründen.

Diese Tradition erfuhr in den zwanziger Jahren des letzten Jahrhunderts eine beträchtliche Krise aufgrund überhöhter Erwartungen an die praktische Umsetzbarkeit der insbesondere von engagierten Lehrervereinen unterstützen empirischen Forschung. Gleichwohl gelang es Peter Petersen in Jena eine Versuchsschule einzurichten und den dortigen Unterricht im Konzept der „pädagogischen Tatsachenforschung" zu dokumentieren und zu analysieren. Die Nazi-Herrschaft in Deutschland führte zu einer massiven Reduzierung und Trivialisierung der Unterrichtsforschung.

Nach 1945 dominierte die geisteswissenschaftlich ausgerichtete Pädagogik die unterrichtsbezogene Theoriebildung. Die von Winnefeld in Halle weiterentwickelte empirische Unterrichtsforschung Petersens war begrifflich anspruchsvoll (Integration der Feldtheorie Lewins), blieb jedoch ohne Breitenwirkung und wurde in der DDR wenig geschätzt.

Eine programmatische Änderung brachte der von Roth 1963 publizierte Aufsatz zur „realistischen Wendung in der pädagogischen Forschung". In seiner insbesondere in der Lehrerbildung stark beachteten „Pädagogischen Psychologie des Lehrens und Lernens" stellte Roth die Verbindung von US-amerikanischer Unterrichtsforschung und klassischen schulpädagogischen und didaktischen Themen her. Das gleichfalls von Roth herausgegebene Bildungsratsgutachten „Begabung und Lernen" (1968) empfahl der Bildungspolitik und Schulpraxis eine Absicherung durch empirische Forschung. Aus heutiger Sicht können die kurzfristigen Wirkungen als eher bescheiden eingeschätzt werden. 1970 erschien zwar die aufwändige, weil mit fachlichen Adaptationen und Ergänzungen versehene Übersetzung des 1963 in den USA erstmals publizierten „Handbook of Research on Teaching", die Rezeption dieser Forschungsrichtung in Deutschland blieb jedoch eher

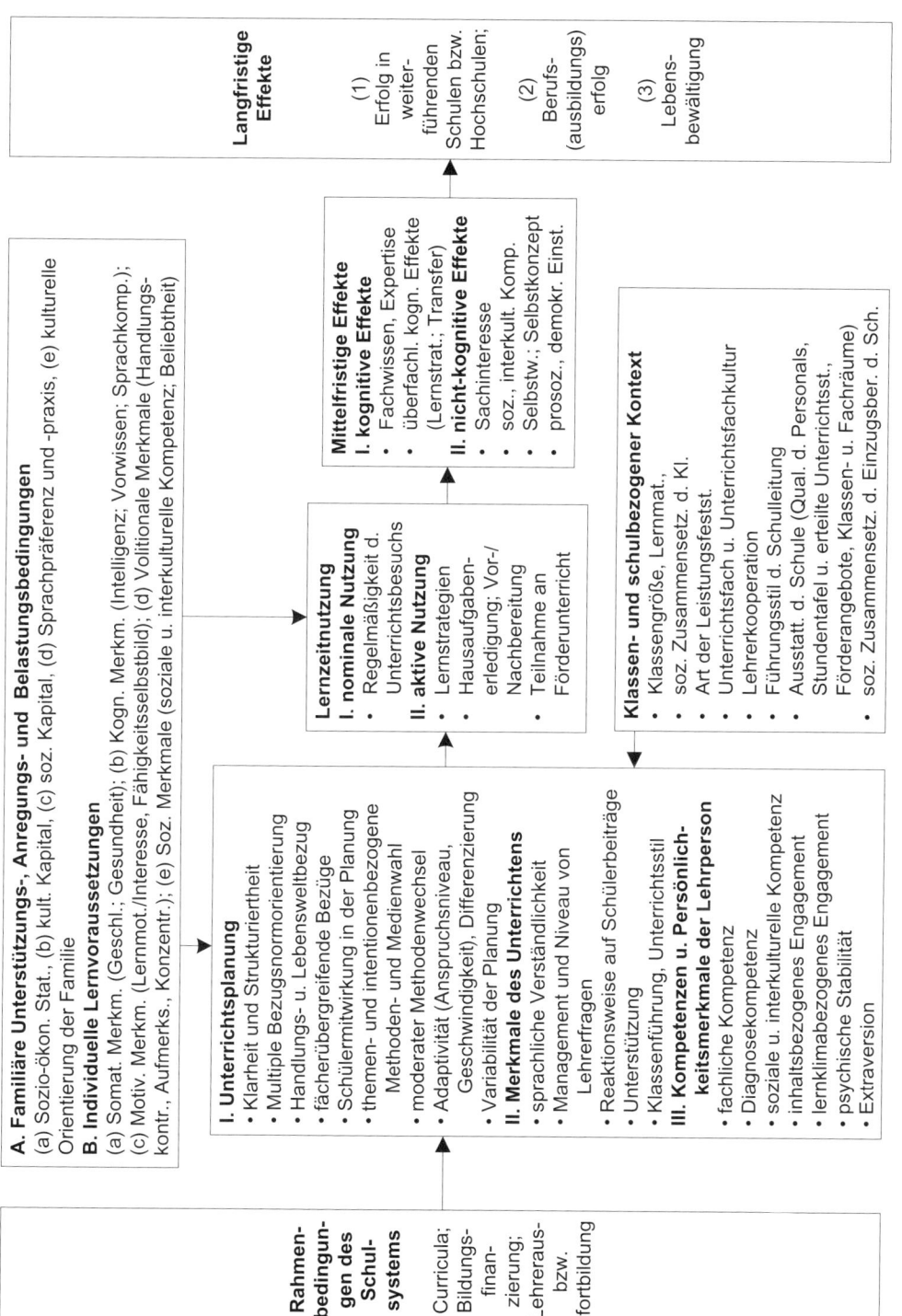

Abbildung 1: Lehr-lerntheoretisches und didaktisches Modell der Wirksamkeit von Unterricht

gering. Die 1973 von der American Educational Association herausgebrachte zweite Ausgabe des „Handbook" wurde in Deutschland so gut wie ignoriert.

Auch die 1986 erschienene dritte Ausgabe des „Handbook" wurde nicht ins Deutsche übersetzt. Einige Artikel fanden jedoch beträchtliche Beachtung, so z.B. „The teaching of Learning Strategies" von Weinstein und Mayer, „Teacher Behavior and Student Achievement" von Brophy und Good und „School Effects" von Good und Brophy.

Die Themenentwicklung und Schwerpunktsetzung des „Handbook" spiegelt sehr illustrativ die Entwicklung der unterrichtsbezogenen Lehr-Lern-Forschung im angelsächsischen Bereich wider. In allen Ausgaben nimmt die schulfachbezogene Forschung breiten Raum ein. Die empirisch-quantitative Ausrichtung dominiert – bis zur vierten Ausgabe, die 2001 erschien und ein breites Spektrum qualitativer Forschungsansätze zur Interpretation und Analyse von Unterrichtsprozessen zeigt. Schulbegleitforschung (practitioner research) wird als wissenschaftliches Konzept zur notwendigen Ergänzung der oftmals praxisfernen empirischen Studien präsentiert.

Borich und Klinzing (1987) gliedern im Anschluss an Gage und Shulman die unterrichtsbezogene Lehr-Lern-Forschung in sechs Phasen, die unterschiedlichen Paradigmen folgen. In Abbildung 1 wird das Prozess-Prozess-Produkt-Paradigma in Anlehnung an Helmke (2003) zu einem lehr-lern-theoretischen und didaktischen Modell von Unterricht erweitert; zudem werden aktuelle Konzepte der Unterrichtseffektivitätsforschung eingearbeitet.

2 Komponenten der Theoriebildung zum Unterricht

Eine sowohl didaktische als auch lehr-lern-theoretische Konzeption von Unterricht bezieht primär theoretisch verbundene und schon allein deshalb ähnliche und inhaltlich sich überschneidende Theorien auf den Praxiskontext des Unterrichts. Die Grundstruktur des integrativen Modells aus Abbildung 1 wird in der Kapitelstruktur des Handbuchs erweitert um differenzierte didaktische und unterrichtsmethodische sowie unterrichtsfachliche Aspekte. Das Handbuch spiegelt deshalb nicht nur die stringente Orientierung an einem theorieverknüpfenden Modell wider, sondern auch die vorfindlichen Strukturen und unterrichtspraktischen Entwicklungen der in einem gesellschaftlichen und damit auch politischen Kontext sich entwickelnden Bildungssysteme, wobei der Schwerpunkt auf das – keineswegs einheitliche und nicht in der föderalen Vielfalt gänzlich zu berücksichtigende – deutsche Schulsystem gelegt wird.

2.1 Grundlagen

Grundlegende Theoriebereiche sind die Allgemeine Didaktik (Kap. 1) und die Lehr-Lern-Forschung (Kap. 1, 3, 5, 6 u. 7). Die bildungstheoretische Grundlegung der Didaktik verlangt eine Berücksichtigung der historischen Betrachtung von Unterricht (Kap. 2), die dessen grundsätzliche Wandelbarkeit und gesellschaftliche Bedingtheit (Kap. 17) aufzeigt.

2.2 Bedingungen und Kontexte des Unterrichts

Unterricht wird fast durchweg als *veranstalteter* Unterricht geplant und durchgeführt. Die sozialwissenschaftliche, schultheoretische Analyse der Schule als Institution (Kap. 10) verdeutlicht diese Grundstruktur. Die Analyse der gesellschaftlichen Bedingungen von schulischem Unterricht (Kap. 17) zeigt Grenzen und Möglichkeiten für Veränderungen (Kap. 11) auf der Ebene des mehr oder minder wissenschaftsbezogen entwickelten, staatlich verfassten, gegliederten Schulsystems (Kap. 12-15). Zugleich werden jene nicht-schulischen Bereiche einbezogen, in denen gleichfalls Unterricht stattfindet (Kap. 16).

2.3 Ziele und Inhalte des Unterrichts

Die Didaktik im engeren Sinne richtet sich auf die Festlegung und Beschreibung der grundlegenden Intentionen (Kap. 26, 27, 28) und auf die Identifizierung der Bildungsinhalte des Unterrichts (Kap. 25). Formale Aspekte der Bildung zeigen sich auch in den Modellen für kognitiv anspruchsvolles Lernen (Kap. 29, 32, 54), die allerdings erst in der Ergänzung um den sozialerzieherischen Auftrag der Schule (Kap. 30) hinreichende Unterrichtsrelevanz erlangen.

2.4 Unterrichtsmethodik

Unterrichtsmethodik umfasst im weiteren Sinne (Kap. 33) sowohl die kommunikativen und interaktiven Prozesse (Kap. 34-36) als auch zentrale didaktische Theoriefragen (Kap. 38, 39), die ergänzt werden durch das noch junge Konzept der Unterrichtsqualität (Kap. 37). Unterrichtsmethoden und Instruktionsmodelle bilden einen Kernbestandteil der Unterrichtsplanung (Kap. 40-57), die theoretisch nicht vollständig konsistent ausformuliert werden kann. So wird die querliegende Dimension der Unterrichtskonzeptionen nicht berücksichtigt; praxisnahe Organisationsformen (Kap. 58-64) müssen hingegen als einflussstarke Rahmenbedingungen von Unterricht behandelt werden.

2.5 Unterricht mit Medien

Im Jahrhundert einer sich rasch entwickelten Kommunikations- und Informationstechnologie ergibt sich für das vierte Entscheidungsfeld der Berliner Didaktik eine besondere Dynamik; aus diesem Grund wird es eigenständig behandelt (Kap. 65-73).

2.6 Fachunterricht und überfachlicher Unterricht

Die Fächerstruktur des schulischen Unterrichts stellt ein wandelbares, jedoch sehr zeitstabiles Merkmal des Schulsystems dar und wird im Spektrum fachdidaktischer Theorienbildung vorgestellt (Kap. 74-88). Das Konzept des überfachlichen Unterrichts kompensiert teilweise diese verengende Struktur (Kap. 88-94).

2.7 Schüler und Lehrer: Der personale Aspekt von Unterricht

Die Lernvoraussetzungen der Schüler (Kap. 95-102) bilden in allen didaktischen und lehr-lerntheoretischen Modellen die spezifischen Adaptationsbereiche der Unterrichtsplanung und -organisation; zugleich werden hier Bedingungen für Unterrichtswirksamkeit markiert. Die Lehrvoraussetzungen der Lehrpersonen (Kap. 103-105) fungieren sowohl als Bedingungen der Lernwirksamkeit des Unterrichts als auch als Ansatzpunkte für Lehreraus- und -fortbildung.

2.8 Lernen und Leisten: Die Ergebnisorientierung von Unterricht

Seit den 90er Jahren findet als Folge von systembezogenen Evaluationsstudien wie TIMSS, PISA und IGLU (Kap. 112) der Bereich der Leistungsbeurteilung und somit der pädagogischen Diagnostik (Kap. 106-111) in Deutschland stärkere Berücksichtigung. Beratung (Kap. 113) ist ein bewährtes Unterstützungssystem, das zumeist spezifische Diagnosemaßnahmen einschließt.

2.9 Vorbereitung und Analyse des Unterrichts: Die Planungs- und Praxisorientierung der Unterrichtstheorie

Didaktik dominiert gegenüber der Lehr-Lern-Forschung den Aufgabenbereich der Planung von Unterricht (Kap. 114-117), wohingegen die Analyse von Unterricht Gegenstandsbereich beider Disziplinen ist. Der präskriptive Charakter didaktischer Konzepte ist allerdings beträchtlich, was einerseits die praktische Nutzbarkeit vergrößert, andererseits aber auch die Gefahr praxeologischer und somit wenig wissenschaftsfundierter Unterrichtsplanung einschließt.

Literatur
Glöckel, H. (1996): Vom Unterricht. Lehrbuch der allgemeinen Didaktik. 3., überarb. u. erw. Aufl. Bad Heilbrunn: Klinkhardt. – Helmke, A. (2003): Unterrichtsqualität: Erfassen, Bewerten, Verbessern. Seelze: Kallmeyersche Verlagsbuchhandlung. – Klafki, W. (1958): Didaktische Analyse als Kern der Unterrichtsvorbereitung. In: Die Deutsche Schule 50, 450-471. – Klafki, W. (1994): Neue Studien zur Bildungstheorie und Didaktik. Zeitgemäße Allgemeinbildung und kritisch-konstruktive Didaktik (1. Aufl. 1985). 4., durchges. Aufl. Weinheim: Beltz. – Kron, F.W. (2000): Grundwissen Didaktik. 3., akt. Aufl. München: Reinhardt. – Roth, H. (1963): Die realistische Wendung in der Pädagogischen Forschung. In: Die Deutsche Schule 55, 109-119. – Steindorf, G. (2000): Grundbegriffe des Lehrens und Lernens. 5. Aufl. Bad Heilbrunn: Klinkhardt. – Terhart, E. (2002): Fremde Schwestern. Zum Verhältnis von Allgemeiner Didaktik und empirischer Lehr-Lern-Forschung. In: Zeitschrift für Pädagogische Psychologie 16 (2), 77-86.

2| Geschichte des Unterrichts
Heidemarie Kemnitz und Uwe Sandfuchs

Öffentliche Schulen sind Einrichtungen für „Massen-Lernprozesse" (Herrlitz u.a. 1984). Die Geschichte des Unterrichts ist daher bestimmt von der Suche nach geeigneten Methoden des Lehrens und Lernens in größeren Gruppen. Diese Suche ist immer verbunden mit der Frage nach Maßnahmen zur Sicherung der Aufmerksamkeit und zur Durchsetzung von Schuldisziplin als Voraussetzung effektiven Unterrichts. Der Stand der Unterrichtsentwicklung in Praxis und Theorie (vgl. Baumgart, Lange & Wigger 2005), die Vorstellung von „gutem" Unterricht und angemessenen Formen der Disziplinierung spiegeln jeweils die zeitgebundenen Funktionen und Aufgaben einer Schulform bzw. die Wertschätzung von Bildung.

Vorformen von Unterricht, die noch nicht im Sinne methodisierter und reflektierter Handlungsmuster des Lehrens und Lernens zu verstehen sind, sind freilich lange vor der Herausbildung des modernen Schulwesens auszumachen und lassen sich bereits in einfach strukturierten Gesellschaften nachweisen.

1 Vom „Unterricht" in einfach strukturierten Gesellschaften

Um ihr Fortbestehen und ihre Weiterentwicklung zu sichern, muss jede Gesellschaft die Kultur an ihre Mitglieder vermitteln. Auch eine einfach strukturierte Gesellschaft, auf „frühen Stufen der Menschheitsgeschichte" (Alt 1956), verfügt von daher über ein definites System der Erziehung. Dass jedes Kind alles lernt, „was ein vollgültiges männliches oder weibliches Mitglied des Stammes können und wissen muß" (ebd., S.326), ist existenziell notwendig und auch noch möglich.

Neben quasi ‚natürlichen' Lernprozessen (Arbeit, Fest und Feier, mündliche Überlieferung, Spiel) sind schon in Gesellschaften ohne Schriftkultur unterrichtsähnliche Kunstformen zum Zweck des Lernens nachweisbar. Schule als spezialisierte Institution für Lehren und Lernen gibt es zwar noch nicht, wohl aber Ansätze dazu, z.B. in den Initiationsriten, denen sich Mädchen und Jungen zur Aufnahme in den Kreis der vollgültigen Mitglieder der Gesellschaft unterziehen müssen. Zur Vorbereitung auf die jeweiligen Zeremonien werden sie längere Zeit in Lagern zusammengefasst und von älteren Männern bzw. Frauen in allen wesentlichen Dingen des Lebens, von Nahrungs- und Kleidungsbeschaffung angefangen über Umgangsformen und sittliche Vorschriften bis zum Sexualverhalten unterwiesen. In dieser Zweckgerichtetheit und Ausdifferenzierung aus dem Lebensalltag von Stamm und Sippe handelt es sich um eine Unterweisung, deren Struktur sich auch in anderen spezifisch pädagogischen Handlungsvollzügen entdecken lässt. Aufforderung und Ermutigung zum Tun der Erwachsenen, Vormachen, Zerlegen von Arbeitsabläufen in Teilschritte, die Bereitstellung verkleinerter, auf die Größenverhältnisse der Kinder abgestimmter Geräte oder die Festlegung einer Reihenfolge des zu Erlernenden – in all dem lassen sich Elemente ausmachen, die Unterricht vorzeichnen. Versuche, Lernvorgänge zu regeln, zu gliedern, zu unterstützen, zu erleichtern und zu beschleunigen, sind *vor* jeder Didaktik als Ansätze von Handlungen zu erkennen, die bis heute die Planung von Unterricht begleiten.

2 „Alle alles lehren": Comenius und die Folgen

Die zunehmende Arbeitsteilung und Spezialisierung ist in der weiteren Entwicklung der Gesellschaft mit einer Durchsetzung von Unterricht verbunden. Im Mittelalter entsteht neben der lateinisch-gelehrten Bildung, die einem Jahrhunderte hinweg nicht veränderten Lehrkanon folgt und nur einer kleinen Minorität vorbehalten ist, auch ein volkssprachlicher Unterricht in den deutschen Schulen. Organisatorisch war dieser Schulunterricht Einzel- und Haufenunterricht zugleich, der im Wesentlichen aus Einübung und Nachfolge bestand. Diese kaum reflektierte Organisation von Unterricht wurde erst durch die didaktischen Reformer des 17. Jahrhunderts durchbrochen und konzeptionell durch den gleichschrittigen Unterricht in Jahrgangsklassen abgelöst. Ein so organisierter Unterricht sollte es möglich machen bis zu hundert Schüler gleichzeitig zu unterrichten. Comenius führt die Kunstform des Lehrens und Lernens in der Schule auf Entwicklungsprozesse in der Natur zurück und konzipiert sie in Analogie zu Prozessen im Handwerk. Als Ideal eines vorteilhaften, kurzgefassten, zeitsparenden, angenehmen und leichten Unterrichts steht Comenius analog zur „Typographie" der Buchdruckerkunst eine „Didachographie" vor Augen (Comenius 1985), eine Unterrichtsmechanik oder Unterrichtsmaschine, die ebenso schnell, gleichförmig und fehlerlos wie die Druckerpresse massenhaft produziert, und zwar relativ unabhängig von der Beschaffenheit der Schüler und des Lehrstoffes sowie von der persönlichen Begabung des Lehrers, der die Maschine bedient. Zum Gelingen sollen Ordnung, System und Methode beitragen. Der Unterricht soll frühzeitig beginnen, stufenweise vorgehen, dem Alter angemessen sein, vom Leichteren zum Schwereren fortschreiten und von sinnlicher Anschauung zu greifbarer Verwendung führen. Die Methode ist dazu da, die Lernlust zu wecken; sie soll den Wissensdrang nicht dämmen und jeden noch so ernsten Lehrgegenstand in angenehmer Weise präsentieren. Hilfsmittel zur Erkenntnis sind Lehrbücher, in denen die Sachen im Bild erklärt werden.
Im Gothaer Schulmethodus von 1642 (Dietrich & Klink 1972, S.63ff.) werden ebenfalls Anleitungen für einen kurzen und nützlichen Unterricht aller Kinder gegeben. Sie beziehen sich auf Methoden wie etwa das deutliche Vorsprechen des Lehrers, der mit den Kindern in allem so lange üben soll, bis alle zum Ziel gelangt sind. Alles, was man zeigen kann, soll den Kindern gezeigt werden, indem man sie am besten dorthin führt, wo die Dinge sind.

Was Reformer im Bündnis mit Landesherren schaffen, sind Inseln besseren Unterrichts im Meer des eher schlechten Schulehaltens. Die Philanthropen greifen im 18. Jahrhundert in ihren Musterschulen diese Reformen auf und integrieren sie in ihr Konzept der Erziehung des nützlichen Bürgers, in dem Unterricht freilich nur Teil des Ganzen ist. Lernspiele und die Förderung anschauender Erkenntnis sowie ein dialogisches Vorgehen sind für den Unterricht in den Philanthropinen maßgebend (Schmitt 2005).

Über den Unterricht in den niederen Elementarschulen wird freilich nach wie vor berichtet, dass die Lehrart „an den meisten Orten noch die alte gewöhnliche" sei, „wo die Kinder einzeln am Stuhle des Lehrers aufsagen und unterrichtet werden" (Hanschmidt 2000, S.146). Selbst nachdrückliche Empfehlungen, „die Kinder einer Schule klassenweise zusammen zu unterrichten" sind nur gegen Widerstände durchzusetzen.

Die Geschichte des Unterrichts als Geschichte der Disziplinierung ist von der frühen Neuzeit bis ins 18. Jahrhundert in ihren Maßnahmen unterschiedlich zu beschreiben. Während Comenius eine Stufung von Züchtigungen vorsah, in der körperliche Bestrafung an letzter Stelle stand, sind in den Schulen körperliche Strafen als Reaktion auf Störungen des Unterrichts oder mangelnden Fleiß der Schüler durchaus die Regel. Die Philanthropen wiederum etablieren ein System moralischer Sanktionen und geben der Belohnung gegenüber der Strafe mehr Gewicht und Raum.

3 Unterrichtsentwicklung im 19. Jahrhundert

Die Entwicklung des Unterrichts im 19. Jahrhundert steht im Zeichen der Herausbildung des modernen Pflicht-Schulwesens, das alle Heranwachsenden erfasst und den Schulbesuch für mehrere Jahre verbindlich vorschreibt. Diese Schulpflicht hat schulpolitische, organisatorische, curriculare und didaktische Konsequenzen. In Lehrplanentwicklung, Lehrerbildung und Unterrichtslehren wird nach den Adressaten unterschieden, so dass sich für den Elementarbereich bzw. die Volksschule und den Bereich der Höheren Schule unterschiedliche Entwicklungen vollziehen, die im System der sozialen Klassenschule gründen. Für die Volksschule kann die Zeit von 1800 bis 1870 als Versuch der Perfektionierung der Unterrichtsmethode beschrieben werden, während das Kennzeichen der Höheren Schule eher das der Verfachlichung und Verwissenschaftlichung der Unterrichtsfächer ist.

Gestützt auf Pestalozzi gilt die Aufmerksamkeit anfangs der Elementarisierung des Unterrichtens, d.h. einer einfachen, klaren, leicht zu erlernenden und effektiven Lehr- und Lernmethode. Die Elementarmethode wird in einer Vielzahl von Methodenschriften aufgenommen, Lehrer beschäftigen sich mit der pestalozzischen Methode, probieren sie aus und versuchen sie zu vervollkommnen. Schulmänner wie Diesterweg nehmen die Ideen kritisch auf und stellen schließlich Regeln für den Unterricht auf. Dass der Unterricht vom Nahen zum Entfernten, vom Einfachen zum Zusammengesetzten, vom Leichteren zum Schwereren und vom Bekannten zum Unbekannten fortschreiten soll, gehört in Lehrerkreisen bald zum Gemeingut des Unterrichtswissens, das seit den 1830er Jahren auch in den neuen Seminaren zur Ausbildung der Volksschullehrer vermittelt wird.

Den Unterricht elementarisieren heißt im Verständnis jener Zeit, den Lehrstoff auf seine Elemente Zahl, Form und Wort zurückzuführen und, von den Lernvoraussetzungen des Kindes ausgehend, anschaulich aufzubereiten. In methodischen Schriften werden das Vorsprechen von Seiten des Lehrers, das Nachsprechen der Schüler, das Erarbeiten von Begriffen nach Anschauung der Gegenstände, das Erlernen der Buchstaben von den Vokalen her oder das Zeichnen nach Vorlegeblättern exemplifiziert.

Von Herbarts Formalstufentheorie herkommend entstehen in der Rezeption der Herbartianer psychologisch begründete und didaktisch durchdachte Schemata des Unterrichtens, die von den Lehrern dankbar aufgenommen werden. Die Überlegung, wie Unterricht sinnvoll zu strukturieren ist, damit er auch erzieht, führt zu einer Stufung des Unterrichts in Vorbereitung – Darbietung – Verknüpfung – Zusammenfassung – Anwendung und bietet so ein sicheres und praktikables Gerüst der Unterrichtspräparation. Dass die Herbartianer Schulunterricht als sittlich-moralischen, religiösen und auch nationalen Gesinnungsunterricht professionalisieren, ist die Kehrseite des Herbartianismus. Das Unterrichtskonzept folgt schließlich einem immer gleichen Formalstufenschema und antizipiert statt Individualität den Durchschnitt. Die Kritik ist auf die sich in der Praxis zeigenden Folgen gerichtet: auf die immer gleiche Art des Unterrichtens, auf den Schematismus, die Disziplinierung, den Gesinnungsdruck und die Uniformität.

Der Zunahme von didaktischen und methodischen Unterrichtsschriften zum Trotz beklagen Beobachter der Unterrichtswirklichkeit noch lange, dass in der Schule nicht viel herauskomme. Der Unterricht wird als schlechtes Schulehalten (vgl. Petrat 1979) qualifiziert, in Visitationsprotokollen, der pädagogischen Presse oder autobiographischer Literatur als meist langweilig, peinigend oder bloßes „Strohdreschen" beschrieben. Große Schülermassen werden von Lehrern eine Zeit lang mit dem wechselseitigen Helfersystem und strenger Schulzucht bewältigt. Dabei wird versucht, den Klassenverband in Gruppen gleicher Leistungsstärke aufzuteilen und durch Schüler, die als Tutoren eingesetzt werden, unterweisen und üben zu lassen. Allen Reformversuchen zum Trotz wird jedoch konstatiert, dass die meisten Schüler dabei eher schlecht schreiben, lesen und rechnen und weiterhin v.a. den Katechismus auswendig lernen. In der einklassigen Dorfschule müssen die Lehrer sechs- bis vierzehnjährige Kinder abteilungsweise in einem Raum unterrichten und sind von daher besonders gefordert. Durch die Anordnung in „Haufen" ist zudem ständige Unruhe gegeben, die ein effektives Lernen erschwert. Für den Unterricht und seine Möglichkeiten sind schließlich die Lehrer-Schüler-Relationen in Betracht zu ziehen: Während in den Städten zwischen 1886 und 1911 die Zahl der Schüler pro Lehrer von 67 auf 49 kontinuierlich sinkt, verbessern sich die Werte auf dem Land lediglich von 79 auf 61 (Kuhlemann 1991).

Über den Unterricht in den Höheren Schulen weiß man aus Revisionsberichten, dass vielfach ebenfalls mechanisches Vorgehen herrscht. Die Konzentration der universitär gebildeten Gymnasiallehrer auf ihre Fachdisziplin und ihr geisttötendes Dozieren, Hefteschreiben, Diktieren und mechanisches Repetieren wird nicht zuletzt von den Volksschulpädagogen scharf verurteilt. Von rühmlichen Ausnahmen abgesehen, bleibt der Gymnasialunterricht in der didaktischen Kritik, die zum Ende des 19. Jahrhunderts in den Vorwurf von gänzlicher Erstarrung, Stofffülle und Überbürdung mündet. Auch auf diese Erscheinungen sowie die Lebensferne des Unterrichts, den autoritären Erziehungsstil und die zum Teil drastischen Disziplinierungsmaßnahmen nimmt die Reformpädagogische Bewegung Bezug.

4 Unterrichtskonzeptionen der Reformpädagogischen Bewegung

Reformpädagogische Bewegung ist der Sammelbegriff für die ab 1890 im Kontext allgemeiner Reformbewegungen wie Lebensreform, Frauenbewegung, Jugendbewegung u.a. einsetzenden umfassenden Bemühungen um die Reform der Erziehung und ihrer Institutionen, speziell der Schule und des Unterrichts. Diese Bewegung hat internationalen Zuschnitt und angesichts der Vielfalt und Unterschiedlichkeit der Motive, Ansätze und Modelle kann von einer einheitlichen Bewegung nicht gesprochen werden. Allen Unterschieden zum Trotz sind die Reformer einig in ihrer Ablehnung der autoritären Staatsschule sowie des lehrerzentrierten, gängelnden Frontalunterrichts, der mit seiner Lebensferne und geistlosen Gedächtnisroutine nachhaltige Lernprozesse eher verhindert. Den Unterrichtskonzeptionen der Reformpädagogik liegt ein neues Verständnis von Schule, Erziehung und Unterricht, vor allem aber vom kindlichen Lernen, zu Grunde. Kinder und Jugendliche werden als lernbereite, kreative Wesen verstanden, die zum selbstständigen und selbst bestimmten Lernen befähigt seien. Erziehung und Unterricht in der Schule haben daher die

Aufgabe, die natürliche Lernfähigkeit und Lernbereitschaft individuell zu fördern. Ein kindgerechter Unterricht soll „ganzheitlich" angelegt sein und alle „Kräfte" der Schüler wecken.

Seinen gültigen Ausdruck erfährt dieses Verständnis von Unterricht in den preußischen „Richtlinien zur Aufstellung von Lehrplänen für die Grundschule" von 1921 (vgl. Nave 1980). Danach soll die Grundschule eine grundlegende Bildung leisten, die sowohl die Förderung aller kindlichen Fähigkeiten als auch eine für weiterführende Schulstufen anschlussfähige, stoffgebundene Kenntnisvermittlung umfasst. Im Unterschied zur traditionellen Instruktionsmethodik wird das aktive „arbeitsschulgemäße" Lernen favorisiert, die Bildungsinhalte sollen nicht bloß „äußerlich angeeignet, sondern ... innerlich erlebt und selbstständig erworben" werden (ebd.). Die Auswahl der Inhalte soll sich an der Fassungskraft und dem geistigen Wachstumsbedürfnis der Kinder sowie an ihrer Lebensbedeutsamkeit orientieren. Neben dem traditionellen Unterricht sollen Spiel, Lehrwanderungen, handwerkliche, musische und künstlerische Aktivitäten gepflegt werden. An die Stelle einer fächerteiligen Unterweisung soll in den Anfangsjahren der Grundschule ein Gesamtunterricht mit dem heimatkundlichen Anschauungsunterricht als Mittelpunkt treten. Mit diesem Konzept ist eine weitgehende Änderung der Lehrerrolle verbunden; die Richtlinien tragen dem Rechnung indem sie fordern, dass an der Erstellung lokaler und schulbezogener Lehrpläne die Lehrerschaft der einzelnen Schule „im weitesten Umfange" mitwirken soll.

Diese 1923 für das gesamte Reichsgebiet verbindlich gemachten Richtlinien zeigen, dass reformpädagogische Unterrichtskonzeptionen nicht auf Versuchs-Modellschulen beschränkt geblieben sind. Deren didaktisch-methodische Formen und Maßnahmen wie fächerübergreifender Unterricht, Kern-Kurs-Unterricht, Gesamtunterricht, Projektunterricht, Epochenunterricht, Arbeit mit Selbstbildungsmitteln, Schuldruckerei, vorbereitete Umgebung, Arbeiten in altersheterogenen Lerngruppen, Einführung in die Techniken der freien geistigen Arbeit haben den reformorientierten Teil der Lehrerschaft beeinflusst, der sich teils durch Publikationen und teils durch einen regelrechten Reformschultourismus mit den neuen Konzeptionen vertraut gemacht hat. Fragen der Schuldisziplin regeln sich nach reformpädagogischem Selbstverständnis gleichsam nebenher, da der Unterricht dem kindlichen Lernbedürfnis entspricht. Zudem ist die Schule als Lebens- und Erziehungsgemeinschaft unter Einbezug der Eltern gedacht; die Lehrkraft wird daher in ihrer ‚natürlichen' Autorität und zugleich als Partner und Freund wahrgenommen. Insbesondere die Prügelstrafe wird strikt abgelehnt.

Die Unterrichtskonzeptionen dieser „neuen Erziehung" sind nach wie vor attraktiv und bilden die Grundlage vieler gegenwärtiger Unterrichtskonzepte. Sie wirken im Übrigen teilweise auch im Nationalsozialismus nach. Unterhalb der Ebene der Ideologisierung von Schulleben und Unterricht werden sie nach 1933 (allerdings weltanschaulich umgedeutet) weiterhin praktiziert. Die ständigen schulpolitischen Kontroversen zwischen staatlichen Instanzen und Partei wie das relative Desinteresse des Nationalsozialismus an der Schule als Erziehungsmacht mögen dazu beigetragen haben, dass den Lehrkräften ein Teil ihrer pädagogischen Freiheit blieb und sogar Möglichkeiten bestanden, Schulreform im Stillen weiter zu betreiben, wie unter anderem das Beispiel Adolf Reichweins in Tiefensee (vgl. Amlung 1991) zeigt.

Das Erbe von Schule und Unterricht aus Weimarer Republik und Nationalsozialismus wird in Deutschland nach dem Zweiten Weltkrieg unterschiedlich, regelrecht zweigeteilt, verarbeitet.

5 Unterricht in der Deutschen Demokratischen Republik (DDR)

In der DDR ist die Nähe zwischen den in Gesetzen, Verordnungen oder pädagogischen Normativen enthaltenen Leitbildern und der Unterrichtswirklichkeit sehr viel dichter als zuvor oder zeitgleich im Westen Deutschlands. Dies wird nicht zuletzt durch das Einheitsschulsystem mit den dazu gehörenden Planungs- und Leitungsinstrumenten sowie der einheitlichen Lehreraus- und -weiterbildung gesichert.

Unterricht ist in der DDR kontinuierlich von Normierungsversuchen begleitet. Diese setzen früh ein, „in präziser Kenntnis der Alternativen, die aus dem Reformfundus der europäischen Tradition seit der Aufklärung" (Tenorth, Kudella & Paetz 1996, S.83), bereitstehen. Unterricht wird 1950 per „Verordnung über die Unterrichtsstunde" zur „Grundform der Schularbeit" bestimmt, dient dem „Erwerb systematischer, allseitiger und umfassender Kenntnisse sowie gesellschaftlich wertvoller Fähigkeiten und Fertigkeiten" und ist an die führende Rolle des Lehrers im Unterricht geknüpft. In ausdrücklicher Abgrenzung von der Reformpädagogik bleibt dieses Leitbild trotz verschiedener Modifikationen der didaktischen Arbeit bis zum Ende der DDR wirksam. Die weithin politisch motivierte Abwehr von „reaktionären, imperialistischen Unterrichtsmethoden" zeichnet einen Unterrichtsstil vor, der den Frontalunterricht klar favorisiert und die professionelle Kompetenz der Lehrer darin eindeutig festlegt. Die Unterrichtsmuster, die sich dadurch ausbilden, werden durch die Methodiken, die ab 1960 für jedes Unterrichtsfach erarbeitet werden, und durch Unterrichtshilfen für die Hand der Lehrer, die jede Unterrichtseinheit und Stunde in allen Fächern und Klassenstufen vorbereiten helfen sollen, unterstützt. Straffe Führung und Disziplin, Konzentration auf das Wesentliche, Erfüllung der Lehrplanvorgaben, feste Kenntnisse und abfragbares Wissen, strikte Leistungsorientierung, zugleich aber auch Förderung leistungsschwächerer Schülerinnen und Schüler und „Kampf gegen das Sitzenbleiben" sind positiv besetzte Vokabeln und Indikatoren für die Einschätzung der Unterrichtsarbeit der Lehrer. Fotos und Videos, die Auskunft über Rituale und didaktische Arrangements im Unterrichtsalltag der DDR geben, wirken heute z.T. sehr befremdlich.

In der didaktischen Forschung der DDR werden die Probleme, die die Verpflichtung auf Einheitlichkeit der pädagogischen Arbeit mit sich bringt, sehr wohl wahrgenommen und seit den 1960er Jahren v.a. unter dem Stichwort „Einheitlichkeit und Differenzierung" bearbeitet. In den Methodiken der Unterrichtsfächer geht es um Wege zum Problemerkennen und Problemlösen, um selbstständige Schüler- und Gruppenarbeit und die Implementierung projektähnlicher Elemente und Phasen in den Unterricht. Bis zum Ende der DDR aber bleibt im Unterricht das klassische Muster Frontalunterricht bestimmend. Die Varianz ist eher gering.

6 Unterricht in der Bundesrepublik Deutschland (BRD)

In der Nachkriegszeit der BRD wird zunächst an die bestehenden Traditionslinien der Weimarer Republik angeknüpft. Dies gilt großen Teils auch für die Versuche der Reform von Schule und Unterricht (vgl. Dühlmeier 2004), die jedoch wegen der ungünstigen und materiellen Bedingungen nach dem Kriege und einem eher restaurativen Klima mehrheitlich nicht von Bestand sind. Trotz des unbefriedigenden Forschungsstandes speziell zur Unterrichtsgeschichte der Zeit seit 1945 lassen sich die folgenden Einschnitte erkennen:

1. Exemplarisches Lehren und Lernen: Die Nachkriegsdiskussion um die Stofffülle geht von dem Physikdidaktiker M. Wagenschein („Weniger ist Mehr", 1950) und den „Tübinger Beschlüssen" (1951) aus. Die in Tübingen versammelten Vertreter höherer Schulen und Hochschulen sehen angesichts der Wissensvermehrung das Bildungswesen in der Gefahr, das geistige Leben durch die Fülle des Stoffes zu ersticken und fordern Gründlichkeit und Selbstbeschränkung bei der Auswahl von Unterrichtsinhalten. Damit setzen intensive Bemühungen um exemplarisches Lehren und Lernen ein, die bis zum Ende der 60er Jahre andauern. Die Auswahl exemplarischer Inhalte soll den Lehrplan entrümpeln, so dass Zeit gewonnen wird für gründliches, in die Tiefe gehendes Lernen an als wichtig identifizierten Inhalten. Dieser Gedanke bestimmt auch das Konzept der Didaktischen

Analyse von Klafki sowie den Kanon der „Schlüsselprobleme" in Klafkis Allgemeinbildungskonzept. Gründliches und exemplarisches Lehren und Lernen hat weitgehende unterrichtsmethodische Konsequenzen, unter anderem zielt es auf ein hohes Maß an Anschaulichkeit bis hin zur „originalen Begegnung" (H. Roth) und auf Schülerselbsttätigkeit. Späte Konzepte verbinden das exemplarische Verfahren mit dem orientierenden Lehren und Lernen und setzen so die direkte Instruktion ergänzend ein.

2. Wissenschaftsbestimmtes Lehren und Lernen: Dies ist der Ausgangspunkt für eine vom Deutschen Bildungsrat im „Strukturplan für das Bildungswesen" (1970) vorgeschlagene Neuorientierung schulischen Lehrens und Lernens. Es soll weder unmittelbar auf wissenschaftliche Tätigkeit vorbereitet werden, noch sollen die Wissenschaften in der Schule unmittelbar vermittelt werden, aber: „Die Wissenschaftsorientierung von Lerngegenstand und Lernmethode gilt für den Unterricht auf jeder Altersstufe" (ebd., S.33). Damit ist auch die Aufhebung der Dichotomie von wissenschaftsorientierter (also höherer) Bildung und volkstümlicher (also niederer) Bildung beabsichtigt.

Wissenschaftseuphorie und Bildungsoptimismus der Zeit befördern in Theorie und Praxis des Unterrichts naive Überschätzungen der Wissenschaftsorientierung. Kritiker stellen fest, dass große Teile wissenschaftsorientierten Unterrichts über die Schüler hinweg oder an ihnen vorbei gehen. Die Frage wie Lerninteressen, Lernmöglichkeiten und Lebenswelt der Schüler berücksichtigt und wie wissenschaftsorientierter mit schülerorientiertem, situativem und handlungsorientiertem Unterricht verbunden werden können, wird neu gestellt (vgl. Gudjons 2001).

3. Offener Unterricht: Derweil eine empirische Untersuchung eine methodische Monokultur des Unterrichts in deutschen Schulen konstatiert (Hage u.a. 1981), entsteht mit dem Offenen Unterricht eine entschiedene Gegenposition zum fremdbestimmten geschlossenen Unterricht. Die „Bewegung Offener Unterricht" greift auf reformpädagogische Ansätze sowie die *open education* in der englischen Primarschule zurück; sie verbreitet sich daher zunächst vor allem in der Grundschule. Angestrebt werden eine thematische und methodische Öffnung des Unterrichts sowie damit verbunden eine Öffnung der Institution Schule für die außerschulische Wirklichkeit. Erziehung zur Selbstständigkeit durch selbst bestimmtes Lernen in offenen Unterrichtsarrangements mit individuell zugemessenen und/oder wählbaren Aufgaben und Materialien kennzeichnen die Formen Offenen Unterrichts (Tages- und Wochenplanarbeit, Werkstattunterricht, Stationenlernen, Freiarbeit, Projektunterricht u.a.m.).

Um den Offenen Unterricht einerseits und den traditionellen lehrerzentrierten Unterricht andererseits entsteht in der Folge (ab Beginn der 1990er Jahre vor allem) eine unterrichtsideologische Auseinandersetzung. Vor dem Hintergrund der Befunde der Unterrichtsforschung wird freilich deutlich, dass es keinen Sinn macht, zwei unterschiedliche Sets unterrichtsmethodischer Maßnahmen gegeneinander auszuspielen.

4. Integration offenen und gelenkten Unterrichts: Weinert (1996) hat vor dem Hintergrund der Befundlage der Lehr-Lern-Forschung auf den Zusammenhang von übergreifenden Zielsetzungen einerseits und Lehr-Lern-Methoden andererseits hingewiesen:

– Beim Erwerb grundlegenden systematisch aufgebauten Wissens ist die direkte Unterweisung als lehrergesteuerte, aber schülerzentrierte Form des Unterrichts am zweckmäßigsten.
– Zum Erwerb lebenspraktischen Anwendungswissens sind lebensnahe Lernarrangements, z.B. in Gruppen- oder Projektarbeit, sowie kreative Übungsformen notwendig.
– Metakognitive Kompetenzen, Schlüsselqualifikationen wie Lern- und Arbeitstechniken erfordern ein Lernen des Lernens und Formen selbstständigen Lernens und Offenen Unterrichts.
– Handlungs- und Wertorientierungen werden in Gruppendiskursen, im Aufbau persönlicher Gewohnheiten, durch vorbildhaftes Handeln in einer geregelten und fairen Schulkultur befördert.

In diese Richtung einer Integration von allgemein- und fachdidaktischen Erkenntnissen und Befunden der Lehr-Lern-Forschung mit beruflichem Erfahrungswissen gehen auch alle Überlegungen zum guten Unterricht, die darin übereinstimmen, dass guter Unterricht auf sehr unterschiedliche aber keineswegs beliebige Art gestaltet werden kann. Praktische Konsequenz ist ein Differenzierungsmodell, das für unterschiedliche kognitive Niveaus unterscheidbare Unterrichtsmaßnahmen vorsieht. Für leistungsschwache Schüler sind diese im Schwerpunkt unterstützend-helfend. Hochbegabte bzw. leistungsstarke Schüler werden durch anspruchsvolle Aufgaben und Freiräume in Lernprozessen zum Lernen herausgefordert (vgl. Henze, Sandfuchs & Zumhasch u.a. 2005). Die unterrichtsmethodische Kompetenz von Lehrkräften erweist sich mithin im situationsangemessenen Einsatz verschiedenster methodischer Formen.

5. Entwicklung der Fachdidaktiken: Aus der besonderen Unterrichtslehre des 19. und frühen 20. Jahrhunderts entwickeln sich nach 1945 (parallel zu den bislang skizzierten Entwicklungen) zunächst zögerlich die Fachdidaktiken als Wissenschaften vom Fachunterricht. Ab etwa 1960 werden Allgemeine Didaktik und Fachdidaktiken als selbstständige Disziplinen an lehrerbildenden Hochschulen etabliert. Im „Strukturplan" (Deutscher Bildungsrat 1970) wird die Entwicklung der Fachdidaktiken als bedeutsame zukünftige Aufgabe bezeichnet. Die Fachdidaktiken ringen in der Folge um ein gemeinsames Selbstverständnis in Forschung und Lehre, um Anerkennung als forschungsbasierte, universitäre Disziplinen zwischen Allgemeiner Didaktik und Fachwissenschaften, sowie um Anerkennung ihrer Praxisrelevanz. Ihre Forschungsbasiertheit sowie ihre personelle und materielle Ausstattung sind noch unbefriedigend, insbesondere die Nachwuchssituation wird mit Sorge betrachtet. Positiv zu bewerten sind die Vielzahl fachdidaktischer Zeitschriften, die von Wissenschaftlern und Schulpraktikern gemeinsam getragen werden, sowie die zunehmende Beteiligung von Fachdidaktikern an der Lehrplanarbeit.

Bezogen auf Unterrichtswirklichkeiten sind im Gefolge der internationalen Schulleistungs- und Kompetenzstudien der letzten zehn Jahre weit reichende Möglichkeiten einer Analyse gegeben. Die Befunde der Videostudien im Rahmen von TIMSS haben auf modale Muster des Unterrichtens aufmerksam gemacht, die wiederum auf kulturelle Unterrichtsskripte verweisen. Reformkonzepte für einen Unterricht, der den Anforderungen der Wissensgesellschaft möglicherweise besser entspricht und in dem z.B. kooperatives Lernen an Bedeutung gewinnt, kommen nicht umhin, dies zu berücksichtigen.

Literatur

Alt, R. (1956): Vorlesungen über die Erziehung auf frühen Stufen der Menschheitsentwicklung. In: Alt, R. (1975): Erziehung und Gesellschaft. Pädagogische Schriften. Berlin: Volk und Wissen Volkseigener Verlag, 309-372. – Amlung, U. (1991): Adolf Reichwein (1898-1944). Ein Lebensbild des politischen Pädagogen, Volkskundlers und Widerstandskämfers. 2 Bde. Frankfurt/M. – Baumgart, F., Lange, U. & Wigger, L. (Hrsg.) (2005): Theorien des Unterrichts. Erläuterungen, Texte, Arbeitsaufgaben, Bad Heilbrunn: Klinkhardt. – Comenius, J. A. (1985): Große Didaktik. Herausgegeben von A. Flitner. Stuttgart. – Deutscher Bildungsrat (1970). Empfehlungen der Bildungskommission: Strukturplan für das Bildungswesen, Bonn. – Dietrich Th. & Klink J.-G. (Hrsg.) (1972): Zur Geschichte der Volksschule. Band I (Volksschulordnungen 16. bis 18. Jahrhundert). 2. Aufl. Bad Heilbrunn: Klinkhardt. – Dühlmeier, B. (2004): Und die Schule bewegte sich doch. Unbekannte Reformpädagogen und ihre Projekte in der Nachkriegszeit. Bad Heilbrunn: Klinkhardt. – Gudjons, H. (2001): Handlungsorientiert Lehren und Lernen. Schüleraktivierung – Selbsttätigkeit – Projektarbeit. (6. Aufl.) Bad Heilbrunn: Klinkhardt. – Hage, K., Bischoff, H. & Dichanz, H. (1985): Das Methoden-Repertoire von Lehrern. Opladen: Leske & Budrich. – Hanschmidt, A. (Hrsg.) (2000): Elementarschulverhältnisse im Niederstift Münster im 18. Jahrhundert. Die Schulvisitationsprotokolle Bernard Overbergs für die Ämter Meppen, Cloppenburg und Vechta 1783/84. Münster: Aschendorff. – Henze, G., Sandfuchs, U., Zumhasch, C., Bringmann, S., Koch, U. & Schulz, N. (2005): Integrative Förderung hochbegabter Grundschüler. Eine Längsschnittstudie zu einem Schulversuch. Bad Heilbrunn: Klinkhardt. – Herrlitz, H.-G., Hopf, W. & Titze, H. u.a. (1984): Institutionalisierung des öffentlichen Schulsystems. In: Baethge, M. & Nevermann, K. (Hrsg.): Organisation, Recht und Ökonomie des Bildungswesens. Enzyklopädie Erziehungswissenschaft. Bd. 5. Stuttgart: Klett, 55-71. – Kuhlemann, F. M. (1991): Niedere Schulen. In: Berg, Ch. (Hrsg.) (1991): Handbuch der deutschen Bildungsgeschichte Band IV 1870-1918. München: Beck, 179-227. – Nave, K.-H. (1980): Die allgemeine deutsche Grundschule. Ideengeschichtliche Grundlegung und Verwirklichung in der Weimarer Republik (Reprint der 1. Aufl. von 1961). Frankfurt am Main: Arbeitskreis Grundschule. – Petrat, G. (1979): Schulunterricht. Seine Sozialgeschichte in Deutschland 1750-1850. München: Ehrenwirth. – Schmitt, H. (2005): Die Philanthropine – Musterschulen der pädagogischen Aufklärung. In: Hammerstein, N. & Herrmann, U. (Hrsg.): Handbuch der deutschen Bildungsgeschichte Band II. 18. Jahrhundert. Vom späten 17. Jahrhundert bis zur Neuordnung Deutschlands um 1800, München: Beck, 262-277. – Tenorth, H.-E., Kudella, S. & Paetz, A. (1996): Politisierung im Schulalltag der DDR. Durchsetzung und Scheitern einer Erziehungsambition. Weinheim: Deutscher Studien Verlag. – Weinert, F. E. (1996): Für und Wider die „neuen Lerntheorien" als Grundlage pädagogisch-psychologischer Forschung. In: Zeitschrift für pädagogische Psychologie, 10 (1), 1-12.

3| Lehren und Lernen
Karl-Heinz Arnold

1 Die Beziehung zwischen Lehren und Lernen

Die Definition von Unterricht als Organisationsform und Umgebung von didaktisch geplantem und somit auf systematisches Lernen zielendem Lehren (s. Kap. 1: Unterricht) impliziert, dass schulisches Lernen *als Folge von* Lehren eintritt. Lehren kann somit als Ermöglichung und bestmögliche Ausgestaltung von Lernen bezeichnet werden. Aus der Perspektive von Unterricht erscheint dies sogar zwingend: Lehren ohne den Zweck des Lernens ist vermutlich nicht sinnvoll, d.h. ohne lernende Schüler gibt es weder Unterricht noch Lehrer.

Aus der Perspektive der Lernenden hingegen ist Unterricht und somit systematisches Lehren *nur eine* unter vielen Bedingungen des Lernens. Moderne Konzepte wie das *Selbstgesteuerte Lernen* erinnern an das aus der Aufklärung stammende Ideal des autonomen Menschen, der auch beanspruchen kann, Unterricht selbstbezüglich zu realisieren: in dem er in selbst gewählter Weise und Umgebung lernt, lehrt er sich selbst. Lernen ist sogar unter weitestgehendem Verzicht auf Lehrperson, Lernform und Lernmaterial möglich: z.B. dient das Üben in der Meditation (s. Herrigel, 1951) auch dem Erwerb von allgemeinen Kompetenzen.

In der modernen Wissensgesellschaft sind beide Sichtweisen möglich und verbunden. Den zentralen Bestand an Wissensbeständen und Fähigkeiten vermittelt die Schule und nutzt dabei das durch Lehren initiierte, unterstützte und kontrollierte Lernen. Zugleich soll der schulische Unterricht Gelegenheit bieten, eigenständiges Lernen im Sinne von eigenständiger Fortsetzung unterrichtlicher Lernprozesse zu ermöglichen und damit weit reichende Transferleistungen zu erzielen. Aus *konstruktivistischer* Sicht ist dies die einzig mögliche Lernform: die Umsetzung von Lehrzielen in Lernergebnisse kann nur der Lernende selbst vollziehen.

In gleicher Weise sind höchstrangige Erziehungs- und Unterrichtsziele wie Selbstständigkeit, Mündigkeit, Solidarität und humanitäre Moralität zu einem beträchtlichen Teil nur als Selbsterziehung und somit als Lernen ohne Lehren *denkbar*. Faktisch tritt erfolgreiches Selbstlernen mit dem Ziel einer allseitig gebildeten Persönlichkeit (Individualität) jedoch kaum ohne systematischen Erfahrungserwerb ein, der in beträchtlichem Umfang Lehren einschließt (z.B. Lernen von Gruppenarbeit; Ethik- oder Religionsunterricht).

Die in unserer Gesellschaft erreichte, hohe Ergebnisgleichheit von Unterrichts-, Erziehungs-, Sozialisationsprozessen bestätigt indirekt die psychologischen Lerntheorien, in denen Lernergebnisse abhängige Variablen sind, deren Beziehung zu unabhängigen Variablen wie Lehrtätigkeit, Personeigenschaften von Lehrenden und Merkmalen der Lernumgebung (z.B. Medien) modelliert werden (s. Abb. 1 in Kap. 1: Unterricht). Motivationale und emotionale Merkmale der Lernenden stellen entweder Moderatorvariablen dar (z.B. Sachinteresse begünstigt Lernerfolg) oder Lerneffekte (z.B. Steigerung der sozialen Kompetenz durch Gruppenarbeit).

1.1 Lernen: Definition und Bezugswissenschaften

Als Lernen (engl. *learning*) werden aus psychologischer Sicht alle überdauernden Veränderungen des Erlebens und Verhaltens bezeichnet, die aufgrund von Erfahrung zustande kommen. Ausgeschlossen werden jene Prozesse, die zu ähnlichen Resultaten führen, jedoch Wirkungen kurzfristiger (z.B. Adaptation, Ermüdung, Drogenkonsum usw.) oder struktureller Änderungen des zentralen Nervensystems (z.B. Reifung, Altern, Verletzungen) sind (s. Henze, 2004). Eine viel zitierte, pädagogisch erweiterte Definition hat Roth (1957, S.188) formuliert: „Pädagogisch gesehen bedeutet Lernen die Verbesserung oder den Neuerwerb von Verhaltens- und Leistungsformen und ihren Inhalten. Lernen meint aber meist noch mehr, nämlich die Änderung bzw. die Verbesserung der diesen Verhaltens- und Leistungsformen vorausgehenden und sie bestimmenden seelischen Funktionen des Wahrnehmens und Denkens, des Fühlens und Wertens, des Strebens und Wollens, also eine Veränderung der inneren Fähigkeiten und Kräfte, aber auch der durch diese Fähigkeiten und Kräfte aufgebauten inneren Wissens-, Gesinnungs- und Interessensbestände des Menschen. Die Verbesserung oder der Neuerwerb muss auf Grund von Erfahrung, Probieren, Einsicht, Übung oder Lehre erfolgen und muss dem Lernenden den künftigen Umgang mit sich oder der Welt erleichtern, erweitern oder vertiefen."

Elementare Lernformen sind bei allen Tierarten zu beobachten. Sprachlich gebundener und tradierbarer Wissenserwerb ist eine Besonderheit menschlichen Lernens und nur in Ansätzen bei höheren Säugetieren zu beobachten. Lernforschung mit Tieren (z.B. Wegelernen von Ratten) hat eine generelle Bedeutsamkeit für menschliches Lernen und weist gleichwohl erhebliche Beschränkungen auf.

Neben der Allgemeinen Psychologie (Grundlagenforschung) und der Pädagogischen Psychologie (angewandte Lern- und Lehrforschung) sind alle Humanwissenschaften mit der Erklärung von Lernphänomenen befasst. Die Soziologie beansprucht, Lernen auch als Merkmal von Gruppen bzw. Institutionen fassen zu können (z.B. organisationales Lernen). Biologie und Medizin analysieren u.a. sowohl die genetischen als auch die neurologischen Grundlagen des Lernens und weisen damit die beträchtliche „Körperlichkeit" von Lernprozessen nach; neue Lerngesetze oder gar Optimierungsbedingungen für sinnorientiertes Lernen werden jedoch nicht gefunden. Da menschliches Lernen zumeist sprachlich repräsentiert ist, sind psycholinguistische Studien über das Erlernen der Repräsentationsform, d.h. der Sprache(n), ebenso von Interesse wie die Untersuchung von Textverstehen als Voraussetzung des davon unterschiedenen Lernens aus Texten.

1.2 Lehren: Definition und Bezugswissenschaften

Als Lehren (engl. *teaching*) wird das didaktisch geplante und damit auf systematischen Wissens- und Könnenserwerb von Schülern gerichtete Handeln einer Lehrperson im Unterricht bezeichnet. Lehrfunktionen können auch von didaktischen – und somit von „Lehrern" gefertigten – Materialien übernommen werden (Lehrtexte, Multimedia-Lernprogramme). Die 1970 von Flechsig proklamierte „technologische Wendung" in der Didaktik ist im schulischen Lernen nicht eingetreten: der Verzicht auf die unmittelbar verfügbare Lehrperson scheint kein Attribut einer modernen Schule zu sein und wird selbst in E-Learning-Konzepten der Erwachsenenbildung nicht durchgängig realisiert (z.B. Blended Learning, Präsenzphasen im Fernstudium).

Eine breite Fassung des Lehrbegriffs (Lehren im weitesten und weiten Sinne n. Steindorf, 1991, S.39) schließt alle Formen gesellschaftlicher Traditions- und Wissensweitergabe ein und bewirkt menschliche Erfahrungsbildung und nicht-schulische, existenziell bedeutsame Veränderungen des Denkens und Fühlens (z.B. die Lehre von Christus oder Buddha). Lehren im engeren Sinne findet in allen Formen des Unterrichts statt. Lehren im engsten Sinne bezeichnet die primär verbalen, darbietenden Lehrmethoden.

Die Allgemeine Didaktik gilt als die traditionelle Wissenschaft vom Lehren (s. Kap. 1: Unterricht). Die aus der empirischen Pädagogik und Pädagogischen Psychologie stammende Lehr-Lern-Forschung versteht sich als angewandte Wissenschaft und konzentriert sich auf Prozess- und Umgebungsmerkmale von Unterricht.

Die personalen Aspekte des Lehrens – z.B. Persönlichkeitsmerkmale von Lehrern, beruflicher Expertiseerwerb, Berufsbelastung und „Burn-out-Syndrom" werden von der Klinischen Psychologie, der psychologischen und medizinischen Arbeitsforschung und der pädagogischen Professionsforschung untersucht (s. Bohnsack, 2004).

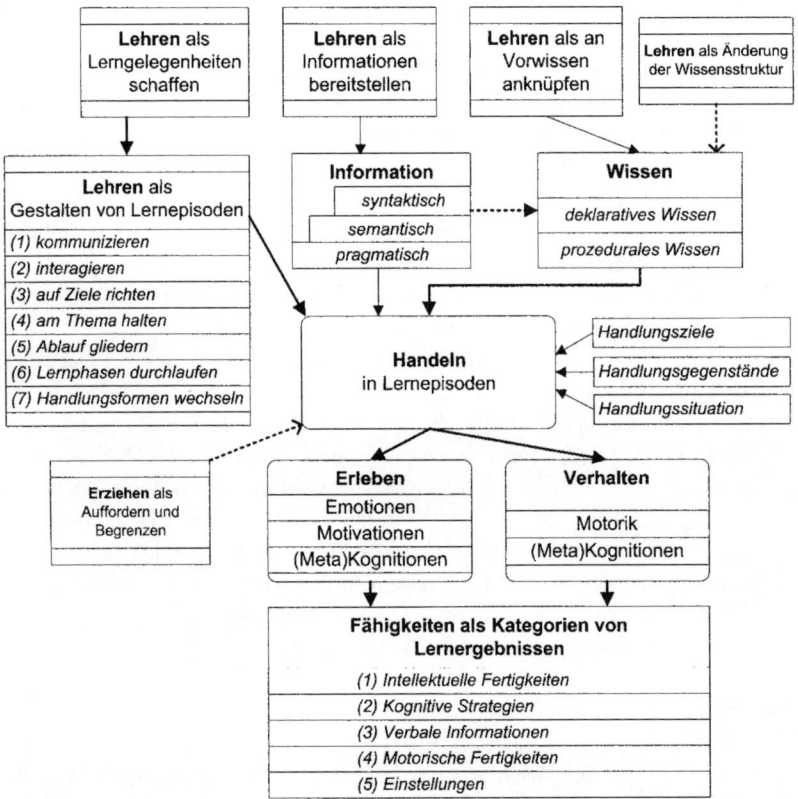

Abbildung 1: Kognitionswissenschaftliches Modell des Lehrens und Lernens (in Anlehnung an Straka und Macke, 2002)

Die unterrichtsbezogene, mikroanalytische Lehr-Lern-Forschung gründet im deutschsprachigen Bereich vor allem auf der psychologischen Didaktik Aeblis (1983), die wiederum auf der Piaget'schen Konzeption kognitiver Operationen beruht (s. Steiner, 2001). Straka und Macke (2002) haben die zentralen Theorien zusammengestellt und ein kognitionswissenschaftliches Modell des Lehrens und Lernens entwickelt, das Abbildung 1 in einer umfassenderen Modellierung zeigt. Seel (2003) und Wellenreuther (2004) haben konzeptuell ähnlich ausgerichtete Lehrbücher verfasst.

2 Grundbegriffe und Aspekte von Lehr-Lern-Theorien

2.1 Lehren und Lernen: Verhaltensmerkmale oder Konstrukte?

Das kognitionswissenschaftliche Modell des Lehrens und Lernens (s. Abbildung 1) beansprucht, Lehrfunktionen *verhaltensnah* auszuformulieren. Lernen hat jedoch aus definitorischer Sicht den Status eines *Konstrukts*: erreichte Lernstände sind keine hinreichenden Indikatoren für Lernen. Erst der Vergleich von Lernausgangslage und Lernstand (sachnormorientierte Zweipunktemessung, s. Kap. 107: Bezugsnormorientierung) erlaubt den Rückschluss auf Lernen – als intendierte, bedeutsame, positive Veränderung (Lernzuwachs). Allerdings muss zumindest für das *Üben* als Teilprozess des Lernens unterstellt werden, dass die Aufrechterhaltung von Lernständen gleichfalls Lernprozesse anzeigen kann (z.B. für sportliche Leistungen). Lernen als Änderung der Wissensstruktur (generatives Lernen, s. Wittrock, 1990) muss gleichfalls als verhaltensfernes Konstrukt bezeichnet werden; konstruktivistische Lerntheorien halten die korrespondierende Lehrintention allerdings für nicht möglich. Und schließlich löst der in dem Modell per Pfeil realisierte Übergang vom Wissen zum Handeln nicht ein anthropologisches Grundproblem: auch Lerner können sich zuwider ihrem Gedächtnisbesitz (z.B. Einstellungen) verhalten. Eine pragmatische Lösung versuchen konstruktivistische Lerntheorien durch die Situierung des Wissenserwerbs, womit „träges Wissen" vermieden werden soll (s. Renkl, 2002).

Die *Geschwindigkeit* des Lehrens ist nur in engen Grenzen variierbar, insbesondere aufgrund der Zeitabhängigkeit von gesprochener Sprache (mündliche Instruktion). Die Textrezeption (Lesegeschwindigkeit bei schriftlicher Instruktion) erfolgt zwar schneller, die Kapazität des Arbeitsgedächtnisses und die Prozesse des Textverstehens setzen jedoch Grenzen. Geschwindigkeitsveränderung wird zumeist *indirekt* herbeigeführt: didaktische Entscheidungen führen zum Auslassen bestimmter Lehrangebote oder Lernphasen oder zu deren ergänzender Realisierung.

Lernprozesse weisen gelegentlich eine dramatische Beschleunigung auf und werden dann zumeist von intensiven, positiven Emotionen begleitet (Aha-Erlebnis). Durch metakognitive Steuerung können primär Zeitverluste beim Lernen (z.B. irrelevante Nebenbeschäftigungen) vermieden werden. Metakognitive Sensitivität (s. Hasselhorn, 2001) hingegen könnte nicht nur das Wahrnehmen von Verstehensproblemen (z.B. Verwirrtsein) verbessern, sondern auch Phasen positiver Beschleunigung des Lernens weiterhin nutzbar machen.

Lehren und Lernen sind an die verfügbaren *kognitiven Ressourcen* gebunden. Bei *Lehrern* der Allgemeinen Schule wird unterstellt, dass sie aufgrund ihrer wissenschaftlichen Ausbildung über einen erheblichen Wissensüberschuss zu den Lehrplanthemen verfügen. Je nach Qualität der Lehrerausbildung und der berufsbegleitenden Kompetenzentwicklung können jedoch deutliche Unterschiede in der didaktischen und der pädagogischen Kompetenz bestehen und kumulativ die Performanz im Lehren beeinflussen. Bislang ist wenig untersucht, inwieweit die für das Lehren beanspruchten Wissensbereiche kognitive Überlastung bewirken, wenn pädagogisches Handeln professionell realisiert wird. Ungünstige Lehrqualität als Folge einer solchen Überlastung beeinträchtigt wiederum den Lernfortschritt insbesondere leistungsschwacher Schüler.

Bei *Schülern* beeinflussen die kognitiven und motivationalen Lernvoraussetzungen sowie die lernbegleitenden Emotionen die Lernergebnisse. Das in Abbildung 1 von Kapitel 1 vorgestellte Modell der Lernwirksamkeit von Unterricht zeigt die häufig untersuchten Merkmale der *individuellen Lernvoraussetzungen*.

2.2 Lehren des Lehrens und des Lernens

Das Lehren ist ebenso wie das Lernen eine selbstbezügliche kognitive Aktivität. Unter dem *Lehren des Lehrens* werden zumeist Formen der Lehrerausbildung verstanden, die kognitionspsychologisch betrachtet sowohl die Vermittlung deklarativen Wissens (Fachwissen, pädagogisches und (fach)didaktisches Wissen) als auch den Erwerb prozeduralen Wissens (z.B. aufrufen, ermahnen, Impuls geben) umfasst. Prozedurales Wissen kann auch durch intensive Beobachtung von unterrichtenden Lehrpersonen erworben werden (Modelllernen), was einerseits die schulpraktische Lehrerausbildung begründet und andererseits die Problematik einer zu wenig reflektierten Verdoppelung der vorhandenen Lehrpraxis einschließt. Aktuelle Unterrichtsforschung analysiert sog. Skripts als größere Sinneinheiten des Lehrerhandelns, die vermutlich im Verlauf der berufspraktischen Professionalisierung aufgebaut werden.

Unter dem *Lehren des Lernens* wird insbesondere die Vermittlung von Lernstrategien verstanden. In den Schulen finden seit einigen Jahren sog. Methodentrainings Einsatz, von denen allerdings nicht bekannt ist, ob hinreichende Transfereffekte auf das Lernverhalten im Fachunterricht erzielt werden. Die Lernstrategieforschung lässt bislang jedenfalls eine starke Domänenspezifität feststellen und verweist damit auf eine erhebliche Begrenzung der Lehrfähigkeit des Lernens. Die Kritik der Allgemeinen Didaktik an dem Konzept der formalen Bildung (s. Klafki, 1964) findet damit eine nachträgliche empirische Bestätigung.

Für das *Lernen des Lernens* gilt eine ähnliche Argumentation. Allerdings unterscheiden sich Lerner hinsichtlich ihrer metakognitiven Kompetenzen und weisen deshalb unterschiedliche Kennwerte in Fragebögen zum selbstregulierten Lernen auf. Das pädagogisch-anthropologische Ziel des autonomen Subjekts, das seinen Lernbedarf selbst erkennt und seine Lernprozesse selbst steuert, erschließt einen übergreifenden Rahmen. Insbesondere für den Expertiseerwerb von Erwachsenen lassen sich Formen des hochgradig bereichsspezifischen Lernens des Lernens nachweisen, deren Nutzung in Lehrprozessen versucht wird.

2.3 Problematische Gegenstands- und Zielbereiche des Lehrens und Lernens

Lehren als Intelligenzsteigerung. Obgleich – für Kindheit und Jugend – eine zentrale Wirkung von Beschulung in der Steigerung der kognitiven Fähigkeiten liegt, scheint eine direkte Intelligenzförderung durch Unterricht kaum möglich. Das Lernen in der Allgemeinen Schule bringt offensichtlich eine generelle Transferwirkung hervor, die als Intelligenzrohwertsteigerung gemessen werden kann und die Veränderung eines Persönlichkeitsmerkmals (Intelligenz als Konstrukt) anzeigt. Förderprogramme wie das Kognitive Training erzielen gewisse Intelligenzsteigerungen und deuten auf Möglichkeiten genereller Lernförderung hin. Eine grundlegende Erklärung für die Grenzen der Intelligenzförderung durch Lehren liegt in der Annahme, dass Intelligenz in beträchtlichem Maß ein erbliches Merkmal ist. Das allgemeindidaktische Konzept des exemplarischen Lehrens erschließt einen themenspezifischen Zugang zur Förderung von weitem Transfer und versucht so, das Problem der formalen Bildung zu lösen.

Lernen als Intelligenzstabilisierung. Für das gesamte Erwachsenenalter gilt, dass Lehren ausschließlich das bereichsspezifische Wissen und Können beeinflusst und nicht die grundlegende kognitive Fähigkeit, die günstigenfalls stabil bleibt. Dem altersbezogenen Abbau von Intelligenzleistung kann allerdings durch kontinuierliche Lernaktivitäten entgegengewirkt werden, die Lehrprozesse einschließen können (z.B. Gedächtnistraining).

Lehren von Kreativität. Wenn Kreativität nicht als Teil der allgemeinen Intelligenz (z.B. als divergentes Denken) definiert wird, so stellt sich auch hier die Frage nach deren Förderbarkeit durch Lehren. Dass in künstlerischen Ausbildungsinstitutionen in hohem Maße mit Lehrprozessen gearbeitet wird, kann jedoch eher als systematische Nutzung von vorhandener Kreativität durch angeleitetes Lernen interpretiert werden, denn hohe künstlerische Fähigkeiten werden bereits als Zugangskriterium verlangt. Einige Teilkomponenten von Kreativität sind vermutlich lehrbar, so z.B. als Strategien des Lösens von wenig strukturierten Problemen (Cognitive Flexibility Theory).

Lehren von Kritikfähigkeit. Die Idee der Aufklärung spiegelt sich in den grundlegenden Bildungszielen der Schulsysteme westlicher Gesellschaften. Insofern wird unterstellt, dass die Schule auch die Fähigkeit zur kritischen Nutzung des eigenen Verstandes fördert und zumindest ihre Lehrpersonen im Sinne Kants sich zugleich für dieses Lernen überflüssig zu machen trachten. Das Bildung sowie Erziehung innewohnende Paradoxon ist damit beschrieben. Eher pragmatische Lösungsversuche finden sich in den Unterrichtskonzepten des „critical thinking", die eine Teilkomponente jedweden bildungswirksamen Unterrichts programmatisch aufwerten (Walter & Diederich, 2003).

Lehren von Einstellungen. Einstellungen werden in mehr oder minder expliziten Lernprozessen erworben. Die instruktionale Vermittlung von Einstellungen bezieht sich auf die Wissenskomponente, die nur einen Teil des Lernbereichs von Schulfächern wie Ethik, Religion und Politik ausmacht. Einstellungsbildung ist an biographisch bedeutsame Lernerfahrungen geknüpft, die in schulischen Lehrprozessen nur bedingt zu realisieren sind, zumal hier auch die Gefahr der Indoktrination besteht. Vermutlich sind Erziehungsprozesse besonders geeignet, Einstellungen zu vermitteln, da Modelllernen einstellungsbezogene Komponenten umfasst. Lehrpersonen wirken in dieser Weise indirekt auf ihre Schüler ein und sollten sich ihrer Wertorientierung, aber auch ihrer Vorurteile bewusst sein und diese kritisch reflektieren. Zur Psychohygiene des Erziehens und Lehrens – und damit zur Begrenzung nicht intendierter Lernwirkungen – gehört auch das analytische Interesse an den wenig bewussten Konflikten und Abwehrmechanismen der eigenen Person.

Lernen aus Fehlern. Als Fehler wird primär die nicht vollständig korrekte Bearbeitung von Aufgaben bezeichnet. Fehler bedeuten in dieser Sichtweise eine nicht hinreichende Performanz, d.h. der Wissenserwerb ist zwar vollständig verlaufen, die Nutzung des Wissens jedoch noch nicht optimal. Fehler können hingegen auch auf den Erwerb nicht korrekter Wissenselemente zurückgeführt werden. Damit stellt sich die heikle Frage, ob ein *Lehren von Fehlern* stattgefunden hat. Aus Sicht der konstruktivistischen Didaktik wird die lernförderliche Wirkung des Lernens aus *eigenen* Fehlern hervorgehoben („Lob des Fehlers") und damit die Effizienz der Selbstverbesserung vorausgesetzt (s. Dubs, 1995). Im Unterricht veröffentlichte und erörterte Fehler können einsichtsvolles Lernen fördern und proaktive Fehlervermeidung bewirken. Aus lern- und gedächtnispsychologischer Sicht muss jedoch erwartet werden, dass zugleich die Wahrscheinlichkeit für das Einspeichern von fehlerhaften Lösungen ansteigt und damit auch deren Reproduktionswahrscheinlichkeit, die nur durch aufwändige Diskriminationsprozesse reduziert wird.

3 Differenzielle Aspekte des Lehrens und Lernens

3.1 Lernwirksamkeit von Gruppenhomogenität vs. -heterogenität

Die bisherige *Lernforschung* kann – für fachbezogene Lernstände – weder die Vorteile der leistungsbezogenen Lerngruppenhomogenisierung nachweisen (z.B. als Überlegenheit des dreigliedrigen Schulwesens gegenüber Gesamtschulmodellen) noch die Nachteile von beträchtlicher Lerngruppenheterogenität. Insbesondere bestehen keine Leistungsnachteile in sog. Integrationsklassen, in denen behinderte und nichtbehinderte Schüler gemeinsam unterrichtet werden.

Die Rede von „Heterogenität als Chance" bezieht sich eher auf die gesellschaftliche Integrationsfunktion von Schule und die hohen Folgekosten gesellschaftlicher Desintegration (z.B. hohe Jugendarbeitslosigkeit bei Migranten, hohe Kriminalitätsrate von Jugendlichen ohne Schulabschluss, Ethnozentrismus). Da der Erziehungsauftrag von Schule nur in der *faktischen* Interaktion von Schülern unterschiedlicher Lernvoraussetzungen realisierbar ist, müssen beträchtliche gemeinsame Lernzeiten arrangiert werden.

3.2 Individualisierung des Lehrangebots

Vermutlich müssen Lehrpersonen in besonders heterogenen Schulklassen über erweiterte Lehrkompetenzen verfügen, z.B. über hinreichende multikulturelle sowie lernprozessbezogene Diagnose- und Förderkompetenz. Individualisierte Unterstützungsstrukturen im bzw. ergänzend zum Unterricht scheinen ein Attribut besonders erfolgreicher Bildungssysteme zu sein (Arbeitsgruppe Internationale Vergleichsstudie, 2003).

3.3 Gruppenadaptivität von Lehr- und Lernmethoden

Das didaktische Konzept der Binnendifferenzierung unterstellt, dass aufgrund von Lernermerkmalen Teilgruppen in Klassen gebildet werden können, die mit spezifischen Lernangeboten effektiver versorgt werden als durch klassengleichen Unterricht. Diese Konstellation ist als Aptitude-Treatment-Interaction (ATI) mit großen Hoffnungen untersucht worden. Der Ertrag der empirischen Unterrichtsforschung ist eher ernüchternd und verweist auf die generelle, hohe Effizienz der häufig genutzten Unterrichtsmethoden, die – im Modell des Mastery-Learning, d.h. für das Fundamentum des Lehrplans und bei zusätzlicher Lernzeit für schwache Lerner – nicht unbeträchtliche kompensatorische Effekte erbringen und zum Leistungsausgleich beitragen.

Literatur
Aebli, H. (1989): Zwölf Grundformen des Lehrens. Eine allgemeine Didaktik auf kognitions-psychologischer Grundlage. 4. Aufl. Stuttgart: Klett-Cotta. – Arbeitsgruppe Internationale Vergleichsstudie (2003): Vertiefender Vergleich der Schulsysteme ausgewählter PISA-Teilnehmerstaaten. Bonn: Bundesministerium für Bildung und Forschung (BMBF). – Bohnsack, F. (2004): Persönlichkeitsbildung von Lehrerinnen und Lehrern. In: Blömeke, S. et al. (Hrsg.): Handbuch Lehrerbildung. Bad Heilbrunn: Klinkhardt, 152-164. – Dubs, R. (1995): Konstruktivismus: Einige Überlegungen aus der Sicht der Unterrichtsgestaltung. In: Zeitschrift für Pädagogik 41, 905-923. – Flechsig, K.-H. (1970): Die technologische Wendung in der Didaktik. In: Dohmen, G./Maurer, F./Popp, W. (Hrsg.): Unterrichtsforschung und didaktische Theorie. München: Piper, 243-262. – Hasselhorn, M. (2001): Metakognition. In: Rost, D.H. (Hrsg.): Handwörterbuch Pädagogische Psychologie. Weinheim: Psychologie Verlags Union, 466-471. – Henze, G. (2004): Lernen. In: Keck, R./Sandfuchs, U./Feige, B. (Hrsg.): Wörterbuch Schulpädagogik. 2., völlig überarb. Aufl. Bad Heilbrunn: Klinkhardt, 283-285. – Herrigel, E. (1951): Zen in der Kunst des Bogenschießens. München: Barth. – Klafki, W. (1964): Das pädagogische Problem des Elementaren und die Theorie der kategorialen Bildung. 4., durchges. u. erg. Aufl. Weinheim: Beltz. – Renkl, A. (2002): Lehren und Lernen. In: Tippelt, R. (Hrsg.): Handbuch Bildungsforschung. Opladen: Leske und Budrich, 589-602. – Roth, H. (1957): Pädagogische Psychologie des Lehrens und Lernens. Hannover: Schroedel. – Seel, N. (2003): Psychologie des Lernens. 2., aktual. u. erw. Aufl. München: Reinhardt. – Steiner, G. (2001): Lernen: 20 Szenarien aus dem Alltag. 3., korr. Aufl. Bern: Huber. – Steindorf, G. (2000): Grundbegriffe des Lehrens und Lernens. 5. Aufl. Bad Heilbrunn: Klinkhardt. – Straka, G.A. & Macke, G. (2002): Lern-Lehr-Theoretische Didaktik. Münster: Waxmann. – Walter, P./Diederich, J. (2003): Wie äußert sich Kritikfähigkeit im Unterricht? In: Bildung und Erziehung 56. – Wellenreuther, M. (2004): Lehren und Lernen – aber wie? Empirisch-experimentelle Forschungen zum Lehren und Lernen im Unterricht. Baltmannsweiler: Schneider Verlag Hohengehren. – Wittrock, M.C. (1990): Generative processes of comprehension. In: Educational Psychologist 24 (4), 345-376.

4| Unterricht und Erziehung
Frank Tosch

1 Begriffliche Annäherung

In der modernen Informationsgesellschaft will die Institution Schule die Heranwachsenden dazu befähigen, dass das von der Menschheit akkumulierte Kulturgut gewahrt und weiterentwickelt wird. Als Kulturträger und -kritiker erweist sie sich v.a. über ihre Hauptform *Unterricht* als ein zentrales *Enkulturationsmedium zur Erziehung und planmäßigen Bildung* des Menschen.

Unterricht ist ein an curricularen Lernzielen ausgerichtetes, geplantes, systematisches, methodisches und zielgerichtetes Lehren und Lernen. Unterricht vermittelt Wissen, entwickelt Fähigkeiten, schult Fertigkeiten und zeigt wertbestimmte Einstellungen, Haltungen und Verhaltensweisen auf (vgl. Sandfuchs 2004, S.490). Der Lehrer hat als Lernhelfer die Aufgabe, ein entwicklungspsychologisch angemessenes Arrangement von Lernsituationen anzubieten, die zum Erkennen von Zusammenhängen der gesellschaftlichen und natürlichen Welt sowie zum schrittweisen ‚Sich selber Finden' als lebenslanger Lernprozess anregen. Der Schüler soll jene Personalität erlangen, die durch Mündigkeit und Emanzipation, also Selbsttätigkeit, Selbstverantwortung, Urteilskraft und Entscheidungskompetenz gekennzeichnet ist.

Unter *Erziehung* werden nach Wolfgang Brezinka Handlungen verstanden, „durch die Menschen versuchen, das Gefüge der psychischen Dispositionen anderer Menschen in irgendeiner Hinsicht dauerhaft zu verbessern oder seine als wertvoll beurteilten Bestandteile zu erhalten oder die Entstehung von Dispositionen, die als schlecht bewertet werden, zu verhüten." (Brezinka 1990, S.95) Oder kürzer: „Als Erziehung werden Handlungen bezeichnet, durch die Menschen versuchen, die Persönlichkeit anderer Menschen in irgendeiner Hinsicht zu fördern." (Ebd.) Hieraus leiten sich nach Herbert Gudjons *fünf Bestimmungsmerkmale* ab:

„1. Erziehende sind *Menschen* [...].
2. Sie *versuchen* ..., das bedeutet: Erzieherische Handlungen können eben auch misslingen, denn die Leistung des Lernens (= Veränderung der psychischen Dispositionen) kann nur der Lernende selbst vollbringen, erzieherische Handlungen können nur dazu beitragen.
3. Soziale *Handlungen* setzen ein zielgerichtetes, zweckbestimmtes Verhalten voraus, dessen man sich subjektiv bewusst ist, wobei *sozial* meint, dass diese Handlungen auf andere bezogen sind (‚Selbsterziehung' wäre Lernen).
4. Mit psychischen *Dispositionen* sind nicht flüchtiges Erleben und Verhalten gemeint, sondern relativ dauerhafte Bereitschaften zum Erleben und Verhalten (das können Kenntnisse, Haltungen, Einstellungen, Interessen etc. sein).
5. *Verbessern* oder erhalten (oder neue schaffen oder als schädlich gewertete beseitigen) meint, dass einem vorgestellten Soll-Zustand vom erzieherisch Handelnden Wert zugeschrieben wird [...]." (Gudjons 2003, S.188f)

2 Historische Aspekte

Johann Friedrich Herbarts (1776-1841) Formel: „Jeder Unterricht erzieht" hat frühzeitig zu der Erkenntnis geführt, dass Unterricht und Erziehen untrennbar miteinander verbunden sind. „Der Unterricht will zunächst den Gedankenkreis, die Erziehung den Charakter bilden. Das Letzte ist nicht ohne das Erste; darin besteht die Hauptsumme meiner Pädagogik" (Herbart, Werke Bd. II, 1887, S.169). Unterricht umfasst nach Herbart die an den Fachinhalten orientierten Lehr-Lernprozesse, während die Persönlichkeitsbildung („Zucht") durch den Umgang und die Erfahrung mit anderen Menschen geschieht (vgl. Czerwanski 2004, S.7). Für Herbart war dabei bedeutsam, dass sich der Lehrer mit seiner erzieherischen Perspektive und seinen Methoden an seinem Zögling und dessen Lernprozessen orientiert und im Schüler eine „Vielseitigkeit des Interesses" als Voraussetzung für einsichtiges Handeln erzeugt (vgl. Ramseger 1991, S.38ff). Herbart hat Erziehung und Unterricht als Auftrag an eine öffentliche Erziehungsverantwortung gebunden und unter dem Postulat „Erziehender Unterricht", der nur in individualisierender Form zur Geltung kommen kann, zusammengefasst. Rudolf W. Keck verweist in diesem Zusammenhang auf den Missbrauch dieses Theorems für eine intellektualistische und disziplinierende Pädagogik v.a. des 19. Jahrhunderts. Immer da, wo Pädagogik eine Tendenz offenbart, die statt „Erziehendem Unterricht [auf] Disziplinierung (durch Unterricht) setzt" (Keck 2004, S.19), entstand letztlich die institutionalisierte Gefahr einer Gesinnungsschule und von Gesinnungsunterricht.

3 Möglichkeiten für die schulische Umsetzung erziehenden Unterrichts

Heute sind Unterricht und Erziehung generell nicht als getrennte Felder – also Unterricht als Prozess der Wissensvermittlung und Erziehung als Förderung positiver und die Zurückdrängung negativer psychischer Dispositionen und Eigenschaften – zu erachten. Erziehender Unterricht eröffnet die Chance, den Einzelnen durch Anregung eines je individuellen Lernaktes zu befähigen, die Bildungsgüter zu den ihn und die Gesellschaft bewegenden Lebensfragen in Beziehung zu setzen und so durch Eigenaktivität zum Verstehen, zu Einsichten, Haltungen und Urteilen zu gelangen.

Auch wenn *Erziehung* zunächst primäre Aufgabe der Eltern ist, bleibt sie unbestritten eine *kontinuierliche Aufgabe der Schule*. Die Praxis offenbart Schwierigkeiten, diese Arbeitsteilung erfolgversprechend zu lösen. Nach Johannes Bastian ist erziehender Unterricht nur machbar, „wenn er unverzichtbarer Teil des Unterrichts" und „Teil von verbindlichen Absprachen und Entwicklungen der Schule ist." (Bastian 2004, S.3) Diese Prämisse zielt darauf, erziehenden Unterricht von diffusen Forderungen abzugrenzen und in erlernbare Selbst- und Sozialkompetenzen zu übersetzen. Das gelingt nur, „wenn Erziehungsarbeit aus der Überforderung des Einzelnen in den Bereich schulischer Gemeinschaftsaufgaben überführt wird, also erst, wenn alle an sozialen und personalen Verhaltenszielen arbeiten." (Ebd.)

Unterricht bedeutet zunächst das Herstellen und erfolgreiche Gestalten von Lernsituationen, die durch didaktische Entscheidungen festgelegt werden. Nach Hans Jürgen Apel lassen sich drei *Zugänge für erziehende Intentionen im Unterricht* unterscheiden:

„1. Die Bildung von Einstellungen und Überzeugungen durch die Arbeit an fachspezifischen und fachübergreifenden Themen.
2. Die praktisch-moralische Erziehung zur Orientierung eigenen Handelns an allgemeinen Regeln durch die Gewöhnung an systematisches Lernen in rezeptiver und in selbsttätig-eigenverantwortlicher Form.
3. Die Übernahme von Haltungen / sozialen Tugenden durch Beobachtungslernen an Vorbildern, durch Anpassung an Anforderungen in sozialen Situationen und durch Verpflichtung auf allgemeine Regeln." (Apel 2004, S.114)

Unterricht verfolgt *materiale Aspekte* (Wissenserwerb) und *formale Ziele* (Kompetenzerwerb), die zugleich einen *Einfluss auf die Ausprägung bestimmter Haltungen* implizieren.

So geht es z.B. im Deutschunterricht bei der Behandlung von Lessings „Ringparabel" um die Stellung und Wertigkeit der so genannten Weltreligionen. Die Vermittlung kann zu dem Ergebnis führen, die Überzeugungen anderer ernst zu nehmen. Der eindrucksvolle Vortrag eines Frühlingsgedichtes kann über die Schönheit der „erwachenden Natur" Auskunft geben und zugleich Bilder ästhetischen Empfindens anbahnen, vielleicht zu selbsttätiger Kunstproduktion bzw. zum Schreiben einer Geschichte anregen.

Der naturwissenschaftliche Unterricht erzieht u.a. zur Achtung vor der Natur und zum ressourcensparenden Umgang mit ihr. Beim Experimentieren werden Genauigkeit im Beobachten, Exaktheit im Vorgehen und Urteilskraft in der Bewertung der Befunde geschult.

Über fachsystematisches Unterrichten hinaus können bei der Behandlung von Schlüsselproblemen *Grundeinsichten in die gesellschaftliche und natürliche Lebenswelt* einschließlich der Folgen der Technik- und Informationsgesellschaft angebahnt werden, die ganz unmittelbar *Empfindungen affizieren* und *grundsätzliche Haltungen zu zentralen Lebensfragen* entstehen lassen.

Allgemeiner formuliert, wirkt Unterricht immer dann erziehend, wenn es gelingt, die Bedeutung des Themas so zu vermitteln, dass Interesse für eine Sache, eigenaktive Auseinandersetzung und urteilende Stellungnahme provoziert wird. Dabei wird v.a. über die vom Lehrer gelebten Verhaltensweisen, seine „Glaubwürdigkeit" und Vorbildwirkung in Wort und Tat, seine rhetorische Überzeugungskraft sowie seine variable Unterrichts- und Klassenführung eine erzieherische Wirkung intendiert, mit der immer auch eine Normensetzung und Normenkontrolle einhergeht.

Neben der Qualität der Interaktion der am Unterrichtsprozess Beteiligten erzieht die *Form des Unterrichts*, die ein folgerichtiges, aufgabenbezogenes Denken und Handeln erzeugt. Unterricht wird so zum Einübungsraum für geordnete Wissens- und Könnensbestände und damit wahrscheinlich auch zum Erfahrungsfeld einer sachbezogenen Lern- und Arbeitshaltung.

Schließlich geht es im Unterricht um die *Entwicklung sozialer Tugenden und Verhaltensweisen*. Das impliziert das Auferlegen und Einhalten möglichst gemeinsam formulierter, allgemeiner Regeln des Umgangs. Erziehung zur Ehrlichkeit, zur friedlichen Klärung von Konflikten und zur Abwehr aller Formen von Gewalt verlangen Angebote zur Anbahnung eines Bewusstseins von Recht und Unrecht. Ziel ist es, durch die Behandlung der Sache die Schüler so anzusprechen, „dass sich aus der Instruktion eine Motivation dazu ergibt, das Rechtmäßige zu tun, das Unrechtmäßige zu lassen." (Apel 2004, S.118) Schüler benötigen einen klaren Regelrahmen, mehr aber einen „Freiraum zur Selbstbestimmung von Ordnungen" (ebd.); erst in zweiter Linie erlangen Sanktionen – wie Zensuren und legale Mittel des Zwanges – pädagogische Bedeutung.

Erziehender Unterricht gelingt dann, wenn er als bildender Unterricht gestaltet wird, der „Lernen als wirkliches Wechselspiel zwischen Vertiefung und Besinnung, also zwischen Weltaneignung und Selbsterfahrung begreift." (Ramseger 1991, S.54) Dort, wo Unterricht als reziprokes Lehr-Lern-Verhältnis zu Verstehen, Einsicht, Begreifen und Deutlichkeit führt (vgl. Koch 2003, S.54ff) und darin nicht moralisierende „Impulse zur Selbst- und Sozialerziehung" v.a. als eigenständig-individuelle Konstruktionen von Wirklichkeit angelegt sind (vgl. Schorch 2003, S.73ff), erzieht Unterricht vorrangig durch sich selbst.

Literatur

Apel, H. J. (2004): Aufgabe und Verantwortung – Zu Möglichkeiten, Grenzen und Notwendigkeiten eines Erziehenden Unterrichts. In: Koch, L. & Schorch, G. (Hrsg.): Erziehender Unterricht. Eine Problemformel. Bad Heilbrunn: Klinkhardt, 113-122. – Bastian, J. (2004): Erziehender Unterricht. In: Pädagogik, 56 (9), 3. – Brezinka, W. (1990): Grundbegriffe der Erziehungswissenschaft. Analyse, Kritik, Vorschläge. 5., verb. Aufl. München/ Basel: Reinhardt. – Czerwanski, A. (2004): Erziehender Unterricht. Begriffliche Klärung und Perspektiven der Umsetzung. In: Pädagogik 56, (9), 6-9. – Gudjons, H. (2003): Pädagogisches Grundwissen. Überblick – Kompendium – Studienbuch. 8., akt. Aufl. Bad Heilbrunn: Klinkhardt. – Kehrbach, K. (Hrsg.) (1887): J. F. Herbart's Sämtliche Werke, Bd. II. Langensalza: Beyer. – Keck, R. W. (2004): J. F.

Herbarts Theorem vom Erziehenden Unterricht – ein bildungsgeschichtlicher Klärungsversuch. In: Koch, L. & Schorch, G. (Hrsg.): Erziehender Unterricht, a.a.O., 11-21. – Koch, L. (2004): Erziehender Unterricht – eine Hybridbildung? In: Ders. & Schorch, G. (Hrsg.): Erziehender Unterricht, a.a.O., 47-62. – Ramseger, J. (1991): Was heißt „durch Unterricht erziehen"? Erziehender Unterricht und Schulreform. Weinheim/ Basel: Beltz. – Sandfuchs, U. (2004): Unterricht. In: Keck, R. W. & Ders. & Feige, B. (Hrsg.): Wörterbuch Schulpädagogik. 2., völlig überarb. Aufl. Bad Heilbrunn: Klinkhardt, 490f. – Schorch, G. (2004): Erziehender Unterricht angesichts „Neuer Lernkultur". In: Koch, L. & Ders. (Hrsg.): Erziehender Unterricht, a.a.O., 63-80.

5| Entwicklung und lebenslanges Lernen
Marcus Hasselhorn

Die Begriffe Entwicklung und Lernen haben nicht nur eine lange Geschichte in der Erziehungswissenschaft und der wissenschaftlichen Psychologie, sie haben auch eine feste Verankerung in der Alltagssprache. Beiden gemeinsam ist, dass sie Veränderungen bezeichnen. Mitte des 20. Jahrhunderts war das wissenschaftliche Verständnis von der lerntheoretischen Verkürzung bestimmt, dass jede Veränderung ihren Niederschlag in verändertem Verhalten hat. So verwundert es auch nicht, dass Entwicklung und Lernen zu dieser Zeit mitunter gleich gesetzt wurden. Doch schon in der Alltagssprache ist der Entwicklungsbegriff mit der Konnotation einer längerfristigen und andauernden Veränderung verknüpft, während der Lernbegriff auch kurzfristige und durchaus reversible Veränderungen bezeichnet: Gelerntes kann durchaus auch wieder verlernt werden.

Im vorliegenden Beitrag werden zunächst die dominierenden wissenschaftlichen Konzeptionen von Entwicklung und von Lernen und ihre theoriegeschichtliche Verankerung skizziert. Dabei wird herausgearbeitet, dass die Verursachung und die Art der mit Entwicklung und Lernen verknüpften Veränderungen sich unterscheiden. Des Weiteren wird auf die lebenslange bidirektionale Interdependenz von Entwicklung und Lernen eingegangen: Lernprozesse beeinflussen lebenslang die individuelle Entwicklung und in Abhängigkeit vom Entwicklungsstand einer Person verändert sich die Qualität und Effizienz von Lernprozessen. Zur Abrundung des Beitrages werden abschließend Antwortperspektiven für die Frage skizziert, wie sich individuelle Kompetenzen für ein erfolgreiches lebenslanges Lernen entwickeln bzw. entwickeln lassen.

1 Entwicklung

Auf einer sehr allgemeinen Ebene kann Entwicklung als eine zeitliche Sequenz miteinander zusammenhängender Veränderungen bezeichnet werden. Klammert man stammesgeschichtliche Entwicklungsaspekte aus und betrachtet ausschließlich das ontogenetische Zeitkontinuum, so umfasst Entwicklung alle im Lebenslauf von Personen auftretenden regelhaften Veränderungen der Erlebens- und Verhaltensmöglichkeiten.

Kontrovers sind wissenschaftliche Auffassungen von Entwicklung jedoch hinsichtlich der Frage, warum bzw. wodurch es zu den beobachtbaren Veränderungen kommt. Im 20. Jahrhundert wurden hierzu radikal gegensätzliche Auffassungen vertreten. Die endogenistische Sichtweise ging dabei davon aus, dass Entwicklung durch genetisch verankerte Programme bedingt sei. Mit dem Rückenwind der evolutionsbiologischen Begeisterung im 19. Jahrhundert wurde Entwicklung als Reifung, also als zeitgesteuerte Entfaltung und Ausdifferenzierung aufgefasst, die zu universellen, sequentiellen und unidirektionalen Verhaltensänderungen führt (z.B. Gesell, 1948). Vertreter exogenistischer Entwicklungsmodelle widersprachen den schicksalhaften Implikationen der Reifungstheorien. Dem setzten sie die Überzeugung entgegen, dass Erfahrungen die wesentliche Triebkraft von Entwicklungsveränderungen darstellen und damit Erziehung mächtiger als das Schicksal sei. Die bereits erwähnte lerntheoretische Position bildet den Prototyp dieses Ansatzes (Skinner, 1966).

Schon seit Jahrzehnten werden weder die radikal endogenistische noch die radikal exogenistische Sichtweise von Entwicklung ernsthaft vertreten. Die interindividuellen Gemeinsamkeiten vieler Verhaltensänderungen im Lebenslauf sprechen dafür, dass Entwicklung ohne die Annahme biologischer Zwänge nicht erklärbar ist. Die enorme Beeinflussbarkeit und Plastizität intraindividueller Veränderungen macht auf der anderen Seite aber auch deutlich, dass Entwicklung auch durch individuelle Erfahrungen maßgeblich gesteuert wird. Anlage und Umwelt sind also beide notwendige Voraussetzungen für Entwicklung.

Für eine radikale Umorientierung des Verständnisses von Entwicklung sorgten in der Mitte des 20. Jahrhunderts die Arbeiten von Piaget (z.B. 1952) und Vygotski (z.B. 1978). Trotz erheblicher Unterschiede in ihren Ansätzen betonten Piaget wie Vygotsky die Eigenaktivität des Individuums bzw. seine Selbstregulation als bedeutsamen Entwicklungsmechanismus. Entwicklung ist demnach weit mehr als die passive Anpassung des Organismus an seine biologischen und sozialen Zwänge. Sie ist der selbstregulative Prozess eines biologisch vorstrukturierten Organismus in der Auseinandersetzung mit seinen Umwelten und dies nicht nur im Kindes- und Jugendalter, sondern über die gesamte Lebensspanne (vgl. Baltes et al., 1998).

2 Lernen

Der Prozess, bei dem es zu überdauernden Änderungen im Verhaltenspotential als Folge von Erfahrungen kommt, wird gemeinhin als Lernen bezeichnet. Während in der Blütezeit des lerntheoretischen Behaviorismus dieser Prozess ausschließlich über Mechanismen der Assoziationsbildung und der Verstärkung charakterisiert wurde, dominiert heute die Vorstellung vom Wissenserwerb bei der Beschreibung und Erklärung von Lernprozessen. In den 1960er Jahren begann man Modelle des Lernens auszuarbeiten, in denen Annahmen über die kognitiven Prozesse und Mechanismen des Verstehens und Erinnerns von Informationen gemacht werden. In den mittlerweile zahlreich vorgelegten Modellen wird Lernen als ein Informationsfluss zwischen sensorischen Registern, einem Kurzzeit- bzw. Arbeitsgedächtnis und einem Langzeitgedächtnis als Hauptkomponenten des menschlichen Gedächtnisses beschrieben. Rezipierte Informationen werden über die Dauer der physikalischen Reizeinwirkung hinaus kurzzeitig in modalitätsspezifischen sensorischen Registern gehalten. Wird ihr dann bewusste Aufmerksamkeit geschenkt, gelangt sie in das Kurzzeitgedächtnis, das wegen seiner vielfältigen Funktionen bei komplexen schulnahen Lernprozessen auch Arbeitsgedächtnis genannt wird (vgl. Hasselhorn & Schumann-Hengsteler, 2001). Im Arbeitsgedächtnis wird die Information über Kontrollprozesse im Abgleich mit dem bereits verfügbaren Wissen im Langzeitgedächtnis bewertet, gruppiert und transformiert, so dass schließlich neues Wissen konstruiert ist.

3 Einflüsse von Lernprozessen auf die individuelle Entwicklung

Selbst wenn man Entwicklung nicht als bloße Kumulation von Lernprozessen auffasst, ist nicht von der Hand zu weisen, dass viele Verhaltensänderungen im individuellen Entwicklungsverlauf das komplexe Ergebnis vieler miteinander verknüpfter und untereinander verschachtelter Lernprozesse sind. Insofern kann man in Anlehnung an Weinert (2001) davon sprechen, dass Entwicklung auch das „Ergebnis" und das „Ziel" von Lernen und Erziehung sei. Auch wenn sich die Lerngelegenheiten und -kontexte im Laufe der Lebensspanne ändern, der prinzipielle Einfluss von Lernprozessen auf das Entwicklungsgeschehen bleibt davon unberührt.

Ceci (1991) hat z.B. empirische Belege für die These zusammengetragen, dass Beschulung per se einen günstigen Einfluss auf die intellektuelle Entwicklung hat. Vergleicht man 6- bis 7-jährige Kinder des gleichen Intelligenzniveaus, die zu einem bestimmten Zeitpunkt beschult werden (also in die Grundschule überwechseln) oder nicht (also im Kindergarten verbleiben), so zeigen sich einige Monate später Intelligenzvorteile der eingeschulten Kinder. Bei älteren Schulkindern insbesondere aus Bevölkerungsschichten mit geringem Einkommen findet sich über die schulfreie Zeit der Sommerferien ein zwar geringer aber zuverlässig nachweisbarer Abbau der Intelligenztestleistungen. Die Ergebnisse einer neueren Studie von Schneider und Stefanek (2004) lassen darüber hinaus vermuten, dass unterschiedliche Formen der Beschulung (Gymnasium vs. Hauptschule) zu unterschiedlichen Entwicklungsfortschritten in der verbalen Intelligenz und dem formalen Denken führen.

Auch in anderen Lebensabschnitten als der Schule und in anderen Bereichen als der intellektuellen Entwicklung ließen sich Beispiele der Lernabhängigkeit von Entwicklungsveränderungen anführen.

4 Entwicklungsabhängigkeit des Lernens

Es dürfte deutlich geworden sein, dass Lernen im oben beschriebenen Sinne von Wissenserwerb und Wissenskonstruktion immer auch davon abhängig ist, welches Wissen und welche Kontrollprozesse bereits verfügbar sind. Insbesondere die Qualität von Lernen ist vom erreichten Entwicklungsstand der betroffenen Personen abhängig; ein Zusammenhang, den Weinert (2001) so umschreibt, dass Entwicklung eine „Bedingung" des Lernens im engeren Sinne sei.

So diente die Piagetsche Stufentheorie der geistigen Entwicklung über Jahrzehnte hinweg Didaktikern als Orientierungsrahmen für die altersgerechte Gestaltung von Lernprozessen bzw. Lerngelegenheiten. Moderne Informationsverarbeitungsansätze der kognitiven Entwicklung sind in der Lage, ähnliche Entwicklungsabhängigkeiten des Lernens zu beschreiben. So kommt es z.B. etwa im sechsten Lebensjahr zu einem qualitativen Entwicklungsfortschritt in der Nutzungsmöglichkeit des Arbeitsgedächtnisses für sprachliche Informationen, was die simultanen Abgleichsmöglichkeiten mit den Inhalten des Langzeitgedächtnisses enorm verbessert (Hasselhorn, 2004). Etwa um das zehnte Lebensjahr herum vollzieht sich ein Entwicklungsprozess, in dessen Folge Schülerinnen und Schüler zu abstrakten Selbstreflexionen und zum Nachdenken über das eigene Lernen fähig sind. Diese Metakognitionen wiederum eröffnen Möglichkeiten zur intelligenteren Nutzung von Kontrollprozessen während des Lernens.

Im hohen Erwachsenenalter ist zwar wieder mit Einbußen in der funktionalen Kapazität bzw. Effizienz des Arbeitsgedächtnisses zu rechnen (vgl. Titz, Behrendt & Hasselhorn, 2004), nicht aber mit einem Abbau metakognitiver Kompetenzen (vgl. Hasselhorn & Grube, im Druck). Dies legt nahe, dass auch im hohen Alter erfolgreich gelernt werden kann, wenn die Lernprozesse so gestaltet werden, dass es zu keiner Kapazitätsüberlastung führt.

Entwicklungsabhängigkeiten des Lernens machen sich aber nicht nur an Merkmalen des kognitiven Entwicklungsstandes bemerkbar. Für erfolgreiches Lernen sind auch motivationale und volutionale Voraussetzungen entscheidend. Aufgrund der häufig nur bescheidenen empirischen Zusammenhänge zwischen motivationalen Parametern und Lernleistungen wird diese Voraussetzung erfolgreichen Lernens bisweilen eher unterschätzt. Weinert (1990) hat jedoch darauf hingewiesen, dass kognitive und motivationale Voraussetzungen in Abhängigkeit vom Schwierigkeitsgrad der zu bewältigenden Lernanforderungen mal verzahnt sind und mal nicht. Bei schwierigen Aufgaben gilt eher ein Koppelungsmodell, d.h. dass sowohl hohe kognitive Fähigkeiten als auch große Anstrengung erforderlich sind, um Lernerfolg zu haben. Bei leichten Aufgaben hingegen reicht es, entweder hohe Fähigkeiten zu haben, oder große Anstrengung zu zeigen (Kompensationsmodell). Zu den wichtigsten motivationalen Determinanten erfolgreichen Lernens gehört das leistungsbezogene Selbstvertrauen, eingebettet in einem erfolgsorientierten Leistungsmotivsystem (Heckhausen, 1975).

5 Entwicklung individueller Kompetenzen für erfolgreiches lebenslanges Lernen

Vor dem Hintergrund der bidirektionalen Zusammenhänge zwischen Entwicklung und Lernen hat Hasselhorn (2000) den Rahmen für eine Interventionsstrategie skizziert, um möglichst effizient individuelle Voraussetzungen für ein erfolgreiches lebenslanges Lernen zu implementieren. Ausgangspunkt war dabei die These, dass insbesondere metakognitive Kompetenzen der lernstrategischen Selbstregulation und in Leistungssituationen erfolgsorientierte, motivationale Dispositionen die besten individuellen Voraussetzungen für erfolgreiches lebenslanges Lernen darstellen. Für beide Kompetenzbereiche erweist sich die Altersspanne zwischen 10 und 12 Jahren als kritisch. Metakognitive Kompetenzen der Selbstregulation lassen sich erstmals mit nachhaltigen Wirkungen in diesem Altersbereich aufbauen. Das individuelle Leistungsmotivsystem stabilisiert sich in diesem Zeitfenster (Geppert, 1997). Vor dem 10. Lebensjahr wirken metakognitive Trainings nur bedingt; nach dem 12. Lebensjahr werden Jugendliche immer resistenter gegenüber Beeinflussungsversuchen der motivationalen Dispositionen. Eine Kombination metakognitiver Trainings (Hasselhorn & Hager, 2001) und kognitiver Motivänderungsprogramme (Rheinberg, 2001) verbunden mit einem konkreten, aber nicht zu eng gefassten Lernbereich (z.B. Textlernen, Biologie) scheinen daher besonders erfolgversprechend zu sein.

Literatur

Baltes, P.B./Lindenberger, U./Staudinger, U.M. (1998): Life-span theory in developmental psychology. In: Lerner, R.M. (Ed.): Handbook of child psychology, Vol. 1: Theoretical models of human development. New York: Wiley, 5th ed., 1029-1143. – Ceci, S.J. (1991): How much does schooling influence general intelligence and its cognitive components? A reassessment of the evidence. In: Developmental Psychology 27(5), 703-722. – Geppert, U. (1997): Entwicklung lern- und leistungsbezogener Motive und Einstellungen: Literaturüberblick. In: Weinert, F.E./Helmke, A. (Hrsg.): Entwicklung im Grundschulalter. Weinheim: PVU, 45-58. – Gesell, A. (1948). Studies in child development. New York: Harper. – Hasselhorn, M. (2000): Lebenslanges Lernen aus der Sicht der Metakognitionsforschung. In: Achtenhagen, F./Lempert, W. (Hrsg.): Lebenslanges Lernen im Beruf – seine Grundlegung im Kindes- und Jugendalter. Bd. 3: Psychologische Theorie, Empirie und Therapie. Opladen: Leske + Budrich, 41-53. – Hasselhorn, M. (2004): Individuelle Lernvoraussetzungen zwischen sechs und sechzehn Jahren: Allgemeine und differentielle Entwicklungsveränderungen. In: C. Aeberli (Hrsg.): Lehrmittel neu diskutiert. Zürich: Lehrmittelverlag des Kantons Zürich, 11-25. – Hasselhorn, M./Grube, D. (im Druck): Gedächtnisentwicklung (Grundlagen). In: Schneider, W./ Sodian, B. (Hrsg.): Enzyklopädie der Psychologie. Serie "Entwicklungspsychologie", Band 2: Kognitive Entwicklung. Göttingen: Hogrefe. – Hasselhorn, M./Hager, W. (2001): Kognitives Training. In: Rost, D.H. (Hrsg.): Handwörterbuch Pädagogische Psychologie (2. Aufl.). Weinheim: PVU, 443-451. – Hasselhorn, M./Schumann-Hengsteler, R. (2001): Arbeitsgedächtnis. In: Rost, D.H. (Hrsg.): Handwörterbuch Pädagogische Psychologie (2. Aufl.). Weinheim: PVU, 17-22. – Piaget, J. (1952): The origins of intelligence in children. New York: International University Press. – Rheinberg, F. (2001): Motivationstraining und Motivierung. In: Rost, D.H. (Hrsg.): Handwörterbuch Pädagogische Psychologie (2. Aufl.). Weinheim: PVU, 478-483. – Schneider, W./Stefanek, J. (2004): Entwicklungsveränderungen allgemeiner kognitiver Fähigkeiten und schulbezogener Fertigkeiten im Kindes- und Jugendalter. Evidenz für einen Schereneffekt? In: Zeitschrift für Entwicklungspsychologie und Pädagogische Psychologie 36(3), 147-159. – Skinner, B.F. (1966): The phylogeny and ontogeny of behavior. In: Science 153, 1205-1213. – Titz, C./Behrendt, J./Hasselhorn, M. (2004). Welche Rolle spielen proaktive Interferenzen zur Erklärung von Altersdifferenzen in der Gedächtnisspanne. In: Zeitschrift für Gerontopsychologie & -psychiatrie 17(3), 173-177. – Vygotsky, L.S. (1978): Mind in society: The development of higher psychological processes. Cambridge: Harvard University Press. – Weinert, F.E. (1990): Theory building in the domain of motivation and learning in school. In: Vedder, P. (Ed.): Fundamental studies in educational research. Amsterdam: Swets u. Zeitlinger, 91-120. – Weinert, F.E. (2001): Entwicklung, Lernen, Erziehung. In: Rost, D.H. (Hrsg.): Handwörterbuch Pädagogische Psychologie (2. Aufl.). Weinheim: PVU, 121-132.

6| Unterrichtsforschung
Andreas Helmke

1 Übersicht

Gegenstand dieses Kapitels ist eine Übersicht über Paradigmen, Methoden, Schwerpunkte und Perspektiven der wissenschaftlichen Erforschung des Unterrichts (engl. *research on teaching*), der ihn bedingenden Variablen, der in ihm ablaufenden Prozesse und der daraus resultierenden Ergebnisse. Ausgehend von einem Rahmenmodell der Bedingungen und Wirkungsweise des schulischen Unterrichts werden zunächst einige Paradigmen der Unterrichtsforschung skizziert (Lehrpersönlichkeitsansatz, Prozess-Produkt-Paradigma, aktuelle Weiterentwicklungen). Dabei geht es schon aus Platzgründen nicht um die Ergebnisse der jeweiligen Forschungen, sondern um zugrunde liegende Prinzipien. Anschließend werden wichtige Brennpunkte und Entwicklungslinien der Unterrichtsforschung dargestellt. Den Abschluss bilden Überlegungen zu Perspektiven der Unterrichtsforschung.

2 Ein Rahmenmodell

Unterricht kann als „didaktisch geplante und deshalb sowohl thematisch abgrenzbare als auch zeitlich hinreichend umfassende Sequenzen des Lehrens und Lernens im Kontext pädagogischer Institutionen" definiert werden (s. Unterkapitel 1, S.17). Institutionalisierte und geplante Lehr-Lern-Prozesse finden in zahlreichen Bereichen statt, keineswegs nur in der Schule, und umfassen ein sehr breites Spektrum von Gegenständen. In diesem Kapitel wird nur ein – allerdings sehr wichtiger – Ausschnitt betrachtet, nämlich der reguläre Unterricht in der (allgemeinbildenden) *Schule*. Vorschule, berufsbildende Schule und Hochschule mit ihren Besonderheiten bleiben ebenso außer Betracht wie außerschulisches Lehren und Lernen (Fahrschule, Militär, Volkshochschule), obwohl sich sicher überlappende Zonen finden lassen, in denen Aussagen über Lehr-Lern-Prozesse gleichermaßen gültig sind. Trotz dieser Einschränkung ist das Spektrum der Forschung zu den schulischen Lehr-Lern-Prozessen enorm groß, und verschiedene *Fachrichtungen und Forschungsdisziplinen* sind an der empirischen Erforschung des Unterrichts, insbesondere der schulischen Lehr-Lern-Prozesse beteiligt. Innerhalb der Pädagogischen Psychologie ist allerdings auch eine große theoretische Zersplitterung von kaum miteinander verbundenen und kommunizierenden *Forschungsprogrammen* festzustellen: im Mittelpunkt die theoriegeleitete Lehr-Lern-Forschung, die auf Glaser zurückgehende Forschung zum „Instructional Design" bis hin zur so genannten Unterrichtsklimaforschung und atheoretisch-empiristischen Untersuchungen.

Das Spektrum der *Forschungsmethodik* umfasst qualitative und quantitative Ansätze, nomothetischem Wissenschaftsverständnis verpflichtete vs. handlungsorientierte Vorhaben, beschreibende und erklärende, korrelative und (selten) quasi-)experimentelle Ansätze bis hin zu Metaanalysen.

Anstelle eines historischen Abrisses der verschiedenen Paradigmen verwende ich im Folgenden einen systematischen Ansatz: Anhand eines Rahmenmodells zur Wirkungsweise des Unterrichts (Helmke, 2004) soll die Orientierung über Paradigmen und Schwerpunkte der Unterrichtsforschung erleichtern und zugleich verdeutlichen, welche Aspekte in diesem Kapitel thematisiert werden und welche nicht.

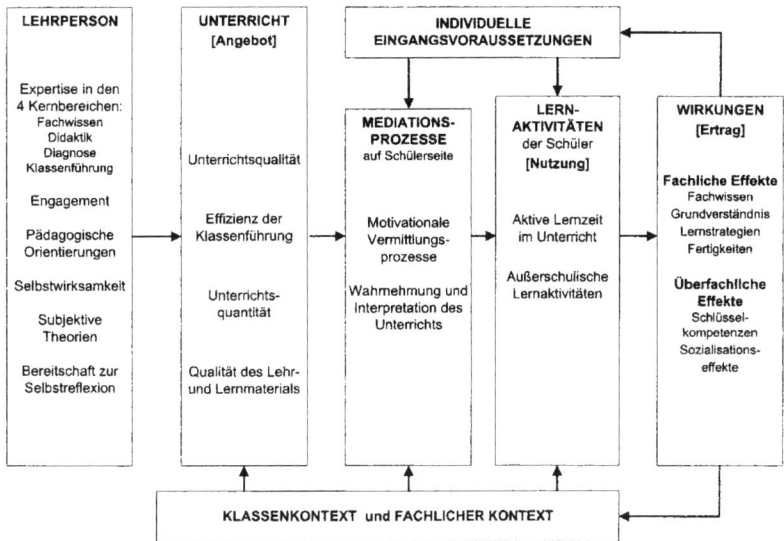

Abbildung 1: Ein Rahmenmodell der Wirkungsweise des Unterrichts

Das Modell (s. Abbildung 1) berücksichtigt Lehrer-Personmerkmale (presage), Kontextmerkmale (context), Merkmale des Unterrichtsprozesses (process), Mediationsprozesse, Lernprozesse und Ergebnisvariablen (product) und stellt damit eine Erweiterung des klassischen Modells von Dunkin & Biddle (1974) dar, dessen Begriffe in Klammern gesetzt sind. Verschiedene Kombinationen dieser Variablenklassen entsprechen verschiedenen Paradigmen der Unterrichtsforschung. Unterricht kann, einer Idee von Helmut Fend (1998) folgend, als *Angebot* verstanden werden. Ob, wann und wie dieses Angebot seitens der „Kundschaft" *genutzt* wird, also zu aktiven, selbstständigen Lernprozessen und letztendlich zu den erwünschten fachlichen und überfachlichen „Outcomes" führt, hängt nicht nur vom Unterricht, sondern von vielen anderen Faktoren ab. Unterricht ist nur *eines* von mehreren Bündeln von Wirkfaktoren, die auf Schülerseite den Aufbau von Wissen, Verständnis und Schlüsselkompetenzen erklären; daneben kommen z.B. auch Einflüsse der Familie und des Klassenkontextes ins Spiel.

3 Paradigmen und Trends der Unterrichtsforschung

Bezug nehmend auf das entwickelte Modell der unterrichtlichen Wirkungen in Abbildung 1 sollen im Folgenden einige Konzeptionen der Unterrichtsforschung skizziert werden. Die Darstellung orientiert sich an dem Artikel von Shuell (1996) im „Handbook of Educational Psychology".

3.1 Forschung zur Lehrerpersönlichkeit

In der Frühzeit der Erforschung des Unterrichts war „teacher effectiveness research" gleichbedeutend mit der Suche nach den Merkmalen einer erfolgreichen Lehrerpersönlichkeit. Gemessen an dem Ziel – Unterschiede im Leistungsniveau oder der Leistungsentwicklung von Schülern aufzuklären – war diese Forschungsrichtung im Großen und Ganzen erfolglos. Dies lag vor allem daran, dass die untersuchten Personmerkmale unterrichtsfern waren. Mit dem Aufkommen der Unterrichtsbeobachtung und erst recht mit der kognitiven Wende mit ihrer Akzentsetzung auf Lehrerdenken und -planen wurde dieser Ansatz nahezu aufgegeben. Wie so oft in der Geschichte der psychologischen Forschung wurde jedoch auch hier das Kind mit dem Bade ausgeschüttet: Eine völlige Ausblendung der Lehrerpersönlichkeit aus der Unterrichtsforschung erwies sich als unhaltbar. So hat die traditionelle Lehrerforschung trotz der Stagnation dieses Gebietes eine Reihe von Personmerkmalen herausgestellt, die konsistent und stark mit dem unterrichtlichen Handeln und damit mit Unterrichtserfolg zusammenhängen, z.B. Engagement (engl. *enthusiasm*) und Selbstwirksamkeit. Dazu kommt die Rückbesinnung auf Merkmale der Lehrerperson in Form der Forschung zur Expertise und Professionalisierung von Lehrern (Bromme, 1997).

3.2 Das Prozess-Produkt-Paradigma (PPP)

Die Logik dieses klassischen Paradigmas, das die Unterrichtsforschung lange beherrscht hat und – in erweiterter Form – auch heute noch prominent ist, umfasst drei Schritte: (1) Erhebung von Prozessmerkmalen des Unterrichts, z.B. mit einem niedrig-inferenten kategorialen Beobachtungssystem, (2) Messung eines oder mehrerer Zielkriterien, vorzugsweise Leistungszuwächse, und (3) Korrelation zwischen (1) und (2). Der Ertrag dieser Studien ist in mehreren Kapiteln des „Handbook of Research on Teaching" (vgl. Brophy & Good 1986) sowie bei Shuell (1996) ausführlich dokumentiert, daneben auch in Metaanalysen der Walberg-Gruppe (Wang, Haertel & Walberg 1993).

Ein weniger verbreitetes, aber raffinierteres Untersuchungsparadigma unter der Schirmherrschaft des PPP vereinigt Komponenten des o.g. variablenzentrierten Ansatzes mit einem *personzentrierten Ansatz*: (1) In einem ersten Schritt werden Experten identifiziert: Lehrpersonen mit überdurchschnittlichen und konsistenten, d.h. im günstigsten Falle zu mehreren Zeitintervallen und in mehreren Fächern erfassten Lernzuwächsen ihrer Klassen. (2) Der Unterricht dieser nachweislich und konsistent erfolgreichen Lehrkräfte wird anschließend unter die Lupe genommen: Unterrichtsbeobachtung, Befragungen etc.

Eine dritte Variante schließlich sind *experimentelle Trainingsstudien* (vgl. Rosenshine & Stevens 1986): Eine Gruppe von Lehrkräften trainiert spezifische Verhaltensweisen, gibt z.B. häufige Rückmeldungen zum Lernfortschritt („individuelle Bezugsnormorientierung"), und eine Vergleichsgruppe unterrichtet ohne diese Instruktion. Beide Gruppen werden hinsichtlich bestimmter Zielkriterien miteinander verglichen, z.B. aktive Lernzeit, Leistungszuwachs.

3.3 Erweiterungen des Prozess-Produkt-Paradigmas

Lange Zeit unangefochten erfuhr das PPP zunehmend sowohl theoretische als auch methodologische Kritik. Diese führte zu Erweiterungen, wie sie in Abbildung 1 dargestellt sind und betreffen sowohl die bereits von Medley (1982) thematisierten „presage"-Merkmale (Kontext) als auch Mediationsprozesse auf Seiten der Lernenden.

Rahmenbedingungen des Unterrichtens. Die moderne Unterrichtsforschung bezieht Merkmale des Kontextes in zweierlei Weise ein. Zum einen durch explizite Berücksichtigung von Rahmenbedingungen, d.h. von der Lehrkraft vor jedem Unterricht vorgefundene, nicht direkt veränderbare Merkmale der zu unterrichtenden Schulklasse. Der so beschreibbare Kontext ist bei allen neueren Leistungsvergleichsstudien deshalb von überragender Bedeutung, weil eine auf „Rohwerte" beschränkte Evaluation unfair wäre. Kontextmerkmale sind diejenigen Aspekte, die sich indirekt auf die Lehr-Lernprozesse auswirken können. In diesem Sinne sind Merkmale der Lehrerpersönlichkeit (Ausbildung, Orientierungen, Geschlecht) selbst Teil des Kontextes. Dazu kommen Merkmale wie

Schuleinzugsgebiet und Klassenzusammensetzung (z.B. Anteil von Schülern (a) mit nicht-deutscher Muttersprache, (b) aus unteren Sozialschichten, (c) von Klassenwiederholern, (d) Vorkenntnisniveau und -streuung zu Beginn des Unterrichts). Diese Berücksichtigung dieser Merkmale ist für faire Vergleiche erforderlich (Arnold 1999). Dabei spielt es methodisch keine Rolle, ob Erwartungswerte berechnet werden (Welches Leistungsniveau kann man bei einem bestimmten Kontextprofil in Kenntnis der Zusammenhänge zwischen Kontextmerkmalen und Leistung erwarten?), ob man kontextähnliche Vergleichsgruppen bildet oder ob man die Rohwerte je nach Ausmaß der Begünstigung oder Behinderung durch Kontexte adjustiert.

Klassenkontext. Die Unterrichtsforschung bezieht sich ganz überwiegend auf Schulklassenunterricht. Daraus folgt, dass typische Merkmale von solchen „classroom environments" berücksichtigt werden müssen. Dies sind nach Doyle (1986) sechs Merkmale: multidimensionality, simultaneity, immediacy, unpredictability, publicness and history.

Mediationsprozesse. Angebot, Nutzung und Ertrag sind nicht linear verknüpft. Vielmehr sind motivationale und interpretative Prozesse auf Schülerseite dazwischen geschaltet. Ein Beispiel dafür sind sog. paradoxe Effekte von Lob und Tadel: Lehrerlob kann in bestimmten Fällen – je nach dem, wie es wahrgenommen und interpretiert wird – negative statt positive Effekte haben, beispielsweise wenn es (im Fall der Belobigung für die Lösung sehr leichter Aufgaben) als Zuschreibung von Inkompetenz interpretiert werden muss; oder wenn es, wie im Falle von „teacher pets" und „Strebern", mit negativen Reaktionen seitens der Mitschüler verbunden ist.

Sackgassen und Perspektiven des Prozess-Produkt-Paradigmas. In seiner erweiterten Form wird das in Abbildung 1 skizzierte Paradigma – mit einer Erweiterung auf Prozesse des Lehrens und Lernens – auch in Zukunft nicht durch alternative Paradigmen ersetzbar sein (Gage & Needels 1989). Nötig ist allerdings, sich der inhärenten Beschränkungen bewusst zu sein und die bekannten Sackgassen und Kurzschlüssigkeiten zu vermeiden. Dazu gehört insbesondere (a) die methodische Berücksichtigung des Mehrebenencharakters von Prozessen im Klassenzimmer (multilevel models), (b) die Konzeptualisierung auch nicht-linearer Zusammenhänge, beispielsweise dort, wo aus theoretischer Sicht eher Optima als Maxima einer Variablenausprägung in Frage kommen, (c) die Berücksichtigung von Wechselwirkungen, (d) Berücksichtigung der Tatsache, dass Unterricht nicht nur „unabhängige Variable" ist, sondern selbst von verschiedenen Wirkfaktoren abhängt, so von der Lehrerpersönlichkeit und der Klassenzusammensetzung und schließlich (e) die adäquate Berücksichtigung der unterrichtlichen Unterschiede selbst bei ein und der gleichen Lehrkraft bei Zugrundelegung verschiedener Zeitpunkte, Klassen und Fächer.

4 Brennpunkte der Unterrichtsforschung

4.1 Ergebnisorientierte Unterrichtsevaluation, Bezugsnormen und Standards

Zur Forschung über Unterricht gehört auch die Entwicklung wissenschaftlich begründeter Strategien und Methoden der Evaluation des Unterrichts (Helmke 2003). Dabei gilt es, Bezugsnormen und Bewertungsperspektiven voneinander zu trennen: Zum einen kann sich die Evaluation des Unterrichts auf die (beobachtbaren und beurteilbaren) Unterrichtsprozesse selbst beziehen oder auf seine Produkte, also seine nachweislichen Folgen; seit TIMSS, PISA und der Einführung von Bildungsstandards ist die letztgenannte Sichtweise zunehmend wichtiger geworden. Quer dazu liegt die Bezugsnorm der Bewertung sowohl des Unterrichtsprozesses als auch der Unterrichtsprodukte. Auf der Wirkungsseite lassen sich drei Bezugsnormen ausmachen: (a) vergleichsorientiert (auch: normativ), wobei der Vergleich innerschulisch sein kann oder sich als Benchmark eines Landesmittelwertes bedienen kann; (b) kriterial, sachlich oder kompetenzorientiert und (c) veränderungsbezogen (auch:

individuell, ipsativ): Wie haben sich die Leistungen im Verlaufe eines Referenzzeitraumes verändert? Nimmt man dagegen die Unterrichtsprozesse ins Visier, ergeben sich bei Zugrundelegung der drei beschriebenen Bezugsnormen auf den ersten Blick ungewohnte Beurteilungsperspektiven und -probleme, weil es bisher keine Übereinkunft darüber gibt, welche Merkmale die Qualität des Unterrichts ausmachen, in welcher Metrik sie erfassbar sind und ob es theoretisch sinnvoll und methodisch machbar ist, ähnlich wie bei der Diskussion über Bildungsstandards, Mindeststandards des Unterrichtens zu etablieren. Es gibt zwar „Standards" für Lehrer, aber sie betreffen eher deren Ausbildung: Was müssen Lehrer wissen und können, wenn sie die Ausbildung für ein Lehramt abgeschlossen haben?

4.2 Konkurrenz oder Harmonie von Zielkriterien schulischen Unterrichts?

In Abbildung 1 ist auf der Produktseite dargestellt, worüber in Bildungspolitik und Pädagogik Einigkeit besteht – dass durch Unterricht sehr unterschiedliche Ziele erreicht werden sollen: von der Initiierung selbstständigen Lernens bis hin zum Erwerb von fachlichen wie überfachlichen Kompetenzen. Daraus folgt notwendig, dass je nach angestrebten Unterrichtszielen unterschiedliche Lehrstile und Lehr-Lern-Szenarios angemessen sind (Weinert 1997). Die damit verbundene Frage nach der Vereinbarkeit bzw. Kompatibilität unterschiedlicher Zielkriterien ist deshalb eine aus bildungspolitischer Sicht eminent wichtige, forschungsmethodisch aber schwierige Frage.

4.3 Wechselwirkungen

Die Wirkung eines spezifischen unterrichtlichen Angebotes hängt von individuellen Eingangsvoraussetzungen ab. Daraus folgt, dass bei heterogenen Lernvoraussetzungen innerhalb einer Klasse ein und derselbe Unterrichtsstil bei verschiedenen Schülergruppen unterschiedliche, ggf. sogar gegenläufige Effekte ausüben kann (Wechselwirkung zwischen Lehrmethode und Schülermerkmalen (engl. *aptitude-treatment-interaction, ATI*). ATIs werden in der aktuellen Unterrichtsforschung weitgehend ignoriert; es bleibt abzuwarten, ob die seit PISA 2000 und 2003 zutage getretene Lage von Risikoschülern und die damit verbundene Aufforderung an die Bildungsforschung zur Analyse des Umgangs mit Heterogenität Folgen zeitigt.
Daneben gibt es jedoch auch – zu Unrecht noch weniger beachtet als ATIs – auch vielfältige Varianten des Zusammenwirkens, der wechselseitigen Verstärkung, Substituierung und Kompensation innerhalb der Merkmale der Lehrerpersönlichkeit und der Unterrichtsqualität.

4.4 Internationale Unterschiede

Es ist bedauerlich, dass die Unterrichtsforschung – in Gegensatz zu den IEA- und OECD-Programmen der Kompetenzevaluation wie TIMSS, PISA oder IGLU – überwiegend nationaler oder regionaler Natur ist. Vielen Spekulationen im Gefolge von TIMSS und PISA über angebliche Gründe der Über- oder Unterlegenheit von nationalen Bildungssystemen würde der Boden entzogen werden, wenn man mehr über internationale Unterschiede der Unterrichtsqualität wüsste. Zwar wurden und werden weiterhin auch bei den großen internationalen Surveys Angaben zum Unterricht erhoben, aber meist nur in Form nationaler Zusatzerhebungen und auf Fragebogenangaben beschränkt. Bedeutsame Ausnahme bildet der Zyklus der TIMSS-Video-Studien zum Mathematikunterricht (1995 und 1999). Es steht außer Frage, dass in Deutschland keine neuere Unterrichtsstudie einen derartigen Einfluss auf die fachdidaktische und pädagogisch-psychologische Unterrichtsforschung gehabt hat wie die TIMSS-Videostudie (Baumert, Lehmann, Lehrke, Schmitz, Clausen, Hosenfeld, Köller & Neubrand 1997), an der Japan, USA und Deutschland teilnahmen. Erst durch die Kontrastierung des Eigenen (z.B. das Skript des fragend-entwickelnden, oft engführenden Unterrichtsgesprächs in Deutschland) mit dem Fremden (z.B. dem zwar auch sehr lehrerzentrierten, aber von den kognitiven Anforderungen her völlig anders strukturierten japanischen Mathematikunterricht) konnten Erkenntnisse gewonnen werden, die bei einer nationalen oder regionalen Studie vermutlich nicht zutage getreten wären.

4.5 Unterrichtsvideografie

Im letzten Jahrzehnt ist ein großer Aufschwung der Videografie des Unterrichts als ein viel versprechendes Werkzeug der Erfassung des Unterrichts festzustellen – nicht nur im Kontext großer Surveys wie TIMSS (Stigler, Gallimore & Hiebert 2000) und DESI (Deutsch-Englisch-Schülerleistungen-International, ein PISA ergänzendes Projekt der KMK), sondern auch im DFG-Schwerpunktprogramm „Bildungsqualität der Schule" und in der Lehrerausbildung (Helmke & Helmke 2004). Die videobasierte Unterrichtsanalyse kann dazu beitragen, die noch immer bestehende große Kluft zwischen Fachdidaktik auf der einen Seite und pädagogisch-psychologischer, fachunspezifischer Unterrichtsforschung andererseits zu überbrücken. Während im Bereich der mathematisch-naturwissenschaftlichen Fächer seit TIMSS bereits vielfältige Brücken zwischen beiden Lagern entstanden sind, steht die interdisziplinäre Analyse des Sprachunterrichts (sowohl Deutsch als auch Fremdsprache), wie sie etwa im interdizplinären Projekt DESI erfolgt (Helmke, Goebel, Hosenfeld, Schrader, Vo & Wagner 2003), hierzulande noch am Anfang. Ein weiterer Grund für die Forcierung unterrichtsvideografischer Methoden liegt darin, dass auf diese Weise der gesamte Bereich des nonverbalen Schüler- und Lehrerverhaltens – hierzu gibt es kaum fundierte empirische Forschung, dafür um so mehr Ratgeber („Körpersprache") – der Analyse zugänglich wird und damit einen interdisziplinären Zugang durch Fachdidaktiker, Psychologen und Linguisten ermöglicht.

5 Ausblick

Die Unterrichtsforschung hat in Deutschland noch immer einen schweren Stand, weil der überwiegende Teil der Pädagogik geisteswissenschaftlich ausgerichtet und eher hermeneutischen Methoden zugeneigt ist. TIMSS und PISA 2000 haben entscheidend zur empirischen Wende der Bildungspolitik beigetragen, aber der Konsens betrifft bisher nur die Notwendigkeit einer Dauerbeobachtung des Bildungssystems in Gestalt seiner „Outcomes". Die Erforschung des Unterrichts ist quantitativ und qualitativ, in theoretischer wie methodologischer Sicht, noch weit von dem Standard entfernt, wie er etwa in angloamerikanischen Ländern anzutreffen ist. Insbesondere hinsichtlich experimenteller Ansätze herrscht ein großes Defizit, worauf Wellenreuther (2004) überzeugend hinweist. Vielleicht tragen der deutlich stärkere Unterrichtsbezug von PISA 2003 (gegenüber PISA 2000) und die noch intensivere Thematisierung des Unterrichts (etwa in Form einer Videostudie) auch hier zu einem Wandel, vielleicht sogar zu einer Wende bei.

Literatur

Arnold, K.-H. (1999): Fairneß bei Schulsystemvergleichen: Diagnostische Konsequenzen von Schulleistungsstudien für die unterrichtliche Leistungsbewertung und binnenschulische Evaluation. Münster: Waxmann. – Baumert, J., Lehmann, R. H., Lehrke, M., Schmitz, B., Clausen, M., Hosenfeld, I., Köller, O. & Neubrand, J. (Hrsg.) (1997): TIMSS – Mathematisch-naturwissenschaftlicher Unterricht im internationalen Vergleich. Deskriptive Befunde. Opladen: Leske und Budrich. – Bromme, R. (1997): Kompetenzen, Funktionen und unterrichtliches Handeln des Lehrers. In: Weinert, F. E. (Hrsg.): Psychologie des Unterrichts und der Schule. Enzyklopädie der Psychologie, Pädagogische Psychologie, Bd. 3. Göttingen: Hogrefe, 177-212. – Brophy, J. E. & Good, T. L. (1986): Teacher behavior and student achievement. In: Wittrock, M.C. (Ed.): Handbook of

Research on teaching. 3rd ed. London: Macmillan, 328-375. – Doyle, W. (1986): Classroom organization and management. In: Wittrock, M.C. (Ed.): Handbook of research on teaching. 3rd ed. London: Macmillan, 392-431. – Dunkin, M. J. & Biddle, B. J. (1974): The study of teaching. New York, NY: Holt, Rinehart & Winston. – Fend, H. (1998): Qualität im Bildungswesen. Schulforschung zu Systembedingungen, Schulprofilen und Lehrerleistung. Weinheim: Juventa. – Gage, N. L. & Needels, M. (1989): Process-product research on teaching: A review of criticisms. The Elementary School Journal, 89, 253-300. – Helmke, A. (2003): Unterrichtsevaluation: Verfahren und Instrumente. schul-management, 34 (1), 8-11. – Helmke, A. (2004): Unterrichtsqualität: Erfassen, Bewerten, Verbessern. 3. Aufl. Seelze: Kallmeyersche Verlagsbuchhandlung. – Helmke, A., Goebel, K., Hosenfeld, I., Schrader, F.-W., Vo, T. A. T. & Wagner, W. (2003): Zur Rolle des Unterrichts im Projekt DESI. Empirische Pädagogik, 17 (3), 396-411. – Helmke, A. & Helmke, T. (2004): Videobasierte Unterrichtsreflexion. In: Seminar, 4, 48-66. – Medley, D. M. (1982): Teacher effectiveness. In: Mitzel, H. E., Best, J. H. & Rabinowitz, W. (Eds.): Encyclopedia of Educational Research, vol. 4. 5th ed.; New York, NY: Free Press, 894-1903. – Rosenshine, B. V. & Stevens, R. (1986): Teaching functions. In: Wittrock, M.C. (Ed.), Handbook of research on teaching. 3rd ed. London: Macmillan, 376-391. – Shuell, T. (1996): Teaching and learning in a classroom context. In: Berliner D. C. & Calfee, R. (Eds.): Handbook of Educational Psychology. New York, NY: Macmillan, 726-764. – Stigler, J. W., Gallimore, R. & Hiebert, J. (2000): Using video surveys to compare classrooms and teaching across cultures: Examples and lessons from the TIMSS Video studies. Educational Psychologist, 35, 87-100. – Wang, M. C., Haertel, G. D. & Walberg, H. J. (1993): Toward a knowledge base for school learning. Review of Educational Research, 63, 249-294. – Weinert, F. E. (1997): Notwendige Methodenvielfalt: Unterschiedliche Lernfähigkeit der Schüler erfordern variable Unterrichtsmethoden des Lehrers. In: Meyer, M, Rampillon, U., Otto, G., Terhart, E. (Hrsg.): Lernmethoden – Lehrmethoden. Jahresheft XV des Friedrich Verlags. Seelze: Friedrich, 50-52. – Wellenreuther, M. (2004): Lehren und Lernen – aber wie? Baltmannsweiler: Schneider Verlag Hohengehren.

7| Wissen: Erwerb und Anwendung
Frank Fischer und Christof Wecker

Die Menge an verfügbaren Informationen ist unermesslich und wächst immer schneller; man spricht bereits von einer „Wissensexplosion". Dabei stellt sich die Frage, wie wir uns dieses Wissen *aneignen* und für unsere Aufgaben und Ziele *nutzen* können. Die Wissenspsychologie betrachtet Wissen daher nicht als Masse an gesellschaftlich verfügbaren Informationen, sondern als Merkmal einer einzelnen Person, und untersucht die Bedingungen für seinen Erwerb und seine Anwendung.

1 Wissensbegriffe und Wissenstypen

Während in der Alltagssprache nur *wahre* Überzeugungen „Wissen" genannt werden, behandelt die Wissenspsychologie alle Überzeugungen unabhängig von ihrem Wahrheitswert, da diese sich nicht in den Gesetzmäßigkeiten ihres Erwerbs und ihrer Anwendung unterscheiden (Strube & Schlieder 1996, S.799). Es haben sich verschiedene Differenzierungen von *Wissenstypen* etabliert (vgl. dazu Strube & Schlieder 1996, S.800-803; Reinmann-Rothmeier & Mandl 1998, S.459; Ormrod 2004 S.203f; für Systematisierungsversuche vgl. z.B. Strube und Schlieder 1996, S.802f). Grundlegend ist die Unterscheidung nach der „Art der Repräsentation": *Deklaratives Wissen* bezieht sich auf Sachverhalte, z.B. dass Karl der Große im Jahr 800 Kaiser wurde, während *prozedurales Wissen* die Grundlage für Fertigkeiten bildet (Reinmann-Rothmeier & Mandl 1998, S.459) bzw. sich unmittelbar in Handlungen äußert, z.B. das Wissen, wie man ein Gleichungssystem mit mehreren Unbekannten löst (Strube & Schlieder 1996, S.801; Ormrod 2004, S.203). Diese beiden Typen unterscheiden sich auch in den Gesetzmäßigkeiten ihres Erwerbs und ihrer Anwendung.

Eine wichtige Rolle spielt außerdem *metakognitives Wissen*, d.h. Wissen über die eigenen Kognitionen und eigenes Wissen, das zur Steuerung von Lernen und Denken verwendet wird (Strube & Schlieder 1996, S.801; Reinmann-Rothmeier & Mandl 1998, S.459).

2 Formen des Wissenserwerbs

Wir können Wissen aus zwei Quellen beziehen, die allerdings Extrempole einer Dimension darstellen, sodass Mischformen überwiegen dürften: Einen Teil unseres Wissens erwerben wir, ohne selbst Erfahrungen mit dem Gegenstand des jeweiligen Wissens zu machen, durch die Vermittlung durch andere („*Unterricht*"). Andererseits lernen wir, indem wir selbst durch die Beschäftigung mit einem Gegenstand oder Problem etwas darüber erfahren („*Erfahrung*") (Strube & Schlieder 1996, S.803, van der Meer 1996, S.210). Bei der Rede von der „Vermittlung" ist jedoch zu beachten, dass Wissen nach heutiger Auffassung kein „transportierbares Gut" ist, sondern das Ergebnis von „Konstruktionsprozessen" der lernenden Person (Reinmann-Rothmeier & Mandl 1998, S.457), d.h. von kognitiven Aktivitäten wie der Interpretation oder der Verknüpfung mit dem Vorwissen (van der Meer 1996, S.210f; Reinmann-Rothmeier & Mandl 1998, S.458). Für beide Quellen beschreiben wir jeweils einen prototypischen Fall: die Aneignung dargebotener Informationen und das Lernen aus eigener Erfahrung.

2.1 Wissenserwerb durch die Aneignung dargebotener Informationen

In der Forschung zum Wissenserwerb wird davon ausgegangen, dass Wissen in der Repräsentation von Informationen im Gedächtnis besteht und dass neu zu erwerbendes Wissen durch kognitive Aktivitäten mit dem vorhandenen Vorwissen verknüpft wird, dessen Organisation – etwa in Form von Schemata – die Informationsaufnahme steuert. Für dieses Einprägen sind Aktivitäten der Elaboration, Reduktion und metakognitiven Steuerung nötig (van der Meer 1996, S.221-232; Steiner 2001, S.173f):
(1) Beim *Elaborieren* werden Informationen erweitert und aus dem Vorwissen „angereichert", z.B. durch die *Suche nach Beispielen*, das *Erzeugen visueller Vorstellungen*, die *ereignisbezogene Organisation* wie etwa das Erfinden von Geschichten zum Einprägen sinnarmer Lerngegenstände sowie das *mehrmalige Lernen in verschiedenen Kontexten*, das späteres Erinnern durch Ähnlichkeiten zwischen Lern- und Anwendungssituation erleichtern kann.
(2) Durch *Reduktion* dagegen wird die Menge der verarbeiteten Informationen verringert, u.a. durch die *Selektion* von Informationen aufgrund aktivierter Suchschemata, das *Zusammenfassen* im Hinblick auf das Lernziel sowie die *Organisation* des Lernmaterials. Diese kann beispielsweise im Bilden von *Chunks* (Informationscluster) oder in *kategorialer Organisation* (Zusammenfassung unter Oberbegriffen) bestehen.
(3) Durch *Metakognitionen* wie Wissen über die eigenen kognitiven Fähigkeiten sowie Steuerungsaktivitäten werden Elaboration und Reduktion koordiniert und gelenkt.

2.2 Wissenserwerb durch Lernen aus eigener Erfahrung

Vom Lernen aus eigener Erfahrung erwartet man einfacher abrufbares und damit leichter anwendbares Wissen, den Erwerb von Problemlösefähigkeit und mehr intrinsische Motivation (Reinmann-Rothmeier & Mandl 1998, S.480f, Schank, Berman & Macpherson 1999, 165 f.). Eine exemplarische Theorie dazu ist die des *Learning by doing* von Schank und Mitarbeitern, der zufolge Scheitern beim Problemlösen ein wichtiger Ausgangspunkt für Lernen ist: Die Autoren nehmen an, dass

Wissen in Form von *Handlungsplänen* für bestimmte Aufgaben und Situationen gespeichert ist, die auf eigenen Erfahrungen beruhen und in einer „Fallbibliothek" abgelegt sind. Die *Anwendung dieses Wissens* geht von einem Ziel des Lernenden aus, für das ein passender Plan abgerufen oder, wenn keiner gefunden wird, ein ähnlicher an die vorliegende Situation angepasst wird. Kommt es bei solchen Anpassungen zu Misserfolgen, findet *neues Lernen* statt, indem die Lernenden nach einer Erklärung für das Scheitern suchen und diese in ihre Erfahrung mit aufnehmen, sodass sie zukünftig für vergleichbare Anwendungssituationen über einen angemesseneren Plan verfügen (Schank u.a. 1999, S.168-171).

Nach dieser Auffassung besteht Lehren darin, Situationen zu schaffen, in denen die Lernenden genau das Wissen oder die Fertigkeiten brauchen, die man vermitteln will, verbunden mit einer hohen Wahrscheinlichkeit, beim Problemlöseversuch zu scheitern. Diese Überlegung liegt auch Schanks instruktionalem Ansatz der *goal-based scenarios* zugrunde (Schank u.a. 1999, S.172-79).

3 Probleme der Anwendung von Wissen

Ein Grundproblem des Wissenserwerbs besteht darin, dass Wissen häufig nicht angewendet wird, z.B. in Situationen, die Bruchrechnen erfordern. Man spricht dabei von *trägem Wissen* (*inert knowledge*) (Renkl 1996, S.79). *Metaprozesserklärungen* lokalisieren die Ursachen dafür z.B. in metakognitiven und motivationalen Überzeugungen der Lernenden (Renkl 1996, S.80f), *Strukturdefiziterklärungen* dagegen in mangelndem Verständnis, warum man etwas auf eine bestimmte Weise macht, mangelnder Übung oder der sogenannten Wissenskompartmentalisierung, d.h. der von Alltagsproblemen losgelösten Abspeicherung von Wissen (Renkl 1996, S.82-84). *Situiertheitserklärungen* fassen Wissen anders auf: Für sie ist Wissen keine abgespeicherte kontextunabhängige Repräsentation von Sachverhalten. Da es immer nur anhand des beobachtbaren Verhaltens festgestellt werden kann, stellt die Zuschreibung von Wissen einen „Sinngebungsprozess" für dieses Verhalten dar. Demnach wäre gerade nicht die ausbleibende, sondern die stattfindende Anwendung von Wissen überraschend und erklärungsbedürftig (Renkl 1996, S.85). Zwischen Vertretern der kognitiven und der situierten Sichtweise hat in den 90er Jahren eine intensive Debatte stattgefunden (Anderson u.a. 2000, S.12f). Die situierte Sichtweise hat auch zu neuen Instruktionsansätzen geführt, von denen einige in diesem Handbuch behandelt werden, z.B. *cognitive apprenticeship* (vgl. Kap. 56), *anchored instruction* (vgl. Kap. 54) oder die erwähnten *goal-based scenarios*. Sie gehen allesamt von komplexen und realitätsnahen Problemstellungen aus (problemorientiertes Lernen, vgl. Kap. 55), da dies als günstig für Lernmotivation und Anwendbarkeit angesehen wird, und betonen die Rolle sozialer Aspekte für das Lernen (z.B. beim kooperativen Lernen) (Renkl 1996, 87 f.).

4 Konsequenzen für die Förderung des Wissenserwerbs

Die beschriebenen Theorien haben jeweils ihre besonderen Stärken und Anwendungsgebiete: So ist – nicht zuletzt angesichts des Großteils an textuell repräsentierten Informationen gerade in den neuen Medien – die Aneignung dargebotener Informationen unumgänglich. Aus den referierten Forschungsergebnissen zu den dabei beteiligten kognitiven und metakognitiven Aktivitäten ergeben sich insbesondere Hinweise für die effektive Gestaltung von Lernmaterial (vgl. Ballstaedt 1997) sowie die Vermittlung von Lernstrategien (vgl. Kap. 31 u. Mandl & Friedrich 1992). Lernen aus eigener Erfahrung zeichnet sich dagegen dadurch aus, dass es die Lernmotivation erhöhen kann und eher zu anwendbarem Wissen führt (Dochy u.a. 2003, 548 f.). Beide Lernformen haben aber auch ihre Grenzen. So kann das Lernen aus eigener Erfahrung unter Umständen kaum praktikabel sein (vgl. Schank 1999, 192 f.): Verkehrsregeln z.B. lernt man besser nicht so. Die Aneignung dargebotener Informationen dagegen führt, wie dargestellt, nicht notwendigerweise zur Anwendung und erfolgreicherem Handeln.

Lehrenden fehlen häufig Kenntnisse über die Wissenserwerbsprozesse, die sie anregen wollen. Diese Kenntnisse bilden eine wichtige Grundlage dafür, die Perspektive der Lernenden im Unterricht zu übernehmen und Lernschwierigkeiten angemessen zu erkennen, und können somit die Basis für besseren Unterricht sein. Besser im Sinne von flexibler angepasst an Lernvoraussetzungen und die Art des zu erwerbenden Wissens.

Literatur

Anderson, J. R., Greeno, J. G., Reder, L. M. & Simon, H. A. (2000): Perspectives on Learning, Thinking, and Activity. In: Educational Researcher, 29 (4), 11-13. – Ballstaedt, S. P. (1997): Wissensvermittlung. Weinheim: Beltz. – Dochy, F., Segers, M., Van den Bossche, P. & Gijbels, D. (2003): Effects of problem-based learning: a meta-analysis. In: Learning and Instruction, 13, 533-568. – Mandl, H. & Friedrich, H. F. (Hrsg.) (1992): Lern- und Denkstrategien. Göttingen: Hogrefe. – Ormrod, J. E. (2004): Human Learning. 4. Aufl. Upper Saddle River: Pearson. – Reinmann-Rothmeier, G. & Mandl, H. (1998): Wissensvermittlung: Ansätze zur Förderung des Wissenserwerbs. In: Klix, F. & Spada, H. (Hrsg.): Enzyklopädie der Psychologie. Themenbereich C: Praxisgebiete. Serie II: Kognition. Bd. 6: Wissen. Göttingen: Hogrefe, 457-500. – Renkl, A. (1996): Träges Wissen: Wenn Erlerntes nicht genutzt wird. In: Psychologische Rundschau, 47, 78-92. – Schank, R. (1999): Dynamic Memory Revisited. Cambridge: Cambridge University Press. – Schank, R. C., Berman, T. R. & Macpherson, K. A. (1999): Learning by Doing. In: Reigeluth, C. M. (Hrsg.): Instructional Design Theories and Models. Bd. 2. Mahwah: Erlbaum, 161–181. – Steiner, G. (2001): Lernen und Wissenserwerb. In: Krapp, A. & Weidenmann, B. (Hrsg.): Pädagogische Psychologie. Weinheim: Beltz PVU, S. 137-205. – Strube, G. & Schlieder, C. (1996): Wissen und Wissensrepräsentation. In: Strube, G. (Hrsg.): Wörterbuch der Kognitionswissenschaft. Stuttgart: Klett-Cotta, 799-815. – van der Meer, E. (1996): Gesetzmäßigkeiten und Steuerungsmöglichkeiten des Wissenserwerbs. In: Weinert, F. E. (Hrsg.): Enzyklopädie der Psychologie. Themenbereich D: Praxisgebiete. Serie I: Pädagogische Psychologie. Bd. 2: Psychologie des Lernens und der Instruktion. Göttingen: Hogrefe, 209-248.

8| Unterrichtsrelevante Wissensquellen: Schulpädagogische Standardwerke und Periodika
Annegret Eickhorst

1 Unterricht und die Dokumentationsformen des Wissens

Zu ,Unterricht' als einem zentralen erziehungswissenschaftlichen Gegenstand liegt eine große Zahl an Veröffentlichungen mit unterschiedlicher Schwerpunktsetzung vor. Dies mag darin begründet sein, dass es vielfältige Themenfelder gibt, die sich mit Unterricht befassen und dass Bezüge zu den Schulfächern und ihrer Didaktik sehr breit über die Ebene des Unterrichts aufgenommen werden.

1.1 Begriffliche Klärungen

Ebenso wie für andere zentrale pädagogische Grundbegriffe ist in Bezug auf den ,Unterricht' eine eigene Tätigkeitsklasse ausgewiesen: das „Unterrichten". An dem Geschehen beteiligt sind näher bezeichnete Personengruppen: die Unterrichtenden bzw. die Unterrichteten. Insofern es sich um den – hier schwerpunktmäßig bearbeiteten – *Schul*unterricht handelt, sind diese spezifischer als

Lehrkräfte bzw. Schülerinnen und Schüler ausgewiesen. Unterrichten oder „Lehren" gilt als eine der Kerntätigkeiten des Lehrerberufs (z.B. Terhart 2000, S.49).

Neben dem nach Herbart zu einem eigenen Topos gewordenen „erziehenden Unterricht" gibt es zahlreiche Termini, welche vornehmlich die didaktisch-methodische Dimension akzentuieren: Unterrichtsmethode, Unterrichtszeit, Unterrichtsplanung. Weitere Begriffe verweisen auf eine eigenständige *Unterrichtsforschung*: Unterrichtsdokumentation, Unterrichtsanalyse, Unterrichtsbeobachtung. Zusätzlich ergibt sich eine Spezifizierung durch die Bezugnahme auf Fächer bzw. Fachgruppen. Die *institutionelle* „Rahmung" des Lehr-Lerngeschehens – z.B. durch die Schule – verweist auf die zentralen Merkmale von *Planmäßigkeit* und Systematisierung. Für Unterricht ist zudem eine *pädagogische Absicht* konstitutiv, und er ist an die *Verberuflichung* der Lehrertätigkeit gebunden (vgl. Terhart 1997, S.134ff). Das Nachdenken über Unterricht nimmt dessen historische Entwicklung und Ausdifferenzierung in den Blick und versucht Prozesse und Wirkungen zu dem systematischen Rahmen einer *Unterrichtstheorie* zu fügen.

Wissen ist allgemein dadurch zu kennzeichnen, dass es über Lernprozesse erworben wird und prinzipiell weitergegeben werden kann (Liedtke 1994, S.362). Damit einher geht die Schwierigkeit, es überblicken und sinnvoll nutzen zu können. Das Wissen zum Unterricht ist über Quellen erschließbar, die mit Blick auf potentielle Adressaten (Lehrkräfte, Wissenschaftler, Bildungspolitiker, Eltern und Schüler) abgefasst sind. Neben dem Übersicht gebenden Handbuch bzw. dem von der Orientierung „am Begriff" ausgehenden Lexikon oder Wörterbuch, der stärker auf Aktualität verpflichteten Zeitschrift (vgl. Eickhorst 2001), soll in dieser Übersicht auch das „Lehr- oder Studienbuch" Berücksichtigung finden.

1.2 Disziplinäre Zusammenhänge

Folgt man Gliederungsentwürfen der Erziehungswissenschaft (vgl. z.B. Krüger 1996), findet sich keine nur auf Unterricht bezogene Teildisziplin. Die „Theorie des Unterrichts" ist vielmehr neben der „Theorie der Schule" Gegenstand der Schulpädagogik (vgl. Eickhorst 2001(2), S.732ff). Dieser zugeordnet ist – mit stark handlungsorientierender Ausrichtung – die „Allgemeine Didaktik". Wissensquellen zum Unterricht sind demnach primär für diese Gegenstandsfelder ausgewiesen bzw. sind darüber hinaus Bestandteil von Werken, die auf die gesamte Disziplin bezogen sind.

2 Historische Entwicklung

In ihrer Zielsetzung verbinden sich Handbuch und Lexikon am stärksten mit der Darstellungsform der *Enzyklopädie*. Die Entwicklung einer ‚Idee' der Enzyklopädie entsprang zunächst dem Bedürfnis nach umfassender Bildung. Mit Blick auf die Pädagogik benannte Stoy (1878, S.7) die „methodologische Enzyklopädie", deren Aufgabe es sei, die „zum Gesamtkreis gehörigen Einzelwissenschaften zu konstruieren". Sie kommt damit bereits den Zielsetzungen des heutigen Handbuchs sehr nahe. An der Pädagogik Herbarts orientiert war das „Handbuch der Pädagogik nach den neuen Lehrplänen bearbeitet" von K. Heilmann (3 Bde., Leipzig 1897f.). Das von Nohl und Pallat herausgegebene „Handbuch der Pädagogik" (5 Bde., 1928-1934; Reprint Weinheim 1966 und 1981) ist auch heute noch von Bedeutung. In Bezug auf die lexikalische Erfassung des Wissens folgte nach der zweibändigen „Pädagogische Real-Encyclopädie" von Hergang die „Encyclopädie des gesammten Erziehungs- und Unterrichtswesens" (11 Bde., Gotha 1859ff.) von K.A. Schmid und das „Enzyklopädische Handbuch der Pädagogik" (11 Bde. Langensalza 1895ff.) von W. Rein. Erstmals 1913–1916 erschien das „Lexikon der Pädagogik" von E.M. Roloff (5 Bände). Vornehmlich an den Praktiker wandte sich Lindner: „Enzyklopädisches Handbuch der Erziehungskunde mit besonderer Berücksichtigung des Volksschulwesens" (Wien, Leipzig 1884).

Die ersten pädagogischen Fachzeitschriften kamen zur Zeit der Aufklärung auf. Zu den bekannten zählen die „Vierteljährlichen Unterhandlungen" (1768), herausgegeben von Basedow und Campe. Zur Klärung von Fragen der reformpädagogischen Bewegung trug das „Pädagogische Zentralblatt" (1919) bei, wie auch die Zeitschrift „Die Erziehung", unter der Herausgeberschaft von A. Fischer, Nohl, Litt und Spranger (vgl. Vogel 1971).

3 Darstellung der Wissensquellen

Die Darstellung der Wissensquellen beschränkt sich notwendigerweise auf eine Auswahl. Einbezogen sind – nach dem Prinzip der Aktualität – nur Werke aus dem deutschsprachigen Raum. Die Vielzahl an Internetquellen (z.B. Verlage und Bildungsserver der Bundesländer) wird hier nicht berücksichtigt.

3.1 Gesamtbereich der Erziehungswissenschaft

(a) Hand- und Wörterbücher
Benner, D./Oelkers, J. (Hrsg.)(2004): Historisches Wörterbuch der Pädagogik. Weinheim – Böhm, W. (2000): Wörterbuch der Pädagogik, 15. Aufl., Stuttgart. – Lenzen, D. (1983-86)(Hrsg.): Enzyklopädie Erziehungswissenschaft (12 Bände). Stuttgart. Reprint 1995 – Roth, L. (Hrsg.)(2001): Pädagogik. Handbuch für Studium und Praxis, 2. Aufl., München.

(b) Zeitschriften
Bildung und Erziehung (Köln) – Die Deutsche Schule (Weinheim) – Neue Sammlung (Seelze) – Pädagogik (Weinheim) – Pädagogische Rundschau (Frankfurt) – Zeitschrift für Pädagogik (Weinheim) – Zeitschrift für Erziehungswissenschaft (Wiesbaden)

3.2 Schulpädagogik mit dem Schwerpunkt Unterricht

(a) Lehrbücher und Einführungen
Apel, H.J./Sacher, W. (Hrsg.)(2002): Studienbuch Schulpädagogik. Bad Heilbrunn. – Arnold, R./Pätzold, H. (2002): Schulpädagogik kompakt. Berlin – Kiper, H./Meyer, H./Topsch, W. (2002): Einführung in die Schulpädagogik. Berlin – Köck, P. (2000): Handbuch der Schulpädagogik für Studium – Praxis – Prüfung. Donauwörth – Wiechmann, J. (2003): Schulpädagogik. Baltmannsweiler.

(b) Handbücher; Lexika und Wörterbücher
Haarmann, D. (Hrsg.)(1997):Wörterbuch Neue Schule. Weinheim – Helsper, W./Böhme, J. (Hrsg.)(2004): Handbuch Schulforschung. Wiesbaden – Keck, R.W./Sandfuchs, U. (Hrsg)(2004): Wörterbuch Schulpädagogik. Bad Heilbrunn – Köck, P./Ott, H. (1997): Wörterbuch für Erziehung und Unterricht, 6. Aufl., Donauwörth – Schröder, H. (2001): Didaktisches Wörterbuch, 3. Aufl., München – Twellmann, W. (1981-1986): Handbuch Schule und Unterricht.,8 Bde., Düsseldorf

(c) Zeitschriften
Relativ wenige Zeitschriften widmen sich ganz dem Unterricht oder auch schulpädagogischen Fragestellungen. Sehr viel mehr beziehen sie sich auf Unterricht in einem Fach, in einer Schulform bzw. in einer anderen pädagogischen Institution (vgl. Eickhorst 2001, S.96f).
Übergreifend ausgerichtet sind: Erziehung und Unterricht (Wien) – Lernwelten. (Berlin) – Psychologie in Erziehung und Unterricht. München – Unterrichtswissenschaft. München – PaeD-Forum: unterrichten, erziehen. Baltmannsweiler – Empirische Pädagogik. Landau

3.3 Besondere Aspekte von Unterricht

(a) Unterricht unter historisch-systematischem Aspekt
Baumgart, F./Lange, U./Wigger, L. (Hrsg.)(2005): Theorien des Unterrichts. Bad Heilbrunn – Maier, H./Pfistner, H.-J. (1992): Grundlagen der Unterrichtstheorie und Unterrichtspraxis., 3. Aufl.,Weinheim – Mannzmann, A. (1983-1984): Geschichte der Unterrichtsfächer, 3 Bde., München – Petrat, G. (1979): Schulunterricht. Seine Sozialgeschichte in Deutschland 1750-1850. München – Schramm, A. (1975): Fünfzig Unterrichtsbegriffe aus dem 20. Jahrhundert. München

(b) Allgemeine Didaktik und Unterrichtsplanung/ Lehren und Lernen
Aebli, H. (2003): Zwölf Grundformen des Lehrens, 12. Aufl., Stuttgart – Blankertz, H.(1991): Theorien und Modelle der Didaktik, 13. Aufl., München – Glöckel, H. (2003): Vom Unterricht, 4. Aufl., Bad Heilbrunn – Jank, W./Meyer, H. (2002): Didaktische Modelle, 5. Aufl., Berlin – Kron, F. (2004): Grundwissen Didaktik, 4. Aufl., München – Meyer, H. (2001): Leitfaden zur Unterrichtsvorbereitung, 12. Aufl., Berlin – Peterßen, W.H. (2001):Lehrbuch Allgemeine Didaktik, 6. Aufl., München – Steindorf, G. (2000): Grundbegriffe des Lehrens und Lernens, 5. Aufl., Bad Heilbrunn – Gonschorek, G./Schneider, S. (2003): Einführung in die Schulpädagogik und Unterrichtsplanung, 3. Aufl., Donauwörth – Peterßen, W.H. (2002): Handbuch Unterrichtsplanung, 9. Aufl., München

(c) Unterrichtsforschung und -analyse
Altrichter, H./Posch, P. (1998): Lehrer erforschen ihren Unterricht, 3. Aufl., Bad Heilbrunn – Ingenkamp, K.-H. (Hrsg.)(1971): Handbuch der Unterrichtsforschung, 3 Bde., 2. Aufl., Weinheim – Schnaitmann, G.W. (Hrsg.)(1996): Theorie und Praxis der Unterrichtsforschung. Donauwörth

(d) Unterrichtsmethoden und -medien
Gudjons, H. (2001): Handlungsorientiert lehren und lernen, 6. Aufl., Bad Heilbrunn – Meyer, H. (2002): Unterrichtsmethoden I: Theorieband, 9. Aufl., Berlin – Meyer, H. (2003): Unterrichtsmethoden II: Praxisband, 10. Aufl., Berlin – Peterßen, W.H. (1999): Kleines Methoden-Lexikon. München – Terhart, E. (2000): Lehr-Lern-Methoden, 3. Aufl., München

(e) Unterrichtsgestaltung und -bewertung
Girmes, R.: (2004): (Sich) Aufgaben stellen. Seelze – Helmke, A. (2004): Unterrichtsqualität erfassen, bewerten, verbessern, 3. Aufl., Seelze – Meyer, H. (2004): Was ist guter Unterricht? Berlin – Winkel, R. (1996): Der gestörte Unterricht, 6. Aufl., Bochum

4 Perspektiven

Von der Anzahl vorliegender Wissensquellen her scheint Unterricht in der Dimension seiner Gestaltung relativ breit thematisiert zu werden. An aktueller Literatur fehlt es vor allem zu den Aufgaben, Problemen und Ergebnissen von Unterrichtsforschung bzw. zur theoretisch-systematischen Durchdringung von Unterricht. Hier gilt es, das Gegenstandsfeld in Verbindung mit bzw. in Abgrenzung zu den Feldern der (Vergleichenden) Bildungsforschung wie auch der Schul- und Lehr-Lernforschung neu zu vermessen.

Literatur
Eickhorst, A. (2001): Die pädagogische Wissenschaft in ihrer Literatur – Handbücher, Lexika, Periodika. In: Roth, L. (Hrsg.): Pädagogik. Handbuch für Studium und Praxis, 2. Aufl., München: Oldenbourg, 81-99. – Eickhorst, A. (2001): Schulpädagogik – Strukturlinien und Problemlagen. In: Roth, L. (Hrsg.): Pädagogik. Handbuch für Studium und Praxis, 2. Aufl., München: Oldenbourg, 724-742 (2). – Krüger, H.-H. (^{2}1996): Erziehungswissenschaft und ihre Teildisziplinen. In:

Krüger, H.-H./Helsper, W. (Hrsg.): Einführung in Grundfragen und Grundbegriffe der Erziehungswissenschaft. Opladen: Leske + Budrich, 303-318. – Liedtke, M. (1994): Wissen. In: Keck, R.W./Sandfuchs, U. (Hrsg.): Wörterbuch Schulpädagogik. Ein Nachschlagewerk für Studium und Schulpraxis. Bad Heilbrunn: Klinkhardt, 362f. – Stoy, K.V. (²1878): Encyclopädie, Methodologie und Literatur der Pädagogik. Leipzig: Engelmann – Terhart, E. (2000): Perspektiven der Lehrerbildung in Deutschland. Abschlussbericht der von der Kultusministerkonferenz eingesetzten Kommission. Weinheim: Beltz. – Terhart, E., (1997): Unterricht. In: Lenzen, D. (Hrsg.): Erziehungswissenschaft. Ein Grundkurs, 3. Aufl., Reinbek: Rowohlt, 133-158. – Vogel, C.(1971): Pädagogische Zeitschriften. In: Groothoff, H.-H./Stallmann, M. (Hrsg.): Neues pädagogisches Lexikon, 5.Aufl., Berlin, 845-849.

9| Unterrichtsrelevante Wissensquellen: Didaktische Texte und Unterrichtsmaterialien
Dietlinde Hedwig Heckt

Die Tätigkeit von Lehrerinnen und Lehrern ist komplex und widersprüchlich. Sie scheinen, obwohl unzureichend ausgebildet, fähig, guten Unterricht zu machen, sie sind innovativ oder der reformresistente „subjektive Faktor", wirkungsmächtiger als teacher-proof Curricula und werden gleichwohl in der deutschen Unterrichtsforschung eher vernachlässigt (Einsiedler 1998, S.55). Dies wird vor allem dann deutlich, wenn es um den Unterrichtsalltag geht, um jene Detailfragen und -entscheidungen, die guten oder schlechten Unterricht kennzeichnen. Darüber, welche Wissensquellen Lehrerinnen und Lehrer nutzen, um ihren Unterricht vorzubereiten und durchzuführen, wissen wir – empirisch abgesichert – sehr wenig. Zwar finden sich in den Didaktiken inhalts- und medienbezogene Entscheidungshilfen, aber mehr ist auch in den einschlägigen Handbüchern zur Unterrichtsplanung und -vorbereitung kaum zu finden (stellvertretend und nicht in kritischer Absicht sei Peterßen 2000 erwähnt). Welche Wissensquellen Lehrer also tatsächlich nutzen, lässt sich vor allem vermuten, anhand von (nicht allgemein zugänglichen) Verlagsstatistiken und Auflagenhöhen von Schulbüchern, pädagogischer Fachliteratur jedweder Provenienz, von Unterrichtsmaterialien und -medien schließen und in keinem Fall wirklich beantworten. Denn Lehrerinnen und Lehrer bedienen sich über diese „pädagogischen" Wissensquellen hinaus vielfältiger anderer Quellen, die auf dem allgemeinen Buch- und Zeitschriftenmarkt, im Internet, in den Massenmedien verfügbar sind.

1 Kategorien unterrichtsrelevanten Wissens

Auch über die Entscheidungsprozesse – also darüber, warum sich Lehrerinnen und Lehrer für bestimmte Inhalte, Materialien, Medien entscheiden – wissen wir deskriptiv wenig, normativ einiges. Zwar finden wir bei Heimann im Kontext seiner Strukturanalyse oder bei Klafki in der Diskussion seiner Bildungsinhalte sowie bei anderen Didaktikern mehr oder weniger ausführliche Darstellungen zu Lehr- und Lerninhalten, aber eben als Orientierungsrahmen, nicht als Spiegel einer vorfindlichen Unterrichtspraxis. Insofern ist es kaum verwunderlich, dass Shulman in den achtziger Jahren bei seiner Meta-Analyse von Befunden der Unterrichtsforschung feststellte, dass Fragen nach den unterrichteten Fachinhalten bisher meist gar nicht gestellt worden waren. Folgerichtig fokussierte sich Shulmans Forschung zu „The Knowledge Growth of Teachers" um die Fragen nach den Quellen der unterrichtlichen Wissensgrundlage von Lehrern, nach deren Konzeptualisierung, nach den pädagogischen Denk- und Handlungsprozessen und nach den Implikationen für Lehrerbildung und Bildungspolitik (Shulman 1986). Auf der Grundlage seiner Forschungen, die auch Einzelfallstudien und kontrastierende Profile von berufserfahrenen und -unerfahrenen Lehrern umfassten, konzipierte Shulman ein sechsstufiges Modell pädagogischen Denkens und Handelns, das als Verstehen, Transformation, Instruktion, Evaluation, Reflexion und Entwickeln eines neuen Verständnisses beschrieben werden kann.

Shulmans Kategorien für Inhaltswissen sind als integrierte und komplexe Wissensgrundlagen zu verstehen. Dazu zählen content-knowledge, general paedagogical knowledge, curricular knowledge, paedagogical content knowledge, knowledge of students, knowledge of educational contexts und knowledge of educational ends, purposes and values (Shulman 1987). Professionelles Lehrerwissen umfasst demnach Sach- und Strukturwissen über den jeweiligen Unterrichtsgegenstand, Wissen und Strategien für Unterrichtsorganisation, Klassenführung und -disziplin, Lehrplanwissen, pädagogisch-didaktisches Detail- und Differenzierungswissen, Wissen über die Schüler, deren Lernstände und -möglichkeiten, Wissen über Erziehungskontexte wie auch über die Schul- und Klassensituation und schließlich Wissen über Bildungsziele und -werte nebst derer historischen und philosophischen Hintergründe. Leinhardt und Greno führen theorieerweiternd für ihre empirischen Forschungen zur Rekonstruktion von Anforderungen an Lehrer im Unterricht zudem die Aspekte der Handlungsroutinen und der Verhaltenserwartungen ein (vgl. Leinhardt & Greno 1986).

Lehrerinnen und Lehrer verfügen nach Leinhardt und Greno über kognitiv repräsentierte Schemata, die prozedurales und deklaratives Wissen umfassen sowie hierarchische, aber zugleich rekursive und situationsspezifisch aktualisierte Handlungspläne (Leinhardt & Greno 1986, S.76ff). Gleichwohl betonen auch Leinhardt und Greno die Bedeutung des Inhaltswissens für Expertentum von Lehrern im Unterricht.

2 Auswahlprozesse von Unterrichtsmaterialien

Die Frage, wie Lehrerinnen und Lehrer ihr Inhaltswissen aktualisieren, zählt zu den weitgehend unerforschten. Nimmt man Verlagsstatistiken zur Hand lässt sich zumindest sagen, dass Lehrer pädagogische Fachzeitschriften lesen, dass sie zur Unterrichtsvorbereitung im Internet recherchieren, dass sie auf Lehrerbände zu den von ihnen verwendeten Unterrichtswerken zurückgreifen, um sich didaktische und methodische Informationen zu verschaffen. Darüber hinaus aber greifen sie auf alle möglichen Wissensquellen zurück, die auf den ersten Blick mit Unterricht gar nichts zu tun haben: Tageszeitungen, Publikumszeitschriften jedweder Art, selbstverständlich auf eigene, in anderen Kontexten erstellte Arbeitsblätter oder auf in der Schule vom Kollegium gesammelte und thematisch geordnete Arbeitsmaterialien.

Fragt man Lehrerinnen und Lehrer, wie sie beispielsweise Lehrwerke und -Lernmaterialien auf ihre Brauchbarkeit für den je eigenen Unterricht einschätzen, zeigt sich, dass sie eine Art Kriterienraster im Kopf haben, das ihnen zunächst ein Evidenzurteil ermöglicht (kann ich in meinem Unterricht einsetzen oder eben nicht). Diese erste Einschätzung erfolgt sehr schnell und auf der Basis des verfügbaren, situationsspezifischen und nicht (wie bei Berufsanfängern) detailorientiertem Inhaltswissens und je individuell ausgeformten Unterrichtsroutinen (vgl. Bromme 1992, S.53ff). Sobald dieses Evidenzurteil positiv ausfällt erfolgt ein genauerer Blick: Welche Inhalte und zugehörigen Übungseinheiten werden hier angeboten? Ist ihr Schwierigkeitsgrad und Informationsgehalt für die Schülerinnen und Schüler angemessen? Wie kann ich das Angebot methodisch nutzen? Wie werden die Inhalte präsentiert (Layout)? Gibt es Zusatzinformationen (Lehrerbände, didaktische und/oder auch methodische Kommentare zu den jeweiligen Inhalten)? Solche Prozesse laufen zum Teil so schnell ab, dass Lehrer sie kaum beschreiben können.

Bezogen auf die Wissensquellen, die Lehrerinnen und Lehrer für ihren Unterricht nutzen, bedeutet dies beispielsweise, dass sie beim Zeitungslesen eine Abbildung, Tabelle, einen Text sehen und „spontan" wissen, wie, wann und wozu sie dieses einsetzen werden. Dabei integrieren sie das jeweilige „Fundstück" unmittelbar in das in ihrem Kopf vorhandene komplexe Wissensnetz aus didaktischen, diagnostischen, methodischen und weiteren Fäden. Da dieser Prozess sehr schnell abläuft sind Lehrerinnen und Lehrer selbst oft nur unzureichend in der Lage, etwa die Frage zu beantworten, worin die Exemplarität dieses Zeitungsausschnittes für die damit intendierten Lehr-Lern-Prozesse liegt. Bei längerem Nachdenken und Sprechen darüber könnten sie es zumindest annähernd darstellen. Vermutlich wurde und wird das Unterrichten nicht zuletzt aufgrund solcher (expertentypischen) Phänomene unterschätzt.

Betrachtet man dagegen die täglich zu erbringende Unterrichtszeit und die (realistischerweise) zur Verfügung stehende Vorbereitungszeit, wird deutlich, dass solcherart komprimierte Planungsprozesse ein Qualitätskriterium darstellen. Andererseits nutzen gerade Expertenlehrer viele verschiedene inhaltliche Quellen und betreiben meist eine Art persönliches, unterrichtsbezogenes Wissensmanagement. Dieses soll nachfolgend betrachtet werden, wobei sich zugleich die Blickrichtung von den Prozessen hin zu den „Produkten" ändert, die Lehrerinnen und Lehrer zur Vorbereitung und Durchführung ihres Unterrichts heranziehen.

3 Unterrichtliche Wissensquellen vom Atlas bis zur Zeitschrift

Die im Medienzeitalter übliche Verfügbarkeit von Wissen gilt verständlicherweise auch für den pädagogischen Bereich. So besuchen beispielsweise jeden Monat durchschnittlich 250 000 User die Seiten der Fachzeitschrift „Grundschule", ganz überwiegend Lehrerinnen und Lehrer. Eine Suchanfrage bei einer der gängigen Suchmaschinen zu einem beliebigen unterrichtlichen Stichwort macht deutlich, welche Fülle an Wissensquellen allein im Internet bereitsteht. Wir können insgesamt von einer multimedialen unterrichtlichen Mediennutzung ausgehen, auch wenn in der Öffentlichkeit gelegentlich ein innovationsfeindliches Bild von Lehrkräften reproduziert wird. Zugleich gilt, dass Lehrwerke nach wie vor eine unangefochtene Spitzenstellung für die Unterrichtsgestaltung einnehmen. Schulbücher waren und sind Leitmedien, was sicher nicht zuletzt auf ihrer Konzeption und Fachsystematik beruht. Allerdings werden sie in der Regel durch andere Materialien aus dem eigenen Fundus von Lehrerinnen und Lehrern, durch von Verlagen angebotene Arbeitshefte und Übungsmaterialien, durch Fundstücke aus der Tageszeitung, dem Internet usw. unterrichtsspezifisch ergänzt. Ihr Professionswissen ermöglicht Lehrerinnen und Lehrern eine Erfolg versprechende Auswahl mit Blick auf die Vorkenntnisse der Schülerinnen und Schüler aus einem umfangreicheren Vorrat.

Fachinhaltliche Lehrerkompetenz bedeutet daher nicht nur, Detail- und Überblickswissen über den jeweiligen Gegenstandsbereich zu haben, sondern auch, „den Unterrichtsstoff in überschaubare, sinnvolle Lerneinheiten" zu zerlegen, „durch verständliche Darstellungen" zu vermitteln, „Probleme aufzuwerfen" und zu differenzieren (Weinert 1996, S.11). Um lernwirksam zu unterrichten, „ist es also erforderlich, die Darbietung und Erarbeitung des Stoffes auf die Lerngeschichte der Schüler sowie auf die Bedingungen des Unterrichtes im Klassenverband zu beziehen und dabei zugleich die Logik der Stoffentwicklung zu erhalten" (Bromme 1992, S.78).

Fachwissen ist als Grundlage für und zur Gestaltung von Lehr-Lern-Prozessen unstrittig erforderlich. Aus der Expertenforschung ist zudem bekannt, dass Experten in der Regel „mehr und Genaueres über das Problemgebiet als ihre Vergleichsgruppe von Nicht-Experten" wissen (Bromme 1992, S.44); allerdings auch, dass das fachbezogene curriculare Wissen von Expertenlehrern z. T. erhebliche Lücken aufweist, die diese durch einen an Schülerverhaltensweisen gut angepassten und organisierten, der „jeweiligen sachlich erforderlichen Logik des Inhalts" folgenden Unterricht auszugleichen vermögen (a. a. O., S.70).

Weiterhin ist bekannt, dass nicht das Lernen einzelner Schüler, sondern „die Gestalt des ganzen Unterrichts" im Mittelpunkt der Aufmerksamkeit und Erinnerungen von Lehrern steht, dass diese sich an einer Art „kollektivem Schüler" orientieren (Bromme 1992, S.85, vgl. auch Bromme 1987 & Putnam 1987) und wenig von den je individuellen Lernschwierigkeiten ihrer Schülerinnen und Schüler wahrnehmen (Brophy & Good 1974, Bromme 1987). Dies widerspricht dem in der Erziehungswissenschaft wie in der pädagogischen Psychologie verbreiteten Postulat, Unterricht müsse individualisiert und differenziert, d.h. an die jeweiligen Vorkenntnisse und Fähigkeiten der Schülerinnen und Schüler angepasst werden. Darüber, welche spezifischen Medien und Materialien Lehrerinnen und Lehrer zu genau diesem Zweck einsetzen wissen wir aus der Unterrichtsforschung – wie schon gesagt – so gut wie nichts.

4 Lehrwerke im Unterricht

Eine besondere Bedeutung kommt unstrittig Lehrwerken zu, die ja die im Lehrplan ausgewiesenen Lerninhalte abbilden und sich auch als Arbeitsmittel zum Lehren beschreiben lassen. Ein Lehrwerk beinhaltet üblicherweise mehrere Schulbücher und die zugehörigen Lehrerbände (mit didaktischen, diagnostischen, methodischen und anderen Aspekten zur Gestaltung eines lerneffektiven Unterrichts) sowie ergänzende Arbeits-, Lern- und Übungsangebote für die Schülerinnen und Schüler (inzwischen multimedial als CD, DVD, konventionelles Arbeitsheft, netzbasierte Lernumgebung, Lernlink, Computersimulation u.v.m.). Da Lehrwerke einem kultusministeriellen Prüfverfahren unterliegen, kann man sie nach wie vor als Leitmedium betrachten, auch wenn ihre Entwicklung und Ausgestaltung privatwirtschaftlich organisiert ist, d.h. in der Hand von Schulbuchverlagen liegt.

Neben ihrer sachlichen und fachlichen Korrektheit, der Repräsentation von Lehrplaninhalten und -zielen, der Orientierung an den zu erreichenden Kompetenzen, Wissensständen und den dafür erforderlichen inhaltlichen und methodischen Angeboten müssen Lehrwerke zahlreichen übergreifenden Aspekten genügen. Dazu gehören auch die Übereinstimmungen mit dem Grundgesetz sowie mit gesellschaftlichen Wertvorstellungen (Gleichstellung von Mann und Frau, Multikulturalität, Integration verschiedenster Menschen usw.). Auch zu Beginn des dritten Jahrtausends arbeiten daher nur wenige Lehrkräfte ohne ein Lehrwerk bzw. ohne mehrere Lehrwerke. Die Vereinbarung von bundeseinheitlichen Bildungsstandards und deren Überprüfung mittels Vergleichsarbeiten und Tests wird einer – ohnehin durch den Lehrplanbezug und das Zulassungsverfahren erfolgten – Standardisierung von Lehrwerken entgegenkommen und ihre Bedeutung als unterrichtliche Wissensbasis eher verstärken.

Gleichwohl gibt es bisher weder repräsentative Studien über die Auswahl von Lehrwerken (also über die Einführungsentscheidungen einzelner Lehrerinnen und Lehrer, von Fachkonferenzen oder Kollegien) noch über deren Umgang mit Lehrwerken im Unterricht oder deren Rezeption seitens der Schülerinnen und Schüler. Untersuchungen zu den Lehrwerken selbst, zu den darin vermittelten Inhalten, zur Text- oder Aufgabenauswahl, aber auch zur Textverständlichkeit, zu Bild-Text-Bezügen, Rollenklischees u.a. sowie fachspezifische Vergleichsuntersuchungen liegen dagegen vor.

Literatur

Bromme, R. (1987): Teacher's assessment of students´ difficulties in the classroom. In: Calderhead. – Brophy, J. E. u. Good, Th. J. (1974): Changing teacher and student behaviour. An empirical investigation. In: Journal of Educational Psychology, Vol. 66. – Einsiedler, W. (1998): Unterrichtsqualität in der Grundschule, in: GRUNDSCHULE H. 7/8. – Leinhardt, G. u. Greno, J. (1986): The cognitive skill of teaching, in: Journal of Educational Psychology, Vol. 78. – Peterßen, W. H. (2000): Handbuch Unterrichtsplanung, 9. Aufl. München: Oldenbourg. – Putnam, R. T. (1987): Structuring and adjusting content for students. A study of life and simulated tutoring of addition, in: American Educational Research Journal, Vol. 24. – Shulman, L. S. (1987): Knowledge of Teaching. Foundation of the New Reform, in: Journal of Educational Psychology, Vol 57. – Weinert, F. E. (1996): Der gute Lehrer, die gute Lehrerin im Spiegel der Wissenschaft, in: Beiträge zur Lehrerbildung H. 14 (2).

2 Bedingungen und Kontexte des Unterrichts

2.1 Institutionelle Bedingungen

10| Schule als Institution
Konrad Fees

1 Begriff

Insofern unter der Bezeichnung Institution in der deutschen Soziologie „bestimmte, in den Erwartungen der Akteure verankerte, sozial definierte Regeln mit gesellschaftlicher Geltung und daraus abgeleiteter ‚unbedingter' Verbindlichkeit für das Handeln" (Esser 2000, S.6) verstanden werden, bei denen sich allgemeine Bedürfnisse mit allgemeinen sachlichen Notwendigkeiten (Gehlen) verschränken, akzentuiert die Bezeichnung *Schule als Institution* das Allgemeine, Verbindliche, Verlässliche der Schule im Hinblick auf ihre Funktionen für die Gesellschaft.
Analog zu solchen Einrichtungen wie etwa der Politik, dem Justiz- und Gesundheitswesen, handelt es sich bei der Schule um eine Institution, ohne die ein modernes Gemeinwesen nicht vorstellbar zu sein scheint. Die Schule hat edukative Funktionen zu erfüllen, sie hat Unterricht und Erziehung zu leisten und insbesondere dem (jungen) Menschen eine auf der Basis eines qualifizierten Unterrichts zu erwerbende Bildung zu ermöglichen, auf deren Grundlage sich akademische und/oder berufliche Abschlüsse realisieren lassen. Schule ist freilich nicht spannungsfrei zu konstruieren, als sie den Anspruch des Kindes auf freie Entfaltung mit den ihrerseits heterogenen weltanschaulichen und qualifikationsbezogenen Erwartungen der verschiedenen gesellschaftlichen Interessengruppen zu vermitteln hat und sie demzufolge einem fortwährenden Legitimationsdiskurs ausgesetzt ist – der Konflikt ist Teil ihrer Verfasstheit. Sie entlastet das Gemeinwesen und wird zu ihrer Funktionserfüllung mit rechtlichen Regelungen und materiellen Ressourcen ausgestattet. Schule ist als Institution der Bereich des öffentlich organisierten Lehrens und Lernens bzw. von öffentlich geregeltem Unterricht.

2 Theoriegeschichtlicher Kontext

Handelt es sich bei dem Terminus *Institution* um einen Grundbegriff der deutschen Soziologie, bei dem im Anschluss an Bronislaw Malinowski soziale Regelungssysteme unter Aspekten wie etwa der leitenden Idee, dem Zweck, dem Personalbestand, der Ausstattung betrachtet werden (vgl. Gukenbiehl 1998), liegen seit Herder, Hegel und Schleiermacher, über Dewey, Durkheim und Helmut Fends soziologisch angelegter „Theorie der Schule" (1980) bis zur Gegenwart umfangreiche erziehungstheoretische Überlegungen im Zusammenhang von Öffentlichkeit, Unterricht, Gesellschaft und Institutionalisierung vor (vgl. Tillmann 1993, Fees 2001).

3 Systematischer Kontext

Versteht die Erziehungswissenschaft die Schule als eine historisch entstandene und damit auch stets zu hinterfragende Lösung, dem Anspruch des Menschen auf Bildung zu entsprechen, versteht die Soziologie die Schule als Funktionsbereich, Qualifikations- und Sozialisationsleistungen im Hinblick auf die Erhaltung und Sicherung der Gesellschaft zu erbringen. Die Betrachtung der Schule unter institutionellem Aspekt betont das objektive Moment, die sichernde Funktion der Schule, hat aber auch die disparaten Merkmale ihrer Verfasstheit im Kontext der pluralistischen Gegebenheiten in den Blick zu nehmen.

4 Zentrale Aspekte

4.1 Idee

Schulen bzw. schulartige Gebilde entstehen, sobald Gesellschaften beginnen, einzelne Handlungsformen aus dem Alltag zu abstrahieren und in zeitlich wie räumlich organisierter Lehre intersubjektiv weiterzureichen. Ist die Schule als solche damit sehr alt, steht am Anfang der modernen Schule die Idee einer allgemeinen Bildung bzw. einer Bildung für alle, die im Verlauf der französischen Revolution von dem Marquis de Condorcet als tragende Idee eines neuen, horizontal zu schaffenden Schulwesens formuliert wird. Wenn, so Condorcet, die neue Republik aus den Grundsätzen der Freiheit, Gleichheit, Brüderlichkeit erwachsen soll, bedarf es auch eines neu zu schaffenden Schulsystems, das jedem Kind, unabhängig von seiner sozialen Herkunft den Zugang zu jener Rationalität verschaffen soll, die der künftige Bürger benötigt, um an den notwendigen Entscheidungsprozessen der Republik teilhaben zu können. Die Idee geht der Institution der modernen Schule voraus, die eben nicht ständisch, sondern universal auf Überwindung der geburtsständischen Beschränkungen hin konzipiert ist.

4.2 Zweck und Funktionen der Schule

Als Institution hat die Schule benennbare Leistungen zu erbringen. Die Ziele werden in unterrichtlicher Hinsicht als Mindest-Lernziele und in erzieherischer Hinsicht in Gestalt formaler allgemeiner Bestimmungen oder Kompetenzen ausgewiesen, die den normativen Aussagen der Verfassung zumindest nicht widersprechen. Lassen sich Unterrichtsziele als Mindestziele, Erziehungsziele auf der Makroebene lediglich abstrakt-formal bestimmen, werden die Wege der Zielerreichung, die Verfahren und Methoden aufgrund des „strukturellen Technologiedefizits" der pädagogischen Praxis zentral nicht normiert, sondern weitgehend in die Verantwortung der einzelnen Schulen bzw. der jeweiligen Lehrkräfte gestellt.
Seit Fend 1980 werden in der im engeren Sinne schultheoretischen Literatur drei Funktionen der Schule unterschieden: Qualifikation, Selektion und Allokation, Integration und Legitimation. Mit Qualifikation ist gemeint, dass die Schüler jene fachlichen personalen und sozialen Kompetenzen erlangen sollen, die ihnen eine erfolgreiche Beteiligung am Berufs- und Beschäftigungssystem ermöglichen sollen. Umstritten ist hier jeweils die Frage, in welchem Verhältnis das schulisch zu Erlernen-

de zu dem möglich zu Erlernenden steht und in welcher Weise dies in den Lehrplänen ausgewiesen werden soll. – Werden im Verlaufe einer individuellen Schulkarriere durch Prüfungen, Zensuren und Zeugnisse Berechtigungen für weitergehende Anschlüsse erworben, findet somit sowohl eine Auswahl (Selektion) wie auch eine Zuweisung an spezifische Anschlussorte (Allokation) statt, die Schule ist auch eine Zuweisungsinstanz von Sozialchancen (Schelsky 1957). Das ungelöste Problem liegt in diesem Zusammenhang darin, dass ein unverhältnismäßig hoher Anteil von Jugendlichen nicht jenes Kompetenzniveau erreicht, das für den Eintritt in das duale Ausbildungs- bzw. Beschäftigungssystem erwartet wird und Schule damit faktisch nicht das leistet, was sie eigentlich leisten sollte. – Die Integrationsfunktion schließlich meint, dass die Schüler in das jeweilige gesellschaftlich akzeptierte, normative System eingeführt werden, was voraussetzt, dass sie dieses normative System, das System der Demokratie etwa in westlichem Verständnis, als ein sinnvolles, berechtigtes und auch unterstützungswürdiges System mittragen können. Hier ergibt sich damit die Spannung zwischen dem Recht auf individueller Entfaltung einerseits und der Notwendigkeit der gesellschaftlichen Integration andererseits (Personalisation und Sozialisation).

4.3 Schule und Unterricht

Die Bezeichnung *Lehrer*, engl. *teacher*, weist darauf hin, dass die Hauptfunktion der Lehrerrolle in der Erteilung von Unterricht gesehen wird. Die Lehrkraft repräsentiert in ihrer personalen Rolle die Institution Schule; diese ist diejenige Einrichtung, welche das Gemeinwesen geschaffen hat, um organisiertes Lehren und Lernen sicher zu stellen. Handelt es sich bei Unterricht um den Prozess der planvollen Durchführung von Lehr-/Lernprozessen, so bei der Schule um die Einrichtung, um den äußeren organisatorischen, juristischen, baulichen und sozialen Rahmen, in dem zuvörderst ein zielgerichtetes Lehren und Lernen möglich sein soll. Schule ist auf der gesellschaftlichen Ebene das institutionelle Pendant zu Unterricht.

Da in der komplexen Gesellschaft der Moderne eine gelingende soziale Allokation ohne die Aneignung einer grundlegenden Allgemeinbildung nicht mehr zu realisieren ist, der junge Mensch entwicklungsbedingt sein Lernen nicht selbst organisieren kann und die flächendeckende Einzelunterrichtung zu kostspielig wäre, ist Schule die institutionelle Antwort auf die Notwendigkeit, den Erwerb jener Grundbildung durch die Vorhaltung von planmäßigem Unterricht ermöglichen bzw. das Problem der grundlegenden Qualifizierung der nachwachsenden Generation per Unterricht regeln zu müssen.

Wenn der Schule von den unterschiedlichen gesellschaftlichen Gruppierungen aus immer wieder die verschiedensten Aufgaben zugewiesen werden, so besteht im engeren Sinne ihre Verpflichtung gleichwohl primär darin, Unterricht prozessual zu ermöglichen. Als komplexes Gefüge ist sie darauf ausgerichtet, die organisatorischen Bedingungen dafür zu schaffen, dass Unterrichtsprozesse möglichst ungestört und effizient vonstatten gehen können. Diesem institutionellen Zweck dient ihre personale Aufteilung auf Lehrer und Schüler, die äußere Organisation der Schüler in möglichst arbeitsfähige Lerngruppen, die sachliche Aufteilung des zu Lernenden in verschiedene fachliche Bereiche wie die zeitliche Taktierung der Unterrichtsprozesse nach geregelten Zeitfenstern. In der Realisierung von Unterricht erfüllt sich prozessual die Bestimmung der Institution Schule.

4.4 Personalbestand

Den personalen Kern der Schule bilden Lehrer/innen und Schüler/innen als die beiden Seiten des pädagogischen Bezuges wie zugleich als Rollen, die in der Institution von vornherein definiert sind. Mit der formalen Aufnahme in die Schülerschaft wird das Kind deren Mitglied und hat den entsprechenden Rollenerwartungen zu genügen. Das Verhältnis ist institutionell asymmetrisch angelegt, in der Schülerrolle agieren ausschließlich Laien, in der Lehrerrolle ausschließlich professionelle Rollenträger. Dieser personale Kern wird auf der zweiten Ebene um die Erziehungsberechtigten erweitert, die – insofern sie nicht in Gremien der Schule vertreten sind – formal nicht als Mitglieder der Schule gelten, sondern jene Rechtsmündigkeit ergänzen, welche die Schüler vollgültig erst mit Erreichen der Volljährigkeit erlangen. Bilden in Deutschland Lehrer, Schüler und Erziehungsberechtigte weitgehend den Personalbestand der Schule, quantitativ geringfügig erweitert um das Personal für Hausmeisterei und Verwaltung, kommt die unterrichtliche Zuständigkeit der Lehrkräfte im Ausland deutlicher zum Ausdruck, insofern dort häufig noch weitere Berufsgruppen wie Erzieher, Sozialpädagogen, Psychologen, medizinisches Personal oder gar Wachleute in der Schule tätig sind.

4.5 Normen

Unabhängig von gesellschaftlichen Zieldiskursen muss die Institution Schule als Organisation zur Sicherung ihrer Funktionsfähigkeit Normen setzen. In der Praxis sind diese einerseits juristisch formuliert, andererseits werden sie vor Ort in Gestalt von Schulprogrammen und darauf bezogenen Hausordnungen explizit ausgewiesen. Kann die Schule aufgrund der institutionellen Asymmetrie zwischen Lehrkräften und Schülern/innen keineswegs als „herrschaftsfreier Raum" (Habermas) gelten, müssen sich Schüler/innen vielmehr Zurechtweisungen, Bewertungen und Zertifizierungen gefallen lassen, sind allerdings auch die Handlungen der Lehrkräfte auf die normativen Vorgaben zurück bezogen. Die Normen binden die Schüler/innen lediglich hinsichtlich des sichtbaren Verhaltens, nicht hinsichtlich der jeweiligen Gesinnung, sie dienen dem Zweck der Schule, möglichst ungestört Unterricht zu realisieren und die Schülerinnen und Schüler sozialisatorisch in jene Umgangsformen einzuführen, die im Hinblick auf erfolgreiche Anschlussmöglichkeiten erwartet werden können sollten. Bildet die Schule den äußeren sächlichen und organisatorischen Rahmen für den Unterricht, so sind die Normen und geregelten Verhaltensweisen gleichsam deren ‚Geschäftsgrundlage'.

4.6 Entschulung

Wenngleich der institutionelle Charakter der Schule deren fortgesetzten Bestand zu sichern scheint, sind auch Institutionen in ihrer Existenz abhängig von historischen und sozialen Kontexten, unterstehen einem ständigen Reformdruck und sind damit auch letztlich historisch überholbar. Wäre es möglich, das Lernen für alle Kinder selbstgesteuert zu realisieren, hätte die Institution Schule ihr Ende erreicht, wäre der Zustand der *Entschulung* eingetreten.

Literatur
Esser, H. (2000): Soziologie. Spezielle Grundlagen. Band 5: Institutionen. F.a.M./New York: Campus. – Fees, K. (2001): Konstituenten einer Theorie der Schule. In: Pädagogische Rundschau, 55 (6), 665-677. – Fend, H. (1980): Theorie der Schule, München/Wien/Baltimore: Urban & Schwarzenberg. – Gukenbiehl, H. (1998): Institution und Organisation. In: Korte, H./Schäfers, B. (Hrsg.): Einführung in Hauptbegriffe der Soziologie, 4. Aufl. Opladen: Leske & Budrich, 97-113. – Schelsky, H. (1957): Schule und Erziehung in der industriellen Gesellschaft, Würzburg: Werkbund-Verlag. – Tillmann, K.-J. (1993): Schultheorien, 2. Aufl. Hamburg: Bergmann & Helbig.

11| Schulreform – Schulentwicklung
Wolfgang Melzer und Matthias Wesemann

1 Zum Begriffsverständnis

Die Begriffe „Schulreform" und „Schulentwicklung" bezeichnen gleichermaßen intentionale Veränderungen der Institution Schule sowohl bezüglich ihrer Struktur und Gestalt (z.B. Äußere Schulreform, Organisationsentwicklung) als auch ihrer Inhalte und ihres Innenlebens (z.B. Innere Schulreform, Unterrichtsentwicklung, Schulleben). Ziel ist die Verbesserung der Qualität von Schüler und Unterricht sowie der Kompetenzen der im Schulkontext interagierenden Partner (Schulleitung, Lehrer, Eltern, Schüler u.a.). Das Gesamtsystem Schule wird als lernfähig angesehen, Reform und Entwicklung werden als ein permanenter Prozess begriffen (vgl. Melzer/Sandfuchs 1996).

Will man Nuancen zur Unterscheidung der Begrifflichkeit herausarbeiten, wird „Schulreform" eher staatlichen Akteuren und gesellschaftlichen Bewegungen zur Veränderung von Schule als Gesamtsystem in verschiedenen historischen Epochen (z.B. Preußische Schulreform, Reformpädagogische Bewegung) zugeschrieben, während „Schulentwicklung" eher als Aufgabe der Einzelschule angesehen wird. Es hat sich aber gezeigt, dass auf der einen Seite „von oben" induzierte Schulreformen misslungen, mindestens aber „stecken geblieben" sind, und auf der anderen Seite die Autonomie der Einzelschule einer Gesamtsteuerung des Systems bedarf (vgl. Rolff 1996).

2 Perspektivenwechsel in der Schulforschung und in der Bildungspolitik

Im Unterschied zur Schulreform findet sich der Begriff Schulentwicklung erst seit den 1970er Jahren in der schulpädagogischen Literatur (Rolff 1998, S.295f). Seit Beginn der 1990er Jahre hat er eine erstaunliche Karriere gemacht, ist zu einer Leitformel in der Schulforschung und in der Bildungspolitik aufgestiegen und hat in der Schulpädagogik ein eigenes Diskursfeld konstituiert. Schulentwicklung hat den Begriff Schulreform teilweise abgelöst bzw. ergänzt.

Als gemeinsamer Nenner lassen sich folgende Elemente von Schulentwicklung festhalten:
(1) Die Einzelschule ist Ausgangspunkt und Motor der Schulentwicklung.
(2) Entwicklung wird gefasst als ein komplexer, langfristiger und kollektiver Lernprozess der professionellen Organisationsmitglieder.
(3) Der Systembezug der Einzelschule wird über neue Steuerungsmechanismen sichergestellt.
(4) Ziel ist die Weiterentwicklung der Qualität von Schule und Unterricht.

Obwohl die praktischen Erfahrungen mit diesem Ansatz im Vordergrund stehen und die theoretische Einbindung zu wünschen übrig lässt (vgl. u.a. Altrichter/Rolff 2000), verzeichnet die Strategie der Schulentwicklung als Entwicklung der Einzelschule eine unaufhaltsame Erfolgsgeschichte, die aus den Synergieeffekten eines im Abstand von wenigen Jahren vollzogenen Perspektivenwechsels in der Schulforschung und in der Bildungspolitik resultiert.

Die Ergebnisse der Schulforschung und zur Qualität von Schule hatten zum Teil größere Unterschiede zwischen Einzelschulen desselben Schultyps als Systemunterschiede zwischen den Schulformen – z.B. zwischen Gesamtschulen und dreigliedrigem System – offenbart (vgl. u.a. Aurin 1991, Rolff 1991; Steffens/Bargel 1993, S.7–15). Dabei wurden Strukturen, wie die organisatorische Gestaltung der schulinternen Arbeitsprozesse, und Prozessmerkmale, wie die Formen der Partizipation und pädagogischen Meinungsbildung, oder kulturelle Phänomene, wie das pädagogische Ethos, als grundlegende Bedingungen von Schulqualität herausgearbeitet. Mit der Sichtweise von Helmut Fend, dass Schulen „als gemeinschaftliche Problemlösungszusammenhänge" in der „jeweilige[n] Modalität der gemeinschaftlichen Aufgabenbewältigung angesichts vorgegebener Ziele und vorhandener Ressourcen" (Fend 1987, S.18) differieren, gewann die Schulforschung in der Schule als pädagogischer Handlungseinheit (Fend) eine neue Analyseeinheit. Indem diese „Modalitäten" unter dem Prozessaspekt „als Werk der Schule selbst" (Aurin 1991 a, S.86) begriffen wurden, ist die Entwicklung der Einzelschule in den Fokus der Schulforschung gekommen: Wie können sich Schulen zu guten Schulen entwickeln?

Diese Perspektivenverschiebung zu einer „Schulentwicklung als Entwicklung von Einzelschulen" (Rolff 1991) wäre eine wissenschaftsinterne Angelegenheit mit peripherer Außenwirkung geblieben, wenn nicht die staatlichen Instanzen unter dem Eindruck der Sparzwänge und der offensichtlichen Steuerungsdefizite im Bildungssystem einen strategischen Wechsel von der Durchgriff- zur Kontextsteuerung anvisiert und die Koordination von Schulsystem und Einzelschule nicht neu angedacht hätten. Zwischen den neuen Steuerungsparametern „Gestaltungsautonomie" und „Evaluation" ist die Entwicklung der Einzelschule seit Beginn der 90er Jahre in den bildungspolitischen Fokus gerückt.

3 Konzepte der Schulentwicklung

Schulentwicklungskonzepte versuchen eine Antwort auf das Problem zu geben, wie die Einzelschule auf den Weg der Selbststeuerung und Verbesserung ihrer pädagogischen Arbeit gebracht werden kann. Schulentwicklungskonzepte stellen keine „Blaupausen" dar, die 1:1 umgesetzt werden könnten, sondern sie offerieren prozessinitiierende und -steuernde Verfahrensmodelle, deren inhaltliche Ausgestaltung der Schule überlassen bleibt.

Am einflussreichsten waren in den 90er Jahren Konzepte, die sich an den Ideen der Organisationsentwicklung orientierten. Das differenzierteste Konzept ist 1990 von Dalin und Rolff unter dem Titel „Institutionelles Schulentwicklungsprogramm" (ISP) vorgelegt worden, das 1995 als „Institutionalisierter Schulentwicklungsprozess" (Dalin/Rolff/Buchen 1995) überarbeitet und ergänzt worden ist. Ausgangspunkt für das ISP-Konzept sind die Bedürfnisse der Lehrer und ihre Sichtweisen der Entwicklungsprobleme der Schule. In einem zyklischen, spiralförmig verlaufenden Verfahrensmodell mit einander überlagernden Analyse/Planungs-, Aktions- und Reflexions-/Evaluationsschleifen sollen von Kollegium und Schulleitung institutionalisierungsfähige Problemlösungen erarbeitet werden, auf deren Grundlage sich die nächste Runde des Entwicklungsprozesses anschließt. Zielhorizont der Schulentwicklung ist die Problem-Löseschule, „eine Sich-selbst-erneuernde Schule", „die ihre Entwicklungsprobleme selbst lösen kann" (ebd., S.37). Unterstellt wird dabei, dass die Schule als Organisation selbst lernen kann (ebd., S.44, auch Rolff 1996). Das Konzept sieht bindend die Prozessberatung durch externe Schulentwicklungsmoderatoren und die Institutionalisierung einer (schulinternen) Steuergruppe vor, die in Abstimmung mit Schulleitung und Kollegium für das Prozessmanagement verantwortlich ist.

Die konzeptionellen Grundlagen dieses Modells wurden später erweitert zu einem Verbund von personaler Entwicklung, Unterrichtsentwicklung und Organisationsentwicklung (Rolff 1998). Diese drei Bereiche der Schulentwicklung stehen in einem Systemzusammenhang, wobei der Organisationsentwicklung in ihrer Funktion als systemintegrierendem Faktor eine besondere Bedeutung zugeschrieben wird. Der Unterrichtsbezug von Schulentwicklung wird verstärkt herausgestellt.

In kritischer Auseinandersetzung, vor allem mit dem Organisationsentwicklungsansatz, formierte sich 1997 das Konzept der „Pädagogischen Schulentwicklung" (PSE) (Bastian 1998). Das PSE versteht sich als „konzeptionelle und praxisorientierte Alternative zur Organisationsentwicklung" (Bastian 1998 a, S.33). Seine Programmatik wird deutlich in der Kurzformel „von der Unterrichtsreform zur Schulentwicklung" (ebd., S.27). Ansatzpunkte sind die unterrichtsbezogenen Probleme/Interessen der Lehrer. Zielpunkt ist die Entwicklung der Unterrichtskultur der Schule. In projektförmiger Teamarbeit sollen Lehrergruppen – auf der Grundlage eines Konferenzvotums – neue Lehr-/Lernformen erproben, sich kollegiumsweit über Erfolge und Probleme verständigen und in Zusammenarbeit mit der Schulleitung die institutionellen Bedingungen auf die Erfordernisse der Unterrichtsreform abstimmen. Bewegen sich die Überlegungen von Bastian mehr auf der Ebene der konzeptionellen Abgrenzung und Grundlegung, so hat Klippert (2000) ein anders akzentuiertes Konzept der pädagogischen Schulentwicklung vorgelegt, das allerdings durch die Einengung der Unterrichtsentwicklung auf die Methodenebene und durch die extern angebotenen Qualifizierungs- und Implementationsprogramme das projektförmige Eigenlernen der Lehrerteams konterkariert. Mittlerweile ist Schulentwicklung auch Thema aller großflächigen Leistungsuntersuchungen (Large-scale Assessments, wie TIMSS, IGLU oder PISA) und Schulsurveys. Obwohl diese für das Systemmonitoring konzipiert sind, werden auch Überlegungen angestellt, wie die Ergebnisse dieser aufwändigen empirischen Untersuchungen für die Einzelschulen nutzbar gemacht werden können. Dabei spielen die sog. Rückmeldeverfahren eine zentrale Rolle, da sich auf diesem Wege der Transfer zur Einzelschule vollzieht und mit einer Ist-Analyse die Grundlage für den Entwicklungsprozess geschaffen wird (vgl. zusammenfassend Rolff 2002). Auch aus größeren Überblicksstudien zum Sozialverhalten bzw. zum Gesundheitsstatus von Schülern (vgl. Hurrelmann/Klocke/Melzer/Ravens-Sieberer 2003, Melzer/Schubarth/Ehninger 2004) werden Konsequenzen für die Schulentwicklung gezogen, da sich eine dem Schüler zugewandte Schul- und Unterrichtskultur als wirksam im Hinblick auf Gewaltprävention und Gesundheitsförderung erwiesen hat.

4 Schulreform und Schulentwicklung nach PISA

Wie kaum eine andere wissenschaftliche Untersuchung haben die PISA-Studien Auswirkungen auf Schulreform und -entwicklung gezeigt. Die KMK verständigte sich im Dezember 2001 auf sieben Handlungsfelder, in denen Maßnahmen zur Qualitätsentwicklung und Qualitätssicherung zu treffen sind (KMK 2003, S.258f).
Mit der Verzahnung von Vorschulerziehung und Grundschule, dem Ausbau von schulischen Ganztagsangeboten und mit der Reform der Lehrerbildung werden Strukturmaßnahmen im Sinne der äußeren Bildungsreform auf die Agenda gesetzt. Einen zweiten Schwerpunkt stellen Förderprogramme für bildungsbenachteiligte Kinder, zur Verbesserung der Sprachkompetenz in der Vorschulerziehung und zur Verbesserung der Grundschulbildung in den Bereichen Lesekompetenz, Mathematik und naturwissenschaftliche Zusammenhänge dar. Für den engeren Bereich der Schulentwicklung (als Entwicklung der Einzelschule) werden im Handlungsfeld 5 „Maßnahmen zur konsequenten Weiterentwicklung und Sicherung der Qualität von Unterricht und Schule auf der Grundlage von verbindlichen Standards sowie einer ergebnisorientierten Evaluation" (ebd., S.258) vereinbart. Hinzu kommen Maßnahmen zur Professionalisierung des pädagogischen Personals in den Bereichen diagnostische und methodische Kompetenz.
In allen Bundesländern zeichnet sich gegenwärtig die Tendenz zu einer erweiterten Selbständigkeit der Schule in den Bereichen schuleigene Curricula, dezentrale Ressourcenverantwortung (größtenteils über das Instrument der Budgetierung) und Personalentwicklung (Rekrutierung, schulinterne Fortbildung) ab. Damit soll durch ein höheres Maß an Eigenverantwortung die Leistungsfähigkeit der Schule gestärkt werden. Die Transformation der schulbetrieblichen Abläufe in ein Qualitätsmanagement, bei einer gestärkten Führungsverantwortung der Schulleitung wird angestrebt. In

allen Bundesländern wurde (mehrheitlich verpflichtend) die Schulprogrammerstellung als Aufgabe für Schulen eingeführt – dies kann als eine der größten Reformmaßnahmen der letzten Jahrzehnte eingeschätzt werden.

Inwieweit die schulinterne Programmarbeit kompatibel ist mit den von allen Bundesländern eingeführten neuen zentralen Steuerungsimperativen der Bildungsstandards und der externen Leistungserhebungen (vgl. KMK Bildungsbericht 2003, S.365ff), muss sich in der Zukunft noch erweisen. Mit Bildungsstandards und Schulleistungsvergleichstests als Elemente einer traditionellen „Top-down-Steuerung" nehmen die zentralen Instanzen eine direkte Strukturierung des pädagogischen Arbeitsfeldes der Schule vor – Schule wird reduziert auf die Funktion einer Optimierung von Fachleistungsergebnissen, die Einzelschule wird (wieder) als zentral steuerbare Handlungseinheit verstanden. Möglicherweise muss „Schulentwicklung im Sinne der Entwicklung von Einzelschulen (...) neu buchstabiert werden" (Schönig 2003, S.452).

Insgesamt lässt sich feststellen: Die Ergebnisse der internationalen Schulleistungsuntersuchungen führten zu deutlichen Zäsuren im Schulentwicklungsdiskurs. Die „Qualitätsentwicklung und -sicherung" ist zu einem neuen Leitprogramm für Schulentwicklung geworden, seit Beginn des neuen Jahrtausends wird mit den neuen Steuerungsparametern Output-Orientierung und Standardisierung das Verhältnis von Gesamtsystem und Einzelschule neu justiert.

Literatur

Altrichter, H. & Rolff, H.-G. (2000): Theorie und Forschung in der Schulentwicklung. In: Journal für Schulentwicklung 4/2000, 4-8. – Aurin, K. (1991 a): Strukturelemente und Merkmale guter Schulen – worauf beruht ihre Qualität? In: Aurin 1991, 64-87. – Aurin, K. (Hrsg.) (1991): Gute Schulen – worauf beruht ihre Wirksamkeit? 2. Aufl. Bad Heilbrunn: Klinkhardt. – Bastian, J. (1998): Pädagogische Schulentwicklung. Schulprogramm und Evaluation. Hamburg: Bergmann + Helbig. – Bastian, J. (1998 a): Pädagogische Schulentwicklung. Von der Unterrichtsreform zur Entwicklung der Einzelschule. In: Bastian, J. 1998, 29-43. – Dalin, P., Rolff, H.-G. & Buchen, H. (1995): Institutioneller Schulentwicklungsprozeß. 3. Aufl. 1997. Landesinstitut für Schule und Weiterbildung. Bönen: Verlag für Schule und Weiterbildung. – Fend, H. (1987): Gute Schulen – schlechte Schulen. In: Ermert, K. (Hrsg.): „Gute Schule" – was ist das? Loccumer Protokolle 17/1986, 17-50. – Hurrelmann, K., Klocke, A., Melzer, W. & Ravens-Sieberer, U. (Hrsg.) (2003): Jugendgesundheitssurvey. Internationale Studie im Auftrag der Weltgesundheitsorganisation WHO. Weinheim und München: Juventa. – Klippert, H. (2000): Pädagogische Schulentwicklung. Weinheim und Basel: Beltz. – Kultusministerkonferenz (KMK) (2003): Bildungsbericht für Deutschland. Erste Befunde. Opladen: Leske + Budrich. – Melzer, W. & Sandfuchs, U. (Hrsg.) (1996): Schulreform in der Mitte der 90er Jahre. Opladen: Leske + Budrich. – Melzer, W., Schubarth, W. & Ehninger, F. (2004): Gewaltprävention und Schulentwicklung. Bad Heilbrunn: Klinkhardt. – Rolff, H.-G. (1991): Schulentwicklung als Entwicklung von Einzelschulen? Theorien und Indikatoren von Entwicklungsprozessen. In: Zeitschrift für Pädagogik 37 (6), 865-886. – Rolff, H.-G. (2002): Rückmeldung und Nutzung der Ergebnisse von großflächigen Leistungsuntersuchungen. Grenzen und Chancen. In: Rolff, H.-G. u.a. (Hrsg.): Jahrbuch der Schulentwicklung Bd. 12. Weinheim und München: Juventa, 75-98. – Rolff, H.-G.(1996): Autonomie von Schule – Dezentrale Schulentwicklung und zentrale Steuerung. In: Melzer, W. & Sandfuchs, U. (Hrsg.): Schulreform in der Mitte der 90er Jahre. Opladen: Leske + Budrich, 209-227. – Schönig, W. (2003): Lehrer und Lehrerinnen im Prozeß der Schulentwicklung. In: Die Deutsche Schule (95), H. 4, 452-465. – Steffens, U. & Bargel, T. (1993): Erkundungen zur Qualität von Schule. Neuwied, Krittel, Berlin: Luchterhand.

12| Vorschulische Bildungseinrichtungen
Hans-Günther Roßbach

1 Einleitung

Unter dem Begriff *Vorschulische Bildungseinrichtungen* werden alle nicht-familialen Betreuungs- und Erziehungseinrichtungen zusammengefasst, die für Kinder in der Altersspanne von ihrer Geburt bis zur Einschulung angeboten werden. Der Anspruch einer (systematischen) Förderung von kindlichen Bildungsprozessen ist nicht beschränkt auf das klassische Kindergartenalter (ab 3 Jahre bis Schulbeginn) oder das letzte Jahr vor Eintritt in die Grundschule. Im Allgemeinen wird ein breiter Bildungsbegriff vertreten, der neben Lernkompetenzen, methodisch-instrumentellen Schlüsselkompetenzen und inhaltlichem Wissen auch soziale Kompetenzen und Wertorientierungen umfasst. Vorschulische Bildungseinrichtungen gehören zum Jugendhilfebereich, der auf Bundesebene durch das Kinder- und Jugendhilfegesetz (KJHG) geregelt wird. In Bayern gilt noch ein Gesetz von 1973, das die Kindergärten dem Bildungsbereich zuordnet. Grundsätzlich bezieht sich der Bildungsanspruch nicht nur auf Einrichtungen (z.B. Krippe, Kindergarten, Kindertagesstätte), sondern auch auf Tagespflegeverhältnisse (Betreuungen durch eine andere Person in deren Haushalt oder im Haushalt der Personensorgeberechtigten; „Tagesmütter"). Für Kinder ab dem 3. Lebensjahr gibt es einen Rechtsanspruch auf einen Platz in einer Tageseinrichtung (außer in Bayern). Einrichtung und Betrieb von Tageseinrichtungen werden auf der Länderebene durch Ausführungsgesetze zum KJHG geregelt. Die Aufgabe der Jugendämter ist es, die Schaffung der erforderlichen Einrichtungen nach Maßgabe der jeweiligen Ländergesetze anzuregen und zu fördern. Nach dem Subsidiaritätsprinzip kann das Jugendamt (die Kommune) selbst erst dann als Träger auftreten und Einrichtungen bereitstellen, wenn die Freien Träger nicht die erforderlichen Einrichtungen anbieten. Dieser Vorrang der Freien Träger führt dazu, dass sich 2002 die Mehrheit (59 %) der Kindertageseinrichtungen in Deutschland in freier, meist konfessioneller Trägerschaft befindet (Arbeitsunterlagen des Statistischen Bundesamts zur Jugendhilfestatistik).

2 Historische Entwicklung und aktuelle Situation

Institutionelle Betreuungsformen für Kinder vor dem Schulbeginn haben sich erst in den letzten 200 Jahren in Deutschland entwickelt (vgl. Erning, Neumann & Reyer 1987; Roßbach 2003). Etwa um die Mitte des 19. Jahrhunderts hatten sich drei Typen herausgebildet: die *Bewahranstalten* Johann Georg Wirths, die *christlichen Kleinkinderschulen* Theodor Fliedners und der *Kindergarten* Friedrich Fröbels. Nur bei Letzterem gab es ein kindbezogenes, sich auf bildende Einwirkungen auf Kinder richtendes Motiv und einen eigenständigen Bildungsauftrag, der sich von dem der Schule unterschied. Seit der zweiten Hälfte des 19. Jahrhunderts gewannen kindbezogene Motive – speziell für die Kinder ab dem 3. Lebensjahr – zunehmend an Bedeutung. Das Reichsjugendwohlfahrtsgesetz (RJWG) von 1922 ordnete Krippen und Kindergärten dem Jugendhilfebereich zu. Nach dem Zweiten Weltkrieg blieben in West-Deutschland und der späteren BRD Krippe und Kindergarten administrativ im Jugendhilfebereich. In der Bildungsreform der 1960er/70er Jahre wurde der Kindergarten als Elementarbereich des Bildungssystems bezeichnet, und es fand ein nachhaltiger Ausbau an Plätzen statt. Für den Krippenbereich blieb es allerdings bei einem Nothilfecharakter und einer äußerst niedrigen Versorgungsquote. Im Unterschied dazu übernahmen in Ost-Deutschland und der späteren DDR der Kindergarten und auch die Krippe schon in den ersten Jahren eine besondere Funktion im Bildungssystem: Sie sollten einen Beitrag zu einer verbesserten Volksbildung leisten und so viele Mütter wie möglich für den Arbeitsprozess freistellen. Dementsprechend kam es rasch zu einer quantitativen Ausweitung des Platzangebots (Ganztagsplätze). Der Kindergarten wurde dem Ministerium für Volksbildung und die Krippe jenem für das Gesundheitswesen zugeordnet. Mit der Vereinigung 1990 und dem Inkrafttreten des KJHG wurde das Früherziehungssystem der DDR in das Jugendhilfesystem der BRD eingegliedert.

Ende 2002 gibt es für 90 % – im früheren Bundesgebiet 88 %, in den neuen Bundesländern 105 %, jeweils ohne Berlin – der Kinder im Alter von 3 bis 6 ½ -Jahren einen Platz in einer vorschulischen Bildungseinrichtung („reine" Kindergärten mit altersgemischten Gruppen von 3 Jahren bis Schulbeginn; kombinierte Einrichtungen für Kinder unter 3 Jahren und solche über 3 Jahren, in getrennten Gruppen oder in Gruppen mit einer „großen" Altersmischung). In den neuen Bundesländern sind nahezu alle Plätze Ganztagsplätze, im früheren Bundesgebiet aber nur ein knappes Viertel. Für Kinder unter 3 Jahren muss bei einer Versorgungsquote von 8,5 % von einer Unterversorgung ausgegangen werden (vor allem bei 2,7 % im früheren Bundesgebiet gegenüber 37,0 % in den neuen Ländern, jeweils ohne Berlin; Arbeitsunterlagen des Statistischen Bundesamts zur Jugendhilfestatistik).

3 Pädagogisches Programm

Überlegungen zum pädagogischen Programm von vorschulischen Bildungseinrichtungen beziehen sich bisher weitgehend auf den Kindergartenbereich, während ein allgemein anerkanntes Konzept für die Arbeit mit den unter 3-jährigen Kindern (noch) nicht vorhanden ist. In der Bildungsreform in den 1960er/70er Jahren wurde eine breite Diskussion um eine stärkere (kognitive) Bildungsorientierung des Kindergartens geführt (Roßbach 2003). Zunächst wurden funktionsorientierte Ansätze (gezielte Förderung von psychischen Funktionen wie z.B. Wahrnehmung, Denken, Kreativität, Sprache) und wissenschafts- bzw. disziplinorientierte Ansätze (Curricula als altersangemessene, die Entwicklungsstufe der Kinder berücksichtigende didaktische Umsetzungen der grundsätzlichen wissenschaftlichen Begriffe und Prinzipien eines Faches) präferiert. Aber schon bald wurden diese Konzepte von den so genannten situationsorientierten Ansätzen abgelöst, die sich an aktuellen Lebenssituationen der Kinder orientieren. Das Ziel des pädagogischen Bemühens besteht darin, Kinder in solchen Lebenssituationen zu kompetentem und autonomem Handeln anzuregen. Spätestens seit Mitte der 1990er Jahre gerieten die Situationsansätze aber in die Kritik. Ihnen wurde u.a. vorgeworfen, durch zu große Interpretationsspielräume und unpräzise Begriffe einer gewissen Beliebigkeit der pädagogischen Praxis Vorschub zu leisten, empirisch unzureichend überprüft zu sein, gegenwartsbezogenes Lernen auf Kosten des zukunftsgerichteten zu stark zu betonen und anthropologische Bildungskonzepte ungenügend zu berücksichtigen. Idealtypisch lassen sich gegenwärtig zwei konträre Lager konstruieren: Auf der einen Seite stehen Positionen, die sich grob als funktionsorientiert bezeichnen lassen und die auf eine Ausweitung einer systematischen Förderung, z.B. in Form von Sprachförderprogrammen, zielen. Dem gegenüber stehen Positionen, die das eigenaktive und selbstentdeckende Lernen in den Blick nehmen und darin die zentrale Vorbedingung für Prozesse der „Selbstbildung" von Kindern sehen (z.B. Laewen 2002). Um die traditionell eher starke Abgrenzung von Kindergarten und Grundschule mit ihren je eigenen Bildungsaufträgen zu überwinden, wird auch die Problematik des Übergangs zwischen diesen beiden Bildungsbereichen und die schulvorbereitende Funktion des Kindergartens wie auch die Rolle der aufnehmenden Grundschule diskutiert (Faust/Roßbach 2004; vgl. Kap. 89). Dies betrifft zum einen Maßnahmen der Kooperation zwischen Kindergarten und Grundschule, um mögliche Friktionen zwischen den beiden Bildungsbereichen abzubauen. Zum anderen geht es um curriculare Abstimmungen zwischen Elementar- und Primarbereich, da fachbezogene und fachübergreifende Lernprozesse schon weit vor Eintritt in die Schule beginnen und von kumulativer Natur sind.

4 Pädagogische Initiativen und Modellversuche

In zumindest drei Bereichen lassen sich gegenwärtig pädagogische Initiativen und Modellversuche identifizieren:

(1) In den meisten Bundesländern werden zur Zeit neue Bildungs- und Erziehungspläne für den Kindergarten entwickelt (vgl. Diskowski 2003). Die verschiedenen Pläne sprechen weitgehend übereinstimmende Förderbereiche an (Sprache, Mathematik, Naturwissenschaften, Musik, Bewegung, Gesundheit, ästhetische, bildnerische und kulturelle Bildung). Sie formulieren keine konkreten Fertigkeiten oder Kenntnisse, an denen das Erreichen von Bildungszielen gemessen werden soll, vielmehr beschreiben sie die angestrebten Bildungseffekte in Form von allgemeinen Kompetenzen. Ein Teil der Bildungspläne bezieht den Altersbereich der unter 3-jährigen Kinder explizit mit ein. Die Bildungspläne haben die Funktion von Orientierungen oder Empfehlungen, die jeweils auf die konkreten Situationen in einer Einrichtung hin ausgelegt werden müssen.

(2) Die Frage der Qualität der vorschulischen Bildungseinrichtungen wird in Deutschland verstärkt seit Anfang der 1990er Jahre diskutiert. Eine empirische Untersuchung hat dabei aufgezeigt, dass Kindergärten in Deutschland eine im Durchschnitt nur mittelmäßige Qualität aufweisen. Im Zentrum der Bemühungen um eine Qualitätsverbesserung stehen Ansätze, die unmittelbar an der Praxis vor Ort ansetzen. Besonders soll auf die 1999 vom Bundesministerium für Familie, Senioren, Frauen und Jugend ins Leben gerufene Qualitätsinitiative im System der Tageseinrichtungen für Kinder hingewiesen werden (Fthenakis 2003; Tietze 2002).

(3) Mit Ausnahme von Deutschland und Österreich ist in allen Ländern Europas die Ausbildung zumindest für einen Teil des Fachpersonals in vorschulischen Bildungseinrichtungen auf Hochschulniveau angesiedelt. Dementsprechend gibt es in Deutschland derzeit Bestrebungen, das formale Ausbildungsniveau des pädagogischen Personals anzuheben (z.B. durch einschlägige Bachelor-Studiengänge an Fachhochschulen). Die Robert Bosch Stiftung hat 2004 eine Initiative zur Professionalisierung der Fachkräfte für Kindertagesstätten gestartet, wobei ein Bestandteil der zu gründenden Modellzentren ein Hochschulstudiengang zur Frühkindlichen Bildung sein soll.

5 Offene Forschungsfragen

Die empirische Forschung zu vorschulischen Bildungseinrichtungen stellt ein eher vernachlässigtes Feld dar. Besonders sind Untersuchungen nötig zu: Möglichkeiten einer stärkeren kognitiven Förderung in vorschulischen Einrichtungen; kurz- und längerfristigen Auswirkungen des Besuchs vorschulischer Einrichtungen auf die Entwicklung der Kinder (speziell im Hinblick auf die Angebote für unter 3-jährige Kinder); Evaluation von Qualitätsentwicklungsmaßnahmen und der Umsetzung von Bildungsplänen; Kosten-Nutzen-Analysen des Besuchs vorschulischer Einrichtungen; Evaluationen der Veränderungen in der Ausbildung des Fachpersonals.

Literatur

Diskowski, D. (2003): Rahmenpläne und Curricula für Bildung in der Zeit vor der Schule. In: Deutsches Jugendinstitut (Hrsg.): Non-formale und informelle Bildung in der Kinder- und Jugendhilfe. Bd. 2: Expertisen. München, 13-41. – Erning, G., Neumann, K. & Reyer, J. (1987) (Hrsg.): Geschichte des Kindergartens. Bd. 1. Freiburg i.Br.: Lambertus. – Faust, G.

& Roßbach, H.G. (2004): Der Übergang vom Kindergarten zur Grundschule. In: Denner, L. & Schumacher, E. (Hrsg.): Übergänge im Elementar- und Primarbereich reflektieren und gestalten. Bad Heilbrunn/Obb.: Klinkhardt, 91-105. – Fthenakis, W. E. (2003): Pädagogische Qualität in Tageseinrichtungen für Kinder. In: Fthenakis, W. E. (Hrsg.): Elementarpädagogik nach PISA. Wie aus Kindertagesstätten Bildungseinrichtungen werden können. Freiburg: Herder, 208-242. – Laewen, H.-J. (2002): Bildung und Erziehung in Kindertageseinrichtungen. In: Laewen, H.-J. & Andres, B. (Hrsg.): Bildung und Erziehung in der frühen Kindheit. Bausteine zum Bildungsauftrag von Kindertageseinrichtungen. Weinheim: Beltz, 16-102. – Roßbach, H.G. (2003): Vorschulische Erziehung. In: Cortina, K.S., Baumert, J., Leschinsky, A., Mayer, K.U. & Trommer, L. (Hrsg.): Das Bildungswesen in der Bundesrepublik Deutschland. Reinbek bei Hamburg: Rowohlt, 252-284. – Tietze, W. (2002): Institutionelle Betreuung von Kindern. In: Krüger, H. H. & Grunert, C. (Hrsg.): Handbuch Kindheits- und Jugendforschung. Opladen: Leske + Budrich, 497-517.

13| Schulstufen und Schulformen des allgemeinbildenden Schulwesens
Eiko Jürgens

Für die strukturelle Entwicklung des allgemeinbildenden Schulwesens sind zwei »Ereignisse« von besonderer Bedeutung gewesen.

1 Die Gründung der vierjährigen Grundschule

Die heutige Grundschule erhielt als Schule für (fast) alle Kinder ihre pädagogische Begründung und Rechtsgrundlage in der Verfassung der Weimarer Republik von 1919 (vgl. Riege 1995, S.118). Auch wenn sich die Befürworter einer sechs- oder achtjährigen Grundschuldauer ebenso wenig durchsetzen konnten wie die Protagonisten einer zehnjährigen gemeinsamen Schule, blieb doch im Ergebnis die vierjährige Grundschule als integrierte Pflichtschule gegenüber den bisherigen Vorschulen ein pädagogischer Fortschritt (vgl. ebenda, S.116), dessen historische Tragweite erst im immer größer werdenden zeitlichen Abstand von diesem geschichtlichen Datum abschätzbar wurde und wird.

2 Strukturplan für Bildungswesen (1970)

Die Empfehlungen und Gutachten des Deutschen Bildungsrates, dessen Mandat 1975 nicht mehr verlängert und für den bis heute keine gleichermaßen gewichtige Nachfolgeorganisation geschaffen wurde, bilden immer noch einen reichhaltigen Fundus für die Begründung weiterer Reforminitiativen sogar noch knapp 35 Jahre nach Erscheinen des Strukturplans für das Bildungswesen. Gleichfalls bieten vor allem die hervorragenden wissenschaftlichen Expertisen zu zentralen Fragestellungen der Weiterentwicklung des gesamten Bildungssystems eine hervorragende Folie, um Hintergründe erfolgter oder geplanter bildungspolitischer Maßnahmen zu analysieren. Sind doch viele sogenannter »Reforminitiativen« mehr der (Parteien-)Ideologie statt wissenschaftlicher Erkenntnis geschuldet. Was allerdings bekanntlich die Bildungspolitik nicht daran hindert, ihre Maßnahmen, trotz allem, im wahrsten Wortsinn, »durchzuziehen«. Aktuellstes Beispiel dürfte die Abschaffung der schulformunabhängigen Orientierungsstufe in Niedersachsen und Bremen betreffen, wodurch eine Empfehlung aus dem »Strukturplan für das Bildungswesen« zurückgenommen und der Status quo aus der Zeit vor der Dekade des Deutschen Bildungsrates restauriert wurde (vgl. Jürgens 2001).

3 Integrierte Beschulung in den Klassen 5 und 6

Die Einrichtung der Orientierungsstufe war nach Auffassung der Bildungskommission nicht zu trennen von bildungspolitischen Überlegungen, langfristig das Schulwesen zu einem stufenbezogenen, integrierten weiterzuentwickeln. So sah die Bildungskommission in ihrer Abschlussempfehlung vor, „die Schuljahre 5 bis 10 in drei Zweijahresblöcke zu gliedern, die als unterschiedlich akzentuierte pädagogische Einheiten zu verstehen sind. (…) Der Zweijahresblock der Orientierungsstufe (5/6) hat die Aufgabe der Orientierung im Hinblick auf nachfolgende curriculare Angebote. (…) Der nächste Zweijahresblock (7/8) behält das für alle gemeinsame Curriculum weiterhin bei: Im Vordergrund der Lernanforderungen stehen für alle verbindliche Lernziele, die eine gemeinsame Grundbildung entwickeln helfen und (…) die horizontale Mobilität begünstigen. (…) Der letzte Zweijahresblock (9/10) erweitert die Möglichkeiten der curricularen Schwerpunktbildung und schränkt den allgemeinen Pflichtbereich im Verhältnis hierzu weiter ein" (Deutscher Bildungsrat 1970, S.149). Im Grunde löst die Bildungskommission mit ihrem horizontal gegliederten Stufenmodell sowohl den ideologischen Streit um die Dauer der Grundschule, der mit dem Kompromiss der Reichsschulkonferenz nicht einmal vorübergehend beendet wurde, als auch jene im direkten Zusammenhang damit stehende, nicht weniger ideologisch geführte, bildungspolitische Auseinandersetzung um die Einführung einer Einheitsschule in gleichermaßen konstruktiver wie die verschiedenen bildungspolitischen Positionen versöhnender Originalität auf: Integration und Differenzierung werden als zusammengehörig wahrgenommen. Wobei übrigens das Instrument der strukturellen Differenzierung nach Leistungsklassen (Streaming) neben der Möglichkeit zur Bildung von Leistungsgruppen (Setting) überall dort eingesetzt werden kann, wo die Werkzeuge der Binnendifferenzierung nicht mehr erfolgreich greifen (können). Somit kann weiterhin eine partielle vertikale systemische Gliederung je nach Situation und Bedarf aufrecht erhalten werden, was vor allem Befürworter der bisherigen Gliederung des Schulsystems entgegen kam. Auf diesem Hintergrund ist es dann vermutlich auch nachzuvollziehen, dass es kurzfristig tatsächlich einmal einen bildungspolitischen Konsens gab, das Schulsystem in der Bundesrepublik gemäß der eingebrachten Bildungskommissionsempfehlungen weiterzuentwickeln. Wenn sich auch die Belastbarkeit des eingegangenen Kompromisses als wenig tragfähig erwiesen hat und alte ideologische Grabenkämpfe um die Strukturfrage seither mal heftiger, mal schwächer, jedoch ungebrochen weitergeführt werden bis zum heutigen Tag, zeigt das Beispiel trotzdem, dass bildungspolitische Einigung möglich ist.

4 Die Zukunftstauglichkeit des Strukturplans für das Bildungswesen

Hätte die Bildungspolitik den damaligen Vorschlag aufgegriffen, wäre die derzeitige Debatte um Qualitätssicherung und Qualitätsentwicklung, die als Folge der Ergebnisse der internationalen Vergleichsstudien TIMSS, PISA und IGLU geführt wurden, in zwei Punkten schon sehr viel weiter gekommen bzw. längst überflüssig geworden. Zum einen sah die Bildungskommission mit dem Abitur I zum Abschluss der Sekundarstufe I ein Modell vor, das in sich all jene Ansprüche vereinigt, die derzeit als Maßnahmen der Kultusministerkonferenz (KMK) zur schulischen Qualitätsverbesserung vorgeschlagen bzw. ergriffen werden, wie u.a. (zentrale) Abschlussprüfungen für den mittleren Schulabschluss, Sicherung einer Grundbildung für alle Schülerinnen und Schüler oder Orientierung an verbindlichen Leistungsstandards. Wenn auch zugegebenermaßen die Frage nach Einführung von Bildungs- bzw. Leistungsstandards (vgl. zur begrifflichen Differenzierung u.a. Klieme 2004, Jürgens 2004) seinerzeit ebenso wenig auf der bildungspolitischen wie der erziehungswissenschaftlichen bzw. bildungstheoretischen Agenda stand, so enthalten doch die Ausführungen im Strukturplan für das Bildungswesen zu den Bereichen *Lernen* und *Curriculum* sehr genaue Vorstellungen über für alle

Schülerinnen und Schüler zu erreichende Kompetenzen, die zumindest implizit einer Standardorientierung gleichkommen (vgl. Deutscher Bildungsrat 1970, S.34ff und S.58ff).
Zum anderen schlug der Deutsche Bildungsrat die Verzahnung von Elementar- und Primarbereich durch die Einführung einer zweijährigen Eingangsstufe für die Fünf- bis Siebenjährigen vor, um sowohl den veränderten wissenschaftlichen Erkenntnissen von der Lernbereitschaft und -fähigkeit (Plastizität) des Kindes Rechnung zu tragen als auch die nachteiligen Folgen einer Vernachlässigkeit dieses frühen Lernbedürfnisses gar nicht erst entstehen zu lassen. Mit vergleichbaren Argumenten wird heute sowohl für eine Vorverlegung und Flexibilisierung des Schuleintrittsalters geworben als auch für die Einführung einer integrierten Eingangsphase, die die beiden ersten Grundschuljahre mit unterschiedlichen individuellen Verweilzeiten von einem bis zu drei Jahren umfasst (Beispiel Nordrhein-Westfalen) votiert.

5 Struktur des Schulsystems: Schulformen und Bildungsgänge

Die Pflichtschule beginnt für alle Kinder, von einigen bereits vollzogenen bzw. geplanten Veränderungen zur Flexibilisierung der Eingangsphase abgesehen, die allerdings in Zukunft noch zunehmen dürften, im Alter von sechs Jahren und umfasst in der Regel neun Jahre Vollzeitschule (zehn Jahre in Berlin, Brandenburg, Bremen und Nordrhein-Westfalen). Nach Absolvierung der allgemeinbildenden Pflichtschule sollen diejenigen Schülerinnen und Schüler, die nicht auf eine allgemeinbildende Schule des Sekundarbereichs II oder in eine berufsbildende Schule in Vollzeit wechseln, für die Dauer von drei Jahren (im Regelfall) eine Schule in Teilzeit besuchen (die Dauer des Schulbesuchs orientiert sich an Ausbildungsdauer anerkannter Ausbildungsberufe). Abweichend von dieser Regelung gibt es in einigen Bundesländern die Bestimmung, „dass Schülerinnen und Schüler, die weder eine allgemeinbildende Schule der Sekundarstufe II besuchen noch eine Ausbildung beginnen, eine berufsbildende Vollzeitschule besuchen sollen. Darüber hinaus gibt es in den meisten Bundesländern die Möglichkeit, ein freiwilliges zehntes Schuljahr zu absolvieren und dadurch zusätzliche Qualifikationen zu erwerben" (Döbert 2002, S.95/96). Der allgemeinen Schulpflicht sind grundsätzlich auch Kinder und Jugendliche mit Behinderungen unterworfen. Abhängig von ihrem jeweiligen sonderpädagogischen Förderbedarf werden sie entweder zusammen mit nicht behinderten Schülerinnen und Schülern in einer Regelschule unterrichtet (integrative Beschulung), oder sie besuchen eine Sonderschule bestimmter Prägung. Die Sonderschule baut sich als eine stufenübergreifende Schulform auf und umfasst gewöhnlich die Klassen 1 bis 10.
Derzeit hat sich für das allgemeinbildende Schulwesen eine dreigeteilte Grundstruktur herausgebildet: Primarstufe (Grundschule), Sekundarbereich I und II. Allerdings innerhalb der einzelnen Stufen ist es aufgrund der föderalen Kulturhoheit der Länder zu erheblichen Abweichungen und Ausdifferenzierungen gekommen.
1) Die Grundschule, deren Dauer vier, in Berlin und Brandenburg sechs Schuljahre umfasst,
2) Sekundarbereich I: Haupt-, Realschule, Gymnasium (das als einzige allgemeinbildende Schulform die Sekundarstufe I und II aufweist), kooperative und integrierte Gesamtschule, Mittelschule in Sachsen (mit einem Haupt- und Realschulabschluss), Sekundarschule in Sachsen-Anhalt (mit einem Haupt- und Realschulabschluss) und Regelschule in Thüringen (ebenfalls mit der Möglichkeit für einen Haupt- und Realschulabschluss). In Rheinland-Pfalz bestehen seit 1992 »Regionale Schulen«, die ebenfalls die Bildungsgänge der Haupt- und Realschule zusammenfassen. Im Saarland gibt es gleichfalls seit 1992 einen Schulversuch, diese beiden Schulformen unter der Bezeichnung »Sekundarschule« zu verbinden. Von den neuen Bundesländern hat lediglich Mecklenburg-Vorpommern nach der Wiedervereinigung das drei(vier)gliedrige Schulwesen übernommen. Hinzu kommen selbstverständlich noch die Sonderschulen zur speziellen Förderung behinderter Schüler.

3) Sekundarbereich II: umfasst Bildungs- und Ausbildungsgänge an allgemeinbildenden Schulen (gymnasiale Oberstufe) und beruflichen Vollzeitschulen sowie Berufsausbildungsgänge im dualen System (im berufsbildenden Bereich existieren über 15 verschiedene Schulzweige).

Im Unterschied zum Primarbereich und der gymnasialen Oberstufe ist die Sekundarstufe I durch eine schulorganisatorische Typenvielfalt geprägt, die sowohl mit kulturhistorischen und bildungspolitischen Traditionen als auch den politischen Mehrheitsverhältnissen des jeweiligen Bundeslandes eng zusammenhängt, die allerdings gerade deshalb auch künftig Anlass sein wird für weiteren bildungspolitischen Streit. Im Mittelpunkt wird dabei weiterhin die Frage nach dem Zusammenhang von Organisationsstruktur und deren Folgen für die Qualität schulischer Arbeit stehen.

6 Schulstruktur und curriculare Anschlussfähigkeit der Bildungsgänge

Selbstverständlich werden in allen Schulsystemen moderner Gesellschaften Maßnahmen zur Ausdifferenzierung von Bildungsgängen ergriffen, die zu unterschiedlichen Abschlüssen führen und unterschiedliche Optionen für den weiteren Lebensweg eröffnen. Allerdings unterscheiden sie sich im Zeitpunkt und in den Organisationsformen wie im Umfang erheblich voneinander.

Trotz der frühen Trennung im Anschluss an die vierte Klasse der Grundschule auf unterschiedliche Bildungsgänge, die mit erheblichen Folgen für das gesamte Schulwesen verbunden ist, könnte die Übergangsproblematik entschärft werden, wenn eine hohe Durchlässigkeit zwischen den verschiedenen Schulformen gewährt würde, vor allem in Gestalt curricularer Anschlussfähigkeit. Jedoch hat diese curriculare Harmonisierung bisher weder formell noch faktisch – von Versuchen in einigen Bundesländern abgesehen – stattgefunden, so dass in der Tendenz weiterhin strikt voneinander getrennte Bildungswege bestehen (vgl. Rösner 2003). Äußeres Zeichen dieser Entwicklung sind die unterschiedlichen Verweilzeiten in der Hauptschule auf der einen und der Realschule und dem Gymnasium auf der anderen Seite. Wie wenig auf die Anschlussfähigkeit zwischen den Schulformen der Sekundarstufe geachtet wurde und weiter wird, unterstreicht eine kürzlich veröffentlichte Studie. Nach deren Ergebnissen kommen auf fünf Schüler, die in einen höher qualifizierten Bildungsgang wechseln, 100 Schüler, die absteigen. Noch vor zehn Jahren war das Verhältnis erheblich günstiger, denn immerhin standen 100 sogenannten abwärts Querversetzten 20 Aufsteiger gegenüber (vgl. Jürgens 2002).

Während für den Wechsel in eine anspruchsvollere Schulform die curriculare Anschlussfähigkeit des Lernens der abgebenden Schulform an die aufnehmende Schule von ausschlaggebender Bedeutung ist, spielt im Falle der negativen Durchlässigkeit diese kaum eine Rolle. (Während die Durchlässigkeit insgesamt nur in einem geringen Maße im Vergleich zu den in den jeweiligen Schulformen verbliebenen Schülern stattfindet, ist die Quote der Aufsteiger als marginal zu bezeichnen (vgl. Bellenberg/Klemm 2000, S.63) Doch trotz allem sollten nicht allein inhaltliche Passungsdefizite zwischen den Schulformen das Abstiegssyndrom erklären. Weitere Ursachen dürften hinzutreten. Besonders problematisch wird die systemische Leistungsdifferenzierung, wenn sich in den Schulformen unterschiedliche spezifische Lern- und Anforderungskulturen ausbilden, die zur suboptimalen Förderung führen (vgl. Baumert/Köller/Schnabel 2000; Köller/Baumert 2002, Schümer 2003). Auslöser dafür sind sicherlich so genannte Risikofaktoren, wie eine problematische sozio-demographische Zusammensetzung der Schülerschaft. Aber stärker ins Gewicht fallen dürfte ein anderes Phänomen, das in empirischen Untersuchungen zum Zusammenhang zwischen Schulstruktur und Unterrichtseffektivität wie zwischen Schulstruktur und Chancengleichheit weitestgehend unterschlagen wird.

7 Homogenitätsmythos und strukturelle Auslesebarrieren

Untersuchungen zur Qualität von Schule und Unterricht verweisen zu Recht auf die Bedeutsamkeit der Lehrerpersönlichkeit für das erfolgreiche Zusammenwirken von Schülern und Lehrern hin. Nach Bauer/Kanders (2000) wird Unterrichtsentwicklung vor allem mit zwei Zielsetzungen verbunden: „Es geht um eine Verbesserung der pädagogischen Effektivität und zugleich um die Verwirklichung einer menschlicheren Schule" (S.299). Gute Unterrichtsqualität und förderorientiertes, vertrauensvolles Klassenklima werden neben professionellem Wissen und Können maßgeblich durch berufsbezogene Einstellungen, Werthaltungen und pädagogische Überzeugungen bestimmt, deren berufssozialisatorische Herausbildung durchaus systemabhängig ist. Die mit der inter- und intrasystemischen Differenzierung einhergehenden Selektionsmechanismen, deren Ursprungsidee es war, Geeignete von Ungeeigneten ausschließlich nach Leistungskriterien zu trennen, wurden im Verlauf der Schulgeschichte zu Maßnahmen umdefiniert, um »homogene« Lern- und Leistungsgruppen zu bilden, und zwar aufgrund behaupteter, aber längst widerlegter didaktischer Vorteile. Allerdings ist der Glaube daran nicht nur geblieben, sondern scheint sich umso hartnäckiger zu halten, je schwieriger der Unterrichtsalltag zu werden scheint. „Wenn wir sagen, die Lehrer sollen aufhören zu klagen, dann geht es um Allgemeinplätze. Die Klassen seien zu groß und zu inhomogen (…). Das sind alles Lebenslügen (…). Kein Land hat so leistungshomogene Klassen wie Deutschland aufgrund unseres gegliederten Schulsystems (…) und die Lehrer sorgen innerhalb unseres Systems für eine noch größere Homogenität: Deutschland hat die größte Sitzenbleiberquote in Europa" und trotzdem ist die Klage über zu große Heterogenität bei uns so groß wie in keinem anderen Land, moniert Baumert (2002, S.198), ohne allerdings die Frage zu stellen, ob die Schulstruktur bei Entstehung des „Homogenitätsmythos nicht nur eine, sondern die ausschlaggebende Rolle spielt. Die Aussage, wonach die Qualität schulischer Arbeit (…) nicht primär abhängig ist von den grundlegenden Differenzen der Schulstruktur und damit von Systemoptionen, sondern wesentlich von den didaktischen und methodischen Orientierungen der Lehrkräfte (…) sowie vor allem von der Arbeit an der Einzelschule und von der pädagogischen Kompetenz und dem professionellen Ethos ihrer Lehrkräfte" (Baumert/Artelt 2003, S.190) ist so richtig wie sie gleichermaßen falsch ist, weil das Phänomen der beruflichen „Lebenslüge" als moderierende Variable schlichtweg unterschlagen wird. Die Dominanz der strukturbedingten Auslesefunktion in unserem Schulwesen überformt alle pädagogischen Maßnahmen, weil Lehrerinnen und Lehrer nun einmal am Wunschbild der Erreichbarkeit von Homogenität festhalten und demgegenüber Differenz und Verschiedenheit mehr als Störfaktor denn als didaktische Herausforderung betrachten.

Die Energie, mit der homogene Lerngruppen geschaffen werden sollen, hat weitere bedeutsame Konsequenzen für den Unterricht. An die unterschiedlich Klassifizierten werden unterschiedliche Anforderungen gestellt, was durchaus fürsorglich erscheint, um Über- oder Unterforderung zu vermeiden, im Endeffekt aber schädlich ist und die Aufstiegschancen von Haupt- und Realschülern beschneidet. Lehrerinnen und Lehrer denken und handeln nämlich in schulformspezifischen Domänen, die nichts anderes darstellen als berufssozialisatorische Grenzziehungen individueller Begabungsmöglichkeiten. Mit anderen Worten, das »Sein« der Organisationsstruktur prägt das Lehrerbewusstsein und schlägt sich in tätigkeitsleitenden pädagogischen Überzeugungsmustern nieder.

8 Lehrerbewusstsein und selektive Entwicklungsmilieus

Weil die Bewusstseinslage der Lehrer entscheidend ist (Das, was als Lehrerbewusstsein bezeichnet wird, konkretisiert sich u.a. im Berufsethos bzw. professionellem Selbst (vgl. Oser 1998, Bauer/Kanders 2000)), werden die nach PISA geforderten Konzentrationen auf das Kerngeschäft von

Schule, auf die Qualität des unterrichtlichen Lehrens und Lernens, auch nicht zu dem erhofften qualitativen Wandel führen. Sicher, die Lehrer und Lehrerinnen werden bemüht sein, mehr als bisher erweiterte Lern- und Unterrichtsformen einzusetzen, werden versuchen, auf die Erreichung von Standards zu achten und bei den Vergleichs- bzw. Orientierungsarbeiten und Lernstandserhebungen gut abzuschneiden, vielleicht werden sie die erweiterte Gestaltungsfreiheit der Einzelschule zu mehr Unterrichtsentwicklung nutzen, alles möglich und alles wünschenswert, aber sie werden nicht im großen Stil in der Lage sein, der auf Trennung und Selektivität, Homogenität und invarianter Begabungszuschreibung beruhender beruflicher Sozialisation und deren suggestiven Umklammerungseffekten zu entgehen. Es ist einfach schwierig, sich in einem System nicht systemkonform zu verhalten, d.h. in einem gegliederten System nicht den pädagogisch fragwürdigen Ausweg darin zu suchen, die Probleme in eine andere Schulform wegzuschieben (vgl. Holzapfel 2003, S.172). Selbstverständlich ergibt sich nicht allein aus der Integration von Schulformen, der Erhöhung der Leistungsheterogenität also, eine Garantie für eine günstigere Leistungsbilanz oder eine Verminderung sozialer Disparitäten des Kompetenzerwerbs bzw. eine verbesserte Förderung leistungsschwächerer Schülerinnen und Schüler (vgl. Baumert/Artelt 2003, S.190 und 191), und dies würde sicherlich auch niemand behaupten wollen, jedoch unbestreitbar gäbe es überhaupt nur auf diesem Wege die Chance, das tradierte Lehrerbewusstsein durch andere Arbeitsbedingungen grundlegend und mehrheitlich zu verändern und von den durch die schulorganisatorische Gliedrigkeit hervorgerufenen speziellen Mythen zu „befreien".

Literatur
Anweiler, O. et al. (Hrsg.) (1992): Bildungspolitik in Deutschland 1945-1990. Ein historisch-vergleichender Quellenband. Bonn: Bundeszentrale für politische Bildung – Arbeitsgruppe Bildungsbericht am MPI für Bildungsforschung (1994): Das Bildungswesen in der Bundesrepublik Deutschland. Strukturen und Entwicklungen um Überblick. Reinbek bei Hamburg: Rowohlt Taschenbuch Verlag – Bauer, K.-O. & Kanders, M: Unterrichtsentwicklung und professionelles Selbst der Lehrerinnen und Lehrer. In: Rolff, H.-G. et al. (Hrsg.) (2000): Jahrbuch der Schulentwicklung Bd. 11. Weinheim und München: Juventa Verlag, 297-325 – Baumert, J. (2002): Deutschland im internationalen Leistungsvergleich. In: Killius, N. (Hrsg.): Die Zukunft der Bildung. Frankfurt/M.: Suhrkamp Verlag – Baumert, J. & Artelt, C. (2003): Bildungsgang und Schulstruktur. In: Pädagogische Führung. Zeitschrift für Schulleitung und Schulberatung 14 (4), 188-192 – Baumert, J., Köller, O. & Schnabel, K. (2000): Schulformen als differenzielle Entwicklungsmilieus – Eine ungehörige Fragestellung? In: Gewerkschaft Erziehung und Wissenschaft GEW (Hrsg.): Messung sozialer Motivation. Eine Kontroverse (28-68). Frankfurt/M.: Bildungs- und Förderwerk der GEW. – Bellenberg, G. & Klemm, K.: Scheitern im System, Scheitern des Systems? Ein etwas anderer Blick auf Schulqualität. In: Rolff, H.-G. et al. (Hrsg.) (2000): Jahrbuch der Schulentwicklung … a. a. O., 51-75 – Bund-Länder-Kommission für Bildungsplanung und Forschungsförderung (BLK), Projektgruppe Gesamtschulen (1982): Modellversuche mit Gesamtschulen. Auswertungsbericht. Bühl: Konkordia – Deutscher Bildungsrat (1969): Empfehlungen der Bildungskommission. Einrichtung von Schulversuchen mit Gesamtschulen. Stuttgart: Klett – Deutscher Bildungsrat (1970): Empfehlungen der Bildungskommission. Strukturplan für das Bildungswesen. Stuttgart: Klett – Döbert, H. et al. (Hrsg.) (2002): Die Schulsysteme Europas. Hohengehren: Schneider Verlag – Fend, H. (1982): Gesamtschule im Vergleich. Bilanz der Ergebnisse des Gesamtschulversuchs. Weinheim: Beltz – Forum Bildung (Hrsg.) (o. J.): Förderung von Chancengleichheit. Vorläufige Empfehlungen und Expertenbericht. Bonn: Geschäftsstelle der Bund-Länder-Kommission für Bildungsplanung und Forschungsförderung. – Führ, C. (1997): Deutsches Bildungswesen seit 1945. Grundzüge und Probleme. Neuwied: Luchterhand Verlag – Holzapfel, H. (2003): Von Finnland nach Bayern. In: Döbert, H. et al. (Hrsg.): Bildung vor neuen Herausforderungen. Historische Bezüge – Rechtliche Aspekte – Steuerungsfragen – Internationale Perspektiven. Neuwied: Luchterhand Verlag – Jürgens, E. (1991): 20 Jahre Orientierungsstufe. Beiträge zu einer umstrittenen Schulform. Sankt Augustin: Academia Verlag – Jürgens, E. (2001): Schulstrukturreform in Niedersachsen – Qualitätsoffensive oder formale Inszenierung? Reflexion zur Arbeit der Orientierungsstufe. In: Blickpunkt Schulleitung. 70, Sonderausgabe/01, 2-10 – Jürgens, E. (2002): Kein anderes Land sortiert die Kinder so früh und so endgültig aus. In: Frankfurter Rundschau, 15.07.2002, Dokumentation, 7 – Jürgens, E. (2004): Bildungsstandards und Vergleichsarbeiten – neue Steuerungsinstrumente in der Diskussion. Gewerkschaft Erziehung und Wissenschaft. Landesverband Berlin – Klieme, E. et al. (Hrsg.) (2003): Zur Entwicklung nationaler Bildungsstandards. Eine Expertise. Bonn: Bundesministerium für Bildung und Forschung. – Klieme, E. (2004): Begründung, Implementation und Wirkungen von Bildungsstandards. Aktuelle Diskussionslinien und empirische Befunde. Einführung in den Thementeil. In: Zeitschrift für Pädagogik, 50 (5), 625-634 – Köller, O. & Baumert, J.(2002):

Entwicklung schulischer Leistungen. In: Oerter, R. & Montada, L. (Hrsg.): Entwicklungspsychologie. Weinheim: Beltz – MPI für Bildungsforschung (Hrsg.) (1996): Bildungsverläufe und psychosoziale Entwicklung im Jugendalter (BIJU), 2. Bericht für die Schulen. Berlin – Oser, F. (1998): Ethos – die Vermenschlichung des Erfolgs. Zur Psychologie der Berufsmoral von Lehrpersonen. Opladen: Leske und Budrich – Riege, J. (1995): Die sechsjährige Grundschule. Frankfurt/M.: Peter Lang – Rösner, E. (2003): Die so genannte Durchlässigkeit. In: Pädagogische Führung. Zeitschrift für Schulleitung und Schulberatung. 14 (4), 197-198 – Schümer, G. (2003): Social composition of school populations as predictors of student achievement. Vortrag auf der 10. Tagung der European Association for the Research of Learning and Instruction (EALI) (26.-30.08.2003) Padua, Italien – Steffens, U. (1984): „Michaela". Wie Schüler mit Lernproblemen ihre Gesamtschule erleben. In: Die Deutsche Schule 77 (2), 134-157.

14| Berufsbildendes Schulwesen
Thomas Vollmer

1 Einleitung

Berufsbildende Schulen sind nicht nur ein eigenständiger Lernort als Teilzeit-Berufsschule im dualen System der Berufsausbildung. Sie offerieren darüber hinaus auch die Berufsausbildung vorbereitende und die Berufstätigkeit begleitende Bildungsangebote und können nach Maßgabe landesrechtlicher Regelungen an der beruflichen Fort- und Weiterbildung mitwirken. Berufliche Schulen bieten somit berufsvorbereitende, berufsqualifizierende und studienqualifizierende Bildungsgänge in Teilzeit- und Vollzeitform an. Das Berufsbildende Schulwesen hatte in der letzten Dekade (1993-2003) einen nahezu kontinuierlichen Anstieg der Schülerinnen- und Schülerzahlen zu verzeichnen (vgl. BMBF 2004). Unterricht erfordert hier aufgrund der vielfältigen Berufsbezüge und der unterschiedlichen Niveaus der Bildungsabschlüsse jeweils eine spezifische Didaktik des beruflichen Lernens und Lehrens mit berufs- und schulformbezogenen Zielen, Inhalten, Methoden und Medien. Aufgrund des begrenzten Rahmens dieses Beitrages beschränken sich die nachfolgenden Ausführungen auf die Berufsschule als „Kern des beruflichen Schulwesens" (Kell 1999, S.133). Diese zentrale Stellung hat die Berufsschule nicht nur weil sie die größte quantitative Bedeutung hat, sondern vor allem, weil sie über ihre Verbindung mit der betrieblichen Berufsausbildung den intensivsten Bezug zum beruflichen Beschäftigungssystem aufweist und am stärksten auf berufs-, branchen- oder betriebsspezifische Arbeits- und Geschäftsprozesse orientiert ist.

2 Berufssystem – inhaltlich-curricularer und organisatorisch-struktureller Bezugsrahmen

Das berufliche Schulwesen, die Didaktik des beruflichen Lehrens und Lernens und die Ausbildung der Berufsschullehrer ist sowohl inhaltlich-curricular als auch organisatorisch-strukturell durch das Berufssystem geprägt. Zusammen genommen gibt es rund 350 staatlich anerkannte Ausbildungsberufe, die auf der Grundlage des Berufsbildungsgesetzes (§ 4 f. BBiG) bzw. der Handwerksordnung (§ 25 HwO) durch Ausbildungsordnungen bundeseinheitlich geregelt sind (vgl. BMBF/BMWA 2003, S.27). Der Geltungsbereich des BBiG bezieht sich auf die Berufsausbildung in Betrieben der Wirtschaft, im öffentlichen Dienst, in privaten Haushalten oder in freien Berufen sowie in berufsbildenden Schulen oder in sonstigen Berufsbildungseinrichtungen außerhalb der betriebli-

chen und schulischen Ausbildung. Ausbildungsberufe, die über vergleichbare, berufsübergreifende theoretische und praktische Grundanforderungen verfügen, sind nach der bis August 2006 gültigen Berufsgrundbildungsjahr-Anrechnungs-Verordnung (BGJ-AVO; vgl. BMBF/BMWA 2003, S.67 ff.; KMK 2005, S.2f) zu insgesamt 13 Berufsfeldern zusammengefasst:
– Wirtschaft und Verwaltung,
– Metalltechnik,
– Elektrotechnik,
– Bautechnik,
– Holztechnik,
– Textiltechnik,
– Chemie, Physik und Biologie,
– Drucktechnik,
– Farbtechnik und Raumgestaltung,
– Körperpflege,
– Gesundheit,
– Ernährung und Hauswirtschaft sowie
– Agrarwirtschaft.
Diesen Berufsfeldern liegt eine gemeinsame einjährige einzelberufsübergreifende Grundbildung zugrunde, mit der beabsichtigt ist, frühzeitige Spezialisierungen in der Berufsausbildung zu vermeiden und stattdessen durch die Vermittlung berufsfeldbreiter Kenntnisse und Fertigkeiten eine Basis für die anschließende Fachbildung zu schaffen, die zur Ausübung einer qualifizierten beruflichen Tätigkeit befähigt (vgl. BBiG § 5).
Die Berufsfelder werden darüber hinaus auch für die organisatorische Strukturierung des beruflichen Schulwesens nach Schultypen genutzt (z.B. Wirtschaft und Verwaltung, Ernährung und Hauswirtschaft, Metalltechnik). Die in den Berufsfeldern zusammengefassten Berufe bilden nicht nur den Bezugsrahmen für die didaktische Gestaltung berufsqualifizierender Lehr-Lern-Prozesse, sondern auch den Orientierungsrahmen für die Fachrichtungen in der Ausbildung von Berufspädagogen (vgl. KMK 1995, Ziffer 3.3). Dieser Systematik entsprechend haben sich die beruflichen Fachdidaktiken als Berufsfelddidaktiken entwickelt.

3 Bildungsangebote des Berufsbildenden Schulwesens neben der Berufsschule

3.1 Berufsvorbereitungsjahr (BVJ)

Das Berufsvorbereitungsjahr (BVJ) dient der Förderung der Berufsausbildungs- bzw. Erwerbsfähigkeit von Jugendlichen, die nach Erfüllung der allgemeinen Schulpflicht keine Ausbildung beginnen,
– weil sie keine oder noch keine Ausbildungsstelle gefunden haben,
– sich über ihre Ausbildungsabsichten oder ihre Berufseignung im Unklaren sind,
– aufgrund von Kenntnis- oder Verhaltensdefiziten nicht ausbildungsfähig sind, oder
– nicht einmal eine Arbeitsstelle finden (vgl. Schanz 2001, S.165).
Eine weitere Zielgruppe dieser vorberuflichen Bildungsmaßnahme sind Migranten, die aufgrund mangelnder Sprachkenntnisse nicht berufs- oder ausbildungsfähig sind und für die speziell das 2-jährige BVJ-M angeboten wird. Mit der Einrichtung dieser Bildungsgänge reagierten Länder auf die Jugendarbeitslosigkeit und das Ausbildungsplatzangebot, das Jugendlichen mit schlechten Schulabschlüssen nur geringe Chancen für eine Berufsausbildung lässt.

3.2 Berufsgrundbildungsjahr (BGJ) als Teil der Berufsausbildung

Das Anfang der 1970er Jahre eingeführte Berufsgrundbildungsjahr (BGJ) ist eine von mehreren Formen der Berufsgrundbildung. Das BGJ bildet ein Bindeglied zwischen vorberuflicher Bildung und Berufsausbildung einerseits und zwischen schulischem und betrieblichem Lernen andererseits. Es kann in Kooperation mit Betrieben oder als Vollzeitschuljahr durchgeführt werden, wobei der berufspraktische Teil dann in schulischen Werkstätten stattfindet. Der Unterricht im BGJ entspricht inhaltlich und methodisch im Wesentlichen dem Berufsschulunterricht, d.h. die Lernenden erhalten im BGJ eine berufsfeldbezogene Grundbildung, etwa in den Berufsfeldern Elektrotechnik, Metalltechnik, Wirtschaft und Verwaltung. Für Jugendliche, die anschließend eine Ausbildung im Dualen System beginnen, ist das BGJ nach § 2 der Berufsgrundbildungsjahr-Anrechnungs-Verordnung (BGJ-AVO) „als erstes Jahr der Berufsausbildung auf die Ausbildungszeit in einem anerkannten Ausbildungsberuf anzurechnen" (BMBF/BMWA 2003, S.67ff), wenn dieser dem Berufsfeld des BGJ zugehörig ist. Da die verbindlich geregelte Anrechnung der außerbetrieblichen Berufsgrundbildung auf die betriebliche Ausbildung durch die BGJ-AVO zum 6. August 2006 außer Kraft tritt, wird empfohlen schulische Berufsbildungsangebote nach Qualität, Quantität und zeitlicher Effizienz so zu gestalten, dass die vollständige Anrechnung von Lernzeiten in beruflichen Vollzeitschulen auf die Berufsausbildung erreicht wird (vgl. KMK 2005, S.2f).

3.3 Vollqualifizierende Berufausbildung in der Berufsfachschule (BFS)

Neben der Berufsausbildung im Dualen System gewinnt die vollzeitschulische Ausbildung in Berufsfachschulen (BFS) zunehmend an Bedeutung. Je nach Schultyp kann die Zugangsvoraussetzung hierzu der Hauptschul- oder der Realschulabschluss sein. Diese Bildungsangebote werden überwiegend von Schülerinnen nachgefragt (vgl. BMBF 2004, S.547). Entsprechend den uneinheitlichen landesspezifischen Regelungen ist das Spektrum der BFS-Bildungsgänge vielfältig. Teilausbildungen und vollständige Ausbildungen in einem anerkannten Beruf beinhalten umfangreiche berufspraktische Anteile in schuleigenen Werkstätten, Labors und Fachräumen, um das Qualifikationsniveau im Vergleich zu einer Ausbildung im dualen System zu gewährleisten, die teilweise durch Betriebspraktika ergänzt werden. Eine besondere Bedeutung hat die vollqualifizierende Ausbildung an Berufsfachschulen in einem Beruf außerhalb des BBiG bzw. der HwO, deren Nachfrage sich gegenüber 1990 mehr als verdoppelt hat und die u.a. für Pflegeberufe (z.B. Kinder-, Kranken- oder Altenpfleger/-in) und für Assistentenberufe (z.B. Wirtschafts-, Sozial- oder Fremdsprachenassistent/-in) qualifizieren (vgl. Schanz 2001, S.167ff).

3.4 Fachoberschule (FOS)

Die zweijährige Fachoberschule bietet eine kombinierte wissenschaftlich-theoretische und fachpraktische Ausbildung mit dem Abschluss der Fachhochschulreife. Voraussetzung für den Besuch der FOS ist ein Realschul- oder ein vergleichbarer Abschluss. Die Klasse 11 beinhaltet allgemeine und fachtheoretische Fächer als Teilzeitunterricht im Umfang von 8 – 15 Wochenstunden, der ergänzt wird durch eine fachpraktische Ausbildung im Rahmen betrieblicher Fachpraktika. Schüler/-innen, die bereits eine Berufsausbildung absolviert haben, wird die 11. Klasse erlassen. Im anschließenden 12. Schuljahr wird allgemeiner und fachtheoretischer Unterricht in Vollzeitform erteilt. Gemessen an der Zahl der Schüler/-innen dominieren die Fachrichtungen Wirtschaft/Verwaltung, Ingenieurwesen sowie Sozialwesen/Sozialpädagogik gegenüber Agrarwirtschaft, Ernährung/Hauswirtschaft und Gestaltung (vgl. Schanz 2001, S.174f).

3.5 Berufsoberschule (BOS) und Berufliches Gymnasium (BG)

Ebenfalls wissenschaftspropädeutische Schulformen sind die Berufsoberschule (BOS) und das Berufliche Gymnasium (BG). Die zweijährige Berufsoberschule mit den Klassen 12 und 13 ermöglicht Absolventen einer Berufsausbildung mit Realschul- oder gleichwertigem Abschluss den Erwerb der Fachgebundenen Hochschulreife (bei Nachweis einer Fremdsprache) oder der Allgemeinen Hochschulreife (bei Nachweis zweier Fremdsprachen). Das dreijährige Berufliche Gymnasium (BG) mit den Klassen 11 bis 13 wird in unterschiedlichem Umfang in zwölf Bundesländern angeboten. Die Zugangsvoraussetzung ist ein Realschul- oder vergleichbarer Abschluss, eine Berufsausbildung ist nicht notwendig. Es bestehen auch sechsjährige Organisationsformen, die bereits mit der Klasse 8 beginnen und mit Abschluss der Klasse 11 die Mittlere Reife vergeben. Nach der Jahrgangsstufe 12 kann gemäß landesspezifischer Regelungen bei Vorliegen einer abgeschlossenen Berufsausbildung die Fachhochschulreife zuerkannt werden. Als höchster Abschluss kann – wie bei der BOS – mit erfolgreicher Beendigung der Klasse 13 die Allgemeine Hochschulreife erworben werden. Diese Schulformen werden in den Fachrichtungen Wirtschaft, Technik, Ernährung/Hauswirtschaft, Sozialwesen/Sozialpädagogik, Agrarwirtschaft sowie Textiltechnik und Gestaltungstechnik angeboten (vgl. Schanz 2001, S.175ff).

4 Berufsschule – Kern des beruflichen Schulwesens

Etwa zwei Drittel der Jugendlichen haben in den letzten Jahren eine Ausbildung im so genannten dualen System der Berufsausbildung begonnen (vgl. BMBF 2004, S.166), d.h. kombiniert als betriebliche und schulische Berufsausbildung, wobei der Schwerpunkt auf der betrieblichen Ausbildung liegt. Hinsichtlich des Umfangs des Berufsschulunterrichts haben sich die Länder in einer „Rahmenvereinbarung über die Berufsschule" (KMK 1991) auf einen Mindestumfang von 12 Wochenstunden verständigt, der allerdings häufig unterschritten wird – aus finanziellen Gründen, aber auch aufgrund von Betriebsinteressen. Die Berufsschule erfüllt als eigenständiger Lernort und als gleichberechtigter Partner in der dualen Berufsausbildung mit den Ausbildungsbetrieben zusammen einen gemeinsamen Bildungsauftrag. Berufsschulunterricht erfolgt entweder in Teilzeitform an einem bzw. zwei Wochentagen oder zusammenhängend als mehrwöchige Blöcke.
Berufsschulen werden von Berufsschulpflichtigen bzw. Berufsschulberechtigten besucht, die sich in einem Ausbildungs- oder Arbeitsverhältnis befinden. Für Jugendliche in einem Arbeitsverhältnis ohne Ausbildungsvertrag endet die Berufsschulpflicht mit der Vollendung des 18. Lebensjahres. Die Dauer des Berufsschulbesuchs von Auszubildenden richtet sich hingegen nach der Ausbildungsdauer, die in der Ausbildungsordnung für den jeweiligen Beruf festgelegt ist (vgl. BBiG, § 25, Abs. 2) und sich über einen Zeitraum von 2 bis 3,5 Jahren erstreckt. Für Auszubildende mit überdurchschnittlichen Leistungen besteht die Möglichkeit, die Ausbildung um ein halbes Jahr zu verkürzen.

4.1 Heterogenität – Kennzeichen des Berufsschulunterrichts

Berufsschulklassen sind in der Regel gekennzeichnet durch sehr unterschiedliche Lernvoraussetzungen und -bedürfnisse der Jugendlichen. Homogene Lerngruppen lassen sich hier kaum bilden, weil im BBiG keine Schulabschlüsse als formale Voraussetzungen für den Abschluss eines Ausbildungsvertrages vorgegeben sind und den Ausbildungsbetrieben die Entscheidung obliegt, wen sie ausbilden wollen. Folglich wird die Berufsschule und die Einteilung der Klassen weitgehend von der regionalen Wirtschaft bestimmt (vgl. Pahl, S.320ff. Daraus resultiert, dass das Spektrum der Vorbildung üblicherweise vom Hauptschulabschluss bis zum Abitur reicht. In einigen Berufen ist nicht einmal

Hauptschulabschluss erforderlich, sondern dieser kann mit erfolgreicher Beendigung der Ausbildung verliehen werden. In modernen anspruchsvollen Berufen (z.B. Informatikkauffrau/-mann, Mechatroniker/-in, Systemelektroniker/-in) haben Hauptschüler allerdings kaum mehr eine Chance, einen Ausbildungsplatz zu erhalten trotz vorhandener formaler Voraussetzungen. Jugendliche mit und ohne Hauptschulabschluss werden hauptsächlich in handwerklichen, hauswirtschaftlichen und landwirtschaftlichen Berufen ausgebildet. Demgegenüber finden Realschüler und Abiturienten überwiegend im öffentlichen Dienst, in freien Berufen sowie in Industrie und Handel einen Ausbildungsplatz. Trotz dieser Ausbildungsschwerpunkte ist Berufsschulunterricht in der Regel durch eine uneinheitliche Vorbildung der Lernenden geprägt. Damit korrespondieren auch die Altersstrukturen in Berufsschulklassen, die mit unterschiedlicher Gewichtung von 16 Jahren bis hin zu 24 Jahren reichen können. Zudem sind Klassen einzelner Berufe durch kulturelle Heterogenität geprägt. Die Zahl ausländischer Auszubildender im Unterricht schwankt bei einzelnen Ausbildungsberufen; die höchsten Anteile ausländischer Jugendlicher (Stand 2002) sind in den Berufen Friseur/-in (14,2 %), Verkäufer/-in (12,1 %), Arzthelfer/-in (10,5 %), Zahnmedizinische Fachangestellte (10,4 %), Maler/-in und Lackierer/-in (9,9 %) und Einzelhandelskaufmann/-frau (9,1 %) zu finden (vgl. BMBF 2004, S.167ff).

Darüber hinaus sind die Jugendlichen aufgrund der spezifischen Merkmale der Ausbildungsbetriebe (Branche, Betriebsgröße, Produkte, Technologien usw.) mit unterschiedlichen Erfahrungsräumen konfrontiert. Es kann im Extremfall sogar erforderlich werden, Klassen mit Auszubildenden unterschiedlicher Berufe eines Berufsfeldes zu bilden, wenn die Zahl der Schüler/-innen eines Ausbildungsberufes nicht ausreicht. Das Problem der Heterogenität kann sogar im Laufe der Ausbildungszeit durch die ggf. sehr differierenden Ausbildungsbemühungen der Ausbildungsbetriebe verstärkt werden. Die Heterogenität ist ein typisches Merkmal für die Situation der Berufsschulen und erfordert von den hier Lehrenden die Fähigkeit den Unterricht dementsprechend differenziert zu gestalten (vgl. Pahl 2004, S.322).

4.2 Innovation Lernfeldkonzept – von der Fachsystematik zur Handlungssystematik

In der letzten Dekade kamen die fachsystematisch gemäß dem Paradigma der Wissenschaftsorientierung gestalteten Rahmenlehrpläne zunehmend in die Kritik. Durch die Anlehnung der Lehrplanstrukturen und -inhalte an die korrespondierenden Bezugswissenschaften (z.B. für die technischen Berufsfelder an die entsprechenden Ingenieurwissenschaften) rückten die Bezüge zur beruflichen Facharbeit curricular in den Hintergrund bzw. gingen teils gänzlich verloren. Damit einhergehend wurden die komplexen Zusammenhänge beruflichen Fachwissens zudem in relativ willkürlich gesetzte Fächer (z.B. Technologie, Steuerungstechnik, technische Kommunikation) fragmentiert.

Mit der Einführung des Lernfeldkonzeptes für die Berufsschule (vgl. KMK 1996) orientieren sich die in den letzten Jahren neu entwickelten Rahmenlehrpläne nun primär an beruflichen Aufgabenstellungen und Handlungssituationen und beziehen infolgedessen die Ausbildungsanteile der Berufsschule und der Ausbildungsbetriebe stärker aufeinander. Der Berufsschulunterricht ist damit allerdings nicht auf betriebliche Arbeits- und Geschäftsprozesse verengt, sondern verknüpft nun berufliche, gesellschaftliche und individuelle Problemstellungen. Ausgangspunkt der beruflichen Kompetenzentwicklung bildet also ein komplexer situativer Kontext möglichst mit subjektiv bedeutsamen Problemstellungen, der Anlass zur Auseinandersetzung mit wissenschaftsbasierten Erkenntnissen bietet. Situations- und Wissenschaftsbezug können so als „zwei komplementäre Prinzipien" verstanden werden, die im curricularen Konstruktionsprozess aufeinander zu beziehen und miteinander zu verschränken sind (vgl. Tramm 2002, S.47f). „Deshalb ist es unverzichtbar, die jeweiligen Arbeits- und Geschäftsprozesse in den Erklärungszusammenhang zugehöriger Fachwissenschaften zu stellen" heißt es folglich in den Vorgaben der KMK (1996, S.14).

4.3 Befähigung zur Mitgestaltung als Ziel handlungsorientierten Berufsschulunterrichts

Mit dem Lernfeldkonzept ist das handelnde Lernen als grundlegendes Prinzip des Berufsschulunterrichts vorgegeben worden: Selbst ausgeführte oder zumindest gedanklich nachvollzogene Handlungen bilden den Ausgangspunkt des Lernens („Lernen durch Handeln") und berufliche bedeutsame Handlungssituationen sind deren zentraler didaktischer Bezug („Lernen für Handeln") (KMK 2000, S.10). Zudem wurde mit dem Lernfeldkonzept der Ansatz der gestaltungsorientierten Berufsbildung (vgl. Rauner 1995) als verbindliches Bildungsziel vorgegeben, nach dem der Berufsschule die Aufgabe zugewiesen wurde, die Auszubildenden zur „Erfüllung der Aufgaben im Beruf sowie zur Mitgestaltung der Arbeitswelt und Gesellschaft in sozialer und ökologischer Verantwortung" zu befähigen, indem Lernhandlungen „ein ganzheitliches Erfassen der beruflichen Wirklichkeit fördern, z.B. technische, sicherheitstechnische, ökonomische, rechtliche, ökologische, soziale Aspekte einbeziehen" (KMK 2000, S.10). Berufliche Handlungen und die damit untrennbar verbundenen lebensräumlichen Wechselwirkungen werden nunmehr zum Gegenstand kritisch-konstruktiver Auseinandersetzung. Damit liegt den neuen Rahmenlehrplänen ein Handlungsbegriff zugrunde, der sich nicht nur auf ganzheitliches Lernen mit Kopf, Herz und Hand bezieht, sondern zugleich ausdrücklich auf berufliche Arbeits- und Geschäftsprozesse fokussiert und die Folgen des eigenen Handelns reflektiert sowie auf die Verantwortungsübernahme für die sozialen, ökologischen, ökonomischen und technologischen Veränderungen der Arbeitswelt und der Gesellschaft durch die Berufsarbeit ausgerichtet ist.

Mit dieser Hervorhebung der Subjektperspektive im gesellschaftlichen Kontext sind die Auszubildenden unmittelbar als künftige Berufstätige und als Mitglieder der Gesellschaft angesprochen. Berufliche Gestaltungskompetenz bedarf eines hohen fachlichen Qualifikationsniveaus in Verbindung mit reflektiertem gesellschaftsbezogenen Bewusstsein, damit die Jugendlichen Fähigkeiten zur Selbstbestimmung, Mitbestimmung und Solidarität entwickeln. Mit der KMK-Vorgabe, im Berufsschulunterricht auch „auf Kernprobleme unserer Zeit" einzugehen, sind Bezüge des Lernfeldkonzeptes zur kritisch-konstruktiven Didaktik offensichtlich (vgl. Bader 2000, S.34). Allgemeinbildung wird mit diesem Ansatz zum integrativen Bestandteil der Berufsbildung und beschränkt sich nicht mehr nur auf separate allgemeinbildende Fächer.

4.4 Teambildung, Organisationsentwicklung und Kooperation

Weil die Lernfelder relativ offen gestaltet sind, um eine schnellere Anpassung an ökonomische und technologische Veränderungen in der Arbeitswelt sowie regionale Schwerpunktsetzungen und eine Individualisierung/Differenzierung des beruflichen Lernens zu ermöglichen, wurde ein Teil der Curriculumarbeit in die Berufsschulen verlagert. Vor diesem Hintergrund erfordert die Gestaltung fächerintegrativen Berufsschulunterrichts die Zusammenführung der in den Schulen vorhandenen Kompetenzen; eine erfolgreiche Lernfeldumsetzung ist also auf funktionierende Teams verwiesen. Eine regional abgestimmte und an den aktuellen Entwicklungen in der Arbeitswelt ausgerichtete Berufsausbildung setzt eine tragfähige Kooperation der Berufsschulen und der Ausbildungsbetriebe voraus, die über die Abstimmung der Ausbildungsinhalte bis hin zu gemeinsam geplanten und durchgeführten Ausbildungsprojekten reichen kann (vgl. Euler 2004).

Die didaktische Arbeit in der Berufsschule beschränkt sich jetzt nicht mehr allein auf die Unterrichtvorbereitung, -durchführung und -evaluation, sondern beinhaltet die kollegiale Zusammenarbeit der Lehrerinnen und Lehrer, die in Abstimmung mit den betrieblichen Partnern des dualen Systems komplexe Lehr-Lern-Arrangements curricular entwickeln. Die Teams müssen Freiräume haben, Entscheidungen tatsächlich selbst zu treffen und umzusetzen. Insofern ist mit der Teamarbeit auch ein verändertes Führungsmodell verbunden, in dem Schulaufsicht und Schulleitung nicht mehr die Spitze eines hierarchischen Systems sind, sondern die Teams in ihrer Arbeit fördern, unterstützen und beraten. Die mit der Einführung des Lernfeldansatzes neudefinierte didaktische Arbeit vor Ort erstreckt sich also auf die Curriculumpräzisierung, die kooperative Entwicklung konkreter Lernsituationen und die Team- und Organisationsentwicklung (vgl. Sloane 2002, 13 ff.). In einzelnen Bundesländern werden zudem verschiedene Wege beschritten, beruflichen Schulen eine größere Unabhängigkeit gegenüber den Schulverwaltungen einzuräumen und sie zu regionalen Kompetenzzentren mit weitgehender Finanz- und Personalautonomie weiterzuentwickeln (vgl. BLK 2001; Büchter/Kipp 2003)

5 Schlussbemerkung

Die Reformen im Berufsbildenden Schulwesen stellen große Anforderungen an die Lehrerinnen und Lehrer und verändern ihre Arbeit grundlegend. Die Didaktik des beruflichen Lehrens und Lernens hat sich insofern weiter ausdifferenziert, als in den berufsvorbereitenden und berufsqualifizierenden Bildungsangeboten Arbeits- und Geschäftsprozesse im Zentrum stehen, während die studienqualifizierenden Schulformen wie Berufliches Gymnasium oder Fachoberschule wissenschaftspropädeutisch ausgerichtet sind. Es besteht ein somit enger Zusammenhang zwischen Curriculumreform, Schulorganisationsentwicklung, Teamarbeit und Unterrichtsgestaltung, zumal sich gesellschaftliche Entwicklungen aufgrund der engen Bezüge zum Berufssystem, zum Arbeitsmarkt und zur jeweils aktuellen Ausbildungsplatzsituation unmittelbar auf die Arbeit im Berufsbildenden Schulwesen auswirken. Teilweise stellen die recht kurzfristigen Nachfrageverschiebungen zwischen den Bildungsangeboten der beruflichen Schulen hohe organisatorische und didaktische Anforderungen an die Schulleitungen und an die Lehrenden. Gleichwohl sind die pädagogischen Aufgaben im berufsbildenden Schulwesen gerade aufgrund der direkten Nähe zur Arbeitswelt und zur Gesellschaft in besonderer Weise abwechslungsreich und zukunftsbedeutsam.

Literatur

Bader, R. (2000): Konstruieren von Lernfeldern – Eine Handreichung für Rahmenlehrplanausschüsse und Bildungsgangkonferenzen in technischen Berufsfeldern. In: Bader, R. & Sloane, P. F. E. (Hrsg.): Lernen in Lernfeldern. Theoretische Analysen und Gestaltungsansätze zum Lernfeldkonzept. Eusl. Paderborn, 33-50. – BMBF - Bundesministerium für Bildung und Forschung (Hrsg.) (2002): Grund- und Strukturdaten 2001/2002. Berlin: Eigenverlag. – BMBF - Bundesministerium für Bildung und Forschung (Hrsg.) (2004): Berufsbildungsbericht 2004. Berlin: Eigenverlag. – BMBF - Bundesministerium für Bildung und Forschung (Hrsg.) (2005): Berufsbildungsgesetz (BBiG) vom 23. März 2005 BGBl. I S. 931 – nicht-amtliche Veröffentlichung (in der Fassung vom 11.04.2005). Berlin: Eigenverlag. – BMBF - Bundesministerium für Bildung und Forschung / BMWA - Bundesministerium für Wirtschaft und Arbeit (Hrsg.) (2003): Ausbildung & Beruf. Rechte und Pflichten während der Berufsausbildung. Berlin: Eigenverlag. – BLK - Bund-Länder-Kommission für Bildungsplanung und Forschungsförderung (Hrsg.) (2001): Kompetenzzentren. Kompetenzzentren in regionalen Berufsbildungsnetzwerken – Rolle und Beitrag der beruflichen Schulen – BLK-Fachtagung am 3./4. Dezember 2001 in Lübeck. BLK-Heft 99. Bonn: Eigenverlag. – Büchter, K. & Kipp, M. (2003) (Hrsg.): Regionale Bildungszentren. bwp@ 5/2003 [verfügbar unter: http://www.bwpat.de]. – Euler, D. (2004) (Hrsg.): Handbuch Lernortkooperation. Band: 1: Theoretische Fundierung. Bielefeld: Bertelsmann. – Kell, A. (1999): Berufsschule. In: Kaiser, Fr.-J. & Pätzold, G. (Hrsg.): Wörterbuch Berufs- und Wirtschaftspädagogik. Bad Heilbrunn: Klinkhardt/Hamburg: Handwerk und Technik, 132-134. – KMK - Sekretariat der Ständigen Konferenz der Kultusminister der Länder in der Bundesrepublik Deutschland (Hrsg.) (1991): Rahmenvereinbarung über die Berufsschule. (Beschluss der Kultusministerkonferenz vom 14./15.03.1991). – KMK - Sekretariat der Ständigen

Konferenz der Kultusminister der Länder in der Bundesrepublik Deutschland (Hrsg.) (1995): Rahmenvereinbarung über die Ausbildung und Prüfung für Lehrämter für die Sekundarstufe II (berufliche Fächer) oder für die beruflichen Schulen (Lehramtstyp 5). (Beschluss der Kultusministerkonferenz vom 12.05.1995). – KMK - Sekretariat der Ständigen Konferenz der Kultusminister der Länder in der Bundesrepublik Deutschland (Hrsg.) (1996): Handreichungen für die Erarbeitung von Rahmenlehrplänen der Kultusministerkonferenz für den berufsbezogenen Unterricht in der Berufsschule und ihre Abstimmung mit Ausbildungsordnungen des Bundes für anerkannte Ausbildungsberufe (Beschluss der Kultusministerkonferenz 09.05.1996, aktualisiert i. d. Fassung v. 15.09.2000). – KMK - Sekretariat der Ständigen Konferenz der Kultusminister der Länder in der Bundesrepublik Deutschland (Hrsg.) (2003): Rahmenlehrplan für den Ausbildungsberuf Elektroniker/Elektronikerin (Beschluss der Kultusministerkonferenz vom 16.05.2003). – KMK - Sekretariat der Ständigen Konferenz der Kultusminister der Länder in der Bundesrepublik Deutschland (Hrsg.) (2005): Empfehlungen der Kultusministerkonferenz zur Umsetzung des Berufsbildungsreformgesetzes (Beschluss der Kultusministerkonferenz vom 02.06.2005). – Pahl, J.-P. (2004): Berufsschule: Annäherung an eine Theorie des Lernortes. Seelze-Velber: Kallmeyer. – Rauner, F. (1995): Gestaltung von Arbeit und Technik. In: Arnold, R. & Lipsmeier, A. (Hrsg.): Handbuch der Berufsbildung. Opladen: Leske + Budrich, 50-64. – Schanz, H. (2001): Berufliches Bildungswesen. In: Schanz, H. (Hrsg.): Berufs- und wirtschaftspädagogische Grundprobleme. Baltmannsweiler: Schneider Hohengehren, S. 148-184. – Sloane, P. F. E. (2002): Schulorganisation und schulische Curriculumarbeit. In: Bader, R. & Sloane, P. F. E. (Hrsg.): Bildungsmanagement im Lernfeldkonzept. Paderborn: Eusl, 9-25. – Tramm, T. (2002): Zur Relevanz der Geschäftsprozessorientierung und zum Verhältnis von Wissenschafts- und Situationsbezug bei der Umsetzung des Lernfeldansatzes im kaufmännischen Bereich. In: Bader, R. & Sloane, P. F. E. (Hrsg.): Bildungsmanagement im Lernfeldkonzept. Paderborn: Eusl, 41- 62.

15| Hochschule
Andrä Wolter

1 Hochschule und Unterricht: Verbindungslinien

Obgleich die europäischen Universitäten und mit ihnen auch die deutsche Universität historisch primär als Lehreinrichtungen entstanden sind, ist die Gestaltung des Hochschulunterrichts nie ein herausragendes Thema der Hochschulentwicklung gewesen. Zwar gehört Unterricht, nicht anders als dies bei anderen Bildungseinrichtungen der Fall ist, unbestritten zu den Kernaufgaben und Kernfunktionen der Institution Hochschule. Im Unterschied zu anderen Bildungseinrichtungen (wie etwa der Schule) konstituiert sich die moderne Hochschule jedoch nicht allein über ihre Lehrfunktion, sondern auch über eine Reihe weiterer Aufgaben und Leistungen, allen voran die Forschung. Seit sich mit den Universitätsreformen der Aufklärung und des Neuhumanismus die moderne Forschungsuniversität ausformte, stehen ihre beiden Hauptaufgaben, Unterricht als Teil der akademischen Lehre zu erteilen und durch Forschung zum Erkenntnisfortschritt und Wissenszuwachs beizutragen, häufig in einem gewissen Konkurrenzverhältnis zueinander. Die dominante Wissenschaftsorientierung – wissenschaftliches Wissen als Inhalt der Lehre, wissenschaftliche Fachkompetenz als Ziel des Studiums – prägte das Bild eines akademischen Unterrichts, in dem Wissenschaft und Fachkompetenz den Vorrang vor praktischen didaktischen Fragen beanspruchten.

Darüber hinaus ist die Hochschule insofern mit Unterricht verbunden, als die Universität mit der Lehrerausbildung eine Art Ausbildungsmonopol für das allgemein bildende Schulwesen und den schulisch-theoretischen Teil des beruflichen Ausbildungswesens hat. Von daher wird die Universität, insbesondere in der Lehrerausbildung, mit der Erwartung konfrontiert, als eine primär theorieorientierte Institution neben reflexiven und analytischen Fähigkeiten zumindest diejenigen Grundqualifikationen und Grundkompetenzen zu vermitteln, die erforderlich sind, um „guten" Unterricht in der

Schule zu erteilen – einschließlich der anderen damit verbundenen pädagogischen Aufgaben (wie Beurteilen, Beraten usw.). Genau an dieser praxisvorbereitenden Funktion des Studiums entzündet sich jedoch immer wieder erhebliche Kritik (siehe dazu Abschnitt 3).

2 Akademischer Unterricht als Aufgabe der Hochschule

Aufgrund seiner historischen Besonderheiten zeichnet sich das deutsche Hochschulwesen im internationalen Vergleich durch eine Reihe charakteristischer Merkmale aus (Teichler 2002): Erstens durch eine ausgeprägte Wissenschaftsorientierung der Universitäten, die u.a. in der Bedeutung der Forschung als Erfolgs- und Reputationskriterium akademischer Karrieren zum Ausdruck kommt; zweitens durch die Annahme, dass Universitäten bzw. Fachhochschulen innerhalb ihres jeweiligen Sektors im wesentlichen von gleicher Qualität sind und keine eindeutige Qualitätshierarchie zwischen ihnen existiert; drittens durch die berufsqualifizierende Funktion der Studiengänge; sowie viertens schließlich durch den hohen Einfluss des Staates auf die Entwicklung der Hochschulen und die unterentwickelte Bedeutung der institutionellen Steuerungsebene.

Vor diesem Hintergrund wird es verständlich, warum Unterricht und Lehrqualität innerhalb der Hochschule traditionell nur eine geringe Aufmerksamkeit gefunden haben. „Gute" Lehre galt im wesentlichen als Ausfluss „guter" Forschung, und die primäre Rolle des Staates bestand darin, mit den Verfahren der Input-Steuerung (Personal, Finanzen usw.) einschließlich der staatlichen Regelung der Studiengänge dafür zu sorgen, dass alle Hochschulen vergleichbare Qualitätsstandards erfüllen. Eine eigene Didaktik für den Unterricht an der Hochschule wurde daher lange Zeit (und wird von vielen heute immer noch) als überflüssig angesehen. Hochschuldidaktik als Theorie (und Anleitung) des Lehrens und Lernens in der Hochschule organisierte sich zwar seit Anfang der 70er Jahre, an manchen Hochschulen sogar in Form hochschuldidaktischer Zentren, ihr Einfluss auf Alltag und Praxis der Lehre in der Hochschule blieb jedoch weitgehend rudimentär.

In den 90er Jahren wurde das traditionelle Selbstbild der akademischen Lehre jedoch mehr und mehr in Zweifel gezogen. Die Hochschulexpansion, in deren Folge in Deutschland zu diesem Zeitpunkt mehr als ein Viertel (inzwischen mehr als ein Drittel) der jungen Generation seine Berufsausbildung im Hochschulsystem absolviert, ließ es auf Dauer nicht zu, die Ausbildungsleistungen der Hochschulen gleichsam nur als Nebenprodukt ihrer Forschungsfunktion aufzufassen. Seit den 80er Jahren vermehrte sich die empirische Evidenz, dass es um Effektivität und Qualität der Lehre nicht nur gut steht, auch wenn studentische Befragungen (Bargel u.a. 2004) ein im Zeitverlauf verbessertes Bild der Lehrsituation und der Studienqualität ergeben. Untersuchungen zu Studienverläufen und Studienerfolg zeigen nicht nur eine hohe Schwundquote im Studium (z.B. durch Fachwechsel oder Studienabbruch) und eine lange Studiendauer, sondern auch eine geringe Betreuungs- und Beratungsintensität der Studierenden während ihres Studiums und zahlreiche weitere „suboptimale" Bedingungen des Lehrens und Lernens in der Hochschule.

Qualität und Effektivität der Lehre und des Hochschulunterrichts sind heute wie die gesamte Struktur des Studiums ein Brennpunkt der Hochschulreformdebatte. Die in den späten 90er Jahren einsetzende Implementation des sog. Neuen Steuerungsmodells führt mit den neuen Verfahren der Hochschulfinanzierung und der externen und internen Mittelallokation (Leszczensky 2004) dazu, dass zunehmend auch lehr- und ausbildungsbezogene Qualitäts- und Erfolgsindikatoren und, eng damit verbunden, systematische Maßnahmen der Erfolgskontrolle durch Evaluation und Akkreditierung Eingang finden – was eine erhebliche Aufwertung der Hochschullehre bedeutet. In die gleiche Richtung wirkt auch die stärkere Internationalisierung bzw. Europäisierung der deutschen Hochschulen im Zuge des sog. Bologna-Prozesses, der dazu beiträgt, die Struktur und Anforderungen des Studiums sowie die Abschlüsse gemeinsamen europäischen Standards zu unterwerfen.

Insoweit Studienreform, Qualität des Studiums und Evaluation eine erkennbar größere Rolle spielen als noch vor 10 oder 15 Jahren, hat dies auch der Hochschuldidaktik Aufwind verschafft. Wie in anderen Feldern der Pädagogik hat sich in der Hochschuldidaktik ein Wandel vollzogen, der sich – schlagwortartig – als „shift from teaching to learning" bezeichnen lässt (Wildt 2004). An die Stelle der traditionellen Inhaltsorientierung des Hochschulunterrichts, auf Darbietung und Vermittlung wissenschaftlichen Wissens fokussiert, soll eine stärkere Orientierung auf die „learning-outcomes", die Strategien des Lernens (und des wissenschaftlichen Arbeitens) und nicht zuletzt die Förderung fächerübergreifender Kompetenzen treten. Die im akademischen Lehrbetrieb nach wie vor dominierende „Belehrungsdidaktik" soll zugunsten selbstorganisierten, aktiven Lernens zurückgedrängt werden, was auch die vielfältigen Möglichkeiten der neuen Medien einschließt.

Ob es tatsächlich gelingt, die traditionellen akademischen Fachkulturen in Richtung einer solchen lernorientierten Gestaltung des Hochschulunterrichts zu verändern, kann noch nicht eindeutig beurteilt werden. Zwei Szenarien sind denkbar. Es ist – auf der einen Seite – durchaus möglich, dass mit der Studienreform und den neuen Steuerungsverfahren der akademische Unterricht mehr denn je in das Zentrum der Hochschule gerät. Nationale Rankings, so umstritten sie methodisch auch sein mögen, weisen der Lehre, dem Studium und der Ausbildung in der Regel eine zentrale Funktion als Bewertungskriterien zu. Auf der anderen Seite können solche – inzwischen zum hochschulpolitischen Allgemeingut zählenden – systemischen und institutionellen Entwicklungsstrategien wie Internationalisierung, Profilbildung, Wettbewerb und Differenzierung dazu führen, dass die Forschung erneut die Oberhand gegenüber Unterricht und Lehre gewinnt. Beispielhaft dafür stehen international vergleichende Rankings, die in der Regel nahezu ausschließlich forschungsbasiert sind. Um sich im internationalen und nationalen Wettbewerb zu behaupten, setzen Hochschulen dann doch wieder eher auf Profilbildung durch Forschung als durch Lehre und Unterricht.

3 Lehrerausbildung als Aufgabe der Hochschule

Während die Gymnasiallehrerausbildung schon von Anfang an aus der Tradition des alten Latein- und Gelehrtenschulwesens heraus an Universitäten erfolgt, wenn auch lange Zeit nicht als eigener Ausbildungsgang, sondern gleichsam als Nebenprodukt eines theologischen oder philologischen Studiums, hat die Ausbildung der Grund-, Volks-/Haupt- und Realschullehrer/innen im 20. Jahrhundert im Blick auf den Ort der Ausbildung eine wechselvolle Geschichte erlebt. Am Ausgang des 20. Jahrhunderts hatte sich in der Bundesrepublik (mit Ausnahme eines Bundeslandes) die universitäre Form der Lehrerausbildung durchgesetzt. Die gemeinsame wissenschaftliche Ausbildung aller Lehrer/innen in einer Institution, unbeschadet schulformspezifischer Unterschiede, ist insofern ein bedeutsamer historischer Erfolg gewesen, als zumindest in der Lehrerausbildung die alte ständische Tradition der Separierung und Abschottung von Bildungswegen ein Stück weit überwunden wurde.

Zweifel am praktischen Ertrag einer wissenschaftlich fundierten beruflichen Vorbildung konnten jedoch keineswegs beseitigt werden – ganz im Gegenteil: Praxisferne und Distanz zu den tatsächlichen beruflichen Anforderungen sind nach wie vor die Hauptkritikpunkte der Lehrerausbildung. Insbesondere die für Deutschland bekanntlich nicht so günstigen Befunde der internationalen Schulvergleichsstudien haben das Problem der Vermittlung der für die Gestaltung von Unterricht erforderlichen berufspraktischen Kompetenzen wieder auf die Tagesordnung gesetzt. In der Debatte über die Neugestaltung der Lehrerausbildung lassen sich drei unterschiedliche Ansätze identifizieren (Terhart 2003).

Ausgehend von schulpädagogischen und professionspolitischen Überlegungen zu der Frage „Wie kann man kompetente Lehrer/innen am besten ausbilden?" gibt es – erstens – eine Reihe von

Konzepten und Vorschlägen, die Lehrerausbildung in ihren zentralen Problemfeldern (z.B. das Verhältnis von Theorie und Praxis oder von Fachwissenschaft, Fachdidaktik und allgemeiner Bildungswissenschaft) schrittweise zu verbessern (Terhart 2000). Dieser Reformstrang wird – zweitens – mehr und mehr von Reformstrategien überlagert, die aus strukturellen Motiven heraus einen vollständigen Umbau der Lehrerausbildung durch Umwandlung in konsekutive Strukturen (nach dem Bachelor-Master-Modell) und konsequente Modularisierung mit einem Kreditpunktesystem anstreben. Drittens schließlich gibt es daneben, ausgehend von institutionspolitischen Interessen, eine Reihe von Empfehlungen, die Lehrerausbildung zwischen Fachhochschule und Universität neu aufzugliedern und große Bereiche der Lehrerausbildung an Fachhochschulen zu konzentrieren (davor geschützt sind meist nur die Gymnasiallehrer/innen).

So stehen der Reform der Lehrerausbildung gegenwärtig mehrere Optionen offen, die nicht allein von professionellen Motiven, sondern von konfligierenden Interessen bestimmt werden. Insbesondere mit den beiden zuletzt genannten Reformkonzepten ist die alte Frage „Wie viel Einheit, wie viel Differenz?" in der Lehrerausbildung wieder virulent geworden. Auch wenn Praxisnähe, Berufsrelevanz und Unterrichtsbezug unbestrittene Desiderata der Lehrerausbildung darstellen, die es aus professionspolitischer Sicht zu beseitigen gilt, so verbergen sich hinter diesen Argumenten oft genug nur standespolitische Interessen und ständische Motive am Erhalt bestehender Strukturen.

Literatur

Bargel, T., Ramm, M. & Multrus, F. (2004): Studiensituation und studentische Orientierungen – 8. Studierendensurvey an Universitäten und Fachhochschulen. Bonn: Bundesministerium für Bildung und Forschung. – Leszczensky, M. (2004): Paradigmenwechsel in der Hochschulfinanzierung. In: Aus Politik und Zeitgeschichte. Beilage zur Wochenzeitung Das Parlament. B 25/2004. Bonn: Bundeszentrale für politische Bildung, 18-26. – Teichler, U. (2002): Hochschulbildung. In: Tippelt, R. (Hrsg.): Handbuch Bildungsforschung. Opladen: Leske + Budrich, 349-370. – Terhart, E. (Hrsg.) (2000): Perspektiven der Lehrerbildung in Deutschland. Abschlußbericht der von der Kultusministerkonferenz eingesetzten Kommission. Weinheim: Beltz. – Terhart, E. (2003): Reform der Lehrerbildung: Chancen und Risiken. In: Kretzer, H. & Sjuts, J. (Hrsg.): Studienseminare in der Wissensgesellschaft. Verzahnung von Erster und Zweiter Phase in der Lehrerausbildung. Oldenburg: Universität Oldenburg, S. 15-32. – Wildt, J. (2004): Vom Lehren zum Lernen. Zum Wandel der Lernkultur in modularisierten Studienstrukturen. In: Behrendt, B. u.a. (Hrsg.): Neues Handbuch Hochschullehre. 13/04, A 3.1. Berlin: Raabe.

16| Erwachsenenbildung und Weiterbildung
Rudolf Tippelt und Bernhard Schmidt

1 Bereiche der Erwachsenenbildung und Weiterbildung

Erwachsenenbildung und Weiterbildung werden heute überwiegend synonym verwandt, ähnlich wie die entsprechenden englischsprachigen Begriffe „adult education", „further education" und „continuing education". Um die Vielfalt der Angebote der Erwachsenenbildung/Weiterbildung zu systematisieren lässt sich zunächst zwischen den Sektoren der allgemeinen und der beruflichen Weiterbildung unterscheiden. Während die berufliche Weiterbildung sich inhaltlich eng an den Anforderungen der modernen Arbeitswelt, der Partizipation im Beschäftigungssystem und der Förderung von Humankapital orientiert, sieht sich die allgemeine Weiterbildung stärker den aufklärerischen

Wurzeln der Erwachsenenbildung, der Förderung kultureller Selbstfindung und gesellschaftlicher Mitgestaltung verpflichtet (vgl. Tietgens 1999). Das Paradigma des lebenslangen Lernens bildet heute den Handlungsrahmen von Weiterbildung, die auf eine Ergänzung und Fortführung grundlegender Bildung, die Aktualisierung individueller Wissensbestände und den Ausgleich interindividueller Bildungsunterschiede zielt (vgl. Tippelt 2004). Für die Lernenden können Weiterbildungsangebote dabei sowohl als kontinuierlicher und sich verselbständigender Prozess der persönlichen Weiterentwicklung verstanden und genutzt werden, als auch als punktuelle Intervention angesichts eines aktuell wahrgenommenen Bildungsdefizits (vgl. Kade & Seitter 1996). Entsprechend groß ist auch die Bandbreite der Angebotsformen und Inhalte. Erwachsenenbildung „umfaßt danach Angebote, die von einer einzelnen Abendveranstaltung bis zu mehrjährigen Ausbildungsgängen gehen, Einrichtungen völlig unterschiedlicher Zielrichtung, Rechtsform, Arbeitsweise sowie soziale und personelle Zusammenhänge ganz unterschiedlicher Provenienz" (Nuissl 1999, S.389).

2 Historische Entwicklung

Auf Seiten der Träger und Institutionen im Erwachsenenbildungssektor waren gravierende Veränderungen im Verlauf des 20. Jahrhunderts zu verzeichnen, die auch in Abhängigkeit von staatlichen Vorgaben zu sehen sind. Der Begriff des Trägers kennzeichnet die für eine Weiterbildungseinrichtung juristische Verantwortlichkeit, die nach erstmaliger Festlegung in der Weimarer Reichsverfassung in der Erwachsenenbildung von Personen öffentlichen aber auch privaten Rechts übernommen werden kann. In der Weimarer Verfassung ist der Grundstein für die heutige Pluralität öffentlicher und privater Träger gelegt, obwohl in der Zeit des Nationalsozialismus alle Bildungsträger unter staatlicher Kontrolle standen. Nach 1945 wurden wesentliche Grundgedanken aus der Weimarer Verfassung übernommen und eine zunächst feststellbare Dominanz privater Weiterbildungsträger konnte bis in die 1960er durch ein stark expandierendes Engagement der Kommunen in der Erwachsenenbildung wieder abgebaut werden. Gesetzlich war und ist die Finanzierung der Erwachsenenbildung primär auf Länderebene geregelt, was mit der gesetzlichen Regelung zur Bezuschussung von Volkshochschulen in Nordrhein-Westfalen 1953 erstmalig geschah (vgl. Oppermann 2000). 1970 forderte der Deutsche Bildungsrat schließlich Weiterbildung als individuelles Grundrecht zu verankern und somit indirekt auch eine umfassende staatliche Bezuschussung, eine Forderung, die sich bereits in den 1980ern als nicht finanzierbar erwies (vgl. Strunk 2000). In der Folge wuchs die Bedeutung privater, primär aus Teilnehmerbeiträgen oder von Arbeitgebern finanzierter Bildungseinrichtungen und allein die betriebliche Weiterbildung erreichte Ende der 1990er ein Finanzvolumen von über 10 Milliarden DM (vgl. Oppermann 2000).
Trotz unterschiedlicher Landesgesetze und verschiedener Bundesgesetze, z.B. das Betriebsverfassungsgesetz oder das Arbeitsförderungsgesetz (vgl. Nuissl 1999), ist der Weiterbildungssektor weniger rechtlichen Beschränkungen unterworfen als andere Bildungsbereiche, was eine Pluralisierung der Weiterbildungslandschaft ermöglichte. Es konnte sich eine erhebliche und nach wie vor expandierende Vielfalt an Trägern und Institutionen entwickeln, die den aktuellen Weiterbildungsmarkt prägt, wobei neben diesem Trägerpluralismus auch das Subsidiaritätsprinzip, die Flächendeckung und die Allgemeinzugänglichkeit unverändert zu den Ordnungsgrundsätzen der Weiterbildung gehören.

3 Strukturen der Weiterbildung

Eine erste von fünf Weiterbildungsstrukturen (vgl. Tippelt 2000a) umfasst etablierte, öffentlich subventionierte Weiterbildungsträger, wie die Volkshochschulen, kirchliche Bildungsträger, Gewerkschaften, Parteien und Kammern. Diese Einrichtungen leisten heute ca. 37% der allgemeinen und lediglich 7% der beruflichen Weiterbildung (vgl. Barz/Tippelt 2004).

Die beruflichen Weiterbildungsangebote werden heute hauptsächlich von Betrieben (68%), Arbeitgeberverbänden (1,6%) und Handwerksorganisationen (7,5%) – der zweiten Weiterbildungsstruktur – getragen. Die betriebliche Weiterbildung ist längst zu einer festen Größe der Unternehmenspolitik geworden und zielt auf die Befähigung des Betriebes zur besseren Antizipation externer Entwicklungsprozesse und eine flexible Anpassung an sich ständig wandelnde Marktanforderungen. Zu diesem Zweck sollte die Vermittlung einer breiten Fachkompetenz, der Aufbau individueller Lernkompetenz, aber auch die Einübung von Sozial- und Mitwirkungskompetenz im Mittelpunkt beruflicher Weiterbildung stehen. Der flexible Einsatz von Medien in methodisch vielfältigen Settings expositorischen und erfahrungsorientierten Lernens ist heute zu einem selbstverständlichen Bestandteil betrieblicher Weiterbildung geworden. Dabei kann Lernen im Betrieb weder durch kurzfristige Arbeitsplatzanforderungen determiniert noch reiner Selbstzweck sein, sondern bedarf der Einbettung in ein Konzept kontinuierlicher Personalentwicklung (vgl. Tippelt 2000b).

Eine dritte Weiterbildungsstruktur bilden Selbsthilfegruppen und Initiativen durch Vereine und Bürgerbewegungen, die in besonderem Maße an der Realisierung aktueller Konzepte des Lebensbegleitenden Lernens beteiligt sind, quantitativ allerdings eine geringere Bedeutung haben.

Die vierte Weiterbildungsstruktur – bestehend aus den Angeboten von Universitäten und Fachhochschulen – spielt bisher trotz gesetzlichen Auftrags noch eine untergeordnete Rolle (0,7 % der beruflichen und 3,2% der allgemeinen Weiterbildung), zeigt aber expansive Tendenzen.

Schließlich bilden private Anbieter und kommerzielle Bildungsunternehmen eine fünfte Weiterbildungsstruktur, die sowohl 17% des allgemeinen als auch 9,5% des beruflichen Weiterbildungsmarkts abdecken. Diese Träger gehören, ebenso wie die Betriebe, zu den stark vom Wachstum des Weiterbildungsmarktes profitierenden Anbietern, nachdem auch öffentliche Träger immer stärker auf Teilnehmerbeiträge zur Finanzierung ihrer Angebote angewiesen sind und sich so ein allgemeiner Trend der Privatisierung von Erwachsenenbildung abzeichnet. Dies gilt insbesondere für die berufliche Weiterbildung.

Für alle Weiterbildungsträger gilt, dass didaktische Handlungsfelder zu berücksichtigen und diese adressatenorientiert auszugestalten sind. Auf der didaktischen Makroebene gehören Programmplanung, Beratung, Evaluation, Zielgruppendefinition, die Dozentenrekrutierung, Werbung und Preisgestaltung ebenso zu diesen Handlungsfeldern, wie die zeitliche und räumliche Gestaltung des Lernangebots und die Formulierung von Ankündigungstexten (vgl. Tippelt 2004). Die mikrodidaktische Ebene bezieht sich auf die Gestaltung konkreter Lehr-Lern-Situationen, also den direkten Handlungsbereich der Lehrenden. Der früher dominierende informierende Unterricht kann durch Formen expositorischen oder moderierenden Lehrens, entdeckenden oder selbstgesteuerten Lernens ergänzt oder abgelöst werden, wiederum in Abhängigkeit von den jeweiligen Adressaten (vgl. Tippelt 2001).

4 Aktuelle Entwicklungstrends

Nicht zuletzt aufgrund der zunehmenden Konkurrenz um zahlungskräftige Weiterbildungsinteressenten, haben für die Bildungsanbieter die Zielgruppen- und Adressatenorientierung sowie die Kooperation mit anderen Bildungsträgern und Betrieben große Bedeutung. Empirische Studien zeigen, dass Weiterbildungsinteressen und -verhalten nicht nur stark durch Alter, Geschlecht und Schulbildung geprägt sind, sondern auch Lebenslagen und Lebensstile die Anforderungen an eine Bildungsmaßnahme prägen. In sozialen Milieus verdichten sich diese Faktoren zu konkreten Zielgruppen, die auch hinsichtlich ihrer Bildungsbarrieren und ihres Bildungsbegriffs typische Merkmale aufweisen (vgl. Tippelt, Weiland, Panyr & Barz 2003). Für die Weiterbildungseinrichtungen wird es umso bedeutender ihr Angebot auch an diesen Interessensstrukturen ihrer Zielgruppen auszurichten. Aktuell gewinnen neben einer stärkeren Adressatenorientierung Qualitätssicherungssysteme auch in der allgemeinen Weiterbildung an Bedeutung, wie sie in beruflichen Bildungskontexten bereits fester Bestandteil sind. Gerade die zunehmende Konkurrenz am Weiterbildungsmarkt fordert den Anbietern zusätzliche Anstrengungen zur Sicherung und Verbesserung der Qualität des Angebots und auch der Qualifizierung des eigenen Personals ab. Der Rückgriff auf bestehende Qualitätsmanagementmodelle, wie sie sich bereits in anderen Dienstleistungsbereichen bewährt haben (z.B. EFQM, ISO), erwies sich dabei als erfolgreiche Strategie (vgl. Heinold-Krug & Meisel 2002). Damit wird aber auch eine zunehmende Marktregulierung der Erwachsenenbildung sichtbar, die nicht mit einem Rückzug der öffentlichen Hand aus der Verantwortung einhergehen darf. Die kompensatorischen Aufgaben der Weiterbildung würden dann gefährdet und der – bisher nicht eingelöste – Anspruch des Abbaus von Bildungsdisparitäten durch die Erwachsenenbildung läge in noch weiterer Ferne (vgl. Tippelt 2000a).

Literatur
Barz, H. & Tippelt, R. (Hrsg.) (2004): Soziale und regionale Differenzierung von Weiterbildungsverhalten und Weiterbildungsinteressen. Band II. Bielefeld: Bertelsmann. – Heinold-Krug, E. & Meisel, K. (Hrsg.) (2002): Qualität entwickeln – Weiterbildung gestalten. Handlungsfelder der Qualitätsentwicklung. Bielefeld: Bertelsmann. – Kade, J. & Seitter, W. (1996): Lebenslanges Lernen. Mögliche Bildungswelten. Opladen: Leske+Budrich. – Nuissl, E. (1999): Ordnungsgrundsätze der Erwachsenenbildung. In: Tippelt, R. (Hrsg.): Handbuch Erwachsenenbildung/Weiterbildung. 2., ergänzte Aufl. Opladen: Leske+Budrich, 389-401. – Oppermann, D. (2000): Ein historischer Blick auf die Trägerproblematik in der Erwachsenenbildung. In: Hessische Blätter für Volksbildung, 2000(4), 308-316. – Strunk, G. (2000): Erwachsenenbildung als Teil des öffentlich verantworteten Weiterbildungsbereichs. In: Hessische Blätter für Volksbildung, 2000(4), 317-329. – Tietgens, H. (1999): Geschichte der Erwachsenenbildung. In: Tippelt, R. (Hrsg.): Handbuch Erwachsenenbildung/Weiterbildung. 2., ergänzte Aufl. Opladen: Leske+Budrich, 25-41. – Tippelt, R. (2000a): Die Trägerproblematik zwischen traditioneller Statik und pluraler Dynamik. In: Hessische Blätter für Volksbildung, 2000(4), 292-307. – Tippelt, R. (2000b): Betrieb als Bildungsinstitution. In: Grundlagen der Weiterbildung, 11(3), 13-15. – Tippelt, R. (2001): Didaktische Handlungsebenen. In: Arnold, R., Nolda, S. & Nuissl, E. (Hrsg.): Wörterbuch Erwachsenenpädagogik. Bad Heilbrunn: Julius Klinkhardt, 75-77. – Tippelt, R. (2004): Institutionen der Erwachsenenbildung/Weiterbildung. In: Krüger, H.-H. & Grunert, C. (Hrsg.): Wörterbuch Erziehungswissenschaft. Stuttgart: UTB, 140-145. – Tippelt, R., Weiland, M., Panyr, S. & Barz, H. (2003): Weiterbildung, Lebensstil und soziale Lage in einer Metropole. Bielefeld: Bertelsmann.

2.2 Kontexte des Unterrichts

17| Gesellschaftliche Bedingungen des Unterrichts
Ulf Preuss-Lausitz

1 Funktionen von Schule und Unterricht heute

Die Schule ist in allen Gesellschaften des 21. Jahrhunderts die zentrale Institution zur Bildung handlungsfähiger Gesellschaftsmitglieder. Während die Familie – auch in nachmodernen Formen – für die *grundlegenden* psychischen, sozialen, gesundheitlichen, sprachlichen und kognitiven Entwicklungen des Nachwuchses verantwortlich ist, soll die Schule, anknüpfend an individuelle Entwicklungs- und Lernvoraussetzungen, folgende Funktionen erfüllen: (a) Jenes *Wissen und jene Fertigkeiten* vermitteln, die von jeweiligen Gesellschaften als notwendig angesehen werden („Qualifikationsfunktion"); (b) jene *grundlegenden Werte, Normen und Verhaltensweisen* vermitteln, die von jeweiligen Gesellschaften als zentral für ihr politisches und soziales System angesehen werden („Sozialisationsfunktion"); (c) am Ende der allgemeinbildenden Schulzeit die Lernleistungen fair *zertifizieren*, damit die Schulabsolventen gesellschaftlich vereinbarte und verwertbare Grundlagen für ihre weitere Lebensplanung und die Ausbildungssysteme oder Arbeitgeber angemessene Grundlagen für Aufnahmeentscheidungen haben („Allokationsfunktion" oder „Selektionsfunktion", s. Fend 1980). Wie diese eher abstrakten Funktionen in unserer demokratisch-kapitalistischen Gesellschaft inhaltlich gefüllt und ob sie auch tatsächlich realisiert werden oder ob Mängel in der Wirksamkeit der Wissensaneignung, der sozialen und normativen Kompetenzen und in der Fairness der Bewertung die Wirklichkeit des Schulsystems widerspiegeln, ist Gegenstand der anwachsenden Qualitätssicherung, die sowohl die Effekte des gesamten Bildungssystems als auch der individuellen Schülerleistungen untersucht und indirekte Wirkungen auf Inhalte und Struktur des Unterrichts wie der Lehrerarbeit hat.

Über die gesellschaftlichen Bedingungen von Unterricht (engl. *societal conditions of instruction*) und Schule hinausgehend erfüllt die Schule weitere Funktionen, die über die gesellschaftlich gesetzten hinausgehen: Die Schule dient für die heutigen Kinder und Jugendlichen als zentraler Ort des sozialen Austausches und der *Freundschaftsbildung* auch über Geschlechtergrenzen hinweg, („*Lebensweltfunktion*", vgl. Preuss-Lausitz 1993). Zum anderen wirken die schulischen und unterrichtlichen Umgangsformen und Abläufe im Sinne eines „heimlichen Lehrplans" (Zinnecker 1976), oft gegen die Absichten der Beteiligten, die je nach Interaktionsformen im Unterricht zum Erwerb von Anpassungs- oder Unterlaufensstrategien beim Lernen führen oder zur Übernahme demokratischer Haltungen.

Die *gesellschaftlichen Ziele von Schule* können als *Bildungsziele für das Individuum* formuliert werden, sind jedoch mit ihnen nicht identisch, wie an der Allokationsfunktion von Zertifikaten deutlich wird. Die Unesco (1996) formuliert *vier Schlüsselkompetenzen für demokratisch-pluralistische Gesellschaften* des 21. Jahrhunderts: learn to know (lernen, wie man lernt); learn to do (handlungsfähig zu werden); learn to be (Ich-Identität zu erwerben); learn to live together (demokratisches und tolerantes Verhalten zu praktizieren). Klafki (1990) hat als Grundfähigkeiten für das fachlich kompetente, mündige, demokratische und solidarische Individuum die Fähigkeit zur Selbstbestimmung, zur Mitbestimmung und zur Solidarität formuliert und festgehalten, dass diese Ziele von Schule *für alle* zu gelten haben und *Selektivität* nach Maßstäben von Geschlecht, Religion, Ökonomie, Ethnie oder Herkunft *abzulehnen sei*. Damit knüpft Klafki an Kants Aufklärungsbegriff von 1784 an, nämlich sich seines Verstandes ohne Leitung eines anderen zu bedienen und dies im Medium der Öffentlichkeit zu tun. Wie aus diesen und weiteren Bildungszielen (vgl. Hansmann & Marotzki 1988) zureichende Auswahlmaßstäbe für die Inhalte von Fächern und Lernbereichen der Schule entwickelt werden können, ist Gegenstand der Didaktik (vgl. Helsper & Keuffer 1995).

2 Entstehung der Schulklasse und ihre Veränderungen

Wenn ein Ethnologe eines anderen Planeten unsere Schulen besuchte, in der in gleichförmigen Räumen etwa fünfundzwanzig gleichaltrige Kinder oder Jugendliche lesen, schreiben, mit Gegenständen hantieren oder einem Erwachsenen zuhören und mit ihm reden, und er erführe, diese Form des Lernens erfolge erdweit so ähnlich überall, so könnte er sich fragen, warum gerade diese Form und Größe gewählt wird und heute auf breite Zustimmung stößt. Es könnte ihn umso mehr erstaunen, als sein Studium der Erde ihn doch gelehrt hat, dass es Zeiten gab, wo ganz andere Formen des Unterrichts praktiziert wurden: So etwa im „abendländischen" Mittelalter die religiöse und klassische Belehrung Einzelner oder Weniger durch den Magister der Klosterschule, der Erwerb ritterlicher Tugenden und Fähigkeiten in der Gemeinschaft der männlichen bzw. weiblichen Geschwister durch den Hauslehrer bzw. das Fräulein, der Erwerb handwerklicher Kompetenzen und Lebensführung einzelner Jungen durch Wohnen und Arbeiten bei befreundeten Familien der Eltern oder der Schulbesuch der altersgemischten, aber wenigen Patrizierkinder in den städtischen Lateinschulen. Er würde lernen, dass diese exklusiven Formen der Bildung seit der Neuzeit im Wesentlichen aus zwei Gründen durch das gemeinsame Lernen vieler Kinder abgelöst werden musste: Zum einen hat mit Beginn der Neuzeit um 1500 und der gleichzeitigen Expansion staatlicher Strukturen und des internationalen Handels der Bedarf an Menschen zugenommen, die in Rechnen, Lesen, Schreiben und lebendigen Sprachen ausgebildet sind. Zum andern führt die Reformation Luthers in Mitteleuropa dazu, dass der protestantische Christ das Wort Gottes, d.h. die Bibel, selbst lesen können soll (weshalb Luther sie in die Volkssprache übersetzt). Breite Volksbildung wird nun also wichtig. Ihre technische Voraussetzung ist die um 1450 von Gutenberg erfundene Buchdruckkunst. Während bis weit in das 19. Jahrhundert Lernen in großen öffentlichen Räumen altersgemischt – und auf dem Land auch geschlechtsgemischt – erfolgt, oft auch zeitgleich unterschiedliche Lerninhalte von unterschiedlichen Lerngruppen mit Magistern und ihren Helfern gelehrt und geübt werden, führt vor allem die *tatsächliche* Verwirklichung der allgemeinen Schulpflicht immer stärker zu einer Belehrung großer altersgleicher Lerngruppen (vgl. Ariès 1975, S.269ff). So liegt um 1900 der *Durchschnitt* der Klassenfrequenz bei 60 Kindern. Erst im Laufe des späten 20. Jahrhunderts hat sich zumindest europaweit eine Klassengröße von rd. 20-25 Kindern in der Primarstufe und 25-30 Jugendlichen in der Sekundarstufe eingependelt. Die Größe der Klassenfrequenzen sind Ausdruck der Bereitschaft von Gesellschaften, in die Bildung ihres Nachwuchses zu investieren.

3 Nachmoderne gesellschaftliche Rahmenbedingungen von Unterricht

Unter heutigen gesellschaftlichen Bedingungen ist Unterricht zentral von schulexternen Faktoren beeinflusst, die beachtet werden müssen, um die oben genannten Funktionen und Bildungsziele des Unterrichts für alle Schülerinnen und Schüler erreichbar zu machen. Im Folgenden konzentrieren wir uns auf die Zusammensetzung der Klassen, auf den Wandel von Familie und Kindheit, auf Veränderungen der sozialen und ethnischen Umwelten, auf technische Veränderungen und auf Wandel gesellschaftlicher Werte.

3.1 Lern-Gruppierungen

Die möglichst *leistungshomogene* Gruppe war seit dem 19. Jahrhundert das Ideal schulischer Lernorganisation. Sie ersetzte allmählich die förmliche Gruppierung nach Religion, Geschlecht oder sozialem Stand; im Privatschulwesen existieren nach wie vor solche Gruppierungsformen. Die leistungshomogene Lerngruppe soll das meist lehrergelenkte gleichzeitige Voranschreiten in der Aneignung der Lerngegenstände sicherstellen. Wer dabei nicht erfolgreich ist, wird nach diesem Konzept durch Klassenwiederholung oder Sonderschulüberweisung aus der Lerngruppe entfernt bzw. in der Sekundarstufe (mit Ausnahme der integrierten Gesamtschule) auf getrennte Schulformen überwiesen, die nach globalen Anspruchsniveaus unterschieden werden. Durch internationale Studien wie durch praktische Erfahrungen ist inzwischen deutlich geworden, dass Homogenität weder trennscharf herstellbar ist noch überzeugende Lernergebnisse liefert. Schwächere Schüler profitieren eher vom generellen Anregungscharakter leistungsgemischter Lerngruppen, stärkere Schüler lernen in solchen Gruppen nicht weniger und erwerben weitere soziale Kompetenzen (vgl. Becker u.a. 2004, Heyer u.a. 2003). Zunehmend – beginnend um 1970 in der Grundschule – wird daher versucht, die Heterogenität in den kognitiven und emotionalen Lernvoraussetzungen, den kulturellen, sozialen und ethnischen Herkünften, den körperlichen und gesundheitlichen Möglichkeiten, den sprachlichen Kompetenzen und den individuellen Interessen und Wertorientierungen nicht mehr zu beseitigen oder nur hinzunehmen, sondern als Chance für die Entwicklung eines neuen Unterrichtsverständnisses anzusehen, das als „Pädagogik der Vielfalt und der Gemeinsamkeit" (Prengel 1993, Preuss-Lausitz 1993, Schmitt 2001) formuliert wird. Diese Art Unterricht erfüllt daher am besten die gesellschaftliche Forderung nach sozialer Kohäsion und Integration von kulturell, sozial und physisch benachteiligten Schülerinnen und Schülern.

3.2 Veränderte Familien-Kindheit

Der Wandel in den familiären und gesamtgesellschaftlichen Aufwachsbedingungen von Kindern und Jugendlichen führt zu dramatisch veränderten Rahmenbedingungen für heutigen Unterricht. Kinder wachsen zwar weiterhin überwiegend bei ihren biologischen Eltern auf (rd. 80%; rd. 10% sind Kinder von Alleinerziehenden, in der Regel Mütter; vgl. BMFSFJ 1998); dennoch dringen die zunehmenden Scheidungen und die anwachsenden Zahlen von „Patchwork-Familien" auch in das Krisenbewusstsein von Kindern und Jugendlichen ein. Die Abnahme der Kinder pro Familie (rd. 30% aller Kinder sind Einzelkinder, 60% haben ein Geschwister, 10%, darunter häufig Migrantenkinder, haben zwei oder mehr Geschwister) führt zu einer geringeren oder ganz entfallenden intimen Erfahrung mit jüngeren und älteren Geschwistern und mit dem anderen Geschlecht. Soziale Kompetenzen müssen daher verstärkt in einem außerfamilialen sozialen Milieu organisiert werden, durch gezielte Herstellung von Kinderkontakten seitens befreundeter Eltern oder durch den Besuch von Krippen und Kindergärten. Ohne diese Peergroup-Erfahrung im Vorschulalter haben Schulanfänger oft große Probleme, in der formellen Organisation Schulklasse ihre informelle Position sozialverträglich zu etablieren.

Für heutigen Unterricht ist darüber hinaus entscheidend, dass sich die *Erziehungsstile und -ziele* von Eltern seit dem letzten Drittel des 20. Jahrhunderts in Deutschland (und in vielen europäischen Ländern) *mehrheitlich* verändert haben. Die emotionalen und körperlichen Nähebedürfnisse von Kindern haben bei Eltern einen hohen Stellenwert erhalten; der partnerschaftliche Austausch von Interessen („Verhandlungspädagogik", vgl. Büchner 1983) ist zum Leitbild der familialen Kommunikation zwischen den Eltern und mit den Kindern geworden. Erwartungen an frühe Selbstständigkeit in der alltäglichen Lebensführung der Kinder, Planungskompetenz, Selbstkontrolle, Leistungsbereitschaft in der Schule und die Entwicklung eines selbst entwickelten Freundschaftsnetzes gelten als wichtige Erwartungen an Kinder. Körperliche Gewalt als Erziehungsinstrument einzusetzen wird nicht nur in der Öffentlichkeit abgelehnt, sie ist seit 2000 gesetzlich untersagt, wird jedoch empirisch noch von einer Minderheit zwischen 10 und 20% praktiziert (Pfeiffer u.a. 1998). Wer den Vorstellungen gewaltfreier, partnerschaftlicher und emotional einfühlsamer Erziehung nicht folgt, ruft die beratende, ggf. auch sanktionierende Kraft des Staates auf den Plan.

Diese und andere Veränderungen in der Familiensozialisation haben für den Unterricht günstige, aber auch belastende Folgen: So sind selbstständigere und selbstbewusstere Kinder eher in der Lage, ihr Lernen selbstaktiv zu organisieren. Sie erwarten zugleich „Verhandlungspädagogik", d.h. Begründungen für vorgelegte Lernziele und Lernwege, stärkere Partizipation, die Beachtung unterschiedlicher Schülerinteressen, einen emotional freundlichen Kommunikationsstil zwischen Lehrern und Schülern und nicht zuletzt die Realisierungsmöglichkeit freundschaftlicher Beziehungen auch im Unterricht (etwa bei Partnerarbeit). Lehrerzentrierter Unterricht, der auf Anordnung setzt und nicht auf Dialog, Begründung und Differenzierung, ist bei derart sozialisierten Kindern nicht nur schwer realisierbar, sondern auch wenig wirksam.

3.3 Veränderte soziale und ethnische Umwelten

Die europäischen und weltweiten Wanderungsprozesse, die durch Kriege, Vertreibungen, Arbeitskräfteanwerbung, politische Verfolgung, Armut und nicht zuletzt durch die Freizügigkeit innerhalb der Europäischen Union bedingt sind, haben die ethnische und soziale Zusammensetzung der Schulen und Klassen und damit die gesellschaftlichen Rahmenbedingungen von Unterricht in Deutschland historisch in einmaliger Weise verändert, insbesondere in den alten Bundesländern. Bundesweit haben 2004 rd. 12% schulpflichtige Schülerinnen und Schüler einen nichtdeutschen Pass. Als „Kinder mit Migrationshintergrund", definiert durch mindestens einen Elternteil, der nicht in Deutschland geboren wurde, gelten etwa ein Viertel aller Schüler – in manchen Großstadtschulen liegt dieser Anteil jedoch weit über 50%. Unterricht findet teilweise in Stadtteilen statt, die sozial und ethnisch stark entmischt sind, mit hohen Anteilen arbeitsloser Schulabsolventen, mit Jugendkriminalität und Gefährdung der Sicherheit für die Bewohner. Für die Kinder dieser Stadtteile haben Schulen oft den Charakter von Oasen der Sicherheit und des Wohlfühlens, wie Umfragen unter Schülern zeigen (vgl. Preuss-Lausitz 2005).

Kinder aus Zuwandererfamilien haben erheblich geringere Chancen für erfolgreiche Schulkarrieren, wenn ihre Familien ein geringes kulturelles Kapital haben. Schon beim Übergang von der Grundschule in die gegliederte deutsche Sekundarstufe haben sie – bei gleicher Leistung – eine 2,6fach geringere Chance, in die Realschule zu kommen, und eine 4,4 fach geringere Chance für den Übergang in das Gymnasium (Cortina u.a. 2003 S.688). Neben Grundschulen in sozialen Brennpunkten haben insbesondere Sonderschulen, Hauptschulen und Gesamtschulen stark überdurchschnittliche Anteile von Kindern nichtdeutscher Herkunft mit sehr unterschiedlichen Familiensprachen. Insbesondere in diesen Schulformen ist daher der Unterricht stark von Schwächen in der Beherrschung der Verkehrssprache Deutsch belastet. Die Gesellschaft hat erst in jüngster Zeit erkannt, dass ein frühzeitiges und verpflichtendes Angebot zum Erwerb der deutschen Sprache, möglichst schon im Vorschulalter, eine notwendige, wenn auch nicht zureichende Voraussetzung für gelingenden Unterricht unter Bedingungen ethnischer und sozialer Heterogenität und damit für erfolgreichere Schulkarrieren der Migrantenkinder darstellt.

3.4 Veränderte technische Umwelten

Neben dem Wandel der Familienstrukturen und -erziehung führt der technische Wandel zu veränderten Kindheitserfahrungen, die wiederum die gesellschaftlichen Voraussetzungen für Unterricht revolutionieren. Die Etablierung des Fernsehens, des Musikhörens und der Internetnutzung im Alltag der Kinder und Jugendlichen erhöhen nicht nur ihre Freiheitsräume, sie relativieren zugleich das Wissensmonopol des Unterrichts und der Lehrkräfte. Zugleich steigen die Erwartungen vieler Schülerinnen und Schüler an die Einbeziehung dieser neuen Informations- und Bildtechnologien in den Unterricht. Wird dieser Erwartung entsprochen, führt dies notwendigerweise zu anderen Arbeitsformen und Zeittakten des Lernens; das Lernen des Lernens, das Begreifen von Zusammenhängen und die kommunikative Präsentationsfähigkeit könnten dadurch gestärkt werden.

3.5 Veränderte gesellschaftliche Werte, Normen und Tugenden

Verbindliche Grundlagen für jeden Unterricht sind in unserer Gesellschaft die Grundrechte, wie sie im Grundgesetz formuliert sind, und die Menschenrechte, die in der Charta der Vereinten Nationen niedergelegt und in der Verfassung der Europäischen Union enthalten sind. Unterricht, auch Fachunterricht, kann von solchen wertorientierten Grundlagen nicht absehen, ist also nie nur sachbezogen, wie auch ein Blick in die Präambeln der Schulgesetze zeigt. Dennoch gebietet die pluralistisch-demokratische Gesellschaftsstruktur, wie sie in den alten Bundesländern seit 1949 und in den neuen Bundesländern seit 1990 besteht, dass Schule und Unterricht sich neben oben genannten basalen Grund- und Menschenrechten ansonsten neutral zu verhalten habe, insbesondere religionsneutral. In Anlehnung an Hentig (1988) werden hier Werte als oberste Leitziele (z.B. Leben, Schönheit, Reichtum, Ehre, Weisheit), Normen als Handlungsmaximen (z.B. du sollst nicht töten, lass deinen Gesprächspartner ausreden, iss nicht mit vollem Mund) und Tugenden als habitualisierte Eigenschaften (z.B. Pünktlichkeit, Ehrlichkeit, Treue) definiert. In der pluralistischen Gesellschaft orientieren sich Menschen an sehr unterschiedlichen Wert-Rangreihen, Normen und Tugenden. Normen sind darüber hinaus zunehmend kontextabhängig („Informalisierung"); daher sind situationsunabhängige Normen und Tugenden zuweilen dysfunktional. Die „postmoderne Ethik" (Baumann 1995) fordert von Lehrern deshalb einerseits die konsequente Vertretung von Grund- und Menschenrechten, andererseits Zurückhaltung in der Postulierung von *für alle verbindlichen* Werten und von situationsunabhängigen Normen und Tugenden (vgl. Frohne 1999).

4 Gesellschaftliche Erwartungen an Lehrkräfte

Lehrerinnen und Lehrer müssen heute Unterricht organisieren, der ohne ihre hohe fachliche, organisatorische, technische, kommunikative und ethische Qualifikation nicht gelingen kann. Ihre didaktisch-unterrichtliche Freiheit erfährt durch regionale, nationale und internationale Untersuchungen der Schülerleistungen ein externes Pendant der Kontrolle des Unterrichts. Das „didaktische Dreieck" von Schüler, Lerngegenstand und Lehrer ist von den hier nur knapp skizzierten gesellschaftlichen Rahmenbedingungen umgeben, die das Unterrichten heute komplexer, zugleich potenziell bedeutsamer und nicht zuletzt transparenter macht: Lehrer müssen vielfältige familiäre, soziale und ethnische Hintergründe kennen und im differenzierten, respektvollen Umgang mit sehr unterschiedlichen Kindern und Jugendlichen in den Lernprozess integrieren („Schüler"). Sie müssen angesichts eines expandierenden (und zum Teil rasch „veraltenden") Wissensbestandes in ihren eigenen Fächern lebenslang auf dem neuesten Stand bleiben, d.h. sich über alle denkbaren, auch technisch möglichen Formen fortbilden („Lerngegenstand"). Sie müssen ihre eigene unterrichtende, diagnostizierende, beratende, beurteilende, organisatorische und selbstreflexive Kompetenz laufend weiterentwickeln und überprüfbar machen. Sie müssen, auch wenn sie vorwiegend im Unterricht tätig sind, an der Entwicklung und beim Schulleben der gesamten Schule, in der Kooperation mit anderen Lehrkräften, mit Eltern und mit schulexternen Kommunikationspartnern der Schule professionelle Kooperationsfähigkeit zeigen („Lehrer"). Nicht zuletzt müssen sie angesichts der dargestellten Spannung zwischen basalen Werten und pluraler Neutralität situationsangemessene normative Diskurse mit Schülern, Eltern, Kollegen und in der Öffentlichkeit führen und Entscheidungen treffen können. Die Rollenerwartung an heutige Lehrkräfte geht also weit über die in der Öffentlichkeit zu Recht betonten fachlichen und methodischen Kompetenzen, die Fairness bei Beurteilungen von Schülerleistungen (Arnold 1999) und die Bereitschaft zur kollegialen Zusammenarbeit hinaus.

5 Konsequenzen für die Unterrichtsplanung und -durchführung

Die oben aufgezeigten veränderten gesellschaftlichen Rahmenbedingungen verlangen einen Unterricht, der folgenden Prinzipien folgt:
(a) Grundsätzlich ist davon auszugehen, dass die kognitiven, sozialen, kulturellen, physischen und normativen Lernvoraussetzungen heterogen sind und bleiben. Diese Vielfalt produktiv werden zu lassen, setzt voraus, alle gegebenen Kinder als bleibenden Teil der Lerngruppe anzusehen und keine ausschließen zu wollen (oder damit zu drohen). „Unterricht mit und für alle" kann dabei ggf. auch zusätzliche, etwa sonderpädagogische Unterstützung einplanen.
(b) Moderner Unterricht setzt auf flexible Differenzierungen im Umgang mit Lernzielen, Lernzeiten, Materialien und Lernquellen, Technologien, Sozialformen (von der Alleinarbeit über Partnerarbeit und Kleingruppen bis zur Großgruppe), Übungs- und Präsentationsformen. Individualisierung, Kooperation und Gemeinsamkeit gehören dabei zusammen.
(c) Die Einbeziehung moderner, auch außerschulischer Informations- und Lernquellen und -formen (mit Hilfe von Internet und Lernsoftware) ermöglicht eine stärkere Konzentration der schulischen Unterrichtszeit auf das Verstehen von Zusammenhängen, auf unmittelbare Experimente und auf den realen sozialen Diskurs und Austausch.
(d) Die sozialen Lebensweltbedürfnisse der Kinder und Jugendlichen müssen auch innerhalb des Unterrichts und nicht nur im Schulleben einen akzeptierten Raum erhalten. Dabei wird das Spannungsverhältnis zwischen Lernerfordernissen und sozialen bzw. physischen Bedürfnissen der Kinder und Jugendlichen gemeinsam zu „verhandeln" sein. Der Unterricht muss ein Gefühl der sozialen Sicherheit und der individuellen Akzeptanz vermitteln.
(e) Die Beachtung von expressiv-physischen Bedürfnissen bzw. bei Krankheiten und Beeinträchtigungen die individuellen physischen und gesundheitlichen Grenzen von Kindern und Jugendlichen müssen durch entsprechende Maßnahmen und Rücksichten Teil der Unterrichtsplanung werden. Das schließt entsprechende Fortbildung der Primarstufen- wie der Sekundarstufenlehrer ein.
(f) Die herkömmliche Lehrerbewertung und die Ziffernzensur kann verstärkt durch Selbstkontrolle (bei entsprechendem Material), Partnerbewertung, Gruppenbewertung nach Präsentationen und

Portfolios ersetzt werden, um Selbstständigkeit und Selbstreflexion zu stärken. Die Lernergebnisse können nicht nur sozialnormorientiert innerhalb einer Klasse, sondern – bei Verfügbarkeit entsprechender Daten – sachnormorientiert bewertet werden, was auch für Schüler und Eltern externe Bewertungsmaßstäbe sichtbar und im Grundsatz kritisierbar macht, zudem können Lern- und Lehrleistungen in den Blick genommen werden.

(g) Unterricht, auch Fachunterricht, muss angesichts der breiten Herkunftsstreuung der Kinder und Jugendlichen verstärkt die moralischen, ethischen und normativen Alltagskonflikte thematisieren und auf die basalen Grundlagen demokratischer und pluralistischer Gesellschaften beziehen. Wenn dies geschieht, bleiben Schulleben und Unterricht tragende Säulen der sozialen gesellschaftlichen Kohäsion in der demokratischen Zivilgesellschaft.

Literatur

Arnold, K.-H. (1999): Fairneß bei Schulsystemvergleichen. Münster: Waxmann. – Ariès, P. (1975): Die Geschichte der Kindheit. Frankfurt a.M.: Suhrkamp. – Baumann, Z. (1995): Postmoderne Ethik. Hamburg: Hamburger Edition. – Becker, G., Lenzen, K.-D., Stäudel, L., Tillmann, K.-J., Werning, R. & Winter, F. (Hrsg.) (2004): Heterogenität (Friedrich Jahresheft, Bd. XXII). Seelze: Friedrich. – Bundesministerium für Familie, Senioren, Frauen und Jugend (BMFSFJ) (Hrsg.) (1998): Die Familie im Spiegel der amtlichen Statistik. Bonn: BMFSFJ. – Büchner, P. (1983): Vom Befehlen und Gehorchen zum Verhandeln. Entwicklungstendenzen von Verhaltensstandards und Umgangsnormen seit 1945. In: Preuss-Lausitz, U. u.a. (Hrsg.) Kriegskinder, Konsumkinder, Krisenkinder. Zur Sozialisationsgeschichte seit dem Zweiten Weltkrieg. Weinheim: Beltz, 196-212. – Cortina, K.S., Baumert, J., Leschinsky, A., Mayer, K.U. & Trommer, L. (Hrsg.) (2003): Das Bildungswesen in der Bundesrepublik Deutschland. Reinbek: Rowohlt. – Fend, H. (1980): Zur Theorie der Schule. Weinheim: Beltz. – Frohne, I. (Hrsg.) (1999): Sinn- und Wertorientierung in der Grundschule. Bad Heilbrunn: Klinkhardt. – Hansmann, O. & Marotzki, W. (Hrsg.) (1988): Diskurs Bildungstheorie I: Systematische Markierungen. Weinheim: Deutscher Studien Verlag. – Helsper, W. & Keuffer, J. (1995): Unterricht. In: Krüger, H.-H. / Helsper, W. (Hrsg.): Einführung in Grundbegriffe und Grundfragen der Erziehungswissenschaft. Opladen: Leske und Budrich, 81-92. – Hentig, H. v. (1988): Werte und Erziehung. In: Neue Sammlung, 28, 323-342. – Heyer, P., Preuss-Lausitz, U. & Sack, L. (Hrsg.) (2003): Länger gemeinsam lernen. Positionen – Forschungsergebnisse – Erfahrungen. Frankfurt a.M.: Grundschulverband. – Klafki, W. (1990): Abschied von der Aufklärung? Grundzüge eines bildungstheoretischen Gegenentwurfs. In: Krüger, H.-H. (Hrsg.): Abschied von der Aufklärung. Perspektiven der Erziehungswissenschaft. Opladen: Leske und Budrich, 91-104. – Pfeiffer, Chr., Wetzels, P. & Enzmann, D. (1999): Innerfamiliäre Gewalt gegen Kinder und Jugendliche und ihre Auswirkungen. Hannover: Kriminologisches Forschungsinstitut Niedersachsen. – Prengel, A. (1993): Pädagogik der Vielfalt. Opladen: Leske und Budrich. – Preuss-Lausitz, U. (1993): Die Kinder des Jahrhunderts. Zur Pädagogik der Vielfalt in der Gemeinsamkeit. Weinheim: Beltz. – Preuss-Lausitz, U. (Hrsg.) (2005): Zur Förderung der emotionalen und sozialen Entwicklung. Eine empirische Studie und ihre praktischen Konsequenzen. Weinheim: Beltz. – Schmitt, R. (2001): Grundschule – Schule der Vielfalt und der Gemeinsamkeit. Frankfurt a.M.: Grundschulverband. – Unesco (Ed.) (1996): Learning – The treasure within. Paris: Unesco. – Zinnecker, J. (1976): Der heimliche Lehrplan. Weinheim: Beltz.

18| Die Einzelschule
Bernd Dühlmeier

1 Die Einzelschule als Motor der Schulentwicklung?

Unter Einzelschule wird jede allgemeinbildende Schule sowie jede Berufs- und Förderschule verstanden. Der Handlungsrahmen der Einzelschule wird zum einen durch die Schulgesetze und Erlasse der Länder bestimmt. Dabei wird sie unmittelbar beeinflusst durch die Schulaufsicht und die

Schulträger. Der Handlungsrahmen wird zum anderen durch den jeweiligen Kontext bestimmt, u.a. durch den Einzugsbereich und die Zusammensetzung der Schülerschaft sowie durch den kulturellen Kontext (Helmke 2003, S.41ff).

Durch die im Zuge der Schulleistungsstudien erneut ausgelöste Qualitätsdiskussion ist die Einzelschule in den Mittelpunkt gerückt. „Die Grundeinheit des Prozesses (der Qualitätsentwicklung, d. Verf.) ist die einzelne Schule" (Oelkers 2003, S.77). Strategien und konkrete Handlungsschritte müssten auf der Folie der spezifischen Bedingungen jeder Schule entwickelt werden. „Nicht für alle Schulen eine Lösung, sondern für jede – das ist das Ziel" (Wester 2003, S.221). Fend hingegen plädiert für eine „mehrebenenanalytische Betrachtungsweise" (Fend 1998, S.199ff). Er unterscheidet dabei zwischen der

- Makroebene (dem Bildungssystem mit seinen organisatorischen und rechtlichen Rahmenbedingungen), der
- Mesoebene (der Einzelschule mit Lehrer-, Schüler- und Elternschaft) und der
- Mikroebene (der Schulklasse mit dem jeweils unterrichtenden Lehrer).

Durch die systemische Mehrebenenanalyse arbeitet Fend heraus, dass Entscheidungen zur Qualitätssteigerung auf verschiedenen Ebenen gefällt werden, wobei jede Ebene über „eine mehr oder weniger große Autonomie" verfügt (Fend 1998, S.200). Innerhalb dieses Mehrebenenmodells stellt die Einzelschule auch für Fend *die* „pädagogische Handlungseinheit" für die Qualitätsentwicklung dar (Fend 1998, S.17ff). Faktisch jedoch werden die Handlungsmöglichkeiten der Einzelschule durch die Vorgaben der Schulaufsicht reduziert. Deren Instrumente sind u.a. Schulprogramme, Vergleichsarbeiten und Lernstandserhebungen. „Aus zunächst freiwilliger Selbstvergewisserung (in Bezug auf das Schulprogramm, d. Verf.) wird nun flächendeckender Druck" (Gehrmann, 2005). Die Einzelschule scheint weniger zu agieren, sie reagiert vielmehr innerhalb der von der Schulaufsicht verordneten Schulentwicklung.

2 Historische Befunde zur Rolle der Einzelschule in Phasen der Schulreform

Wird die Rolle der Einzelschule im Zuge der Schulreformen etwa des 20. Jahrhunderts beleuchtet, so ergibt sich ein gegenläufiges Bild. Die reformpädagogische Schulreform während des ersten Drittels des 20. Jahrhunderts wurde zwar durch einen Erlass der Schulaufsicht zur Einrichtung von Versuchsschulen (Schmitt 1993, S.29) gefördert, deren inhaltliche und organisatorische Konkretisierung war jedoch Sache der einzelnen Schule. Jena-Plan-Pädagogik, Lebensgemeinschaft, Arbeitsschulpädagogik, Gesamtunterricht und das Arbeiten in Vorhaben waren zentrale pädagogische Projekte, die den Schulen ein spezifisches Profil verliehen. Aufgabe der etwa 200 Versuchsschulen zur Zeit der Weimarer Republik war es, das jeweilige Projekt hinsichtlich seiner Tragfähigkeit für das Regelschulwesen zu erproben. Um ihren Versuchsschulstatus ausfüllen zu können, wurde den Schulen seitens der Schulaufsicht Lehrplanfreiheit gewährt. Eine weitere Unterstützung – etwa in Bezug auf die Bildung von Verbundsystemen aus Schulen gleichen pädagogischen Profils – erfolgte nicht. Auch in der zweiten reformpädagogischen Periode, der Zeit zwischen 1945/46 bis etwa 1960, wurde die Bedeutung der einzelnen Reformschule für den Schulreformprozess betont. So wurde z.B. in einem Erlass des Niedersächsischen Kultusministeriums von 1947 verfügt, dass in jedem Schulaufsichtskreis wenigstens eine Beispielschule einzurichten sei. Geeignete Schulen vorzuschlagen und Lehrkräfte auszuwählen und diese vor Versetzungen zu bewahren, war Aufgabe der Schulräte (Dühlmeier 2004). Dass Verbünde zwischen gleichgerichteten Reformschulen nicht gebildet wurden, das Unterstützungssystem seitens der Schulaufsicht somit lückenhaft blieb, dürfte ein Hauptgrund dafür gewesen sein, dass die Beispielschulen nur über eine begrenzte Lebensdauer verfügten. Das beschriebene Defizit wurde z.B. seitens der Jena-Plan-Schulen durch den Aufbau eines eigenen Netzwerks ausgeglichen (Dühlmeier 2004).

Standen in den 70er Jahren des 20. Jahrhunderts Steuerungsmöglichkeiten des Schulsystems im Vordergrund, so erfolgte in den 80er und frühen 90er Jahren erneut eine Hinwendung zur Einzelschule. Aus der Schulqualitätsforschung wurden Merkmalskataloge einer „guten Schule" – etwa von Aurin (1991), Haenisch (1994) und Fend (1986 u. 2001) – entwickelt. Zu den Qualitätsmerkmalen gehören u.a.:
– eine auf Kooperation mit Lehrern, Schülern und Eltern setzende Schulleitung;
– ein vom Kollegium gemeinsam erarbeitetes und vertretenes pädagogisches Konzept, das zum einen ein ruhiges Lernklima als Grundlage für erfolgreiches Lernen schafft und zum anderen hohe Erwartungen an die Leistungen der Schüler beinhaltet;
– eine genaue und regelmäßige Beobachtung der Lernleistungen und Lernfort-schritte der Schüler sowie
– ein System individueller Förderstrategien, verbunden mit einer hohen Lang-samkeitstoleranz.
– Und schließlich: An einer guten Schule wird jeder Schüler ernst genommen.

An die Aufstellung solcher Merkmalskataloge schloss sich die Entwicklung der Einzelschule über die Schulprogrammarbeit mit dem Ziel der Herausbildung eigener pädagogischer, fachlicher und kultureller Profile an. Dieser Prozess wird jedoch durch die Instrumentarien Lernstandserhebungen und Zentrale Abschlussprüfungen unterlaufen.

Der skizzierte Abriss hat einen Wandlungsprozess des Qualitätsbegriffs deutlich gemacht: Wurde Qualität in den beiden reformpädagogischen Phasen normativ diskutiert und stand die Persönlichkeitsbildung im Vordergrund, so wurde in den 1960er und 1970er Jahren die Vorstellung von Qualität mit der Forderung nach Chancengleichheit verbunden. Die in den 1980er und 1990er Jahren ebenfalls normativ geprägte Diskussion um die Qualität der Einzelschule, ist zu Beginn des 21. Jahrhunderts dahingehend akzentuiert worden, dass nunmehr „die Schülerleistungen als Indikator auch für die Leistungen des staatlichen Schulsystems in den Blick genommen" werden (Kiper 2003, S.12).

3 Die Einzelschule und ihre Qualitätsentwicklung

3.1 Die Schulentwicklung als Systemzusammenhang

Die Qualitätsentwicklung der Einzelschule ist das Hauptanliegen der Schulentwicklung. Der frühere Leiter des „Instituts für Schulentwicklungsforschung" (IFS) in Dortmund, H.-G. Rolff, unterscheidet unter dem Leitbegriff „Pädagogische Schulentwicklung" (Rolff 2000, S.16) zwischen
– Unterrichtsentwicklung (bestehend aus den Elementen Schülerorientierung, überfachliches Lernen, Methodentraining, Selbstlernteams, Öffnung, erweiterte Unterrichtsformen, Lernkultur),
– Organisationsentwicklung (bestehend aus den Elementen Schulprogramm, Schulkultur, Erziehungsklima, Schulmanagement, Steuergruppe, Teamentwicklung, Eltern und Umfeld, Kooperation) und
– Personalentwicklung (bestehend aus den Elementen Lehrer-(Selbst-)beurteilung, Supervision, Kommunikationstraining, Schulleitungsberatung, Hospitationen, Jahresgespräche).

Zwischen diesen drei Dimensionen sieht Rolff einen Systemzusammenhang. „Schulentwicklung basiert auf der Vorstellung, dass das System Einzelschule sich immer dann verändert, wenn sich auch etwas in den Subsystemen Organisation, Unterricht bzw. Lehrer- und Schülerschaft ändert" (Rolff 2000, S.15). Dabei können, so die systemtheoretische Annahme, Synergie-Effekte entstehen, dann nämlich, wenn zwei Subsysteme sich in positiver Weise ergänzen und unterstützen. Voraussetzung dafür ist, dass die Wirkungen gleich gerichtet sind. Da Schule jedoch kein technisches, sondern ein soziales System mit handelnden Personen ist, hat diese Annahme Grenzen.

3.2 Das Schulprogramm als Instrument

Hauptinstrument für die Weiterentwicklung der Qualität der Einzelschule aus der Perspektive der Schulaufsicht ist das Schulprogramm. Soweit in den letzten Jahren neu formuliert, finden sich in den Schulgesetzen der Länder verpflichtende Aussagen zur Erarbeitung von Schulprogrammen. Die zur Konkretisierung des jeweiligen Leitbildes der Einzelschule gedachten Schulprogramme sollen Auskunft geben über
– die Ziele der Schule,
– die Abfolge der Schritte zum Erreichen dieser Ziele und
– Verfahren zu ihrer Überprüfung (Philipp/Rolff 1999, S.18f).
Neuere Forschungsbefunde zeichnen folgendes Bild: Schulprogrammarbeit setzt erstens in den Kollegien zwar „konstruktive Kommunikationsprozesse" in Gang, führt zweitens aber nicht zwangsläufig zu mehr Partizipation und Selbstvergewisserung und scheint drittens kurzfristig „keine nennenswerten Wirkungen in Form von Qualitätsverbesserungen in der Lernkultur und der Unterrichtsgestaltung zu entfachen" (Holtappels 2004, S.194). Bestätigt hat die Forschung viertens, dass sich Schulen, die sich für die Teilnahme an Schulentwicklungsprojekten entscheiden, durch eine überproportionale Anzahl von Lehrkräften mit Teamorientierung auszeichnen (Holtappels 2004, S.218). Die von der Schulaufsicht mit den Schulprogrammen verbundene und von Teilen der Erziehungswissenschaft unterstützte Erwartung, hierüber das Schulsystem insgesamt beeinflussen bzw. steuern zu können, scheint sich nur bedingt zu erfüllen.

3.3 Das niedersächsische Projekt „Qualitätsentwicklung in Netzwerken" als Beispiel

An dem 2002 eingerichteten und 2005 abgeschlossenen Projekt des Niedersächsischen Kultusministeriums – auch in anderen Bundesländern sind behördlich initiierte Netzwerke entstanden (Czerwanski 2003, S.17) – waren 61 Schulen aller Schulformen beteiligt. In jedem Regierungsbezirk wurden zwei Netzwerke – bestehend jeweils aus mehreren Einzelschulen – gebildet. Vorgesehen war eine enge Zusammenarbeit der beiden Netzwerke eines Regierungsbezirks. Netzwerke lassen sich durch folgende Merkmale näher bestimmen:
– gemeinsame Absichten und Ziele,
– Personenorientierung,
– Freiwilligkeit der Teilnahme,
– Tauschprinzip des Gebens und Nehmens (Czerwanski 2003, S.14).
Mit dem Projekt wurde eine zweifache Zielsetzung verfolgt: Im Vordergrund stand zum einen die Verbesserung der Unterrichts- und Erziehungsarbeit der einzelnen Schule, zum anderen ging es um die Frage, inwieweit Netzwerkarbeit diesen Prozess unterstützen kann. Mit der Bildung von Netzwerken realisiert die niedersächsische Schulaufsicht jenes Unterstützungsinstrumentarium, dessen Fehlen im historischen Exkurs zur Schulreform (s.o.) als Defizit beschrieben worden ist. Diesem Vorteil steht jedoch der Nachteil gegenüber, dass die Schulaufsicht über das Projekt externe Evaluatoren eingesetzt hat, die den Schulen ihre Stärken und Schwächen systematisch zurückspiegeln. Dieses als „Schul-TÜV" bekannt gewordene Evaluationsinstrumentarium scheint geeignet, die Einzelschule einer permanenten Kontrolle von außen auszusetzen. Der mit der Schulprogrammarbeit ursprünglich intendierte Aufbau einer Evaluationskultur in der Einzelschule wird damit wieder in den Hintergrund gedrängt.

Literatur

Aurin, K. (Hrsg.) (1991): Gute Schule – worauf beruht ihre Wirksamkeit. Bad Heilbrunn: Klinkhardt. – Czerwanski, A. (Hrsg.) (2003): Schulentwicklung durch Netzwerkarbeit. Gütersloh: Bertelsmann. – Dühlmeier, B. (2004): Und die Schule bewegte sich doch. Unbekannte Reformpädagogen und ihre Projekte in der Nachkriegszeit. Bad Heilbrunn: Klinkhardt. – Fend, H. (1986): Gute Schulen – schlechte Schulen. Die einzelne Schule als pädagogische Handlungseinheit. In: Die Deutsche Schule, 78 (3), 275-293. – Fend, H. (2001): Qualität im Bildungswesen. Schulforschung zu Systembedingungen, Schulprofilen und Lehrerleistung. 2. Aufl. Weinheim: Juventa. – Haenisch, H. (1994): Gute und schlechte Schulen im Spiegel der empirischen Forschung. In: Tillmann, K.-J. (Hrsg.): Was ist eine gute Schule? Hamburg: Bergmann + Helbig, 32-46. – Helmke, A. (2003): Unterrichtsqualität erfassen, bewerten, verbessern. Seelze: Kallmeyersche Verlagsbuchhandlung. – Holtappels, H. G. (Hrsg.) (2004): Schulprogramme – Instrumente der Entwicklung. Konzeptionen, Forschungsergebnisse, Praxisempfehlungen. Weinheim: Juventa. – Kiper, H. (2003): Das Oldenburger Modell der Qualitätsentwicklung in Unterricht und Schule – Einführung in die 5 Module. In: Kiper, H. u.a.: Qualitätsentwicklung in Unterricht und Schule. Das Oldenburger Konzept. Oldenburg: Didaktisches Zentrum Universität Oldenburg, 11-23. – Oelkers, J. (2003): Wie man Schule entwickelt. Eine bildungspolitische Analyse nach PISA. Weinheim: Beltz. – Philipp, E. & Rolff, H.-G. (1999): Schulprogramme und Leitbilder entwickeln. Ein Arbeitsbuch. 3. Aufl. Weinheim: Beltz. – Rolff, H.-G. u.a. (2000): Manual Schulentwicklung. Handlungskonzept zur pädagogischen Schulentwicklungsberatung. 3. Aufl. Weinheim: Beltz. – Schmitt, H. (1993): Topographie der Reformschulen in der Weimarer Republik: Perspektiven ihrer Erforschung. In: Amlung, U., u.a. (Hrsg.): „Die alte Schule überwinden". Reformpädagogische Versuchsschulen zwischen Kaiserreich und Nationalsozialismus. Frankfurt/M.: Dipa, 9-31. – Wester, F. (2003): Entwicklung von Unterrichtsqualität als Kern der Schulentwicklung. In: Kiper, H. u.a.: Qualitätsentwicklung in Unterricht und Schule. Das Oldenburger Konzept. Oldenburg: Didaktisches Zentrum Universität Oldenburg, 207-248.

Internetquelle

Gehrmann, A.: Rezension von: Holtappels, Heinz Günther (Hrsg.): Schulprogramme – Instrumente der Schulentwicklung. Konzeptionen, Forschungsergebnisse, Praxisempfehlungen, Weinheim/München 2004. In: Erziehungswissenschaftliche Review 4 (2005), Nr. 2 (Veröffentlicht am 06.04.2005), URL: http://www.klinkhardt.de/ewr/77991669.html

19| Die Schulklasse
Matthias von Saldern

1 Definition und Abgrenzung

Umgangssprachlich ist eine Schulklasse (engl. *class*) eine Gruppe von Schülerinnen und Schülern, die organisatorisch zusammengefasst werden, um unterrichtet zu werden. Will man allerdings genauer definieren, was eine Schulklasse ist, dann muss man drei Zugänge zur Beschreibung dieses Phänomens berücksichtigen: Sozialpsychologie (Schulklasse als Gruppe), Bürokratie (Schulklasse als Organisationsform) und Raum (Schulklasse als Gruppe in einem zugewiesenen Schulraum).

2 Historische Entwicklung und Theoriebildung

Das Thema Schulklasse wurde immer unter zwei Perspektiven diskutiert: die pädagogische, die sich seit Comenius mit deren Größe und den pädagogischen Implikationen befasste und die organisatorische, die Schulklasse als Merkmal der einfachen Steuerung von Schule erkannte z.B. für Lehrpläne, Klassengröße, Einsatz der Lehrkräfte in der Schule usw.). Letzteres wurde besonders relevant durch die Einführung der Schulpflicht und durch die Organisationsform Jahrgangsklasse. Es gibt keine

Theorie der Schulklasse, sondern vielfältige theoretische Zugangsweisen über die Wirkung menschlichen Verhaltens in Schulklassen, die am weitesten erfasst wurde durch die human-ökologische Perspektive.

3 Schulklasse als Gruppe

Eine Gruppe (engl. *group*) ist eine Menge von mehr als zwei Personen. Damit ist die Schulklasse eine Gruppe. Gruppen werden beschrieben über ihre Struktur, Normen und das Gruppenklima. Ihre Zusammensetzung ist nicht freiwillig, sondern erzwungen.

Wenn man einer sozialen Einheit unterstellt, sie habe eine Struktur, so will man Folgendes ausdrücken:
(1) in der sozialen Einheit liegen Beziehungen zwischen den Mitgliedern vor,
(2) die Gesamtheit dieser Beziehungen lässt sich quasi kondensiert beschreiben,
(3) die Mitglieder der sozialen Einheit werden vollständig durch diese Einheit de-finiert.

Die Struktur dient als Konstrukt dazu, Beziehungen zwischen mehr als zwei Personen unter Berücksichtigung spezifischer Interaktionsaspekte zu beschreiben wie z.B.: Macht, Entscheidung, Erwartung, Kommunikation, Sympathie. Struktur in Gruppen wird über soziometrische Techniken (Befragung der Individuen) gemessen.

Soziale Normen erklären soziales Verhalten zwar nicht direkt, da Zusatzbedingungen mit herangezogen werden müssen. Trotzdem sind soziale Normen für die Prozesssteuerung in Gruppen verantwortlich. Normen sind z.T. schriftlich fixiert und vorgegeben oder werden gemeinsam erarbeitet. Ihre Übertretung zieht Sanktionen nach sich.

Eine Gruppensituation liegt dann vor, wenn die Individuen die Gruppennormen kennen und diese auch zur Interpretation der Gruppensituation heranziehen. Sie sind die synthetisierten Aktivitäten und Handlungen der Gruppenmitglieder. Eine Gruppensituation ist „eine Situation, in der man als Einzelperson veranlasst wird, das eigene Urteil (Reaktion) in Beziehung zu anderen Urteilen zu setzen" (Witte 1979, S.125). In der Schulpraxis werden zahlreiche Aktivitäten durchgeführt, um das gemeinsame Erleben der Schülerinnen und Schüler zu fördern wie z.B. Klassenfahrten, Feste usw.

4 Schulklasse als Organisationsform

Die Schulkasse ist eine besondere Form, die Beschulung von Kindern und Jugendlichen zu organisieren. Sie ist in Deutschland konzeptuell dadurch eingeschränkt, dass bei ihrer Zusammensetzung von einer Parallelität zwischen Lebensalter und Schulleistung bzw. von einem in den Altersjahrgängen annähernd gleichen Lernzeitbedarf für das schulische Curriculum ausgegangen wird. Dies beginnt mit der Festlegung der Schulpflicht ab einem bestimmten Alter nach dem Modell des preußischen Militärs und setzt sich bis zum Schulende fort. Alternativen wie z.B. die flexible Einschulung setzen sich nur langsam durch. Folgen dieser bürokratischen Regelung sind notwendigerweise Selektionsmechanismen wie Sitzenbleiben oder Überspringen. Die geringe kompensatorische Wirkung des Sitzenbleibens (siehe PISA 2000-E) und die hohen volkswirtschaftlichen Kosten müssten zu einer Revision der Annahme führen, dass Lebensalter und Schulleistung eng zusammenhängen.

5 Schulklasse als Raum

Schulpflichtige verbringen gut ein Drittel ihrer Wachzeit in der Schulklasse. Damit ist die Schulklasse für 9-13 Jahre ein zentraler Lebensraum, der auf das Verhalten der Schülerinnen und Schüler auch Wirkung zeigt. Die Größe des Raumes wirkt dabei nicht direkt, sondern entscheidend sind die folgenden Merkmale.

(a) Als Gruppengröße (auch: Klassengröße, -frequenz; engl. *class size*) bezeichnet man die Anzahl der gleichzeitig anwesenden Personen unabhängig von der Art der räumlichen Gegebenheiten. Die Raumgröße ist unabhängig von der Anzahl der anwesenden Personen und wird meist in Quadratmetern oder Kubikmetern gemessen. Neben der Frage, wie groß ein Raum objektiv ist, erscheint wichtig zu klären, als wie groß er wahrgenommen wird.
(b) Die Dichte (engl. *density*) ist der Quotient aus Raumgröße und Gruppengröße. Eine maximale Dichte ist in Deutschland nicht vorgegeben, weshalb es in der Schulpraxis zu beengten Verhältnissen kommen kann.
(c) Crowding ist das subjektive, psychologische Gefühl des Beengtseins, das Stress auslösen kann. Die räumliche Dichte ist ein physikalischer Wert, Crowding hingegen bezeichnet als korrespondierendes psychologisches Maß das subjektive Erleben von Beengtheit.
(d) Der persönliche Raum (engl. *space*) einer Person ist der von einem Menschen beanspruchte Raum. Dieser Raum ist nicht in jedem Fall durch sichtbare Grenzen gekennzeichnet und durchaus unterschiedlich groß ausgeprägt. Man kann einen Teil der persönlichen Räume auch im Sinne des aus der Ethologie stammenden Begriffs Territorium bezeichnen. Es kann Stress hervorrufen, wenn andere Personen in den persönlichen Raum eindringen. In der Schulpraxis ist dies leicht zu beobachten, z.B. bei der Abgrenzung der eigenen Tischhälfte mit Hilfe von Schreibgeräten usw. gegenüber dem Sitznachbarn.
(e) Mit Privatheit (engl. *privacy*) werden allgemein die Möglichkeiten eines Menschen bezeichnet, Kommunikation mit anderen durchzuführen oder zu unterlassen. Eine Voraussetzung für Privatheit ist die Verfügung über persönlichen Raum.
(f) Die Gestaltung von Räumen erhält innerhalb von Institutionen ein immer größeres Gewicht. Insbesondere die aktive Beteiligung ihrer Mitglieder an der Ausgestaltung der Umwelt (z.B. Klassenzimmer, Schulhof usw.) gewinnt an Bedeutung, insbesondere in der Architekturpsychologie (Richter 2004).

6 Größe der Klasse

Neben der Unterrichtsversorgung spielt das Merkmal Klassengröße eine große Rolle in der öffentlichen Wahrnehmung, was Qualität von Schule angeht. International vergleichend muss man festhalten, dass die Klassengrößen in Deutschland, besonders im Primarbereich, im Vergleich zu anderen OECD-Ländern höher sind (KMK, 2004, S.111).
(a) *Wirkungen der Klassengröße*. Es ist unbestritten, dass die Größe der Klasse einen Effekt auf das Lehrer- und Schülerverhalten hat (v. Saldern 2001), wobei die Ergebnisse durchaus unterschiedlich ausfallen: So gibt es nur eine geringe Beziehung zu Einstellungsvariablen der Schüler, wohl aber einen klaren Effekt auf das Sozialklima in der Gruppe. Zudem ergeben sich kleine Effekte auf die Sprachleistungen, während im Bereich der Mathematik nur keine bis kleine Effekte beobachtet werden können. Diese Ergebnisse mögen verwundern, haben aber ihre Ursache in dem desolaten Zustand der Klassengrößenforschung. Echte experimentelle Designs sucht man für den schulischen Bereich vergeblich.
(b) *Schwächen der Klassengrößenforschung*. Die größte Schwäche der bisherigen Forschung liegt darin, dass man das didaktische Konzept des Unterrichts nicht mit einbezieht. Es macht z.B. kaum einen Unterschied zwischen unterschiedlich großen Klassen, wenn Lehrkräfte ausschließlich die direkte Instruktion verwenden, also die didaktischen Möglichkeiten in kleineren Klassen kaum nutzen. Empirisch ist dies deshalb schwer festzustellen, weil besonders im Sekundarbereich die direkte Instruktion im Alltag so stark dominiert, dass ein derartiger Effekt gar nicht zu messen ist. Im Grundschulbereich hingegen wird immer öfter mit offenen Verfahren gearbeitet (Werkstatt,

Stationenlernen, Wochenplan usw.), so dass hier ein Effekt der Klassengröße theoretisch nicht zu erwarten ist, weil nicht im Klassenverband gelernt wird. Es kommt hinzu, dass die Kultusadministration den sog. Klassenteiler (wenn man diese Zahl von Schülern erreicht, darf die Klassen geteilt werden) immer weiter heraufgesetzt hat. Die Folge davon ist, dass man kaum noch kleine Klassen findet, was aber für eine empirische Felduntersuchung notwendig wäre. So kommt es immer wieder zu unwissenschaftlichen Publikationen, die einen Effekt der Klassengröße bestreiten. Zudem sind internationale Ergebnisse kaum auf die deutschen Verhältnisse übertragbar: So wird oft unter class size auch die Größe von Kindergartengruppen oder Universitätsseminaren gefasst.

7 Alternative Organisationsformen

Wenn man Lebensalter und Lernalter parallel bei der Klassenbildung berücksichtigt, dann nennt man dies Jahrgangsklasse. Man kann durchaus über die Abschaffung der Jahrgangsklasse nachdenken, wie es in den erfolgreichen Nationen auch gemacht wird: Lerngruppen werden zusammengesetzt nach Interesse, Neigung und Leistung und bleiben nicht dauerhaft bestehen. Ein erstzunehmendes Gegenargument gegen ein derartiges Modulsystem wäre der Hinweis auf die sozialen Lernprozesse, die nur in Gruppen möglich seien, die länger zusammenbleiben. Es wäre aber zum einen möglich, das Modulsystem nur auf die kognitiv orientierten Fächer zu beschränken (also Gruppenbildung in den musischen Fächern), zum anderen könte man soziale Lernprozesse auch auf Schulebene organisieren.

Zukünftig wird man sich der Frage nach der Sinnhaftigkeit der Schulklasse nicht entziehen können. Wenn die Bildungsstandards eingeführt werden, dann wird das Ziel von Schule übergleiten von der Frage: Was weiß der Schüler? zur Frage Was kann der Schüler? Dies hat erheblich didaktische Konsequenzen, die auch einen Einfluss auf die Organisation von Schule haben werden.

Literatur
Kultusministerkonferenz (2003). Bildungsbericht für Deutschland. Opladen: Leske und Budrich. – Richter, P. G. (2004): Architekturpsychologie. 2., durchges. und korr. Aufl. Lengerich: Pabst. – Saldern, M.v. (1993): Gruppengröße – eine humanökologische Perspektive. St. Augustin: Academia. – Saldern, M.v. (2001): Klassengröße. In: Rost, D.H. (Hrsg.): Handwörterbuch Pädagogische Psychologie. Weinheim: Beltz, 326-331. – Witte, E.H. (1979): Das Verhalten in Gruppensituationen. Göttingen: Hogrefe.

20| Das Unterrichtsklima
Clemens Zumhasch

1 Das Unterrichtsklima: Gegenwärtige Relevanz

Schul-, Klassen- bzw. Unterrichtsklima (engl. *school/class climate*) ist seit etwa Ende der 70er Jahre Gegenstand der empirischen Schulforschung in der Bundesrepublik Deutschland. Eine zentrale Fragestellung lautet: Wie erleben Schüler ihre Schule, ihre Klasse oder ihren Unterricht? Die bislang vorliegenden Befunde verweisen darauf, dass die Wahrnehmung und Einschätzung bzw. das Erleben von Schule mit der schulischen Leistungs- und Persönlichkeitsentwicklung von Schülern in

Beziehung zu sehen ist (Eder 1996, Satow 1999, Zumhasch 1999). „Wie Kinder ihr Klassenzimmer, den Lehrer, die Mitschüler, den Unterricht und die Schulleistungen ... wahrnehmen, erleben und verarbeiten, ist eine wichtige Determinante für die Entwicklung und die Effektivität des Lernens ..." (Helmke & Weinert 1997, S.98). Außerdem konnte gezeigt werden, dass positive unterrichtsklimatische Bedingungen förderlich dafür sein können, dass Lehrkräfte von Schülern als Ansprechpartner bei schulischen Problemen akzeptiert werden (Zumhasch 1999, Grewe 2003). Zusammenfassend kann konstatiert werden:
– Dem Unterrichtsklima wird in Beiträgen zur Diskussion über die Verbesserung der Qualität von Schule und Unterricht grundlegende Bedeutung beigemessen (Fend 2001; Hurrelmann, Klocke, Melzer & Ravens-Sieberer 2003; Grewe 2003).
– Mittlerweile gehört es zum Standard empirischer Forschung, im Rahmen schulischer Evaluationen unterrichtsklimatische Aspekte zu berücksichtigen (z.B. PISA 2003, Pisa-Konsortium Deutschland 2004; LAU 11, Lehmann, Hunger, Ivanov & Gänsfuß 2004).

2 Begriffsverständnis

In der Schulklimaforschung werden diverse Variationen des Begriffs Schulklima diskutiert (Eder 2001). Es dominiert die Auffassung, wonach es sich beim schulischen Klima um Wahrnehmungen der Schulumwelt durch die Schulmitglieder handelt, „die nicht episodisch-zufälliger, sondern typischer bzw. dauerhafter Art sind" (Dreesmann, Eder, Fend, Pekrun, v. Saldern & Wolf 1992, S.656). Folglich repräsentiert das Klima nicht objektive Gegebenheiten einer Schule, sondern vielmehr deren subjektive Interpretation. Aus der Schülerperspektive kann genauer dann von Schulklima gesprochen werden, wenn sich das schulische Erleben von Schülern auf Lernumweltmerkmale einer Schule bezieht. Dementsprechend basiert das Klassen- bzw. Unterrichtsklima auf dem subjektiven Schülererleben in Klassenverbänden bzw. schulischen Lerngruppen.
Bei alledem wird das Unterrichtsklima primär als „soziales Klima" verstanden (Bessoth 1989, S.4). Demzufolge gelten in der Schule bzw. in der Klasse subjektiv erfahrene interpersonale Beziehungen zu Lehrern sowie erlebte Schüler-Mitschüler-Beziehungen als zentrale Dimensionen bzw. Komponenten des Klimas (Zumhasch 1999, S.173). Die einschlägigen Erhebungs- bzw. Analyseinstrumente beziehen stets Skalen ein, die ausgewählte Aspekte des Lehrerverhaltens aus dem subjektiven Wahrnehmungs- und Beurteilungsblickwinkel von Schülern zu erfassen suchen: etwa „Lehrerengagement" oder „Unterstützung des Lernens". Ebenso weisen nahezu alle fachlich relevanten Klimafragebögen ausgewählte Skalen zur Erkundung des schülerseitig subjektiv erlebten Mitschülerverhaltens auf wie beispielsweise „Akzeptanz im Klassenverband" oder „Wettbewerb zwischen Schülern". Einige Klimainstrumente rekurrieren darüber hinaus auf Merkmale des Unterrichts, denen nicht unmittelbar soziale Verhaltensweisen von Lehrern oder Schülern zugeordnet werden können. Hierzu gehört zum Beispiel das Unterrichtsmerkmal „Verständlichkeit des Unterrichts".

3 Historische Aspekte

Für die deutsche Schulklimaforschung hat Fend (1977) mit seinen Konstanzer Studien Pionierarbeit geleistet. Sie knüpfen an die pädagogisch-psychologischen Studien der USA bzw. deren theoretische Konzepte und Untersuchungsinstrumente an. Hier sind insbesondere die Arbeiten der Forschergruppen um Moos (z.B. Moos & Tickett 1974) einerseits sowie um Walberg und Anderson (z.B. Anderson 1973, Walberg 1974) andererseits zu nennen. Daher ist für die deutsche Schulklimatradition mehr die Adaption, aber selbstverständlich auch sukzessive Weiterentwicklung angloamerikanischer Modellierungen und Forschungsinstrumente charakteristisch. Bessoth (1989) knüpft beispielsweise mit seinem „Unterrichtsklima-Instrument" (UKI) unmittelbar an Moos und Ticket an, im Unterschied hierzu folgen u.a. der „Unterrichtsklima-Fragebogen" (FUK) von Dreesmann (1982) sowie die einschlägigen „Landauer Skalen zum Sozialklima" (LASSO) von v. Saldern und Littig (1987) direkt der Tradition von Walberg und Anderson.

4 Empirischer Forschungsstand

Zur Bedeutung des Unterrichtsklimas liegt mittlerweile eine Vielzahl empirischer Einzelbefunde vor, die sich nur schwer übergreifend einordnen und interpretieren lassen. Die einzelnen empirischen Studien unterscheiden sich oftmals im Hinblick auf die untersuchten Facetten des Unterrichtsklimas, die eingesetzten Erhebungsinstrumente sowie auch die Probandenstichproben sind zum Teil kaum oder gar nicht vergleichbar, es variieren die Arten der Datenintegration und mithin die Analyseebenen. Gleichwohl sei auf folgende Kernbefunde aufmerksam gemacht:

– Grundschulstudien berichten zumeist von einem positiv erlebten Unterrichtsklima: Grundschüler schätzen mehrheitlich ihre Lehrer sowie auch ihre Beziehungen zu Klassenkameraden positiv ein, sie gehen gern in die Schule. Wenngleich die Zahl eher unzufriedener Grundschüler von der 1. bis zur 4. Klasse tendenziell zunimmt, fühlt sich die Mehrzahl der Schüler auch am Ende der Grundschulzeit in ihrer Schule wohl.
– Ein deutlich verändertes Bild vermitteln durchweg Befunde empirischer Studien, die im Sekundarbereich durchgeführt worden sind. Danach ist oftmals bereits der Übergang zu den weiterführenden Schulen des Sekundarbereichs I mit einer vergleichsweise negativeren Einschätzung unterrichtsklimatischer Bedingungen in der Schule verknüpft: dem „Sekundarstufenschock". Ferner wurde für den Verlauf der Sekundarstufenzeit ein im Unterschied zur Grundschule erheblich evidenterer Rückgang schulischer Zufriedenheit von Schülern registriert.
– Die Beziehungen zwischen Unterrichtsklima auf der einen Seite und Schulleistungen sowie Persönlichkeitsmerkmalen von Schülern auf der anderen Seite sind offenbar weniger global als vielmehr bereichsspezifisch: Es ergeben sich beispielsweise bei den Zusammenhängen zwischen Klima und schulischen Leistungen, aggressivem Schülerverhalten, Schülerselbstkonzepten sowie schulischen Belastungen vergleichsweise engere Korrelationen mit Verhaltensweisen von Lehrern, während im Unterschied hierzu etwa bei Fragen des Konsums von Alkohol das Verhältnis zu Mitschülern entscheidender ist. Im Übrigen sind den Studien zum „Mastery-Klima" (Satow 1999) Hinweise zu entnehmen, nach denen es offenbar weniger auf einzelne Klimakomponenten ankommt, sondern eher auf deren Konstellation.

5 Schulpraxis

In der Schulpraxis können Klimafragebögen hilfreiche Informationen für die Unterrichtsanalyse liefern und als Ausgangspunkt der Verbesserung der Erlebensqualität von Unterricht und Schule dienen. So sind die vorliegenden Klimafragebögen nicht ausschließlich als forschungsorientierte Untersuchungsinstrumente, sondern auch als Hilfsmittel zur unterrichtlichen Selbstevaluation für Lehrkräfte zu verstehen. Die mit ihnen jeweils erhobenen Auskünfte können Anregungen zur Reflexion der eigenen Unterrichtspraxis und für weiterführende Gespräche mit Schülern geben. Sie eröffnen insofern Wege, ausgewählte Aspekte des eigenen Unterrichts aus der Schülersicht zu analysieren und ggf. im Anschluss daran gemeinsam mit Schülern zu modifizieren.

Literatur

Anderson, G. J. (1973): The assessment of learning environments: A manual for the learning. Environment inventory and my class inventory. Halifax: Atlantic Institute of Education. – Bessoth, R. (1989): Verbesserung des Unterrichtsklimas. Neuwied: Luchterhand. – Dreesmann, H., Eder, F., Fend, H., Pekrun, R., v. Saldern, M. & Wolf, B. (1992): Schulklima. In: Ingenkamp, K., Jäger, R. S., Petillon, H. & Wolf, B. (Hrsg.): Empirische Pädagogik 1970 – 1990. Eine Bestandsaufnahme der Forschung in der Bundesrepublik Deutschland. Band II. Weinheim: Deutscher Studien Verlag, 655-682. – Eder, F. (1996): Schul- und Klassenklima. Innsbruck: Studien Verlag. – Eder, F. (2001): Schul- und Klassenklima. In: Rost, D. H. (Hrsg.): Handwörterbuch Pädagogische Psychologie. Weinheim: PVU, 578-586. – Fend, H. (1977): Schulklima: Soziale Einflussprozesse in der Schule (Soziologie der Schule, Bd. III,1). Weinheim: Beltz. – Fend, H. (2001): Qualität im Bildungswesen. Weinheim: Juventa. – Grewe, N. (2003): Aktive Gestaltung des Klassenklimas – eine empirische Interventionsstudie. Münster: LIT. – Helmke, A. & Weinert, F. E. (1997): Bedingungsfaktoren schulischer Leistungen. In: Weinert, F. E. (Hrsg.): Psychologie des Unterrichts und der Schule. Göttingen: Hogrefe, 71-176. – Hurrelmann, K., Klocke, A., Melzer, W. & Ravens-Sieberer, U. (Hrsg.) (2003): Jugendgesundheitssurvey. Internationale Vergleichsstudie im Auftrag der Weltgesund-heitsorganisation WHO. Weinheim: Juventa. – Lehmann, R. H., Hunger, R., Ivanov, S. & Gänsfuß, R. (2004): LAU 11. Aspekte der Lernausgangslage und der Lernentwicklung – Klassenstufe 11. Ergebnisse einer längsschnittlichen Untersuchung in Hamburg. Hamburg: Behörde für Bildung und Sport. – Moos, R. H. & Tickett, E. J. (1974): Classroom Environment Scale Manual. Palo Alto: Consulting Psychologists Press. – PISA-Konsortium Deutschland (Hrsg.) (2004): PISA 2003. Der Bildungsstand der Jugendlichen in Deutschland – Ergebnisse des zweiten internationalen Vergleichs. Münster: Waxmann. – Satow, L. (1999): Klassenklima und Selbstwirksamkeitsentwicklung. Eine Längsschnittstudie in der Sekundarstufe. Online veröffentlichte Dissertation. Berlin: Freie Universität (verfügbar unter: URL http://www.diss.fu-berlin.de/2000/9/index.html, 25.05.05). – v. Saldern, M. & Littig, K. E. (1987): Landauer Skalen zum Sozialklima. Weinheim: Beltz. – Walberg, H. J. (Hrsg.) (1974): Evaluating eductional performance. A sourcebook of methods, instruments and examples. Berkeley, CA: McCutchan. – Zumhasch, C. (1999): Schulische Beratung aus der Perspektive von Schülern. Ergebnisse einer Schülerbefragung zur Beratung in der Schule in Niedersachsen. Frankfurt a.M.: Lang.

21| Familie
Christiane Papastefanou

1 Familie als Entwicklungskontext

Die Familie (engl. *family*) bildet den primären Sozialisationskontext, in dem Kinder die Fähigkeiten, Wertvorstellungen und Orientierungen erwerben, die sie auf ihr zukünftiges Leben in der Gesellschaft vorbereiten. Sie ist die erste Instanz im Leben eines Kindes, die nachhaltig auf seine Entwicklung im Allgemeinen und seine schulische Laufbahn im Besonderen einwirkt. Familienbedingt beginnen Kinder ihre Schullaufbahn mit sehr unterschiedlichen kognitiven und affektiven Lernvoraussetzungen, und diese Differenzen vergrößern sich im Verlauf der Schulzeit noch. Dispositionen, die für das kindliche Lernverhalten und seine Leistungsmotivation relevant sind, entwickeln sich bereits in den ersten Lebensjahren. Eltern haben eine zentrale Modell- und Vorbildfunktion, setzen Entwicklungsanreize und sind die ersten „Lehrer" ihrer Kinder. Daher lässt sich der Schulerfolg von Kindern zu einem erheblichen Anteil durch familiale Faktoren vorhersagen. Einflüsse anderer Entwicklungskontexte (z.B. Peer-Gruppe) sind erst vor dem Hintergrund der frühen „Familienprägung" wirksam.

Unter Familie wird in unserem Kulturkreis üblicherweise die Klein- oder Kernfamilie verstanden, welche die Lebensgemeinschaft eines zumeist verheirateten Elternpaares mit ihren ledigen (leiblichen oder adoptierten) Kindern beinhaltet. Infolge ständig fortschreitender gesellschaftlicher Modernisierungs- und Individualisierungsprozesse wird das traditionell-bürgerliche Leitbild zunehmend durch alternative Familienformen abgelöst (Schneewind 1999). Viele berufstätige Frauen schieben Heirat und Familiengründung auf, und es werden insgesamt immer weniger Kinder geboren. Darüber hinaus ist die Scheidungsrate kontinuierlich gestiegen, so dass eine wachsende Zahl von Kindern und Jugendlichen mit einem allein erziehenden Elternteil oder – bei Wiederverheiratung eines Elternteils – in Stieffamilien lebt. Weithin akzeptiert ist heute der folgende psychologische Familienbegriff: „Familie ist eine Gruppe von Menschen, die durch nahe und dauerhafte Beziehungen miteinander verbunden sind, die sich auf eine nachfolgende Generation hin orientiert und die einen erzieherischen und sozialisatorischen Kontext für die Entwicklung der Mitglieder bereitstellt." (Hofer 2002, S.6)

2 Die Bedeutung der Familie für die kindliche Entwicklung

2.1 Theoretischer Rahmen

Die klassischen Studien der 60er und 70er Jahre stehen in behavioristischer Tradition, in welcher Sozialisation als Prozess der einseitigen Einflussnahme betrachtet wird: Eltern formen einseitig ihre Kinder, die passive Empfänger der elterlichen Erziehungsmaßnahmen sind. Im aktuellen Forschungsgeschehen wird Sozialisation dagegen als reziprokes Geschehen verstanden, in dem sich Kinder und Eltern wechselseitig beeinflussen. Durch seine Neigungen und Persönlichkeit gestaltet das Kind von klein auf das familiale Milieu aktiv mit. Beispielsweise erhalten intelligente Kinder mehr kognitive Anregung. Im Einklang damit wird die Familie heute aus systemtheoretischer Sicht als ein System verstanden, dessen Elemente sich wechselseitig beeinflussen. Die Familienentwicklungstheorie postuliert für jede Lebensphase spezifische Aufgaben, die Familien erfüllen müssen. Familien mit Schulkindern haben folgende Aufgaben: die Entwicklung des Kindes im emotionalen, kognitiven und Verhaltensbereich zu fördern, das Kind bei der Erfüllung schulischer Erwartungen zu unterstützen und mit der Schule zusammenzuarbeiten (Wild & Hofer 2002). Gemäß der Familienstresstheorie werden „Familienkrisen" wie der Schuleintritt eines Kindes in Abhängigkeit von den familialen Ressourcen (z.B. materielle Bedingungen, soziale Unterstützung) unterschiedlich gut bewältigt. Generell ist die Sozialisationsforschung überwiegend aber deskriptiver Natur.

Zur Untersuchung des familialen Umfeldes werden hauptsächlich Befragungen der Eltern, seltener Beobachtungen durchgeführt. Im Mittelpunkt der Betrachtungen standen stets die Mütter, die traditionellerweise primäre Bezugspersonen der Kinder sind und diese überwiegend versorgen und erziehen. Untersucht wurden insbesondere die Auswirkungen des elterlichen Erziehungsstils, den Hurrelmann (2002) als die die „beobachtbaren und verhältnismäßig überdauernden tatsächlichen Praktiken, mit ihren Kindern umzugehen" definiert, auf die Verhaltens- und Persönlichkeitsentwicklung der Kinder. Merkmale von Erziehungsstilen werden meist von den Eltern selbst eingeschätzt (selbst-perzipiert), wobei es jedoch zu Effekten der sozialen Erwünschtheit kommt. Aussagekräftiger sind Einschätzungen aus Sicht der Kinder (fremd-perzipiert), da ihr subjektives Erleben maßgebend ist. Eine objektivere Methode ist die Beobachtung, die ein konkretes Abbild davon liefert, wie die Eltern mit ihren Kindern umgehen. Häufig verwendet wird die sog. HOME-Scale, mit der trainierte Beobachter das Familienmilieu vor Ort einschätzen (z.B. die „Gelegenheit zu vielfältiger Anregung im Alltag"). Andere Studien analysieren konkrete Muster der Eltern-Kind-Interaktion oder -kommunikation, was jedoch sehr aufwendig ist.

2.2 Spezifische Einflussmechanismen

Aspekte des Familienumfelds sind sowohl für die Ausbildung von Basiskompetenzen (motorische und sprachliche Fähigkeiten, Neugier, Lernmotivation und Leistungsbereitschaft, Selbstvertrauen und soziale Fertigkeiten) als auch den Verlauf der Schullaufbahn bedeutsam. Einflüsse kommen auf verschiedenen Ebenen zum Tragen, diese zwar voneinander abhängig sind, jedoch der Anschaulichkeit halber hier getrennt dargestellt werden.

(a) Sozial-ökologische Bedingungen: Übereinstimmend hat sich die soziale Schichtzugehörigkeit als bedeutsamer Einflussfaktor auf die kindlichen Schulleistungen herauskristallisiert, da die materiellen und sozialen Lebensbedingungen Einstellungen und Erziehungsverhalten der Eltern prägen. Zum einen mangelt es einkommensschwachen Familien an finanziellen Ressourcen, um ihre Kinder gezielt (z.B. durch Nachhilfeunterricht) zu fördern. Zum anderen sind die häuslichen Anregungsbedingungen oft defizitär, beispielsweise werden seltener kulturelle Veranstaltungen besucht. Das elterliche Sprachverhalten ist weniger elaboriert, d.h. es wird weniger differenziert erklärt und kommuniziert. Geringere Bildungsaspirationen der Eltern gehen häufig mit geringeren Bildungsabschlüssen der Kinder einher.

(b) Eltern-Kind-Bindung: Aktuell kristallisiert sich die Qualität der frühen Bindung als zentrale Einflussgröße auf die kindliche Entwicklung heraus. Sicher gebundene Kinder haben mehr Selbstvertrauen, bessere soziale Kompetenzen und sprachliche Fähigkeiten. Als Schlüsselvariable für das Zustandekommen einer sicheren Bindung gilt die elterliche Sensibilität, d.h. die Fähigkeit, angemessen auf die kindlichen Signale zu reagieren. Das Erleben von Fürsorglichkeit und Zuverlässigkeit ermutigt das Kind, seine Umwelt zu explorieren und fördert die Ausbildung von Selbstwirksamkeit. Auch in der traditionellen Sozialisationsforschung erwiesen sich elterliche Responsivität und Sensibilität als Kernelemente einer gelungenen frühkindlichen Intelligenzförderung (Papastefanou 2001).

(c) Erziehungsstile und Einstellungen: Die Erziehungsstilforschung zeigt, dass – für Mitglieder westlicher Gesellschaften – ein autoritativer Erziehungsstil optimale Entwicklungsbedingungen für Kinder schafft. Autoritative Eltern sind emotional zugewandt, setzen klare Regeln und fördern die Autonomie ihrer Kinder. Die so erzogenen Kinder weisen ein höheres Selbstwertgefühl, bessere soziale Kompetenzen sowie eine intrinsische Lernmotivation auf. Zusammenhänge zwischen elterlichen Erwartungen und kindlichen Leistungen sind empirisch relativ gut belegt: hohe Leistungserwartungen haben eine leistungsfördernde Wirkung, während überhöhte Erwartungen zu Leistungsangst führen (Helmke u.a. 1991).

(d) schulbezogene Eltern-Kind-Interaktion: Mit Schulbeginn wird der elterliche Einfluss auf das kindliche Lernen direkter, indem sie Hausaufgaben kontrollieren, Nachhilfe organisieren, ihr Kind motivieren und bei Misserfolg unterstützen. Intensiv untersucht wurde die Hausaufgabenbetreuung, die Eltern regelmäßig leisten, obwohl sie weder über die notwendigen didaktischen Kompetenzen noch das Fachwissen verfügen. Prozessorientiertes Helfen erwies sich dabei dem produktorientierten gegenüber als überlegen (Wild & Hofer 2002). Die Ergebnisse zum elterlichen Schulengagement, zur Wertschätzung schulischer Tüchtigkeit und zur Kontrolle von schulbezogenem Verhalten sind uneinheitlich (Helmke u.a. 1991). Pekrun (2002) beklagt die mangelnde Kooperation und das Spannungsverhältnis zwischen Elternhaus und Schule und fordert eine Erziehungs- und Bildungspartnerschaft zwischen Eltern und Lehrern.

3 Fazit und Ausblick

Die vielfältigen bedeutsamen Einflüsse der Familie auf die schulische Entwicklung von Kindern kommen über verschiedene Strukturen und Prozesse zum Tragen. Aktuell besteht ein dringender Bedarf an familienpädagogischen Interventionen, da sprachliche und motorische Entwicklungsstörungen sowie Auffälligkeiten des Sozialverhaltens deutlich zugenommen haben. Infolge hoher Arbeitslosenquoten wachsen immer mehr Kinder in Armut auf, denen es an adäquater Anregung mangelt. Dabei sollte die Familie als Ganze ins Auge gefasst werden, beispielsweise sollte zukünftig der spezifische Beitrag von Vätern und Geschwistern zur kindlichen Entwicklung stärker berücksichtigt werden. Ebenso müssen die kindlichen Entwicklungsvoraussetzungen bei pädagogischen Maßnahmen stärker in Rechnung gestellt werden. Schließlich sollte Förderung immer ganzheitlich erfolgen und nicht auf Einzelfähigkeiten beschränkt werden.

Literatur

Helmke, A., Schrader, F.-W. & Lehneis-Klepper, G. (1991): Zur Rolle des Elternverhaltens für die Schulleistungsentwicklung ihrer Kinder. In: Zeitschrift für Entwicklungspsychologie und Pädagogische Psychologie, 23, 1-22. – Hofer, M. (2002): Familienbeziehungen in der Entwicklung. In: Hofer, M. u.a. (Hrsg.): Lehrbuch Familienbeziehungen. Eltern und Kinder in der Entwicklung. Göttingen: Hogrefe, 4-27. – Hurrelmann K. (2002): Einführung in die Sozialisationstheorie. Weinheim: Beltz. – Papastefanou, C. (2001). Förderung der kognitiven Entwicklung in der Familie. Verfügbar unter www.familienhandbuch.de/cms/Erziehungsbereiche_kognifoerd.pdf, 12.12.2004. – Pekrun, R. (2001): Familie, Schule und Entwicklung. In: Walper, S. & Pekrun, R. (Hrsg.): Familie und Entwicklung. Göttingen: Hogrefe, 83-105. – Schneewind, K. A. (1999): Familienpsychologie. Stuttgart: Kohlhammer. – Wild, E. & Hofer, M., (2002): Familien mit Schulkindern. In: Hofer, M. u.a. (Hrsg.): Lehrbuch Familienbeziehungen. Eltern und Kinder in der Entwicklung. Göttingen: Hogrefe, 216-240.

22| Peers
Burkhard Fuhs

1 Beziehungen unter Kindern

Mit dem Begriff „peers" können eine Vielfalt von sozialen Phänomenen im Themenbereich der Beziehungen unter Kindern erklärt werden. Peer bedeutet „der Ebenbürtige, die Ebenbürtige" und bezeichnet Personen, die einander gleichgestellt sind. In den Sozialwissenschaften werden mit Peers in der Regel Personen gleichen Alters oder gleichen Status benannt.
In der Pädagogik wird vornehmlich von Peers gesprochen, wenn *gleichaltrige* Kinder und Jugendliche gemeint sind. In einem weiten Sinn steht der Begriff Peer für sehr unterschiedliche Formen der Beziehungen unter Kindern, die in der Forschung auch mit Bezeichnungen wie „Kinderbeziehungen", „Sozialbeziehungen unter Kindern", „Bezugsgruppe", „Interaktionen unter Kindern", „Kinderfreundschaften", „Kindergruppe", „Spielgruppen oder „Gleichaltrigengruppe" charakterisiert werden (Merkens 2000, S.12).
In einem engeren Sinne ist mit Peers eine bestimmte Form der sozialen Gruppe unter Kindern und Jugendlichen gemeint: „Peer-Group – Bezugsgruppe eines Individuums, die aus Personen gleichen Alters od. ähnlicher Interessenlagen u. ähnlicher sozialer Herkunft besteht u. es in bezug auf Handeln u. Urteilen stark beeinflußt" (Duden Fremdwörterbuch 1974).

Die Definition von Peers als Gruppe von Gleichen, die durch besondere Bindungen auf einander bezogen sind, ist eng mit der Geschichte der Sozialwissenschaften verflochten. Im Sinne von Cooley (1864-1929) ist die Peer-Group eine Primärgruppe wie die Familie, die sich durch intime und emotionale Beziehungen auszeichnet, den Mitgliedern ein Wir-Gefühl vermittelt und soziale Orientierung gibt (Abels 2001, S.273). Bei der Frage nach dem „Eintritt des Individuums in die Gesellschaft" wurde die Peer-Group vor allem als eine Instanz an der Schwelle von der Familie in weitere soziale Beziehungen gesehen (ebd. S.275). Die Peer-Group mit ihren homogenen Strukturen, ihren engen Bindungen und ihrer Funktion, Halt und Orientierung zu geben, wurde als Gegenentwurf zur Familie gesehen.

Vor diesem Hintergrund wundert es nicht, dass mit Peers zunächst vor allem Jugendliche und nicht Kinder gemeint waren, denn nur die Jugendlichen lösen sich über die feste, emotionalisierte Gruppe der Gleichaltrigen von der Familie und entwickeln über bestimmte Lebensstile eine innovative oder auch subversive Jugendkultur (Willis 1981). Da die Gleichaltrigenbeziehungen der Kinder stets im Rahmen familialer Ordnungen zu bleiben schienen, wurde den Kindern nur wenig oder keine Beachtung geschenkt. Dass die Gleichaltrigenbeziehungen allerdings nicht erst in der Jugendzeit zentral werden, sondern schon im frühen Kindesalter von großer Bedeutung sind, wird schon seit den 1950er Jahren immer wieder betont (Krappmann & Oswald 1995, S.16).

Das Konzept der Peers hat sich historisch gewandelt. Neben den Jugendlichen sind nun auch die Kinder in den Blick geraten und neben engen Gruppenbeziehungen wird eine Vielfalt qualitativ sehr unterschiedlicher Beziehungen in den Blick genommen. Aber immer noch steht das Konzept der Beziehungen unter Gleichen im Mittelpunkt der Untersuchungen. Hier stellt sich die Frage, ob das auch ein erweitertes Konzept der Peer-Group heute unter dem Vorzeichen der Individualisierung noch trägt und wo eine Kritik anzusetzen hat.

2 Von der Kindergruppe zur Wahlbeziehung

Kinder- und Jugendbeziehungen sind keine historischen Konstanten. Auf die Kindheit bezogen, bedeutet dies, dass die feste Kindergruppe durch ein komplexes Beziehungsgeflecht abgelöst worden ist (Fuhs 1999). Während noch in den 1950er und 1960er Jahren die Nachbarschaft eines Kindes diejenige Gruppe von Kindern stellte, zu der ein Kind gehörte, kann das Kind heute in vielfältiger Weise unter unterschiedlichen Beziehungsangeboten wählen. Die traditionelle Kindergruppe war keine Gruppe nur aus Gleichaltrigen, vielmehr waren viele Kindergruppen im Hinblick auf Alter und Geschlecht gemischt. Während traditionelle Kindergruppen aus festen Beziehungen und Ritualen bestehen und die Kinder als Gruppe ihre Aktivitäten festlegen, basieren die neu entstandenen Kinderfreundschaften auf dem individuellen Interesse des einzelnen Kindes.

Kinderbeziehungen haben eine sehr unterschiedliche Qualität; neben den Schulfreunden gibt es die Freunde aus dem Sportverein und die Freunde aus der Nachbarschaft. Während die ganze Klasse von einem Kind als Freunde bezeichnet werden kann, gibt es für andere Kinder nur eine Handvoll guter Freunde und nur eine beste Freundin oder einen besten Freund. Individuelle Freundschaften unter Kindern sind zu einem wichtigen emotionalen und sozialen Faktor heutiger Kindheit geworden (Rubin 1999).

3 Freundschaftsbeziehungen und Kinderkultur

Während die traditionellen Kindergruppen vor allem Kinderspielgruppen waren, definieren sich heutige Kinder immer stärker über eine kommerzialisierte Kinderkultur. Insbesondere den Medien kommt für die Freundschaftsbeziehungen eine große Bedeutung zu (Paus-Haase 1998). Fernsehendungen und Film strukturieren in vielfacher Weise das Leben der Kinder. Im Rahmen von Crossmedia-Angeboten finden sich Film- und Fernsehhelden nicht nur an den Wänden des Kinderzimmers und in den Computerprogrammen der Kinder wieder. Fernsehhelden sind auch Gesprächsgegenstand der Kinder und Anregungen für ihre Spielaktivitäten. Die virtuellen Freunde der Medienlandschaft mit ihren vielfältigen Beziehungsproblemen sind längst zu einem festen Bestandteil heutiger Kindheit und Jugend geworden.

4 Peers in der Schule

Die Schule hat seit den 1950er Jahren für die Kinderfreundschaft eine neue, zentrale Bedeutung gewonnen. Zum einen werden Freundschaften nicht mehr hauptsächlich in der näheren Wohnumgebung geschlossen, sondern auf dem Schulhof und in der Pause. Die Schule hat so im Rahmen der Veränderung der Städte eine neue Funktion für die Kinder bekommen (Reiß 1995) und die traditionelle Straßenkindheit hat sich in die Schule verlagert (Zinnecker 2001). In der Schule finden die Kinder nicht nur ihre Freunde, in Schule werden auch Verabredungen für den Nachmittag getroffen, wird mit Freunden gespielt und geredet. In der Schule grenzen sich aber auch die Kinder in ihren Freundesgruppen von anderen Kindern – manchmal mit Gewalt – ab. Der Schulhof lässt sich als ein Ort sozialer Interaktionen und Normen zwischen Kindern verstehen, von denen Erwachsene nur wenig wissen (Kauke 1995).

5 Zur Ambivalenz kindlicher Freundschaftsbeziehungen im pädagogischen Kontext

Untersuchungen zum sozialen Verhalten unter Kindern (Krappmann & Oswald 1995; Breidenstein & Kelle 1998), zeigen deutlich, dass die Beziehungen der Kinder sich von denen der Erwachsenen unterscheiden. Für heutige Pädagogen und Erziehende ist die Bedeutung der Gleichaltrigen oft widersprüchlich. Auf der einen Seite ist mit der Peer-Group die Vorstellung von Unterstützung für die Kinder verbunden. Die Freunde helfen sich gegenseitig, geben Geborgenheit und Schutz; Peers sind, das scheint heute akzeptiert, eine wichtige Sozialisationsinstanz (Martin 2002). Auf der anderen Seite kann mit der großen Bedeutung der Freunde ein Gefühl der Ohmacht der Erwachsenen verbunden sein. Die Angst vor schlechten Freunden, die die eigenen Kinder „verderben", ist ein Thema, auf dass man bei Eltern immer wieder trifft (Deutschlandfunk 2004).
In einem tiefergehenden Verständnis zeigen sich an den Ängsten und Erwartungen der Erwachsenen an die Freunde der Kinder die widersprüchlichen Sichten auf die Kindheit. Dies wird auch deutlich, wenn man einen Blick in die Literatur wirft. So finden sich Kindheitsentwürfe wie der von William Goldings „Herr der Fliegen", wo sich die Kindergruppe, die auf sich allein gestellt ist, als primitiv und barbarisch erweist, neben Entwürfen wie denen von Erich Kästner, wo etwa in „Emil und die Detektive" sich die Kindergruppe als bessere Form der menschlichen Gemeinschaft erweist.
Festhalten lässt sich, dass sehr unterschiedliche Formen der Interaktionen zwischen Heranwachsenden existieren, die jedoch von Erwachsenen nicht immer richtig erkannt und bewertet werden. Hier stellt sich die Frage, welche Bedeutung der Begriff „Peers" neben anderen Zugängen wie etwa dem der Kinderfreundschaft heute hat.

Literatur
Abels, H. (2001): Einführung in die Soziologie. Die Individuen in ihrer Gesellschaft. Wiesbaden: Westdeutscher Verlag. – Behnken, I. & Jaumann, O. (Hrsg.) (1995): Kindheit und Schule. Weinheim, München: Juventa. – Breidenstein, G. & Kelle, H. (1998): Geschlechteralltag in der Schulklasse. Weinheim: Juventa. – Breitenbach, E. (2000): Mädchenfreundschaften in der Adoleszenz. Eine fallrekonstruktive Untersuchung von Gleichaltrigengruppen. Opladen: Leske und Budrich. – Deutschlandfunk

Sendung 13.2.2004 "Peergroup statt Familie? Die Macht der Gleichaltrigen". Verfügbar unter: http://www.dradio.de/dlf/sendungen/forumpisa/224197, 26.10.2004. – Fuhs, B. (1999): Kinderwelten aus Elternsicht. Zur Modernisierung von Kindheit. Opladen: Leske und Budrich. – Kauke, M.: Kinder auf dem Pausenhof. Soziale Interaktionen und soziale Normen. In: Behnken, I. & Jaumann, O. (Hrsg.) (1995): Kindheit und Schule. Kinderleben im Blick von Grundschulpädagogik und Kindheitsforschung. Weinheim: Juventa, 51-62. – Kränzl-Nagl, R., Riepl, B. & Wintersberger, H. (Hrsg.) (1998): Kindheit in Gesellschaft und Politik. Eine multidisziplinäre Analyse am Beispiel Österreichs. Frankfurt a.M.: Campus. – Krappmann, L.& Oswald, H. (1995): Alltag der Schulkinder: Beobachtungen und Analysen von Interaktionen und Sozialbeziehungen. Weinheim: Juventa. – Martin, N. (Hrsg.) (2002): Handbuch Peer-Education. Bildung und Erziehung von Gleichaltrigen durch Gleichaltrige. Weinheim: Beltz. – Merkens, K. (2000): Kinderfreundschaften. Bedeutung, Probleme, Diskussion. Münster: Lit. – Paus-Haase, I. (1998): Zur Bedeutung von Medienhelden in Kindergarten, Peer-Groups und Kinderfreundschaften. Opladen: Westdeutscher Verlag. – Reiß, G. (Hrsg.) (1995): Schule und Stadt. Lernorte, Spielräume, Schauplätze für Kinder und Jugendliche. Weinheim: Juventa. – Rubin, Z. (1999): Kinderfreundschaften. Berlin: Springer. – Willis, P. (1981): „Profane Culture". Rocker, Hippies: Subversive Stile der Jugendkultur. Frankfurt a.M.: Syndikat. – Zinnecker, J. (2001): Stadtkids. Kinderleben zwischen Straße und Schule. Weinheim: Juventa.

2.3 Individuelle Bedingungen

23| Voraussetzungen beim Schüler
Burkhard Fuhs

1 Lernvoraussetzungen beim Schüler

Fragt man nach den Bedingungen und Kontexte des Unterrichts, so wird unter dem Stichwort individuelle Bedingungen auf die Lernvoraussetzungen (engl. *preconditions for learning*) der Schülerinnen und Schüler verwiesen. Die „Kommission Anwalt des Kindes" des Ministeriums für Bildung, Frauen und Jugend Rheinland-Pfalz schreibt in ihren Empfehlungen zum guten Unterricht etwa: „Guter Unterricht muss von den Gegebenheiten der Schülerinnen und Schüler, d.h. von ihren jeweils vorliegenden Lerndispositionen ausgehen". Unterricht könne – so die Grundannahme – nur dann pädagogisch sinnvoll geplant werden, wenn die Lernsituation zuvor eingehend analysiert wurde und die Lernvoraussetzungen der Schüler dem Lehrer bekannt sind (Havemann 2004). Obwohl diese grundsätzliche Forderung nach der Berücksichtigung der Lernvoraussetzungen bei der Planung von Unterricht sehr sinnvoll erscheint, erweist sich ihre Umsetzungen in Theorie und Praxis als schwierig und diskussionsbedürftig. Zwei Fragen sind hier bei der Auseinandersetzung mit den „Lernvoraussetzungen" des Unterrichts von zentraler Bedeutung:
(1) Was soll unter Lernvoraussetzungen verstanden werden?
(2) Wie können Lernvoraussetzungen vom Lehrer empirisch gesichert erhoben werden?

2 Historische Entwicklung

Die Frage nach den Lernvoraussetzungen beim Schüler ist eng mit dem Bild des Schülers in der Pädagogik verbunden. Schon Rousseau betonte den Blick auf das einzelne Kind, das es in seiner eigentümlichen Handlungsweise zu berücksichtigen gelte. Überall dort, wo es in der Geschichte der Schule um eine Ausrichtung von Unterricht an den Schülern ging (etwa in der Reformpädagogik), wurde auch direkt oder indirekt über die Voraussetzungen der Schüler nachgedacht. Auch die Geschichte der Sonderpädagogik kann als ein systematischer Blick auf individuelle Lernformen und Lernvoraussetzungen verstanden werden. In den 1950er Jahren schließlich wurde die Berücksichtigung der Lernvoraussetzungen zu einem wichtigen Teil der didaktischen Planung von Unterricht, wie sie heute verbreitet ist. Seit einigen Jahren kann von einer empirischen Wende der Erforschung von Lernvoraussetzungen gesprochen werden.

3 Zum Problem der Definition von Lernvoraussetzungen

Die Lernvoraussetzungen der Schülerinnen und Schüler werden in unterschiedlichen pädagogischen Kontexten unterschiedlich definiert und bewertet, zudem hat der Begriff auch unterschiedliche Funktionen in der Pädagogik. Unter anderem kann er zur Beschreibung eines professionellen Alltagswissens in Form einer intuitiven Unterrichtsplanung dienen, oder er kann eine empirisch-instrumentelle Organisation des Lernens von Schülern beschreiben. In Abhängigkeit von der zugrunde gelegten Lerntheorie und den Unterrichtsgegenständen werden also unterschiedliche Lernvoraussetzungen in den Blick genommen. So ist es ein grundsätzlicher Unterschied, ob danach gefragt wird, über welche kognitiven Fähigkeiten die Schüler für einen bestimmten Lernprozess bereits verfügen müssen, oder ob gefragt wird, an welche Voraussetzungen ein Unterricht anknüpfen kann, der etwa die Lebenswelt der Schüler zum Thema machen möchte. Dementsprechend offen und unklar sind allgemeine Definitionen von Lernvoraussetzungen. So definiert Haarmann (1997, S. 169) Lernvoraussetzung wie folgt: „Entscheidend für die Wahl der Lerninhalte und die Bestimmung der Lernziele sind die Lernvoraussetzungen der Schülerinnen und Schüler, wobei der Begriff der Lernvoraussetzungen die Gesamtheit aller genetischen, sozialisationsbedingten und situativen Faktoren meint, die zu einem bestimmten Zeitpunkt das Lernvermögen eines Schülers im Hinblick auf einen spezifischen Lerninhalt und die damit verbundenen Ziele bestimmen." Die Lernvoraussetzungen stellten, so Haarmann weiter, „ein komplexes und sehr individuelles Beziehungsgefüge" bei jedem Schüler dar und gliederten sich nach „entwicklungs- und lernpsychologischen", nach „kognitiven, affektiven und psychomotorischen" oder „arbeitstechnischen und sachstrukturellen" Voraussetzungen.

Zwei Probleme werden an diesem Zitat deutlich: Erstens die Frage, welche Bedeutung die Schüler und ihre Voraussetzungen für die Unterrichtsplanung haben. Dass Lerninhalte und Lernziele des Unterrichts entscheidend von den Lernvoraussetzungen des Unterrichts abhängen, wird nicht von allen Pädagogen geteilt. Etwa die Didaktische Analyse, die Klafki (1958) als „Kern der Unterrichtsvorbereitung" bezeichnet, sieht in den Anknüpfungspunkten des Unterrichts an der Erfahrungs- und Erlebniswelt der Schüler nur eine Entscheidungshilfe für eine Unterrichtsplanung, die sich vor allem an den zentralen Problemen der Gesellschaft orientiert (Schröder 1991, S. 48). Auch das lerntheoretische Modell der Berliner Schule, das von der empirischen Analyse des konkreten Unterrichts ausgeht, betrachtet die Lernvoraussetzungen der Schüler nur als einen Faktor neben anderen (Heimann, Otto & Schulz 1965). Der Blick auf Lernvoraussetzungen kann damit pädagogisch nicht von vornherein als Schülerorientierung bewertet werden, vielmehr kommt es auf den Stellenwert dieses Zugangs im didaktischen Gesamtkonzept an.

Entscheidend für die Bedeutung der Lernvoraussetzungen der Schüler ist die Frage, ob die Schüler als Gesamtheit einer Klasse gemeint sind oder ob der einzelne Schüler individuell bei der Unterrichtsplanung Berücksichtigung findet. Nimmt man den einzelnen Schüler stärker in den Blick, kann die Frage nach den Lernvoraussetzungen zu neuen Perspektiven führen. Der Stoff kann zum Beispiel so gestaltet sein, dass ein Schüler Schritt für Schritt die jeweiligen Lernsituationen bewältigen kann (s. Mannhaupt 2002). Lernvoraussetzungen sind in diesem Modell empirische erfasste Bedingungen und Formen des Lernen des einzelnen Schülers, die in einer Lernstandsdiagnose erhoben werden. Wird der Begriff Lernvoraussetzungen in einem solchen engen empirisch-psychologischen Sinne verstanden, bezieht er sich nur auf genau definierte Lernbereiche und der individuellen Erfassung der Lernsituation eines Schülers.

Wird der Begriff auf der anderen Seite zu weit gefasst, ist sein pädagogischer Wert ebenfalls unklar. Wenn Lernvoraussetzungen etwa aus einem unübersehbaren Bündel von Faktoren bestehen, die sich zudem noch individuell mischen, ist eine darauf bezogene Unterrichtsplanung nur unter hohem Arbeitsaufwand, wenn überhaupt leistbar.

4 Methoden der Erkennung der Lernvoraussetzungen der Schüler

Je nach Definition der Lernvoraussetzungen gestalten sich auch die Wege der Gewinnung von Wissen über die Schüler einer Klasse. Die Skala der Methoden der Erfassung von Lernvoraussetzungen erstreckt sich über intuitives Alltagswissen des Lehrers über die Unterrichtsbeobachtung bis zur „exakten Messung" durch einen bereichsspezifischen Leistungstest. So können etwa für den Schriftspracherwerb auf der theoretischen Grundlage von Modellen des stufenweisen Schriftspracherwerbs Diagnosen des Lernstands von Schülern erhoben werden. Die Entwicklung spezifischer Erfassungsinstrumente geschieht häufig in der Kooperation zwischen Fachdidaktik und Pädagogischer Psychologie. Krapp und Weidenmann (2001) etwa betonen, dass alle Merkmale der Schülerpersönlichkeit sowie der familiären und schulischen Umwelt direkt oder indirekt als Lernvoraussetzungen interpretiert werden könnten. Dementsprechend seien fast alle verfügbaren Diagnosemethoden potentielle Verfahrensweisen zur Erfassung von Lernvoraussetzungen – zum Beispiel Kenntnis- und Fähigkeitstests, Anstrengungs- und Motivationstests oder auch Angsttests. Nicht zuletzt auch aufgrund der hohen Entwicklungskosten ist die verfügbare Menge an bereichsspezifischen Wissens- und Fähigkeitstests, aber auch an Intelligenztests sehr begrenzt.

In der derzeitigen Praxis werden indes Lernvorsetzungen eher selten mit empirisch bewährten Methoden erhoben. So gibt es etwa für Referendare den Rat, aus dem Lernstoff stichwortartig 4-5 Lernvoraussetzungen abzuleiten, die nötig sind, um am Unterricht teilzunehmen (Havemann 2004) oder sich im Zweifelsfall an den Mentor zu wenden: „Er kennt die Richtlinienvorgaben und überblickt die Lernvoraussetzungen der Schülerinnen und Schüler" (Meyer 2002, S. 151).

Während didaktische Modelle die Unterrichtsanalyse oftmals als selbstverständlich voraussetzen, gestaltet sich die tatsächliche Beobachtung und Analyse der Lernvoraussetzungen der Schüler als äußerst schwierig. Dieter Haarmann etwa betont, dass sich die Voraussetzungsfaktoren des Lernens bei Schülern „immer nur einschätzen, nie exakt bestimmen lässt. Dennoch ist der Versuch, die Lernvoraussetzungen der Schülerinnen und Schüler möglichst genau einzuschätzen, unabdingbar, wenn man Über- oder Unterforderungen und damit ein Misslingen des Unterrichts vermeiden will" (Haarmann 1977, S. 169).

5 Lernvoraussetzungen im Kontext neuer Lernformen

So differenziert die jeweiligen didaktischen Modelle die Planung, Durchführung und Analyse von Unterricht beschreiben, so schwierig erscheint es – zumal für den einzelnen Lehrer bzw. die einzelne Lehrerin – empirisch gesichertes Wissen über den Unterricht zu gewinnen. Vielfach sind die Feststellungen von Lernvoraussetzungen lediglich Setzungen des Lehrers für die Lehrvorsetzungen seines Unterrichts. Da das, was die Schüler lernen (sollen), zu Beginn in der Planung festgelegt wird, werden andere Formen des Lernens systematisch ausgeblendet. Auch lernen Schüler im Unterricht nicht immer das, was von ihnen erwartet wird. Wenn ein Schüler etwa entscheidet, dass ein Inhalt des Unterrichts für ihn langweilig ist, lernt er biografisch auch etwas über Schule („heimlicher Lehrplan"). Für die Schüler rückt – neben etwa den kognitiven Fähigkeiten, dem Unterricht zu folgen – die Frage nach der Motivation deshalb immer stärker in den Mittelpunkt.

Lernen lässt sich nicht auf die Schule beschränken. Aus den Lernvoraussetzungen für die Planung des konkreten Unterrichts sind die vielfältigen Lernformen heutiger Kinder und Jugendlicher geworden. Damit stellt sich die alte Frage nach der Heterogenität der Schüler und nach Formen des differenzierten Unterrichts in neuer verschärfter Form. Neben psychologischen Lernvoraussetzungen für bestimmte Lernprozesse gewinnen deshalb qualitative wie quantitative empirische Erkenntnisse über die jeweiligen Schüler, d.h. über ihre (Lern-)Biografien und ihre (Lern-)Welten auch für den einzelnen Lehrer an Bedeutung.

Eine offene Forschungsfrage für die pädagogische Auseinandersetzung mit den Lernvoraussetzungen der Schüler ist die Diskrepanz zwischen der wissenschaftlichen Erforschung der Schüler und dem Wissen, das der einzelne Lehrer, die einzelne Lehrerin über die konkreten Schüler erhalten kann. Hier ist nicht nur nötig, dass Forschungsergebnisse auf den Alltag übertragen werden. Vielmehr stellt sich das Problem, wie die Lehrer – als Teil ihrer professionellen Tätigkeit – im Unterricht methodisch verlässliche Erkenntnis über die Lernvoraussetzungen der einzelnen Schüler erheben können? Hier scheint eine verstärkte Ausbildung in solchen qualitativen und quantitativen Methoden, die im Unterricht eingesetzt werden können, nötig.

Literatur

Haarmann, D. (Hrsg.) (1997): Handbuch elementare Schulpädagogik. Handlungsfelder institutio-nalisierter Grund- und Allgemeinbildung in den Klassen 1 bis 10. Weinheim, Basel: Beltz. – Have-mann, B. (2004): Unterrichtplanen – Lernvoraussetzungen. Studienseminar Lüneburg Sonder-pädagogik. Verfügbar unter: http://nibis.ni.schule.de/~as-lg2/ps5/uv/lv.html, 15.11.2004. – Heimann, P., Otto, G. & Schulz, W. (1965). Unterricht. Analyse und Planung. Hannover: Schroedel. – Klafki, W. (1958): Didaktische Analyse als Kern der Unterrichtsvorbereitung. In: Die Deutsche Schule, 50, 450-471. – Krapp, A. & Weidenmann, B. (Hrsg.) (2001): Pädagogische Psychologie. 4., vollst. überarb. Aufl. Weinheim: Psychologie Verlags Union. – Kommission Anwalt des Kindes (2004). Ministerium für Bildung, Frauen und Jugend Rheinland-Pfalz. Empfehlung 18: Was ist guter Unterricht. Verfügbar unter: http://www.anwalt-des-kindes.bildung-rp.de/empfehlung18.html, 10.11.2004. – Mannhaupt, G. (2002): Kognitive Lernprobleme in der Grundschule: Von den Ursachen zu den Voraussetzungen des Lernens. In: Itze, U. & Bartsch, C. (Hrsg.): Problemsituationen in der Grundschule. Bad Heilbrunn: Klinkhardt, 45-63. – Meyer, H. (2002): Unterricht analysieren, planen und auswerten. In: Kiper, H., Meyer, H. & Topsch, W.: Einführung in die Schulpädagogik. Berlin: Cornelsen-Scriptor, 147-156. – Schröder, H. (1991): Grundbegriffe der Schulpädagogik und Allgemeinen Didaktik. 2. Aufl. München: Arndt.

24 | Voraussetzungen bei der Lehrperson
Sigrid Blömeke

Lange Zeit hat in der empirischen Unterrichtsforschung die Schülerseite im Vordergrund gestanden, so dass relativ genau gesagt werden kann, welche Voraussetzungen bei ihnen eher günstig und welche eher ungünstig sind, um zu hohen Lernerfolgen zu gelangen. Die Voraussetzungen der Lehrpersonen kamen in ihrer Komplexität erst spät in den Blick. Im Folgenden wird zunächst auf Phasen der Theoriebildung zu diesem Thema eingegangen, bevor die Erkenntnisse zum Wissen, zu den Einstellungen und zu Persönlichkeitsmerkmalen von Lehrpersonen dargestellt werden. Danach erfolgt eine Analyse des Prozesses professioneller Entwicklung. Abschließend werden Konsequenzen aus den vorliegenden Erkenntnissen für Forschung und Praxis entwickelt.

1 Phasen der Theoriebildung

In den 50er und 60er Jahren des 20. Jahrhunderts wurde in der empirischen Lehr-Lernforschung überwiegend das so genannte „Persönlichkeitsparadigma" vertreten (vgl. Bromme 1997). Diesem zufolge galten Kenntnisse und Einstellungen einer Lehrperson als ausschlaggebend für Unterrichtsqualität. Da das konkrete Unterrichtshandeln ausgeblendet blieb, konnten aber nur wenige stabile Ergebnisse gefunden werden. In den 70er und 80er Jahren wurde stärker das „Prozess-Produkt-Paradigma" vertreten, in dessen Rahmen die Wirkung von Lehrerhandeln auf Schülerleistungen erhoben wurde. Auch hier traten methodische Probleme auf: So handelte es sich häufig nur um punktuelle Fragestellungen, durch die eine mögliche Wechselwirkung der einzelnen Dimensionen des Lehrerhandelns und deren gegenseitige Kompensierbarkeit unberücksichtigt blieb. Auch wurde die Wechselwirkung mit Schülermerkmalen nicht hinreichend berücksichtigt. Darüber hinaus wurde meist eine Operationalisierung der einzelnen Konstrukte unabhängig vom Unterrichtsinhalt versucht. In den 90er Jahren fand schließlich das „Expertenparadigma" große Akzeptanz. Hier richtete sich der Blick auf die kognitiven Strukturen, die Lehrerhandeln zugrunde liegen.

Seitdem die genannten drei Ansätze zunehmend als ergänzende Perspektiven betrachtet werden, kommt die Forschung zu aussagekräftigen Ergebnissen zum Stellenwert der Lehrperson im Gesamtgefüge von Unterrichtsqualität: Rund 30 Prozent der Unterschiede in Schülerleistungen sind auf Unterschiede im Wissen, im Handeln und in den Einstellungen der sic unterrichtenden Lehrpersonen zurückzuführen (Hattie 2003). Ihre Bedeutung wird damit nur noch von den Voraussetzungen der Schüler selbst übertroffen. Nach Wenglinsky (2002, S.22) ist die Bedeutung der beiden Merkmalsgruppen sogar gleich hoch.

2 Wissen von Lehrpersonen

Lehrpersonen verfügen über zwei zentrale Formen handlungsleitender Kognitionen: implizite Unterrichtskripts und explizites professionelles Wissen. Diese werden im Unterricht in Form von wiederholt ähnlichem Handeln einer Lehrperson sichtbar (Blömeke, Eichler & Müller 2003).

Bei *Unterrichtsskripts* handelt es sich um mentale Repräsentationen systematischer Handlungsabfolgen, die auf spezifische Situationen ausgerichtet und mit bestimmten Zielen versehen sind (Schank & Abelson 1977). Skripts können als verdichtetes Erfahrungswissen gesehen werden; sie stellen den Niederschlag einer in der Praxis durchgeführten oder erlebten Handlung dar, die durch Differenzierung und Integration weiterentwickelt und zum Teil automatisiert wurde („implizites Wissen"). Von Lehrern mental gespeicherte Handlungsverläufe schlagen sich in strukturell ähnlich verlaufenden Unterrichtsschritten nieder.

Parallel zu stark verdichteten Unterrichtsskripts verfügen Lehrpersonen über weniger stark verdichtetes *explizites Wissen*, das bewusst zugänglich ist (Bromme 1997, S.196ff.). Das professionelle Wissen von Lehrpersonen umfasst fachliches, fachdidaktisches und pädagogisches Wissen.

Das genaue Zusammenspiel von Unterrichtsskripts und professionellem Lehrerwissen muss als weitgehend ungeklärt gelten. Skripts und Wissen können vermutlich auf einem Kontinuum angesiedelt werden, das von einem konkreten zu einem umfassenden Handlungsbezug und damit in Richtung zunehmender Gelegenheiten für reflexive Prozesse verläuft (Blömeke & Buchholtz 2005). Das explizite Wissen wirkt diesem Modell zufolge vor allem im Zuge der *Unterrichtsplanung*, während in der konkreten unterrichtlichen Situation – insbesondere in unübersichtlichen Phasen – stärker verdichtete Skripts wirksam werden.

Während die Forschung zum Einfluss von Unterrichtsskripts auf Schülerleistungen noch in den Anfängen steckt (z.B. Pauli & Reusser 2003), liegen zum Einfluss des professionellen Wissens zahlreiche Studien vor (z.B. Wilson, Floden & Ferrini-Mundy 2001, Blömeke 2004).

In Bezug auf das *fachliche Wissen* kann kein konsistent positiver Zusammenhang zu Schülerleistungen bzw. Lehrerhandeln festgestellt werden. Offensichtlich muss von einem „Deckeneffekt" ausgegangen werden: Um hohe Schülerleistungen zu erreichen, ist ein gewisses Maß an Fachwissen notwendig; über einer gewissen Schwelle ist aber kein zusätzlicher positiver Effekt festzustellen. Möglicherweise macht auch die aus dem höheren fachlichen Niveau folgende Art der Strukturierung von Inhalten eine Elementarisierung schwieriger.

In Bezug auf das *fachdidaktische Wissen* kann dagegen ein konsistent positiver Zusammenhang zu Schülerleistungen bzw. Lehrerhandeln festgestellt werden. Da die entsprechenden empirischen Studien vor allem aus den USA stammen, ist allerdings darauf hinzuweisen, dass das Verständnis von „Fachdidaktik" dort vergleichsweise eng ist, indem vor allem fachspezifische Unterrichtsmethoden gelehrt werden.

In Bezug auf das *pädagogische Wissen* sprechen einzelne Studien gegen seine Wirksamkeit, mehrheitlich können aber positive Einflüsse auf Schülerleistungen bzw. Lehrerhandeln festgestellt werden. Diese sind allerdings nur bei einem Zusammenspiel von umfangreicher pädagogischer und fachlicher Ausbildung zu verzeichnen. Darüber hinaus ist das Verständnis von Erziehungswissenschaft in der US-amerikanischen Lehrerausbildung ebenfalls eng, indem die Lehrangebote unmittelbar auf den Lernprozess der Schüler bzw. auf das methodische Handeln der Lehrpersonen bezogen sind.

In Bezug auf das generelle intellektuelle Niveau von Lehrpersonen konnte kein eindeutiger Zusammenhang zu Schülerleistungen hergestellt werden. Anders dagegen in Bezug auf die verbalen Fähigkeiten von Lehrerinnen und Lehrern, die signifikant positiv mit Schülerleistungen assoziiert sind.

3 Einstellungen und Persönlichkeitsmerkmale von Lehrpersonen

Berufsspezifische Einstellungen und berufsunspezifische Persönlichkeitsmerkmale von Lehrpersonen weisen eine hohe Stabilität vom Beginn der Ausbildung bis in den Beruf hinein auf.

Lehramtsstudierende treten mit *Einstellungen* zu allen schul- und unterrichtsrelevanten Aspekten in die Lehrerausbildung ein (Richardson & Placier 2001). Sie sind optimistisch, was ihre Fähigkeiten zu unterrichten angeht, und sie meinen zu wissen, wie Unterricht auszusehen hat, sodass nur noch ein Methodenrepertoire erlernt werden muss. Diese Einstellungen haben sich als weitgehend veränderungsresistent erwiesen, so dass es im Laufe der Lehrerausbildung und im Berufsleben selten zu grundlegenden Veränderungen kommt. Dass sich fachspezifische Einstellungen auf Schülerleistungen auswirken, kann als empirisch gut abgesichert gelten (Stipek u.a. 2001).

Im Hinblick auf die Persönlichkeitsmerkmale von Lehrpersonen kann festgestellt werden, dass gewisse Mindestbedingungen erfüllt sein müssen, damit sie langfristig beruflichen Erfolg haben: eine gewisse Kontaktbereitschaft, emotionale Stabilität und psychische Belastbarkeit, ein gewisses Maß an Selbstkontrolle und eine nicht zu geringe Selbstwirksamkeitserwartung (Mayr & Mayrhofer 1994, Schmitz & Schwarzer 2002). Ein subjektiv hohes Belastungserleben führt das Risiko eines vorzeitigen ‚Ausgebranntseins' (*burn out*) mit sich und geht mit einer negativen Leistungsentwicklung bei Schülern einher (Helmke, Hosenfeld & Schrader 2002).

4 Professionelle Entwicklung von Lehrpersonen

Expertise im Anregen und Unterstützen von Lernprozessen ist Ergebnis einer umfangreichen Ausbildung sowie langer und intensiver Berufserfahrung. Ursache sind zwei Besonderheiten der unterrichtlichen Tätigkeit von Lehrpersonen:

Ausgangspunkt ihres Handelns sind „unstrukturierte" Situationen. So müssen für die Wahrnehmung einer Unterrichtssituation fachliche, fachdidaktische und pädagogische Wissensbestände miteinander verknüpft werden. Darüber hinaus ist es angesichts der Komplexität von Unterricht nur schwer möglich, regelähnliche Handlungsanweisungen zu formulieren, wie Situationen bewältigt werden können. Die Unstrukturiertheit wird dadurch verschärft, dass die unterrichtlichen Momente von der Interpretation der Handelnden abhängig sind, die schrittweise auf Lehrer- und Schülerseite erfolgen muss. Dabei ist zu berücksichtigen, dass die Situation nicht „eingefroren" ist, sondern dass die Interaktion weiterläuft. Zu jedem neuen Interaktionsschritt findet dann wieder eine Interpretation durch alle Beteiligten statt. Lehrerhandeln kann daher prinzipiell als Handeln in Unsicherheit angesehen werden.

Für Expertisehandeln spielt angesichts dieser Problematik nicht die Menge des Wissens eine Rolle, sondern seine Organisation. Experten zeichnen sich gegenüber Novizen durch schnellere Wahrnehmung von Situationen und den Besitz eines umfassenden Repertoires an fallbasierten Vorstellungen zum Unterrichtsablauf (Skripts) aus, die bei bestimmten unterrichtlichen Konstellationen fast automatisch abgerufen werden (Berliner 2001).

5 Perspektiven der lehrerbezogenen Forschung

Im vorliegenden Beitrag wurde der Stand der empirischen Forschung zu den Voraussetzungen bei der Lehrperson zusammengefasst. Allerdings sind zahlreiche Probleme zu erkennen:
– Generell liegen zu wenige empirische Studien vor, die sich auf Lehrpersonen beziehen. Besonders ins Auge fallend ist das Fehlen internationaler Vergleiche. Erst solche Studien würden einen grundsätzlichen neuen Blick auf Stärken und Schwächen in Deutschland ermöglichen.
– Die Rezeption der vorliegenden Studien ist dadurch erschwert, dass unterschiedliche Begriffe von Lehrerwissen und unterschiedliche Annahmen über mentale Wissensrepräsentationen zugrunde liegen. Hier eine stärkere Anschlussfähigkeit herzustellen, so dass aufeinander aufgebaut werden kann, erscheint dringend notwendig.
– Zudem stellt sich die Aufgabe, komplexe Untersuchungsdesigns zu verwenden, die die drei Ansätze der empirischen Lehr-Lernforschung (s. Abschnitt 1) integrieren.
– Schließlich ist festzuhalten, dass viele Studien nur auf Selbstauskünften beruhen. Externe Beobachtungen und Tests sind notwendig, um Verzerrungen aufgrund unterschiedlicher Bezugssysteme und sozialer Erwünschtheit zu vermeiden. Die lehrerbezogene Forschung steht dabei vor der Herausforderung, dass sich das Können von Lehrpersonen situationsspezifisch zeigt, womit sich entweder Probleme der Validität oder der Generalisierung ergeben können.

6 Konsequenzen für die Praxis

Auf der Basis der vorhandenen Daten lassen sich Konsequenzen für die Praxis nur in aller Vorsicht formulieren. Ein erster Ansatz, um langfristig verstärkt Lehrpersonen mit günstigen Voraussetzungen im Lehrerberuf zu haben, ist die Auswahl geeigneter Personen für den Lehrerberuf. Ein zweiter Ansatz stellt die gezielte Unterstützung ihrer professionellen Entwicklung dar.

In Deutschland wird eine lehramtsspezifische Auswahl von Bewerbern derzeit allein an der Universität Bamberg praktiziert (Faust u.a. 2003). Das Modell beschränkt sich auf die in Abschnitt 3 angesprochenen Persönlichkeitsmerkmale der so genannten *Big Five* sowie auf berufsspezifische Interessen. In Skandinavien, Osteuropa und Asien findet eine Auswahl der Studienbewerber anhand – in der Regel berufsunspezifischer – Zulassungstests statt. Da der Lehrerberuf hier häufig höher angesehen ist als andere akademische Berufe, findet eine Positivauswahl unter den Studienbewerbern statt. Damit können möglicherweise unter anderem die guten Ergebnisse dieser Länder in den internationalen Vergleichsstudien wie TIMSS und PISA erklärt werden.

Eine gezielte Unterstützung der professionellen Entwicklung von Lehrpersonen scheint besonders während des Berufseinstiegs notwendig zu sein, für den es in Deutschland mit seiner vergleichsweise langen Lehrerausbildung traditionell keine weiteren Stützungsmaßnahmen gibt. Im Interesse einer Ausbildung von Expertise müssten hier Aus- und Fortbildungsmaßnahmen ansetzen (Daschner 2004). Weiter reichende Konzepte plädieren sogar dafür, auf Teile der Erstausbildung zu verzichten und dafür stärker Ausbildungsangebote in die Zeit der Berufstätigkeit zu verlagern.

Literatur

Berliner, D. C. (2001): Learning about and learning from expert teachers. In: International Journal of Educational Research, 35, 463-482. – Blömeke, S. (2004): Empirische Befunde zur Wirksamkeit der Lehrerbildung. In: Blömeke, S., Reinhold, P., Tulodziecki, G. & Wildt, J. (Hrsg.): Handbuch Lehrerbildung. Bad Heilbrunn/ Braunschweig: Klinkhardt/ Westermann, 59-91. – Blömeke, S., Eichler, D. & Müller, Ch. (2003): Rekonstruktion kognitiver Prozesse von Lehrpersonen als Herausforderung für die empirische Unterrichtsforschung. Theoretische und methodische Überlegungen zu Chancen und Grenzen von Videostudien. In: Unterrichtswissenschaft, 31 (2), 103-121. – Blömeke, S. & Buchholtz, Ch. (2005): Veränderung von Lehrerhandeln beim Einsatz neuer Medien. Design für die theoriegeleitete Entwicklung, Durchführung und Evaluation einer Intervention. Erscheint in: Bachmair, B., Diepold, P. & De Witt, C. (Hrsg.): Jahrbuch Medienpädagogik 5. Opladen: Leske und Budrich, 91-106. – Bromme, R. (1997). Kompetenzen, Funktionen und unterrichtliches Handeln des Lehrers. In: Weinert, F. E. (Hrsg.): Psychologie des Unterrichts und der Schule. Enzyklopädie der Psychologie; D, 1, 3. Göttingen u.a.: Hogrefe, 177-212. – Daschner, P. (2004): Dritte Phase an Einrichtungen der Lehrerfortbildung. In: Blömeke, S., Reinhold, P., Tulodziecki, G. & Wildt, J. (Hrsg.): Handbuch Lehrerbildung. Bad Heilbrunn/ Braunschweig: Klinkhardt/ Westermann, 290-301. – Faust, G., Mahrhofer, Ch., Steinhorst, H. & Foerster, F. (2003): Auswahlgespräche zur Vergabe von Studienplätzen im Lehrerstudium. Erfahrungen im Fach Grundschulpädagogik in Bamberg. In: Die Deutsche Schule, 95 (3), 329-338. – Hattie, J. (2003): Teachers Make a Difference. What is the Research Evidence? Camberwell, Victoria: ACER. – Helmke, A., Hosenfeld, I. & Schrader, F.-W. (2002): Unterricht, Mathematikleistung und Lernmotivation. In: Helmke, A. & Jäger, R. S. (Hrsg.): Das Projekt MARKUS. Mathematik-Gesamterhebung Rheinland-Pfalz. Kompetenzen, Unterrichtsmerkmale, Schulkontext. Landau: VEP, 413-480. – Mayr, J. & Mayrhofer, E. (1994): Persönlichkeitsmerkmale als Determinanten von Leistung und Zufriedenheit bei LehrerstudentInnen. In: Mayr, J. (Hrsg.): Lehrer/in werden. Innsbruck: Österreichischer Studienverlag, 113-127. – Pauli, C. & Reusser, K. (2003): Unterrichtsskripts im schweizerischen und im deutschen Mathematikunterricht. In: Unterrichtswissenschaft 31 (3), 238-272. – Richardson, V. & Placier, P. (2001): Teacher Change. In: Richardson, V. (Hrsg.): Handbook of Research on Teaching. 4. Aufl. Washington: American Educational Research Association, 905-947. – Schank, R. C. & Abelson, R. P.: Scripts, Plans, Goals and Understanding. An Inquiry into Human Knowledge Structures. The Artificial Intelligence Series. Hillsdale, N.J.: Lawrence Erlbaum. – Schmitz, G. S. & Schwarzer, R. (2002): Individuelle und kollektive Selbstwirksamkeitserwartung von Lehrern. In: Jerusalem, M. & Hopf, D. (Hrsg.): Selbstwirksamkeit und Motivationsprozesse in Bildungsinstitutionen. 44. Beiheft der Zeitschrift für Pädagogik. Weinheim/ Basel: Beltz, 192-214. – Stipek, D. J., Givvin, K. B., Salmon, J. M. & MacGyvers, V. L. (2001): Teachers' beliefs and practices related to mathematics instruction. In: Teaching and Teacher Education, 17, 213-226. – Wenglinsky, H. (2002): How Schools Matter. The Link Between Teacher Classroom Practices and Student Academic Performance. In: Education Policy Analyses Archives 10 (12) [verfügbar unter: http://epaa.asu.edu/epaa/v10n12/, 27.02.2009]. – Wilson, S. M., Floden, R. E. & Ferrini-Mundy, J. (2001): Teacher Preparation Research. Current Knowledge, Gaps, and Recommendations. Washington: Center for the Study of Teaching and Policy [verfügbar unter: http://depts.washington.edu/ctpmail/PDFs/TeacherPrep-WFFM-02-2001.pdf, 27.02.2009].

3 Ziele und Inhalte

25| Lehrplan, Curriculum, Bildungsstandards
Werner Wiater

Allgemein betrachtet ist ein Lehrplan die Zusammenstellung von ausgewählten Lehrstoffen, die zur Erreichung eines vorgegebenen Lehrziels in einer bestimmten Reihenfolge angeordnet wurden; als Plan unterstützt er didaktische Überlegungen zur Realisierung des entsprechenden Unterrichts und ermöglicht die Überprüfung des intendierten Lehr-Lern-Erfolgs. Erfolgt die Erstellung und Ausgabe des Lehrplans auf die Initiative und unter der Kontrolle des Staates, so kann gesagt werden: Lehrpläne kodifizieren und normieren den Schulunterricht, zumindest sind sie ein diesbezügliches direktes Lenkungsmittel des Staates.

1 Begrifflichkeit

Ein Lehrplan ist die staatlich verbindlich gemachte, geordnete Zusammenfassung von Lehrinhalten und Lehrzielen (Wissen, Können, Einstellungen, Verhalten), die während eines bestimmten Zeitraums an bestimmten Schulformen in bestimmten Fächern/Lernbereichen vermitteln werden sollen. Anstelle des Begriffs Lehrplan werden verschiedene andere Bezeichnungen verwendet: Bildungspläne, Richtlinien, Rahmenpläne, Curricula, curriculare Lehrpläne und (heute) Kerncurricula. Während Bildungspläne die Schule als Beitrag zur Menschenbildung sehen, bringen Richtlinien oder Rahmenpläne zum Ausdruck, dass den Schulen bei dieser Umsetzung größere Freiräume gewährt sind. Umgekehrt legen Curricula (oder abgeschwächt curriculare Lehrpläne) den Unterricht auf möglichst detailliert beschriebene Ziele fest, zu deren Erreichung ausgewählte Inhalte, geeignete Methoden und bestimmte Medien in überprüfbarer Weise beitragen sollen. Die in der aktuellen schulpädagogischen Diskussion favorisierten Kerncurricula behalten die Zielorientierung der Curricula bei, verstehen sie aber, vergleichbar den Rahmenrichtlinien, als Leitbestimmung für die relativ autonome Umsetzung in der Schule vor Ort. Diese Kerncurricula sind mit den jetzigen Lehrplänen nicht vergleichbar. Sie enthalten einige wenige fachliche und überfachliche Bildungsziele mit Angabe der zu erreichenden Standards; die Einzelschule soll dann dazu eigene Schulcurricula erstellen, die das Erreichen der Standards im vorgesehenen Zeitraum (möglichst) sicherstellen.
Das Lehrplanverständnis hat sich nach 1945 vom Bildungsplan und den Richtlinien über die Curricula zurück zu den Lehrplänen und dann zu den Kerncurricula verändert. Wenngleich die Begriffe Curriculum und Lehrplan teilweise synonym verwendet werden (was wissenschaftstheoretisch nicht korrekt ist), hat sich in jüngster Zeit noch einmal ein differenzierteres Verständnis ergeben, das beim Lehrplan vier Aspekte unterscheidet:

– der Lehrplan als staatliche Vorgabe
– der Lehrplan als Gegenstand der Rezeption durch die Lehrerinnen und Lehrer
– der Lehrplan als Regulativ für Unterricht und Erziehung
– der Lehrplan als Hilfe für das Lernen der Schülerinnen und Schüler.

2 Geschichte des Lehrplans und seiner Theorie

Der Begriff Lehrplan als Plan, nach dem man lehrt, taucht Ende des 18. Jh./Anfang des 19 Jh. auf (Campe) und zu dieser Zeit beginnt auch die systematische und theorieorientierte Lehrplangeschichte in Deutschland. Seitdem sind unterschiedliche Entwürfe erarbeitet worden: Herbarts Idee, den Lehrplan chronologisch von den Alten zu den Neuen aufsteigen zu lassen, Zillers Kulturstufentheorie, bei der die Schüler die Hauptepochen der Kulturentwicklung nacheinander durchlaufen sollten, Dörpfelds Entwurf, der die Schulfächer allein aus den Wissensbereichen der Kultur (Natur, Mensch, Religion) ableitet oder Kerschensteiners Idee, bei der Abfassung eines Lehrplans das Bildungsideal der jeweiligen Zeit, die Orts- und Landesschulverhältnisse, die lern- und entwicklungspsychologischen Gesetzmäßigkeiten und die Persönlichkeit des Lehrplanverfassers zu berücksichtigen, und andere mehr. Bis Ende des 19. Jahrhunderts noch waren die Lehrpläne die Auftragsarbeit einzelner (so bei Humboldt 1809 oder Kerschensteiner 1899).

Etwa seit der Mitte des 19. Jahrhunderts hatte sich der Staat seiner Aufsichts- und Kontrollfunktion besonnen und Lehrpläne offiziell und verpflichtend gemacht (1837 für die Gymnasien in Preußen; 1854/59 für die Volksschulen). Mit dem Beginn des 20. Jahrhunderts mehrten sich dann die Stimmen, Kommissionen unter Beteiligung von Lehrerinnen/Lehrern, Vertretern der Sozial- und Fachwissenschaften, Fachdidaktikern und Vertretern der Schuladministrationen die Lehrpläne ausarbeiten zu lassen, eine Regelung, die nach 1945 zur gängigen Praxis in der Bundesrepublik Deutschland wurde. Letzte Entscheidung hat allerdings das Kultusministerium.

Besondere Beachtung in der Nachkriegspädagogik erhielt die Lehrplantheorie von Weniger, die geisteswissenschaftlich, geschichts- und lebensphilosophisch sowie soziologisch fundiert ist (Weniger 1926). Nach Weniger sind Lehrpläne das Ergebnis des Kampfes geistiger, d.h. gesellschaftlicher Mächte und nicht das Ergebnis pädagogischer Reflexion. Staat und Kirche, Wirtschaft und Gesellschaft, Kunst und Wissenschaft, Recht und Sitte ringen als „Mächte des Lebens und der Bildung" darum, ihre Ziele und Interessen im Lehrgefüge der Schule vertreten zu sehen. Da keine dieser rivalisierenden Mächte sich gegenüber der anderen durchzusetzen vermag, fällt dem Staat die Aufgabe einer „ausgleichenden Instanz" zu. Der Staat ist nach Weniger der „Träger des Lehrplans" und sein „regulierender Faktor", er vertritt das für die Nation einheitliche Bildungsideal. Dieser ersten Schicht des Lehrplans fällt also die Aufgabe zu, die Ansprüche der objektiven Mächte auf gemeinsame Grundüberzeugungen (d.h. politischen Konsens, Konsens über die Anforderungen von Gegenwart und Zukunft) zu konzentrieren. Eine zweite Lehrplanschicht entscheidet dann über die auszuwählenden überzeitlichen geistigen Grundrichtungen (d.h. das religiöse Verhalten, das geschichtliche Verständnis, die wissenschaftliche Einstellung, die ästhetische Betrachtung) und die Kunde (über das geistig-geschichtliche Leben). Hierfür wird im Unterricht die notwendige Auswahl getroffen und legitimiert. Schließlich soll der Lehrplan in einer dritten Schicht Kenntnisse und Fertigkeiten angeben, mit denen die Schule auf die außerschulischen Aufgaben vorbereitet.

Die Doppelrolle des Staates ist das Problem in Wenigers Lehrplantheorie, wie das Lehrplangebahren des nationalsozialistischen Staates zwischen 1933 und 1945 belegt.

Nach 1945 knüpft die Lehrplandiskussion zunächst an die Positionen der ersten drei Jahrzehnte des 20. Jahrhunderts an. Weiterführende Impulse gingen in den 50er Jahren von Klafki und seiner Theorie der kategorialen Bildung aus.

Die gesellschaftlichen Umbrüche der 1960er Jahre führten zur Konzipierung einer ganz anderen Lehrplantheorie, der Curriculumtheorie. Sie ersetzt den Bildungsbegriff durch den Begriff Lernen und spricht von Curriculum statt Lehrplan – Änderungen, die programmatisch und nicht bloß terminologisch gemeint waren. Eine massive Kritik an den bestehenden Lehrplänen, sie seien stofflich überladen, traditionsorientiert und nicht auf dem Stand der Wissenschaften, fand in dem aus den USA rezipierten, dem Behaviorismus und der Unterrichtstechnologie verpflichteten Modell einer permanenten Revision lehrzielorientierter Curricula ihre neue theoretische Basis. Der damals führende Lehrplantheoretiker Robinsohn (1967) propagierte eine grundsätzliche Revision aller Inhalte, Schulfächer und Schulformen und forderte eine grundlegende Analyse der Lebenssituationen, für deren Bewältigung die Schule die nachwachsende Generation der Gesellschaft zu qualifizieren habe. Sind diese zukünftigen Lebenssituationen von Experten, Fachwissenschaftlern, Abnehmerinstitutionen, Vertretern der Human- und Sozialwissenschaften ermittelt, so können daraus kognitive, affektive und psychomotorische Qualifikationen oder Dispositionen (d.h. eine Art Gesamtverfassung des Menschen) erschlossen werden, die für die intendierte spätere Bewährung in den Lebenssituationen erforderlich sind. Dann erst könne überlegt werden, an welchen konkreten Lehrinhalten und in welchen Lernsituationen die erforderlichen Qualifikationen erworben werden, d.h. es werden daraus Curriculumelemente abgeleitet.

Im Unterschied zum herkömmlichen Lehrplan ist das Curriculum (mittelalt.: Arena für Wagenrennen, ab 17./18. Jh. in der Bedeutung planvolles, überprüfbares Vorausschreiten) die wissenschaftlich begründete Darstellung eines Qualifikationserwerbs für einen bestimmten Zeitraum unter präziser Angabe von Fächern, Lernbedingungen, Lehr-Lern-Zielen, dazu förderlichen Inhalten, dafür geeigneten Vermittlungsformen und Medien sowie genauen, darauf abgestellten Lernerfolgskontrollen zum Zwecke der präziseren Planung, Gestaltung und Überprüfung des Unterrichts. Während bei der bisherigen Lehrplanerstellung die Entscheidungsträger und die Entscheidungsverfahren meist nicht transparent waren, sollten bei der Erarbeitung von Curricula rationale und demokratische Verfahren praktiziert werden. Nicht mehr der Staat allein sollte Lehrplanentscheidungen treffen; vielmehr sollten sie aus einem Konsens durch Wissenschaft einerseits und die Betroffenen andererseits (Vergesellschaftung) hervorgehen.

Seit der systematischen lehrplantheoretischen Diskussion in der ersten Hälfte des 20. Jh. haben sich als Strukturmerkmale (Fundamentaldeterminanten) eines jeden Lehrplans herausgestellt (vgl. Dolch 1959):

– die Determinante Kind/Jugendlicher:
  Jeder Lehrplan hat sich an den altersspezifischen Lern- und Lebensbedingungen der jeweiligen Schülerinnen und Schüler zu orientieren.
– die Determinante Gesellschaft:
  Jeder Lehrplan entsteht in einer spezifischen historisch-gesellschaftlichen Situation mit je eigenen gesellschaftlichen Vorstellungen über die Aufgabe der Schule, über Bildung, Erziehung und Unterricht.
– die Determinante Lehrgut (bzw. Kultur):
  Das im Lehrplan vorgegebene Schulwissen muss dem Stand der Wissenschaften entsprechen, steht in einem kulturellen Tradierungszusammenhang und repräsentiert die kulturellen Teilsysteme Arbeit, Herrschaft, Sprache und Weltanschauung.

Dieses langfristig angelegte Modell der Curriculumforschung und Curriculum-entwicklung erwies sich als praktisch undurchführbar. So kam es zu mittelfristig konzipierten und pragmatischen Lösungen. Die meisten Bundesländer erstellten „curriculare Lehrpläne" mit präzisierten, eng aufeinander bezogenen Kategorien (Lernziele, Lerninhalte, empfohlene Unterrichtsverfahren und erforderliche Lernzielkontrollen).

Anregungen zu einer erneuten, eher unbemerkt verlaufenden Revision der Curricula/Lehrpläne gehen Ende der 1970er Jahre/Anfang der 1980er Jahre aus der Kritik an der Curriculumreform hervor, da diese die erwarteten Verbesserungen nicht gebracht hatte. Außerdem wurde angesichts gravierender gesellschaftlicher Veränderungen (vgl. Geburtenrückgang, Scheidungswaisen, anwachsende Zahl von verhaltensauffälligen und schulschwierigen Kindern, Erziehungsdefizit der Familien) angemahnt, die Curricula hätten die Erziehungsaufgabe der Schule zugunsten von Wissenschaftlichkeit beim schulischen Lernen vernachlässigt (vgl. die Thesen des Bonner Forums „Mut zur Erziehung"). Es kam zu einer Reorganisation von „Lehrplänen" mit zeitgemäßen Angaben zu Erziehung und Bildung in den einzelnen Schulformen und Schulfächern.

Die in den 1990er Jahren angestellten Überlegungen zur Neufassung von Lehrplänen berücksichtigen die Anliegen der damaligen Schulreform (Schulautonomie, Schulprogramm, Schulprofil und Schulentwicklung) und fordern eine Reduktion des Anteils der obligatorisch zu lernenden Inhalte zugunsten von mehr regionalen Ziel-Inhalts-Entscheidungen. Diese Tendenz ist jedoch wenig später durch die für Deutschland negativen Ergebnisse bei den internationalen Schulvergleichsuntersuchungen TIMSS, PISA u.a. überlagert. Der Blick auf die Lehrplantheorie und Lehrplanpraxis erfolgreicher Staaten (z.B. skandinavische Staaten, asiatische Staaten) und die Ausrichtung des Lernens an Kompetenzen, die schrittweise erreicht, nachgewiesen und an Hand von Standards vereinheitlicht werden sollen, wie die angloamerikanische Lehr-Lern-Forschung es vorsieht, führte in sehr kurzer Zeit zu einer neuen Sicht des Lehrplans.

Die heute diskutierte Lehrplantheorie betont zwei Strukturprinzipien:
(a) Zielorientierung
Neue Lehrpläne sollen grundsätzlich zielorientiert konzipiert sein. Sie gehen von Leitideen aus und führen über Richtziele und Grobziele zu den Feinzielen. Die Leitideen konkretisieren den Erziehungs- und Bildungsauftrag der Schule und geben dem Lehr-Lern-Weg der Schule eine Richtung. Sie umschreiben also allgemeine Zielsetzungen der Schule als eine Art übergeordnete Orientierungshilfe und unterteilen sich in

– *pädagogische Leitideen* zum Zwecke des Erzielens von Selbstkompetenz (z.B. Selbstwertgefühl, Lebensbejahung, Eigenständigkeit, Urteilsfähigkeit usw.), von Sachkompetenz (z.B. elementares Wissen, Fähigkeiten, Fertigkeiten, Lernkompetenz, Leistung) und von Sozialkompetenz (z.B. Gemeinschaftsfähigkeit, demokratisches Verhalten, Verantwortungsbewusstsein),
– *didaktische Leitideen,* mit deren Hilfe die pädagogischen Leitideen im Unterricht umgesetzt werden sollen und zu denen: eine positive Lernatmosphäre, Zielorientierung, Individualisierung, soziales Lernen, vernetztes Denken, exemplarisches Lernen, Lernen des Lernens, Beratung und Beurteilung gehören,
– *organisatorische Leitideen,* die für die Realisierung der beiden erstgenannten Leitideen nötig sind, wie die Zusammenarbeit mit den Eltern, die Zusammenarbeit mit der Öffentlichkeit, die Kooperation über Schularten-, Schulstufen- und Jahrgangsklassen hinweg, spezielle Fördermaßnahmen, ausgewählte Lehr- und Lernmittel, eine schülergerechte Schulumgebung, außerunterrichtliche und außerschulische Veranstaltungen des Schullebens usw.

Aus den Leitideen werden dann verbindliche Richtziele für die gesamte Schulzeit abgeleitet und aus diesen wiederum die Grobziele für die einzelnen Schulstufen, die ebenfalls verpflichtend sind. Im Sinne der Grobziele werden von den Lehrerinnen und Lehrern für die einzelnen Unterrichtseinheiten und Unterrichtsstunden Feinziele formuliert.

b) Bildungsstandards

Außer der Zielorientierung neuer Lehrpläne gibt es in der aktuellen lehrplantheoretischen Diskussion noch ein innovatives Element. Veranlasst durch TIMSS und PISA und im Zusammenhang mit der Expertise „Zur Entwicklung nationaler Bildungsstandards" werden die Möglichkeiten der Lehrplansteuerung von Unterricht neu thematisiert (2003, S.75). Dabei verlieren zentrale Lehrpläne als Unterricht strukturierendes Element auf nationaler Ebene oder auch auf der Länderebene an Bedeutung zugunsten einer zielgerichteten, der Autonomie der Einzelschule verpflichteten Standardisierung über Kompetenzziele. Im Neben- und Miteinander von national einheitlichen, verbindlichen Bildungsstandards und lokal, innerschulisch entwickelten Curricula/Lehrplänen wird die Zukunft gesehen. Um allerdings der Gefahr einer Überforderung der Einzelschule zu begegnen, sollen die nationalen Pläne anfänglich noch ein Steuerungssystem sein, in dem sowohl verbindliche Bildungsstandards und Kompetenzerwartungen als auch Fächer, Themen und Inhalte, gelegentlich sogar Lernformen zentral vorgegeben werden. Solche nationalen Lehrpläne sind geeignet, das Qualitätsbewusstsein für die Schularbeit zu stärken.

Kerncurricula sollen also die Leitfunktion nationaler Bildungsstandards so mit der Orientierungsfunktion von Lehrplänen verbinden, ohne dass die Autonomie der Einzelschule verhindert wird. Kerncurricula sind stufenbezogen und fachbezogen gedacht. Sie schließen sich an die Kompetenzvorgaben der Bildungsstandards an, sind aber zugleich offen für zeitliche Sequenzierungen und konkrete Unterrichtsgestaltungen, was in der alltäglichen Schularbeit als unentbehrlich gilt. Bildungsstandards und Kerncurricula ergänzen sich konzeptionell. Während die Bildungsstandards am Output bestimmter Kompetenzen orientiert sind, setzen die Kerncurricula am Input an, d.h. an der Auswahl von exemplarischen Inhalten/Themen und modellhaften Gestaltungsformen entsprechender Lehr-Lern-Prozesse, die das Erreichen der Kompetenzen möglich machen.

Im schulischen Kontext rückt das Kerncurriculum in die Nähe dessen, was gemeinhin mit allgemeiner Bildung umschrieben wird. Es muss Weltverstehen, Verstehen des Selbst und des Fremden sowie verantwortliche Weltgestaltung ermöglichen und die dazu erforderlichen Modi der Welterschließung (sprachlich-literarische, mathematisch-naturwissenschaftliche, historisch-sozialwissenschaftliche und ästhetisch-expressive).

3 Funktionen des Lehrplans

Lehrpläne sind bildungspolitische Setzungen für die Schul- und Unterrichtspraxis. Als solche haben sie gesellschaftliche und pädagogisch-didaktische Funktionen, die sich wie folgt konkretisieren lassen:

(a) gesellschaftliche Funktionen des Lehrplans sind:
- die Vereinheitlichung der schulischen Qualifikationsanforderungen zur Vorbereitung auf das Berufs-, Freizeit- und Alltagsleben
- die Enkulturation der Schüler/innen durch Einführung in die Traditionskultur und durch Weiterentwicklung der Kultur
- die Sozialisation der Schüler/innen durch funktionale Beeinflussung über verbindliche Lernziele und Lerninhalte sowie über das Kompetenzniveau der Lernanforderungen und Bildungsstandards
- die Selektion der Schüler/innen durch die Auswahl der Unterrichtsfächer, die Unterscheidung der Schulformen und die Einteilung von Bildungsstandards auf unterschiedlichen Niveaus
- die Legitimation des staatlichen Einflusses auf die Persönlichkeitsentwicklung von Kindern und Jugendlichen
- die Steuerung der schulischen und unterrichtlichen Arbeit der Lehrer/innen

– die Innovation des Schulunterrichts auf Grund von Veränderungen in der Wissenschaft und in der Gesellschaft.

(b) pädagogisch-didaktische Funktionen des Lehrplans sind:
– die Kodifizierung des Verständnisses von Bildung, Kompetenz, Lernen und Unterricht in einer bestimmten Zeitepoche
– die Festlegung des Schulwissens zu einem bestimmten Zeitpunkt als Auswahl aus dem Gesamt alles Wiss- und Lernbaren der Zeit, konzentriert auf Lernjahre/Lernzeiträume und Kompetenzstufen
– die Systematisierung des Aufbaus der Schülerpersönlichkeit hinsichtlich deren Sach-, Selbst-, Sozialkompetenz und Methoden und die Sicherung von Fortschritten auf dem Lernweg der Schüler
– die Entlastung der Lehrer/innen bei der Planung und Durchführung ihres Unterrichts- und Sicherungsauftrags
– die Transparenz und Kontrollierbarkeit des Unterrichts für Lehrer, Schüler, Eltern und Schulaufsicht
– die Reduktion und Aufbereitung neuerer fachwissenschaftlicher, fachdidaktischer, allgemeindidaktischer und pädagogischer Erkenntnisse für die Schul- und Unterrichtspraxis.

Allerdings werden diese Funktionen der politischen Legitimation und der innerschulischen Orientierung dadurch beeinträchtigt, dass – Untersuchungen zufolge – nur etwa 1/3 der Lehrkräfte tatsächlich genaue Kenntnisse der zu verwendenden Lehrpläne hat, dass die Lehrplantreue der Lehrer fachspezifisch unterschiedlich ist (in musischen Fächern am geringsten) und dass sie davon abhängt, wie stark die Unterrichtsführung durch das Schulbuch beeinflusst wird (bei Mathematik und bei den Fremdsprachen am intensivsten) (Tillmann 1999, Vollstädt 1999). Das hängt wesentlich damit zusammen, dass der Lehrplan bei der Umsetzung in die Praxis mehrfache Veränderungen erfährt: Aus dem offiziellen Lehrplan mit Angaben verbindlicher Lehrinhalte und Lehrziele sowie empfohlener Methoden und Medien wird bei der Unterrichtsplanung des Lehrers/der Lehrerin ein individueller Lehrplan, der eine subjektive Interpretation seitens der Lehrkraft und deren Anpassung der offiziellen Vorgaben an die Bedingungen der jeweiligen Schulklasse darstellt. Im konkreten Unterricht wird dieser individuelle Lehrplan zum tatsächlichen Lehrplan, insofern die Planung und deren Umsetzung in konkrete Unterrichtshandlungen unterschiedlichen Bedingungen unterliegen. Schließlich unterscheidet sich das, was unterrichtet wurde, noch einmal von dem, was die Schüler/innen tatsächlich daraus für sich entnommen und gelernt haben, dem so genannten realisierten Lehrplan (Vollstädt 1999). Hinzu kommt, dass die Einzelschulen im Rahmen ihrer Schulentwicklung und der Erarbeitung von Schulprogrammen mehr und mehr Einfluss darauf nehmen, was und wie an der Schule unterrichtet und gelernt wird, also Teile der Lehrplanfunktionen regional und lokal ausgeübt werden. Hier wird die Konzeption der Kerncurricula mit der Angabe von Bildungsprofilen und Bildungsstandards, deren Erreichen über schrittweise erwerbbare Kompetenzen unterschiedlichen Niveaus angestrebt wird und die auch grundsätzlich überprüfbar sind, die Autonomie der Schulen in methodischer Hinsicht zwar vergrößern, in Lernzielhinsicht aber stärker die Einzelschule auf übergreifende allgemeine Kompetenzziele verpflichten.

4 Forschungsstand

Die Lehrplanforschung hat mit der Curriculumtheorie in den 1970er Jahren neue Bedeutung bekommen. Sie befasst sich seitdem vorrangig mit Fragen der Lehrplangenese, der Lehrplanstruktur und der Lehrplanimplementation und deren Wirkungen. Dabei werden standardisierte und teilstandardisierte Fragebögen eingesetzt, Gruppendiskussionen und Leitfadeninterviews mit Beteiligten durchgeführt, Videodokumentationen von Unterricht und Prozessbeschreibungen erstellt, qualitative Inhaltsanalysen von Dokumenten und Texten vorgenommen sowie Fallstudien erarbeitet. Im Einzelnen ergibt sich folgendes Bild zum Forschungsstand (vgl. Schlegel 2003):

Die *Lehrplangenese* ist nach wie vor eine Veranstaltung der Schulverwaltung und der Schulpraxis, die unter weitgehendem Ausschluss der Öffentlichkeit arbeiten (Künzli & Hopmann 1998). Federführend ist dabei die Administration, letztentscheidend das zuständige Ministerium. Untersuchenswert ist hier der Diskurs zwischen den Lehrplanmachern.

Über die *Lehrplanstruktur* und darüber, welche Bedeutung sie nachweislich für die Lehrer/Lehrerinnen und für die Lernorganisation in den Schulen hat, fehlt es an Langzeituntersuchungen. Überprüft wurde allenfalls, ob sie hinsichtlich ihrer selbstgesetzten Ziele stimmig ist (vgl. Wiater 1977) und welche Erwartungen Lehrer an sie haben (vgl. Vollstädt 1999, Schlegel 2003). Ungeklärt ist, wie die Lehrplanstruktur mit unterschiedlichen Ebenen (Grundsatzüberlegungen, Fachprofile der Pflicht- und Wahlfächer, Lehrpläne der Jahrgangsstufen), mit Spaltenform (Inhaltsspalte, Methodenhinweise), mit Fließtext für die Ziele oder mit Ziellisten von den Lehrern beurteilt wird.

Lehrplanimplementationen als Forschungsgegenstand beschäftigen sich mit der Frage, wie neue Lehrpläne und insbesondere deren innovativer Charakter (vor allem) den Lehrer/innen vermittelt werden können, dass sie ihre Unterrichts- und Erziehungsarbeit daran ausrichten. Untersuchungen der letzten beiden Jahrzehnte (vgl. Haenisch 1985, Vollstädt u.a. 1995) haben erbracht, dass die Orientierung an neuen Lehrplänen außer bei grundsätzlich innovationsinteressierten Lehrern nur bei Berufsanfängern, beruflichen Wiedereinsteigern und im Falle von Unterrichtsvisitationen groß ist. Die Implementationsversuche über Multiplikatoren und neue Schulbücher erwiesen sich nur dann als Erfolg versprechend, wenn den Lehrerkollegien ein Freiraum zur aktiven und regionalen Adaptation eingeräumt wurde. Davon gesondert zu untersuchen ist die tatsächliche Lehrplanverwendung (vgl. Hameyer 1978, Vollstädt 1999, Biehl, Hopmann & Ohlhaver 1996, Künzli & Hopmann 1998, Höhmann 2002). Dabei hat sich herausgestellt, dass die hohen Steuerungserwartungen der Bildungspolitiker auf Grund der unterschiedlichen und größtenteils niedrigen Lehrplantreue der Unterrichtenden unrealistisch sind, dass neue Lehrpläne weniger den Unterricht direkt als vielmehr die Diskussion um die Schulentwicklung fördern sowie dass Alter, Geschlecht und Praxiserfahrung der Lehrkräfte bei der Wertschätzung neuer Lehrpläne entscheidende Faktoren sind. Als Nachteil für die konsequente Umsetzung neuer Lehrpläne in der Schule zeigte sich, dass die Ebenen, die mit dem Lehrplan bei der Genese, der Implementation und der Praxis zu tun haben, zu wenig vernetzt sind.

Literatur

Biehl, J., Hopmann, S. & Ohlhaver, F. (1996): Wie wirken Lehrpläne? In: Pädagogik 5. Weinheim: Beltz. 32-35. – Dolch, J. (1959): Lehrplan des Abendlandes. Zweieinhalbjahrtausende seiner Geschichte. 2. Aufl. Ratingen: Henn. – Haenisch, H. (1985): Lehrer und Lehrplan. Soest: Landes-institut für Schule u. Weiterbildung. – Hameyer, H. u.a. (1978): Handbuch der Curriculumforschung. Weinheim: Beltz. – Höhmann, K. (2002): Was wird durch eine Lehrplanrevision verändert? Frankfurt/M.: Lang. – Künzli, R. & Hopmann, S. (Hrsg.) (1998): Lehrpläne: Wie sie entwickelt werden und was von ihnen erwartet wird. Zürich: Rüegger. – Robinsohn, S. B. (1967): Bildungsreform als Revision des Curriculums. Neuwied: Luchterhand. – Schlegel, C. M. (2003): Zur Situation der empirischen Lehrplanforschung. In: Zentralinstitut für didaktische Forschung und Lehre (Hrsg.): Jahresbericht 2002, Augsburg: ZdFl. – Tillmann, K.-J. (1999): Brauchen Lehrer Lehrpläne? In: Hessisches Landesinstitut für Pädagogik (Hrsg.): Qualitätsentwicklung und Qualitätssicherung von Schule. Wiesbaden: HeLP Zentralstelle Publikationsmanagement 122-133. – Vollstädt, W., Höhmann, K., Rauin, U. & Tillmann, K.-J. (1995): Lehrpläne und Lehreralltag. Wiesbaden. – Vollstädt, W., Tillmann, K.-J. & Rauin, U. (1999): Lehrpläne im Schulalltag. Opladen: Leske + Budrich. – Weniger, E. (1926): Didaktik als Bildungslehre, Teil 1: Theorie der Bildungsinhalte und des Lehrplans. Weinheim: Beltz. – Wiater, W. (1977): Die Curriculumreform und die Aufgaben schulischer Erziehung und Bildung. Bonn: Universitätsdruck.

26| Allgemeinbildung
Barbara Koch-Priewe

1 Allgemeinbildung, Schlüsselqualifikationen, Literacy, Kompetenzen

Allgemeinbildung (engl. *general education*) bezeichnet – im Unterschied zu (schul-)fachlicher oder institutionsbezogener bzw. beruflicher Bildung – den Aspekt der Bildung, der es dem Menschen ermöglicht, seine vielfältigen Wesenskräfte (v.a. praktische, emotionale und geistige Fähigkeiten) zu entfalten und mitverantwortliche Teilhabe am gesellschaftlichen Leben zu realisieren; dies wird ermöglicht durch das Erschließen grundlegender Erfahrungen, Wissensbereiche und Werthaltungen der Gesellschaft und ihrer kulturellen Tradition sowie Ausdrucksformen. Die Pädagogische Anthropologie hat ebenso wie die Ideengeschichte des allgemein bildenden Schulwesens zahlreiche Ansätze und Konzepte vorzuweisen, die eine grundlegende „Menschenbildung" (Pestalozzi) intendieren und damit das Postulat der Aufklärung einzulösen beabsichtigen: der durch Bildung herbeigeführte „Ausgang des Menschen aus seiner selbstverschuldeten Unmündigkeit". An der Problemgeschichte des Allgemeinbildungskonzepts ist zu erkennen, dass bildungsphilosophische Begründungen (Klafki 1985) auf unterschiedliche Weise mit didaktischen bzw. unterrichtstheoretischen Fragestellungen verknüpft werden.

Als ein zentraler Traditionsstrang kann die seit der griechischen Antike diskutierte Kanonfrage bezeichnet werden. Eine Lösung des Auswahlproblems bot seit der Aufklärung die Orientierung an der Idee der Enzyklopädie (Diderot). Bereits im 17. Jahrhundert entfaltet Comenius aus religiöser Überzeugung ein demokratisches Konzept der Allgemeinbildung („Alle alles zu lehren"), das als Leistung einer öffentlichen Schule konzipiert wird. Rousseau betont im Sinne der Aufklärung das Ziel der Vervollkommnung der Fähigkeiten jedes Einzelnen, der sich als Teil der Gesellschaft begreifen und sich dem allgemeinen Wohl moralisch verpflichtet fühlen muss. Die von Humboldt geforderte allseitige Persönlichkeitsentwicklung steht im Zusammenhang mit der Vorstellung von der Vollendung der Schöpfung durch das Einzelsubjekt; konsequenterweise richtet sich diese Forderung auf alle Menschen.

Die Geschichte der Allgemeinbildung ist eng verknüpft mit der Bilanzierung und Kategorisierung des gesellschaftlichen Wissensbestandes (z.B. Kanon der Schulfächer, Allgemeinwissen; s. Tenorth 1994). Die Ausweitung des Wissensbestandes in der Moderne erfordert einen Bildungsbegriff, in dem Allgemeinbildung von Spezialbildung unterschieden und zugleich der Erwerb beider Komponenten systematisch organisiert wird: einerseits von allen Menschen geteilte Wissens- und Fähigkeitsbereiche, die als individuell und gesellschaftlich notwendiger Teil von Bildung verstanden werden, und andererseits spezifische Wissens- und Fähigkeitsbereiche, die als Konsequenz der gesellschaftlichen und privaten Arbeits- und Aufgabenteilung entstanden sind sowie der Individualisierung der Gesellschaft Rechnung tragen.

In der Tradition einer lehrplanorientierten Definition von Allgemeinbildung (Dolch, Weniger) und gleichwohl unter pragmatischer Nutzungsorientierung sind curriculumbezogene Lösungsversuche vorgeschlagen worden. Der von Robinsohn entwickelte Ansatz, das zur Bewältigung von Lebenssituationen erforderliche Wissen und Können zu ermitteln, war kaum zu realisieren. Nicht zuletzt unsichere Prognosen über zukünftige Entwicklungen ließen eine Orientierung am Qualifikationsbegriff ungeeignet erscheinen. Die vermeintlich aus der modernen Arbeitsmarktforschung ableitbaren „Schlüsselqualifikationen" fungieren eher als eine unspezifische Sammelkategorie nichtschulfachgebundener Fähigkeiten.

Anknüpfend an die Kritische Theorie betont Blankertz (1972), dass die Erziehung zu Mündigkeit und gesellschaftlicher Verantwortungsübernahme nicht nur Aufgabe von Allgemein-, sondern auch von Berufsbildung sei; auch aufgrund der Verwissenschaftlichung von Berufen in der modernen Industriegesellschaft sei die bisherige Trennung in zwei Aspekte von Bildung den Herausforderungen nicht mehr angemessen. Die praktische Umsetzung dieses Konzepts in einem Flächenstaat wie NRW gelang nur mit deutlichen Abstrichen.

Konzepte einer durch Lernen aus bzw. Rezeption von schriftlichem Material informierten Alltagsbewältigung, die im US-amerikanischen Bereich als Literacy (Grundbildung) bezeichnet werden und in internationalen Schulleistungsstudien Verwendung finden (Sting 2003), versuchen einen normativ-pragmatischen Zugang zur Allgemeinbildung. Die dort beschriebenen Handlungskompetenzen setzen sich aus kognitiven Kompetenzen, emotionalen, motivationalen und sozialen Aspekten zusammen. Schon bei Roth (1971) findet sich die in aktuellen Schul- und Bildungskonzeptionen häufig verwendete Unterscheidung von Sach-, Sozial- und Selbstkompetenz. Im Auftrag der OECD ist über Jahre an einer umfassenden Definition und Indikatorisierung von Schlüsselkompetenzen gearbeitet worden (Rychen & Salganik 2003).

Psychometrische Modelle der Lernstandsmessung und damit verknüpfte Lernzielkataloge (Bildungsstandards) bedienen sich gleichfalls des Kompetenzbegriffs, um die starke Transferhypothese des Bildungsbegriffs zu operationalisieren (Grob & Maag Merki 2001, Stern 2003).

2 Epochaltypische Schlüsselprobleme: Kern der kritisch-konstruktiven Bildungstheorie

Ein gesellschaftlich-historisch ausgewiesenes Allgemeinbildungskonzept begreift als seinen Kern „epochaltypische Schlüsselprobleme" Klafki (1985). Unter Rückgriff auf neuhumanistische Bildungstheorien (z.B. Humboldt, Schleiermacher u.a.) wird die notwendige humane (und ökologische) Weiterentwicklung der Gesellschaft zur Leitidee; der Bildungsbegriff wird gesellschaftskritisch und nicht affirmativ verstanden. Im Mittelpunkt steht das Grundrecht auf Entfaltung der Persönlichkeit im Rahmen einer freiheitlichen und sozialen Demokratie (Klafki 1985). Das Allgemeinbildungskonzept von Klafki ist Teil einer von ihm in Anlehnung an die Kritische Theorie (Habermas) entworfenen kritisch-konstruktiven Erziehungswissenschaft, die sich als Integration von Aspekten der Geisteswissenschaftlichen Pädagogik, Hermeneutik, Empirie und Ideologiekritik versteht (Klafki 2002). In diesem Bezugsrahmen kann Bildung als die Entwicklung von drei Grundfähigkeiten beschrieben werden: Fähigkeiten zur Selbstbestimmung, Mitbestimmung und Solidarität (Klafki 1996, S.52). Die in der bildungstheoretischen Didaktik (1963) formulierte Überwindung der Trennung von formaler und materialer Bildung mündete in den Vorschlag der „Kategorialforschung": epochaltypische Schlüsselprobleme fungieren als „Kategorien", die Allgemeinbildung bewirken. Als solche Probleme werden übergreifende Sachverhalte in Natur, Technik und Gesellschaft bezeichnet, von denen schädigende Wirkungen ausgehen. Diese Probleme sollen innerhalb eines fächerübergreifenden Rahmenkonzepts im schulischen Unterricht aller Schulstufen und -fächer behandelt werden.

Münzinger & Klafki legen 1995 eine Sammlung von Unterrichtseinheiten zum Schlüsselproblemkonzept in den Sekundarstufen vor. Dieses Konzept erscheint auch für den Unterricht an den Grundschulen tauglich (Faust-Siehl u.a. 1996). Eine Vielzahl fachdidaktischer Ansätze aus den Bereichen Biologie, Physik, Technik Geographie, Geschichte und Politische Bildung profitieren in ihren Neuorientierungen vom Schlüsselproblemkonzept. Auch viele neuere Ansätze zum Projektunterricht, zum fächerverbindenden Unterricht sowie die feministisch orientierte „geschlechtssymmetrische Didaktik" beziehen sich auf dieses Allgemeinbildungskonzept. Institutionelle Wirkungen des

Schlüsselproblemkonzepts zeigen sich in vielen Richtlinien und Lehrplänen, u.a. NRW-Denkschrift „Zukunft der Bildung. Schule der Zukunft" (1995) sowie der hessische Rahmenplan für die Grundschule (1995). Internationale Schulleistungsstudien wie PISA (Baumert u.a. 2001, 301) greifen diese Definition von Allgemeinbildung auf: Unter anderem werden dort fächerübergreifende Kompetenzen wie selbstreguliertes Lernen sowie kooperative und kommunikative Fähigkeiten erfasst, zu denen auch Werthaltungen wie z.B. Verantwortungsübernahme gegenüber der Umwelt oder Engagement gegen Ausländerfeindlichkeit gehören.

3 Offene Fragen und Entwicklungsperspektiven

Die Wirkungen des Schlüsselproblemkonzepts auf Bildungsprozesse von SchülerInnen sind empirisch nicht geklärt – genauso wenig wie die Akzeptanz durch LehrerInnen. Weiterhin hat sich – u.a. durch das Literacy-Konzept – die Skepsis gegenüber der Trennung zwischen „instrumentellen" (Lesen, Rechnen u.a.) und „potentiell emanzipatorischen" (Klafki 1985) Themen vergrößert.

Literatur

Baumert, J. u.a. (Deutsches PISA-Konsortium) (Hrsg.) (2001): PISA 2000. Basiskompetenzen von Schülerinnen und Schülern im internationalen Vergleich. Opladen: Leske und Budrich. – Blankertz, H. (1972): Kollegstufe in NRW. In: Frommberger, H., Rolff, H.-G. & Spies, W. (Hrsg.): Die Kollegstufe als Gesamtoberstufe. Braunschweig: Westermann. – Bildungskommission NRW (1995): Zukunft der Bildung. Schule der Zukunft. Neuwied: Luchterhand. – Faust-Siehl, G., Garlichs, A., Ramseger, J., Schwarz, H. & Warm, U. (1996): Die Zukunft beginnt in der Grundschule. Empfehlungen zur Neugestaltung der Primarstufe. Reinbek: Rowohlt. – Grob, U. & Maag Merki, K. (2001): Überfachliche Kompetenzen. Theoretische Grundlegung und empirische Erprobung eines Indikatorensystems. Frankfurt a. M: Lang. – Hessisches Kultusministerium (1995): Rahmenplan Grundschule. Wiesbaden: Diesterweg. – Klafki, W. (1958): Didaktische Analyse als Kern der Unterrichtsvorbereitung. In: Die Deutsche Schule, 50, 450-471. – Klafki, W. (1963): Kategoriale Bildung. Zur bildungstheoretischen Deutung der modernen Didaktik. In: Klafki, W. (Hrsg.): Studien zur Bildungstheorie und Didaktik. Weinheim: Beltz, 25-45. – Klafki, W. (1985): Grundzüge eines neuen Allgemeinbildungskonzepts. Im Zentrum: Epochaltypische Schlüsselprobleme. In: Klafki, W. (Hrsg.): Neue Studien zur Bildungstheorie und Didaktik. Zeitgemäße Allgemeinbildung und kritisch-konstruktive Didaktik. Weinheim: Beltz, 43-82. – Klafki, W. (2002): Kritisch-konstruktive Pädagogik. Herkunft und Zukunft. In: Klafki, W. (Hrsg.): Schultheorie, Schulforschung und Schulentwicklung im politisch-gesellschaftlichen Kontext. Ausgewählte Studien (hrsg. v. B. Koch-Priewe, H. Stübig & W. Hendricks). Weinheim: Beltz, 12-38. – Münzinger, W. & Klafki, W. (Hrsg.) (1995): Schlüsselprobleme im Unterricht. Thematische Dimensionen einer zukunftsorientierten Allgemeinbildung (Die Deutsche Schule, 3. Beiheft). Weinheim: Juventa. – Roth, H. (1971): Entwicklung und Erziehung. Pädagogische Anthropologie, Bd. 2. Grundlagen einer Entwicklungspädagogik. Hannover: Schroedel. – Rychen, D.& Salganik, L. (Eds.) (2003): Key competencies for a successful life and a well-functioning society. Cambridge, MA: Hogrefe. – Stern, E. (2003): Lernen ist der mächtigste Mechanismus der kognitiven Entwicklung: Der Erwerb mathematischer Kompetenzen. In: Schneider, W. u.a. (Hrsg.): Entwicklung, Lehren und Lernen. Zum Gedenken an Franz Emanuel Weinert. Göttingen: Hogrefe, 207-217. – Sting, S. (2003): Stichwort: Literalität – Schriftlichkeit. In: Zeitschrift für Erziehungswissenschaft 6 (3), 317-337. – Tenorth, H. (1994): Alle alles zu lehren. Möglichkeiten und Perspektiven allgemeiner Bildung. Darmstadt: Wissenschaftliche Buch-gesellschaft.

27| Grundlegende Ziele des Unterrichts
Eva-Maria Kirschhock

1 Verständnis von Zielen im Kontext von Erziehung und Unterricht

Im angloamerikanischen Raum umschreibt der Sammelbegriff „education" alle Maßnahmen auf dem Gebiet der Ausbildung und Erziehung. Im Deutschen wird dagegen zwischen „Erziehung", „Ausbildung" und „Unterricht" sprachlich unterschieden. Vor allem für die beiden letztgenannten Kategorien existieren zudem eigene didaktische und theoretische Traditionen, die auch die Ziel-Ebene einschließen. Quellen für die Begründung von Erziehungszielen sind z.B. die Erziehungswissenschaften und hier vor allem die Pädagogik (vgl. Oelkers 2002). Unterrichtsziele hingegen werden z.B. aus der Allgemeinen Didaktik, der Schulpädagogik oder aus der pädagogisch-psychologischen Unterrichtsforschung heraus begründet.

2 Ziele des Unterrichts aus historischer Sicht

Mitte des 19. Jahrhunderts wurde die Einrichtung öffentlicher Schulen vor allem von den Landesfürsten betrieben, die in erster Linie an loyalen, gehorsamen Mitgliedern der Gesellschaft und der Sicherung der Wirtschaftskraft des Staates durch hinreichend qualifizierte Arbeitskräfte interessiert waren. Entsprechend eng war der inhaltliche Bezug von gesinnungsbildenden Themen mit dem Erlernen der Kulturtechniken Lesen, Schreiben und Rechnen festgelegt. Gegen Ende des 19. Jahrhunderts erfolgte eine starke Reaktion auf die beklagenswerten pädagogischen Zustände („Drillschule"). Die Gegenbewegung war eingebettet in den Kontext vielfältiger Reformbestrebungen der Kultur-, Frauen-, Lebensreform- und Jugendbewegung und fand theoretische sowie praktische Niederschläge in nahezu allen pädagogischen Bereichen. Dominierende Zielsetzungen waren z.B., das Kind in seiner *aktiven Rolle beim Lernen* zu verstehen und zu unterstützen sowie zu helfen, *Individualität* zu entfalten. Übergeordnete Leitlinien beim Unterrichten waren *Lebensnähe, Kindgemäßheit, Anschauung und Heimatbezug*.

Nach der Machtübernahme der Nationalsozialisten 1933 ordnete sich die schulische Erziehung ganz der Unterstützung des *politischen Systems* unter. Die darauf folgenden Nachkriegsjahre standen im Zeichen der *Konsolidierung*; inhaltlich wie formal wurde retrospektiv in allen Schularten an die Traditionen vor 1933 angeknüpft. Erst in den 60er Jahren verstärkten sich die Bemühungen der Bildungspolitiker, den geistigen, wirtschaftlichen und gesellschaftspolitischen Umwälzungen Rechnung zu tragen. Im gesamten Schulwesen führte dies z.B. zu einer *Orientierung an den wissenschaftlichen Fachdisziplinen und zu einer auf Lerneffektivität ausgerichteten Unterrichtsweise*. Im „Strukturplan für das Bildungswesen" (1970, S.133) wurde aber auch darauf abgehoben, dass *„entdeckendes Lernen, selbstständiges und kooperatives Arbeiten, Schulung im Problemlösen…als Verfahren und Prozesse des Lernens ebenso wichtig sind wie die zu erlernenden Inhalte selbst"*. Diese Reform hat in der Zwischenzeit zahlreiche Korrekturen und Weiterentwicklungen erfahren, die sich in Lehrplänen aller Schularten und deren Zielsetzungen widerspiegeln.

3 Grundlegende Ziele des Unterrichts

3.1 Individualisierung des Lernprozesses versus Ökonomisierung des Lehrprozesses

Mit einem eher offenen Unterricht verbinden sich in der Regel *grundlegende Ziele*, die den Unterricht bestimmen: Durch *Individualisierung* soll beispielsweise ein Anknüpfen an den Lernstand des Einzelnen möglich sein. Es werden v. a. erzieliche Ziele wie selbstständiges und selbstverantwortetes Lernen angestrebt. Motivation und Interesse des Einzelnen sollen bestmöglich zur Wirkung kommen. Diese Zielsetzungen spielen selbstverständlich auch in einem lehrerzentrierten Unterricht eine Rolle, jedoch ist hier die angestrebte *Ökonomisierung des Lehrens* stärker im Vordergrund.

Behält man auf der Ebene des konkreten Unterrichts die analytische Trennung zwischen individualisierender und ökonomisierender Lehrweise bei – was faktisch selten in Reinform vorkommt – so gibt es noch einen weiteren Aspekt zu bedenken. Neben dem Inhalt und der Methode gehört die *Zielorientierung* als solche zu den strukturierenden Merkmalen von Unterricht. Individualisierender Unterricht ist jedoch nicht, wie dies etwa bei Gruehn (2000, S.47) geschieht, zwangsläufig als geringerer *Strukturierungsgrad* im Vergleich zum ökonomisierten Unterricht zu sehen. Strukturierende Maßnahmen, die die Öffnung des Unterrichts unterstützen, sind z.B. die Zieltransparenz, Regelklarheit, gut strukturiertes Material, klare Organisation offener Unterrichtsformen oder das Wissen der SchülerInnen um Auswahlmöglichkeiten und die Konsequenzen daraus. Empirische Forschungen und Aussagen zur Effektivität sowie zu Qualitätsmerkmalen von Unterricht beziehen sich deshalb in letzter Zeit nicht mehr ausschließlich auf ökonomisierenden lehrerzentrierten Unterricht (vgl. z.B. Helmke & Weinert 1997) sondern gelegentlich bereits auch auf individualisierende Lehrweisen unter Gesichtspunkten wie der genannten „Strukturiertheit", wie z.B. bei Jonen, Hardy & Möller (2003); Kirschhock (2004) und Peschel (2003).

3.2 Multikriteriale Zielerreichung

Schule hat die Aufgabe, nicht nur fachliche Kompetenzen zu vermitteln, sondern auch die Persönlichkeitsentwicklung zu fördern. Einige Studien sind der Frage nachgegangen, ob es möglich ist, *gleichzeitig verschiedene Zielkriterien* zu erfüllen, z.B. kognitive und nicht-kognitive Ziele. In den meisten Untersuchungen geht es, wie von Schrader, Helmke & Dotzler (1997, 300) zu Recht kritisiert wird, nicht um Ziele, sondern um unterrichtliche Wirkungen etwa im Bezug auf „Leistungssteigerung versus Chancenausgleich", wobei unklar ist, ob diese von den Lehrern bewusst angestrebt wurden (z.B. Treinies & Einsiedler 1996).

Andere Studien beziehen neben dem Lernerfolg auch motivationale und affektive Zielkriterien ein. Während etwa die Metaanalyse von Giaconia & Hedges (1982) weitgehend so interpretiert wurde, dass entweder Ziele im Leistungs- oder Persönlichkeitsbereich schulisch gut zu fördern seien, zeigen neuere Untersuchungen etwa im Bereich Mathematik, dass eine multikriteriale Zielerreichung durchaus möglich ist (z.B. Kammermeyer & Martschinke 2003).

3.3 Anschlussfähige Bildung

Angesichts des exponentiell anwachsenden Wissens wurde in den letzten Jahrzehnten öfters die Vermittlung von eher allgemein formulierten „Schlüsselkompetenzen" gefordert, die ein lebenslanges Weiterlernen ermöglichen sollen. Helmke (2003) widerspricht diesem Denken: „Die wichtigste Voraussetzung für kumulative und anspruchsvolle Lernprozesse sind gerade nicht formale Schlüsselkompetenzen, sondern eine solide und gut organisierte Wissensbasis" (Helmke 2003, S.13). Auch die vielbeachtete BLK-Expertise (1997) fordert im Hinblick auf eine anschlussfähige Bildung „ein intelligent geordnetes, in sich vernetztes, in verschiedenen Situationen erprobtes und flexibles anpassbares Wissen" (BLK-Gutachten 1997, S.17). Um dies zu erreichen, werden die Bedeutung des spezifischen Vorwissens und das Anknüpfen daran betont. Besonders in der Grundschule wird die Anschlussfähigkeit der Bildungsprozesse zum Elementar- wie auch Sekundarbereich hin auf Individualebene (Stichwort „Lernen als eigenaktiver konstruktiver Prozess") und auf institutioneller und theoretischer Ebene gelegt (vgl. Faust, Götz, Hacker & Rossbach 2004). Bei dem von Bund und Ländern eingesetzten Modellversuchsprogramm „Lebenslanges Lernen" werden alle Bildungsbereiche einbezogen, auch die Aus- und Weiterbildung im Erwachsenenalter (BLK-Strategiepapier 2004).

4 Umsetzungen grundlegender Zielvorstellungen der Gesellschaft

Gesellschaftliche Wertvorstellungen und übergeordnete Leitlinien schlagen sich in Schulgesetzen, Verordnungen und *Lehrplänen bzw. Curricula* nieder. Oftmals hat die Einführung neuer Lehrpläne aus gesellschaftlich-politischer Sicht eine Erneuerungs- und Steuerungsfunktion. Dass eine solcher Art versuchte Moder-nisierung schwierig ist und oft nur unzureichend gelingt, zeigt beispielsweise eine Evaluationsstudie zum neu gestalteten Fachbereich Arbeitslehre in der Hauptschule Bayerns: Besonders die echten Neuerungen wurden nur sehr dürftig realisiert, da (alte) Ausbildung, „bewährte Praxis" etc. den Unterricht stärker prägten als die neuen Vorgaben (Huber-Mück, Scheibengruber & Schierl, 2003). Ein Dreh- und Angelpunkt für die Praxis, aber auch für die Forschung, bleibt deshalb die Lehrerpersönlichkeit, die mit ihren subjektiven Überzeugungen grundlegende Ziele für sich definiert und umsetzt.

Literatur

BLK (Bund-Länder-Kommission) (1997): Gutachten zur Vorbereitung des Programmes „Steigerung der Effizienz des mathematisch-naturwissenschaftlichen Unterrichts". Bonn: Bund-Länder-Kommission für Bildungsplanung und Forschungsförderung. – BLK (Bund-Länder-Kommission) (2004): Strategie für LebenslangesLernen in der Bundesrepublik Deutschland. Bonn: Bund-Länder-Kommission für Bildungsplanung und Forschungsförderung. – Deutscher Bildungsrat (1970): Empfehlungen der Bildungskommission. Strukturplan für das Bildungswesen. Stuttgart: Klett. – Faust, G., Götz, M., Hacker, H. & Rossbach, H.-G. (Hrsg.) (2004): Anschlussfähige Bildungsprozesse im Elementar- und Primarbereich. Bad Heilbrunn: Klinkhardt. – Giaconia, R. M. & Hedges, L. V. (1982): Identifying features of effective open education. Review of Educational Researcher, 52, 579- 602. – Gruehn, S. (2000): Unterricht und schulisches Lernen. Waxmann: Münster. – Helmke, A. (2003): Unterrichtsqualität: Erfassen, Bewerten, Verbessern. Velber: Kallmeyersche Verlagsbuchhaltung. – Helmke, A. & Weinert, F. E. (1997): Unterrichtsqualität und Leistungsentwicklung. Ergebnisse aus dem SCHOLASTIK-Projekt. In: F. E. Weinert & A. Helmke (Hrsg.): Entwicklung im Grundschulalter (S.241- 251). – Huber-Mück, L., Scheibengruber, G. & Schierl, W. (2003): Innovationen durch Lehrpläne? Ergebnisse einer wissenschaftlichen Erhebung nach der Logbuch-methode – am Beispiel des Lehrplans Arbeitslehre der Hauptschule. München: Staatsinstitut für Schulpädagogik und Bildungsforschung. – Jonen, A., Hardy, I. & Möller, K. (2003): Schwimmt ein Holzbrett mit Löchern? In: A. Speck-Hamdan, H. Brügelmann, M. Fölling-Albers & S. Richter (Hrsg.): Jahrbuch Grundschulforschung IV (S.159-164). Frankfurt a. M: Grundschulverband. – Kammermeyer, G. & Martschinke, S. (2003): Schulleistung und Fähigkeitsselbstbild im Anfangs-unterricht Mathematik. Ergebnisse aus dem KILIA-Projekt. In: Empirische Pädagogik, 17, 486-503. – Kirschhock, E.-M. (2004): Entwicklung schriftsprachlicher Kompetenzen im Anfangsunterricht. Bad Heilbrunn: Klinkhardt. – Oelkers, J. (2002): Pädagogik – wozu? In: Böhm, W. (Hrsg.): Pädagogik wozu und für wen? (43-69). Stuttgart: Klett-Cotta. – Peschel, F. (2003): Offener Unterricht in der Evaluation. Hohengehren: Schneider. – Schrader, F. W., Helmke, A. & Dotzler, H. (1997): Zielkonflikte in der Grundschule: Ergebnisse aus dem SCHOLASTIK-Projekt. In: F. E. Weinert & A. Helmke (Hrsg.): Entwicklung im Grundschulalter (299-316). Weinheim: Beltz. – Treinies, G. & Einsiedler, W. (1996): Zur Vereinbarkeit von Steigerung des Lernleistungsniveaus und Verringerung von Leistungsunterschieden in Grundschulklassen. In: Unterrichtswissenschaft, 24, 290-312.

28| Lehrziele/Lernziele
Hanna Kiper

1 Lehrziele – Lernziele – Eine Definition

Ein Lehrziel bezeichnet ein (von außen) gesetztes Ziel. Das Erreichen dieses Lehrzieles durch einen Lernprozess der Schüler, der durch Unterricht angeleitet und strukturiert wird, zeigt sich in einem gewünschten und in der Vorstellung vorweggenommenen Verhalten, das vorher möglichst eindeutig zu beschreiben ist. Bei einem Lehrziel geht es um die Bestimmung der Komplexitätsstufe des im Lehrziel ausgedrückten Verhaltens, um die Benennung der passenden inhaltlichen Momente und um die Abstimmung des Lehrziels auf die Lernvoraussetzungen der Lernenden (vgl. Peterßen 1982). Die Diskussion um Lehr- und Lernziele begann in den sechziger Jahren, als bei der Auseinandersetzung mit den überkommenen Lehrplänen um die Ziele des Unterrichts und ihre Legitimation gestritten wurde. Lehr- und Lernziele wurden bei der Entwicklung von Curricula und der Planung von Unterricht bedeutsam. Sie gingen in eine Vielzahl didaktischer Modelle ein. Nach der Veröffentlichung der Ergebnisse international vergleichender Schulleistungsstudien (z.B. Deutsches PISA-Konsortium 2001) begann eine Debatte über die Verarbeitungstiefe und Anwendbarkeit des Wissens.

2 Zur Entwicklung der Diskussion um Lehr- und Lernziele

Mit dem Band „Preparing Objectives for Programmed Instruction" von Robert F. Mager, der 1965 in deutscher Fassung erschien, wurde die Forderung nach einem zielführenden Unterricht artikuliert.
„Was soll der Schüler aus der Fülle der ihm allein in der Schule gebotenen Informationen eigentlich lernen? Was soll er nach einem bestimmten Unterrichtabschnitt wissen, können? Auf welche Weise kann der Lehrer erfahren, ob seine Schüler wirklich das gelernt haben, was er sie zu lehren beabsichtigte?" (Monzen & Rademacker 1965, S.VI)
In der *didaktischen* Diskussion ging es um die Organisation eines Lernfortschritts durch Unterricht und das Erfassen seiner Effektivität. Das Erreichen der Lehrziele sollte anhand geeigneter Aufgaben überprüft werden. In der *curricularen* Diskussion wurde eine Modernisierung der Lehrpläne und die Überwindung ihrer Unverbindlichkeit gefordert. In der deutschen Diskussion wurden die Begriffe Lehr- und Lernziele oft nicht deutlich unterschieden; sie geben an, was man durch Unterricht erreichen möchte.

3 Lernziele in didaktischen und curricularen Konzeptionen

Die *lernzielorientierte Didaktik* will Unterricht um den Lernbegriff zentrieren. In Abgrenzung zur bildungstheoretischen Didaktik mit Primat auf den Inhalten wird die Interdependenz von Zielsetzungen, Inhalten, Methoden und Medien herausgestellt. Anders als in der Berliner Didaktik wird die Priorität der Lernziele postuliert; Unterrichtsplanung beginnt mit der Sammlung und Gewichtung der Lernziele.
In der *kybernetischen Didaktik* werden Lehrziele als Soll-Werte verstanden. Aufgabe der Lehrkraft ist es, eine Lehrstrategie (ein Verlaufsplan zum Erreichen der Lehrziele) zu entwickeln. Lehrstrategien

sind vom Lehrziel und vom Adressaten abhängig. Ziel ist es, Ist-Werte der Lernenden in Soll-Werte zu überführen. Die Lehrkraft soll aus dem beobachtbaren Verhalten auf den Lernzustand schließen. Wenn Soll-Wert und Ist-Wert nicht übereinstimmen, muss ein neuer Regelungsprozess begonnen werden. Beim Planungshandeln der Lehrkraft sind Lehrziele in operationalisierter Form und damit überprüfbar zu formulieren und darauf abgestimmt Lehrstrategien unter Planung des Medieneinsatzes und der Festlegung von Rückkoppelungsmöglichkeiten (Festlegung von Kontrollstationen auf dem Wege zum Lernziel) festzulegen. Die kybernetische Didaktik ist ein Modell zur systematischen Entwicklung von Lehrstrategien und deren medialer Realisation im Prozess des Unterrichts (vgl. von Cube 1986).

In der *curricularen Didaktik* werden Unterrichtseinheiten entwickelt, die einen gesamten Lern- und Entwicklungsprozess anleiten, den ein Lernender durchlaufen soll. Das Curriculum muss Aussagen über Lernziele, Lernorganisation einschießlich der erforderlichen Handlungsschritte und Lernkontrollen enthalten. Das Formulieren von Lernzielen wird als zentraler Bestandteil der Curriculumentwicklung verstanden. Christine Möller skizziert, dass im ersten Arbeitsschritt Lernziele für eine Unterrichtseinheit (Lernplanung als Angabe des Lern-Soll-Verhaltens) erstellt, in einem zweiten Schritt Lernstrategien, um die Lernziele (Lern-Soll) zu erreichen, geplant werden; schließlich werden Kontrollverfahren konstruiert, die beim Überprüfen des Erreichens der Lernziele durch die Schüler und der gewählten Lehrstrategien und Lernmaterialien dienen. Lehrziele werden nach dem Grad ihrer Abstraktion, Genauigkeit und Eindeutigkeit resp. nach dem Grad ihrer Allgemeinheit bzw. Fachbezogenheit unterschieden. Möller nennt allgemein gehaltene, eher abstrakte Zielvorstellungen (z.B. aus den Präambeln von Bildungsplänen) Richtziele; die konkreteren Ziele bezeichnet sie als Grobziele; sie lassen alternative Interpretationen zu. Feinziele weisen die Ziele einer Unterrichtsstunde aus. Sie sollen ein konkret zu beobachtendes Endverhalten beschreiben (Operationalisierung). „Im Prozess der Unterrichtsplanung besteht auf diese Weise eine Hierarchie von Lernzielen" (Peterßen 1982, S.90), die jedoch nicht voneinander abgeleitet werden können (vgl. Meyer 1972).

Unter der *Operationalisierung von Lernzielen* wird verstanden, dass Messoperationen angegeben werden, mit der die intendierten Veränderungen des Verhaltens der Lernenden erfasst werden, um von dem sichtbaren Verhalten auf erfolgreiches Lernen schlussfolgern zu können. Lehrkräfte sollen

1. das Endverhalten und die Art des Verhaltens eindeutig beschreiben, das kennzeichnet, dass der Lernende das Ziel erreicht hat und seine Voraussetzungen kennzeichnen,
2. die Mittel angeben, deren sich die Lernenden bedienen dürfen, wenn sie die verlangten Operationen vollziehen und die Bedingungen nennen, unter welchen das Endverhalten gezeigt werden soll,
3. einen Maßstab für einen zufriedenstellenden Erfolg angeben, der darauf verweist, wie gut ein Verhalten gezeigt werden muss, um als zufriedenstellend zu gelten (vgl. Mager 1965, S.12; S.27).

Kognitive Lernziele beziehen sich auf Wissen, Denken, Problemlösen, *psycho-motorische Lernziele* auf die motorischen und manipulativen Fähigkeiten, *affektive Lernziele* auf Normen und Werte, Einstellungen und Interessenlagen (vgl. Meyer 1974, S.80ff).

Taxonomien von Lernzielen stellen Schemata dar, mit deren Hilfe die Lernziele systematisch geordnet werden. Die Ergebnisse verschiedener Forschergruppen (um Bloom, Krathwohl & Masia) zeigen, dass Lernziele unterschiedlich anspruchsvoll sein können. Für den kognitiven Bereich werden die Lernziele nach dem Grad der Komplexität gestuft. Daher wird unterschieden: 1. Wissen und Kennen, 2. Verstehen, 3. Anwendung, 4. Analyse, 5. Synthese und 6. Bewertung und Beurteilung. Bei den affektiven Lernzielen wird der Grad der Internalisierung (Verinnerlichung) unterschieden und hierarchisiert in 1. Aufnehmen und Beachten, 2. Reagieren, Antworten, 3. Werten, 4. Aufbau und Organisation einer Werthierarchie, 5. Charakterisierung des Verhaltens durch einen Wert oder Wertkomplex. Für die psycho-motorischen Lernziele wird der Grad der Koordination des psychomotorischen Verhaltens in den Blick genommen. Es kommt zu folgender Stufung: 1. Imitation (unvollkommene Handlungsnachahmung), 2. Manipulation (differenzierte Handlungsnachahmung), 3. Präzision (kontrollierter und variationsfähiger Handlungsvollzug), 4. Strukturierung (Harmonisierung des Handlungsvollzugs), 5. Naturalisierung (mechanisch geregelte Handlungsfertigkeit) (vgl. Keck 1975, S.102, S.108). Taxonomien werden als „heuristisch-konstruktive Hilfe" (Keck 1975, S.115) für das Finden von Lehrzielen und das Festlegen von Lernniveaus verstanden (vgl. auch die Kritik von Aebli 1997, S.324).

Lehrzielen kommt eine wichtige Funktion bei der Entwicklung von Lehrplänen, der Erstellung von Lernmaterialien und der Konstruktion von Aufgaben zu. Es wird darüber nachgedacht, wie sie gefunden werden. Eine Position versteht Lehrziele als Setzung (Dezisionismus). Dagegen zielen deduktionistische Theorien darauf, Lehrziele aus einer Kombination von Normen und Werten, Fachwissenschaften und antizipierten gegenwärtigen und zukünftigen gesellschaftlichen Situationen und darin erforderlichen Qualifikationen abzuleiten. Lehrziele können weder wahr noch falsch sein, sondern nur begründet oder legitimiert werden (vgl. Meyer 1972; von Cube 1986, S.54). Eine *Legitimierung der Lehrziele* kann unter verschiedenen Kriterien erfolgen, z.B. im Hinblick auf die Bedeutung eines Gegenstandes im Gefüge der Wissenschaft, seine Leistung für Weltverstehen und seine Funktion in spezifischen Verwendungssituationen des privaten und öffentlichen Lebens (Robinsohn 1969, S.47).

4 Kontroversen

Bei der *Befürwortung der Formulierung von Lehr- und Lernzielen* wird betont, dass so die Zielklarheit des Unterrichts zunimmt, Strukturierungshilfen für die Analyse und Planung von Lernprozessen gegeben und Lernleistungen erfassbar werden; der Unterrichtserfolg wird evaluierbar und Unterricht aufgrund anspruchsvollerer Zielsetzungen besser. Der Lernerfolg der Schüler kann gesteigert und Kenntnisse auf Dauer gesichert werden. *Kritiker* eines lernzielorientierten Unterrichts unterstellen, dass dieser eine starke Gewichtung des kognitiven Lernens zur Folge hat, dass die Handlungsfreiheiten der Lehrkräfte eingeschränkt, die Mitbestimmungsmöglichkeiten der Schülerinnen und Schüler reduziert, das Recht auf Umwege, kreative Einfälle und Fehler beim Lernen eingeschränkt werden. Es wird dafür plädiert, nicht auf den Outcome von Unterricht zu setzen, sondern Lernsituationen zu konzipieren, die offen für die Verwendung vielfältiger Methoden sind.

5 Perspektiven

Bildungspläne, Richtlinien und Curricula wiesen in den letzten dreißig Jahren zwar Ziele, Inhalte, Methoden und Medien aus, sie definierten aber kein Anforderungsniveau, auf dem Schüler der verschiedenen Schulstufen und Bildungsgänge etwas wissen und können sollen. Neuerdings wird die Diskussion über Zielsetzungen des Unterrichts – in Reflexion auf Studien über die Bedeutung des systematischen Wissensaufbaus – unter Rückgriff auf den Kompetenzbegriff in (international vergleichenden) Schulleistungsstudien geführt. Kompetenzmodelle verweisen auf das Gefüge der Anforderungen, deren Bewältigung von Schülerinnen und Schülern erwartet wird (Komponentenmodell); außerdem „liefern sie wissenschaftlich begründete Vorstellungen darüber, welche Abstufungen eine Kompetenz annehmen kann bzw. welche Grade oder Niveaustufen sich bei den einzelnen Schülerinnen und Schülern feststellen lassen" (Klieme u.a. 2003, S.61). Kompetenz wird als messbar verstanden und durch Aufgaben erfasst.

„Jede Kompetenzstufe ist durch kognitive Prozesse und Handlungen von bestimmter Qualität spezifiziert, die Schüler auf dieser Stufe bewältigen können, nicht aber Schüler niedrigerer Stufen

(...)". Kompetenzmodelle treffen „Aussagen über die Dimensionen und Stufen von Kompetenzen, die prinzipiell mit Hilfe passender Aufgaben (...) empirisch überprüft werden können" (Klieme u.a. 2003, S.16).

Mit der Stufung geht eine normative Setzung einher, was am Ende der Grundschule (Primarbildung) oder am Ende des Sekundarbereichs I (Grundbildung) gewusst und gekonnt werden soll, um anschlussfähig weiter lernen zu können. Neben der Beschreibung erwartbarer Lernergebnisse von Schülerinnen und Schülern eines Alters in den jeweiligen Fächern geht es darum aufzuzeigen, „welche »Wege zum Wissen und Können« eingeschlagen werden können" (Klieme u.a. 2003, S.58). Es geht um das Identifizieren von Grunddimensionen der Lernentwicklung in einem Gegenstandsbereich (vgl. auch Aebli 1997, S.322).

Der Blick auf die Lernergebnisse der Schüler hat die Diskussion um die Zielklarheit des Unterrichts aktualisiert. Im Jahr 2004 wurden Anforderungsniveaus für den mittleren Schulabschluss, den Hauptschulabschluss und für die schriftlichen Prüfungsarbeiten im Abitur für ausgewählte Fächer (Deutsch, Englisch, Mathematik) durch die Kultusministerkonferenz markiert. Bildungsstandards und Anforderungsniveaus in verschiedenen Fächern werden als Instrumente für Qualitätssicherung diskutiert; ein Nachdenken über Lernprozesse im Unterricht beginnt (vgl. Kiper & Mischke 2004, S.114ff). Dabei geht es auch um die Frage, welche Konzeptionen von Unterricht zu guten Schulleistungen beitragen (vgl. Treiber & Weinert 1982, S.265; Weinert 1998; Helmke 2003).

Literatur

Aebli, H. (1997): Grundlagen des Lehrens. Eine Allgemeine Didaktik auf psychologischer Grundlage. 4. Aufl. Stuttgart: Klett-Cotta 1997. – Cube, F. v. (1986): Die kybernetisch-informationstheoretische Didaktik. In: Gudjons, H., Teske, R. & Winkel, R. (Hrsg.): Didaktische Theorien. 4. Aufl. Hamburg: Bergmann+Helbig, S.46-60. – Deutsches PISA-Konsortium (Hrsg.) (2001): PISA 2000. Basiskompetenzen von Schülerinnen und Schülern im internationalen Vergleich. Opladen: Leske+Budrich. – Helmke, A. (2003): Unterrichtsqualität erfassen, bewerten, verbessern. Seelze: Kallmeyer 2003. – Keck, R. W. (1975): Zielorientierte Unterrichtsplanung. Bochum: Kamp. – Kiper, H. & Mischke, W. (2004): Einführung in die Allgemeine Didaktik. Weinheim, Basel: Beltz 2004. – Klieme, E. u.a. (2003): Zur Entwicklung nationaler Bildungsstandards. Eine Expertise. Berlin. – Mager, R. F. (1965): Lernziele und Programmierter Unterricht. Weinheim, Berlin, Basel: Beltz. – Meyer, H. (1972): Einführung in die Curriculum-Methodologie. München: Kösel. – Möller, Ch. (1986): Die curriculare Didaktik. In: Gudjons, H., Teske, R. & Winkel, R. (Hrsg.): Didaktische Theorien. 4. Aufl. Hamburg: Bergmann+Helbig, 62-77. – Monzen, H. & Rademacker, H. (1965): Vorwort der Übersetzer. In: Mager, R. F.: Lernziele und Programmierter Unterricht. Weinheim, Berlin, Basel: Beltz, S. VI-VIII. – Peterßen, W. H. (1982): Handbuch Unterrichtsplanung. München: Ehrenwirth. – Robinsohn, S.B. (1969): Bildungsreform als Revision des Curriculums und ein Strukturkonzept für Curriculumentwicklung. 2. Aufl. Neuwied: Luchterhand. – Sekretariat der Ständigen Konferenz der Kultusminister der Länder in der Bundesrepublik Deutschland (Hrsg.): Bildungsstandards im Fach Deutsch für den mittleren Schulabschluss. Beschluss vom 4.12.2003. München: Luchterhand, Wolters Kluwer. – Treiber, B. & Weinert, F. E. (1982): Gibt es theoretische Fortschritte in der Lehr-Lern-Forschung. In: dies. (Hrsg.): Lehr-Lern-Forschung. München: Urban & Schwarzenberg, 242-290. – Weinert, F. E. (1998): Guter Unterricht ist ein Unterricht, in dem mehr gelernt als gelehrt wird. In: Freund, J., Gruber, H. & Weidinger, W. (Hg.): Guter Unterricht – Was ist das? Aspekte von Unterrichtsqualität. Wien: Pädagogischer Verlag, 7-18.

29| Problemlösen
Heinz Neber

1 Definition

Ein Problem entsteht, wenn ein Lebewesen ein Ziel hat und nicht weiß, wie es das Ziel erreichen soll (Duncker 1935). Problemlösen wird entsprechend mit Hilfe von *vier Komponenten* beschrieben: (1) Ein *Ausgangszustand* (z.B. Leinwand und Farben) wird in einen (2) *Zielzustand* (z.B. Porträt) durch eine (3) *Transformationsmethode* überführt. Dabei treten Schwierigkeiten (Barrieren) auf (z.B. die Transformationsmethode ist unbekannt, Malstil und Maltechniken müssen ausgewählt, erlernt oder erst erfunden werden). Zudem sind (4) weitere *Einschränkungen* (constraints) zu beachten (z.B. Abgabetermin, Kosten) (Simon 1999). So konzipiert sind Problemlösemodelle die wohl allgemeinsten Modelle zielgerichteter adaptiver Leistungen unter schwierigen Bedingungen. Allgemeine Handlungsmodelle oder Modelle selbstgesteuerten bzw. selbstregulierten Lernens lassen sich darauf abbilden (Neber 1987).

2 Wie läuft das Problemlösen ab?

Wie läuft Problemlösen als Denkprozess ab? Die einschlägigen Forscher Newell und Simon (s. Simon 1981) ließen dazu gut definierte komplexe Probleme (bevorzugt Turm-von-Hanoi Probleme) durch *lautes Denken* lösen. Danach sind zwei Phasen zu unterscheiden. (1) Zunächst muss das Problem definiert oder verstanden werden und (2) erst dann kann die Lösung gesucht werden. Auch für Unterricht ist relevant, dass eine Problemlösung schon daran scheitern kann, dass das Problem nicht definiert oder falsch verstanden worden ist (Vernachlässigung der Phase 1). Beim *Problemverstehen und -definieren* konstruieren Problemlöser eine interne Repräsentation, die als *Problemraum* bezeichnet wird und welche die vier oben angegebenen Komponenten (1-4) enthält. Der anschließende Lösungsprozess ist von der Qualität des aufgebauten Problemraums abhängig und wird als *Suche* in diesem Problemraum aufgefasst. Die Suche (etwa beim Schachspielen) kann vom gegebenen Ausgangszustand (vorwärts; z.B. Spielstand beim Schach) oder vom definierten Zielzustand (rückwärts; z.B. angestrebte Schachmattposition) aus erfolgen. Da sich bei komplexen Problemen nicht alle Lösungsmöglichkeiten im Problemraum absuchen lassen, müssen Problemlöser Methoden zur Vereinfachung und Verkürzung der Suche verwenden. Solche Methoden (Strategien) zur *Steuerung der Lösungssuche* im Problemraum werden als *Heuristiken* bezeichnet. Dies sind allgemeine (general), jedoch schwache (weak) Methoden. Denn angenommen wurde, dass sie sich auf allen Gebieten verwenden lassen (z.B. Schach, Geometrieprobleme), doch Lösungen werden auf diese Weise nur mit einer gewissen Wahrscheinlichkeit erreicht. Bekanntestes Beispiel ist die Mittel-Zweck-Analyse (Ausgangs- und Zielzustand werden verglichen; als Ziel wird gesetzt, die Distanz zwischen beiden zu verringern; dies wird fortlaufend wiederholt, bis die Lösung erreicht ist).

3 Anwendung und Weiterentwicklung der Problemlösepsychologie

3.1 Wie wird Problemlösen pädagogisch genutzt?

Die damit beschriebene *klassische Konzeption des Problemlösens* wurde für pädagogische Zwecke zumindest in dreifacher Hinsicht genutzt. (1) Allgemeine Methoden des Problemlösens wurden (und werden) vermittelt, um die Problemlösefähigkeit von SchülerInnen in allen Fächern zu steigern. Solche Methoden, zu denen auch die beschriebenen Heuristiken gehören, sind im Rahmen von Trainingsprogrammen der Intelligenz, des produktiven und kritischen Denkens oder des komplexen Problemlösens gefördert worden (vgl. Neber 1987). (2) Fachspezifische Heuristiken wurden trainiert. So von Schoenfeld (1985), der Mathematikleistungen von Studenten durch ein Training in Heuristiken mathematischen Problemlösens steigerte (z.B.: Falls ein Problem zu komplex ist, so konstruiere ein ähnliches Problem mit weniger Variablen). (3) Detailliertere Strategien zur Lösung spezifischer Aufgaben sind auf zahlreichen Gebieten wie der medizinischen Diagnostik oder schulnäher, von Arithmetik- und Geometrie-Textaufgaben genauer analysiert worden. Daraus resultierten neue Möglichkeiten zur Diagnose prozessualer Ursachen etwa für schlechte Rechenleistungen (z.B. gegebene Bedingungen werden beim Aufbau des Problemraums nur lückenhaft identifiziert; Lawson & Chinnappan 1994).

3.2 Problemlösen aktuell

Weiterentwicklungen der Problemlöseforschung lassen sich in dreifacher Hinsicht charakterisieren. (1) Zunehmend wurde Problemlösen auf so genannten *semantisch reichen Gebieten* untersucht (z.B. Medizin, Programmieren, Architektur). Zum Finden und Lösen von Problemen auf diesen Gebieten sind nicht nur allgemeine Heuristiken, sondern vor allem bereichsspezifisches Wissen erforderlich. Experten nutzen ihr Wissen zum Aufbau von Problemräumen (Problemverstehen) und zur Suche nach Lösungen. Expertenwissen enthält im Vergleich zu Novizen umfangreichere *Einheiten* (Cluster) und Beziehungen zu *Anwendungsbedingungen* (konditionalisiertes Wissen), die den Zugang und damit die Wissensnutzung in Problemsituationen ermöglichen. Im Unterricht sollte so strukturiertes Wissen vermittelt werden (s. Neber 1993a für eine elaborierte Lösung). (2) Problemlöseprozesse wurden auch bei so genannten *schlecht definierten Problemen* (ill-structured) untersucht. Sie zeichnen sich dadurch aus, dass eine oder mehrere der genannten vier *Komponenten* des Problemraums *nicht eindeutig definiert werden können*. Simon (1981, 1999) wies nach, dass für Managementprobleme in Organisationen generell keine maximal beste, sondern von ebenfalls im Problemraum zu konstruierenden Kriterien (constraints) abhängige optimale Lösungen erreicht werden können. Auch beim schulnäheren *Aufsatzschreiben* gibt es nicht nur einen „besten" Zielzustand, sondern es können zum gleichen Thema (Problem) gleichwertige, jedoch nach Stil und Inhalt verschiedene Lösungen (Aufsätze) resultieren (Bryson, Bereiter, Scardamalia & Joram 1991). (3) Problemlösen wurde nicht mehr nur als Leistung (Finden einer Lösung) untersucht, sondern als *Methode des Lernens*. Nach Bransford, Vye, Kinzer and Risko (1990) erwerben SchülerInnen durch Problemlösen sowohl *Problemlösefertigkeiten* als auch spezifisches *Wissen*, das sich für Leistungen auf dem jeweiligen Gebiet nutzen lässt. Nutzbares Wissen, das so erworben wird, ist auf Anwendungsbedingungen bezogen und wird als *konditionalisiertes Wissen* bezeichnet. Daher forderten Bransford und Mitarbeiter, Unterricht generell als Problemlösen zu gestalten. Sie entwickelten dazu das Konzept der „*anchored instruction*" bei dem SchülerInnen stets zuerst mit komplexen und authentischen Problemen konfrontiert werden (videogestützt). Bei Neber (1993b, 2000) führte die problemorientierte Gestaltung des Wissenserwerbs dazu, dass Auszubildende ihr vorhandenes technisches Faktenwissen aktivierten und in vollständiges, nutzbares Wissen transformierten. Durch Problemlösen wird demnach transferierbares Wissen, das auch Experten auf ihren Gebieten auszeichnet, erworben.

4 Problem-Basiertes Lernen: Konstruktiv, authentisch, kommunikativ

Die weiterentwickelte Problemlöseforschung hat zahlreiche Entwicklungen konstruktivistisch ausgerichteter *Methoden für Unterricht* angeregt. Zudem sind *Hilfsmittel* (vor allem unterrichtstechnologische) entwickelt worden, um die wissensgenerierenden Problemlöseprozesse von SchülerInnen prozedural zu erleichtern und zu unterstützen (z.B. Bryson u.a. 1991; Lesgold & Nahemov 2001). Die wohl komplexeste und am stärksten elaborierte Konzeption ist das *Problem-Basierte Lernen (PBL)*. Dessen Ziele sind flexibles (nutzbares) Wissen, Problemlösefertigkeiten, Selbststeuerungsfertigkeiten, Kommunikationsfertigkeiten und ein Zuwachs an intrinsischer Motivation (Hmelo-Silver 2004). Die multiplen Ziele werden erreicht, indem Lernende mit schlecht definierten, authentischen Problemen konfrontiert werden (bisher meist medizinische Diagnoseprobleme). Der Problemraumaufbau und die Lösungssuche werden sozial verteilt (Gruppen) und durch Tutoren erleichtert (geben Hinweise auf relevantes Faktenwissen und Lösungsprozeduren; Mandl, Gräsel & Fischer 2000). Nach zahlreichen Evaluationsstudien werden zumindest die ersten drei genannten Ziele so erreicht (Wissen, Fertigkeiten, Selbststeuerung).

Insgesamt kann Problemlösen im Unterricht demnach ganz entscheidend zur Verbesserung der Ablauf- und der Produktqualität von Unterricht beitragen (Jonassen 2000). Fortschritte der Problempsychologie bieten dafür weitere Möglichkeiten.

Literatur

Bransford, J.D., Vye, N., Kinzer, C. & Risko, V. (1990): Teaching thinking and content knowledge: Toward an integrated approach. In: B. F. Jones & L. Idol (Eds.): Dimensions of thinking and cognitive instruction. Hillsdale, NJ: Erlbaum. – Bryson, M., Bereiter, C., Scardamalia, M. & Joram, E. (1991): Going beyond the problem as given: Problem solving in expert and novice writers. In: R.J. Sternberg & P.A. Frensch (Eds.): Complex problem solving: Principles and mechanisms (pp. 61-84). Hillsdale, NJ: Erlbaum. – Duncker, K. (1935): Zur Psychologie des produktiven Denkens. Berlin: Springer. – Hmelo-Silver, C. E. (2004): Problem-based learning: What and how do students learn? In: Educational Psychology Review, 16, 235-266. – Jonassen, D.H. (2000): Toward a design theory of problem solving. In: Educational Technology, Research & Development, 48, 63-85. – Lawson, M. J. & Chinnappan, M. (1994): Generative activity during geometry problem solving: Comparison of the performance of high-achieving and low-achieving high-school students. In: Cognition and Instruction, 12, 61-93. – Lesgold, A. & Nahemow, M. (2001): Tools to assist learning by doing: Achieving and assessing efficient technology for learning. In: S. M. Carver & D. Klahr (Eds.): Cognition and instruction. Mahwah, NJ: Erlbaum, 307-346. – Mandl, H., Gräsel, C. & Fischer, F. (2000): Problem-oriented learning: Fostering domain-specific and control strategies through modeling by an expert. In: W. Perrig & A. Grob (Eds.): Control of human behaviour, mental processes and awareness. Mahwah, NJ: Lawrence Erlbaum Associates, 165-182. – Neber, H. (Ed.). (1987): Angewandte Problemlösepsychologie. Münster: Aschendorff. – Neber, H. (1993a): Training der Wissensnutzung als objektgenerierende Instruktion. In: K.J. Klauer (Hrsg.): Kognitives Training. Göttingen: Hogrefe, 217-243. – Neber, H. (1993b): Generierung von Wissen über ein Computerprogramm durch exploratives und problemorientiertes Lernen. In: Zeitschrift für Entwicklungspsychologie und Pädagogische Psychologie, 25, 206-224. – Neber, H. (2000): Nutzbares Wissen durch konditionalisierte und funktionalisierte Erklärungen. In: Zeitschrift für Pädagogische Psychologie, 14, 124-136. – Schoenfeld, A.H. (1985): Mathematical problem solving. New York: Academic. – Simon, H. A. (1981): Wissenschaftliche Entdeckung und die Psychologie des Problemlösens. In: H. Neber (Hrsg.): Entdeckendes Lernen, 3. Auflage. Weinheim: Beltz, 104-125. – Simon, H. A. (1999): Problem solving. In: R. A. Wilson & F. C. Keil (Eds.): The MIT encyclopedia of the cognitive sciences. Cambridge, MA: MIT Press, 674-676.

30| Soziales Lernen
Carola Lindner-Müller

1 Soziales Lernen – Ansätze einer Begriffsklärung und Hinweise zu theoretischen Hintergründen

„Soziales Lernen" (engl. *social learning*) gehört zu den zentralen Bereichen unterrichtlichen Lernens; als wissenschaftlicher Begriff muss Soziales Lernen hingegen eher als relativ unscharfes Konzept eingestuft werden, in dem sich weitere Begriffe wie Erziehung, Sozialisation und Lernen vereinen und auch nicht ausreichend zwischen der Gegenstandsbeschreibung und der Formulierung von Zielvorstellungen unterschieden wird (Petillon 1993a).
Während Soziales Lernen in der psychologischen Terminologie der Theorie des Modelllernens nach Bandura zugeordnet ist, steht der Begriff in der Pädagogik vornehmlich für bestimmte Lernziele und Lernformen (vgl. Kunter/Stanat 2003). Die Begriffsbreite verdeutlicht Krappmann (2002):

(1) Soziales Lernen als „sozialisatorischen Basisprozess" fasst Lernen als sozialen Vorgang auf – soziale Faktoren beeinflussen die Entwicklung des Kindes, soziale Erfahrungen bilden eine Grundlage für eigenes Handeln und unterstützen die kognitive sowie die sozial-kognitive Entwicklung. Zentral ist der Aspekt der „Ko-Konstruktion" (Youniss 1994; zitiert nach Krappmann 2002), der auf die Auseinandersetzung mit der sozialen Realität aus der Unterschiedlichkeit von Perspektiven verweist.
(2) „Soziales Lernen als erleichternder Rahmen für Lernprozesse" rekurriert auf unterstützende Lernsituationen, in denen der Lerngegenstand in die Erfahrungswelt des Lernenden eingebettet ist. Ein Bezug zu motivationspsychologischen Ansätzen ist gegeben.
(3) Die Perspektive „Soziales Lernen als Lernen erwünschten sozialen Verhaltens" nimmt den Bereich von Lernzielen in den Blick – als Leitlinie gilt hier die Entwicklung von ‚Autonomie und Verbundenheit' (Krappmann 2002, S.95). Sowohl die Modellfunktion relevanter anderer Personen (für einen Überblick zur Sozialen Lerntheorie nach Bandura vgl. Schermer 2001) als auch der aktive, eigenverantwortliche Part des Kindes finden hier Eingang.
(4) Aspekte der sozio-moralischen Entwicklung stehen unter der Facette „Soziales Lernen als moralisches Lernen" im Vordergrund. Einen theoretischen, insbesondere die Theorien von Piaget und Kohlberg betreffenden, Überblick einschließlich empirischer Ansätze und schulbezogener Anwendungen bietet das Herausgeberwerk von Edelstein, Oser und Schuster (2001).

Prägnant fassen Keller und Hafner (1999) Soziales Lernen als den Erwerb sozialer Verhaltensweisen, Fertigkeiten und Einstellungen sowie der Rollenübernahme zusammen – die Grundlagen bilden absichtsvolle sozialerzieherische Förderungen und das alltägliche Modelllernen.

2 Historische Entwicklungen des Konzepts Soziales Lernen

„'Soziales Lernen' hieß eine der großen Zielvorstellungen der Bildungsreformdiskussion der ausgehenden sechziger und beginnenden siebziger Jahre" (Fromm & Keim 1982, S.IX). Dabei stand in den sechziger Jahren die Idee des selbstbestimmten Individuums im Vordergrund, dem sich bald der Entwurf einer „'repressionsfreien' Erziehung" (Petillon 1993a, S.14) und eine gesellschaftspolitische Perspektive des sozialen Lernens anschloss (ebd., vgl. auch Rekus 2002). Während in den achtziger Jahren das Interesse an der Thematik nachließ, sieht Krappmann (2002) nun einen „neuen Diskussionshorizont" (S.89).

3 Soziales Lernen aus der Perspektive der Forschung

3.1 Ein Beschreibungsmodell Sozialen Lernens

Petillon (1993a) betrachtet Soziales Lernen als „Prozesse der individuellen Auseinandersetzung und Bewältigung von sozialen Ereignissen" (S.17). In seinem heuristischen Prozessmodell werden zugrunde liegende dynamisch aufeinander bezogene Person- und Umweltaspekte beschrieben:
Als Teil der Identitätsentwicklung erwirbt ein Kind im Laufe seiner Entwicklung (*vorauslaufende Bedingungen*) soziales Wissen (zur Entwicklung des soziales Wissens und Verstehens vgl. Silbereisen/ Ahnert 2002), soziale Kompetenzen und Handlungsorientierungen (*aktuelle Bedingungen*), die ihm in aktuellen Situationen zur subjektiven Rekonstruktion der Umwelt und handlungsleitend zur Verfügung stehen. Dies gilt ähnlich für das weitere ökologische Umfeld wie z.B. die Schülergruppe und die Familie.
An konkreten, emotional bedeutsamen Sozialereignissen soll sich Soziales Lernen bestimmen lassen. So finden bei der Auseinandersetzung mit Ereignissen verschiedene kognitive Prozesse statt, wie u. a. die subjektive Deutung des Ereignisses, die Antizipation von Bewältigungsmöglichkeiten, die Auswahl eines erfolgsversprechenden Handlungsentwurfs und die Handlungsbewertung; die Handlung selbst kann als interaktionaler Prozess aufgefasst werden.
Bei der Analyse sozialer Lernprozesse sind schließlich auch die Effekte Sozialen Lernens beim Einzelnen, im ökologischen Umfeld und im Beziehungsgefüge zu betrachten – problematisch stellt sich hier ein Mangel an theoretischen und empirischen Grundlagen dar (Petillon 1993a).

3.2 Untersuchungen zum Sozialen Lernen

Soziales Lernen findet in einer Vielzahl von Erfahrungsfeldern statt – neben dem schulischen Umfeld stellen besonders die Beziehungen zu den Eltern und zum Freundeskreis entwicklungsrelevante soziale Lernkontexte dar (Fend 1998; Kunter/Stanat 2003).
Ein gewichtiger Teil der Untersuchungen zum Sozialen Lernen konzentriert sich auf die Bedeutung sozialer Beziehungen zwischen Gleichaltrigen (Peer-Forschung): „Beziehungsfähigkeiten, solidarisches Handeln und Normen der Reziprozität können im latent immer autoritativen Verhältnis zu den Eltern nicht vollumfänglich gelernt werden (Youniss, 1980; Youniss & Smoller, 1985)" (Fend 1998, S.223). So hat Petillon (1993b) bspw. die Bedeutsamkeit der Mitschüler anhand einer Längsschnittstudie über die ersten beiden Grundschuljahre aufgezeigt; emotional bedeutsame Erfahrungen betreffen primär die Mitschüler und viel weniger die Schule sowie die Lehrkräfte. Einen breiten Überblick zu Peerbeziehungen im Grundschulalter geben Petillon und Laux (2002).
Eine andere Forschungsperspektive nehmen Kunter und Stanat (2003) ein. In PISA 2000 werden „gesellschaftliche Verantwortungsübernahme" und „prosoziale Orientierung" untersucht.

4 Soziales Lernen aus der Perspektive der Schule

Das erneut stärkere Interesse an der Thematik des Sozialen Lernens lässt sich als Anliegen deuten, über begründete pädagogische Interventionen im Falle mangelnder sozialer Verhaltensweisen zu verfügen (Petillon 1993a) sowie angesichts deutlich veränderter Sozialerfahrungen der Heranwachsenden das schulische Umfeld vermehrt als sozialen Erfahrungsraum zu nutzen (Bohnsack 1996).

4.1 Die Schülergruppe als sozialer Erfahrungsraum

Soziale Lernprozesse in Schulklassen sind umfassend; neben prosozialen Wirkungen sind zu einem gewissen Teil aber auch latente, negative Effekte von Interaktions- und Sozialisationserfahrungen möglich (Bohnsack 1996). Das Erfahrungs- und Lernspektrum innerhalb der Schülergruppe verdeutlicht Petillon (1993b): Neben Vergleichsprozessen in der Bezugsgruppe sind Erfahrungen mit Gruppenstrukturen und -normen, mit Freundschaften und Beziehungen zu nennen. Die Schülergruppe ermöglicht Kooperations-, Konflikt- und Kommunikationserfahrungen, das Erleben von Zugehörigkeit und die Auseinandersetzung mit Toleranz und Solidarität. Nicht zuletzt bietet die Gruppe somit Raum für die Entwicklung von Identität und sozialem Selbstbewusstsein.

4.2 Lernziele und Lernformen des Sozialen Lernens in den Lehrplänen der Schulen

Lehrpläne enthalten auch soziale Lernziele im Sinne grundlegender oder fächerübergreifender Bildungs- und Erziehungsaufgaben; als explizite Unterrichtsgegenstände finden sich diese z.B. im sozialwissenschaftlichen Bereich des Sachunterrichts (Kahlert 2001). Kooperative Lernformen, wie z.B. der Gruppenunterricht, können die Aneignung fachlicher Kompetenzen mit Aspekten der sozialen Kompetenz und Selbstkompetenz verbinden (Nürnberger Projektgruppe 2001).
Anhand einer Lehrplananalyse für den Grundschulbereich verweist Petillon (1993a) auf erforderliche Verbesserungen, die sowohl die Formulierung allgemeiner und konkreter Zielsetzungen als auch unterrichtlicher Themenstellungen und Empfehlungen zu Lehr-Lernformen betreffen.

5 Ausblick

Für die Perspektive der Forschung bedarf es der weiteren theoretischen Fundierung von möglichen Wirkungen des sozialen Lernens – dies dürfte sich auch förderlich im Hinblick auf die empirische Erfassung von Effekten des sozialen Lernens auswirken.
Für den schulischen Bereich stellen sich Herausforderungen, die sowohl eine weitergehende Konkretisierung der sozialen Lernziele in den Lehrplänen betreffen als auch die Aus- und Weiterbildung der Lehrkräfte zur unterrichtlichen Umsetzung sozialer Lernziele, beispielsweise über den adäquaten Einsatz kooperativer Lernformen.

Literatur

Bohnsack, F. (1996): Soziales Lernen als Weg zu einer Sozialkultur der Schule. In: Bohnsack, F. & Leber, S. (Hrsg.): Sozial-Erziehung im Sozial-Verfall. Weinheim: Beltz, 17-52, 71-143. – Edelstein, W., Oser, F. & Schuster, P. (Hrsg.) (2001): Moralische Erziehung in der Schule. Entwicklungspsychologische und pädagogische Praxis. Weinheim: Beltz. – Fromm, M. & Keim, W. (Hrsg.) (1982): Diskussion Soziales Lernen. Baltmannsweiler: Schneider. – Fend, H. (1998): Eltern und Freunde. Soziale Entwicklung im Jugendalter. Bern: Huber. – Kahlert, J. (2001): Sozialwissenschaftlicher Lernbereich im Sachunterricht. In: Einsiedler, W., Götz, M., Hacker, H., Kahlert, J., Keck, W. & Sandfuchs, U. (Hrsg.): Handbuch der Grundschulpädagogik und Grundschuldidaktik. Bad Heilbrunn: Klinkhardt, 517-523. – Keller, G. & Hafner, K. (1999): Soziales Lernen will gelernt sein. Donauwörth: Auer. – Krappmann, L. (2002): Untersuchungen zum sozialen Lernen. In: Petillon, H. (Hrsg.): Individuelles und soziales Lernen in der Grundschule. Opladen: Leske und Budrich, S.89-102. – Kunter, M. & Stanat, P. (2003): Soziale Lernziele im Ländervergleich. In: Deutsches PISA-Konsortium (Hrsg.): PISA 2000 – Ein differenzierter Blick auf die Länder der Bundesrepublik Deutschland. Opladen: Leske und Budrich, 165-193. – Nürnberger Projektgruppe (2001): Erfolgreicher Gruppenunterricht. Praktische Anregungen für den Schulalltag. Stuttgart: Klett. – Petillon, H. (1993a): Soziales Lernen in der Grundschule. Anspruch und Wirklichkeit. Frankfurt a. M.: Diesterweg. – Petillon, H. (1993b): Das Sozialleben des Schulanfängers. Die Schule aus der Sicht des Kindes. Weinheim: PVU. – Petillon, H. & Laux, H. (2002): Soziale Beziehungen zwischen Grundschulkindern – empirische Befunde zu einem wichtigen Thema des Sachunterrichts. In: Spreckelsen, K., Möller, K., Hartinger, A. (Hrsg.): Ansätze und Methoden empirischer Forschung zum Sachunterricht. Bad

Heilbrunn: Klinkhardt, 185-204. – Rekus, J. (2002). Was heißt: Soziales Lernen? In: Engagement, H. 2, 54-59. – Schermer, F.J. (2001): Soziales Lernen. In: Rost, D. H. (Hrsg.): Handwörterbuch Pädagogische Psychologie. 2., überarb. und erw. Aufl. Weinheim: PVU, 663-668. – Silbereisen, R.K. & Ahnert, L. (2002): Soziale Kognition – Entwicklung von Sozialem Wissen und Verstehen. In: Oerter, R. & Montada, L. (Hrsg.): Entwicklungspsychologie. 5., vollst. überarb. Aufl. Weinheim: PVU, 590-618.

31| Fächerübergreifende Kompetenzen
Bernd Dühlmeier

1 Fächerübergreifende Kompetenzen und Schlüsselqualifikationen

Das Konzept fächerübergreifender Kompetenzen wird in der Literatur einerseits als „Modebegriff" bezeichnet (Gräsel & Mandl 2002, S.188), andererseits wird hierin eine Leitidee der gegenwärtigen bildungswissenschaftlichen und -politischen Diskussion gesehen (Klieme u.a. 2002, S.204). Diese Sichtweise erfährt ihre Berechtigung dadurch, dass im Rahmen von PISA die Erfassung von Basiskompetenzen über die Domänen Lesen, Mathematik und Naturwissenschaften hinaus auf fächerübergreifende Kompetenzen erweitert worden ist. Was ist hierunter zu verstehen und welche Schnittmenge besteht zu dem Begriff Schlüsselqualifikationen?

(1) Mit Schlüsselqualifikationen sind allgemein Wissen, Fähigkeiten und Fertigkeiten gemeint, die auf neue Situationen transferierbar werden und dadurch sicherstellen, dass im späteren Berufsleben noch unbekannte Herausforderungen gemeistert werden können (Lang 2000, S.36). Sie lassen sich nach Beck in Fachkompetenz, Methodenkompetenz, personale und soziale Kompetenz gliedern. Das Zusammenspiel dieser Kompetenzen führt zur Handlungskompetenz (Beck 1993, S.15f). Innerhalb dieses Grundmusters lassen sich mehr als 650 Varianten nachweisen (Baumert u.a. 2002, S.300). Diese Vielfalt deutet auf eine Unschärfe sowohl in begrifflicher als auch theoretischer Hinsicht hin.

(2) Weinert unterscheidet als Erträge schulischen Unterrichts zwischen fachlichen Kompetenzen, fachübergreifenden Kompetenzen, Schlüsselqualifikationen und Handlungskompetenzen. Zu den fachübergreifenden Kompetenzen werden u.a. Problemlösen und Teamfähigkeit gezählt, die Schlüsselqualifikationen werden unterschieden in konkrete (z.B. Medienkompetenz) und abstrakte Kompetenzen (z.B. Selbstmanagement) und die Handlungskompetenzen beinhalten neben kognitiven auch soziale, motivationale und volitionale Kompetenzen. Die genannten Kompetenzen konkretisieren sich in sechs fundamentalen Bildungszielen. Hierzu gehören: Erwerb intelligenten Wissens, Erwerb anwendungsfähigen Wissens, Erwerb variabel nutzbarer Schlüsselqualifikationen, Erwerb des Lernen Lernens, Erwerb sozialer Kompetenzen, Erwerb von Wertorientierungen. Entscheidend ist dabei das intelligente Wissen als zentrales Zielkriterium (Helmke 2003, S.25).

(3) Das Konzept fächerübergreifender Kompetenzen (Cross-Curricular Compet-ences), wie es in den Schulleistungsstudien zur Anwendung kommt, beinhaltet neben der Lesekompetenz (Baumert u.a. 2001, S.21) die Problemlösekompetenz, das Selbstregulierte Lernen sowie die Kooperations- und Kommunikationskompetenz. Problemlösen kann beschrieben werden als „zielorientiertes Denken und Handeln in Situationen, für deren Bewältigung keine Routinen

verfügbar sind" (Klieme u.a. 2002, S.205). Der Problemlöser muss die Problemsituation erfassen und diese in Richtung auf das Ziel verändern – unter Anwendung planenden und schlussfolgernden Denkens. Beim selbstregulierten Lernen sind Lernende in der Lage, sich Lernziele zu setzen, die zur Erreichung dieser Ziele erforderlichen Techniken und Strategien auszuwählen und einzusetzen, die Motivation aufrechtzuerhalten und die Lernstrategie zu bewerten (Klieme u.a. 2002, S.210). Bei der Fähigkeit zur Kooperation und Kommunikation handelt es sich um soziale Handlungskompetenzen, die sich aus dem Zusammenspiel kognitiver, emotionaler und motivationaler Faktoren ergeben. Kognitive Aspekte können beschrieben werden als Fertigkeiten zur Entschlüsselung sozialer Informationen und damit als Grundkompetenzen, „die Vorbedingung für erfolgreiches soziales Handeln sind" (Baumert u.a. 2002, S.307). Zu den kognitiven Aspekten zählt zudem die Fähigkeit, Situationen aus der Perspektive anderer zu betrachten. Emotionale Aspekte lassen sich als die Fähigkeit beschreiben, Reaktionen anderer miterleben und mitfühlen zu können, während motivationale Aspekte die Fähigkeit beinhalten, in sozialen Situationen bestimmte Ziele zu verfolgen. Dies wird vor allem in Konfliktsituationen deutlich, wenn es um das Abwägen zwischen dem eigenen Nutzen und dem Nutzen anderer geht. Die Kooperations- und Kommunikationskompetenz wird in der Literatur nicht durchgängig den fächerübergreifenden Kompetenzen zugeordnet (Gräsel & Mandl 2002, S.188).
Der Erwerb fächerübergreifender Kompetenzen ist zwar ein wesentliches Qualitätskriterium von Unterricht, das jedoch nicht voraussetzungslos ist. Die Problemlösekompetenz und die Kompetenz selbstregulierten Lernens gehen von der Annahme der Transferierbarkeit aus. Klieme merkt jedoch an, dass Problemlösekompetenz deklaratives Wissen (Wissen über Sachverhalte) und prozedurales Wissen (Wissen über Regeln und Strategien) in der jeweiligen Domäne voraussetzt (Klieme u.a. 2002, S.208).

2 Historische Aspekte

Fachgebundenes Lernen ist mit dem Erwerb allgemeiner Kompetenzen verknüpft. Diese Verbindung von materialer und formaler Bildung ist in der Geschichte der Pädagogik häufig diskutiert worden. Als einer der pädagogischen Klassiker, der sich im Rahmen seiner Bildungstheorie mit fächerübergreifenden Kompetenzen befasst hat, muss Wilhelm von Humboldt (1767-1835) genannt werden. In seinem Königsberger Schulplan (1809) heißt es: „Der junge Mensch soll in Stand gesetzt werden, den Stoff, an welchen sich alles eigne Schaffen immer anschliessen muss, theils schon jetzt wirklich zu sammeln, theils künftig nach Gefallen sammeln zu können, und die intellectuell-mechanischen Kräfte auszubilden. Er ist also auf doppelte Weise, einmal mit dem Lernen selbst, dann mit dem Lernen des Lernens beschäftigt" (Humboldt 1982, S.169f). Dieses Ziel sollte auf allen Stufen des von Humboldt entworfenen Schulsystems realisiert werden. Hierzu ist es auf Grund der nach 1819 einsetzenden Restauration nicht gekommen. Der Leipziger Reformpädagoge Hugo Gaudig (1860-1923), Anhänger der Arbeitsschulkonzeption, plädierte in seiner Schrift „Die Schule im Dienste der werdenden Persönlichkeit" (1917) für die Selbstregulation des Lernens und Arbeitens durch den Schüler: „beim Zielsetzen, beim Ordnen des Arbeitsgangs, bei der Fortbewegung zum Ziel, bei den Entscheidungen in kritischen Punkten, bei der Kontrolle des Arbeitsvorganges und des Ergebnisses, bei der Korrektur, bei der Beurteilung soll der Schüler freitätig sein" (Gaudig 1922, S.93f). Die Forderung war revolutionär und das Ziel die Selbsttätigkeit als zentrales Moment der Persönlichkeitswerdung. Die hierin zum Ausdruck kommende fächerübergreifende Kompetenz kennzeichnet reformpädagogische Konzepte insgesamt.
Der Begriff Schlüsselqualifikationen selbst kam 1974 aus der Arbeitsmarktforschung, und zwar von dem damaligen Leiter des Instituts für Arbeitsmarkt- und Berufsforschung Dieter Mertens (Beck

1993, S.14). Der zeitliche Zusammenhang zwischen dem Aufkommen des Begriffes und der wirtschaftlichen Rezession nach 1973 ist offenkundig und wiederholt sich mit der Propagierung fächerübergreifender Kompetenzen angesichts der seit der zweiten Hälfte der 1990er Jahre andauernden wirtschaftlichen Stagnation. Vor diesem Hintergrund wird auch erklärbar, weshalb dem Lehrerfortbildner Heinz Klippert seither mit seinen Bausteinen Methodentraining, Kommunikationstraining und Teamentwicklung eine breite Vermarktung gelungen ist. Vorläufiger Schlusspunkt dieser Entwicklung sind die 1997 vom nordrhein-westfälischen Schulministerium initiierten Pilotprojekte „Schule & Co." in den Regionen Leverkusen und Herford (Höfer 2002).

3 Forschungsbefunde und Forschungsdefizite

Vor allem in den 1970er Jahren wurde versucht, fächerübergreifende Problemlösekompetenzen durch spezielle Intelligenz- und Denktrainings zu schulen. Nach Klieme ist es jedoch nicht realistisch, Problemlösekompetenzen losgelöst von Unterrichtsinhalten trainieren zu können (Klieme u.a. 2002, S.209). Auf die Brüchigkeit der Annahme einer Transferierbarkeit von Schlüsselkompetenzen über größere inhaltliche, zeitliche und situative Distanzen hat Weinert hingewiesen (Weinert 1998, S.101ff). Zudem warnt er auf Grund psychologischer Befunde vor der Vorstellung, bereichsspezifische Kompetenzen durch Schlüsselkompetenzen zu ersetzen (Klieme u.a. 2001, S.182). Die Abschlussevaluation des Projektes „Schule & Co." hat eine „überwiegend erfolgreiche Entwicklung methodischer Kompetenzen" bei den Schülern erbracht (Holtappels & Leffelsend 2003, S.61). Als Erhebungsinstrumentarium wurde die Selbsteinschätzung gewählt. Nicht auszuschließen sind hierbei allerdings Selbstüberschätzungseffekte. Die Untersuchung belegt zudem die Notwendigkeit der Verknüpfung von fächerübergreifenden Kompetenzen mit konkreten Unterrichtsinhalten. „Trainingsbausteine… ergeben nicht schon allein gewünschte Wirkungen auf Schülerkompetenzen und Lernverhalten. Zumindest die Integration von Methodenanwendungen im regulären Unterricht muss hinzukommen" (Holtappels & Leffelsend 2003, S.61f).
Weiter zu verfolgen ist nach Ditton die Frage, inwieweit fächerübergreifende Kompetenzen – wie etwa in Japan – der Unterstützung durch außerschulische Institutionen bedürfen (Ditton 2000, S.83).
Wenig Berücksichtigung fand in der Lernforschung speziell die Medienkompetenz. Einerseits wird die Notwendigkeit betont, Schüler auf den kompetenten und verantwortungsvollen Umgang mit Medien vorzubereiten, andererseits wurden bisher kaum empirische Studien durchgeführt, die eine Antwort auf die Frage geben, wie und mit welchen Unterrichtsinhalten und -methoden diese Kompetenz am besten zu erreichen wäre (Gräsel & Mandl 2002, S.184). Auch die Effekte eines an Inhalte gebundenen Methodenlernens müssten – über die Abschlussevaluation des Projektes „Schule & Co." hinaus – durch empirische Untersuchungen weiter geprüft werden, die sich eines anderen Zugriffs als der Selbsteinschätzung der Schüler bedienen. Die Notwendigkeit einer differenzierten Untersuchung mit erweitertem qualitativem Instrumentarium betonen auch Bastian und Rolff (Bastian & Rolff 2002, S.18).

4 Konsequenzen für den Unterricht

Grundsätzlich ist Weinert zuzustimmen, dass es keine empirische Rechtfertigung für die Annahme gibt, fächerübergreifende Kompetenzen ließen sich am besten durch fächerübergreifende Projektarbeit fördern (Weinert 1998, S.41). Vor dem Hintergrund der empirischen Befunde kann auf die folgenden – ersten – Konsequenzen für den Unterricht verwiesen werden:
Fächerübergreifende Problemlösekompetenzen – etwa Analogiebildung und kombinatorisches Denken sowie die Nutzung kognitiver Werkzeuge – sollten nach Klieme dadurch gefördert werden,

„dass man sie immer wieder, an konkrete Inhalte geknüpft, in Unterrichtssituationen thematisiert" (Klieme u.a. 2002, S.209). Diesen Weg gehen konsequent die von der Realschule Enger (Nordrhein-Westfalen) herausgegebenen Praxisbände zu den Fächern Deutsch, Geschichte, Geographie, Politik und Religion. Vorstellbar wäre zudem die Implementierung von Planspielen oder Projektaufgaben, wie sie in der PISA-Studie eingesetzt worden sind.

Selbstregulierte Lernprozesse müssen ebenfalls in den Unterricht integriert werden. Kurzfristige Trainingskonzepte, wie sie anfangs von Klippert vorgeschlagen wurden, zeigen die beabsichtigten Effekte nur selten. Einer der bekanntesten Ansätze zur Unterstützung selbstregulierter Lernprozesse ist das 1984 von Palincsar und Brown entwickelte reziproke Lehren und Lernen. Das Reziproke dieses Verfahrens besteht darin, dass Schüler/innen im Rollentausch von Lehrenden und Lernenden und im Wechsel der Perspektive sowohl zur Anwendung von Strategien herausgefordert werden als auch die Strategien selbst anwenden. Die Lehrkraft zieht sich sukzessive aus diesem Prozess heraus (Palincsar & Brown 1984).

Bei der Förderung sozialer Kompetenzen kommt dem Gruppenunterricht besondere Bedeutung zu. Klieme empfiehlt eine aktive Gestaltung des Gruppenunterrichts (Klieme u.a. 2002, S.217). Dies könnte zum einen durch eine alle Gruppenmitglieder ansprechende Aufgabenstellung erreicht werden, aber auch durch die Zuweisung bestimmter Funktionen an einzelne Gruppenmitglieder, wie sie von Klippert empfohlen wird (Klippert 1999, S.53ff).

Insgesamt wird die Frage, wie fächerübergreifende Kompetenzen im Unterricht verankert werden können, zukünftig eine zentrale Herausforderung der Unterrichtsentwicklung sein, zumal auch die Lehrpläne mehrerer Bundesländer die Implementierung fächerübergreifender Kompetenzen in den Unterricht fordern.

Literatur

Bastian, J. & Rolff, H.-G. (2002): Abschlussevaluation des Projektes „Schule & Co". Kurzfassung, Gütersloh: Bertelsmann. – Baumert, J. u.a. (2001): PISA 2000: Untersuchungsgegenstand, theoretische Grundlagen und Durchführung der Studie. In: Baumert, J. u.a. (Hrsg.): PISA 2000. Basiskompetenzen von Schülerinnen und Schülern im internationalen Vergleich, Opladen: Leske und Budrich, 15-68. – Baumert, J., Artelt, C., Klieme, E. & Stanat, P. (2002): PISA. Zielsetzung, theoretische Konzeption und Entwicklung von Messverfahren. In: Weinert, F. E. (Hrsg.): Leistungsmessungen in Schulen, 2. Aufl. Weinheim/Basel: Beltz, 285-310. – Beck, H. (1993): Schlanke Produktion, Schlüsselqualifikationen und schulische Bildung. In: Pädagogik 45 (6), 14-16. – Ditton, H. (2000): Qualitätskontrolle und Qualitätssicherung in Schule und Unterricht. In: Zeitschrift für Pädagogik, 41. Beiheft, 73-92. – Gaudig, H. (1922): Die Schule im Dienste der werdenden Persönlichkeit, Leipzig: Quelle & Meyer. – Gräsel, C. & Mandl, H. (2002): Qualitätskriterien von Unterricht: Ein zentrales Thema der Unterrichts- und Lehr-Lern-Forschung. In: Apel, H. J. & Sacher, W. (Hrsg.): Studienbuch Schulpädagogik, Bad Heilbrunn: Klinkhardt, 181-208. – Helmke, A. (2003): Unterrichtsqualität erfassen, bewerten, verbessern. Seelze: Kallmeyersche Verlagsbuchhandlung. – Höfer, C. (2002): Unterrichtsentwicklung im Projekt „Schule & Co". Konzepte und Erfahrungen, Gütersloh: Bertelsmann. – Holtappels, H. G. & Leffelsend, S. (2003): Entwicklung überfachlicher Kompetenzen durch Schülertrainings und Unterrichtsentwicklung: Ergebnisse einer Schülerbefragung als Teil der Abschlussevaluation des Projektes „Schule & Co", Gütersloh: Bertelsmann. – Humboldt, W. v. (1982): Der Könisberger Schulplan. In: Humboldt, W. v.: Werke in fünf Bänden. Bd. IV: Schriften zur Politik und zum Bildungswesen, 3. Aufl., Darmstadt: Wissenschaftliche Buchgesellschaft, 168-187. – Klieme, E., Artelt, C. & Stanat, P. (2002): Fächerübergreifende Kompetenzen: Konzepte und Indikatoren. In: Weinert, F. E. (Hrsg.): Leistungsmessungen in Schulen, 2. Aufl. Weinheim/Basel: Beltz, 203-218. – Klieme, E., Funke, J., Leutner, D., Reimann, P. & Wirth, J. (2001): Problemlösen als fächerübergreifende Kompetenz. In: Zeitschrift für Pädagogik 47 (2), 179-200. – Klippert, H. (1999): Teamentwicklung im Klassenraum, 3. Aufl. Weinheim/Basel: Beltz. – Lang, R. (2000): Schlüsselqualifikationen, München: Deutscher Taschenbuch Verlag. – Palincsar, A. & Brown, A. (1984): Reciprocal teaching of comprehension-fostering and comprehension-monitoring activities. In: Cognition and instruction (1), 117-175. – Weinert, F. E. (1998): Vermittlung von Schlüsselqualifikationen. In: Matalik, S. & Schade, D. (Hrsg.): Entwicklungen in Aus- und Weiterbildung. Anforderungen, Ziele, Konzepte, Baden-Baden: Nomos, 23-43. – Weinert, F. E. (1998): Neue Unterrichtskonzepte zwischen gesellschaftlichen Notwendigkeiten, pädagogischen Visionen und psychologischen Möglichkeiten. In: Bayerisches Staatsministerium für Unterricht, Kultus, Wissenschaft und Kunst (Hrsg.): Wissen und Werte für die Welt von morgen, München 101-125.

32| Selbstgesteuertes und selbstreguliertes Lernen
Anne Levin und Karl-Heinz Arnold

1 Selbstgesteuertes und selbstreguliertes Lernen als Themen der Lehr-Lernforschung und der Allgemeinen Didaktik

Selbstgesteuertes und selbstreguliertes Lernen (engl. *self-directed* bzw. *self-regulated learning*) werden in der Fachliteratur häufig synonym verwendet. Aus *unterrichtspraktischer* Sicht können die Unterschiede als gering eingestuft werden, weil für die Planung von Unterrichtseinheiten zumeist grundlegende Vorentscheidungen über die Inhalte und Ziele des Unterricht getroffen sind und somit die Freiheitsgrade der Schüler in den nachgeordneten, gleichwohl für die Lernwirksamkeit wichtigen Bereichen liegen, so z.B. in der Lernzeitaufteilung, Lernmaterialnutzung, Bearbeitungsreihenfolge. Steuerungsentscheidungen sind auf nachrangigen Ebenen häufig möglich und werden durch ausführungs-, d.h. regulationsbezogene Entscheidungen, Handlungen oder Kognitionen ergänzt.

Aus kybernetischer Sicht kann das selbstgesteuerte Lernen als eine Erweiterung des selbstregulierten Lernens betrachtet werden. Regulation bezeichnet die Fähigkeit eines Systems, das eigene Verhalten einem vorgegebenen Zielwert anzugleichen. Zusätzlich ermöglicht Selbststeuerung dem System bei Vorhandensein einer Regulationsschleife, dass der Zielwert verändert wird. Das bekannteste Regulationsmodell ist das von Miller, Galanter und Pribam 1960 publizierte Test-Operation-Test-Exit-Modell (TOTE-Modell), das als eine Wegmarke der „kognitiven Wende" in der Lernforschung gilt. Die durch eigenständige Prüfung (Test) und Nachbesserung (Operation) erreichte Verbesserung von Lernhandlungen ergänzt (eher denn ersetzt) seitdem das alternative Modell der Fremdsteuerung durch externe Verstärkung.

Transponiert man diese Begriffstruktur in den Bereich der Allgemeinen Didaktik, so können grundlegende Bildungsziele wie Selbst- und Mitbestimmungsfähigkeit konkretisiert werden als die zunehmende Befähigung zur Selbststeuerung: die Schüler sollen insbesondere die Inhalte ihres Lernens – in sozialer Verantwortlichkeit – selbstständig wählen. Selbststeuerung ist deshalb an die kritische Voraussetzung gebunden, dass ein hinreichend breites Spektrum individueller Wahlentscheidungen in der Schule verfügbar ist. Schülermitbestimmung im Unterricht bietet zumindest einen gewissen formalen Rahmen, um Möglichkeiten und Grenzen von Selbststeuerung explizit werden zu lassen. Fach- bzw. Themenwahlen ermöglichen in der Sekundarstufe langfristig bindende Steuerungsentscheidungen, die allerdings auch problematische Nebeneffekte zeitigen (z.B. lehrpersonenbezogene Kurswahlen, Abwahl der Naturwissenschaften und geschlechterspezifische Fachwahlen in der Gymnasialen Oberstufe).

Selbstgesteuertes Lernen findet besondere Bedeutung in Bildungs- und Fortbildungsaktivitäten von Erwachsenen, die sich Ziele weitgehend ohne die institutionellen Zwänge des Schulsystems setzen und diese Ziele verändern können (z.B. Erwerb einer weiteren Fremdsprache, Entwicklung künstlerischer Fähigkeiten). Für den Bereich der beruflichen Fortbildung kann das Ausmaß der Selbststeuerung erheblich eingeschränkt sein (z.B. Umschulung wegen Arbeitsplatzverlust; Erwerb von Softwarekenntnis bei betrieblicher Umorganisation). Der schillernde Begriff des „lebenslangen Lernens" wird häufig mit einer überzogenen Transferhypothese verwendet: die Fähigkeit zum selbstgesteuerten Lernen soll in Kindheit und Jugendalter so erworben werden, dass eine biographisch dauerhafte Nutzung sichergestellt wird.

Selbstreguliertes Lernen findet im Unterricht fast immer statt, denn insbesondere die basalen kognitiven bzw. motivationalen Prozesse der Aufmerksamkeitszuwendung und der Investition von Anstrengung können nicht vollständig und schon gar nicht dauerhaft durch direkte Instruktion gesteuert werden. Lernhandeln als Wissenserwerb und Wissensanwendung ist – unter sonst gleichen Bedingungen (Qualität der Instruktion und des Lernmaterials u.a.) – nicht nur vom Vorwissen und der allgemeinen kognitiven Fähigkeit, sondern in einem gewissen Maße auch von feingradigen Abstimmungsprozeduren des Lernhandelns selbst abhängig, insbesondere von der effektiven Nutzung von Lernstrategien, die gleichfalls weder vollständig noch dauerhaft durch Instruktion vorgegeben werden können.

1.1 Definitionselemente des selbstgesteuerten Lernens in der Lehr-Lernforschung

Als selbstgesteuert werden Lernformen bezeichnet, bei denen der Lernende die wesentlichen Entscheidungen über Inhalt, Zeitpunkt, Form und Ziel des Lernens in gravierender Weise selbst bestimmt. Im Unterschied zum fremdgesteuerten Lernen, bei dem im wesentlichen andere Personen (z.B. Lehrer) die Strukturierung und Zielsetzung des Lernprozesses bestimmen, eröffnet das selbstgesteuerte Lernen dem Lernenden Handlungsspielräume, die, um sinnvoll genutzt werden zu können, allerdings den Erwerb von spezifischen Fähigkeiten erfordern. Zu diesen Fähigkeiten gehören der angemessene Einsatz von Lernstrategien, die Steuerung der motivationalen Prozesse als auch metakognitive Fähigkeiten, um das eigene Lernverhalten zu kontrollieren und gegebenenfalls zu korrigieren.

1.2 Selbstgesteuertes Lernen in der Geschichte der Allgemeinen Didaktik

Die Idee der Selbststeuerung des Lernens ist eng verknüpft mit dem Mündigkeitspostulat der Aufklärung. Die pädagogische Anthropologie in Rousseaus Roman „Emile" illustriert eine Lösungsmöglichkeit der Aufgabe, durch Fremdbestimmung (Erziehung) die Selbstbestimmung des Zöglings zu fördern. In diversen reformpädagogischen Konzeptionen wird die Fremdbestimmtheit der Pauk- und Buchschule kritisiert und durch Lernformen ersetzt, die den Schülern unterschiedliche, jedenfalls aber deutlich größere Freiheitsgrade erschließen.
Gaudig entwickelt zu Beginn des 19. Jhd. die Idee der „freien geistigen Schularbeit", die insbesondere die Selbsttätigkeit der Schüler im unterrichtlichen Lernen am Gymnasium betont. Die Ausformulierung dieser Konzeption durch Scheibner zeigt allerdings, dass die sog. Arbeitsziele durchaus vom Lehrer „gesetzt" werden können, während die Entscheidungen für die sog. Arbeitsmittel, Arbeitsweg, Arbeitsabschnitte und die Prüfung der Arbeitsergebnisse" den Schülern übergeben wird. Gaudigs Konzeption kann deshalb eher als frühes Beispiel für *selbstreguliertes* Lernen gelten. In der von Kerschensteiner begründeten Arbeitsschulbewegung wird der Selbsttätigkeit der Schüler besondere Bedeutung beigemessen, was nicht gleichbedeutend mit der dominanten Selbststeuerung des Lernens ist.
Die von Montessori entwickelte Freiarbeit mit didaktischen Materialien kann in noch stärkerem Maße als primär selbstreguliertes Lernen bezeichnet werden, da die besondere Konstruktion der Materialien die intendierte Lernwirkung vorgibt und alternative Lernziele ausschließt. Die von Petersen an der Jenaer Versuchsschule eingeführte Wochenplanarbeit kann als Beispiel für ein durch didaktische Rahmenentscheidungen eingegrenztes, selbstgesteuertes Lernen der Schüler bezeichnet werden. Das Ausmaß der Steuerungsentscheidungen erscheint in manchen Elementen der pädagogischen Konzeption von Freinet deutlich größer: die Betonung des „freien Ausdrucks" eröffnet den

Schülern beträchtliche inhaltliche Entscheidungsmöglichkeiten. Das „experimentelle Tasten" der Schüler soll eigenständige Lernprozesse unter reichhaltigem Materialangebot („Ateliers") ermöglichen. Projektunterricht in der Konzeption insbesondere von Dewey wird direkt mit der Erziehung zur Demokratie verknüpft und stellt nicht nur die Durchführungsentscheidungen, sondern auch die Zielsetzungsentscheidungen für das Projekt in die gemeinsame Verantwortung von Schülern und Lehrperson.

2 Aspekte des selbstgesteuerten Lernens

Im Mittelpunkt der Lehr-Lernforschung zum selbstgesteuerten Lernen stehen die Analyse von Lern- und Lehrprozessen als auch deren Optimierung. Lernstrategien und deren zielgerichteter Einsatz werden seit Mitte der 1970er Jahre erforscht. In diesem Zusammenhang werden nicht nur die kognitiven Aspekte des Wissenserwerbs sondern ebenso Wechselwirkungen zwischen der Nutzung von Lernstrategien und den affektiven und motivationalen Zuständen der Lerner berücksichtigt (vgl. Pintrich et al. 1994) Die Erforschung von spezifischen Lernstilen ist *ein* Beispiel für diese Forschungsrichtung (Schmeck 1988).
Die didaktische Entwicklung wendet sich ab den 1970er Jahren verstärkt älteren reformpädagogischen Konzeptionen zu und entwickelt insbesondere den Wochenplan- sowie den Projektunterricht (z.B. Marburger Grundschulprojekt) zu modernen Konzeptionen des selbstgesteuerten und selbstregulierten Lernens. Durch reichhaltige Materialangebote wird der lehrgangsbezogene Unterricht um die Komponente der Freiarbeit ergänzt, die eine Maximierung von selbstgesteuertem Lernen im Unterricht darstellt. Als übergreifende Unterrichtskonzeption werden Prinzipien und Modelle des Offenen Unterrichts re- bzw. ausformuliert. Für den Bereich des sozialen Lernens und der Moralentwicklung werden Selbststeuerungsstrukturen wie z.B. der Klassenrat oder auf Schulebene die „just community" eingerichtet.

3 Funktionsbereiche des selbstgesteuerten Lernens

Es lassen sich drei Funktionsbereiche unterscheiden, die dem selbstregulierten Lernen zugrunde liegen: kognitive, motivationale und metakognitive Komponenten. Alle drei Funktionsbereiche sind üblicherweise zur Bewältigung einzelner Aufgaben des selbstgesteuerten Lernens erforderlich.

3.1 Kognitive Komponenten

Wichtige Befunde zur Entwicklung von Lernstrategien werden aus der Kognitionspsychologie entlehnt (s. Weinstein & Meyer 1986). Die Annahme, dass sich der Wissenserwerb in mehrere Teilprozesse, nämlich *Selektion von Reizen, Speicherung neuer Informationen, Konstruktion,* durch Entwicklung von Schemata und Bildung von sinnvollen Einheiten, und *Integration,* durch Verknüpfung von vorhandenem mit neu erworbenem Wissen, unterteilen lässt, hat zu einer Unterscheidung von Lernstrategien in Abhängigkeit der durch ihren Einsatz unterstützten Prozesse geführt. Im wesentlichen werden drei Strategieformen unterschieden:
(a) Wiederholungsstrategien
(b) Elaborationsstrategien
(c) Organisationsstrategien

Wiederholungsstrategien (z.B. Unterstreichen, lautes oder stilles Wiederholen, Abschreiben) dienen vor allem der *Speicherung von Informationen* und trainieren deren späteren *Abruf.* Elaborationsstrategien dienen primär dazu, unter Zuhilfenahme von Beispielen, Visualisierungen, Analogien aber auch dem Zusammenfassen größerer Textabschnitte in eigenen Worten, Verknüpfungen zum Vorwissen (*Wissensintegration*) herzustellen. Während im Mittelpunkt der Elaborationsstrategien das Verständnis von Zusammenhängen einzelner Wissenseinheiten und deren Veranschaulichung steht, dienen Wiederholungsstrategien eher dem Einprägen von Einzelinformationen (z.B. Vokabeln). Organisationsstrategien sollen die Informationsmenge reduzieren (z.B. durch Nutzung von Tabellen und Diagrammen). Sie fördern primär die *Konstruktion von Wissen*, indem wesentliche Gedanken herausgearbeitet und Zusammenhänge schematisch dargestellt werden.

3.2 Motivationale Komponenten

Selbstgesteuertes Lernen setzt neben den kognitiven Fertigkeiten auch die Reflexion und Steuerung der affektiven und motivationalen Zustände beim Lernen voraus. Motivationale Komponenten beinhalten dabei sowohl die Initiierung von Lernaktivitäten als auch deren Aufrechterhaltung. Des Weiteren beeinflussen die Bewertungen (affektive Komponenten) der Lernergebnisse die Überzeugungen zur Wirksamkeit des eigenen Lernens (Kontrollüberzeugungen, Attributionen von Misserfolgen und Erfolgen).

Selbstgesteuerte Lerner setzen motivationale Stützstrategien ein, deren Aufgabe es ist, auch bei auftretenden Schwierigkeiten die Lernaktivität aufrechtzuerhalten. Beispiele für die Verwendung solcher Strategien sind die gedankliche Vergegenwärtigung von Handlungsabläufen und die Antizipierung von Handlungsergebnissen. Auch Strategien wie lautes Denken zur Formulierung von selbstgerichteten Instruktionen oder Selbstbekräftigung in schwierigen Arbeitsphasen sind dazu geeignet, die Lernenden bei der Aufrechterhaltung der Lernaktivität zu unterstützen (z.B. Taylor & Pham 1996).

Marton und Saljö (1984) unterscheiden zwei Verarbeitungstypen beim Textlernen aufgrund der mit ihnen einhergehenden Verarbeitungstiefe. *Lernintention* und *Wahl der entsprechenden Lernstrategie* sind bei diesem Ansatz miteinander verknüpft. Beim *surface-level approach* handelt es sich primär um das Lernen von Fakten und Einzelinformationen. Ziel des Lerners ist es, gelernte Inhalte erfolgreich abrufen zu können (z.B. in vorstehenden Prüfungssituationen), bei diesem Ansatz werden *Oberflächenstrategien* (s. Wiederholungsstrategien) bevorzugt. Beim *deep-level approach* werden dagegen einzelne Informationen in ein umfassendes Schema integriert und mit dem Vorwissen verknüpft. Lernende dieser Gruppe bevorzugen *Tiefenstrategien* (s. Elaborations- und Organisationsstrategien), da es ihr Ziel ist, die Lerninhalte zu verstehen und zu durchdringen. Biggs (1993) unterscheidet zusätzlich die Lernorientierung des *achieving-approach*, welche von erfolgsorientierten und extrinsisch motivierten Lernern ausgeht, deren Lernstrategiewahl davon abhängt, welche Strategie besonders gewinnbringend ist. Während sich die Konzepte des *surface-approach* und *deep-level-approach* aufgrund vorliegender empirischer Studien stützen lassen, ist das Konzept des *achieving-approach* nicht eindeutig replizierbar.

3.3 Metakognitive Komponenten

Metakognition im Kontext des selbstgesteuerten Lernens beinhaltet die Fähigkeit über das eigene Denken nachzudenken, die eigene Arbeitsweise reflektieren zu können (Selbstbeobachtung) und nachfolgend Lern- und Denkprozesse optimieren zu können. Zwei Hauptkomponenten lassen sich unterscheiden (Everson & Tobias 1998): (1) metakognitives Wissen und (2) Prozeduren und Strategien zur Regelung und Kontrolle.

Metakognitives Wissen umfasst das Wissen über die eigene Informationsverarbeitung, über Lernaufgaben sowie deren Erfordernisse und Ziele als auch über kognitive Strategien, um den jeweiligen Anforderungen der Aufgaben unter spezifischen Bedingungen gerecht werden zu können.

Die Kontrolle und Regelung der Aufgabenbearbeitung erfordert das Überprüfen, Planen, Auswählen und Schlussfolgern. Selbstbefragung und Reflexion des eigenen Lernverhaltens und der Lernerfahrungen (auch des erzielten Fortschritts) sind wesentliche Aspekte der metakognitiven Kontrolle. Des Weiteren sind auch die emotionalen und motivationalen Zustände bei der Bearbeitung der kognitiven Aufgaben Gegenstand der metakognitiven Regelung und Kontrolle. Seel (2000) unterscheidet dementsprechend die Komponenten: (a) Selbst-Wirksamkeit (Überprüfung des eigenen Wissens und der Anwendung von Strategien), (b) Selbst-Management (Organisation und Steuerung von kognitiven und metakognitiven Prozessen) und (c) Selbst-Bewertung (Reflexion motivationaler und emotionaler Zustände bei der Aufgabenbearbeitung).

Der Erwerb von Lernstrategien scheint in unserem Schulsystem zunächst eher implizit zu erfolgen (Artelt 2000). Die absichtsvolle Nutzung von Lernstrategien tritt erst gegen Ende der Sekundarstufe ein (Baumert & Köller 1996) und hat wenig kompensatorische Effekte. Erst die lernbereichs- und aufgabenspezifische Lernstrategienutzung kann zu optimalem selbstgesteuerten Lernen führen, wozu allerdings weder differenzierte Forschungsergebnisse vorliegen noch geeignete Trainingsprogramme. Hinreichendes Lernstrategiewissen bildet „lediglich" eine wichtige Optimierungsbedingung.

4 Die Förderung selbstgesteuerten Lernens

Im Bereich der empirischen Lehr-Lernforschung existieren diverse Programme zur Förderung des selbstregulierten Lernens (Weinstein et al. 2000). Ein wirksames Training sollte sowohl eine überschaubare Anzahl effektiver Lernstrategien und deren adäquaten Einsatz vermitteln, motivationale Strategien berücksichtigen, selbstregulatorische Kompetenzen im Sinne von metakognitiven Kompetenzen vermitteln als auch ausreichend Gelegenheit zur Einübung der genannten Fähigkeiten geben.

Die Selbstregulationstheorie von Zimmermann (2000) beinhaltet 3 Phasen, die nacheinander durchlaufen werden:
(a) Zielsetzung und Planung – Ziele werden konkret formuliert; Lernstrategien und Arbeitstechniken werden ausgewählt bzw. wenn nötig erworben,
(b) Handlungs- und volitionale Kontrolle – inklusive Monitoring (Verhaltensbeobachtung und Kontrolle),
(c) Selbstreflexion – die erzielten Ergebnisse werden evaluiert; gegebenenfalls Modifikation der Strategie für zukünftige Lernepisoden.

Solide Überblicksdarstellungen zur Förderung der Lernstrategienutzung sind aus der Sicht der Lehr-Lernforschung bislang kaum verfügbar; eine gewisse Ausnahme bildet die Publikation von Metzig und Schuster (2000). Für den Bereich des schulischen und privaten Lernens sind unter offensichtlich verkaufsförderlichen Titelbegriffen wie eigenständiges Lernen, Lernstrategien, Lerntraining oder „Lernen des Lernens" zahlreiche Ratgeberbücher auf den Markt gebracht worden (z.B. Birkenbihl 2005), die wissenschaftlichen Kriterien nur begrenzt entsprechen, obgleich hier u.a. versucht wird, die Ergebnisse der Lernstrategie- und Metakognitionsforschung in die Praxis umzusetzen. Weite Verbreitung in Schulen haben die von Klippert entwickelten Konzepte des Methodentrainings (1994) und des Eigenverantwortlichen Arbeitens (2001) gefunden, über deren spezifische Trainingseffekte auf Fachleistungen wenig bekannt ist, deren Verknüpfung mit Schulentwicklungsprozessen (Klippert 2000) jedoch eine insbesondere motivational günstige Umgebungsbedingung bietet. Die unterrichtsbegleitenden Fördermaßnahmen von Beck, Guldimann & Zutavern (1991) richten sich auf das selbstreflektive Lernhandeln von Schülern, das beeindruckend dokumentiert wird; eine leistungssteigernde Wirkung tritt jedoch nicht ein.

5 Perspektiven

In der empirischen Forschung zum selbstgesteuerten Lernen wird zunehmend auch das familiäre Umfeld des Lerners berücksichtigt, vor allem im Hinblick auf die Entwicklung des Selbstbildes (Attributionen) und der Autonomie. Prozessorientierte Modelle des selbstgesteuerten Lernens können zukünftig Anhaltspunkte für ein besseres Verständnis des Zusammenspiels der unterschiedlichen Prozesse liefern (Schmitz 2003). Des Weiteren bieten feldexperimentelle Studien die Möglichkeit, spezifische Lernstrategien auf ihre Wirksamkeit in unterschiedlichen Kontexten zu überprüfen und zugrunde liegende motivationale Bedingungen zum erfolgreichen Einsatz von Lernstrategien im Sinne des selbstregulierten Lernens aufzudecken.

Im Bereich der Didaktik sind Passungsstrukturen zwischen eher fremd- und eher selbstgesteuerten Formen unterrichtlichen Lernens differenzierter zu entwickeln, da sich die generelle Überlegenheit einer Variante nicht behaupten lässt. Zudem sollten realistische und solide empirische Einschätzungen zu den Transferwirkungen von Methodentrainings durchgeführt werden.

Literatur

Artelt, C. (2000): Strategisches Lernen. Münster: Waxmann. – Baumert, J. & Köller, O. (1996): Lernstrategien und schulische Leistungen. In: Möller, J. & Köller, O. (Hrsg.): Emotionen, Kognitionen und Schulleistung. Weinheim: Psychologie Verlags Union, 137-154. – Beck, E., Guldimann, T. & Zutavern, M. (1991): Eigenständig lernende Schülerinnen und Schüler. Bericht über ein empirisches Forschungsprojekt. In: Zeitschrift für Pädagogik 37, 735-768. – Biggs, J.B. (1993): What do inventories of students' learning processes really measure? A theoretical review and clarification. In: British Journal of Educational Psychology, 63, 3-19. – Birkenbihl, V. F. (2005): Stroh im Kopf? Vom Gehirn-Besitzer zum Gehirn-Benutzer. 44., akt. Aufl. Landsberg am Lech: mgv Verlag. – Everson, H.T. & Tobias, S. (1998): The ability to estimate knowledge and performance in college: A metacognitive analysis. In: Instructional Science, 26, 65-79. – Klippert, H. (1994): Methoden-Training. Weinheim: Beltz. – Klippert, H. (2000): Pädagogische Schulentwicklung. Planungs- und Arbeitshilfen zur Förderung einer neuen Lernkultur. Weinheim: Beltz. – Klippert, H. (2001): Eigenverantwortliches Arbeiten und Lernen. Weinheim: Beltz. – Marton, F. & Saljö, R. (1984): Approaches to learning. In: F. Marton et al. (Eds.): The experience of learning. Edinburgh: Scottish Academic Press, 36-55. – Metzig, W. & Schuster, M. (2000): Lernen zu lernen. Lernstrategien wirkungsvoll einsetzen. 5., neubearb. Aufl. Berlin: Springer. – Pintrich, P.R. & Brown, D.R. & Weinstein, C.E. (Eds.) (1994): Student motivation, cognition, and learning. Hillsdale, NJ: Erlbaum. – Schmeck, R.R. (Ed.) (1988): Learning strategies and learning styles. New York: Plenum. – Schmitz, B. (2003): Selbstregulation – Sackgasse oder Weg mit Forschungsperspektive? In: Zeitschrift für Pädagogische Psychologie, 17 (3/4), 221-232. – Seel, N.M. (2000): Psychologie des Lernens. München: Reinhardt. – Taylor, S. E. & Pham, L. B. (1996): Mental simulation, motivation, and action. In: Gollwitzer, P. M. & Bargh, J. A. (Eds.): The psychology of action: Linking cognition and motivation to behavior. New York: The Guilford Press, 219-235. – Weinstein, C. E. & Mayer, R. E. (1986). The teaching of learning strategies. In: Wittrock, M. C. (Ed.): Handbook of research in teaching. New York: Macmillan, S. 315-327. – Weinstein, C. E., Husman, J. & Dierking, D. R. (2000): Self-regulation interventions with a focus on learning strategies. In: Boekarts, M. et al. (Eds.): Handbook of self-regulation. San Diego, CA: Academic Press, 727-747. – Zimmermann, B. J. (2000): Attaining self-regulation: A social cognitive perspective. In: Boekaerts, M. et al. (Eds.): Handbook of self-regulation. San Diego, CA: Academic Press, 13-41.

4 Unterrichtsmethodik

33| Grundlagen der Unterrichtsmethodik
Jürgen Wiechmann

1 Begriffsbestimmung

Die Unterrichtsmethodik erschließt das Feld der methodischen Gestaltung des Unterrichts zum Zweck der wissenschaftlichen Analyse und zum Zweck der professionell qualifizierten Planung, Gestaltung und Nachbereitung von Unterricht. Der Begriff der Unterrichtsmethoden wird in sehr unterschiedlicher Weise verwendet, sodass gegenwärtig nicht von einem klar umrissenen Gegenstandsfeld der Unterrichtsmethodik gesprochen werden kann. Sowohl das Verständnis des Unterrichts als auch das der Methode hat sich im Laufe des geschichtlichen Entwicklungsprozesses vielfältig geändert (vgl. Osterwalder 2004, Protz 2004). In der Folge kommt es zu Überlagerungen und teilweise auch zu widersprüchlichen Schichten im Begriffsverständnis. Eine Bezugnahme auf die Begriffe des Unterrichts und der Methode zeigt grundlegende Konsequenzen für die Unterrichtsmethodik auf.
Für den Begriff des Unterrichts kann festgehalten werden, dass er als zielorientierte Lehr-Lernsituation innerhalb eines begrenzten Zeitrahmens verstanden wird. Unterricht ist damit aufseiten der Lehrenden immer mit einem methodischen Vorgehen verbunden, das sowohl normativen Entscheidungen als auch funktionalen Kriterien unterliegt. In funktionaler Perspektive werden sowohl der methodische Verlauf des Unterrichts als Ganzes als auch einzelne Elemente des Verlaufs wie Stufung, Verfahrensweisen oder Organisationsformen auf ihre Effektivität und Effizienz hin beurteilt. In normativer Perspektive werden Entscheidungen über methodische Grundannahmen als Ganzes sowie thematische Setzungen unter didaktischer Perspektive beurteilt. Für die Unterrichtsmethodik führt diese doppelte Bindung des Unterrichts zu einer ersten Grundaussage: Es gibt keinen allgemeinen Überlegenheitsnachweis einer Unterrichtsmethode sondern nur Optimierungen im Spektrum gemeinsamer normativer Setzungen. Nicht zuletzt die Polemiken der Reformpädagogik gegenüber den Herbartianern (z.B. Gaudig 1925) oder die der Gruppenpädagogik gegenüber dem Frontalunterricht (Petersen & Petersen 1954) unterstreichen diese Grundaussage. Zugleich haben diese Polemiken aber auch praktisch aufgezeigt, dass eine eindimensionale Betrachtungsweise zu einem Verlust an Methodenqualität führt. Die Forderung nach Methodenvielfalt ist in der Unterrichtsmethodik gegenwärtig unwidersprochen.
Der pädagogische Begriff der Methode umfasst sowohl die vorausgehende Planung als auch die praktische Realisierung des Unterrichts. Auf der Planungsebene wird der methodische Verlauf im Sinne einer modellhaften Vorwegnahme des tatsächlichen Unterrichtsverlaufs auf der Grundlage

normativer Setzungen und unter Berücksichtigung erwartbarer situativer Faktoren entwickelt. Diese planende Vorwegnahme wird in jedem Fall von den Lehrenden geleitet, wobei kooperative Entwicklungen mit den Lernenden je nach normativer Orientierung partiell denkbar sind. Auf der Handlungsebene des Unterrichts wird der methodische Verlauf im Rahmen der Kommunikation der beteiligten Personen realisiert. Angesichts der technischen Unverfügbarkeit der Person im Rahmen der Lehr-Lernsituation ist daher eine partielle Unplanbarkeit des Unterrichts auf der Handlungsebene der Unterrichtsmethode konstitutiv gegeben. Für die Unterrichtsmethodik führt dies zu einer zweiten Grundaussage: Unterricht ist planungsbedürftig, aber nicht vollständig planbar. Die Unterrichtsmethodik thematisiert daher sowohl modellhafte Planungen und deren Umsetzung auf der Handlungsebene als auch die Methodenrealität auf der Handlungsebene und deren Bedeutung für modellhafte Planungen. Die bisherige Methodendiskussion hat bisher in überwiegendem Maße den ersten Aspekt betont.

2 Historische Entwicklung

Das heutige Spektrum der Unterrichtsmethoden ist weitgehend im Zuge der Entwicklung und des Ausbaues des öffentlichen Schulwesens seit Beginn des 19. Jahrhunderts entstanden. Dabei lassen sich zwei Entwicklungsschübe unterscheiden, die formelhaft mit den Begriffen der Herbartianer und der Reformpädagogik benannt werden können.
Die Herbartianer orientieren sich an dem Unterrichtsmodell Herbarts (vgl. 1913), das dieser für den Einzelunterricht konzipierte. Zielsetzung seines erziehenden Unterrichts ist die Entwicklung eines vielseitigen Interesses an der Welt auf der Basis von Informationen, die außerhalb der unmittelbaren Erfahrungswelt der Lernenden liegen. Das erfahrungsorientierte Lernen schließt Herbart aufgrund der Zufälligkeiten lebensweltlicher Situationen explizit aus seinem Unterrichtsverständnis aus, betont also in starkem Maße das Moment der vorausgehenden Planung. Die Herbartianer entwickelten dieses Grundmodell als Formalstufentheorie für den Unterricht ganzer Schulklassen weiter. Das Festhalten am Kriterium einer hohen Planbarkeit des Unterrichts auf der Handlungsebene und die damit verbundene Lenkung des Geschehens durch die Lehrkraft führt zu einem technizistischen Verständnis der Unterrichtsmethode, die als zentraler Kritikpunkt am Modell der Herbartianer gilt. Auch wenn keine Aussagen zur funktionalen Qualität dieses Methodenspektrums im engeren Sinne vorliegen, können mit Blick auf den erfolgreichen Ausbau des allgemeinbildenden Schulwesens Effektivität und Effizienz angenommen werden. Weiterentwicklungen dieses Methodenspektrums finden sich heute im Bereich unterschiedlicher lehrergelenkter Ansätze des Unterrichts.
Die unterrichtsmethodische Erschließung der Erfahrungswelt steht im Mittelpunkt der reformpädagogischen Epoche (vgl. Gaudig 1925). Die Entfaltung dieses Entwicklungsschubes erfolgt im Unterschied zu dem oben Dargestellten im Rahmen vieler paralleler Ansätze. Allen Ansätzen gemeinsam ist aber der methodische Ausgang von einem realen Problem aus der Lebenswelt der Lernenden, das von diesen meist in kooperativer Arbeit gelöst wird und damit zu einem nachhaltigen Lernprozess führt. Die Planbarkeit des Unterrichts wird im Rahmen dieses Entwicklungsschubes als deutlich eingeschränkt wahrgenommen, während dem situativen Moment auf der Handlungsebene die zentrale Bedeutung zugesprochen wird. Die damit verbundene Gefahr einer Zufälligkeit und möglichen Folgenlosigkeit der schulischen Arbeitssituation für den unterrichtlichen Lernprozess wird durchaus als Problem erkannt (z.B. Reichwein 1993). Die Ansätze des reformpädagogischen Methodenspektrums können heute vor allem im Rahmen kooperativer Unterrichtsansätze weiterverfolgt werden.
Bedingt durch ihre Entwicklung im Kontext des Ausbaues des öffentlichen Schulwesens setzen beide dargestellten Methodenkonzeptionen die aktive Beteiligung einer professionell qualifizierten

Lehrkraft als Teil der Lehr-Lernsituation voraus. Im Zuge der Diskussion um eine tendenzielle Entschulung des Lernens ist zu fragen, ob sich gegenwärtig ein dritter Entwicklungsschub im Spektrum der Unterrichtsmethoden andeutet. In welchem Maße Methodisierungen wie z.B. die Pädagogik der Unterdrückten (Freire 1973) oder das Konzept der humanistischen Pädagogik (Rogers 1982) hier einen Beitrag leisten werden, ist gegenwärtig nicht zu beurteilen.

3 Übersichten zum Spektrum der Unterrichtsmethoden

Im Laufe der vergangenen 200 Jahre ist eine größere Zahl von Methoden von modellhaften Darstellungen des Unterrichtsverlaufs entwickelt worden, die in konsistenter Weise die verschiedenen Unterrichtselemente wie Phasen, Organisationsformen, Medien, Interaktionsformen oder Verfahrensweisen verknüpfen. Allen Modellen gemeinsam ist eine jeweils spezifische normative Orientierung, eine theoretische Basis, eine ausreichende interne Flexibilität sowie eine praktische Kultivierung. Angesichts der unterschiedlichen normativen und theoretischen Orientierungen ist damit gleichzeitig ein differenziertes Leistungsspektrum verbunden, sodass eine angemessene Gestaltung unterschiedlichster Lehr-Lernsituationen möglich ist. Eine sachbezogene Nutzung dieser Unterrichtsverlaufsmodelle setzt ihre strukturelle Erschließung voraus. Gegenwärtig scheinen vor allem drei Erschließungswege vorzuliegen: die Orientierung an normativen Grundpositionen, die Orientierung an Aspekten der Unterrichtsgestaltung sowie die Orientierung an Unterrichtszielen.
Die Erschließung anhand normativer und theoretischer Grundpositionen wird von Joyce, Weil & Calhoun (2000) vorgeschlagen. Sie ordnen die vorliegenden Methodenmodelle anhand von vier übergreifenden Methodenfamilien: Die „soziale Familie" betont das kooperative Lernen, die „informationsverarbeitende Familie" orientiert sich an der Welterschließung durch forschendes Lernen, die „persönlichkeitsorientierte Familie" umfasst die Methodenansätze der humanistischen Pädagogik und die „verhaltensorientierte Familie" orientiert sich am Gedanken des Menschen als sich selbst korrigierendes Kommunikationssystem. Jeder dieser vier Familien ist dabei wieder eine unterschiedlich große Zahl von Methodenmodellen zugeordnet. Die Orientierung an Dimensionen der Unterrichtsgestaltung findet sich bei Meyer (2001) und ähnlich bei Wiechmann (2002a). Beide Ansätze ordnen die Methodenmodelle anhand einer zweidimensionalen Ebene unterrichtsmethodischer Entscheidungen: Mit der einen Dimension wird die Unterrichtssteuerung in der Polarität von Lehrerlenkung und Selbststeuerung des Lernens erfasst und mit der anderen Dimension die didaktische Erschließung des Unterrichtsthemas. Eine dritte Orientierung entsteht durch die Bezugnahme auf Intentionen des Unterrichts, indem nach dem spezifischen Leistungsspektrum der Methodenmodelle für taxonomisch unterschiedliche Zielperspektiven des Unterrichts gefragt wird (vgl. auch Wiechmann 2002b).
Eine Darstellung des Spektrums der Unterrichtsmethoden auf der Handlungsebene kann sich nur auf eine vergleichsweise kleine Zahl von Untersuchungen stützen. Danach entspricht das Methodenmuster in überwiegendem Maße dem lehrergelenkten sprachorientierten informationsvermittelnden Modell der Herbartianer (z.B. Cuban 1993). Die im deutschsprachigen Raum immer wieder zitierte Studie zum Methodenrepertoire von Hage u.a. (1984) kommt zu einem ähnlichen Ergebnis. Eine Replikation dieser Studie (Wiechmann 2004) zeigt für den heutigen Unterricht jedoch ein verändertes Bild; danach sind nur noch etwa 43 Prozent sprachorientiert ausgerichtet, während der Anteil der Schülertätigkeit deutlich gewachsen ist. Unübersehbar ist in diesen Studien aber in jedem Fall die Problematik, dass von segmenthaft erfassten Unterrichtselementen auf unterrichtsmethodische Strukturen geschlossen wird. Ein zweiter Zugang zur Handlungsebene des Methodenspektrums entsteht gegenwärtig im Rahmen der Identifikation von Skripten und Tiefenstrukturen auf der Grundlage von Videostudien (z.B. Prenzel u.a. 2002). Die dabei erarbeiteten Informationen lassen

ganzheitliche Unterrichtsmethoden der Handlungsebene erkennbar werden, die im globalen Rahmen variieren. Für den Unterricht ist Deutschland scheint dabei ein kleinschrittiges, enggeführtes Unterrichtsgespräch charakteristisch zu sein.

4 Offene Fragen

Angesichts der weitgehenden Folgenlosigkeit der fachlich unbestrittenen Forderung nach Methodenvielfalt in der Schulpraxis stellt die Beantwortung der Frage nach einem effektiven Innovationstransfer des vorliegenden Methodenspektrums in die Breite des Schulwesens die zentrale Aufgabe der Unterrichtsmethodik dar. Dabei deutet die fast hundertjährige Tradition dieser Problematik darauf hin, dass die bisher gepflegte Form der Entwicklung, Optimierung und Propagierung unterschiedlicher Modelle wenig erfolgreich ist. Unübersehbar ist gleichzeitig, dass die planungsdominierten Unterrichtsmethoden in deutlich stärkerem Maße implementiert werden als Methoden mit einer hohen Komplexität auf der Handlungsebene. Fortschritte in der Unterrichtsentwicklung können daher nur in Verknüpfung von planungs- und handlungsorientierten Anätzen erwartet werden. Eine zweite künftig vermutlich an Bedeutung gewinnende Frage ist die nach impliziten Unterrichtsmethoden, wie sie von didaktischen Laien bei der Gestaltung von entschulten Unterrichtssituationen im Rahmen unterschiedlicher personaler und virtueller Interaktionen genutzt und elaboriert werden.

Literatur
Cuban, L. (1993): How Teachers Taught: Constancy and change in American classrooms, 1890-1980. 2., überarb. Aufl. New York: Teachers College Press. – Freire, P. (1973): Pädagogik der Unterdrückten. Reinbek: Rowohlt. – Gage, N. L. & Berliner, D. C. (1986): Pädagogische Psychologie. 2., überarb. Aufl. Weinheim: Psychologie-Verlags-Union. – Gaudig, H. (1925): Didaktische Ketzereien. 6., überarb. Aufl. Leipzig, Berlin: Teubner. – Hage, K., Bischoff,H., Dichanz, H., Eubel, K.-D., Oehlschläger, H.-J. & Schwittmann, D. (1985): Das Methoden-Repertoire von Lehrern. Opladen: Leske und Budrich. – Herbart, J. F. (1913): Pädagogische Schriften, Bd.1. Osterwieck: Zickfeldt. – Joyce, B., Weil, M. & Calhoun, E. (2000): Models of Teaching. 6., überarb. Aufl. Boston etc.: Allyn and Bacon. – Meyer, H. (2001): Schulpädagogik. Band II: Für Fortgeschrittene. 5., überarb. Aufl. Berlin: Cornelsen Scriptor. – Osterwalder, F. (2004): Methode. In: Benner, D. & Oelkers, J. (Hrsg.): Historisches Wörterbuch der Pädagogik. Weinheim, Basel: Beltz, 638-659. – Petersen, P. & Petersen, E. (1954): Die Analyse des Frontunterrichts mit Hilfe von erziehungswissenschaftlicher Aufnahme und Tatsachenliste. In: Wissenschaftliche Zeitschrift der Friedrich-Schiller-Universität Jena, 3, 509-529. – Prenzel, M., Seidel, T., Lehrke, M., Rimmele, R., Duit, R., Euler, M., Geiser, H., Hoffmann, L., Müller, C. & Widodo, A. (2002): Lehr-Lernprozesse im Physikunterricht – eine Videostudie. In: Zeitschrift für Pädagogik. Beiheft 45, 139-156. – Protz, S. (2004): Unterricht. In: Benner, D. & Oelkers, J. (Hrsg.): Historisches Wörterbuch der Pädagogik. Weinheim und Basel: Beltz, 1031-1070. – Reichwein, A. (1993): Schaffendes Schulvolk. In: Klafki, W. , Amlung, U., Berg, H.-C., Lenzen, H., Meyer, P. & Wittenbruch, W. (Hrsg.): Schaffendes Schulvolk – Film in der Schule. Die Tiefenseer Schulschriften – Kommentierte Neuausgabe. Weinheim und Basel: Beltz, 15-180. – Rogers, C. (1982): Freedom to Learn in the Eighties. Columbus, Ohio: Merrill. – Wiechmann, J. (2002a): Unterrichtsmethoden – Vom Nutzen der Vielfalt. In: Wiechmann, J. (Hrsg.): Zwölf Unterrichtsmethoden. 3., überarb. Aufl. Weinheim: Beltz, 9-19. – Wiechmann, J. (2002b): Methodenvielfalt für die Schulpraxis. In: Pädagogische Rundschau 56 (4), 393-409. – Wiechmann, J. (2004): Das Methodenrepertoire von Lehrern – ein aktualisiertes Bild. In: Wosnitza, M., Frey, A. & Jäger, R. S. (Hrsg.): Lernprozess, Lernumgebung und Lerndiagnostik. Wissenschaftliche Beiträge zum Lernen im 21. Jahrhundert. Landau: Verlag Empirische Pädagogik, 320-335.

4.1 Kommunikation und soziale Interaktion

34| Unterricht als kommunikatives Geschehen
Paul Walter

1 Kommunikation als unterrichtstheoretischer Leitbegriff

Mit Kommunikation wird allgemein die Mitteilung von Informationen bezeichnet. Mit ihr ist jedoch auch die über Symbole stattfindende zwischenmenschliche Interaktion gemeint. Der Kommunikationsbegriff wird in Wissenschaften wie Linguistik, Nachrichtentechnik oder Soziologie unterschiedlich verwendet. Luhmanns Systemtheorie erklärt Kommunikation zur speziellen „Operation" jeglicher sozialer Systeme, folglich auch des Unterrichts (Baraldi, Corsi & Esposito 1997, S.89). Man kann Kommunikation (bzw. Interaktion) als unterrichtstheoretischen Leitbegriff, alternativ zu anderen Leitbegriffen wie Lernen oder Bildung auffassen (Kron 1993).
Unterricht realisiert sich meist über face-to-face-Kommunikation zwischen Lehrern und Schülern. Hierbei dominiert das sprachliche Symbolsystem; begleitende para- und nonverbale Kommunikationen (wie Mimik, Gestik, Tonfall) unterstreichen oder modifizieren die Bedeutung der Sprechhandlungen. In modernen Gesellschaften hat Schulunterricht die Kommunikation zwischen Generationen und zwischen sozialen Segmenten zu gewährleisten. Das Tradieren von Wissen und Können bedient sich neben der face-to-face-Kommunikation der medial vermittelten Kommunikation, etwa in Form von Lehrbüchern und zunehmend von multimedialen Lehrmaterialien.

2 Pädagogisch bedeutsame Modelle der Kommunikation

Bekanntheit erlangte das 1949 publizierte Kommunikationsmodell von Shannon und Weaver, das der Optimierung technisch übermittelter Nachrichten diente. „Information" wird darin als Vorhersagbarkeit von Zeichen (des empfangenen Outputs) durch den gesendeten Input quantitativ bestimmt. Sinnlose Zeichen werden genauso als Information wie gehaltvolle Mitteilungen behandelt. Mit diesem Informationsbegriff bzw. dessen Komplement, der Redundanz, können der typische unterrichtliche Wechsel zwischen „Wiederholen und Weitermachen" beschrieben (Diederich 1990) oder häufige unterrichtliche Schrittfolgen identifiziert werden (Petrat, Steinforth, Timm & Wosniok 1977). Der pädagogische Gebrauchswert des technischen Modells ist jedoch begrenzt, weil es die Wechselseitigkeit sozialer Kommunikation, die Zirkularität des Kommunizierens sowie Intentionen und Motive der Kommunizierenden ignoriert.

Andere Akzente setzt das früher entstandene, jedoch erst in den 1960er Jahren rezipierte Kommunikationskonzept des vor allem auf G.H. Mead zurückgehenden Symbolischen Interaktionismus. Über den interaktiven Austausch von „signifikanten" Gesten bzw. Symbolen wird die Sozialisation und Identitätsbildung des Individuums erreicht. Ein Individuum erwirbt Identität, indem es die sozial geteilte Bedeutung einer Handlung interpretiert und internalisiert, sowohl soziale Anforderungen als auch eigene Vorstellungen bei der Entwicklung des eigenen Handlungsrepertoires berücksichtigt. Der Symbolische Interaktionismus war eine der Quellen für Habermas' eigenständige *„Theorie des kommunikativen Handelns"* (1981). Nach dieser Theorie ist über Kommunikation die Balance zwischen Zwängen des Sozialsystems und der emanzipatorisch gedachten Verständigung in der Lebenswelt herzustellen. Metakommunikation (Kommunikation über Kommunikation) dient als anzustrebende, oft „kontrafaktische" Form zur Klärung strittiger Ansprüche. Die Rezeption des Symbolischen Interaktionismus hat wissenschaftsmethodologische Kontroversen hervorgerufen, die forschungspraktisch zur Aufwertung sinnverstehender bzw. -rekonstruktiver Analyseverfahren in der Erziehungswissenschaft gegenüber quantitativen Forschungsmethoden führten.

Der Bedeutung und Funktion von Kommunikation widmen sich weiterhin aus der linguistischen „Pragmatik" hervorgehende, in sich jedoch heterogene Ansätze. So vereinigt Schulz von Thun (1997) das Organon-Modell der menschlichen Sprache (K. Bühler) mit dem Kommunikationsmodell der Forschergruppe um P. Watzlawick und unterscheidet vier Funktionen einer Nachricht: Selbstoffenbarung, Beziehung, Appell und Sachinhalt. In Übereinstimmung mit Watzlawicks Ansatz ist von Thun vor allem an der Analyse und Behebung gestörter Kommunikation interessiert. Ein weiteres pragmatisches Kommunikationsmodell mit unterrichtswissenschaftlichem Bezug liefert die Sprechakttheorie, die Sprechakttypen (wie Auffordern, Loben, Feststellen) und „Spielregeln" menschlichen Handelns analysiert und klassifiziert sowie Mikroanalysen unterrichtlicher Kommunikation anregte (Ehlich & Rehbein 1986).

3 Unterricht als Kommunikationsprozess

Als unterrichtswissenschaftlicher und didaktischer Leitbegriff ist Kommunikation ein Moment jeglichen Unterrichts. Deshalb sind kommunikative Prozesse für die Konzeption, Planung und Analyse von Unterricht bedeutsam.

3.1 Methodische Ansätze der Kommunikationsanalyse

Unterrichtliche Kommunikationsanalysen konzentrierten sich traditionell auf die Lehrer-Schüler-Interaktionen, um effektiven Unterricht zu identifizieren und um entsprechendes Lehrerhandeln zu trainieren. Dieses Forschungsinteresse trug zur Entwicklung unzähliger Beobachtungsinventare bei. In ihrem Übersichtsbeitrag zum *„Classroom Discourse"* bezeichnet Cazden (1986) den Ansatz als *„process-product"*-Forschung, dem sie eine *„soziolinguistic"* genannte Untersuchungsstrategie gegenüberstellt. In dieser Strategie wird primär angestrebt, über Mikroanalysen unterrichtstypische Kommunikationsmuster herauszuarbeiten. Sie ist stärker deskriptiv und weniger unterrichtstechnologisch interessiert als der *„process-product"*-Ansatz und favorisiert „qualitative", interpretative Untersuchungsmethoden.

3.2 Kommunikative Kompetenz als Unterrichtsziel

Kommunikation wird von der Didaktik nicht nur als unterrichtlicher Prozess analysiert, sondern auch als Unterrichtsgegenstand thematisiert. Indem die Schüler angeleitet werden, angemessen mit anderen zu kommunizieren und zu kooperieren, soll kommunikative Kompetenz hergestellt werden, die als „Schlüsselqualifikation" bzw. fächerübergreifend als Ziel des Unterrichts gilt. Mit der „kommunikativen Didaktik" ist zum einen diese Vermittlung praktischer Fertigkeiten verbunden, zum anderen und weitergehend das bildungstheoretische Ziel, die unterrichtliche Praxis zu humanisieren, das heißt zur Aufhebung der in den Schulalltag hineinreichenden sozialen Entfremdung und sozialer Anpassungszwänge beizutragen (Kron 1993, S.178 ff).

3.3 Unterrichtsstörungen

Zwar spielt die normative Dimension kommunikativer Didaktik in der aktuellen bildungstheoretischen Diskussion nur eine untergeordnete Rolle, die von ihr propagierten kommunikationsfördernden Lernumgebungen haben unterrichtspraktisch jedoch nicht an Bedeutung verloren. Disziplinstörungen, Konflikte, Schülergewalt nötigen dazu, dem unterrichtlichen Kommunikationsgeschehen Aufmerksamkeit zu schenken und fehlenden kommunikativen Kompetenzen im Unterricht entgegenzuwirken. So beschäftigt sich etwa die bekannte „Erziehungspsychologie" Woolfolks (2005) im Modul *The Need for Communication* ausschließlich mit unterrichtlichen Konflikten und Störungen, mit ihren Bedingungen und mit möglichen Interventionsformen.

4 Die schulpädagogische Aktualität kommunikativer Prozesse

Kommunikationstheoretische Überlegungen sind aktuell; sie spielen in verschiedenste schulpraktisch relevante Fragestellungen hinein, wenn diese auch unter anderen Labels wie „Soziales Lernen" oder „Disziplinmanagement" firmieren mögen.
Sozialisationstheorie und Entwicklungspsychologie im Anschluss an Mead, Piaget oder Vygotski unterstreichen die Bedeutung von Kommunikation und Kooperation für das (schulische) Lernen; sie gelten als Bedingung für die Ko-Konstruktion kognitiver Strukturen, um *conceptual change* zu erleichtern und um idiosynkratische Fehlkonzeptionen abzubauen (Walter 2004, S.180 ff.). In mehreren Studien analysierten Krappmann und Oswald (1995) die sozialen Beziehungen von Grundschülern, beobachteten dabei auch Diskrepanzen zwischen dem didaktischen Postulat kooperativen Lernens und Ambivalenzen in den spontanen Schüler-Schüler-Interaktionen.
Kommunikative Kompetenzen werden in internationalen Schulsystemvergleichen zunehmend beachtet (Stanat & Kunter 2001). Die kulturelle Heterogenität der Schülerschaft und ihre Vorbereitung auf eine globalisierte postindustrielle Wirtschaftswelt verlangen verstärkt die Förderung der Fähigkeit zur Kommunikation und zur interkulturellen Verständigung.

5 Forschungsperspektiven

Nach wie vor besteht Bedarf an der Abklärung von Kommunikation als unterrichtstheoretischer Grundbegriff. Damit einher geht die Verfeinerung von Verfahren zur Analyse unterrichtlicher Interaktion, wie sie z.B. mit dem Sprechakttypeninventar SALG zur Klassifikation der Sprechhandlungen von Lehrern im Gruppenunterricht versucht wird (Diegritz & Fürst 1999) oder in der mikroanalytischen Rekonstruktion von Unterrichtsregeln aus dem kommunikativen Geschehen geschieht (Breidenstein, Combe, Helsper & Stelmaszyk 2002). Darüber hinaus ist kommunikationstheoretische Forschung zur Optimierung instruktionspsychologischer Multimedia-Anwendungen unentbehrlich.

Literatur

Baraldi, C., Corsi, G. & Esposito, E. (1997): GLU. Glossar zu Niklas Luhmanns Theorie sozialer Systeme. Frankfurt: Suhrkamp. – Breidenstein, G., Combe, A., Helsper, W. & Stelmaszyk, B. (Hrsg.) (2002): Forum Qualitative Schulforschung 2. Opladen: Leske+Budrich. – Cazden, C.B. (1986): Classroom Discourse. In: Wittrock, M. (Hrsg.): Handbook of Research on Teaching. New York: Simon & Schuster, 432-463. – Diederich, J. (1990): Verknüpfungen von „Wiederholen" und „Weitermachen" im Schulunterricht. In: Luhmann, N. & Schorr, K.E. (Hrsg.): Zwischen Anfang und Ende. Fragen an die Pädagogik. Frankfurt: Suhrkamp, 162-188. – Diegritz, T. & Fürst, C. (1999): Empirische Sprechhandlungsforschung. Erlangen: Universitätsbund Erlangen-Nürnberg. – Ehlich, K. & Rehbein, J. (1986): Muster und Institution. Untersuchungen zur schulischen Kommunikation. Tübingen: G. Narr. – Habermas, J. (1981): Theorie des kommunikativen Handelns. 2 Bde. Frankfurt: Suhrkamp. – Krappmann, L. & Oswald, H. (1995): Alltag der Schulkinder. Weinheim: Juventa. – Kron, W. (1993) Grundwissen Didaktik. München: Reinhardt. – Petrat, G., Steinforth, H., Timm, J. & Wosniok, W. (1977): Prozessorientierter Unterricht. München: Ehrenwirth. – Stanat, P. & Kunter, M. (2001): Kooperation und Kommunikation. In: Deutsches PISA-Konsortium (Hrsg.): PISA 2000. Basiskompetenzen von Schülerinnen und Schülern im internationalen Vergleich. Opladen: Leske+Budrich, 300-322. – Schulz von Thun, F. (1997): Miteinander reden 1. Reinbek: Rowohlt. – Walter, P. (2004): Schulische Integration Behinderter. Wiesbaden: VS Verl. f. Sozialwiss. – Woolfolk, A. (2005): Educational Psychology. Active Learning Edition. 9. ed. Boston: Pearson.

35| Unterricht als Lehrer-Schüler-Interaktion
Peggy Richert

1 Historische Aspekte der Forschung zur Lehrer-Schüler-Interaktion

Mit der „Pädagogischen Tatsachenforschung" von Petersen (1965) sowie den Arbeiten Winnefelds kann die deutschsprachige Erziehungswissenschaft auf eine durchaus eigenständige Tradition der Erforschung des Unterrichtsprozesses verweisen.

Die forschungs- und auch die schulreformorientierten Ansätze der Erziehungswissenschaft in Deutschland erhielten in den 60er Jahren vor allem durch amerikanische Arbeiten neue Impulse. Als wichtiger Impuls ist insbesondere das „Handbook of Research on Teaching" (1963, deutsch 1970) zu nennen, mit dem auch die verschiedenen Ansätze der Unterrichtsanalyse bekannt wurden.

Seit Beginn der 80er Jahre lässt sich eine Veränderung des Verständnisses der Lehr-Lern-Forschung hin zu einer Unterrichtspsychologie auf kognitionstheoretischer Basis erkennen (s. Straka & Macke 1979). Zugleich rücken theoretische Konzepte und Forschungsinstrumentarien neu in den Blick: Sozialpsychologische Theorien der Wahrnehmung und Kausalattribuierung analysieren „naive" Interpretationen der Lehr-Lern-Situation. Theorien der Informationsverarbeitung, kognitive Konzepte des Denkens und der Handlungsregulation, Diagnose-, Beratungs- und Entscheidungstheorien ermöglichen differenzierte Analysen der Lehr-Lern-Situation. Verstärkt wird diese Tendenz durch die Rezeption sozialwissenschaftlicher Theorien (Stigmatisierungsansatz, Konzept der „sozialen Situation", wissenssoziologische Interpretationen der Funktion von Curricula) (s. Terhart 1986).

2 Die Lehrer-Schüler-Interaktion als Thema der Didaktik und der Lehr-Lernforschung

Zur Beschreibung und Erklärung des komplexen unterrichtlichen Interaktionsgefüges sind verschiedene Modelle entwickelt worden, die jeweils bestimmte Aspekte des Geschehens fokussieren.

Dimensionsanalytische Ansätze erfassen insbesondere das Lehrverhalten. Auf der Grundlage der klassischen Führungsstilforschung von Lewin wurden z.B. von Tausch & Tausch (1970) Verhaltens- und Unterrichtsstile – autokratisch, „laissez-faire", sozialintegrativ – unterschieden und auf ihre Rückwirkungen auf den Interaktionsprozess sowie die Lernergebnisse untersucht. Unterrichtliche Effekte unterschiedlicher Lehrpersonen wurden bei der Analyse von Lehrstilen von Flanders (1970) und in Deutschland von Tausch & Tausch (1970) untersucht.

Soziologische Ansätze betrachten Unterricht als soziale Situation. Dabei bilden (mikro)-soziologische Theorien wie der Symbolische Interaktionismus, handlungstheoretische Konzepte wie die Wissenssoziologie den theoretischen Hintergrund. Die Lehr-Lern-Situation wird dabei als ein sozialer Ort des Aushandelns von Bedeutungen von Routinen, Ritualen verstanden (s. Heinze 1976). Dabei wird eine enge Verknüpfung zwischen den Erfahrungen der Lehr-Lern-Situationen durch die Beteiligten mit ihren institutionellen Beziehungen berücksichtigt. Untersuchungen der persönlichen Erfahrungs- und Verarbeitungsformen von Schulangst sind wie Analysen zu Funktionen von Ritualen für die Darstellung sozialer Gemeinsamkeit (s. Wellendorf 1973) oder zu Taktiken von Schülern (s. Heinze 1976) und von Lehrern (s. Woods 1980) Beispiele für Untersuchungsgegenstände dieser Forschungsrichtung.

Die prozessorientierten Ansätze nutzen zur theoretischen Klärung Konzepte der „impliziten Persönlichkeitstheorie" (s. Hofer 1986), der „naiven Verhaltenstheorie" (s. Wahl u.a. 1983) oder der „Kausalattribuierung" (s. Jopt 1978). Fokussiert wird unmittelbar der Interaktionsprozess, unterstützt von sozialpsychologischen, kognitiven Theorien der interpersonalen Wahrnehmung. Dabei wird nicht das „offene" Verhalten der Akteure – Lehrer und Schüler – zentralisiert, vielmehr wird die Interaktion unter Berücksichtigung der „inneren", im weiteren Sinne kognitiven Begleit-, Organisations- und Regulationsprozesse betrachtet. Handlungen und Denkprozesse sowohl auf Lehrerseite als auch auf Schülerseite finden Berücksichtigung. Zudem werden zu den kognitiven Elementen auch emotive Elemente wie Sympathie, Angst oder Erleben beachtet.

Das Prozess-Produkt-Paradigma, welches unter dem methodischen Einfluss des Behaviorismus entstand, bildet in den 1970er Jahren das dominante Forschungsparadigma. Das Lehrer- und Schülerverhalten wird in diskrete, spezifische Einheiten zerlegt, die beobachtet und ausgezählt werden. Gemessen werden die Wirkung einzelner Lehrerfertigkeiten auf eng umschriebene Schülerleistungen im Klassenzimmer oder aber diese werden experimentell hergestellt und getestet. Die untersuchten Verhaltensweisen (Anzahl von Fragen, positive Rückmeldungen zu Schüleräußerungen, Klarheit der Lehrersprache) werden möglichst verhaltensnah (niedrig-inferent) und möglichst unabhängig voneinander operationalisiert und über eine Schulstunde oder Schultage aggregiert und mit Klassenmittelwerten des Leistungszuwachses in Beziehung gesetzt.

Sprechakt- oder konversationsanalytische Ansätze (s. Kap. Unterricht als kommunikatives Geschehen) analysieren das sprachliche Geschehen im Lehr-Lern-Prozess. Vor allem die Arbeit von Bellack u.a. (1966) erwies sich als in beträchtlichem Maße „schulebildend". Während Bellack u.a. ihre Arbeit primär auf Wittgensteins Sprachspielkonzept stützten, wurden in der Folgezeit die sprachtheoretischen Ansätze von Austin und Searle (Sprechakttheorie) sowie die Konversationsanalyse herangezogen (s. Ehlich & Rehbein 1983; Sinclair & Coulthard 1975).

Weitere Ansätze. Vor allem auch der Informationsverarbeitungsansatz der kognitiven Psychologie, die soziopsychologischen oder soziolinguistischen Interaktionstheorien oder die ethnographischen Methoden und Interpretationsmuster liefern wertvolle Beschreibungen der Lehrer-Schüler-Interaktion.

3 Unterricht als Interaktionsgeschehen

Die Erfassung der Lehrer-Schüler-Interaktion sollte nicht unberücksichtigt lassen, dass jede beteiligte Person – Lehrer wie Schüler – immer sowohl handelnde (agierende) und Handlungen registrierende und beantwortende (reagierende) Person ist. Interaktions-Modelle sind daher in der Regel Rückkopplungs-Modelle (feed-back-Modelle), die auf unterschiedlichen Ebenen die Einflussfaktoren und Regelgrößen eines sich selbst steuernden, aber nach außen hin offenen Systems beschreiben (s. Ulich 1976).
So kann der Unterricht als wechselseitiges aufeinander Einwirken im Wahrnehmen, Beurteilen und Kommunizieren von Lehrern und Schülern beschrieben werden. Dabei setzen sowohl Lehrer wie auch Schüler ihr Verhalten als Stimulus ein und lösen damit Reaktionen aus, die verstärkt werden können.

3.1 Typische Interaktionsmuster im Unterricht

Die von Bellack u.a. (1966) herausgearbeiteten „Spielregeln der Klassenzimmersprache" – mit der basalen Verhaltensstrukturform: Auffordern, Antworten, Reagieren – konnten in verschiedenen anderen Untersuchungen mit anderer Terminologie und auch mit entsprechenden Modifikationen als grundlegende Verhaltensform im Unterricht identifiziert werden.

3.2 Funktionen unterrichtlicher Interaktionsmuster

Eine Funktion des Frage-Antwort-Bewertungs-Musters – nach Mehan (1979) Initiation-Reply-Evaluation-Sequenz (= I-R-E-Sequenz) – wird in der kooperativen Erzeugung des Unterrichtsgegenstandes und der Herausarbeitung des lernrelevanten Wissens gesehen (s. Lüders 2003). Streeck (1983) sieht in dem Frage-Antwort-Bewertungs-Muster die schulspezifische Funktion der Selektion und Qualifikation auf der Mikroebene des Unterrichts realisiert, da der Lehrer mit einer Prüfungsfrage diese Sequenz eröffnet und durch seine evaluative Komponente die Lernprozesse der Schüler steuert.
Kritiker dieses Musters (s. Ehlich & Rehbein 1983) betonen, dass Fragen und Bewertungen in diesem Prozess als Mittel der Themensteuerung und der Durchsetzung bestimmter Deutungen und Sachverhalte eingesetzt werden und die Schüler offenbar kehrseitig kaum über bedeutende Gestaltungsspielräume verfügen.

4 Perspektiven

Im deutschsprachigen Raum haben nur wenige Arbeiten die Analysen zum Auftreten des Frage-Antwort-Bewertungs-Musters im Unterricht in den letzten Jahren aufgegriffen: Faust-Siehl (1987), die sich u.a. mit der Themenkonstitution im Unterricht beschäftigt, betrachtet die Strukturen der Lehrer-Schüler-Interaktion in direkter Beziehung zum jeweiligen Unterrichtsinhalt. Die Arbeit von Lüders (2003) analysiert Unterrichtstranskripte von Deutschstunden im zehnten Schuljahr in Gesamtschulen. Im Ergebnis zeigte sich in beiden Untersuchungen, dass die I-R-E-Sequenz die unterrichtliche Interaktion dominiert.
Trotz der Weiterentwicklung von Unterrichtsmethoden und Lernmedien, die den Schülern deutlich erweiterte Gestaltungsmöglichkeiten für ihr unterrichtliches Lernen erschließen, zeigt sich auf der mikroanalytischen Ebene keine Veränderung zu den Unterrichtsverläufen der 60er und 70er Jahre des letzten Jahrhunderts.

Aktuell stellen Unterrichtsmuster und Skripts den Gegenstand von Unterrichtsanalysen dar. Im Sinne von Oser & Patry (1990) wird damit eine theoretische Perspektive der Lehr-Lernforschung aufgegriffen, die den Blick auf Ablaufmuster oder „Choreographien" richtet. Diese „Choreographien" des Unterrichts legen demnach das Interaktions- und Handlungsrepertoire für Lehrkräfte sowie für Schüler fest und beeinflussen interne Verarbeitungs- und Steuerungsprozesse beim Lehren und Lernen.

Literatur

Bellack, A. A., Kliebard, H. M., Hyman, R. T. & Smith, F. L. (1966): The Language of the Classroom. New York: Teachers College Press. – Ehlich, K. & Rehbein, J. [Hrsg.] (1983): Kommunikation in Schule und Hochschule. Tübingen: Gunter Narr. – Faust-Siehl, G. (1987): Themenkonstitution als Problem von Didaktik und Unterrichtsforschung, Weinheim: Beltz. – Heinze, Th. (1976): Unterricht als soziale Situation. München: Urban & Schwarzenberg. – Hofer, M. (1986): Sozialpsychologie erzieherischen Handelns. Göttingen: Hogrefe. – Jopt, U.-J. (1978): Selbstkonzept und Ursachen-erklärung in der Schule. Bochum: Kamp. – Lüders, M. (2003): Unterricht als Sprachspiel. Eine systematische und empirische Studie zum Unterrichtsbegriff und zur Unterrichtssprache. Bad Heilbrunn: Klinkhardt. – Mehan, H. (1979): Learning lessons. Social organization in the classroom. Cambridge: Harvard University Press. – Sinclair, J. & Coulthard, M. (1977): Analyse der Unterrichtssprache: Ansätze zu einer Diskursanalyse dargestellt am Sprachverhalten englischer Lehrer und Schüler. Heidelberg: Quelle & Meyer. – Straka, G. A. & Macke, G. (1979): Lehrern und Lernen in der Schule. Stuttgart: Kohlhammer. – Terhart, E. (1986): Der Stand der Lehr-Lern-Forschung. In: Lenzen, D. [Hrsg.]: Enzyklopädie Erziehungswissenschaft. Stuttgart: Klett-Cotta, 63-79. – Ulich, D. (1976): Pädagogische Interaktion. Theorien erzieherischen Handelns und sozialen Lernens. Weinheim: Beltz. – Wahl, D., Schlee, J., Krauth, J. & Murek, J. (1983): Naive Verhaltenstheorie von Lehrern. Oldenburg: Universität Oldenburg. – Wellendorf, F. (1973): Schulische Sozialisation und Identität. Zur Sozialpsychologie der Schule als Institution. Weinheim: Beltz. – Woods, P. [Hrsg.] (1980): Teacher Strategies: Explorations in the Sociology of the School. London: Croom Helm.

36| Klassenführung
Hans Jürgen Apel

1 Klassenführung – Classroom Management

Die Aufgabe einer professionellen Klassenführung im Unterricht wird in der gegenwärtigen schulpädagogischen Diskussion unterschätzt. Im Vordergrund stehen Überlegungen und Forderungen zu einer Öffnung des Unterrichts und zu selbstbestimmten Lernformen in variabel arrangierten Lernumgebungen. In der Praxis zeigt sich aber, dass Unterrichten die Führung der Klasse oder – wie die Angelsachsen sagen – ein Classroom Management voraussetzt. Auch Studien der Lehr-Lern-Forschung belegen die Bedeutung ordnender Maßnahmen im Unterricht für Lernfortschritt und mehr Freude an unterrichtlichem Lernen. Deshalb ist es notwendig, Klassenführung aus didaktischer Perspektive als Mittel der Steuerung *und* Aktivierung unterrichtlichen Lernens darzustellen.

Klassenführung bezeichnet eine Form der sozialen und didaktischen Leitung in unterrichtlichen Lehr-Lern-Situationen, um zur Lernarbeit zu motivieren und zu aktivieren. In diesem Zusammenhang ist an Deweys Postulat: „The teacher is the intellectual leader" zu erinnern. Lehrende haben die didaktische Verantwortung für die Herstellung anregender unterrichtlicher Situationen. Sie müssen störungsarme Lernumwelten durchsetzen, um die Überlieferung notwendigen Wissens, Könnens und Wertens zu sichern. Zugleich müssen sie Chancen für eine Entwicklung sozial-moralischen

Handelns durch die Beteiligung der Lernenden an der Gestaltung von Schule und Unterricht bieten. Klassenführung zeigt sich somit als organisatorisches, soziales und didaktisches Handeln, durch das Lehrende
– Lernumgebungen vorstrukturieren und Lernprozesse anregen,
– störungsarme Lernarrangements anbieten und Lerndisziplin sichern,
– didaktisch anleiten und in einer Leistungssituation zu Lernarbeit verpflichten,
– Schule und Unterricht mitgestalten lassen,
– selbstbestimmtes Handeln und Lernen anregen und fördern.
Der angelsächsische Begriff „Classroom Management" besagt Ähnliches. Wer Klassen unterrichtet, muss eine lernförderliche Ordnung herstellen und aufrechterhalten. Das Ziel ist klar: „Increase the time students spend actively engaged in learning" (Doyle 1986, S.395). Das kann nur gelingen, wenn die Lernprobleme diagnostisch und die Ordnungsprobleme organisatorisch und disziplinarisch geregelt werden. Classroom Management bezeichnet also jene didaktisch-organisatorische Qualifikation, die professionelles Unterrichten erlaubt.

2 Traditionslinien

Spätestens seit der Institutionalisierung der Lehrerbildung um 1800 wird die Frage, wie Klassen disziplinarisch und didaktisch zu führen sind, unter Ausbildungsgesichtspunkten zunehmend wissenschaftlich diskutiert. Dabei entwickelten die Herbartianer im letzten Drittel des 19. Jahrhunderts konsequent ein Modell der didaktischen Klassenführung durch die strenge Artikulation des Unterrichts und durch „Zucht". Der Gedanke, durch die Ordnung der kognitiven Prozesse im Unterricht zu führen, hat sich bis in die Gegenwart gehalten. Zusätzlich kamen Beiträge zur disziplinierenden Klassenführung auch von anderer Seite. Tausch & Tausch (1970) entwickelten aus ihren Untersuchungen zum Führungsstil ein Konzept der sozial-integrativen Führung, um durch Sprache, aber auch durch Gestik und Mimik zu führen. Ein wichtiger Beitrag war die Studie von Kounin (1976), der Techniken der Klassenführung darin sah, durch didaktische Arrangements, durch Anregung und Kontrolle Klassen zu führen. Für die neuere Diskussion sind Untersuchungen wichtig, in denen die Merkmale zur Förderung sog. Optimalklassen analysiert wurden (Helmke 1988). Diese Erkenntnisse wurden gestützt durch die Re-Analysen der Schweizer Daten zur TIMS-Studie (Moser 1997), in denen die Bedeutung einer schülerorientierten Klassen- und Unterrichtsführung für Lernerfolg herausgestellt wurde.

3 Führung als pädagogischer Anspruch

In Schule und Unterricht dient pädagogische Führung dazu, möglichst störungsfreie Lehr-Lern-Situationen herzustellen. Solche Führung beruht auf der Beherrschung organisatorischer sowie didaktischer Formen ebenso wie auf der Sicherheit des Umgangs mit Kindern und Jugendlichen. Sie soll Bildung ermöglichen und Mündigkeit fördern. Dabei bleibt die Instruktion das didaktische und damit das erste Mittel unterrichtlicher Führung. Erfolgreiche Instruktion basiert auf fachdidaktischem Können, auf professionellen Formen der Lerndiagnose und Regulierung von Unterrichtsstörungen sowie auf mitmenschlicher Sensibilität für kindliche und jugendliche Lebensformen.

3.1 Führung und Autorität

Autorität gehört zur Führung. Sie bedeutet für das hier anstehende Gebiet der Klassenführung ein qualitatives Mehr-Sein in den Bereichen Wissen, Können, Interaktion, Organisation und didaktisches Handeln. Autorität entsteht, wenn die Geführten den Anspruch des Führenden als berechtigt anerkennen und ihm damit „Autorität" zusprechen. Solche Autorität wird pädagogisch, wenn Erwachsene sie nutzen, um Heranwachsende zu „Selbstbestimmung" und sozialer Verantwortung zu erziehen. In der unterrichtlichen Realität wird die beanspruchte Führungsrolle von den Heranwachsenden jedoch immer wieder in Frage gestellt. Lehrende besitzen sie nicht ein für alle Mal. Sie müssen bei der Organisation des Unterrichts ebenso wie bei der Regelung sozialer Situationen von Fall zu Fall beweisen, dass sie fachdidaktisch und als Person Lehr-Lern-Situationen erfolgreich gestalten können. Hierdurch erarbeiten sie sich ein Ansehen, das sachlich begründet, auf Führungsqualität gestützt und durch die einfallsreiche und korrekte Ausübung des Amtes abgesichert wird.

3.2 Führung und Lehrerpersönlichkeit

Erfolgreiche Klassenführung beginnt mit dem Auftreten. Vor der Klasse kommt es auf die Körperhaltung, den Blickkontakt, die Körpersprache an. Lehrende senden an ihre Schüler eine Botschaft, die in der Regel von diesen befolgt oder durch Störungen und Provokationen geprüft bzw. abgelehnt wird. Dann sind Ruhe und Besonnenheit, Zielorientierung und Beharrlichkeit, aber auch Einfallsreichtum für überraschende Verhaltensweisen sowie ein humorvoller Umgang mit schwierigen Situationen gefragt.

Professionelle Klassenführung zeigt sich in kalkulierbarer Zuverlässigkeit und Glaubwürdigkeit, in der Bestimmtheit bei grundsätzlichen Fragen der Disziplin und Großzügigkeit bei kleineren Abweichungen. Sie erfordert Durchsetzungsfähigkeit und Standfestigkeit gegen Dreistigkeit und Provokation, die sich z.B. in unnachgiebigen didaktischen Ansprüchen zeigen kann. Rutter und Mitarbeiter (1980) verweisen in ihrer Langzeitstudie über erfolgreiche Schulen darauf, dass die in ihnen tätigen Personen ein spezielles „Ethos" im Umgang mit den Schülern entwickelt hatten. Lehrende überzeugten durch emotionale Stabilität und dadurch, dass sie nur wenige Regeln verpflichtend vorgaben, diese dann aber konsequent durchsetzten. So gewannen sie Einfluss durch eindeutige Ansprüche an die Schüler und durch ein kalkulierbares didaktisches Handeln, das auf Lernerfolg hoffen ließ.

3.3 Führung und Aktivierung zu selbstorganisiertem Lernen

Didaktische Führung verfolgt vor allem zwei Ziele: lernförderliche, störungsarme Lehr-Lern-Situationen herzustellen und aktives Lernverhalten anzuregen. Schüleraktivierung meint also eine interessierte Lernhaltung, die sich in aktiver Lösungssuche, in selbst gesteuertem, selbst reguliertem Lernen zeigt. Eine didaktische Führung der Klasse muss darauf abzielen, die verbreitete Bequemlichkeit, das ausgeprägte Abwarten vieler Schülerinnen und Schüler auf die Lösung einer gestellten Aufgabe durch andere zu verändern. Lehrende können aktivieren, wenn sie
– lösbare Aufgaben stellen, die thematisch wie leistungsbezogen anreizen,
– immer wieder Zeit bereitstellen, damit alle allein oder kooperativ Lösungen suchen,
– anregende Medien einsetzen oder nach selbstständiger Wahl nutzen lassen,
– zeitweise nach Lernfähigkeiten differenzieren, Anforderungen stellen und Hilfen bereitstellen,
– freie Lernformen mit gebundenen Arbeitsformen abwechseln.
Führung und selbstorganisiertes Lernen schließen sich nicht aus. Jeder lehrergeleitete Klassenunterricht kann das aktive Lernen durch Auseinandersetzung mit Aufgaben fördern, wenn anregende, also auffordernde Situationen des Lernens bereitgestellt, Besprechungen auf den Punkt gebracht, individuelle Lernhilfe geleistet und geduldig mit langsamer Lernenden umgegangen wird. Dass Lehrende durch ihre Führung selbstständiges Denken und selbstorganisiertes Lernen anstoßen, ist

aber nur die eine Seite der didaktischen Aufgabe; die zweite besteht darin, Schülern neben der gebundenen Arbeit Arbeitszeit für selbstständiges Lernen einzuräumen, sie aber zugleich auf die Nutzung dieser Lernzeit zu verpflichten.

4 Forschungsperspektiven zur Klassenführung

Obwohl Führungskompetenz als wichtige professionelle Qualifikation für die Gestaltung pädagogischer und didaktischer Situationen gilt, gibt es bislang nur wenige empirische Studien mit verwertbaren Ergebnissen (zusammenfassend Apel 2002, S.90ff). Kounin (1976) analysierte Unterrichtsstunden nach typischen Verhaltensweisen der Lehrenden. Dabei hielt er fünf Dimensionen eines sozial-disziplinierenden und didaktisch-anregenden Lehrerhandelns fest. Lehrende müssen das Schülerverhalten überblicken, im Unterricht für Reibungslosigkeit des Lernens sorgen, die Klasse als Großgruppe mit Individuen behandeln, sie intellektuell herausfordern und methodisch anregend unterrichten. In neuerer Zeit hat die Lehr-Lern-Forschung Erkenntnisse zur Bedeutung der Klassenführung für einen lernförderlichen Unterricht beigetragen. Seit den 1980er Jahren haben Helmke und Weinert (1998) innerhalb ihrer Erhebungen zur Optimalklassenforschung u.a. das Spannungsfeld Klassenführung und selbstbestimmtes Lernen erfasst. Weinert definierte „Klassenführungskompetenz" (Weinert 1998, S.27) als professionelle Handlungskompetenz in dreierlei Hinsicht, als
– Motivierung, damit sich Schüler einer Klasse möglichst lange und intensiv auf erforderliche Lernaktivitäten konzentrieren,
– Vorbeugung vor möglichen Störungen durch Planung und Organisation sowie
– Regulierung auftretender Störungen, die möglichst schnell und unauffällig geschehen solle.
Untersuchungen (z.B. Helmke 1988) zeigen, dass eine solche Führung in didaktischer und disziplinarischer Hinsicht zu erfolgreicherem Lernverhalten führt. Zugleich wird deutlich, dass Führungsverhalten als eine Einheit sozialdisziplinierenden und didaktischen Handelns zu sehen ist (so auch Gruehn 1996, Schümer 1996).
Melzer (2001) erweitert diese Sicht durch eine Untersuchung des Zusammenhangs zwischen Führung und Selbstbestimmung für jugendliche Schüler. Anhand seiner Untersuchungen kann er zeigen, dass sich eine „partizipative Schul- und Unterrichtskultur" für Schule und Unterricht der Sekundarstufe als lernförderliches Führungsverhalten empfiehlt.
Befunde wie diese zeigen, dass Klassenführung mehrdimensional zu bestimmen ist. Ordnungsleistungen, didaktisches Können, demokratische Lebenshilfe und Rücksicht auf das Autonomiestreben der Jugendlichen sind empirisch belegte Merkmale einer lernförderlichen Schul- und Unterrichtskultur. Solche Führung soll mehreres sichern:
– Ordnung als Halt bietenden Rahmen eines gemeinsamen Lernens,
– Freiräume der Mitbestimmung,
– problemorientierte Lernangebote im Klassenunterricht und
– medienbasierte Lernangebote für offenere Lehr-Lern-Situationen.

Literatur

Apel, H. J. (2002): Herausforderung Schulklasse. Bad Heilbrunn: Klinkhardt. – Doyle, W. (1986): Classroom Organization and Management. In: Wittrock, M. (Ed.): Handbook of Research on Teaching. New York: MacMillan. 392-431. – Gruehn, S. (1996): Lassen sich Leistungs- und Motivationsverlust im Unterricht vereinbaren? In: Max-Planck-Institut Berlin (Hrsg.): Bildungs-verläufe und psychosoziale Entwicklung im Jugendalter (BIJU). Bericht für Schulen. Berlin, 35-42. – Helmke, A. (1988): Leistungssteigerung und Ausgleich von Leistungsunterschieden in Schulklassen: unvereinbare Ziele? In: Zeitschrift für Entwicklungspsychologie und Pädagogische Psychologie 20 (1), 45-76. – Kounin, J. (1976): Techniken der Klassenführung. Bern: Huber. – Melzer, W. (2001): Zur Veränderung der Generationenbeziehungen in Familie und Schule. In: Kramer, R.-T., Helsper, W. & Busse, S. (Hrsg.): Pädagogische Generationenbeziehungen. Jugendliche im Spannungsfeld von Schule und

Familie. Opladen: Leske und Budrich, 213-238. – Moser, U. (1997): Unterricht, Klassengröße und Lernerfolg. In: Moser, U., Ramseier, E., Keller, C. & Huber, M.: Schule auf dem Prüfstand. Eine Evaluation der Sekundarstufe I auf der Grundlage der Third International Mathematics and Science Study. Chur, Zürich, Rüegger: 182-214. – Rutter, M. u.a. (1980): 15000 Stunden. Weinheim: Beltz. – Schümer, G. (1996): Projektunterricht in der Regelschule. Anmerkungen zur pädagogischen Freiheit des Lehrers. In: Zeitschrift für Pädagogik, Beiheft 34. Weinheim: Beltz, 141-158. – Tausch, R. & Tausch, A. (1970): Erziehungspsychologie. Göttingen: Hogrefe, 5. Aufl. – Weinert, F. E. (1998): Lehrerkompetenz als Schlüssel der inneren Schulreform. In: Schulreport (2), München: 24-27.

4.2 Grundfragen der Unterrichtsmethodik

37| Unterrichtsqualität
Hartmut Ditton

1 Thema und Begriffe

Die Frage nach der Qualität von Unterricht kann in zumindest zweifacher Hinsicht beantwortet werden. Zum einen lässt sich Unterricht anhand *normativer Vorstellungen* und damit sozusagen „an und für sich" bewerten. Kriterien in dieser Betrachtungsweise können ein humaner Umgang zwischen Schülern und Lehrern sein, die Entscheidungs- und Beteiligungsmöglichkeit der Schüler und natürlich auch die in sich stimmige, fachlich adäquate Darbietung und systematische Entwicklung der Lehrinhalte. Zum anderen kann man die Qualität von Unterricht an seinen *Wirkungen oder Effekten* messen. Als Kriterien können dabei nicht nur die Leistungen der Schüler herangezogen werden, sondern auch die im Unterricht vermittelten Einstellungen, Haltungen und Werte. So gesehen zeichnet sich guter Unterricht dadurch aus, dass er den Erwerb von Kompetenzen seitens der Lernenden bestmöglich unterstützt, wobei zu den Kompetenzen zählen: intelligentes und anwendungsfähiges Wissen; variabel nutzbare Schlüsselqualifikationen (z.B. angemessene Lernstrategien), soziale Kompetenzen und Wertorientierungen. Unterricht steht nicht nur vor der Herausforderung, mehrere Ziele zugleich erreichen zu sollen, vielmehr ergibt sich ein weiteres Optimierungsproblem: zu wünschen ist ein hohes Niveau der erworbenen Kompetenzen bei einer zugleich geringen Streuung. Guter Unterricht muss daher so gestaltet sein, dass alle Lernenden ihr Potential bestmöglich entfalten können. Die Frage, ob die vielfältigen Anforderungen an Unterricht ohne Weiteres gemeinsam erfüllt werden können, kann sicherlich nicht abschließend beantwortet werden. Besonders kontrovers wird diskutiert, ob Leistungssteigerung und Leistungsausgleich nicht unvereinbare Zielsetzungen sind und ob bei einem auf den Erwerb fachlichen Wissens hin optimierten Unterricht nicht andere (erzieherische) Ziele auf der Strecke bleiben. Studien zur Vereinbarkeit unterschiedlicher Zielsetzungen des Unterrichts deuten darauf hin, dass zumindest keine prinzipiellen Unvereinbarkeiten unterstellt werden müssen. Ebenso wenig sind bezüglich der beiden genannten Zugänge zu Unterrichtsqualität grundsätzliche Widersprüche zu erwarten. So wird ein positives Interaktionsklima die Schüler eher motivieren und zum Lernen anspornen und nur ein auch bezüglich der fachlichen Inhalte guter Unterricht wird auch lerneffektiv sein können.

Kennzeichen von Unterricht ist die Beziehung von Lehren und Lernen bzw. von Instruktion und Konstruktion. Hinsichtlich der Unterrichtsqualität greifen also das, was im Unterricht angeboten, dargestellt und behandelt wird und das, was von den Lernenden wahrgenommen, aufgenommen, verarbeitet und behalten wird, ineinander. Zum Ausdruck kommt dies bereits in einem Unterrichtsmodell von John Carroll. Seine Ausgangsthese ist, dass Lernen immer dann erfolgreich sein wird, wenn ein Lernender soviel Zeit für das Lernen aufwendet wie er für das Lernen benötigt. Die besondere Herausforderung des Unterrichts mit einer Gruppe von Lernenden ist, dass diese Faktoren variieren und daher im kollektiven Gleichschritt kein für alle optimales Ergebnis zu erreichen ist. Überdies findet Unterricht nicht in einem gegen die Außenwelt abgeschotteten Schonraum statt, sondern im Kontext einer Institution (Schule) und Gesellschaft, so dass außerhalb des Unterrichts liegende Faktoren Einfluss auf diesen nehmen. Somit haben der Lernerfolg und die Unterrichtsqualität viele Väter bzw. Mütter: die Lehrperson (ihre fachliche und pädagogisch-didaktische Expertise), die Lernenden (ihre Eingangsvoraussetzungen, Motivation bzw. Interesse), die Unterrichtsinhalte (Lehrpläne, Curricula), die Unterrichtsgestaltung und die für den Unterricht verfügbare Zeit.

Weil Unterricht ein komplexes Unterfangen ist, besteht nach dem Stand der Forschung Einigkeit, dass Empfehlungen für erfolgreiche „Unterrichtsrezepte" oder eine Verabsolutierung einzelner Unterrichtsmethoden nicht zielführend sein können. Die Suche nach den unerschütterlichen Grundpfeilern guten Unterrichts hat bislang ebenso wenig zum Erfolg geführt wie die frühere Suche nach unabdingbaren Persönlichkeitsmerkmalen guter Lehrkräfte (Einsiedler 1997). Stattdessen zeichnet sich ab, dass es eine Vielzahl an Kombinations- und Variationsmöglichkeiten von Praktiken und Methoden für guten und schlechten Unterricht gibt. Da Unterricht mehreren Zwecken dient und Lerner mit unterschiedlichen Lernvoraussetzungen erreichen soll, ist jedoch einleuchtend, dass eine „Monokultur" des Unterrichts nicht wirklich für Qualität stehen kann. Wenig erfreulich ist daher das gut gesicherte Ergebnis der Forschung, dass der Unterricht an deutschen Schulen eine erstaunliche *Variationsarmut* aufweist und dies weitgehend über die Schulformen, Jahrgangsstufen, Fächer und über die Zeit hinweg (Baumert & Köller 2000): Die oft festgefahren scheinende Routine von Lehrervortrag, Anschreiben an die Tafel und fragend-entwickelndem Gespräch mit der Klasse, bei dem sich die Aktivität der Schüler auf das Zuhören, das Erahnen erhoffter Antworten sowie das Ab- und Mitschreiben konzentriert, stützt wohl den Erwerb von Routinewissen. Zu kurz kommt dagegen ein tieferes Verständnis. Ebenso wird die Fähigkeit zur Anwendung und zum Transfer über unterschiedliche Situationen oder über den Unterricht hinaus kaum entwickelt. Klärungsbedürftig ist daher nicht nur, wie Unterrichtsqualität definiert, sondern auch, wie Unterricht evaluiert, verändert und verbessert werden kann.

2 Modelle und Forschung zu Unterrichtsqualität

In den nachfolgend aufgeführten *didaktischen Modellen* dominiert die Betrachtung von Unterricht „an und für sich", in der *empirischen Unterrichtsforschung* dagegen die Analyse der Wirkungen.

2.1 Unterrichtsqualität aus der Perspektive didaktischer Modelle

Die Reflexion über die Ziele des Unterrichts steht im Mittelpunkt der bildungstheoretischen Didaktik. Erst im Hinblick auf definierte Ziele lassen sich die zu vermittelnden Inhalte bestimmen und an den Zielen und Inhalten orientiert die Art ihrer Aufbereitung im Unterricht. Orientiert an den übergeordneten Bildungszielen der Befähigung zu Selbstbestimmung, Mitbestimmung und Solidarität sind die Inhalte im Hinblick auf ihre exemplarische bzw. ihre Gegenwarts- und Zukunftsbedeutung zu bestimmen. Die Unterrichtsqualität steht und fällt in dieser Betrachtung also mit den Zielen sowie zielführenden Inhalten und kann nicht in erster Linie an der unterrichtsmethodischen Gestaltung oder medialen Präsentation festgemacht werden. Dennoch ist auch die an den fachlichen Erfordernissen und an den Schülervoraussetzungen orientierte Strukturierung und Art der Erarbeitung der Inhalte bedeutsam. Besonders zu behandeln ist die Frage nach der Handhabung der Stofffülle durch Konzentration auf das Wesentliche und das Problem, wie neutrale Bildungs*inhalte* in für die Lernenden relevante Bildungs*gehalte* transformiert werden können. Nicht zuletzt verweist die bildungstheoretische Reflexion auch darauf, dass bezüglich der Qualität des Unterrichts die Gesamtsequenz eines Bildungs- oder Ausbildungsgangs mit zu reflektieren ist. Es ist zu prüfen, ob es sich um einen sinnvollen Aufbau der Inhalte im Gesamtzusammenhang handelt, durch die ein kumulativ aufbauender Erwerb von Wissen ermöglicht wird. Das Strukturgefüge des Unterrichts, das in der bildungstheoretischen Didaktik eher implizit mitgedacht ist, bildet die Grundlage der lerntheoretischen Didaktik. Konstitutiv ist die Sicht von Unterricht als Entscheidungsprozess im Strukturzusammenhang von Intention, Inhalt, Methode und Medium. Das Entscheidungsfeld des Unterrichts wird als eingebettet in die Struktur von anthropologisch-psychologischen sowie soziokulturellen Voraussetzungen und Folgen gesehen. Besonders stark betont wird damit, dass Unterricht unter Reflexion der personalen und situativen Besonderheiten gestaltet werden muss – weshalb vorgefertigte Unterrichtskonzepte nur sehr bedingt erfolgversprechend sein können. Auf die Interaktions- und Kommunikationsprozesse im Unterricht bezieht sich vor allem die kommunikative Didaktik. Hier erscheint die Beziehungsdimension des Unterrichts zumindest als gleichberechtigt neben der Ziel- und Inhaltsdimension. Die Bedeutsamkeit der Beziehungsebene ergibt sich aus der emanzipatorischen Zielsetzung des Unterrichts, die eine Beteiligung und ein Mitspracherecht der Lernenden als Vorbereitung auf die Teilhabe an einer sich demokratisch verstehenden Gesellschaft einzufordern berechtigt.

2.2 Unterrichtsqualität aus der Perspektive empirischer Forschung

Mit der Wahrnehmung von Unterricht und Schule, primär durch die Schüler, beschäftigt sich die Schul- bzw. Unterrichtsklimaforschung (Eder 1996). Das Schul- oder Unterrichtsklima wird als die gemeinsam geteilte Wahrnehmung oder Übereinstimmung in der Wahrnehmung der Schule bzw. des Unterrichts verstanden. Besonders berücksichtigt wird hierbei die Qualität der Beziehungen zwischen Lehrern und Schülern sowie der Schüler untereinander. Merkmale des Unterrichts sowie Lernhaltungen der Schüler werden in dieser Forschungsrichtung allerdings ebenfalls einbezogen. Untersuchungsgegenstand sind zum einen Einflussfaktoren auf die Klimadimensionen, die als Kriteriumsvariablen und eigenständig bedeutsame Merkmale der Unterrichtsqualität angesehen werden können. Das Schul- oder Klassenklima wird außerdem als unabhängige Variable untersucht, insbesondere werden Beziehungen zum Leistungsstand bzw. zur Leistungsentwicklung überprüft. Hierzu liegen widersprüchliche Befunde vor. Im Gesamtüberblick scheint die Bedeutung der Klimavariablen für die Leistungsentwicklung nicht sehr hoch zu sein.

Im Unterschied zur Schulklimaforschung beziehen sich Untersuchungen im Rahmen der *Lehr-Lernforschung* zwar auch auf Unterrichtswahrnehmungen der Schüler, primär allerdings auf Beobachtungen des Unterrichts durch externe Dritte. Im Vordergrund stehen Merkmale der Quantität (Zeit) und Qualität des Unterrichts, dabei vor allem das Lehrerhandeln, jedoch mit unterschiedlich starker Gewichtung. Vorherrschend, wenn auch zunehmend stärkerer Kritik ausgesetzt, ist das sog. *Prozess-Produkt Paradigma*, d.h. die Suche nach Beziehungen zwischen Merkmalen des Unterrichtsprozesses und Effektvariablen. Als Zielkriterium werden insbesondere fachliche Leistungen untersucht. Kritik wird im Zuge der kognitiven Wende vor allem am *black-box* Charakter des Modells geübt, also daran, dass Prozesse, die zwischen die Instruktionsvariablen (Prozess) und den Lernerfolg der Schüler (Produkt) geschaltet sind, ausgeblendet werden. Die Kritik bezieht sich außerdem auf das überwiegend induktive, theorielose und additive Vorgehen bei der Suche nach Effekten. In der

Regel werden Einzelmerkmale des Unterrichts isoliert für sich betrachtet, Faktorenkombinationen oder Unterrichtsmuster werden nur selten näher untersucht. Trotz aller Kritik entstammen diesem Paradigma eine breite Fülle an Untersuchungen mit stabilen Ergebnissen, die für die Wirksamkeit zentraler Faktoren für die Unterrichtsqualität sprechen. Dazu gehören die Klarheit und Verständlichkeit sowie Sequenzierung und Strukturiertheit des Unterrichts, (positive) Verstärkung, Zeit- bzw. Klassenmanagement sowie die Motivierungsqualität und Adaptivität. Die relevanten Einzelfaktoren wurden bereits mehrfach in Übersichten zusammengestellt (Einsiedler 1997). Was darüber hinaus fehlt sind weiterführende Analysen zu möglichen Substitutions- und Kompensationsmechanismen im Verhältnis einzelner Unterrichtselemente. Die Befunde sprechen dennoch mit klarer Tendenz für die hohe Wirksamkeit eines lehrerkontrollierten bzw. -geleiteten Unterrichts, der nicht mit monotonem Frontalunterricht verwechselt werden sollte.

Im Überblick ist eine Trennung nach Forschungstraditionen und „Datenquellen" nicht wirklich überzeugend. Clausen (2002) hat in einer aufschlussreichen Studie die Unterrichtswahrnehmungen von Lehrkräften, Schülern und externen Beobachtern verglichen. Wie die Ergebnisse zeigen, sind die Übereinstimmungen zwischen den drei Perspektiven nur gering. Wie sich zeigt, erlaubt dabei die Schülersicht die beste Prognose der Leistungsentwicklung. Allerdings erscheint die Schülerwahrnehmung als vergleichsweise wenig differenziert und recht stark affektiv gefärbt. Im Gegensatz dazu ist die prognostische Validität der Beobachterdaten geringer, dafür ist aber der Differenzierungsgrad höher und die Übereinstimmung mit Konzepten zur Unterrichtsqualität besser gegeben. Es dürfte somit angezeigt sein zu versuchen, die Erhebungsverfahren zu kombinieren, um Unterricht aussagekräftig bezüglich unterschiedlicher Aspekte, ihrer Beziehungen und Wirkungen systematisch zu erfassen.

Gezielt zu erforschen sind Strukturmerkmale von Unterricht bzw. Muster von Beziehungen zwischen Einzelmerkmalen. Auf der Basis von Schülerbefragungen wurden in der TIMSS Oberstufenuntersuchung (Baumert & Köller 2000) positive Beziehungen zwischen dem *Leistungsstand* und Unterrichtsmerkmalen ermittelt, die im Zusammenhang betrachtet auf einen *verständnisorientierten Unterricht* schließen lassen. Hinweise fanden sich zudem auf negative Effekte eines induktiv-entdeckenlassenden Vorgehens. Problematisch sind Unterrichtssituationen, die auf eigenständiges oder *selbstorganisiertes Lernen* der Schüler abzielen immer dann, wenn die Befähigung der Lernenden zu selbständigem Arbeiten fraglos unterstellt und der Prozess der Wissensaneignung nicht ausreichend vorstrukturiert und vorbereitet ist (Weinert 1996). Auch das Ergebnis der TIMSS-Videostudie für den Mathematikunterricht in der Mittelstufe, das auf die Überlegenheit eines *problemorientierten* Unterrichts hinweist, in dem von den Schülern selbsttätig Problemlösungen in gemeinsamer Arbeit entwickelt, diese anschließend miteinander verglichen und hinsichtlich ihrer Vorteile und Nachteile diskutiert werden, sollte nicht fehlinterpretiert werden. Die Voraussetzung eines solchen Unterrichts ist neben der ausreichenden Hinführung und Anleitung der Schüler auch ein disziplinierter und störungsfrei realisierter Unterrichtsablauf. Eine zusammenfassende Interpretation zu TIMSS-Video führt so auch zu einer differenzierten Einschätzung der Bedingungen erfolgreichen Unterrichts. Hierbei wird klar, welche wichtige Funktion der Lehrkraft zukommt als (1) Organisator und Moderator des Lernens, (2) als Erzieher, der im Unterricht die soziale Leitungsrolle wahrnimmt, und (3) als Vertreter eines Faches und Instrukteur. Die relevanten Merkmale erfolgreichen Unterrichts lassen sich zu drei Gruppen zusammenfassen (Klieme u.a.):

(1) Unterrichts- und Klassenführung (klare, strukturierte und gut organisierte Instruktion)
(2) Schülerorientierung (auf individuelle Lernpotentiale und Bedürfnisse der einzelnen Schüler eingehen) und
(3) Kognitive Aktivierung (Komplexität der Aufgabenstellungen und Argumentationen auf der einen und hohe Intensität des fachlichen Lernens auf der anderen Seite)

Übersichten zu Qualitätsmerkmalen des Unterrichts zeigen eine hohe Übereinstimmung mit dem sog. *QAIT*-Modell von Slavin (1996, S.4ff), in dem nach den folgenden vier übergeordneten Faktoren unterschieden wird:

(1) *Quality of Instruction*: Der Grad, zu dem Lehrinhalte und Informationen so präsentiert werden, dass Schüler sie leicht lernen können (Qualität des Curriculums und der Präsentation bzw. Darstellung im Unterricht).
(2) *Appropriateness*: Der Grad, zu dem Lehrende sicherstellen, dass die Lernenden bereit sind, neuen Stoff zu lernen, (notwendig vorauszusetzende Fähigkeiten und Wissen sind vorhanden; der Unterricht ist Schwierigkeit und Tempo angemessen).
(3) *Incentive(s)*: Der Grad, zu dem Lehrende sicherstellen, dass die Lernenden motiviert sind dem Unterricht zu folgen, sich zu beteiligen und sich die Inhalte anzueignen.
(4) *Time*: Der Grad, zu dem die Lernenden ausreichend Zeit auf die Aneignung des Stoffes verwenden, wobei nach zugestandener Zeit (*allocated*) und effektiv genutzter Lernzeit (*engaged time*; *time on task*) zu unterscheiden ist.

In allen Konzepten und Systematisierungen von gutem Unterricht wird deutlich, welche herausragende Bedeutung im Zusammenspiel von Lehren und Lernen personalen Faktoren seitens der Lehrenden und Lernenden zukommt. Auf beiden Seiten spielen Haltungen und Einstellungen gegenüber der Schule sowie das kognitive und soziale Engagement eine wesentliche Rolle. Diese Faktoren sind nicht leicht beeinflussbar. Eher, aber keineswegs leicht zu modifizieren dürften die Lehrstrategien der Lehrkräfte und die Lernstrategien der Schüler sein.
Obwohl der Forschungsstand auf den ersten Blick nicht sehr übersichtlich erscheint, gibt es also dennoch eine ganze Reihe stabiler Befunde, über die sich guter Unterricht charakterisieren lässt. Als bedeutsam erweisen sich eine optimale (nicht unbedingt maximale) Nutzung der Instruktionszeit, eine hohe Explizitheit der Aufgabenstruktur, eine störungspräventive und unterbrechungsarme Klassenführung. Es handelt sich somit um einen kontrollintensiven Unterricht mit hoher Lehrstoffrelevanz und Verständlichkeit bei insgesamt reduzierten, aber durchaus vorhandenen Freiheitsgraden für Eigenaktivitäten der Schüler. Dabei schließt eine eher starke Leit- und Lenkfunktion der Lehrkraft eine schülerorientierte und unterstützende Haltung keineswegs aus. Innerhalb der dadurch reduzierten Bandbreiten für guten Unterricht dürfte es erheblichen Spielraum für Variationen und Kombination von Methoden und Konzepten geben, etwa Mischformen aus individuellem und kollektivem Lernen, Phasen der Instruktion und Freiarbeit bzw. Exploration. Wichtig dürfte außerdem sein, das Lehren und Lernen selbst zum Gegenstand der Reflexion im Unterricht zu machen (Weinert 1998). Es finden sich somit klare Hinweise, dass ein auf Verständnis zielender, moderat konstruktivistischer und kognitiv stimulierender, anspruchsvoller Unterricht positive Wirkungen bezüglich der Leistungssteigerung und der Reduzierung von Leistungsstreuungen in Lerngruppen zeigt.

3 Offene Fragen und Entwicklungsperspektiven

Angesichts der Komplexität von Unterricht sind Lücken im Forschungsstand nicht verwunderlich. Eine besondere Herausforderung ist es hierbei, nicht nur die Forschung voranzutreiben, sondern auch mitzubedenken, wie Forschungsergebnisse in die Praxis transportiert und genutzt werden können. Nötig erscheint dabei eine Gesamtsicht von Unterricht als Zusammenspiel von Bedingungen und Prozessen auf der Mikroebene des Lernens, der Mesoebene des eigentlichen Unterrichts und schließlich der Makroebene, d.h. der Analyse von Unterricht im Kontext von Schule und Gesellschaft.

Unterricht aus einer Mikroperspektive zu betrachten beinhaltet vor allem auch, die Entwicklung von Theorien zum Erwerb und zum Aufbau von (Fach-)Verständnis und (Fach-)Wissen voranzutreiben. An der Schnittstelle von Lern- und Unterrichtstheorien kommt subjektiven Theorien von Lehrkräften auf der einen und mentalen Modellen der Schüler auf der anderen Seite eine erhebliche Bedeutung zu. Untersuchenswerte Aspekte sind hierbei: Von welchen Konzepten zu Inhalten und Methoden gehen Lehrer und Schüler aus? Wie werden Konzeptwechsel bei Lehrern und Schülern angeregt? Wie können lernhemmende Vorstellungen von Inhalten und Arten des Lehrens und Lernens verändert werden? Die damit eng verbundenen Fragen nach der Repräsentation von Wissen bzw. Lehrstoffen und Inhalten sind vor allem auch in Zusammenhang mit der Unterstützung des Lernens durch (neue) Medien zu sehen.

Noch nicht wirklich überzeugend gelungen ist die Gruppierung der recht zahlreichen bis heute untersuchten Unterrichtsmerkmale zu Unterrichtsskripts, -mustern oder -konzepten. Dabei ergibt sich bei der Bestimmung von Unterrichtskonzepten die Frage nach deren Konsistenz und Stabilität. Wieweit entwickeln Lehrkräfte in ihrer Praxis eindeutig identifizierbare Muster über Unterrichtssituationen hinweg? Gehen sie dabei „theoriekonform" vor oder eher pragmatisch bzw. eklektisch? Behalten Lehrkräfte diese Muster über die Zeit, über Fächer, Jahrgangsstufen und Klassen hinweg bei? Unter welchen Bedingungen werden Konzepte modifiziert oder verworfen?

Ebenfalls noch wenig untersucht sind Unterrichtswirkungen bezüglich der Entwicklung fachübergreifender Kompetenzen (z.B. Problemlösefähigkeit, soziale und kommunikative Kompetenzen) und Werthaltungen. Überdies zeigt sich infolge von TIMSS und PISA eine starke Konzentration der Unterrichtsforschung auf den mathematisch-naturwissenschaftlichen Bereich. Problematisch ist dies nicht zuletzt deshalb, weil keineswegs Klarheit besteht, wieweit Merkmale guten Unterrichts über Schulformen (z.B. Primar-, Sekundarstufe), Fachgrenzen und Altersstufen hinweg verallgemeinerbar sind. Zusätzlich mit zu überlegen ist, wieweit bisherige Modelle des Unterrichts noch tragen, wenn neuerdings wieder stärker Projektformen und fächerübergreifender Unterricht gefordert und zunehmend mehr an den Schulen praktiziert werden. Zumindest für einzelne Phasen des Unterrichts geht damit auch die Auflösung der traditionellen Form des Lernens im Klassenverband einher.

Ein umfassendes und zutreffendes Bild von Unterricht ist aus einer Mikro- und Mesoperspektive allein nicht wirklich zu gewinnen. Unterricht muss vielmehr auch in Abhängigkeit von schulischen und gesellschaftlichen Kontextfaktoren betrachtet werden. Handeln im Unterricht ist auch mit Blick auf kontextuelle Faktoren zu sehen (z.B. Lehrstoff, Stofffülle, Zeitknappheit, Notengebung, schwierige Schüler), die von der einzelnen Lehrkraft allenfalls bedingt und teilweise gar nicht beeinflussbar sind. Durch die Berücksichtigung von Kontextfaktoren ließen sich Erklärungen für Abweichungen zwischen epistemologischen Überzeugungen, eigentlichen Absichten und dem tatsächlichen Handeln im Unterricht bestimmen. Schulische und gesellschaftliche Kontextfaktoren (z.B. Kooperation im Kollegium und Koordination der Aufgaben; schwieriges soziales Umfeld einer Schule) sind vor allem daraufhin zu prüfen, ob sie im Sinne unterstützender oder hemmender Bedingungen für guten Unterricht wirksam werden.

Schließlich sind auch gezielte Ansätze zur Evaluation und Weiterentwicklung der Unterrichtsqualität in der schulischen Praxis eine bislang rare Ausnahme. Dazu, wie unter Bezug auf Forschungsergebnisse auch im Alltag anwendbare Verfahren zur Unterrichtsverbesserung gewonnen werden können und wie diese in Systeme der schulischen Evaluation integrierbar sind, ist kaum überhaupt etwas bekannt. Ein praktikabler und vielversprechender Weg kann darin bestehen, durch die Rückmeldung von individuell spezifisch bedeutsamen Ergebnissen aus Evaluationen an die Untersuchungsteilnehmer, handlungsrelevantes Wissen zur Verfügung zu stellen. Ergebnisse zu der von Lehrkräften empfundenen Relevanz von Feedbackdaten aus Schülerbefragungen zu ihrem Fachunterricht sind in dieser Hinsicht äußerst ermutigend (Ditton 2004). Zugleich zeigt sich aber, dass Feedbacks zum Unterricht (sei es aus standardisiert erhobenen Befragungen, aus direkten Gesprächen mit den Lernenden oder aus Hospitationen des Unterrichts durch Dritte) mit Sicherheit allein nicht ausreichend sind, um Unterricht auch tatsächlich zu verändern. Lehrende erwarten darüber hinaus gezielte Hinweise und Hilfen, die für ihre Arbeit möglichst unmittelbar verwendbar sind. Von daher würde eine unterrichtsbezogene Kooperation in den Kollegien, die leider nur wenig praktiziert wird, ein erhebliches Potential bieten, um das dort vorhandene Wissen gezielter zu teilen und gemeinsam zu nutzen. Ein solch stetiges Weiterlernen im Beruf, unmittelbar am „Arbeitsplatz", verspricht mehr Erfolg als zyklische Wechsel in den favorisierten Konzepten für die Erstausbildung von Lehrkräften oder Weiterbildungsangebote, die häufig nicht dem Bedarf vor Ort entsprechen.

Literatur

Baumert, J. & Köller, O. (2000): Unterrichtsgestaltung, verständnisvolles Lernen und multiple Zielerreichung im Mathematik- und Physikunterricht der gymnasialen Oberstufe. In: Baumert, J., Bos, W. & Lehmann, R. (Hrsg.): TIMSS/III, Band 2, Opladen: Leske + Budrich, 271-315. – Clausen, M. (2002): Unterrichtsqualität: Eine Frage der Perspektive? Münster: Waxmann. – Ditton, H. & Arnoldt, B. (2004): Wirksamkeit von Schülerfeedback zum Fachunterricht. In: Prenzel, M. & Doll, J. (Hrsg.): Schulische und außerschulische Ansätze zur Verbesserung der Bildungsqualität. Münster: Waxmann. – Eder, F. (1996): Schul- und Klassenklima. Innsbruck-Wien: Studien Verlag. – Einsiedler, W. (1997): Unterrichtsqualität und Leistungsentwicklung: Literaturüberblick. In: Weinert, F. E. & Helmke, A. (Hrsg.): Entwicklung im Grundschulalter. Weinheim: Psychologische Verlags Union, 225-240. – Gruehn, S. (1995): Vereinbarkeit kognitiver und nichtkognitiver Ziele im Unterricht. In: Zeitschrift für Pädagogik, 41, 531-553. – Helmke, A. (2003): Unterrichtsqualität – Erfassen, Bewerten, Verbessern. Seelze: Kallmeyersche Verlagsbuchhandlung. – Klafki, W. (1985): Neue Studien zur Bildungstheorie und Didaktik. Weinheim: Beltz. – Klieme, E., Schümer, G. & Knoll, S. (2001): Mathematikunterricht in der Sekundarstufe I: Aufgabenkultur und Unterrichtsgestaltung. In: BMBF - Bundesministerium für Bildung und Forschung (Hrsg.): TIMSS – Impulse für Schule und Unter-richt. München: Biering, 43-57. – Slavin, R. E. (1996): Education for All. Swets & Zeitlinger: Lisse. – Weinert, F. E. (1996): Für und Wider die 'neuen Lerntheorien' als Grundlagen pädagogisch-psychologischer Forschung. In: Zeitschrift für Pädagogische Psychologie, 10, 1-12.

38| Das Verhältnis von Didaktik und Methodik
Matthias Wesemann

W. Klafkis Befund aus dem Jahr 1976, dass das Verhältnis von Didaktik und Unterrichtsmethodik nach wie vor als ein weitgehend ungelöstes Problem angesehen werden müsse, hat seine Gültigkeit nicht verloren: Weder konnte die Didaktik eine explizit formulierte Theorie der Unterrichtsmethode vorlegen noch konnte im Bereich der Methodik eine Problemlösung erreicht werden. Von daher scheint eine – wenn auch bruchstückhafte – Rekonstruktion des Didaktik-Methodik-Diskurses angebracht, um Anknüpfungspunkte für eine weiterführende Klärung des Problems identifizierbar zu machen. Die Frage nach dem Verhältnis von Didaktik und Methodik führt in den Kernbereich der Didaktik: Die theoretische Verknüpfung der Inhaltsdimension (verstanden als intentionale Inhaltlichkeit) und der Prozessdimension. Das Didaktik-Methodik-Problem ist weitestgehend im Theoriebereich der Allgemeinen Didaktik verhandelt worden:
in der Frage des Begriffsumfangs und des Aufgabenspektrums der Didaktik,
in der Frage nach den Relationen zwischen den Faktoren ihres Gegenstandsfeldes und auf der Ebene der Planungsmodelle.

1 Problemgeschichtlicher Aufriss: Der Satz vom Primat der Didaktik

Für den didaktischen Diskurs, der im Zeitraum 1958–77 das Didaktik-Methodik-Verhältnis sehr kontrovers verhandelt hat, fungiert als Leitmotiv Wenigers 1930 formulierte These vom Primat der Didaktik und dem nachgeordneten Abhängigkeitsstatus der Methode: „So ist die Methode immer etwas Zweites ... und kann darum immer nur mit ihren didaktischen Voraussetzungen beschrieben und gelehrt werden" (Weniger 1990, S.213f). Der Status dieser apodiktisch formulierten These ist umstritten. Sie wird von Weniger nicht systematisch entwickelt, sondern eher verfügt. Er verwendet in der „Theorie der Bildungsinhalte" zwei unterschiedliche Didaktik-Begriffe: einen weit gefassten, der sich auf das unterrichtliche „Lehrgefüge" bezieht und damit den Methodenbereich einschließt, und einen – im Zusammenhang der Entwicklung seiner Theorie des Lehrplans - aus forschungsstrategischen Gründen enger gefassten Didaktik-Begriff als Theorie der Bildungsinhalte. In diesem Argumentationszusammenhang hat die Primatsthese ihren Ort.

Die Bestimmung des Verhältnisses von Didaktik und Methodik in der geisteswissenschaftlichen Pädagogik kann nicht auf die These vom Primat der Didaktik reduziert werden. Zwar wird den Bildungsinhalten, ihrem „bildenden Gehalt" (Flitner), grundsätzlich der Vorrang eingeräumt, aber Wilhelm Flitner und Erich Weniger selbst haben in ihrer Methodenreflexion der bildungstheoretischen Figur der Begegnung den Implikationszusammenhang didaktischer und methodischer Elemente sichtbar gemacht. Die Didaktik-Methodik-Relation erreicht in der vermittlungslogischen Bestimmung der Methode, ihrem Subjekt- und Inhaltsbezug, einen hohen Differenzierungsgrad.

Wolfgang Klafki hat die didaktische Primatsthese Wenigers in dem Entwurf seiner bildungstheoretischen Didaktik systematisiert, und er hat sie pointiert in seiner These vom Primat der Didaktik im engeren Sinne (i. e. S.) im Verhältnis zur Methodik (Klafki 1963, S.86). Klafki schreibt dieser These einen methodologischen Status zu. Von daher kann er die Primatsthese Wenigers disziplintheoretisch für die Allgemeine Didaktik verallgemeinern und mit einem Ausschließungspostulat gegenüber der Methodik ausstatten. Klafki plädiert für einen eng gefassten Didaktik-Begriff, der als Didaktik i. e. S. „die Theorie der Bildungsaufgaben und Bildungsinhalte bzw. der Bildungskategorien" (ebd. S.84) umfasst. Damit ist der Gegenstandsbereich eingegrenzt auf die Ziel- und Inhaltsdimension des didaktischen Feldes, die Methodendimension wird ausgegrenzt. Das Verhältnis von Didaktik und Methodik wird in der Ziel-Weg-Formel abgebildet, die didaktische Reflexion zielbezogener Inhaltsentscheidungen stellt für die methodischen Überlegungen eine denknotwendige Voraussetzung dar. Die Vermittlung zwischen der didaktischen und der unterrichtsmethodischen Dimension wird in die Zuständigkeit des ‚pädagogischen Praktikers' überstellt. Eine weiterführende systematische Klärung des Verhältnisses von Didaktik und Methodik – im Anschluss an die Methodenreflexion bei Flitner und Weniger – wird dadurch erschwert.

Die bildungstheoretisch motivierte Reduktion der Didaktik auf die Dimension intentionaler Inhaltlichkeit ist 1962 von Paul Heimann vehement kritisiert worden, der in der Ausgrenzung des Methodenbereichs einen „Akt folgenschwerer Desintegration" (Heimann 1976, S.157) innerhalb der didaktischen Theoriebildung diagnostiziert. Paul Heimann und Wolfgang Schulz verwenden in ihrer lehrtheoretischen Didaktik einen weitgefassten Didaktik-Begriff, der als „Theorie des Unterrichts ... die Totalerfassung aller im Unterrichtsgeschehen wirksamen Faktoren" (Heimann 1965, S.9) intendiert.

Konstitutiv für ihre Strukturanalyse des didaktischen Feldes ist das Prinzip der Interdependenz, d.h. die wechselseitige Abhängigkeit aller unterrichtlichen Strukturmomente: Intentionalität, Inhaltlichkeit, Methoden-Organisation, Medienabhängigkeit, individuell-anthropogene und sozial-kulturelle Voraussetzungen. Damit wird die von der bildungstheoretischen Didaktik proklamierte Vorordnung der didaktischen Ziel- und Inhaltsentscheidungen zurückgewiesen, und der Methoden-/Medien-Bereich wird als integrales Element der didaktischen Theorie anerkannt. Trotz ihres zentralen Stellenwerts in der lehrtheoretischen Didaktik ist die Interdependenz-These – jenseits ihrer sehr formalen und generalisierten Aussage – eher ungenau und teilweise auch widersprüchlich erläutert. In der Strukturanalyse fungiert sie als logisches Prinzip der Beziehungen zwischen den didaktischen Strukturmomenten, in der Unterrichtsplanung bezeichnet sie das Prinzip der widerspruchsfreien Wechselwirkung der Planungsmomente.

Heimann und Schulz haben den Unterricht in den Fokus der didaktischen Theoriebildung gerückt, und sie haben mit der Interdependenz-These der Forschung die Aufgabe einer differenzierten Rekonstruktion der internen Verknüpfungsmodalitäten im unterrichtlichen Implikationszusammenhang zugewiesen.

2 Problemlösungsmodi (1): Methodische Leitfrage und Konstitutionsthese

In seiner Darstellung der lehrtheoretischen Didaktik versucht Blankertz 1969 einen Aspekt der Interdependenz-These, den Implikationszusammenhang zwischen inhaltlichen und methodischen Entscheidungen, theoretisch zu präzisieren. In diesem Zusammenhang führt er die Kategorie der methodischen Leitfrage ein und weist auf die gegenstandsbestimmende Funktion der Methode hin (Blankertz 1986, S.93ff). Blankertz' eher kryptische Ausführungen haben zu einer Vielzahl unterschiedlicher Interpretationen des didaktischen Orts der methodischen Leitfrage geführt, und sie haben mit der Frage nach dem Konstitutionspotential der Methoden dem Didaktik-Methodik-Diskurs eine unterrichtstheoretische Dimension erschlossen.

Die methodische Leitfrage soll den Unterrichtsgegenstand in seiner intendierten Inhaltlichkeit so perspektivieren, dass er in den Fragehorizont der Lernenden gebracht und so im Lehr-/Lernprozess bearbeitet werden kann. Unklar bleibt, ob die methodische Leitfrage im didaktischen Reflexionsraum der Ziel- und Inhaltsentscheidungen operiert oder ob sie als Leitlinie für die methodische Strukturierung fungiert.

Wenn die methodische Leitfrage bezogen wird auf die *gegenstands*bestimmende Funktion der Methode – was Blankertz nahe legt aber nicht präzisiert – und wenn differenziert wird zwischen der Planungsebene als Ort der didaktischen Konstitution des Themas und der Prozessebene des Unterrichts, auf der das Thema als Lerngegenstand inszeniert und bearbeitet wird, dann könnte die Konstitutionsleistung der methodischen Leitfrage präzisiert werden: die Transformation des Themas in seine prozessuale Form als Gegenstand unterrichtlicher Vermittlung und Aneignung. Die Vermittlung von didaktischer Inhalts- und Prozessfrage stellt den theoretischen Ort der methodischen Leitfrage dar.

Mit ihrer konstitutionstheoretischen Perspektive hat die methodische Leitfrage eine – für eine weiterführende Klärung des Didaktik-Methodik-Verhältnisses – bedeutsame Fragestellung eröffnet: Wie konstituieren Lehrer und Schüler in ihrem unterrichtlichen Handeln Ziele, Inhalte und Methoden und inwieweit verändert sich im unterrichtlichen Konstitutionszusammenhang das Beziehungsgefüge dieser didaktischen Dimensionen?

Nach Hilbert Meyer erhält die Ziel-Inhalt-Methode-Relation auf ihrer jeweiligen Erscheinungsebene eine unterschiedliche Formbestimmung: auf der Lehrplanebene als Implikations-, auf der Planungsebene als Explikationszusammenhang und auf der Prozessebene des Unterrichts als Konstitutionszusammenhang (Meyer 1987, S.94ff). Die curricularen Ziel- und Inhaltsbestimmungen implizieren bestimmte Methodenentscheidungen, die auf der Planungsebene – in Wechselwirkung mit den Ziel- und Inhaltsentscheidungen – expliziert werden; auf der Prozessebene des Unterrichts fungiert die Methode als Führungsgröße.

3 Problemlösungsmodi (2): Der Satz vom Primat der pädagogischen Intentionalität

In der Weiterentwicklung der bildungstheoretischen zur kritisch-konstruktiven Didaktik, mit der sich Klafki seit Anfang der 70er Jahre befasst hat (Klafki 1977, 1993), nimmt er wesentliche Korrekturen an seiner Bestimmung des Verhältnisses von Didaktik und Methodik vor. Er geht von einem weit gefassten Didaktik-Begriff aus, der als „Theorie des Unterrichts die Methodik als eine Teildisziplin" (Klafki 1977, S.14) umfasst. Die Binnenstrukturierung des Gegenstandsbereichs, die an der Strukturanalyse der lehrtheoretischen Didaktik orientiert ist, enthält neben der Ziel- und Inhaltsdimension die Methodendimension (verstanden als „Organisations- und Vollzugsformen unterrichlichen Lehrens und Lernens", a. a. O.) und die Medien des Unterrichts. Die These vom Primat der Didaktik i. e. S. gegenüber der Methodik wird transformiert in die These vom „Primat der Zielentscheidungen im Verhältnis zu allen anderen, den Unterricht konstituierenden Faktoren" (Klafki 1993, S.116). Pädagogische Intentionalität – bei Klafki bildungstheoretisch und demokratietheoretisch akzentuiert als Entwicklung der Fähigkeit zur Selbst- und Mitbestimmung und zur Solidarität – wird zur Begründungsinstanz für die Auswahl der Themen und für die Entscheidungen im Methoden-/Medien-Bereich. Die Interdependenz-These der lehrtheoretischen Didaktik wird als Strukturprinzip des didaktischen Feldes anerkannt mit der Einschränkung, dass Interdependenz nicht als *„gleichartige* Abhängigkeitsbeziehung" verstanden wird (a. a. O., S.117).

Das Verhältnis von Didaktik und Methodik wird in der kritisch-konstruktiven Didaktik differenzierter behandelt. Aber der Implikationszusammenhang von Inhalt und Methode wird – mit Ausnahme der immanent-methodischen Struktur der Inhalte, aber auch hier verbleiben die Methoden auf einem Abhängigkeitsstatus – nicht näher ausgeleuchtet. Die Strukturlinien des didaktischen Feldes haben ein eindeutiges Schwergewicht im Ziel- und Inhaltsbereich.

4 Problemlösungsmodi (3): Die Grundrelationen des didaktischen Feldes

Eine differenzierte Analyse erfährt die Didaktik-Methodik-Relation in den didaktischen Überlegungen Lothar Klingbergs (Klingberg 1982, 1990, 1995). Ausgangspunkt für Klingberg ist das doppelte Transpositionsproblem, mit dessen theoretischer Bearbeitung die Didaktik konfrontiert ist: die Transposition potenzieller Bildungsinhalte in einen didaktisch qualifizierten Bildungsinhalt und die Transposition dieses Bildungsinhalts in den Prozessverlauf des Unterrichts (Klingberg 1982, S.73). Daraus resultiert für die Didaktik die zentrale Fragestellung, wie Bildung „als *Prozeß* in Szene gesetzt werden [kann]" (a. a. O., S.19). Die Didaktik-Methodik-Relation stellt sich als wechselseitiger Zusammenhang der didaktischen Inhalts- und Prozessfrage dar, den Klingberg in seiner Analyse der Grundrelationen des didaktischen Feldes expliziert.

Lehren als Einheit von Lehrinhalt und Lehrprozess ist für Klingberg die Ausgangskategorie. Lehren ist funktional immer auf Lernen bezogen und weist damit einen Inhalts- und einen Subjektbezug auf. In dieser Korrelation von Lehren und Lernen identifiziert Klingberg die erste didaktische Grundrelation. Ergänzt wird sie durch die Inhalt-Methode-Relation, die als zweite didaktische Grundrelation die material-prozessuale Seite des didaktischen Prozesses artikuliert (Klingberg 1982, S.46). Beide Grundrelationen konstituieren in ihrem wechselseitigen Zusammenhang das didaktische Feld, von Klingberg grafisch übersetzt in eine Überkreuzrelation (Quadrupel) (Klingberg 1995, S.64).

Die Methode konstituiert die Relation von Lehren und Lernen als einen wechselseitigen Zusammenhang von Vermittlungs- und Aneignungsprozessen. Die Aufgabe der Methode ist die Vermittlung der Auseinandersetzung des Lernenden mit dem Lerngegenstand. Dabei wird Vermittlung als – in einer nahezu bildungstheoretischen Semantik – wechselseitiges Aufschließen von Schüler und

Sache verstanden. In diesem Vermittlungs- und Aneignungsprozess werden die objektiven Lehrinhalte in subjektive Lerninhalte transformiert. Der Inhalt als Lehrplanvorgabe und als Planungsfaktor wird durch die Methode prozessualisiert, er durchläuft mehrere Bearbeitungsstufen und wird als Unterrichtsinhalt im Unterrichtprozess, wie Klingberg formuliert, zu Ende konstituiert (Klingberg 1990, S.55). Insofern hat die Methode, bezogen auf den Inhalt, eine konstituierende und, bezogen auf den Prozess, eine generierende Funktion.

Die Kategorie der Methode wird von Klingberg dialektisch gefasst: Der grundlegende Widerspruch zwischen Lehren und Lernen erscheint in der Dimension der Methode als Widerspruch zwischen der Logik der Vermittlung und der Logik der Aneignung. Die Methode erhält eine doppelte Funktionsbestimmung: sie setzt den Unterricht als einen dialektischen Entwicklungsprozess frei und sie stellt gleichzeitig das Medium seiner pädagogischen Bearbeitung dar.

5 Neuere Entwicklungstendenzen: Verselbständigung der Methodendimension?

Nach einem reichlichen Jahrzehnt des Stillstands in der didaktischen Theoriediskussion ist seit Mitte der 90er Jahre mit Theorieentwürfen subjektorientierter Didaktiken eine leichte Aufstörung des didaktischen Diskurses zu beobachten. Mit Recht – denn die verschiedenen Varianten der Konstruktivistischen Didaktiken und die Bildungsgangdidaktik stellen zentrale Positionen des allgemeindidaktischen mainstream mehr oder weniger radikal in Frage. Das Verhältnis von Didaktik und Methodik scheint neu justiert zu werden in Richtung Methodik.

Die konstruktivistische Didaktik versteht Lernen als eine selbständige Konstruktionsleistung des Individuums, das auf der Grundlage unbestimmter externer Reize und seiner eigenen neuronalen Prozesse sein Wissen, seine Fähigkeiten und seine Wirklichkeit konstruiert. Lernen kann nicht durch externe Vorgaben strukturiert werden. Damit werden die für das Didaktik-Methodik-Verhältnis zentralen Relationen Lehren und Lernen, Vermittlung und Aneignung ebenso infrage gestellt wie die curriculare Annahme einer objektiv gegebenen Wirklichkeit als Reservoir potentieller Bildungsinhalte.

Die didaktischen und methodischen Vorstellungen, die vor dem Hintergrund der konstruktivistischen Sichtweise des Lernens entwickelt worden sind, nehmen sich allerdings wesentlich gemäßigter aus. Lehren wird verstanden als ein Bereitstellen von Perspektiven, die die Lernenden anregen, ihre Konstruktionen von Wirklichkeit zu reflektieren, umzubauen oder weiter zu entwickeln. Lehren wird zu einer Art coaching, indirekte, auf der Beziehungsebene organisierte Formen wie Helfen, Ermutigen, Unterstützen dominieren. Über ein offenes Unterrichtsetting, über eine anregende Gestaltung der Lernumgebung sollen eine Vielzahl von Lernwegen offeriert werden.

Die Didaktik-Methodik-Relation wird in Richtung indirekt verfahrender, beziehungszentrierter und subjektorientierter Methoden nahezu aufgelöst. Denn die Herausforderung, der Anspruch der ‚Sache' wird transformiert in die relative Beliebigkeit einer kommunikativen Ankoppelung an die Erfahrungsprozesse der Lernenden (vgl. Terhart 1999).

Im Focus der Bildungsgangdidaktik steht die Frage, wie die Heranwachsenden die gesellschaftlichen Anforderungen in je subjektiv bedeutsame Entwicklungsaufgaben transformieren und wie sie in Auseinandersetzung mit den curricularen Lernangeboten und -zwängen ihren Bildungsgang selbst gestalten. Die Bildungsgangdidaktik transformiert diese Fragestellung in die programmatische Forderung, dass die Allgemeine Didaktik den Bildungsgang der Lernenden kategorial in die theoretische Vermessung des Gegenstandsfeldes integrieren soll. Die Kategorie Bildungsgang wird nach Meyers Vorschlag zum Ausgangspunkt und Strukturierungsfaktor des didaktischen Feldes (H. Meyer 1999). Damit wird in seiner Wirkungsrichtung das didaktische Feld radikal umgebaut (der Lernende ist nicht mehr der finale Bezugspunkt didaktischer Operationen, sondern ihr Ausgangspunkt), die

Allgemeine Didaktik wird aus der Perspektive der Lernenden konzipiert (Helsper). Als gemeinsamer Nenner der Vorschläge für eine bildungsgangdidaktische Re-Formulierung der Dimensionen Ziele, Inhalte, Methoden und Organisationsformen lässt sich die Forderung ausmachen, dass die Lernenden selbst didaktische Kompetenzen entwickeln sollen, um in verständigungsorientierten Aushandlungsprozessen die didaktischen und methodischen Fragen mitzugestalten, mitzuentscheiden und mitzuverantworten.

Die Didaktik-Methodik-Relation wird hier mit einer Korrektur und einer Erweiterung konfrontiert: ihre immanente Lehrer-Perspektive wird in Frage gestellt, ihre Dimensionen werden von einem Entscheidungs- zu einem Verständigungsfeld. Wenn die Lernenden über didaktische Kompetenz verfügen, dann verändert sich auch ihre didaktische Position: Sie haben eine Subjektposition nicht mehr nur im Aneignungsprozess, sondern auch auf der Gestaltungsebene des Unterrichts, und die Relation Vermittlung – Aneignung kann nicht mehr ausschließlich auf der Folie Führung und Selbsttätigkeit interpretiert werden.

Die etablierte Sichtweise des Verhältnisses von Didaktik und Methodik unterstellt die prinzipielle Möglichkeit, über methodengeführte und -gestützte Bearbeitungsmodi von Inhalten, Bildungsprozesse freisetzen zu können, die eine Vermittlung zwischen dem Einzelnen und der Gesellschaft ermöglichen. Angesichts der Pluralität von Sinndeutungen und dem weiten Spektrum von Kontingenzerfahrungen, mit denen Heranwachsende konfrontiert sind auf ihrem prinzipiell riskanten Weg, selbstverantwortlich ihr Leben in die eigene Hand nehmen zu müssen (Beck), ist es fraglich, ob die unterstellte intergenerationell lineare Konstruktion des ‚Bildungswegs' noch haltbar ist. Die subjektorientierten Didaktiken bestreiten – mit unterschiedlichen Argumenten – seine Möglichkeiten. Der Didaktik-Methodik-Diskurs ist angehalten, die pädagogischen Konsequenzen der reflexiv gewordenen Moderne zu rekonstruieren und zu vermitteln, mit den etablierten Sichtweisen dessen, was die Didaktik soll und was die Methodik kann (Weniger).

Literatur

Blankertz, H. (1986): Theorien und Modelle der Didaktik. 14. Aufl. 2000. Weinheim und München: Juventa. – Heimann, P. (1965): Didaktik 1965. In: Heimann, P., Otto, G. & Schulz, W.: Unterricht – Analyse und Planung. 5. bearb. Aufl. 1970, 7-12. Hannover: Schroedel. – Heimann, P. (1976): Didaktik als Theorie und Lehre (Orig. 1962). In: Ders. Didaktik als Unterrichtswissenschaft. Hrsg. Reich, K. & Thomas, H., 142-167. Stuttgart: Klett. – Klafki, W. (1963): Studien zur Bildungstheorie und Didaktik. Weinheim & Berlin & Basel: Julius Beltz. – Klafki, W. (1977): Zum Verhältnis der Didaktik und Methodik. (Orig. 1976). In: Klafki, W., Otto, G. & Schulz, W.: Didaktik und Praxis, 13-39 Weinheim & Basel: Beltz. – Klafki, W. (1993): Neue Studien zur Bildungstheorie der Didaktik. 3. Auflage. Weinheim & Basel: Beltz. – Klingberg, L. (1982): Unterrichtsprozeß und didaktische Fragestellung. 2. Aufl. 1984. Berlin: Volk und Wissen. – Klingberg, L. (1990): Lehrende und Lernende im Unterricht. Zu didaktischen Aspekten ihrer Positionen im Unterrichtsprozeß. Berlin: Volk und Wissen. – Klingberg, L. (1995): Lehren und Lernen. Inhalt und Methode. Zur Systematik und Problemgeschichte didaktischer Kategorien. Carl v. Ossietzky: Universität Oldenburg. – Meyer, H. (1987): Unterrichtsmethoden I: Theorieband. Frankfurt: Scriptor. – Meyer, M. (1999): Bildungs-gangdidaktik. Auf der Suche nach dem Kern der Allgemeinen Didaktik. In: Die Deutsche Schule. 5. Beiheft 1999. Hrsg. Holtappels, H. G. & Horstkemper, M., 123-140. – Terhart., E. (1999): Konstruktivismus und Unterricht. Gibt es einen neuen Ansatz in der Allgemeinen Didaktik. In: Zeitschrift für Pädagogik 45 (5), 629-647. – Weniger, E. (1990): Theorie der Bildungsinhalte und des Lehrplans. In: Weniger, E.: Ausgewählte Schriften zur geisteswissenschaftlichen Pädagogik. Ausgewählt und mit einem editorischen Nachwort versehen von Schonig, Bruno, 199-294. Weinheim & Basel: Beltz.

39| Unterrichtsprinzipien
Norbert Seibert

1 Unterrichtsprinzipien als handlungsleitender Teil einer Theorie des Unterrichts

Unterrichtsprinzipien oder didaktische Prinzipien sind gleichsam das Endstück eines abstrakten und komplexen didaktischen Argumentationsstranges; sie enthalten fast immer konkrete Handlungsanweisungen. Als eines der ersten Beispiele mit wissenschaftlichem Anspruch gilt die „Didactica Magna" von Johann Amos Comenius aus dem Jahre 1657, der eine normative und deskriptive Theorie des Unterrichts und der Schule entworfen hat. Die im 16. bis 19. Kapitel begründeten Grundsätze lassen sich auch heute noch ähnlich in der Fachliteratur wiederfinden.

Die Auswahl und der Einsatz der Unterrichtsprinzipien dürfen jedoch nicht unreflektiert erfolgen, da sie an eine bestimmte Konzeption von Unterricht gebunden sind. Unterrichtskonzeptionen rücken der übergeordneten didaktischen Theorie ein Stück näher und entfernen sich dadurch unweigerlich von der Unterrichtspraxis. Unterrichtskonzeptionen sind wie Unterrichtsprinzipien grundsätzlich normativ und benötigen zu ihrer Realisierung handlungsleitende Entscheidungen: Unterrichtskonzeptionen präferieren je nach didaktischen Theorieelementen bestimmte Unterrichtsprinzipien, schließen aber auch allgemeinere, wie die didaktischen Grundsätze der Motivierung und Aktivierung natürlich nicht aus.

Unterrichtskonzeptionen speisen wiederum ihre Vorstellung von Unterricht aus didaktischen Modellen. Sie rücken nahe an die wissenschaftstheoretische Position einer didaktischen Theorie von Unterricht heran. So lässt sich die didaktische Analyse als didaktisches Modell der bildungstheoretischen Didaktik, das Berliner Modell von Schule und Unterricht der lehr- bzw. lerntheoretischen Didaktik zuordnen. Auch den didaktischen Modellen sind wieder didaktische Prinzipien zugeordnet. Didaktische Theorien erheben den Anspruch, das komplexe Entscheidungs- und Betätigungsfeld Unterricht allgemein gültig zu erfassen. Damit versprechen didaktische Theorien einen wesentlichen Beitrag für die Praxis, weil sie zur Reflexion des unterrichtlichen Tuns beitragen wollen, den gesellschaftlichen Kontext, in dem sich Unterricht immer ereignet, die Lernvoraussetzungen der Schüler, die Bildungs- und Erziehungsziele, die Lerninhalte und Lernziele, die Situationsgebundenheit unterrichtlicher Lehr- und Lernprozesse sowie fachdidaktische und fachwissenschaftliche Fragestellungen in die Planung, Durchführung und Evaluation von Unterricht miteinbeziehen. Folglich lässt sich aus einer didaktischen Theorie zur Reduzierung der Komplexität von Unterricht ein didaktisches Modell extrahieren, aus dem ein bestimmtes Verständnis, die Konzeption von Unterricht, erwächst, welche durch handlungsleitende Unterrichtsgrundsätze die höchste unterrichtspraktische Realisierung erfährt.

2 Begriffsklärung

Unterrichtsprinzipien sind didaktische Grundsätze für erfolgversprechenden Unterricht, die in der Fachliteratur zahlreiche Umschreibungen erfahren. Die Reichweite der Begriffe und Umschreibungen zeigt, dass Unterrichtsprinzipien sowohl als Grundsätze, also als fester Bestandteil und somit als Definitionskriterium von Unterricht, als auch als unverbindliche Orientierung angesehen werden können. Die Unverbindlichkeit, die ja bereits im Wort »prinzipiell« begründet liegt, beschreibt

Glöckel, wenn er Prinzipien flexibler als Regeln und weniger zwingend als Gesetze charakterisiert. H. Meyer bezeichnet Prinzipien als zusammenfassende Chiffren für die besondere Akzentsetzung eines bestimmten Unterrichtskonzeptes. Unterrichtsprinzipien sind folglich Grundsätze zur Optimierung des Unterrichts. Sie sind zeitabhängig zu interpretieren und können nur handlungsorientierend werden, wenn sie – reflexiv auf eine didaktische Theorie bezogen – die gesellschaftlichen und kulturellen Umstände, den Sach- und Schülerbezug, die Lern- und Klassensituation, die Fach-, Sach- und Sozialkompetenz der Lehrenden sowie die fachdidaktischen und fachwissenschaftlichen Anforderungen berücksichtigen. Erst das Theoriewissen kann zur konkreten Umsetzung eines didaktisch reflektierten Grundsatzes führen.

3 Kategorisierungsversuche

3.1 Nach dem wissenschaftlichen Verständnis von Didaktik

Eine Kategorisierung von didaktischen Prinzipien fällt schwer, weil bereits der Begriff Didaktik verschiedene Begriffsbestimmungen zulässt. Dabei hat sich eine Einteilung nach Gegenstandsfeldern durchgesetzt: Didaktik als Wissenschaft vom Lehren und Lernen, als Theorie vom Unterricht, als Theorie der Steuerung von Lernprozessen und als Anwendung psychologischer Lehr- und Lerntheorien.

Wird Didaktik als Wissenschaft vom Lehren und Lernen verstanden, werden alle Bereiche thematisiert, die den individuellen, sozialen, materialen und institutionellen Kontext betreffen. Didaktische Prinzipien würden sich somit nicht nur auf die Organisation des Unterrichts beziehen, sondern auch Erziehungs- und Bildungsprinzipien einschließen, die sowohl elementare didaktische Entscheidungen, wie z.B. das Interesse des Schülers an einer Sache, als auch erzieherische Intentionen, z.B. Hinführung zum Glauben, und schließlich Bildungsbestrebungen wie z.B. Entfaltung der eigenen Persönlichkeit beinhalten.

Das Verständnis von Didaktik als Theorie des Unterrichts erfordert eine Kategorisierung, die die Systematik der Faktoren des Unterrichts möglichst umfassend berücksichtigt und grundsätzliche Forderungen an den Unterricht stellt. Glöckel teilt auf der Grundlage dieses Didaktikverständnisses die didaktischen Prinzipien in fundierende und regulierende Unterrichtsprinzipien ein. Während die fundierenden auf konstitutive Bestimmungselemente des Unterrichts, die Sache, den Schüler, das Ziel, gerichtet sind und hier für Ausgewogenheit in den Ansprüchen stehen, betreffen die regulierenden Unterrichtsprinzipien eher die methodische Gestaltung, wobei jeweils auch Gegenprinzipien formuliert werden, die ebenfalls wieder für ein Gleichgewicht sorgen sollen (vgl. Göckel 1990, S.273-311).

Wiater stellt ebenfalls im Bereich dieses Didaktikverständnisses eine Kategorisierung vor, indem er drei grundlegende Forderungen als Kriterienraster für ein Unterrichtsprinzip vorgibt: es muss für jedes Unterrichtsfach, jede Jahrgangsstufe und jede Schulart Gültigkeit beanspruchen, es muss der Vorstellung vom lernenden Menschen und dem gegenwärtigen schulischen Bildungs- und Erziehungsziel der mündigen Schülerpersönlichkeit entsprechen und es muss sich mit wissenschaftlichen Argumenten begründen und auf realanalytische Aussagen zurückführen lassen. Unter Verwendung dieser drei Gütekriterien teilt Wiater die Unterrichtsprinzipien in konstitutive Unterrichtsprinzipien (Schülerorientierung, Sachorientierung und Handlungsorientierung) ein und unterstellt diesen die Prinzipien der methodischen Gestaltung des Unterrichts. Zur Ausgewogenheit der methodischen Grundsätze, die die Artikulations-, Sozial-, Kommunikations- und Aktionsformen des Unterrichts beeinflussen, schlägt Wiater einen Prinzipienverbund vor, da die didaktischen Grundsätze eine unterschiedlich enge Beziehung zueinander aufweisen (vgl. Wiater 2001).

Die Kategorisierung der Unterrichtsprinzipien im Sinne eines Verständnisses von Didaktik als Theorie der Bildungsinhalte kann vornehmlich auf die bildungstheoretische Didaktik von Klafki zurückgeführt werden, dem es in erster Linie um die Auswahl der Bildungsinhalte und deren Bildungsgehalt geht. Als didaktische Prinzipien im engeren Sinne, nur den Lerninhalt und das Lernziel betreffend, wählt er das Exemplarische, Elementare und Fundamentale. Didaktik als Theorie der Bildungsinhalte im Sinne Klafkis gibt keine methodischen Gestaltungsgrundsätze für den Unterricht vor, sodass die drei genannten didaktischen Prinzipien in diesem engeren Didaktikverständnis als praxeologische Handlungsanweisungen sehr abstrakt bleiben.

Ein Didaktikverständnis als Theorie der Steuerung von Lernprozessen, z.B. zur Optimierung von Lehrstrategien, erinnert stark an die informationstheoretisch-kybernetische Theorie von Cubé und entlarvt gewisse Programmierungstendenzen. Effektivität und Ökonomie sind z.B. Qualitätskriterien für die Auswahl einseitig aufgefasster Unterrichtsprinzipien. Ein Kategorisierungsversuch, allerdings in abgeschwächterer Form als die kybernetische Theorie und vor dem Hintergrund einer zunehmenden Verwissenschaftlichung des Unterrichts, ist die Veröffentlichung von Paul Brunnhuber aus dem Jahre 1971. Er unterteilt die „Prinzipien effektiver Unterrichtsgestaltung" in drei Aufgabenbereiche des Lehrers, die Lernplanung, Lernorganisation und Lernkontrolle, und ordnet der Lernplanung das Prinzip der Zielorientierung, der Lernorganisation die Prinzipien der Motivierung, Strukturierung, Aktivierung und Angemessenheit, und der Lernkontrolle das Prinzip der Leistungssicherung zu. Die Kategorisierung wird transparent, da Brunnhuber Unterrichtsprinzipien als Grundsätze der Steuerung jener Bedingungsfaktoren für Lernleistungen bezeichnet, die ein möglichst effektives Zusammenwirken aller Faktoren erreichen wollen. Auch hier wird indirekt ein Prinzipienverbund vorgeschlagen, da alle Prinzipien ineinander greifen. Brunnhuber warnt zugleich davor, die erzieherische Dimension von Unterrichtsprinzipien und deren Wirkung über den Unterricht hinaus zu vernachlässigen.

Werden schließlich Kategorisierungen vorgenommen, die Didaktik als Anwendung psychologischer Lehr- und Lerntheorien verstehen, nimmt die Lernpsychologie die zentrale Position ein. Es werden Grundsätze formuliert, die lernpsychologische Begründungen für Lernformen und Lernarten anbieten, um Lernprozesse herbeizuführen und Verhaltens- und Leistungsformen zu optimieren. Der gesamte Lernprozess, die Überwindung von Lernproblemen und Strategien der Zielerreichung werden thematisiert (vgl. Correll 1976).

3.2 Nach schultheoretischen Strukturmomenten

Schule steht in einem strukturellen Kontext, in dem die Schülerinnen und Schüler, die Lehr- und Lerninhalte, der komplexe Prozess Unterricht, die Unterrichts- und Erziehungsziele und die gesellschaftlichen Erwartungen des Staates an die Schule in einem Interdependenzverhältnis verbunden sind. Hoof hat eine Synopse von Unterrichtsprinzipien erstellt. Er unterteilt das schulpädagogische Handlungsfeld in fünf Bereiche. Sie bestimmen die Bezugsgrößen der Unterrichtsprinzipien. Diese beziehen sich demnach auf
– den Schüler, z.B. Angemessenheit und Kindgemäßheit,
– die Unterrichtsinhalte, z.B. Lebensnähe und Exemplarität,
– den Lern- und Unterrichtsprozess, z.B. Anschauung und Erfolgssicherung,
– die Unterrichtsziele, z.B. Wertentscheidung und Weltoffenheit und
– die Gesellschaft, z.B. Toleranz und Freiheit.
Wird eine Kategorisierung nach den gewählten Kriterien vorgenommen, so ergeben sich insofern Probleme, da die einzelnen Strukturmomente keine eindeutigen Abgrenzungen zueinander erlauben. Hoof argumentiert, dass das Prinzip „Sprache" allen fünf Strukturmomenten zugeordnet wer-

den könnte und dass inhalts- und zielbezogene Prinzipien sowie schüler- und lernprozessbezogene Prinzipien eng miteinander verknüpft sind (vgl. Hoof 1992, S.198-214). Bei einer Einteilung nach schultheoretischen Strukturmomenten werden z.B. allgemeine Anforderungen wie Sprachpflege, Praxisnähe, Effektivität oder auch religiöse Erziehung, Sexualerziehung oder interkulturelle Bildung zum Prinzip erhoben, obwohl ihnen nach den Definitionskriterien dieser Status nicht zukommt.

3.3 Kategorisierung nach unterschiedlichen Anforderungen an Schule und Unterricht

Wiater systematisiert die Vielzahl der in der Fachliteratur auffindbaren Grundsätze für Unterricht, Erziehung und Bildung in vier verschiedene Kategorien, die
– allgemein oder konkret die Unterrichtsgestaltung in allen Schulfächern betreffen, z.B. die Differenzierung/Individualisierung und Handlungsorientierung,
– fachdidaktische oder methodische Besonderheiten bestimmter Schulfächer bezeichnen, z.B. operatives Üben und Einsprachigkeit,
– einzelne Unterrichtsmethoden zum Prinzip erheben, z.B. problemlösendes Lernen und Projektorientierung und
– als grundsätzliche Aufgaben oder Bildungsanliegen der Schule in allen Fächern berücksichtigt werden, z.B. informationstechnische Grundbildung und Medienerziehung, Sexualerziehung, Kreativitätsförderung (vgl. Serve 1999) usw.

Für Wiater hat nur die erste Kategorie die Qualitätsmerkmale eines Unterrichtsprinzips (vgl. Wiater 2001).

3.4 Kategorisierung nach besonderen Prämissen

Didaktische Prinzipien lassen sich vereinfachend auch auf Pol und Gegenpol reduzieren: Kindgemäßheit vs. Sachgemäßheit; Gegenwartsbedeutung vs. Zukunftsbedeutung; Führen oder wachsen lassen; Instruktion vs. Konstruktion usw. Dollase resümiert, dass sich alle didaktischen Prinzipien letztendlich nach Überlebens- oder Situationsbezogenheit als Kategorisierungsschema ordnen lassen (1979, S.130). Als Subkategorisierungen benennt Dollase die didaktisch-methodische Orientierung
– an zukünftigen Lebens- und Berufssituationen,
– an gegenwärtigen und kurz bevorstehenden Lebenssituationen und
– an der Erziehungssituation selber.

Diese Leitprinzipien sind in sich nicht unproblematisch und sie benötigen die Berücksichtigung weiterer wichtiger Dimensionen, wie z.B. ganzheitliche und einzelheitliche didaktische Funktionalität (vgl. Dollase, ebd., S.130-148).

Kategorisierungsbeispiele in der Fachliteratur machen unterschiedliche erkenntnisleitende Interessen deutlich, lassen den Kontext des geschichtlichen und pädagogischen Einflusses erkennen und enthalten Hierarchisierungen unter Betonung der Vernetzung mit weiteren didaktischen Prinzipien (vgl. Prinzipienverbund: Seibert & Serve 2003). Häufig finden sich Unterrichtsprinzipien in einem aktualisierten Sprachgewand wieder, weil sie dadurch die neuzeitlichen Anforderungen an den Unterricht besser zum Ausdruck bringen können.

4 Problematik der Unterrichtsprinzipien

4.1 Fehlende Prinzipienlehre

Praktiker können ohne Probleme eine Vielzahl an Unterrichtsprinzipien benennen und es sei dahin gestellt, ob es sich um „echte" didaktische Prinzipien handelt. Bei der Vorbereitung und Durchführung von Unterricht erleichtern Unterrichtsprinzipien die methodische Gestaltung, weil Imperative wie „Motiviere deine Schüler!", „Unterrichte anschaulich!" oder „Strukturiere den Lernprozess!" handlungsleitende Maßnahmen evozieren, die als Bausteine für den Unterricht berücksichtigt werden. Die Kenntnis der Vielzahl von Unterrichtsprinzipien kann aber auch verwirrend sein, weil nicht alle Unterrichtsprinzipien gleich gewichtig sind und Gegenprinzipien reflektiert werden müssen, um eine Ausgewogenheit zwischen Lerninhalt, Adressatenbezug und Zielerreichung zu erhalten. Ist jedoch die Liste der bekannten Unterrichtsprinzipien zu kurz, werden also nur fundierende oder konstituierende Unterrichtsprinzipien in Erwägung gezogen, fehlen vor allem diejenigen didaktischen Grundsätze der ausgewogenen methodischen Gestaltung. Wie viele didaktische Grundsätze sind notwendig, welches Prinzip ergänzt welches und wie könnte ein Prinzipienverbund beschaffen sein, der die Lehrenden wieder mit theoretischen Fragestellungen und möglichen Alternativen konfrontiert? Die Antworten auf diese Fragen müsste eine Prinzipienlehre geben, die immer noch als Desiderat bezeichnet wird. In den gegenwärtigen Hochzeiten der empirischen Schul- und Unterrichtsforschung wird eine Prinzipienlehre noch auf sich warten lassen, weil die Kohärenz, Effizienz und Effektivität der Unterrichtsprinzipien nur schwer operationalisiert und nachweisbar gemessen werden können. Eine Prinzipienlehre müsste auch als Metatheorie konzipiert sein, die ausgehend von der didaktischen Theorie in Reduktion auf ein didaktisches Modell über die Reflexion der entsprechenden Unterrichtskonzeption und den daraus resultierenden Unterrichtsprinzipien sogar den Einsatz von Unterrichtsformen und -verfahren begründet. Damit würden die Lehrenden in ihren Entscheidungen deutlich entlastet, ohne sie in ihrer methodischen Gestaltung des Unterrichts einzuschränken. Unterrichtsprinzipien sind aufgrund ihrer Praxisnähe verdächtig, wissenschaftlich nur schwer begründbar zu sein, wenn die theoretische Rückbindung fehlt. Solange eine Prinzipienlehre der beschriebenen Art ein Desiderat bleibt, können Unterrichtsprinzipien scheinbar beliebig zur Begründung dieses oder jenes Verhaltens herangezogen werden.

4.2 Leerformelcharakter

Wenn didaktische Grundsätze als allgemein gültige Grundsätze der Gestaltung des Unterrichts bezeichnet werden, kommt ihnen der Status einer Leerformel zu, die erst inhaltlich gefüllt werden muss, damit eine konkrete Handlungsentscheidung abgeleitet werden kann. „Unterrichte anschaulich!" muss in Abhängigkeit vom Lerninhalt, von den Interessen, Fähigkeiten und Fertigkeiten der Schüler und dem gesetzten Ziel interpretiert werden. Oft ist die Abstraktion auf einen Begriff oder ein Symbol anschaulicher und zielführender als eine Bildergeschichte oder eine langwierige Umschreibung. Die Lernvoraussetzungen der Schüler sind mit entscheidend, ob eine Motivierung motivierend wirkt. Die Position einer objektiven Didaktik verändert sich zu einem mehr subjektiven Verständnis, wodurch didaktische Grundsätze wie Strukturierung und Einbeziehung der Schüler inhaltlich methodisch verändert werden müssen. Wenn auch Unterrichtsprinzipien wie das der Exemplarität als fundamental bezeichnet werden können, so muss die Exemplarität z.B. auch schulartbezogen reinterpretiert werden. Die Heterogenität der Lernvoraussetzungen erfordert im Zusammenhang mit der Exemplarität Differenzierung und Individualisierung im Unterricht, um Unter- oder Überforderung zu vermeiden. Differenzierung mit dem Ziel der Individualisierung ist eine große Herausforderung für alle Lehrenden, weil die Lernvoraussetzungen nur schwer bestimmbar sind und sie sich mit jedem Lernfortschritt verändern. Was bedeutet also der Imperativ „Hole deine Schüler dort ab, wo sie gerade sind!" für einen Fachlehrer am Gymnasium, der oft 100 und mehr Schüler unterrichtet? Werden Unterrichtsprinzipien mit allgemeinem Gültigkeitsanspruch im Unterricht angewendet, entbinden diese didaktischen Grundsätze die Lehrenden nicht von einer Reflexion ihrer unterrichtlichen Entscheidungen. Unterrichtsprinzipien sind keine unhinterfragbaren Handlungsgrundsätze!

4.3 Transport impliziter Wertorientierungen

Wenn Unterricht immer auch erziehender Unterricht ist, so müssen mit dem Einsatz von Unterrichtsprinzipien auch Erziehungsziele und Werthaltungen reflektiert werden. Da didaktische Prinzipien stets normativen Charakter haben, werden durch die methodische Gestaltung des Unterrichts Werthaltungen transportiert, die offen zu legen sind. Als ein kritisches Beispiel dient der Prinzipienkatalog Klingbergs: „Das Prinzip der Einheit von wissenschaftlicher Bildung und allseitiger sozialistischer Erziehung im Unterricht auf der Grundlage des Marxismus – Leninismus ist das führende Prinzip, das Leitprinzip des Systems didaktischer Prinzipien ... weil es den grundlegenden Gehalt, die wesentliche Bestimmung in der sozialistischen Schule, seine sozialistische Qualität besonders prägnant zum Ausdruck bringt, die ideologische Orientierung des Unterrichts und der Unterrichtsarbeit eindeutig fixiert, die pädagogische Tendenz aller anderen didaktischen Prinzipien bestimmt" (Klingberg o.J., S.254). Betrachtet man einzelne Unterrichtsprinzipien, die diesem ersten Prinzip nach Klingberg notwendig nachgeordnet sind, so findet man z.B. das Prinzip der Anschaulichkeit des Unterrichts und das Prinzip der ständigen Erfolgssicherung als achten und neunten Grundsatz (ebd., S.253).

Folglich werden nicht nur Informationen im Unterricht vermittelt, sondern die Stoffauswahl und die methodische Gestaltung sollen bereits erzieherischen Einfluss auf die Schülerpersönlichkeit haben.

5 Unterrichtsprinzipien – Gütekriterien für „guten" Unterricht?

Als Qualitätskriterien für guten Unterricht müssen die Unterrichtsprinzipien für alle Schulfächer, für alle Schulstufen und für alle Schulformen Geltung beanspruchen. Der gute Unterricht schlechthin lässt sich nicht eindeutig definitorisch festlegen, weil hier wiederum Normsetzungen explizit werden, die konsensbedürftig sind. H. Meyer hat aus einer Reihe von empirischen Veröffentlichungen eine systematische Zusammenschau erstellt und zehn Merkmale für guten Unterricht ohne Hierarchisierungsanspruch zusammengestellt. Diese lauten: klare Strukturierung des Unterrichts, hoher Anteil echter Lernzeit, lernförderliches Klima, inhaltliche Klarheit, sinnstiftendes Kommunizieren, Methodenvielfalt, individuelles Fördern, intelligentes Üben, transparente Leistungserwartungen und vorbereitete Umgebung (vgl. Meyer 2004, S.17f). Meyer bekräftigt auch, dass zwischen empirischen Befunden und didaktischen Ratschlägen „komplizierte Übersetzungsleistungen" (ebd., S.19) liegen. Diese Übersetzungsleistungen im didaktisch-methodischen Bereich sind durchaus in der Anwendung von fundierenden und regulierenden Unterrichtsprinzipien zu finden, wenn Lehrende in der Reflexion ihrer Unterrichtsvorbereitung und Durchführung darauf achten, dass die Grundsätze der Strukturierung, der Eigentätigkeit, Veranschaulichung, der Differenzierung und Individualisierung, der Übungs- und Erfolgssicherung usw. in Abhängigkeit vom Sachanspruch und Adressaten kontextgebunden realisiert werden. Demzufolge können aus den Ergebnissen der empirischen Forschung in enger Verknüpfung mit einer didaktischen Theorie unter Beachtung von

Instruktion und Konstruktion handlungsleitende Grundsätze entwickelt werden, die dazu beitragen, den eigenen Unterricht zu optimieren.

Literatur

Brunnhuber, P. (1971): Prinzipien effektiver Unterrichtsgestaltung. 14. Aufl. Donauwörth: Auer. – Comenius, J. A. (1993): Große Didaktik. Übersetzt und herausgegeben von Andreas Flitner. 8. überarb. Aufl. Stuttgart: Klett/Cotta. – Correll, W. (1976): Lernpsychologie. Grundfragen und pädagogische Konsequenzen. 15. Aufl. Donauwörth: Auer. – Dollase, R. (1979): Das Prinzip der Situationsbezogenheit. In: Wöhler, Kh. (Hrsg.): Didaktische Prinzipien. Begründung und praktische Bedeutung. München: Ehrenwirth, 130-149. – Glöckel, H. (1990): Vom Unterricht. Bad Heilbrunn: Klinkhardt. – Glötzl, H. (2000): Prinzipien effektiven Unterrichts. Handbuch für die Erziehungs- und Unterrichtspraxis. Band 1 und Band 2, Stuttgart: Klett. – Hoof, D. (Hrsg.) (1992): Didaktisches Denken und Handeln. Eine Einführung in die Theorie des Unterrichts. In: Braunschweiger Arbeiten zur Schulpädagogik. Band 1. Braunschweig: Universitätsverlag. – Jank, W. & Meyer, H. (Hrsg.): Didaktische Modelle. 3. Aufl. Berlin: Cornelson Scriptor. – Klingberg, L. (o.J.): Einführung in die Allgemeine Didaktik. Frankfurt/M.: Fischer. – Meyer, H. (1994): UnterrichtsMethoden. I: Theorie-band 6. Aufl. Frankfurt. Cornelson Scriptor. – Meyer, H. (2004): Was ist guter Unterricht? Berlin: Cornelson Scriptor. – Rekus, J. (1994): Unterrichtsprinzipien. In: Keck, R. W. & Sandfuchs, U. (Hrsg.): Wörterbuch Schulpädagogik. Bad Heilbrunn: Klinkhardt. – Seibert, N. & Serve, H.J. (Hrsg.): (2003): Prinzipien guten Unterrichts. Kriterien einer zeitgemäßen Unterrichtsgestaltung. 7. Aufl. München: PimS. – Serve, H. J. (1999): Kreativität als Bildungsmoment. In: Reinhold, G., Pollak, G. & Heim, H. (Hrsg.): Pädagogik-Lexikon. München: Oldenbourg, 309-312. – Stöcker, K. (1970): Neuzeitliche Unterrichtsgestaltung. 18. Aufl. München: Ehrenwirth. – Wiater, W. (2001): Unter-richtsprinzipien. Donauwörth: Auer.

4.3 Unterrichtsmethoden und Instruktionsmodelle

40| Stufung des Unterrichts
Liane Paradies

1 Stufen- und Phasenschemata des Unterrichts

Thematische Einordnung

Stufen- oder Phasenschemata des Unterrichts dienen der Untergliederung des Lernprozesses in methodisch plausible Teilschritte, sie sind aber immer auch Reduktionen der tatsächlichen Unterrichtskomplexität und daher streng genommen unwissenschaftlich. Denn wissenschaftliches Denken ist grundsätzlich nicht „komplexitätsreduzierend" wie das Alltagsdenken, sondern „komplexitätserweiternd". Aus dieser nicht aufhebbaren Grundkonstellation der künstlich-analytischen Gliederung des Unterrichtsprozesses einerseits, der fortbestehenden Komplexität des Unterrichtsalltags andererseits ergibt sich zwingend die Notwendigkeit, vorliegende Stufen- und Phasenschemata kritisch zu durchleuchten und ihre Reduktionen bewusst zu machen. In den Schemata stecken nämlich immer auch implizite Zielentscheidungen zum „guten" und „geordneten" Unterricht; sie sind „normative Hochrechnungen eines gewünschten Unterrichtsprozesses" (Meyer 2003) und enthalten insofern auch implizite Zielentscheidungen. Dabei sind der Stufen- und der Phasenbegriff in Theorie und Praxis nur schwer voneinander abzugrenzen.

2 Historische Entwicklung

Schon Johann Amos Comenius' Versuch, aus den Entwicklungs- und Steuerungsprozessen von Natur und Technik eine „natürliche Methode" allen Unterrichtens zu destillieren (Comenius 1960), stellt einen frühen Entwurf eines Stufenmodells dar. Das erste „flächendeckend" in die Lehrerbildung eingeführte und zugleich bis zur Mitte des 20. Jahrhunderts wirkungsvolle Stufenkonzept ist auf den Grundlagen der Herbartschen „Allgemeinen Pädagogik" von 1806 entstanden. Herbart sprach von der notwendigen „Artikulation" des Unterrichts (vgl. Prange 1986). „Vertiefung" und „Besinnung" bezeichnen dabei zwei in Spannung zueinander stehende Pole der Konkretion und reflexiven Distanzierung, die weder zeitlich noch logisch hierarchisiert werden dürfen.

Die aus Herbarts Theorieskizze von den Herbartschülern abgeleiteten sogenannten Formalstufen-Theorien haben diese Einsicht fallen lassen und eine psychologisch fundierte logisch-prozessuale Ordnung des Unterrichts beschrieben. So entwickelte der Herbartschüler Ziller (1876) ein fünfschrittiges Modell der „Formalstufen" (Analyse, Synthese, Assoziation, System, Methode).
Der Reformpädagoge Hugo Gaudig setzt dieser Vorstellung sein Konzept der „Arbeitsstufen" entgegen, in denen die Schüler selbst dazu angehalten werden, ihren Lernprozess zu strukturieren (Gaudig 1908).
Die Vertreter der Geisteswissenschaftlichen Pädagogen sprechen dann von „Bildungsstufen" (Klafki 1963), vermeiden aber jede rezeptartige Festlegung.
So ist auch Roths Anfang der sechziger Jahre des 20. Jahrhunderts vorgestelltes problemorientiertes Phasenmodell (Roth 1963) als ein Nachfolger der Formalstufentheorien zu deuten. Lernprozesse werden in genau bestimmte, empirisch überprüfte und theoretisch begründete Abfolgen von Lernschritten gegliedert, die sich aus einer inneren Gesetzmäßigkeit des Lernprozesses ergeben.
1968 hat Skinner behavioristische Annahmen auf die Unterrichtsgestaltung übertragen und die Lehrinhalte in kleine und kleinste Schritte zerlegt. Im Gegensatz zu Skinner präsentiert Gagné (1973) sein Modell des kumulativen Lernens. Die hierarchisch gedachte Stufenfolge besteht aus acht Lernarten: Signallernen, Reiz-Reaktionslernen, psychomotorische Lernkette, verbale Lernkette, Diskriminationslernen, Begriffslernen, Regellernen, Problemlösen.
Ausubel entwickelte 1974 ein Konzept vorstrukturierter Lernhilfen, die nach folgenden Prinzipien zur Organisation entwickelt sind: Advance Organizer, Progressive Differenzierung, Integrierendes Verbinden, Sequenzielle Organisation, Konsolidierung.
Das Konzept des „Phasenrezepts" von Monika und Jochen Grell (Grell 1999) versteht sich als ganz und gar praxisorientiert – pragmatisch. Einig sind sich die Autoren lediglich in ihrer Ablehnung des „traditionellen Erarbeitungsunterrichts", im Übrigen verzichten sie darauf, ihr Konzept theoretisch einzuordnen. Wichtig für die Stufung des Unterrichts sind die „Auslösung positiver reziproker Affekte" und der folgende „informierende Unterrichtseinstieg".
Scheller (1981) unterscheidet die drei Schritte der Aneignung, Verarbeitung und Veröffentlichung von Schüler-Erfahrungen mit dem anzueignenden Lerninhalt. Streng betrachtet handelt es sich aber nicht um Schritte, sondern Konstruktionsaufgaben, die von den Schülern im Unterricht selbst zu lösen sind.

3 Was soll die Stufung bzw. Phasierung des Unterrichts leisten?

Stufen- bzw. Phasenschemata modellieren die Prozessstruktur des Unterrichts, indem sie Vorgaben für den „methodischen Gang" (Klingberg 1989) machen und dabei das Kunststück fertig bringen sollen, sowohl das Interesse und die Lernvoraussetzungen der Lernenden als auch die Anforderungen der Fachinhalte und die Handlungsmöglichkeiten der Lehrkraft „auf einen Nenner" zu bringen. Neuere empirische Forschungsergebnisse belegen, dass eine klare Strukturierung des Unterrichts erheblichen Einfluss auf den kognitiven Lernerfolg der Schüler hat (Meyer 2004). Nicht genau erforscht ist allerdings die Frage, welche Qualität diese klare Strukturierung haben müsste, z.B. ob Lerninhalte immer nur dann angeeignet werden, wenn sie in kleinen abgegrenzten Teilschritten gelernt werden.
Daraus ist zu folgern: Weil es keine allgemeingültige Lerntheorie gibt, die die Gesetzmäßigkeiten und die Entwicklungsstufen aller Lernenden präzise bestimmen könnte, und weil es Wechselwirkungen zwischen den Zielen, Inhalten und Methoden des Unterrichts gibt, kann es auch keine *allgemeingültigen* Stufen- oder Phasenkonzeptionen geben, die wertfrei, inhalts- und zielneutral und unabhängig vom gesellschaftspolitischen Kontext der Schule eingesetzt werden könnten (Meyer 2003).

4 Ein Stufenschema als begründetes Unterrichtsrezept

Unterricht ist kein natürlich sich entwickelnder Prozess, sondern etwas ganz und gar Künstliches. Selbstverständlich lebt jeder (gute) Unterricht von einer Portion Spontaneität, wie sie jede kommunikative Interaktion auszeichnet, aber grundsätzlich ist alles das, was zwischen dem Anfang und dem Ende jeder Unterrichtsstunde abläuft, mit einer speziellen didaktischen Absicht vorgeplant. Ob eine Unterrichtssituation gelungen ist oder nicht, hängt von der Funktion ab, die der jeweilige Schritt für das Ganze des Lehr-Lernprozesses haben soll:
– *Einstiegssituationen* sollen Interesse am neuen Thema wecken; eine Fragehaltung bei den Lernenden hervorrufen; zum Kern der Sache führen, also zentrale Aspekte des neuen Themas ansprechen; die Lernenden über den geplanten Verlauf der weiteren Einheit informieren und ihnen damit einen genauen Orientierungsrahmen geben; die Lust am Lösen von Problemen wecken; an die Vorerfahrungen und Vorkenntnisse anknüpfen und eine Verbindung zu den neuen Inhalten herstellen, Altes und Neues also vernetzen; vertraute und „liebgewordene" Gewohnheiten und Kenntnisse in Frage stellen, verfremden, sogar (scheinbar) abwerten und ablehnen, aber auch aufwerten (Greving & Paradies 1996).
– *Erarbeitungs- und Vertiefungssituationen* sollen einen konzentrierten, von äußeren Einflüssen möglichst wenig abgelenkten Zugang zur „Sache" ermöglichen; allen Lernenden individuelle Zugänge zum Lernstoff ermöglichen; Lernprozesse durch Verlangsamung intensivieren und die innere Auseinandersetzung mit dem Stoff und damit eine begründete eigene Stellungnahme ermöglichen.
– *Ausstiegssituationen* sollen in geeigneter Form eine Überprüfung der Lernerfolge garantieren, also als Phase der Ergebnissicherung begriffen werden und der Lehrkraft die Gewissheit vermitteln, dass der Stoff nicht nur „durchgepaukt", sondern auch verstanden worden ist; Flexibilität in der Planung erlauben, dies insbesondere dann, wenn die Ergebnissicherung ein unbefriedigendes Resultat erbracht hat; den Lernenden das Bewusstsein der Zufriedenheit vermitteln und das Gefühl verhindern, die getane Arbeit sei sinnlos oder vergeblich gewesen; Lust auf neue Inhalte und/oder Methoden wecken; Kritik an der vergangenen Unterrichtsphase und Ausblicke auf die künftige Planung ermöglichen; der gegenseitigen Präsentation von erarbeiteten Kenntnissen, Fertigkeiten oder Fähigkeiten dienen; sich zum gleichen Zwecke an die schulinterne oder lokale Öffentlichkeit wenden und dem entspannenden Loslösen vom bisherigen Thema dienen.

5 Konsequenzen der Stufen- und Phasenschemata

Auf eine Strukturierung des Unterrichtsprozesses kann nicht verzichtet werden, da es keine natürliche Phasierung des Unterrichts gibt. Deshalb ist es nicht weiter verwunderlich, dass in vielen veröffentlichten Unterrichtskonzepten und -materialien Stufen- oder Phasenvorstellungen implizit enthalten sind. Und auch jede Lehrkraft entwickelt im Laufe der Jahre für ihre Unterrichtspraxis individuelle Routinen der Unterrichtsphasierung (Haage, Bischoff, Dichanz, Eubel, Oehlschläger & Schwittmann 1985). Weil die einzelnen Schemata schulformspezifische, fachliche und themenspezifische Vorzüge und Nachteile haben, sollte es das erklärte Ziel sein, sich bei der Unterrichtsarbeit die implizit vorausgesetzten Stufen und Phasen bewusst zu machen, damit die Grundlagen des gemeinsamen Handelns von Lehrenden und Lernenden erkennbar bleiben.

Literatur
Ausubel, D. P. (1974): Psychologie des Unterrichts. Weinheim: Beltz. – Comenius, J. A. (1960): Große Didaktik. Hrsg. von A. Flitner. 2. Aufl. Düsseldorf: Küpper. – Gagné, E. D. (1973): Die Bedingungen des menschlichen Lernens. 3. Aufl. Hannover: Schroedel. – Gaudig, H. (1908): Didaktische Präludien. Leipzig/Berlin: Teubner. – Grell, J. & Grell, M.

(1999): Unterrichtsrezepte. 8. Aufl., Weinheim: Beltz. – Greving, J. & Paradies, L. (1996): Unterrichts – Einstiege. Berlin: Cornelsen Scriptor. – Haage, K., Bischoff, H., Dichanz, H., Eubel, K.-D.,Oehlschläger, H.-J. & Schwittmann, D. (1985): Das Methoden-Repertoire von Lehrern. Opladen: Leske + Budrich. – Klafki, W. (1963): Studien zur Bildungstheorie und Didaktik. Weinheim: Beltz. – Klingberg, L. (1989): Einführung in die Allgemeine Didaktik. Vorlesungen. 7., 1981 bearb. Aufl., Berlin: Volk und Wissen 1989. – Meyer, H. (2003): Unterrichts – Methoden. 10. Aufl. Frankfurt: Cornelsen Scriptor. – Meyer, H. (2004): Was ist guter Unterricht? Berlin: Cornelsen Scriptor. – Prange, K. (1986): Bauformen des Unterrichts. Eine Didaktik für Lehrer. 2. Aufl. Bad Heilbrunn/Obb.: Klinkhardt. – Roth, H. (1963): Pädagogische Psychologie des Lehrens und Lernens. 5. Aufl. Hannover. – Scheller, I. (1981): Erfahrungsbezogener Unterricht. Königstein: Scriptor. – Skinner, F. B. (1968): The Technology of Teaching. New York: Appleton Century Crofts. – Ziller, T. (1876): Die Theorie der formalen Stufen des Unterrichts. Hrsg. von J. Muth. Heidelberg 1965.

41| Direkte Instruktion, Frontalunterricht, Klassenunterricht
Jürgen Wiechmann

1 Begriffsbestimmung

Mit den Begriffen der Direkten Instruktion (vgl. Grell 2002) und dem Frontalunterricht (vgl. Wiechmann 2002) wird ein Bündel von Unterrichtsmethoden bezeichnet, das durchgängig von zwei Merkmalen geprägt ist: Zum einen wird der gesamte Ablauf des Lehr-Lernprozesses in zentraler Weise durch die Lehrkraft gesteuert und zum anderen bilden Effektivität und Effizienz der Vermittlung disziplinärer Lernziele das zentrale Kriterium für den Unterrichtserfolg. Der synonym zum Frontalunterricht verwendete Begriff des Klassenunterrichts (z.B. Meyer 2001) ist missverständlich, da der Schulunterricht überwiegend in Klassen erfolgt, auch wenn diese in unterschiedlichen Sozialformen arbeiten.

Die inhaltliche Bestimmung des Methodenbündels am Kriterium der Unterrichtssteuerung und der disziplinären Unterrichtsziele beinhaltet insbesondere für den historisch gewachsenen Begriff des Frontalunterrichts mehrfache Unschärfen. So ist nach Meyer (2001, S.94) der Frontalunterricht ein „lehrgangsförmiger zumeist sprachlich vermittelter Unterricht", während bei Wiechmann (2002) den Übungsphasen in Einzel- und Gruppenarbeit eine erhebliche Bedeutung für den Unterrichtsverlauf zukommt. Ähnliches gilt für die didaktische Erschließung der unterrichtlichen Thematik; während Wiechmann (2002) den Frontalunterricht im Rahmen einer expositorischen Erschließung ansiedelt, bleibt dies in anderen Fällen weitgehend offen. Unstrittig dürfte jedoch die Abgrenzung des hier thematisierten Methodenbündels von stark entdeckenden Zugangsweisen sein, auch wenn diese mit einer hohen Bedeutung des aktiven Lehrerhandelns verbunden sind.

2 Historische Wurzeln

Frontalunterricht und Direkte Instruktion können auf drei historische Entwicklungslinien zurückgeführt werden: die Unterrichtsmethode Herbarts, die Lehr-Lernforschung im Rahmen des Prozess-Produkt-Paradigmas sowie auf die Unterrichtspraxis.

Der methodische Gang des Unterrichts orientiert sich im Verständnis Herbarts (1913, S.276ff) an vier Teilschritten, die nacheinander durchlaufen werden müssen - Klarheit, Assoziation, System und Methode. Die beiden ersten Schritte werden überwiegend vom Lehrer in Form einer Exposition des Unterrichtsthemas und eines anschließenden Gesprächs direkt gesteuert. Die beiden abschließenden Schritte dagegen liegen weitgehend im Verfügungsbereich des Lerners, sodass die Lehrersteuerung nur über formale Kriterien des Unterrichtsverlaufs erfolgen kann. Herbart entwickelte seine Unterrichtsmethode aufgrund seiner Tätigkeit als Hauslehrer; er orientierte sich daher am Einzelunterricht. In seiner Nachfolge entwickelten die so genannten Herbartianer im 19. Jahrhundert dieses Methodenmuster zum Modell des Klassenunterrichts weiter, wobei die soziale Situation der Schulklasse weitgehend unberücksichtigt blieb.

Die Direkte Instruktion entstand seit den 70er-Jahren des vorigen Jahrhunderts vor allem im Zuge der Lehr-Lernforschung der USA. Rosenshine (1983) wies etwa zeitgleich mit anderen Forschern darauf hin, dass eine Gruppe in sich kohärenter Merkmale für einen erfolgreichen Unterricht auszumachen sind; hierzu zählen u.a. kleinschrittige Präsentation des Themas, vielfältige Beispiele, Vermeidung von Ablenkungen, hohes Arbeitstempo, positives Feedback, hohe Beteiligungsdichte und eine kurzschrittige Begleitung des Lernfortschritts in wachsender Selbstständigkeit der Lernenden (vgl. Joyce, Weil & Calhoun 2001). Anders als im Modell Herbarts wird hier auch die soziale Situation der Lerngruppe berücksichtigt, indem die von der Unterrichtsforschung betonte Bedeutung einer positiven Arbeits- und Gruppenatmosphäre als wesentliches Gelingenskriterium berücksichtigt wird (Joyce u.a. 2001).

Eine dritte, wenngleich nur unscharf zu fassende Entwicklungslinie kann in der praktischen Kultivierung des Schulunterrichts im historischen Prozess gesehen werden. Trotz des mittlerweile vielfältig entwickelten Methodenspektrums und der fachwissenschaftlich unwidersprochenen Forderung nach Methodenvielfalt im Unterricht stellt das hier thematisierte Methodenbündel die weitaus gebräuchlichste Form der Unterrichtsgestaltung dar. Gleichzeitig sind Veränderungsprozesse innerhalb der Grundstruktur zu erkennen, sodass ein Entwicklungsprozess anzunehmen ist, der weitgehend autonom im Rahmen der Tradierung und Kultivierung von Praxiswissen erfolgt.

3 Lehrergelenkter Unterricht

Der methodische Leistungsanspruch des Frontalunterrichts und der Direkten Instruktion betont die Vermittlung kognitiver Ziele im reproduktiven Bereich und erschließt damit disziplinär vorhandene Informationen. Die Wirksamkeit eines lehrergeleiteten klar strukturierten Unterrichts dürfte für diesen Zielbereich außer Frage stehen (z.B. Weinert & Helmke 1997).

3.1 Das methodische Grundmuster

Bei allen Ansätzen des lehrergelenkten Methodenbündels beginnt der Unterricht mit einer Präsentation des Unterrichtsziels sowie des Arbeitsrahmens im Sinne eines *advance organizers* (Ausubel 1974). Daran schließt sich als zweite Phase eine lehrergeleitete Präsentation des Unterrichtsgegenstandes an, die in der dritten Phase im Rahmen der Klasse gemeinsam und strukturiert geübt wird. Mit der individuellen Übung in der vierten Arbeitsphase endet das Methodenmuster der Direkten Instruktion (Joyce u.a. 2001). Im Rahmen des Frontalunterrichts wird das Verlaufsmuster um eine fünfte Phase ergänzt: Das Unterrichtsthema wird auf neue Situationen angewendet um den Transfer über den situativen Rahmen des Unterrichts hinaus anzubahnen (Wiechmann 2002). Die dargestellte Folge der methodischen Schritte wird von der Lehrkraft adaptiv zum Lernfortschritt der Klasse gesteuert, indem jeweils 85 bis 90 Prozent des individuellen Zielerreichens als Kriterium üblich ist. Aufgrund des klaren formalen Aufbaus des Unterrichtsverlaufs einschließlich seiner Teilschritte, des disziplinär geordneten Informationsstandes zum Thema sowie seiner hohen Steuerungsnotwendigkeit durch die Lehrkraft beinhalten direkte Instruktion und Frontalunterricht ein hohes Maß an Planbarkeit des Unterrichts. Damit kommen sie Lehrkräften mit einer geringen Berufsroutine vermutlich entgegen. Gleichzeitig kann damit aber die bereits benannte tendenzielle Unverfügbarkeit des Lerners aus dem Blick geraten. Hierauf wies bereits Herbart (1913, S.219) in anschaulicher Weise hin: „Der Unterricht spinnt einen langen, dünnen, weichen Faden; den der Glockenschlag zerreißt, und wieder knüpft; der in jedem Augenblick die eigne Geistesbewegung des Lehrlings bindet und, indem er sich nach seinem Zeitmaß abwickelt, ihr Tempo verwirrt, ihren Sprüngen nicht folgt und ihrem Ausruhen nicht Zeit läßt."

3.2 Untersuchungs- und Erhebungsverfahren

Die Entwicklung des Frontalunterrichts erfolgte in erheblichem Maße vor der empirischen Wende der Pädagogik; sie stützte sich daher neben theoretischen Reflexionen vor allem auf das Erfahrungswissen der Praxis. Seit Mitte der 1970er-Jahre ist in wachsendem Maße aber auch die Aufnahme von Erkenntnissen der psychologischen Lehr-Lernforschung zu erkennen (z.B. Aebli 1994). Die Entwicklung der Direkten Instruktion basiert auf der empirisch geleiteten Suche nach Gelingensbedingungen eines erfolgreichen Unterrichts; beispielsweise identifiziert Helmke (1988) so genannte Optimalklassen, denen er Negativgruppen gegenüber stellt und auf dieser Grundlage charakteristische Unterschiede in der Unterrichtsgestaltung herausarbeitet.

3.3 Differentielle Effekte

Die Frage nach der differentiellen Wirksamkeit von Frontalunterricht und der Direkten Instruktion ist nicht eindeutig zu beantworten. Tendenziell scheint ein besonderes Leistungspotential für verhaltensauffällige (z.B. Nelson, Johnson, Marchand & Martella 1996) oder leistungsschwächere Schüler (z.B. Helmke 1988) zu bestehen. Ob und in welchem Maße dies mit einer geringer ausgeprägten Selbststeuerungsfähigkeit oder den jeweils verfolgten Unterrichtszielen verknüpft ist, kann jedoch gegenwärtig nicht entschieden werden.

3.4 Kontroversen

Die fachliche Diskussion des lehrergelenkten Methodenbündels wird seit der Reformpädagogischen Epoche von vier Kontroversen begleitet. Zum einen wird darauf hingewiesen, dass die Methoden für die Vermittlung kognitiv anspruchsvoller Unterrichtsziele wenig geeignet sind. Diese Aussage dürfte mit Blick auf das angestrebte Leistungsspektrum weitgehend unwidersprochen sein. Zum Zweiten wird betont, dass die lehrerdominierte Methoden selbstgesteuertes Lernen verhindern. Hier weist Weinert (1996) konstruktiv darauf hin, dass selbstständiges Lernen nur gelingen kann, wenn die erforderlichen Fähigkeiten vorhanden sind. Die zweite Kontroverse kann daher nur didaktisch im Sinne eines individuellen Bildungsprozesses überwunden werden. Zum Dritten besteht die Vermutung, dass lehrergelenkte Unterrichtsmethoden nachhaltige Unterrichtseffektivität verhindern (z.B. Golbeck 2002). Geht man von der hohen Bedeutung des Vorwissens für den Unterrichtserfolg aus, so dürfte auch diese Kontroverse nicht als Dilemma sondern als konstruktive Ergänzung verstanden werden. Schließlich wird – viertens – auf die autoritäre Grundstruktur hingewiesen – „Frontalunterricht erzieht zum Obrigkeitsstaat" (Meyer 2001, S.97). Hier zeigt die Arbeit von Weinert und Helmke (1997), dass Unterrichtsstil und Unterrichtssteuerung unabhängig voneinander variieren können; die vierte Kontroverse besteht daher unter der Perspektive des hier dargestellten Methodenbündels nur scheinbar.

4 Offene Fragen

Die Arbeiten zum Methodenrepertoire der Schulpraxis zeigen eine tief greifende und hartnäckige Dominanz des lehrergelenkten Unterrichts. Ob es sich hierbei allerdings um methodische Muster im Sinne von Frontalunterricht und Direkter Instruktion oder um beliebige Konglomerate sprachdominierter Unterrichtsgestaltung handelt, ist ebenso wenig bekannt wie die Kenntnis unterrichtlicher Entwicklungsbedingungen. Geht man davon aus, dass die benannte Dominanz durch die vorhandenen Rahmenbedingungen der Schulpraxis bedingt ist, so könnte gerade das hier besprochene Methodenbündel einen praxisorientierten Beitrag zur Unterrichtsentwicklung bieten. Eng damit verbunden ist die Frage nach den Rahmenbedingungen institutioneller und berufsbiographischer Art, die eine solche Dominanz dieser Methodenmuster bedingen. Und schließlich ist damit ebenfalls ungeklärt, ob sich hinter der vermutlich globalen Dominanz des lehrergelenkten Unterrichts unabhängig von den unterschiedlichen institutionellen Rahmenbedingungen ebenfalls globale Methodenmuster verbergen.

Literatur

Aebli, H. (1994): Zwölf Grundformen des Lehrens. Stuttgart: Klett Cotta. – Ausubel, D. P.(1974): Psychologie des Unterrichts. Weinheim: Beltz. – Golbeck, S. (2002): Instructional Models for Early Childhood Education. Champain, IL: ERIC Clearing House [verfügbar unter: http://ericeece.org/pubs/digests/2002/Golbeck02.html, 28.02.2009]. – Grell, J. (2002): Direktes Unterrichten. Ein umstrittenes Unterrichtsmodell. In: Wiechmann, J. (Hrsg.): Zwölf Unterrichtsmethoden. 3., überarb. Aufl. Weinheim: Beltz, 35-49. – Helmke, A. (1988): Leistungssteigerung und Ausgleich in Schulklassen: unvereinbare Ziele? In: Zeitschrift für Entwicklungspsychologie und Pädagogische Psychologie, 20 (1), 45-76. – Herbart, J. F. (1913): Pädagogische Schriften, Bd. 1. Osterwieck: Zickfeldt. – Joyce, B., Weil, M. & Calhoun, E. (2000): Models of Teaching. 6., überarb.Aufl. Boston etc.: Allyn and Bacon. – Nelson, J. R., Johnson, A. & Marchand-Martella, N. (1996): Effects od Direct Instruction, Cooperative Learning, and Independent Learning Practices on the Classroom Behavior of Students with Behavioral Disorder: A Comparative Analysis. In: Journal of Emotional and Behavioral Disorder 4 (1), 53-62. – Meyer, H. (2001): Plädoyer für die Wiederbelebung des Frontalunterrichts. In: Meyer, H.: Türklinkendidaktik: Aufsätze zur Didaktik, Methodik und Schulentwicklung. Berlin: Cornelsen Scriptor, 92-118. – Rosenshine, B. V. (1983): Teaching Functions in Instructional Programs. In: The Elementary School Journal, 83 (4), 335-351. – Weinert, F. E. (1996): Für und Wider die „neuen Lerntheorien" als Grundlagen pädagogisch-psychologischer Forschung. In: Zeitschrift für pädagogische Psychologie, 10 (1), 1-12. – Weinert, F. E. & Helmke, A. (Hrsg.) (1997): Entwicklung im Grundschulalter. Weinheim: Beltz. – Wiechmann, J. (2002): Frontalunterricht. In: Wiechmann, J. (Hrsg.): Zwölf Unterrichtsmethoden. 3., überarb. Aufl. Weinheim: Beltz, 20-34.

42| Projektmethode
Michael Knoll

1 Das Projekt als Methode des praktischen Problemlösens

Die Projektmethode, auch als Projektunterricht, Projektarbeit, Projektlernen bekannt und oft in besonderen Projektwochen und Projekttagen verwirklicht, zählt zu den meistdiskutierten Methoden des Unterrichts (Frey 2002). Sie ist eine Unterform des handlungsorientierten Lernens und gilt als ein hervorragendes Mittel, um intrinsische Motivation zu fördern, selbständiges Denken zu entwickeln, erworbenes Wissen anzuwenden, Selbstbewusstsein zu erzeugen und soziale Verantwortung einzuüben. Diese Ziele sollen dadurch erreicht werden, dass die Schüler ihre eigenen Interessen und Vorstellungen einbringen und Themen und Probleme der natürlichen und gesellschaftlichen Umwelt möglichst frei und selbstbestimmt bearbeiten. Projekte sind produkt- und öffentlichkeitsorientiert und – anders als etwa Lehrgang und Übung – nicht an enge Disziplin- und Fächergrenzen gebunden. Auf eine knappe Formel gebracht, kann man die Projektmethode als eine Methode des praktischen Problemlösens definieren, die den Schülern im größeren Umfang eigenständiges und konstruktives Arbeiten abverlangt.

2 Ursprung und Entwicklung der Projektmethode

Nach traditioneller Auffassung ist die Projektmethode ein genuines Produkt der amerikanischen progressiven Erziehungsbewegung (Apel & Knoll 2001). Um 1900 als Methode des Werkunterrichts erfunden, erhielt sie eine neue, eigentümliche Gestalt, als William H. Kilpatrick sie seit 1915 – wegen ihrer besonderen Förderung von Freiheit und Selbstbestimmung – als die einzig adäquate Unterrichtsmethode in einer demokratischen Gesellschaft bezeichnete und – wegen ihrer besonderen Förderung von Motivation und Lernbereitschaft – als „herzhaftes absichtsvolles Tun" definierte. Diese umfassende Bestimmung wurde u.a. von John Dewey kritisiert, weil sie Projektarbeit nicht mit den dauerhaften, sondern mit den momentanen Interessen der Schüler verband.

Neuere Forschungen (Knoll 1993) führen den Ursprung der Projektmethode auf die Ausbildung von Architektur- und Ingenieurstudenten zurück, die dreihundert Jahre zuvor in Rom und Paris am Ende ihres Studiums größere Bauvorhaben (Brunnen, Kirchen, Brücken) zu entwerfen hatten. Vereinfacht gesagt, läßt sich die Geschichte der Projektmethode in fünf Phasen gliedern:

1590-1765 erste Anfänge der Projektarbeit an den neuen Schulen für Architektur in Italien und Frankreich
1765-1880 das Projekt als reguläre Unterrichtsmethode an den kontinentaleuropäischen und nordamerikanischen Bauakademien und Technischen Hochschulen
1880-1915 Verlagerung des technischen Werkens vom College auf die High und Elementary School, parallel dazu Einführung der Projektarbeit; Übertragung auf den landwirtschaftlichen und naturwissenschaftlichen Unterricht
1915-1935 Neudefinition der Projektmethode durch Kilpatrick und ihre weltweite Verbreitung; in Amerika bald allgemeine Ablehnung des Kilpatrickschen Projektbegriffs
1965-heute Wiederentdeckung der Projektmethode in Westeuropa, dritte Welle ihrer internationalen Wirksamkeit

Historisch und systematisch gesehen gehört die Projektmethode in dieselbe Kategorie wie das Experiment der Naturwissenschaftler, die Fallmethode der Juristen und das Planspiel der Offiziere; denn wie diese hat das Projekt seinen Ursprung in der Akademisierung und Professionalisierung eines spezifischen Berufs, und wie diese wurde es an Hochschulen und Schulen eingeführt, damit die Schüler und Studenten schon beizeiten lernten, die Kluft zwischen Theorie und Praxis zu überwinden und selbständig umfangreichere Aufgaben ihrer Lebens- und Berufswirklichkeit zu lösen.

3 Die drei Merkmale des Projektunterrichts

Das Projekt ist eine Form entschulten schulischen Lernens, die sich von Anbeginn durch die Merkmale Schülerorientierung, Wirklichkeitsorientierung und Produktorientierung auszeichnet:

- *Schülerorientierung*. Im Projekt haben die Schüler erhebliche Entscheidungs- und Handlungsspielräume, um ihre Interessen, Vorstellungen und Erfahrungen einzubringen. Sie werden so zu Subjekten ihres Lernprozesses und können sich mit ihrer Arbeit leichter identifizieren und eher einen nachhaltigen Lernerfolg erzielen.
- *Wirklichkeitsorientierung*. Die Schüler setzen sich handelnd mit komplexen Gegenständen und Problemen des Lebens auseinander und wirken mit ihrer Arbeit in irgendeiner Form – vorstellend, aufklärend, verändernd – auf das Leben zurück. Im Projekt tritt also der systematische, theoretische, fachgebundene Unterricht zugunsten des situativen, praktischen, ganzheitlichen Lernens in den Hintergrund.
- *Produktorientierung*. Ziel- und Angelpunkt der Projektarbeit ist ein konkretes Produkt, dessen Herstellung längere Zeit in Anspruch nimmt. Als größeres Unternehmen, das mit einem vorweisbaren, dauerhaften, öffentlich zu präsentierenden Ergebnis abschließt, unterscheidet sich die Projektmethode wesentlich von anderen Formen handlungsorientierten Lernens wie etwa Experiment, Praktikum, Rollenspiel.

Einige Autoren (etwa Suin de Boutemard 1975, Duncker & Götz 1988, Gudjons 2001) betrachten die Projektmethode als Alternative zum herkömmlichen lehrerzentrierten Unterricht und als zentrales Instrument der inneren Schulreform. Für sie ist nicht die Produktorientierung, sondern die Schülerorientierung das entscheidende Kriterium des Lernens am Projekt. Dabei tauchen zwei Probleme auf: (1) Der Projektbegriff wird über Gebühr erweitert und zum Oberbegriff aller möglichen Methoden offenen Unterrichts erhoben. (2) Die subjektiven Interessen der Schüler gewinnen die Oberhand; sie erhöhen die Gefahr des bloßen Aktionismus und verringern die Wahrscheinlichkeit des kontinuierliches Lernens.

4 Das lineare und das integrative Modell

Idealtypisch lassen sich beim Projektunterricht zwei Grundformen unterscheiden: das lineare und das integrative Modell (Apel & Knoll 2001). Beide Modelle sind historisch legitimiert und unterrichtspraktisch relevant.

- Das *lineare Modell*, um 1880 in der amerikanischen High School eingeführt, gehorcht dem alten didaktischen Prinzip, dass Unterricht, um erfolgreich zu sein, schrittweise vom Einfachen zum Komplexen fortschreiten muß. Es hat zwei Phasen. In der ersten Phase, der „Instruktion", erwerben die Schüler grundlegende Kenntnisse und Fertigkeiten, wie etwa – im Werkunterricht – das „Alphabet" der Werkzeuge und Techniken. In der zweiten, wesentlich kürzeren Phase, der „Konstruktion", wenden sie das im vorhergehenden Lehrgang systematisch erworbene Wissen und Können selbst an, indem sie ein größeres Arbeitsvorhaben (z.B. Tisch, Stuhl, Kommode) eigenständig auswählen, planen und durchführen.

– Das *integrative Modell*, um 1900 an der amerikanischen Elementary School entwickelt, ist mehr dem natürlichen, ganzheitlichen Lernen verpflichtet. Es besteht im wesentlichen aus drei Phasen: (1) Projektinitiative: Schüler und Lehrer entscheiden sich für ein bestimmtes Thema oder Problem – z.B. das Leben der Indianer – und überlegen gemeinsam, welches Wissen und Können sie brauchen, um dieses Projekt durchführen zu können. (2) Vorbereitung: Die Schüler erlernen durch Kurse, Recherchen, Erkundungen etc. speziell die Kenntnisse und Fähigkeiten, die sie zur Verwirklichung des Projekts benötigen. (3) Detailplanung und Durchführung: Die Schüler präzisieren die ursprüngliche Projektidee (Bau eines Indianerdorfes im Modell) und setzen sie selbständig in die Wirklichkeit um.

Während das integrative Modell mit seiner grundständigen Situations- und Kontextbezogenheit lebensnäher und deshalb motivierender und verständlicher erscheint, hat das – in Deutschland bisher kaum beachtete – lineare Modell durch seine klarere Struktur, geringere Komplexität und kürzere Dauer den Vorteil, dass es leichter organisierbar ist und der Lehrer sich in der zweiten, eigentlichen Projektphase tatsächlich eher – wie immer wieder gefordert – auf seine Beraterrolle beschränken und seine Schüler weitgehend allein arbeiten lassen kann.

5 Das Projekt in der empirischen Unterrichtsforschung

Empirische Untersuchungen zur Projektmethode gibt es nur wenige; und die paar Untersuchungen, die wissenschaftlich ernst zu nehmen sind, widersprechen in vieler Hinsicht den euphorischen Praxisberichten und theoretischen Abhandlungen der Pädagogen, die sich der Projektidee verschrieben haben (Apel & Knoll 2001). Drei Ergebnisse aus verschiedenen Lehrer- und Schülerbefragungen seien genannt:

– Projektlernen findet im *Schulalltag* äußerst selten statt. Schümer (1996, S.144) berichtet, dass nur gut zehn Prozent der befragten Lehrer gelegentlich Projektunterricht durchführen; und Petri (1991, S.78) schätzt, dass der Anteil der Projektarbeit an der gesamten Unterrichtszeit vielleicht bei 0,5 Prozent liegt.
– Die *Lehrer*, die Projektunterricht durchführen, unterscheiden sich von den Lehrern, die dies nicht tun, vor allem dadurch, dass sie eine größere Vielfalt von Methoden und Medien einsetzen, dass sie enger mit ihren Kollegen zusammenarbeiten und dass sie mit ihrem Beruf zufriedener sind (Schümer 1996, S.148 f.).
– Bei den *Schülern* ist die Projektmethode einerseits beliebt, weil sie Abwechslung bietet, freie Kommunikation ermöglicht und die Dominanz des Lehrers vermindert; andererseits wünscht sich nur ein Sechstel der projekterfahrenen Schüler eine Wiederholung dieser Unterrichtsform (Riedel 1994, S.141ff).

Die Ergebnisse dieser Befragungen bedürfen zweifellos einer sachlichen Prüfung und einer thematischen Erweiterung. Sie sagen insbesondere nichts darüber aus, inwieweit die Ziele der Projektmethode erreicht werden und welche Bedingungen erfüllt sein müssen, damit Projektarbeit sinnvoll eingesetzt und erfolgreich durchgeführt werden kann. Trotzdem sind die bisherigen Untersuchungen interessant, denn sie geben – aus Lehrer- bzw. Schülerperspektive – ansatzweise Antwort auf die Frage, warum das Projekt, obwohl heftig propagiert und als wichtigste Methode zur Förderung von Demokratie und Fortschritt angesehen (etwa Bastian & Gudjons 1997, Hänsel 1999, Wöll 2004), so selten in der Unterrichtswirklichkeit vorkommt:

– Die *Lehrer* sehen sich weniger durch Schulstruktur und Schulbehörden behindert, vielmehr befürchten sie, dass die größeren Freiräume, die die Projektmethode bietet, die Unruhe in der Klasse erhöht und die Kontrolle der Schüler erschwert; zum anderen vermuten sie, dass die geringere Durchschaubarkeit und der höhere Zeitaufwand die Motivation und das kognitive Wachstum vor allem der leistungsschwächeren Schüler eher verringert als erhöht (Schümer 1996, S.153, vgl. auch Zimmer 1987, Bohl 2000).

– Die *Schüler* betrachten diese Form des offenen Unterrichts weniger als Chance, vielmehr beklagen sie die mangelnde Systematik und Struktur des Projektlernens und die mangelnde Orientierung und Hilfestellung durch den Lehrer. Zugleich nutzen sie vermehrt die Strategien des Ausweichens, Sichdrückens und Trittbrettfahrens, um dem durch die Projektmethode verlangten zusätzlichen Einsatz an Energie, Zeit und Phantasie zu entgehen (Zimmer 1987, S.343ff; zum Ausweichverhalten der Lehrer Warnken & Klein-Nordhues 1991).

Literatur

Apel, H. J. & Knoll, M. (2001): Aus Projekten lernen. Grundlegung und Anregungen. München: Oldenbourg. – Bastian, J. & Gudjons, H. (Hrsg.) (1997): Theorie des Projektunterrichts. Hamburg: Bergmann & Helbig. – Bohl, T. (2000): Unterrichtsmethoden in der Realschule. Bad Heilbrunn: Klinkhardt. – Duncker, L. & Götz, B. (1988): Projektunterricht als Beitrag zur inneren Schulreform. Begründungen, Erfahrungen, Vorschläge für die Durchführung von Projektwochen. 2. Aufl. Langenau: Vaas. – Frey, K. (2002): Die Projektmethode. 9., überarb. Aufl. Weinheim: Beltz. – Hänsel, D. (Hrsg.) (1999): Handbuch Projektunterricht. 2. Aufl. Weinheim: Beltz. – Gudjons, H. (2001): Handlungsorientiert Lehren und Lernen. Projektunterricht und Schüleraktivität. 6., überarb. Aufl. Bad Heilbrunn: Klinkhardt. – Knoll, M. (1993): 300 Jahre Lernen am Projekt. Zur Revision unseres Geschichtsbildes. In: Pädagogik 45 (7-8), 58-63. – Petri, G. (1991): Idee, Realität und Entwicklungsmöglichkeiten des Projektlernens. Graz: Bundesministerium für Unterricht, Kunst und Sport. – Riedel, K. u.a. (1994): Schule im Vereinigungsprozeß. Probleme und Erfahrungen aus Lehrer- und Schülerperspektive. Frankfurt: Lang. – Schümer, G. (1996): Projektunterricht in der Regelschule. Anmerkungen zur pädagogischen Freiheit des Lehrers. In: Zeitschrift für Pädagogik 34 (Beiheft), 141-158. – Suin de Boutemard, B. (1975): Schule, Projektunterricht und soziale Handlungsperformanz. Eine wissenssoziologische und handlungstheoretische Untersuchung. München: Fink. – Warnken, G. & Klein-Nordhues, P. (1991): Unbehagen an Projektwochen – von Gesamtschulen lernen. In: Die Deutsche Schule 83, 181-198. – Wöll, G. (2004): Handeln: Lernen durch Erfahrung. Handlungsorientierung und Projektunterricht. 2., überarb. Aufl. Baltmannsweiler: Schneider. – Zimmer, G. (1987): Selbstorganisation des Lernens. Kritik der modernen Arbeitserziehung. Frankfurt: Lang.

43| Epochenunterricht
Helmut Kamm

Die Schule darf sich nicht damit begnügen, Wissen zu vermitteln, sondern im Zentrum muss die Aufgabe stehen, bei Schülerinnen und Schülern Interesse und sinnerschließendes Lernen zu fördern. Inwieweit diese Zielsetzung erreicht werden kann, darüber entscheidet nicht zuletzt die Organisation der verfügbaren Lernzeit.

Bekanntermaßen erfolgt Unterricht unter institutionalisierten Rahmenbedingungen, d.h. er ist geplant, organisiert, geregelt, verwaltet. Für die Lernzeit bedeutet dies, dass sie nicht allein nach pädagogisch-didaktischen Gesichtspunkten bemessen und strukturiert werden kann, sondern stets auch organisatorischen und administrativen Ansprüchen genügen muss.

Eine genauere Analyse von Stundenplänen lässt deutlich erkennen, dass die zeitliche Gliederung schulischen Lernens vor allem solchen außerpädagogischen Faktoren unterliegt. Zu diesem Schluss kommt beispielsweise eine Untersuchungskommission in den USA, die den Zusammenhang von

Zeit und schulischem Lernen überprüfte. Die Zeitstruktur – so das entscheidende Ergebnis – richte sich nach administrativen Zwängen, statt nach den Bedürfnissen des Lernenden, Lehrer und Schüler seien „prisoners of time" (vgl. Kamm 2001, S.18). Dieser Befund gilt im wesentlichen auch für die Verhältnisse in der Bundesrepublik. Insbesondere der Unterricht auf der Sekundarstufe mit ihrem ausgeprägten Fachlehrersystem ist durch enge Zeitgitter und eine starre Metrik gekennzeichnet. Der Epochenunterricht hat daher vor allem diese Schulstufe im Blick.

1 Fächer-„Zapping" und die Folgen

Was ist im Einzelnen an der gängigen Zeitstruktur unserer Schulen auszusetzen? Greifen wir einen beliebigen Schultag einer Sekundarschulklasse heraus, so wird offenkundig, in welchem Ausmaß Lernende und Lehrende von der „Gefangenschaft" betroffen sind:

– Kaum hat man sich mit einer Sache eingelassen, da schellt die Glocke und es erfolgt ein abrupter Wechsel des Faches und der Lehrperson. Bei diesem „Zappen" kommt es im Laufe des Schultages zu einem Vielerlei an Wissensfragmenten, das sich innerhalb einer Woche, auf 14 Fächer verstreut, um das Fünffache erhöht.
– Charakteristisch für den Lektionenunterricht ist auch der notorische Zeitmangel. Lehrer und Schüler stehen ständig unter Druck, ihre Arbeit bis zum Klingelzeichen zu beenden. Dabei ist zu bedenken, dass die Verknappung von Unterrichtszeit durch den Häppchen-Unterricht mitbedingt ist. In jeder Stunde fallen beträchtliche Zeiten für die Kontrolle und Erteilung von Hausaufgaben an, ebenso für die materiale und mentale „Umrüstung": Arbeitsmaterial muss umgeräumt werden, und die Schüler brauchen Zeit, um sich auf ein anderes Fach einzustellen.
– Indem sich die Unterrichts-Häppchen (insbesondere bei Nebenfächern) oft über mehrere Wochen hinziehen, kommt es zur Überdehnung des Lernprozesses. Gleich einem ausgeleierten Gummiband hat der Unterricht für den Schüler weder Zug- noch Spannkraft.
– Durch die Zerstückelung des Unterrichts hat es ein Fachlehrer pro Woche oft mit 200 und mehr Schülern zu tun. Wie soll unter solchen Bedingungen ein tragfähiger Lehrer-Schüler-Bezug und eine erfolgreiche Unterrichtsarbeit zustande kommen?

2 Entzerrung und Konzentration als Kern des Epochenunterrichts

Der zeitlichen Engführung und Zusammenballung von Fächern setzt der Epochenunterricht eine Entzerrung der Fächerfolge und eine Verdichtung der Unterrichtszeit entgegen. Statt jedes Fach wöchentlich zu erteilen, werden die Epochenfächer durch Zeitintervalle von zwei oder mehreren Wochen auseinandergezogen. Dabei rückt jeweils ein Fach, die Wochenstunden aller Epochenfächer auf sich vereinigend, für einen bestimmten Zeitraum in den Mittelpunkt des Geschehens.

Das zeitlich entzerrte Nacheinander statt des Nebeneinanders von Fächern – nach Bentzien (1964, S.11) ein Wesensmerkmal des Epochenunterrichts – hebt zwar einen bedeutsamen unterrichtsorganisatorischen Aspekt hervor, doch geht es den Verfechtern dieses Konzepts stets um mehr, als um die Organisation von Lernzeiten. Im Zentrum des Epochenunterrichts steht nämlich eine pädagogische Zielsetzung, die vor allem im Prinzip der Konzentration hervortritt. Mit Hilfe epochalisierten Unterrichts sollen die Schüler ihre seelisch-geistigen Kräfte auf wenige Lerninhalte fokussieren, um durch eine intensive, eigenständige Auseinandersetzung den Sinn von Lerninhalten zu erschließen. Definitorisch lässt sich Epochenunterricht demnach folgendermaßen auf den Punkt bringen: Es handelt sich um ein Unterrichtskonzept, das durch zeitliche Entzerrung und Verdichtung von Fachstunden Voraussetzungen für eigenständiges, sinnerschließendes Lernen schafft.

Eine Konzentration ergibt sich insofern auch auf der Beziehungsebene, als sich die Zahl der Schüler, die ein Fachlehrer wöchentlich zu unterrichten hat, stark verringert. Lehrer und Schüler lernen sich besser kennen, individuelle Lerninteressen und -dispositionen können stärker berücksichtigt werden.

3 Herkunft und Entwicklung des Epochenunterrichts

Das Grundanliegen des Epochenunterrichts, die geistigen Kräfte beim Lernen auf wenige Gegenstände zu konzentrieren, lässt sich bis in das Altertum zurückverfolgen. So werden etwa die sieben „Artes liberales", die von der Antike bis ins Mittelalter den Fächerkanon bestimmen, nicht nebeneinander, sondern – nach der Devise »Non multa sed multum" (Plinius) – nacheinander unterrichtet. Die in der Zeit der Reformation sich durchsetzende Engführung der Fächer und die damit verbundene fachliche Zersplitterung des Unterrichts wird in der Folgezeit von allen namhaften Schulpädagogen angeprangert.

Für das heutige Verständnis von Epochenunterricht und dessen schulischer Realisierung haben verschiedene Vertreter der reformpädagogischen Epoche maßgebliche Vorarbeit geleistet. Besondere Verdienste kommen dabei Rudolf Steiner zu, der nicht nur den Begriff „Epochenunterricht" prägt, sondern an der von ihm konzipierten Waldorfschule den Unterricht mit großer Konsequenz von der ersten bis zur letzten Klasse epochalisiert.

Im Unterschied zu den meisten Reformschulen ist epochalisierter Unterricht, trotz ausdrücklicher Empfehlung der Kultusministerien, an Regelschulen nur wenig verbreitet. In den USA hat sich hingegen seit den 90er Jahren das „block-scheduling", ein vergleichbares Konzept, an zahlreichen Schulen eingebürgert (Kamm 2000, S.35ff).

4 Didaktische Aspekte des Epochenunterrichts

Welche spezifischen Fragen stellen sich in didaktischer Hinsicht bei epochalisiertem Unterricht?

4.1 Epochenfächer

Angesichts der strukturellen Vielfalt der Schulfächer nimmt es nicht Wunder, dass sie sich in unterschiedlichem Maß für Epochenunterricht eignen. Als „klassische" Epochenfächer gelten die sog. „Sachfächer" (Biologie, Geografie, Geschichte, Chemie, Physik). Sie bieten sich an, Stoffeinheiten auszugliedern und gleichsam „en bloc" zu unterrichten. Sicher gibt es auch im Fach Deutsch (z.B. Literatur) und in der Mathematik (z.B. Geometrie) Inhaltskomplexe, die in zeitlich kompakter Form angegangen werden können, doch eine durchgängige Epochalisierung ist in diesen Fächern kaum denkbar.

Bei allen praktischen Versuchen mit Epochenunterricht wird hervorgehoben, dass er sich in besonderem Maß für fächerverbindendes Lernen (vgl. Kap. 6.2) eignet.

4.2 Dauer von Epochen

Auf welchen Zeitraum sollte sich die Fokussierung auf ein Thema erstrecken? Hierfür gibt es kein Zeitmaß, das generell Gültigkeit besäße. Wie bei jeglichem Unterricht muss auch hier die Festlegung des Zeitkontingents aus einer Abwägung organisatorischer, didaktischer und anthropologischer Faktoren hervorgehen. In der Praxis scheint sich ein Zeitraum von zwei bis vier Wochen bewährt zu haben.

4.3 Organisationsmodelle

Sehr einfach lässt sich Epochenunterricht im Schulalltag realisieren, liegen mehrere Fächer in der Hand einer Lehrkraft. Ihr steht es frei, die Zerstückelung des Unterrichts durch Poolung von Stunden zu überwinden. Denselben Effekt können Fachlehrer erzielen, die in den gleichen Klassen unterrichten und ihre Stunden gegenseitig austauschen.

Wesentlich schwieriger zu realisieren sind langphasige Modelle, die (wie etwa beim „block-scheduling") innerhalb eines Quartals, eines Tri- oder Semesters den Stoff eines ganzen Schuljahres vermitteln (Canady & Rettig 1995, S.67ff). Bei einem anderen Konzept alternieren zwei verschiedene Stundenpläne im Abstand von mehreren Wochen (Kamm 2000, S.96ff).

Letztlich muss jede Schule den für ihre personellen und sächlichen Arbeitsbedingungen angemessenen Epochalisierungsweg beschreiten.

5 Erfahrungen und Befunde zur Wirksamkeit von Epochenunterricht

Epochalisierter Unterricht erfährt einerseits hohe Wertschätzung bei Schul- und Bildungsexperten, andererseits bleibt er in der systematischen schulpädagogischen Forschung weitgehend unbeachtet. Nimmt es da Wunder, dass bisher nur wenige Befunde zur Wirksamkeit dieses Unterrichtskonzepts vorliegen? Im deutschsprachigen Raum handelt es sich im Wesentlichen um (ältere) Ergebnisse von Lehrerbefragungen und um Praxisberichte. Im Zusammenhang mit „block-scheduling" sind in den USA verschiedene Effektivitätsstudien vorgelegt worden, deren Aussagekraft allerdings wegen forschungsmethodischer Schwächen zumeist eingeschränkt ist.

Trotz der insgesamt unbefriedigenden Forschungslage zeichnen sich doch folgende Tendenzen epochalisierten Unterrichts ab:

– Durch die zeitliche und geistige Konzentration des Lernens können Schüler ihren Lernfortschritt besser verfolgen. Sie zeigen mehr Lernmotivation, Eigenaktivität und Kooperationsbereitschaft.
– Lehrer und Schüler entwickeln einen intensiveren Bezug zueinander. Individuelle Förderung wird dadurch begünstigt.
– Durch Reduktion von „Umrüstzeiten" kommt es zu einem beträchtlichen Gewinn an produktiver Unterrichtszeit.
– Formen offenen und entdeckenlassenden sowie fächerverbindenden Unterrichts lassen sich leichter realisieren als beim traditionellen Stundenplan.
– Epochenunterricht entschärft die Hausaufgabenproblematik.
– Unruhe und Hektik des Schulalltages werden reduziert.
– Hinsichtlich der Leistungsentwicklung zeigt sich der Epochenunterricht dem Lektionenunterricht tendenziell überlegen.

Generell lässt sich nach den Erfahrungen einer Lehrerin bei epochalisiertem Unterricht feststellen: „Der Unterricht verkleckert nicht".

Literatur

Bentzien, K. (1964): Epochenunterricht auf der Oberstufe der Volksschule. 2. Aufl. Stuttgart: Klett. – Canady, L. & Rettig, M. D. (1995): Block scheduling. A Catalyst for Change in High Schools. Princeton, Nj. – Kamm, H. (Hrsg.) (2000): Epochenunterricht. Grundlagen, Modelle, Praxisberichte. Bad Heilbrunn: Klinkhardt. – Kamm, H. (2001): Wider fragmentarisches Lernen. Mit der Zeit anders umgehen: Epochenunterricht. In: Pädagogik, H. 3, 18-22.

44| Offener Unterricht
Eiko Jürgens

1 Die Bewegung Offener Unterricht

Obwohl die Ursprünge der eingebrachten Ideen und theoretischen Begründungszusammenhänge in unterschiedlichen Denkschulen, wissenschaftlichen Gegenstandsfeldern und gesellschaftlichen Kontexten zu finden sind, gibt es eine übergreifende Klammer, die dennoch alles zusammenhält und der Bewegung trotz aller Differenzen und Varianz eine gemeinsame Perspektive gibt. Gemeint ist das Aktivitätsparadigma, weshalb der Offene Unterricht auch als »schüleraktiver« Unterricht bezeichnet wird (Jürgens 2003).

2 Aktives Lernen

Ausgehend von einem Bild der Schule der Gegenwart, das sich aus den fünf Komponenten Allgemeinbildung, inhaltliches Basiswissen, Schlüsselqualifikationen, formale Lernkompetenzen und Sozialkompetenzen zusammenfügt, begründet u.a. Weinert (1997), der bekannte Bildungsforscher, seine These zur Unterrichtsreform. Diese mündet in der Kernaussage, dass das Schulsystem heute und künftig die zuvor genannten Bildungsziele nur erreichen kann, wenn die „Modi des traditionellen Lernens durch andere Lernmodi und die traditionellen Muster des Unterrichts durch neue Muster" ergänzt bzw. ersetzt werden. Schon allein deshalb, weil Lernen nicht nur „passiv, rezeptiv, ergebnisorientiert" etc., sondern auch „aktiv, konstruktiv, prozessorientiert" etc. erfolgt (vgl. S.13). Um von vornherein nicht missverstanden zu werden, stellt Weinert klar, dass mit „aktivem" Lernen nicht äußere Aktivitäten gemeint sind, sondern es vielmehr darum geht, „dass sich Schüler mit den Lerninhalten und mit den Lernsituationen aktiv auseinandersetzen und ihr eigenes Wissen konstruktiv aufbauen" (ebd.).
Die Orientierung am Subjekt führt dazu, dass „gute Lehrer durch ihren Unterricht Schüler nicht passiv (d.h. zu Objekten der rezeptiven Wissensvermittlung – E.J.) machen, sondern dafür sorgen, dass möglichst alle Lernenden in einer je geeigneten Weise sich mit den Lernaufgaben aktiv auseinandersetzen. Lehrer müssen dabei helfen und auch dafür verantwortlich sein, dass Schüler motivierend aktiv lernen" (ebd., S.15).

3 Zusammenspiel von Instruktion und Selbstregulation

Der unterrichtstheoretische Zusammenhang wird nicht zwischen Frontalunterricht und Selbstmanagement hergestellt, sondern zwischen Instruktionsunterricht und selbstgesteuertem Lernen. Diese Unterscheidung ist gleichermaßen fundamental wie paradigmatisch, weil zum einen Instruktionsunterricht variabel, differenziert und in unterschiedlichen Ausprägungsgraden lehrer(an)geleitet bzw. -gesteuert gestaltet werden kann und demzufolge zum anderen Frontalunterricht lediglich eine, was Lehrerdominanz und Fremdsteuerung betrifft, (besonders rigide) Variante von Instruktionsunterricht darstellt. Für die didaktische Umsetzung Offenen Unterrichts bedeutet diese Klärung, dass es nicht vorrangig darum geht, die Monokultur der frontalen Unterweisung in den deutschen Schulen aufzubrechen und entscheidend zurückzudrängen (wenn auch dieses ein wesentliches Ziel ist), sondern darum, über den lerntheoretischen und organisatorischen Zusammenhang von Instruktion und Selbstregulation schulischen Unterricht generell effektiver zu machen, indem die aktive, aufgabenbezogene Lernzeit der Schülerinnen und Schüler ins Zentrum der pädagogisch-didaktischen Maßnahmen gerückt wird. Noch eine weitere Übereinkunft hält die Bewegung des Offenen Unterrichts zusammen.

4 Heterogenität und Humanität

Umgang mit Heterogenität sollte innerhalb der Institution Schule, der ein Erziehungs- und Bildungsauftrag aufgegeben worden ist, mit dem zur Weiterentwicklung demokratischer Gesellschaftsverhältnisse ein ausschlaggebender Beitrag geleistet werden soll, einerseits bildungspolitisch grundsätzlich und andererseits bildungs- und erziehungstheoretisch weit gefasst interpretiert werden. Beispielsweise in eine anthropologisch begründete Richtung, wie sie Sehrbrock (1997) vorschwebt: „Ohne Offenen Unterricht als Organisationsform ist in den Schulen unserer Gesellschaft *Vermenschlichung des Menschen* (Hervorhebung E.J.) über die optimale Lern- und Persönlichkeitsentwicklung von Kindern, Jugendlichen und Lehrern nicht zu verwirklichen und auf Dauer eine Offene Gesellschaft nicht zu schaffen." Menschen ihre *Menschlichkeit* (wieder) gewinnen zu helfen, ist fraglos als Kerngedanke humanistischer Pädagogiken, wozu die Befreiende Pädagogik zuzurechnen ist, unumstritten. Sehr viel beachtenswerter ist allerdings das wissenschaftliche Plädoyer, mit dem Sehrbrock aufwartet, indem er ausschließlich dem Offenen Unterricht zutraut, diesem Ideal eine realistische Verwirklichungschance zu geben. Der Achtung der fundamentalen Menschenrechte und der Überwindung der (Selbst)Entfremdung von den eigenen Lern-, Handlungs- und Wirksamkeitsbedürfnissen kommen bei der Rückgewinnung bzw. Entfaltung individueller „Menschlichkeit" größte Bedeutung zu. Offenheit ist demgemäß zuerst und maßgeblich eine persönliche Haltung, die die eigene Persönlichkeitsbildung und -struktur beeinflusst.

5 Einsicht und Selbstbestimmung

Warum die »Befreiende Pädagogik« derartig entschieden auf den Bildungseffekt des Offenen Unterrichts setzt, hängt vermutlich mit der Bedeutung zusammen, die der „Einsicht für Selbstbestimmung" eingeräumt wird (vgl. Spitzer 2004, S.343). Diese bildet sich am günstigsten in Lern- und Arbeitszusammenhängen heraus, in denen durch eigene Erfahrungen die dauernde Bereitschaft erworben wird, »frei handeln« zu wollen und zu können. In den wissenschaftlichen Diskurs wurde dieses Bildungsziel unter Begriffen wie »angeeignete Freiheit« (Bieri 2001) oder »evolvierte Freiheit« (Denett 2003) eingeführt.

Zusammenfassend basiert die Bewegung Offener Unterricht auf drei gemeinsamen Leitideen: Einem *erziehungs- und bildungsnormativen Zielbild* des selbstbestimmten, „seine Menschlichkeit entfaltenden" Individuums und seiner Verantwortlichkeit für sich selbst wie für die Gesellschaft, einem *lerntheoretischen Zielbild* des selbstgesteuerten, eigenaktiven und entdeckend-problemlösenden Individuums und einem *freiheitsphilosophischen Zielbild* des reflektiert selbstbestimmten Individuums, das bereit ist und sich fähig erweist, „die Möglichkeiten zu mehr Freiheitsgraden in unserem Leben auch in der Wirklichkeit umzusetzen" (Spitzer 2004, S.344).

6 Konzeptionelle Dimensionen

Weil „selbstreguliertes Lernen" sich u.a. in der Fähigkeit zeigt, „sich selbständig Lernziele zu setzen, dem Inhalt und Ziel angemessene Techniken und Strategien auszuwählen und sie auch einzusetzen" (Artelt u.a. 2001, S.271) muss zwingend der Lehrer seine Rolle des allein Planenden (schrittweise) aufgeben und Freiheitsgrade für die Mit- und Selbstgestaltung des Unterrichts durch die Schüler gewähren. Offener Unterricht wird dadurch zu einem gemeinsam verantworteten und gelingenden Unternehmen.

Die Gewährung von Freiheit (als Einsicht in die Notwendigkeit – Kant) ist sowohl an die Transparenz von Machtverhältnissen als auch an die persönliche Einflussnahme auf die Machtverteilung und -ausübung gebunden. Mit dem Offenen Unterricht gibt demgemäß die Lehrkraft gleichfalls ihre monopolisierte Machtposition auf und „demokratisiert", soweit dies der administrativ-institutionelle Rahmen der Schule zulässt, die Interaktions- und Kommunikationsstruktur zwischen sich und den Schülern.

Offener Unterricht realisiert sich hauptsächlich in vier didaktischen Makroformen (Arbeitsplankonzept, Stationenlernen (Werkstattunterricht), Freiarbeit, Projektlernen), zwischen denen die Übergänge fließend sind und die sich mit weiteren Offenen Unterrichtsformen wie u.a. dem moderierten Unterricht (vgl. Jürgens 1995) und der Weiterentwicklung des Gesamtunterrichts (vgl. Scheibe 1994) verbinden lassen. Zwei davon werden abschließend kurz skizziert.

7 Empirische Befundlage

Fasst man die Ergebnisse der sehr disperaten Forschungslage zum Offenen Unterricht zusammen, so scheint sich die folgende Befundlage abzuzeichnen, die allerdings selbst noch wiederum, was die Messung der Schülerleistungen betrifft, als erklärungsbedürftig anzusehen ist.

1) Offener Unterricht bewirkt in etwa gleich gute Schülerleistungen wie formeller Unterricht (vgl. Jürgens 1997, S.684). (Im Großen und Ganzen beziehen sich die entsprechenden Tests lediglich auf relativ einfach zu evaluierende (rezeptive und reproduzierende) Lernleistungen.)
2) Mit Offenem Unterricht gelingt es (anscheinend) besser und nachhaltiger allgemeine Persönlichkeitsmerkmale wie Selbststeuerung, Selbständigkeit, Eigeninitiative, Kreativität, positive Einstellung zum schulischen Lernen, allgemeines Selbstkonzept etc. zu fördern (vgl. Gage & Berliner 1997, S.504ff).
3) Offener Unterricht ermöglicht es Problemschülern (z.B. verhaltensauffälligen) sehr viel stärker, sich in ihrem emotionalen und sozialen Verhalten zu stabilisieren und eigenverantwortlich zu entfalten (vgl. Goetze & Jäger 1991).
4) Lehrkräfte, die häufig Offenen Unterricht durchführen, werden in den »Kernkategorien« für einen guten Lehrer positiver beurteilt: „Dies gilt gleichermaßen für empathisches Verhalten und Vertrauenswürdigkeit als auch für die zugeschriebene didaktische Kompetenz und die Gleichbehandlung der Schüler" (Bauer & Kanders 2000, S.322). Unterrichtsentwicklung im Sinne stärkerer Schülerzentriertheit „leistet zugleich einen Beitrag zur Verwirklichung moralischer Werte, die manchmal in Konflikt zu Effektivitätswerten geraten, insbesondere dann, wenn Unterrichtserfolg ausschließlich an eng definierten Lehrzielen im Bereich des fachlichen Lernens gemessen wird" (ebd., S.325).

Literatur

Artelt, C. et al. (2001): Selbstreguliertes Lernen. In: Deutsches PISA-Konsortium (Hrsg.): PISA 2000. Basiskompetenzen von Schülerinnen und Schülern im internationalen Vergleich. Opladen, 271-298. – Bieri, P. (2001): Das Handwerk der Freiheit. Über die Entdeckung des eigenen Willens. München. – Denett, D. C. (2003): Freedom Evolves. New York. – Gage, N. L. & Berliner, D. C. (1997): Pädagogische Psychologie. 5. Aufl., Weinheim. – Goetze, H. & Jäger, W.: Offenes Unterrichten von Schülern mit Verhaltensstörungen. Unterrichtsversuch in einer 6. Klasse der Schule für Verhaltensgestörte. In: Sonderpädagogik 21 (1991) H. 1, 28-30. – Jürgens, E.: Offener Unterricht im Spiegel empirischer Forschung. In: Pädagogische Rundschau 51 (1997) H. 6, 677-697. – Jürgens, E. (1995): Die Moderationsmethode im Unterricht als Element selbstorganisierten Lernens. In: Neue Praxis der Schulleitung. 29. Aktualisierungslieferung, Stuttgart, 1-16. – Jürgens, E. (1998): Wochenplan und Freiarbeit in der Sekundarstufe I. In: Erziehung und Unterricht. Österreichische Pädagogische Zeitschrift. 148 (1/2), 44-55. – Jürgens. E. (2003): Schüleraktive Unterrichtsformen. Modelle und Praxisbeispiele für erfolgreiches Lehren und Lernen. Schulmanagement Handbuch 108. München. – Jürgens, E. (2004): Die ‚neue' Reformpädagogik und die Bewegung Offener Unterricht (6. Aufl.). Sankt Augustin. – Scheibe, W. (1994): Berthold Otto und seine Reformpädagogik. Weinheim und Basel, 81-109. – Sehrbrock, P.M. (1997): Offener Unterricht als befreiende Pädagogik in der Schule. Pragmatische Reflexionen. Oldenburg. – Spitzer, M. (2004): Selbstbestimmen. Gehirnforschung und die Frage: Was sollen wir tun? Heidelberg/Berlin. – Weinert, F. E. (1997): Ansprüche des Lernens in der heutigen Zeit. In: Ministerium für Schule und Weiterbildung des Landes Nordrhein-Westfalen (Hrsg.) (1997): „Fächerübergreifendes Arbeiten" Bilanz und Perspektiven. Dokumentation des Dialogs über die Denkschrift der Bildungskommission NRW „Zukunft der Bildung. Schule der Zukunft". Frechen, 12-17. – Weinert, F. E.: Lernkultur im Wandel. In: Beck, E. et al. (Hrsg.) (1997): Lernkultur im Wandel. Tagungsband der Schweizerischen Gesellschaft für Lehrerinnen- und Lehrerbildung und der Schweizerischen Gesellschaft für Bildungsforschung. St. Gallen, 11-29.

45 | Entdeckendes Lernen
Heinz Neber

1 Entdeckendes Lernen: Definierende Merkmale

Mit entdeckendem Lernen werden Formen des Unterrichtens bezeichnet, die sich gezielt auf eigene kognitive Aktivitäten von Lernenden stützen. Im Unterricht soll SchülerInnen daher eigenes *Denken* ermöglicht werden. Dazu gehören Denkoperationen wie das Vergleichen, Unterscheiden und Ordnen sowie auch komplexere strategische Aktivitäten (etwa Lernziele und -methoden planen und überprüfen). Denken wird allerdings nicht um des Denkens willen ermöglicht, sondern kognitive Aktivitäten sind *Instrumente*, die gezielt und intentional eingesetzt werden, um Erkenntnisse und fachspezifisches Wissen zu generieren. Pädagogische Psychologen wie etwa Mayer (2004) ordnen entdeckendes Lernen daher als *konstruktivistischen Ansatz* des Lehrens ein.

2 Entdeckendes Lernen historisch: Bruner

Historisch betrachtet ist entdeckendes Lernen nicht wie andere Formen konstruktivistischer Instruktion aus philosophischen Konzeptionen oder aus Piagets Entwicklungspsychologie abgeleitet worden, sondern stellt die erste breite Anwendung *kognitionspsychologischer Forschungen* zum Lernen dar. Untersucht wurde, wie Begriffe (z.B. Fuge, Komet) und Regeln (z.B. Ohmsches Gesetz), d.h. abstraktes Wissen durch Auseinandersetzung mit einer Reihe darauf bezogener konkreter Beispiele (z.B. literarische Texte, Stromkreise) erworben bzw. induziert werden. Bruner, Goodnow und Austin (1956) stellten erstmals fest, dass Lernende dazu unterschiedlich optimale *Strategien des Denkens und Entscheidens* verwenden. Im optimalen Fall führt die strategienbasierte selbständige Ableitung von Begriffen und Regeln zu stabilerem Behalten und besserer Nutzbarkeit des Wissens (Transfer) als wenn dasselbe Wissen in abstrakter Form direkt vorgegeben und rezipiert wird. Zudem können so effektivere Lernstrategien und stärkere intrinsische Motivation entwickelt werden. Bruner (1981) regte daher an, *nicht-rezeptive Erwerbsformen* auch im Unterricht stärker zu realisieren und bezeichnete diese insgesamt als entdeckendes Lernen. Es ist daher keine einzelne Methode des Lehrens; vielmehr lassen sich zumindest *drei Grundversionen* unterscheiden.

3 Entdeckendes Lernen: Grundversionen

3.1 Lernen durch Konflikte

Entdeckendes Lernen durch Konfliktinduktion und Konfliktlösung: Kognitive Konflikte werden als Voraussetzungen für kognitive Entwicklung, die Veränderung von Misskonzeptionen (conceptual change) und generell den Erwerb kognitiver Fertigkeiten betrachtet (vgl. Neber 1981, 1999). Diese alltagsnahe Form des Wissenserwerbs kann für Unterricht genutzt werden. *Kognitive Konflikte* lassen sich etwa in Form von Überraschung und Widerspruch provozieren und ihre Lösung führt zu veränderten oder neuen Erkenntnissen. In stark gelenkter Form wird dies beim *sokratischen Lehren* praktiziert. Nussbaum und Novick (1982) entwarfen eine *konfliktbasierte Lehrstrategie* mit folgenden Schritten: (1) Eine Aufgabe (z.B. ein chemisches Phänomen erklären) wird gestellt, um das (unzureichende) Vorwissen der SchülerInnen zu aktivieren; (2) dann wird ein weiteres Phänomen (diskrepantes oder anomales Ereignis) demonstriert, das den Vorhersagen oder Erklärungen der Schüler/innen widerspricht und einen Konflikt auslöst (Echevarria 2003); (3) im weiteren Verlauf werden die SchülerInnen bei der Erarbeitung einer neuen Erklärung und damit im Erwerb kausalen Wissens und fachlich korrekter Konzeptionen unterstützt. Entdeckendes Lernen durch Konfliktinduktion und -lösung ist eine stark gelenkte Version, die sich im Unterricht gut einbauen lässt.

3.2 Lernen durch Beispiele

Entdeckendes Lernen durch Beispiele und Erklären: In der klassischen Form (Bruner) wurden Beispiele für Begriffe vorgegeben oder von Lernenden ausgewählt, die dann jeweils über die Begriffszugehörigkeit entschieden und eine unmittelbare Rückmeldung erhielten. Für Instruktionszwecke wurde das Verfahren modifiziert. Nach Gunter, Estes und Schwab (1990) werden (durch die Lehrkraft) (1) zunächst der Begriff (z.B. Fuge), dessen definierende oder typische Eigenschaften festgelegt, positive und negative Beispiele (z.B. musikalische) formuliert sowie (2) die SchülerInnen in das Verfahren eingeführt (Analyse der Eigenschaften von Beispielen). (3) Im Unterricht werden dann positive und negative Beispiele (letztere enthalten nicht alle definierenden Merkmale) präsentiert, wobei stets mit einem positiven Beispiel (z.B. tatsächliche Fuge) angefangen wird. (4) Die SchülerInnen notieren jeweils positive (auf den Begriff zutreffende) und nicht zutreffende Eigenschaften des jeweiligen Beispiels und verwenden die Eigenschaftssammlung zum selbständigen Definieren des Begriffs. (5) Danach werden zusätzliche Beispiele präsentiert (z.B. weitere Musikstücke) und die Lernenden ordnen die Beispiele unter Anwendung des neuen Begriffs als positiv oder negativ ein. Beim entdeckenden Lernen durch Beispiele sind daher eine *Begriffserwerbs-* und eine nachfolgende *Anwendungsphase* zu unterscheiden. Neben *Klassifikationsbegriffen* (z.B. Musikstile) lässt sich auch *Verfahrenswissen* (z.B. Kompositionsverfahren oder Rechenmethoden) so erwerben. Für letzteres sind expositorische Beispiele besonders geeignet, in denen eine Fragestellung, das Lösungsverfahren und die Lösung explizit dargestellt sind. Aktuell werden positive Beispiele dieser Art als *worked examples* untersucht (Neber 1997). Renkl (2002) stellte fest, dass Lerneffekte mit solchen Beispielen zusätzlich durch *Elaborationsstrategien* der Lernenden (so genannten Selbsterklärungen) beeinflusst werden und solche Strategien gefördert werden sollten.

3.3 Lernen durch Experimentieren

Entdeckendes Lernen durch Experimentieren: Lernen durch Experimentieren stellt die komplexeste und in den Naturwissenschaften bevorzugte Version entdeckenden Lernens dar. Ziel ist die Generierung kausalen Wissens (gesetzmäßige Zusammenhänge). Im Extrem müssen Schüler/innen dabei einen gesamten Forschungsprozess organisieren. Mehrere, im Unterricht oft ausgeblendete Phasen werden unterschieden. So realisierten White und Frederiksen (1998) das Experimentieren mit Computersimulationen in Physik als *Forschungszyklus* mit den sequentiellen Phasen (1) Fragenstellen, (2) Vorhersagen und Hypothesenbilden, (3) Ausführung (manipulieren), (4) Beobachtungen (Daten) analysieren und kausales Wissen ableiten sowie (5) Anwendung des kausalen Wissens (etwa physikalische Gesetze auf Alltagssituationen). Nach der Entwicklung entsprechender Curricula in den siebziger Jahren (Foster 1993; Hameyer & Schlichting 2002) gehört entdeckendes Lernen durch Experimentieren (inquiry) erneut zu den methodischen Standards naturwissenschaftlichen Unterrichtens (National Science Standards 2000). Im Unterricht soll von stark gelenkten Formen des Experimentierens zu offeneren Formen übergegangen werden und den Schüler/innen zunehmend mehr Spielräume in den einzelnen Phasen eingeräumt werden. So sollen Fragestellungen zunächst vorgegeben, dann unter mehreren ausgewählt und erst im letzten Schritt durch Schüler/innen frei formuliert werden. Alle Phasen können kooperativ organisiert (Fischer, Bruhn, Gräsel & Mandl 2002) und durch Unterrichtstechnologie unterstützt werden (de Jong & van Joolingen 1998; Neber, 2003). Das von Brown und Campione (1994) für den Grundschulbereich entwickelte „Community-of-Learners" Konzept eignet sich generell als Lernumgebung für entdeckendes Lernen.

4 Missverständnisse über entdeckendes Lernen

Alle Versionen entdeckenden Lernens lassen sich unterschiedlich stark *strukturieren und lenken* (von völlig strukturiert bis offen). Ein häufiges Missverständnis ist, entdeckendes Lernen ausschließlich als unstrukturiertes Lernen aufzufassen (z.B. Mayer 2004). Die zentrale Frage ist nicht, ob entdeckendes Lernen offen oder überhaupt nicht zu implementieren ist, sondern wie strukturiert und gelenkt es erfolgen sollte. Dabei ist zu berücksichtigen, dass entdeckendes Lernen zwar von besonders befähigten Schüler/innen präferiert wird (Neber & Reimann 2002), doch ist es für alle Fähigkeitsstufen geeignet. Das Ausmaß an Vorstrukturierung und Lenkung sollte entsprechend *adaptiv* erfolgen. Defizitäre individuelle Voraussetzungen für entdeckendes Lernen wie *wissenschaftliches Denken* und konstruktivistische *epistemologische Überzeugungen* lassen sich zudem gezielt fördern.

Literatur

Brown, A. & Campione, J. (1994): Guided discovery in a community of learners. In: McGilly, K. (Ed.): Classroom lessons: Integrating cognitive theory and classroom practice. Cambridge, MA: MIT Press, 229-270. – Bruner, J. S., Goodnow, J. J. & Austin, G. A. (1956): A study of thinking. New York: Wiley. – de Jong, T. & van Joolingen, W. R. (1998): Scientific discovery learning with computer simulation of conceptual domains. In: Review of Educational Research, 68, 179-201. – Echevarria, M. (2003): Anomalies as a catalyst for middle school students' knowledge construction and scientific reasoning during science inquiry. In: Journal of Educational Psychology, 95, 357-374. – Fischer, F., Bruhn, J., Gräsel, C. & Mandl, H. (2002): Fostering collaborative knowledge construction with visualization tools. In: Learning and Instruction, 12, 213-232. – Foster, J. (1993): Entdeckendes Lernen in der Grundschule. München: Ehrenwirth. – Gunter, M. A., Estes, T. H. & Schwab, J. H. (1990): Instruction. A models approach. Boston: Allyn & Bacon. – Hameyer, U. & Schlichting, W. (Hrsg.) (2002): Entdeckendes Lernen. Impulse Band 3: Innovationsmodelle zur Planung von Unterricht, Lehre und Schulentwicklung. Kronshagen: Körner-Verlag. – Mayer, R. E. (2004): Should there be a three-strikes rule against pure discovery learning? The case for guided methods of instruction. In: American Psychologist, 59, 14-19. – National Research Council (Ed.)(2000): Inquiry and the National Science Education Standards. Washington: National Academy Press. – Neber, H. (Hrsg.) (1981): Entdeckendes Lernen, 3., überarb. Aufl. Weinheim: Beltz. – Neber, H. (1999): Entdeckendes Lernen. In: Perleth, C. & Ziegler, A. (Hrsg.): Pädagogische Psychologie. Bern: Huber, 237-246. – Neber, H. (1997): Wissensgenerierung durch Lernaufgaben: Lernen mit Beispielen und problem-orientierter Erwerb im Bereich technischen Rechnens. In: Zeitschrift für Pädagogische Psychologie, 11, 27-39. – Neber, H. (2003): Entdecke Chemie! In: BMW Group (Hrsg.): Entdecke Chemie! CD-ROM zur Förderung besonderer Begabungen in den Naturwissenschaften. München: BMW-Group (zu beziehen von der BMW-Group). – Neber, H. & Reimann, P. (2002): Schulische und familiäre Lernumwelten am acht- vs. neunjährigen Gymnasium. In: K. A. Heller

(Hrsg.), Begabtenförderung am Gymnasium. Opladen: Leske + Budrich, 137-166. – Nussbaum, J. & Novick, S. (1982): Alternative frameworks, conceptual conflict and accomodation: Toward a principled teaching strategy. In: Instructional Science, 11, 183-200. – Renkl, A. (2002): Worked-out examples: instructional explanations support learning by self-explanations. In: Learning & Instruction, 12, 529-556. – White, B. Y. & Frederiksen, J. R. (1998): Inquiry, modeling, and metacognition: Making science accessible to all students. In: Cognition and Instruction, 16, 3-118.

4.4 Methoden und Verfahrensweisen im Unterricht

46| Darbietung im Unterricht
Hans Jürgen Apel

1 Darbietung als Präsentation unterrichtlicher Sachverhalte

In jedem Unterricht werden auf unterschiedliche Weise Sachverhalte dargeboten, um Lernsituationen zu schaffen. Wer unterrichtet, trägt oder macht etwas vor, entwickelt etwas an einem Medium oder führt etwas medial vor. Idealtypisch spricht man von vortragenden, vormachenden, vorführenden Unterrichts- oder Lehrformen, die Lehrende dazu benutzen, einen Sachverhalt mit Gesten, Worten oder Bildern darzustellen, um Informationen zu übermitteln, Zuschauer/Zuhörer zu interessieren und sie möglicherweise von einer Sache zu überzeugen. Wer darbietet, erwartet, dass seine Zuhörer das Präsentierte aufnehmen und verarbeiten. Terhart (1997) ordnet deshalb den darbietenden Lehrformen rezeptive Lernformen zu.

Darbietende Lehrformen lassen sich auf die Rhetorik als Theorie der überzeugenden Rede zurückführen. Sie dominierten im lehrerzentrierten Unterricht. Gegenwärtig werden sie als einzelne, zeitlich begrenzte Formen bzw. Elemente didaktischen Handelns im Unterricht angesehen. Ungenau ist die Gleichsetzung mit Frontalunterricht oder Direkter Instruktion.

2 Zur Tradition darbietenden Unterrichtens

Der neuzeitliche darbietende Unterricht hat seinen Ursprung in den didaktischen Empfehlungen des Comenius (1592-1670) zur Führung und Unterrichtung großer Lerngruppen. Sehr bald wurde allerdings die fragend-entwickelnde Lehrform als zweiter didaktischer Typus des Klassenunterrichts entwickelt. Seit der Institutionalisierung der Lehrerbildung um 1800 gehören beide Großformen des Unterrichtens zum Standardrepertoire der Lehrerausbildung. Lehrer sollten als Grundformen der Darbietung z.B. das Vorzeigen, Vorsprechen, Erzählen, Beschreiben, Erklären, Überzeugen gekonnt praktizieren. Die Reformpädagogen kritisierten um und nach 1900 an dieser Methode, dass sie Lernende von der geistigen Führung abhängig mache und aktive Lernformen verhindere. Sie forderten daher, die lehrerzentrierte Darbietung möglichst durch schüleraktive Arbeits- und Lernformen zu ersetzen. In dominanten Methodenlehren des Unterrichts setzte sich eine Kombination beider didaktischer Richtungen durch. Dabei wurde zu wenig beachtet, dass Darbietungen über die Rezeption des Präsentierten aktives Lernverhalten fördern sollten. Einsiedler hat diesen Aspekt herausgestellt. Zwar müsse man sehen, dass „darbietende Lehrverfahren einen hohen Strukturierungsgrad" haben und deshalb „die Gestaltung des Lehr-Lern-Prozesses überwiegend vom Lehrer aus[gehe]", aber man dürfe nicht übersehen, dass ihre Bedeutung darin liege, wie sie schüleraktivierend eingesetzt würden. Die entsprechende Realisation könne „über die tatsächliche Aktivität in den Entdeckungsphasen entscheiden" (Einsiedler 1981, S.117).

Gegenwärtig ist die Bedeutung der Darbietung im Unterricht als schüleraktivierende Methode herauszustellen. Darbietende Lehrformen dienen vor allem dazu,
– Probleme zu entwickeln, Aufgaben darzulegen,
– professionell ein fach- oder sachgemäßes Vorgehen zu demonstrieren,
– Lernende für ein Thema oder ein Problem zu interessieren und zu eigener Lernarbeit zu motivieren.

3 Vortragen, Vormachen, Vorführen, Visualisieren – Formen unterrichtlicher Darbietung

Um einen Sachverhalt im Unterricht darzubieten, können Lehrende ihn vortragen, vormachen, vorführen, visualisieren. Die Wahl des Vorgehens hängt ab von den Zielen des Unterrichts, von den Merkmalen des Sachverhalts und von den Lernvoraussetzungen der Schüler. Oft werden Sachverhalte in einer methodischen Mischform präsentiert, die als besonders geeignet für die didaktische Situation eingeschätzt wird. Vortragen, Vormachen, Vorführen bezeichnen traditionelle Formen des Unterrichtens, vom Visualisieren spricht man, wenn Sachverhalte mittels abstrahierender Symbole, z.B. als sog. *Mind Map*, dargestellt werden (Apel 2002).

3.1 Vortragen

Der Lehrvortrag wird im Klassenunterricht eingesetzt, wenn die sprachlich zusammenhängende Vermittlung eines Sachverhalts oder die Entwicklung eines Problems als die am besten geeignete Methode eingeschätzt wird. Lehrvorträge sind geschlossene sprachliche Darstellungen und werden möglichst medial unterstützt. Sie erfordern eine informative, adressatenbezogene Darstellung. Lehrvorträge können auch von Schülern gehalten werden. Im Vordergrund steht das didaktische Ziel, die Aktivität der Lernenden zur Aneignung eines Sachverhalts anzuregen. Wer im Unterricht einen Sachverhalt vorträgt, soll zweierlei anstreben: Informationen vermitteln und zu selbstständigem Lernen anregen, herausfordern, provozieren, also zum Denken anstoßen. Die verschiedenen Funktionen des Vortragens im Unterricht lassen sich so zusammenfassen: Lehrer sollen durch einen sach- und situationsangemessenen Lehrvortrag
– Probleme oder ungelöste Aufgaben in den Erfahrungshorizont Lernender bringen,
– Instruktionen zu richtigem Handeln anbieten,
– einen Sachverhalt lebendig und anschaulich, übersichtlich und strukturiert darstellen,
– Interesse oder Betroffenheit bei den Schülern anstoßen,
– gelegentlich auch die Zuhörenden von einer Sache überzeugen.

Dabei sind mediale Hilfen zu nutzen, um durch die Verbindung von Hören und Sehen die Informationsverarbeitung zu fördern. Die Tafel, Folien, Abbildungen aller Art, Video- und PC-Präsentationen sind entsprechend den didaktischen Zielen und Bedingungen einzusetzen. Eindeutige Gliederungen, übersichtliche Darstellung, klare Argumentation, redundante Gedankenführung, zwischengeschaltete Zusammenfassungen und eine Schlussbemerkung erleichtern die Informationsaufnahme. Grundsätzlich ist die anregende, abwechslungsreiche, persönlich gestaltete Darbietung

ein wichtiges Moment des Lehrvortrags. Generell gilt: Ein erfolgreicher Lehrvortrag erfordert
– inhaltliche Qualität der Präsentation,
– methodische Qualität der Vermittlung,
– geschickten Medieneinsatz und
– die Beherrschung der unterrichtlichen Situation.

3.2 Vormachen

Im Schulunterricht gibt es didaktische Situationen, in denen Vorgänge vorgemacht werden müssen. Das ist der Fall, wenn Wichtiges beispielhaft gezeigt wird und unsachgemäße Ausführung für Schüler schädliche Folgen bewirken kann. Abläufe werden vorgemacht, damit sie von Lernenden nachgemacht werden können. Schüler sollen beobachten, die wesentlichen Schritte erkennen, versuchen, sie nachzuahmen und den Ablauf trainieren, bis die Handlung gekonnt ist und den Vorgaben entspricht.

Jedes Vormachen setzt voraus, dass eine Operation perfekt im Ablauf, sicher in der Darstellung und in der sprachlichen Vermittlung beherrscht wird. In dem sog. *Cognitive Apprenticeship*-Ansatz liegt eine Neuinterpretation dieser traditionellen Lehrform vor. Mittels gekonnter Präsentation und angemessener Interaktion zwischen Lehrenden und Lernenden sollen Lernende durch die Übernahme von Handlungsformen in eine Expertenkultur eingeführt werden. Sie erwerben so rekonstruierend grundlegende Qualifikationen des Handelns, die in ähnlichen Situationen eingesetzt werden können.

Vorzumachen ist im Unterricht, was Schüler sich nicht selbstständig erarbeiten können, was sie so gar nicht sehen oder erfahren können. Allerdings muss jedes Vormachen die Lernenden aktivieren, damit sie durch Nachmachen, Üben und Anwenden einen Lernzuwachs erreichen. Beobachtung allein reicht nicht.

Als Funktionen des Vormachens sind festzuhalten: Die Schüler sollen lernen,
– dass bestimmte Handlungen auf eine festgelegte Weise auszuführen sind, damit sie allgemein verständlich sind,
– dass sachbezogene Arbeitsschritte sinnvoll sind, damit ein Produkt funktioniert,
– dass sich typische Aktionsformen für bestimmte Operationen als sinnvoll erwiesen haben und dass abweichende Experimente riskant sind,
– dass bestimmte Operationen konzentriert aufgenommen und nachgeahmt werden müssen.

Vormachen heißt nicht nur zeigen, sondern auch das Gezeigte sprachlich kompetent vermitteln. Die didaktische Situation erfordert präzise Handlungsanweisungen, treffende Beschreibungen und klare Erläuterungen. Die methodische Kurzform könnte heißen: Mache langsam und mit Betonung der Schwierigkeiten vor. Zeige so, dass alle sehen können. Wiederhole denselben Vorgang und gib zutreffende, präzise sprachliche Erläuterungen oder Anweisungen.

3.3 Vorführen

Wer medial einen Vorgang, ein Ereignis, Dokumente oder Probleme präsentiert, nutzt die Grundformen des Vortragens und Vormachens, um mit Medienunterstützung Aspekte der Wirklichkeit zu erschließen. Durch die Vorführung integrieren Lehrende sowohl originale als auch nichtoriginale Wirklichkeit in den Unterricht. Die Vorführung erfordert gekonntes Zeigen und Erklären sowie die professionelle Handhabung der Medien. Sie muss schülerorientiert, sachgemäß und situationsangemessen erfolgen. Auch diese Lehrform soll didaktische Funktionen erfüllen. Lernende sollen angeregt werden,

– die vielfältige Wirklichkeit genauer als bisher wahrzunehmen,
– Strukturen und Prozesse natürlicher und gesellschaftlicher Vorgänge besser zu verstehen,
– sich intensiver und aufmerksamer mit Sachverhalten zu befassen.

Wer einen Vorgang medial präsentieren will, kann verschiedene Möglichkeiten nutzen. Er kann Wirklichkeiten wie soziale Vorgänge (Streit) aufgreifen, technische Anlagen außerhalb der Schule aufsuchen oder eine transportable Wirklichkeit wie ein Vogelnest in den Unterricht mitbringen. Er kann aber auch die Wirklichkeit in Bild und Ton abgebildet präsentieren, kann sie in Modellen nachgebildet vorführen oder sie durch Diagramme darstellen. In jedem Fall geht es darum, Sachverhalte durch Medieneinsatz zu veranschaulichen und dadurch die interne Informationsverarbeitung zu fördern.

3.4 Visualisieren

Als Visualisieren bezeichnet man eine Methode des abstrahierenden Veranschaulichens, durch die Vorgänge des Denkens und der Wissensstrukturierung sichtbar gemacht werden sollen. Dabei wird versucht, Gedankengänge bzw. Wissensstrukturen durch symbolische Veranschaulichungen vorstellbar zu machen. Visualisierungen sollen im Gegensatz zu bildlicher Veranschaulichung das nicht direkt Sichtbare durch eine symbolische Darstellung vermitteln. Mittel der Visualisierung sind Modelle und Karikaturen, Schemazeichnungen, Tabellen und Diagramme, Begriffsgrafiken und *Mind Maps* sowie Simulationen.

4 Forschungen zur Bedeutung darbietender Lehrformen

Ergebnisse der Lehr-Lern-Forschung belegen die Bedeutung darbietender Lehrformen für die Aktivierung unterrichtlichen Lernens, wenn Darstellung und Instruktion problem- und schülerorientiert sowie zeitlich begrenzt erfolgen (zusammenfassend: Reinmann-Rothmeier & Mandl 2001, S.625ff sowie Apel 2002, S.30ff). Für ein erfolgreiches Lernen in komplexen Lernumgebungen sind didaktische Anleitung und Präsentation unverzichtbar, wie Stark u.a. (1995) zeigen. Sie fördern die Entwicklung mentaler Modelle und stützen den Erwerb handlungsrelevanten Sachwissens. Auch die sog. Optimalklassenforschung (Weinert & Helmke 1996) führte zu dem Ergebnis, dass eine klar strukturierte Darstellung neben anderen Faktoren der Klassenführung Lernende dazu anregt, sich intensiver um die Lösung des Problems zu bemühen und zu guten Lernergebnissen zu gelangen. Zu einem vergleichbaren Ergebnis kommt Moser bei seiner Re-Analyse der schweizerischen TIMSS-Daten: Eine gekonnte Präsentation fördert klar strukturierte Lernsituationen, in denen Lernende mit Aussicht auf Erfolg tätig werden können. Dadurch werden „Interesse und Selbstwirksamkeitsüberzeugung" (Moser 1997, S.192) der Lernenden gestärkt.

5 Grenzen darbietender Lehrformen

Schon Einsiedler beschrieb als „Problem der darbietenden Lehrverfahren", „dass bei der Aneinanderreihung von vielen neuen Informationen diese nur in den Kurzzeitspeicher gelangen und nicht genügend Zeit für die Speicherung im Langzeitgedächtnis bleibt" (Einsiedler 1981, S.118). Wer einen Vorgang gesehen oder gehört hat, beherrscht ihn noch nicht. Lernen erfordert Aktivität zur tieferen Verarbeitung. Man muss etwas ausführen, um es zu können. Deshalb sind darbietende Lehrformen nur unter bestimmten Voraussetzungen sinnvoll: Sie sollten so angelegt sein, dass sie Aufmerksamkeit und Interesse wecken, dass sie Fragen auslösen, Lernaktivität fördern und Urteilsfähigkeit anregen. Dann sind sie ein unverzichtbarer Teil didaktischer Lernumgebungen.

Literatur

Apel, H. J. (2002): Präsentieren – die gute Darstellung. Hohengehren: Schneider. – Einsiedler, W. (1981): Lehrmethoden. München: Urban & Schwarzenberg. – Moser, U. (1997): Unterricht, Klassengröße und Lernerfolg. In: Moser, U., Ramseier, E., Keller, C. & Huber, M. (Hrsg.): Schule auf dem Prüfstand. Eine Evaluation der Sekundarstufe I auf der Grundlage der Third International Mathematics and Science Study. Chur/Zürich: Rüegger, 182-214. – Reinmann-Rothmeier, G. & Mandl, H. (2001): Unterrichten und Lernumgebungen gestalten. In: Krapp, A. & Weidenmann, B. (Hrsg.): Pädagogische Psychologie. Weinheim: Beltz, 601-646. – Stark, R., Graf, M., Renkl, A., Gruber, H. & Mandl, H. (1995): Förderung von Handlungskompetenz durch geleitetes Problemlösen und multiple Lernkontexte. In: Zeitschrift für Pädagogische Psychologie, 27 (4), 289-312. – Terhart, E. (1997): Lehr-Lern-Methoden. 2. Aufl. Weinheim: Juventa. – Weinert, F. E. & Helmke, A. (1996): Der gute Lehrer. Person, Funktion oder Fiktion? In: Zeitschrift für Pädagogik, Beiheft 34, 223-233.

47| Unterrichtsgespräch und Diskussion
Stefan Bittner

1 Definitionen und theoretischer Ansatz

In gängigen Methodenhilfen der Lehrerbildung werden Gespräch und Diskussion zumeist übergangen. Immerhin finden sich mancherorts Hinweise unter den Bezeichnungen Unterrichtsgespräch, unterrichtliches oder schließlich Lehr-Lerngespräch (Thiele 1981, Ritz-Fröhlich 1982), so etwa auf das Wiederholungs-, das Interpretations-, das Metagespräch und auch die Diskussion. Alle Dialogarten gelten dabei als Instrumentarien des Lehrens und Lernens, die sich für die Reproduktion, Re- und Neukonstruktion von Inhalten eignen.

Weder Gespräch noch Diskussion entstammen dabei unterrichtlichen Kontexten: Ein Gespräch ist allgemein ein lebensweltlich-unmittelbarer Sprech- und Lernvorgang und somit ein Spezifikum kommunikativ-sozialer und interaktiver Prozesse. Durch sinnstiftenden Nachvollzug der Gesprächsbeiträge verändern die Beteiligten das Gehörte und setzen sich selbst in den sozial gegebenen Wissensstand. Macht sich ein Teilnehmer zum Gesprächsmächtigen oder zum Permanenthörer, wird das Gespräch monologisch. Die Diskussion dagegen ist thematisch und formal organisiert, bleibt auch bei einer großen Anzahl von Teilnehmern effizient, zielt auf Überzeugung ab und bedient sich des Beispiels und des Arguments als sprachliche Mittel (Becker u.a. 1976).

Soziologisch ist der Dialog notwendiges Fundament schulischer Sozialisation, Erziehung und Bildung, da das Erziehungssystem als Subform der kommunikativ verstandenen Gesellschaft fungiert. Pädagogisch endet mit der didaktischen Nutzung des Gesprächs die Beliebigkeit außerschulischer Sozialisationsvorgänge. Insofern stellen Gespräche sowohl Lehr-Lernverfahren als auch den kommunikativen Rahmen eines jeden Unterrichts dar.

2 Historische Bezüge zwischen Gespräch/Diskussion und Unterricht

Eine Didaktisierung der Kommunikation lässt sich bis zur antiken Philosophie, aber auch in die rhetorische Theorie zurückverfolgen: Sprache als einziges Medium der Antike galt immer auch als wirkungsmächtiges Appell- und Lehrinstrument. In Dialogen zeigen sich dabei starke Unterschiede in der Subjektschätzung der Gesprächsteilnehmer: So stellt die Sokratik in ihrer klassisch-literarischen Gestalt ein „magistrales Lehrgespräch" dar, das wie ein „erbarmungsloses Exerzitium" geführt wird (Buck 1984, S.95 u. 196ff). Der Glaube, beim anderen vorgeburtliche Ideen und Kenntnisse auffinden zu können (Maieutik), führte zu einer „Obszönität des Fragens". Im mittelalterlichen Schulwesen erlangte der Versuch, die Platonische Fiktion imitierend zu praktizieren, hohen Stellenwert und diente schließlich der frühneuzeitlichen Didaktik als Entwicklungsbasis der – didaktisch verfeinerten – Katechetik. Deren Formalisierung wiederum führte zur Entwicklung des Fragend-Entwickelnden Lehrgesprächs, das sich zumeist als frontale Scheininteraktion mit eng geführten Fragestellungen unter Lehrerdominanz gestaltet.

Dagegen lässt sich der Beginn des deliberativen Lehr-Lerndialogs in der antiken Rhetorik verorten: Die Lebenserfahrungen der Teilnehmer erlangen nun Stellenwert, womit die Normativität von Kenntnissen unterlaufen, Rollenvariabilität, soziale Durchlässigkeit und Interaktivität hergestellt sowie Kommunikation gewährleistet wird. Erst unter Voraussetzung dieser Subjektorientierung entwickelte sich der Dialog zu einer individuell variablen Schulungs- und Bildungsmethode (Bittner 2004).

3 Erziehungswissenschaftliche Aspekte von Gespräch und Diskussion

3.1 Gespräch und Diskussion aus erziehungswissenschaftlicher Sicht

Erziehungswissenschaftlich zeigen sich beim didaktischen Einsatz von Gespräch und Diskussion vier problematische Aspekte: Erstens kann eine Projektion gegenwärtiger Lebensverhältnisse den besonderen Bedingungen der Institution Schule nicht gerecht werden. Zweitens impliziert ein solches Vorgehen die Existenz eines Kontinuums zwischen Theorie und Praxis bei sichtbarer Brechung durch situative Erfordernisse und Entscheidungen. Drittens steht eine Verwechslung privater und institutioneller Gesprächskultur zu befürchten. Sodann scheint es viertens wenig ratsam, auf historische Modelle zurückzugreifen, da diese den gegenwärtigen wissenschaftlichen und beruflichen Anforderungen diametral entgegen stünden: Ein Lehrer kann schon in Erfüllung seines demokratischen Auftrags weder Rhetor sein, noch sich auf andere Monologtechniken stützen (Apel 1997). Dennoch sind die bekannten Modelle sinnvoll einsetzbar, wenn es um Präsentations- oder (re)konstruktives Denktraining geht. Ansonsten bleibt nur, innerhalb der vier Wirkungsdimensionen und des kommunikativen Dreieckmodells die spezifisch pädagogisch wirksamen Aspekte lebensweltlicher Dialogsituationen deskriptiv zu erfassen und auf Gespräch und Diskussion zu beziehen.

3.2 Pädagogisch wirksame Merkmale des Gesprächs

Unter den Grundregeln persönlicher Anwesenheit, direkter mündlicher Ansprache, situativ-optionalen Zeigens und Verschweigens ist ein Gespräch immer eine soziale Situation, die Kompetenzen des unmittelbaren Umgangs erfordert und freisetzt: Interesse an Thema und Gegenüber, kommunikative Distanz, selbstkritisches Nachvollziehen, Abgleich gegenseitiger Erwartungen, wechselseitiges Verarbeiten und Lernen und interaktive Sinnfindung. Die dazu erforderliche dialogische Offenheit ermöglicht dann eine partielle Umkonstruktion oder aber eine Vertiefung und Erweiterung vorhandener Kenntnisse. Hinderlich sind dagegen argumentativ vorgetragene Überzeugungsabsichten, verhärtete Meinungsfronten oder ausgrenzende Strategien der Selbstdarstellung.

Auf dieser Grundlage können Voraussetzungen, Form, Inhalt und Zielsetzung von Unterrichtsgesprächen näher erfasst werden: Auch wenn das Gespräch aufgrund der vielfältigen Anlässe und Verläufe als Zentrum des Schulalltags gilt, sollte es dort nicht zu „Kommunikationsidyllen" kommen, die um der Methodik willen aufrecht erhalten werden (Henkes 2001, S.171). Vielmehr ist eine situative Verzahnung und Gewichtung instruktiver und konstruktiver Anteile erforderlich, die, schon weil es generell kein „rollenloses Sprechen" geben kann (Geissner 1988, S.77), eine graduelle Moderation durch den Lehrer voraussetzt. Erst dann überwindet Schule ihre hergebrachte Funktion als „scheingesprächhaft-autoritäre Belehrungsanstalt" und öffnet neben der informativ-vermittelnden Tätigkeit „kommunikative Räume" für kritisch-hermeneutische und konstruktive Lernprozesse (Henkes 2001, S.171). Insbesondere kann das Unterrichtsgespräch „durch die motivierende Kraft der Beiträge [...] zu produktiven, eigenschöpferischen Gedankengängen" anregen (Spanhel 1973, S.312) und ist insofern „hervorragend geeignet, Eigentätigkeit und geistige Aktivität der Schüler freizusetzen, selbständigkeitsfördernde Unterrichtsformen zu unterstützen [...] und demokratische Kommunikationsformen zu entwickeln" (Thiele 1981, S.9), ist Medium und Methode jeden Unterrichts bis hin zum selbstgesteuerten Lernen.

4 Formen des Unterrichtsgesprächs

Da sich Unterrichtsgespräche in allen Sozialformen und Methoden verorten lassen, sind sie vielfältig. Eine Systematisierung ist daher sinnvoll, wobei zunächst zwischen Er- und Verarbeitungsgesprächen unterschieden werden kann: Entweder geht es um ein zielgerichtetes Gespräch über vorgegebene Inhalte oder aber um die Konstruktion individueller Ansichten und Lösungswege, womit nur die Extreme eines Spannungsfelds markiert sind. Die gegenwärtig bekannten Gesprächsformen können dann folgendermaßen zusammengestellt werden: Erarbeitend sind Gespräche, mit denen eine Instruktion, Wiederholung, Sachklärung, Sacherkundung oder Disputation beabsichtigt ist. Verarbeitend sind dagegen Gespräche, mit denen Schüler zu Interpretationen, Emanzipationsprozessen, Stegreif-Aktionen angeleitet oder auf selbstständige operative Entscheidungen vorbereitet werden. Hohe Anforderungen an Moderation und inhaltliche Zurückhaltung des Lehrers stellen dabei die emanzipatorischen Dialoge: das Meinungsbildende Gespräch, der Meinungsaustausch, das Konflikt- sowie das Metagespräch. Denn mit ihnen wird die Kompetenz des Bewertens, Beurteilens und damit des Begründens von Meinungen trainiert; in späteren Diskussionen unabdingbare Voraussetzung effizienten Argumentierens (Biermann & Schurf 2003). Alle Formen sind dabei als Unterrichtsgespräch (L-S), als Plenargespräch (S-L-S) und als reines Schülergespräch (S-S) organisierbar. Allein auf Grundlage der genannten Dialogformen und -kompetenzen entwächst die Diskussion – und mit ihr Debatte und Diskurs – dem eigentlichen Umfeld des Gesprächs und entwickelt sich zur höchsten Ausprägung einer demokratischen Dialogkultur. Die Gesamtheit des dialogischen Trainings sollte daher durch den didaktischen Einsatz der Diskussion abgeschlossen werden, womit auch gleichzeitig eine lebenspraktische Schnittstelle gegeben ist.

5 Forschungslage

Empirische Ergebnisse zum Verlauf von Gesprächen und Diskussion im Unterricht finden sich kaum und basieren dann oft auf wenig differenzierten Beobachtungskriterien. Dies ergibt sich aus dem Stand der entsprechenden erziehungswissenschaftlichen oder linguistischen Theorien: Nicht selten kommt es vor, dass innerhalb eines einzigen Satzes die aufgeführten Gesprächsformen – insbesondere meinungsbildende Prozesse – als „Diskussion" bezeichnet werden und umgekehrt. Wohl nicht zufällig mangelt es Schülern und Lehrern an dialogischen Grundkompetenzen: Schüler tendieren zur Perspektivabschottung, Lehrer zur Beeinflussung der dialogischen Bedeutungskonstitution (Spiegel 2002). Die Forderungen nach einer Umkehr zum offenen Gespräch (Bohm 1998), nach argumentationsanalytischen Kenntnissen (Kindt 2001) und pädagogischer Argumentationskompetenz für Lehrer (Paschen & Wigger 1992) sind da ebenso konsequent wie die neueren schulart- und fachspezifischen Überlegungen zu einer effizienteren Gesprächsführung im Unterricht (Heckt u.a.

2004) sowie die demokratisch-diskursive Umdefinition des Sokratischen Gesprächs in der Nachfolge Lou Marinoffs, Marc Sautets, Leonard Nelsons und Gustav Heckmanns.

Literatur

Apel, H. J.(1997): Der Lehrer als Rhetor? Lehrkunst und Redekunst. In: Apel, H. J. & Koch, L. (Hrsg.): Überzeugende Rede und pädagogische Wirkung. Weinheim/Basel: Juventa, 53-80. – Becker, G. E., Bilek, R., Clemens-Lodde, B. & Köhl, K. (1976): Unterrichtssituationen I: Gespräch und Diskussion, München: Urban & Fischer. – Biermann, H. & Schurf, B. (Hrsg.) (2003): Deutschbuch Arbeitsheft 6. Rechtschreibung, Grammatik, Texte schreiben, Lesetraining, Arbeitstechniken. Berlin: Cornelsen. – Bittner, S. (2004): Ein Sachverhalt (res) – viele Formulierungen (verba). Zum Ursprung des Lehrgesprächs im rhetorischen Dialog Ciceros. In: Koch, L. (Hrsg.): Pädagogik und Rhetorik. Würzburg: Ergon, 31-51. – Bohm, D. (1998): Der Dialog. Das offene Gespräch am Ende der Diskussionen. Stuttgart: Klett-Cotta. – Buck, G. (1984): Das Lehrgespräch. In: Stierle, K. & Warning, R. (Hrsg.): Das Gespräch. München: Wilhelm Fink, 191-212. – Geissner, H. K. (1988): Sprechwissenschaft. Theorie einer mündlichen Kommunikation. 2. Aufl. Frankfurt/M.: Suhrkamp. – Heckt, D. H., Müller, H. J. & Gläser, E. (2004): Gespräche mit Kindern. In: Grundschule 5, 32-55. – Henkes, E. (2001): Verstehen und Missverstehen in der (Grund-)schule. In: Hofer, M. & Ziegler, W. (Hrsg.): Denken im Gespräch, St. Ingbert: Röhrig Universitätsverlag, 161-172. – Kindt, W. (2001): Argumentationsanalyse, ein Stiefkind der Diskursforschung. Warum die Rekonstruktion von Argumentation zu den Standardaufgaben in Kommunikationsuntersuchungen gehören sollte. In: Iványi, Z. & Kertész, A. (Hrsg.): Gesprächforschung. Frankfurt/M.: Lang, 169-184. – Paschen, H. & Wigger, L. (Hrsg.) (1992): Pädagogisches Argumentieren. Weinheim: Deutscher Studienverlag. – Ritz-Fröhlich, G. (1982): Das Gespräch im Unterricht. Anleitung. Phasen. Verlaufsformen. 2. Aufl. Bad Heilbrunn: Klinkhardt. – Spanhel, D. (Hrsg.) (1973): Schülersprache und Lernprozesse, Düsseldorf: Schwann. – Spiegel, C. (2002): „du musst mich erst einmal überzeugen". Zum Prozess der Bedeutungskonstitution am Beispiel der ‚Argumentation' in der Schüler-Lehrer-Interaktion. In: Deppermann, A. & Spranz-Fogasy, Th. (Hrsg.): bedeuten. Tübingen: Stauffenberg & Narr, 203-221. – Thiele, H. (1981): Lehren und Lernen im Gespräch. Gesprächsführung im Unterricht, Bad Heilbrunn: Klinkhardt.

48| Partner- und Gruppenarbeit
Sabine Kirk

1 Partner- und Gruppenarbeit als Sozialformen des Unterrichts

Partner- und Gruppenarbeit (engl. *group work, cooperative learning*) stellen Sozialformen dar, bei denen eine Schülerorientierung an die Stelle der Lehrerorientierung tritt und Aufgabenstellungen von 2 bzw. 3 bis ca. 8 Schülern kooperativ themengleich oder (teil-)themenverschieden bearbeitet werden. Das Zusammenfinden der Mitglieder kann spontan, konstant oder nach Bedarf flexibel stattfinden. Die Zusammensetzung kann heterogen oder homogen z.B. nach Interessen, Leistungsfähigkeit, Arbeitstempo, Grad der benötigten Veranschaulichung vorgenommen werden und der inneren Differenzierung dienen. Das Gruppenpuzzle stellt eine besondere Form der Gruppenarbeit dar, bei der Schüler Teilbereiche eines Themas selbstständig bearbeiten und ihr „Expertenwissen" an Mitschüler weitergeben.

2 Historische Aspekte

Ansätze zu Veränderungen der auf Frontalunterricht ausgerichteten und durch Auswendiglernen und Abfragen geprägten Gestaltung erfolgten im Rahmen der reformpädagogischen Bewegungen am Anfang des 20. Jahrhunderts. Als Folge der Kritik an der Schule als „Buchschule" und des lehrerzentrierten Unterrichts kamen Forderungen auf nach einem kindzentrierten Unterricht, nach ganzheitlichem Lernen verbunden mit Schülerselbsttätigkeit und praktischer Anschauung. Hervorzuheben sind die Arbeitsschul- sowie die Landerziehungsheimbewegung und die Reformpädagogen Dewey, Petersen, und Freinet. Ein Schwerpunkt lag auf der Arbeit mit (altersheterogenen) Schülergruppen anstelle des Frontalunterrichts in Jahrgangsklassen (Geißler 1994, Hallitzki 2000). Bestrebungen zur Öffnung des Unterrichts seit den 70er Jahren führten dazu, dass die Sozialformen der Partner- und Gruppenarbeit erneut zunehmend Beachtung fanden (Jürgens 1996).

3 Partner- und Gruppenarbeit als Bestandteile der Unterrichtsgestaltung

3.1 Empirische Untersuchungen

Während die Bedeutung der Partner- und Gruppenarbeit im Zusammenhang mit Forderungen nach Öffnung des Unterrichts sowie einem erweiterten Lern- und Leistungsbegriff in der Literatur hervorgehoben wird, zeigen empirische Untersuchungen ein deutliches Defizit auf (Hage u.a. 1985, Bohl 2000). Hervorzuheben sind Studien zur Effizienz der Gruppenarbeit (Aronson 1978, Slavin 1996, Haag & Hopperdietzel 2000, Neber 2001). Die Verfasser weisen auch für die Erreichung kognitiver Lernziele Vorteile des Gruppenunterrichts nach und beschreiben Lernstrategien bzw. Qualitätsmerkmale als Voraussetzung für effektives Lernen (Neber 2001, S.52ff). Sie heben u.a. die Notwendigkeit präziser und verständlicher Arbeitsaufträge mit Verständnissicherung, die Bedeutung eines hohen Zeitanteils der Lehrkräfte an den einzelnen Gruppentischen sowie die Ergebnissicherung und die Integration der Ergebnisse in den Unterrichtsablauf hervor (Haag & Hopperdietzel 2000, S.488).

3.2 Zielsetzungen

Schulgesetze enthalten in einem Bildungs- bzw. Erziehungsauftrag eine umfassende Beschreibung der Ziele schulischen Lernens. Dieser erweiterte Lern- und Leistungsbegriff, der auch Methoden- und Sozialkompetenzen beinhaltet, erfordert eine Methodenvielfalt und damit eine Offenheit in den Sozialformen. Bauer beschreibt Ziele der Partner- und Gruppenarbeit (Bauer 2003, S.23ff). Herauszustellen sind die gemeinsame kreative Auseinandersetzung mit Fragestellungen, der Erfahrungsaustausch, die gegenseitige Unterstützung und die Entwicklung der Kooperations- und Kommunikationsfähigkeit.

3.3 Methodische Aspekte

Partner- und Gruppenarbeit gliedern sich in der Regel in drei unterschiedliche Phasen mit einem ergänzenden Gespräch über den Ablauf an. Bei der *Arbeitsplanung und -verteilung* sind Aufträge für arbeitsteilige oder -gleiche Bearbeitung verständlich darzustellen und Hilfsmöglichkeiten aufzuzeigen. Die Zusammensetzung der Gruppen muss festgelegt werden. Neber (2001) weist bei der Darstellung von Komponenten effektiven kooperativen Lernens auf Probleme, die bei der Zusammenarbeit unterschiedlich leistungsstarker Schüler entstehen können. In der Phase der *Durchführung* sollten die Aufgaben (z.B. Leitung, Protokollführung, Präsentation) selbstständig verteilt werden. Die *Ergebnisvorstellung* erfolgt bei arbeitsgleicher Bearbeitung als Vergleich, bei arbeitsteiligem Vorgehen als Ergänzung der Ergebnisse mit möglichst unterschiedlichen Präsentationsformen wie z.B. Bericht, Folien- bzw. Plakatdarstellung oder Wandzeitung. Abschließende Gespräche über die Arbeitsprozesse können bei der Selbstreflexion und -beurteilung helfen.

3.4 Leistungsbeurteilung

Eine geforderte Leistungsbenotung wird oft als Begründung herangezogen, vermehrt Frontal- oder Einzelunterricht durchzuführen. Bönsch (Bönsch 1995, S.130) zeigt auf, dass sowohl Lernerfolge von Gruppen als auch individuelle Lernerfolge erfasst werden können. Ergebnisse können nach Abschluss der Partner- und Gruppenarbeit individuell schriftlich oder mündlich überprüft und bewertet werden. Winter (2004) hebt die Bedeutung eines Dialoges mit der Gruppe und eine Einbeziehung der Selbstreflexion hervor. Beobachtungs- und Beurteilungsbogen für Lehrer, Schülerselbstbeobachtungsbogen, Lerntagebücher und Arbeitsberichte sowie Portfolios bieten Möglichkeiten, individuelle – auch in Partner- und Gruppenarbeit vollzogene – Lernentwicklungen aufzuzeigen.

3.5 Gruppenpuzzle als Sonderform der Gruppenarbeit

Das Gruppenpuzzle stellt eine Gruppenarbeit mit wechselnder Zusammensetzung der Arbeitsgruppen dar. Diese Methode basiert auf Arbeiten von Aronson u.a. (1978). Die Schüler bearbeiten einen Teil eines Themas ggf. einzeln oder in Expertengruppen, diskutieren Fragestellungen, kontrollieren Ergebnisse und erörtern mögliche Informations- bzw. Präsentationsmöglichkeiten. Danach unterrichten sie ihre Mitschüler in neu zusammengesetzten Gruppen, in denen sich jetzt für jedes Teilthema ein „Experte" befindet (Frey-Eiling & Frey 2000, S.50f, Wellenreuther 2004, S.384f). Ziel ist es, dass sich die Schüler in Expertengruppen Wissen aneignen und dieses anschließend an Mitschüler weitergeben können. Sowohl Eppler und Huber als auch Lazarowitz haben nachgewiesen, dass durch die Anwendung des Gruppenpuzzles nicht nur soziales, sondern auch fachlich-inhaltliches Lernen gefördert wurde (Eppler & Huber 1990, Lazarowitz 1991).

4 Partner- und Gruppenarbeit als notwendige Bestandteile einer Methodenvielfalt

Der begründeten Forderung nach Methodenvielfalt steht in der Realität oft eine Methodeneinfalt gegenüber (Wiechmann 2000). Ein differenzierter Methodeneinsatz unter Einbeziehung offener Unterrichtsformen setzt bei Schülern die Fähigkeit zum Lernen in Partner- und Gruppenarbeit voraus. Teilweise ist eine selbstständige Wahl der Sozialform erforderlich. Voraussetzungen dafür sind nicht nur die Förderung der Sozialkompetenz, die Unterstützung des selbstständigen Arbeitens sowie die dazu notwendige Selbstüberprüfung, sondern auch die Fähigkeit, sich begründet für eine Sozialform zu entscheiden und ggf. Mitglieder dazu auszuwählen. Regelmäßige Erfahrungen bei der Arbeit in diesen Sozialformen unterstützen die Selbstständigkeit.

5 Forschungs- und Entwicklungsperspektiven

Aufgrund der Diskrepanz zwischen der Notwendigkeit einer Vielfalt der Sozialformen und der immer wieder nachgewiesenen Dominanz des Frontalunterrichts sind insbesondere Voraussetzungen bei Lehrkräften auch im Bereich der Lehreraus- und -weiterbildung aufzuzeigen (Wellenreuther 2004, S.396ff). Weiterhin ist zu beachten, welche Lernvoraussetzungen Schüler für die erfolgreiche Kooperation benötigen. Hier sind insbesondere auch die Reflexionsfähigkeit und die Möglichkeiten der Schülerselbstbeobachtung und -beurteilung einzubeziehen. Die Erprobung neuer Wege der Leistungsbeurteilung kann den Einsatz dieser Sozialformen ebenfalls unterstützen.

Literatur

Aronson, E., Blaney, N., Stephan, C., Sikes, J. & Snapp, M. (1978): The Jigsaw classroom. Beverly Hills: Sage. – Bauer, R. (2003): Begründungen für mehr Offenheit in Schule und Unterricht. In: Bauer, R. (Hrsg.): Offenes Arbeiten in der Sekundarstufe I. Berlin: Cornelsen, 13-40. – Bohl, T. (2000): Unterrichtsmethoden in der Realschule. Bad Heilbrunn: Klinkhardt. – Bönsch, M. (1995): Variable Lernwege. 2. durchges. Aufl. Paderborn: Schöningh. – Eppler, R. & Huber, G. L. (1990): Wissenserwerb im Team: Empirische Untersuchung von Effekten des Gruppen-Puzzles. In: Psychologie in Erziehung und Unterricht, 37, 172-178. – Frey-Eiling, A. & Frey, K. (2000): Das Gruppenpuzzle. In: Wiechmann, J. (Hrsg.): Zwölf Unterrichtsmethoden. 2. Aufl. Weinheim: Beltz, 50-57. – Geißler, G. (Hrsg.) (1994): Das Problem der Unterrichtsmethode in der Pädagogischen Bewegung. 9. bearb. Aufl. Weinheim: Beltz. – Haag, L. & Hopperdietzel, H. (2000): Gruppenunterricht – Aber wie? In: Die Deutsche Schule, 92 (4), 480-490. – Hage, K., Bischoff, H., Dichanz, H., Eubel, K.-D., Oehlschläger, H.-J. & Schwittmann, D. (1985): Das Methoden-Repertoire von Lehrern. Opladen: Leske und Budrich. – Hallitzky, M. (2000): Strukturen der methodischen Öffnung in reformpädagogischen Unterrichtskonzeptionen. In: Seibert, N. (Hrsg.): Unterrichtsmethoden kontrovers. Bad Heilbrunn: Klinkhardt, 115-137. – Jürgens, E.(1996): Die 'neue' Reformpädagogik und die Bewegung Offener Unterricht. 3. Aufl. Sankt Augustin: Academia. – Lazarowitz, R. (1991): Learning biology cooperatively. In: Cooperative learning 11 (3), 19-21. – Neber, H. (2001): Kooperatives Lernen. In: Rost, D. H. (Hrsg.): Handwörterbuch Pädagogische Psychologie. 2. Aufl. Weinheim: Beltz, 361-366. – Slavin, R. E. (1996): Education for all. Lisse: Swets & Zeitlinger. – Wellenreuther, M. (2004): Lehren und Lernen – aber wie? Baltmannsweiler: Schneider Verlag Hohengehren. – Wiechmann, J. (2000): Unterrichtsmethoden – Vom Nutzen der Vielfalt. In: Wiechmann, J. (Hrsg.): Zwölf Unterrichtsmethoden. 2. Aufl. Weinheim: Beltz, 9-19. – Winter, F. (2004): Leistungsbewertung. Baltmannsweiler: Schneider Verlag Hohengehren.

49| Lernen durch Lehren in tutoriellen und kooperativen Lern-Arrangements
Matthias Nückles

1 Lernen durch Lehren: Begriffliche Unterscheidungen

Effektives Lehren ist die Kunst, Lernsituationen zu schaffen, in denen die Lernenden sich aktiv, motiviert und selbständig mit dem Lernstoff auseinandersetzen. Eine Möglichkeit dies zu erreichen ist das Lernen durch Lehren, bei dem die Lernenden sich aktiv Wissen konstruieren, indem sie (partiell) die Rolle eines Lehrenden übernehmen. Lernen durch Lehren wird im Rahmen verschiedener Lehr-Lern-Arrangements realisiert: a) beim kooperativen Lernen b) beim *Tutoring* und c) beim *Reciprocal Teaching*. Beim kooperativen Lernen werden die Rollen getauscht, beispielsweise übernimmt ein Schüler für ein bestimmtes Teilgebiet die Lehrerrolle, während er bei einem anderen Teilgebiet die Schülerrolle einnimmt. Beim tutoriellen Lernen ist ein solcher Rollentausch nicht vorgesehen, da der Tutor meist älter oder in einem bestimmten Bereich erfahrener als der Betreute ist. Die Besonderheit beim *Reciprocal Teaching* besteht darin, dass die Schüler sich nicht einfach gegenseitig unterrichten, sondern dem Lehrer eine zentrale Rolle als Modell und als Coach bei der Vermittlung essenzieller Lern- und Problemlösestrategien zufällt. Im folgenden Abschnitt werden zunächst historische und theoretische Grundlagen des Lernens durch Lehren skizziert, bevor dann auf die drei genannten Formen im Einzelnen eingegangen wird.

2 Historische Entwicklung

2.1 Historische Vorläufer

Der Gedanke, dass man effektiv lernt, indem man sich in die Rolle des Lehrenden begibt, findet sich bereits bei Comenius in seinem Hauptwerk *Didactica Magna* aus dem Jahre 1632 (Renkl 1997). Historische Bezüge jüngeren Datums finden sich in der Reformpädagogik am Anfang des 20. Jahrhunderts sowie in der Pädagogik des Pragmatismus von J. Dewey (Dewey & Kilpatrick 1935). Diese Strömungen sind insofern als Vorläufer des Lernens durch Lehren zu betrachten, als in Abkehr von rein rezeptiven Unterrichtsformen selbstgesteuertes Lernen und kooperative Lernformen in den Vordergrund der Didaktik rücken. Martin (1994) beruft sich bei seiner didaktischen Konzeption des Lernens durch Lehren im Fremdsprachenunterricht explizit auf diese historischen Wurzeln.

2.2 Lernen durch Lehren in der Perspektive der empirischen Lehr-Lernforschung

Große Beachtung hat das Lernen durch Lehren seit den 80er Jahren des vorigen Jahrhunderts in der empirischen Lehr-Lernforschung erfahren. Besonders in den USA wurden auf Grundlage kognitionspsychologischer und konstruktivistischer Lehr-Lern-Modelle Formen des Lernens durch Lehren entwickelt und empirisch untersucht. Zur Begründung der Lernwirksamkeit wurden verschiedene theoretische Perspektiven herangezogen. Aus der Perspektive der *kognitiven Elaboration* betrachtet ist das Lernen durch Lehren wirkungsvoll, weil die Anforderung zu lehren den Lernenden zu einer tiefen Verarbeitung des Lernstoffs und zur Überwachung seines Verständnisses anregt (Renkl 1997). Aus der *neo-piagetschen Perspektive* erscheint das Lernen durch Lehren als lernförderlich, weil es sozio-kognitive Konflikte bei den Lernenden auslöst (Doise & Mugny, 1984). Die Anforderung zu lehren veranlasst die Lernenden ihre persönliche Sicht auf ein Thema zu artikulieren und sich mit den eventuell abweichenden Sichtweisen der Mitlerner konstruktiv auseinanderzusetzen. Die *neo-vygotskysche Perspektive* betont als lernförderliches Moment die Kooperation der Lernenden mit einem kompetenten Anderen, beispielsweise einem Tutor. Die Interaktion mit einem Kompetenteren ermöglicht es den Lernenden auf einem höheren Niveau zu agieren, als es ihnen alleine möglich wäre. Allerdings können auch die Tutoren profitieren, da das Erklären dem Lehrenden hilft, seine eigenen Gedanken zu ordnen (Renkl 1997).

2.3 Lernen durch Lehren mit Neuen Medien

In jüngster Zeit wird das Lernen durch Lehren im Kontext des Lernens mit Neuen Medien weiterentwickelt. So wurden didaktische Arrangements vorgeschlagen, bei denen die Lernenden selbst Hyperlehrtexte für Mitlernende verfassen (Stahl & Bromme, 2005). Die Lernförderlichkeit des Schreibens von Hypertexten wird unter Bezug auf Theorien der Textproduktion (Bereiter & Scardamalia 1987) und konstruktivistische Lerntheorien begründet. Darüber hinaus werden Formen des Lernens durch Lehren im Rahmen des computerunterstützten kooperativen Lernens realisiert. Als Grundlage dienen so genannte Skripts, welche ursprünglich für das kooperative Lernen im Präsenzunterricht entwickelt wurden (Renkl & Beisiegel 2003). Ein Kooperationsskript ist eine Art Drehbuch, um die Interaktion zwischen Lernenden durch Vorgabe von Rollen und Handlungsmustern auf pädagogisch sinnvolle Weise zu strukturieren. Computerunterstützte Lernumgebungen eröffnen neue Möglichkeiten, durch Skripts die Interaktion zwischen Lernenden gezielt zu unterstützen (Fischer, Mandl, Haake & Kollar, im Druck).

3 Formen des Lernens durch Lehren

3.1 Lernen durch Lehren beim kooperativen Lernen

Ein klassisches Kooperationsskript, bei dem das Lehren eine zentrale Rolle spielt, ist die *Scripted Cooperation* (O'Donnell 1999). Dabei lesen beide Partner einer Lerndyade zunächst einen Textabschnitt. Ein Partner fasst dann das Gelesene zusammen, während der andere auf Fehler und Auslassungen hinweist. Schließlich arbeiten beide zusammen, um Elaborationen zum besseren Einprägen des Stoffs vorzunehmen. Dann wird der nächste Textabschnitt gelesen, wobei die Rollen „Zusammenfasser" und „Zuhörer" vertauscht werden. Die Effektivität der *Scripted Cooperation* wurde in vielen empirischen Untersuchungen nachgewiesen (O'Donnell 1999). Studien, in denen jedoch die mit der Lehranforderung verbundenen motivationalen und kognitiven Prozesse detaillierter untersucht wurden, zeigten, dass Lernende häufig mit der Anforderung zu lehren überfordert sind (Renkl 1997). Daher ist es wichtig, sowohl die Vorbereitungs- als auch Lehrphase gezielt zu unterstützen, zum Beispiel durch Planungshilfen wie *Concept Maps* (O'Donnell & Dansereau 2000) und Hinweise, welche die Lehrenden auffordern, die rezipierten Inhalte zu *erklären* anstatt lediglich zusammenfassend wiederzugeben.

3.2 Lernen durch Lehren beim *Tutoring*

Tutoring unterscheidet sich vom kooperativen Lernen dadurch, dass kein Rollentausch vorgesehen ist und der Tutor die Lehrrolle beibehält, da er älter oder in einem bestimmten Bereich erfahrener als der Betreute ist. Das *Tutoring* wurde insbesondere zur Förderung leistungsschwacher oder verhaltensauffälliger Schüler eingesetzt. Ein aktuelles Tutoring-Programm ist das *Paired Science Programme* von Topping (1998), das auf die Förderung naturwissenschaftlichen Denkens bei Grundschulkindern abzielt. Das Programm beinhaltet eine Sammlung von Arbeitsblättern, die Anregungen zu kleinen Experimenten geben, welche Tutor und *Tutee* gemeinsam ausführen. Die Arbeitsblätter enthalten Hinweise für die Tutoren zur Gestaltung des Lehrgesprächs mit dem *Tutee*, beispielsweise Fragen, die zu Erklärungen der beobachteten Phänomene anregen sollen. Das *Paired Science Programme* hat sich in verschiedenen Feldstudien als erfolgreich erwiesen (Topping 1998). Der Autor weist jedoch darauf hin, dass das Kompetenzgefälle zwischen Tutor und *Tutee* nicht zu groß sein darf, damit der Tutor die Auseinandersetzung mit dem *Tutee* als anregend empfindet und dabei lernen kann. Kritisch anzumerken ist, dass Lerneffekte auf Seiten des Tutors meist auf den gelehrten Stoff beschränkt bleiben, ohne dass es zu einer allgemeinen Leistungssteigerung in dem entsprechenden Fach kommt (Goodlad & Hirst 1989).

3.3 Lernen durch Lehren beim *Reciprocal Teaching*

Reciprocal Teaching wurde von Palinscar und Brown (1984) zur Verbesserung des Leseverständnisses von Schülern entwickelt. Ein Lehrer und jeweils ein Schüler aus einer Kleingruppe wechseln sich darin ab, die Diskussion über einen Textabschnitt, der gemeinsam gelesen wurde, zu leiten. Im fortgeschrittenen Stadium übernehmen die Schüler ganz die Lehrrolle bzw. wechseln sich dabei ab. Bei der Diskussion über den Text sollen Strategien wie Fragen stellen, Zusammenfassen, Klären schwieriger Begriffe oder Vorhersagen treffen, zum Einsatz kommen. Zu Beginn dient der Lehrer als Modell, d.h. er macht die genannten Strategien vor. Wenn die Schüler die Lehrrolle übernehmen, gibt der Lehrer Rückmeldung und Unterstützung beim Ausführen der einzelnen Strategien. Die Methode des *Reciprocal Teaching* hat sich in vielen empirischen Untersuchungen als sehr effektiv erwiesen (Rosenshine & Meister 1994). Sie hat bei Schülern aus verschiedenen Altersgruppen und mit unterschiedlichen Lernvoraussetzungen positive Effekte auf das Leseverständnis unabhängig von der Klassengröße. Collins, Brown und Newman (1989) erklären die Wirksamkeit von *Reciprocal Teaching* damit, dass die Schüler ein verändertes konzeptuelles Modell über die Aufgabe des Lesens entwickeln und Lesen in zunehmendem Maße als eine konstruktive Aktivität begreifen, die eine aktive Auseinandersetzung mit dem Text erfordert.

4 Fazit und Ausblick

Lernen durch Lehren spielt in verschiedenen kooperativen und tutoriellen Lehr-Lern-Arrangements eine wichtige Rolle. Die empirische Befundlage spricht dabei insgesamt für die Effektivität der vorgestellten Lernformen. Allerdings hat sich auch gezeigt, dass Lernende leicht überfordert sein können mit der Anforderung zu lehren. Damit Lernen durch Lehren zu gutem Lernerfolg führt, ist es entscheidend, dass Unterstützung sowohl in der Planungs- als auch Vermittlungsphase des Lehrens gegeben wird. Viel versprechende neuartige Unterstützungs- und Strukturierungsmöglichkeiten eröffnen die Informations- und Kommunikationstechnologien, weshalb in jüngster Zeit vermehrt netzbasierte kooperative und tutorielle Lernarrangements entwickelt werden.

Literatur
Collins, A., Brown, J. S. & Newman, S. E. (1989): Cognitive apprenticeship: Teaching the crafts of reading writing, and mathematics. In: Resnick, L. B. (Ed.): Knowing, learning, and instruction. Hillsdale, NJ: Erlbaum, 453-494. – Bereiter, C. & Scardamalia, M. (1987): The psychology of written composition. Hillsdale, NJ: Erlbaum. – Dewey, J. & Kilpatrick, W. H. (1935): Der Projektplan. Grundlegung und Praxis. Weimar. – Doise, W. & Mugny, G. (1984): The social development of intellect. Oxford, UK: Pergamon. – Fischer, F., Mandl, H., Haake, J. M. & Kollar, I. (Eds.) (im Druck): Scripting computer-supported communication of knowledge: Cognitive, computational, and educational perspectives. – Goodlad, S. & Hirst, B. (1989): Peer tutoring: A guide to learning by teaching. London, UK: Kogan. – Martin, J.-P. (1994): Zur Geschichte von Lernen durch Lehren (LdL). In: Graef, R. & Preller, R. (Hrsg.): Lernen durch Lehren. Rimbach: Verlag im Wald, 12-18. – O'Donnell, A. M. (1999): Structuring dyadic interaction through scripted cooperation. In: O'Donnell, A. M & King, A. (Eds.): Cognitive perspectives on peer learning. Mahwah, NJ: Erlbaum, 179-196. – O'Donnell, A. M. & Dansereau, D. F. (2000): Interactive effects of prior knowledge and material format on cooperative teaching. In: Journal of Experimental Education, 68, 101-118. – Palincsar, A. S. & Brown, A. L. (1984): Reciprocal teaching of comprehension-fostering and comprehension-monitoring activities. In: Cognition and Instruction, 1, 117-175. – Renkl, A. (1997): Lernen durch Lehren. Zentrale Wirkmechanismen beim kooperativen Lernen. Wiesbaden: DUV. – Renkl, A. & Beisiegel, S. (2003): Lernen in Gruppen: Ein Minihandbuch. Landau: Verlag Empirische Pädagogik. – Rosenshine, B. & Meister, C. (1994): Reciprocal teaching: A review of the research. In: Review of Educational Research, 64, 479-530. – Stahl, E. & Bromme, R. (2005): Das Schreiben von Hypertexten im Unterricht: Ein forschungsbasiertes didaktisches Konzept. In: Unterrichtswissenschaft, 33, 212-226. – Topping, K. J. (1998): The paired science handbook: Parental involvement and peer tutoring in science. London: Taylor & Francis.

50| Teamteaching
Olga Graumann

1 Teamteaching als Verfahrensweise im Unterricht

Teamteaching ist eine Unterrichtsform, bei der zwei oder mehrere Lehrende den Unterricht gemeinsam planen, durchführen und auswerten. Während die Begriffe Kooperation und Teamwork bzw. Teamarbeit in allen Bereichen verwendet werden, in denen Zusammenarbeit bzw. das Zusammenspiel erforderlich ist (in der Wirtschaft, im Sport, beim Aufbau von Netzwerken etc.), ist Teamteaching ein pädagogischer Terminus im Sinne von „gemeinsam lehren" und bezieht sich daher auch nur auf die Zusammenarbeit von Lehrenden in der Ausübung ihrer Lehrtätigkeit. „Zwei-Lehrer-System" und „Doppelbesetzung" kann Teamteaching enthalten, es kann sich hier jedoch auch nur um die Förderung und Betreuung einzelner Schüler durch eine zusätzliche Lehrperson handeln, ohne dass in obigem Sinn gemeinsam unterrichtet wird.

2 Historische Aspekte

Der Begriff „Teamteaching" ist seit Ende der 1950er Jahre in den USA in der pädagogischen Diskussion, in Europa jedoch erst seit Anfang der 1960er Jahre. Gesamtschulversuche ermöglichen auch in Deutschland das Lehren im Team. Das „Großraumkonzept" sollte im Sinne von Hentigs „Schule als Erfahrungsraum" (1973) durch flexible Differenzierung und teilweise Aufhebung des Jahrgangsklassensystems den Schülern ein breiteres Angebot an Erfahrungen bieten, aber auch Räume rationeller nutzen. Die Lehrer sollten kooperativ Unterricht planen und durchführen und ihre Arbeit öffentlich machen (Brandt & Liebau 1978, S.18f, vgl. auch das Team-Kleingruppen-Modell ebd., S.45). Die hohen Erwartungen, die in das Modell gesetzt wurden, haben sich eher nicht erfüllt, was u.a. an der Verschiedenheit in den Zielsetzungen lag und es hat sich kein wegweisendes Modell des Teamteaching herausgebildet.
Auf neue Weise geriet Teamteaching Ende der 1970er Jahre in den Fokus der pädagogischen Forschung, indem im Zuge der Integration behinderter Schüler in das Regelschulsystem der Aspekt der unterschiedlichen Lehrkompetenzen hinzu kam (vgl. Feuser & Meyer 1987). Teamteaching war nun nicht mehr „nur" eine pädagogische Idee, sondern die Notwendigkeit, sonderpädagogische Kompetenz in die Regelschule zu holen.
Heute gibt es Bemühungen, die Idee des Teamteaching immer dort umzusetzen, wo es finanziell, strukturell und personell machbar ist (u.a. in Integrationsklassen, in Klassen mit hohem Migrationsanteil, in Anfangsklassen).

3 Aspekte und Komponenten von Teamteaching

3.1 Ziele und Anspruch an die Lehrerpersönlichkeit

Ziele des Teamteaching sind u.a.: die Verbesserung der Qualität der Lehre durch Spezialisierung und durch die gemeinsame Planung und Reflexion; Erweiterung der Handlungsspielräume durch die Entwicklung kreativer didaktischer Konzepte; differenziertere Lehr- und Prüfungsformen in Form objektiverer Diagnose und Beurteilung der Begabung, Interessen und Leistungen des einzelnen Schülers und damit die verstärkte Möglichkeit zu individueller Förderung durch gezielte und häufigere Differenzierung; die Erweiterung der Bezugsgruppe und damit die erhöhte Möglichkeit des sozialen Kontakts durch Unterricht in Gruppen; die Förderung des Verantwortungsgefühls des einzelnen Schülers für sich und die Gruppe und die Erhöhung der Chance zu sozialer Integration; Auflösung der Alleinverantwortung des Lehrers für den Unterricht und die Erhöhung der persönlichen Kooperationsfähigkeit.

Vor allem der gemeinsame Unterricht von zwei Lehrenden mit unterschiedlichen Kompetenzen birgt einen hohen Anspruch an die Lehrer in sich. Teamteaching setzt voraus, dass sich die Lehrenden in der gemeinsamen Planung abstimmen und curriculare, didaktische und methodische Fragen diskutieren und klären. Sie müssen in der Lage sein, widerspruchsfrei und reibungslos in einem gemeinsamen Unterricht zu agieren. Darüber hinaus ist es unabdingbar, dass sie sich wechselseitig ausreichend über ihr geplantes Handeln, über die Lernverläufe von Schülern und über Elternkontakte informieren. Das heißt, dass nicht nur die Qualifikation im Bereich des Lehrens gefragt ist, sondern die Lehrperson in ihrer gesamten Persönlichkeit (vgl. u.a. Schöler 1997). Teamteaching bedeutet, die eigenen Motive und Ziele pädagogischen Handelns nicht nur der Selbstreflexion zu unterziehen, sondern offen zur Diskussion zu stellen und erfordert ein Rollen- und Aufgabenverständnis, das von Kreativität, Flexibilität und Offenheit getragen ist. Erforderlich für gelingendes Teamteaching ist es, identische Ziele zu haben und eine Einigung über die Verfahren, wie das Ziel erreicht werden kann.

3.2 Konfliktpotenzial im Teamteaching

Lehrer werden in ihrer Ausbildung in der Regel nicht darauf vorbereitet, dass sich die Interaktionsformen von der Lehrer-Schüler Interaktion um die Lehrer-Lehrer-Schüler Interaktion erweitert.
In Anlehnung an die Forschungsergebnisse von Wocken (1988) sowie von Haeberlin und Moser-Opitz (1992) können die Erfahrungen von Lehrern mit der Zusammenarbeit von Regelschul- und Sonderpädagogen auf vier Ebenen beschrieben werden:
Auf der *Persönlichkeitsebene* sehen sich Lehrer eher als allein entscheidende und handelnde Einzelpersonen, die persönliche Werte und Einstellungen preisgeben müssen. Der Umgang mit Kritik fällt eher schwer.
Auf der *Sachebene* zeigt sich, dass Regelschul- und Sonderpädagogen unterschiedliche pädagogische Grundauffassungen sowie unterschiedliche pädagogische Werte haben und dass sie sich relativ stark in ihren Erziehungsstilen und Interventionen unterscheiden. Die Bewältigung dieser zweifachen Heterogenität (Schüler und Lehrer) enthält ein hohes Konfliktpotenzial.
Auf der *Beziehungsebene* müssen Autonomie sowie Befriedigung und emotionale Belohnungen geteilt werden. Es können Neid- und Konkurrenzgefühle entstehen.
Auf der *Organisationsebene* sind der unterschiedliche berufliche Status, die Arbeitszeit, die Teamgröße sowie die Zeit und die Planung der gemeinsamen Gespräche Quelle für Konflikte.
Teams bereitet nach Kreie (1985, S.51f) das Aushandeln bzw. Herstellen von befriedigenden Einigungssituationen große Schwierigkeiten („Angst vor der Zweisamkeit").

3.3 Akzeptanz von Teamteaching innerhalb der Lehrerschaft

Trotz der genannten Schwierigkeiten zeigte sich im Laufe der letzten Jahrzehnte, dass die Akzeptanz von Teamteaching unter den Lehrern zugenommen hat. Reiser u.a. stellen noch 1984 (S. 310) fest, dass nur eine Minderheit zu einer Zusammenarbeit unter Einbeziehung der eigenen Unterrichtsweise und Person bereit ist. Nach Dumke, Krieger und Schäfer (1989, S.133) sind dies vor allem die Grundschullehrer. Haeberlin u.a. konstatieren 1992, dass die Zusammenarbeit positiv bewertet wird, u.a. bezüglich einer optimalen Förderung der Schüler, Entwicklung gemeinsamer Handlungsmöglichkeiten und der gemeinsamen Reflexion der kooperativen Tätigkeit bezüglich der Lehrer-Schüler-Beziehung.

Heyer, Preuss-Lausitz und Schöler (1997, S.139f) bestätigen, dass die tatsächliche Zusammenarbeit von der Wahrnehmung einer positiven Zustimmung zur gemeinsamen Erziehung abhängt. 87,3 % der befragten Lehrer geben an, dass sich ihr Unterricht durch die Zusammenarbeit in Bezug auf andere Unterrichtsformen verändert hat, indem weniger frontal und offener wie auch differenzierter unterrichtet wird. Die Zusammenarbeit wirkt sich bei 54 % der Befragten auf die eigene Persönlichkeitsentwicklung aus, indem häufig eine Persönlichkeitserweiterung wahrgenommen wird. Allerdings bevorzugen nur Lehrende, die Reformen gegenüber aufgeschlossen sind, uneingeschränkt Teamteaching als komplementäres und symmetrisches Arbeitsverhältnis (vgl. Theis-Scholz & Thümmel 1993).

3.4 Teamentwicklung

Teamentwicklung ist gekennzeichnet durch die Wechselwirkung von Nähe/Distanz sowie Dauer/Wechsel (vgl. Reiser u.a. 1984). Schley (1998) spricht von Orientierungs-, Konflikt-, Organisierungs- und Integrationsphase bzw. *Forming, Storming, Norming* und *Performing*. Die einzelnen Phasen zu kennen, kann eine normative Erleichterung bieten. Krisen gehören zum Entwicklungsprozess, sie sind Zeichen für Umbrüche, Gefahren und Bedrohungen, aber in Krisen kann ein Team auch reifen. Supervision kann bei der Teamentwicklung und vor allem in Krisenzeiten eine wertvolle Hilfe sein und sollte von Lehrerteams grundsätzlich in Anspruch genommen werden (vgl. u.a. Mrochen 2001).

4 Perspektive für die Lehrerbildung, Forschung und Bildungspolitik

Die Idee des Teamteaching im Sinne der Vision einer humaneren Schule und Gesellschaft (vgl. Haeberlin u.a. 1992) erfordert Engagement und Neuorientierung auf drei Ebenen:
In der *Lehrerbildung* müssen Lehrer auf Teamteaching vorbereitet werden. Dies ist in der Ausbildung vom ersten Praktikum an durchaus möglich, indem Unterricht im Team geplant, durchgeführt und reflektiert wird und zwingt zu differenzierter Planung und differenziertem Unterricht.
Die *Wissenschaft* muss sehr viel mehr empirische Studien bezüglich der Rahmenbedingungen für Teamteaching hervorbringen. Die Wirtschaft hat längst erkannt, dass gut funktionierende Teamarbeit eine wesentliche Voraussetzung für erfolgreiche Innovation ist. Sie bedient sich der (meist amerikanischen) Forschungsarbeiten aus der Organisationspsychologie. Da die dort gewonnen Erkenntnisse nicht unreflektiert auf den pädagogischen Bereich übertragen werden können, muss die Erziehungswissenschaft auf der Basis der ausreichend vorhandenen konzeptionellen Literatur eigene Forschungsarbeiten an dieser Stelle einbringen.
In der *Bildungspolitik* muss sich die Überzeugung herausbilden, dass die Antwort auf eine heterogene Schülerschaft nicht Selektion, sondern der gemeinsame Unterricht von zwei Lehrkräften, möglichst mit unterschiedlichen Kompetenzbereichen, lautet, denn Teamteaching kann die selektive Schere im Kopf der für Schule und Pädagogik Verantwortlichen aufheben, wenn individuelle Förderung durch Teamteaching organisatorisch ermöglicht und inhaltlich kompetent ausgefüllt wird.

Literatur
Brandt, H. & Liebau, E. (1978): Das Team-Kleingruppen-Modell. Ein Ansatz zur Pädagogisierung der Schule. München: Juventa. – Dumke, D., Krieger, G. & Schäfer, G. (Hrsg.) (1989): Schulische Integration in der Beurteilung von Eltern und

Lehrern. Weinheim: Deutscher Studien Verlag. – Feuser, G. & Meyer, H. (1987): Integrativer Unterricht in der Grundschule – Ein Zwischenbericht. Solms-Oberbiel: Jarich Oberbiel. – Haeberlin, U., Jenny-Fuchs, E. & Moser-Opitz, E. (1992): Zusammenarbeit. Wie Lehrpersonen Kooperation zwischen Regel- und Sonderpädagogik in integrativen Kindergärten und Schulklassen erfahren. Bern & Stuttgart: Verlag Paul Haupt. – Hentig, H.v. (1973): Schule als Erfahrungsraum? Stuttgart: Klett. – Heyer, P., Preuss-Lausitz, U. & Schöler (1997): „Behinderte sind doch Kinder wie wir!" Gemeinsame Erziehung in einem neuen Bundesland. Berlin: Wissenschaft und Technik. – Kreie, G. (1985): Integrative Kooperation. Über die Zusammenarbeit von Sonderschullehrer und Grundschullehrer. Weinheim & Basel: Beltz. – Mrochen, S. (2001): Supervision in der Schule – eine vertane Chance? In: Graumann, O. & Mrochen, S. (Hrsg.): Schule in Not. Eine Institution auf der Suche nach Verbündeten. Bad Heilbrunn: Klinkhardt, 113-120. – Reiser, R., Gutberlet, M., Klein, G., Kreie, G. & Kron, M. (1984): Sonderschullehrer in Grundschulen. Ergebnisse eines Schulversuchs zur integrativen Betreuung bei Lern- und Verhaltensstörungen. Weinheim & Basel: Beltz. – Schley, W. (1998): Teamkooperation und Teamentwicklung in der Schule. In: Altrichter, H., Schley, W. & Schratz, M. (Hrsg.): Handbuch zur Schulentwicklung. Innsbruck: Studien Verlag, 111-159. – Schöler, J. (1997): Leitfaden zur Kooperation von Lehrerinnen und Lehrern – nicht nur in Integrationsklassen. Heinsberg: Dieck. – Theis-Scholz, M. & Thümmel, I. (1993): Handlungsorientierungen von Grund- und Sonderschullehrern: Einstellungen zur Integration. In: Zeitschrift für Heilpädagogik, 44 (6), 375-382. – Wocken, H. (1988): Kooperation von Pädagogen in integrativen Grundschulen. In: Wocken, H., Antor, G. & Hinz, A. (Hrsg.): Integrationsklassen in Hamburger Grundschulen. Hamburg: Curio, 199-268.

51| Fallstudie
Volker Brettschneider

1 Entscheidungsfähigkeit als anthropologische Grundkonstante

Entscheidungsfähigkeit kann als eine Grundkonstante menschlicher Existenz angesehen werden. Der Mensch muss sich als handelndes Wesen ständig entscheiden. Das Bild vom Menschen der „am Scheideweg steht" gehört zu den archetypischen Charakterisierungen menschlicher Erfahrungen.

2 Historische Aspekte der Entwicklung der Fallstudienarbeit

Die Quellen der Fallstudiendidaktik sind vielfältig und entspringen unterschiedlichen wissenschaftlichen Disziplinen (Kaiser 2003). An der Harvard Business School in Boston begann mit dem Jahre 1908 eine Entwicklung, weitgehend auf die traditionelle Vorlesungsmethode zu verzichten und im Rahmen von Betriebswirtschaftslehre und Ausbildung von Juristen der Diskussion praktischer Fälle aus dem Wirtschaftsleben einen breiteren Raum einzuräumen. Insbesondere die verhaltenswissenschaftlichen Entscheidungstheorien haben zu der Erkenntnis geführt, dass der Mensch nur über eine begrenzte Rationalität und Informationsverarbeitungskapazität verfügt. Wurzeln der Fallstudiendidaktik sind weiterhin in der Reformpädagogik, insbesondere der Arbeitsschulbewegung, ferner im situationstheoretischen Ansatz der Didaktik und emanzipatorischer Pädagogik zu finden.

3 Theoretische Grundlagen der Fallstudienarbeit

3.1 Lern- und entscheidungstheoretische Grundlagen

Das Konzept der Fallstudienarbeit wird den Anforderungen des gemäßigten Konstruktivismus hinsichtlich situierten Lernens in hohem Maße gerecht (Beck & Krumm 2001, Brettschneider u.a. 2000, Kaiser & Kaminski 1999). In einer Fallstudie bildet ein authentischer Fall den Ausgangspunkt des Lernens. Authentische Problemstellungen sind eine Grundlage für eine motivierte Auseinandersetzung mit der Lernumgebung. Es wird an komplexem Material gelernt, das in reale, narrative Kontexte eingebunden ist und die Nutzung eigenen Vorwissens erfordert. Für die Fallbewältigung ist es notwendig vielfältige Kontexte zu berücksichtigen, multiple Perspektiven einzunehmen und im sozialen Kontext zu lernen. Es wird die Ausbildung erfahrungsbasierten Wissens ermöglicht und eine flexible Anwendbarkeit des Wissens gefördert. Allerdings führt der Einsatz komplexer Lehr-Lernarrangements nicht quasi „automatisch" zu effektiven Lernprozessen; vielmehr ist hinsichtlich des erfolgreichen unterrichtlichen Einsatzes von Fallstudien ein hohes Maß an didaktisch-methodischer Kompetenz erforderlich.

3.2 Aufbau des Lernprozesses nach der Fallstudie

In einer Fallstudie bildet ein konkreter Fall den Ausgangspunkt des Lernens (Kaiser & Kaminski 1999). Wenngleich Fälle aus der Alltagswelt gewonnen werden, können praxisbezogene Fälle konkrete Situationen nie in ihrer ganzen Komplexität im Sinne eines vollständigen Abbildes wiedergeben. Unter didaktischen Perspektiven ist darauf zu achten, dass der Fall problem- und konflikthaltig ist, mehrere Lösungsmöglichkeiten zulässt, überschaubar gestaltet ist und Interpretationen aus Sicht der Teilnehmer ermöglicht. Unter mediendidaktischen Gesichtspunkten zeichnen sich gut gestaltete Fallstudien, denen Informationsmaterial zum Fall angefügt wurde, dadurch aus, dass sie neben dem Medium Sprache Abbildungen, Diagramme, Karikaturen u.ä. enthalten, um für die Lernenden ein hohes Maß an Anschaulichkeit zu gewährleisten. Inzwischen sind auch Hyper-Media-Systeme entwickelt worden, die den Charakter von fallbasierten Lehr-/Lernprogrammen tragen.

Zielsetzung der Fallstudienarbeit ist es, dass die Lernenden sich mit einem aus der Praxis gewonnen Fall auseinandersetzen, für diese Fallsituation nach alternativen Lösungsmöglichkeiten suchen, sich für eine Alternative entscheiden und diese Wahl begründen.

Der Lernprozess, den die Lernenden während der Fallbearbeitung durchlaufen, ist als Entscheidungsprozess organisiert und beinhaltet sechs Phasen:

1) *Konfrontation* mit dem Fall	Ziel: Erfassen der Problem- und Entscheidungssituation
2) *Information* über das bereitgestellte Fallmaterial und selbstständiges Erschließen von Informationen	Ziel: Beschaffung und Bewertung der für eine Entscheidungsfindung erforderlichen Informationen
3) *Exploration*: Diskussion alternativer Lösungsmöglichkeiten	Ziel: Denken in Alternativen
4) *Resolution*: Treffen der Entscheidung in Gruppen	Ziel: Gegenüberstellung und Bewertung der Lösungsvarianten
5) *Disputation*: Die einzelnen Gruppen verteidigen ihre Entscheidung	Ziel: Verteidigen einer Entscheidung mit Argumenten
6) *Kollation*: Vergleich der Gruppenlösung mit der in Wirklichkeit getroffenen Entscheidung	Ziel: Abwägen der Interessenzusammenhänge, in denen Einzellösungen stehen

Abb. 1: Verlaufsstruktur der Fallstudienarbeit

Die Verlaufsstruktur soll im Folgenden mit Hilfe einer Fallstudie zur kommunalen Abfallproblematik verdeutlicht werden (Kaiser & Brettschneider 1998, Brettschneider 2000). Anhand des Konfrontationsmaterials analysieren die Lernenden, dass die Kapazität der örtlichen Mülldeponie mittelfristig nicht mehr ausreicht, um das Abfallaufkommen zu bewältigen. In der Informationsphase werten die Lernenden in Kleingruppen die dem Fall beigefügten Materialien aus. Sie diskutieren beispielsweise wirtschaftliche, soziale und ökologische Risiken von Abfalldeponien und Müllverbrennungsanlagen. In der Phase der Explorationen sind verschiedene Lösungsmöglichkeiten zu entwickeln, beispielsweise Subventionierung umweltfreundlich agierender Betriebe, Verwendung biologisch verwertbarer Verpackungen, Erweiterung der vorhandenen Deponie oder Verbraucherinformationen zur Vermeidung von Abfällen. Die Entscheidungsfindung erfordert insbesondere, Vorteile und Nachteile der Lösungsvarianten sorgfältig gegeneinender abzuwägen. In der fünften Phase werden die in Kleingruppen erarbeiteten Entscheidungen im Plenum diskutiert; es wird geprüft, ob alle wichtigen Aspekte berücksichtig wurden und die Gruppen zu ihren getroffenen Entscheidungen stehen können. In der Kollationsphase können die von der Klasse getroffenen Entscheidungen beispielsweise mit Vertretern der Kommune diskutiert werden.

3.3 Varianten der Fallstudienarbeit

In der Literatur zur Fallstudiendidaktik gibt es eine Vielzahl von Versuchen Fallstudien zu typologisieren und deren Varianten zu klassifizieren. Es können im Wesentlichen vier Hauptarten herausgestellt werden, die sich in der Darstellung der Fall-Vorlage, der Aufnahme und Verarbeitung der Informationen und der Problemanalyse sowie Problemlösung unterscheiden (Kaiser 2003).

1. *Case-Study-Method*: Neben der Fallschilderung ist in der Regel auch das gesamte Informationsmaterial beigefügt oder kann von den Teilnehmern angefordert werden. Das Schwergewicht dieser Methode liegt in erster Linie in der Analyse des vorgegebenen Tatbestands und im Erkennen der verborgenen Probleme.
2. *Case-Problem-Method*: Bei dieser Variante werden die anstehenden Probleme vorgegeben, sodass mehr Zeit verbleibt, Lösungsvarianten zu finden und Entscheidungen ausführlich zu diskutieren.
3. *Case-Incident-Method*: Der zu bearbeitende Fall wird häufig unvollständig und lückenhaft dargestellt, so dass der Prozess der Informationsbeschaffung in den Mittelpunkt rückt.
4. *Stated-Problem-Method*: Es werden bereits fertige Lösungen und deren Begründungen präsentiert. Die Lernenden sollen in erster Linie eine Vorstellung von der Entscheidungsstruktur in der Praxis erhalten und getroffene Entscheidungen kritisch beurteilen.

4 Empirische Erkenntnisse zur Fallstudienarbeit in Kleingruppen

Es liegen bisher wenige auf breiterer Basis abgesicherte empirische Erkenntnisse zur Fallstudienarbeit vor. In der Unterrichtspraxis werden Fallstudien eher ergänzend zum lehrerzentrierten Unterricht eingesetzt (Pätzold & Klusmeyer 2003). Eine Entscheidungsmatrix zur Unterstützung der Arbeitsanweisung, in die systematisch Vor- und Nachteile der Lösungsalternativen eingetragen werden, bietet keine Gewähr, dass der Entscheidungsprozess zielgerichtet durchgeführt wird und die Entscheidungsfindung effektiv erfolgt (Brettschneider 2000). In Gruppen besteht die Gefahr, dass sich Diskussionen an bestimmten Punkten „festbeißen" mit der Folge, dass die Arbeitsanweisung aus den Augen verloren wird, Entscheidungsalternativen nicht systematisch hinsichtlich ihrer Vor- und Nachteile diskutiert werden und schließlich die Zeit fehlt, um am Ende eine systematische Entscheidungsfindung durchzuführen. Ein Moderator, der in seine Funktion eingeübt ist, mit Hilfe einer

Moderationsanweisung in seiner Aufgabe unterstützt wird und seine Aufgaben wahrnimmt, erhöht durch seine Lenkungsaktivitäten die Chance, dass Kleingruppenentscheidungen systematischer und zielgerichteter durchgeführt werden.

Von grundlegender Bedeutung für das Treffen einer Entscheidung in Kleingruppen ist, die Zielsetzung zu präzisieren und Kriterien zu ermitteln, um für die Entscheidungsfindung Lösungsalternativen hinsichtlich ihrer Konsequenzen voneinander abzugrenzen. Der Moderator kann insbesondere darauf achten, dass die Gruppenmitglieder Standpunkte beziehen, ob und aus welchen Gründen sie eine Alternative für die Entscheidungsfindung als zufrieden stellende Lösung ansehen.

Letztendlich verbleibt der Lehrkraft für die erfolgreiche Durchführung von Entscheidungsprozessen eine zentrale Rolle. Ihr obliegt es, die Lernenden anzuleiten, die unterschiedlichen Verläufe der Entscheidungsfindung in den Gruppen zu reflektieren, Defizite des vollzogenen Entscheidungsprozesses zu erkennen und Strategien zur Bewältigung von Prozessverlusten zu entwickeln. Insbesondere sind die induktiv am einzelnen Fall gewonnenen Kenntnisse zu verallgemeinern, um die Entwicklung von Strukturwissen und den Transfer der Erkenntnisse sicher zu stellen.

5 Entwicklungsperspektiven der Fallstudiendidaktik

Neben einer weiteren empirischen Absicherung, wie Lehrkräfte Fallstudienarbeit im Sinne eines Coaching anleiten können, werden insbesondere folgende Bereiche als bedeutsam angesehen, um die Fallstudiendidaktik weiter zu entwickeln. Nach wie vor stellt sich die Problematik, wie handlungsorientierte Erfolgskontrollen zu gestalten sind, damit sie Lehrkräften die Möglichkeit bieten, dem einzelnen Lernenden Rückmeldung bezüglich seines konditionalen, deklarativen, prozeduralen und Meta-Wissens zur Fallstudienarbeit zu geben (Brettschneider 2003). Als hilfreich kann sich in dieser Hinsicht der Einsatz von Lernportfolios erweisen. In Zukunft gilt es weiterhin zu erproben, wie internetgestützte Lernangebote (E-Learning) mit Hilfe von Fallstudien gestaltet werden können und konstruktivistisches E-Lernen unterstützt werden kann.

Literatur

Beck, K. & Krumm, V. (Hrsg.) (2001): Lehren und Lernen in der beruflichen Erstausbildung: Grundlagen einer modernen kaufmännischen Berufsausbildung. Opladen: Leske + Budrich. – Brettschneider, V. (2000): Entscheidungsprozesse in Gruppen. Theoretische und empirische Grundlagen der Fallstudienarbeit. Bad Heilbrunn: Klinkhardt Forschung. – Brettschneider, V., Gruber, H., Kaiser, F.-J., Mandl, H. & Stark, R. (2000): Anleitung komplexer Problemlöse- und Entscheidungsprozesse zur Unterstützung des Erwerbs kaufmännischer Kompetenz. In: Zeitschrift für Berufs- und Wirtschaftspädagogik, 96 (3), 399-418. – Brettschneider, V. (2003): Möglichkeiten und Grenzen handlungsorientierter Lernerfolgskontrollen im Wirtschaftsunterricht. In: Kaiser, F.-J. & Kaminski, H. (Hrsg.): Wirtschaftsdidaktik, Bad Heilbrunn: Klinkhardt, 221-246. – Kaiser, F.-J. & Brettschneider, V. (1998): Fallstudienarbeit in Kleingruppen. In: arbeiten + lernen / Wirtschaft, 7 (32), 14-22. – Kaiser, F.-J. & Kaminski, H. (1999): Methodik des Ökonomie-Unterrichts, unter Mitarb. von V. Brettschneider u. M. Hübner. 3., vollst. überarb. Aufl. Bad Heilbrunn: Klinkhardt. – Kaiser, F.-J. (2003): Fallstudie. Oldenburg: Institut für Ökonomische Bildung Oldenburg. – Pätzold, G. & Klusmeyer, J. (2003): Lehr-Lern-Methoden in der beruflichen Bildung: eine empirische Untersuchung in ausgewählten Berufsfeldern. Oldenburg: Bibliotheks- und Informationssystem der Universität.

52| Planspiel und Simulation
Bärbel Fürstenau

1 Planspiel und Simulation

1.1 Klärung der Begriffe

Die Begriffe Planspiel und Simulation werden im alltäglichen Sprachgebrauch und in der Unterrichtspraxis zum Teil synonym, zum Teil konkurrierend gebraucht (vgl. Capaul 2001, S.138, Rebmann 2001, S.9). Es herrscht jedoch weitgehend Einigkeit darüber, dass Simulation (vgl. zum Begriff und zu Beispielen Capaul 2001, S.139, Blötz 2003, S.28) oder besser noch Simulationsspiel der Oberbegriff zu Planspiel, Rollenspiel, Konfliktspiel, Entscheidungsspiel etc. ist (vgl. Geilhardt 1995, S.47, Kaiser & Kaminski 1999, S.156, Capaul 2001, S.139f, Blötz 2003, S.28). Planspiele haben insofern Simulationscharakter, als Beteiligte mit einem Modell aktiv umgehen. Sie stellen jedoch – anders als Simulationen – in der Regel Wettbewerbssituationen dar, die auf einem klar definierten Regelwerk beruhen (vgl. Capaul 2001, S.138f). Weiterhin steht bei Planspielen die Handlungserfahrung im Vordergrund (vgl. Blötz 2003, S.28). Die folgenden Ausführungen beschäftigen sich mit Planspielen als speziellen Simulationen.

Planspiele sind durch zwei zentrale Komponenten charakterisiert: den Plan (das Modell) und das Spiel. Der Begriff *Plan* geht ursprünglich darauf zurück, dass auf einer modellhaft gedachten Umwelt (einem Plan, z.B. einem Spielbrett) gespielt wurde. Im Rahmen des Plans bzw. des Modells geht es um die zielgerichtete Bewältigung eines Konflikts oder eines Problems aus der Realität. Das *Spiel* ist eine der ursprünglichsten und ältesten Kommunikationsformen des Menschen, die zudem vermutlich die effizienteste Art zu lernen ist. Dies liegt darin begründet, dass am Spiel der ganze Organismus (nicht nur die Kognition) beteiligt ist und dass Spiele die Wirklichkeit nicht zerfächern, sondern sie in ihren Wechselwirkungen erfassen. Daher fördern sie das Verständnis von Systemen (vgl. Vester 1995, S.22f). Im Zusammenhang mit dem Planspiel wird der Spielcharakter durch Merkmale, wie Wettbewerb oder Kooperation, Regeln, Spieler, Rollenübernahme, Aktivität, reglementierten Ablauf und Freude sowie einen Als-Ob-Charakter, verdeutlicht (vgl. Rebmann 2001, S.14ff).

1.2 Verlaufsstruktur von Planspielen

In Bezug auf die Durchführung von Planspielen werden in der Regel drei Phasen unterschieden, die jedoch zum Teil unterschiedlich benannt werden: (1) Einführung, Hinführung, *Briefing*, (2) Durchführung, Spiel, *Gaming*, (3) Auswertung, Reflexion, *Debriefing* (vgl. Kaiser & Kaminski 1999, S.173ff, Kriz 2000, S.105ff, Rebmann 2001, S.18ff).

Die *Einführungsphase* dient dazu, die Spieler mit den Zielen des Spiels, der Ausgangslage, den Spielregeln, den zu übernehmenden Rollen und der organisatorischen Struktur vertraut zu machen. Dafür ist es von zentraler Bedeutung, dass die Spielleiter den Umgang mit dem Planspiel beherrschen und den Einsatz zuvor detailliert geplant haben.

Die *Durchführungsphase* besteht in der Regel aus mehreren Perioden, die in ähnlicher Form ablaufen: Maßnahmen werden geplant, Entscheidungen getroffen und Handlungen ausgeführt. Der Spielleiter oder der Computer verarbeitet die Daten entsprechend des zugrunde liegenden Modells und berechnet die Ergebnisse, die wiederum den Spielern übermittelt werden. Sie dienen als Reflexionshilfe für die vergangene sowie als Informationen für die nächste Spielperiode. Diese zeitnahe Rückmeldung ermöglicht einen kontinuierlichen Lernprozess. Der beschriebene Vorgang wiederholt sich entsprechend der Anzahl der zu spielenden Perioden. Häufig dient die erste Spielrunde der Exploration des Systems. Im Anschluss daran kann eine weitergehende Vorbereitung folgen. Die Spielregeln strukturieren insgesamt den Verlauf, indem sie den Aktionsbereich der Spieler, den Reaktionsbereich des Modells und die Gestaltung der Informationen zwischen beiden festlegen.

Die *Auswertungsphase* dient der Reflexion der Spielergebnisse und der Spielerfahrungen. An dieser Stelle ist Zeit, den Spielverlauf zu analysieren, offene Fragen zu klären, die Erreichung der Lernziele zu überprüfen sowie Ergebnisse und Vorgehensweisen inhaltlich und formal auszuwerten. Während dabei zunächst das „Lernen im Modell", d.h. die Reflexion der abgelaufenen Planspielprozesse, im Vordergrund steht, soll in einem weiteren Reflexionsschritt auch das „Lernen am Modell" (Tramm 1992, S.208ff) erfolgen. Hierbei gilt es zu prüfen, inwieweit das im Spiel Gelernte auf die (Berufs-) Praxis übertragbar ist. Die Reflexion kann im Plenum oder in den Teams entweder nach jeder Durchführungsphase oder nach Abschluss aller Spielperioden erfolgen. Häufig findet das „Lernen im Modell" nach jeder Spielphase, das „Lernen am Modell" erst am Ende des Planspiels statt.

2 Historische Wurzeln und heutige Anwendungsbereiche von Planspielen

Die historischen Wurzeln von Planspielen liegen im militärischen Bereich, wobei kriegerische Auseinandersetzungen auf dem Spielbrett vor- und nachbereitet wurden. Als Vorläufer des heutigen Planspiels werden das chinesische Brettspiel Wei-Hai, das indische Kampfspiel Chaturango, das japanische Go oder das persische Schachspiel aufgeführt (vgl. Kaiser & Kaminski 1999, S.171, Rebmann, 2001, S.16). Die Brettspiele wurden später durch topographische Karten oder Sandkastenspiele mit Geländenachbildung ersetzt, die eine nahezu perfekte Kriegssimulation ermöglichten. Nachdem im militärischen Bereich langjährige Erfahrungen mit der Methode des Kriegsspiels bei der Lösung taktischer und strategischer Probleme gemacht wurden, wurden auch wirtschaftliche Faktoren in die Planspieltechnik einbezogen, um logistische Fragen zu klären. Wann schließlich das erste rein wirtschaftliche Planspiel entstand, ist nicht eindeutig geklärt. Es wurde entweder bereits 1932 am Leningrader Institut für Ingenieurwesen (vgl. Capaul 2001, S.149) oder 1956 in den USA von der American Management Association *Top Management Decision Simulation* entwickelt.

Der Schwerpunkt der Entwicklung und Anwendung von Planspielen konzentriert sich heute auf die Unternehmensplanspiele. Beeinflusst wurde diese Entwicklung u. a. durch Erkenntnisse der Spieltheorie, die Einführung der elektronischen Datenverarbeitung sowie die Entwicklungen des *Operations Research* (vgl. Rebmann 2001, S.16).

Planspiele werden in Unternehmen, an Hochschulen, in öffentlichen Verwaltungen sowie in allgemein bildenden und beruflichen Schulen eingesetzt, und zwar im Rahmen der Führungskräfteschulung, der Schulung (zukünftiger) Mitarbeiter, der Potenzialerkennung (vgl. Rohn 1995, S.73) oder der pädagogisch-psychologischen Forschung.

3 Ziele und Gründe für den Einsatz von Planspielen zu Lehr- und Lernzwecken

Der Einsatz von Planspielen zielt u.a. darauf, Fachwissen, insbesondere Zusammenhangswissen, zu vermitteln. Im Schwerpunkt wird jedoch die Förderung der Entwicklung so genannter Schlüsselqualifikationen im fachlichen, sozialen und methodischen Bereich angestrebt (vgl. Achtenhagen 1992, Kriz 2000, Capaul 2001, Blötz 2003). Darüber hinaus soll der Umgang mit Planspielen positiv auf die Lernmotivation und die emotionale Befindlichkeit wirken und die Lernprozesse auf diese Weise beeinflussen.

Eine Reihe von Gründen spricht dafür, dass sich die genannten Ziele mit Hilfe von Planspielen besser erreichen lassen als mit traditionellem Frontalunterricht (vgl. Fürstenau, Getsch, Noß & Siemon 1999, S.260ff):

(1) Bislang festgestellte Mängel von Curricula, Lehrbüchern und Unterricht, wie Stofffülle, lineare Anordnung von Zielen und Inhalten, starke Lehrerdominanz oder der überwiegend verbal-abstrakte Unterricht, können überwunden werden. Mit Hilfe von Planspielen werden Denken und praktisches Tun im Sinne einer ganzheitlichen Handlung zusammengeführt (Tramm & Rebmann 1999), da Lernende unter Beachtung von Regeln aktiv in das System eingreifen, verschiedene Handlungsalternativen ausprobieren und direkt die Folgen des Eingriffs in das Modell erleben können. Dadurch fördern Planspiele die Begriffsbildung und den Aufbau handlungsleitender kognitiver Strukturen.
(2) Der Einsatz von Computern, der häufig mit Planspielen verbunden ist, hat den Vorteil, dass Entscheidungen beliebig häufig wiederholbar und überprüfbar sind. Zudem sind die Handlungen nicht risikobehaftet und können protokolliert werden (vgl. Rebmann 2001, S.27).
(3) Die Teilnehmer üben den Umgang mit komplexen Systemen und können sich dadurch auf die tief greifenden Veränderungen beruflicher, privater und gesellschaftlicher Lebenszusammenhänge vorbereiten (vgl. Kaiser & Kaminski 1999, S.172).

Eine Reihe von Evaluationen zu Planspielen und/oder dem Einsatz von Planspielen hat gezeigt, dass sich die angestrebten Ziele tatsächlich verwirklichen lassen. Von zentraler Bedeutung ist dabei jedoch, dass die Lernenden bei der Bewältigung komplexer Situationen instruktional unterstützt werden. Ansonsten können sich Planspiele auch kontraproduktiv auswirken. Eine solche Unterstützung kann beispielsweise in einer Anleitung zum Problemlösen (vgl. Mandl, Stark, Gruber & Renkl 1999, S.217ff) bestehen.

4 Perspektiven für den Planspieleinsatz

Trotz der genannten Vorteile können Planspiele kein universelles Mittel des Unterrichtens sein, sie bieten aber unter günstigen Voraussetzungen besondere Lernchancen. Dazu gehört es auf der einen Seite, Planspiele angemessen zu modellieren und sie auf der anderen Seite sowohl didaktisch als auch curricular zu verankern. Ansonsten besteht die Gefahr, dass der Planspieleinsatz nicht zum Planspielunterricht wird (Rebmann 2001, S.24). Referenzen für die angemessene Konstruktion (vgl. Fürstenau u.a. 1999) bieten beispielsweise die kognitionspsychologisch orientierte Handlungstheorie oder die Ansätze situierten Lernens auf der Basis kognitiv orientierter Instruktionspsychologie (vgl. z.B. Reinmann-Rothmeier & Mandl 1994). Bezüglich des Unterrichtseinsatzes wird eine Reihe allgemeiner und konkreter Handlungsempfehlungen (vgl. Fürstenau 1999) ausgesprochen, die jedoch für jedes Planspiel im Einzelnen zu konkretisieren sind.

Von besonderer Bedeutung für den effizienten Einsatz ist die Professionalisierung der Lehrenden. Dies begründet sich zum einen dadurch, dass Lehrende, die Planspiele in Aus- oder Weiterbildung kennen gelernt haben, diese auch eher einsetzen (vgl. Tramm & Rebmann 1999). Zum anderen werden an Lehrende im Planspielunterricht viele Anforderungen gestellt: Im Planspielunterricht können Lehrende nicht mehr als reine Wissensvermittler fungieren, sondern müssen vielfältige Rollen einnehmen, hierunter beispielsweise Moderator, Coach, Berater, Konfliktlöser, Diskussionsleiter etc. Ferner müssen sie sich in das Sachgebiet des Planspiels genauestens einarbeiten und es für eine angemessene Betreuung möglichst mehrfach selbst spielen (vgl. Rebmann 2001, S.23ff). An dieser Stelle ist eine veränderte Lehreraus- und -weiterbildung gefragt.

Literatur

Achtenhagen, F. (1992): Zum Einsatz von Planspielen im Betriebswirtschaftslehreunterricht. In: Zeitschrift für Planung, 1, 3-19. – Blötz, U. (Hrsg.) (2003): Planspiele in der beruflichen Bildung. Bonn: Bundesinstitut für Berufsbildung. – Capaul, R. (2001): Die Planspielmethode in der Schulleiterausbildung. Bad Heilbrunn/Obb.: Klinkhardt. – Fürstenau, B. (1999): Förderung von Problemlösefähigkeit im planspielgestützten Unterricht. In: Unterrichtswissenschaft, 27, 135-158. – Fürstenau, B., Getsch, U., Noß, M. & Siemon, J. (1999): Entwicklung und Evaluation komplexer Lehr-Lern-Arrangements als zentrales Forschungsfeld der Göttinger Wirtschaftspädagogik. In: Tramm, T., Sembill, D., Klauser, F. & John, E. G. (Hrsg.): Professionalisierung kaufmännischer Berufsbildung. Frankfurt am Main: Lang, 260-276. – Geilhardt, T. (1995): Planspiele – Definition und Taxonomie. In: Geilhardt, T. & Mühlbradt, T. (Hrsg.): Planspiele im Personal- und Organisationsmanagement. Göttingen: Hogrefe, 45-55. – Kaiser, F.-J. & Kaminski, H. (1999): Methodik des Ökonomie-Unterrichts. 3., überarb. Aufl. Bad Heilbrunn/Obb.: Klinkhardt. – Kriz, W. C. (2000): Lernziel: Systemkompetenz, Planspiele als Trainingsmethode. Göttingen: Vandenhoeck & Ruprecht. – Mandl, H., Stark, R., Gruber, H. & Renkl, A. (1999): Instruktionale Maßnahmen zur Förderung des Wissenserwerbs in der kaufmännischen Erstausbildung. In: Tramm, T., Sembill, D., Klauser, F. & John, E. G. (Hrsg.): Professionalisierung kaufmännischer Berufsbildung. Frankfurt am Main: Lang, 215-230. – Rebmann, K. (2001): Planspiel und Planspieleinsatz. Hamburg: Dr. Kovač. – Reinmann-Rothmeier, G. & Mandl, H. (1994). Wissensvermittlung: Ansätze zur Förderung des Wissenserwerbs. In: Klix, F. & Spada, H. (Hrsg.): Wissenspsychologie C II G Enzyklopädie der Psychologie. Göttingen: Hogrefe, 457-500. – Rohn, W. E. (1995): Einsatzgebiete und Formen des Planspiels. In: Geilhardt, T. & Mühlbradt, T. (Hrsg.): Planspiele im Personal- und Organisationsmanagement. Göttingen: Hogrefe, 69-77. – Tramm, T. (1992): Konzeption und theoretische Grundlagen einer evaluativ-konstruktiven Curriculumstrategie – Entwurf eines Forschungsprogramms unter der Perspektive des Lernhandelns. Göttingen: Seminar für Wirtschaftspädagogik. – Tramm, T. & Rebmann, K. (1999): Veränderungen im Tätigkeitsprofil von Handelslehrern unter dem Signum handlungsorientierter Curricula. In: Tramm, T., Sembill, D., Klauser, F. & John, E. G. (Hrsg.): Professionalisierung kaufmännischer Berufsbildung. Frankfurt am Main: Lang, 231-259. – Vester, F. (1995): Spielen hilft verstehen. In: Geilhardt, T. & Mühlbradt, T. (Hrsg.): Planspiele im Personal- und Organisationsmanagement. Göttingen: Hogrefe, 19-26.

53| Rollenspiel
Bernd Thomas

1 Begrifflichkeit und Theorie

In einem Rollenspiel legen die Mitspieler ihre angestammte soziale Identität ab und übernehmen stattdessen zeitweise die Rolle einer anderen angenommenen oder realen Person. Bei *gelenkten* oder *gebundenen Rollenspielen* ist der Gestaltungsfreiraum für die übernommene Rolle meist sehr gering. Bei *offenen* oder *freien Rollenspielen* verfügen die Mitspieler über große Gestaltungsspielräume, die sie unmittelbar, vielfältig und kreativ nutzen können. In einem systematischen und teilweise auch inhaltlichen Zusammenhang stehen Rollenspielformen wie *Psychodrama* oder *Soziodrama* (Brülls 2001). Diese erfüllen aber in erster Linie therapeutische Aufgaben und sind deshalb von der pädagogisierten Form des schulischen Rollenspiels zu unterscheiden, Letzterem gilt im Folgenden die Aufmerksamkeit.

Bereits im Vorschulalter gehören Rollenspiele zum Spielalltag von Kindern. In diesen *natürlichen Rollenspielen* probieren Kinder Verhaltensmuster aus, die sie sich oftmals aus der Erwachsenenwelt abgeschaut haben. In ihren Rollenspielen ahmen Kinder dann solche Verhaltensweisen nach oder sie verändern diese und experimentieren damit. Von den Kindern selbst inszenierte Spiele wie „Vater-Mutter-Kind", „Schule spielen", „Kaufmann" oder „Räuber und Gendarm" sind Beispiele dafür. Kinder bringen demnach von sich aus die Bereitschaft für Rollenspiele mit, worauf aus pädagogischer Sicht aufgebaut werden kann.

Bei *gelenkten* oder *gebundenen Rollenspielen* ist der Handlungsrahmen eng gesteckt, die Rollen sind festgelegt und werden im Wesentlichen nur übernommen (*role-taking*). Zur Begründung dienen in diesem Zusammenhang meist ältere, *traditionelle Rollentheorien* etwa nach Dahrendorf oder Parsons. *Offene* und *freie Formen des Rollenspiels* beziehen sich auf *interaktionistische Rollentheorien* (Habermas 1981). Der Spielverlauf wird nur ansatzweise und impulsgebend auf den Weg gebracht. Die Gestaltung der jeweiligen Rollen bleibt weitgehend den Akteuren der Spielgruppe überlassen. Die Ausgestaltung der Rolle entsteht also durch und während des Spiels (*role-making*). Fähigkeiten, die Krappmann (1981) im Zusammenhang mit dem Rollenspiel herausstellte, wie *Empathie* (Einfühlungsvermögen, Perspektivübernahme), *kommunikative Kompetenz*, *Rollendistanz* (reflektiertes Bewusstwerden der eigenen jeweiligen Rolle) und *Ambiguitätstoleranz* (Toleranz gegenüber verschiedenen Ansichten und Meinungen), sollen hier angebahnt werden.

2 Gelenkte und gebundene Formen des Rollenspiels

Zu den *gelenkten* oder *gebundenen Formen des Rollenspiels* zählen *Kinder-* oder *Schultheater*, die im Klassenunterricht oder in Arbeitsgemeinschaften angeboten werden. Neben der Nachempfindung des Berufstheaters, vor allem in der gymnasialen Oberstufe, hat sich nach dem Zweiten Weltkrieg das pädagogisch selbstständige *Darstellende Spiel* oder auch *Schulspiel* entwickelt. Dabei geht es um das Einstudieren, Inszenieren und Aufführen dramatischer Werke mit Schülern. Mittlerweile liegt ein großes Literaturangebot dramatischer Texte für das Schulspiel vor, so dass sich hier unter pädagogischer Rücksicht eine spezielle Literaturgattung ausgeformt hat. Als Formen des Schulspiels bzw. des Darstellenden Spiels eigenen sich grundsätzlich auch alle Arten des professionellen Theaters: Schauspiel, Schuloper, Tanztheater, Ballett, Kabarett, Pantomime, Figuren- und Maskentheater (Hilpert 2004). Die hier eingeübten Stücke dienen der Ausgestaltung von Schulfeiern im Rahmen eines bewusst gestalteten Schullebens oder sie treten – meist bei älteren Schülern – als selbstständige Aufführungen an die Öffentlichkeit. Zu den gelenkten oder gebundenen Formen des Rollenspiels zählen auch solche, die auf ein *gewünschtes Verhalten* abzielen. Das ist beispielsweise der Fall, wenn Kinder etwa lernen, einen telefonischen Notruf an die Feuerwehr in der richtigen Reihenfolge auszuführen.

3 Offene und freie Formen des Rollenspiels

Vor dem Hintergrund allgemeiner Politisierung, durchgreifender Demokratisierung und dem Streben nach politischer Emanzipation in der bundesrepublikanischen Gesellschaft der 1970er Jahre fand das *offene* oder *freie Rollenspiel* seinen Eingang in die pädagogische Theorie und Praxis. Im pädagogischen Verständnis gilt diese Aktionsform als besonders relevante Ausprägung des Rollenspiels (Koziol 2003). Es dient in diesem Zusammenhang vor allem dem sozialen und – auf gesellschaftliche Probleme bezogen – auch dem politischen Lernen, wobei hier dem höher verregelten *Planspiel* eine noch stärkere Bedeutung zuerkannt wird (Feige 2004a). Im freien Rollenspiel übernehmen die Schüler auch Rollen, die ihnen im alltäglichen Leben meist (noch) nicht zukommen. Auf diese Weise lernen sie, sich in andere Rollen hineinzuversetzen und deren jeweilige Grenzen und Möglichkeiten zu erkennen. Sie können ihre Spielhandlungen darauf abstimmen, wobei sie ihr Verhaltensrepertoire ausbauen, Handlungskompetenzen erweitern und Problemlösestrategien entwickeln. Die Schüler können angstfrei, ohne Scheu vor Sanktionen, verschiedene Verhaltensweisen durchspielen, wodurch das Rollenspiel den Charakter eines *Probehandelns* erhält. Die Schüler können dabei lernen, die Reaktionen ihrer Mitspieler gedanklich vorwegzunehmen, die Folgen ihres Handelns einzuschätzen und rollenspezifisches Handeln als solches zu erkennen und zu beurteilen. Verwikkelte soziale und gesellschaftliche Zusammenhänge sollen damit im Sinne sozial-emanzipatorischer Zielsetzungen durchschaubar werden. Als eine aus heutiger Sicht schon klassische Konzeption, die diesen Zielhorizont bereits für den Grundschulbereich konsequent über das Rollenspiel anstrebte, ist der integrativ-mehrperspektivische Unterricht zu nennen (Giel 1974). Ihm ging es in erster Linie darum, gesellschaftliche Realität transparent zu machen. Hauptsächliches Mittel dafür ist das Rollenspiel gewesen. Es sollte ermöglichen und bewirken, dass die Teilnehmer bewusst aus der üblichen Rolle hinaustreten und eine andere Rolle übernehmen, um auf diese Weise gesellschaftlich bedingte Konventionen im Umgang miteinander und in der alltäglichen Kommunikation deutlich zu machen, um diese dann hinterfragen und möglicherweise ändern zu können. Dies soll die Teilnehmer in die Lage versetzen, ihre Rolle nicht bloß unreflektiert zu übernehmen, sondern sie – im Sinne des bereits angesprochenen „*role-making*" – bewusst und distanziert zu gestalten (Feige 2004b). Rückschauend muss jedoch festgestellt werden, dass sich die teilweise hochfliegenden Erwartungen, die an das Rollenspiel herangetragen worden sind, nicht erfüllt haben. Folgerichtig stellte sich eine gewisse Ernüchterung gegenüber dem Rollenspiel ein, so dass es im schulischen Bereich nach seiner Konjunktur in den 1970er Jahren bald nur noch ein Schattendasein führte. Mit realistischen Erwartungen verbunden, erlebt das Rollenspiel gegenwärtig eine gewisse Renaissance (Horstmann & Tiggelers 1998, Koziol 2003).

4 Aspekte der Durchführung von Rollenspielen

Das offene oder freie Rollenspiel hat im Gegensatz zum Darstellenden Spiel oder Schulspiel keinen künstlerisch-ästhetischen Anspruch. Bewertungen etwa der „schauspielerischen Leistungen" sind daher unangebracht und laufen dem Sinn des freien Rollenspiels zuwider. Reflexionskategorien könnten vielmehr der Wirklichkeitsbezug, die dargestellten Personen und ihre Verhaltensweisen und die gefundenen Lösungen sein. Zur unterrichtsmethodischen Umsetzung von freien oder offenen Rollenspielen bieten sich drei Schritte an: Vorbereitungsphase, Durchführung und Auswertung bzw. Reflexion mit eventuellen Folgeaktivitäten (Meyer 2003). In der Vorbereitungsphase geht es darum, einen Spielanlass aufzufinden bzw. diesen vorzubereiten. Sodann werden die Rollen z.B. mit Hilfe dafür angefertigter Rollenspielkarten skizziert und verteilt. Die anderen Schüler erhalten Beobachtungsaufgaben, denn sie sind *keine Zuschauer*, sondern *Beobachter, Mitdenker* und *Schiedsrichter* (Horstmann & Tiggeler 1998). Requisiten kommen – wenn überhaupt – nur sehr sparsam zum Einsatz. Danach wird das Rollenspiel möglichst ohne Unterbrechung durchgeführt. In der Auswertungs- oder Reflexionsphase werden der Realitätsbezug, die Verhaltensweisen der dargestellten Personen und die gefundenen Lösungen diskutiert und kritisiert. Um die Mitspieler nicht persönlicher Kritik auszusetzen, ist es von hoher Bedeutung, dass sie aus ihrer Rolle entlassen werden und dass bei der „Manöverkritik" *nicht die Namen der mitspielenden Schüler, sondern nur die Namen der gespielten Personen benutzt werden*! Grundsätzlich erfolgt das Mitspielen *freiwillig*, um Hemmungen und Ängste erst gar nicht entstehen zu lassen. Auf der anderen Seite können Mitspieler, die sich übermäßig produzieren, das Rollenspiel scheitern lassen. Ein Überborden des Spielerischen ist generell zu vermeiden. Bei problemhaltigen Spielanlässen werden simplifizierende oder harmonisierende Lösungen den inhaltlichen Anforderungen eines Rollenspiels nicht gerecht. Die Erwartungen an die Möglichkeiten des Rollenspiels dürfen jedoch auf keinen Fall überschätzt werden (Koziol 2003). Die hinter den Spielanlässen stehende gesellschaftliche Realität bleibt notwendigerweise weitgehend ausgeblendet und wird stattdessen fallgebunden personifiziert. Desgleichen lassen sich die im Rollenspiel gefundenen Lösungen nicht an der Wirklichkeit überprüfen (Feige 2004b).

Literatur
Brülls, S. (2001): Psychodrama. Oldenburg: Didaktisches Zentrum. – Feige, B. (2004b): Rollenspiel. In: Keck, R. W., Sandfuchs U. & Feige, B. (Hrsg.): Wörterbuch Schulpädagogik. Ein Nachschlagewerk für Studium und Schulpraxis. Bad Heilbrunn: Klinkhardt, 368-370. – Feige, B. (2004a): Planspiel. In: Keck, R. W., Sandfuchs, U. & Feige, B. (Hrsg.): Wörterbuch Schulpädagogik. Ein Nachschlagewerk für Studium und Schulpraxis. Bad Heilbrunn: Klinkhardt, 343-345. – Giel, K. (1974): Perspektiven des Sachunterrichts. In: Giel, K., Hiller, G. G. & Krämer, H. (1974): Stücke zu einem mehrperspektivischen Unterricht. Aufsätze zur Konzeption 1. Stuttgart: Klett, 34-66. – Habermas, J. (1981): Theorie des kommunikativen Handelns. Band I und Band II. Frankfurt am Main: Suhrkamp. – Hilpert, H. (2004): Schultheater. In: Keck, R. W., Sandfuchs, U. & Feige, B. (Hrsg.): Wörterbuch Schulpädagogik. Ein Nachschlagewerk für Studium und Schulpraxis. Bad Heilbrunn: Klinkhardt, 437-438. – Horstmann, K. & Tiggelers, K.-H. (1998): Frischer Wind im Klassenzimmer – Lernaktive Methoden in der Grundschule. Berlin: Schibri. – Koziol, K. (2003): Rollen- und Planspiele. In: Reeken, D. v.: Handbuch Methoden im Sachunterricht. Hohengehren: Schneider. – Krappmann, L. (1981): Lernen durch Rollenspiel. In: Kochan, B. (Hrsg.): Rollenspiele als Methode des sozialen Lernens. Königstein / Ts.: Scriptor, 31-50. – Meyer, H. (2003): UnterrichtsMethoden. Band 2., 2. Aufl., Frankfurt am Main: Scriptor.

54| Üben
Karl-Heinz Arnold und Sabine Schreiner

1 Üben als Thema der Didaktik und der Lehr-Lernforschung

Als „Üben" (engl. to exercise, practice, train) wird das häufige und systematisch variierte Wiederholen von Lernhandlungen zur Leistungssteigerung bzw. -automatisierung bezeichnet. Die Allgemeine Didaktik analysiert, wie übende Lernhandlungen optimal ausgestaltet werden (Übungsmethoden) und diese im Unterricht zu positionieren sind (Artikulation; Lernstufenmodelle). Aus der Sicht der Lehr-Lernforschung (Wellenreuther 2004) stellt das Üben eine Anwendung der Gedächtnispsychologie auf die Speicherung und Reproduktion von sprachlicher Information (deklaratives Wissen) und Handlungen (prozedurales Wissen) dar.

Gegenstände des Übens sind (a) wenig bis eher schwach verbundene Wissenselemente (z.B. (Fach) Terminologie, Einmaleins, irreguläre Verben), (b) seriell geordnete Wort- oder Handlungsfolgen (z.B. Gedicht aufsagen, Weitsprung), (c) Anwendung von schematisierten Aufgabenlösungen (z.B. schriftliche Addition, Konjugation) und – teilweise – (d) Bearbeitung von regelbasierten Problemlöseaufgaben (z.B. Schachspiel, Erörterung verfassen, verbale Konfliktlösung). Das Ziel von Übungen kann auch darin bestehen, erworbene Verhaltensleistungen auf beträchtlichem Niveau zu erhalten (z.B. Konditionstraining, Einmaleins) oder konkurrierende Verhaltenstendenzen nicht auszuführen (z.B. Prügeln bei Empörung, Medienkonsum bei Hausaufgaben; Zen-Meditation).

2 Historische Aspekte des Übens und Memorierens

Lernen, meist Sprachenlernen, heißt im Mittelalter und in der frühen Neuzeit „Auswendiglernen" – „Memorieren". Erst Comenius (1592-1670) realisiert im Orbis Pictus das Konzept eines Spiralcurriculums: Die Sachen sind durch Bilder mit den Wörtern gemeinsam zu verstehen, zu üben und zu wiederholen. Thomasius und Gesner fordern, dass das Verstehen dem Üben vorausgehen soll. Das Nachdenken über die Methoden des Übens wird zum Angelpunkt des neuen didaktischen Denkens.

Rousseaus radikale Forderung „Emil soll nicht auswendig lernen" geht von der Vorstellung aus, dass Sprachen, Ideen, Begriffe, logische Verknüpfungen und Realien durch die Beschäftigung mit ihnen gelernt und so geübt werden. Die Philanthropen, deren Ideen von den Reformpädagogen aufgegriffen werden, geben dem Verstehen das Primat vor dem Üben. Basedow misst der Motivation große Bedeutung bei: Kinder üben freiwillig, wenn sie nicht gezwungen werden. Im Unterricht sollen verschiedene Lernstrategien, die Basedow aus Beobachtung erfolgreichen Übens gewonnen hat, angewendet werden. Nach Herbart erfordert ein zu lernender Gegenstand tiefe Beschäftigung. Auswendiglernen und Üben gelinge leicht mit „starken Vorstellungen" und unter Verwendung vielerlei Lernstrategien wie Bewegung, Takt, Rhythmus. Trotz dieser Vorgaben wird die Schule im deutschen Sprachraum zur Paukschule. Roth, Aebli (1989) und Odenbach setzen sich didaktisch mit dem Üben und der psychologischen Gedächtnisforschung (Ebbinghaus, Meumann) auseinander. In der didaktischen Literatur verliert das Üben ab ca. 1970 an Bedeutung, wird aber in den letzten Jahren wiederentdeckt in der Lehr-Lernforschung und durch die Analyse von scheiternden Lernprozessen (Bönsch 1993).

3 Aspekte und Komponenten des Übens im Unterricht

3.1 Üben als Unterrichtsmethode

Mit Lernern zu üben und ihnen gleichzeitig das Üben als Strategie zu vermitteln, ist eine Aufgabe gelingenden Unterrichts. Üben hat als didaktisches Problem eine formale Seite (Wie wird geübt?) und eine inhaltliche Seite (Was wird geübt?). Ziele des Übens sind die Festigung, Automatisierung, Vertiefung und Transfer von Wissen, außerdem die Anwendung von Lernstrategien. Als Übungsregeln werden genannt: (a) was geübt wird, muss verstanden sein; (b) Diagnose des Lernstands (z.B. Erkennen von Lernplateaus) sowie (c) Fehlerkontrolle. Üben ist auf Wiederholung mit wechselnden Übungsformen und geeignetem Material angewiesen und ist erfolgreich, wenn es häufig und kurz nach dem Prinzip der verteilten Übung erfolgt. Erfolge beim Üben fördern Motivation zu weiterem Üben. Motivation entsteht weiter durch sachliches Interesse, Selbsttätigkeit und Freiwilligkeit. Meyer (2004) bezeichnet Üben unter Beachtung der oben genannten Komponenten mit dem Begriff „Intelligentes Üben".

3.2 Üben als Lernstrategie

Durch Üben wird für viele Elemente des schulischen Wissenserwerbs systematisch die Wahrscheinlichkeit des Übergangs vom Kurzzeit- in das Langzeitgedächtnis gesteigert, wobei Lernstrategien zunächst beiläufig oder gegen Ende der Sekundarstufe I zunehmend intentional genutzt werden. Oberflächenstrategien sind (a) das Wiederholen, dessen Effizienz für das Auswendiglernen von wenig verbundenen Fakten hoch ist, sowie (b) Memorierstrategien, die die Reproduktionsleistung von geordneten Listen steigern. Die dauerhafte Einspeicherung von Elementen aus zusammenhängenden Wissensbereichen wird stärker durch tiefenorientierte Lernstrategien begünstigt: aktive Verknüpfung mit dem Vorwissen sowie elaborierende Strukturierung (z.B. zusammenfassen, Fragen stellen).

Die Reproduktion von Geübtem wird durch gezielte Abrufstrategien (cued recall) sowie durch Überlernen (ca. 150 % Lernzeit) verbessert. Metakognitive Regulationsstrategien (Selbstkontrolle) und Ressourcenplanung (z.B. verteilte Übungszeiten, Teil- oder Ganzmethode) dienen auch zur Optimierung des Übens (Metzig & Schuster 2000).

4 Üben beim Wissenserwerb und beim Erwerb von Handlungen

4.1 Üben beim Erwerb von Faktenwissen: Beispiel Vokabellernen

Dieser Bereich ist vergleichsweise intensiv untersucht worden. Die aus der Antike stammende Memotechnik basiert auf dem Prinzip, dass zu behaltende Inhalte in Gedächtnisbilder transformiert werden. Für das Üben von Vokabeln werden folgende Verfahren vorgeschlagen: Sinn- und Stellvertretungsverfahren, Klang und Zeichenverfahren sowie das Einprägen von Sachkomplexen mit geschlossenen Gesamtbildern. Geeignet sind zudem Visualisierungen von Wörtern mit Piktogrammen, graphemischen Assoziationen oder Pfeilen. Das Lernen wird erleichtert durch kontextuelle und systematische Wortschatzarbeit, die an Vorkenntnisse anknüpft. Vorgeschlagen werden Sprachspiele, die Lernen (Kognition) mit Spielen (Emotion) verbinden, außerdem Vokabellernen mit Musik und Wiederholungssequenzen mit Softwareprogrammen.

4.2 Üben beim Begriffslernen: Beispiel Einmaleinslernen

Das Üben des (kleinen) Einmaleins erfordert, die Struktur des Zahlenraums bis 100 (der natürlichen Zahlen) zu kennen und die operativen Verknüpfungen der Multiplikation in ihrer netzwerkhaften Anordenbarkeit (Aebli, Steiner) rasch zu nutzen. Üben bedeutet deshalb nicht das Auswendiglernen von Aufgaben-Ergebnis-Paaren, sondern die sichere und schnelle Orientierung innerhalb und zwischen multiplikativen Reihen. Ordnungen finden, zuordnen, einordnen, über- und unterordnen, Muster erkennen, Regeln formulieren, Gesetze entdecken sind Teilprozesse des Einmaleinsübens.

4.3 Üben beim Problemlösen: Lernen aus Lösungsbeispielen

Empirische Untersuchungen insbesondere zur Entlastung des Arbeitsgedächtnisses zeigen, dass gerade das Üben mit Lösungsbeispielen sehr erfolgsversprechend ist (Renkl 2001). Lösungsmuster können analysiert und nachfolgend regelbasiert genutzt werden.

4.4 Üben beim Erwerb von Handlungen

Im Bereich psychomotorischer (z.B. Sport, Werken, Gerätenutzung) und ästhetischer Leistungen (z.B. Instrumental- und Theaterspiel) ist der Erwerb prozeduralen Wissens (z.B. Kenntnis der Einzelbewegungen) oftmals rascher zu bewältigen als die erfolgreiche Ausführung der bekannten Handlungssequenzen, die durch zumeist zeitaufwändiges Üben oder Training optimiert wird. Lehrpersonen übernehmen nach der Handlungsanbahnung die Übungsorganisation und Rückmeldung. Für Spitzenleistungen steht nur selten die Nachahmung des Lehrerverhaltens zur Verfügung; Lehren hat hier eher die Aufgabe der Motivierung zu fortgesetzter Übung im Bereich fast perfekter Zielerreichung.

4.5 Üben als Training bei Lernschwierigkeiten

Nur ein Teil schulischer Lernschwierigkeiten kann durch vermehrte Übungstätigkeit überwunden werden. Fehlendes bereichsspezifisches Wissen sowie geringe kognitive Grundfähigkeit sind durch Übung ebenso wenig zu kompensieren wie durch vermehrte Anstrengung beim Weiterlernen (Klauer 2001). Umschriebene Teilleistungsstörungen wie z.B. Lese-Rechtschreib- oder Rechenschwäche können durch eine Kombination von alternativen Lehrmethoden (z.B. direkte Instruktion) und spezifischen Trainingselementen (z.B. Wortstammanalyse) angegangen werden. Verhaltensauffälligkeiten (z.B. aggressives Sozialverhalten, Aufmerksamkeitsstörungen) werden u.a. mit einem Training des komplementären Verhaltens behandelt (z.B. Verbalisieren von Emotionen).

5 Perspektiven der Übungsforschung

Die didaktische Theoriebildung und Forschung scheint sich seit zwanzig Jahren kaum mehr für das Üben als zentrales Element von Unterricht zu interessieren und konzentriert sich auf anspruchsvolle Lernformen und Konzepte (z.B. Projektunterricht oder konstruktivistisch inspirierte Lernformen), die zugleich eine Schnittstelle zu aktuellen Konzepten der Lehr-Lernforschung bilden (Selbstreguliertes Lernen, Situated Learning). Die Lernstrategieforschung bietet neue Impulse für die fachunterrichtliche Gestaltung von Übungsformen. So genannte Methodentrainings (z.B. Klippert) basieren auf einer Transferhypothese, die bislang kaum nachgewiesen ist. Wichtige Forschungsfragen richten sich auf die differenzielle Anwendung: Welche Übungsformen sind bereichsübergreifend lern- und nutzbar bzw. in welchen Lernbereichen welcher Fachgebiete können sehr ähnliche Übungsmethoden eingesetzt werden? Unter dem vagen Begriff der „Fehlerkultur" wird der Erkenntniswert von Fehleranalysen behauptet. Wenig untersucht ist, wie fehlertolerant Übungssequenzen sein sollten und wie stark Fehler mitgeübt und somit verfestigt werden.

Literatur

Aebli, H. (1989): Zwölf Grundformen des Lehrens. Eine allgemeine Didaktik auf kognitions-psychologischer Grundlage. 4. Aufl. Stuttgart: Klett-Cotta. – Bönsch, M. (1993): Üben und Wiederholen im Unterricht. 2., erw. u. aktual. Aufl. München: Ehrenwirth. – Klauer, K.J. (2001): Trainingsforschung: Ansätze – Theorien – Ergebnisse. In: Klauer, K.J. (Hrsg.): Handbuch Kognitives Training. 2., überarb. u. erg. Aufl. Göttingen: Hogrefe, 5-66. – Metzig, W. & Schuster, M. (2000): Lernen zu lernen. Lernstrategien wirkungsvoll einsetzen. 5., neubearb. Aufl. Berlin: Springer, 69-95; 105-124. – Meyer, H. (2004): Was ist guter Unterricht? Berlin: Cornelsen-Scriptor. – Renkl, A. (2001): Üben. In: Einsiedler, W. et al. (Hrsg.): Handbuch Grundschulpädagogik und Grundschuldidaktik. Bad Heilbrunn: Klinkhardt, 361-367. – Wellenreuther, M. (2004): Lehren und Lernen – aber wie? Empirisch-experimentelle Forschungen zum Lehren und Lernen im Unterricht. Baltmannsweiler: Schneider Verlag Hohengehren.

55| Situiertes Lernen
Hans Gruber

1 Einleitung

1.1 Zentrale Begriffe

Mit situiertem Lernen soll vor allem das Problem trägen Wissens gelöst werden, das vorliegt, wenn Lernende nachweislich erworbenes Wissen in relevanten Problemsituationen nicht anwenden. Das Konzept situierten Lernens besagt, dass Wissen durch einen aktiven Konstruktionsprozess des Lernenden entsteht. Lehr-Lern-Modelle müssen daher die Lernsituation und den Kontext, in dem sich die Lernenden befinden, berücksichtigen. Im *Anchored Instruction*-Ansatz (Cognition and Technology Group at Vanderbilt [CTGV] 1990) wird versucht, dies durch die Gestaltung von Möglichkeiten zum kooperativen Lernen an videobasierten Problemsituationen umzusetzen; dieses besonders typische Modell situierten Lernens wird unten genauer vorgestellt.

1.2 Historische Entwicklung von Theorien situierten Lernens

In Theorien situierten Lernens wird die Verknüpfung von Alltagslernen und akademischem Lernen propagiert. Die Forderung, im Unterricht sollten Fakten und Fertigkeiten gelernt werden, die später von Nutzen sind, ist keineswegs neu, sondern findet sich bereits in reformpädagogischen deutschen Ansätzen zu Beginn des 20. Jahrhunderts (z.B. Kerschensteiner) oder im amerikanischen Pragmatismus (z.B. Dewey). Vier Neuentwicklungen waren aber notwendig, um sie wirkungsvoll wiederbeleben zu können: die kognitionswissenschaftliche Perspektive menschlicher Informationsverarbeitung seit den 1960er Jahren, die konstruktivistische Perspektive des Lernens seit den 1980er Jahren (ausgehend von radikal-konstruktivistischen Annahmen z.B. bei von Glasersfeld), die Idee des *Workplace Learning* und das Entstehen multimedialer Technologien.

In Theorien situierten Lernens werden die konstruktive Aktivität Lernender und die Beachtung der aktuellen Lernsituation betont. Anchored Instruction wurde als wichtiges Modell der Förderung situierten Lernens seit den 1980er Jahren entwickelt. Mit anderen Konzepten situierten Lernens, z.B. *Cognitive Apprenticeship*, hat es fünf Leitsätze zur Gestaltung von Lernumgebungen gemeinsam:
(1) Komplexes Ausgangsproblem (motiviert; bildet Anwendungskontext)
(2) Authentizität (stellt Anwendungskontext bereit)
(3) Multiple Perspektiven (erhöht Flexibilität)
(4) Artikulation und Reflexion (fördern tiefe Verarbeitung)
(5) Lernen im sozialen Austausch (erhöht kritische Analyse)

2 Anchored Instruction

2.1 Beispiel

Die „Abenteuer des Jasper Woodbury" bestehen aus 20 Minuten langen Videos, die mit einer Herausforderung enden, die es zu bewältigen gilt. Oft zitiert wird ein Beispiel aus dem Mathematikunterricht der 5. Klasse, in dem die Geschichte eines Wildhüters dargestellt wird, der im unwegsamen Gelände einen verletzten Adler findet, der dringend medizinischer Versorgung bedarf.

Der Schüler wird in die Geschichte verwickelt, so dass er selbst Lernprozesse initiiert, statt passiv Lerninhalte zu rezipieren. Er muss auftretende Probleme entdecken und argumentativ gut gestützte Lösungsvorschläge erarbeiten. Dabei stößt er immer wieder auf wichtige Daten oder Fakten, die im Film vorkamen, ohne dass ihnen ursprünglich Aufmerksamkeit zukam.

2.2 Grundidee

Bei *Anchored Instruction* werden komplexe narrative Anker gesetzt, die motivieren, die Lernende beim Auffinden von Problemen beteiligen und dennoch Aufmerksamkeit auf lernrelevante Fakten und Regeln lenken. Dazu werden möglichst authentische Probleme videobasiert präsentiert; die durch multimediale Technologie mögliche Präsentation unterschiedlicher Probleme und Anwendungskontexte zielt auf die aktive Dekontextualisierung des situiert erworbenen Wissens ab. Dadurch erfahren die Lernenden frühzeitig, welches Wissen unter welchen Bedingungen übertragbar bzw. situationsspezifisch ist.

2.3 Sieben Gestaltungsprinzipien

Lernen nach Anchored Instruction verläuft in einem Kreislauf von sechs wiederkehrenden Schritten: Konfrontation mit einem herausfordernden Lernproblem; Generieren eigener Lösungsideen; Einnahme multipler Perspektiven; kooperative Erforschung und Überarbeitung von Lösungsvorschlägen; Überprüfen der Vorschläge; Präsentation der Ergebnisse als Bewährungsprobe. Daraus ergeben sich neue Lernprobleme usw. Bei der Gestaltung von Lernumgebungen sind nach CTGV (1997) sieben Gestaltungsprinzipien bedeutsam.
(1) Videobasiertes Präsentationsformat (Motivierung, Aufbau mentaler Situationsmodelle)
(2) Narratives Format (Herstellen bedeutungsvoller Kontexte, Aktivierung des Vorwissens, Motivierung)
(3) Generatives Lernformat (Fähigkeit zur Problemdefinition)
(4) Eingebettete Daten (Fähigkeit zur Suche nach und Auswahl von relevanter Information)
(5) Problemkomplexität (Fähigkeit zum Umgang mit Komplexität)
(6) Paare verwandter Abenteuer (Flexibilisierung der Wissensanwendung)
(7) Integration von Fächern (Vermeiden von Wissenskompartmentalisierung).
Diese Prinzipien machen deutlich, dass das Erstellen von Lernumgebungen im Sinne von Anchored Instruction hohen Aufwand erfordert. Umso wichtiger ist die empirische Überprüfung des Konzepts.

3 Anchored Instruction auf dem Prüfstand

Die *Jasper Series* wurde ursprünglich entwickelt, um Schüler zu unterstützen, anhand komplexer Probleme Stoff aus verschiedenen Unterrichtsfächern zu lernen; ihre Effektivität wurde regelmäßig evaluiert. Positive Effekte bezüglich der Einstellung zum Lernen, der Lernmotivation, dem Verstehen von Textaufgaben im Mathematikunterricht, der Übertragung von Geometriekenntnissen auf Alltagssituationen, der Planungsfähigkeit usw. wurden auch noch nach einem Jahr gefunden. Anchored Instruction wurde aber auch jenseits des schulischen Lernens eingesetzt.
Langone (1998) überprüfte die Qualität der Beispiele von Lehrstrategien, die Lehramtskandidaten gaben, um Schüler mit mittlerer bis schwerer mentaler Retardierung beim Lernen zu unterstützen. Die eine Gruppe von Studierenden wurde mit *Anchored Instruction*, die andere frontal unterrichtet. *Anchored Instruction* half vor allem den schwächeren Studierenden; bei den besten Studierenden war kein Unterschied der beiden Gruppen feststellbar. Interviews zeigten, dass insbesondere die Visualisierung half, den Einsatz der Lehrstrategien im Gedächtnis zu behalten.
Auch Blackhurst und Morse (1996) beschäftigten sich mit Lehrpersonen. Sie führten eine formative Evaluation der Entwicklung und Implementation eines nach *Anchored Instruction* gestalteten Unterrichtsmoduls in der Sonderpädagogik durch. An der Evaluation waren Studierende, Graduierte und professionell Tätige aus diesem Bereich beteiligt; ihr Feedback wurde mehrfach zu einer Änderung des Konzepts verwendet. Die letztendliche Version wurde als Ergänzung der Ausbildung sowie der Fortbildung von allen beteiligten Gruppen positiv beurteilt.
Pichert, Snyder, Kinzer und Boswell (1994) untersuchten den Lernerfolg eines zweiwöchigen Trainings von an Diabetes erkrankten Kindern über Strategien im Umgang mit ihrer Krankheit. Sie analysierten Faktenwissen, Begründungen für den Einsatz der Strategien und alltägliche, krankheitsbezogene Vorgehensweisen sowohl kurzfristig als auch nach acht Monaten. Die mit *Anchored Instruction* unterrichtete Gruppe schnitt überall außer beim Faktenwissenstest besser ab; nur bei diesem war die Kontrollgruppe gleich gut.

Klauser (1998) zeigte, dass sich *Anchored Instruction* auf die kaufmännische Ausbildung übertragen lässt; die Implementation setzt natürlich eine entsprechende Aus- und Weiterbildung der Lehrer an Berufsschulen voraus.

Kammhuber (2000) übertrug den *Anchored Instruction*-Ansatz auf einen professionellen Bereich, das Lernen kompetenter interkultureller Interaktion in verschiedenen Handlungsfeldern, z.B. bei der Entsendung von Bundeswehrsoldaten zu Auslandseinsätzen. Die Anker zeigten Interaktionen mit der fremden sozialen Umwelt in Form kritischer Begegnungssituationen. Das *Anchored Instruction*-Training fand höhere Akzeptanz als herkömmliche Trainings und erleichterte den Erwerb flexibel anwendbaren interkulturellen Wissens.

Alle Studien zeigen positive Befunde, weisen aber auch darauf hin, dass *Anchored Instruction*-Bedingungen aufwändig und daher oft nur unter „paradiesischen" Bedingungen realisierbar sind. Wegen der Vielfalt der abgedeckten Bereiche ist dennoch ein klares Plädoyer für die Weiterentwicklung von Lernumgebungen nach dem *Anchored Instruction*-Modell zu ziehen – es stellt einen überzeugenden Weg dar, situiertes Lernen zu ermöglichen.

Literatur

Blackhurst, A. E. & Morse, T. E. (1996): Using anchored instruction to teach about assistive technology. In: Focus on Autism and Other Developmental Disabilities, 11, 131-141. – CTGV (1990): Anchored instruction and its relationship to situated cognition. In: Educational Researcher, 19 (6), 2-10. – CTGV (1997): The Jasper project: Lessons in curriculum, instruction, assessment, and professional development. Mahwah: Erlbaum. – Kammhuber, S. (2000): Interkulturelles Lernen und Lehren. Wiesbaden: Deutscher Universitätsverlag. – Klauser, F. (1998): Anchored Instruction - eine Möglichkeit zur effektiven Gestaltung der Lehr-Lern-Prozesse in der kaufmännischen Ausbildung. In: Erziehungswissenschaft und Beruf, 46, 283-305. – Langone, J. (1998): The effects of technology-enhanced anchored instruction and situated learning on preservice teachers in a special education methods course. In: Journal of Developmental and Physical Disabilities, 10, 35-54. – Pichert, J. W., Snyder, G. M., Kinzer, C. K. & Boswell, E. J. (1994): Problem solving anchored instruction about sick days for adolescents with diabetes. In: Patient Education and Counseling, 23, 115-124.

56| Gestaltung problemorientierter Lernumgebungen
Cornelia Gräsel

1 Was sind problemorientierte Lernumgebungen?

Wie viele andere Begriffe der Unterrichtsforschung, ist „problemorientierte Lernumgebung" nicht einheitlich definiert. In den verschiedenen Varianten des Begriffes lassen sich aber folgende Elemente finden, die einen gemeinsamen Kern problemorientierter Lernumgebungen ausmachen:

(1) Das zentrale und Namen gebende Element besteht darin, die Lehr-Lernsituation mit Problem- oder Entscheidungssituationen zu gestalten, die so oder so ähnlich in der Realität auftreten (Gräsel 1997). Häufig wird in diesem Zusammenhang von *authentischen Problemstellungen* gesprochen. Authentizität bezeichnet dabei die Übereinstimmung der Lernsituation mit den Situationen, in denen die erworbenen Kompetenzen angewendet werden können oder sollen. Authentizität ist damit immer ein relativer Begriff: Authentische Probleme erfordern eine Beziehung mit den Handlungs-

erfahrungen der Lernenden bzw. mit möglichen zukünftigen Handlungskontexten und den dort auftretenden Problemen. Richtet sich das Lernen auf den Erwerb beruflicher Kompetenzen, ist Authentizität relativ einfach zu realisieren, weil zukünftige Handlungskontexte und Probleme bekannt sind. So lernen angehende Mediziner anhand der Diagnose und Therapie von Patienten oder angehende Kaufleute bei der „Leitung" eines computersimulierten Unternehmens. Für den Bereich des schulischen Lernens wird Authentizität meist dadurch realisiert, indem an Alltagserfahrungen der Schüler/innen angeknüpft wird oder gesellschaftlich relevante Problemstellungen aufgegriffen werden (vgl. Gräsel & Parchmann 2004a). Ein wichtiges Gestaltungsprinzip problemorientierter Lernumgebungen ist es, die Lernprobleme in ihrer Komplexität nicht zu reduzieren bzw. aus ihrem jeweiligen Kontext herauszulösen. In vielen Lernumgebungen werden daher Medien verwendet, die die realitätsnahe Präsentation der Probleme unterstützen.

(2) Die Problemstellungen sollen so gewählt sein, dass sie von den Lernenden als für sie *bedeutungsvoll und interessant* erlebt werden, um eine intrinsisch motivierte Auseinandersetzung mit ihnen zu erreichen (Stark & Mandl 2000). Dies erfordert vom Lehrenden Kenntnis darüber, welche Handlungskontexte und Probleme von Schüler/innen als interessant bewertet werden. Weil die Auffassung der Lehrpersonen darüber von der Sichtweise der Lernenden häufig abweicht, sollte dieses Merkmal problemorientierter Lernumgebungen besonders sorgfältig evaluiert werden.

(3) Probleme, die von den Lehrenden lediglich als Beispiel oder zur Veranschaulichung von Inhalten verwendet werden, machen keine problemorientierte Lernumgebung aus. Die Probleme sollten vielmehr den Ausgangspunkt des Lernens bilden; auf eine vorangegangene systematische Wissensvermittlung sollte so weit wie möglich verzichtet werden. Mit diesem Merkmal weichen problemorientierte Lernumgebungen erheblich von der „klassischen" didaktischen Sequenzierung ab, die zunächst die Vermittlung des Grundlagenwissens auf eine von den Lehrenden gesteuerte Weise vorsieht und bei der das Gelernte erst in späteren Phasen auf Aufgaben angewendet wird (vgl. Reinmann-Rothmeier & Mandl 2001). In problemorientierten Lernumgebungen bilden die authentischen Problemstellungen dagegen den Rahmen für *selbstgesteuerte Lernaktivitäten* der Schüler/innen: Die Lernenden legen die Ziele so weit wie möglich selbst fest und haben breiten Entscheidungsspielraum, welche Ressourcen sie in welcher Reihenfolge bearbeiten wollen. Der Lehrperson kommt die Funktion zu, die Lernenden bei deren selbstgesteuerten Auseinandersetzung angemessen zu unterstützen.

(4) Eine Gefahr der Verwendung von Problemstellungen in Lehr-Lernsituationen besteht darin, dass die erworbenen Kompetenzen zu sehr auf den Anwendungskontext der Lernprobleme beschränkt bleiben. Um dies zu vermeiden und einen *flexiblen Transfer des Gelernten* zu unterstützen, werden Inhalte anhand verschiedener Probleme aus verschiedenen Kontexten gelernt (vgl. Reinmann-Rothmeier & Mandl 2001). Eine weitere Möglichkeit der Dekontextualisierung stellt die Bearbeitung der Probleme aus verschiedenen Perspektiven dar. Schließlich sehen auch problemorientierte Lernumgebungen Phasen vor, in denen das erworbene Wissen vom Lehrenden gesteuert systematisiert und abstrahiert wird.

2 Die „Renaissance" problemorientierter Lernumgebungen

Warum erfahren problemorientierte Lernumgebungen in der Lehr-Lernforschung wieder so viel Aufmerksamkeit? Ein Grund dafür kann in der Qualität des bestehenden Unterrichts gesehen werden, die vor allem durch die Ergebnisse der internationalen Leistungsstudien TIMSS und PISA in die Kritik geraten ist. In Forschung und Praxis werden Modelle gesucht, die geeignet sind, bestehende Unterrichtsmuster zu ergänzen und die Qualität des Lehrens in Schule wie Hochschule anzuheben. Problemorientierte Lernumgebungen versprechen vor allem eine Verbesserung von zwei bestehenden Schwierigkeiten: (1) Zahlreiche Befunde weisen darauf hin, dass es in Schule und Hochschule häufig nicht gelingt, Wissen zu vermitteln, das außerhalb der Lehr-Lernsituationen flexibel genutzt werden kann (Gräsel 1997, Reinmann-Rothmeier & Mandl 2001). Das zentrale Ziel problemorientierter Lernumgebungen ist es, den Erwerb „trägen Wissens" zu vermeiden. (2) Das selbstgesteuerte Lösen der Probleme soll dazu beitragen, die intrinsische Motivation zu unterstützen – also die Auseinandersetzung mit Inhalten ohne Anreize von außen und die Freude beim Lernen. Problemorientierte Lernumgebungen sind nicht „neu" – viele Grundideen sind bereits in der Reformpädagogik zu finden. Allerdings gehen aktuelle Ansätze über die historischen Quellen hinaus: Auf Grund ihrer Verbindung zu kognitiven Lerntheorien sind sie detaillierter in der Analyse der zu erwerbenden Kompetenzen und der dafür erforderlichen Lernprozesse. Dementsprechend können die Gestaltungsmerkmale der Lernumgebungen theoretisch besser begründet werden. Die postulierten Wirkungen problemorientierter Lernumgebungen werden zudem empirisch überprüft und die Befunde für eine Weiterentwicklung der Gestaltungsprinzipien verwendet.

3 Zwei Richtungen der Gestaltung problemorientierter Lernumgebungen

Im Folgenden werden zwei Richtungen – aus den Bereichen Schule und Hochschule – vorgestellt, die sich mit problemorientierten Lernumgebungen befassen.

3.1 Schulisches Lernen: Problemorientierte Lernumgebungen auf der Grundlage des situierten Lernens

Ende der 80er Jahre etablierte sich im Rahmen der Lehr-Lernforschung eine neue Forschungsrichtung, die unter dem Namen „situierte Ansätze des Lernens" bekannt wurde. Sie wandte sich gegen die vorherrschende Richtung des Kognitivismus, in der Lernende als Informationsverarbeitungssysteme konzipiert werden. Vertreter eines gemäßigt situierten Ansatzes plädieren dafür, die kognitive Perspektive so weiterzuentwickeln und Lernumgebungen zu entwickeln, dass deren Schwächen – beispielsweise träges Wissen – vermieden werden. Im Rahmen dieser Ansätze wurden einige Modelle für die Gestaltung problemorientierter Lernumgebungen entwickelt, z.B. die *Anchored Instruction* oder der *Cognitive Apprenticeship* Ansatz. Auch im deutschsprachigen Raum wurden diese Modelle weiterentwickelt – beispielsweise im Ansatz „Chemie im Kontext" (z.B. Gräsel & Parchmann 2004b).

Die Entwicklung dieser Modelle war von Beginn an von empirischen Studien begleitet. In einer ersten Phase wurden vornehmlich qualitative Feldstudien durchgeführt. Später wurden Lernumgebungen mit den oben dargestellten Merkmalen hinsichtlich ihrer Effektivität untersucht (Cognition and Technology Group at Vanderbilt 1997, Greeno & MMAP 1998). Diese empirischen Studien weisen überwiegend auf positive Effekte hin. Insbesondere wird berichtet, dass sich problemorientierte Lernumgebungen positiv auf intrinsische Motivation und das Interesse auswirken. In einigen Arbeiten konnte eine Unterstützung des Transfers nachgewiesen werden. Ein deutlicher Forschungsbedarf ergibt sich hinsichtlich der Frage, wie für verschiedene Inhaltsgebiete und Lernvoraussetzungen ein optimaler Ausgleich zwischen selbstgesteuerter Bearbeitung der kontextualisiert dargebotenen Aufgaben einerseits und Unterstützung durch die Lehrenden andererseits herzustellen ist.

3.2 Lernen an der Hochschule: Problembasiertes Lernen

An Hochschulen entwickelte man insbesondere in der Medizin problemorientierte Kurse und Curricula, weil man sich davon eine Verbesserung der Kompetenzen der Studienabgänger versprach (vgl. Zumbach 2003). Für diese Form des Lernens hat sich die Bezeichnung „problembasiertes Lernen" (PBL) durchgesetzt. PBL ist durch folgende Merkmale gekennzeichnet (Barrows 1985): (1) Es werden authentische medizinische Probleme – also Fälle – für das Lernen verwendet. (2) Die meisten Veranstaltungen finden in Kleingruppen statt, die von einem Tutor betreut werden. (3) Der Ablauf der Problembearbeitung in einer Kleingruppe entspricht einem Schema, das sich verkürzt folgendermaßen zusammenfassen lässt: Analyse der Probleme, Hypothesenbildung, Identifikation von Wissenslücken und Formulierung von Lernzielen, individuelle Bearbeitung von Materialien, Zusammentragen der Informationen in der Gruppe und Anwendung des Gelernten auf den Fall. Die meisten empirischen Studien vergleichen die Leistung der Studierenden aus traditionellen Kursen bzw. Curricula mit denen aus problemorientierten (Dochy, Segers, van den Bossche & Gijbels 2003). Dabei zeigen sich uneinheitliche Ergebnisse – insgesamt lässt sich kein wesentlicher Unterschied zwischen diesen beiden Formen hinsichtlich des Abschneidens in traditionellen Prüfungen konstatieren. Die Studien, die sich mit den Fähigkeiten zum selbstgesteuerten Lernen und der Studienmotivation bzw. -zufriedenheit befassen, weisen eindeutig auf eine Überlegenheit von PBL in diesen Variablen hin. Hinsichtlich anwendbaren Wissens und praktischer Kompetenzen gibt es ebenfalls Hinweise für ein besseres Abschneiden der Studierenden aus den problemorientierten Lehrangeboten (Dochy u.a. 2003).

4 Ausblick

In den letzten Jahren wurden in beiden der hier aufgeführten Richtungen beträchtliche Forschungsanstrengungen unternommen. Dabei zeichnen sich drei Themenstellungen ab, die die wissenschaftliche Diskussion sicher auch in den nächsten Jahren beschäftigen werden: (1) In empirischen Studien wird stärker die Frage untersucht, welche Merkmale effektive problemorientierte Lernumgebungen kennzeichnen. Empirische Studien gehen daher dazu über, verschiedene Varianten problemorientierter Lernumgebungen miteinander zu vergleichen, um spezifischere Gestaltungsprinzipien für bestimmte Anwendungen zu formulieren (z.B. für verschiedene Lernende). (2) Mit problemorientierten Lernumgebungen werden andere Ziele als mit traditionellem Unterricht verfolgt. Diese veränderte Zielsetzung muss in Leistungsüberprüfungen und empirischen Studien berücksichtigt werden. Dementsprechend werden derzeit Testverfahren entwickelt, die die Anwendung von Kompetenzen stärker berücksichtigen. (3) Der Implementation problemorientierter Lernumgebungen – also ihrer Verbreitung in der Praxis – wird in der Forschung ein höherer Stellenwert eingeräumt (vgl. Gräsel & Parchmann 2004a). Damit verbunden wird verstärkt untersucht, welche Faktoren die Verbreitung problemorientierter Lernumgebungen fördern bzw. hemmen.

Literatur

Barrows, H. S. (1985): How to design a problem-based curriculum for the preclinical years. New York: Springer. – Cognition and Technology Group at Vanderbilt (1997): The Jasper Project: Lessons in curriculum, instruction, assessment, and professional development. Mahwah: Erlbaum. – Dochy, F., Segers, M., van den Bossche, P. & Gijbels, D. (2003): Effects of problem-based learning: a meta-analysis. In: Learning and Instruction, 13, 533-568. – Gräsel, C. (1997): Problemorientiertes Lernen. Göttingen: Hogrefe. – Gräsel, C. & Parchmann, I. (2004a): Die Entwicklung und Implementation von Konzepten des situierten, selbstgesteuerten Lernens. In: Zeitschrift für Erziehungswissenschaft, Sonderheft 2, PISA und die Folgen, 169-182. – Gräsel, C. & Parchmann, I. (2004b): Implementationsforschung – oder: der steinige Weg, Unterricht zu verändern. In: Unterrichtswissenschaft, 32, 238-256. – Greeno, J. & MMAP. (1998): The situativity of knowing, learning, and research.

In: American Psychologist, 53, 5-26. – Reinmann-Rothmeier, G. & Mandl, H. (2001). Unterrichten und Lernumgebungen gestalten. In: Weidenmann, B., Krapp, A., Huber, G. L., Hofer, M. & Mandl, H. (Hrsg.): Pädagogische Psychologie, 3., überarb. Aufl. Weinheim: Psychologie Verlags Union, 603-648. – Stark, R. & Mandl, H. (2000). Konzeptualisierung von Motivation und Motivierung im Kontext situierten Lernens. In: Schiefele, U. & Wild, K. P. (Hrsg.): Interesse und Lernmotivation. Münster: Waxmann, 95-115. – Zumbach, J. (2003): PBL - Problembasiertes Lernen. Münster: Waxmann.

57| Kognitive Meisterlehre
Helmut Felix Friedrich

1 Einordnung

Mit der konstruktivistischen Wende Ende der 80er Jahre wird Lernen nicht mehr nur als Kopfarbeit eines Individuums gesehen, sondern als eine in soziale und Anwendungskontexte eingebettete Tätigkeit. Die Kognitive Meisterlehre (KM) greift diese Ideen auf und überträgt Züge der klassischen Meisterlehre auf den Erwerb kognitiver Fertigkeiten, z.B. Texte verstehen, Texte produzieren, Mathematik treiben (Brown, Collins & Duguid 1989, Collins, Brown & Newman 1989). Sie integriert verschiedene Denkrichtungen – Vygotskys Verständnis von Lernen als Internalisierung sozialer Interaktion, das Konzept des situierten Lernens (Rogoff & Lave 1984), die Methoden der kognitiven Trainingsforschung, die Nutzung des Potenzials neuer Medien (Collins 1991, Collins & Brown 1988) – und sie lässt Bezüge zur reformpädagogischen Tradition erkennen (Hoppe 1993).

2 Merkmale von Lernumgebungen

Aus der Analyse dreier „Erfolgsmodelle" (Palincsar & Brown 1984, Bereiter & Scardamalia 1987, Schoenfeld 1985) leiten Collins u.a. (1989) folgende Empfehlungen für die Gestaltung von Lernumgebungen ab:

2.1 Inhalte

Um Expertise in einem Inhaltsgebiet zu erwerben, bedarf es außer des verhältnismäßig leicht explizierbaren fachlichen Wissens auch implizites Wissen wie Problemlöse-, Kontroll- oder Lernstrategien, das in Lehrbüchern zumeist nicht dokumentiert ist. Lernende sollten von Anfang an auch daran partizipieren, da dies die Anwendung expliziten Lehrbuchwissens in Problemsituationen erleichtert.

2.2 Methoden

Da kognitive Prozesse, anders als die in der handwerklichen Lehre zu erwerbenden manuellen Fertigkeiten, nicht offen beobachtbar sind, zielen die Methoden der KM darauf ab, Expertenwissen explizit zu machen, damit Lernende es internalisieren können. Dem dienen folgende Methoden:
(a) *modeling:* Der Lehrer demonstriert eine kognitive Tätigkeit, z.B. das Zusammenfassen eines Textes, und verbalisiert dabei sein Vorgehen, um die Denkschritte offen zu legen, die zum Ziel führen.

(b) *coaching*: Die Lernenden bearbeiten selbst Probleme und werden dabei vom Lehrer gezielt unterstützt, z.B. durch detaillierte Rückmeldung und Korrektur.
(c) *scaffolding, fading:* Können Lernende Aufgaben noch nicht selbstständig bearbeiten, so erhalten sie gezielte Unterstützung (engl. *scaffolding*). Der Lehrer übernimmt z.B. Teile der Aufgabe selbst oder er stellt Hilfsmittel zur Verfügung. Mit zunehmendem Lernfortschritt wird die Unterstützung abgebaut (engl. *fading*).
(d) *articulation*: Die Lernenden artikulieren ihre Überlegungen beim Lösen von Aufgaben, z.B. durch Antworten auf Lehrerfragen zum Vorgehen oder durch begleitendes lautes Denken.
(e) *reflection*: Diese Methode dient dem Nachdenken über das eigene Denken, z.B. durch Vergleich der eigenen Lösung mit der anderer Personen. Durch Artikulation und Reflexion sollen die lernerseitigen Strategien offen gelegt werden, um sie der Kommunikation und Veränderung zugänglich zu machen.
(f) *exploration*: Mit zunehmendem Lernfortschritt sollen Lernende nicht nur die gestellten Probleme selbstständig bearbeiten, sondern sich auch die zu bearbeitenden Probleme selbst stellen.

2.3 Sequenzierung

Die KM empfiehlt, Unterricht nach folgenden Prinzipien zu sequenzieren:

(a) *Wachsende Komplexität der Aufgaben*: Zum Beispiel würde man das Zusammenfassen von Texten erst an einfachen und kurzen Texten üben, um dann mit (bezgl. Syntax, Wortschatz, Verwobenheit der Ideen) komplexeren Texten zu arbeiten.
(b) *Zunehmende Unterschiedlichkeit der Aufgaben*: Die Aufgabenstellungen werden erweitert, so dass nicht nur eine bestimmte Strategie zur Aufgabenlösung in Frage kommt, sondern unter mehreren Strategien auszuwählen ist. So beschränkt sich der kompetente Umgang mit Texten nicht auf das Verstehen narrativer Texte, sondern schließt auch „Gebrauchstexte" (Tabellen, Gebrauchsanleitungen u.a.) ein. Zunehmend unterschiedliche Aufgaben erleichtern späteren Transfer.
(c) *Globale vor lokalen Fertigkeiten*: Damit Lernende eine Vorstellung von der zu erwerbenden Zielstrategie bekommen, soll zunächst die Zielstrategie in vereinfachter Form als Ganzes und erst später in ihren Feinheiten geübt werden

2.4 Soziale Bedingungen

Collins u.a. (1989) schlagen vor: (a) Lernen in Anwendungsprobleme einzubetten, (b) dabei eine Kultur der Expertenpraxis zu realisieren, (c) den Aufbau intrinsischer Motivation zu unterstützen, (d) die Chancen des kooperativen und (mit Einschränkungen) des kompetitiven Lernens zu nutzen. Vor allem (a) und (b) verdeutlichen die Zugehörigkeit der KM zu den Ansätzen des „situierten Lernens". Lernen sollte in doppelter Hinsicht situiert sein. Zum einen sollte es von Anfang an mit einem authentischen Anwendungsproblem verknüpft sein, damit der Nutzwert von Wissen direkt erfahren wird. Zum anderen sollte die Lernsituation so gestaltet werden, dass sich Lehrende und Lernende als eine Gemeinschaft verstehen, welche Probleme in einem bestimmten Anwendungsbereich löst und dabei eng kooperiert. Dies bietet die Möglichkeit zu lernen, „... to think like experts" (Collins u.a. 1989, S.488).

3 Bewährung

Eine abschließende Würdigung der KM auf der Basis empirischer Daten fällt schwer. Der Gesamtansatz ist eher Programm geblieben, in empirischen Studien werden häufig nur spezifische Elemente aufgegriffen. Auch sind die Erfolgskriterien und deren Operationalisierung zum Teil unterschiedlich. Järvelä (1996) analysiert zwölf Studien, in denen zentrale Aspekte der KM empirisch untersucht wurden; elf dieser Studien berichten positive Effekte. Die analysierten Studien decken unterschiedliche Bereiche (Vorschul-, Primar-, Sekundar-, Tertiär-, Quartärbereich) und Domänen ab (Verstehen und Produzieren von Texten, Mathematik, Informatik, Medizin). Einige der Studien berichten über die erfolgreiche Erprobung computerbasierter Lernarrangements, die nach KM-Gesichtspunkten gestaltet wurden (s.a. Mandl, Gruber & Renkl 2002, Pedersen & Liu 2002). Mit Blick auf den Anspruch der KM, Lerntransfer zu fördern, sind die Ergebnisse uneinheitlich (Järvelä 1996, Tobias 1991). Hendricks (2001) fand, dass KM-Unterricht zum Kausalitäts-Konzept sich zwar positiv auf das Wissen über Kausalität auswirkt, der Transfer dieses Wissens auf neue Aufgaben dennoch ein sehr seltenes Ereignis blieb.

4 Würdigung

Über KM u.a. konstruktivistische Ansätze wurde und wird heftig und polemisch diskutiert (Hoppe 1993). Auch wohlwollende Autoren verweisen auf Schwachstellen (Mandl, Gruber & Renkl 2002). Die Konkretisierung der Methoden der KM (s.o.) für verschiedene Fächer und Altersstufen lässt zu wünschen übrig (Pea 2004). Ein Brennpunkt der Diskussion ist, wie die Forderung nach „authentischen Problemstellungen" für schulisches Lernen zu realisieren ist (Järvelä 1996). Auch scheinen nicht alle Lernenden in gleichem Maße von KM zu profitieren, da auch hier individuelle Lernvoraussetzungen (Motivation, Vorwissen) wichtig sind (Mandl u.a. 2002, Järvilä 1996).

Doch insgesamt hat die KM und die damit verbundene Konstruktivismus-Debatte das Nachdenken über Lernen und Wissensanwendung nachhaltig angeregt. In dieser Diskussion zeichnet sich ein Bild des Lernens ab, bei dem es nicht nur um Rezeption, Verarbeitung und Speicherung abgeschlossener Wissensbestände geht, sondern darum, in anregenden und reichhaltigen Lernumgebungen, die Spielräume für Selbststeuerung eröffnen, herausfordernde Probleme zu bearbeiten.

Literatur

Bereiter, C. & Scardamalia, M. (1987): The psychology of written composition. Hillsdale, NJ: Erlbaum. – Brown, J. S., Collins, A. & Duguid, P. (1989): Situated cognition and the culture of learning. In: Educational Researcher, 18 (1), 32-42. – Collins, A. (1991): Cognitive apprenticeship and instructional technology. In: Idol, L. & Jones, B. F. (Eds.): Educational values and cognitive instruction: Implications for reform. Hillsdale, NJ: Erlbaum. – Collins, A. & Brown, J. S. (1988): The computer as a tool for learning through reflection. In: Mandl, H. & Lesgold, H. (Eds.): Learning issues for Intelligent Tutoring Systems. Berlin etc.: Springer-Verlag, 1-18. – Collins, A., Brown, J. S. & Newman, S. E. (1989): Cognitive apprenticeship: Teaching the crafts of reading, writing, and mathematics. In: Resnick, L. B. (Ed.): Knowing, learning, and instruction. Hillsdale, N.J.: Erlbaum, 453-494. – Hendricks, C. C. (2001): Teaching causal reasoning through cognitive apprenticeship: What are results from situated learning? In: Journal of Educational Research, 94, 302-311. – Hoppe, H. U. (1993): Cognitive apprenticeship – the emperor's new method? A polemical reaction to the debate on situated cognition and cognitive apprenticeship. In: Journal of Artifical Intelligence in Education, 4 (1), 49-54. – Järvelä, S. (1996): New models of teacher-student interaction: A critical review. In: European Journal of Psychology of Education, 11 (3), 249-268. – Mandl, H., Gruber, H. & Renkl, A. (2002): Situiertes Lernen in multimedialen Lernumgebungen. In: Issing, L. J. & Klimsa, P. (Hrsg.): Information und Lernen mit Multimedia und Internet. 3. Aufl. Weinheim: Beltz. 139-148. – Pea, R. D. (2004): The social and technological dimensions of scaffolding and related theoretical concepts for learning, education, and human activity. In: The Journal of the Learning Sciences, 13 (3), 423-451. – Palincsar, A. S. & Brown, A. L. (1984): Reciprocal teaching of comprehension-fostering and comprehension-monitoring activities. In: Cognition and Instruction, 1 (2), 117-175. – Pedersen, S. & Liu, M. (2002): The effects of modeling expert cognitive strategies during problem-based learning. In: Journal of Educational

Computing Research, 26 (4), 353-380. – Rogoff, B. & Lave, J. (Eds.) (1984): Everyday cognition: Its development in social context. Cambridge, MA: Harvard University Press. – Schoenfeld, A. H. (1985): Mathematical problem solving. New York: Academic Press. – Tobias, S. (1991): An eclectic examination of some issues in the constructivist-ISD controversy. In: Educational Technology, 31 (9), 421-43.

4.5 Organisationsformen, Differenzierung, Integration

58| Lerngruppendifferenzierter Unterricht
Liane Paradies und Hans Jürgen Linser

1 Differenzierter Unterricht

Die PISA – Studien haben gezeigt, dass in kaum einem anderen Land, das sich an dieser Vergleichsstudie beteiligt hat, die soziale Herkunft der Schüler derart ausschlaggebend für ihre schulische Karriere ist wie in Deutschland. Unser gegliedertes Schulsystem produziert offensichtlich eine ebenso frühe wie rigide Selektion, die der differenzierten individuellen Förderung strikt zuwiderläuft. Um die grundgesetzlich garantierte Chancengleichheit (Hentig 1993) zu etablieren, müssen für die Schule im 21. Jahrhundert neue Zielebenen formuliert werden, die eine basale Orientierung geben können. Zur Erreichung dieses Zieles muss Individualität als konstitutive Basis begriffen werden und damit bilden das individuelle Leistungsvermögen und das Lernverhalten die Grundlage für differenzierende Maßnahmen. Differenzierung ist aber nicht nur eine Maßnahme zur Gestaltung von Unterricht, sondern auch ein Unterrichtsprinzip, d.h. der Unterricht knüpft an die Lernvoraussetzungen der Schülerinnen und Schüler an (Passung und Individualisierung des Unterrichts). Dies geschieht durch vielfältige Möglichkeiten auf organisatorischer, didaktischer und methodischer Ebene.

„Als eine pädagogische und organisatorische Maßnahme dient Differenzierung der gruppenmäßigen oder individuellen Anpassung entweder von Schwierigkeitsgraden der Anforderung an den Entwicklungsstand und die Leistungsfähigkeit der Schüler (Differenzierung nach Fähigkeiten) oder von Lernzielen und Angeboten an ihre Neigungen und Lernbedürfnisse (Differenzierung nach Interessen)" (Schröder 1991, S.141).

2 Historischer Überblick zur Situation des differenzierten Unterrichtens

Das Organisationsmodell der heute verbreiteten Schulform stammt aus dem 16. Jahrhundert, aus einer Epoche, in der die Jahrgangsklasse „erfunden" wurde (Comenius 1592-1670). Damals war das ein gewaltiger Fortschritt, denn die Einrichtung von festen Jahrgangsklassen mit dem Prinzip des Fachunterrichts bildete eine der Voraussetzungen für die Einführung der flächendeckenden allgemeinen Schulpflicht in Deutschland im 19. Jahrhundert.

Mit der verbindlichen Einführung des Grundschulbesuchs für alle Schülerinnen und Schüler in der Weimarer Republik entstand die Notwendigkeit einer leistungsorientierten Selektion als Zuweisungskriterium für die verschiedenen Schulformen des Sekundarschulwesens. Damit verbunden ist die Vorstellung einer Gruppierung auf der Grundlage der allgemeinen individuellen Leistungsfähigkeit, um optimale Lern- und Arbeitsbedingungen durch eine fachübergreifender Leistungshomogenität der Lerngruppen zu schaffen. Ein Nachteil dieser als *Streaming* bezeichneten Differenzierung ist der hohe Grad der Selektion und die Leistungsfixierung.

Als deutlich weniger selektierend wird die fachspezifische Leistungsdifferenzierung angesehen, wie sie im Rahmen der Gesamtschulenwicklung während der Bildungsreformbewegung der 1960er Jahre entwickelt wurde. In diesem als *Setting* bezeichneten Verfahren wird die Leistungshomogenität der Lerngruppen fachspezifisch angestrebt. Aber auch dieses Differenzierungsmodell hat seine Nachteile: Gruppenwechsel ist nur mit zusätzlichen Fördermaßnahmen möglich, Homogenität führt nicht zur erhofften Leistungssteigerung und sie entwickelt sich innerhalb der Lerngruppen schnell wieder zur Heterogenität. Das Modell der flexiblen Differenzierung greift dieses Problem auf, indem zwischen leistungsheterogenen Einführungsphasen und leistungshomogenen Erweiterungsphasen gewechselt wird. Im gemeinsamen leistungsheterogenen Unterricht wird das *Fundamentum* gelegt. Die anschließenden Zusatz-, Förder- und Wiederholerkurse stellen danach ein *Additum* in Form leistungshomogener Lerngruppen bereit, das den spezifischen Lernbedürfnissen der Schülerinnen und Schüler entspricht. So können die Schüler individuell gefördert und gefordert werden, Kurswechsel ist nach jeder Unterrichtseinheit möglich, aber der Organisationsaufwand und der Arbeitsaufwand für die Lehrer ist erheblich.

Ein weiteres Modell, auf das schon die Reformpädagogen setzten, ist der Verzicht auf den Versuch einer Homogenisierung der Lerngruppen unter der Perspektive der Individualisierung des Lernens (Bildungskommission NRW 1995). Durch die Rahmenbedingungen des alltäglichen Unterrichtens und die bevorzugte Unterrichtsform des Frontalunterrichts gestaltet sich die praktische Umsetzung im Unterrichtsalltag aber eher schwierig.

3 Modelle der Differenzierung

3.1 Die gegenwärtige Situation

Der Wissenserwerb ist und bleibt auch in Zukunft eine wesentliche Aufgabe des Unterrichts. Gemeint sind hiermit aber nicht träge und mit den jeweiligen Lernsituationen verbundene, nur mechanisch anwendbare Kenntnisse, sondern es muss vielmehr ein sinnvoll geordnetes, untereinander und mit vielen Situationen vernetztes, flexibles und situativ anpassungsfähiges erweiterbares Wissen und Können sein. Um dieses anspruchsvolle Ziel zu erreichen, müssen wir die Modi des traditionellen Lernens durch andere Modi und die traditionellen Muster des Unterrichts durch neue Muster ergänzen (Meyer 2004). Denn vieles von dem, was die heutigen Schülerinnen und Schüler als Erwachsene benötigen werden, lässt sich nicht frontal „im Gleichschritt" durch Anhäufung von Wissen erlernen, sondern weitgehend auf Individualität aufbauen. Angesichts der zunehmend als unterschiedlich wahrgenommenen Lernvoraussetzungen und Biografien der Schülerinnen und Schüler, wird die innere Differenzierung des Unterrichts zunehmend wichtiger. Dazu ist es erforderlich, dass die Lebens- und Entwicklungsperspektiven der Schülerinnen und Schüler in den Mittelpunkt des schulischen Lernens gerückt werden, wie dies viele neuere Rahmenrichtlinien auch fordern.

3.2 Differenzierungsebenen: Ordnungsschemata zur Differenzierung

Differenzierung in der Schule findet nach unterschiedlichen Strukturprinzipien statt. Strukturieren bedeutet, die natürlich bestehende Heterogenität der Lernenden zu ordnen. Ordnung schaffen bezeichnet im umgangssprachlichen wie im wissenschaftlichen Sinn nichts anderes als das Vorhaben, die vielen Individualitäten in ein System zu bringen, das übergeordnete Gesichtspunkte und Gemeinsamkeiten enthält. Auf einer ersten, allgemeinen Ebene kann zwischen der äußeren und der inneren Differenzierung unterschieden werden:

– Ansätze der äußeren Differenzierung ordnen die Heterogenität im Sinne übergreifender organisatorischer Kriterien, die dann entsprechende didaktische Konsequenzen nach sich ziehen. Vorgaben zur äußeren Differenzierung sind überwiegend durch bildungspolitische Vorgaben geprägt und entziehen sich meist dem Entscheidungsrahmen einzelner Lehrkräfte oder Schulen. Beispiele für die äußere Differenzierung sind die Zuweisung zu Schularten oder zu Jahrgangsklassen.
– Innere Differenzierung bezeichnet alle Formen der zeitlich befristeten und/oder dauerhaften Aufteilung eines Lernverbandes in arbeitsfähige Teilgruppen (Klafki 1985). Ergänzt wird das Differenzieren durch vorhergehende und nachfolgende Integrationsbemühungen. Dadurch wird eine neue „Ganzheit" hergestellt, in der das, was integriert wird, nicht verloren geht, sondern lebendig und vielfältig aufgehoben wird.

Auf einer zweiten Ebene können verschiedene Formen der inneren Differenzierung im Sinne einer Differenzierung des Unterrichts unterschieden werden, die ihrerseits schulorganisatorisch bedingt sind. Eine Übersicht verschiedener Differenzierungskriterien gibt Abbildung 1.

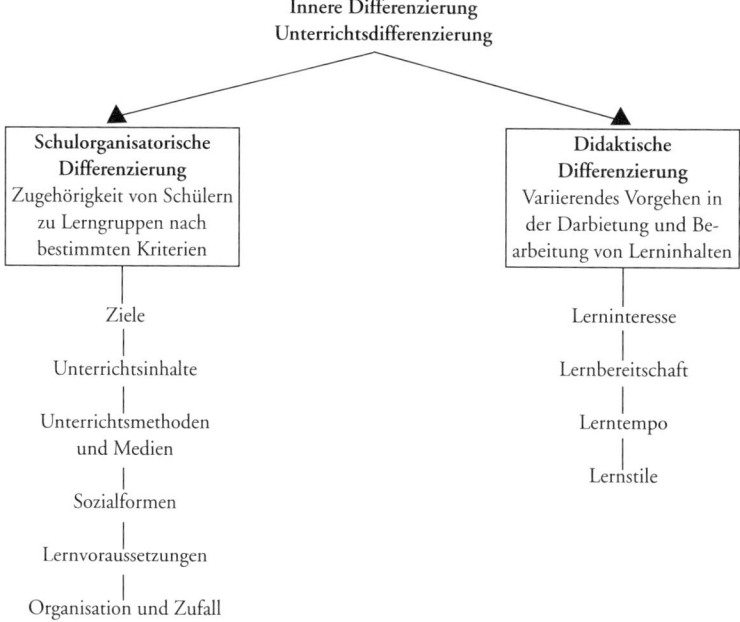

Abb.1: Schematische Übersicht von Kriterien der inneren Differenzierung

3.3 Organisatorische und inhaltliche Konsequenzen

Es gibt keine ganzheitliche pädagogische Lerntheorie, mit der wir lückenlos alles beschreiben und erklären könnten, was sich täglich vor unseren Augen im Klassenzimmer abspielt. Dass dem so ist, liegt schon an der Pauschalität der Fragestellung. Es gibt nicht die „eine" Lerntheorie, die die bunte Fülle unterrichtlicher Lernformen (Meyer 2000) analysieren und strukturieren helfen könnte, sondern verschiedene Theorien für unterschiedliche Formen des Lehrens und Lernens, die allerdings aufeinander bezogen werden können:

– Lernen ist eben nicht nur passiv, rezeptiv, ergebnisorientiert, individuell, kollektiv, extrinsisch motiviert und lehrergeleitet, sondern auch aktiv, konstruktiv, prozessorientiert, kleingruppenorientiert, intrinsisch motiviert und schülergeleitet.
– Auch das Lehren ist nicht nur systematisch, stoffbezogen, sachlich lehrmethodenzentriert und lehrerdominant, sondern auch situiert, projektbezogen, überfachlich, offen und schülerdominant.
– Obwohl passives, rezeptives Wissen keineswegs so unwirksam ist, wie zurzeit oft behauptet wird, gibt es viele Unterrichtsziele, zu deren Erreichung ein aktives und konstruktives Lernen notwendig ist. Damit sind nicht äußere Aktivitäten gemeint; es geht vielmehr darum, dass sich Schüler mit den Lerninhalten und mit den Lernsituationen aktiv auseinandersetzen und ihr eigenes Wissen konstruktiv aufbauen.

Für den Unterricht erfordert dies die Verwendung aller bereits eingangs genannten Modelle der Differenzierung, um ihr spezifisches Leistungsspektrum unter didaktisch begründeter Perspektive zu erschließen.

– Individualisierter Unterricht: Zusätzliche, aufwändige Differenzierungsmaßnahmen von Seiten des Lehrers sind im Regelfall nicht notwendig, die Individualisierung und Spezifizierung erfolgt gleichsam automatisch auf Grund der Interessen und Kompetenzen jedes einzelnen Schülers, der sich aus den vorgegebenen Inhalten dasjenige heraus sucht, das er unter Einsatz der eigenen methodischen Fähigkeiten bearbeiten möchte. Die Forderung nach Ich-Identität und Selbstvergewisserung steht bei dieser Grundform des Unterrichts eindeutig im Vordergrund, ohne dass die Sach- und Methodenkompetenz vernachlässigt würden. Lediglich der soziale Aspekt (zivilgesellschaftliche Kompetenz) wird hier eher stiefmütterlich gefördert.
– Kooperativer Unterricht: Im kooperativen Unterricht erfolgt die Differenzierung durch Bildung von Gruppen nach unterschiedlichen didaktischen, methodischen, pädagogischen oder pragmatischen Prinzipien. Die Entwicklung von Kooperationsfähigkeit ist der zentrale Pfeiler des kooperativen Unterrichts, die Forderung nach Toleranz und Leben im Pluralismus steht hier eindeutig im Vordergrund, ohne dass die drei anderen Ebenen ausgesperrt wären.
– Gemeinsamer Unterricht: Im gemeinsamen Unterricht erfolgt die Differenzierung durch den Lehrer nach didaktischen Kriterien wie Lerninteresse, Lernbereitschaft, Lerntempo und Lernstil. Die Möglichkeiten des gemeinsamen Unterrichts entfalten sich in erster Linie unter dem Aspekt Wissen und wissen, wie man lernt: Die Entwicklung der Dialektik von Eigenarbeit und der Führung durch den Lehrer – fokussiert durch die Technik des entwickelnden Fragens von beiden Seiten – ist das Fundament der Entwicklung des Wissens und des Wissens darüber, wie man lernt.

4 Konsequenzen für den alltäglichen Unterricht

Differenzierter Unterricht erfordert schon in der Planungsphase die Klärung der zu verfolgenden Ziele und Kriterien (Meister 2000), nach denen gearbeitet wird. Ein einziges Kriterium ist dabei aber sicherlich nicht ausreichend. Nicht nur das organisatorisch-zeitliche Kriterium (Sicherung eines zeitsparenden „reibungslosen" Ablaufs) gilt es zu berücksichtigen, sondern ebenso das personenbezogene (Bildung arbeitsfähiger Teilgruppen) und das didaktisch-methodische (welche Themen mit welchen Methoden, Materialien und Medien).

Die Lernvoraussetzungen der Schülerinnen und Schüler und die regelmäßige Beobachtung des Lernprozesses bilden die Grundlage für differenzierende Maßnahmen im Unterricht (Glötzl 2000). Kontinuierliche Lernstandsdiagnosen, Rückmeldungen über Lernstrategien und Bestätigung der Lernerfolge durch den Lehrer sind notwendige Bedingungen, um Über- oder Unterforderung zu vermeiden. Lerndefizite können so situationsbedingt erkannt und durch entsprechende Fördermaßnahmen behoben werden.

Binnendifferenzierter Unterricht erfordert aber auch eine zeitgemäße, gerechtere und differenzierte Form der Leistungsbewertung. Der Lernprozess und das Lernergebnis sollen in der Bewertung aufeinander bezogen werden und methodische und soziale Kompetenzen in ihrer Bedeutung für das Leistungsergebnis kenntlich gemacht werden. Differenzierte Formen der Leistungsbewertung verlangen eine Klarstellung der Ziele der Bewertung (Beschreibung der Entwicklung, Rangfolge innerhalb einer Gruppe), der Kriterien und eine Auswahl der entsprechenden Darstellungsformen.

Literatur

Bildungskommission NRW (1995): Zukunft der Bildung – Schule der Zukunft. Neuwied/Kriftel/Berlin: Luchterhand. – Glötzl, H. (2000): Prinzipien effektiven Unterrichts. Bände 1 und 2. Stuttgart: Klett. – Hentig, H. v. (1993): Die Schule neu denken. München: Hanser. – Klafki, W. (1985): Neue Studien zur Bildungstheorie und Didaktik. Weinheim, Basel: Beltz. – Meister, H. (2000): Differenzierung von A-Z. Eine praktische Anleitung für die Sekundarstufen. Stuttgart: Klett. – Meyer, H. (2000): Unterrichtsmethoden. II: Praxisband. Berlin: Cornelsen Scriptor. – Meyer, H. (2004): Was ist guter Unterricht? Berlin: Cornelsen Scriptor. – Paradies, L. & Linser, H. J. (2001): Differenzieren im Unterricht. Berlin: Cornelsen Scriptor. – Schröder, H. (1996): Lernen und Lehren im Unterricht. München: Arndt.

59| Lerngruppenintegration
Rolf Werning

1 Einleitung

Schule ist immer mit der Herausforderung konfrontiert, dass Kinder zum einen sehr verschieden sind und jede Schülerin, jeder Schüler eine unverwechselbare Persönlichkeit darstellt. Zum anderen geht es in der Schule um die gleiche Behandlung, indem möglichst eine gemeinsame Grundbildung vermittelt und Chancengleichheit garantiert werden soll. Diese im pädagogischen Feld immer vorhandene Antinomie zwischen dem Recht auf Gleichheit und dem Recht auf Verschiedenheit kann unterschiedlich bearbeitet werden. Auf der einen Seite gibt es die Versuche der Homogenisierung von Lerngruppen durch unterschiedliche Formen der Sortierung: durch verschiedene Schulformen in der Sekundarstufe I, durch Zurückstellungen, Überspringen, durch Kurssysteme und durch Sonderschulen. Auf der anderen Seite stehen die Überlegungen, Heterogenität als Bereicherung von Lerngruppen zu sehen, die man pädagogisch nutzen kann. Dieser Ansatz wird besonders in den Konzepten einer Pädagogik der Vielfalt (Prengel 1995) und in den Veröffentlichungen zur integrativen bzw. inklusiven Pädagogik (Heimlich 2003) in unterschiedlichen Facetten diskutiert.

Der Aspekt der Vielfalt bzw. Heterogenität in integrativen Lerngruppen kann hinsichtlich unterschiedlicher Dimensionen z.B. der Leistungsfähigkeit, der kulturellen und sozialen Herkunft, des Geschlechts und auch des Alters fokussiert werden. Lerngruppenintegration setzt sich somit kritisch mit den – besonders im deutschen Schulsystem – realisierten Versuchen der Homogenisierung durch Formen einer strukturell-selektiven Differenzierung auseinander.

2 Dimensionen der Lerngruppenintegration

In diesem Beitrag sollen zunächst einige historische Anmerkungen die bildungspolitische Entwicklung von Lerngruppenintegration aufzeigen. Im Anschluss daran werden empirische Zugänge dargestellt um abschließend die didaktischen Implikationen aufzuzeigen.

2.1 Historische Anmerkungen

Die Frage, wie man mit der Vielfalt von Schülerinnen und Schülern in schulischen Kontexten umgehen soll, prägt die bildungspolitischen Diskussionen seit Jahrhunderten. Comenius (1592-1670) trat als einer der ersten dafür ein, dass alle Kinder zwischen dem 6. und 12./13. Lebensjahr gemeinsam die öffentliche „Muttersprachschule" besuchen sollten. Er wandte sich damit gegen die Differenzierung zwischen Muttersprachschulen und Lateinschulen. Herbart (1776-1841) sah in der „Verschiedenheit der Köpfe" das größte Hindernis aller Schulbildung. „Darauf nicht zu achten ist der Grundfehler aller Schulgesetze, die den Despotismus der Schulmänner begünstigen und alles nach einer Schnur zu hobeln veranlassen." (Herbart 1807-1809 zit. nach Meyer-Willner 1979, S.7). Die Frage des Umgangs mit der Verschiedenheit der Schüler bestimmte auch die bildungspolitischen Debatten zu Beginn der Weimarer Republik. Die deutsche Nationalversammlung beschloss 1919 die Einrichtung einer „für alle Kinder gemeinsamen Grundschule". Die geforderte Dauer der gemeinsamen Beschulung differierte zwischen drei und acht Jahren. 1920 wurde sie im Rahmen des heftig umstrittenen schulpolitischen Kompromisses im Reichsschulgesetz auf vier Jahre festgelegt. Nach dem Zweiten Weltkrieg entstand erneut eine bildungspolitische Auseinandersetzung über die Dauer einer gemeinsamen Beschulung. Wie bekannt, setzte sich in Westdeutschland überwiegend die vierjährige Grundschule durch. Die Ausnahmen bildeten Berlin (West) und nach der Wende auch Berlin (Ost) und Brandenburg, wo die Primarstufe sechs Schuljahre umfasst. In der DDR wurde zwischen 1959 und 1964 die zehnklassige allgemeinbildende Polytechnische Oberschule in Form einer Gesamtschule flächendeckend eingeführt.

Im Sonderschulbereich ist die Auseinandersetzung über eine separierte oder gemeinsame Förderung von Schülerinnen und Schülern mit Lernschwierigkeiten erstmals in der Gründungsphase der Hilfsschulen gegen Ende des 19. Jahrhunderts geführt worden. Die damalige Kritik der Hilfsschulgegner beinhaltete schon wesentliche Aspekte, die auch heute gegen eine separierende Beschulung von Kindern und Jugendlichen mit Lernschwierigkeiten vorgebracht werden. Trotz dieser Kritik setzte sich der Ausbau eines Sonderschulwesens – besonders in der Weimarer Republik und nach dem Zweiten Weltkrieg sowohl in der DDR als auch in der Bundesrepublik – durch. Eine verstärkte Infragestellung dieser Entwicklung und eine damit verbundene Hinwendung zu Konzepten schulischer Integration zeigten sich in der Bundesrepublik erst wieder in den 1970er Jahren. Erwähnenswert ist an dieser Stelle das Gutachten des Deutschen Bildungsrates, in dem eine „weit mögliche gemeinsame Unterrichtung von Behinderten und Nichtbehinderten" (1973, S.15) vorgeschlagen wurde. Eine durchgreifende Veränderung der Praxis der Segregation fand jedoch nicht statt. Integrationsklassen wurden in Deutschland erst Mitte der 1970er Jahre im Rahmen von Schulversuchen in kleinem Umfang eingerichtet. Die positiven Erfahrungen mit diesen integrativen Ansätzen führten in der

Folge jedoch zu ihrer Ausweitung, die dann eine Diskussion über die schulrechtlichen Voraussetzungen nach sich zog. Heute bestehen im Primarbereich in den meisten Bundesländern rechtliche Bestimmungen, die Gemeinsamen Unterricht – mit unterschiedlichen Vorbehalten und Auflagen – ermöglichen.

Seit Beginn der 1990er Jahre ist zudem eine Flexibilisierung der Förderung von Schülerinnen und Schülern mit Behinderungen zu konstatieren. Dies wird in den Empfehlungen der Kultusministerkonferenz von 1994 deutlich, in denen festgestellt wird, dass die Bildung behinderter Schülerinnen und Schüler verstärkt als gemeinsame Aufgabe aller Schulen anzustreben ist. Folgerichtig wurde der Begriff der „Sonderschulbedürftigkeit" durch „Sonderpädagogischen Förderbedarf" ersetzt.

Die Überwindung der strukturell-selektiven Differenzierung war zweifellos auch ein zentraler Aspekt bei der Gründung und Entwicklung von Gesamtschulen Ende der 1960er Jahre. Die Gesamtschulpädagogik zielte im Besonderen auf die Herstellung bzw. Verbesserung der – wie empirische Untersuchungen ergaben – keineswegs realisierten Chancengleichheit. Durch die Überwindung des dreigliedrigen Schulsystems (die Sonderschulen standen damals noch nicht zur Disposition) sollte eine gemeinsame Unterrichtung (fast) aller Schüler – und damit ein Abbau der Bildungsbenachteiligung besonders sozial benachteiligter Schülerinnen und Schüler – erreicht werden. Gesamtschulen haben damit eine Demokratisierung von Bildungsprozessen angestrebt, indem Schülerinnen und Schüler, unabhängig von ihrer sozialen Herkunft, miteinander lernen sollten. Innerhalb der Gesamtschulen etablierten sich jedoch nicht selten Kurssysteme und damit Formen der äußeren Leistungsdifferenzierung, die wiederum eine Homogenisierung der Lerngruppen zum Ziel hatten. Ausnahmen stellten hier Team-Kleingruppen-Modelle und spezifische Schulprofile (z.B. an der Reformschule Kassel oder an der Laborschule in Bielefeld) dar, die auf eine äußere Leistungsdifferenzierung verzichteten und Lerngruppen bewusst heterogen zusammensetzten.

2.2 Der empirische Zugang

Empirische Untersuchungen zur Lerngruppenintegration können differenziert werden in solche, die die Homogenität bzw. Heterogenität von Schulklassen untersuchen und in solche, die die Effekte von heterogenen bzw. homogenen Lerngruppen auf das Lernen und die Entwicklung der Schülerinnen und Schüler beleuchten. Im deutschen Schulsystem wird durch spezifische Maßnahmen versucht, eine Homogenisierung der Schülerinnen und Schüler in Bezug auf ihre Leistungsfähigkeit zu erreichen. Dazu gehören in erster Linie Zurückstellungen vom Schulbesuch, Klassenwiederholungen und Sonderschulüberweisungen.

(a) Zurückstellungen vom Schulbesuch
Ein Instrument, Lerngruppen in Bezug auf die Leistungsfähigkeit der Schüler zu homogenisieren, ist die Zurückstellung von sogenannten nicht schulfähigen Kindern vom Schulbesuch. Im Schuljahr 2000/01 wurden ca. 54 400 Schülerinnen und Schüler verspätet eingeschult. Das sind 7,3% aller Schulanfänger in der Bundesrepublik, wobei die Quoten in den einzelnen Bundesländern zwischen 13,3% (Sachsen) und 0% (Bremen) erheblich schwanken (Bellenberg, Hovestadt & Klemm 2004, S.22).

(b) Klassenwiederholung
Neben der Zurückstellung vom Schulbesuch ist die Klassenwiederholung ein Instrument, das homogenere Lerngruppen herstellen soll. Die durchschnittliche Wiederholerquote im Schuljahr 2000/01 an Grundschulen betrug in der Bundesrepublik 1,9%. Auch hier schwanken die Klassenwiederholungen in den einzelnen Bundesländern zwischen 3,9% (Bremen) und 1,2% (Bayern) erheblich (Bellenberg u.a. 2004, S.26). Dabei muss berücksichtigt werden, dass jeder Schüler und jede

Schülerin jedes Schuljahr wieder davon betroffen sein kann, die Klasse zu wiederholen. So wurde in der PISA-2000 Studie festgestellt, dass bis zum Ende der Sekundarstufe I 24% der Jugendlichen mindestens einmal sitzengeblieben waren (Deutsches PISA-Konsortium 2001, S.473).

(c) Sonderschulüberweisungen
Trotz einer seit den 1970er Jahren intensiv geführten Integrationsdiskussion nimmt die Zahl der in Sonderschulen geförderten Kinder und Jugendlichen kontinuierlich zu. Waren es 1994 noch 4,26% aller Schülerinnen und Schüler, so stieg ihr Anteil auf 4,80% im Jahre 2002 an (Kultusministerkonferenz 2003). In den meisten anderen europäischen Staaten liegt die Quote der separativ (also in Sonderschulen) geförderten Kinder und Jugendlichen bei unter 2% (Hausotter 2000).

Insgesamt kann somit festgestellt werden, dass schon in der Grundschule durch verschiedene Maßnahmen der strukturell-selektiven Differenzierung versucht wird, Lerngruppen im Hinblick auf Leistung zu homogenisieren. Da die Ausgangsbedingungen und Lernmöglichkeiten gerade bei Grundschülern in hohem Maße sozialisationsbedingt sind, ist es nicht verwunderlich, dass von Zurückstellungen vom Schulbesuch, von Klassenwiederholungen und von Sonderschulüberweisungen in besonderem Maße sozial benachteiligte Schülerinnen und Schüler und solche mit Migrationshintergrund betroffen sind. Der Versuch einer frühen Homogenisierung stabilisiert damit gesellschaftliche Ungleichheit auf schulorganisatorischer Ebene.

Zur Beantwortung der Frage, wie sich homogene oder heterogene Lerngruppen auf die Entwicklung der Schüler auswirken, liegen eine Vielzahl von Forschungsergebnissen vor. Klafki und Stöcker (Klafki 1996, S.178f) referieren eine umfangreiche Zahl vorrangig amerikanischer und deutscher Studien, die sich auf *Streaming*-Systeme mit fächerübergreifender Differenzierung und *Setting*-Systeme mit fachspezifischer Differenzierung beziehen. Ihr Fazit lautet, dass die Mehrzahl der Untersuchungen die Vermutung bestätigen, dass sich homogene Lerngruppen für leistungsschwächere Schüler eher nachteilig auswirken, während es umstritten ist, ob homogene Leistungsgruppen bei leistungsstärkeren Schülern positive Lerneffekte erzeugen können. Sehr ähnliche Ergebnisse haben auch die empirischen Untersuchungen zu Auswirkungen der integrativen versus segregativen Förderung von Schülerinnen und Schülern mit Behinderungen ergeben. Hier zeigte sich, dass leistungsschwache Schülerinnen und Schüler in der integrativen Lerngruppe meist bessere Lernentwicklungen zeigen als in der Sonderschule, ohne dass leistungsstarke Schülerinnen und Schüler in ihrer Entwicklung beeinträchtigt werden. Hildeschmidt und Sander (1996, S.122) kommen nach der Durchsicht einer Vielzahl von deutschen und internationalen Studien zu dem Ergebnis, dass bei sehr vorsichtiger Interpretation höchstens von einem Patt der integrativen versus segregativen Beschulungsarten ausgegangen werden kann. Insbesondere bei Lernbeeinträchtigungen gibt es jedoch eine Vielzahl empirischer Belege, die auf die größere Effizienz integrativer Lernformen hinweisen.

Die negative Auswirkung der schulischen Selektion auf die Leistungsentwicklung schulschwächerer Kinder – die im sonderpädagogischen Bereich wie oben aufgezeigt – seit langem diskutiert wird, konnte auch durch die Ergebnisse der PISA Studie belegt werden. Zum einen wird hier deutlich, dass das deutsche Schulsystem im internationalen Vergleich durch seine frühe Verteilung auf institutionell getrennte Bildungsgänge in besonderer Weise sozial selektiv wirkt (Deutsches PISA-Konsortium 2001, S.458ff). Hierdurch wird tatsächlich eine Homogenisierung der Lerngruppen in der einzelnen Schule erreicht. So zeigt sich, „dass die in PISA erfassten Kompetenzen von Schülerinnen und Schülern der 9. Jahrgangsstufe innerhalb einer Einzelschule im internationalen Vergleich bemerkenswert homogen ausfallen. (...) Im internationalen Vergleich gibt es kaum leistungshomogenere Sekundarschulen als in Deutschland" (Deutsches PISA-Konsortium 2001, S.454). Zum anderen zeigen die PISA-Ergebnisse, dass insbesondere die Schülerinnen und Schüler in Sonder- und Hauptschulen von dieser starken Selektion nicht profitieren, sondern ganz im Gegenteil, hier deutlich schlechtere Leistungsergebnisse – z.B. bei der Lesekompetenz – erreicht werden als in Ländern mit integrativen Schulsystemen (Deutsches PISA-Konsortium 2001, S.116ff).

2.3 Didaktische Orientierungen

Ein entscheidender Aspekt der Lerngruppenintegration ist die didaktische Umsetzung. Heterogenität allein bringt nicht automatisch eine Qualitätsverbesserung des Unterrichts mit sich. Heterogenität stellt vielmehr eine didaktische Herausforderung dar, wie mit der Vielfalt der Schülerinnen und Schüler pädagogisch umgegangen werden kann. Konsens besteht darüber, dass es bei allen didaktischen Überlegungen zum integrativen Unterricht ohne (innere) Differenzierung nicht geht. Auf didaktischer Ebene bedeutet Lerngruppenintegration, dass sich nicht mehr allein das Kind den Bedingungen und Anforderungen der Schule bzw. des Unterrichts anpassen muss, sondern die Gestaltung von Schule und Unterricht die Individualität der Schüler verstärkt zu berücksichtigen hat. Didaktische Konzepte für integrative Lerngruppen sind in unterschiedlichen Kontexten entwickelt worden. Im Grundschulbereich sind es im Besonderen die Überlegungen zum offenen und schüleraktiven Unterricht, die hier Akzente – auch für die Weiterführung in der Sekundarstufe I – gesetzt haben. Formen der inneren Differenzierung, der Handlungsorientierung, der Freiarbeit, der Wochenplanarbeit, Projekte und die Arbeit an selbstgewählten Aufgabenstellungen sind in diesem Zusammenhang immer wieder genannte Stichwörter. Die Materialien der Montessori-Pädagogik, die vielfältigen Impulse der Freinet-Pädagogik werden neben anderen reformpädagogischen Konzepten gerade in Grundschulen für die pädagogische Arbeit mit heterogenen Lerngruppen häufig erfolgreich aufgegriffen und weiterentwickelt. Offener, schüleraktiver Unterricht zielt darauf ab, Lernen auf unterschiedlichen Niveaus in einer Lerngruppe zu ermöglichen. Dabei können individuelle Zugänge zu Lerngegenständen und spezifische Vorerfahrungen wie auch spezifische Motivationen der Schülerinnen und Schüler aufgegriffen und berücksichtigt werden. Eine solche Flexibilisierung und Differenzierung bietet besondere Chancen für lernschwache wie auch für besonders begabte Schülerinnen und Schüler.

Des Weiteren sind die Ansätze zum Unterricht mit altersgemischten Lerngruppen zu nennen, in denen der pädagogische Umgang mit Vielfalt und das Voneinander und Miteinander lernen bewusst eingesetzt wird. Dabei werden von den Befürwortern im Besonderen die Vorteile der Altersmischung für das soziale Lernen und für die Entwicklung einer binnendifferenzierten Lernkultur herausgestellt. Dies gilt sowohl für die Primarstufe als auch für die Sekundarstufe I (Dockhorn, Eikmanns-Rote, Godejohann & Lenzen 2004).

Ein elaboriertes Konzept zum Unterricht mit heterogenen Lerngruppen liegt ferner durch das Modell des kooperativen Gruppenunterrichts (Slavin 1995) vor. Dieser didaktische Ansatz geht weit über normale Gruppenarbeit hinaus. Bei einer Spielart des kooperativen Gruppenunterrichts wird die Lerngruppe in mehrere bewusst heterogen zusammengesetzte Kleingruppen aufgeteilt, die über einen längeren Zeitraum für mehrere Stunden pro Woche zusammenarbeiten. Die Arbeitsaufgaben werden so gestellt, dass alle Gruppenmitglieder bei der Bearbeitung aufeinander angewiesen sind (Interdependenz) und nur gemeinsam eine Lösung entwickeln können. Bei der sogenannten *task-specialisation* befasst sich zum Beispiel jedes Gruppenmitglied mit einem Teilbereich des Themas und wird hier zum Experten. In einem weiteren Schritt werden die Teilergebnisse in der Gruppe zusammengetragen und in Bezug auf die Aufgabenstellung diskutiert. Am Schluss steht die gemeinsame Präsentation der Arbeitsergebnisse. Die Evaluationen von kooperativem Gruppenunterricht zeigen, dass hierdurch ethnische Vorurteile in Schulklassen reduziert, die Leistungsmotivation und die Selbstwertschätzung von Schülerinnen und Schülern gesteigert werden können (Avci-Werning 2004).

Der bewusste Umgang mit Heterogenität in Lerngruppen setzt zudem Überlegungen zur differenzierten Lernbegleitung und Leistungsbeurteilung voraus. Ein Ansatz zur individualisierten Beurteilung der Schülerinnen und Schüler liegt z.B. mit der Portfoliomethode vor (Winter 2004). Die Schüler können hier auf der Grundlage von vorgegebenen oder ausgehandelten Kriterien, anhand von ausgewählten Arbeitsergebnissen ihren Lernprozess dokumentieren und kommentieren. In Verbindung mit offenen Unterrichtsformen kann so die Erbringung, Darstellung und Bewertung der individuellen Lernprozesse in heterogenen Lerngruppen differenzierter gestaltet werden. Bei der Lernbegleitung geht es vorrangig darum, die Planung von Lernprozessen der Schülerinnen und Schüler in heterogenen Lerngruppen zu optimieren. Hier stellen individualisierte Förderpläne, die im Rahmen kooperativer Planungsprozesse (Werning & Lütje-Klose 2003) entwickelt werden, hilfreiche Möglichkeiten dar.

Didaktische Überlegungen für heterogene Lerngruppen sind in besonderer Weise auch im Rahmen des gemeinsamen Unterrichts von Schülerinnen und Schülern mit und ohne Behinderungen entwickelt worden. Feuser (1982) hat dabei das Lernen am gemeinsamen Gegenstand herausgestellt. Hierbei sollen die Schülerinnen und Schüler auf ihrem je individuellen Entwicklungsniveau in Kooperation miteinander unterschiedliche Aspekte – überwiegend in Projektform – einer gemeinsamen, komplexen Themenstellung bearbeiten. Damit fordert er eine innere Differenzierung von Zielen, Methoden und Medien bei gleichen Inhalten.

Werning sieht die Umsetzung eines integrativen Unterrichts im Spannungsfeld zwischen Individualisierung (jedes Kind braucht etwas anderes, Spezielles) und Kooperation/Solidarität (die Lerngruppe braucht etwas Gemeinsames). Die didaktischen Überlegungen für integrative Lerngruppen müssen deshalb immer die Vermittlung zwischen diesen Polen im Auge behalten. So können z.B. Projekte, kooperativer Gruppenunterricht, forschendes Lernen in Teams sowie Klassenrat, Gesprächskreise etc. insbesondere den Aspekt der Kooperation/Solidarität berücksichtigen, während Wochenplanarbeit, Freiarbeit, Kooperative Lernbegleitung stärker den Aspekt der Individualisierung betonen (Werning & Lütje-Klose 2003).

3 Schlussbemerkung

Lerngruppenintegration ist ein bildungspolitisches Dauerthema. Empirische Untersuchungen können nicht darüber entscheiden, ob man Kinder aufgrund von spezifischen Merkmalen (z.B. Leistung, kulturelle Herkunft, Geschlecht) eher separieren soll, oder ob man sich für das gemeinsame Lernen möglichst aller Kinder in integrativen Lerngruppen ausspricht. Hier handelt es sich um eine Wertentscheidung. Unterricht in heterogenen Gruppen bedarf aber vielfältiger Versuche zu seiner Effektivierung. In der alltäglichen Praxis sind didaktische Konzepte notwendig, die die konkrete Umsetzung des gemeinsamen Lernens in der Klasse anregen. Dabei ist zu berücksichtigen, dass für eine erfolgreiche Realisierung auch auf schulorganisatorischer Ebene Bedingungen für das Zusammenleben und -lernen von Kindern in ihrer Individualität, mit ihrem Recht auf Gleichheit und Verschiedenheit geschaffen werden müssen. Für die Zukunft wird es darauf ankommen, dass allgemein bildende Schulen in größerem Umfang die Verantwortung für die Förderung aller Kinder und Jugendlichen übernehmen und diese Verantwortung sowohl auf unterrichtlicher wie auf institutioneller Ebene umgesetzt wird. Der von Booth und Ainscow (2000) entwickelte *Index for Inclusion* bietet dabei vielfältige Anregungen für die überfällige Schulentwicklungsdiskussion in diesem Bereich.

In dem deutschen nach Leistung differenzierten Schulsystem der Sekundarstufe I bestehen hier gegenwärtig noch viele Hindernisse. Internationale Erfahrungen mit integrativen Schulsystemen und auch nationale Erkenntnisse z.B. aus integrativ arbeitenden Grund- und Gesamtschulen können jedoch eine Vorreiterfunktion als Schulen für alle Kinder übernehmen. Eine solche Entwicklung beginnt dann, wenn Lehrkräfte nicht bei besonderen Förderbedürfnissen von Schülerinnen und Schülern zuerst danach fragen, ob das Kind überhaupt auf diese Schule oder in diese Klasse gehört, sondern – am besten im Team – überlegen, wie man für dieses Kind in dieser Schule lern- und entwicklungsförderliche Bedingungen realisieren kann.

Literatur

Avci-Werning, M. (2004): Prävention ethnischer Konflikte in der Schule. Ein Unterrichtsprogramm zur Verbesserung interkultureller Beziehungen. Münster u.a.: Waxmann. – Bellenberg, G., Hovestadt, G. & Klemm, K. (2004): Selektivität und Durchlässigkeit im allgemein bildenden Schulsystem. Essen. [verfügbar unter: http://www.gew.de/Binaries/Binary34032/Studie_Selektivitaet_und_Durchlaessigkeit.pdf, 20.04.2009]. – Booth, T. & Ainscow, M. (2000): Breaking down the barriers: the Index for Inclusion. [verfügbar unter: http://www.csie.org.uk/publications/breaking-barriers.shtml, 20.04.2009]. – Deutscher Bildungsrat (1973): Zur pädagogischen Förderung behinderter und von Behinderung bedrohter Kinder und Jugendlicher. Bonn: Bundesdruckerei. – Deutsches Pisa-Konsortium (Hrsg.) (2001): PISA 2000 – Basiskompetenzen von Schülerinnen und Schülern im internationalen Vergleich. Opladen: Leske und Budrich. – Dockhorn, D., Eikmanns-Rote, K. Godejohann, S. & Lenzen, D. (2004): Altersmischung. Lernen in jahrgangsheterogenen Gruppen. In: Jahresheft XXII: Heterogenität. Unterschiede nutzen – Gemeinsamkeiten stärken. Seelze: Friedrich, 58-61. – Feuser, G. (1982): Integration = die gemeinsame Tätigkeit (Spielen/Lernen/Arbeiten) am gemeinsamen Gegenstand/Produkt in Kooperation von behinderten und nichtbehinderten Menschen. In: Behindertenpädagogik, 21, 86-105. – Hausotter, A. (2000): Integration und Inclusion - Europa macht sich auf den Weg. In: Hans, M. & Ginnold, A. (Hrsg.): Integration von Menschen mit Behinderung – Entwicklungen in Europa. Neuwied/Berlin: Luchterhand, 43-83. – Heimlich, U. (2003): Integrative Pädagogik. Eine Einführung. Stuttgart: Kohlhammer. – Hildeschmidt, A. & Sander, A. (1996): Zur Effizienz der Beschulung sogenannter Lernbehinderter in Sonderschulen. In: Eberwein, H. (Hrsg.): Handbuch Lernen und Lern-Behinderungen. Weinheim, Basel: Beltz, 115-134. – Klafki, W. (1996): Neue Studien zur Bildungstheorie und Didaktik. 6. Aufl. Weinheim, Basel: Beltz. – Kultusministerkonferenz (1994): Empfehlungen zur sonderpädagogischen Förderung in der Bundesrepublik Deutschland, Bonn [verfügbar unter: http://www.kmk.org/fileadmin/pdf/PresseUndAktuelles/2000/sopae94.pdf, 20.04.2009]. – Kultusministerkonferenz (2003): Statistische Veröffentlichungen der Kultusministerkonferenz, Nr. 171, Schüler, Klassen, Lehrer und Absolventen der Schulen 1993-2002, Bonn [verfügbar unter: http://www.kmk.org/fileadmin/veroeffentlichungen_beschluesse/2003/2003_12_01-Schueler-Klassen-Lehrer-93-02.pdf, 20.04.2009]. – Meyer-Willner, G. (1979): Differenzieren und Individualisieren. Begründung und Darstellung des Differenzierungsproblems. Bad Heilbrunn/Obb.: Klinkhardt. – Prengel, A. (1995): Pädagogik der Vielfalt. 2. Aufl. Opladen: Leske und Budrich. – Slavin, R. E. (1995): Cooperative Learning. Boston: Allyn and Bacon. – Werning, R. & Lütje-Klose, B. (2003): Einführung in die Lernbehindertenpädagogik. München: Reinhardt. – Winter, F. (2004): Leistungsbewertung. Eine neue Lernkultur braucht einen anderen Umgang mit den Schülerleistungen. Hohengehren: Schneider.

60| Förderunterricht
Uwe Sandfuchs

1 Zur Situation

Das Postulat der optimalen individuellen Förderung jedes einzelnen Schülers findet sich in allen Texten, die Bildungsauftrag und Aufgaben der Schule insgesamt sowie einzelner Schulformen und Schulstufen formulieren. Gleichwohl erhalten zehn Prozent eines Jahrgangs keinen Schulabschluss, andere erreichen nur den niedrigsten, den Hauptschulabschluss. Die PISA-Studie (2001) hat ergeben:

Ob Lesekompetenz, mathematische oder naturwissenschaftliche Grundbildung – rund ein Viertel aller deutschen Schülerinnen und Schüler gehört zur Risikogruppe, deren geringe Leistungen (unter und auf der niedrigsten Kompetenzstufe) erfolgreiches schulisches Lernen, selbstständiges Weiterlernen sowie eine Berufsausbildung fraglich erscheinen lassen. Eine zentrale Rolle hat dabei die Lesekompetenz: je schlechter die Lesekompetenz, desto geringer die Leistungen in Mathematik und in den Naturwissenschaften. Risikofaktoren sind niedrige Sozialschicht, niedriges Bildungsniveau und Migrationshintergrund der Herkunftsfamilie. Neben dem offenkundigen Versagen in der Förderung schwacher Schüler steht die Feststellung, dass auch Förderung von Leistungen auf Spitzenniveau nicht hinreichend gelingt. Die Gründe für diese unbefriedigende Situation sind:
– Die Inhalte des Förderunterrichts sind i.d.R. nicht von einer langfristig angelegten Konzeption oder von spezifischen Lerndefiziten der Schülerinnen und Schüler bestimmt, sie sind in vielen Fällen von Ad-hoc-Maßnahmen geprägt. An einer sinnvollen Verbindung des Förderunterrichts mit dem Regelunterricht und entsprechender Kooperation der Lehrkräfte mangelt es oft.
– Förderunterricht steht schulorganisatorisch am Rande. Er fällt häufig zu Gunsten von Vertretungsunterricht aus, ist in Randstunden abgedrängt, läuft parallel zu anderem Unterricht, findet in ungeeigneten Räumen statt.
– Förderunterricht hat einen geringen Stellenwert im Bewusstsein vieler Lehrkräfte.

Primär aber haben wir es mit einem Versagen des Systems bzw. seiner schulpolitischen Steuerung zu tun. Es fehlen nämlich zwei wesentliche Voraussetzungen für erfolgreiches schulisches Fördern:
– Erfolgreiche Förderung ist mit einem hohen Zeitaufwand verbunden, die erforderlichen Lehrerstunden stellt das System Schule jedoch nicht bereit, es fehlt so an der nötigen Kontinuität und Intensität des Förderns.
– Die für eine zielführende Behebung ernsthafter Lernschwierigkeiten erforderliche Förderkompetenz wird den Lehrkräften in keiner Phase der Lehrerbildung vermittelt. Allein die Förderdiagnose – z.B. bei Lese-Rechtschreib-Schwäche oder Rechenschwäche – erfordert ein professionelles Know-How, über das Lehrkräfte in der Regel nicht verfügen können.

Juristisch ergibt sich die Förderpflicht des Staates bzw. der Schule aus dem allgemeinen Gleichheitsgrundsatz (Art. 3, Abs. 1 Grundgesetz) in Verbindung mit dem Sozialstaatsprinzip (Art. 20, Abs. 1 Grundgesetz und Art. 28, Abs. 1 Grundgesetz) sowie den entsprechenden Aussagen in den Verfassungen und den Schulgesetzen der Bundesländer. Darüber hinaus ist die Förderpflicht auch Gegenstand internationaler Vereinbarungen („Übereinkommen über die Rechte des Kindes", 1989 von den Vereinten Nationen beschlossen; Vereinbarung der Europäischen Union über die Beschulung der Kinder von Wanderarbeitern von 1977 u.a.). Die Bundesländer haben daher – zum Teil sehr unterschiedliche – Fördermaßnahmen vorgesehen, deren Schwerpunkt in der Grundschule liegt (vgl. Zumhasch 1994). Diese Maßnahmen konzentrieren sich auf die Förderung von lernschwachen Schülern. Weiterhin sollen aber Schülern mit größeren Lernmöglichkeiten erweiterte Lernangebote gemacht werden.

Die Förderung lernschwacher Schüler einerseits und leistungsstarker/hochbegabter Schüler andererseits unterscheidet sich wesentlich und erfordert unterschiedliche diagnostische und didaktische Repertoires. Lernförderlicher Unterricht ist entweder *helfend-unterstützend* oder *zum Lernen herausfordernd* angelegt (vgl. Henze, Sandfuchs, Zumhasch u.a. 2006).

2 Zur Notwendigkeit früher Förderung

Bereits in der Grundschulreform um 1970 sollte durch gezielte Förderung in der Eingangsstufe das Leitziel gleicher Bildungschancen verfolgt werden (KMK 1970; Strukturplan 1970). Auch in

den 1994 aktualisierten KMK-Empfehlungen zur Arbeit in der Grundschule heißt es: Aufgabe der Grundschule sei die Förderung der unterschiedlichen individuellen Lernvoraussetzungen und Lernfähigkeiten, um Grundlagen für selbständiges Denken, Lernen und Arbeiten zu entwickeln.
Für eine möglichst frühe Förderung und eine Konzentration der Förderbemühungen in der Grundschule sprechen auch die vorliegenden empirischen Befunde:
- Forschungen zur Persönlichkeitsentwicklung (vgl. Pekrun & Fend 1991) zeigen, dass die geringe Lernmotivation, Lernfähigkeit und die negative Einschätzung der eigenen schulischen Leistungsfähigkeit späterer Schulversager sich bereits in der Grundschule entwickeln und sich im Verlaufe der weiteren Schulzeit lediglich noch stabilisieren.
- Forschungen zur Förderung besonders lernschwacher Schüler in Kleinlerngruppen in den Schuljahren 5 und 6 (vgl. Henze, Sandfuchs & Zumhasch 1996) führen zu der Auffassung, dass eine Vorverlegung dieser Bemühungen in die Grundschule effektiver wäre. Es scheint kaum möglich, dass gravierende Defizite in Schulleistung und Lernverhalten (insbesondere in den *basics*), die in der Grundschulzeit entstanden sind, in der weiteren Schullaufbahn behoben werden können.
- Auch die Autoren kommen zu dem Schluss, dass eine „gezielte und frühzeitige Identifikation und Förderung von schwachen Lesern" den Anteil potentieller Schulversager ohne Abschluss erheblich verringern könne. Eine erhöhte Lesekompetenz werde sich zudem positiv auf die Schulleistungen insgesamt auswirken (PISA 2001, S.401).
- Da bereits zu Schulanfang eine enorme Heterogenität in allen für Lernen und Leisten relevanten Bereichen besteht, richtet sich die Aufmerksamkeit zunehmend auf die vorschulische Förderung (vgl. Fthenakis 2003) von sog. Vorläuferfähigkeiten für den Schriftspracherwerb und Mathematik sowie – vor allem bei Kindern aus Migrantenfamilien – der deutschen Sprache.

3 Förderung bei Lernschwächen

3.1 Formen und Maßnahmen helfend-unterstützender Förderung

Die Maßnahmen zur Förderung lernschwacher Schüler lassen sich auf der Bandbreite von innerer und äußerer Differenzierung systematisieren:
- *Innere Differenzierung* umfasst alle in den Klassenunterricht eingebauten besonderen Lernhilfen für Einzelschüler oder für Gruppen.
- *Förderunterricht* ist eine Form äußerer Differenzierung, in der längerfristig mehrere Schüler meist fachlich gebundene Hilfen erhalten, die ihre Leistungsrückstände verringern und ihnen auf Dauer wieder die erfolgreiche Teilnahme am Regelunterricht ermöglichen sollen.
- *Kleinlerngruppen* mit i.d.R. zehn bis fünfzehn Schülern werden über längere Zeit separat unterrichtet und erhalten einen auf ihre Lernschwächen zugeschnittenen Unterricht. Ein Beispiel sind die in einigen Bundesländern eingerichteten LRS-Klassen, die die Lernziele eines Schuljahres auf zwei Jahre verteilen und gleichzeitig versuchen, die Lese-Rechtschreibschwäche abzubauen.

In der (grundschul)pädagogischen Diskussion wird die innere Differenzierung favorisiert, weil befürchtet wird, eine äußere Differenzierung könne segregierend und stigmatisierend wirken, was dem integrativen Auftrag der Grundschule zuwider laufe (vgl. Burk 1993). Für die befürchtete Stigmatisierung gibt es aber keine empirischen Belege. Die vorliegenden Befunde lassen eher die Tendenz erkennen, dass die Entwicklung des Selbstkonzepts bezugsgruppenspezifisch erfolgt (vgl. Pekrun & Fend 1991; Henze, Sandfuchs & Zumhasch 1996). Die schlechte Position in der Leistungshierarchie einer Klasse beeinträchtigt offensichtlich die Persönlichkeitsentwicklung mehr als die Zuweisung zu einer lernschwachen Gruppe, in der aber erfolgreich gelernt und ein gutes Verhältnis zu Mitschülern und Lehrern aufgebaut werden kann.

Zudem ist zweifelhaft, ob gravierende und umfängliche Lerndefizite allein durch Maßnahmen innerer Differenzierung zu beseitigen sind. Angesichts der Therapieresistenz von Lese-Rechtschreibschwäche z.B. kann deren Beseitigung nur von intensiven und kontinuierlichen Fördermaßnahmen in äußerer Differenzierung erwartet werden. Förderunterricht lässt sich danach systematisieren, ob seine Inhalte am Regelunterricht orientiert sind oder nicht. Leitziel des Förderunterrichts ist es, lernschwachen Schülern eine erfolgreiche Teilnahme am Regelunterricht (wieder) zu ermöglichen. Daher gibt es zum einen *eng am Regelunterricht orientierte Formen* (vgl. Sandfuchs 1990): Die landläufige Form des *nacharbeitenden Förderunterrichts* dient der Aufarbeitung von Lernschwierigkeiten, die im Regelunterricht aufgetreten sind.

Im *voraus arbeitenden Förderunterricht* werden zu erwartende Lernschwierigkeiten antizipiert und es wird versucht, aufgabenrelevante Vorkenntnisse zu vermitteln, deren Bedeutung für den Lernerfolg nach allen empirischen Befunden außerordentlich hoch ist (Weinert 1986; Weinert & Helmke 1997). Diese Form wird gleichwohl selten praktiziert.

Parallelunterricht oder *Unterricht in Doppelbesetzung* ist eine Form von *teamteaching*, in der zwei Lehrkräfte gleichzeitig in einer Klasse arbeiten, von denen eine vorwiegend mit den Lernschwachen arbeitet.

Hausaufgabenhilfe ist eine schulergänzende Maßnahme, deren Qualität u. a. von der Kooperation der Lehrkräfte und der Hausaufgabenhelfer abhängt. Die verbreitetste Form von Hausaufgabenhilfe ist inzwischen die Inanspruchnahme von kommerziellen *Nachhilfeinstituten* (Rudolph 2000).

Zuweilen ist es sinnvoll, *vom Regelunterricht relativ unabhängige Fördermaßnahmen* zu praktizieren: *Förderkurse* sollen in einem geschlossenen Lehrgang Lerndefizite abbauen oder Lernvoraussetzungen für den Regelunterricht schaffen: Intensivkurse in Rechtschreibung orientiert am Rechtschreibgrundwortschatz, Sprachkurse, Alphabetisierungskurse usw.

Wenn Schüler durch anhaltende Misserfolge im Regelunterricht derart demotiviert sind, dass sie zu zusätzlicher Arbeit an dessen Inhalten nicht zu gewinnen sind, kann ein *Förderunterricht mit eigenen kleinen Projekten* eine Verbesserung der Lernmotivation und des Selbstkonzepts erreichen.

3.2 Didaktische Grundsätze effektiver Förderung

Lernschwache lernen langsam, brauchen viele Lernhilfen, sind leicht ablenkbar, sie verfügen nicht über hinreichende Lernstrategien, können sich weder realistische Lernziele setzen, noch solche konsequent verfolgen, sie sind überdies durch Misserfolge demotiviert und verunsichert und schreiben die Misserfolge (teils fälschlich) sich selbst zu. In dieser Situation können die hier knapp skizzierten didaktischen Grundsätze hilfreich sein (vgl. Sandfuchs 1990, May 2001a, 2001b):

- Fördermaßnahmen sind als ständiger Diagnose- und Therapieprozess zu verstehen, nur wenn Klarheit über die Lernschwierigkeiten und ihre Gründe bestehen, kann sinnvoll gefördert werden.
- Fördermaßnahmen brauchen ein entspanntes Lernklima und eine optimale Lernumwelt, neben ein angemessenes Lernangebot muss eine angenehme, angstfreie Atmosphäre treten.
- Die Lerninhalte sind in kleinstmögliche sinnvolle Lernschritte zu zergliedern, es sind anschauliche Lernhilfen erforderlich, gleichwohl sind ernsthafte Anforderungen zu stellen.
- Das geringe Lerntempo lernschwacher Schüler erfordert „Langsamkeitstoleranz" und zugleich eine intensive Zeitnutzung sowie gründliches Lernen. Dazu gehört die Sicherung des Lernens grundlegender Fähigkeiten, Fertigkeiten und Kenntnisse durch stete Übung und Wiederholung.
- Bei der Beurteilung der erbrachten Leistungen sind vor allem die Bemühungen der Schüler im Sinne einer anstrengungsorientierten Leistungsbeurteilung zu honorieren, u.a. weil dies die Motivation fördern kann.

- „Erfolg sporn an, Misserfolg lähmt", so hat Hans Aebli (1983) das auf Thorndike (1913) zurückgehende *law of effect*, das Gesetz des Erfolges pointiert. Erfolg motiviert Lernprozesse und fördert zugleich die Persönlichkeits- und Identitätsentwicklung von Schülern.
- Die einschlägigen Forschungsergebnisse und Erfahrungen lassen die Kontinuität und Intensität, i.S. von Frequenz, als die wichtigsten Kriterien für erfolgreiche Fördermaßnahmen erkennen. Förderung braucht Kontinuität und Intensität im Arbeitsrhythmus, im Zeitaufwand, in den Bezugspersonen und Bezugsgruppen, in der Zuwendung und in den Anforderungen, in der Kooperation mit dem Elternhaus, in der kollegialen Zusammenarbeit.

4 Förderung hochbegabter und/oder leistungsstarker Schüler

Hochbegabung zeigt sich nach Renzulli in überdurchschnittlicher Begabung (*above average ability*), hoher Aufgabenmotivation (*task commitment*) und hoher Kreativität. Der Autor spricht neuerdings nicht mehr von Hochbegabung sondern von Hochleistung und strebt eine möglichst breite Förderung des Hochleistungsverhaltens an (Renzulli, Reis & Stedtnitz 2001).

Zwei Gruppen von Fördermaßnahmen werden unterschieden:

- Akzeleration (Beschleunigung), die ein zeitlich verkürztes Durchlaufen eines Lehrgangs bzw. der Schullaufbahn ermöglichen; das sind vor allem die vorzeitige Einschulung und das Überspringen von Klassen.
- Enrichment (Anreicherung), dagegen zielt auf eine integrative möglichst breite Förderung von Begabungen und Interessen, indem das oft enorme Vorwissen dieser Schüler, ihre hohe Lernfähigkeit und Lernmotivation in zusätzlichen Lernangeboten berücksichtigt werden. Hauptformen sind individualisierende sowie Spezialkurse und Pull-out-Programme (besondere Angebote parallel zum Klassenunterricht).

In einem Forschungsprojekt zur integrativen Förderung hochbegabter Grundschüler wurden 570 Unterrichtsstunden unter der Fragestellung analysiert, welche unterrichtlichen Maßnahmen sich für Hochbegabte bzw. Hochleister als besonders lernförderlich erweisen. In besonderem Maße lernförderlich waren Situationen, die zum eigenständigen Lernen herausfordern, d.h. die Lernenden werden mit komplexen Lerninhalten und anspruchsvollen Aufgaben konfrontiert; es wird Freiraum gelassen für selbst gesteuerte Lernprozesse und eigenständige Lösungswege sowie ein hohes Maß an lernstrategischer Kompetenz abverlangt. Lernförderlicher Unterricht für Hochbegabte und Hochleister ist gekennzeichnet durch hohe Anforderungen an kognitive und soziale Fähigkeiten sowie die Selbstständigkeit des Wissenserwerbs. Im Einzelnen zeigt sich: Die hochbegabten Schüler setzen ihr Vorwissen ein (1), verfolgen zielstrebig eigene Lerninteressen (2), arbeiten selbstständig (3), erweitern ihr Wissen (4), treiben den Unterricht voran, indem sie ihre Kompetenzen und Ideen einbringen (5), übernehmen teilweise im Sinne reziproker Instruktion Lehr- oder Helferfunktionen (6). Die Mitschüler profitieren von Kompetenz, Ideen und Hilfe der Hochbegabten bzw. Hochleistern. Die Lehrkräfte führen solche Situationen absichtsvoll herbei, sie wirken herausfordernd, unterstützend und/oder korrigierend auf die Lernprozesse ein.

Literatur

Aebli, H. (1983): Zwölf Grundformen des Lehrens. Eine allgemeine Didaktik auf psychologischer Grundlage. Stuttgart: Klett-Cotta. – Burk, K. (Hrsg.) (1993): Fördern und Förderunterricht. Beiträge zur Reform der Grundschule. Band S 55, Frankfurt am Main: AK Grundschule – Grundschulverband. – Deutsches PISA-Konsortium (Hrsg.)(2001): PISA 2000. Basiskompetenzen von Schülerinnen und Schülern im internationalen Vergleich. Opladen: Leske & Budrich. – Fthenakis, W. (Hrsg.) (2003): Elementarpädagogik nach PISA, Freiburg: Herder. – Henze, G., Sandfuchs, U. & Zumhasch, C. (1996): Fördern in der Orientierungsstufe. Eine empirische Untersuchung zur Förderung lernschwacher Schüler. Bad Heilbrunn: Klinkhardt. – Henze, G., Sandfuchs, U., Zumhasch, C., Bringmann, S., Koch, U. & Schulz, N. (2006): Integrative Förderung hochbegabter

Grundschüler. Eine Längsschnittstudie zu einem Schulversuch. Bad Heilbrunn: Klinkhardt. – Kultusministerkonferenz (1970): Empfehlungen zur Arbeit in der Grundschule. Bonn: Buch- und Zeitungsdruckerei Köllen. – Kultusministerkonferenz (1994): Empfehlungen zur Arbeit in der Grundschule. Bonn: Buch- und Zeitungsdruckerei Köllen. – May, P. (2001a): Lernförderlicher Unterricht, Teil 1. Untersuchung zur Wirksamkeit von Unterricht und Förderunterricht für den schriftsprachlichen Lernerfolg. Frankfurt am Main: Lang. – May, P. (2001b): Lernförderlicher Unterricht, Teil 2. Wege zum Lernerfolg in der Grundschule. Porträts von Klassen mit hohem Lernerfolg. Frankfurt am Main: Lang. – Pekrun, R. & Fend, H. (Hrsg.) (1991): Schule und Persönlichkeitsentwicklung. Stuttgart: Enke. – Renzulli, J. D., Reis, S. M. & Stedtnitz, U. (2001): Schulisches Enrichment Modell SEM. Begabungsförderung ohne Elitebildung. Aarau: Sauerländer. – Rudolph, M. (2000): Die Schule fordern, die Schüler fördern. Kommerzielle Nachhilfeinstitute als Herausforderung für die Schule. In: Friedrich Jahresheft XVIII 2000: Üben und Wiederholen. Seelze: Friedrich, 34-36. – Sandfuchs, U. (Hrsg.) (1990): Förderunterricht konkret. Materialien und Unterrichtsbeispiele für Jahrgangsstufen 5 bis 9. Bad Heilbrunn: Klinkhardt. – Strukturplan für das Bildungswesen (1970): Deutscher Bildungsrat. Empfehlungen der Bildungskommission. Bonn: Bundesdruckerei. – Weinert, F. E. (1986): Lernen. Gegen die Abwertung des Wissens. In: Lernen. Ereignis und Routine. Friedrich-Jahresheft IX. Velber 1986, 102-104. – Weinert, F. E. & Helmke, A. (1987): Schulleistungen – Leistungen der Schule oder der Kinder? In: Bild der Wissenschaft X, 62-73. – Weinert, F. E. & Helmke, A. (Hrsg.)(1997): Entwicklung im Grundschulalter, Weinheim: Beltz. – Zumhasch, C. (1994): Schulische Fördermaßnahmen – eine Länderübersicht. In: Praxis Schule 5-10, Heft 5, 10-12.

61| Nachhilfe
Margitta Rudolph

1 Nachhilfe

Nachhilfeunterricht – eine den Schulunterricht ergänzende Form des Übens und Wiederholens, der Aufarbeitung von Wissenslücken und des Erlernens von Arbeitstechniken, die in allen Altersstufen und Schulformen vorzufinden ist und zum Zweck der Leistungsverbesserung von Schülern bei Privatpersonen oder außerschulischen Institutionen – in Abgrenzung zu schulisch installierten Silentien oder Förderangeboten – nachgefragt und bezahlt wird. Sie kann von freien Trägern, kommerziellen Anbietern oder Privatpersonen angeboten werden. Mitgedacht werden muss auch die elterliche Unterstützung sowie Angebote von Übungssoftware in verschiedenen Unterrichtsfächern. Nachhilfe (NH) fokussiert primär auf die Bearbeitung von Hausaufgaben und die Vorbereitung auf schulische Leistungstests.

2 Historische Entwicklung

Wurzeln der Nachhilfe (NH), eng verzahnt einer problembehafteten Hausaufgabenpraxis, lassen sich bis ins 15. Jahrhundert nachweisen. Die zunehmende Bedeutung von Bildung in unserer Leistungsgesellschaft und das damit verbundene selektierende Berechtigungssystem hat dem Faktor NH einen stetig höher werdenden Stellenwert beschert, besonders in den letzten 25 Jahren. NH-ketten stoßen in eine ‚ökonomische Lücke' und verkaufen Bildung als Massenware, die allerdings aufgrund des Kostenfaktors nur bestimmten Gesellschaftsschichten zugänglich ist. Ab 1974 begann sich ein Markt zu etablieren, der heute einen gewichtigen Wirtschaftsfaktor darstellt. In der BRD existieren über 4000 NH-Filialen. NH-Ketten haben das Problem unserer öffentlichen Schule anscheinend eher erkannt und danach gehandelt (vgl. Rudolph 2002). Doch während sich schon im 19. Jh., ab 1839, Privatlehrer einen jährlichen Unterrichtserlaubnisschein von der preußischen Unterrichtsverwaltung einholen mussten, um NH-Unterricht erteilen zu dürfen und ab 1928 die festangestellten Lehrer in Preußen dazu verpflichtet waren, alle Nebenbeschäftigungen bei den Provinzialkollegien anzuzeigen und genehmigen zu lassen (vgl. Vorbrodt & Herrmann 1930) , benötigt ein NH-Lehrender heute keinerlei Nachweise mehr. Es gab eine staatliche Kontrolle und die war sehr viel breiter angelegt als sie es heute in der BRD ist. Heute kann jede Person mit einem Wandergewerbeschein ein NH-Institut betreiben.

3 Verteilung und Gründe für die Abnahme von Nachhilfeunterricht

Nahezu jedes 5. Kind kommt in seiner Schullaufbahn mit NH in Kontakt. Dabei ist die Verteilung nach Schulformen sehr unterschiedlich. Beispiel: Nachfrage in Niedersachsen: HS: 6,9%, RS: 29,4%; Gym: 35,6%; Gesamt/GTS: 9,3% (Rudolph 2002)
Die Begründungslage ist breit gefächert und reicht von schulischen, bildungspolitischen, arbeitsmarktpolitischen, familiären bis hin zu individuellen Problemlagen wie z.B.: Bewältigung der Hausaufgaben, zu wenig Übungs- und Wiederholungsphasen in der Schule, Unterrichtsausfall an Schulen, zu große Klassen, mangelnde Individualbetreuung, Wissenslücken schließen, den Schulabschluss schaffen, als Präventivmaßnahme ohne akute Gefährdung (hohe Bildungserwartung der Eltern), keine Hilfe zum Üben zu Hause (Eltern berufstätig, alleinerziehend etc.), familiäre Spannungssituationen bzw. Beziehungskonflikte, mangelnde Fachkompetenz seitens der Eltern, Krankheit, Lehrerwechsel/Schulwechsel, Faulheit, persönliches Lernproblem etc. Eltern nutzen die kommerziellen Einrichtungen als eine Art ‚neues Betreuungssystem' oder/und hoffen auf steigende Bildungs- und Arbeitsmarktchancen für ihre Kinder, da der Arbeitsmarkt zunehmend stärker selektiert – der Köder heißt: sich Startvorteile verschaffen.

4 Kritische Anmerkungen zur realen Praxis der Institute

Über die Praxis der Nachhilfeinstitute ist in der Öffentlichkeit nur wenig bekannt (zur Übersicht vgl. Rudolph 2000):
Ökonomie und Qualifikation – Die Grundintention der Institute liegt in einem ökonomischen Interesse. Die Unternehmen arbeiten überwiegend in einem Franchise – System. Auf die Anstellung und Qualifikation der Lehrenden in diesen Filialen nimmt die Muttergesellschaft keinen Einfluss. Wer dort arbeitet und wie er/sie arbeitet, ist völlig unterschiedlich und liegt im Verantwortungsbereich der Leitung.
Fluktuation – Lehrende sind meist Studierende (auch Erstsemester) und Referendar/innen, die in der sogenannten 'Warteschleife' zur Einstellung stehen. Folglich ist eine ständige Fluktuation des Lehrpersonals an der Tagesordnung (80% des Lehrpersonals arbeitet weniger als ein Jahr in einem Institut).
Gruppenzusammensetzung und individuelle Betreuungszeit – Fachhomogen: alle haben das gleiche Fach, aber unterschiedliche Alters- bzw. Klassenstufen (von GS bis zur SEK II). Schülerhomogen: Kinder im ähnlichen Alter, aber verschiedene Fächern. Will die Lehrperson eine individuelle Betreuung anbieten, muss sie die 90 Minuten auf bis zu 5 Schüler verteilen (es bleiben 18 Min./Kind) und mit fünf verschiedenen Unterrichtsvorbereitungen aufwarten.
Unterrichtsmethode – ein didaktisch – methodischer Ablauf ist nicht planbar, da die Kinder zu den Unterrichtsstunden wechselnde Problemstellungen einbringen (aktuelle Hausaufgaben, Üben für Klassenarbeiten mit einem Kind und die übrigen erhalten Stillarbeit, nichtverstandene Inhalte). Gezieltes Erlernen von Arbeitstechniken, mit dem Ziel, dass sich der Zusatzunterricht langfristig vermeiden lässt, ist nicht möglich, widerspräche auch den ökonomischen Überlegungen.

Motivationslage – Meist wollen Eltern für ihr Kind entweder die in Frage gestellte Versetzung erreichen, die gewünschte Empfehlung für eine weiterführende Schule erhalten oder die Chancen im Ausbildungssystem verbessern. Zunehmend: Das 'Dauerabonnement' als Präventivmaßnahme vor möglichen Leistungsabfällen, um sich Startvorteile für den Arbeitsmarkt zu sichern.

Physische und psychische Belastung – 2x/Woche à 90 Minuten ist die Regel plus 28 – 30 Schulstunden, Hausaufgaben, Schulweg macht eine längere Wochenarbeitszeit als mancher Arbeitnehmer hat.

Was leisten die kommerziellen Einrichtungen?

NH-Institute scheinen aus folgenden Gründen gute Arbeit zu leisten:
– Eltern (Anmeldung) und Schüler (Unterricht) kommen freiwillig; – Kleingruppenarbeit; – keine Disziplinprobleme; – Bewährungsproben im Klassenverband entfallen; – Stärkung des Selbstwertgefühls aufgrund gleicher/ähnlicher Erfahrungen mit Lernschwierigkeiten; – regelmäßige Hilfe bei den Hausaufgaben; – Sonderfälle werden an den schulpsychologischen Dienst verwiesen.

5 Konsequenzen für die Schule

NH-Institute als kommerzielle 'Nebenschulen' helfen, das Prinzip der Chancengleichheit zu unterhöhlen und damit an den Grundfesten eines Bildungssystems rütteln. Wenn die Phasen des Übens und Wiederholens in die Hausaufgaben und damit in die Hand von Eltern und Schülern gelegt wird, fragt Sandfuchs zu recht: Ist das Fördern im Schulalltag randständig? „Sinnvolle Förderkonzeptionen sind selten, engagierte Förderlehrer finden zu wenig Unterstützung bei Schulleitern und Kollegen" (Sandfuchs 1990, S.15).

1. Zu hoher Unterrichtsausfall ist eine wesentliche Rahmenbedingung für eine nicht sachgerechte und situationsangemessene Reaktion seitens der Schulpolitik.
2. Die Nachprüfung bei Nicht-Versetzung: Schüler haben in den Ferien Zeit, Versäumtes nachzuholen und sich der Prüfung zu stellen. Da Schulen in den Ferien keine Fördermöglichkeit anbieten, wenden sich viele dieser Schüler an NH-Institute, um ein Kurzzeitwissen zu erlangen, welches sie vorerst möglicherweise durch die Prüfungen kommen lässt. Es bleibt die Frage nach Qualität und sinnvoller Förderung.
3. Geplante nationale und internationale Vergleichstests setzen Schulen in einen Wettbewerb (rankings), der bei erzwungenen äußeren Bewertungsmechanismen nicht zu einer qualitativ verbesserten Unterrichtsarbeit führen wird (s. England). ‚Rankings' sind der mehr oder weniger gescheiterte Versuch eines Steuerungssystems, das mit Misstrauen und Kontrolle auf die Entwicklung von Schule sieht und Schüler geradezu in die offenen Arme der kommerziellen NH-Anbieter (Paukschule) treibt, denn die notwendigen Übungseinheiten kann die öffentliche Halbtagsschule mit sich verschlechternden Rahmenbedingungen nicht leisten (s. Japan). Dazu fehlen notwendige Investitionen und das Umdenken in Richtung Ganztagsschule.
4. Eine verfrühte Selektion nach Klasse 4 in das dreigliedrige Schulsystem führt unweigerlich zu einer drastischen Erhöhung der NH-Zahlen im Grundschulbereich. Eltern werden mit dieser Maßnahme versuchen, ihren Kindern den Einstieg in die möglichst höchste Schulform zu ermöglichen. Kramer und Werner ermittelten 1998 für Nordrhein-Westfalen, dass von 4970 befragten Grundschuleltern 39,1% angeben, ihr Kind bekomme NH im Weiteren, 17% bestätigen eine solche außerschulische Unterstützung im engeren Sinne. Jedes dritte bis sechste Grundschulkind muss folglich in der Schule Verlangtes nachholen. NH-Formen verteilen sich sowohl auf familiäre als auch auf institutionelle Förderung. Bemerkenswert erscheint dabei das Ergebnis, dass bereits kurz nach der Einschulung 6% der Erstklässler NH benötigen. Mit steigender Tendenz kann in Klasse 4 schon ein Anteil von knapp einem Viertel (22,8%) ermittelt werden (Kramer & Werner 1998).

Möglichkeiten, diese Entwicklungen zu entschärfen, könnte ein Ganztagsschulsystem in Deutschland leisten, wie es in immer mehr Bundesländern etabliert wird.

Literatur

Kramer, W. & Werner, W. (1998): Familiäre Nachhilfe und bezahlter Nachhilfeunterricht. Ergebnisse einer Elternbefragung in Nordrhein-Westfalen. Institut der Deutschen Wirtschaft Köln. Beiträge zur Gesellschafts- und Bildungspolitik, Heft 229, Köln. – Rudolph, M. (2000): Üben im Kontext von Hausaufgabenhilfe und Nachhilfeunterricht. In: Jahrbuch ‚Üben', Friedrich–Verlag, 34-36. – Rudolph, M. (2002): Nachhilfe – Gekaufte Bildung? Eine empirische Untersuchung bei Eltern, LehrerInnen und Nachhilfeinstituten. Bad Heilbrunn: Klinkhardt. – Sandfuchs, U. (1990): Förderunterricht konkret. Bad Heilbrunn: Klinkhardt. – Vorbrodt, W. & Herrmann, K. (1930): Handwörterbuch d. gesamten Schulrechts u.d. Schul- und Unterrichtsverwaltung in Preußen, Leipzig.

62| Lernen mit Experten
Felicitas Thiel

1 „Lernen mit Experten": Thema und Begriff

Die Rekrutierung von Vertretern bestimmter Praxisfelder für spezifische Bildungsaufträge (z.B. Verkehrserzieher, Berufsberater, Medienexperten) hat im Bereich der Allgemeinbildenden Schulen bereits eine lange Tradition.

„Lernen mit Experten" zeichnet sich gegenüber dieser Form der Rekrutierung schulexterner Personen vor allem dadurch aus, dass Experten – definiert als Vertreter einer Berufsgruppe, die zur Bewältigung komplexer Anforderungen in ihrem Feld auf umfangreiches theoretisches und praktisches Wissen zurückgreifen können, – systematisch in den Unterricht integriert werden. Expertise in einer Wissensdomäne wird hier als Schlüsselressource für die Organisation von Lernprozessen betrachtet.

2 „Lernen mit Experten": ein Programm situierten Lernens

2.1 „Lernen mit Experten": historische Vorläufer

Während für Programme des situierten Lernens unterschiedliche Vorläufer in der Reformpädagogik um 1900 nachgewiesen werden können, wurde die systematische Integration von außerschulischen Experten nur an wenigen Stellen explizit erprobt. So forderten etwa die Vertreter der Hamburger Lebensgemeinschaftsschulen eine Integration von Vertretern unterschiedlicher Berufe in den Unterricht. Nicht selten waren diese Forderungen mit einer Deprofessionalisierung der Lehrerrolle verknüpft.

2.2 „Lernen mit Experten": didaktische und lernpsychologische Grundlagen

„Lernen mit Experten" ist ein didaktisches Konzept, das in engem Zusammenhang mit Modellen situierten Lernens (vgl. auch Law 2000) entwickelt wurde.

Vertreter des situierten Lernens organisieren Lernen *nicht* als systematischen Vermittlungsprozess, der dem hierarchischen Aufbau bestimmter fachspezifischer Wissensordnungen folgt und den Lernprozess entsprechend dieser Wissensordnung sequenziert; sie verstehen Lernen vielmehr als „Partizipation in Lernumgebungen" (Gerstenmaier 1999). Die Qualität des Lernens hängt dementsprechend entscheidend von der Gestaltung der Lernumgebungen ab. Neben der Bearbeitung komplexer authentischer Aufgaben kommt hier dem Prinzip der Anbindung von Lernen an alltagsnahe Kontexte eine zentrale Bedeutung zu. Diese Anbindung kann auf unterschiedliche Weise erfolgen: Beim „Lernen mit Experten" handelt es sich um eine Variante situierten Lernens, die Schülern die konkrete Zusammenarbeit mit Experten und die Partizipation in einer Expertenkultur (*community of practice*) (Lave 1991) ermöglicht. So erfahren Schüler die zentrale Bedeutung der Formulierung von Diagnosen, der Projektierung von Lösungsalternativen, der Sequenzierung von Lösungsschritten, darüber hinaus einen produktiven Umgang mit Fehlern und nicht zuletzt den Stellenwert der kontinuierlichen Selbstbeobachtung und -kontrolle des Lösungsprozesses.

Der Einsatz von Experten ist aus didaktischer und lernpsychologischer Perspektive in zweierlei Hinsicht interessant:

(a) Experten verfügen über Expertenwissen
Die in der Expertenforschung (vgl. Gruber 1994) vorgenommene Kontrastierung von Experten und Novizen bei der Problembearbeitung lässt Rückschlüsse auf den besonderen Typus des Expertenwissens zu. Experten nutzen bei der Bearbeitung von Problemen vorwärtsgerichtete Strategien: Bereits bei der Wahrnehmung des Problems nehmen sie eine lösungsdienliche Kategorisierung vor. Bei schwierigen Problemen verwenden Experten große Sorgfalt auf die Analyse der verfügbaren Daten (Problemdiagnose) und bewegen sich, das Ziel im Blick, tastend durch den Problemraum. Novizen gehen dagegen eher vom Lösungsziel aus und setzen rückwärtsgewandte Strategien ein.

Die lösungsdienliche Kategorisierung, die rasche Identifikation von Strukturen und funktionalen Zusammenhängen setzt den Rückgriff auf einen bestimmten Wissenstypus voraus. Nicht nur Ausmaß und Angemessenheit des bereichsspezifischen Wissens, auch die Begriffe und kognitiven Schemata, die die Wahrnehmung von Experten und Novizen strukturieren, unterscheiden sich: Das Expertenwissen umfasst abstraktere und gleichzeitig reichhaltigere Bedeutungseinheiten, das Wissen ist fall- bzw. problemspezifisch (bzw. situations- und zielbezogen) organisiert, und es liegt als proceduralisiertes Wissen vor (d.h. Wissen über Fakten und Konzepte ist mit Wissen über Lösungsprozeduren unmittelbar verknüpft).

Der Aufbau von Expertenwissen kann nicht einfach in Form der direkten Vermittlung deklarativen Wissens erfolgen, die Entwicklung dieses Wissenstypus erfordert vielmehr eine längerfristige praktische Auseinandersetzung mit konkreten komplexen Problemen und die praktische Demonstration von effektiven Lösungsstrategien.

(b) Experten sind Repräsentanten einer bestimmten „community of practice"
Expertenwissen ist aber nicht nur individuelles Wissen, sondern auch sozial geteiltes Wissen: Damit sind nicht nur bestimmte in Organisationen institutionalisierte Wissensbestände, Verfahrensweisen, Prozeduren und *Tools* gemeint, sondern auch Sinnstrukturen, Normen, Qualitätsmaßstäbe und Konventionen einer bestimmten Praxiskultur.

Dem sozialen Charakter der Wissensbestände entspricht die Tatsache, dass in der Regel Problemlösen eine sozial geteilte Aktivität ist. Leistungen des einzelnen Experten hängen – zumindest indirekt – von Leistungen und Aktivitäten anderer Experten ab. Anders formuliert: Experten rekurrieren beim Problemlösen nicht lediglich auf kollektive Wissensbestände, der Prozess der Problemlösung setzt auch ein effektives Wissens-*Sharing* voraus.

Die „periphere Partizipation" (Gerstenmaier 1999, S.237) in einer Expertenkultur ermöglicht nicht nur die Beobachtung und Nachahmung bestimmter Prozeduren und Lösungsroutinen, sondern sozialisiert die Novizen in die impliziten Überzeugungen und Normen der Expertenkultur ein und zwingt zur Auseinandersetzung mit deren Qualitätsstandards.

2.3 Modelle des „Lernens mit Experten"

Die Integration von Experten in den Unterricht stellt ein vielversprechendes didaktisches Programm zum Aufbau von Problemlösekompetenzen, von anwendungsbezogenem Wissen und zur Förderung der Selbststeuerung im Lernprozess dar.
Im Unterschied zu Formen des informellen Mentorings strukturieren die im Folgenden skizzierten Programme die Mentor-Novizen-Interaktion mit Blick auf spezifische Lernziele. Sie sehen darüber hinaus eine Dekomposition komplexer Aufgaben und eine dosierte, auf die Lernentwicklung abgestimmte begleitende Intervention vor.
Zwei Ansätze, die den Lernprozess nach dem Muster der Experten-Novizen-Interaktion modellieren, können unterschieden werden: Während im Programm des *Cognitive Apprenticeship* die Lehrkraft selbst die Rolle des Meisters (Experten) übernimmt, werden beim *Cognitive Mentoring* außerschulische Experten in den Unterricht integriert. Ein dritter Ansatz zur Integration von Experten in den Unterricht wurde mit dem Programm *„Lernen mit Experten an Allgemeinbildenden Schulen" (LEAS)* unternommen.

– *Cognitive Apprenticeship* (Rogoff 1990; Collins, Brown & Holum 1991)
  Cognitive Apprenticeship ist am Modell der traditionellen Handwerkslehre entwickelt. Im Bereich der allgemein bildenden Schulen werden in der Grundschule insbesondere das Programm zum „Reciprocal Teaching of Reading" (Palinscar & Brown 1984), das Programm „Teaching of Writing" (Scardamalia & Bereiter 1985) und die „Method for Teaching Mathematical Problem Solving" (Schoenfeld 1983) erprobt.
– *Cognitive Mentoring* (Schlager, Poirier & Means 1996)
  Das Konzept des *Cognitive Mentoring* wurde dezidiert als Konzept zum Einsatz *außerschulischer* Experten im allgemein bildenden Unterricht entwickelt. Experten werden im Rahmen von Projekten als Mentoren rekrutiert. Sie haben vor allem die Aufgabe des *modeling* (Vormachen und Verbalisierung der Problemlösung) und *scaffolding* (Formulierung gezielter Hinweise) bei der Problembearbeitung.
  Experten in der Rolle von kognitiven Mentoren ermöglichen Schülern nicht lediglich ein begleitetes Versuch-und-Irrtum-Lernen oder die Imitation modellierter Lösungsstrategien, sondern sie evaluieren als Vertreter einer Expertenkultur den Lernprozess im Hinblick auf Kriterien wie Tauglichkeit, Effizienz, Vollständigkeit, Nachhaltigkeit und effektives Wissens-*Sharing*.
– *Lernen mit Experten in Allgemeinbildenden Schulen (LEAS)* (Lenzen, Thiel & Ulber 2004; Lenzen & Thiel 2005)
  LEAS wurde im Schulversuch „Schule im gesellschaftlichen Verbund" entwickelt. Im Rahmen von fächerübergreifenden Projekten arbeiten Schüler in Gruppen an einem Produkt. Dieser Prozess des situierten Lernens wird begleitet durch Experten aus unterschiedlichen Berufsfeldern, die für einige Stunden in der Woche in den Unterricht kommen. Diese Experten wirken weniger über direkte Instruktion, sondern vielmehr über die Demonstration und Verbalisierung konkreter Problemlösungen in der Auseinandersetzung mit den praktischen Problemen. Der Präsentation des Produkts in der jeweiligen Expertenkultur wird besonderes Gewicht zugemessen.

3 „Lernen mit Experten": Empirische Befunde

Während die zitierten Programme, die dem *Cognitive Apprenticeship*-Ansatz zugerechnet werden, in zahlreichen (experimentellen) Studien untersucht wurden, liegen nur wenige empirische Befunde zum Einsatz außerschulischer Experten im Unterricht vor. Zum *Cognitive Mentoring* existiert nur eine explorative Feldstudie (vgl. Hartfield, Winograd & Bennet 1992). LEAS wurde im Rahmen der wissenschaftlichen Begleitung des Schulversuchs „Schulen im gesellschaftlichen Verbund" evaluiert.

Die explorative Studie von Hartfield u.a. (1992) zeigt insbesondere Probleme der Kompatibilität von Fach- und Unterrichtskultur im Hinblick auf die Aufgabendefinition. Was den Lernerfolg dieses Programms des Lernens mit Experten betrifft, so kommt die zitierte Studie zu dem Schluss, dass die Schüler bei der Aufgabenbearbeitung mehr Sorgfalt, weniger Fehlerangst und damit eine größere Experimentierbereitschaft gezeigt haben als im traditionellen Projektunterricht.

Die Längsschnittstudie zur Evaluation des LEAS-Programms hat sowohl Leistungsdaten als auch Daten zum Einsatz von Lernstrategien, zur motivationalen Orientierung, zu Selbstwirksamkeitserwartungen, zur Handlungsregulation und zu sozialen Kompetenzen erhoben (vgl. Lenzen, Thiel & Ulber 2004; Lenzen & Thiel 2005; Thiel & Ulber 2004).

Während fast durchweg positive Effekte hinsichtlich motivationaler und sozialer Aspekte des Lernens zu verzeichnen waren, konnten Fachleistungen nur dann verbessert werden, wenn gezielt flankierend systematisch instruiert wurde.

Literatur

Collins, A., Brown, J. S. & Holum, A. (1991): Cognitive apprenticeship: Making thinking visible. In: American Educator, Vol. 15, 6-11, 38-46. – Dochy, F., Segers, M., van den Bossche, P. & Gijbels, D. (2003): Effects of problem-based Learning: a meta-analysis. In: Leaning and Instruction, Vol. 13, 533-468. – Gerstenmaier, J. (1999): Situiertes Lernen. In: Perleth, C. & Ziegler, A. (Hrsg.): Pädagogische Psychologie. Bern: Huber, 247-257. – Gruber, H. (1994): Expertise. Modelle und Untersuchungen. Opladen: Westdeutscher Verlag. – Hartfield, B., Winograd, T. & Bennet, J. (1992): Learning HCI design: Mentoring project groups in a course on human-computer interaction. In: Proceeding of the SIGGSE'92. Technical Symposium of the ACM. New York: ACM. – Lave, J. (1991): Situated learning in communities of practice. In: Resnick, L. B., Levine, J. M. & Teasley, S. D. (Hrsg.): Perspectives on socially shared cognition. Washington, DC: American Psychological Association, 63-82. – Law, L.-C. (2000): Die Überwindung der Kluft zwischen Wissen und Handeln aus situativer Sicht. In: Mandl, H. & Gerstenmaier, J. (Hrsg.): Die Kluft zwischen Wissen und Handeln. Empirische und theoretische Lösungsansätze. Göttingen u.a.: Hogrefe, 253-287. – Lenzen, D. & Thiel, F. (Hrsg.) (2005): Abschlussbericht des Projekts „Schule im gesellschaftlichen Verbund". 2000-2004. München: BMW. – Lenzen, D., Thiel, F. & Ulber, D. (Hrsg.) (2004): Abschlussbericht des Projekts „Schulen im gesellschaftlichen Verbund" in Bayern. München: BMW. – Rogoff, B. (1990): Apprenticeship in thinking: Cognitive development in social context. New York: Oxford University Press. – Schlager, M. S., Poirier, Ch. & Means, B. M. (1996): Mentors in the classroom: Bringing the world outside in. In: McLellan, H. (Hrsg.): Situated learning perspectives. New Jersey: Englewood Cliffs. – Palincsar, A. S. & Brown, A. L. (1984): Reciprocal teaching of comprehension-fostering and comprehension-monitoring activities. Cognition and Instruction, Vol. 1, 117-175. – Scardamalia, M. & Scardamalia, M. (1985): Cognitive coping strategies and the problem of „inert knowledge". In: Chipman, S. F., Segal, J. W. & Glaser, R. (Hrsg.): Thinking and learning skills: Research and open questions, Vol. 2, 65-80. Hillsdale, NJ: Lawrence Erlbaum. – Schoenfeld, A. H. (1983): Episodes and executive decisions in mathematics problem solving. In: Lesh, R. & Landau, M. (Hrsg.): Acquisition of mathematics concepts and processes. New York: Academic Press. – Thiel, F. & Ulber, D. (2004): Cognitive and motivational effects of situated learning in schools. Paper at the European Conference on Educational Research, University of Crete, 22-25 September 2004. In: Education-line [verfügbar unter: http://www.leeds.ac.uk/educol/, 18.07.2005].

63| Lernorte außerhalb der Schule
Bernd Thomas

1 Historische Aspekte, Begründungen und Begrifflichkeiten

Das Lernen außerhalb der Schule gehört spätestens seit der Aufklärung (18. Jh.) zu einer Standardforderung fortschrittlicher Pädagogik. Je nach den zeitlichen Gegebenheiten taucht sie allerdings in höchst unterschiedlichen Begründungszusammenhängen auf. Für die Aufklärungszeit etwa sind Nützlichkeitserwägungen (Kennenlernen von Arbeitsstätten), Abhärtung und Gesunderhaltung (Aufenthalt in freier Natur) sowie die Liebe zur Natur selbst die Hauptgründe für ein Lernen außerhalb der Schule. Ebenso vielgestaltig wie die Reformpädagogik selbst (etwa 1890-1930) waren hier die Gründe für die Forderung nach einem Lernen außerhalb der Schule. Grundsätzlich einig war man sich jedoch in Motiven wie die Abkehr von der Sitz-, Buch- und Paukschule, die Wiederherstellung der Einheit von Leben und Lernen, Kennen- und Liebenlernen der Heimat und das Streben nach einer außerschulischen Jugendkultur, was teilweise in eine asketische Pädagogik am Lagerfeuer einmündete. Diese wurde von den Nazis in Beschlag genommen und für ihre ideologischen Zwecke umfunktioniert. Es entstand geradezu eine regelrechte Lagerpädagogik, die bis zu einem Instrument der Lehrerindoktrination ausgebaut wurde (Kraas 2000). Nach 1945 wurde in den westdeutschen Zonen und der späteren Bundesrepublik versucht, an den Traditionen der Reformpädagogik anzuknüpfen. Wiedergewinnung von Heimat und Herstellung von Lebensnähe waren die Hauptmotive für außerschulisches Lernen, der obligate Wandertag war der kleinste gemeinsame Nenner dieser Bestrebungen. Die SBZ und damit die spätere DDR knüpfte nicht an bürgerlich-reformpädagogischen Vorstellungen an. Für die Polytechnische Oberschule (POS, seit 1965) der DDR war der jeweilige Partnerbetrieb der erste selbstverständliche außerschulische Lernort. In der Unterstufe der POS (1.-3. bzw. 4. Schuljahr) war der Schulgarten i.S. eines Produktionsgartens der erste Lernort außerhalb des Schulgebäudes.

Im Zuge der Bildungsreform der 1970er Jahre in der Bundesrepublik Deutschland wurde der Begriff *Lernort* vom Deutschen Bildungsrat in Hinblick auf die Gleichberechtigung beruflicher und schulischer Bildung für den Sekundarbereich II neu gefasst, so dass seit dem Einrichtungen, die vorwiegend didaktischen-methodischen Zwecken dienen, als *primäre Lernorte* bezeichnet werden (Deutscher Bildungsrat 1974). Solche dann auch durchaus in Konkurrenz tretenden primären Lernorte sind z.B. Schule, Berufsschule und die verschiedenen betrieblichen Lehrwerkstätten. Im dualen Ausbildungssystem tritt auch der Arbeitsplatz des Jugendlichen selbst als weiterer primärer Lernort hinzu. Im Gegenzug dazu bemühte sich die Schule um die Einholung beruflicher Qualifikationsmöglichkeiten, so dass Schüler der Sekundarstufe II, der sogenannten Kollegstufen, eine Doppelqualifikation (Berufs- und Sek. II-Abschluss) erreichen konnten. Mittlerweile sind diese Anstrengungen weitgehend Geschichte. Heutzutage wird außerschulisches Lernen oft mit der sogenannten veränderten Kindheit, die dann als Defizitkindheit vorstellig wird, begründet. Geblieben ist aber die seinerzeit geprägte Begrifflichkeit: Primäre Lernorte dienen demnach vor allem pädagogischen und didaktisch-methodischen Anforderungen, wie Schule, Universität und Lehrwerkstatt. Davon zu unterscheiden sind Stätten oder Einrichtungen, die außerpädagogischen Zwecken dienen und die erst durch den Einbezug in den Unterricht zu Lernorten werden. Sie werden als *sekundäre Lernorte* bezeichnet (Münch 1985). Auf diese Weise kann alles Mögliche zum Lernort werden: der Bahnhof, eine Baustelle, der Teich neben der Schule oder ein Supermarkt. Neben diesen beiden Bezeichnungen hat sich zur genaueren Erfassung von Lernorten ein dritter Fachbegriff eingebürgert: der *Lernstandort*. Damit sind Einrichtungen gemeint, die zwar außerhalb der Schule liegen, gleichwohl einen vorwiegend pädagogisch-didaktischen Zuschnitt aufweisen und somit systematisch zwischen primären und sekundären Lernorten anzusiedeln sind (Keck & Feige 2005). Als Beispiele seien genannt: das Museum, das einen museumspädagogischen Dienst unterhält, der Zoo, der eine Zooschule eingerichtet hat, die außerschulisch ansässige Lernwerkstatt, die Schülern aus der Region ein spezielles, z.B. naturwissenschaftliches Lernangebot macht, das Schulbiologiezentrum oder der Waldlehrpfad. Die Bezeichnung Lernstandort geht u.a. auf Beiträge von Salzmann u.a. (1995) zurück, dessen Anspruch jedoch über das eben Skizzierte hinausgeht. Lernstandorte nach Salzmann sind außerschulische Bildungseinrichtungen, die es regional rückgebunden unter umweltpädagogischer Rücksicht und europäischer Perspektive zu vernetzen gelte.

2 Theoretische Zusammenhänge

Generelles Anliegen des Lernens außerhalb der Schule ist es, den Schülern vor Ort Erfahrungen zu vermitteln, die in der Schule selbst nicht möglich sind. Kompromisslose Schulkritik forderte sogar eine Überwindung des ihrer Meinung nach fabrikmäßigen Zurichtungslernens in der Schule durch ein lebensvolles, herausforderndes und aktives Lernen vor Ort. „School without Walls" hieß die pädagogische Devise unter der Ende der 1960er und Anfang der 1970er Jahre das Lernen außerhalb der Schule auf das US-amerikanische Reformschild gehoben wurde. Das bis heute – wenn auch mit anderen Zielsetzungen (Schaffung und Vernetzung außerschulischer Lernorte, Verknüpfung von Highschool und College, alternative und ökologische Inhalte und Ziele) – fortgeschriebene Parkway-Programm in Philadelphia hatte im Zeichen von Rassenunterdrückung und Vietnamkrieg ursprünglich zum Ziel, kompensatorisches und demokratisches Lernen zu bewirken. Die institutionellen Fesseln von Schule schienen dafür zu eng; denn Lernen lässt sich nur dort etwas, wo auch etwas passiert: Biologie im Zoo oder auf dem Schlachthof, Gesellschaftslehre auf dem Gericht oder in der Zeitungsredaktion, Geometrie in einem Park oder auf einer Baustelle, Spanisch im Puertoricaner-Getto (Bremer & von Moschzisker 1974). Deutlich wird, auch ohne der Abschaffung der Schule das Wort reden zu wollen, dass Schule ein Lernort neben (vielen) anderen ist.
Unter der Leitkategorie Erziehung suchte Mitchell dies im Rahmen seiner *Lernorttheorie* zu fassen. In einem hierarchisch angeordneten Modell befindet sich Schule neben Beruf, soziales Leben und Öffentlichkeit an der Spitze des Lernortkegels. Dem Subkegel Schule folgend teilt sich dieser auf der folgenden Ebene in die verschiedenen Schulstufen einschließlich der Vorschule auf. Auf derselben Ebene befinden sich aus anderen Bereichen etwa die Lernorte Medien oder Freizeit. Eine Ebene weiter darunter befindet sich wieder dem Subkegel Schule folgend der tertiäre Bildungsbereich; Freizeit etwa gliedert sich hier auf in Spiel, Kultur und Reise (Mitchell 1974). Lernort meint in Mitchells Theorie nicht mehr so sehr den konkreten Ort wie noch bei Bremer und von Moschzisker, sondern eher eine Vielzahl gesellschaftlicher Einrichtungen, die sich der Erziehung oder – heute würde man vielleicht sagen können – dem lebenslangen Lernen verpflichtet sehen. Folgerichtig bezeichnet Mitchell seine Lernorttheorie auch als Beitrag zu einer „Éducation permanente" (1974).

Aus diesem Konzept nun übertragen Keck und Sandfuchs (1979) die Lernorttheorie erstmals auf die Vorstellung eines *erfahrungsoffenen Schullebens*, mit dem Ziel die Zusammenhanglosigkeit der kindlichen Sozialisation aufheben zu können. Schule wird zu einem Lernort, der mit anderen Lernorten der Lebenswelt der Kinder und Jugendlichen in Zusammenhang zu bringen ist. Unter *Lebenswelt* wird dabei die sinnstiftende und Orientierung vermittelnde soziale Umwelt der Kinder und Jugendlichen verstanden, so dass die bereits mit der Lernorttheorie gekennzeichneten Bereiche wie Familie,

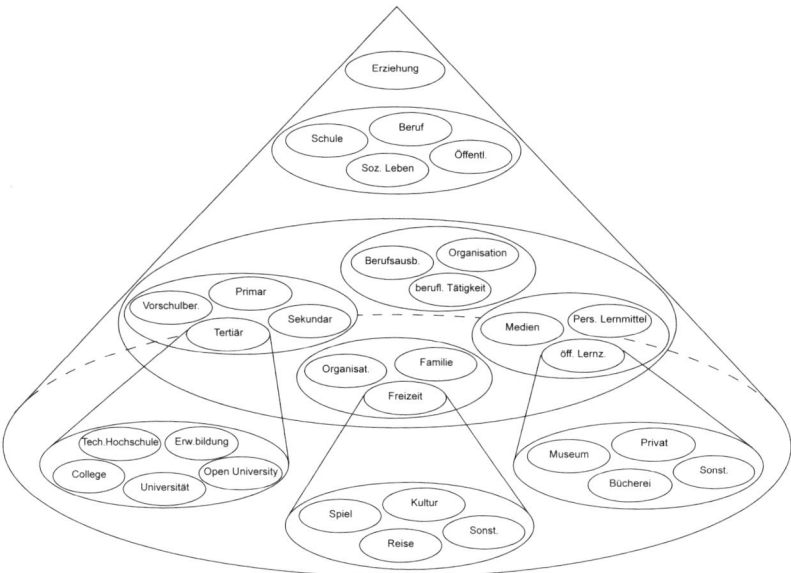

Abb. 1: Die hierarchische Relation der Lernorte nach Mitchell (1974, S.47)

Beruf, Schule, Freizeit und Nachbarschaft pädagogisch fruchtbar zu machen sind. Dabei wird nicht übersehen, dass in Zeiten zunehmender Mediatisierung und Individualisierung Zugänge zu den genannten Bereichen oftmals erst wieder zu schaffen sind. Auf diese Weise jedoch ist es überhaupt nur möglich, dass Schule zu einem „Lernort in einem Netzwerk sie umgebender Lernorte" wird (Keck 1993). Lernen außerhalb der Schule heißt demnach nicht, Lernen ohne oder gar gegen die Schule, vielmehr ist außerschulisches Lernen immer auf schulisches Lernen bezogen, geht davon aus und führt darauf zurück. In dem Maße aber, in dem sich Schule dem Lernen außerhalb der Schule öffnet, öffnet sie sich auch institutionell, curricular und methodisch (Benner 1989). Schule begreift sich dann als eine gesellschaftliche Einrichtung neben anderen, die Lerninhalte werden auch nach den jeweiligen regionalen Gegebenheiten auszuwählen sein und methodisch beinhaltet das Lernen außerhalb der Schule stärker aktiv-entdeckende Vorgehensweisen, die oftmals weniger systematisch und rational-abstrakt sind als das Lernen im Klassenzimmer, dafür sind sie aber nicht selten authentischer und individuell bedeutsamer.

3 Lernorte innerhalb der Schule

Bereits innerhalb des primären Lernorts Schule lassen sich verschiedene Lernbereiche nach ihrem jeweiligen pädagogisch-didaktischen Funktionszusammenhang unterscheiden. Zur Standardausstattung gehören dabei der kindgerechte Schulhof und die Sporthalle, gelegentlich mit einem Lehrschwimmbecken. Vor allem in den weiterführenden Schulen mitunter aber auch schon in der Grundschule finden sich Fachräume für den Kunstunterricht und den naturwissenschaftlichen Unterricht, Küchen und Werkräume. Auf Grund des Gestaltungswillens von Lehrern und Schülern sind vor allem in Grundschulen die meisten Klassenräume vielfältig differenziert, etwa durch Leseecken, Experimentiertische oder Materialiensammlungen für individuellere Arbeitsphasen (Feige 2004).

Desgleichen sind heutzutage die meisten tristen Schulflure durch Sitzgruppen, Raumteiler, Pflanzen u.a. schülergerecht gestaltet. Pädagogische Einsatzbereitschaft wird darüber hinaus in der Anlage von Schulgärten, -zoos oder -teichen sichtbar. Auf vielen Schulhöfen finden sich zudem aufgemalte Straßenkurse für die Verkehrserziehung (Keck & Feige 2005).

4 Außerschulisches Lernen

Lernorte außerhalb der Schule – sekundäre Lernorte – werden erst durch den absichtsvollen Einbezug in den Unterricht zu Lernorten. Grundsätzlich kann dadurch jeder Ort außerhalb der Schule zu einem Lernort werden (Reyher 1998). Für den Naturbereich z.B. der Wald, der Teich oder die Wiese, für die Arbeitswelt etwa der industrielle Großbetrieb oder der Handwerker in der Nähe der Schule, für die Kulturwelt bieten sich beispielsweise das Museum, das Theater oder die Bibliothek an und für den Bereich menschlicher Begegnungsstätten kämen das Altersheim, das Krankenhaus oder das Jugendzentrum in Frage.

Diese nach Jürgens (1993) vorgenommene Kategorisierung von Lernorten – *Natur, Arbeitswelt, Kultur* und *Stätten menschlicher Begegnung* – ist analytisch zu verstehen, denn Sinndeutungen und Lebensweltzuordnungen durchdringen sich in der Realität. Beispielsweise ist die Arbeitswelt auch immer ein Ort menschlicher Begegnung und Naturbereiche sind bei näherer Betrachtung eher Kulturräume, denn jede Wiese und nahezu jeder Wald sind hierzulande Kulturlandschaften. Gleichwohl helfen derartige Kategorisierungsraster bei der Auswahl und Anordnung außerschulischer Lernorte, sie ermöglichen bewusste Schwerpunktsetzungen und Einseitigkeiten können auf diese Weise verhindert werden. Neben diesen realen Lernorten ist noch das Internet als potentieller Lernort zu erwähnen, der jedoch von der Schule selbst erreichbar sein sollte (z.B. Geisz 2001).

Außerschulisches Lernen und das Lernen in der Schule sind – wie bereits deutlich wurde – eng aufeinander bezogen. Die Planung durch den Lehrer, die Vorbereitung mit den Schülern und die Nachbereitung des außerschulischen Lernens werden weitgehend innerschulisch abgearbeitet. Der Erfolg der konkreten Durchführung der Erkundung, des Unterrichtsgangs, der Exkursion oder des Schullandheim- bzw. des Jugendherbergsaufenthaltes hängt entscheidend davon ab.

Der didaktische Ort des außerschulischen Lernens hängt mit seinen didaktischen Funktionen zusammen. Am Beginn einer Unterrichtseinheit hat das Aufsuchen des außerschulischen Lernorts motivierenden oder problemstellenden Charakter. Die Kontaktform wird dann eher ungebunden sein und vielleicht i.S. eines „losen Herumstreifens" (Burk & Claussen 1998) erfolgen. Meistens liegt der didaktische Ort des außerschulischen Lernens aber in der Mitte oder gegen Ende des Unterrichtsvorhabens. Die einzuhaltende Kontaktform ist dann in einem wesentlich höheren Maße gebunden, da intensive Vorbereitungen dem außerschulischen Lernen vorausgehen. Darüber hinaus kann auch das mehrmalige Aufsuchen eines außerschulischen Lernorts erfolgen. Ein erster Kontakt mit dem Park, dem Supermarkt, der Wiese in der Nähe der Schule erfolgt in Form eines losen Herumstreifens verbunden mit ersten Erkundungs- oder Sammelaktionen – in der Natur z.B. von Blättern, Früchten und Zweigen. Daraus können sich Fragen ergeben, die weitere Besuche des Lernorts nach sich ziehen.

Beim Aufsuchen außerschulischer Lernorte haben eindeutig der Erkundungsgedanke und die Lernabsichten im Mittelpunkt zu stehen, touristisch orientiertes Sightseeing erfüllt diese Anforderungen nicht.

Literatur
Benner, D. (1989): Auf dem Wege zur Öffnung von Unterricht und Schule. Theoretische Grundlegung zur Weiterentwicklung der Schulpädagogik. In: Die Grundschulzeitschrift, (27), 46-55. – Bremer, J. & Moschzisker, M. v. (1974): Das Parkway-

Programm in Philadelphia. Schule ohne Mauern. Ravensburg: Maier. – Burk, K.-H. & Claussen, C. (1998): Lernorte außerhalb des Klassenzimmers. Band 1 (6. Aufl.) und Band 2 (4. Aufl.). Frankfurt am Main: Arbeitskreis Grundschule. – Deutscher Bildungsrat (Hrsg.) (1974): Zur Neuordnung der Sekundarstufe II. Konzept für eine Verbindung von allgemeinem und beruflichem Lernen. Stuttgart: Klett. – Feige, B. (2004): Klassenraumgestaltung. In: Keck, R. W., Sandfuchs, U. & Feige, B. (Hrsg.): Wörterbuch Schulpädagogik. Ein Nachschlagewerk für Studium und Schulpraxis. 2. Aufl. Bad Heilbrunn: Klinkhardt, 235-236. – Geisz, M. (2001): Internet praktisch im Unterricht. Lern- und Arbeitstechniken am Beispiel globaler Probleme. Mülheim: Verlag an der Ruhr. – Jürgens, E. (1993): Außerschulische Lernorte. Erfahrungs- und handlungsorientiertes Lernen außerhalb der Schule. In: Grundschulmagazin, (7/8), 4-6. – Keck, R. W. & Sandfuchs, U. (1979): Erfahrung und Schule. Zur Begründung eines erfahrungsorientierten Schullebens. In: Keck, R. W. & Sandfuchs, U. (Hrsg.) (1979): Schulleben konkret. Zur Praxis einer Erziehung durch Erfahrung. Bad Heilbrunn: Klinkhardt, 11-23. – Keck, R. W. (1993): Lernorte und Lebenswelten. Neue Ansprüche, neue Möglichkeiten. In: Pädagogische Welt, (4), 146-151. – Keck, R. W. & Feige, B. (2005): Lernorte. In: Einsiedler, W., Götz, M., Hacker, H., Kahlert, J., Keck, R. W. & Sandfuchs, U. (Hrsg.): Handbuch Grundschulpädagogik und Grundschuldidaktik. 2. Aufl. Bad Heilbrunn: Klinkhardt, 445-449. – Kraas, A. (2000): Die Überholung der Lehrer 1933-1936. Die Herausbildung der nationalsozialistischen Lagerpädagogik für Lehrer: Personen, Institutionen und Konzepte. In: Jahrbuch für Historische Bildungsforschung, Band 6. Bad Heilbrunn, Klinkhardt, 117-142. – Mitchell, P. D. (1974): Verschiedene Lernorte im Zusammenhang der Éducation Permanente. In: Unterrichtswissenschaft, (1), 43-51. – Münch, J. (1985): Lernorte und Lernortkombinationen im internationalen Vergleich: Innovationen, Modelle und Realisationen in der Europäischen Gemeinschaft. Berlin: Europ. Zentrum für die Förderung der Berufsbildung. – Reyher, U. (Hrsg.) (1998): Lernen außerhalb des Klassenzimmers. Außerschulische Lernorte mit Erfahrungsberichten und praktischen Hinweisen. München: Oldenbourg. – Salzmann, C., Meyer, C. & Baeumer, H. (Hrsg.) (1995): Theorie und Praxis des Regionalen Lernens. Umweltpädagogische Impulse für außerschulische Lernorte. Frankfurt am Main u.a.: Lang.

64| Hausaufgaben
Heike Seupel

1 Zum Begriff Hausaufgaben

Zentrales *Bestimmungsmerkmal von Hausaufgaben* ist ihr Bezug zum Unterricht. Die meisten Autoren verwenden den Begriff im Sinne der Bearbeitung von der Lehrkraft gestellter Aufgaben außerhalb des unterrichtlichen Rahmens (Petersen, Reinert & Stephan 1990, S.12f). Für ein erweitertes Verständnis plädiert z.B. von Derschau (1979, S.15f), der unter Hausaufgaben jedes mit Zielsetzungen des Unterrichts verbundene außerunterrichtlich verortete bewusste Lernen fasst. Gaudig (1925, S.49ff) unterscheidet mit Hinweis auf die zu differenzierende didaktische Intention zwischen Schul- und Hausarbeit. Beide Begriffe sowie der der Schulaufgaben finden heute auch synonym Verwendung, was die Problematik terminologischer Klarheit verdeutlicht. Eine begriffliche Abgrenzung ist der von Wagner und Spiel (1999) geprägte Terminus *Arbeitszeit für die Schule*. Mit der Unterscheidung mündlicher und schriftlicher Aufgaben, die von der Lehrkraft gestellt werden, von zusätzlichem Lernen und individuellem Arbeiten werden über den unmittelbaren Unterrichtsbezug hinaus Aspekte selbstgesteuerten Lernens betont.

2 Historische Aspekte

Die Entstehung von Hausaufgaben ist im Zusammenhang mit der Einführung der Schule als öffentliche Anstalt zu sehen (Nilshon 1999). Erste Hinweise auf ihre Vergabe finden sich in Schulordnungen des 15. Jahrhunderts. Nach Einführung der allgemeinen Schulpflicht waren Hausaufgaben im 18. Jahrhundert zu einem selbstverständlichen Bestandteil unterrichtlichen Handelns geworden. Neben der unterrichtsweiterführenden und -vorbereitenden Funktion wurde die Bedeutung für die Persönlichkeitserziehung betont (Petersen u.a. 1990, S.14ff). Zum Ende des 19. Jahrhunderts wurden Hausaufgaben in die Schulgesetzgebung aufgenommen.

Gleichzeitig sind Hausaufgaben spätestens seit Mitte des 19. Jahrhunderts umstritten. Ein zentraler Diskussionspunkt ist die zeitliche Belastung. Man forderte damals, Schwierigkeitsgrad und Umfang dem Alter und Leistungstand anzupassen (Petersen u.a. ebd.). Die administrativen Richtwerte lagen zwischen zwei und drei Stunden (z.B. Nilshon 1999).

Für den pädagogischen Diskurs zu Beginn des 20. Jahrhunderts ist die Hervorhebung der Eigentätigkeit kennzeichnend (z.B. Gaudig 1925). Hausaufgaben werden weitgehend befürwortet (Nilshon 1999). Nach dem zweiten Weltkrieg ist die schulische und außerschulische Hausaufgabenpraxis häufig Gegenstand empirischer Untersuchungen gewesen mit unterschiedlichen Schwerpunkten in DDR und BRD. Die aktuelle Forschungsdiskussion fokussiert die Überprüfung komplexer Wirkungszusammenhänge.

3 Hausaufgaben als Thema von Didaktik und Lehr-Lernforschung

3.1 Didaktische Funktion und Formen

Hausaufgaben zielen unter didaktisch-methodischen Gesichtspunkten je nach ihrer Funktion im Lernprozess auf die *Nachbereitung* vorausgegangenen und *Vorbereitung* folgenden Unterrichts. Zudem werden mit der Hausaufgabenvergabe Erziehungsziele wie die Entwicklung von Selbstständigkeit und Eigenverantwortung verfolgt. Entsprechend lassen sich verschiedene Arten von Hausaufgaben ableiten, etwa *Übungs-, Wiederholungs- und Anwendungsaufgaben* sowie Aufgabenstellungen zum *Einüben bestimmter Lern- und Arbeitstechniken*. Darüber hinaus werden Hausaufgaben mit *Lernerfolgskontrolle* verknüpft. Sie ermöglichen der *Lehrkraft*, dem *Lernenden* und den *Eltern* die Einschätzung des Leistungsstandes (z.B. von Derschau 1979).

Über den Einsatz bestimmter Hausaufgaben sowie die von den Lehrkräften damit verbundenen pädagogischen Intentionen ist wenig bekannt. Ergebnisse einer aktuellen Untersuchung zeigen eine Betonung reproduktiver Inhalte, während konstruktive Aspekte eine untergeordnete Rolle spielen (Wiechmann & Seupel 2005).

3.2 Umfang und zeitlicher Rahmen

Studien zur zeitlichen Dimension von Hausaufgaben zeigen eine hohe Variabilität der Bearbeitungszeit, deren Gründe noch nicht ausreichend aufgeklärt sind. Verschiedentlich konnte der Einfluss von Alter, Schultyp und Geschlecht bestätigt werden (z.B. Wagner & Spiel 1999). Retrospektive Einschätzungen ergaben weitgehend übereinstimmende Schüler- und Elternangaben, während Lehrkräfte meist deutlich niedrigere Werte nannten. Wiederholt wurde ein wöchentlicher Zeitaufwand festgestellt, der über den Vorgaben von Schulbehörden und – addiert man die Unterrichtszeit – auch über der Wochenarbeitszeit der Mehrzahl der Erwerbstätigen liegt.

Die Erhebung unterschiedlicher inhaltlicher Elemente der häuslichen Arbeitszeit – beispielsweise mittels Lerntagebüchern – ergab für zusätzliches Lernen den größten Zeitaufwand, gefolgt von Hausaufgaben. Die wöchentliche Arbeitszeit ist für die Hauptfächer bedeutend höher als für Nebenfächer. Hinsichtlich der Zeitaufteilung über die Woche zeigen sich Spitzen zum Wochenanfang und –ende (Wagner & Spiel 1999). Während Leistungsschwächere eher als „Saisonarbeiter" bezeichnet werden können, arbeiten erfolgreiche – leistungsstärkere – Schülerinnen und Schüler eher kontinuierlich (Haag & Mischo 2002). Dies verweist auf einen weiteren Forschungsschwerpunkt, die Frage nach den Effekten von Hausaufgaben.

3.3 Effekte von Hausaufgaben

Einen positiven Zusammenhang zwischen der mit Hausaufgaben verbrachten Zeit und Leistungsindikatoren ergaben vor allem amerikanische Forschungen in den 80er Jahren. In Metaanalysen der Lehr-Lernforschung fand Walberg (1984), dass Hausaufgaben das Lernen begünstigt, wobei der Effekt auf die Leistung nur bei Hausaufgabenüberprüfung signifikant war. Nach Gage und Berliner (1986) lässt sich zwar belegen, dass bei einem Teil der Schülerschaft die regelmäßige Bearbeitung von Hausaufgaben mit hohen Lernleistungen korreliert, nicht aber, dass die Hausaufgabenerledigung auch die Ursache ist.

Ältere Forschungsergebnisse insbesondere aus der DDR legen Wirkungszusammenhänge zwischen Hausaufgabenart und Effektivität nahe. Danach begünstigen vor allem vorbereitende und anwendungsorientierte Hausaufgaben den Lernerfolg (z.B. Dietz & Kurth 1960). Befunde jüngerer Studien zeigen eine Varianz der Wirksamkeit von Hausaufgaben über Fächer und Altersstufen hinweg, wobei Länge und Häufigkeit eine Rolle spielen (Trautwein, Köller & Baumert 2001). Für den Zusammenhang zwischen Leistungsentwicklung und elterlicher Kontrolle wird u.a. berichtet, dass ein hohes Maß elterlichen – produktorientierten und kontrollierenden – Engagements tendenziell eher zu schlechteren Schulleistungen führt im Gegensatz zu prozessorientierter, Verständnis fördernder Unterstützung (ebd.). Haag und Mischo (2002) stellten eine positive Beeinflussung des Hausaufgabenverhaltens über einen längeren Zeitraum durch eine konsequente individuelle Rückmeldung fest. Im Zusammenhang mit der Entwicklung des Fachinteresses scheint die Kontrolle durch die Lehrkraft tendenziell förderlich. Ein hoher Zeitaufwand für Hausaufgaben wirkt dagegen eher negativ auf die Interessenentwicklung (Trautwein u.a. 2001, Trautwein & Köller 2002).

4 Administrative Regelungen

Die Praxis der Hausaufgabenvergabe ist in den Bundesländern durch Schulgesetze, Rechtsverordnungen, Richtlinien und Erlasse geregelt. Die Bestimmungen enthalten vor allem Sollforderungen und Anleitungen zu Umfang, Schwierigkeitsgrad und deren Differenzierung sowie Einbindung in den unterrichtlichen Rahmen, insbesondere Überprüfung und Benotung. Ergebnisse empirischer Forschung – beispielsweise der hohe Zeitaufwand für die Hausaufgabenbearbeitung oder die Frage nach Effekten unterschiedlicher Aufgabenarten – finden kaum Berücksichtigung in den behördlichen Festlegungen. Hausaufgaben sind von den Lehrkräften als Dienstauftrag zu behandeln. Die Kultusministerien betonen unterschiedliche Zielbereiche. Unter didaktischen Gesichtspunkten sind die übende und die unterrichtsunterstützende Funktion von Hausaufgaben zentral. Wichtigstes Erziehungsziel ist die Entwicklung von Selbstständigkeit (Nilshon 1999).

5 Perspektiven

Hausaufgaben sind ein von Lehrkräften, Lernenden und Eltern im Grunde als notwendig und nützlich erachtetes Element von Schule. Festzuhalten ist, dass sie einerseits noch immer weitgehend unreflektiert gestellt und ritualisiert werden, obwohl ihr Effekt fraglich ist. Andererseits sind voreilige Schlüsse über ihre Nutzlosigkeit verfehlt.

Vor dem Hintergrund empirischer Befunde scheint die bisherige Debatte verkürzt. Trotz der z.T. berechtigten Einwände gegen Hausaufgaben kann es kurzfristig nicht um Abschaffung oder Ersetzung dieser u.a. Formen außerunterrichtlichen Arbeitens für die Schule gehen (Petersen u.a. 1990; Trautwein & Köller 2002). Vielmehr scheint die Optimierung von Hausaufgabenvergabe und -bearbeitung angezeigt. Diskussionspunkte sind u.a. Differenzierung und Individualisierung von Hausaufgaben, ihre Integration in didaktische Absichten des Unterrichts sowie Effektivität und Effizienz der Hausaufgabenerledigung.

In der aktuellen Schulentwicklung gewinnen Hausaufgaben im Zusammenhang mit der Ganztagsschule ein neues Gewicht. Ihnen kommt eine zentrale Rolle für die Akzeptanz dieser Schulform zu. Die entstehenden institutionalisierten Organisationsformen der Hausaufgabenbetreuung werden unter Bezug auf Hausaufgabenvergabe sowie unterschiedliche Arbeitsbedingungen in Ganz- und Halbtagsschule näher zu untersuchen sein.

Die Ergebnisse der aktuellen Hausaufgabenforschung legen eine differenzierte Bewertung des Verhältnisses von Hausaufgaben, Arbeitszeit, Arbeitsverhalten und Wirksamkeit im Kontext von Leistungs- und Interessenentwicklung nahe. Neben Länge und Häufigkeit von Hausaufgaben sind Schwierigkeit, Art und Qualität sowie die damit verfolgten Ziele näher fächer- und klassenbezogen zu untersuchen und verschiedene Persönlichkeits- sowie Variablen des schulischen und häuslichen Umfeldes einzubeziehen (Trautwein & Köller 2002, Wagner & Spiel 2002).

Literatur

Derschau, D. v. (Hrsg.) (1979): Hausaufgaben als Lernchance. Zur Verknüpfung schulischen und außerschulischen Lernens. München: Urban & Schwarzenberg. – Dietz, B., Kuhrt, W. (1960): Wirkungsanalyse verschiedenartiger Hausaufgaben. In: Schule und Psychologie 9 (7), 264-275 und 10 (7), 310-320. – Gage, N. L., Berliner, D. C. (1986): Pädagogische Psychologie. 4. Aufl. Weinheim/München: Beltz. – Gaudig, H. (1925): Didaktische Ketzereien. 6. Aufl. Leipzig/Berlin: Teubner. – Haag, L., Mischo, C. (2002): Hausaufgabenverhalten: Bedingungen und Effekte. In: Empirische Pädagogik 16 (3), 311-327. – Nilshon, I. (1999): Hausaufgaben und selbständiges Lernen. Projektheft 1. München: Deutsches Jugendinstitut. – Petersen, J., Reinert, G.-B. & Stephan, E. (1990): Üben. Betrifft: Hausaufgaben. Ein Überblick über die didaktische Diskussion für Elternhaus und Schule. Frankfurt a. M.: Peter Lang. – Trautwein, U., Köller, O. (2002): Der Einfluss von Hausaufgaben im Englisch-Unterricht auf die Leistungsentwicklung und das Fachinteresse. In: Empirische Pädagogik 16 (3), 285-310. – Trautwein, U., Köller, O. & Baumert, J. (2001): Lieber oft als viel: Hausaufgaben und die Entwicklung von Leistung und Interesse im Mathematik-Unterricht der 7. Jahrgangsstufe. Zeitschrift für Pädagogik, 5 (47), 703-724. – Walberg, H. J. (1984): Improving the Productivity of America's School. In: Educational Leadership 8, 19-27. – Wagner, P. & Spiel, C. (1999): Arbeitszeit für die Schule – zu Variabilität und Determinanten. In: Empirische Pädagogik, 13 (2), 123-150. – Wagner, P. & Spiel, C. (2002): Zeitinvestment und Lerneffektivität: Eine Analyse in Hauptschule und Gymnasium hinsichtlich Persönlichkeitsvariablen, Arbeitshaltung und Bedingungsfaktoren. In: Empirische Pädagogik, 16 (3), 357-381.

5 Unterricht mit Medien

65| Funktionen von Medien im Unterricht
Gerhard Tulodziecki

1 Medienverwendung im Unterricht als Thema der Didaktik

In der Pädagogik haben Gedanken zu der Frage, in welcher Form Lerninhalte an Kinder und Jugendliche herangetragen werden sollen und welche Hilfsmittel für das Lernen geeignet erscheinen, eine lange Tradition. Schon aus altgriechischer Zeit sind Demonstrations- und Übungstafeln aus Wachs, Ton oder Holz bekannt. Später stand Papier als Trägermaterial für Bild und Schrift zur Verfügung. Durch die Entwicklung verschiedener weiterer Medien – von der Fotografie über Film, Radio und Fernsehen bis zu Computer und Internet – ergaben sich für die Pädagogik stets neue Möglichkeiten und Herausforderungen. Diese beruhen auf der Annahme, dass zwischen Medien, Erfahrung und Lernen bedeutsame Zusammenhänge bestehen. So sind die Erfahrungsformen (engl. *modes of experience*) mitentscheidend für die inhaltlichen Vorstellungen, die Kinder und Jugendliche von der Wirklichkeit entwickeln. Beispielsweise ist es ein Unterschied, ob ein Kind den Begriff „Schiff" durch eine eigene Fahrt mit einem Schiff, durch die Betrachtung oder den Bau eines Schiffsmodells, durch ein Foto oder durch verbale Erläuterungen kennen lernt.
Generell lassen sich vier Formen der Erfahrung unterscheiden: (1) die reale Form: diese ist z.B. beim Handeln in der Wirklichkeit, bei der personalen Begegnung mit Menschen oder beim realen Umgang mit Sachen gegeben; (2) die modellhafte Form: diese liegt z.B. beim Umgang mit Modellen oder beim simulierten Handeln im Rollenspiel vor; (3) die abbildhafte Form: diese entspricht z.B. der Information mit Hilfe realgetreuer oder schematischer Darstellungen; (4) die symbolische Form: diese besteht z.B. in der Information durch schriftliche oder mündliche verbale Darstellungen.
Mit Bezug auf diese Erfahrungsformen ist zu bedenken, dass bereits die modellhafte Form der Präsentation eines Inhalts eine Reduktion im Vergleich zur Wirklichkeit bedeutet. Gleiches gilt für abbildhafte und erst recht für symbolische Darstellungen. Bei nur modellhaften, nur abbildhaften oder nur symbolischen Erfahrungsformen besteht die Gefahr, dass sich unangemessene bzw. irreführende Vorstellungen über die Realität ausbilden. Dies heißt allerdings nicht, dass Unterricht stets mit konkretem Handeln in der Realität beginnen müsste. Wenn unmittelbare Erfahrungen zu einem Wirklichkeitsbereich vorliegen, kann selbstverständlich auf diese zurückgegriffen und mit modellhaften, abbildhaften oder symbolischen Erfahrungsformen angemessen gelernt werden. Unter Umständen bietet es sich auch an, einen Wirklichkeitsbereich wegen der besseren Überschaubarkeit und der Möglichkeit des Sichtbarmachens von Strukturen zunächst über modellhafte oder abbildhafte, eventuell auch über symbolische Darstellungen zu erschließen.

Die Frage nach der Bedeutung von Erfahrungsformen für das Lernen hat mit der Entwicklung des computerbasierten Lernens (engl. *computer based learning*) sowie mit der Diskussion um konstruktivistische Lerntheorien, um situiertes Lernen, um hypermediale Lernumgebungen (engl. *hypermedia learning environments*) und selbstgesteuertes Lernen eine besondere Aktualität erhalten.

Manchmal werden die Erfahrungsformen selbst – weil sie einen vermittelnden Charakter haben – als Medien bezeichnet. Aus medienpädagogischer Sicht ist es zweifellos wichtig, bei der Betrachtung der Interaktion des Menschen mit seiner Umwelt alle Erfahrungsformen – von der realen bis zur symbolischen – im Blick zu behalten. Allerdings bedeutet dies keineswegs, dass der wissenschaftliche Medienbegriff alle Erfahrungsformen umfassen müsste. Aus wissenschaftlicher Sicht erscheint es zweckmäßiger, den Medienbegriff auf *technisch vermittelte Erfahrungsformen* einzugrenzen. Dies eröffnet in besonderer Weise die Möglichkeit, die Merkmale technisch vermittelter Erfahrungen – in Abgrenzung und im Vergleich zu anderen Erfahrungsformen – zu untersuchen und wissenschaftliche Aussagen dazu zu formulieren.

Bei dem zu wissenschaftlichen Zwecken eingegrenzten Medienbegriff werden Medien als Mittler verstanden, durch die in kommunikativen Zusammenhängen potenzielle Zeichen mit technischer Unterstützung übertragen, gespeichert, wiedergegeben oder verarbeitet und in abbildhafter oder symbolischer Form präsentiert werden. Im Vorgang der Kommunikation werden potenziellen Zeichen Bedeutungen von den an der Kommunikation beteiligten Personen zugewiesen (vgl. dazu auch Herzig 2001, S.129).

Ein solcher Medienbegriff reicht von Printmedien bis zum Computer und umfasst sowohl die Einrichtungen bzw. Geräte zur Übertragung, Speicherung, Wiedergabe oder Verarbeitung von Zeichen als auch die dazugehörigen Materialien bzw. die Software sowie deren technisches und funktionales Zusammenwirken bei der Kommunikation (vgl. Tulodziecki 1997, S.37).

Die mit dem heutigen Begriff „Medien" gemeinten Sachverhalte sind für pädagogische Überlegungen seit jeher von Bedeutung, wenn dafür zunächst auch andere Begriffe verwendet wurden, z.B. Lehr-, Lern-, Arbeits- oder Unterrichtsmittel. Allerdings blieben entsprechende Überlegungen bis in die 1950er Jahre der Methodik des Unterrichts zugeordnet. Erst als Heimann (1962) die Medienwahl als eigenständiges Entscheidungsfeld des Unterrichts auswies, entwickelte sich im deutschsprachigen Raum eine eigenständige *Mediendidaktik* (engl. *principles of teaching and learning with media*). Die Mediendidaktik wird dabei als der Bereich der Didaktik betrachtet, in dem alle Überlegungen zusammengefasst sind, bei denen es um die Frage geht, wie Medien im Kontext von Lehr- und Lernprozessen gestaltet und verwendet werden können bzw. sollen – einschließlich der damit verbundenen medientechnischen und medientheoretischen bzw. empirischen und normativen Grundlagen.

Mit der Nutzung von Medien in Schule und Lebenswelt sind über die Anregung und Unterstützung von Lernprozessen hinaus allerdings vielfältige weitere Möglichkeiten, aber auch Risiken für Sozialisation, Erziehung und Bildung verbunden. Dies hat dazu geführt, dass sich die Medienerziehung (engl. *media literacy education*) als wichtige pädagogische Aufgabe entwickelt hat. Dabei konnte die Medienerziehung auf verschiedene Strömungen – von der Literatur- und Filmerziehung bis zur informationstechnischen Grundbildung – zurückgreifen. Das Gesamt solcher und weiterer Ansätze lässt sich in einer *Medienerziehungstheorie* zusammenfassen.

Mediendidaktik und Medienerziehungstheorie erweisen sich damit als zwei wichtige Teilgebiete der *Medienpädagogik* (engl. *media education*). Im Rahmen dieses Beitrags wird der Schwerpunkt auf mediendidaktische Fragen gelegt.

2 Konzepte der Medienverwendung aus historischer und systematischer Sicht

Im Laufe der Geschichte haben sich unterschiedliche Konzepte der Medienverwendung im Unterricht entwickelt (vgl. Hagemann & Tulodziecki 1978, S.25 ff). Ein frühes Ergebnis neuzeitlicher konzeptioneller Überlegungen ist z.B. das von Comenius 1658 herausgegebene bebilderte Lehrbuch „Orbis sensualium pictus" („Die sichtbare Welt"). Gemalte Bilder sollten helfen, wichtige Begriffe zu veranschaulichen. Mit der technischen Entwicklung kamen Fotografie, Diapositiv und Arbeitstransparent hinzu. Solche Medien lassen sich als Hilfsmittel für das Lehren charakterisieren. Demgemäß bezeichnet man das entsprechende Verwendungskonzept auch als *Lehrmittelkonzept* (engl. *teaching aid concept*).

Schon Pestalozzi (1820/1994) hat darauf aufmerksam gemacht, dass Materialien, die das Lernen unterstützen können, nicht nur als Lehrmittel, sondern auch als Lernmittel für die Hand des Schülers genutzt werden können. Dieser Gedanke wurde vor allem zum Beginn des 20. Jahrhunderts in der Reformpädagogik aufgenommen. Unter der allgemeinen reformpädagogischen Intention, vom Kinde auszugehen und seine Spontaneität und Aktivität zu entfalten, wurden Materialien für das Lernen als Arbeitsmittel verstanden. Der entsprechende Ansatz wird deshalb *Arbeitsmittelkonzept* genannt.

Mit dem Aufkommen und der zunehmenden Bedeutung der komplexeren Medien Film, Hörfunk und Fernsehen in den 1950er und 1960er Jahren sowie mit dem Versuch, diese für Lehr-Lern-Zwecke zu verwenden, veränderte sich der Stellenwert von Medien im Unterricht. Unterrichtsfilme, Schulfunk- und Schulfernsehsendungen weisen neben inhaltlichen Aussagen eine zeitliche und didaktische Struktur auf, die dem Lehr-Lern-Ablauf nicht beliebig angepasst werden kann. Insofern haben diese Medien den Charakter von eigenen „Bausteinen" des Unterrichts. Die „Bausteine" können entweder als Bereicherung, als Ergänzung oder als integrierter Bestandteil von Unterricht verwendet werden. Diese Varianten machen das *Bausteinkonzept* der Medienverwendung aus.

Sowohl beim Lehrmittel- als auch beim Bausteinkonzept bleiben Unterrichtsplanung und Unterrichtsdurchführung in der Hand des Lehrers, selbst wenn er beim Bausteinkonzept für eine bestimmte zeitliche Phase des Unterrichts hinter das Medium zurücktritt. Anders ist dies bei einem dritten Ansatz: dem *Systemkonzept*, das sich in Deutschland – beeinflusst durch frühere Entwicklungen in den USA – in den 1970er Jahren entwickelte. Sein Kennzeichen liegt darin, dass der Unterricht durch Expertenteams vorgeplant und für jede Phase des Lehr-Lern-Ablaufs ein bestimmtes Medium bereitgestellt wird. Der Lehrer wird vor allem zum Organisator von Lernprozessen sowie zum Berater und verliert seine Rolle als Gestalter von Unterricht. Die damit verbundenen Probleme haben dazu geführt, dass sich das Systemkonzept in der Schule nicht durchsetzen konnte, allerdings für bestimmte Situationen des Einzellernens in der Erwachsenenbildung geeignet erscheint.

Didaktische und technische Weiterentwicklungen haben zu einem Konzept geführt, das man in Abhebung von den bisherigen Konzepten als *Lernumgebungskonzept* bezeichnen kann. Grundlegend für dieses Konzept ist die Einsicht, dass Lernen nicht einfach als Prozess der Vermittlung von Kenntnissen, Fähigkeiten und Fertigkeiten von einem Lehrer oder Lehrsystem an einen Lernenden betrachtet werden darf. Lernen soll vielmehr als aktiver und selbstgesteuerter Prozess verstanden werden, in dem der Lernende seine Vorstellungen zu verschiedenen Sachverhalten konstruiert. Dafür sind u.a. hypermediale *Lernumgebungen* geeignet, die ein situiertes Lernen ermöglichen (vgl. Mandl, Gruber & Renkl 2002). Mit der technischen Entwicklung haben sich hier viele neue Möglichkeiten ergeben, die sich auch in der Zukunft noch erweitern werden. Allerdings ist – auch vor dem Hintergrund der eingangs angesprochenen Bedeutung von Erfahrungsformen für das Lernen – darauf zu achten, dass die Realität nicht zunehmend hinter künstlichen Lernumgebungen verschwindet.

3 Funktionen von Medien im Unterricht aus mediendidaktischer Sicht

Vor dem Hintergrund der oben skizzierten grundsätzlichen Konzepte der Medienverwendung sind in der Mediendidaktik unterschiedliche Nutzungsmöglichkeiten und Funktionen von Medien in Lehr-Lernprozessen diskutiert und herausgearbeitet worden (vgl. dazu auch Tulodziecki & Herzig 2004, S.21ff):

- Medien können eingesetzt werden, um Prozesse und Sachverhalte aus dem Mikro- und Makrobereich zu *veranschaulichen*, u. U. erst sichtbar zu machen, z.B. unter Nutzung von Zeitlupen- und Zeitraffertechnik, von Großlupen- und Trickfilmtechnik.
- Medien lassen sich verwenden, um *vermittelte bzw. indirekte Erfahrungen* auch da zu ermöglichen, wo direkte Erfahrungen nicht mehr möglich sind (etwa aus zeitlichen Gründen), nur bei unverhältnismäßig großem Aufwand möglich wären oder zur Gefährdung der Schüler führen würden.
- Medien bieten die Chance, Formen des *sozialen Austausches* auch dort zu realisieren, wo unmittelbare persönliche Begegnungen aus organisatorischen Gründen nicht möglich sind oder aus ökonomischen Gründen nicht angemessen oder vertretbar wären.
- Medien ermöglichen den handelnden *Umgang mit unterschiedlichen Repräsentationsformen* von Lernobjekten, z.B. das Arrangieren von schriftlichen Texten und Bildern mit Hilfe eines computerbasierten Präsentationsprogramms.
- Medien können Lehrfunktionen übernehmen, um den Lehrer in einzelnen *Phasen des Lehrprozesses zu entlasten,* z.B. in Phasen der Aufgabenstellung, der Erarbeitung von Informationen, der Zusammenfassung des Gelernten oder der Weiterführung.
- Medien sind geeignet, um *flexible* und *wirkungsvolle Lehr- und Lernverfahren* zu unterstützen, z.B. im Sinne der Individualisierung und der Differenzierung des Lernens und Lehrens sowie der Förderung einzelner Schüler.
- Medien können unter Nutzung des *Multiplikationseffektes* dazu dienen, für große Schülerpopulationen ein vergleichbares Lehrangebot bereitzustellen, z.B. im Sinne des Ausgleichs von Ausstattungsdefiziten einzelner Schulen bei Experimentiergeräten oder eines (bedingten) Ausgleichs von Defiziten der Lehreraus- und Lehrerfortbildung.
- Medien haben im Rahmen von Lehr- und Lernprozessen nicht nur vermittelnde, instrumentale Funktionen, sie können und sollen auch selbst zum *Gegenstand der Analyse und Beurteilung* werden, z.B. mit dem Ziel des Herausarbeitens von Gestaltungskriterien oder mit dem Ziel der Aufdeckung von Manipulationstechniken.
- Medien können und sollen von Lehrern und Schülern auch für *eigene Produktionen und Aufzeichnungen* genutzt werden, z.B. zur Dokumentation wichtiger schulischer Ereignisse, zur Ermöglichung von Rückmeldungen bei Bewegungsabläufen und Verhalten, zur eigenen Erfahrung bei der Herstellung von Medien sowie zur Artikulation eigener Interessen und Bedürfnisse.

4 Medien in einem fall- und handlungsorientierten Unterricht

Man kann annehmen, dass die Potentiale von Medien – insbesondere auch von computerbasierten Medien – vor allem im Rahmen eines fall- und handlungsorientierten Unterrichts zur Geltung kommen können. Ein solcher Unterricht ist dadurch gekennzeichnet, dass komplexe Aufgabenstellungen, die für das gegenwärtige und zukünftige Handeln von Kindern und Jugendlichen relevant sind, zum Ausgangspunkt von mediengestützten Lernprozessen werden. Solche komplexen Aufgabenstellungen können u.a. Erkundungsaufgaben, Probleme, Entscheidungsfälle, Gestaltungs- und Beurteilungsaufgaben sein (vgl. Tulodziecki 1997, S.84ff).

Eine *Erkundungsaufgabe* könnte z.B. darauf zielen, durch einen Zoobesuch sowie durch Recherchen in Sachbüchern, in CD-ROMs und im Internet Informationen zu Lebensbedingungen verschiedener Tierarten zusammenzustellen und in einer computerbasierten Form zu präsentieren.

Ein *Problem* ist z.B. dann gegeben, wenn eine Familie, in der bisher viel Fastfood gegessen wurde, beschließt, ihre Ernährungsgewohnheiten ohne Verlust an Essensgenuss zu verbessern. Texte aus Zeitschriften, Sachbüchern und Internet können als Informationsquellen genutzt und im Hinblick auf Regeln für eine gesunde Ernährung ausgewertet werden.

Ein *Entscheidungsfall* kann z.B. mit Hilfe der CD-ROM „Erdgeschichte" so eingeführt werden, dass sich die Schülerinnen und Schüler in die Situation einer Bürgerinitiative in einem Braunkohlenrevier versetzen, die eine Entscheidung zu der Frage anstrebt, ob sie gegen eine geplante Erweiterung des Abbaugebiets demonstrieren soll. Dazu können dann Informationen zur Bedeutung der Braunkohle im Kontext der Energieversorgung, zur Notwendigkeit von Umsiedlungen sowie zu weiteren humanen, geologischen, ökonomischen und ökologischen Fragen erarbeitet werden (vgl. FWU 2001).

Eine *Gestaltungsaufgabe* wäre z.B. gegeben, wenn ein Gedicht von Hermann Hesse multimedial umgesetzt werden soll. Dabei geht es darum, geeignetes Schrift-, Bild- und Tonmaterial auszuwählen oder zu produzieren und die verschiedenen medialen Elemente in sinnvoller Weise mit einem Autorensystem zusammenzufügen.

Ein *Beurteilungsfall* kann u. a. in der Analyse und Bewertung unterschiedlicher Computerspiele hinsichtlich verschiedener Kriterien bestehen, z.B. Schwierigkeitsgrad, Unterhaltungswert, implizite Verhaltens- und Wertorientierungen.

Die Auseinandersetzung mit solchen Aufgaben lässt sich – wie die obigen Beispiele zeigen – durch mediale Angebote anregen und unterstützen. Dabei können Medien u. a. im Sinne verschiedener Funktionen genutzt werden, z. B. zur Präsentation von Aufgaben und Arbeitsergebnissen, als Informationsquelle und Lernhilfe, als Werkzeug für eigene Aufgabenlösungen, als Material für Analysen oder für weitere Bearbeitungen sowie als Instrument der Speicherung, der Kommunikation und Kooperation.

5 Mediendidaktische Forschung und offene Fragen

Die frühe empirische Forschung zur Mediendidaktik ist durch den Versuch gekennzeichnet, Medienunterricht mit konventionellem Lehrerunterricht zu vergleichen. So sind z.B. mit dem Aufkommen des Schulfernsehens und später mit der Entwicklung des computergestützten Unterrichts zahlreiche empirische Vergleichsuntersuchungen durchgeführt worden. Zusammenfassende Metastudien zeigen, dass ein großer Teil der Untersuchungen keine signifikanten Unterschiede ausweist. Allerdings ergeben sich bei den signifikanten Studien im Bereich computergestützten Unterrichts mehrheitlich Vorteile für ein solches Lernen (vgl. z.B. Kulik & Kulik 1991).

Wenn die Ergebnisse aus Vergleichsuntersuchungen zum Teil enttäuschend für die Verfechter eines stärkeren Medienunterrichts sind, so haben sie doch gezeigt, dass Lernen nicht nur durch personale Vermittlung angeregt und unterstützt werden kann, sondern auch durch Medien. Darüber hinaus brachten die Vergleichsuntersuchungen den Impuls, eine Differenzierung herkömmlicher Aussagen zum Lehren und Lernen mit Medien zu versuchen. So kam es zu vielfältigen empirischen Untersuchungen, in denen einzelne Medienmerkmale im Hinblick auf ihre Lerneffekte überprüft wurden. Dabei zeigt sich z.B. die besondere Wirksamkeit der Verbindung von Bild und Text, der Kombination verschiedener Sinnesmodalitäten (visuelle und darauf abgestimmte auditive Darbietung) sowie der Aktivierung durch geeignete Aufgaben mit förderlichen Rückmeldungen. Zugleich legen die Untersuchungsergebnisse generell die Annahme nahe, dass für den Lernerfolg die Erfahrungsformen bzw. Codierungsarten, z.B. die abbildhafte Form, und die Umsetzung didaktischer Prinzipien, z.B.

Aktivierung durch Aufgaben, wichtiger sind als die Medienart, durch die sie präsentiert bzw. realisiert werden (vgl. Tulodziecki & Herzig 2004, S.108).

Trotz vieler interessanter Ergebnisse solcher Studien berücksichtigen diese gar nicht oder nur in unzureichender Weise die Abhängigkeit der Lernergebnisse von den Lernvoraussetzungen. Diese Schwäche hat zu so genannten Interaktionsstudien geführt, bei denen die Interaktion von Medieneigenschaften und Voraussetzungen der Lernenden im Mittelpunkt der Betrachtung steht. So beschreibt beispielsweise Weidenmann (1993, S.29) mit Rückgriff auf unterschiedliche empirische Untersuchungen vier allgemeine Voraussetzungen auf Seiten der Lernenden, die für den Lernerfolg bedeutsam sind: die spezifische Einschätzung eines Mediums als „leicht" oder „schwer" und die damit verbundene Bereitschaft zur mentalen Anstrengung, die intrinsische Motivation und das Interesse, die Fähigkeit, mit der Sinnesbelastung durch Medien umzugehen, sowie die Kompetenz, die „Mediensprache" zu verstehen und einzuordnen.

Neben experimentellen Studien liegen verschiedene empirische *Evaluationsstudien* vor, z. B. zum computergestützten Lernen in Schulen (vgl. z.B. Schaumburg & Issing 2002). Auf der Basis solcher Studien lässt sich u.a. feststellen, dass mit Hilfe der computerbasierten Medien ein selbsttätiges Lernen und ein selbstständiges Vorgehen der Schüler gefördert werden können. Des Weiteren zeigt sich, dass Verbesserungen fachlicher Lernleistungen und Verkürzungen von Lernzeiten unter bestimmten Bedingungen erreicht werden – wenn sich die zum Teil hohen Erwartungen (abgesehen von einzelnen Fällen) auch nicht erfüllt haben (vgl. Tulodziecki & Herzig 2004, S.76ff).

Generell ergibt sich folgende Schlussfolgerung: Medien können grundsätzlich zu wirkungsvollem Lernen beitragen. Allerdings geschieht dies nicht „automatisch". Das Potenzial von Medien kann erst im Rahmen geeigneter Unterrichtskonzepte zur Geltung kommen. Damit verweisen auch die empirischen Untersuchungen auf die mediendidaktische Grundeinsicht, dass die Gestaltung und Verwendung von Medien – sollen sie erfolgreich sein – letztlich am Lernprozess der Schülerinnen und Schüler orientiert sein müssen.

Mit dieser Erkenntnis sind zugleich verschiedene offene Fragen verbunden, z. B.: Wie stellt sich der Lernprozess mit Medien im Einzelnen dar? Bewähren sich geeignet erscheinende Konzepte für die Medienverwendung auch empirisch, z. B. das Lernumgebungskonzept, das Konzept situierten Lernens oder das Konzept eines fall- und handlungsorientierten Unterrichts? Müssen ggf. weitere Konzepte entwickelt werden? Wie stellt sich die Umsetzung verschiedener Konzepte unter unterschiedlichen Rahmenbedingungen dar, z.B. bei unterschiedlichen Lernvoraussetzungen, Inhalten, Zielen und Ausstattungsvoraussetzungen bzw. in unterschiedlichen Fächern und in verschiedenen schulischen Kontexten? Wie können Konzeptentwicklung, Umsetzung und Evaluation miteinander verbunden werden? Welche Bezüge zur generellen Schulentwicklung müssen hergestellt werden? Wie lassen sich weitere Medienentwicklungen bei konzeptionellen Überlegungen und bei der empirischen Forschung angemessen berücksichtigen? Welche Lehrerbildungsmaßnahmen sind erforderlich? Welche Erziehungs- und Bildungsaufgaben stellen sich bei der Mediennutzung im Unterricht? Wie können sie umgesetzt werden?

Diese und viele weitere mögliche Fragen verweisen darauf, dass sich der Mediendidaktik als Teilgebiet von Medienpädagogik und allgemeiner Didaktik auch in Zukunft vielfältige Entwicklungs- und Forschungsaufgaben stellen.

Literatur

Comenius, J.A. (1658/1979): Orbis sensualium pictus (Nachdruck der Erstausgabe von 1658). 2. Aufl. Dortmund: Harenberg. – FWU-Institut für Film und Bild in Wissenschaft und Unterricht (Hrsg.) (2001): Erlebnis Erde. Erdgeschichte (CD-ROM und Handbuch). Grünwald: FWU. – Heimann, P. (1962): Didaktik als Theorie und Lehre. In: Die Deutsche Schule, 54, 407-427. – Herzig, B. (2001): Medienerziehung und informatische Bildung. In: Herzig, B. (Hrsg.): Medien machen Schule. Grundlagen, Konzepte und Erfahrungen zur Medienbildung. Bad Heilbrunn: Klinkhardt, 129-164. – Kulik, C.-L. & Kulik,

J. A.(1991): Effectiveness of computer-based instruction: An update analysis. In: Computers in Human Behaviour, 7, 75-94. – Mandl, H., Gruber, H. & Renkl (2002): Situiertes Lernen in multimedialen Lernumgebungen. In: Issing, L.J. & Klimsa, P. (Hrsg.): Information und Lernen mit Multimedia und Internet. 3. Aufl. Weinheim: Psychologie Verlags Union, 139-148. – Pestalozzi, J. H. (1820/1994): Wie Gertrud ihre Kinder lehrt: Ein Versuch, den Müttern Anleitung zu geben, ihre Kinder selbst zu unterrichten, in Briefen (hrsg. v. Heinrich Reble). 5. Aufl. Bad Heilbrunn: Klinkhardt. – Schaumburg, H. & Issing, L.J. (2002): Lernen mit Laptops. Ergebnisse einer Evaluationsstudie. Gütersloh: Verlag Bertelsmann Stiftung. – Tulodziecki, G. (1997): Medien in Erziehung und Bildung. Grundlagen und Beispiele einer handlungs- und entwicklungsorientierten Medienpädagogik. 3. Aufl., Bad Heilbrunn: Klinkhardt. – Tulodziecki, G. (2002): Digitale Medien – veränderte Schule? In: Keil-Slawik, R. & Kerres, M. (Hrsg.):Wirkungen und Wirksamkeit neuer Medien in der Bildung. Münster: Waxmann, 259-273. – Tulodziecki, G. & Hagemann, W. (1978): Einführung in die Mediendidaktik. Köln: Verlagsgesellschaft Schulfernsehen. – Tulodziecki, G. & Herzig, B. (2004): Mediendidaktik. Medien in Lehr- und Lernprozessen. Stuttgart: Klett-Cotta. – Weidenmann, B. (1993): Instruktionsmedien. München. Universität der Bundeswehr, Institut für Erziehungswissenschaft und Pädagogische Psychologie.

66| Nutzung von schriftlichen Informationen und Bildern im Unterricht
Tina Seufert und Roland Brünken

1 Einführung

Ein Blick in Schulbücher und aktuelle Unterrichtsmaterialien zeigt die besondere Bedeutung, die Texte und Bilder als Formen der Informationsdarstellung besitzen. Hier finden sich unterschiedlichste Formen schriftlicher Informationen (engl. *written information*) wie beschreibende Texte, Übungsaufgaben, Verständnisfragen ebenso wie eine Vielzahl unterschiedlicher bildlicher Darstellungen (engl. *visual information*) wie Fotos, schematische Abbildungen oder Diagramme.

2 Eigenschaften und Funktionen von Texten und Bildern

Bilder (engl. *pictures*) und Texte (engl. *texts*) können denselben Gegenstand oder Sachverhalt repräsentieren. Sie verwenden dabei jedoch unterschiedliche Arten von Zeichensystemen (engl. *codes*). Der wesentliche Unterschied besteht dabei in der Beziehung zwischen den Zeichen und dem Bezeichneten, dem Repräsentationsprinzip. Texte verwenden Symbole, Zeichen mit einer arbiträren Struktur, die dem Bezeichneten durch konventionelle Regeln zugeordnet sind. Bilder hingegen sind durch Ähnlichkeit mit dem bezeichneten Gegenstand verbunden, die verwendeten ikonischen Zeichen besitzen dabei gemeinsame Struktureigenschaften mit dem repräsentierten Gegenstand. Durch diese unterschiedliche Beziehung zwischen Zeichen und Bezeichnetem ergeben sich für Texte und Bilder unterschiedliche Nutzungseigenschaften.

Texte eignen sich beispielsweise besonders gut zur Darstellung komplexer Prozesse und Prozeduren. Verbale Darstellungen zeichnen sich dabei insbesondere durch ihre hohe Spezifität aus: man kann z.B. Negationen ausdrücken, was im Bild nur schwer ohne Symbolzeichen gelingt. Ebenso lassen sich Begriffe auf übergeordneter kategorialer Ebene benennen, wie z.B. der Begriff Möbel, der in bildhafter Form allenfalls durch einen typischen Vertreter der Kategorie dargestellt werden kann. Aufgrund ihrer Ausdrucksmächtigkeit, der Spezifität und der Möglichkeit Begriffe präzise zu benennen verwendet man Texte im Unterricht häufig zur Beschreibung von Sachverhalten oder zur Formulierung von Fragen, Aufgaben oder Übungsanweisungen.

Bilder und Diagramme sind hingegen besonders effektive Werkzeuge, um Beziehungen (relationale Informationen) übersichtlich darzustellen und die räumlich topologische Struktur eines Sachverhalts abzubilden (Brünken, Steinbacher, Schnotz & Leutner 2001). Diagramme wiederum eignen sich sehr gut, um die Beziehungen verschiedener Variablen oder Veränderungen von Variablen über die Zeit darzustellen (Larkin & Simon, 1987). Entsprechend werden Bilder in Unterrichtsmaterialien häufig zur Strukturierung, Orientierung oder Veranschaulichung eingesetzt. Neben diesen verstehens- oder behaltensrelevanten Funktionen erfüllen Bilder oftmals auch dekorative oder motivationale Funktion im Lernprozess (zur Funktion von Bildern siehe u.a. Weidenmann 2002).

3 Lernen mit Texten und Bildern

Der Frage, wie sich die unterschiedlichen Nutzungseigenschaften von Texten und Bildern auf deren Verarbeitung auswirken, wurde in den letzten Jahrzehnten vielfach nachgegangen und es entstanden mehrere theoretische Modelle, die ihren Ursprung einerseits in Modellen der Textverarbeitung (Johnson-Laird 1983; Kintsch & van Dijk 1978), andererseits in Paivios Theorie der Dualen Kodierung (1986) finden. Paivio beschreibt die Verarbeitung von Text und Bild als unterschiedliche, jedoch interagierende Prozesse. Diese Überlegungen wurden von Mayer (2001) weitergeführt und ausdifferenziert und auch die Verarbeitungsmodelle von Schnotz (z.B. Schnotz 2002) zeigen die unterschiedlichen Verarbeitungswege von Text und Bild.

Beim Lesen eines Textes analysiert der Leser zunächst die Symbole nach syntaktischen und morphologischen Gesichtspunkten. Diese verbalen Organisationsprozesse führen zu einer mentalen Repräsentation der Textoberfläche, d.h., der Lernende kann wie beim Rezitieren eines fremdsprachigen Gedichts die einzelnen Worte und Phrasen wiederholen, ohne sie dabei verstanden zu haben. Erst im nächsten Schritt analysiert der Leser den Text und extrahiert dessen Kernaussagen sowie deren Zusammenhänge. Diese Kernaussagen werden in Form eines propositionalen Netzwerkes mental gespeichert. Um die Textaussage als Ganzes zu verstehen, muss der Lernende die propositionalen Informationen in ein mentales Modell, d.h. in eine analoge Vorstellung des Sachverhaltes, integrieren.

Betrachtet ein Lernender ein Bild, so finden auch hier Selektions- und Organisationsprozesse statt. Der Bildbetrachter identifiziert und strukturiert weitgehend automatisiert die zentralen Bildteile, wodurch eine visuelle Wahrnehmung des Bildes entsteht. Aufbauend auf dieser wahrnehmungsbezogenen mentalen Repräsentation finden bewusste semantische Verarbeitungsprozesse statt. Dabei werden diejenigen Bildelemente extrahiert, die zur Lösung der Aufgabe bzw. zur Zielerreichung relevant sind. Das dabei entstehende mentale Modell ist aufgabenspezifisch und selektiv, also kein wirklichkeitsgetreues Abbild des externen Bildes. Führt die Verarbeitung eines Bildes also auf direktem Wege zur Konstruktion eines mentalen Modells und damit zum Verstehen des Sachverhaltes, so erfolgt dies bei der Textverarbeitung vermittelt über die propositionale Repräsentation.

4 Gestaltung und Einsatz von Texten und Bildern im Unterricht

Zur Unterstützung der genannten Verarbeitungsprozesse wurden zahlreiche Gestaltungsrichtlinien für Texte und Bilder entwickelt (z.B. Ballstaedt 1997). Da Texte und Bilder im Unterricht selten isoliert verwendet werden, stellt sich insbesondere die Frage, wie beide Quellen optimal aufeinander abgestimmt werden sollten. Aktuelle Forschungsarbeiten zum Wissenserwerb mit multiplen Repräsentationen (Brünken, Seufert & Zander 2005; Seufert 2003) geben hierzu konkrete Hinweise, die

in folgenden Gestaltungsprinzipien zusammengefasst werden können (s. Mayer 2001):
- Das *Multimedia-Prinzip* (engl. *multimedia principle*): Die Verwendung kombinierter Text-Bild-Darstellungen ist der Verwendung eines isolierten Textes überlegen.
- Das *Prinzip der Kontiguität* (engl. *contiguity principle*): Text- und Bildinformationen sollten dem Lernenden in räumlicher Nähe dargeboten werden, damit er bei der Integration der Information keinen unnötigen Suchaufwand hat.
- Das *Prinzip der Kohärenz* (engl. *coherence principle*): Es sollten nur solche Informationen vermittelt werden, die zum Verstehen des zu lernenden Sachverhalts notwendig sind und sich zu einem kohärenten Ganzen zusammenfügen lassen.
- Das *Prinzip der (Nicht-)Redundanz* (engl. *redundancy principle*): Eine Informationsquelle, die eigenständig den vollständigen Sachverhalt erklärt, bedarf keiner weiteren (redundanten) Ergänzung.
- Das *Prinzip der individuellen Unterschiede* (engl. *individual differences principle*): Je nach Vorwissen der Lernenden bedarf es unterschiedlicher Gestaltung von Text und Bild. Ist ein kohärentes Bild z.B. für den Novizen lernunterstützend, kann es für den Experten redundante, störende Information darstellen.

Nicht immer können Lehrende schriftliche Informationen oder Bilder selbst entwickeln und dabei die genannten Gestaltungsrichtlinien berücksichtigen. Vielmehr müssen zumeist vorhandene Unterrichtsmaterialien verwendet werden, die dabei nicht immer den genannten Kriterien entsprechen. Text- und Bildverarbeitung können jedoch auch dadurch angeregt werden, dass der Lernende die gezeigte Information in den jeweils anderen Zeichencode übersetzen muss. So erhält der Lehrende Einblicke in den Verstehensprozess, kann Fehlinterpretationen erkennen und gegebenenfalls korrigierend eingreifen. Auch die Integration von Text- und Bildinformation kann geübt werden, indem der Lehrende einzelne Texte und Bilder herausgreift und die Lernenden kennzeichnen korrespondierende Informationen z.B. durch farbliche Markierungen oder Pfeile.

Insgesamt lässt sich also festhalten, dass Lernen durch die Verwendung von Texten und Bildern gefördert werden kann, wenn diese in sich kohärent sind, sich klar aufeinander beziehen und keine redundante Information enthalten. Wie Lernprozesse durch eine gute Gestaltung und Abstimmung von Text und Bild weiterhin gefördert werden können ist Gegenstand vieler aktueller Forschungsarbeiten im Rahmen der *cognitive load theory* (z.B. Brünken, Plass & Leutner 2003; Sweller, van Merrienboer & Paas 1998). Auch die Frage, in welcher Weise Novizen und Experten durch Texte und Bilder unterstützt werden können, bedarf weiterer empirischer Analysen und theoretischer Überlegungen. Dabei ist nicht nur die Gestaltung von Texten und Bildern sondern auch deren didaktischer Einsatz zur Förderung des elaborierten Wissenserwerbs im Unterricht von zentraler Bedeutung.

Literatur

Ballstaedt, S.-P. (1997): Wissensvermittlung. Die Gestaltung von Lernmaterial. Weinheim: Beltz. – Brünken, R., Plass, J. L. & Leutner, D. (2003): Direct measurement of cognitive load in multimedia learning. In: Educational Psychologist, 38, 53-61. – Brünken, R., Seufert, T. & Zander, S. (2005): Förderung der Kohärenzbildung beim Lernen mit multiplen Repräsentationen. In: Zeitschrift für Pädagogische Psychologie, 19, 61-75. – Brünken, R., Steinbacher, S., Schnotz, W. & Leutner, D. (2001): Mentale Modelle und Effekte der Präsentations- und Abrufkodalität beim Lernen mit Multimedia. In: Zeitschrift für Pädagogische Psychologie, 15, 16-27. – Johnson-Laird, P. N. (1983): Mental models. Towards a cognitive science of language, interference, and consciousness. Cambridge, UK: Cambridge University Press. – Kintsch, W. & van Dijk, T. A. (1978): Toward a model of text comprehension and production. In: Psychological Review, 85, 363-94. – Larkin, J. & Simon, H. (1987): Why a diagram is (sometimes) worth than thousands words? In: Cognitive Sciences, 11, 65-99. – Mayer, R. E. (2001): Multimedia Learning. Cambridge, UK: Cambridge University Press. – Paivio, A. (1986): Mental representations: A dual-coding approach. New York: Oxford University Press. – Seufert, T. (2003): Supporting coherence formation in learning from multiple representations. In: Learning and Instruction, 13, 227-237. – Schnotz, W. (2002): Wissenserwerb mit Texten,

Bildern und Diagrammen. In: Issing, L.J. & Klimsa, P. (Hrsg.): Information und Lernen mit Multimedia und Internet. Weinheim: Beltz, 65-82. – Sweller, J., van Merrienboer, J. & Paas, F. (1998): Cognitive architecture and instructional design. In: Educational Psychology Review, 10, 251-296. – Weidenmann, B. (2002): Abbilder in Multimediaanwendungen. In: Issing, L.J. & Klimsa, P. (Hrsg.): Information und Lernen mit Multimedia und Internet. Weinheim: Beltz, 83-98.

67| Tafel- und Folienarbeit, Modelle und Beamereinsatz
Bernd Thomas

1 Begrifflichkeit

Tafel, *Folien*, *Modelle* und *Beamer* können als *Medien* und *Arbeitsmittel* im Unterricht eingesetzt werden. Beim medialen Einsatz steht eher der methodische *Vermittlungsaspekt* seitens des Lehrers im Vordergrund, während bei der Nutzung als Arbeitsmittel stärker der inhaltliche *Aneignungsaspekt* auf Seiten der Schüler zur Geltung kommt. Der Einsatz von Tafel, Folien, Modellen und Beamer dient dabei vor allem der Veranschaulichung, wobei *Anschauung* nicht nur methodisch, sondern auch immer inhaltlich-reflexiv zu verstehen ist, d.h. die Schüler sollen nicht nur mit Hilfe der genannten Mittel lernen, vielmehr sollen sie den Umgang mit ihnen z.B. bei eigenen Präsentationen lernen. Es handelt sich also um *Lehr- und Lernmittel*. Darüber hinaus sind auch immer Möglichkeiten und Grenzen der jeweiligen Medien im Sinne einer *Medienerziehung* zu bedenken.

2 Die Arbeit mit der Tafel

Die Tafel gehört zur Standardausrüstung eines Unterrichtsraumes. Sie ist schon aus der Zeit von Comenius als zentrales Medium der unterrichtlichen Arbeit dokumentiert (1658, 1910). Der Qualität der *Tafelarbeit* kommt bis heute eine hohe Bedeutung zu. Bei der Gestaltung des Tafelbildes können zahlreiche didaktisch-methodische Funktionen berücksichtigt werden (Feige 2004). Dabei sind zwei grundlegende Arten der Tafelarbeit zu unterscheiden:
Einerseits kann das *Tafelbild* als *künstlerisch gestaltete Tafelzeichnung* zum Einsatz kommen. Dies erfordert jedoch ein entsprechendes Geschick. Als Hilfsmittel sei hier auf Bühs (1999) verwiesen, der in seinem kursartig angelegten Beitrag aufzeigt, wie sich auch künstlerisch weniger begabte Pädagogen das in Frage kommende Rüstzeug erarbeiten können. Dabei geht es darum, Menschen, Tiere, Pflanzen, Perspektiven, Landschaften, Gegenstände und Details, aber auch Diagramme und Schemata zeichnen zu können. Das künstlerisch gestaltete Tafelbild wird zunehmend von Folien oder rechnergestützten Systemen verdrängt. Es bleibt aber zu bedenken, dass das künstlerisch gestaltete Tafelbild gerade durch seine Schlichtheit und Spontaneität zu beeindrucken vermag, denn es soll vor allem motivieren, veranschaulichen und illustrieren. Nicht zuletzt ist es schnell verfügbar und kann somit sehr genau auf die jeweilige Lernsituation bezogen werden.
Andererseits wird das *Tafelbild* als *Maßnahme der methodisch-didaktischen Gestaltung* im Unterricht eingesetzt, wobei hier zunächst der *Vermittlungsaspekt* überwiegt. Mit Tafelbildern, die entsprechend vorbereitet und strukturiert sind, lassen sich eine Vielzahl methodisch-didaktischer Maßnahmen in den Unterricht einbringen: Impulse geben, Phasenübergänge gestalten, Schüleräußerungen

sammeln, Ergebnisse (auch Teil- und Zwischenergebnisse) sichern, festhalten und veröffentlichen, Beiträge ordnen und Tafelprotokolle erstellen, Schaubilder und Diagramme darstellen, Tabellen erarbeiten, Texte geben und Aufgaben stellen. Dabei muss das Tafelbild nicht immer vorstrukturiert sein. Oftmals kann es auch in gemeinsamer Arbeit mit den Schülern entstehen. Tafelbilder, die in Zusammenarbeit mit den Schülern entstehen, werden als *dynamische Tafelbilder* bezeichnet. Auch diese dürfen kein Produkt des Zufalls sein und es wird deutlich, dass professionelle Tafelarbeit eine wichtige Planungsaufgabe des Unterrichts ist. Für eine erfolgreiche Tafelarbeit können folgende Planungsgrundsätze gelten: das aktuelle Datum an einem festen Platz anschreiben, hilfreiche Überschriften finden, Texte gliedern und eventuell mit Zwischenüberschriften versehen, eine sinnvolle Platzeinteilung vornehmen, Tabellen, Schaubilder und Diagramme sind meist vorzustrukturieren, die Schrift muss immer gut lesbar sein, den jeweiligen Anforderungen entsprechend farbige Kreide einsetzen und schließlich muss darauf geachtet werden, dass alle Schüler das Tafelbild gut sehen können. Des Weiteren muss den Schülern genug Zeit gegeben werden, wenn sie sich das Tafelbild übertragen sollen.

Das Platzangebot einer *Standardwandtafel* besteht aus sechs gleich großen Flächen, wobei die mittlere große Fläche eine Doppelfläche darstellt und die Klappflügel der Tafel je eine Außen- und Innenfläche aufweisen. Die verschiedenen Flächen der Tafel können durch Auf- und Zuklappen methodisch sinnvoll genutzt werden. In den meisten Fällen ist es sinnvoll, die Tafelarbeit auf der linken aufgeklappten Innenfläche zu beginnen, statt in der Mitte, weil dann die ganze aufgeklappte Tafelfläche genutzt werden kann. Auf diese Weise entsteht das Tafelbild immer auch in *Leserichtung*, was besonders jüngeren Schülern, die noch im Leselernprozess sind, entgegenkommt. Zur sinnvollen Platzeinteilung kann auch der Einsatz von Textblöcken, Skizzen, Aufzählzeichen (Spiegelstriche), Unterstreichungen und Umrahmungen (eventuell mit farbiger Kreide) beitragen. Allerdings gilt es bei aller Gestaltungsfreude, eine Überstrukturierung des Tafelbildes zu vermeiden, damit es nicht verwirrend und unübersichtlich und damit kontraproduktiv wird (Feige 1993, 2004). Neben den üblichen Tafeln in Klassenzimmern gibt es mittlerweile eine Vielzahl von tafelähnlichen Medien, die ebenfalls eine Reihe der oben angesprochenen didaktischen Funktionen erfüllen können: z.B. Whiteboards (Weißflächige Stelltafeln, die mit einem Faserstift beschriftet werden), Magnettafeln (manchmal auch Bestandteil der Standardtafel), Flipcharts (Stelltafeln mit einem großformatigen Papierabreißblock, der mit einen Faserstift beschrieben wird; diese Tafeln kommen oftmals bei der Moderationsmethode zum Einsatz) und Pinnwände (Weidenmann 2002).

Die Arbeit an der Tafel scheint immer in enger Verbindung mit einem darbietenden Unterricht zu stehen, so dass bei Tafelarbeit der *Vermittlungsaspekt* dominiert. Dies muss aber nicht notwendig so sein. Eine Gruppenarbeit, in der die Schüler an Seitentafeln oder an mobilen, kleine Stelltafeln arbeiten und dort z.B. ihre Ergebnisse festhalten, um sie später den anderen Schülern zu vermitteln, rückt die Tafel stärker in den Bereich von Arbeitsmitteln für die Hand der Schüler. Ein solcher Tafeleinsatz betonte eher den *Aneignungsaspekt* und weist deutlich über einen bloßen Frontalunterricht hinaus (Feige 2004). Besonders Grundschulkinder sollten oft Gelegenheit erhalten, an der Tafel zu arbeiten, da sie großräumige Bewegungen ermöglicht und auf Grund ihres erhöhten Schreibwiderstandes die Entwicklung der Feinmotorik günstig beeinflussen kann (Feige 1993).

3 Die Arbeit mit Overheadprojektor und Folien

Die didaktisch-methodischen Möglichkeiten und Funktionen der Tafelarbeit und des Einsatzes des Overheadprojektors sind größtenteils ähnlich gelagert. Daher werden *Folien* und *Overheadprojektor* nicht selten schlicht als Tafelersatz eingesetzt. Folien können vom Lehrer zu Hause vorbereitet werden. Günstig ist es, wenn z.B. der Lehrervortrag von Folien unterstützt wird, weil dadurch eine

Bündelung der Aufmerksamkeit erreicht werden kann. Ähnlich wie beim *dynamischen Tafelbild*, können Folienbilder während des Unterrichts vor den Augen der Schüler als sogenannte *Live-Folien* entstehen. Des Weiteren können *Klappfolien* eingesetzt werden (Gudjons 2000). Durch Hinzuklappen weiterer Folienteile kann nach und nach ein entsprechender Zusammenhang erarbeitet werden, etwa ein Organigramm, das den Aufbau der Verfassungsorgane der Bundesrepublik entwickelt oder eine Darstellung, die sukzessiv die Stationen des Wasserkreislaufes veranschaulicht. Auch der andere Weg ist möglich: Durch das Wegklappen oder Abheben von Folienteilen wird etwa gezeigt, wie sich im Zuge von Bebauungsmaßnahmen die Artenvielfalt in Flora und Fauna reduziert oder wie sich z.B. eine detailreiche Zeichnung (eines Gegenstandes, eines Tieres oder Menschen) auf Grundlinien und Grundelemente zurückführen lässt. Die Lichtstärke des Overheadprojektors erlaubt zudem die Nutzung von Lichteffekten, beispielsweise bei Sternkarten oder beim „Blitzlesen", d.h. der zu lesende Satz (Wort, Vokabel, Rechenaufgabe u.a.) wird nur durch ein kurzes Anschalten des Projektors für einen Moment sichtbar, und die Schüler sollen nun sagen, was sie gelesen, erkannt usw. haben. Diese Vorgehensweise erhöht – wenn sie nicht überstrapaziert wird – Aufmerksamkeit und Motivation (Feige 2004). Generell gilt, dass selbst hergestellte, nicht überladene, eindeutig gestaltete und auf die speziellen Lernbedürfnisse der Klasse oder Lerngruppe zugeschnittene Folien meist besser geeignet sind als fertig gekaufte Folien. Wenn Schüler zunehmend selbst Foliendarstellungen für ihren Unterricht entwickeln, kann es auch hier gelingen, den *Aneignungsaspekt* stärker zu akzentuieren.

4 Der Einsatz von Modellen

Besonders im naturwissenschaftlichen-technischen Unterricht kommen Modelle zum Einsatz. Dabei sind im Folgenden nicht Denk- oder intellektuelle Erklärungsmodelle gemeint, sondern *materielle Modelle*, die in einem unterrichtlichen *Anschauungs-* und *Erarbeitungszusammenhang* zur Anwendung kommen. Modelle sind vereinfachte Abbilder von Wirklichkeit, die Veranschaulichung durch Hervorhebungen oder Weglassungen herstellen. Vom Original unterscheiden sie sich im Material, durch andere Größenverhältnisse und durch ihre geringere Komplexität. Standard geworden ist die Unterscheidung zwischen *Struktur-* und *Funktionsmodellen* (Killermann 2005). *Strukturmodelle* geben die Gestalt und den Aufbau eines Originals wieder. Ein Torsomodell etwa zeigt die Lage und den Aufbau der inneren Organe des Menschen, während z.B. Molekülmodelle die Anordnung der Atome verdeutlichen sollen. *Funktionsmodelle* verdeutlichen den Ablauf bestimmter Vorgänge. Ein Teilschnittmodell eines Zylinders zeigt beispielsweise die vier Arbeitstakte eines Ottomotors oder eine gelenkig aufgebaute Gliederpuppe vermittelt die korrekte Haltung der Wirbelsäule beim Heben schwerer Lasten vom Boden. Der Einsatz von Modellen soll nicht nur veranschaulichen, sondern auch Verständnis- und Merkhilfe sein, er soll motivieren und soll den Schülern – etwa durch Ausprobieren – auch Entdeckungen ermöglichen. Ein Spezialfall von Modellen sind die sogenannten *Black-box-Modelle*, die auch als *verdeckte Funktionsmodelle* bezeichnet werden. Dabei geht es darum, dass Schüler zwar bestimmte Eingaben (Inputs) und Ergebnisse (Outputs) sehen, zwischen denen im Sinne einer *Wenn-dann-Beziehung* ein Zusammenhang besteht, aber der Weg dazwischen ist durch eine Black-box verdeckt. In einem Beispiel zum technischen Lernen im Sachunterricht hat Möller (1991) das Funktionsmodell eine Stampfe entwickelt, die eine Drehbewegung in eine Auf- und Abwärtsbewegung umsetzt. Genau dieser Umsetzungsprozess ist durch eine Black-box verdeckt. Die Schüler stellen nun Vermutungen an, wie sich dieser vollzieht. Der Gedankenaustausch findet im Gespräch, mit gestischen Demonstrationen und mit Hilfe von Zeichnungen statt. Schließlich bauen die Schüler selbst ein Modell, womit in einem handlungsintensiven Unterricht der Weg vom *Vermittlungs-* zum *Aneignungsaspekt* vollzogen worden ist. Aus der Arbeit mit dem *Anschauungsmodell* geht die Erarbeitung eines *Handlungsmodells* hervor.

5 Beamereinsatz im Unterricht

Der Einsatz rechnergestützter Beamerpräsentationen hat seinen Ursprung in der Wirtschaft im Rahmen kommerzieller Veranstaltungen, meist um Kunden zu gewinnen oder das jeweilige Unternehmen möglichst vorteilhaft darzustellen, durchaus im Sinne des Mottos: „Informieren, mitreißen und überzeugen ..." (Flume 2003). Es geht also ums Überzeugen, wobei die Grenze zum Überreden nicht immer trennscharf zu ziehen ist. Vor einer Powerpointpräsentation wird geraten, eine intensive Analyse der sogenannten Audienz durchzuführen. Der Vortrag in einer Powerpointpräsentation soll gezielt die emotionale Ebene ansprechen, soll narrativ gestaltet werden (Storyboard schreiben) und mit Analogien arbeiten, wofür besondere Analogietabellen entwickelt worden sind, die je nach Präsentationsinhalt bestimmte Analogien empfehlen. Eine Beamerpräsentation soll durch prägnante und passende Titel bzw. Untertitel gegliedert sein, ziel- und inhaltsorientiert sein, einen klaren Anfang (*Clear Entrance*) und ein gelungenes, rundes Ende haben (*Clean Exit*), auch wenn eine abschließende Diskussion vorgesehen ist. Technische Hinweise beziehen sich u.a. auf Schrifttypen (ohne Serifen) und -größen (weniger Text, dafür größere Buchstaben), auf Farbgebung (Kontrastwirkungen), Bildeinsatz und Animation. Insgesamt wird für eine konsequente Gestaltung unter sparsamer Verwendung von Effekten plädiert (Flume 2003). Die Regeln, die beim Vortrag zu beachten sind, unterscheiden sich nicht von denen, die allgemein für diesen Verwendungszweck gelten: z.B. publikumszugewandte offene Körperhaltung, klare und deutliche Sprache, sparsamer Einsatz von Gestik, keine übertriebene Lokomotion im Raum, der Inhalt der eingesetzten Medien muss zu dem Vortragstext passen, bei Projektionen den Zuhörern nicht den Rücken zudrehen oder seitlich zu ihnen sprechen (Schildt & Kürsteiner 2003). Mittlerweile ist der Beamereinsatz auch im pädagogischen Kontext angekommen und durchaus Bestandteil universitärer und schulischer Lehre. Dabei weist der beamergestützte Vortrag eine hohe Nähe zu einem frontal-dozierenden Lehrstil auf. Die Gefahr, durch überbordende Gestaltungslust zu *Edutainment* herabzusinken, ist sicherlich nicht ganz von der Hand zu weisen, andererseits müssen heutige Schüler auch im Sinne einer kritischen *Medienerziehung* den Umgang mit diesen neuen Technologien lernen.

Literatur

Bühs, R. (1999): Tafelzeichnen kann man lernen. 4. Aufl. Hamburg: Bergmann + Helbig. – Comenius, J. A. (1658, 1910): Orbis sensualium pictus. Nachdruck Leipzig: Klinkhardt. – Feige, B. (1993): Tafelbild. In: Heckt, D. H., Sandfuchs, U. (Hrsg.): Grundschule von A-Z. Braunschweig: Westermann, 248-249. – Feige, B. (2004): Tafelarbeit – Tafelbild. In: Keck, R. W., Sandfuchs, U. & Feige, B. (Hrsg.): Wörterbuch Schulpädagogik. Bad Heilbrunn: Klinkhardt, 477-478. – Flume, P. (2003): Power Stories. Informieren, mitreißen und überzeugen mit Powerpoint-Präsentationen. Erlangen: Publicis. – Gudjons, H. (2000): Methodik zum Anfassen. Unterrichten jenseits von Routinen. Bad Heilbrunn: Klinkhardt. – Killermann, W. (2005): Biologieunterricht heute. Eine moderne Fachdidaktik. 12. Aufl. Donauwörth: Auer. – Möller, K. (1991): Umstrukturierungen im Lernprozeß. Kinder bauen eine Stampfe. In: Lauterbach, R., Köhnlein, W., Spreckelsen, K. & Bauer, H. F. (Hrsg.): Wie Kinder erkennen. Kiel: IPN. – Schildt, T. & Kürsteiner, P. (2003): 100 Tipps & Tricks für Overhead- und Beamerpräsentationen. Weinheim, Basel: Beltz. – Weidenmann, B. (2002): 100 Tipps & Tricks für Pinwand und Flipchart. 2. Aufl. Weinheim, Basel: Beltz.

68 | Lehrwerke
Ulrike Jürgens

1 Lehrwerke – Werke zum Lehren?

Lehrwerke (engl. *textbooks*) sind Arbeitsmittel zum Lehren *und* Lernen. Abgesehen von Lehrwerken, die auf Selbstlernen (von Erwachsenen) ausgerichtet sind (insbesondere für Fremdsprachen und Deutsch als Fremdsprache), bildet ein Lehrwerk die Lerninhalte ab, die die Lehrpläne für eine bestimmte Zielgruppe des allgemeinbildenden und berufsbildenden Schulwesens vorgeben. Es umfasst in der Regel mehrere Lehrbücher, z.B. die Bände 1 bis 4 für die Grundschule oder die Bände 5 bis 10 für die Sekundarstufe, sowie ergänzende Materialien für die Lernenden (weitere Übungen in Arbeitsheften oder auf CD-ROMs) und die Lehrenden (Lehrerbände, Kopiervorlagen, Lernkontrollen in Print- oder elektronischer Form).

2 Historische Aspekte

Das erste Lehrwerk nach Erfindung des Buchdrucks war eine lateinische Grammatik Mitte des 15. Jahrhunderts. Als frühe Lehrwerke nachgewiesen sind des Weiteren ABC-Büchlein und Fibeln aus dem 16. Jahrhundert. Bis in unsere Zeit wird der Orbis sensualium pictus (verkürzt: Orbis pictus) von Johann Amos Comenius aus dem Jahre 1658 als wegweisend für die Entwicklung von Lehrwerken bezeichnet. Es handelt sich hier um ein Sprach- und Sachbuch, das in 150 Kapiteln das Realienwissen des 17. Jahrhunderts sowohl in Texten (bilingual lateinisch und deutsch) als auch in Abbildungen (Holzschnitten) präsentiert.
Seit der Mitte des 19. Jahrhunderts kann man von einer Massenproduktion von Lehrwerken sprechen. Wie sehr Lehrwerke von gesellschaftlichen und politischen Entwicklungen abhängig sind, sei am Beispiel des Mediums Lesebuch (engl. *reader*) dargestellt. Das 1843 erschienene „Deutsche Lesebuch" von Philipp Wackernagel kann als das erste Lesebuch nach heutigem Verständnis bezeichnet werden. In dieser Zeit war das Lesebuch ein Universalbuch für sämtliche Unterrichtsfächer. Im Zuge der Reformbewegung Anfang des 20. Jahrhunderts entstand die Trennung von Sprachbuch und Lesebuch. Die Lesebücher wurden in Folge für nationale Ideen (in der Kaiser- und Weimarer Zeit) und nationalsozialistisches Gedankengut (im Dritten Reich) instrumentalisiert. Nach 1945 griff man zunächst auf die Lesebücher zurück, die vor 1933 erschienen waren. In der Zeit von 1950 bis 1965 entstanden Lesebücher als Sammlungen mit lyrischen, epischen und dramatischen Texten, die nach so genannten Erlebniskreisen aufgebaut waren. In den sechziger bis achtziger Jahren verlief die Entwicklung in West- und Ostdeutschland unterschiedlich: In Ostdeutschland gab es literaturkundliche Lesebücher, die in den unteren Klassen (bis zum 7. Schuljahr) nach Gattungen, in den oberen Klassen historisch nach Autoren gegliedert waren. In Westdeutschland erschienen ab 1965 literarische Arbeitsbücher, die nach literarischen Gattungen, ergänzt durch Sach- und Gebrauchstexte, aufgebaut waren. Sie wurden Anfang der siebziger Jahre abgelöst durch gesellschaftskritische Lesebücher, die sich in kritischen Texten insbesondere mit gesellschaftlich relevanten Themen auseinander setzten und nach Inhalten gegliedert waren. Ab den achtziger Jahren führt das Ziel, Freude am Lesen zu vermitteln, zur vermehrten Aufnahme von Auszügen aus der Kinder- und Jugendliteratur. Gleichzeitig wurden die methodischen Möglichkeiten des Umgangs mit Texten durch handlungs- und produktionsorientierte Verfahren erweitert.

Dieser Abriss zeigt, dass Lehrwerke (wie Literatur) immer auch ein Spiegel ihrer Zeit sind, und dies nicht nur in Zeiten einer bewussten Instrumentalisierung. Dies gilt im Übrigen auch für Lehrwerke a-politischer Fächer.

3 Lehrwerke als konkretisierte Lehrpläne

Die Kulturhoheit in Deutschland liegt bei den Bundesländern. Jede Landesregierung gibt für die Klassenstufen 1–12 bzw. 13 und für die Ausbildungsberufe schulartspezifische Richtlinien (für Grund-, Haupt-, Real-, Gesamtschule sowie Gymnasium) und fächerspezifische Lehrpläne (z.B. für Mathematik, Deutsch, Geschichte, Musik) vor. Für das allgemeinbildende Schulwesen gilt, dass nur Lehrwerke, die geeignet sind, die in den Lehrplänen festgeschriebenen Themen, Lernziele/Kompetenzen und Methoden zu erarbeiten, an den Schulen dieses Bundeslandes verwendet werden dürfen. Über die Eignung wird in einem kultusministeriellen Prüfverfahren entschieden.

Für die Lehrbuchentwicklung sind insbesondere folgende, z.T. länderspezifische Aspekte der Lehrpläne von Bedeutung:
- Lehrpläne beziehen sich auf die klassischen Unterrichtsfächer oder auch auf Fächerverbünde (z.B. Geschichte/Politik, Geografie/Geschichte/Politik, Naturwissenschaften, Sachunterricht/Kunst/Musik).
- Sie weisen jahrgangsspezifische Lernziele aus oder Kompetenzen, die am Ende einer Klassenstufe (z.B. nach jeweils zwei Jahren) zu erreichen sind.
- Sie bewegen sich zwischen der Formulierung von Globalzielen und differenzierten Lernzielkatalogen.
- Sie gewichten Inhalte und Methoden in unterschiedlichem Maße.
- Sie schreiben bestimmte didaktische Ansätze fest (z.B. die Integration aller Lernbereiche im Deutschunterricht, historische Längsschnitte wie Umweltgeschichte, Frauengeschichte u.a. für den Geschichtsunterricht).
- Sie ordnen die Inhalte unterschiedlichen Klassenstufen zu.
- Sie geben u.U. eine bestimmte Nomenklatur (z.B. für grammatische Termini), festgelegte Notationen (im Mathematikunterricht), einen Kanon (für Literatur, Lieder) vor.

Je differenzierter ein Plan ist, umso eher wird es für dieses Bundesland spezielle Lehrwerke geben (müssen). Je offener ein Plan ist, umso eher besteht die Gefahr, dass die Interpretation durch Verlag und Autorengruppe nicht mit der Lesart der kultusministeriellen Gutachter übereinstimmt.

In Folge der für das deutsche Schulwesen nicht positiven Ergebnisse der internationalen Vergleichsstudien TIMSS (Third International Mathematics and Science Study, 1998) und PISA (Programme for International Student Assessment, 2000) sind in fast allen Bundesländern neue Pläne entwickelt worden: „Lehrpläne", „Kernlehrpläne", „Bildungsstandards". Allen gemeinsam ist die Orientierung auf zu erreichende Kompetenzen (Standards) und die Vermittlung von Schlüsselqualifikationen (Methoden). Es gibt auch einen ersten Versuch bundesländerübergreifender Lehrplanentwicklung (gemeinsame Grundschulpläne für Berlin, Brandenburg, Mecklenburg-Vorpommern und Bremen). Von einer Angleichung oder gar Vereinheitlichung der Lehrpläne kann im Übrigen jedoch keine Rede sein.

4 Entwicklung von Lehrwerken

Die Entwicklung von Lehrwerken ist in Deutschland privatwirtschaftlich organisiert. Seit Anfang des 19. Jahrhunderts gibt es Schulbuchverlage, die ihren Programmschwerpunkt auf Lehrwerken und Angeboten zum Lernen außerhalb der Schule haben. Ca. 40.000 Einzeltitel sind derzeit für den unterrichtlichen Gebrauch im Angebot. Nach marktwirtschaftlichen Grundsätzen entscheiden die Verlage, zu welchem Zeitpunkt sie für welche Zielgruppe(n) ein Lehrwerk produzieren. Zu neuen Lehrplänen werden zwangsläufig besonders viele Neuerscheinungen oder Bearbeitungen von vorhandenen Werken entwickelt.

Nur wenn die Parameter Zielgruppengröße, angestrebter Marktanteil, Personalkapazitäten, Entwicklungs- und Produktionskosten zu einem positiven Ergebnis führen, wird ein Lehrwerk in die Planung aufgenommen. Die Konzeption wird in der Regel von den Fachredaktionen des Verlages mit Blick auf den Lehrplan eines Bundeslandes/die Lehrpläne mehrerer Bundesländer und die Wettbewerbssituation entwickelt. Der verantwortliche Redakteur / die verantwortliche Redakteurin stellt ein Autorenteam (im Durchschnitt fünf Personen) zusammen. Die Autoren/Autorinnen repräsentieren idealerweise die Zielgruppe, d.h. sind Fachlehrkräfte in dem jeweiligen Bundesland und in der jeweiligen Schulart oder dort in der zweiten (manchmal auch ersten) Phase der Lehrerausbildung tätig (Fachleiter der Ausbildungsseminare, Fachdidaktiker). Fachwissenschaftler werden bei Bedarf eher als Berater hinzugezogen.

Im Autorenteam wird die vom Verlag entwickelte Konzeption in Diskussionen ausgeschärft und an Manuskriptbeispielen konkretisiert. Auf dieser Grundlage entwickeln die Autoren / Autorinnen arbeitsteilig die Manuskripte und messen sie auf gemeinsamen Tagungen an den Lehrplanvorgaben und an den Erfahrungen der anderen Teammitglieder; ggf. werden sie auch in einzelnen Klassen erprobt. Der Redakteur / die Redakteurin führt einerseits das Autorenteam und koordiniert andererseits die herstellerische Umsetzung: Briefing von Grafikern und Fotografen, Abstimmung des Layouts mit der Herstellung usw.

Für die Erarbeitung eines Manuskripts ist ein – in der Regel enger – Zeitrahmen gesetzt. Die Schulen erwarten zu neuen Lehrplänen möglichst zeitnah neue Lehrwerke (inkl. der Zusatzmaterialien für Lernende und Lehrende), ein früher Erscheinungstermin und eine zügige Erscheinungsfolge können gegenüber dem Wettbewerb Vorteile bringen. Außerdem gibt es immer noch in einigen Bundesländern einen festen Termin für die Vorlage der Titel zur behördlichen Prüfung. Nur wenn ein Titel z.B. bis Mitte Juni eines Jahres dort vorgelegt wird, hat er Aussicht auf Veröffentlichung im Verzeichnis der zugelassenen Lehrwerke für das Schuljahr des folgenden Kalenderjahres.

5 Lehrwerke – staatlich geprüft

Ein Lehrwerk kann nur dann zum Einsatz an den Schulen kommen, wenn es behördlich zugelassen wurde. Die Verlage stellen unter Vorlage einer vorgegebenen Anzahl von (digital gedruckten) Exemplaren und Zahlung einer Prüfgebühr beim jeweiligen Kultusministerium oder Landesinstitut den Antrag auf Zulassung für eine bestimmte Schulart und Klassenstufe. Das Kultusministerium oder Landesinstitut beauftragt zwei bis drei Gutachter mit der Prüfung. Die der Prüfung zugrunde liegenden Kriterien betreffen u.a.:
– die Übereinstimmung mit dem Grundgesetz und der Landesverfassung,
– die Übereinstimmung mit geltendem Recht,
– die Übereinstimmung mit gesellschaftspolitischen Grundsätzen (z.B. Gleichstellung von Mann und Frau, Integration von Menschen unterschiedlicher sozialer Herkunft, aus unterschiedlichen Kultur- und Sprachräumen),
– die sachliche / fachliche Richtigkeit,
– die sprachliche Richtigkeit und Verständlichkeit,
– die Angemessenheit für die Zielgruppe (Alter, Schulart),
– die Abdeckung der Themen des Lehrplans für das angegebene Schuljahr,
– die Erreichbarkeit der Lehrplanziele für das angegebene Schuljahr,

– die Anregung geeigneter Lernprozesse,
– die Anregung fächerübergreifenden Arbeitens,
– die Sicherung von Wissen, Kompetenzen, Qualifikationen,
– die Angebote zum Üben, Wiederholen, Nachschlagen.

Die (für die Verlage anonymen) Gutachter sind gehalten, eine Empfehlung auszusprechen: zur Zulassung oder zur Zulassung unter der Voraussetzung, dass erwähnte Mängel vor Drucklegung behoben werden, oder zur Ablehnung. Aufgrund der Empfehlungen der Gutachter erteilt das Kultusministerium oder das Landesinstitut dem Verlag einen Bescheid. Der Verlag entscheidet, ob er im Falle einer Nicht-Zulassung den Änderungsauflagen nachkommt. Es besteht auch die Möglichkeit des Widerspruchs und der schriftlichen oder (in Einzelfällen auch mündlichen) Auseinandersetzung mit den Monita. Erst der zugelassene Titel wird im Verzeichnis der genehmigten Schulbücher veröffentlicht (entweder in Printform am Anfang des Kalenderjahres und/oder laufend aktualisiert im Internet). Und nur aus diesen hier veröffentlichten Titeln kann die einzelne Schule auswählen.

6 Einführung von Lehrwerken

Über die Einführung eines Lehrwerkes an der Schule entscheidet das Kollegium oder die Fachkonferenz einheitlich für alle Klassenstufen und Parallelklassen. Im Verzeichnis der zugelassenen Bücher sowie in den (Print- und Online-)Katalogen der Schulbuchverlage wird über das aktuelle Angebot informiert. Die miteinander im Wettbewerb stehenden Verlage informieren ihrerseits die Schulen über Neuerscheinungen/Neubearbeitungen durch Mailings, Prospekte, Zusendung kostenloser Prüfexemplare, Veranstaltungen, auf denen die Arbeit mit einem Werk vorgestellt wird, auf regionalen Ausstellungen und überregionalen Messen (z.B. Die Bildungsmesse – Didacta, die jährlich an wechselnden Standorten stattfindet).

Lehrkräfte einer Schule orientieren ihre Entscheidung für ein Lehrbuch zumeist an folgenden Anforderungen:
– Zusatzmaterial: für Lernende/Lehrende?
– Texte: Auswahl, Verständlichkeit...?
– Bilder: Auswahl, Qualität, Funktionalität...?
– Relation Text – Bild?
– Aufgabenstellungen: Anzahl? Verständlichkeit?
– Fragen: Zur Festigung des Gelernten? Zum Erschließen von Informationen? Zum Transfer auf andere Materialien?
– Mehr Lehrbuch oder mehr Arbeitsbuch?
– Angebote zur Übung, Wiederholung, Differenzierung?
– Übereinstimmung mit der Lebenswelt der Zielgruppe?
– Übereinstimmung mit Zielen / Schwerpunkten der Schule?

Neben diesen übergeordneten Kriterien spielen fachspezifische Fragen eine Rolle, z.B. zur Einführung des Zahlenraums in der Grundschul-Mathematik, zum Angebot systematischer (vor allem Rechtschreib-)Übungen in integrativen Deutschwerken, zur Relation von Autorentext und Quellentexten in Geschichtsbüchern.

In einigen Bundesländern ist die Beteiligung von Eltern- und Schülervertretern an dem Auswahlverfahren vorgesehen. Über die Eltern könnte perspektivisch ein Kriterium hinzukommen, das bislang in der Diskussion in den Lehrerkollegien eine untergeordnete Rolle spielte: der Preis.

7 Finanzierung der Lehrwerke

Im Zuge der Bildungsdiskussion Anfang der siebziger Jahre wurden gleiche Bildungschancen für alle postuliert – unabhängig von der sozialen Herkunft. Nachdem Hessen bereits 1949 die Lehrmittelfreiheit in der Landesverfassung verankert hatte, führten in den siebziger und achtziger Jahren immer mehr Bundesländer die Lehrmittelfreiheit ein. Diese „Freiheit" wurde sehr bald zur Lehrmittelausleihe. Nicht jeder Schüler / jede Schülerin bekam jedes Jahr kostenfrei neue Bücher übereignet. Die von den Schulträgern angeschafften Bücher erhielten einen Schulstempel und wurden von Schuljahr zu Schuljahr ausgeliehen – drei Jahre, fünf Jahre, zehn Jahre... Die zurückgehenden Etats (bundesweit von knapp 400 Mio Euro im Jahre 1991 auf 250 Mio Euro im Jahre 2003) führten zu immer längeren Ausleihfristen und zu immer älteren (und damit nicht mehr aktuellen) Beständen: mit nicht mehr existenten politischen Grenzen, in alter Rechtschreibung, mit Angaben in DM statt in Euro. Grundsätzlich verhindert die Ausleihe von Lehrwerken, dass mit und in den Büchern gearbeitet wird („Lesen mit dem Stift" als Arbeitstechnik) und dass eine Beziehung zum Medium Buch aufgebaut wird.

In den Jahren nach 2002 gerät die Lehrmittelfreiheit zunehmend in die Diskussion und führt über verschiedene Systeme zu höheren Elternbeteiligungen. Derzeit halten nur noch wenige Bundesländer an der ausschließlichen Finanzierung durch die Schulträger fest.

Die zunehmende Finanzierung über die Eltern dürfte dazu führen, dass die Preise von Unterrichtswerken eher als bisher miteinander verglichen werden, möglicherweise auch dazu, dass hier und da ganz auf ein Unterrichtswerk oder auch auf ein zusätzliches Arbeitsheft verzichtet wird.

8 Pro und kontra Lehrwerk

Nur wenige Lehrkräfte arbeiten ohne ein Lehrwerk und stellen sich aus vorhandenen Materialien, durchaus auch aus Lehrwerken, sowie ggf. selbst entwickelten Seiten ein eigenes „Werk" zusammen. Die Voraussetzung hierfür ist neben einer ausreichenden fachlichen Qualifikation und methodischer Kreativität ein großes zeitliches Engagement.

Gegen ein Lehrwerk mag sprechen, dass es sich hier um ein Angebot für eine fiktive Klasse handelt. Hierdurch wird insbesondere ein situations- und erfahrungsbezogener Unterricht erschwert. Andererseits kann ein einzelner Lehrer / eine einzelne Lehrerin kaum mit der eigenen Materialsammlung die Qualität eines Lehrwerkes erreichen: weder den aktuellen fachlichen Stand noch die zeitgemäße didaktisch-methodische Aufbereitung der Lehrplaninhalte, weder die Reduzierung der Komplexität von Themen noch die Strukturierung des Stoffes, weder die Vielfalt an Materialien noch die Qualität von Fotos und angefertigten Grafiken. Dies gilt besonders – aber nicht nur – für fachfremd unterrichtende Lehrkräfte.

Ein Lehrwerk garantiert die Vergleichbarkeit in allen Klassen einer Schule sowie Transparenz für die Eltern. Ein Lehrwerk ermöglicht immer auch die Ergänzung um / den Ersatz durch eigene Materialien: Es muss nicht seitenweise abgearbeitet werden. Die Zusammenfassungen müssen nicht zum Abfragen von Wissen verleiten. Die Materialien und darauf bezogenen dezidierten Aufgabenstellungen müssen nicht in dieser Zusammenstellung im Unterricht umgesetzt werden. Aber das Lehrwerk ist für den Lehrer / die Lehrerin „das Rückgrat des Unterrichts" (Jürgen Oelkers, Vortrag vom 15.09.2004).

9 Lehrwerke in der Praxis

Lehrwerke können in der Praxis unterschiedliche Funktionen erfüllen. Sie sind Arbeitsmittel für die Lehrkräfte („Lehr"-Werk), in erster Linie aber für die Schülerinnen und Schüler. Sie können die Vorbereitung, Durchführung und Nachbereitung des Unterrichts unterstützen. In Orientierung an Hartmut Hacker (1980) werden die folgenden Funktionen unterschieden:

(a) *Informatorische Funktion*: Über das Lehrwerk wird fachwissenschaftlich abgesichertes Wissen zielgruppengerecht vermittelt. Die Kunst der didaktischen Reduktion besteht darin, exemplarische Inhalte auszuwählen, die Inhalte zu elementarisieren und ausgehend von Beispielen zu verallgemeinerbaren Ergebnissen zu kommen.

(b) *Strukturierende Funktion*: Die Lehrplanvorgaben sind im Lehrwerk so angeordnet, dass sie eine Jahresplanung oder eine Wochenplanung oder sogar eine Stundenplanung abbilden.

(c) *Repräsentierende Funktion*: Das Lehrwerk repräsentiert die Themen des Lehrplans in Texten, Fotos, Grafiken. Dies ist insbesondere bei Themen unentbehrlich, die nicht in der Realität erarbeitet werden können.

(d) *Steuernde Funktion*: Über die Aufgabenstellungen wird die Auswertung des Materials gesteuert.

(e) *Motivierende Funktion*: Die Auswahl insbesondere der Abbildungen motiviert aus ästhetischen und/oder inhaltlichen Gründen zur Beschäftigung mit dem Thema, durchaus auch hier und da über den Unterricht hinaus.

(f) *Anregende Funktion*: Die Lehrkraft kann durch das Lehrwerk angeregt werden, Ideen in anderen Zusammenhängen zu nutzen.

(g) *Differenzierende Funktion*: In Orientierung am Wissensstand und Lernvermögen der Schülerinnen und Schüler können Materialien und Aufgabenstellungen differenzierend eingesetzt werden. Diese Möglichkeit wird in einigen Lehrwerken durch additive und/oder parallele Angebote unterstützt und häufig auch kenntlich gemacht.

(h) *Übende Funktion*: Aus lernpsychologischen Gründen wird ein umfangreiches und variables Übungsangebot benötigt, das die unterschiedlichen Lerntypen berücksichtigt.

(i) *Kontrollierende Funktion*: Hierzu werden idealerweise Aufgabenstellungen eingesetzt, die die Anwendung des Gelernten, den Transfer auf vergleichbare Themen oder Situationen anzielen.

(j) *Repetierende Funktion*: Merktexte, Merksätze, Glossare sollen primär zum Nachschlagen eingesetzt werden.

(k) *Sichernde Funktion*: Neuere Lehrwerke verfolgen den Portfolio-Gedanken und lassen hier die Lernenden ihre eigene Zusammenfassung formulieren.

Ein Lehrwerk hat niemals nur eine dieser Funktionen, sondern umfasst mehrere Funktionen in unterschiedlicher Ausprägung. Einige Funktionen werden auch von Teilen des Lehrwerkes außerhalb des Buches verstärkt abgedeckt: so die Übung und Differenzierung durch Arbeitshefte, die Übung, Differenzierung und Kontrolle durch elektronische Medien. Print- und elektronische Medien sind nicht alternativ, sondern in sinnvoller Ergänzung zu sehen. Der Ergänzung um aktuelle / aktualisierte Materialien dienen auch Hinweise auf eine eigene Internet-Adresse oder auf Internet-Links.

Nicht zuletzt hängt es von der Lehrkraft ab, wie sie das Lehrwerk einsetzt. Eine zentrale Unterscheidung kann zwischen dem Lehrwerk als Leitmedium und dem Lehrwerk als Begleitmedium getroffen werden. Lehrwerke, die den Unterricht vorstrukturieren, indem sie aufeinander aufbauende Unterrichtseinheiten entwerfen und so den Unterricht für ein ganzes Schuljahr planen, werden in der Regel zum Leitmedium. Sie entlasten die Lehrkraft von der Planung und Strukturierung des Unterrichts, engen aber auch die Spielräume, die Möglichkeit, auf aktuelle, situative Anlässe zu reagieren, ein. Der Einsatz des Lehrwerkes als Begleitmedium setzt eine eigene Unterrichtsplanung der Lehrkraft voraus, in die fallweise Elemente des Lehrwerks integriert werden. In diesem Fall ist der Nutzungsgrad des Lehrwerkes geringer als beim Einsatz als Leitmedium.

Ein Beispiel mag den Unterschied zwischen Leitmedium und Begleitmedium illustrieren: Die Grundschullehrpläne aller Bundesländer sehen einen integrativen oder verbundenen Deutschunterricht vor, mit dem Ergebnis, dass alle Sprachbücher nach Themen gegliedert sind und innerhalb dieser thematischen Einheiten Inhalte aller Lernbereiche (Sprechen, Texte verfassen, Reflexion über Sprache und Rechtschreiben) behandelt werden. Fast alle dieser Sprachbücher haben inzwischen – in Reaktion auf die Bedürfnisse der Praxis – einen systematischen Übungsteil (für den Lernbereich Rechtschreiben oder auch für weitere Lernbereiche). Ein solches Sprachbuch wird als Leitmedium eingesetzt, wenn die Lehrkraft die thematischen Einheiten der Reihe nach abarbeitet und den Verweisen auf den systematischen Übungsteil folgt. Ein solches Sprachbuch wird hingegen als Begleitmedium eingesetzt, wenn die Lehrkraft sich in der Wahl der Themen von der aktuellen Situation und/oder von fächerübergreifenden Überlegungen (z.B. mit dem Sachunterricht) leiten lässt, sich für die Verknüpfung der Inhalte der Lernbereiche an eigenen Erfahrungen oder auch den Themen des Sachunterrichts orientiert und fallweise Übungen (vorzugsweise aus dem Übungsteil) in ihren Unterricht integriert. Beides muss mit einem Lehrwerk möglich sein, um den unterschiedlichen Ansprüchen und Unterrichtsstilen der Lehrkräfte an einer Schule gerecht zu werden.

10 Kritische Aspekte und Forschungsfragen

In der öffentlichen Diskussion spielen eher äußere Aspekte (Gewicht, Finanzierung, Papierqualität, aber auch die gute Bebilderung der Werke) eine Rolle. Wenn – gelegentlich – inhaltliche Kritik formuliert wird, so betrifft sie selten das einzelne Lehrwerk, sondern ist an die Adresse des zugrunde liegenden Lehrplans zu richten.
Auch wenn das langjährig tätige Institut für Schulbuchforschung in Duisburg (Leitung: Gerd Stein) abgewickelt wurde und die Finanzierung des Instituts für internationale Schulbuchforschung in Braunschweig in Frage gestellt wird: Diese nach seinem Gründer Georg-Eckert-Institut genannte Einrichtung und die Internationale Gesellschaft für historische und systematische Schulbuchforschung e.V. sowie einzelne Lehrstühle befassen sich intensiv mit Fragen zu Lehrwerken. Der Schwerpunkt des Georg-Eckert-Instituts liegt auf internationalen oder bi-nationalen Projekten (derzeit u.a. deutsch-französisch, deutsch-polnisch, deutsch-russisch, deutsch-tschechisch) sowie auf historischen und politischen Themen (Holocaust, Europa, Migration u.a.). Maßgeblich war das Georg-Eckert-Institut an der Verständigung über die Darstellung der Grenzen im Osten Deutschlands sowie über die Schreibweise von geografischen Namen beteiligt.
Die meisten Lehrbuchanalysen dürften in den letzten dreißig Jahren zur Darstellung von Mädchen und Frauen in Lehrwerken, insbesondere Lesebüchern, verfasst worden sein; sie haben mit Sicherheit zu einer größeren Sensibilität für dieses Thema bei Verlagen, Autoren und Nutzern von Lehrwerken geführt. Auf einer anderen Ebene liegen Untersuchungen zur Typografie von Lehrwerken (Schriftart, Schriftgrad, Durchschuss, Zeilenlänge, Darstellung von Hierarchien im Text, Text-Bild-Bezug, Führung der Leserichtung auf einer Doppelseite usw.) und damit zur Lesbarkeit von Texten. Nicht zuletzt gibt es zahlreiche historische Studien sowie fachspezifische Vergleichsuntersuchungen.
Weniger untersucht sind die Kriterien, nach denen die Schulbuchauswahl und Einführungsentscheidungen getroffen werden. Weniger untersucht ist auch die Wirkungsweise von Lehrwerken. Und nicht zuletzt sei angemerkt, dass im Rahmen der medienpädagogischen Erziehung Produktion und Rezeption aller Medien zum Gegenstand des Unterrichts werden – nur nicht die des Lehrwerks selbst.

Literatur
Baumert, H., Bos, W. & Lehmann, R. (Hrsg.) (2000): TIMSS III. 2 Bde. Opladen: Leske und Budrich. – Comenius, J. A. (1658/1991): Joh. Amos Commenii Orbis sensualium pictus. Nachdr. Dortmund: Harenberg. – Deutsches PISA-Konsortium

(Hrsg.) (2000): PISA 2000. Basiskompetenzen von Schülerinnen und Schülern im internationalen Vergleich. Opladen: Leske und Budrich. – Hacker, H. (Hrsg.) (1980): Das Schulbuch. Funktion und Verwendung im Unterricht. Bad Heilbrunn: Klinkhardt. – Martin, M.O. & Kelly, D.L. (1998): Third International Mathematics and Science Study (TIMSS). Technical Report. 3 Vols. Chestnut Hill, MA: Boston College. – Olechowski, R. (Hrsg.) (1995): Schulbuchforschung. Frankfurt a. M.: Lang.

69| Nutzung von Tonmedien im Unterricht
Wolfgang Schill

1 Arten, Funktionen und Nutzungsformen

Als Tonmedien (auch auditive Medien, von lat. audire: hören; engl. *audio media*) werden hier die technischen Medien der Kommunikation bezeichnet, die sich allein an den Hörsinn richten. Zu den Tonmedien zählen analoge/digitale Medien der Individual- und Massenkommunikation wie (Mobil-)Telefon, Sprechfunk, Schallplatte, Tonkassette, Walk-/Discman, Compactdisc/ Minidisc (CD/MD), MP3-Spieler, Hörfunk (Auto-/Internetradio) oder Computer mit Soundkarte, Tonbearbeitungsprogramm und CD-Laufwerk/-Brenner. Die Nutzung von Tonmedien ist nur durch das funktionale Zusammenwirken von technischen Geräten (z.B. Mikrofon, Lautsprecher, Mischpult, Aufzeichnungs- und Wiedergabegeräte) und/oder dem dazu gehörigen Trägermaterial für Informations-/Zeichensysteme (z.B. unbespielte Tonkassette/Musik-/Sprachkassette) möglich.
Tonmedien können verschiedene – zum Teil miteinander verbundene – Funktionen übernehmen: sie können der auditiven Beobachtung/Wahrnehmung von natürlicher, gegenständlicher und sozialer Wirklichkeit und/oder der Verstärkung/Erweiterung des Hörsinns dienen, und sie können zur Speicherung, Bearbeitung und Übertragung/Verbreitung von Hörbarem (Sprache, Musik, Geräusche) genutzt werden.
Durch Vertonung von Wirklichkeit und/oder Fiktion lassen sich verschiedene Hörtexte konstruieren: journalistische Texte (wie Nachrichten, Hörberichte, Reportagen, Features), literarische Texte (wie Theaterinszenierungen, Hörerzählungen, Hörspiele) oder musikalische Texte (wie Kunstlied, Oper, Popmusik). Wer sich diese flüchtigen Texte aneignen will, muss sich deren Sinngehalt durch Imaginieren, Entziffern, ästhetisches Genießen und Verstehen innerlich erschließen. Für diese innere Rede gilt, dass ein Hörer immer auf seine Lebens-, Erfahrungs- und Vorstellungswelt angewiesen ist. Um in Lehr-/Lernsituationen das Aufnehmen, Entziffern und Verstehen von medialen Hörtexten zu unterstützen, können didaktisch-methodische Maßnahmen greifen, wie: Vorklären von Begriffen, gezielte Fragen zum Text, Präsentieren von konkreten Gegenständen und/oder visuellen Medien, Kürzung von Hörtexten oder gezielte Unterbrechung einer Textpräsentation.

2 Historische Entwicklung

Seit ihrer Einführung haben Tonmedien – wie die „alten" Medien Schallplatte, Radio oder Tonband – in Schule und Unterricht nur eine Nebenrolle gespielt. Trotz seiner aktuellen Inhalte und seiner Formenvielfalt erwies sich auch der Schulfunk der öffentlich-rechtlichen Sendeanstalten – in den 1950er-1990er Jahren – nur als ein Unterrichtsmedium unter anderen. Inzwischen hat das *Bildungs-*

medium Hörfunk durch stetigen Abbau der Bildungs- und Kulturprogramme in den Sendeanstalten weiter an Bedeutung verloren. Seinen Platz im Unterricht haben die Tonträger Kassette und CD eingenommen, vor allem aufgrund von Miniaturisierung/Digitalisierung, inhaltlicher Vielfalt und didaktischer Handlungsmöglichkeiten. Zwei Formen von Tonmedien lassen sich unterscheiden, die heute für Lehr-/Lernprozesse bedeutsam sind:

(1) Von Lehr-/Lernmittelherstellern/Verlagen, der phonographischen Industrie oder von Hörfunkanstalten vorgefertigte Hörmedien sowie selbst aufgezeichnete „Hörgegenstände", die eine auf das Hörbare reduzierte Wirklichkeit und Fiktion verfügbar machen *(reproduktiver Aspekt)*.

(2) Eigenständige Vertonungen von Wirklichkeit und Fiktion, die sich in Lehr-/Lernzusammenhängen aufgrund des praktisch-produktiven Umgangs mit den Handlungsgegenständen Tonband, Kassetten-/Minidiscrekorder und/oder Computer ergeben *(produktiver Aspekt)*.

3 Tonkassette, Compactdisc und Hörfunk im Unterricht

3.1 Reproduktiver Aspekt

Bespielte Tonkassetten (z.B. Musikkassette, Hörspielkassette) und Compactdisc (z.B. Musik-CD, Hörbuch) sowie der Hörfunk werden als Massenmedien bezeichnet. Im funktionalen Miteinander tauchen sie in fast allen deutschen Privathaushalten auf. Dabei fungieren Kassette und CD primär als Wiedergabemedium für Musik und literarische Hörtexte (Hörspiele, Hörbücher) und erweisen sich auch als ein bedeutender Bestandteil heutiger Kinder- und Jugendkultur.

Aus *mediendidaktischer Sicht* werden beide Tonmedien besonders im Deutsch/Literatur-, Fremdsprachen-, Politik-/Geschichts- und Musikunterricht für die Präsentation von Hörangeboten genutzt. So lassen sich in der Grundschule Kinderhörspiele aufgrund ihrer Nähe zur Medienkultur von Kindern wirkungsvoll nutzen, um sie durch aktive Auseinandersetzung mit diesen „Filmen ohne Bilder" herauszufordern, das Zuhören zu genießen und neue Hörerfahrungen zu machen. Hörtexte können sich dabei auch als ein bedeutsames Kommunikationsmittel erweisen, um Begriffsbildung, Spracherwerb und soziales Lernen zu fördern und um das Hören als ästhetisch-kritische Kompetenz zu entwickeln (vgl. Schiffer u.a. 2002).

Für den Deutschunterricht im Sekundarbereich liefern sie literarische Texte aller Art (z.B. Hörspiel, Lesung, Theaterinszenierung, Werkinterpretation), ermöglichen im Sinne einer Integration von Lese- und Medienerziehung (vgl. Wermke 1998) die Auseinandersetzung mit verschiedenen Textsorten (z.B. Buch, Film, Hörbuch) oder veranschaulichen bestimmte literarische Epochen (Literatur nach 1945). Um sich im Fremdsprachenunterricht produktiv mit fremdsprachlicher Wirklichkeit auseinander zu setzen, können Kassette und CD authentische Sprachvorlagen, -modelle und Sprachlehrprogramme anbieten. Im Politik-/Sozialkunde-/Geschichtsunterricht lassen sich historische Tondokumente und aktuelle journalistische Materialien präsentieren (Nachrichten, Berichte, Reportagen), um Jugendlichen politisch-gesellschaftliches Wissen zu vermitteln und um sie zur Bearbeitung von (zeit-)geschichtlichen Fragen anzuregen. Für den Musikunterricht bieten Kassette und CD vor allem ein umfangreiches, didaktisch flexibles Wahrnehmungsangebot für jede Art von Musik und Musikdarbietung. Im Rahmen von Werkbetrachtung, Hörerziehung, Bewegungserziehung oder Instrumentenkunde können einmal die gesellschaftlich-kommunikativen Funktionen von Musik deutlich werden. Zum anderen können für Lehr-/Lerngruppen von den Vorbildwirkungen qualifizierter musikalischer Leistungen Anregungen zum Selbermachen von Musik ausgehen (vgl. Ernst 2004).

Öffentlich- und privatrechtlicher Hörfunk zeigen sich heute dem Publikum vor allem als musik- und unterhaltungsdominiertes *Begleit- und Nebenbeimedium*, das rund um die Uhr in erster Linie als mood manager und Ratgeber fungiert. Als „Radio im Kleinen" bieten aktuell die Kinderfunkprogramme der öffentlich-rechtlichen Sendeanstalten, aber auch deren Jugend- und Kulturprogramme Sende- und Darstellungsformen an, die sich für den Unterricht nutzen lassen, wie z.B. Nachrichten, Reportagen, Features, Talk-Runden, Radioerzählungen, Hörspiele, Radio-Comedys oder Musiksendungen (vgl. Schill u.a. 2004). Allerdings können aus urheberrechtlichen Gründen nur Schulfunk-, Bildungsprogramme und tagesaktuelle Programmgebote für Unterrichtszwecke aufgezeichnet werden.

Aus *medienerzieherischer Sicht* sind auch die gesellschaftliche Einrichtung Hörfunk und das Radioprogramm zum Gegenstand kritisch-analytischer Auseinandersetzung zu machen. Dabei geht es besonders darum, die Funktionen der verschiedenen Radiotexte für Kinder und Jugendliche herauszuarbeiten, ihre Verständlichkeit zu untersuchen und eventuell alternative Texte zu entwickeln, Beurteilungskriterien für „gute" Sendungen zu erarbeiten, Unterschiede zwischen verbal-akustischer Darstellung und selbst erfahrener Wirklichkeit dingfest zu machen, die Frage nach den „Sendern" und ihren Interessen zu stellen oder den Sendern mitzuteilen, wie ihre Angebote bei den „Empfängern" angekommen sind.

3.2 Produktiver Aspekt

Die produktive Arbeit mit Kassetten-, Minidiscrekorder und dem Computer als Produktionseinheit (für Aufnahme, Schnitt, Mischung, Speicherung und Vervielfältigung von Tonproduktionen) zielt vor allem darauf, die Medienkompetenz von Kindern und Jugendlichen zu fördern. Das Selbermachen von Tonmedien ermöglicht es Kindern und Jugendlichen, in Sinn- und Sachzusammenhängen zu handeln, ihrer Fantasie und Kreativität Ausdruck zu verleihen, ihrer Lebenspraxis Sprache zu geben, medienspezifische Kenntnisse und Fertigkeiten zu erwerben und sich an öffentlicher Kommunikation zu beteiligen, um gesellschaftliche Wirklichkeit aktiv mitzugestalten (vgl. Schill 1998). Generell lassen sich diese Medien in allen Lernbereichen und Fächern und für alle Themen nutzen, um eigene Tonmedien zu produzieren. So können von Kindern und Jugendlichen im Deutsch-, Kunst- oder Musikunterricht selbstständig Texte, Bilder oder Bild-Text-Kombinationen vertont werden. Durch spielerisch-experimentelle Tonarbeit kann eine Fülle von Hörangeboten entstehen, wie etwa Geräuschgeschichten, Originalton-Collagen, elektronische Musik oder Klanginstallationen. Hörspiele, die aufgrund von vorgegebenen oder selbst entwickelten Hörspiel-Texten entstehen, sind ein traditioneller Gegenstand des Deutschunterrichts. Erzählungen, Gedichte oder Zeitungsmeldungen werden zu Sprech-, Gestaltungs- und Schreibanlässen, die es ermöglichen, visuelle Wahrnehmungen und sprachliche Impulse in Hörtexte umzusetzen und zugleich eigene Imaginationen hör-ästhetisch zu bearbeiten. Dass das verständliche Sprechen und Schreiben fürs Hören auch geschult werden muss, lässt sich sinnvoll bei der Produktion dokumentarischer/journalistischer Darstellungsformen wie Bericht, Reportage, Feature oder Schulradio-Magazin vermitteln. Bei solchem „Journalismus in eigener Sache" spielen zum einen Arbeitsweisen wie Recherche, Umfrage und Interview eine wichtige Rolle, zum anderen können auch die besonderen Eigenschaften von Hörtexten sinnlich-konkret erfasst und das „Bauen" von längeren Hörstücken praktisch erfahren werden. Musikproduktionen aller Art mit hochwertiger (digitaler) Tontechnik bilden einen eigenen Schwerpunkt im Musikunterricht.

Nicht nur als „Schulradio" lassen sich derartige Produktionen in der (Schul-)Öffentlichkeit vermitteln. Sie können auch in Bürgerradios, Offenen Hörfunkkanälen oder im Internet zur Diskussion gestellt werden.

Literatur

Ernst, M.(2004): Auditive Medien und Musikunterricht. Aachen: Shaker. – Schiffer, K., Ennemoser, M. & Schneider, W. (2002): Mediennutzung von Kindern und Zusammenhänge mit der Entwicklung von Sprach- und Lesekompetenzen. In: Groeben, N. & Hurrelmann, B. (Hrsg.): Medienkompetenz. Voraussetzungen, Dimensionen, Funktionen. München: Juventa, 282-297. – Schill, W. (1998): Auditive Medien im Unterricht. Ein medienpädagogischer Orientierungsrahmen. In: medien praktisch, 22 (1), 9-23 und (2), 50-53. – Schill, W., Linke, J. & Wiedemann, D.(Hrsg.) (2004): Kinder & Radio. München: kopaed. – Wermke, J. (1998): Hör-Ästhetik. Ein Beispiel integrierter Medienerziehung im Deutschunterricht. In: medien praktisch, 22 (1), 15-18.

70| Nutzung von audiovisuellen Medien im Unterricht
Walter Stickan

1 Thema und zentrale Begriffe (Definitionen)

Audiovisuelle Medien (engl: *audiovisuals*; im folgenden kurz: AV-Medien) präsentieren Lehrinhalte in einer Bild- und Tonspur. Ihr Einsatz im Unterricht hat eine lange Tradition (Paschen 1983); Trägermaterial und Kodierung haben dabei verschiedene Phasen durchlaufen: Von der analogen Aufzeichnung auf Zelluloid (z.B. 16-mm Lichttonfilm, movie) über die VHS-Magnetbandkassette (Video Home System) bis zur digitalen CD (Compact Disc) und DVD (Digital Video/ Versatile Disc). Die rasante Entwicklung der Computertechnik hat zu vielen „neuen" Darstellungsformen geführt: Die interaktive Einbettung von AV-Medien in Softwareprogramme ermöglicht heute völlig neuartige, alternative Lernformen. AV-Medien wandeln sich zu Lernobjekten (engl. *e-learning objects,* ELO). Der Standard for Learning Object Metadata (IEEE) zählt sie mit Text-, Präsentations- und Audiodokumenten zu den „expositiven" Lernobjekten in Abgrenzung zu den „aktiven", computergesteuerten Lernobjekten (Knolmayer 2004).

Das wesensbestimmende Merkmal von AV-Medien ist ihre Linearität. Innerhalb von Minuten entfaltet sich ein filmdramaturgisch gestalteter Inhalt. Parallel zum „Laufbild" präsentiert die Audiospur Hintergrundgeräusche („Atmo") und/ oder einen Sprechkommentar, der das bildliche Geschehen beschreibt und interpretiert. Das Anbieten eines visuellen und akustischen Sinneskanals kommt der „lebendigen" Wirklichkeit am nächsten und erzeugt bei den Schülern hohe Aufmerksamkeit. Unterrichtsfilme haben in „umweltnahen" Fächern wie Biologie und Geographie eine lange Tradition. Studien belegen das höhere pädagogische Potential von „bewegten" gegenüber statischen Bildern (u. a. Craig u.a. 2002). Andere Autoren betonen die Gefahr einer geringeren Verarbeitungstiefe des Lernstoffs beim passiven Betrachten (u.a. Krapp & Weidenmann 2001).

2 Historische Entwicklung bzw. Phasen der Theorieentwicklung

Bereits seit rund 120 Jahren werden Lichtbilder im Unterricht genutzt. Seit über 70 Jahren besteht in Deutschland ein Netz aus Landes-, Kreis- und Stadtbildstellen. Das FWU (Institut für Film und Bild in Wissenschaft und Unterricht) spielt eine wichtige Rolle als Lieferant für Unterrichtsfilme. Der Medieneinsatz wandelte sich im „Generationenabstand": Foto und Film ab Ende des

18. Jahrhunderts, Hörfunk und Tonaufzeichnung seit den 1920er, Fernsehen seit den 1950er und computerbasierte „Neue Medien" seit den 1980er Jahren. In jüngster Zeit ist der Computereinsatz im Unterricht in den Fokus der Forschung gerückt. Die Möglichkeit einer modularen Organisation von AV-Medien schafft „Hypermedien", die das Zusammenspiel konstruktivistischer Lehransätze mit den Vorteilen einer multimedialen Präsentation am effektivsten unterstützt (Huk 2003).

3 Zentrale Aspekte audiovisueller Medien

3.1 Ausprägungsformen im Kontext des Unterrichts

AV-Medien vermitteln greifbare Wirklichkeit im Unterricht: Dokumentarfilme zeigen authentisches Geschehen, Spielfilme bereiten abgeschlossene Handlungen filmdramaturgisch auf, Motivationsfilme haben Aufforderungscharakter. Demonstrations- oder Instruktionsfilme veranschaulichen durch Zeitraffer, Zeitlupe und Animationen Vorgänge, die mit bloßem Auge nicht wahrnehmbar oder im Experiment nur schwierig darzustellen sind.

3.2 Linearität versus Interaktivität

Neben den traditionellen AV-Medien gewinnen multimediale Lernumgebungen im Unterricht immer stärker an Bedeutung. Software- und Medienentwickler haben immer größere Gestaltungsmöglichkeiten. Da der Computer sowohl lineare AV-Medien als auch interaktive Multimedia-Software unterstützt, wird die Grenze zwischen beiden Lernobjekten fließend. Die Vision eines selbstgesteuerten Lernens (Deitering 1995) als Leitprinzip hält Einzug. Inter*aktive* Medien werden oft als höherwertig betrachtet, während traditionelle AV-Medien mit „passivem" Konsum gleichgesetzt werden. Noch fehlen dazu umfassende Studien. Zwar wurde der Instruktionswert verschiedener Präsentationsformate vielfach untersucht (Überblick bei Mayer 2001), dies beschränkt sich aus methodischen Gründen überwiegend auf einen einzelnen Medienkanal. Huk u.a. (2003) weisen jedoch auf unterschiedliche Befunde hin, sobald mehrere Kanäle in komplexen Lernumgebungen gleichzeitig untersucht werden. Bekannt ist die Gefahr eines „lost in hyperspace" (Conklin 1987): Angesichts der Informationsfülle können sich Schüler im Interaktionsraum verlieren. Als weitere Gefahr sieht Conklin (1987) den „cognitive overload", d.h. den zusätzlichen mentalen Aufwand, um verschiedene Aufgaben und Interaktionen gleichzeitig zu speichern und auszuführen. Laut Kuhlen (1991) müssen sich Schüler im ungünstigsten Fall auf drei Ebenen mit der hypermedialen Lernumgebung auseinandersetzen: Auf inhaltlicher (Sachinformation), auf struktureller (Navigation durch das Informationsnetz) und auf der Systemebene (System aus Hard- und Software). Hier bieten lineare AV-Medien eindeutige Vorteile: einmal gestartet, kann sich der Schüler ganz auf die inhaltliche Ebene konzentrieren.

3.3 AV-Medien in Unterricht und Alltag

Außerhalb des Unterrichts bestimmen AV-Medien längst den Alltag. Das Fernsehen ist „Familienmitglied" und Leitmedium für Kinder geworden (Hurrelmann, Hammer & Stelberg 1996). Die Sehgewohnheiten haben sich deutlich gewandelt, negative Folgen für die Konzentrationsfähigkeit von Kindern werden diskutiert. Untersuchungen in Modellprojekten belegen, dass durch den Umgang mit Medien Motivation und Einsatzbereitschaft im Unterricht steigen (Koch & Neckel 2002). Die mit dem Medieneinsatz verbundenen sozialen Interaktionen im Unterricht wandeln sich ebenfalls. Früher schaffte ein Lehrfilm ein Gemeinschaftserlebnis, das intensiv und lange erinnert wurde.

Heute wird die Rezeption digitaler AV-Medien zunehmend individualisiert. Auf der Systemebene erfordert ihr Einsatz bei Lehrern und Schülern eine ausgeprägte Medienkompetenz mit technischen, sozialen und kulturellen Fähigkeiten (Herzig 2001).

3.4 Digitalisierung und Modularisierung: Funktionswandel von AV-Medien im Unterricht

Vormals erforderte ein Einsatz analoger Filme umfangreiche technische und organisatorische Vorbereitungen; der Wechsel von der Tafel zum Abspielgerät führte zu „Medienbrüchen". Heute werden AV-Medien fast ausschließlich digital produziert. Fernsehwelt und Computerwelt wachsen zusammen, die Verfügbarkeit von AV-Medien wird allgegenwärtig. Neben physischen Datenträgern tritt vermehrt der Online-Vertrieb über das Intranet von Schulen (Haass 2001). AV-Medien lassen sich immer effizienter in das pädagogische Umfeld des Lehrers integrieren, in gleicher Weise wie digitale Arbeitsblätter, Powerpoint-Referate und Internet-Recherchen. Ihr hoher Speicherbedarf führt zwangsläufig zu kürzeren Laufzeiten. Aus dem didaktisch durchgestalteten Lehrfilm werden AV-Medienmodule mit dem Vorteil, dass diese nun in vielfältige Unterrichtskonzepte integriert werden können.

4 Anwendungsbereiche und Prototypen

Der Wandel traditioneller AV-Medien ist somit durch folgende Trends bestimmt: Vom Lehrfilm zum Modul, von analog zu digital und von offline zu online. Auch die Suche nach unterrichtsgeeigneten Medien wandelt sich. Künftig ist sie internetbasiert möglich. Entsprechende Systemplattformen sind entwickelt. So bietet beispielsweise die IWF Wissen und Medien in ihrem Medienkatalog und ihrer Online-Mediathek lektorierte, qualitativ bewertete und modularisierte audiovisuelle Wissensmedien für Unterrichtszwecke an. Dabei zeichnet sich ein weiterer Trend ab: AV-Medien werden unmittelbar mit digitalen Zusatzinformationen (Metadaten) verknüpft. Solche Datenbestände sind zunehmend in die Recherchesysteme von Bibliotheken integriert. Ein Lehrer kann auf der Textebene recherchieren, sich das Ergebnis bildgenau anschauen und bei Bedarf per download oder CD/ DVD anfordern.

5 Offene Forschungsfragen und Entwicklungsperspektiven in der Anwendung

Die empirische Forschung hat überzeugend belegt, dass für ein effektives Lernen verschiedene Methoden wie direkte Instruktion, offener Unterricht, Projektarbeit, Teamarbeit und individualisiertes Lernen miteinander verbunden werden müssen. Dabei sind AV-Medien ein wichtiger Baustein. Der technologische Wandel hilft, deren Potential immer gezielter und effizienter zu nutzen. Mit dem raschen Wandel konnte eine systematische und vergleichende Lehr-Lernforschung bislang kaum Schritt halten. Hier sind verstärkte Anstrengungen nötig, um valide Ergebnisse hinsichtlich des „cognitive overloads" von AV-Medien und deren Wirkung beim fremd- und selbstgesteuerten Lernen zu gewinnen.

Literatur
Conklin, J. (1987): Hypertext – an introduction and survey. IEEE Computer, 20(9), 17-41. – Craig, S. D., Gholson, B. & Driscoll, D. M. (2002): Animated pedagogical agents in multimedia educational environments: Effects of agent properties, picture features, and redundancy. Journal of Educational Psychology, 94, 428-434. – Deitering, F.G. (1995): Selbstgesteuertes Lernen. Göttingen: Verlag für Angewandte Psychologie. – Haass, U. L. (2001): Elektronische Distribution. Voraussetzung für die Erschließung des vollen Potenzials von Bildungsmedien. In: Felsmann, K.-D. (Hrsg.): Neue Medien – neues Lernen? (4.

Buckower Mediengespräche, erw. Dokumentation, Bd. 4) München: kopaed, 28-35. – Herzig, B. (2001): Medien machen Schule. Bad Heilbrunn: Klinkhardt. – Huk, T. (2003): Multimediales Lernen – Ein Überblick über die Forschungslandschaft. Braunschweig: Institut für Sozialwissenschaften. – Huk, T.; Steinke, M. & Floto, C. (2003): Learning with educational hypermedia software: The impact of signals in animation. Proceedings of IADIS International Conference 2002. Lissabon: o.V., 689-695. – Hurrelmann, B., Hammer, M. & Stelberg, K. (1996): Familienmitglied Fernsehen. Fernsehgebrauch und Probleme der Fernseherziehung in verschiedenen Familienformen. Schriftenreihe Medienforschung der Landesanstalt für Rundfunk Nordrhein-Westfalen, Bd. 20). Opladen: Leske und Budrich. – Knolmayer, G. F. (2004): WI – Schlagwort „E-Learning Objects". In: Wirtschaftsinformatik, 46 (3), 222-224. – Koch, H. & Neckel, H. (2002): Unterrichten mit Internet & Co. Methodenhandbuch für die Sekundarstufe I und II. Berlin: Cornelsen Scriptor. – Krapp, A. & Weidenmann, B. (Hrsg.) (2001): Pädagogische Psychologie. Weinheim: Beltz. – Kuhlen, R. (1991): Hypertext: Ein nicht-lineares Medium zwischen Buch und Wissensbank. Berlin: Springer. – Mayer, R. E. (2001): Multimedia learning. New York: Cambridge University Press. – Paschen, J. (1983): AV-Medien für die Bildung. Grünwald: Institut für Film und Bild in Wissenschaft und Unterricht.

71| Computerbasierte Medien im Unterricht
Axel Nattland und Michael Kerres

1 Computer im Unterricht

Computerbasierte Medien (engl. *computer based media*) haben Einzug in Schulen gehalten. Als Reaktion auf gesellschaftliche Veränderungen durch die Informations- und Telekommunikationstechnik werden Computer nicht mehr nur im Informatikunterricht eingesetzt, sondern fachbezogen und -übergreifend verwendet. Förderprogramme, wie „Schulen ans Netz", haben zu dieser Entwicklung beigetragen. Mittlerweile sind fast alle deutschen Schulen an das Internet angeschlossen und die Ausstattung der Schulen mit Computern ist zwar sehr unterschiedlich, an den meisten Schulen sind jedoch die Voraussetzungen gegeben, dass eine sinnvolle Nutzung im Unterricht stattfinden kann.

Dabei genügt es nicht, Schulen technisch aufzurüsten, ebenso notwendig sind Software und didaktische Konzepte, die den Einsatz von Computern im Unterricht nicht dem Selbstzweck überlassen, sondern einen tatsächlichen Mehrwert bei der Computernutzung entstehen lassen. In einer Delphi-Studie über die künftige Bedeutung von Lehr- und Lernmedien (Vollstädt 2003) schreiben Expert/innen den neuen Medien ein hohes Potential zu: Die deutlichsten Veränderungen werden bei der Intensität der Nutzung von Lernsoftware und Computern erwartet. Besonders wichtig erscheinen Konzepte zur Verknüpfung klassischer und digitaler Medien. Der „Deutsche Bildungsserver" (www.bildungsserver.de) und Server einzelner Bundesländer (z.B. www.learn-line.de für NRW) stellen Material für Lehrende bereit und bieten Plattformen, um sich über aktuelle pädagogische Konzepte und Lernsoftware auszutauschen.

1.1 Eigenschaften computerbasierter Medien

Was zeichnet digitale Medien aus und warum wird ihnen ein Potential für neue didaktische Konzepte zugeschrieben? Computerbasierte Medien sind im Unterschied zu den meisten traditionellen Medien multimedial. Die Integration unterschiedlicher Medien (z.B. Text, Video, Grafik, Audio) in ein digitales Mediensystem ermöglichen Multimedialität. Dabei wird der inflationär gebrauchte

Begriff der „Multimedialität" u.a. von Weidenmann (2002) kritisiert. Die Betrachtung computerbasierter Medien aus didaktischer Perspektive verlangt eine weitere Differenzierung lernpsychologisch relevanter Kategorien: die „Modalität" und „Codierung" von Information. Computerbasierte Medien sind *multicodal* in den Präsentationsmöglichkeiten – damit sind Codes und Symbolsysteme zur Darstellung von Informationen gemeint. In unserer Kultur sind dies z.B. das verbale und piktorale Symbolsystem oder das Zahlensystem. Monocodal wäre demnach nur Text, multicodal wäre ein Text mit Bildern.

Wesentlich ist nun, dass der Vorteil so genannter „Multimedia-Anwendungen" aus lernpsychologischer oder didaktischer Sicht weniger in der Multimodalität liegt, sondern in einer bestimmten Aufbereitung der Inhalte, bei der mehrere Codierungen kombiniert werden. Es ist also keineswegs der Vorteil des Computers, Informationen auf möglichst viele Sinneskanäle des Lernenden „einströmen" zu lassen, denn die bloße Addition unterschiedlicher Sinnesmodalitäten lässt keinen Vorzug für das Lernen erwarten. Es handelt sich hierbei vielmehr um einen zwar verbreiteten, aber wissenschaftlich nicht sinnhaft belegbaren Mythos der Multimedia-Euphorie.

Ebenso strittig ist die hiermit verbundene Annahme, dass ein Multimedia-System die Anpassung von Lernangeboten an so genannte „Lerntypen" erlauben und besonders gut unterstützen würde: Menschen, so die in der Praxis überraschend verbreitete Annahme, würden sich habituell und situationsunabhängig darin unterscheiden, dass sie einen bestimmten Sinneskanal (visuell, auditiv, haptisch …) beim Lernen bevorzugen würden. In vielen Bereichen gilt diese Hypothese als gesichert, was geradezu befremdlich erscheint, wenn man sie mit der lern- und kognitionspsychologischen Forschung kontrastiert, die wenig Belege für die Existenz solcher überdauernden Lerntypen liefert (s.a. Plass u.a. 1998). Es erscheint somit wenig sinnhaft, multimediale Anwendungen so zu konzipieren, dass diese unterschiedliche „Lerntypen" ansprechen.

Die Forschung zeigt vielmehr, dass sich ein Vorteil von Multimedia-Anwendungen – wenn überhaupt – ergeben kann, wenn unterschiedlich *kodierte* Informationen in bestimmter Weise kombiniert werden. So kann die Kombination von Texten und Bildern zu einer besseren Behaltensleistung führen. Es gilt, dass ein Bild mehr sagt als tausend Worte, doch auch dieser Vorteil von Bildern in Lehrtexten ergibt sich nur unter bestimmten Bedingungen (Ballstaedt 1997).

Eine weitere Charakteristik von digitalen Medien sind deren erweiterte Möglichkeiten der *Interaktivität* (engl. *interactivity*). Zu unterscheiden sind dabei die rein technischen Merkmale der Interaktivität, z.B. dem wahlfreien Zugriff auf Informationen auf einem digitalen Datenträger, von den Möglichkeiten der interaktiven Nutzung eines Mediums. Issing (1997, S.171) unterscheidet sechs Stufen von Interaktivität, von der *Steuerung des Ablaufs* bis zur *asynchronen und synchronen Kommunikation und Kooperation mit anderen Menschen*.

Der Begriff der Interaktivität meint in der (Medien-) Didaktik sehr viel mehr als das Anklicken von Schaltflächen und Auswählen von Inhalten in Menüs. Gleichwohl hat sich die Hoffnung als unrealistisch erwiesen, dass Computer in der Mensch-Maschine-Interaktion eine Dialogfähigkeit entwickeln, wie wir sie aus dem Unterrichtsgeschehen und der Kommunikation zwischen Lehrenden und Lernenden erwarten. Die Hoffnung, den Computer zu einem „intelligenten tutoriellen System" zu programmieren, erscheint heute weniger wahrscheinlich als noch vor einigen Jahren. Dennoch sind etwa die Flexibilität von Lernwegen und die Anpassung des Lernangebotes an den einzelnen Lerner wichtige Merkmale, die digitale Lernmedien auszeichnen und dafür verantwortlich, dass Lernzeiten beim computergestützten Lernen geringer sein können als im traditionellen Präsenzunterricht.

1.2 Ziele des Medieneinsatzes

Die Lehrforschung untersucht zentrale Eigenschaften computerbasierter Medien und berücksichtigt dabei zunächst nicht, mit welchen Zielen diese Medien im Unterricht eingesetzt werden. Aus medienpädagogischer Perspektive umfasst der schulische Bildungsauftrag auch den selbst bestimmten und sozial-verantwortlichen Umgang der Lernenden mit den Medien. In einer stark durch Medien geprägten Gesellschaft erhalten damit Überlegungen zur Medienerziehung und Medienkompetenz (engl. *digital literacy*) Relevanz.

Aus mediendidaktischer Perspektive ist der mögliche Beitrag von Computern zur Unterstützung von Lehr- und Lernprozessen von Bedeutung. Computerbasierte Medien sollen zu einer Verbesserung des Lehrens und Lernens führen, zu einer besseren Anschauung und Veranschaulichung von Lerninhalten. Verschiedene Darstellungsformen, die auch den Transfer in Anwendungssituationen unterstützen, können mit digitalen Medien präsentiert werden, reale Situationen können authentisch abgebildet werden oder leistungsschwache und -starke Schüler individuell gefördert werden. Im Vordergrund der mediendidaktischen Diskussion steht vor allem die Frage nach möglichen Innovationspotenzialen von Medien zur Unterstützung neuer Lehrmethoden (z.B. selbstgesteuertes und kooperatives Lernen, fall- oder problembasiertes Lernen) und dem Arrangieren neuer Lernsituationen (z.B. Kombination von Fernunterricht mit Präsenzunterricht).

Es ist dabei immer einerseits eine Entscheidung für ein bestimmtes Mediensystem bzw. Medium zu treffen, und zum anderen die Frage zu stellen, ob eine bestimmte didaktische Medienkonzeption denn auch tatsächlich zur Lösung eines zu bestimmenden Bildungsproblems (besser) beiträgt (vgl. Kerres 2001). Denn mit der Entwicklung und dem Einsatz von Medien sind in der Regel mehr oder weniger hohe Aufwendungen verbunden, die im Hinblick auf den zu erzielenden Mehrwert zu rechtfertigen sind. Wir verbleiben bei der folgenden Betrachtung bei der mediendidaktischen Perspektive und untersuchen zunächst, welche Varianten von Lernsoftware im schulischen Kontext eingesetzt werden.

2 Entwicklung computerbasierter Medien

Bereits in den 60er Jahren haben Bestrebungen begonnen, Lehr- und Lernprozesse mit computerbasierten Medien zu unterstützen. Skinners Lerntheorie des operanten Konditionierens und seine Konzeption des Programmierten Unterrichts lieferte die theoretische Grundlage für die ersten Konstruktionen von Lernmaschinen. Mit fortschreitender technischer Entwicklung, aber auch durch die Evolution didaktischer und lernpsychologischer Theorien haben sich die Konzepte von Lernsoftware geändert und auch die Einsatzszenarien computerbasierten Lernens haben sich gewandelt.

Übungsprogramme: drill & practice
Übungsprogramme dienen der Wiederholung und Übung bereits erworbenen Wissens. Diese Programme sind nicht dazu geeignet neues Wissen zu erlernen. Als lerntheoretisches Modell liegt diesen Systemen ein behavioristisches Lernmodell zugrunde. Lernwege in solchen drill & practice-Programmen sind meist linear aufgebaut und folgen sequenziellen Lernpfaden. Den Lernenden wird eine Frage oder Aufgabe präsentiert, diese Aufgabe ist zu lösen, um zur nächsten Aufgabe zu gelangen.

Typische Beispiele sind Trainingsprogramme zum Erlernen von Vokabeln. Diese Programme sind recht einfach zu programmieren. Aus diesem Grund gehören die meisten der am Markt befindlichen Lernsoftware zu solchen Übungsprogrammen. Interaktion und Adaptierbarkeit ist bei diesen Programmen auf einem eher niedrigen Level realisiert. Die Bezeichnung drill & practice wird von

Baumgartner (1999) kritisiert, da ein Einüben, so wie es der Name suggeriert, mit diesen Systemen eigentlich nicht stattfindet. Baumgartner spricht deshalb von drill & test-Software. Dennoch können Übungsprogramme ihre Berechtigung im Kontext von Unterricht haben. Denkbar sind Szenarien, in denen Lernende die Möglichkeit haben, den im Unterricht behandelten Stoff (Vokabeln im Fremdsprachenunterricht) zu üben und zu wiederholen, räumlich unabhängig und in ihrem eigenen Lerntempo.

Tutorielle Systeme
Tutorielle Systeme sind in ihrer Programmstruktur komplexer als Übungssysteme und können bei optimaler Realisierung die Funktionen einer Lehrperson übernehmen. Es kann in neue Themen eingeführt werden, also neu zu erlernendes Wissen präsentiert werden. Neue Themengebiete werden den Lernenden präsentiert, anhand von Kontrollfragen mit Feedback kann das System überprüfen, ob der neue Stoff vom Lernenden behalten bzw. verstanden wurde. Die systeminterne Auswertung der Fragen entscheidet darüber, ob die nächste Lektion begonnen werden kann oder ob zusätzliche Informationen präsentiert werden. So geben tutorielle Systemen bei falsch beantworteten Fragen nicht nur ein Feedback, sondern geben auch Hinweise, mit welchen Lektionen des Programms diese Wissenslücken aufzuarbeiten sind. Auch tutorielle Systeme verfolgen weitgehend einen linearen Lernweg und ähneln der programmierten Unterweisung. Multiple Perspektiven bei der Aufbereitung des Lernmaterials oder die Förderung von Problemlösekompetenz sind in den seltensten Fällen zu finden.

Hypermediale Informationssysteme
Die Variante einer Lernumgebung gibt keine sequenzielle Durcharbeitung vor. Ein freies Explorieren des Inhalts ist mit diesen Systemen möglich. Die präsentierten Inhalte sind meist segmentiert, in einer Hypertextstruktur angelegt und hypermedial aufbereitet. Ein freies Navigieren und das beliebige Aufsuchen von Querverweisen ermöglicht den Lernenden eine individuelle und eine die Lösungsstrategie fördernde Herangehensweise an eine Problemstellung. Lerninhalte können so in individuell, kognitiv unterschiedlicher Weise erschlossen werden. Der Lernweg wird vom Lernenden selbst bestimmt. Ein auch in Schulen weit verbreitetes Beispiel ist die Encarta-Enzyklopädie. Dieses multimediale Nachschlagewerk kann praktisch in allen Fächern eingesetzt werden.

Simulationen
Simulationen stellen ein Abbild der Realität dar und sind Modelle für komplexe Sachverhalte oder Situationen. Notwendige Voraussetzung ist, dass sich diese Sachverhalte in mathematischen Parametern ausdrücken und in das System integrieren lassen. Veränderungen dieser Parameter durch den Lernenden ermöglichen es, schwer zugängliche, zu schnelle oder zu langsame Realprozesse zu erfahren und unmittelbar die Auswirkungen zu erkennen. Simulationen sind vor allem dann geeignet, wenn es um das Erfassen der Gesamtheit einer Situation geht und komplexe Verhältnisse bewältigt werden sollen (vgl. Baumgartner 1999, S.161 ff).
Ein Beispiel für eine schulgerechte, komplexe Simulation ist „Bioblast", bei der es die Aufgabe der Lernenden ist, ein pflanzenbasiertes Lebenserhaltungssystem für Astronauten zu erhalten. Inhalte der Humanwissenschaften und Biologie stehen dabei im Vordergrund, in virtuellen Laboren können Experimente durchgeführt werden.
Die Betrachtung der Varianten von Lernsoftware hat einen analytischen Charakter. Realiter liegen meist Mischformen der beschriebenen Typen vor. In seltenen Fällen lässt sich eine Lernsoftware nur einem dieser Typen zuordnen.

3 Wissensvermittler, Wissenswerkzeuge und deren didaktische Einbettung

Neben einer deskriptiven Betrachtung ist es jedoch notwendig, den Einsatz computerbasierter Medien im Unterricht auch auf einer theoretischen Ebene zu differenzieren und nach den didaktischen Funktionen dieser Medien im Lehr/Lernprozess zu fragen. Mit Übungsprogrammen und tutoriellen Systemen sind zwei Varianten angesprochen, die dem Instruktionsparadigma folgen. Dabei steht die Vermittlung und Festigung von Wissen im Vordergrund. Lernende werden mehr als Rezipienten von Lernstoff verstanden, die Funktionen der Lehrerrolle sind in der Lernsoftware abgebildet und werden von dieser übernommen (vgl. Schmitz 1998). Diese Lernsoftwarevarianten sind in ihrer didaktischen Funktion also den Wissensvermittlern zuzuordnen.

3.1 Computer als Wissensvermittler

Als Wissensvermittler können vor allem *drill* & *test*-Software und tutorielle Systeme bezeichnet werden. Ein sinnvoller Einsatz dieser Lernsoftwarevarianten ergibt sich dann, wenn bereits im Unterricht in ein Thema eingeführt wurde, also bestimmte Fertigkeiten, Strategien oder Prozeduren den Schülern schon bekannt sind und vor allem einfache und eindeutig definierbare Fertigkeiten erworben werden sollen. Metaanalysen entsprechend ausgerichteter empirischer Untersuchungen haben gezeigt (vgl. Kulik/Kulik 1991), dass Übungssysteme und tutorielle Unterweisung mit einem sequenziellen Lernweg und einem vorgegebenen Ablauf von Lernaufgaben das Üben und Wiederholen eines Lerninhalts unterstützen, zur Festigung beitragen und letztlich zu einer Verbesserung des Lernens führen, in dem Sinne, dass zum Teil bessere Lernergebnisse und vor allem verkürzte Lernzeiten erreicht werden können. Schüler können im individuellen Gebrauch Lerntempo und Schwierigkeitsgrad der Aufgaben selbst bestimmen. Das ist gerade bei Hausaufgaben ein adäquater Weg zur Binnendifferenzierung. Zu bedenken ist jedoch, dass eine solche Verbesserung sich nur unter bestimmten didaktischen Bedingungen einstellt. Weidenmann (2002) formuliert deshalb die These des Vorrangs der instruktionalen Methode vor den Präsentationsweisen. Mit der Entwicklung von hypermedialen Informationssystemen und Simulationen haben digitale Medien im Lehr-Lernprozess nicht mehr nur die Funktion der reinen Wissensvermittlung (bei der die Steuerung und Regelung des Lernprozesses in der Software angelegt ist), sie können als Wissenswerkzeuge verwendet werden, die eine Konstruktion und Kommunikation von Wissen erlauben.

3.2 Computer als kognitives Werkzeug

Wissenswerkzeuge (engl. *cognitive tools*) folgen dem Problemlöse-Paradigma der kognitionspsychologischen Forschung und des Konstruktivismus. Lernen muss als aktiver, dynamischer Prozess verstanden werden, bei dem es nicht um das Aufnehmen eines vorgegebenen Lerninhalts geht, sondern um den Aufbau von Strategien zur Problemlösung (vgl. Schmitz 1998). Computerbasierte Medien haben dabei Werkzeugcharakter und bieten in der Regel keine vordefinierten Lerninhalte, sondern unterstützen die aktive Konstruktionsleistung der Lernenden. Standardsoftware zur Textverarbeitung, Tabellenkalkulation oder Präsentation kann als Wissenswerkzeug verwendet werden, ebenso Recherche in Datenbanken oder Werkzeuge zur grafischen Aufbereitung von Wissenslandkarten wie z.B. Mindmapping-Tools.
Harel und Papert (1990) führten Schulversuche mit der Programmiersprache LOGO durch. Die Programmiersprache sollte dabei helfen, die Problemstellung (ein Lernprogramm zum Bruchrechnen erstellen) zu analysieren, in Teilziele zu zerlegen und relevante Informationen für die Lösung zu identifizieren. Der Erfolg dieser Unterrichtseinheit ist jedoch nicht rein auf die Verwendung eines

Programmierwerkzeugs zurückzuführen, sondern wurde entscheidend durch die Motivation der Schüler begünstigt. Die Motivation ist jedoch eher auf einen Neuigkeitseffekt zurückzuführen.

Es zeigt sich auch hier, dass die didaktische Funktion nicht dem Werkzeug immanent ist, sondern diesem erst zugeschrieben wird, wenn es zur Lösung einer Aufgabe nützlich ist und in ein didaktisches Szenario eingelagert ist. Jonassen (1996) hat didaktische Ideen für die Verwendung von inhaltsleerer Anwendungssoftware (Datenbanken, Mindmapping-Tools) als Denkwerkzeuge im Unterricht entwickelt. Diese können Schüler dabei unterstützen sich Problemen zu nähern, sie übersichtlich darzustellen und kreativ zu lösen. Jüngst (1998) konnte in einer Untersuchung zu Lerneffekten beim Durcharbeiten von Texten und *concept maps* etwa feststellen, dass die Netzdarstellung gegenüber der Textdarstellung bei kurzfristigen Behaltensleistungen überlegen ist. Als didaktische Folgerung kann empfohlen werden, zunächst einen Zusammenfassungstext zu präsentieren und anschließend die analoge Netzdarstellung durcharbeiten zu lassen. In jedem Fall kann auf eine textliche Darstellung nicht verzichtet werden.

3.3 Didaktische Einbettung

Von großer Wichtigkeit für eine erfolgreiche Verwendung computerbasierter Medien ist deren Einbettung in den unterrichtlichen Kontext. Als sinnvoll erscheint hier die Verknüpfung mit unterschiedlichen Aufgabenstellungen im Unterricht, bei deren Bearbeitung eine adäquate Verwendung von digitalen Medien möglich ist. Petschenka u.a. (2004) beschreiben Lernaufgaben, bei deren Lösung die Einbettung von Medien einen Mehrwert erzeugt und die Computernutzung sinnvoll in den Unterricht integriert werden kann: Verständnisaufgaben, Anwendungs- und Gestaltungsaufgaben, Analyseaufgaben, Problemlöseaufgaben und Bewertungsaufgaben. Grundlegende Informationen zu Problemen könnten Schüler in hypermedialen Informationssystemen sammeln, in Simulationen können verschiedene Entscheidungsmöglichkeiten durchgespielt werden. Denkbar sind auch kooperative Szenarien, bei denen gemeinsam an Problemstellungen gearbeitet wird und Analyseprozesse mit kognitiven Werkzeugen visualisiert werden, bis schließlich zur Präsentation von Ergebnissen mit Visualisierungs- und Präsentationssoftware. Es zeigt sich, dass die Verwendung computerbasierter Medien nicht ihrem Selbstzweck überlassen werden darf, sondern stets in ein didaktisches Konzept eingebettet werden muss und auch unterschiedliche Sozialformen zu berücksichtigen sind.

4 Empirische Ergebnisse und aktuelle Einsatzszenarien

Die Frage, ob mit dem Computereinsatz letztlich eine Steigerung des Lernerfolges möglich ist, muss differenziert betrachtet werden. Manche Untersuchungen zeigen, dass der Computereinsatz zu besseren Lernerfolgen führen kann. Vielfach sind diese Effekte jedoch kurzfristig und sind auf eine kurzzeitig erzielte Steigerung der Lernmotivation zurückzuführen. Relativ schnell lässt dieser Neuigkeitseffekt nach und die Unterschiede zum traditionellen Lernen verschwinden (vgl. Kerres 2001). Auch „ganzheitliches" Lernen scheint nicht allein durch Multimedia zu erreichen. Zwar bietet die Kombination von Audio, Video, Grafik und Text gewisse Potentiale verschiedene Zusammenhänge besser darzustellen. Wie Weidenmann (2002) beschreibt, darf man sich aber nicht einer „naiven Summationshypothese" hingeben und davon ausgehen, dass sich ein besserer Lernerfolg automatisch einstellt, wenn man Lerninhalte gleichzeitig sehen und hören kann.

Erfolge im Sinne eines nachhaltig besseren Lernens sind nur durch Einbettung digitaler Medien in ein sinnvolles mediendidaktisches Konzept zu erzielen, das auf einer Analyse von Parametern des didaktischen Feldes (wie Zielgruppe, Lehrinhalte und -ziele) basiert. Notwendig ist die Kombination von Medien (digitale und klassische), die Verknüpfung von Lernorten (Schule, Bibliothek, zu Hause, Exkursion) und die Verankerung in den lebensweltlichen Kontext der Lernenden. Authentische Probleme und Lernaufgaben können zur Steigerung der Lernintensität beitragen, die über ein bloßes Rezipieren von (multi-) medial aufbereiteten Materialien hinausführt.

Insofern wird deutlich, dass der Erfolg des Computereinsatzes nicht allein von der Qualität z.B. von Lernprogrammen oder digitalen Lernwerkzeugen abhängt, sondern primär von dem didaktischen Konzept, d.h. den Zielen, die damit verfolgt werden, der Passung zu den Voraussetzungen bei den Lernenden und den situativen Rahmenbedingungen, der methodischen Aufbereitung und Einbettung des Computers in das Lernarrangement und der sozialen Organisation des Lernprozesses.

In einer wissenschaftlichen Begleitstudie zum Einsatz von Notebooks führten Schaumburg & Issing (2002) qualitative und quantitative Untersuchungen zu unterrichtspraktischen Veränderungen, Schlüsselqualifikationen und zur Erreichung von Lehrzielen durch. Sie konnten feststellen, dass der Einsatz der Notebooks mit einer größeren Schülerzentrierung einherging. Schüler haben hier selbstständiger gelernt und sind in Einzelarbeitsphasen aktiver. Die Kooperation zwischen den Lernenden konnte verbessert werden, vor allem in Bezug auf den Austausch bei Computerproblemen. Qualitativ wurde der computerunterstützte Unterricht als interessanter und anschaulicher empfunden. In der Gesamtheit haben sich die schulischen Leistungen durch den Notebook-Einsatz weder verbessert noch verschlechtert. Die Lehrkräfte vermuten allerdings Wissenszuwächse im Bereich des strukturellen Wissens und beim Umgang mit Texten und Informationen.

Es zeigt sich damit ein differenziertes Bild. Computer werden das Lernen auch in Zukunft nicht revolutionieren. Es ist sehr genau zu überlegen, inwieweit empirisch beobachtbare Effekte tatsächlich unmittelbar auf die Verfügbarkeit der Geräte im Klassenraum zurückzuführen sind oder auf ein alternatives didaktisch-methodisches Umgehen der Lehrenden und Lernenden mit Lernstoff und den digitalen Wissenswerkzeugen. Aus Sicht der Forschungsmethodik ist auch kritisch zu prüfen, inwieweit möglicherweise bereits die Zusammensetzung der Notebook-Klassen für bestimmte Effekte verantwortlich zu machen ist oder ein höheres Engagement von Lehrkräften in der Notebook-Klasse positive Wirkungen entfaltet hat.

In einer komplexen sozialen Situation wie „Unterricht" wirken derart viele Faktoren, die kaum experimentell zu kontrollieren sind. Der Computer ist ein Artefakt, das kulturell in bestimmter Weise semantisch aufgeladen und mit Mehrwerten konnotiert ist, die als solches Bedeutung im Umgang mit der Technik auch in Lehr-Lernsituationen gewinnen: Aus konstruktivistischer Sicht kann es sein, dass wir Wirkungen von Computern im Unterricht bereits durch unsere Erwartungen und Zuschreibungen erzeugen (Kerres 2003).

5 Ausblick

Erfolgsmeldungen über die Ausstattung von Schulen mit Computern und den Anschluss an das Internet sind regelmäßig skeptisch zu hinterfragen. Was bedeutet es, dass eine Schule nun „Zugang zum Internet" hat oder über eine bestimmte Computerausstattung verfügt? Ist damit bereits ein pädagogisch relevanter Mehrwert für das Lehren und Lernen verbunden? Computer und digitale Medien beinhalten ein mächtiges Potenzial vor allem (a) zur Unterstützung innovativer Lehr-Lernmethoden, wie problem- und fallbasiertes Lernen, (b) zur Steigerung der Lernintensität des selbst gesteuerten und kooperativen Lernens durch die Nutzung des Computer als Wissensvermittler oder Wissenswerkzeug sowie (c) zur Erschließung alternativer Formen der Lernorganisation, etwa durch die Kopplung von Lernorten durch das Internet. Viele Projekte haben diese Potenziale eindrücklich belegt. Die praktischen Schwierigkeiten in der Umsetzung haben jedoch auch deutlich gemacht, dass die konsequente Einlösung dieser Chance weit reichende Konsequenzen an die Organisation und die Ausrichtung von Schule und Unterricht haben.

Der Computer als solches wird diese Potenziale nicht Realität werden lassen. Es ist vielmehr eine Reihe von Anstrengungen notwendig, um diese Möglichkeiten zu nutzen. In der Schule sind beispielsweise Rahmenbedingungen zu schaffen, um z.B. selbstgesteuertes und kooperatives Lernen zu unterstützen, Kompetenzentwicklung bei Lehrenden zu fördern oder eine angemessene Betreuung von Technik zu gewährleisten. Alternative Lehr-Lernformen erfordern eine Veränderung von Lernkultur und machen damit Schul- und Personalentwicklung notwendig. In diesem Prozess kann der Computer als ein wichtiges und mächtiges Werkzeug für ein „anderes" Lehren und Lernen fungieren.

Literatur

Baumgartner, P. & Payr, S. (1999): Lernen mit Software. 2. Aufl. Innsbruck: Studien-Verlag. – Ballstaedt, S.-P. (1997): Wissensvermittlung. Weinheim: Beltz. – Issing, L.J. (1998): Lernen mit Multimedia aus psychologisch-didaktischer Perspektive. In: Dörr, G. & Jüngst, K.L. (Hrsg.): Lernen mit Medien. Weinheim: Juventa, 159-178. – Jonassen, D.H. (1996): Computers in the classroom: Mindtools for critical thinking. Columbus: Prentice Hall. – Jüngst, K.L. (1998): Lerneffekte computerunterstützten Durcharbeitens von Concept Maps und Texten. In: Dörr, G. & Jüngst, K.L. (Hrsg.): Lernen mit Medien. Weinheim: Juventa, 25-44. – Kerres, M. (2001): Multimediale und telemediale Lernumgebungen. Konzeption und Entwicklung. 2., vollst. überarb. Aufl. München: Oldenbourg. – Kerres, M. (2003). Wirkungen und Wirksamkeit neuer Medien in der Bildung. In: R. Keill-Slawik & M. Kerres (Hrsg.): Education Quality Forum. Wirkungen und Wirksamkeit neuer Medien. Münster: Waxmann. – Kulik, C.-L. & Kulik, J. (1991): Effectiveness of computer-based instruction: An update analysis. In: Computers in Human Behavior, 7, 75-94. – Petschenka, A., Ojstersek, N. & Kerres, M. (2004): Lernaufgaben beim E-Learning. In: Hohenstein, A. & Wilbers, K. (Hrsg.) (2004): Handbuch E-Learning. Köln: Fachverlag Deutscher Wirtschaftsdienst. – Plass, J.L., Chun, D., Mayer, R.E. & Leutner, D. (1998). Supporting visualizer and verbalizer learning preferences in a second language multimedia learning environment. Journal of Educational Psychology, 90, 25-36. – Schaumburg, H. & Issing, L. J. (2002): Lernen mit Laptops: Ergebnisse einer Evaluationsstudie. Gütersloh: Bertelsmann. – Schmitz, G. (1998): Lernen mit Multimedia: Was kann die Medienpsychologie beitragen? In: Schwarzer, R. (Hrsg.): Multimedia und Telelearning: Lernen im Cyberspace. Frankfurt: Campus, 197-214. – Tulodziecki, G. & Schulz-Zander, R. (2002): Multimedia und Internet – neue Aufgaben für Schule und Lehrerbildung. In: Issing, L. J. & Klimsa, P. (Hrsg.): Information und Lernen mit Multimedia und Internet: Lehrbuch für Studium und Praxis. 3., vollst. überarb. Aufl. Weinheim: Beltz. 317-334. – Vollstädt, W. (Hrsg.) (2003): Zur Zukunft der Lehr- und Lernmedien in der Schule: eine Delphi-Studie in der Diskussion. Opladen: Leske und Budrich. – Weidenmann, B. (2002): Multicodierung und Multimodalität im Lernprozess. In: Issing, L. J. & Klimsa, P. (Hrsg.): Information und Lernen mit Multimedia und Internet: Lehrbuch für Studium und Praxis. 3., vollst. überarb. Aufl. Weinheim: Beltz, 45-62.

72| Netzbasierte Information, Kommunikation und Kooperation im Unterricht
Aemilian Hron und Helmut Felix Friedrich

1 Definitionen

Netzbasierte Information, Kommunikation und Kooperation im Unterricht lassen sich tendenziell wie folgt voneinander abgrenzen: *Netzbasierte Information* bezieht sich auf Unterrichtssituationen, in denen Lernende Informationen im Internet recherchieren oder publizieren. *Netzbasierte Kommunikation* bezeichnet Situationen, in denen sich Lernende untereinander oder mit Lehrenden mittels Computernetz austauschen. *Netzbasierte Kooperation* meint darüber hinausgehend, dass Lernende mittels computerbasierter Kommunikations- und Kooperationswerkzeuge (*Groupware*) arbeitsteilig oder kollaborativ zusammenarbeiten. Die verschiedenen Formen zielen neben der Vermittlung domänenspezifischen Wissens auf fachübergreifende Kompetenzen, wie selbstständiges Lernen, Medienkompetenz und Kommunikations- und Kooperationsfertigkeiten. Ihre Kombination mit Präsenzunterricht wird als *Blended Learning* bezeichnet.

2 Historischer Kontext

Früher bestand die typische Referenzsituation für den Computereinsatz beim Lernen darin, dass eine Person mit einem computerbasierten Lernprogramm interagiert – sei dieses behavioristischer oder konstruktivistischer Provenienz. Mit dem Aufkommen der Netzwerktechnologien haben Lernende nicht nur Zugang zu den vielfältigen Ressourcen des Internet, sie können nun auch mit Lehrenden und Mitlernenden computerbasiert interagieren. Damit können herkömmliche Lernformen durch orts- und zeitflexible diskursive und kooperative Lernformen ergänzt werden, wie sie mittlerweile verstärkt in post-sekundären Bildungsangeboten genutzt werden, aber auch als Kooperationsszenarien in das Berufsleben Eingang finden. Gestaltung und Kombination netzbasierter Lernangebote mit herkömmlichen Lernangeboten im Sinne des *Blended Learning* erweist sich als große pädagogische Herausforderung. Theoretisch-konzeptionelle Grundlage bildet zumeist eine konstruktivistische Lehr-/Lernphilosophie mit der Betonung von Eigenaktivität und Selbststeuerung, Situiertheit von Wissen sowie der Bedeutung sozialer Interaktion für das Lernen (Gräsel, Bruhn, Mandl & Fischer 1997).

3 Netzbasierte Information

Für Unterrichtszwecke können sowohl Recherche als auch Publikation von Information im Internet eingesetzt werden. Bei der *Informationsrecherche* sind Informationen mittels Suchmaschinen und Katalogen aufzufinden und zu bewerten, mit Bookmarks (Favoriten) festzuhalten, aufzubereiten und schließlich korrekt zu zitieren. Dazu müssen die Lernenden den Umgang mit Suchmaschinen und die Formulierung von Suchanfragen erlernen und die Qualität der Quellen beurteilen können. Unterrichtsvorschläge mit Arbeitsblättern zur Vermittlung von Techniken für die Internetrecherche stellt Will (2001) zur Verfügung. *WebQuests* sind netzbasierte Lernarrangements für die Internetrecherche (Moser 2000, Baumann 2004). Lernende können auch in Einzel- oder Gruppenarbeit Informationen im Internet publizieren. Sie machen dann ihre Arbeitsergebnisse öffentlich und stellen sie zur Diskussion, woraus eine besondere Lern- und Arbeitsmotivation erwächst. *Weblogs* und *Wikis* sind webbasierte Technologien mit einfacher Bedienungstechnik für das Publizieren im Internet (Möller 2004).

Die unterrichtliche Einbindung von Recherche und Publikation lässt die Lehrenden eher als Berater bzw. Mitgestalter von Lernprozessen fungieren. Für die Recherche ergibt sich die Notwendigkeit, im Vorfeld des Unterrichts die Lernumgebung im Sinne eines Hypertextes zu planen. Die vielfältigen Materialien, die darin eingebunden werden sollen, müssen vorher im Internet gefunden und hinsichtlich der Verwendbarkeit im Unterricht überprüft werden. Auch die Publikationsaktivitäten der Lernenden erfordern umfangreiche Betreuung. Insgesamt müssen die Lehrenden im Unterricht stärker als bisher die einzelnen Lernenden oder Lerngruppen individuell beraten (Gerber 2003).

4 Netzbasierte Kommunikation

Sie kann sowohl in asynchroner als auch synchroner Form für Unterrichtszwecke genutzt werden. Asynchrone Kommunikation wird für *Email-Projekte* genutzt, bei denen sich verschiedene Klassen – häufig aufgeteilt in kleinere Arbeitsgruppen – themenspezifisch austauschen (Donath 1996). Email-Projekte sorgen z.B. dafür, dass Schülerinnen und Schüler im Englisch- oder Französisch-Unterricht ihre Sprachkompetenz unter Realbedingungen erproben und verbessern. *Asynchrone Diskussionsforen* auf der Grundlage von Mailinglisten, Newsgroups oder Lernplattformen können den Unterricht begleiten und den Lernenden die Möglichkeit geben, sich auch außerhalb der Schule über inhaltliche Fragen zu verständigen. *Text-Chats* ermöglichen eine ortsunabhängige synchrone Kommunikation. Sie sind weniger geeignet für gezielte lehrstoffbezogene Diskussionen, aber gut nutzbar für organisatorische Absprachen in netzbasierten Projekten. *Lerngemeinschaften* sind klassen- und/oder schulübergreifende Kommunikationsverbünde, die für einen bestimmten Zeitraum zu Unterrichtsthemen bestehen und sich mittels spezieller Kommunikationsplattformen austauschen, wie z.B. textbasierte *MUDs (Multi-User Dungeons)* und *MOOs (MUDs Object-Oriented)*. Technisch am aufwändigsten sind Kommunikationsplattformen für Lerngemeinschaften, die auch synchrone Kommunikation mit Hilfe von Desktop VR und Avatar-Technologie ermöglichen (Boy & Hron 2004).

Die Eigenheiten netzbasierter Kommunikation bedürfen besonderer Aufmerksamkeit. Soziale Präsenz ist eingeschränkt. Je nach Kommunikationsmedium fehlen bestimmte Informationsarten (Mimik, Stimme, Motorik, Kleidung) und Mitteilungsmöglichkeiten. Bestimmte Mechanismen sind tendenziell aufgehoben, wie Sprecher/Hörer-Rollenwechsel und Regeln der sozialen Interaktion, wonach zu einem Zeitpunkt nur eine Person spricht und nur ein Thema behandelt wird. Das schmalere Kommunikationsspektrum kann intensive Austauschprozesse behindern (Hron, Hesse & Friedrich 2003). Lernende sollten bei der Einübung in netzbasierte Kommunikation betreut werden. Diskussionsforen bedürfen der sorgfältigen Planung bei der Einführung und der ständigen Betreuung im laufenden Betrieb. Dabei sollten Themenbereiche, sogen. *Threads*, vorgegeben werden, um die Kohärenzbildung zu unterstützen. Text-Chats sollten moderiert werden und ein Verhaltenskodex gelten (Döring 2000).

5 Netzbasierte Kooperation

Sie geht über die beschriebenen Lernformen hinaus und bedeutet, dass die Lernenden örtlich verteilt sind und ausschließlich (oder überwiegend) mittels Computernetz und Groupware kooperieren. Dabei sind sowohl die inhaltliche Arbeit als auch deren Koordination im virtuellen Modus zu bewerkstelligen. Ein Beispiel sind Schulprojekte, in denen Lernende unterrichtsbegleitend oder in gesonderten Projektwochen durch gemeinsames Bearbeiten von Aufgaben oder Fallbeispielen Wissen erwerben und dabei netzbasiert kommunizieren und kooperieren. Entsprechende Kooperationsbedingungen sind auch bei klassen- und schulübergreifenden Projekten in schulischen Lerngemeinschaften gegeben (Wagner & Peschke 2004).

Netzbasierte Kooperation erfordert ein hohes Maß an Selbststeuerung, Initiative und Aktivität. Die Koordination kann schwierig sein: sowohl im Fall kooperativen Lernens, wenn die Gruppenmitglieder individuell Teilmengen der Lernaufgabe bearbeiten und zu einem gemeinsamen Ergebnis verbinden, als auch im Fall kollaborativen Lernens, wenn sie von Anfang an ohne größere Funktionsaufteilung gemeinsam an der Lernaufgabe arbeiten. Kommunikations- und Koordinationsschwierigkeiten können die Lernenden zusätzlich zur inhaltlichen Auseinandersetzung mit dem Lehrstoff kognitiv belasten. Die Folgen können Rückzug aus der gemeinsamen Arbeit oder „Trittbrettfahren" sein. Für den Erfolg netzbasierter Kooperation sind interessante problembezogene Aufgaben wichtig. Die Arbeitsgruppen sollten wegen möglicher Partizipationsprobleme nicht zu klein sein. Ein verbindlicher Arbeitsplan sollte zugrunde liegen. Die netzbasierten Phasen sollten nicht zu ausgedehnt sein, damit Rückmeldung und Steuerungsfunktion durch die Lehrperson nicht verloren gehen. Die Lernenden sollten im vorgesehenen Arbeitszeitraum zu fertigen und präsentierbaren Produkten gelangen (Hron & Friedrich 2003).

6 Perspektive

Nicht die neuen IuK-Technologien sorgen für „neues" Lernen, sondern bekannte Lernprinzipien lassen sich bei entsprechender Unterrichtsgestaltung mit dem Internet anders – und oftmals besser – umsetzen als mit herkömmlichen Lehr-, Lern- und Unterrichtsmedien (Döring 2000). Die Nutzung dieser Möglichkeiten steht vor der Herausforderung, netzbasierte Lernformen in das komplexe organisationelle System der Schule und gewachsene personelle Strukturen einzufügen. Insgesamt bestehen dazu noch eine Vielzahl von Hürden technischer, organisatorischer, curricularer und personeller Art, deren Überwindung zu einer Öffnung von Schule, zur Veränderung der Lernorganisation und letztlich zur Veränderung von Schulkultur führen wird.

Literatur
Baumann, I. (2004): Eine Webquest (fast) ohne Web. In: Computer + Unterricht, 14 (56), 62. – Boy, J. & Hron, A. (2004): YoungNet – Fächerübergreifende Lerngemeinschaft in Europa. In: Computer + Unterricht, 14 (54), 61. – Döring, N. (2000): Lernen und Lehren im Internet. In: Batinic, B. (Hrsg.): Internet für Psychologen. 2. überarb. Aufl. Göttingen: Hogrefe, 443-478. – Donath, R. (1996): E-Mail Projekte im Englischunterricht. Stuttgart: Klett. – Gerber, S. (2003): WebQuest – ein Konzept für sinnvollen Computer- und Interneteinsatz an Schulen. In: Online-News 16 [verfügbar unter: http://www.leu.bw.schule.de/beruf/projektg/online/news16/kap1.pdf, 24.09.2004]. – Gräsel, C., Bruhn, J., Mandl, H. & Fischer, F. (1997): Lernen in Computernetzen unter konstruktivistischer Perspektive. In: Unterrichtswissenschaft, 25, 4-18. – Hron, A. & Friedrich, H. F. (2003): A review of web-based collaborative learning: Factors beyond technology. In: Journal of Computer Assisted Learning, 19, 70-79. – Hron, A., Hesse, F. W. & Friedrich, H. F. (2003): Gemeinsam lernt es sich besser. Kooperatives Lernen und kognitive Prozesse in netzbasierten Szenarien. In: Scheffer, U. & Hesse, F. W. (Hrsg.): E-Learning – Die Revolution des Lernens gewinnbringend einsetzen. 2. Aufl. Stuttgart: Klett-Cotta, 83-97. – Möller, E. (2004): Die heimliche Medienrevolution. Wie Weblogs, Wikis und freie Software die Welt verändern. Hannover: Verlag Heinz Heise. – Moser, H. (2000): Abenteuer Internet. Lernen mit WebQuest. Zürich: Verlag Pestalozzianum. – Wagner, W.-R. & Peschke, R. (2004): Netze knüpfen – vernetzt lernen. Themenheft Computer + Unterricht, 14 (54). – Will, P. (2001): „Drin" – aber noch lange nicht „dran" an den passenden Informationen. Internetrecherche für die Projektarbeit. Praxis Schule 5–10, 2001 (6), 30-36.

73| Medienerziehung
Ralf Vollbrecht

1 Medienerziehung, Medienkompetenz und Medienbildung

Übergreifendes Ziel der Medienerziehung (engl. *media education*) in Familie, Schule und außerschulischen Institutionen ist es, Kindern und Jugendlichen das Wissen und die Fähigkeiten zu vermitteln, die ihnen ein selbstbestimmtes, selbstreflexives, sozial verantwortliches und kreatives Handeln sowie ästhetischen Genuss in einer stark medial geprägten Welt ermöglichen.
Der Orientierungsrahmen „Medienerziehung in der Schule" der Bund-Länder-Kommission für Bildungsplanung und Forschungsförderung nennt als Ziel der Medienerziehung „die *Medienkompetenz* des einzelnen als Bestandteil allgemeiner und beruflicher Bildung sowie die ‚Medienkultur' als Ausdruck eines aufgeklärten Nutzungsverhaltens" (BLK 1995, S.14). Mit dem von Baacke

(1973) eingeführten Kompetenzbegriff (in einem nicht auf bloßes Anwenden-Können verkürzten Verständnis) wird ein Paradigmenwechsel in der Medienpädagogik eingeläutet. Im Unterschied zur damals vorherrschenden *Kontroll-Orientierung* (ausgerichtet auf den Schutz vor Gefahren der Medien), richtet die Medienpädagogik ihren Blick nun auch auf die Bedürfnisse und Interessen der Mediennutzer, die nicht als passive Opfer der Medien gesehen werden, sondern ihre Mediennutzung auch aktiv und selbstbestimmt steuern. Medienkompetenz (engl. *media literacy*) lässt sich nach Baacke (1998) in vier Dimensionen gliedern: Medienkritik, Mediennutzung, Medienkunde und Mediengestaltung.

In der Folge kommt es in der außerschulischen Medienpädagogik zu einer Abkehr vom bewahrpädagogisch besetzten Leitbegriff Medienerziehung. Dieser erscheint auch zu eng, weil Medienerziehung lediglich auf intentionale Prozesse ausgerichtet ist, nicht jedoch Mediensozialisation einbezieht. Im schulischen Kontext wird überwiegend am Begriff Medienerziehung in einem handlungstheoretischen Verständnis festgehalten.

Prinzipiell hätte sich theoriestrategisch statt Medienkompetenz auch der Begriff *Medienbildung* angeboten, der offener ist als Medienerziehung, „weil die Subjektivität als Ausgangspunkt nehmend und ihre Unverfügbarkeit für technologisch reduzierte Anleitungen" (Baacke 1996, 203) betonend – andererseits ist der Bildungsbegriff aber „historisch zu vielfältig ausgebildet, um begrifflich und dann auch strategisch fassbar zu sein" (ebd.). Medienbildung hat sich in den 70er Jahren wohl auch deshalb nicht als Leitbegriff durchsetzen können, weil unter dem Einfluss der Kritischen Theorie große Vorbehalte bestanden, Medien und Bildung so eng zusammen zu denken. Vorteile des Begriffs Medienbildung sind darin zu sehen, dass er den Blick weitet auf den Aspekt von Bildung unter den Bedingungen der Mediengesellschaft, dass die didaktisch relevante Frage bildungsbedeutsamer Inhalte immer schon mitgedacht ist, und dass die Unverfügbarkeit des Subjekts betont wird. Die Debatte um Medienerziehung, Medienkompetenz und Medienbildung ist daher nach wie vor aktuell (vgl. z.B. Mägdefrau & Vollbrecht 1998; Hettinger 1999).

2 Historische Aspekte der Medienerziehung

Die Sorge um schädliche Einflüsse der Medien durchzieht die Mediengeschichte von Beginn an. Von der geistigen Ansteckungsgefahr durch die *schlechte Schrift* über die Gefahren der *Lesesucht*, vor der die Philantropen warnten, bis zu den vernetzten Computerspielen befasst sich Medienerziehung mit der – zu einseitigen – Wirkungsfrage (Was machen die Medien mit den Menschen?) und entwickelt zunächst ein *bewahrpädagogisches* Konzept, das auf Verbot und Kontrolle basiert. Bei diesem in der Praxis nur partiell durchsetzbaren Konzept besteht allerdings das weitere Problem, dass Kinder und Jugendliche in Unmündigkeit verbleiben.

Mit der Ausbreitung des Fernsehens wurde daher in den 60er Jahren der *mündige Zuschauer* zur neuen Leitfigur: Kinder und Jugendliche sollten nun in die Lage versetzt werden, Programmangebote angemessen zu verstehen und selbstständig zu beurteilen. Ein *ästhetisch-kulturorientiertes Konzept* überträgt Aspekte der Kunst- und Literaturerziehung auf Filme, die im Hinblick auf Inhalte, Strukturen und Gestaltungsmittel analysiert werden sollen. Darüber hinaus sollten Medien auch selbst gestaltet werden, um Manipulations- und Gestaltungsmöglichkeiten zu erfahren. Dieser subjektbezogene Ansatz wurde später kritisiert, da die Macht- und Herrschaftsverhältnisse der Medienproduktion ausgeblendet blieben.

Unter dem Einfluss der *Kritischen Theorie* wurde seit Ende der 60er Jahre der manipulative und ideologische Charakter der Medien diskutiert. Entsprechend sollten Kinder und Jugendliche nun auch befähigt werden, Medien und ihre gesellschaftlichen Bedingungen ideologiekritisch zu analysieren. Die vorwiegend ideologiekritische Orientierung ist gleichzeitig die Schwäche dieses Ansatzes, da sie die Vorstellungswelten und Bedürfnisse der Kinder und Jugendlichen oft verfehlte (vgl. Tulodziecki 1998, S.540).

Im Rahmen einer *handlungsorientierten Medienerziehung* oder -pädagogik werden seit den 70er Jahren Medien „als Mittel der Interaktion in einem sozialen bzw. gesellschaftlichen Zusammenhang begriffen." (ebd.). Lebensweltnah sollen Medien nun gemäß den eigenen Bedürfnissen und Interessen von Kindern und Jugendlichen sowie in sozialer Verantwortung reflexiv und produktiv sowie unter Beachtung des gesellschaftlichen Kontextes genutzt werden. Der politische Kontext des damaligen Ansatzes – die Befähigung zur Durchsetzung eigener politischer Interessen mittels Medien – spielt heute kaum noch eine Rolle. Daher verwenden einige Autoren die Komplementärbegriffe „aktivierende Medienarbeit" (Schell 2004) bzw. „rezeptive Medienarbeit" (Vollbrecht 2004).

3 Medienerziehung in der Schule

Das am besten ausgearbeitete Modell für Medienerziehung in der Schule stammt von Tulodziecki, der Medienerziehung als fächerübergreifende und integrative Aufgabe versteht. Den Kern bilden fünf „Aufgabenbereiche der Medienerziehung" (Tulodziecki 2001, S.195) bzw. „Aufgabenbereiche der Medienpädagogik" (Tulodziecki 1998, S.540): (1) Medieneinflüsse erkennen und aufarbeiten; (2) Medienbotschaften verstehen und bewerten; (3) Medienangebote unter Abwägung von Handlungsalternativen auswählen und nutzen; (4) Medien selbst gestalten und verbreiten; (5) Medien hinsichtlich ihrer gesellschaftlichen Bedeutung analysieren und beeinflussen. Diese Aufgabenbereiche und ihre Teilaufgaben sind „nicht als isolierte oder linear aufeinander aufbauende Felder der Medienerziehung zu verstehen", so dass die meist fächerübergreifend und unter der Leitidee der Handlungsorientierung angelegten medienerzieherischen Projekte in der Regel zwar von einer Teilaufgabe ausgehen, „sich dann aber Übergänge zu anderen Teilaufgaben ergeben können und sollen" (S.541).

Curricular war Medienerziehung in den Bildungsplänen der meisten Bundesländern spätestens zu Beginn der 80er Jahre insbesondere im Deutsch-, Kunst- und sozialwissenschaftlichen Unterricht verortet, ist im schulischen Kontext jedoch nur rudimentär umgesetzt worden. Grunder (1997) und Wermke (1997) haben daher die Anbindung an die Fachdidaktiken vorgeschlagen, da medienerzieherische Inhalte so eine größere Chance haben, Unterrichtsthema zu werden.

Mägdefrau und Vollbrecht (1998) betonen die Vorteile eines fächerübergreifenden Ansatzes, sehen jedoch starke Hindernisse u.a. in der Schulorganisation. Bei einer fachdidaktischen Anbindung problematisieren sie die traditionelle Verortung des Mediums als bloße Vermittlungshilfe, die ein Umdenken in den Fachdidaktiken erfordere, und plädieren daher für eine Verbindung mit methodischen Fragen. Die Chance zur Entwicklung medienpädagogischer Methodenkonzepte sehen sie in einer Neupositionierung medienpädagogisch relevanter Entscheidungen bei der Unterrichtsplanung und damit durchaus in den einzelnen Fachdidaktiken.

4 Entwicklungsperspektiven

Ein „Dauerbrenner" empirischer Studien ist die Frage nach Medienwirkungen (zusammenfassend Bonfadelli 1999), insbesondere den – kontrovers diskutierten – Wirkungen von medialen Gewaltdarstellungen (z.B. Kunczik 1996). Als Forschungsgebiet der Medienerziehung kann man die gesamte Schnittmenge von Kommunikations- und Erziehungswissenschaft auffassen. Entsprechend vielfältig ist die Forschungslage, da es zu vielen pädagogischen Begriffen medienspezifische Komposita (Mediensozialisation, Lernmedien, Kindermedien, Medienkultur) mit entsprechender Empirie gibt. Neue Fragen werfen Hybridmedien wie das Internet auf, da hier nicht mehr auf theoretische

Modelle und empirische Befunde der Massenkommunikation (einseitiger Informationsfluss) zurückgegriffen werden kann. Die Mediennutzung ist prinzipiell auch individueller, kommunikativer und/oder stärker aktiv- und kreativ-gestaltend. Eins der derzeit interessantesten Forschungsfelder ist die Entstehung neuer sozialer Gebilde wie virtueller Gemeinschaften (engl. *virtual communities*).

Literatur
Baacke, D. (1973): Kommunikation und Kompetenz. Grundlegung einer Didaktik der Kommunikation und ihrer Medien. München: Juventa. – Baacke, D. (1992): Handlungsorientierte Medienpädagogik. In: Schill, W. et al. (Hrsg.): Medienpädagogisches Handeln in der Schule. Opladen: Leske und Budrich, 33-58. – Baacke, D. (1996): Medienkompetenz als Entwicklungs-Chance. In: medien + erziehung, 40 (4), 202-203. – Baacke, D. (1998): Medienkompetenz – Herkunft, Reichweite und strategische Bedeutung eines Begriffs. In: Kubicek, H. u.a. (Hrsg.): Lernort Multimedia. Heidelberg: von Decker, 22-27. – Bonfadelli, H. (1999): Medienwirkungsforschung I. Grundlagen und theoretische Perspektiven. Konstanz: UVK-Medien. – Grunder, H.-U. (1997): Medienpädagogik – nur Integration in den alltäglichen Unterricht! In: medien + erziehung, 41 (5), 288-292. – Hettinger, J. (1999): Neue Medien und Medienerziehung. In: Ballier, R. u.a. (Hrsg.): Schule, Netze und Computer. Neuwied: Luchterhand, 1-29. – Kunczik, M. (1996): Gewalt und Medien. Köln: Böhlau. – Mägdefrau, J. & Vollbrecht, R. (1998): Medienkompetenz als Bildungsaufgabe. Über den Umgang mit neuen Herausforderungen der Schule. In: Die Deutsche Schule, 90 (3), 266-277. – Schell, F. (2005): Aktive Medienarbeit. In: Hüther, J. & Schorb, B. (Hrsg.): Grundbegriffe Medienpädagogik. München: kopaed, 9-16. – Spanhel, D. (2003): Modelle schulischer Medienbildung. In: Dokumentation „Forum Multimedia 2003", S. 22-23 (verfügbar unter http://leb.bildung-rp.de/info/sonstiges/vds/vds_fb_2003.pdf, 31.12.2004). – Tulodziecki, G. (1992): Medienerziehung als fächerübergreifende und integrative Aufgabe. In: Bertelsmann-Stiftung (Hrsg.): Medienkompetenz als Herausforderung an Schule und Bildung. Gütersloh: Bertelsmann, 311-322. – Tulodziecki, G. (1998): Medienpädagogik. In: Erlinger, H.D. u.a. (Hrsg.): Handbuch des Kinderfernsehens. Konstanz: UVK-Medien, 535-545. – Tulodziecki, G. (2001): Medienpädagogik in der Lehreraus- und Lehrerfortbildung. In: Schweer, M.K.W. (Hrsg.): Aktuelle Aspekte medienpädagogischer Forschung. Interdisziplinäre Beiträge aus Forschung und Praxis. Wiesbaden: Westdeutscher Verlag, 187-206. – Vollbrecht, R. (2005): Rezeptive Medienarbeit. In: Hüther, J. & Schorb, B. (Hrsg.): Grundbegriffe Medienpädagogik. München: kopaed, 364-367. – Wermke, J. (1997): Integrierte Medienerziehung im Fachunterricht. Schwerpunkt: Deutsch. München: kopaed.

6 Fachunterricht und überfachlicher Unterricht

74 | Fachunterricht und fächerübergreifender Unterricht: Grundlagen
Peter Labudde

1 Eine Balance zwischen Fachunterricht und fächerübergreifendem Unterricht

Im Fachunterricht werden Schülerinnen und Schüler in elementare Begriffe und Techniken unserer Kultur eingeführt; sie erfahren damit verschiedene Modi der Weltbegegnung: in den Naturwissenschaften z.B. das Erlernen des Energiebegriffs und das bewusste Umgehen mit Energie, in Kunsterziehung das Gestalten eines Aquarells, in Deutsch das Interpretieren eines Gedichts, in Mathematik das Rechnen mit Prozenten. Fachunterricht liefert damit einen zentralen Beitrag zur Enkulturation sowie eine Basis für die spätere Berufsausbildung bzw. das Studium.

Im fächerübergreifenden Unterricht geht es zum einen um das Vernetzen von Inhalten aus verschiedenen Fächern; diese so genannte horizontale Vernetzung bildet eine Ergänzung zur vertikalen Vernetzung, d.h. derjenigen innerhalb eines Fachs, beide erleichtern das Lernen und fördern dessen Nachhaltigkeit. Zum anderen stehen im fächerübergreifenden Unterricht häufig themenzentrierte bzw. problemorientierte Arbeiten im Vordergrund, z.B. das Thema Bauernhof in der Grundschule oder die Analyse des Palästinakonflikts aus historischer, kulturgeografischer, politischer und religiöser Perspektive in der gymnasialen Oberstufe.

Fachunterricht und fächerübergreifender Unterricht – letzterer in diesem Kapitel als Oberbegriff verstanden – ergänzen sich komplementär: Fachunterricht ohne fächerübergreifenden Unterricht bleibt fragmentarisch, fächerübergreifender Unterricht ohne Fachunterricht steht auf tönernen Füßen.

2 Modi der Weltbegegnung und Enkulturation im gefächerten Unterricht

Fachunterricht, egal auf welcher Schulstufe, ist stets ein Abbild des disziplinären Denkens. Schülerinnen und Schüler lernen zentrale Begriffe, Regeln, Gesetze, Methoden oder Instrumente einer Disziplin. Sie verfügen damit über die basalen Kulturwerkzeuge, um sich den Zugang zu den Gegenständen einer Kultur zu verschaffen. Der Erwerb der Werkzeuge und die Auseinandersetzung mit den Kulturgegenständen sind untrennbar miteinander verknüpft. Im Einzelfach werden damit neben allgemeinen Bildungszielen vor allem fachspezifische Ziele verfolgt.

2.1 Ziele der Einzelfächer

Um die Bedeutung des Fachunterrichts, der fachspezifischen Kulturwerkzeuge und der nach Disziplinen gegliederten Kulturgegenstände zu verdeutlichen, seien im exemplarischen Sinn einige Ziele aus verschiedenen Fächern genannt (Erziehungsdirektion des Kantons Bern 1995):
– In Deutsch z.B. lauten im Bereich Kommunikation einige Richtziele folgendermaßen: Kommunikation als Austausch zwischen Menschen erfahren; Sachverhalte, Situationen, Meinungen und Gefühle wahrnehmen und interpretieren, ausdrücken und darüber nachdenken.
– In Musik wird unter ‚Praktischem Musizieren' festgehalten: Musik als vielfältige Ausdrucks- und Kommunikationsmöglichkeit erfahren; die Stimmen, den Körper und verschiedene Instrumente einsetzen lernen; die erworbenen Kenntnisse und Fertigkeiten schöpferisch anwenden.
– In Mathematik wird bei den Richtzielen zum Vorstellungsvermögen notiert: Das Vorstellungsvermögen im Umgang mit Zahlen und in der Begegnung mit Objekten und Sachverhalten aus Natur und Mitwelt erweitern und vertiefen.

Derartige Ziele lassen sich im gefächerten Unterricht am effizientesten erreichen. Welche Ziele dabei im Vordergrund stehen sollen, ist immer wieder neu auszuhandeln. Denn sowohl die einzelnen Fächer wie auch eine Gesellschaft entwickeln sich, arbeiten an neuen Inhalten und setzen neue Schwerpunkte. Daher muss sich jede Generation neue (Fach-)Lehrpläne geben.

2.2 Von Bildungszielen zu Bildungsstandards

Für die jetzige Generation von Schülerinnen und Schülern werden Bildungsstandards zunehmend Bedeutung erlangen. In den meisten OECD-Staaten wird gegenwärtig eine Debatte zu Bildungsstandards lanciert, meist mit höchster politischer Priorität. So werden derzeit auch in Deutschland und der Schweiz Bildungsstandards entwickelt und in den kommenden Jahren umgesetzt. Die Standards, die jeweils für einzelne Fächer ausgearbeitet werden, gehen dabei einige Schritte weiter als Bildungsziele, indem sie drei Bereiche umfassen (Klieme u.a. 2004):
– die Formulierung von Zielen für das jeweilige Fach,
– die Entwicklung eines fachspezifischen Kompetenzmodells,
– die Ausarbeitung und Durchführung von entsprechenden Testverfahren.

In den Kompetenzmodellen werden einerseits Komponenten eines Fachs bzw. des Lernens in einem Fach definiert, andererseits zu jeder Komponente verschiedene Niveaustufen. In einer großen Tabelle dargestellt würden die Komponenten die Spalten, die Niveaustufen die Reihen bilden. Als Beispiel sei das europäische Sprachenportfolio genannt (Council of Europe 2000): Bei den so genannten sprachbasierten kommunikativen Kompetenzen wird nach linguistischen, soziolinguistischen und pragmatischen Kompetenzen differenziert. Jeder dieser drei Bereiche wird dann weiter in einzelne Komponenten unterteilt. Bei jeder Komponente unterscheidet man sechs Niveaustufen.

Die Testverfahren erlauben die verschiedenen Komponenten eines Fachs zu prüfen und das Niveau der Schülerschaft in ihrer Gesamtheit bezüglich jeder Komponente festzustellen. Mit derartigen Tests streben die einzelnen Staaten ein Bildungsmonitoring an, um ihr Bildungssystem als Ganzes wie auch die einzelnen Schulen evaluieren zu können. Hingegen werden nicht einzelne Schulklassen oder Lernende evaluiert, da die Testinstrumente dafür nicht konzipiert sind.

Die politischen Behörden wollen mit der Entwicklung von Bildungsstandards von einer Input-orientierten Steuerung des Bildungssystems (Wie viele Stunden für ein Fach in welcher Klasse? Welche

Inhalte?) zu einer Output-orientierten Steuerung wechseln (Was sollen die Lernenden nach zwei, sechs bzw. neun Schuljahren mindestens beherrschen?). Für den Fachunterricht kann die Entwicklung von Bildungsstandards – so viele Gefahren diese auch beinhalten mögen – eine Chance bedeuten: Allgemeine Bildungsziele als klare Vorgaben; das Kompetenzmodell mit seinen Komponenten und Stufen als Orientierungshilfe für Lehrende, Lernende und Eltern; das Bildungsmonitoring als eine Form von Rückmeldung.

3 Vernetztes Denken und Problemlösen im fächerübergreifenden Unterricht

3.1 Begründungen für fächerübergreifenden Unterricht

Folgende Argumente für fächerübergreifenden Unterricht (füU) lassen sich unterscheiden:
(a) Abholen der Lernenden: Wenn Lehrpersonen das Vorwissen und die Interessen der Lernenden in ihren Unterricht einbeziehen, schaffen sie günstige Voraussetzungen für Lernprozesse. Man spricht hier in der Lern-Lehr-Theorie vom konstruktivistischen Ansatz. Vorwissen und Interessen der Jugendlichen sind noch kaum in Fachschubladen sortiert: das Abholen der Lernenden führt damit fast automatisch zu füU.
(b) Schlüsselprobleme der Menschheit: Probleme wie Friedenssicherung, Bevölkerungsexplosion, Wandel der Geschlechterrollen, Umgang mit Rohstoffen lassen sich nur interdisziplinär lösen. Kinder und Jugendliche sollen bereits in der Schule die Bereitschaft entwickeln, Probleme aus verschiedenen Perspektiven zu betrachten und anzugehen.
(c) Berufs- bzw. Wissenschaftspropädeutik: FüU soll einen Beitrag leisten, ins Berufsleben bzw. in den Alltag von Forschung und Entwicklung einzuführen. Denn dort werden immer wieder Berufs- oder Fachgrenzen überschritten. FüU soll dazu beitragen, dass sich die Lernenden der Denk- und Arbeitsweisen, der Chancen, aber auch der Grenzen eines Fachs bewusst werden.
(d) Lernen in Projekten: Immer wieder wird gefordert, dass Schule einen Erfahrungsraum darstellen soll. Die hierfür geeigneteste Methode ist der Projektunterricht. Wenn Jugendliche in der Schule ein Projekt wählen und bearbeiten, wird dieses oftmals Fächergrenzen sprengen.
(e) Überfachliche bzw. fachübergreifende Kompetenzen: Von diesen Kompetenzen, manchmal auch als Schlüsselqualifikationen bezeichnet, lassen sich einige besser im füU als im Fachunterricht erreichen. Hierzu zählen u.a. differenziertes Denken, Umweltkompetenz oder Ambiguitätstoleranz. Andere Kompetenzen wie Kooperations- oder Selbstreflexionsfähigkeit können gleichermaßen im Fachunterricht wie im FüU verfolgt werden.
(f) Informationsbeschaffung im ICT-Zeitalter: Das Internet eröffnet neue Typen von Lernwegen. Sie sind weniger linear, wie das Lesen eines Buches, sondern eher nichtlinear. FüU soll einen Beitrag leisten, Jugendliche auf die nichtlineare, vernetzte Informationsaufnahme und -verarbeitung vorzubereiten.
(g) Gendergerechter Unterricht: Unterrichtsinhalte mit Wurzeln in verschiedenen Disziplinen können z.B. im mathematisch-naturwissenschaftlichen Bereich einen Beitrag zu einem gendergerechten Unterricht leisten. Zu einem Unterricht, der insbesondere jungen Frauen Wege in die technisch-naturwissenschaftliche Berufswelt öffnet.

3.2 Kategorien von fächerübergreifendem Unterricht

Unter dem Oberbegriff fächerübergreifender Unterricht lassen sich verschiedene Typen unterscheiden (siehe Abb. 1, nach Labudde 2003):

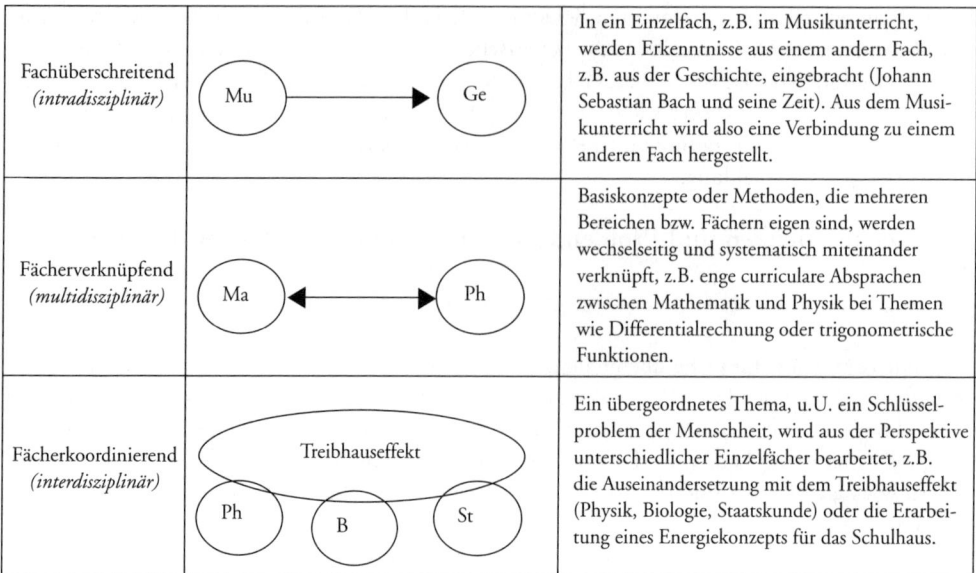

Abb. 1: Drei Kategorien von fächerübergreifendem Unterricht

Alle drei Kategorien haben ihre Vorteile und ihren Stellenwert im Curriculum: Im fachüberschreitenden und fächerverknüpfenden Unterricht können die Lernenden z.B. Fachinhalte horizontal vernetzen, ihnen werden die Stärken, aber auch die Grenzen eines Fachs deutlicher sichtbar. Im fächerkoordinierenden Unterricht lassen sich u.a. das Lernen in Projekten bzw. die Auseinandersetzung mit Schlüsselproblemen der Menschheit realisieren.

Die verschiedenen Kategorien des fächerübergreifenden Unterrichts werden in der Literatur sehr unterschiedlich bezeichnet: Im deutschen Sprachraum hat Huber (1994) erste Definitionen geprägt, die allerdings nicht von allen Autoren übernommen wurden (Duncker & Popp 1998; Moegling 1998; Reinhold & Bünder 2001). In den englischen und romanischen Sprachen sind die Begriffe intra-, multi- und interdisziplinär, d.h. deren direkte Übersetzungen, verbreitet (Maingain, Dufour & Fourez 2002). Für eine Übersicht über die Begriffsvielfalt und eine Ordnung der Begriffe siehe Labudde (2003).

3.3 Dimensionen und Stufen von fächerübergreifendem Unterricht

Fächerübergreifender Unterricht lässt sich aus verschiedenen Perspektiven beschreiben, er umfasst diverse Dimensionen, die sich ihrerseits in Stufen einteilen lassen. Von den verschiedenen Dimensionen seien deren fünf im exemplarischen Sinn aufgeführt:
(a) Kategorien auf der Ebene der Fächer: eine erste Stufe bildet der fachüberschreitende Unterricht, weitere Stufen der fächerverknüpfende sowie der fächerkoordinierende Unterricht (Abb. 1.).
(b) Kooperation der Lehrkräfte: vom einmaligen Auskunft Einholen über Absprachen, gemeinsame Unterrichtsvorbereitung und Team-Teaching bis hin zu gemeinsamen Prüfungen.
(c) Methodisches Vorgehen: die einfachste Stufe bilden Lehrervortrag und fragend-entwickelnder Unterricht, die nächste Stufe Lernzirkel, Fallstudie und Leitprogramm, die anspruchsvollste Stufe schließlich die Projektmethode.

(d) Überfachliche Kompetenzen: von Kompetenzen wie Informationsbeschaffung oder Kooperationsfähigkeit, die auch im Fachunterricht verfolgt werden können, bis hin zu Kompetenzen, die sich eher im füU erreichen lassen, wie Ambiguitätstoleranz oder Problemlösefähigkeit.
(e) Themenorientierung: in einer ersten Stufe am Fach orientiert, in einer zweiten an mindestens zwei Fächern, in einer dritten an einem Alltags- oder Schlüsselproblem.

Fächerübergreifender Unterricht hat damit viele Facetten. Den Lehrpersonen öffnet sich eine breite Palette von Möglichkeiten, füU zu realisieren: das eine Mal mag dies eine 10-minütige Sequenz fachüberschreitenden Unterrichts sein, das andere Mal können es – in Kooperation mit anderen Lehrpersonen – aufwändige Projektarbeiten der Lernenden zu einem komplexen Rahmenthema wie ‚Mobilität' oder ‚Friedenssicherung' sein.

4 Perspektiven der Forschung und Entwicklung

In Deutschland wird von Seiten der Wissenschaften, insbesondere der Pädagogik und den Fachdidaktiken, aber auch von der Bildungspolitik ein höherer Stellenwert des füU gefordert (Bund-Länder-Kommission 1997): Die Argumente lauten hier ‚nachhaltigeres Lernen durch horizontale Vernetzung', ‚mehr Kompetenz im Problemlösen' sowie ‚Schlüsselprobleme der Menschheit'. Bei entsprechenden Modellversuchen steht dann meist die Entwicklung von fächerübergreifenden Unterrichtseinheiten im Vordergrund. In Deutschland ist der füU bisher deutlich weniger verbreitet als z.B. in einigen angelsächsischen Ländern, den Niederlanden oder der Schweiz.

Parallel zur Entwicklung von konkreten Unterrichtsbeispielen muss die Theorieentwicklung gehen: so fehlen noch differenzierte Modelle zur Beschreibung des füU, eine Didaktik des füU oder Konzepte zum Prüfen und Beurteilen im füU. Ebenso müssten weitere empirische Untersuchungen zu den Wirkungen des füU durchgeführt werden: bisherige Resultate zeigen zwar in vielen Fällen positive Ergebnisse für den füU, weisen aber oft methodische Mängel auf (für eine Übersicht siehe Labudde 2003).

Für Lehrpersonen stellt füU, insbesondere in den Sekundarstufen I und II, eine besondere Herausforderung dar: Sie haben meist ein Studium in zwei Fächern absolviert, sind stark durch das Fachstudium sozialisiert worden und haben in ihrer eigenen Ausbildung in Schule und Universität oft nur wenig füU erlebt. In Modellversuchen ist zu klären, wie Lehrerinnen und Lehrer in der Aus- und Weiterbildung bei der Planung, Durchführung und Auswertung von füU unterstützt werden können und welcher Rahmenbedingungen es hierzu bedarf (Labudde 2004).

Basierend auf den Resultaten dieser Forschungs- und Entwicklungsprojekte gilt es dann, eine Grundsatzdiskussion über den Stellenwert von füU im Lehrplan zu führen und anschließend – ähnlich wie bei den Einzelfächern – Bildungsstandards für den füU zu entwickeln und umzusetzen.

Literatur

Council of Europe (2000): A Common European Framework of Reference for Languages. Cambridge: Cambridge University Press. – Bund-Länder-Kommission (1997): Gutachten zur Vorbereitung des Programms „Steigerung der Effizienz des mathematisch-naturwissenschaftlichen Unterrichts". Bonn: Bund-Länder-Kommission für Bildungsplanung und Forschungsförderung. – Duncker, L. & Popp, W. (Hrsg.) (1998): Fächerübergreifender Unterricht in der Sekundarstufe I und II: Prinzipien, Perspektiven, Beispiele. Bad Heilbrunn: Julius Klinkhardt. – Erziehungsdirektion des Kantons Bern (1995): Lehrplan Volksschule: Primarstufe und Sekundarstufe I. Bern: Berner Lehrmittel- und Medienverlag BLMV. – Huber, L. (1994): Wissenschaftspropädeutik und Fächerübergreifender Unterricht. In: Meyer, M. A. & Plöger, W. (Hrsg.): Allgemeine Didaktik, Fachdidaktik und Fachunterricht. Weinheim: Beltz, 243-253. – Klieme, E., Avenarius, H. & Blum, W. (Hrsg.) (2004): Zur Entwicklung nationaler Bildungsstandards: eine Expertise. Bonn: Bundesministerium für Bildung und Forschung. – Labudde, P. (2003): Fächerübergreifender Unterricht in und mit Physik: Eine zu wenig genutzte Chance. In: Physik und Didaktik in Schule und Hochschule, 1 (2), 48-66. – Labudde, P. (2004): Fächerübergreifender Unterricht in Naturwissenschaften: 'Bausteine' für die Aus- und Weiterbildung von Lehrpersonen. In: Beiträge zur Lehrerbildung, 22 (1),

54-68. – Maingain, A., Dufour, B. & Fourez, G. (2002): Approches didactiques de l'interdisciplinarité. Bruxeles: DeBoeck Université. – Moegling, K. (1998): Fächerübergreifender Unterricht – Wege ganzheitlichen Lernens in der Schule. Bad Heilbrunn: Klinkhardt. – Reinhold, P. & Bünder, W. (2001): Stichwort: Fächerübergreifender Unterricht. In: Zeitschrift für Erziehungswissenschaft, 4, 333-357.

6.1 Fachunterricht

75| Deutsch
Albert Bremerich-Vos

1 Bildungsziele und Kompetenzbereiche

In den ersten Schuljahren geht es um „grundlegende sprachliche Bildung", wobei Sprache als „Träger von Sinn und Überlieferung, Schlüssel zum Welt- und Selbstverständnis und Mittel zwischenmenschlicher Verständigung" begriffen wird (Kultusministerkonferenz 2004, S.7). Dabei soll besonders bedacht werden, dass für viele Kinder Deutsch weder Erst- noch Familiensprache ist. In den Schulformen der Sekundarstufe I soll der Deutschunterricht einen wesentlichen Beitrag zur Allgemeinbildung der Schüler leisten, insofern er zu Orientierungs- und Handlungswissen im Hinblick auf Sprache, Literatur und Medien beiträgt und damit dazu, dass die Jugendlichen aktiv am kulturellen Leben teilnehmen können. Sie sollen vor allem lernen, innere Zustände differenziert zu verbalisieren, „Leseerfahrungen zu nutzen und in kritischer Distanz zwischen Lebenswirklichkeit und den in Literatur und Medien dargestellten virtuellen Welten zu unterscheiden. Dies dient wesentlich der Persönlichkeitsentwicklung, das heißt der Stärkung von Selbstbewusstsein, Sozialkompetenz und Teamfähigkeit." (Kultusministerkonferenz 2003, S.7) Am Ende der gymnasialen Sekundarstufe II erwartet man schließlich u.a., dass die Schüler über ein „verlässliches und vernetztes literatur-, geistes- und kulturgeschichtliches Orientierungswissen", eine „differenzierte Dialog-, Moderations- und Präsentationsfähigkeit" und ein „vielfältig einsetzbares Repertoire an wissenschaftsorientierten Verfahren, fachbezogenen Arbeitstechniken und Methoden" verfügen (Kultusministerkonferenz 2002, S.3f).

Für die Grundschule und die Sekundarstufe I werden jeweils die folgenden vier Bereiche unterschieden: Sprechen und Zuhören, Schreiben, Lesen – mit Texten und Medien umgehen, Sprache und Sprachgebrauch untersuchen. Diese Bereiche sollen „integrativ" aufeinander bezogen sein, insbesondere „Sprache und Sprachgebrauch" müsse im Kontext der anderen Felder thematisch werden. Auch „Methoden und Arbeitstechniken" sollen nicht isoliert, sondern anhand der Inhalte jedes einzelnen Kompetenzbereichs erworben werden. Man hat sich darum bemüht, nach Niveaus zu differenzieren. So soll erst in der Sekundarstufe I gelernt werden, *vor* (und nicht nur *zu*) anderen zu sprechen. Wird für die Grundschule der Aspekt der orthografischen Korrektheit besonders betont, so für die Sekundarstufe I der des reflektierenden und kommunikativen, an der Perspektive des Adressaten ausgerichteten Schreibens. Erst auf dieser Stufe ist davon die Rede, dass Kenntnisse über Literatur (jenseits von kinderliterarischen Texten) zu erwerben sind, und erst hier soll auch Sprache als *System* in den Blick geraten.

2 Kursorisches zur Geschichte der neueren Deutschdidaktik

Die Praxis des Deutschunterrichts der letzten Jahrzehnte ist nur spärlich dokumentiert. Zugänglich sind allenfalls didaktische und methodische Programmschriften. Auf die Frage, inwiefern die faktische Praxis diesen Programmen entsprach, kann eine verlässliche Antwort nicht gegeben werden. In den ersten zwei Jahrzehnten der Bundesrepublik dominierten die Methodiken von Robert Ulshöfer und Erika Essen (vgl. zum Folgenden Müller-Michaels 1980). Didaktische Überlegungen waren hier jeweils integriert. So formulierte Ulshöfer als Leitbild des gymnasialen Unterrichts den „ritterlichen (adeligen) Menschen". Wie Essen, die immerhin auf den Nutzen gelegentlicher Bandaufnahmen und Transkriptionen hinwies, war er primär an der Formulierung von Sollenssätzen interessiert, kaum an einer Beschreibung des faktischen Unterrichts. 1966 legte Hermann Helmers im Rahmen des Anspruchs, die Deutschdidaktik wissenschaftlich fundieren zu können, erstmals ein System von Lernbereichen vor. Er bemühte sich z.B. darum, Resultate von Studien zum Spracherwerb didaktisch nutzbar zu machen und mit Nachdruck wies er auf die sozial selektive Wirkung des Schulsystems hin, der er im Rahmen eines „demokratischen" Deutschunterrichts entgegenarbeiten wollte. 1970 setzte das „Bremer Kollektiv" um Heinz Ide unter dem Etikett „Kritische Didaktik" vor allem auf Ideologiekritik und auf soziale und politische „Sensibilisierung" der Schüler. Im Unterricht sollten vor allem Texte erörtert werden, die von den „Massen" gelesen werden (Krimis, Comics, Trivialliteratur aller Art). Etwa zur gleichen Zeit propagierten Ernst Nündel, Werner Schlotthaus u.a. einen Deutschunterricht, der vor allem die *Kommunikationsfähigkeit* der Schüler befördern sollte. Als Königsweg des Erwerbs von Qualifikationen zur Bewältigung sprachlicher Kommunikationssituationen wurden *Projekte* angesehen. In der Folgezeit kam es nicht zuletzt in Anbetracht der Ausdifferenzierung der Deutschdidaktik in die beiden „Abteilungen" Sprach- und Literaturdidaktik nicht mehr zu einer Schulenbildung.

3 Einige empirische Befunde

In der *Schreibdidaktik* orientiert man sich an kognitionspsychologischen Arbeiten zum Textproduzieren und betont vor allem den Stellenwert des Überarbeitens. Fix (2000) hat untersucht, ob bzw. inwiefern „freie" Texte und Inhaltsangaben in achten Hauptschul-, Realschul- und Gymnasialklassen auf Grund von Revisionen in verschiedenen Feldern (u.a. Art der Einleitung, Markierung von Episoden, thematische Kontinuität, grammatische Struktur, Orthografie einschließlich Zeichensetzung) „besser" werden. Die Beurteiler kommen im Großen und Ganzen zu einem positiven Ergebnis. Partiell gab es aber auch Verschlechterungen: Der schulisch tradierten Textsortennorm entsprechend sind Inhaltsangaben im Präsens zu schreiben und direkte Rede darf nicht vorkommen. Vor allem Hauptschüler revidierten ihre Texte aber so, dass *vermehrt* Perfekt und direkte Rede resultierten.

Aus den Ergebnissen großer international vergleichender Untersuchungen zur *Lesekompetenz* wie PISA 2000 (Artelt u.a. 2001) und IGLU (Bos u.a. 2003), die ja querschnittlich angelegt waren, kann zwar nicht unmittelbar auf Defizite des Deutschunterrichts geschlossen werden. Dennoch liegen u.a. die folgenden Fragen auf der Hand, die derzeit mehr oder weniger intensiv empirisch bearbeitet werden (vgl. Abraham u.a. 2003): Werden Leseaufgaben im Deutschunterricht so anspruchsvoll formuliert, dass *basale* Schwierigkeiten von Schülern gar nicht erkannt werden können? Haben die für Jungen durchgängig ungünstigeren Ergebnisse womöglich mit einem „Überhang" narrativ-fiktionaler Texte im Deutschunterricht zu tun? Wird der flexible Einsatz von Lesestrategien zu wenig geübt?

Seit langem ist strittig, welche Rolle im Kompetenzbereich „Sprache und Sprachgebrauch untersuchen" die Lehre von schulgrammatischer Terminologie spielen soll. Es geht vornehmlich um Wortarten und Satzglieder im einfachen und zusammengesetzten Satz. Man mag erwarten, dass explizites, deklaratives grammatisches Wissen vor allem im Hinblick auf die Orthografie, speziell die Kommaschreibung, funktional ist. Melenk (2001, S.187) zeigte anhand einer Stichprobe von 200 Schülern aus achten Klassen, dass diese Erwartung irrig ist. Grammatische Begriffe wie Haupt- und Nebensatz, finites Verb, Konjunktion usw. wurden kaum beherrscht und dennoch gelang die Kommatierung leidlich. Offenbar reicht hier ein diffuser Satzbegriff. Damit bekommt die Skepsis im Hinblick auf den Gebrauchswert der grammatischen Terminologie neue Nahrung.

In vielen Studien zur literarischen Sozialisation, speziell zum Leseklima in der Familie (Hurrelmann, Hammer & Nieß 1993), ist die Bedeutung einer literalen Ausrichtung der Herkunftskultur für den schulischen Umgang mit literarischen Texten herausgestellt worden. Inwiefern besondere unterrichtliche Arrangements hier kompensatorische Wirkungen haben können, ist derzeit noch kaum untersucht. Überhaupt sind empirische Arbeiten zu der Frage, wie im Unterrichtsprozess faktisch mit literarischen Texten umgegangen wird, noch rar (vgl. aber z.B. Werner 1996).

4 Perspektiven der deutschdidaktischen Forschung

Zu Teilbereichen des Deutschunterrichts wie der Orthografie gibt es vielfach bewährte Tests und auch „qualitative" empirische Studien. Oft sind die Fallzahlen aber sehr klein und die Verallgemeinerbarkeit der Befunde steht dahin. Von ihrer Ausbildung her sind Deutschdidaktiker in der Regel mit „quantitativen" Verfahren nicht vertraut. Insofern bieten sich zunächst Kooperationen mit Psychologen und Pädagogen an; hier und da sind sie bereits erfolgreich. Angesichts von Kontroversen um Lehrmethoden sind Trainingsstudien nötig, z.B. im Kontext des Vergleichs von eher „analytischen" und eher „handlungs- und produktionsorientierten" Verfahren im Umgang mit literarischen Texten. Die Deutschdidaktik sollte schnell Anschluss finden an die Debatte über Unterrichtsqualität und mittelfristig geht es darum, Längsschnittuntersuchungen z.B. zur Entwicklung von Gesprächsfähigkeit und schriftsprachlicher Kompetenz in Angriff zu nehmen.

Literatur

Abraham, U., Bremerich-Vos, A., Frederking, V. & Wieler, P. (Hrsg.) (2003): Deutschdidaktik und Deutschunterricht nach PISA. Freiburg/B.: Fillibach. – Artelt, C., Stanat, P., Schneider, W. & Schiefele, U. (2001): Lesekompetenz: Testkonzeption und Ergebnisse. In: Deutsches PISA-Konsortium (Hrsg.): PISA 2000. Opladen: Leske & Budrich. – Bos, W., Lankes, E.-M., Prenzel, M., Schwippert, K., Walther, G. & Valtin, R. (Hrsg.) (2003): Erste Ergebnisse aus IGLU. Münster/New York/München/Berlin: Waxmann. – Hurrelmann, B., Hammer, M. & Nieß, F. (1993): Leseklima in der Familie. Gütersloh: Bertelsmann. – Fix, M. (2000): Textrevisionen in der Schule. Hohengehren: Schneider. – Kultusministerkonferenz (2005): Bildungsstandards im Fach Deutsch für den Primarbereich – Beschluss vom 15.10.2004. München: Wolters Kluwer. – Kultusministerkonferenz (2004): Bildungsstandards im Fach Deutsch für den Mittleren Schulabschluss – Beschluss vom 4.12.2003. München: Wolters Kluwer. – Kultusministerkonferenz (2002): Einheitliche Prüfungsanforderungen in der Abiturprüfung Deutsch – Beschluss vom 1.12.1989 i.d.F. vom 24.5.2002. München: Wolters Kluwer. – Melenk, H. & Knapp, W. (2001): Inhaltsangabe – Kommasetzung. Schriftsprachliche Leistungen in Klasse 8. Hohengehren: Schneider. – Müller-Michaels, H. (1980): Positionen der Deutschdidaktik seit 1949. Königstein/Ts.: Scriptor. – Vogt, R. (2002): Im Deutschunterricht diskutieren. Tübingen: Niemeyer. – Werner, J. (1996): Literatur im Unterrichtsgespräch – Die Struktur des literaturrezipierenden Diskurses. München: Ernst Vögel.

76| Deutsch als Zweitsprache
Ulrich Steinmüller

1 Zweisprachigkeit und Bildungspolitik

Für Kinder und Jugendliche nichtdeutscher Herkunft in Deutschland besteht ein gesellschaftlicher Zwang zu einer potentiellen Zweisprachigkeit: Sie unterliegen der deutschen Schulpflicht und damit der Notwendigkeit, das in der Schule verbindliche Kommunikationsmedium sich anzueignen und zu verwenden.

Bildungspolitisch existieren im Prinzip vier verschiedene Positionen des Umgangs mit Zweisprachigkeit:

(a) Die Behandlung der Erstsprache als Unterrichtsfach, der Zweitsprache ebenfalls als Unterrichtsfach und als Unterrichtssprache in allen Schulfächern.

(b) Die Behandlung der Erstsprache als Unterrichtsfach und Unterrichtssprache in allen Schulfächern sowie der Zweitsprache als Unterrichtsfach: Modell Fremdsprachenunterricht.

(c) Beide Sprachen werden als Unterrichtsfach und als Unterrichtssprache verwendet, so dass dem Schüler die Möglichkeit gegeben wird, in möglichst vielen Domänen beide Sprachen gebrauchen zu können. Im Prinzip verdient nur dieses Modell die Bezeichnung einer nachhaltigen Förderung von Zweisprachigkeit.

(d) Die Behandlung der Zweitsprache als Unterrichtsfach und als Unterrichtssprache in allen Unterrichtsfächern und eine völlige Ignorierung der Erstsprache. Dies ist das Modell, das bisher vornehmlich in deutschen Schulen praktiziert wurde.

2 Historische Entwicklung und Theoriebildung

2.1 Historische Entwicklung

Die Zweitspracherwerbsforschung im deutschsprachigen Raum setzt als eigenständiger Forschungsbereich im Kontext von Sprachsoziologie, Sprachpsychologie und Spracherwerbsforschung mit dem „Heidelberger Forschungsprojekt ‚Pidgin-Deutsch': Sprache und Kommunikation ausländischer Arbeiter" (1975) ein. Im Gefolge der Anwerbung ausländischer Arbeitskräfte in der BRD seit der Mitte der 50er Jahre des 20. Jahrhunderts entwickelte sich, wenn auch mit einer starken zeitlichen Verzögerung, ein wissenschaftliches Interesse am Spracherwerb und an der Sprachverwendung dieser ständig wachsenden Bevölkerungsteile. Während in den ersten Jahren insbesondere die Erwachsenen, damals sog. „Gastarbeiter", im Zentrum des Interesses standen (vgl. u.a. Heidelberger Forschungsprojekt 1975, Institut für Zukunftsforschung 1978, Clahsen, Meisel & Pienemann 1983), rückten mit dem verstärkten Familiennachzug zunehmend ihre Kinder und deren Sprach- und Schulprobleme in den Blickpunkt der Forschung (z.B. Felix 1977, Meyer-Ingwersen, Neumann & Kummerer 1977, Steinmüller 1987); einen zusammenfassenden und informativen Überblick liefern Reich und Roth (2002). In jüngster Zeit ist ein erneutes Interesse festzustellen (z.B. Ahrenholz 2003). Gegenwärtig ist insbesondere das Max-Planck-Institut für Psycholinguistik in Nijmegen in der empirischen Untersuchung und der Theoriebildung zum Zweitspracherwerb führend, wobei allerdings die Umsetzung der dort gewonnenen Befunde in didaktische Vorschläge und unterrichtliches Handeln noch Wünsche offen lässt.

2.2 Theoriebildung

(a) Spracherwerbstheoretische Erklärungsansätze und Modelle
Linguistik und Sprachpsychologie haben Modelle zur Erklärung des Zweitspracherwerbs entwickelt: die Kontrastiv-, die Identitäts- und die Interlanguagehypothese (vgl. u.a. Bausch & Kaspar 1979). Diese drei Ansätze sind insofern von Bedeutung, als sie zu jeweils unterschiedlichen unterrichtlichen Konsequenzen führen.
Im Unterschied zum Erstspracherwerb, bei dem sich die Kinder in den frühen Phasen nach kognitiv-konzeptuellen Prinzipien richten, orientieren sich Zweitspracherwerber von Anfang an an speziellen morpho-syntaktischen Strukturphänomenen der Zielsprache. Dieses Phänomen lässt sich für eine altersadäquate systematische Spracharbeit im Unterricht nutzbar machen.

(b) Erstsprache – Zweitsprache – Fremdsprache
Die Begriffe Zweit- und Fremdsprache unterscheiden sich vor allem unter den Gesichtspunkten von Erwerbssituationen, kommunikativer Reichweite und Funktion bei der Identitätsbildung des Sprachenlerners.
Eine Fremdsprache wird im Unterricht gesteuert und vermittelt, an deutschen Schulen z.B. Englisch, Französisch, Lateinisch, Altgriechisch. Kommunikationsanlässe in diesen Sprachen sind vornehmlich auf die Unterrichtsstunden beschränkt. Kommunikationspartner ist in der Regel nur der Lehrer und bei fortgeschrittenem Unterricht noch die Mitschüler. Die Prozesse der Sozialisation, der Kognition und der Persönlichkeitsbildung laufen außerhalb dieser Sprache ab. Gesellschaftliche Handlungsfähigkeit in dieser Sprache ist zumindest bezogen auf die Schulzeit nicht erforderlich.
Eine Zweitsprache wird sowohl außerschulisch und ungesteuert als auch im Unterricht gesteuert erworben, beide Prozesse müssen miteinander verzahnt werden. Die Zweitsprache ist bereits beim Erwerb Kommunikationsmedium des Lerners. Die Notwendigkeit des Gebrauchs ist im Unterricht als auch in allen Situationen außerhalb der Familie gegeben. Sozialisation, Kommunikation, Wissenserwerb und Kognition sind an die Zweitsprache gebunden. Ihre Beherrschung beeinflusst Persönlichkeitsbildung und gesellschaftliche Handlungsfähigkeit, Funktionen, die die Fremdsprache in aller Regel niemals erhält.
Die Fremdsprache, vermittelt im Medium der Zweitsprache als Unterrichtssprache, kommt somit noch als dritte Sprache hinzu.
Die Unterscheidung zwischen Fremd- und Zweitsprache hat Auswirkungen auf den Unterricht. Methoden der Fremdsprachendidaktik sind nur ansatzweise auf Zweitsprachenunterricht zu übertragen, vor allem, weil die Zweitsprachdidaktik keine Didaktik der Segregation, sondern des gemeinsamen Unterrichts für Kinder deutscher und Kinder nichtdeutscher Herkunft ist.

3 Zweitsprachdidaktische Modelle

Den drei spracherwerbstheoretischen Erklärungsansätzen entsprechen drei Modelle der Zweitsprachdidaktik.

3.1 Der Kontrastivansatz

Bei diesem didaktischen Ansatz wird von einer Vorhersagbarkeit von Fehlern auf der Basis des Sprachvergleichs zwischen Erst- und Zweitsprache ausgegangen. Die Kontrastivanalyse wird so zum methodischen Unterrichtsprinzip.

Ein analysierender Sprachvergleich ist ein sinnvolles didaktisches und methodisches Mittel, allerdings müssen seine Grenzen erkannt werden: Er setzt voraus, dass die Lehrkraft über ausreichende Sprachfähigkeiten in der Erstsprache der betroffenen Kinder verfügt, um eine sinnvolle und zutreffende Analyse vornehmen zu können, bei den Schülern setzt er eine so differenzierte Beherrschung der eigenen Erstsprache voraus, dass eine systematische Sprachbetrachtung tatsächlich möglich wird. Eine solche Vorgehensweise verbietet sich dort, wo Lernergruppen nicht nur zweisprachig zusammengesetzt sind.

3.2 Der kommunikationsorientierte Ansatz

Hier wird davon ausgegangen, dass das Medium der zwischenmenschlichen Kommunikation am effektivsten in kommunikativen Situationen erworben werden kann. Didaktisch hat dies zur Konsequenz, dass der Sprachunterricht so zu konzipieren ist, dass sich für die Schüler echte Sprachverwendungssituationen ergeben, die sie nötigen, sich eine differenzierte Sprache anzueignen und zu verwenden. Eine hier besonders häufig angewandte Unterrichtsmethode ist das Rollenspiel.
Allerdings ist es nicht immer möglich, Unterricht so zu planen, dass echte, herausfordernde Kommunikationssituationen und -anlässe entstehen. Auch besteht die Gefahr, dass bei einem so konzipierten Unterricht eine systematische Spracharbeit, insbesondere bezogen auf Wortschatz und grammatische Progression, nicht möglich ist.

3.3 Der handlungsorientierte Ansatz

In Abgrenzung zu dem kommunikationsorientierten Ansatz sollen hier möglichst authentische Situationen, auch an außerschulischen Lernorten, im Zentrum stehen. Sprachverwendung soll in direkter Verbindung mit authentischen Handlungen geschehen, so dass die verschiedenen Wahrnehmungskanäle und sinnlichen Erfahrungen zu einer Verbesserung des Spracherwerbs beitragen. Auch hier gilt die Einschränkung, dass eine systematische Spracharbeit in derart konstruierten Unterrichtssituationen nur schwer einzubeziehen ist. Die Konsequenz hier wie auch beim kommunikationsorientierten Ansatz besteht darin, dass neben der „Kür" der Kommunikation in gestellten oder echten Handlungssituationen die „Pflicht" des Grammatiklehrgangs folgen muss.

4 Fazit: Verbundener Deutschunterricht

In jüngster Zeit wird daher gefordert, nach dem Prinzip des verbundenen Deutschunterrichts eine Zweitsprachdidaktik zu konzipieren, in der Elemente aus den genannten Konzeptionen verbunden werden, immer unter Einschluss einer altersadäquaten systematischen Spracharbeit. Damit ist kein Pauken, sondern ein angeleitetes Suchen nach Strukturen und Regelmäßigkeiten der Sprache gemeint, um den Prozess des Erwerbs, der Aneignung und der Verwendung der Zweitsprache Deutsch durch unterrichtliche Maßnahmen stützen zu können (vgl. u.a. Rösch 2001; Engin, u.a. 2004).

Literatur
Ahrenholz, B. (2003): Förderunterricht und Deutsch-als-Zweitsprache-Erwerb. Eine longitudinale Untersuchung zur mündlichen Sprachkompetenz bei Schülerinnen und Schülern nicht-deutscher Herkunftssprache (ndH) in Berlin. In: Zeitschrift für Fremdsprachenforschung, 14 (2), 291-300. – Bausch, K.-R. & Kaspar, G. (1979): Der Zweitspracherwerb: Möglichkeiten und Grenzen der „großen" Hypothesen. In: Linguistische Berichte, 64, 3-35. – Clahsen, H., Meisel, J. & Pienemann, M. (1983): Deutsch als Zweitsprache: der Spracherwerb ausländischer Arbeiter. Tübingen: Narr. – Engin, H., Müller-Böhm, E., Terhechte-Mermeroglu, F. & Steinmüller, U. (2004): Kinder lernen Deutsch als zweite Sprache. Berlin: Cornelsen Scriptor. – Felix, S. W. (1977): Natürlicher Zweitsprachenerwerb: Ein Überblick. In: Studium Linguistik, 4, 25-40. – Heidelberger

Forschungsprojekt „Pidgin-Deutsch" (1975): Sprache und Kommunikation ausländischer Arbeiter. Kronberg/Ts.: Scriptor. – Institut für Zukunftsforschung/Cooperative Arbeitsdidaktik (1978): Lernstatt im Wohnbezirk. Kommunika–tionsprojekt mit Ausländern in Berlin-Wedding. Frankfurt/New York: Campus. – Meyer-Ingwersen, J., Neumann, R. & Kummer, M. (1977): Zur Sprachentwicklung türkischer Schüler in der Bundesrepublik. 2 Bde. Kronberg/Ts.: Scriptor. – Reich, H. & Roth, H.-J. (2002): Zum Stand der nationalen und internationalen Forschung zum Spracherwerb zweisprachig aufwachsender Kinder und Jugendlicher. Hamburg: Behörde für Bildung und Sport. – Rösch, H. (2001): Handreichung Deutsch als Zweitsprache. Berlin: Senatsverwaltung für Schule, Jugend und Sport. – Steinmüller, U. (1987): Sprachentwicklung und Sprachunterricht türkischer Schüler (Türkisch und Deutsch) im Modellversuch „Integration ausländischer Schüler in Gesamtschulen". In: Gesamtschulinformationen, Sonderheft 1, 207-315.

77| Fremdsprachen
Joachim Appel

1 Fremdsprachenunterricht: zentrale Begriffe

1.1 Überblick

Fremdsprachenunterricht betrifft heute Schüler aller Schulformen und Schulstufen. Die am häufigsten in der Schule gelehrte Fremdsprache ist das Englische. Hinzu kommt ein breites Spektrum weiterer Fremdsprachen: Französisch, Spanisch, Italienisch, Russisch, so genannte Erschließungssprachen (Sprachen, die eine räumlich entfernte Kultur erschließen) wie Chinesisch, Japanisch und Arabisch sowie die Sprachen von Grenzregionen (Tschechisch, Niederländisch, Dänisch).

Im Vergleich zu anderen Fächern weist Fremdsprachenunterricht zwei Besonderheiten auf. Einmal geht es hier nicht darum, Wissen über ein Sachgebiet zu erwerben, sondern um die Fähigkeit, sich in der Fremdsprache angemessen zu verständigen. Eine zweite Besonderheit von Fremdsprachenunterricht liegt darin, dass diese Fähigkeit in heutiger Sicht am besten erworben wird, indem die zu erlernende Sprache auch das Medium des Unterrichts ist. Beide Besonderheiten haben Auswirkungen auf das Lernen und Lehren von Fremdsprachen.

Gegenstände des Fremdsprachenunterrichts sind die verschiedenen Aspekte der zu erlernenden Sprache (Aussprache, Wortschatz, Grammatik, Texte, Literatur und Landeskunde). Ziel von Fremdsprachenunterricht ist sowohl der Erwerb einzelner Sprachfertigkeiten als auch der Erwerb einer übergreifenden kommunikativen Kompetenz in der Fremdsprache. Um diese Ziele zu erreichen, richtet der Fremdsprachenunterricht sein besonderes Augenmerk auf die Entwicklung und Verfeinerung geeigneter Methoden.

1.2 Wissenschaftlicher Kontext

Die Fremdsprachendidaktik ist als wissenschaftliche Disziplin mit der Theorie und Praxis des Fremdsprachenunterrichts befasst (Timm 1996; Byram 2000; Bausch, Christ & Krumm 2004). Sie war ursprünglich Teilgebiet der allgemeinen Didaktik, löste sich seit Beginn der 60er Jahre jedoch von dieser. Dies geschah dadurch, dass sie die Methoden und Erkenntnisse von so genannten Bezugswissenschaften für Fragen des Fremdsprachenunterrichts heranzog. Das waren einmal Linguistik und Psychologie, zum andern die Zweitsprachenerwerbsforschung sowie die im angelsächsischen Bereich mit Zweit- und Fremdsprachenunterricht befassten Disziplinen (*Teaching English as a Foreign Language* (EFL), *Teaching English to Speakers of other Language*s (TESOL) und *Applied Linguistics*.).

2 Entwicklung

Der entscheidende Innovationsschub für die Entwicklung des Fremdsprachenunterrichts nach dem zweiten Weltkrieg ergab sich in Deutschland aus der Einführung eines Englischunterrichts für alle durch das Hamburger Abkommen von 1964. Die unterrichtspraktische Umsetzung dieses Vorhabens geschah mit Hilfe des aus den USA rezipierten *Audiolingualismus*. Tragende Säulen dieses Ansatzes waren die strukturalistische Sprachbeschreibung, und die behavioristische Psychologie.

Die in den 60er Jahren eingeleitete kognitive Wende stellte die behavioristischen Grundannahmen des Audiolingualismus in Frage. Vor ihrem Hintergrund entwickelte sich die *Zweitsprachenerwerbsforschung*. In Studien zur Fehleranalyse, Lerner- und Interimssprache hob sie den kognitiven Charakter von fremdsprachlichen Lernprozessen hervor. Ihre Befunde deuteten darauf hin, dass Zweitsprachenerwerb einer Einflussnahme durch Unterricht nur unter bestimmten Bedingungen zugänglich ist (z.B. Krashen 1976). Eine Konsequenz, die hieraus gezogen wurde, war der (in der Geschichte des Fremdsprachenunterrichts schon öfter unternommene) Versuch, die Bedingungen natürlichen Lernens ins Klassenzimmer zu holen.

Dies tat der *kommunikative Ansatz*. Er führte einen neuen Lernzielbegriff für den Fremdsprachenunterricht ein, der nicht mehr die Beherrschung der Sprachform in den Vordergrund stellte, sondern Sprachfunktionen, d.h. das, wozu Lerner in der Fremdsprache in der Lage sein sollten. Damit einhergehend wurde eine Methodik entwickelt, die Lerner zu diesem Ziel führen sollte. Der kommunikative Ansatz ist bis heute das beherrschende Paradigma der Fremdsprachendidaktik, dessen Prinzipien in Lehrwerken zur Anwendung kommen, sowohl im Zielbereich als auch in der Methodik. Der *handlungsorientierte Fremdsprachenunterricht* (Bach & Timm 2003) und das *task-based learning* (Müller-Hartmann & Schocker-von Ditfurth 2004) stellen ebenso eine Weiterentwicklung seiner Prinzipien dar wie die sog. humanistischen (lernerzentrierten) Ansätze, die in den 80er und 90er Jahren einflussreich waren und die persönliche Relevanz unterrichtlicher Interaktion zu ihrem Anliegen machten. Eine aktuelle Fortführung des kommunikativen Gedankens findet im bilingualen Sachfachunterricht statt, der die fremdsprachliche Kommunikation über Fachinhalte für das Erlernen dieser Sprache nutzt.

3 Gegenstände, Ziele und Methoden im Fremdsprachenunterricht

3.1 Gegenstände

Gegenstand des Fremdsprachenunterrichts sind die verschiedenen Ebenen und Aspekte der zu erlernenden Fremdsprache (vgl. z.B. Ur 1996).

3.1.1 Aussprache

Die Fähigkeit, die Laute der fremden Sprache zu unterscheiden und auszusprechen ist für Lerner von grundlegender Wichtigkeit. Von ihr hängt ab, ob ein Lerner versteht und verstanden wird. Aussprache hängt psychisch eng mit der Projektion einer fremdsprachlichen Identität der Lernenden zusammen. Wie weit sind diese bereit, durch fremde Laute, einen anderen Tonfall eine solche neue Identität zu übernehmen? Ausspracheprobleme haben nicht selten hier ihren Ursprung.

Ausspracheschulung macht sich Erkenntnisse der Phonetik und Phonologie zu Nutze. Sie vermittelt die Artikulation einzelner Laute, lautliche Unterschiede, die in der Zielsprache bedeutungstragend sind sowie sprachliche Merkmale, die über den einzelnen Laut hinausgehen (Intonation, Betonung, Rhythmus). Ausspracheschulung wurde traditionell als phonetischer Vorkurs betrieben. Heute hat sich die Erkenntnis durchgesetzt, dass sie ein integraler Bestandteil eines Lehrgangs sein muss.

3.1.2 Wortschatz

Beim Lehren einer Fremdsprache besteht die Notwendigkeit, den Wortschatz für einen Lehrgang sinnvoll und ökonomisch auszuwählen. Computergestützte Verfahren eröffnen heute die Möglichkeit, die Auftretenshäufigkeit von Lexis und grammatischen Strukturen zu bestimmen und so empirisch abgesicherte Auswahlentscheidungen zu ermöglichen. Da auch grammatische Strukturen auf diese Weise erfassbar sind, gibt es Ansätze (*lexical approach*), die solche Strukturen als ganzheitliche Floskeln (*chunks*), d.h. als Teil der Lexis zu vermitteln versuchen. Für Lehrende gehören Techniken der Einführung neuen Vokabulars zum methodischen Repertoire (Einführung durch Zeigen, Paraphrasieren, visuelle Unterstützung etc.). In neuer Sicht wird zunehmend die Wichtigkeit von Merktechniken, Lernstrategien und Lernprozessen gesehen, in deren Verlauf Vokabular Teil des mentalen Lexikons von Lernenden wird.

3.1.3 Grammatik

Grammatik war traditionell das Kernstück von Fremdsprachenunterricht. Im Schulalltag spielt Grammatikunterricht bis heute eine zentrale Rolle.
Bei der Vermittlung von Grammatik stehen Lehrern mehrere Optionen zur Verfügung:
– eine explizite Vorgehensweise, bei der eine Regel bewusst gemacht und dann anhand von Beispielen exemplifiziert wird, wobei auch auf die Erstsprache zurückgegriffen wird;
– eine implizite Vorgehensweise, bei der auf Bewusstmachung verzichtet wird und das Schwergewicht auf dem Einüben und Automatisieren von grammatischen Strukturen liegt;
– die Einbettung der Grammatikvermittlung in bedeutungsvolle Lernaufgaben, anhand derer grammatische Konzepte aus kommunikativen Bedürfnissen heraus entwickelt werden.

In der Zweitspracherwerbsforschung ist die Effizienz einer bewussten Vermittlung grammatischer Strukturen umstritten und gab in den 60er und 70er Jahren Anlass zu zahlreichen großen Methodenexperimenten. Inzwischen wird eine Fokussierung auf die Sprachform und deren Bewusstmachung wieder als aussichtsreicher angesehen, dies aber nur, wenn sie den Lerner zum richtigen Zeitpunkt in der Entwicklung seiner Sprachkenntnisse erreicht.

3.1.4 Landeskunde und *cultural studies*

Landeskunde ist traditionell Faktenwissen über Geographie, Geschichte, Kultur und Institutionen des Landes der Zielsprache. In neuerer Sicht wurde das Konzept der Landeskunde durch die sog. *cultural studies* abgelöst. Diese beziehen Erkenntnisse der Anthropologie und Psychologie ein und heben auf Haltungen, Werte und Differenzen, wie sie im fremdkulturellen Alltag erfahren werden, ab. Dies geschieht unter Rückgriff auf Realien und Dokumente sowie mediale Repräsentationen dieses Alltags.

3.1.5 Literatur und Texte

Fremdsprachige Literatur wird vor allem in der gymnasialen Oberstufe gelesen. Neben einer textorientierten Herangehensweise gewinnen seit den 80er Jahren leserorientierte und kreative Ansätze an Bedeutung. Diese nutzen literarische Texte als Zugang zur Erfahrungswelt Jugendlicher, um diese zu fremdsprachlichen Äußerungen zu motivieren. Neben literarischen Werken werden auch andere Textsorten (z.B. Gebrauchstexte) im Fremdsprachenunterricht gelesen. Dies geschieht in der Absicht, Lerner frühzeitig mit authentischer Sprache zu konfrontieren.

3.2 Fertigkeiten und Kompetenzen

Die in 3.1. genannten Aspekte der Zielsprache können von Lernern in verschiedener Weise beherrscht werden, mündlich oder schriftlich, rezeptiv oder produktiv. Fremdsprachliche Kompetenz kann so in die vier Fertigkeiten, Hörverständnis, Sprechen, Leseverstehen und Schreiben, unterteilt werden.

Hierbei wird in der neueren Entwicklung der Fremdsprachendidaktik den rezeptiven Fertigkeiten verstärkte Aufmerksamkeit gewidmet. Lehrverfahren in diesem Bereich bauen auf die Erkenntnis, dass Sprachverständnis in zentralen Teilen ein wissensgesteuerter Prozess sei (*top-down-processing*). Sie stellen Übungstypen bereit, die Lerner auf eine Höraufgabe vorbereiten, während des Zuhörens ihre Aufmerksamkeit auf bestimmte inhaltliche oder sprachliche Aspekte richten und ihnen nach dem Zuhören Gelegenheit geben, die Information des Hörtexts in einem Handlungszusammenhang zu verwenden.

Beim Leseverständnis wird zwischen verschiedenen Arten der fremdsprachlichen Lesetätigkeit unterschieden: einmal einem intensiven Lesen, bei dem der Text im Detail verstanden werden soll, zum andern einem extensiven Lesen, das der Entnahme eines Kerninhalts (*skimming*) oder vorab definierter Einzelaspekte (*scanning*) dient.

Die Aufteilung fremdsprachlicher Kompetenz in isolierte Einzelfertigkeiten ist ein auch heute häufig benutztes Gliederungsprinzip für fremdsprachendidaktisches Wissen. Realitätsnäher scheint jedoch ein Konzept integrierter Fertigkeiten zu sein, das dem Zusammenspiel von Verstehen und Äußern in der Kommunikationssituation Rechnung trägt.

Die Fähigkeit, diese Situation fremdsprachlich zu bewältigen wird durch den von Hymes (1972) vorgeschlagenen Begriff der kommunikativen Kompetenz näher beschrieben. Dieser hebt hervor, dass die Kompetenz in einer Sprache nicht nur darin besteht, korrekte sprachliche Formen zu äußern, sondern situativ und sozial angemessen sprachlich agieren zu können.

Kommunikative Kompetenz als übergeordnetes Lernziel im Fremdsprachenunterricht (Piepho 1974) wurde in Form eines kommunikativen Curriculums (*Notional Syllabus*, Wilkins 1976) spezifiziert. Dessen Ziele waren nicht mehr grammatische Strukturen und Lexis, sondern das, wozu Lerner in der Fremdsprache handelnd in der Lage sein sollten. Zur Formulierung dieser Ziele wurden semantische Kategorien (Zeit, Quantität) und aus der linguistischen Pragmatik abgeleitete Sprechabsichten (z.B. sich entschuldigen, Information suchen, Ratschläge geben, Vorschläge machen etc.) herangezogen.

3.3 Methoden

In der fachdidaktischen Forschung ist der Methodenbegriff umstritten, da er als zu verfahrensfixiert angesehen wird. Einflussreiche systematische Darstellungen (Richards & Rodgers 1986) versuchen deshalb, den Methodenbegriff differenzierter zu fassen und einzelne Verfahren aus Vorannahmen zu Sprache, Lernen und Rollenverteilungen im Unterricht herzuleiten.

Verschiedene fremdsprachendidaktische Ansätze haben zur Methodik des Fremdsprachenunterrichts jeweils ihre eigenen Verfahren beigetragen. Der Audiolingualismus entwickelte die so genannten *pattern drills* und Substitionsübungen, bei denen ein Satzmuster durch das Einsetzen verschiedener Ausdrücke variiert wird,

Der kommunikative Ansatz setzt nicht mehr auf das Einüben von sprachlichen Formen, sondern sucht Sprache als Werkzeug zur Informationsvermittlung zu lehren. Dies geschieht durch Übungen, die Lerner dazu auffordern, sich miteinander über Inhalte auszutauschen. Übungen dieses Typs bauen insbesondere auf das Prinzip von Informationslücken, die Lerner in sprachlicher Interaktion zu schließen versuchen.

Humanistische Methoden haben ein (teilweise aus der Gesprächs- und Gestalttherapie abgeleitetes) Repertoire an interaktiven und kreativen Übungsformen entwickelt. Die sog. *alternativen Methoden*, betonen in radikaler Weise ein bestimmtes Verfahrensmerkmal. So führen in der *Total Physical Response* Methode (die auch in der Didaktik des frühen Fremdsprachenlernens eine Rolle spielt) Lerner stumm Befehle aus und sprechen zunächst überhaupt nicht. Bei der *Silent Way* Methode wiederum bleibt die Lehrperson stumm.

Für Praktiker ist es gerade die Verfahrensebene, die ihre Unterrichtstätigkeit wesentlich bestimmt. Wenn im Fremdsprachenunterricht das Medium gleichzeitig das zu erreichende Lernziel darstellt und es Lernern ermöglicht werden soll, bei naturgemäß eingeschränkten fremdsprachlichen Kenntnissen an einer Unterrichtskommunikation in der Fremdsprache teilzuhaben, dann ist hierfür ein hohes methodisches Geschick erforderlich.

Zentral für den tatsächlichen Ablauf von Fremdsprachenunterricht ist hierbei die Frage der *Einsprachigkeit*. Diese wird seit den 70er Jahren in Theorie und Praxis kontrovers diskutiert. Heute herrscht Konsens darüber, dass Fremdsprachenunterricht wo immer möglich in der Fremdsprache stattfinden soll. Wurde dieses Prinzip in den 60er und 70er Jahren in der Lehrerausbildung mit einem gewissen Dogmatismus vertreten, so sieht die heutige Fremdsprachendidaktik den Rückgriff auf die Erstsprache in bestimmten Lernarrangements auch als hilfreich an (Butzkamm 2004).

Wenn Unterricht in der Fremdsprache stattfinden soll, dann ist eine umsichtige Planung der Lernschritte notwendig. Deshalb ist Fremdsprachenunterricht in der Regel kleinschrittiger, lehrwerksorientierter und oft auch lehrergesteuerter als Unterricht in anderen Fächern, eine Tatsache, die dem Fremdsprachenunterricht mehr als einmal den Vorwurf zu großer Lehrerzentriertheit eingebracht hat. Solche Kritik ist sicherlich ernst zu nehmen. Andererseits ist dem Fremdsprachenunterricht eine gewisse Eigengesetzlichkeit zuzubilligen, die seine Methodik und Praxis mitunter von den Prinzipien anderer Fächer abweichen lassen.

3.4 Evaluation

Die Evaluation von Fremdsprachenunterricht kann auf unterschiedliche Formen der Leistungserhebung zurückgreifen. Zum einen gibt es Erhebungsinstrumente, die sprachliche Einzelerscheinungen überprüfen (*discrete point tests*), zum anderen gibt es Testformen, die eine freie schriftliche oder mündliche Äußerung evaluieren. Eine besondere Testform, die für den Fremdsprachenunterricht adaptiert wurde und die allgemeine Kompetenz in der Fremdsprache messen soll, ist der *cloze-test* (oder dessen Weiterentwicklung, der sog. C-Test).

Eine wichtige Rolle bei der Wahl einzelner Testverfahren spielen neben deren Validität und Reliabilität auch der Zweck, zu dem sie verwendet werden. Soll die sprachliche Kompetenz eines Probanden unabhängig von dessen Instruktion gemessen werden (*proficiency test*) oder soll der Ertrag von konkretem Unterricht erfasst werden (*achievement test*)?

Für die Entwicklung von Erhebungsinstrumenten wird in zunehmendem Maße auf den sog. „Gemeinsamen Europäischen Referenzrahmen für Sprachen" (Europarat 2004) zurückgegriffen, der einzelne Qualifikationsniveaus definiert.

4 Aktuelle Entwicklungen

4.1 Bilingualer Sachfachunterricht

Im bilingualen Sachfachunterricht (*Content and Language Integrated Learning*, „Englisch als Arbeitssprache") wird ein Sachfach in der Fremdsprache unterrichtet. Bilingualer Sachfachunterricht wurde ursprünglich an bilingualen Schulen (z.B. den deutsch-französischen Gymnasien) oder in bilingualen Zügen durchgeführt. Seit den 90er Jahren findet eine Ausweitung dieses Unterrichtskonzepts auf andere Schularten statt.

Die Begründung für bilingualen Sachfachunterricht stützt sich einmal auf die Grundannahme des kommunikativen Ansatzes, dass Sprache durch Kommunizieren über Inhalte gelernt werde, zum andern auf Erfahrungen mit so genannten Immersionsprogrammen, wie sie in Kanada durchgeführt wurden. Deren Effizienz wird mittlerweile kritischer gesehen. Zu fragen ist auch, inwiefern Unterrichtskonzepte aus dem Kontext eines zweisprachigen Landes auf deutsche Verhältnisse übertragbar sind.

Die „klassischen" Fächer, die bilingual erteilt werden, sind sozialwissenschaftliche Fächer wie Geographie, Geschichte und Politik (über die sich in der Regel auch landeskundliche Inhalte erschließen). Inzwischen wurde der Kanon der bilingualen Sachfächer um naturwissenschaftliche Fächer sowie um Sport und Kunst erweitert. Welche Sprachkenntnisse im Bilingualen Sachfachunterricht erworben werden ist empirisch nur teilweise geklärt. Ebenso wenig geklärt ist die Frage, ob Fachkenntnisse in einem solchen Unterricht in gleicher Tiefe und in gleichem Umfang wie in einem in der Erstsprache erteilten Unterricht vermittelt werden können.

4.2 Frühbeginn

Eine weit reichende Innovation für den Fremdsprachenunterricht ist der Frühbeginn. Mit diesem fanden bereits in den 60er Jahren Versuche statt, die später allerdings wieder eingestellt wurden (Kubanek-German 2001-2003). Seit den 90er Jahren hat der Frühbeginn einen neuen Aufschwung genommen (Jaffke 1994, Bleyhl 2003). Der Unterricht beginnt in der Regel in der dritten Klasse, in einigen Fällen bereits in der ersten Klasse. Argumente für den Frühbeginn heben besonders auf eine *critical period* ab, d.h. darauf, dass Fremdsprachen am effektivsten in einem bestimmten Zeitfenster in der Kindheit erworben würden. Für den „natürlichen" Zweitsprachenerwerb ist der Einfluss dieses Faktors durchaus belegt, für instruiertes Sprachenlernen weniger.

Der Frühbeginn ist dabei, das organisatorische Gefüge von Fremdsprachenunterricht an der Schule zu verändern. Die Vorverlagerung von Fremdsprachenunterricht in den Primarbereich hat auch für die Sekundarstufe Auswirkungen. Hier stellen die Harmonisierung heterogener Leistungsstände sowie der Ausgleich zwischen unterschiedlichen Lehrkulturen in Primar- und Sekundarstufe wesentliche Aufgaben dar.

Als allgemein akzeptierte Grundsätze eines frühbeginnenden Fremdsprachenunterrichts gelten (vgl. Klippel 2000):
– Kindgemäßheit;
– Ganzheitlichkeit;
– spielerische Unterrichtsgestaltung;
– Einsprachigkeit und Verzicht auf metasprachliche Erklärungen;
– Mündlichkeit (schon allein deshalb, weil in der Grundschule die Schrift nur bedingt verfügbar ist);
– keine rigide grammatische Progression, sondern eher eine Orientierung an grundschulgemäßen Inhalten;
– Schwergewicht auf Sprachverständnis und Schaffung von Situationen, aus denen heraus dieses möglich ist.

In seinen Zielen hat sich der frühbeginnende Fremdsprachenunterricht an zwei Ansätzen orientiert. Das Konzept der „Begegnungssprache" setzt auf den erzieherischen Effekt eines Kontakts mit fremden Sprachen und Kulturen und macht Sprachbewusstheit zu einem seiner Ziele. Demgegenüber haben sich in der Diskussion der letzten Jahre ergebnis- und lehrgangsorientierte Vorstellungen von frühbeginnendem Fremdsprachenunterricht durchgesetzt.

Der Frühbeginn steht trotz der Dynamik, die er seit seiner Einführung entfaltet hat, vor einer Reihe offener Fragen.

Aus Sicht der Ressourcen stellt sich die Frage nach der Qualifikation der Lehrkräfte. Insbesondere wenn Fremdsprachen nicht von Fachlehrerinnen unterrichtet werden, besteht hier auf Jahre hinaus ein erheblicher Qualifikationsbedarf. Eine zu lösende methodische Frage ist die Einführung der schriftlichen Form der Fremdsprache. Diese muss einerseits behutsam angegangen werden, da Kinder in der Grundschule erst dabei sind, die Schriftform ihrer Erstsprache zu erwerben. Andererseits kann sie im Fremdsprachenunterricht der Klassen drei und vier nicht völlig ausgespart werden. Für die Leistungsüberprüfung sind adäquate Instrumente zu entwickeln.

5 Offene Fragen, Perspektiven

Eine offene Forschungsfrage für den Fremdsprachenunterricht ist die nach der Effizienz gegenwärtiger didaktischer Innovationen. Wie hoch ist der sprachliche Ertrag frühbeginnenden Fremdsprachenunterrichts und bilingualen Sachfachunterrichts tatsächlich zu veranschlagen? Inwiefern wirkt sich der Einsatz neuer Medien sprachlernfördernd aus?

Eine zweite für die Fremdsprachendidaktik zu bearbeitende Aufgabe stellt ihr Verhältnis zur Praxis dar. Mit ihrer Etablierung als eigenständige Disziplin hat sich die Fremdsprachendidaktik seit den 70er Jahren fast unvermeidlich von dieser Praxis entfernt. Dasselbe gilt für die Zweitsprachenerwerbsforschung, die ihre eigene Forschungsagenda verfolgt. Hierüber sind Fragestellungen, mit denen Lehrende in der Schulpraxis täglich konfrontiert werden, zu sehr in den Hintergrund getreten. Ein herausragendes Beispiel hierfür ist die Frage der Lernschwierigkeiten, die sich mit einer immer weiteren Verbreitung von Fremdsprachenunterricht fast unvermeidlich stellt und der sich bislang nur wenige Untersuchungen angenommen haben.

Wichtig erscheint deshalb eine laufende Rückkopplung zwischen Forschung und Unterrichtspraxis. Im letzten Jahrzehnt wurden in der fachdidaktischen Forschung einige Studien durchgeführt, die mit qualitativer Methodik versucht haben, zu einem differenzierteren Verständnis der Praxiserfahrung von Lehrern und Schülern zu kommen (Kallenbach 1996, Appel 2000, Caspari 2003). Solche ethnographischen Studien wären in der Zukunft mit einer methodisch fundierten Analyse der verbalen Interaktion im Fremdsprachenunterricht (deren Qualität mit ausschlaggebend für Erfolg und Misserfolg dieses Unterrichts ist) zu kombinieren.

Literatur

Appel, J. (2000): Erfahrungswissen und Fremdsprachendidaktik. München: Langenscheidt-Longman. – Bach, G. & Timm, J.-P. (Hrsg.) (2003): Englischunterricht. 3., überarb. Auflage. Tübingen und Basel: Francke (UTB). – Bausch, K.-R., Christ, H. & Krumm, H.-J. (Hrsg.) (2004): Handbuch Fremdsprachenunterricht. 4., überarb. Auflage. Tübingen und Basel: Francke (UTB). – Bleyhl, W. (2003): Fremdsprachen in der Grundschule. Band 1. Grundlagen und Praxisbeispiele. Hannover: Schroedel. – Butzkamm, W. (2004): Lust zum Lehren, Lust zum Lernen. Tübingen und Basel: Francke. – Byram, M. (Hrsg.) (2000): Routledge Encyclopedia of Language Teaching and Learning. London & New York: Routledge. – Caspari, D. (2003): Fremdsprachenlehrerinnen und Fremdsprachenlehrer. Studien zu ihrem beruflichen Selbstverständnis. Tübingen: Narr. – Europarat (2004): Gemeinsamer Europäischer Referenzrahmen für Sprachen: Lernen, Lehren und Beurteilen. Berlin u.a.: Langenscheidt. – Hymes, D. (1972): On communicative competence. In: Pride, J. B. & J. Holmes (Hrsg.): Sociolinguistics: selected readings. Harmondsworth: Penguin, 269-293. – Jaffke, C. (1994): Fremdsprachenunterricht auf der Primarstufe: seine Begründung in der Waldorfpädagogik. Weinheim: Deutscher Studienverlag. – Kallenbach, C. (1996): Subjektive Theorien. Was Schüler und Schülerinnen über Fremdsprachenlernen denken. Tübingen: Narr. – Klippel, F. (2000): Englisch in der Grundschule. Handbuch für einen kindgemäßen Fremdsprachenunterricht. Berlin: Cornelsen/Scriptor. – Krashen, S. (1976): Formal and informal linguistic environments in language acquisition and language learning. In: TESOL-Quarterly,

10, 157-168. – Kubanek-German, A. (2001-2003): Kindgemäßer Fremdsprachenunterricht. 1. Ideengeschichte, 2. Didaktik der Gegenwart. Münster u.a.: Waxmann. – Müller-Hartmann, A. & Schocker-von Ditfurth, M. (2004): Introduction to English Language Teaching. Stuttgart: Klett. – Piepho, H.-E. (1974): Kommunikative Kompetenz als übergeordnetes Lernziel im Englischunterricht. Dornburg-Frickenhofen: Frankonius. – Richards, J. & Rodgers, T. (Hrsg.) (1986): Approaches and Methods in Language Teaching. Cambridge: Cambridge University Press. – Timm, J.-P. (Hrsg.) (1996): Englisch lernen und lehren. Didaktik des Englischunterrichts. Berlin: Cornelsen. – Ur, P. (1996): A Course in Language Teaching. Cambridge: Cambridge University Press. – Wilkins, D.A. (1976): Notional Syllabuses. Oxford: Oxford University Press.

78| Mathematik
Uwe Gellert

1 Mathematik: Wissenschaft und Schulfach

Mathematik ist eine ursprünglich aus den praktischen Aufgaben des Rechnens und Messens hervorgegangene, formal strukturierte, beweisende Wissenschaft. Einerseits ist sie formal-logisch und abstrakt, insofern ihre Theoreme und Sätze deduktiv aus Axiomensystemen geschlossen werden. Andererseits korrespondiert ihre Entwicklung mit technisch-physikalischen, ökonomischen und technologisch-wissenschaftlichen Problemstellungen (Davis & Hersh 1985). Als Schulfach ist Mathematik traditionell in Stoffgebiete eingeteilt: Arithmetik und Algebra, Geometrie, Stochastik und Statistik, lineare Algebra und analytische Geometrie, Infinitesimalrechnung.

2 Historie curricularer Konzeptionen

Mathematik gilt gemeinhin als Kernfach allgemeinbildender Schulen. Dieser Anspruch manifestierte sich bereits in der bildungstheoretischen Konzeption des Neuhumanismus Humboldtscher Prägung sowie der darauf basierenden staatlichen Gymnasialverordnung und der Reform der Volks- und Elementarschule zu Beginn des 19. Jahrhunderts. Für das Gymnasium als Schule zur Vorbereitung der zukünftigen wissenschaftlichen und politischen Eliten bestand demgemäß die Bildungsaufgabe von Mathematik in der Abstraktion von praktischem Rechnen zugunsten mathematischer Theoriebildung. Hingegen zielte der Mathematikunterricht an Volks- und Elementarschulen, die für die Mehrzahl der Unterschichtsbevölkerung konzipiert waren, auf die Ausbildung von Rechenfertigkeiten in praktischen und beruflichen Kontexten ohne weiteres systematisches Verständnis von Mathematik.
Diese Polarisierung von theoretischer Mathematik für Wenige und praktischem Rechnen für Viele wurde in der weiteren Entwicklung des Mathematikunterrichts – zumindest in der didaktischen Theorie – abgemildert. Zum einen bewirkte die aufgrund fortschreitender Technisierung industrieller Produktions- und Forschungsprozesse vollzogene Aufspaltung der akademischen Mathematik in einen reinen und einen angewandten Zweig eine Anwendungsorientierung gymnasialen Mathematikunterrichts. Zum anderen rückte mit dem reformpädagogischen Bezug auf das Kind auch dessen Entfaltung mathematischer Fähigkeiten in den Blickwinkel. Die nationalsozialistische Regierung jedoch brach mit dieser Entwicklung: Mathematik- und Rechenunterricht wurden in ihrem Umfang reduziert und curricular völkisch ausgerichtet.

Seit dem Reformschub der 1960er Jahre ist Mathematik – an der Stelle von Rechnen und Raumlehre – Unterrichtsfach in allen allgemeinbildenden Schulen. Initiator dieser Entwicklung war das Postulat einer engen Verknüpfung mathematischer Bildung mit ökonomischer Entwicklung: Wirtschaftliches Wachstum erfordere mathematisch qualifiziertes Humankapital (OECD 1961). Die curriculare Realisierung dieses Qualifikationsanspruchs regelte die Kultusministerkonferenz (KMK) 1968 in „Empfehlungen und Richtlinien zur Modernisierung des Mathematikunterrichts an den allgemeinbildenden Schulen": Strukturmathematik und Mengensprache als Kern eines wissenschaftlich redlichen (da an der damaligen akademischen Mathematik orientierten und auf entwicklungspsychologische Untersuchungen der „Genfer Schule" Piagets verweisenden) Mathematikunterrichts an allen Schulen. Schon 1976 sah sich die KMK gezwungen, dieses Programm, insbesondere für die Grundschulen, zu korrigieren. Die gescheiterte curriculare Reform hinterließ ein weitgehend ungeklärtes Verhältnis von Anwendungs- und Strukturorientierung. Noch im heutigen Unterricht spiegelt sich dies wider. Zwar dienen Praxisbezüge als Anknüpfungspunkte für mathematische Begriffsbildung, doch fungieren die außermathematischen Situationen hierbei lediglich als Motivationsversuche. Auch werden nach der Erarbeitung eines mathematischen Theoriestücks oder Algorithmus so genannte Sach- oder Anwendungsaufgaben formuliert, doch sind die Sachkontexte beliebig, austauschbar und die Aufgaben dienen meist nur der Einübung erarbeiteter Inhalte.

Die internationalen Leistungsvergleiche Third International Mathematics and Science Study (TIMSS) und Programme for International Student Assessment (PISA) klärten zwar nicht die Frage der curricularen Ausrichtung der Schulmathematik, führten aber zu einer weiteren konzeptionellen Verlagerung und Verdichtung. Dem Verhältnis von Struktur und Anwendung übergeordnet gilt nunmehr *Problemorientierung* als Leitbegriff für die Gestaltung von Mathematikunterricht.

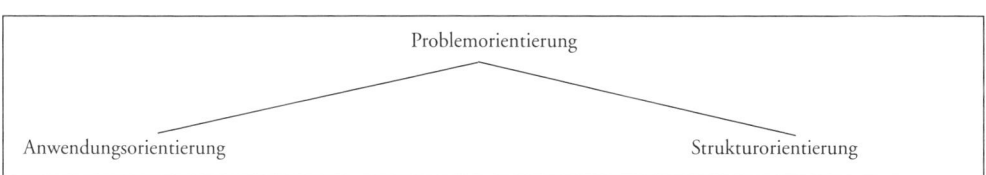

Abb. 1: Konzeptionelle Grundstruktur des Mathematikunterrichts

In dieser Sicht ist es sekundär, ob Problemstellungen stärker auf außermathematische Situationen oder auf innermathematische Beziehungen verweisen. Im Vordergrund steht die aktive, gemeinschaftliche, strategische, argumentative mathematische Auseinandersetzung der Lernenden. Kerntätigkeiten im Mathematikunterricht sind das Suchen und Erzeugen von Mustern, das Äußern und Überprüfen von Vermutungen, Generalisieren und Stellen von Warum-Fragen, Systematisieren und Klassifizieren, das Suchen nach Methoden und Aufstellen von Regeln sowie das Definieren, Begründen und Beweisen. Im Zentrum der curricularen Konzeption stehen nicht die mathematischen Lerninhalte (der „Stoff"), sondern die mathematischen Tätigkeiten der Lernenden gleichsam als das Äquivalent mathematischer Lernprozesse. Ausdruck dieser Dynamisierung ist der Anspruch einer neuen Aufgaben*kultur*.

3 Mathematik lernen

Mathematik gilt vielen als objektives Wissen und absolute Wahrheit. Ein mit dieser Sicht konsistenter Mathematikunterricht versucht, den Lernenden die Strukturen und Anwendungsmöglichkeiten von Mathematik zu vermitteln. In diesem Vermittlungsprozess gelten Fehler als Adaptationsschwierigkeiten der Lernenden. Um solche Lernstörungen zu antizipieren, ist entsprechender Mathematikunterricht kleinschrittig organisiert. Die Lernenden sollen sich möglichst reibungslos und kontrolliert die zubereiteten mathematischen Lerninhalte aneignen. Solch ein Mathematikunterricht ist grundlegender Kritik ausgesetzt:

– Erstens verweisen wissenschaftshistorische und ethnomathematische Studien darauf, dass die vermeintlich objektiven Strukturen von Mathematik ein situationsgebundenes Produkt menschlicher Aktivität darstellen (Joseph 1991).
– Zweitens zeigt sich aus konstruktivistisch-kognitionstheoretischer Perspektive, wie simplifizierend unangemessen es ist, mentale Konstruktionen von Lernenden als mehr oder weniger korrekte Abbildungen mathematischer Strukturen zu verstehen. Ob und wie Darstellungen und Vorstellungen in Resonanz treten, in welchem Verhältnis externe und interne Repräsentationen von Mathematik stehen, scheint weit gehend dadurch beeinflusst zu sein, wie und woran Mathematik gelernt wird (Sjuts 1999).
– Unterscheidet man drittens zwischen instrumentellem und konzeptuellem Lernen, so erscheint der oben als kleinschrittig charakterisierte Mathematikunterricht als begriffs- und somit bedeutungsleer, da in ihm vordringlich abprüfbare mathematische Verfahren vermittelt und eingeübt werden.

Ganz anders stellt sich Mathematikunterricht dar, wenn Mathematik zu betreiben als eine *kulturelle Praxis* begriffen wird. In dieser wird problembezogen um sozial akzeptierte Begründungen gerungen. Mathematische Forschung wie auch Mathematikunterricht lassen sich derart verstehen. Neues mathematisches Wissen gilt in beiden Kontexten als akzeptiert, wenn sich die jeweilige soziale Bezugsgruppe von dessen Stimmigkeit überzeugt gibt. Hier ist dies die mathematische *scientific community*, dort sind es die Mitschüler und die Mathematiklehrerin. Mathematik zu lernen bedeutet dann vor allem, sich eigene Denkvorgänge bewusst zu machen und sie mit den Denkvorgängen anderer diskursiv zu verweben. Man lernt im Mathematikunterricht nicht nur das Argumentieren, sondern das Argumentieren selbst ist das Vehikel, um Mathematik zu lernen. Solch ein Unterricht erfordert entsprechend komplexe Aufgabenstellungen und einen methodischen Ansatz, der die Lernenden nicht schon vorab auf einen bestimmten Lösungsweg festlegt.

4 Mathematikunterricht als alltägliche Handlungspraxis

Der Mathematikunterricht stellt einen Handlungsraum dar, in dem bestimmte Regeln und Handlungsmuster Gültigkeit besitzen. Aktuelle mathematikdidaktische Ansätze setzen hierzu unterschiedliche Schwerpunkte. Etwa wird Mathematikunterricht als der Raum verstanden, in dem Lernende mathematische Kompetenzen dadurch gewinnen, dass sie an der Praxis des Mathematikunterrichts teilnehmen, mathematische Werkzeuge zu gebrauchen lernen und dabei geltende Handlungsmuster übernehmen (Lave & Wenger 1991). Aus interaktionistischer Perspektive spricht man hingegen eher von einer interaktiven Ausgestaltung bestimmter Handlungsrahmen und betont so die aktive Rolle der Lernenden im Lernprozess. Die mathematikdidaktische (interpretative) Unterrichtsforschung befasst sich damit, die Details solcher alltäglicher Ausgestaltungsprozesse zu eruieren, etwa wie Lernende in Gruppenarbeitsphasen Aufgaben lösen, wie unterschiedlich sie sich an kollektiven Lösungsversuchen beteiligen und inwieweit sie dabei ihre Argumentationen explizieren (Krummheuer & Fetzer 2004).

5 Entwicklungsperspektiven

Die mathematikdidaktische Unterrichtsforschung stellt einen Bereich dar, der durch einen hohen Grad an Internationalität charakterisiert ist (regelmäßige internationale Tagungen, wissenschaftliche Zeitschriften und Handbücher). Das Potenzial hingegen, das in dieser Internationalität steckt, wird bei weitem nicht ausgeschöpft. Zwar werden Forschungsergebnisse international veröffentlicht, die Forschungsprojekte selbst bleiben aber meist in nationale oder lokale Kontexte eingebunden. Einige wenige Ausnahmen hierzu (Jablonka 2004, Knipping 2003) weisen darauf hin, wie einerseits fruchtbar, aber andererseits auch anspruchsvoll und herausfordernd es für Forscherinnen und Forscher ist, eine fremde Unterrichtskultur angemessen auszulegen. Dennoch bieten gerade internationale Forschungsprojekte die Möglichkeit, routinisierte Deutungsmuster aufzubrechen und unbemerkte nationale Spezifika bei der Gestaltung von Mathematikunterricht zu hinterfragen.

Literatur

Davis, P. J. & Hersh, R. (1985): Erfahrung Mathematik. Basel: Birkhäuser. – Jablonka, E. (2004): Structure in Diversity: Initiation into Mathematical Practice in Classrooms from Germany, Hong Kong and the United States. Habilitationsschrift, Freie Universität Berlin. – Joseph, G. G. (1991): The Crest of the Peacock. Non-European Roots of Mathematics. London: Penguin. – Knipping, C. (2003): Beweisprozesse in der Unterrichtspraxis. Vergleichende Analysen von Mathematikunterricht in Deutschland und Frankreich. Hildesheim: Franzbecker. – Krummheuer, G. & Fetzer, M. (2004): Der Alltag im Mathematikunterricht. Heidelberg: Spektrum. – Lave, J. & Wenger, E. (1991): Situated Learning: Legitimate Peripheral Participation. Cambridge: Cambridge University Press. – OECD (1961): Synopsis für moderne Schulmathematik. Frankfurt: Organisation for Economic Cooperation and Development. – Sjuts, J. (1999): Mathematik als Werkzeug zur Wissensrepräsentation. Theoretische Einordnung, konzeptionelle Abgrenzung und interpretative Auswertung eines kognitions- und konstruktivismustheoriegeleiteten Mathematikunterrichts. Osnabrück: Forschungsinstitut für Mathematikdidaktik.

79| Biologie
Marcus Hammann

1 Biologie und Bildung

Biologieunterricht beschränkt sich nicht darauf, biologisches Fachwissen zu vermitteln. Vielmehr umfasst biologische Bildung den Erwerb von Verständnis in drei Bereichen: erstens das Verständnis biologischer Konzepte (Begriffe, Prinzipien, Theorien) und Methoden (Denk- und Arbeitsweisen), zweitens das Verständnis der Beziehungen zwischen Biologie, Technik und Gesellschaft und drittens das Verständnis der Besonderheiten von Biologie als Naturwissenschaft (Duit, Häußler & Prenzel 2001). Unter Berücksichtigung dieser Aspekte leistet der Biologieunterricht einen Beitrag zur Vorbereitung von Schülerinnen und Schülern auf eine von den Biowissenschaften geprägte Welt. Aktuelle Ansätze der Qualitätsentwicklung und Qualitätssicherung im Biologieunterricht stellen zudem die Anschlussfähigkeit des Unterrichtsfaches Biologie in Deutschland an internationale Konzeptionen naturwissenschaftlicher Grundbildung (*Scientific Literacy*) heraus (Harms, Mayer, Hammann, Bayrhuber & Kattmann 2004). Auf der Grundlage eines vernetzten und anschlussfähigen Fachwissens erwerben Lernende im Biologieunterricht Kompetenzen, die sie in die Lage versetzen, biologische Probleme zu lösen, biologisch fundierte Entscheidungen zu treffen, an gesellschaftlichen

Diskursen teilzunehmen, lebenslang in der Biologie weiter zu lernen und verantwortungsvoll mit der Natur umzugehen. In der Diskussion über Wissen und Kompetenzen, die im Biologieunterricht zu vermitteln sind, finden darüber hinaus auch diejenigen Bildungsziele Beachtung, welche dem Erwerb von Allgemeinbildung dienen (Bayrhuber u.a. 1998, Bögeholz 1997). Herauszuheben ist, dass schulische Bildung im Unterrichtsfach Biologie einen Beitrag zur Lebensvorbereitung und zum kritischen Vernunftgebrauch bei Fragestellungen und Problemen leistet, zu deren Lösung biologisches Wissen erforderlich ist.

2 Historische Entwicklung des Biologieunterrichts

Historische Phasen des Biologieunterrichts resultieren aus den jeweiligen Bildungszielen, die als Schwerpunkte für den Biologieunterricht gesetzt wurden (Eschenhagen, Kattmann & Rodi 2004). Die Geschichte des Biologieunterrichts in Deutschland ist gekennzeichnet durch die Epoche des utilitaristischen Biologieunterrichts (Andreas Reyher, Friedrich Eberhard von Rochow) des 18. Jahrhunderts, in der die praktische Bedeutung biologischen Wissens im Vordergrund stand. Anwendungsaspekte bestimmten den Biologieunterricht und es wurde nützliches Wissen über Nutzpflanzen, Nutztiere, Heilpflanzen und die Landwirtschaft vermittelt. Im Gegensatz hierzu wurde biologische Bildung im 19. Jahrhundert als beschreibend-morphologische Betrachtungsweise (August E. Lüben) begriffen, die auf Linnés Systematik basierte. Genaue Artbeschreibungen und die Kenntnis systematischer Kategorien bildeten Schwerpunkte dieses Biologieunterrichts. Kritik an der Vermittlung von isoliertem Faktenwissen übten gegen Ende des 19. Jahrhunderts Vertreter des ökologischen Biologieunterrichts (Friedrich Junge) und des funktionell-anatomischen Biologieunterrichts (Otto Schmeil). Beeinflusst von der Naturauffassung Alexander von Humboldts, sahen sie im Aufdecken von Zusammenhängen den eigentlichen Bildungsauftrag des Biologieunterrichts und förderten eine Ausrichtung an wissenschaftlichen Entwicklungen. Ihre Reformbestrebungen wirkten bis in den Biologieunterricht der Neuzeit. Denn nach ideologischer Nutzung und Missbrauch des Biologieunterrichts während des Nationalsozialismus bestand eine der wesentlichen Entwicklungen des 20. Jahrhunderts in der Curriculumsreform, in deren Folge seit etwa 1970 der Biologieunterricht anhand allgemeiner Kennzeichen des Lebendigen strukturiert wird. Nach angelsächsischem Vorbild, wie beispielsweise dem amerikanischen Ansatz der *Biological Sciences Curriculum Study* (BSCS), dienen allgemeinbiologische Kriterien als Organisationsprinzipien des Biologieunterrichts. Neuere biologiedidaktische Ansätze stellen insbesondere die Bedeutung der Evolutionstheorie heraus, die das grundlegende Erklärungsprinzip der Biologie darstellt und stärker als bisher den Unterricht strukturieren sollte (Kattmann 1995).

3 Erwerb von Fachwissen und Kompetenzen im Biologieunterricht

3.1 Fachwissen

Defizite des Biologieunterrichts werden derzeit in einer geringen Problem- und Anwendungsorientierung des Unterrichts sowie in der additiven Vermittlung stofflicher Details gesehen. Grundlegende Ziele des Biologieunterrichts sind daher der Aufbau eines vernetzten, anschlussfähigen und flexibel anwendbaren Verständnisses biologischer Konzepte, das einen kritischen und sachlichen Umgang mit biologischen Inhalten in Natur, Umwelt, Gesellschaft und Technik ermöglicht. Die Breite der verschiedenen Subdisziplinen, die Vielfalt biologischer Phänomene und die großen Wissensfortschritte in den Biowissenschaften bedingen die Notwendigkeit, basale Konzepte für den Biologieunterricht auszuwählen, also diejenigen Konzepte, welche für ein biologisches Verständnis grundlegend sind. Zu diesen zählen beispielsweise Struktur und Funktion, Stoff- und Energiewechsel, Reizverarbeitung, Reproduktion, Entwicklung, Vererbung, Diversität und Evolution. Einerseits finden in der aktuellen Diskussion über basale Konzepte also jene Beachtung, welche notwendig sind, um eine am fachwissenschaftlichen Wissen orientierte Wissensbasis zu schaffen. Andererseits werden auch Konzepte berücksichtigt, welche eine Voraussetzung für das Weiterlernen in Wissensdomänen darstellen, in denen Fortschritte zu erwarten sind, die hohe gesellschaftliche Relevanz besitzen.

3.2 Kompetenzen

In einem auf Bildungsstandards bzw. Sicherung von Mindeststandards ausgerichteten Biologieunterricht besteht eine wesentliche Aufgabe in der expliziten Förderung von Kompetenzen. Ein fundiertes fachwissenschaftliches Verständnis bildet die Grundlage für alle auf den Umgang mit biologischen Inhalten ausgerichteten Kompetenzen. Beispielsweise zeigt die Literatur zum Problemlösen, dass die Strukturierung des Vorwissens einen wesentlichen Einfluss auf Problemlösefähigkeiten hat. Neben der Fähigkeit, Wissen und Verständnis auf neue Sachverhalte anzuwenden, sind weitere wichtige Kompetenzen auf die Methoden des Erkenntnisgewinns in der Biologie ausgerichtet. Hierzu gehören das hypothesengeleitete Beobachten und Experimentieren sowie das kriteriengeleitete Vergleichen. Eine erfolgreiche Verwendung dieser Methoden sowie die Beurteilung von Geltung und Tragweite der gewonnenen Erkenntnisse setzen ein Verständnis biologischer Denk- und Arbeitsweisen voraus. Biologische Sachverhalte berühren häufig gesellschaftliche Normen und Werte. Die Fähigkeit, biologische Fragestellungen auf der Grundlage von Sachinformationen kritisch zu bewerten, sowie die adressatengerechte Kommunikation naturwissenschaftlicher Argumentationen stellen weitere wichtige Kompetenzen dar.

3.3 Wichtige Prinzipien des Lehrens und Lernens

Fachwissenschaftliche Vorstellungen stehen häufig im Gegensatz zu Schülervorstellungen. Ein wichtiges Anliegen biologiedidaktischer Forschung besteht daher darin, die Vorstellungen von Schülerinnen und Schülern zu kennen und Wege aufzuzeigen, diese im Biologieunterricht zu berücksichtigen (Gropengießer 2003). Schülervorstellungen stellen dabei nicht nur den Ausgangspunkt des Lernens dar, der überwunden werden muss, um Lernende effektiv zu den fachwissenschaftlichen Vorstellungen zu führen. Stattdessen bilden Schülervorstellungen die Grundlage des Lernens auf unterschiedlichen Verständnisstufen und müssen für Lernprozesse effektiv genutzt werden. Ebenso notwendig wie die Berücksichtigung von Schülervorstellungen ist die gezielte unterrichtliche Integration von neu erlerntem Fachwissen in bereits bestehendes Vorwissen im Sinne einer zunehmenden Ausdifferenzierung von Wissen. Kumulatives Lernen bezeichnet daher im Gegensatz zum additiven Lernen das explizite Anknüpfen an bereits bestehendes Vorwissen. Kumulatives Lernen setzt geplante unterrichtliche Maßnahmen voraus, damit biologische Zusammenhänge adäquat auf unterschiedlichen Verständnisstufen erfasst werden können. Ebenso ist es notwendig, problemorientierte Lernumgebungen und Anwendungskontexte konsequent zu nutzen, damit Fachwissen und Kompetenzen anwendungsfähig und flexibel einsetzbar werden.

4 Perspektiven biologiedidaktischer Forschung

Mit der Einführung nationaler Bildungsstandards erfährt der Biologieunterricht derzeit eine stärkere Ausrichtung auf den Erwerb von Kompetenzen. Dieser basiert zur Zeit auf den individuellen Erfahrungen von Lehrerinnen und Lehrern, da theoretisch fundierte Modelle zur unterrichtlichen Förderung von Kompetenzen weitgehend fehlen. Eine aktuelle Forschungsaufgabe besteht darin, verstärkt zur theoriegeleiteten Kompetenzförderung beizutragen. Kompetenzentwicklungsmodelle besitzen hierbei eine Schlüsselrolle (Klieme u.a. 2003). Sie beschreiben Strukturen und Entwicklungsverläufe von Kompetenzen unter Berücksichtigung fachlicher Inhalte. Sie geben somit Auskunft über die verschiedenen Teilaspekte oder Dimensionen, aus denen eine Kompetenz besteht, spezifizieren gestufte Fähigkeiten und damit Grade der Entwicklung von Kompetenzen und beziehen die Entwicklung einer Kompetenz auf die Beschäftigung mit spezifischen biologischen Inhalten (Hammann 2004). Damit tragen Kompetenzentwicklungsmodelle der Tatsache Rechnung, dass sich Kompetenzen in der Auseinandersetzung mit fachlichen Fragestellungen und Problemen ausbilden. Kompetenzentwicklungsmodelle setzen empirisch gesicherte Erkenntnisse über Kompetenzstrukturen und -verläufe voraus. Ihre Erstellung legt etwaige Forschungslücken offen und verweist auf Möglichkeiten der Weiterentwicklung der Biologiedidaktik durch empirische Forschung.

Literatur
Bayrhuber, H., Etschenberg, K., Gebhard, U., Gehlhaar, K.-H., Hedewig, R., Hesse, M., Klautke, S., Klee, R., Mayer, J., Prenzel, M. & Schmidt, E. (Hrsg.) (1998): Biologie und Bildung. Kiel: IPN. – Bögeholz, S. (1997): Biologieunterricht und Allgemeinbildung. In: Pädagogik 49 (6), 42-47. – Duit, R., Häußler, P. & Prenzel, M. (2001): Schulleistungen im Bereich der naturwissenschaftlichen Bildung. In: Weinert, F. E. (Hrsg.): Leistungsmessungen in Schulen. Weinheim: Beltz, 169-185. – Eschenhagen, D., Kattmann, U. & Rodi, D. (2004): Fachdidaktik Biologie. 6. Aufl. Köln: Aulis. – Gropengießer, H. (2003): Lebenswelten, Sprechwelten, Denkwelten. Wie man Schülervorstellungen verstehen kann. Oldenburg: Didaktisches Zentrum. – Hammann, M. (2004): Kompetenzentwicklungsmodelle – Merkmale und ihre Bedeutung dargestellt anhand von Kompetenzen beim Experimentieren. In: MNU 57 (4), 196-203. – Harms, U., Mayer, J., Hammann, M., Bayrhuber, H. & Kattmann, U. (2004): Kerncurriculum und Standards für den Biologieunterricht in der gymnasialen Oberstufe. In: Tenorth, H.-E. (Hrsg.): Kerncurriculum Oberstufe II. Weinheim: Beltz, 22-84. – Kattmann, U. (1995): Konzeption eines naturgeschichtlichen Biologieunterrichts: Wie Evolution Sinn macht. In: ZfDN 1 (1), 29-42. – Klieme, E., Avenarius, H., Blum, W., Döbrich, P., Gruber, H., Prenzel, M., Reiss, K., Riquarts, K., Rost, J., Tenorth, H.-E. & Vollmer, H. J. (2003): Zur Entwicklung nationaler Bildungsstandards – Eine Expertise im Auftrag des BMBF. Frankfurt a. M.: DIPF.

80| Chemie
Reinhard Demuth

1 Einleitung

Die Chemie ist die Naturwissenschaft, deren Hauptzielsetzung auf das Verstehen der Gesetzmäßigkeiten ausgerichtet ist, denen unsere stoffliche Umwelt – die um uns ist und deren Teil wird sind – unterliegt. Wenn wir Stoffe gezielt verändern wollen, müssen wir diese Gesetzmäßigkeiten genauso kennen, um ein avisiertes Produkt zu gewinnen; genauso müssen wir wissen, was wir nicht verändern dürfen, um unerwünschte Effekte zu vermeiden.
Der wichtigste Denk- und Arbeitsansatz der Chemie besteht in der Annahme des Aufbaus aller Materie aus letztlich unveränderlichen Bausteinen, den Atomen. Ihre genaue Form ist unserer Beobachtung nicht zugänglich, so dass wir auf möglichst plausible Annahmen über ihre Natur zurückgreifen müssen, welche die experimentell beobachteten Phänomene möglichst vollständig zu erfassen und zu erklären haben. Der Chemiker arbeitet daher mit Modellen, genauer mit Atom- und Bindungs-

modellen. Die Anordnung der Atome im Raum unter Ausbildung größerer Verbände führt zu unterschiedlichen Stoffen mit unterschiedlichen Eigenschaften; diese Eigenschaften zeigen sich erst im Verband und sind keineswegs etwa die Eigenschaften von Einzelatomen: So besteht eine enge, wechselseitige Verbindung zwischen der Struktur von Stoffen und den Stoffeigenschaften.

Dieses für den Chemiker typische Denken auf der Ebene submikroskopischer Teilchen ist in keiner anderen Naturwissenschaft so ausgeprägt. Die Chemie pflegt deshalb ein ausgeprägtes Modelldenken durch Denkoperationen auf der atomaren Ebene, mit der sie das Verhalten der Materie zu erklären versucht. Sie wechselt in ihrer Sicht- und Betrachtungsweise dabei immer wieder von der Modellebene zur konkret anschaulichen und Stoffebene. Beide Ebenen auch in der Argumentation voneinander zu trennen und in sich konsistent zu betrachten, ist eine der größten Herausforderungen an den Chemieunterricht.

2 Kurzer Abriss der Entwicklung des Chemieunterrichts in Deutschland seit der Mitte des 19. Jahrhunderts

Einer der wichtigsten Impulse für den modernen Chemieunterricht ging sicherlich von Ahrendt (1895) und dem von ihm geprägten *Anschauungsunterricht* und seiner Kritik der vorherrschenden, (rein) systematischen Unterrichtsmethode aus, in der die Anordnung der Unterrichtsinhalte vorrangig durch die Fachsystematik bestimmt ist.

Für die Entwicklung des modernen Chemieunterrichts nicht weniger wichtig waren die *Meraner Vorschläge* des „Vereins deutscher Naturforscher und Ärzte" aus dem Jahr 1905. Mit ihnen wurde die Gleichberechtigung von Mathematik und Naturwissenschaften mit den Sprachen erreicht mit der Konsequenz, dass der Chemieunterricht nunmehr fest in den Stundentafeln der Schulen verankert wurde.

In diese Zeit fallen auch die wegweisenden Beiträge Kerschensteiners (1913) zum „Wesen und Wert naturwissenschaftlichen Unterrichts"; ein besonderer Fokus liegt dabei auf der Erziehung zum logischen Denken.

Wenige Impulse für den Chemieunterricht kommen aus der NS-Zeit. Chemie wird überwiegend als Stoffchemie betrieben, die Unterrichtsmethode ist deskriptiv.

Anders in den 60er Jahren: Ausgelöst durch den sog. Sputnikschock 1958 wurde dem naturwissenschaftlichen Unterricht erhöhte Aufmerksamkeit geschenkt. In den Vordergrund traten neben einer Betonung des Experimentalunterrichts die Denkmethoden der Chemie und die Betonung des Erkenntniswegs; erstmals wurden Leitlinien wie das *Struktur-Eigenschaftskonzept* formuliert (Christen 1962). In den 70er Jahren wurden in praktisch allen Bundesländern die Lehrerbildung reformiert und zahlreiche Lehrstühle für Didaktik der Chemie eingerichtet.

3 Chemieunterricht heute

3.1 Problemzonen des Unterrichts

Ein besonderes Problem des naturwissenschaftlichen Unterrichts – auch des Chemieunterrichts – stellt die mangelnde inhaltliche Vernetzung der größeren thematischen Einheiten dar (Bund-Länder-Kommission für Bildungsplanung und Forschungsförderung 1997). Der Fachunterricht hat hier einerseits den kumulativen Wissenserwerb im Fach selbst sicherzustellen (vertikale Vernetzung), andererseits Transferfunktionen in Hinblick auf fachliche Bedarfe in den Nachbarfächern (horizontale Vernetzung) Unterstützungsfunktion zu übernehmen. Die gegebene Problematik wird verschärft durch die bislang nicht gelungene inhaltliche Abstimmung der einzelnen naturwissenschaftlichen Fächer untereinander und auch dadurch, dass der Unterricht in einzelnen Fächern über ganze Jahrgänge ausfällt.

Ein weiteres gravierendes Problem stellt die niedrige Beliebtheit des Faches Chemie dar: Sie ist bei Mädchen noch größer als bei Jungen und steigt mit zunehmender Dauer des Unterrichts an (Becker 1978) – ein Befund, der seit mindestens 20 Jahren bekannt ist, ohne dass bislang ein taugliches Mittel gefunden wäre, mit Hilfe dessen diese Problematik sicher zu bewältigen wäre. Da man heute sehr gut weiß, welche zentrale Bedeutung das Interesse an den im Schulfach thematisierten Inhalten für die Lernmotivation und damit auch unmittelbar für die Entwicklung fachlichen Könnens und der Lernhaltung insgesamt hat, stellt die Frage: „Wie kann das Interesse am Schulfach Chemie nachhaltig gesteigert werden?" einen der Schlüssel für die Verbesserung des Chemieunterrichts dar.

3.2 Unterrichtsmethoden

Trotz der inzwischen in allen Bundesländern fest in den Lehrerprüfungsordnungen aufgenommenen fachdidaktischen Ausbildungsanteile während des universitären Studiums und der damit möglichen frühen Begegnung der angehenden Lehrer/innen mit unterschiedlichen Formen und fachdidaktischen Konzeptionen des Unterrichts, ist die Realität des Chemieunterrichts weitestgehend von darbietenden, lehrerzentrierten Formen gekennzeichnet (Bund-Länder-Kommission für Bildungsplanung und Forschungsförderung 1997). Offenere Formen oder Ansätze, die eine bewusste Methodenvielfalt zu Grunde legen (Parchmann u.a. 2001) sind eher noch selten, erfreuen sich aber einer zunehmenden Akzeptanz und Resonanz.

3.3 Bildungsstandards

Zurzeit vollzieht sich ein Paradigmenwechsel im gesamten schulischen Unterricht: An die Stelle der bislang gegebenen „Input-Orientierung", mit der Inhalte und Unterrichtswege vorgegeben wurden, nach denen Unterricht „ablaufen" sollte, tritt nunmehr eine Orientierung an „Output". Man fragt danach, was aus dem Unterricht „herauskommt" und interessiert sich nicht oder zumindest sehr viel weniger dafür, auf welchen Wegen dieses erreicht wird.

Wenn man beurteilen will, ob das, was als Ergebnis des Unterrichts festzustellen ist, zufrieden stellend ist, muss man diese Ergebnisse zuverlässig messen. Diese Messung ist jedoch sinnlos, solange man sich nicht darüber Klarheit verschafft hat, welche Kompetenzen sich die Schüler/innen durch den Unterricht erworben haben. Die Diskussion um die Entwicklung und die Struktur von Kompetenzen sollte/müsste daher der Diskussion um die Festlegung von Standards vorangehen, da letztere auf den erstgenannten Kompetenzen beruhen. Leider gibt es jedoch bislang praktisch noch keine elaborierten, d.h. empirisch geprüften und insgesamt bestätigten Kompetenzmodelle, so dass man sich – um keine Zeit zu verlieren – auf (vorläufige) „vernünftige" Standards verständigt hat, die von erfahrenen Fachleuten ausgearbeitet wurden (MNU 2003). Dies ersetzt natürlich nicht die Entwicklung von Kompetenzmodellen sondern macht die Dringlichkeit ihrer Entwicklung und der eingehenden Diskussion und Beleuchtung des Umfeldes nur noch deutlicher. Die Diskussion hierüber ist in der Chemie in vollem Gange.

4 Aktuelle Entwicklungen/Neue Initiativen

Will man Entwicklungen/neue Ansätze identifizieren, von denen eine längerfristige Wirkung ausgehen wird und mit denen mit Aussicht auf Erfolg die oben beschriebenen Problemzonen bearbeitet werden sollen, wird ein Kriterium hierfür nicht nur die tragfähige Idee und Konzeption sein können; ohne die Integration dieser Konzeption in ein tragfähiges Implementationskonzept und die

Sicherstellung funktionierender Unterstützungssysteme über einen mehrjährigen Zeitraum kann kein anhaltender Erfolg erzielt werden.

Zur Zeit gibt es nur zwei größere Vorhaben, die diesem Anforderungsprofil entsprechen und eine nachhaltige Wirksamkeit auf die Weiterentwicklung des (Chemie-)Unterrichts erwarten lassen. Dies ist zum einen das SINUS-Projekt (Prenzel 2000), das bemerkenswerte Impulse für alle Bereiche des mathematisch-naturwissenschaftlichen Unterrichts erzeugt hat und mit Beginn des Jahres 2004 in eine umfangreich angelegte, bundesweite Disseminationsphase eingetreten ist; zum anderen das Projekt „Chemie im Kontext" (Parchmann u.a. 2001), dessen Anlage zwar am Chemieunterricht ansetzt, jedoch unschwer auch auf die anderen Naturwissenschaften übertragbar ist – wie die neuen Aktivitäten „Physik im Kontext" und „Biologie im Kontext" zeigen.

5 Forschungsschwerpunkte

Angesichts der gegebenen Breite der Arbeiten ist eine Erfassung von Schwerpunkten in unserem Zusammenhang nicht möglich. Bilanzierend kann man jedoch festhalten, dass zwei große Forschungsrichtungen zu unterscheiden sind, zwischen denen zunehmend Verbindungen ausgebildet werden: Forschungsarbeiten zur (meist experimentell gestützten) Erarbeitung neuer Unterrichtsinhalte, die durch die Weiterentwicklung der Chemie bedingt sind, auf der einen Seite, auf der anderen Seite Forschungsarbeiten, die sich auf die methodischen Werkzeuge der empirisch ausgerichteten pädagogischen Psychologie stützen und den Prozess des Lehrens und Lernens chemischer Sachverhalte untersuchen. Gerade im letzteren Feld besteht erheblicher Forschungsbedarf; Implementations- und Evaluationsforschung haben dabei eine besonders hohe Priorität.

Literatur

Ahrendt, R. (1895): Didaktik und Methodik des Chemieunterrichts. München: Beck. – Becker, H. J. (1978): Chemie – ein unbeliebtes Schulfach. Der Mathematische und Naturwissenschaftliche Unterricht 31, 455. Troisdorf: Bildungsverlag EINS. – Bund-Länder-Kommission für Bildungsplanung und Forschungsförderung (Hrsg.) (1997): Expertise „Steigerung der Effizienz des mathematisch-naturwissenschaftlichen Unterrichts". Materialien zur Bildungsplanung und Forschungsförderung, 60, Bonn: BLK. – Christen, H. R. (1962): Chemie. Aarau: Sauerländer. – Kerschensteiner, G. (1913): Wesen und Wert des naturwissenschaftlichen Unterrichts. Leipzig: Teubner. – MNU (2003): Lernen und Können im mathematisch-naturwissenschaftlichen Unterricht. Denkanstöße und Empfehlungen zur Entwicklung von Bildungs-Standards in den naturwissenschaftlichen Fächern Biologie, Chemie und Physik (Sekundarbereich I). Troisdorf: Bildungsverlag EINS. – Parchmann, I., Demuth, R., Ralle, B., Paschmann, A. & Huntemann, H. (2001): Chemie im Kontext – Begründung und Realisierung eines Lernens in sinnstiftenden Kontexten. PdN-ChiS 50 (1), 2. Köln: Aulis-Verlag. – Prenzel, M. (2000): Steigerung der Effizienz des mathematisch-naturwissenschaftlichen Unterrichts: Ein Modellversuchsprogramm von Bund und Ländern. In: Unterrichtswissenschaft, 28, 98-102.

81| Physik
Peter Reinhold

1 Umfang des Physikunterrichts

Physikunterricht gibt es gegenwärtig an allen weiterführenden Schulformen im Umfang von durchschnittlich 1-3 Wochenstunden. Er beginnt je nach Bundesland und Schulform entweder in der Klasse 7 oder bereits in der Klassenstufe 5/6. Für diese Klassenstufe zeichnet sich als Konsequenz der internationalen Schulleistungsstudien wie PISA (Baumert u.a. 2001) allerdings zunehmend eine Integration des Physikunterrichts in das Fach Naturwissenschaften ab, das in einigen Bundesländern und für einzelne Schulformen über diese Stufe hinaus auch weitergeführt wird.

2 Geschichte des Physikunterrichts

Die Anfänge des Physikunterrichts liegen im 18. Jahrhundert. Zu dieser Zeit wurde die wissenschaftliche Vorbildung für das Fachstudium zunehmend an die Gymnasien verlagert. Der experimentelle Physikunterricht heutiger Prägung geht zurück auf die „Meraner Vorschläge" (Gutzmer 1908). Sie forderten insbesondere unterrichtsmethodisch eine starke Ausrichtung des Unterrichts an der experimentellen Methode, die als zentrale Erkenntnismethode erfahrungswissenschaftlicher Forschung dargestellt wird. Betont wurde aber auch die Bedeutung physikalischer Kenntnisse für den wissenschaftlich-technischen und den wirtschaftlichen Fortschritt von Industrie, Handel und Gewerbe.

3 Ziele und Begründungen des Physikunterrichts

Das übergeordnete Ziel des Physikunterrichts ist, in der Sekundarstufe I einen Beitrag zu einer naturwissenschaftlichen Grundbildung zu leisten und in der Sekundarstufe II eine vertiefte naturwissenschaftliche Allgemeinbildung und Propädeutik für das Studium der naturwissenschaftlichen und technischen Disziplinen zu leisten. Grundbildung wird dabei im Sinne des Konzepts „Scientific Literacy" (Bybee 1997) verstanden. Durch den Unterricht soll ein physikalisches Verständnis entwickelt werden, das die Teilhabe an einer von Naturwissenschaft und Technik geprägten Kultur gestattet. Dazu gehören ein Verständnis physikalischer Begriffe und Prinzipien, physikalischer Untersuchungsmethoden und Denkweisen, Vorstellungen über die Möglichkeiten und Grenzen physikalischer Erkenntnis und den Aspektcharakter der Physik sowie Vorstellungen über die Beziehungen zwischen Physik, Technik und Gesellschaft. Bildungstheoretische Ansätze, die sich auf die Vermittlung von Grundfähigkeiten für die Bewältigung von Schlüsselproblemen beziehen, treten dagegen in den Hintergrund. Sie gelten insbesondere im Rahmen der empirischen Lehr-Lernforschung als schwer operationalisierbar und damit kaum überprüfbar. Begründungsansätze, die sich allein an der Sachstruktur und Systematik der Bezugsdisziplin Physik orientieren, werden als unzureichend angesehen, da sie die Ziele des Physikunterrichts allein auf eine Propädeutik und Fachdidaktik auf eine Abbildfunktion reduzieren.

Interessenstudien (Häußler & Hoffmann 1994) und ihr Vergleich mit den Zieldimensionen physikalischer Bildung weisen allerdings auf eine erhebliche Diskrepanz von Anspruch und Wirklichkeit hin. Der gegenwärtige Unterricht stellt die Physik überwiegend als Methode und systematisch geordnetes Denkgebäude dar. Physik in ihrer Bedeutung für die Gesellschaft, Physik als Mittel zum Verständnis technischer Objekte im Alltag oder Physik als Bereicherung emotionaler Erfahrung werden dagegen nicht im sowohl von Experten als auch von Schülern wünschenswerten Umfang im Unterricht thematisiert. Zu geringe Relevanz und mangelnde Akzeptanz zählen daher zu den zentralen Problemzonen des gegenwärtigen Physikunterrichts. In der Konsequenz wird eine Einbettung physikalischer Inhalte in sinnstiftende, für die Lernenden bedeutsame Kontexte gefordert (Muckenfuß 1995).

4 Inhalte des Physikunterrichts

Die Inhalte des Physikunterrichts, mit denen die genannten Zielsetzungen erreicht werden können, sind in den Lehrplänen überwiegend festgelegt. Behandelt werden beobachtbare Phänomene, methodische Konzepte, physikalische Begriffe, experimentelle Methoden, physikalische Gesetze und Theorien, Modelle und Prinzipien sowie Zusammenhänge zwischen Physik, Individuum und Gesellschaft, auch in historischer Sicht. Hinzu kommen aber auch Inhalte aus der Technik, wie technische Funktionszusammenhänge, Systeme, Verfahren und Zusammenhänge zwischen Technik, Gesellschaft und Individuum. Diese Inhalte sind in den Lehrplänen unter sachlogischen Gesichtspunkten geordnet und in eine zeitliche Reihenfolge gebracht. Grundlagen hierfür liefern die Systematik der Bezugsdisziplin Physik, langjährige Unterrichtserfahrung und seit der Curriculumbewegung der 1960er und 1970er Jahre umfangreiche physikdidaktische Forschungsarbeiten zur Sachstruktur. In diesen theoretisch oder systematisch ausgerichteten Arbeiten wurden die Inhalte unter den Gesichtspunkten kognitive Angemessenheit für die jeweilige Schulform und Altersstufe, fachliche Richtigkeit und Entwicklungsfähigkeit (im Sinne einer tragfähigen Grundlage auch für den nachfolgenden Unterricht) elementarisiert und ihr Bildungswert analysiert. Gegenwärtig erfolgen die Elementarisierung und die Analyse des Bildungswertes unter Einbeziehung von empirischen Untersuchungen zu den in Bezug auf den jeweiligen Inhaltsbereich bereits vorhandenen Schülervorstellungen sowie der Lehrbarkeit und der Lernwirksamkeit der vorgeschlagenen Elementarisierung als „didaktische Rekonstruktion" (vgl. Kattmann u.a. 1997).

5 Methodik und Wirksamkeit des Physikunterrichts

Physikalische Konzepte und Denkweisen unterscheiden sich zum Teil fundamental von solchen Vorstellungen, die sich im alltäglichen Umgang mit physikalischen Gegenständen herausgebildet haben. Dieser Unterschied bedingt auf Seiten der Schüler tiefgehende Lernschwierigkeiten und stellt daher erhebliche Anforderungen an die Methodik des Physikunterrichts.
Zu den zentralen Lehr-Lernformen des Physikunterrichts zählt seit mehr als einem Jahrhundert das Experiment. Es prägt, strukturiert und organisiert die Stunden, indem die Struktur der experimentellen Methode als Phasenmodell des Unterrichtsablaufs interpretiert wird. Durch eine Parallelisierung von wissenschaftlicher Erkenntnis- und Lehr-Lernmethode soll das Experiment der Vermittlung der fachlichen Inhalte dienen und praktische Erfahrungen im Umgang mit Geräten ermöglichen sowie darüber hinaus einen Einblick in die Arbeitsweise und die Erkenntnismethoden der Physik vermitteln. Lernpsychologisch gesehen soll es die Motivation und das Interesse erhöhen, konkrete Anschauung vermitteln und die beim Lernen physikalischer Konzepte auftretenden Abstraktions- und Idealisierungsprozesse unterstützen und in Bezug auf die Bildungsziele die Fähigkeit zum wissenschaftlichen Denken und Argumentieren, zum Problemlösen und zum selbstständigen Arbeiten unterstützen. Empirische Untersuchungen zum Konzeptwechsel und zu dem wissenschafts- und erkenntnistheoretischen Methodenverständnis der Schüler stellen diese Rolle des

Experiments allerdings deutlich in Frage (Hofstein & Lunetta 2004). Die Defizite liegen dabei weniger im Bereich grundlegender Routineverfahren, sondern im konzeptionellen Verständnis und im Verständnis naturwissenschaftlichen Arbeitens und Argumentierens. Die Leistungsschwäche wird weiter sichtbar bei Aufgaben, die eine sinnvolle Anwendung und Übertragung des Gelernten auf neue inner- oder außerfachliche Problemstellungen verlangen.

Videostudien belegen außerdem, dass in der Unterrichtspraxis als Handlungsmuster das fragend-entwickelnde Unterrichtsgespräch in Verbindung mit Demonstrationen und Lehrervorträgen überwiegt. Gleich, ob Experimente eher induktiv zur Herleitung von Gesetzen oder eher deduktiv zu ihrer Bestätigung eingesetzt werden, ob sie als Demonstrations- oder als Schülerexperimente durchgeführt werden, im Mittelpunkt steht das Handeln der Lehrkraft, das sich an der Sachstruktur orientiert. In der Physikdidaktik ausgearbeitete Ansätze (zum Überblick Kircher, Girwidz & Häußler 2000), die aus einem konstruktivistischen Verständnis des Lehr-Lernprozesses im Unterricht das Offenlegen der Schülervorstellungen zu einem Thema und ein Anknüpfen daran im Lernprozess fordern und damit Konsequenzen aus der physikdidaktischen Lehr-Lernforschung zum Konzeptwechsel ziehen, oder Entdeckendes Lernen, historisch-genetischer Unterricht, die Projektmethode, Offener Unterricht, Situiertes Lernen und der Einsatz neuer Medien haben bisher kaum oder nur am Rande Eingang in die Praxis des Physikunterrichts gewonnen.

Konstatiert wird auch eine geringe Kumulativität. Offensichtlich reicht es nicht aus, dass die Themen bzw. Begriffe innerhalb des Physikunterrichts über die Schuljahre hinweg in einem fachsystematischen Gang logisch aufeinander aufbauen. Kumulatives Lernen erfordert vielmehr ein systematisches Wiederholen, ein inhaltliches Vernetzen und eine bewusste Bezugnahme der fachlichen Begrifflichkeiten über die Fachthemen hinweg (vertikale Vernetzungen). Der fachsystematisch orientierte Unterricht fördert dies – im Gegensatz zu seinen Ansprüchen – nicht erfolgreich.

6 Perspektiven des Physikunterrichts

Angesichts der fundamentalen Akzeptanz-, Inhalts- und Methodenkrise des Physikunterrichts und der immer wieder zutage tretenden Diskrepanz zwischen Anspruch und Wirklichkeit liegt eine wichtige Perspektive in der Klärung der Frage, welche physikalischen Gebiete in welcher Altersstufe mit welchen Mitteln *realistischer* Weise lehr- bzw. lernbar sind und dabei eine anschlussfähige physikalische Grundbildung sowie eine Kompetenzerfahrung auf Seiten der Lernenden ermöglichen. Die Antwort geht in Richtung einer Einbettung ausgewählter physikalischer Inhalte in pädagogisch bedeutsame, fachüberschreitende Kontexte, die Gestaltung von kognitiv anregenden, problemorientierten und eine Kultur der Wissensanwendung fördernden Lernumgebungen sowie eine Differenzierung der vorherrschenden Unterrichtsmuster. Erprobt wird diese Perspektive gegenwärtig durch das BLK-Modellversuchsprogramm „Steigerung der Effizienz des mathematisch-naturwissenschaftlichen Unterrichts" (SINUS) oder das BMBF-Programm „Physik im Kontext" (PIKO).

Literatur

Baumert, J., Klieme, E., Neubrand, M., Prenzel, M., Schiefele, U., Schneider, W., Stanat, P., Tillmann K.-J. & Weiß, M. (Hrsg.) (2001): PISA 2000. Basiskompetenzen von Schülerinnen und Schülern im internationalen Vergleich. Opladen: Leske + Budrich. – Bybee, R. W. (1997): Towards an Understanding of Scientific Literacy. In: Gräber, W. & Bolte, C. (Hrsg.): Scientific Literacy – An international Symposium. Kiel: Institut für die Pädagogik der Naturwissenschaften, 37-68. – Gutzmer, A. (Hrsg.) (1908): Die Tätigkeit der Unterrichtskommission der Gesellschaft deutscher Naturforscher und Ärzte. Gesamtbericht. Leipzig, Berlin: Teubner. – Häußler, P. & Hoffmann, L. (1994): Physikunterricht an den Interessen von Mädchen und Jungen orientiert. In: Unterrichtswissenschaften, 23 (2), 107-126. – Hofstein, A. & Lunetta, V. (2004): The laboratory in science education: Foundations for the twenty-first century. In: Science Education, 88, 28-54. – Kattmann, U., Duit, R., Gropengießer, H. & Komorek, M. (1997): Das Modell der Didaktischen Rekonstruktion – Ein theoretischer Rahmen für naturwissenschaftsdidaktische Forschung und Entwicklung. In: Zeitschrift für Didaktik der Naturwissenschaften,

3 (3), 3-18. – Kircher, E., Girwidz, R. & Häußler, P. (2000): Physikdidaktik. Braunschweig: Vieweg. – Muckenfuß, H. (1995): Lernen im sinnstiftenden Kontext. Entwurf einer zeitgemäßen Didaktik des Physikunterrichts. Berlin: Cornelsen. – PIKO – Physik im Kontext [verfügbar unter: http://www.uni-kiel.de/piko 09.03.2009]. – SINUS – Steigerung der Effizienz des mathematisch-naturwissenschaftlichen Unterrichts [verfügbar unter: http://www.ipn.uni-kiel.de/projekte/blk_prog/blkstefr.htm, 09.03.2009].

82| Geographie
Yvonne Schleicher

1 Geographieunterricht und Geographiedidaktik heute

Veränderungen in der Umwelt und der Gesellschaft führen zu neuen Schwerpunktsetzungen bei den zu behandelnden Inhalten und der Verwendung von Medien und Methoden im Geographieunterricht. Die ständige Weiterentwicklung des Unterrichts wird durch die Forschungsfelder der Geographiedidaktik unterstützt (siehe Tab. 1).

Tabelle 1: Zentrale Themen im Geographieunterricht und in der geographiedidaktischen Forschung

Zentrale Unterrichtsthemen	Aktuelle Forschungsfelder der Geographiedidaktik	
Veränderungen in der Umwelt (z.B. Klima, Ressourcen: Wasser, Boden, Luft) *Veränderungen* in der Gesellschaft (z.B. Bevölkerungswachstum, Globalisierung)	*Grundlagenforschung* Raumverständnis Kartenverständnis Schülerinteresse Schülervorstellungen Konzepte und Lernstrategien zur Problemlösung, Handlungsorientierung u. entdeckendem Lernen	*Angewandte Forschung* Effektives Lernen mit Medien (z.B. Simulationen, GIS) Bilingualer Unterricht Interkulturelles Lernen Globales Lernen Umwelterziehung Alltagstheorien

2 Entwicklung und Theoriebildung im Geographieunterricht und ihrer Didaktik

Entsprechend der Entwicklung des Geographieunterrichts veränderten sich auch die Forschungsfelder der Didaktiker. Der zentrale Wandel erfolgte zu Beginn der 1970er Jahre mit der Abkehr von der Phase der Länderkunde und Fachmethodik hin zur lernzielorientierten Geographie mit der begründeten Auswahl und Anordnung von Inhalten (lerntheoretische Didaktik).
„Im Wesentlichen geht es um drei Dinge: a) die Begründung, Analyse und Beschreibung der Ziele und Inhalte von Geographieunterricht als Theorie geographischer Bildung, b) die Planung, Gestaltung und Evaluation von Geographieunterricht als Theorie und Praxis geographischer Bildung und c) die Erfassung konkreter Handlungsmöglichkeiten von Schülern und Lehrern im Geographieunterricht im Hinblick auf gesellschaftliche Rahmenbedingungen" (Kross 2001, S.254).

Die daraus abgeleiteten Aufgaben der Geographiedidaktik bilden seitdem die zentralen Forschungsfelder: Unterrichtsplanung, -analyse und -evaluation. Die anfänglich hermeneutisch-normativ ausgerichtete Forschung wurde durch eine differenzierte empirisch qualitative und quantitative Forschung ergänzt, die sich derzeit vor allem mit den folgenden Themen beschäftigt:

3 Gegenwärtige Trends und Forschungsansätze für den Geographieunterricht

3.1 Schülerinteressen

Die geographiedidaktische Interessensforschung (v.a. Hemmer & Hemmer 1999, Hemmer 2000, Obermaier 1997) untersucht fortlaufend die Entwicklung des geographischen Interesses bei den Lernenden, das Interesse an geographischen Themen, Regionen, Arbeitsweisen und Medien sowie geschlechtsspezifische Unterschiede. Sie bestätigte z.B. ein besonders hohes Interesse an Naturkatastrophen, Umweltproblemen, dem Lebensalltag und den Sichtweisen der gleichaltrigen Jugendlichen in anderen Ländern. Weiterhin ließ sich nachweisen, dass durch die Verwendung bestimmter Arbeitsweisen im Unterricht (z.B. Interneteinsatz im Geographieunterricht) das Interesse der Schüler am spezifischen Unterrichtsthema erhöht werden kann.

3.2 Schülervorstellungen: subjektive Alltagstheorien und Conceptual Change

Im Rahmen der Conceptual-Change-Forschung wird die Veränderung von geographischen Alltagstheorien (Präkonzepten) von Schülern untersucht. In den Forschungsprojekten zum Globalen Klimawandel (Schuler 2004) und zur Entstehung von Grundwasservorkommen (Reinfried 2004) konnte nachgewiesen werden, dass Lernende im Unterrichten ihre subjektiven Alltagstheorien nicht aufgeben und durch das neue, im Unterricht entwickelte Wissen ersetzen, sondern dass synthetische Modelle entwickelt werden, die beide Wissensbausteine in Einklang bringen. Wenn dies nicht gelingt, kommt es zu einer Kompartimentalisierung des Wissens: Schulwissen und Alltagswissen werden getrennt voneinander in der jeweiligen Situation verwendet.

3.3 Computerbasierte Medien und Geographische Informationssysteme (GIS)

Seit dem Beginn der Verwendung von Computern im Geographieunterricht wurde eine diesen Prozess begleitende (v.a. quantitativ-empirische) Unterrichtsforschung betrieben. Untersucht werden die Wirkungen der „Neuen Medien" auf Schüler: z.B. die Veränderung des Interesses an geographischen Themen und Regionen (Hemmer 2000), Motive und Gratifikationen (Schleicher 2002), die Adressatengemäßheit und Lerneffekte (Schrettenbrunner & Schleicher 2002) bei der Verwendung von Software bzw. Internet im Geographieunterricht.
Neben den Lernenden steht auch die Lehrkraft im Blickwinkel der geographiedidaktischen Medienforschung: In Forschungsprojekten zum Software-, Internet- und GIS-Einsatz (v.a. Kerski 2003, Audet & Paris 1997) stellten sich die folgenden Merkmale als Prädiktoren heraus, die Lehrkräfte zu Anwendern einer technischen Neuerung machen:
1. die Anzahl der erhaltenen Fortbildungstage (aktive Schulung mit der jeweiligen Software),
2. das Eingebundensein in ein Team von Kollegen, das im gleichen Bereich Erfahrungen sammelt und zum Erfahrungsaustausch zur Verfügung steht,
3. die technische Unterstützung innerhalb der Schule (die aber nicht zwangsläufig eine perfekt ausgestattete Umgebung bedeuten muss) und
4. die regelmäßige bzw. zahlreiche Teilnahme an Tagungen.

Gleichzeitig zeigte sich, dass das Innovationspotential einer Lehrkraft sowohl vom Alter als auch vom Geschlecht unabhängig ist.

3.4 Bilingualer Geographieunterricht

Besonderes Interesse erfährt der bilinguale Unterricht im Sachfach Geographie (z.B. in Englisch oder Französisch). Forschungsarbeiten behandeln v.a. die Entwicklung und Evaluation von Konzepten zum fremdsprachigen Sachlernen (vgl. Hoffmann 2003) oder den Lernzuwachs im bilingual unterrichteten Sachfach Geographie (Golay 2005). Auf der Basis einer einjährigen Unterrichtsreihe im bilingualen deutsch-französischen Geographieunterricht konnte Golay nachweisen, dass bei den Schüler keine Lernschwächen und keine sachfachlichen Lerndefizite im Vergleich zur Kontrollgruppe (regulär unterrichtet) auftraten. In der Lernzielkategorie „Verstehen" waren die bilingualen Testschüler sogar signifikant leistungsstärker.

4 Anwendungsbeispiel für den Geographieunterricht:

Projekte mit Neuen Medien bilden eine Brücke zwischen den unterschiedlichen Forschungsfeldern, Entwicklungstrends und der Praxis des Geographieunterrichts. Ein internationales Beispiel dazu ist das *EU-Projekt ESPERE (Environmental Science published for Everybody round the Earth, www.espere.net)*. Es vereint zum Thema Klimawandel aktuelle Entwicklungen des Geographieunterrichts: multimediale und interaktive Unterrichtsmaterialien (z.B. Simulationen und Animationen) sowie interdisziplinäres und bilinguales Lernen, da die Website in sieben Sprachen verfügbar ist.

5 Entwicklungsperspektiven des Geographieunterrichts

Inhaltlich und methodisch gewinnt das Fach an Relevanz durch seinen engen Bezug zu den Anforderungen der Arbeitswelt. So bietet der Geographieunterricht z.B. mit der Verwendung der GIS-Technik den Lernenden eine berufliche Qualifikation, bei der die Nachfrage auf dem Arbeitsmarkt (z.B. Geomarketing) derzeit größer ist als das Angebot an qualifizierten Bewerbern.

Die Zukunft des Faches Geographie wird administrativ in einigen Bundesländern durch die Bildung von Verbundfächern (z.B. GSE – Geschichte, Sozialkunde, Erdkunde an der bayerischen Hauptschule) geprägt und fordert damit zunehmend interdisziplinäres Arbeiten und die Entwicklung einer fächerverbindenden Didaktik.

Literatur

Audet H. & Paris J. (1997): GIS Implementation Model for Schools: Assessing the Critical Concerns. In: Journal of Geography, 102 (6), 293-300. – Golay D. (2005): Das bilinguale Sachfach Geographie. Eine empirische Untersuchung zum sachfachlichen Lernzuwachs im bilingual deutsch-französischen Geographieunterricht in der Sekundarstufe I. Geographiedidaktische Forschungen Band 39, Nürnberg: HGD. – Hemmer, I. & Hemmer, M. (1999): Schülerinteresse und Geographieunterricht. In: Köck (Hrsg.): Geographieunterricht und Gesellschaft, Geographiedidaktische Forschungen Band 32, Nürnberg: HGD, 50-62. – Hemmer, M. (2000): Westen ja bitte – Osten nein danke! Empirische Untersuchung zum geographischen Interesse von Schülerinnen und Schülern in den USA und der GUS, Geographiedidaktische Forschungen Band 33, Nürnberg: HGD. – Hoffmann, R. (2003): Bilingualer Geographieunterricht. Konzepte – Praxis – Forschung. Geographiedidaktische Forschungen Band 37, Nürnberg: HGD. – Kerski J. (2003): The Implementation and Effectiveness of Geographic Information Systems Technology and Method in Secondary Education. In: Journal of Geography, 102 (6), 293-300. – Kross, E. (2001): Didaktik der Geographie. In: Brunotte E. et al. (Hrsg.): Lexikon der Geographie, Band 1, Heidelberg: Spektrum Akademischer Verlag, 253-255. – Obermaier, G. (1997): Strukturen und Entwicklung des geographischen Interesses von Gymnasialschülern in der Unterstufe. Münchner Studien zur Didaktik der Geographie Band 9, München: Didaktik der Geographie (Selbstverlag). – Reinfried, S. (2004): Can we achieve scientific literacy in Geography without understanding Learners´ Mental

Model? IGU-CGE Symposium Expanding Horizons in a Shrinking World, Symposium Proceedings. Glasgow, 360-363. – Schleicher, Y. (2002): Nutzen Schüler geographische Websites? Ergebnisse einer empirischen Studie. Geographiedidaktische Forschungen Band 36, Nürnberg: HGD. – Schuler, S. (2004): Alltagstheorien von Schülerinnen und Schülern zum globalen Klimawandel. In Kross E. (Hrsg): Globales Lernen im Geographieunterricht – Erziehung zu einer nachhaltigen Entwicklung. Geographiedidaktische Forschungen Band 38, Nürnberg: HGD, 123-145. – Schrettenbrunner, H. & Schleicher, Y. (2002): „Der Berg ruft!" Wie schwierig ist ein Programm für Schüler? In: Praxis Geographie, 42 (9), 58-61.

83 | Geschichte
Markus Bernhardt

1 Geschichtsunterricht zwischen Theorie und Praxis

Einigkeit besteht unter Geschichtslehrern und -didaktikern darüber, dass im Geschichtsunterricht historisches Lernen stattfinden soll. Dieser Lernbegriff beinhaltet über den Erwerb historischen Wissens hinaus den Versuch, den Schülern Geschichtsbewusstsein zu vermitteln. Dabei handelt es sich um eine spezifische Bewusstseinsform, die einen rationalen Zusammenhang zwischen „Vergangenheitsdeutung, Gegenwartsverständnis und Zukunftsperspektive" herstellt (Jeismann 1988). Ihre Bedeutung ergibt sich daraus, dass eine um so tiefere Deutung der Vergangenheit sowohl den Umfang des Gegenwartsverständnisses als auch das Ausmaß der Zukunftsperspektive des Individuums positiv beeinflussen soll. Historisches Lernen wird aufgefasst als ein Prozess der Sinnbildung über Zeiterfahrung durch historisches Erzählen, indem das Individuum die Erfahrung der Vergangenheit als Erzählung konstruiert (Rüsen 1996). Die Eigentümlichkeit von Erfahrungen dieser Art liegt darin, dass sie über den eigenen Lebenshorizont hinausgehen und dem Bewusstsein nicht unmittelbar zugänglich sind. Deshalb müssen sie mithilfe von Überresten (Bild-, Text- und Sachquellen) aus der Vergangenheit oder Texten über die Vergangenheit mittels Zuweisung von Bedeutung individuell sinnstiftend (re-)konstruiert werden.

2 Entwicklung des Geschichtsunterrichts in Deutschland

Es dauerte bis in die sechziger Jahre des 20. Jahrhunderts, bis die aus dem 19. Jahrhundert stammende Legitimation des Geschichtsunterrichts als nicht zu hinterfragendes „Bildungsfach" brüchig wurde. Erst das allgemeine gesellschaftliche, pädagogische und wissenschaftliche Reformklima um 1970 bewirkte eine Veränderung des Geschichtsunterrichts. Dazu trug auch die Geschichtsdidaktik bei, die sich als eigenständige Disziplin an den Universitäten entwickelte. Inhalte und Ziele des Geschichtsunterrichts wurden vor dem Hintergrund einer sich demokratisierenden Gesellschaft neu legitimiert. Geschichtsunterricht sollte jetzt ein Fach der politischen Bildung sein, der Gegenwartsbezug wurde zum wichtigsten Kriterium für die Relevanz von historischen Themen. Die Kritik an dieser „Verkürzung der Vergangenheit" führte zur Explikation des Begriffs Geschichtsbewusstsein, der durch eine wissenschaftlich fundierte Verknüpfung der Zeitebenen Vergangenheit, Gegenwart und Zukunft zwischen den Positionen vermittelte.
Im Geschichtsunterricht der DDR ging es ebenfalls um Geschichtsbewusstsein und politische Bildung. Das materialistische Geschichtsbewusstsein war jedoch statisch und individuell nicht inter-

pretierbar, da der Geschichtsunterricht nur die Gesetzmäßigkeit der Entwicklung der Menschheit zu Sozialismus und Kommunismus nachzuweisen hatte. In der Bundesrepublik gab es seit den siebziger Jahren Tendenzen, die „Lehre" der Geschichte in einer zunehmenden Emanzipation des Individuums von Fremdbestimmung zu erkennen. Die Diskussion über diesen Determinismus von Geschichte wurde von Didaktikern sehr im Prinzipiellen und weitgehend unter Ausschluss der Lehrerschaft geführt, so dass deren Unterrichtspraxis eigene Wege ging und sich eher aus den Angeboten der Allgemeinen Didaktik und Pädagogik bediente.

Seit Ende der achtziger Jahre ist ein Umdenken in der Didaktik zu beobachten. Ihre Vertreter wandten sich verstärkt methodischen Fragen zu, was zur Explikation eines spezifisch fachdidaktischen Methodenbegriffs geführt hat (Mayer, Pandel & Schneider 2004). Gegenwärtig steht die prinzipielle Frage nach der „eigentlichen Lern-Struktur des Faches Geschichte" (Borries 2003, S.138) im Vordergrund der Diskussion, hinter der sich unter anderem das Problem der Lernprogression und die Auseinandersetzung um die Bedeutung von instruktivistischen und konstruktivistischen Lehr- und Lernformen verbirgt.

3 Problembereiche des Geschichtsunterrichts

Die normativen Gestaltungsvorschläge der Geschichtsdidaktik sagen relativ wenig über die Unterrichtswirklichkeit aus. Unterricht findet zumeist auf der Basis von Alltagstheorien statt, über deren Entstehung und Handhabung man so gut wie nichts weiß. Dennoch lassen sich Problembereiche ausmachen, die seit Jahrzehnten die Diskussionen in den Lehrerkollegien und in der Geschichtsdidaktik bestimmen.

3.1 Historisches Lernen: Geschichtsbewusstsein oder Historisches Wissen?

Der Begriff Geschichtsbewusstsein setzt, so wie er gebraucht wird, den fertig ausgebildeten Bewusstseinszustand eines Individuums voraus, das bereits über alle Fertigkeiten verfügt, seine historischen Orientierungsbedürfnisse sinnstiftend zu befriedigen. Das ist bei Schülern keineswegs der Fall, denn das Handwerkszeug des historischen Denkens muss erst erlernt werden. Jeder Mensch verfügt jedoch über eine Art Geschichtsbewusstsein, wenn damit die bewusste Wahrnehmung des Ichs in Raum und Zeit gemeint ist. Den Unterschied zwischen den beiden Bewusstseinsarten systematisch oder empirisch zu erfassen, ist bislang nicht überzeugend gelungen. Für die Planung des Unterrichts sind aus dem normativen Konstrukt Geschichtsbewusstsein methodische Leitsätze kaum zu gewinnen. Vielversprechender sind Versuche, historisches Lernen als Erwerb von historischem Wissen zu beschreiben (Günther-Arndt 2003). Über die Aneignung von Fakten hinaus meint historisches Wissen die Speicherung von Kenntnissen, Denkprozessen und Lösungsstrategien an untereinander verknüpften Orten des Gedächtnisses (bereichsspezifisches, strategisches und metakognitives Gedächtnis). Erste Ergebnisse zeigen, dass das historische Denken von Schülern nicht wissenschaftlichen, sondern Alltagstheorien folgt, die ihren Maßstab in einem undifferenzierten Gegenwartsbezug finden. Vergangenheit wird von Schülern als Gegenwart in einer anderen Epoche wahrgenommen (Günther-Arndt 2003, S. 29). Diese Theorien sind jedoch nicht fehlerhaft, sondern entwickeln ein hohes Maß an subjektiver Plausibilität. Gängige Vorstellungen von Schülergehirnen als *tabula rasa*, auf der man eine „objektive" Sachstruktur eingravieren, vermeintliche „Leerstellen" passgenau auffüllen oder „falsche" Auffassungen korrigieren könne, erweisen sich vor diesem Hintergrund als kontraproduktiv. Das Implementieren einer wissenschaftlich gesicherten Sachstruktur (Abbild-Didaktik) bringt bestenfalls „träges Wissen" hervor, das für das Individuum unnütz ist, weil es situationsverhaftet und unverknüpft mit vorhandenen Wissensbeständen bleibt. Die Ablösung der "erprobten" Alltagstheorien durch "ungewohnte" wissenschaftliche Theorien scheint nur durch ein kontinuierliches Methodenlernen möglich zu sein.

3.2 Inhalte oder Methoden?

An den Kriterien für die Auswahl der Inhalte des Geschichtsunterrichts entzündete sich um 1970 eine curriculare Diskussion, die mit unterschiedlicher Intensität bis heute geführt wird. Bei allen Gegensätzen in dieser Frage besteht jedoch in vier Punkten weitgehend Übereinstimmung: (1) Es ist nicht die Aufgabe des Geschichtsunterrichts, *die* Forschungsergebnisse *der* Geschichtswissenschaft als vermeintlich maßstabgebender Institution in reduzierter Form zu vermitteln. (2) Die Chronologie kann bestenfalls ein relatives Kriterium für die Abfolge von Inhalten sein. (3) Die ausschließliche Orientierung an der nationalen Geschichte entspricht weder wissenschaftlichen noch didaktischen Standards. (4) Die Konstituierung von Geschichtsunterricht erschöpft sich nicht in der Frage nach den Inhalten, sondern berücksichtigt soziale, mediale und methodische Probleme.

Die Erneuerung des Geschichtsunterrichts fand zunächst auf theoretisch-inhaltlichem Gebiet statt. Erst langsam wurde deutlich, dass die geforderte Kritikfähigkeit der Schüler im Umgang mit den Inhalten ohne ein fundiertes Methodenrepertoire gar nicht zu erreichen war. Klaus Bergmann (1978, S.115) formulierte, dass "Schüler nicht mehr fertige und vorgefertigte Inhalte lernen [sollen], sondern Fragestellungen, Methoden und Kategorien, die es ihnen erlauben, Inhalte für sich zu erarbeiten und zu verarbeiten." Die Auflösung dieser Diskrepanz liegt jedoch nicht in einer Verabsolutierung von allgemeinen methodischen Kompetenzen, die jenseits konkreter Inhalte das gedankliche Handwerkszeug zu deren Bearbeitung zur Verfügung stellen, wie dies in der aktuellen pädagogischen und allgemeindidaktischen Literatur bisweilen behauptet wird. Es geht vielmehr um den Erwerb von fachbezogener Methodenkompetenz, die spezifische historische Denk-, Arbeits- und Präsentationsweisen beinhaltet (Sauer 2002).

Was die Themen des Unterrichts betrifft, hat sich trotz aller Kritik der chronologische Durchgang durch die Epochen erhalten. Dieses traditionelle Strukturprinzip hat jedoch eine erhebliche Ausweitung erfahren. Einerseits ist die nationale Dimension von Geschichte zugunsten der europäischen und globalen zurückgetreten, andererseits sind Alltags-, Geschlechter-, Umwelt-, Wirtschafts- und Sozialgeschichte gleichberechtigt neben die Politikgeschichte getreten. Das hat zur Folge, dass das Lernen an exemplarischen Inhalten, die kategoriale Einsichten ermöglichen, die Regel geworden ist und der Erwerb von enzyklopädischem Überblickswissen aufgrund der unterschiedlichen Zugriffe auf Geschichte nicht mehr möglich ist.

4 Öffnung des Geschichtsunterrichts

Neben der gängigen Form, in deren Zentrum in der Regel die Quellen- und Schulbucharbeit steht, versucht der Geschichtsunterricht neue Wege zu beschreiten. Zu nennen sind hier besonders der bilinguale Geschichtsunterricht (Woidt 2002) und die Projektarbeit (Mayer 2001).

5 Desiderata und Perspektiven

Ein empfindlicher Mangel besteht in der geringen empirischen Kenntnis darüber, wie Geschichtsunterricht tatsächlich erteilt wird, was und auf welche Weise die Schüler "historisch" lernen. Gegenwärtig sind drei Problemkreise auszumachen, die zu systematischen und empirischen Forschungsfragen anregen: die "Identifizierung unterschiedlicher, logisch und genetisch miteinander verbundener Niveaus und Muster des historischen Verstehens und Erklärens" auf dem Gebiet der

Methodenorientierung (Henke-Bockschatz 2002, S.96), die Frage nach der Lernprogression und Entwicklungslogik des Geschichtsbewusstseins (Borries 2003, S.149ff) und die Analyse des historischen Lernvorgangs als Wissenserwerb im Lichte von neueren entwicklungs-, kognitions- und lernpsychologischen Ergebnissen (Günther-Arndt 2003).

Literatur
Bergmann, K. (1978): Von der Geschichtsdidaktik zur Geschichtsmethodik. In: Geschichtsdidaktik 3, 11-116. – Borries, B. v. (2003): Das Fach Geschichte im Spannungsfeld von Stoffkanon und Kompetenzentwicklung. In: Borries, B. v. (Hrsg.): Lebendiges Geschichtslernen. Bausteine zu Theorie und Pragmatik, Empirie und Normfrage. Schwalbach/Ts.: Wochenschau-Verlag, 138-168. – Günther-Arndt, H. (2003): Historisches Lernen und Wissenserwerb, in: Günther-Arndt, H. (Hrsg.): Geschichtsdidaktik. Praxisbuch für die Sekundarstufe I und II. Berlin: Cornelsen, 23-47. – Henke-Bockschatz, G. (2002): Von den Lehrmethoden zu den Lernmethoden: Konsequenzen für die geschichtsdidaktische Forschung. In: Zeitschrift für Geschichtsdidaktik, Jahresband, 87-99. – Jeismann, K.-E. (1988): Geschichtsbewusstsein als zentrale Kategorie der Geschichtsdidaktik. In: Schneider, G. (Hrsg.): Geschichtsbewusstsein und historisch-politisches Lernen. Pfaffenweiler: Centaurus, 1-24. – Mayer, U. (2001): Projektunterricht – der Königsweg des zukünftigen Geschichtsunterrichts? In: Pandel, H.-J. & Schneider, G. (Hrsg.): Wie weiter? Zur Zukunft des Geschichtsunterrichts. Schwalbach/Ts.: Wochenschau-Verlag, 125-135. – Mayer, U., Pandel, H.-J. & Schneider, G. (Hrsg.) (2004): Handbuch Methoden im Geschichtsunterricht. Schwalbach/Ts.: Wochenschau-Verlag. – Rüsen, J. (1996): Historische Sinnbildung durch Erzählen. Eine Argumentationsskizze zum narrativistischen Paradigma der Geschichtswissenschaft und der Geschichtsdidaktik im Blick auf nicht-narrative Faktoren. In: Internationale Schulbuchforschung, 18 (4), 501-544. – Sauer, M. (2002): Methodenkompetenz als Schlüsselqualifikation. Eine neue Grundlegung des Geschichtsunterrichts? In: Geschichte, Politik und ihre Didaktik 30, (3/4), 183-192. – Woidt, H. (2002): Plädoyer für den bilingualen Geschichtsunterricht. In: Geschichte in Wissenschaft und Unterricht, 53, 76-86.

84| Politische Bildung
Sibylle Reinhardt

1 Politische Bildung: Demokratie-Lernen – Mündigkeit

Das Ziel politischer Bildung ist sowohl system- als auch subjekt-bezogen: Es geht um den Erwerb jener Kompetenzen, die dem Bürger die Wahrnehmung seiner Bürgerrollen in unterschiedlichen Teilsystemen (Politik, Gesellschaft, Wirtschaft) ermöglichen. Zu nennen sind: Perspektivenübernahme, Konfliktfähigkeit, sozialwissenschaftliches Analysieren, politisch-moralische Urteilsfähigkeit, Partizipation, Wissenschaftspropädeutik (gymnasiale Oberstufe). Der normative Kern der Gleichachtung aller Beteiligten bedingt sowohl kognitive Operationen als auch emotionale Fähigkeiten und evaluative Einstellungen (vgl. S. Reinhardt 2004). Die älteren Zielformulierungen als Qualifikationen und Lernziele *(Input)* werden abgelöst von Kompetenzformulierungen, die den Anschluss an empirische Forschung zum Lernen und Lehren *(Output)* ermöglichen sollen. Ein normativer Paradigmenwechsel ist damit nicht verbunden: es geht um den individuell verantwortlich urteilenden und handelnden Bürger eines demokratischen politischen Systems, in dem alle Bürger durch die Gleichwertigkeit ihrer Stimme voneinander abhängen (vgl. Behrmann, Grammes & Reinhardt 2004).

Politische Bildung bezieht sich auf Politikwissenschaft, Soziologie und Ökonomie, zu denen – je nach Thema – auch Recht, Philosophie, Psychologie und andere Sozialwissenschaften treten. Das Unterrichtsfach heißt unterschiedlich: Politik, Sozialkunde, Gesellschaft-Wirtschaft-Politik, Gemeinschaftskunde, Politische Weltkunde, Sozialwissenschaften, Wirtschaft-Recht u.a.m. Das Fach ist unterschiedlich geschnitten: Häufig enthält es politische, gesellschaftliche und wirtschaftliche Gegenstände. Daneben gibt es spezialisierte Fächer wie Wirtschaft, deren Beitrag zur politischen Bildung eher unklar ist.

Politische Bildung findet nicht nur in schulischen Kontexten, sondern – mit ähnlichen didaktischen Konzeptionen – auch in außerschulischen Institutionen der Erwachsenenbildung statt (V. Reinhardt 2004). Neben Institutionen intentionaler politischer Bildung treten vielfältige Instanzen und Prozesse politischer Sozialisation.

2 Entwicklung der Konzeptionen politischer Bildung

Nach dem Zweiten Weltkrieg wurde gestritten, ob primär soziale Erziehung zu Kooperation und Partnerschaft oder politische Bildung für einen demokratischen Staat erfolgen sollte (Gagel 1994, Sutor 1999). Zugleich wurden damit unterschiedliche Lernansätze (Erfahrung oder Theorie?) benannt. Didaktische Konzeptionen der politischen Bildung (vgl. 3.1), die nach Vorläufern in der Zeit der Weimarer Republik und neben der sozialistisch parteilichen Staatsbürgerkunde in der DDR entwickelt wurden, entfalten die Relevanz und die Dynamik von Gegenständen für die Gesellschaft und für Lernprozesse (und nicht nur für das politische System und die Fachwissenschaften). Die Fachdidaktik geriet aus politischen Gründen in die Auseinandersetzungen um die Protestbewegung der 68er (Lager-Didaktik: linke versus rechte Positionen). Beendet wurde diese Polarisierung durch den sog. Beutelsbacher Konsens 1976 (vgl. 3.2 sowie Giesecke 1999). Später wurden weitere Konzeptionen mit unterrichtspraktischer Relevanz entwickelt, z.B. die Handlungsorientierung (Sander 1997).

3 Fachdidaktische Prinzipien, Grundsätze und Differenzierungen

3.1 Fachdidaktische Prinzipien

Das Professionswissen für das Fach „Politik" verknüpft in der Form von fachdidaktischen Prinzipien unterschiedliche Wissensformen: Normatives Wissen (Werte und Überzeugungen), wissenschaftliches Wissen (Fachwissenschaften), Alltagswissen (der Lernenden) und Berufswissen (der Lehrenden) ergeben eine eigene Realität des Unterrichts. Als Beispiel diene die Konfliktorientierung:
a) Normative Dimension: Es geht um Demokratie-Lernen und Streitkultur
b) Fachwissenschaftliche Zugänge: Die Beiträge der Sozialwissenschaften zu einem aktuellen Konflikt (z.B. um Arbeits- oder Sozialpolitik)
c) Alltägliche Zugänge: Konflikte interessieren und involvieren
d) Berufswissen: Die Methode der Konfliktanalyse arrangiert den Lernweg in Phasen, die die Dynamik der Auseinandersetzung beschreiben: Konfrontation als erste Auseinandersetzung mit dem Konflikt – Analyse des Konflikts mit Hilfe von Kategorien bzw. Leitfragen – Stellungnahmen der Lernenden als Subjekte – Kontroverse als Inszenierung des Konflikts (z.B. Streitgespräch, Debatte) – Generalisierung als Ermittlung des strukturellen Konflikts.

Als fachdidaktische Prinzipien können gelten: Konflikt- und Problemorientierung, Fallprinzip, Handlungs- und Zukunftsorientierung, Politisch-moralische Urteilsbildung, Wissenschaftspropädeutik (gymnasiale Oberstufe) (Reinhardt 2005).

3.2 Der Beutelsbacher Konsens

Drei Maximen müssen die Interaktionen im Politikunterricht lenken: Der Politiklehrer darf dem Schüler nicht seine eigene politische Auffassung indoktrinieren, sondern muss ihm – durch die Wahl geeigneter Inszenierungen – den Erwerb einer eigenen begründeten Position ermöglichen (Überwältigungsverbot). Was in Gesellschaft und Politik umstritten und umkämpft ist, muss auch im Unterricht kontrovers erscheinen (Kontroversprinzip). Der Schüler darf in politischen Fragen seine eigene Interessenlage analysieren und Mittel suchen, die Situation in seinem Sinne und im Sinne der Interessen aller zu beeinflussen (Interessenorientierung). Die Kontroverse ist also das Markenzeichen des Politik-Unterrichts.

3.3 Wirksamkeit von Unterrichtsstrategien

Zur Wirksamkeit von Unterrichtsstrategien gibt es wenig empirisch gesichertes Wissen. Immerhin liefert Kötters-König (2002) Hinweise, dass sowohl einseitig lehrerzentrierter Unterricht als auch Unterricht mit vielfältigen Methoden und Verfahren vorzufinden ist. Dieser letztere, auch partizipative, diskussionsorientierte, lebensweltbezogene und kooperative, Unterricht verwirklicht das Kontroversprinzip in seinen interaktiven Formen. Ermutigend ist das Ergebnis, dass Lernende, die über einen solchen Unterricht berichten, mehr Verständnis für den konflikthaften Charakter demokratischer Politik zeigen. Offensichtlich assimilieren sie das politische System seltener an private Wünsche von Harmonie und Einheit, sondern denken und fühlen eher die Eigenlogik des politisch-demokratischen Systems (vergleichbare Ergebnisse bei Watermann 2003). Schlüssige Studien, die längsschnittlich angelegt sein müssten, fehlen.

3.4 Differenzierungen

Stufen und Niveaus: Die Entwicklung der Kompetenzen für Demokratie und Mündigkeit (vgl.1) verläuft vermutlich in drei Stufen: Von einem personzentrierten Umgang mit dem sozialen Nahraum erweitern sich die Kompetenzen über eine institutionsbezogene Sicht auf Regeln und Ordnungen zu einem distanziert-reflexionsfähigen Umgang mit Systemen. Im ersten Niveau leitet das Bedürfnis des Lernenden eigeninteressiertes Handeln; das mittlere Niveau zentriert um Institutionen und die Verfahren und Regeln kollektiver Verhältnisse; auf dem dritten Niveau können (Teil-)Systeme in ihrer Eigenlogik gedacht und Wege zum Erkenntnisgewinn reflektiert werden. Konkretionen und Kontexte bleiben auch im dritten Niveau bedeutsam, weil pure Abstraktionen und Universalisierungen den Sinn politischer Regelungen für die konkreten Menschen nicht unmittelbar ausdrücken – der Wechsel ist im Unterricht bedeutsam (Behrmann, Grammes & Reinhardt 2004, S.338).
„Männlicher" und „weiblicher" Politikunterricht muss unterschieden werden (Richter 2000). Die Zugänge zur Welt sind nach Interesse und inhaltlichen Dimensionen häufig verschieden: Mädchen bevorzugen eher kommunikative und interaktive Prozesse, Jungen wählen eher technische Gegenstände und analytische Verfahren. Im fachdidaktischen Prinzip der politisch-moralischen Urteilsbildung werden beide Zugänge verknüpft, auch ist die Integration der Sozialwissenschaften eine didaktische Antwort, damit die geschlechtsspezifischen Sichtweisen allmählich beiden Geschlechtern verfügbar werden.

4 Das BLK-Programm „Demokratie lernen und leben"

Die Bund-Länder-Kommission fördert 2002 – 2007 in dreizehn Bundesländern an 160 Projektschulen vier Module: Unterricht, Lernen in Projekten, Schule als Demokratie, Schule in der Demokratie (Edelstein & Fauser 2001). Dieses Programm hat viel Zustimmung erfahren und es hat eine alte Kontroverse neu entfacht. Wie kann eine wechselseitige Förderung der lebensweltlichen, auf den sozialen Nahraum bezogenen, Prozesse schulischer Partizipation mit den abstrakten, auf Verallgemeinerungen zielenden Reflexionsprozessen im Unterricht erreicht werden? Soziales Lernen und/oder politische Bildung? Diese jüngste Kontroverse könnte den inneren Gegensatz und den Zusammenhang des Lernens im und für den Nahraum mit dem Systembezug, der nur gedacht und nicht handfest erfahren werden kann, fruchtbar machen (Pohl 2004).

5 Forschungsfragen

Die Fachdidaktik und die Lehrerprofession sind auf bessere Daten und Interpretationen dringend angewiesen: Die Kompetenzen sind in Ausprägung und Entwicklung nur teilweise erfasst, Fehlverstehen von Lernenden ist bisher nur durch Unterrichtserfahrungen greifbar (Reinhardt 2004), die qualitative Unterrichtsforschung (Henkenborg 2002) ist konzeptionell noch unklar, Lehr-Lern-Forschung existiert nur in Ansätzen. Hier wäre viel zu tun!

Literatur
Behrmann, G. C., Grammes, T. & Reinhardt, S. (2004): Expertise für ein Kern-Curriculum in der gymnasialen Oberstufe. In: Tenorth, H.-E. (Hrsg.): Kerncurriculum Oberstufe II: Biologie, Chemie, Physik, Geschichte, Politik. Weinheim: Beltz, 322-406. – Edelstein, W. & Fauser, P. (2001): Demokratie lernen und leben. Gutachten zum Programm. Bonn: Bund-Länder-Kommission für Bildungsplanung und Forschungsförderung. – Gagel, W. (1994): Geschichte der politischen Bildung in der Bundesrepublik Deutschland 1945-1989. Opladen: Leske+Budrich. – Giesecke, H. (1999): Entstehung und Krise der Fachdidaktik Politik 1960-1976. In: Aus Politik und Zeitgeschichte B 7-8/99, 13-23. – Henkenborg, P. (2002): Interpretative Unterrichtsforschung in der Politischen Bildung. Ansätze, Stand, Perspektiven. In: Breidenstein, G., Combe, A., Helsper, W. & Stelmaszyk, B. (Hrsg.): Forum qualitative Schulforschung 2. Interpretative Unterrichts- und Schulbegleitforschung. Opladen: Leske+Budrich, 81-109. – Kötters-König, C. (2002): Handlungsorientierung und Kontroversität im Sozialkundeunterricht. In: Krüger, H.-H. & Reinhardt, S. (2002): Jugend und Demokratie – Politische Bildung auf dem Prüfstand. Eine quantitative und qualitative Studie aus Sachsen-Anhalt. Opladen: Leske+Budrich, 115-144. – Pohl, K. (2004): Politikdidaktik heute – Gemeinsamkeiten und Differenzen. Ein Resümee. In: Pohl, K. (Hrsg.): Positionen der politischen Bildung. Schwalbach: Wochenschau, 302-349. – Reinhardt, S. (2004): Demokratie-Kompetenzen. In: Edelstein, W. & Fauser, P. (Hrsg.): Beiträge zur Demokratiepädagogik. Eine Schriftenreihe des BLK-Programms „Demokratie lernen & leben." [verfügbar unter: (http://www.blk-demokratie.de/fileadmin/public/dokumente/Reinhardt.pdf, 09.03.2009]. – Reinhardt, S. (2005): Politik-Didaktik. Praxis-Handbuch für die Sekundarstufe I und II. Berlin: Cornelsen-Scriptor. – Reinhardt, V. (2004): Aspekte der politischen Bildung nach 1945. Hamburg: Krämer. – Richter, D. (2000): Politisches Lernen durch Geschlechterdifferenzen? In: Kursiv, 1/2000, 34-37. – Sander, W. (Hrsg.) (1997): Handbuch politische Bildung. Praxis und Wissenschaft. Schwalbach: Wochenschau. – Sutor, B. (1999): Restauration oder Neubeginn? Politische Bildung 1945-1960. In: Aus Politik und Zeitgeschichte, B 7-8/99, 3-12. – Watermann, R. (2003): Diskursive Unterrichtsgestaltung und multiple Zielerreichung im politisch bildenden Unterricht. In: Zeitschrift für Soziologie der Erziehung und Sozialisation, 23, 356-370.

85| Musik
Andreas Lehmann-Wermser

1 Musikunterricht im Fächerkanon heutiger Schulen

Der Musikunterricht an den allgemein bildenden Schulen sieht sich derzeit unter Druck: Anders als andere Fächer, die sich nach internationalen Leistungsvergleichen gestärkt sehen, ist er in eine Legitimationskrise geraten. Eine Ursache dafür ist der hohe Anteil fachfremd erteilten oder ausfallenden Unterrichts, insbesondere an den Grund- und Hauptschulen; die in vielen Bundesländern gekürzten Stundentafeln verschärfen das Problem; ein Unterricht mit aufeinander aufbauenden Kompetenzen wird unmöglich; zudem bleibt oft unklar, wie Angebote im Bereich von Arbeitsgemeinschaften und in der Sekundarstufe II aufrecht erhalten und von den Jugendlichen wahrgenommen werden sollen. Eine weitere Ursache ist, dass die Musikdidaktik als wissenschaftliche Disziplin wie auch der Fachunterricht selbst lange unentschlossen zwischen musischem Ausgleich für „harte Lernfächer" und wissenschaftlich begründetem Unterrichtsfach pendelten. Das liegt auch in der Geschichte des Faches begründet.

2 Zur Geschichte des Musikunterrichts

Der Musikerziehung wurde schon in der Antike eine bedeutende Wirkung zugeschrieben. Die Beschäftigung mit Musiktheorie war im Mittelalter eine der vier Künste, deren Studium hoch geschätzt wurde. Seit der Reformation war das „Singen" in der Schule, ein Vorläufer des heutigen Musikunterrichts, wichtiger Bestandteil der niederen Schulbildung. Allerdings war die Qualität dieses Unterrichts meist schlecht, wie Gruhn (1993) aufgezeigt hat. Deshalb standen am Beginn des 19. Jahrhunderts verschiedene Versuche, das Singen systematisch und an kindlichen Fähigkeiten orientiert einzuführen. Nach 1871 wurde dem Musikunterricht verstärkt die Funktion patriotischer Erziehung zugewiesen; durch das Singen entsprechenden Liedgutes sollten bei den Jungen die Wehrhaftigkeit gesteigert und die Lungen gestärkt werden. Für Mädchen stand vor allem die Einübung in die Rolle der Hausfrau und Mutter auf dem Lehrplan, der Volkslieder und religiöse Gesänge vorsah. Nur für die höhere Schule war eine Beschäftigung mit „großen" Werken der Musikgeschichte vorgesehen. Vor allem durch die umfassenden Veränderungen in Preußen (Leo Kestenberg) sollte in den 1920er Jahren die Qualität des Musikunterrichts zur Hebung der „musikalischen Volkskultur" verbessert werden. So wurden im Gefolge der Kunsterziehungs- und Jugendbewegung Elemente „schöpferischen Tuns" (Jöde) propagiert. Deren intellektfeindliche Tendenzen standen nach 1933 der Inanspruchnahme auch des Musikunterrichts für völkische und antisemitische Ziele nicht entgegen. Der Hinweis auf den angeblich unpolitischen Charakter musischer Bildung erlaubte es aber den Vertretern im Westen nach dem Krieg nahtlos an Früheres anzuknüpfen. Das galt bedingt auch für die DDR, auch wenn der Musikunterricht sich dort den Maximen marxistisch-leninistischer Kunst- und Erziehungstheorien unterordnen musste (vgl. dazu Fröde & Jank 2001). Erst ab den 1960er Jahren wurden im Westen grundsätzlich neue fachdidaktische Konzeptionen entwickelt: etwa die Kunstwerk- und Wissenschaftsorientierung (Alt 1968), eine stärker auf gewandelte gesellschaftliche Bedingungen reagierende Didaktik wie die Auditive Wahrnehmungserziehung (Günther & Frisius 2001) und die in hermeneutischer Tradition stehenden Konzepte Ehrenforths und Richters. Insbesondere die letzten sind in Abwandlungen (etwa der sog. „Topos-Didaktik") bis heute wirksam (für den Überblick vgl. Helmholz 1996). Bemerkenswert ist, dass die letzten Entwürfe aus den 1980er Jahren stammen und hinter heutigen Anforderungen zurück bleiben. Eine umfassende Konzeption unter Einbeziehung der Neuen Medien oder der interkulturellen Musikpädagogik bei gleichzeitiger Berücksichtigung einer veränderten Jugend und Schule fehlt bisher. Als Ertrag der unterschiedlichen Entwürfe bleibt, dass im Vergleich zu früher die Spannbreite möglicher Unterrichtsinhalte erheblich größer geworden ist. Neben Materialien zu gegenwärtiger oder historischer, außereuropäischer oder populärer Musik finden sich u.a. solche zu Filmmusik, Musik in der Werbung, computerunterstütztem Unterricht sowie eine Vielzahl fächerverbindender oder projektorientierter Vorschläge.

3 Musiklernen

3.1 Musiklernen und musikalische Sozialisation

Musiklernen als Aneignung eines komplexen Bündels von Fähigkeiten, Fertigkeiten, kognitiven Beständen und affektiven Einstellungen beginnt sehr früh: Bereits pränatal sind Kinder akustischen Reizen wie etwa dem mütterlichen Herzschlag ausgesetzt, auf die sie u.a. mit Bewegungen reagieren. Im Wechselspiel von akustischer und körperlicher Wahrnehmung einerseits und motorischen Aktivitäten andererseits werden bis zum Beginn der Pubertät jene musikalische Grundfähigkeiten entwickelt, die als Dimensionen musikalischer Begabung erscheinen (Gembris 1998): So wird die Ausbildung des „absoluten" Gehörs durch frühen Instrumentalunterricht begünstigt (Shuter-Dyson 1982); Konzepte für rhythmische und tonale Wahrnehmungen entstehen, die Fähigkeit zu intonationsreinem Singen ist bei acht- bis zehnjährigen weitgehend abgeschlossen. Viele der sich entwickelnden Kompetenzen lassen sich mit einem an Piaget angelehnten Entwicklungsmodell erklären, wie Stadler-Elmer (1998) zeigen konnte. Die empirisch gesicherten Erkenntnisse belegen aber auch die Bedeutung eines guten Musikunterrichts speziell in den Grundschuljahren.

Neben diesen individuellen Grundfähigkeiten werden in der musikalischen Sozialisation jene gesellschaftlichen Verhaltensmuster im Umgang mit Musik ausgebildet, die in der Lebensspanne bedeutsam werden. Bei Hörpräferenzen oder Einstellungen zum Instrumentalspiel und Singen z.B. kommen familiäre Muster zum Tragen. Seit den 1980er Jahren ist in vielen Studien herausgearbeitet worden, wie in der Adoleszenz bei Jugendlichen die *peer group* für die Ausbildung des Musikgeschmacks bedeutsam wird. Während man zunächst jedoch davon ausging, dass vorgefertigte, oft massenmedial geprägte Muster und Identifikationsangebote einfach übernommen würden, wurde in der Folge u.a. durch DeNora (2000) herausgearbeitet, dass in einem komplexen Prozess bestehende Angebote symbolisch verhandelt und kreativ weiter verarbeitet werden. Insofern bevorzugt man heute den Begriff der (musikalischen) „Selbstsozialisation". Die Vielfalt dieses Prozesses wird daran deutlich, dass regionale, schichtenspezifische, vor allem aber auch *Gender*-typische Einflüsse beobachtet werden, die sich gegenseitig bedingen und beeinflussen. Ursprünglich als generationsspezifisches Phasenmodell beschrieben, hat Behne (1996) inzwischen in einer Längsschnittuntersuchung zeigen können, dass in postmodernen Gesellschaften weit über die Pubertät hinaus rasch wechselnde musikalische Präferenzen, Hörweisen und musikalische Identitäten beobachtet werden. Musikalische Verhaltensweisen dienen dabei nicht nur der symbolischen Abgrenzung innerhalb von Familien oder zwischen *peer proups*, sondern auch der inneren Entwicklung von Identität(en) oder Selbststeuerungsmechanismen.

3.2 Intentionales Musiklernen in der Schule

Während es für die Vorgänge der musikalischen Entwicklung und der Sozialisation inzwischen also Erklärungsmuster gibt, sind die des intentionalen Musiklernens in der Schule weitgehend unklar. Hier gibt es auch deshalb Defizite, weil der Musikunterricht nicht daran gemessen wird, wie erfolgreich er in diesem präzisen Sinne ist (vgl. dazu Kraemer 2004). Welche Schritte sind z.B. notwendig, um innere Tonvorstellungen aufzubauen, die ihrerseits für intonationsgenaues Singen notwendig angesehen werden? Solmisationssysteme wie die früher weit verbreitete Tonika-Do-Methode oder die über ihr Ursprungsland Ungarn hinaus praktizierte Methode Kodálys scheinen dabei in ihrem jeweiligen kulturellen Kontext erfolgreich zu sein, aber sie haben in der hiesigen Musikdidaktik der letzten 40 Jahre fast keine Rolle gespielt. In der amerikanischen Forschung wird u.a. den Fragen der „teaching effectiveness" große Aufmerksamkeit geschenkt (vgl. den Überblick in Colwell 2002). Selbst wenn man berücksichtigt, dass solche Modelle kulturellen (und nationalen) Traditionen verpflichtet und nur bedingt übertragbar sind und dass eine an naturwissenschaftlichen Paradigmen orientierte Unterrichtsforschung wichtigen Aspekten ästhetischen Lernens wohl nicht gerecht werden kann, werden doch die Defizite von Musikunterricht und Fachdidaktik hierzulande deutlich, die zur schwierigen Situation beigetragen haben. Eine genaue Vorstellung davon, was Kinder und Jugendliche wie und wann musikalisch zu lernen haben, um im umfassenden Sinne an Musikkultur teilhaben zu können, existiert kaum.

4 Aufgaben des Musikunterrichts

Trotz der beschriebenen Defizite lassen sich in Anlehnung an frühere Versuche gleichwohl wichtige Lernfelder beschreiben. Musikunterricht soll:
a) Kinder und Jugendliche in die Lage versetzen *vokal und instrumental Musik zu machen*; dafür hat er Fähigkeiten, Fertigkeiten und die notwendigen Wissensbestände (etwa über Notation) zu vermitteln;
b) eine *Auseinandersetzung mit der Tradition der Kunst- wie Popularmusik ermöglichen*; aufbauend auf den erworbenen Kompetenzen soll Musikunterricht handlungs- und schülerorientiert Verstehensprozesse ermöglichen;
c) *interkulturelles Lernen ermöglichen*; das bedeutet, dass er kulturelle Bedingtheiten verdeutlicht und den Blick für diejenigen anderer fremder Kulturen schärft. Das schließt aber auch ein, die musikbezogenen Leistungen von Kindern mit Migrationshintergrund stärker als bisher zu reflektieren und anzuerkennen (Böhle 1998);
d) *interdisziplinäre Zusammenhänge suchen;* in dem Maße, in dem ein bildungsbürgerliches Verständnis von musikalischer Kultur und ihren Zusammenhängen schwindet, ist Unterricht dazu aufgefordert, umfassende Erfahrungen machen zu lassen, Inhalte zu vernetzen und die Konstituierung von Sinnzusammenhängen zu ermöglichen;
e) *emotionale und Identität bildende Prozesse ermöglichen;* wenn auch umstritten ist, in welchem Maße in der Pubertät Musik, die auch der Abgrenzung von Ansprüchen und Idealen der Erwachsenen dient, zum Gegenstand von Unterricht gemacht werden soll, so ist doch sicher, dass Unterrichtsplanung diese Prozesse berücksichtigen und Angebote auch für affektives Lernen bereitstellen muss.

In dieser Liste fehlen jene Aktivitäten, die im Schulleben wie im Selbstbild vieler Musiklehrer besondere Bedeutung haben, nämlich musikalische Auftritte mit Arbeitsgemeinschaften oder Gruppen. So wichtig diese für Schulleben und -profil sein mögen, zählen sie doch nicht zum Musikunterricht im engeren Sinne und zum Bildungsauftrag der allgemein bildenden Schule. Welchen Stellenwert sie in einer zukünftigen und im Regelfall den ganzen Tag umfassenden Schule spielen werden, ist noch nicht abzusehen.

Literatur

Alt, M. (1968): Didaktik der Musik. Orientierung am Kunstwerk. Düsseldorf: Schwann. – Behne, K.-E. (1996): Musikgeschmack in den 90er Jahren. In: Musikforum, 84, 25-41. – Böhle, R. (1998): Möglichkeiten der Interkulturellen Ästhetischen Erziehung in Theorie und Praxis. – 2. überarb. Auflage. Frankfurt: Verlag für Interkulturelle Kommunikation. – Colwell, R. (2002): The New Handbook of Research on Music Teaching and Learning. New York: Oxford University Press. – DeNora, T. (2000): Music in Everyday Life. Cambridge u.a.: Cambridge University Press. – Fröde, B. & Jank, B. (2001): 10 Jahre danach – Sichten auf die schulische Musikpädagogik in der DDR. Essen: Die Blaue Eule. – Gembris, H. (1998): Grundlagen musikalischer Begabung und Entwicklung. Augsburg: Wißner. – Gruhn, W. (1993): Geschichte der Musikerziehung. Hofheim: Wolke. – Helmholz, B. (1996): Musikdidaktische Konzeptionen in Deutschland nach 1945. Essen: Die Blaue Eule. – Kleinen, G. (Hrsg.) (2003): Musik und Kind. Laaber: Laaber. – Kraemer, R.-D. (2004): Musikpädagogik – Einführung in das Studium. Augsburg: Wißner. – Shuter-Dyson, R. (1982): Psychologie musikalischen Verhaltens. Angloamerikanische Forschungsbeiträge. Mainz: Schott. – Stadler-Elmer, St. (1998): A Piagetian Perception of Singing Development. In: Behne, K.-E., Kleinen, G. & Motte-Haber, H. de la (Hrsg.): Musikpsychologie, Bd. 13, Göttingen: Hogrefe, 108-125.

86| Kunst
Bettina Uhlig

1 Ziele und Fachinhalte des Kunstunterrichts

Es gehört zum elementaren Vermögen des Menschen, im Medium des Bildnerischen zu sein, um sich ein Bild von der Welt zu machen und Wahrnehmungserlebnissen, Erfahrungen, Gefühlen, Gedanken sichtbaren Ausdruck zu verleihen. Der Kunstunterricht fördert dieses menschliche Vermögen im Hinblick auf einen ganzheitlichen Zugang zur Welt. Im Kunstunterricht setzen sich Kinder und Jugendliche mit der Welt – in all ihren ästhetisch, vor allem visuell erfahrbaren Fassetten – auseinander. Das Wahrnehmen und Rezipieren von Kunstwerken, Alltagsobjekten, der Natur, der Medien usw. sowie das bildnerische Gestalten als Malen, Zeichnen, Collagieren usw. sind zentrale Aspekte des Faches. Dabei spielt sowohl im rezeptiven als auch im praktisch-handelnden Zugang zur Welt die Reflexionsfähigkeit eine entscheidende Rolle.

Mit dem Entwickeln und Fördern der ganzheitlichen Wahrnehmung, des bildnerischen Ausdrucks und der Fähigkeit zur Analyse, Interpretation und Beurteilung von Kunstwerken und anderen ästhetischen Phänomenen kann das Fach Kunst einen Beitrag zur allseitigen Persönlichkeitsentwicklung leisten. Wahrnehmungs- und Urteilsfähigkeit sowie das Vermögen zum visuell-anschaulichen Denken, das an innovativen Lernvorgängen maßgeblich beteiligt ist, sind ebenso entscheidend für die individuelle Entwicklung von Kindern und Jugendlichen wie die Entfaltung ihres Ausdrucksrepertoires. Dieses eröffnet als präsentatives Symbolsystem eigene, durch keine andere ‚Sprache' ersetzbare Möglichkeiten, Erlebnisse und Emotionen zu verarbeiten, eigene Sichtweisen zu entwickeln und Artikulations- und Kommunikationsmöglichkeiten zu erproben.

Der Kunstunterricht versetzt Kinder und Jugendliche zudem in die außergewöhnliche Lage, authentische Sehweisen wechselseitig zu erweitern und Bilder mit den ‚Augen des Anderen' zu betrachten. So können Kinder und Jugendliche Einsichten in historische und gegenwärtige Denkweisen, Lebensformen und gesellschaftliche Verhältnisse gewinnen, die zugleich die eigene Orientierung in einer immer komplexer werdenden gesellschaftlichen Realität erleichtern.

Das Fach Kunst dient der Allgemeinbildung, das heißt einer allgemeinen Bildung für alle, nicht nur der so genannten Begabten und Talentierten. Als wesentliches Fundament dient dabei die bildende Kunst. Kunst gibt die Welt nicht abbildend wider, sondern macht sie, zumeist auf induktivem Wege, sichtbar. Indem sie konventionalisierte Wahrnehmungsmuster in Frage stellt und bedeutsame zeitgeistige Fragen bildnerisch problematisiert, macht sie aufmerksam und regt zum Nachdenken und Bedeutungsstiften an. Deshalb besitzt das Fach Kunst allgemein bildende Qualifikationen im Hinblick auf reflektiertes und verantwortliches Denken und Handeln im Rahmen veränderter soziokultureller und gesellschaftlicher Bedingungen. Im Sinne seiner allgemein bildenden Funktion, ist der Kunstunterricht als problemorientierter und sachbezogener Unterricht zu charakterisieren, der sich durch Weltzugewandtheit und kulturelle Offenheit auszeichnet.

2 Fachgegenstände und fachdidaktische Grundlagen

Das Potenzial künstlerisch-ästhetischer Bildungsprozesse ist dort am größten, wo fachliche Ansprüche und subjektive Möglichkeiten, Erfahrungen, Interessen in Balance gebracht werden. Als sinnvoll erweist sich die Verknüpfung und wechselseitige Bezugnahme thematischer, fachlicher und gestalterischer Aspekte.

Der zentrale Fachgegenstand ist die bildende Kunst. Der reflektierende, rezeptive und praktischhandelnde Umgang mit Werken und Prozessen der Kunst ist eine exemplarische Möglichkeit (auch im Transfer auf nichtkünstlerische ästhetische Phänomene) ein geschärftes Wahrnehmungs-, Deutungs- und Urteilsvermögen zu entwickeln. Die Art und Weise, die Welt auf künstlerische und ästhetische Weise zu erfahren, prägt die Perspektiven der anderen Fachgegenstände: die Alltagswelt von Kindern und Jugendlichen, die Natur und – im Rahmen der immer stärker mediatisierten Welt – die neuen Medien und die Bilder, die sie hervorbringen.

Die methodische Grundstruktur des Kunstunterrichts besteht in einer möglichst engen Verbindung von *Produktion*, *Rezeption* und *Reflexion*. Dies sind drei Weisen der Auseinandersetzung mit der Wirklichkeit, die einander wechselseitig ergänzen und bereichern.

Die *künstlerisch-ästhetische Praxis* orientiert sich in erster Linie am Ausdrucksvermögen von Kindern und Jugendlichen, das es zu fördern und weiterzuentwickeln gilt. Die fassettenreichen Ausdrucksformen der Kunst haben Anregungscharakter. Mit einem Blick in die derzeitigen Lehr- und Bildungspläne reicht das verbindliche Spektrum künstlerisch-ästhetischer Praxis von klassischen Gestaltungstechniken wie der Malerei mit Wasserfarben, dem Linoldruck oder dem Arbeiten mit Ton bis zum Anfertigung kinetischer Objekte, Spurensicherung, Performance, digitaler Bildbearbeitung und vielem mehr. In der Erkundung und Anwendung unterschiedlichster bildnerischer Verfahren und Strategien – und das bereits in der Grundschule – können Kinder und Jugendliche vielfältige und originäre Erfahrungen sammeln, die ihnen helfen, individuelle Ausdruckspräferenzen zu entwickeln und anzuwenden.

Künstlerisch-ästhetische Praxisfelder sind:
– Wahrnehmen
– Imaginieren, Phantasieren
– Experimentieren
– Sammeln
– Präsentieren
– Grafisch gestalten
– Farbig gestalten

– Collagieren
– Formen, Bauen, Konstruieren
– Spielen, Agieren, Inszenieren
– Neue Medien nutzen

Eine besondere Bedeutung erhält zukünftig die intermediale Praxis. Das künstlerisch-ästhetische Agieren in der wechselseitigen Bezugnahme und Anwendung künstlerischer Ausdrucksmöglichkeiten kommt vor allem dem kindlichen Interesse an spielerisch-experimentellen Zugangsweisen zur Wirklichkeit sehr nahe. Jugendlichen kann es helfen, sich flexibel auf ungewohnte Situationen einzustellen und unkonventionelle Lösungsmöglichkeiten zu entwickeln. Wesentlich ist, dass das Erproben und Nutzen künstlerisch-ästhetischer Ausdrucksformen immer im Zusammenhang zu einem bildnerischen Problem steht und nie Selbstzweck ist.

Angemessene *Themen* schaffen individuelle Zugänge und berühren die altersspezifischen Problemfelder von Kindern und Jugendlichen (z.B. Geschlecht, der eigene Körper, die Familie). Sie sollten in intersubjektive (z.B. soziale, kulturelle, ökologische) Kontexte eingebunden sein.

Wenn dem Fach Kunst die besondere Aufgabe zukommt, das Rezeptions- und Ausdrucksvermögen von Kindern und Jugendlichen im Hinblick auf reflexives Denken und verantwortungsvolles Handeln zu fördern, setzt dies allgemeine wie spezifische Fachkompetenzen von Lehrenden unverzichtbar voraus. Entscheidend ist dafür nicht nur ein umfangreiches Wissen in der historischen und aktuellen Kunstgeschichte und -theorie, sondern vor allem Einsichten in die Lebensumstände, Bedürfnisse und Interessen von Kindern und Jugendlichen sowie differenzierte Kenntnis altersgemäßer Bildsprachen. Das beinhaltet weit mehr als Kenntnisse über die Entwicklung der Kinderzeichnung. Es bezieht sich auf die Vielfalt ästhetischer Ausdrucksformen: vom kindlichen Sammeln, über die Veränderungen der Bildsprache durch die Möglichkeiten der digitalen Bildbearbeitung, Präferenzen in der Auswahl von Bildern, Varianten der Ausgestaltung des eigenen Zimmers, jugendkulturelle Kodierungen im Umgang mit Gleichaltrigen bis hin zu genuin kindlichen bzw. jugendlichen Formen der Körperausdrucks.

Grundschule

In der Grundschule wird das fachliche Fundament für die weiterführenden Schulen gelegt, insofern wächst ihr eine besondere Bedeutung zu. Das ist deshalb zu betonen, weil die Möglichkeiten und das Anforderungsniveau des Kunstunterrichts in der Grundschule oft unterschätzt werden.

Von der ersten Klasse an gilt es, die methodische Grundstruktur von Rezeption-Reflexion-Produktion zu realisieren. Das heißt, dass die Rezeption von Kunstwerken der historischen und modernen Kunst ebenso wie die Beschäftigung mit anderen ästhetischen Phänomenen (Alltagsobjekten, Sammelkarten und Stickern, Werbung für Kinder usw.) bereits in der Grundschule beginnt. Das gemeinsame verbale oder bildnerische Nachdenken und Sichaustauschen über Problemfelder, die einen Bezug zur kindlichen Lebenswelt aufweisen, umfasst dabei nicht nur ‚schöne' Aspekte (Blumenwiesen, Kindergeburtstag, Schmetterlingsflüge usw.), sondern gleichermaßen ‚problematische', existentielle Aspekte (Schmerz, Vergänglichkeit, Traurigkeit u.a.), die behutsam und kindgemäß thematisiert und sichtbar gemacht werden können.

Spezifisch für die Grundschule ist, dass in der Regel das *Fach* Kunst als einzelnes Fach bzw. als Bestandteil eines *Fächerverbundes* (mit Musik, Technik oder Sachkunde) oder als *ästhetischer Lernbereich* (Kunst, Musik, Bewegung, Tanz, darstellendes Spiel) in der Stundentafel ausgewiesen ist. Weil ästhetische Zugänge zur Wirklichkeit als spielerisches Lernen mit allen Sinnen in allen Bildungsprozessen so elementar sind, sollte zusätzlich das so genannte *ästhetische Prinzip* eine Komponente jedes Faches und Lernbereichs sein.

Sekundarstufe I und II
In den Sekundarstufen I und II wird das spielerisch-experimentelle Arbeiten durch die Vermittlung sach- und fachspezifischen Wissens sukzessive erweitert. Während in der Sekundarstufe I die lebensweltbezogene Auseinandersetzung mit altersadäquaten Themen- und Problemfeldern im Zentrum steht, kann in der Sekundarstufe II je nach Wahl eines Grund- oder Leistungskurses eine vertiefte und bereits wissenschaftspropädeutische Auseinandersetzung mit gesellschaftsrelevanten Fragestellungen stattfinden.

3 Historische Entwicklung und aktuelle Tendenzen

Kunstunterricht – historisch: Kunsterziehung – wurde ab 1880 als Schulfach in allgemein bildenden Schulen eingeführt. Die Reformpädagogik – und hier vor allem die Kunsterzieherbewegung – erreichte einen entscheidenden Fortschritt für die Entwicklung und Etablierung des Faches. Historisch begründbar konkurrieren jedoch seit der Einführung des Schulfaches zwei Fachkonzepte: einerseits in Orientierung an der Lehre der Kunstakademien (als eine Lehre von der Kunst aus) und andererseits in Orientierung an den Erziehungswissenschaften (als eine Lehre allgemeinpädagogischer Prägung).
Diese ambivalenten Bezugspunkte prägen nach wie vor den Fachdiskurs. Versucht man, die verschiedenen Ansätze, Konzepte, Modelle, Theorien genauer zu betrachten, wie dies Busse (2003) und Kirchner (2004) unternahmen, werden zwar verschiedene Fachinhalte, -ziele und -methoden sichtbar, gleichermaßen ist jedoch von einer nachhaltigen Differenz die Rede, die sich daran festmacht, ob das primäre kunstpädagogische Bezugsfeld eher die *Kunst* (inkl. der gestalteten Umwelt in all ihren Ausprägungen) oder die *Kinder und Jugendlichen* in ihrer altersspezifischen Entwicklung (kindliche Bildsprache) sind. Busse (2003) gibt zu bedenken, dass sich die Kunstpädagogik in den letzten Jahrzehnten stärker an der Kunst selbst, als an den Erziehungswissenschaften orientiert und schlussfolgert dann ähnlich wie Kirchner, dass das Spannungsfeld des Fachdiskurses nach wie vor zwischen der Kunst und den Kindern und Jugendlichen liegt.
Im aktuellen Diskurs kann auf eine große Anzahl publizierter Fachkonzepte verwiesen werden, die trotz ihrer Heterogenität (oder gerade deshalb) im europäischen und internationalen Vergleich als innovativ bezeichnet werden. Das Spektrum aktueller kunstpädagogischer Theoriebildung umfasst u.a.:
– Bildpädagogik (u.a. Busse 2003)
– Didaktik der zeitgenössischen Kunst (u.a. Kirchner 1999, Uhlig 2003, Kirschenmann 2003)
– Künstlerische Bildung als kunstanaloger Prozess (u.a. Buschkühle 2003, Kettel 2004)
– Kunst-Medien-Pädagogik (u.a. Kirschenmann 2003)
– performativer Kunstunterricht (u.a. Lange 2002)
– „Leerstellenforschung" und „ästhetische Forschung" (u.a. Blohm 2000, Kämpf-Jansen 2001)
Die kunstpädagogische und kunstdidaktische Theoriebildung erfährt in den letzten Jahren durch eine wachsende Anzahl an Forschungsprojekten, v.a. Dissertationen und Habilitationen, eine innovative Erweiterung und Vertiefung. Peez (2002) erarbeitete einen Überblick über den Stand der aktuellen kunstpädagogischen Forschung und stellte hinsichtlich der Forschungsmethodik einen Zuwachs an qualitativ-empirischen Forschungsmethoden fest.

4 Zukunftsperspektiven des Faches

Eine besondere Bedeutung des zukünftigen Kunstunterrichts ergibt sich aus der Tatsache, dass wir in einer zunehmend ästhetisch und visuell geprägten Kultur leben, die im so genannten *Iconic Turn* ihren Ausdruck findet. Das Fach Kunst ist bislang das einzige Fach, das sich explizit mit der Herstellung und Wirkung von Bildern befasst und aus der Tradition des Faches heraus zu einer besonderen Bildkompetenz – als kultureller Kompetenz – qualifizieren kann.

Hinzu kommt nach Busse (2003), dass die Relevanz nichtlinearer, hypertextueller Lernprozesse, die in kreativen und gestalterischen Prozessen schon immer eine entscheidende Rolle spielten, den zukünftigen Unterricht grundlegend verändern wird und hier das Fach Kunst einen innovativen Beitrag, auch im Hinblick auf interdisziplinäres und fächerverbindendes Arbeiten leisten kann.

5 Zur Situation des Faches Kunst in Deutschland

Die Situation des Faches Kunst wird seit einigen Jahren in weiten Teilen durch die Widersprüche einer Bildungspolitik geprägt, die öffentlich ihre Wertschätzung künstlerisch-ästhetischer Bildung beteuert und den Kunstunterricht in den Schulen gleichzeitig über die Stundentafeln in allen Schulstufen drastisch reduziert. Die noch vor zehn Jahren seitens des Fachverbandes (BDK Fachverband für Kunstpädagogik 1999a, 1999b, 2002) vertretene Forderung nach mindestens zwei Stunden Kunstunterricht pro Woche in allen Schulstufen und -arten scheint kaum mehr realisierbar. In der Sekundarstufe I ist aus dem klassischen Zweistundenfach ein Fach mit durchschnittlich nur noch 1,25 Stunden geworden. In der Grundschule wird der Zeitanteil des Kunstunterrichts in einigen Bundesländern durch die Zusammenlegung mit anderen Fächern (Technik, Textiles Werken, Sachkunde) deutlich vermindert, bis hin zur Auflösung des Faches in unspezifische Fächerverbünde. Sowohl in der Sekundarstufe I als auch in der Grundschule besteht zudem ein Mangel an fachlich qualifizierten Lehrkräften. In der Sekundarstufe II droht den künstlerischen Fächern die Abdrängung in einen Wahlpflichtbereich, seit die Kultusministerkonferenz ihre Zielvorstellungen zur Allgemeinbildung auf drei Basiskompetenzen konzentriert, die den bisherigen Kernbereichen Mathematik, Deutsch und Fremdsprachen zugeordnet sind.

Insofern bleibt zu hoffen, dass die spezifischen und durch kein anderes Fach adäquat zu ersetzenden Potenziale des Kunstunterrichts künftig nicht weiter zur ‚Konkursmasse' der Schule zählen, sondern erkannt für die dringende Modernisierung der schulischen Bildung genutzt werden.

Literatur
BDK e.V. (1999a): Ästhetische Erziehung in der Grundschule. In: Sonderdruck der BDK-Mitteilungen 3/98. Hannover: BDK Verlag. – BDK e.V. (1999b): Kunst und ästhetische Erziehung in der Schule der Zukunft. In: Sonderdruck der BDK-Mitteilungen 2/95. Hannover: BDK Verlag. – BDK e.V. (2002): Der Kunstunterricht in der Grundschule. Zwischen kindlicher Persönlichkeitsentwicklung und fachlicher Grundbildung. In: BDK Materialien. Hannover: BDK Verlag. – Blohm, M. (Hrsg.) (2000): Leerstellen. Perspektiven für ästhetisches Lernen in Schule und Hochschule. Köln: Salon Verlag. – Buschkühle (Hrsg.) (2003): Perspektiven künstlerischer Bildung. Köln: Salon Verlag. – Busse, K.-P. (Hrsg.) (2003): Kunstdidaktisches Handeln. Dortmund: Dortmunder Schriften zur Kunst. – Grünewald, D. (2003): Kunstdidaktischer Diskurs. Zur Prozessualität kunstdidaktischer Konzeptionen und zur Bestimmung von Kunstunterricht. In: Busse, K.-P. (Hrsg.): Kunstdidaktisches Handeln. Dortmund, Dortmunder Schriften zur Kunst, 54-73. – Kämpf-Jansen, H. (2001): Ästhetische Forschung. Wege durch Alltag, Kunst und Wissenschaft. Köln: Salon Verlag. – Kettel, J. (Hrsg.) (2004): Künstlerische Bildung nach Pisa. Oberhausen: Athena. – Kirchner, C. (1999): Kinder und Kunst der Gegenwart. Zur Erfahrung mit zeitgenössischer Kunst in der Grundschule. Dissertation. Seelze. – Kirchner, C. (2004): Pluralität und Kontroversen in der Kunstpädagogik. In: BDK-Mitteilungen, 2/2004, 41-45. – Kirschenmann, J. (2003): Didaktik der Komplementarität. Medienbildung und Revalidierung in einer lebensweltlich fundierten Kunstpädagogik. Weimar: VDG. – Lange, M.-L. (2002): Grenzüberschreitungen. Wege zur Performance. Körper – Handlung – Intermedialität im Kontext ästhetischer Bildung. Königstein/Ts.: Ulrike Helmer Verlag. – Peez, G. (2002): Qualitative empirische Forschung in der Kunstpädagogik. Methodologische Analysen und praxisbezogene Konzepte zu Fallstudien über ästhetische Prozesse, biografische Aspekte und soziale Interaktion in unterschiedlichen Bereichen der Kunstpädagogik. Norderstedt: Books on Demand. – Uhlig, B. (2003): Kunstrezeption mit Kindern. Zur rezeptiven bildnerischen Tätigkeit jüngerer Schulkinder in der Auseinandersetzung mit Gegenwartskunst – eine theoretische und empirische Studie. Leipzig (CD-Rom). – Zülch, M. (2000): Die Welt der Bilder – ein konstitutiver Teil der Allgemeinbildung. In: Kunst+Unterricht, 224/2000, 4-5.

87| Sport
Reiner Hildebrandt-Stramann

1 Gegenstand der Sportdidaktik

Die für den Schulsport zuständigen wissenschaftlichen Disziplinen sind die Sportpädagogik und die Sportdidaktik. Die Sportdidaktik konzentriert sich auf Fragen der Gestaltung des Schulsports. Sie formuliert Aussagen darüber, welche Ziele, Inhalte und Methoden den Sport in der Schule jeweils bestimmen sollen. Dabei fragt sie nach Möglichkeiten des Schulsports, die Entwicklung von Kindern und Jugendlichen umfassend zu fördern und menschliches Leben mit Hilfe von Spiel, Sport und Bewegung sinnvoll zu bereichern. Ihre Antworten findet sie in pädagogisch und bildungstheoretisch fundierten Leitideen, in entwicklungstheoretischen Überlegungen über die Voraussetzungen von Schülern und Schülerinnen, in unterschiedlichen Auffassungen über die Sache „Spiel, Sport und Bewegung", in den Rahmenbedingungen von Schule und in den unterschiedlichen gesellschaftlichen Erwartungen an den Schulsport.
Fachdidaktische Aussagen unterliegen einem zeitbedingten und zum Teil standortabhängigen Wandel. Deshalb können sie deutlich unterschiedlich ausfallen. Mit dem folgenden Beitrag wird versucht, bedeutsame Linien der fachdidaktischen Entwicklung nachzuzeichnen. Dementsprechend sollen erstens historische Stationen dieser Entwicklung skizziert, zweitens aktuelle Positionen beschrieben und drittens mögliche Entwicklungsperspektiven angedeutet werden.

2 Historische Entwicklung

Im Laufe der geschichtlichen Entwicklung haben sich die leitenden fachdidaktischen Vorstellungen über Schulsport und Sportunterricht z.T. grundlegend verändert (Prohl 1999).
Anfänge einer schulischen Gymnastik finden sich bei den Philanthropen. Salzmann, Basedow und Guthsmuths entwickeln und begründen mit dem ausgehenden 18. Jh. in ihren Internaten eine Gymnastik zur körperlichen Vervollkommnung. Das vielseitige gymnastische Übungsgut ist fester Bestandteil des Tagesablaufs und dient vor allem der Körperpflege und Gesunderhaltung.
Das 19. Jh. ist durch zwei gegensätzliche Auffassungen des Schulturnens geprägt. Während es zu Beginn dieses Jh. in der von Jahn geprägten Vorstellung um Forderungen nach einem Abbau von Standesunterschieden sowie um das Ziel einer vielseitigen und harmonischen Menschenbildung geht, entwickelt sich in der zweiten Hälfte des 19. Jh. ein Turnunterricht, der mit seinen steifen Formalübungen vornehmlich als Spießsches Ordnungsturnen aufgefasst wird. Ziele des Schulturnens sind die Förderung der körperlichen Leistungsfähigkeit und die Ausbildung gesunder wehrtauglicher und folgsamer Untertanen.
Im Kontext einer reformpädagogisch orientierten Kritik an Gehorsam und Unterordnung im deutschen Schulwesen überhaupt entwickeln Gaulhofer und Streicher eine Leibeserziehung, die sie als „Natürliches Turnen" bezeichnen. Das „Natürliche Turnen" ist in die Gesamterziehung eingebunden und auf Selbstständigkeit und Eigenverantwortlichkeit des Schülers ausgerichtet. Das Turnen in der Schule soll die natürlichen Bewegungen der Kinder erhalten und entfalten.
In der nationalsozialistischen Leibeserziehung werden die reformpädagogischen Gedanken unverhohlen ideologisiert. Dabei geht es um ein „Heranzüchten kerngesunder Körper". Leibeserziehung wird zum wichtigsten Unterrichtsfach und ab 1937 fünfstündig erteilt. Die gesamte Didaktik und

Methodik erhalten eine neue Rangordnung und Definition im Dienste „nationalsozialistischer Charakterbildung".

In der Nachkriegszeit bildet sich im Westen Deutschlands eine Leibeserziehung aus, die als unverzichtbarer Teil der Gesamterziehung anthropologisch und bildungstheoretisch fundiert wird. Bis Ende der 60er Jahre werden das fachdidaktische Denken und die unterrichtliche Praxis von den Themen Spielen, Gestalten, Üben, Leisten und Wettkämpfen bestimmt. Damit sind zentrale Bildungsgehalte genannt, die im Vollzug der Leibesübungen erfahren und bildend wirken sollen. Im Osten Deutschlands entsteht eine völlig andere didaktische Konzeption. Schulische Körpererziehung – so heißt es – dient als Mittel zur Steigerung der körperlichen Leistungsfähigkeit und zur Ausbildung einer sozialistischen Persönlichkeit.

Zu Beginn der 70er Jahre gerät der anthropologisch-bildungstheoretische Ansatz unter starke Kritik. Er wird binnen kürzester Zeit von einer Sportdidaktik abgelöst, die sich immer mehr am außerschulischen Sport und somit an den Sportarten orientiert. Dieser Sportartenansatz hat bis heute seine Gültigkeit behalten, auch wenn seit Mitte der 70er Jahre die Theorie des Sportcurriculums ebenso abrupt aufgegeben wird wie sie noch wenige Jahre zuvor akzeptiert worden ist. Stattdessen wird versucht, den Begriff der Sportdidaktik in seinem Verhältnis zur Praxis des Schulsports neu zu erfassen. Daraus hat sich eine erhebliche Bandbreite unterschiedlicher Ansätze entwickelt, welche die sportdidaktische Diskussion bis in die Gegenwart kennzeichnet. Die pädagogischen Leitideen, die den Konzepten der gegenwärtigen Sportdidaktik zugrunde liegen, werden in den folgenden Kapiteln dargestellt.

3 Aktuelle didaktische Konzepte im Schulsport

Im Folgenden werden vier aktuelle Positionen zum Schulsport beschrieben:
– das Sportartenkonzept
– das Konzept der Sinnperspektiven
– das Konzept eines mehrperspektivischen Unterrichts
– das erfahrungsorientierte Bewegungskonzept.

3.1 Das Sportartenkonzept.

Ziel des Sportartenprogramms ist es, die Schüler unterschiedliche Sportarten im Sportunterricht sachgemäß zu lehren. Ein solches Konzept basiert auf einer didaktischen Position, die von dem gesellschaftlich bedeutsamen Phänomen Sport ausgeht und ihre Erziehungsaufgabe vor allem darin sieht, die aufwachsende Generation in die gesellschaftliche Wirklichkeit des Sports einzuführen und die Schüler zur Teilhabe an den spezifischen Handlungskontexten dieser Sportgebilde zu qualifizieren (Söll 2003).

Aus der Bewegungsperspektive geht es um das Erlernen sportlicher Fertigkeiten und um die Ausbildung konditioneller und koordinativer Voraussetzungen. Grundlage hierfür ist ein informationstheoretisches Lernverständnis, das den Lernenden als ein Information umsetzendes System versteht. Damit einhergehend wird unterstellt, dass dem Lehren automatisch ein Lernen folgt, von dem aus auf das Lehren zurück geschlossen werden kann. Daraus folgt ein Unterrichtsverständnis, das man als „durchgreifendes Lehren" (Funke-Wieneke 1995, S.12) bezeichnen kann. In einem solchen Unterricht sagt der Sportlehrer dem Schüler, was er zu tun hat und wie es am leichtesten geht. Aus der Sachstruktur (z.B. die eindeutig vorgegebene Bewegungsfertigkeit) leitet er seine methodischen Überlegungen ab. So werden Bewegungsanweisungen und Bewegungsdemonstrationen mit sog. methodischen Übungsreihen nach den Prinzipien vom „Leichten zum Schweren" oder vom „Einfachen zum Komplexen" verbunden, so dass für die Schüler ein effektiver Lernweg entsteht.

3.2 Das Konzept der Sinnperspektiven.

Das Konzept der Sinnperspektiven stellt die Frage nach dem Sinn im Sport. Zu den grundlegenden „Elementen des Schulsports" gehören nach Kurz (1990) sechs Sinnrichtungen des Sports: Leistung, Wagnis, Miteinander, Gesundheit, Eindruck (besonders Körpererfahrungen) und Bewegungsausdruck. Mit diesen Sinnperspektiven lässt sich der pädagogische Sinn des Sports beschreiben. Die Aufgabe des Schulsports besteht darin, für Schüler diese Sinnperspektiven erfahrbar und erlebbar zu machen. Wenn das geschieht, dann sind die Schüler im Sport handlungsfähig. Dieses Konzept wird in der didaktischen Diskussion wegen der fehlenden pädagogischen Begründung der Sinnperspektiven kritisiert. Vor dem Hintergrund dieser Kritik hat Kurz die Sinnperspektiven in sog. pädagogische Perspektiven umformuliert.
Sie lauten:
– das Leisten erfahren und reflektieren,
– gemeinsam handeln, wettkämpfen und sich verständigen,
– Wahrnehmungsfähigkeit verbessern, Bewegungserfahrungen erweitern,
– sich körperlich ausdrücken, Bewegungen gestalten,
– die Fitness verbessern, Gesundheitsbewusstsein entwickeln,
– etwas wagen und verantworten (Kurz 2000, S.74).
Diese Perspektiven finden sich mittlerweile in den neueren Lehrplänen mehrerer Bundesländer wieder.

3.3 Das Konzept eines mehrperspektivischen Unterrichts

Unter einem mehrperspektivischen Sportunterricht versteht Ehni (1977, S.108), „die Rekonstruktion von Wirklichkeit unter verschiedenen Perspektiven". Der Sportunterricht darf den außerschulischen Sport nicht bloß reproduzieren, sondern er soll die Schüler über die „gesellschaftliche Mache" des Sports aufklären, so dass sie das Bestehende auch verändern oder überschreiten können. Seine Aufgabe ist es, die Schüler zu befähigen, die Wirklichkeit des Sports auf ihren möglichen Sinn zu befragen und sie somit speziell und allgemein handlungsfähig zu machen. Über eine spezielle Handlungsfähigkeit verfügt derjenige, der in kompetenter Weise Sport ausüben kann. Um dies zu erreichen, wird Sinn im Sport unter den Perspektiven des Erkundens, Übens, Trainierens, Wettkämpfens und Spielens hergestellt. Eine allgemeine Handlungsfähigkeit geht über das kompetente Sporttreiben hinaus. Sie beschreibt die Fähigkeit, zum bestehenden Sport auf Distanz treten und über das Gegebene hinausgehen zu können. Das Erziehungsziel dieses Ansatzes ist der mündige Schüler, der den Sport selbst bestimmt ausüben, aber auch lassen kann, der auf jeden Fall aber über sein Handeln im Sport aufgeklärt werden soll. Der Aufklärungsprozess verlangt die Entwicklung einer „Sinnerweiterungsfähigkeit" (Ehni 2004), die immer auf dem eigenen Bewegungshandeln basiert und somit erfahrungsgeleitet ist.

3.4 Das erfahrungsorientierte Bewegungskonzept

Nach Funke-Wieneke (2004) besteht die bildungstheoretische Bestimmung einer erfahrungsorientierten Bewegungserziehung in der Schule in einer bewegungszentrierten Entwicklungsförderung. Sie umfasst vier Funktionsbereiche des Sich-Bewegens, die je ein anderes Bewegungskönnen verlangen: die instrumentelle, die soziale, die symbolische und die sensible Funktion.
Den Gegenstand des Bewegungsunterrichts und somit den Ausgangspunkt für inhaltliche Entscheidungen bilden „Grundthemen des Sich-Bewegens" (Funke-Wieneke 2001, S.50). Für die

instrumentelle Funktion kommen die Grundbedeutungen der Bewegungsbeziehungen zur sachlichen und räumlichen Umwelt in Betracht. Entsprechend der funktionellen Bewegungslehre werden Räume und Dinge in Aktion erkannt als etwas zum Springen, Laufen, Schaukeln u.s.w. Bei der sozialen Funktion werden die Grundbedeutungen des bewegten Umgehens mit anderen Menschen thematisiert: Geben und Nehmen, Fliehen und Nachlaufen, Angreifen und Ausweichen, usw. In der Symbolfunktion geht es um Nachahmen, Darstellen und Ausdrücken und in der sensiblen Funktion werden bewegtes Spüren, Fühlen, Atmen sowie Spannen und Entspannen wichtig (Funke-Wieneke 2001, S.50). Pädagogisch transformiert werden solche Themen erst dann, wenn sie erziehungstheoretisch begründet umgesetzt werden. Der Referenzpunkt einer erfahrungsoffenen Bewegungserziehung findet sich in der Anerkennung der Autonomie des Subjekts, die sich in dem Erziehungsverständnis der Förderung der Selbsterziehung äußert, ohne die Bedeutung eines erziehlichen Milieus als wesentliche Rahmenbedingung außer Acht zu lassen. Im Gegensatz zu den informationstheoretisch begründeten Didaktikansätzen sehen die erfahrungsoffenen den Menschen als Urheber und Lenker ihrer Bewegungstätigkeit (Scherer 2001). Daraus ergibt sich für ein pädagogisches Unterrichtsverständnis, dass es offen sein muss für solche Vorerfahrungen. Da Bewegungslernen immer in der Auseinandersetzung mit der Sache geschieht, gelingen gehaltvolle Lernprozesse nur, wenn es dem Lehrer gelingt, die Bedürfnisse und Interessen der Kinder mit dem Eigenwert der Sache (des Unterrichtsinhalts) in ein Gleichgewicht zu bringen (Funke-Wieneke 1995, S.14).

4 Entwicklungsperspektiven

Ob sich die mehrperspektivisch und erfahrungsgeleiteten Konzepte in der Praxis des Schulsports werden durchsetzen können, ist angesichts der aktuellen Diskussion um sog. Bildungsstandards und deren testorientierte Überprüfungsmethoden (Klieme u.a. 2003) zweifelhaft. Angesichts dieser Entwicklung ist in naher Zukunft mit einer Dominanz testorientierter und taxonomischer Programme zu rechnen, in denen zwar von Bildungsstandards die Rede ist, ohne sich aber ernsthaft auf ein pädagogisches Bildungsverständnis zu beziehen. Solche Entwicklungen tangieren auch die Bewegungspädagogik und konkret den Bewegungsunterricht. Festzustellen ist, dass der Bewegungsunterricht vor allem dort in das öffentliche Interesse gerät, wo er mit der defizitären körperlichen Leistungsfähigkeit der Kinder und Jugendlichen legitimiert wird. Daraus abgeleitet werden „Fitte Schulklassen" oder „Fitte Schulen" mit entsprechenden Fitnessprogrammen eingerichtet und als Basiskompetenzen entsprechende Normwerte motorischer und koordinativer Fähigkeiten ausgewiesen. Die Vertreter solcher Unterrichtskonzepte legitimieren sie mit Daten, die aus medizinischen und motorischen Tests gewonnen wurden, unabhängig von der Prüfung der Frage, ob deren Ergebnisse ein kohärentes Bild der Leistungsfähigkeit der Kinder zeigen, ob deren Interpretation valide ist und solche fitnessorientierten Interventionen überhaupt gerechtfertigt sind (Kretschmer 2003). Jedenfalls verdeutlichen solche Entwicklungen, dass auch im Bewegungsunterricht die Frage der Bestimmung von Bewegungskompetenzen und deren Qualitätsstandards auf Leistungen reduziert werden kann, die über motorische Tests vermeintlich eindeutig zu bestimmen sind.

In dieser Entwicklung besteht die Gefahr, dass das unterrichtliche Geschehen darauf ausgerichtet wird, die Leistungen auf unterschiedlichen motorischen und konditionellen Leistungsindikatoren zu steigern, die über Tests gemessen und dann zu einer Gesamtleistung addiert werden. Damit würde das Sportartenkonzept an Bedeutung gewinnen und mehrperspektivische und erfahrungsoffene Konzepte an Bedeutung verlieren.

Literatur

Ehni, H. (1977): Sport und Schulsport. Didaktische Analysen und Beispiele aus der schulischen Praxis. Schorndorf: Hofmann. – Ehni, H. (2004): Sportunterricht in den Perspektiven des Handelns und Erlebens. In: Balz, E. & Neumann, P. (Hrsg.): Mehrperspektivischer Unterricht. Schorndorf: Hofmann, 34-56. – Funke-Wieneke, J. (1995): Vermitteln. Schritte zu einem ökologischen Unterrichtskonzept. In: sportpädagogik, 19 (5), 22-26. – Funke-Wieneke, J. (2001): Was ist zeitgemäßer Sportunterricht. In: sportpädagogik, 25 (1), 47-51. – Funke-Wieneke (2004): Bewegungs- und Sportpädagogik. Baltmannsweiler: Schneider. – Klieme, E., Avenarius, H., Blum, W., Döbrich, H., Gruber, H., Prenzel, M., Reiss, K., Riquarts, K., Rost, J., Tenorth, H.-E. & Vollmer, H.J. (2003): Zur Entwicklung nationaler Bildungsstandards – eine Expertise. Frankfurt: DIPF. – Kretschmer, J. (2003): Beweismangel für Bewegungsmangel. In: sportpädagogik, 27 (5), 64-67 und 27 (6), 42-45. – Kurz, D. (1990): Elemente des Schulsports. Grundlagen einer pragmatischen Fachdidaktik. 3. Aufl. Schorndorf: Hofmann. – Kurz, D. (2000): Die pädagogische Grundlegung des Schulsports in Nordrhein-Westfalen. In: Aschebrock, H. (Red.): Erziehender Schulsport. Pädagogische Grundlagen der Curriculumrevision in Nordrhein-Westfalen. Bönen: Kettler, 9-55. – Prohl, R. (1999): Grundriß der Sportpädagogik. Wiebelsheim: Limpert. – Scherer, H. G.(2001): Zwischen Bewegungslernen und Sich-Bewegen-Lernen. In: sportpädagogik 25 (4), Beilage. – Söll, W. (2003): Sportunterricht Sport unterrichten: Ein Handbuch für Sportlehrer. 3. Aufl. Schorndorf: Hofmann.

88| Religion, Philosophie und Ethik
Roman Heiligenthal

1 Einleitung

Auf dem Hintergrund der Erfahrungen einer in hohem Maße weltanschaulich dominierten Schule in der Zeit des Nationalsozialismus entschieden sich die Mütter und Väter des Grundgesetzes mit großer Mehrheit für die grundgesetzlich garantierte (s.u.) Einführung eines konfessionellen Religionsunterrichts an allen Schularten. Damit gab der Staat die Verantwortung im Sinne der Subsidiarität bewusst an die Kirchen ab, um so seine eigene Neutralität in weltanschaulichen Erziehungsfragen deutlich zu dokumentieren. In dieser Konzeption spiegelte sich ein breiter Konsens über ein christliches Werte- und Normensystem als tragende „Leitkultur" im westlichen Nachkriegsdeutschland. Mit der langsam aber stetig fortschreitenden Erosion dieses vorausgesetzten Fundaments wurde aber auch eine Schwäche der Konzeption deutlich. Es stellte sich die Frage, was mit den Schülern geschehen soll, die sich vom Religionsunterricht abmeldeten. Die Schulbehörden reagierten mit der Einführung von Ersatzfächern, die unter unterschiedlichen Namen und verschiedenen Konzeptionen mittlerweile in allen Bundesländern etabliert wurden. Im Folgenden werden aus ihrer geschichtlichen Entwicklung heraus die Fächer Religion, Philosophie und Ethik vorgestellt. Alle drei Fächer bekunden den Willen der staatlichen Behörden, die Schüler im Rahmen eines konsensualen Wertesystems zu fundiertem Handeln zu befähigen.

2 Religionsunterricht und Schule auf dem Hintergrund aktueller Problemfelder

2.1 Der Religionsunterricht als ordentliches Unterrichtsfach

Religion in Gestalt des konfessionellen Religionsunterrichts (RU) als ordentliches Unterrichtsfach an öffentlichen Schulen ist grundsätzlich garantiert (Art. 7 Abs. 3 GG); eine Ausnahme bilden hierbei die Bundesländer Brandenburg, Berlin und Bremen. Damit nimmt der RU im Fächerkanon eine

Sonderstellung ein, die sich nur aus dem historischen Kontext von Staat und Kirche erklären lässt. Unbeschadet des staatlichen Aufsichtsrechts muss der RU in Übereinstimmung mit den Grundsätzen der Religionsgemeinschaften erteilt werden. Da es sich um einen weltanschaulich gebundenen Unterricht handelt, darf kein Lehrer gezwungen werden, RU zu erteilen, auch haben die Erziehungsberechtigten das Recht, über die Teilnahme ihrer Kinder bis zu deren Religionsmündigkeit zu entscheiden. Danach kann jeder Schüler aufgrund einer Gewissensentscheidung den Austritt aus dem RU erklären. Für den schulischen Alltag bedeuten diese Regelungen, dass der RU den übrigen Schulfächern im Lehrplan und in der gesamten Schulorganisation gleichgestellt und der staatlichen Schulaufsicht unterstellt ist. Gleichwohl müssen die Lehrpläne gemeinsam mit den Kirchen festgelegt werden (Art. 7 Abs. 3 S.2 GG).

Aufgrund des gesellschaftlichen Wandels seit Beginn der siebziger Jahre stellt sich die Frage nach der Legitimation des RU als ordentliches Unterrichtsfach. Neben einer sich verschärfenden Kirchenkritik setzte ein bis heute anhaltender Traditionsabbruch ein, der zu einem starken Verlust der kulturellen Einbettung von Kirche und religiösen Praktiken führte. Ein Prozess der Neuorientierung des RU und insbesondere dessen inhaltliche Konzeption ist bis in die Gegenwart die Folge dieser Entwicklung. Zugleich wird über das Selbstverständnis der Religionspädagogik neu nachgedacht. Um ein sachgemäßes Urteil fällen zu können, ist es heute notwendiger denn je, Orientierung über die wichtigsten Konzeptionen des RU seit 1945 zu bekommen.

2.2 Die Kritik des Religionsunterrichts als kirchlicher Unterricht in der Schule

Nach dem Zweiten Weltkrieg gewann die Konzeption der Evangelischen Unterweisung im protestantischen Bereich eine dominierende Stellung. Der RU unterscheidet sich nach diesem Entwurf grundlegend von allen anderen Schulfächern. Er versteht sich als Verkündigung und zielt auf den Glauben der Schüler ab. Folglich kommt der Rolle des Lehrers eine große Bedeutung zu; er ist authentischer Verkünder des Evangeliums, in ihm ist die Kirche personal gegenwärtig. Bibel, Katechismus und Gesangbuch dienen als Grundlage des Unterrichts, so dass das Beten und Singen von Chorälen fester Bestandteil des RU sind. Diese Konzeption bedient sich daher nicht der Methoden und der Didaktik der Schulpädagogik. Der Begründungszusammenhang der Evangelischen Unterweisung besteht allein in dem Verkündigungsanspruch der Kirche in der Schule. Eine Legitimation des RU als schulisches Fach leistet er nicht. So wenig zeitgemäß heute dieser Ansatz erscheint, so beinhaltet er doch einige auch für die heutige Diskussion wichtige Einsichten: Die Rolle des Religionslehrers kann in einem konfessionellen RU nicht neutral sein. Der RU erfordert notwendig die Glaubwürdigkeit des Lehrers, welche formal durch seine kirchliche Beauftragung unterstrichen wird. Unaufgebbar erscheint auch der Bezug des RU zur Kirche, die sowohl Gegenstand des Unterrichtens als auch mitverantwortliches Subjekt bleiben muss. Damit wird die Gefahr eines staatlichen Weltanschauungsunterrichts gemieden. Jedoch wurde bereits Ende der fünfziger Jahre durch Stallmann (1958) eine radikale Wende der Religionspädagogik gefordert. An Stelle der kirchlichen muss die schultheoretische Begründung des RU treten. Die Schule habe den Auftrag, in die Tradition einzuführen und deshalb die Schüler mit dem Christentum vertraut zu machen. Der RU soll folglich nicht zum Glauben führen, sondern mit der christlichen Überlieferung bekannt machen; es geht um das Verstehen der Tradition, um einen „denkenden Glauben". Aufgabe der Schule ist demnach die engagierte Auslegung der Texte, so dass der RU als interpretierender Unterricht zu verstehen ist, der die Bibel „bildungsmäßig" erschließen soll. Nach Stallmann (1958) sei eine spezifisch kirchliche Bindung des RU und des Religionslehrers nicht notwendig. Die Problematik einer solchen Tradition liegt in der einseitigen Textbezogenheit des unterrichtlichen Arbeitens und dem einseitigen Traditionsbezug, der Gegenwart und Zukunft zu kurz kommen lässt und die Lebenswirklichkeit der

Schüler ausblendet. Die Aktualisierungs- und Motivationsproblematik war weniger denn je gelöst. Allerdings bleibt die Wendung zu einer schulischen Begründung des RU unaufgebbar. Hieraus leitet sich die Einbeziehung moderner theologischer und didaktischer Kategorien zwingend ab. Es bleibt festzuhalten, dass der RU eine wissenschaftsorientierte, exegetisch-theologische Arbeit am Text und Engagement an der Sache zumindest in der Unterrichtsvorbereitung des Lehrers verlangt. Auch muss er den allgemeinen Schulzielen entsprechen und darf kein geringeres didaktisches Niveau haben als die anderen Schulfächer.

2.3 Schülerzentrierte Ansätze des Religionsunterrichts

Seit Mitte der siebziger Jahre waren neue Konzeptionen des RU gefragt, die ein neues Bild des RU entstehen ließen. Die Inhalte eines modernen RU sollten nun von den psychologischen Voraussetzungen und Verstehensmöglichkeiten der Schüler sowie dem soziologischen Hintergrund von Schule und Gesellschaft bestimmt werden. Auf dieser Basis entwickelten sich zwei Konzeptionen: der problemorientierte RU und der Unterricht in Religion. Im Mittelpunkt des RU sollte nun der Schüler selbst stehen, aus dessen unmittelbarer Lebenswirklichkeit Problemstellungen abgeleitet und im Unterricht kontextuell bearbeitet werden sollten. Damit verliert die Bibel als Gegenstand des RU ihre zentrale Stellung und die Theologie wird zu einer unter vielen Bezugswissenschaften, die zur Bearbeitung des Stoffs herangezogen werden. Vornehmlich individualethische (z.B. Sexualität) und sozialethische Themen (z.B. Umweltschutz) rückten nun in den Vordergrund. Eine Orientierung der Unterrichtsinhalte an den klassischen theologischen Disziplinen (Altes Testament, Neues Testament, Kirchengeschichte etc.) wurde aufgegeben. Obwohl der problemorientierte RU ursprünglich nur in Abgrenzung zu einem bibelorientierten RU konzipiert wurde (Nipkow 1968) gewann er eine dominierende Stellung und findet in den Thesen von Gloy (1969) eine Radikalisierung. Die Problemorientierung soll seiner Ansicht nach an die Stelle der Bibelorientierung treten. Moderne Materialien und Texte haben Vorrang vor den biblischen Stoffen. Die bekannte Formel lautet: Themen statt Texte! Damit wird die Problemorientierung zu einem Universalprinzip. Die Stoffe des RU werden in Themen- und Zielfelder aufgelöst. Biblische Einheiten und Kurse erscheinen nicht mehr sinnvoll. An die Stelle des orientierenden Lehrgangs tritt der thematisch-zyklische Unterricht. Schülergespräch und Gruppenarbeit werden als sinnvolle Unterrichtsformen erachtet.

Allerdings geriet diese Konzeption bald in scharfe Kritik. Man beanstandete insbesondere, dass der problemorientierte Ansatz den Anschein eines spezifisch christlichen Lösungsmodells für die Probleme dieser Welt erwecke, was auf ein mangelndes pluralismustheoretisches Bewusstsein hindeute (Nipkow 2001, S. 1563). Die Binnenkritik fokussierte sich auf mehrere zentrale Punkte: Die christliche Tradition, besonders die biblische Überlieferung, habe nur noch eine legitimatorische Funktion für auf anderen Wegen gewonnene Problemlösungen. Die Bibel werde als eine Art „Steinbruch" verwendet, ohne den Gesamtzusammenhang und den historischen Ort der verwendeten Textstellen zu bedenken. Die kritische Nachfrage nach dem Proprium des RU stellt sich besonders in der „ideologiekritischen" Variante des problemorientierten RU. Nach Vierzig (1975) erscheint die Gesellschaftsbezogenheit des RU als dessen Kernmerkmal. Seine einzige Aufgabe bestünde darin, einen Beitrag für eine freiere und humanere Gesellschaft zu leisten. Der RU soll die Schüler befähigen, die gesellschaftliche Praxis zu bewältigen und an deren Veränderung kritisch und konstruktiv mitzuarbeiten. Vierzig beurteilt die Tauglichkeit der biblischen Überlieferung für die Durchführung dieses Programms skeptisch und distanziert sich von jedem Prinzip der Traditionsorientiertheit. Zu Recht wurde kritisiert, dass diese politische Interpretation von „Emanzipation" als Aufgabe des RU kaum mehr etwas mit dem im GG garantierten konfessionell gebundenen RU zu tun habe. Christliche Tradition und die sinnstiftende Dimension von Religion treten völlig in den Hintergrund. Ein weiterer Kritikpunkt entzündete sich an der ausschließlichen Schülerorientiertheit dieses Ansatzes. Hier kann man zum einen fragen, ob die vorgegebenen Problemstellungen tatsächlich aus der Lebenswirklichkeit der Schüler stammen und zum anderen, ob die ausschließliche Anknüpfung an vermeintliche oder tatsächliche Schülerinteressen einziges Ziel des RU sein kann. Äußerst kritisch ist in diesem Zusammenhang auch der sog. „therapeutische RU" zu beurteilen, der ganz auf die Vermittlung curricularer Inhalte verzichtet und allein die momentane sowie individuelle Betroffenheit der Schüler betont. Dieser Ansatz stellt den RU als ordentliches Lehrfach in Frage und weist ihm eine Sonderrolle im schulischen Fächerkanon zu. Trotz aller Kritik haben sich durch den problemorientierten Ansatz Standards durchgesetzt, die auch heute noch unverzichtbar sind. Insbesondere der Bezug biblischer Inhalte und christlicher Tradition auf die Lebenswirklichkeit und auch den gesellschaftlichen Kontext der Schüler sind aus didaktischer Sicht ebenso unaufgebbar wie eine Themenorientierung als ein wichtiges Element des curricularen Lernens.

2.4 Unterricht in Religion

Anknüpfend an den hermeneutischen RU (s.o.) entwarf der katholische Theologe Halbfas (1976) die Konzeption eines „Unterrichts in Religion". Mit der Grundlegung des RU im Begriff Religion wählt Halbfas einen Ausgangsbegriff, der es ermöglicht, alle bedeutsamen religiösen Phänomene der Gegenwart zu erfassen. Seiner Ansicht nach verengt die Gleichung Kirche = christlicher Glaube = Religion das Gegenstandsfeld des RU, weshalb ihm ein weiter Begriff von Religion zugrunde gelegt werden muss. Dieser offene Religionsbegriff ermöglichte es, das Fach aus der Abhängigkeit von kirchlichen Lehrtraditionen zu lösen. Hierin spiegelt sich wiederum ein bis heute ungelöstes Grundproblem des RU im Blick auf die Unterrichtenden: Wie steht es mit deren Kirchlichkeit, deren theologischer Bildung und Denkfähigkeit sowie deren Ideologieanfälligkeit? Die Mühe, kirchliche und biblische Traditionen den Schülern plausibel zu machen, tritt in den Hintergrund, während die Aufgabe, den Schüler zum selbstständigen und verantwortlichen Bewältigen seiner Lebenssituationen zu befähigen, an Bedeutung gewinnt. Damit wird der RU zur Orientierungs- und Lebenshilfe, ohne notwendig einen kirchlich-theologischen Bezug zu haben. Er nähert sich der Konzeption des therapeutischen RU (s.o.) an.

2.5 Die aktuelle Diskussion um den Religionsunterricht

Die heutige Diskussion bemüht sich, die Inhalte des RU durch eine Konzentration auf theologische Leitvorstellungen zu gewinnen. Hauptinhalte des RU sind zentrale Texte der biblischen Botschaft, und zwar sowohl im Sinn des Vertrautwerdens mit den Ursprungsdokumenten des christlichen Glaubens als auch im Sinne ihrer Wirkungsgeschichte. Die Schüler sollen sich mit den Erfahrungen auseinandersetzen können, die andere Menschen vor ihnen in der Begegnung mit Gott gemacht haben. Ein solcher wieder verstärkt biblisch-didaktischer Unterricht muss mitbedenken, dass die biblische Überlieferung für viele Schüler nicht mehr lebensbestimmend und unmittelbar einsichtig ist. So können Text und Erfahrung der Schüler vordergründig nicht mehr miteinander korrespondieren. All dies sind Hinweise auf das Ende einer konfessionell-kirchlich geprägten Kultur, dem sich auch ein moderner biblisch-didaktischer RU stellen muss (Orth 2003). Auf diesem Kontext kann eine verbesserte Vermittlung biblischer Überlieferung nur dann gelingen, wenn zuerst nach den Bedingungen und Möglichkeiten des Hörens und Verstehens (Berg 1989, S.388) und erst dann nach der Unterrichtsmethodik gefragt wird. Die Bibel als grundlegender Interpretationshintergrund des RU, so Theißen (2003, S.63ff), leistet folglich einen Beitrag zum Verstehen der eigenen Vergangenheit, deren Wurzeln in den Themen und Problemen vergangener Kulturen liegen. Ohne diese

Wurzeln ist sie nicht zu verstehen. Zudem gehören die meisten dieser Themen und Probleme zu den Grundfragen unserer Existenz. Angesichts dieser Grundfragen bietet die Bibel ein Reservoir von Erfahrungen, Werten und Antwortangeboten, da sich hier die Erlebnisse vieler Generationen verdichtet haben. Aus ihr lassen sich vielfältige Lernchancen benennen, von denen Berg einige ausführt (1993, S.38ff): Die Bibel lehrt Hoffnung und Widerstand im Blick auf scheinbar unabänderliche Verhältnisse; sie bietet Hinweise, wie Leben gelingen kann; sie bewahrt heilvolle und heilende Erinnerungen, die auch heute noch wirksam werden können, und sie vermittelt die Erkenntnis, dass der Mensch ein fehlbares Geschöpf ist. Auf dieses Fundament aufbauend kann ein moderner RU Zielsetzungen und Inhalte anstreben, die auf unterschiedlichen Ebenen einen bildenden Umgang mit Religion umsetzt: Ein solcher RU kann sowohl zu einer individuellen Existenzerklärung beitragen als auch Erfahrungen mit gelebter Religion ermöglichen. Er vermittelt Religion als christliche Tradition, gibt Orientierung bei der Bearbeitung gesellschaftlicher Probleme und kann den Schülern ethisch-moralische Handlungskompetenzen an die Hand geben. Darüber hinaus vermag er Religion aber auch als Transzendenzerfahrung und Einübung in eine spirituell-liturgische Praxis im Rahmen kirchlicher Frömmigkeit näher bringen. All dies sind Hinweise auf eine neue Qualität, die der RU auch in einer postchristlichen Zeit innerhalb der schulischen Organisationsstrukturen immer stärker gewinnt.

3 Philosophie als Unterrichtsfach

In der gymnasialen Oberstufe wird Philosophie in fast allen Bundesländern entweder als Wahlpflichtfach oder als Ersatzfach für den RU angeboten. Das Fach ist breiter angelegt als das Ersatzfach Ethik (s.u.) und von den Fächern „Philosophieren mit Kindern" (Mecklenburg-Vorpommern) bzw. „Praktische Philosophie" (NRW) zu unterscheiden. In der Regel kann nach der Reform der gymnasialen Oberstufe (1972) Philosophie als Grund- oder Leistungsfach gewählt werden. Das Curriculum richtet sich zumeist nach den klassischen philosophischen Disziplinen: Logik, Anthropologie, Ethik, Religionsphilosophie, Sozialphilosophie, Erkenntnistheorie und Metaphysik. Je nach der didaktischen Position der Lehrplankommission ist der Philosophieunterricht in der Oberstufe entweder stärker textbezogen oder problemorientiert ausgerichtet. Das bisher Gesagte gilt für den Philosophieunterricht in der Oberstufe. Dort, wo er auch in der Sekundarstufe I angeboten wird, richtet sich das Curriculum in der Regel an den vier großen Fragen Kants aus: Was kann ich wissen? (Erkenntnistheorie); Was soll ich tun? (Ethik); Was darf ich hoffen? (Religion) und: Was ist der Mensch? (Anthropologie). Nach Brüning dominiert in Bezug auf die didaktische Methode in den Lehrplänen das dialogische Prinzip. Es geht also darum, dass die Schüler lernen, ihre eigene Meinung mit Argumenten zu rechtfertigen (vgl. Brüning 2000).

4 Ethik als Unterrichtsfach

4.1 Einführung

Die verfassungsrechtliche Absicherung des RU als ordentliches Unterrichtsfach stellte solange kein Problem dar, wie die meisten Schüler einer der beiden Großkirchen angehörten. Diese Situation ist heute nicht mehr gegeben. Auf diesem Hintergrund wurden in den Bundesländern ab 1980/81 (Niedersachsen und Bayern) Lehrpläne für das Ersatzfach Ethik verabschiedet. Die Situation veränderte sich nochmals mit dem Beitritt der „neuen" Bundesländer, in denen zwischen 70% und 80% der Schüler keiner der beiden Kirchen angehören. Man konzipierte dort den Ethikunterricht in unterschiedlichen Spielarten von vornherein durchgehend als Wahlpflichtfach. In dieser Entwicklung spiegelt sich nicht nur das Interesse des Staates, Abmeldungen aus dem RU zu kompensieren, sondern auch für die immer größer werdende Zahl nicht kirchlich gebundener Schüler in einer multikulturellen Gesellschaft einen Grundbestand gemeinsamer Wertvorstellungen zu vermitteln. Der Ethikunterricht lässt sich nach Treml (1994) in vier didaktische Grundpositionen systematisieren, die nicht mit den in den einzelnen Bundesländern gebräuchlichen Bezeichnungen für das Fach Ethik identisch sein müssen: Praktische Philosophie, Lebenshilfe, Moralerziehung und ethische Reflexion. Unter praktischer Philosophie versteht Treml eine an den klassischen Philosophieunterricht angelehnte Konzeption. Es geht hier bes. um die handlungsanleitende Seite philosophischen Denkens, die anhand der Rezeption philosophischer Texte auf hermeneutischem Weg vermittelt werden soll. Ein solcher bes. in der Sekundarstufe II praktizierter Ansatz kann auch den Erfahrungshintergrund der Schüler durch problemorientierte Zugänge mit einbeziehen. Didaktisch umstritten ist, ob lediglich Textabschnitte und die Lektüre vollständiger Texte im Unterricht traktiert werden sollen.

4.2 Ethik als Lebenshilfe

Ethikunterricht als Lebenshilfe ist sehr stark an der Lebenswelt der Schüler ausgerichtet. Er stellt Selbstfindung, Identitätsgewinnung und das Erlernen sozialen Verhaltens in den Mittelpunkt. In einem solchen Unterricht bleibt es diffus, auf welche wissenschaftlichen Disziplinen er gründet. Implizit ist hier sicher die Pädagogik zu nennen. Hinzu kommen Teilaspekte aus ganz unterschiedlichen weiteren Fachgebieten, etwa der Soziologie, der Religionswissenschaften und anderer mehr. Ähnlich wie bei der Konzeption des therapeutischen RU steht ein solch angelegter Unterricht in der Gefahr, sich außerhalb des Kanons der anderen Fächer zu stellen. Die Rolle des Lehrers changiert hier eher in den Bereich des Lebensberaters. Eine besondere Ausprägung findet dieser Ansatz in dem Fach „Lebensgestaltung/Ethik/Religion" (vgl. Anger 2000, S.349ff), das in Brandenburg als ordentliches Unterrichtsfach mittlerweile etabliert ist [zur Problematik des LER vgl. Schieder (1999) S.264f].

4.3 Ethik als moralische Unterweisung

Für den bayerischen Ethikunterricht wurde ab 1981 eine auf den Prinzipien expliziter moralischer Unterweisung gründender Lehrplan entwickelt. Ziel ist die normative Vermittlung von Grundwerten, die aus dem Grundgesetz abgeleitet werden. In seinem Kern handelt es sich um einen weltanschaulich gebundenen Gesinnungsunterricht (so Treml). Problematisch erscheint auch die normative Didaktik, die kritische Reflexion der vorgegebenen Inhalte ausschließt. Eine Verbindung von normativer Grundlegung und Hinführung zur kritischen Reflexion findet sich in den Rahmenrichtlinien Sachsen-Anhalts. Der Ethikunterricht soll einerseits dem Grundgesetz und der Achtung der Menschenrechte im Geist der Toleranz verpflichtet sein, andererseits aber auch den Schüler befähigen, angesichts aktueller ethischer Probleme zu einem kritischen Urteilsvermögen zu führen (vgl. Rahmenrichtlinien Bildung Sachsen-Anhalt o.J.).

4.4 Ethik als kritische Reflexion

Grundsätzlich anders setzt eine Konzeption des Ethikunterrichts an, die die kritische Reflexion in den Mittelpunkt stellt. Ein solcher Ansatz findet sich beispielsweise in Hessen und Niedersachsen. Die dem hessischen Lehrplan zugrunde liegende Didaktik geht vom individuellen Erfahrungshorizont der Schüler aus, setzt eine mit den Klassenstufen fortschreitende Fähigkeit zur ethischen Reflexion voraus und will die Schüler letztlich zu einer reflektierten Teilhabe am politischen und gesellschaftlichen Geschehen aufgrund vertiefter philosophisch-ethischer Kenntnisse führen. Beispielhaft seien die verbindlichen Halbjahresthemen für die gymnasiale Oberstufe genannt (Klasse 11-13): Glück, religiöse Sinngebung des Lebens, Menschenbilder in Philosophie und Wissenschaft, Vernunft und Gewissen, Recht und Gerechtigkeit in Gesellschaft, Staat und Staatengemeinschaft sowie Natur und Technik. Aus den genannten Themen wird deutlich, dass ganz unterschiedliche Bezugswissenschaften in einen solchen kritisch-reflexiven Ethikunterricht einfließen. Das in Nordrhein-Westfalen nach einem vierjährigen Schulversuch eingeführte Ersatzfach „Praktische Philosophie" legt ebenfalls das didaktische Konzept zugrunde, die Schüler zu kritischer Reflexion zu befähigen, hat aber die Philosophie explizit als leitende Bezugswissenschaft. Auf dem Hintergrund dieser philosophischen Fundierung will dieses Fach den Schülern grundlegendes Wissen über Wert- und Sinnfragen vermitteln und ihre Reflexions-, Empathie- und Urteilsfähigkeit fördern. Das Fach Praktische Philosophie setzt sich also nicht wie das Fach Ethik in anderen Bundesländern aus einem Konglomerat unterschiedlichster Bezugswissenschaften zusammen. Dies hat auch den Vorteil, dass man Praktische Philosophie/Ethik analog zur Religionspädagogik als universitäres Studienfach studieren kann. Grundsätzlich haben nach Art. 7 Abs. 3 GG alle Religions- und Weltanschauungsgemeinschaften das Recht, einen eigenen Unterricht anzubieten. Damit ist auch implizit die Neutralität des Staates in religiösen und weltanschaulichen Fragen angesprochen. Ob der Staat mit dem Ethikunterricht zu einem eigenen „Werteerzieher" wird oder werden soll, ist heftig umstritten. Schieder schreibt hierzu zusammenfassend: „Diese Aufgabe gänzlich dem Staat zu überlassen, ist eher ein Rückfall in etatistische Verhältnisse, als ein Fortschritt im Interesse von Liberalität und Demokratie. Die Schule sollte der Versuchung, einen staatseigenen Zivilreligionsunterricht zu etablieren, nicht nachgeben. Die wirksamste Werteerziehung ist ohnehin die täglich erlebte, real existierende Schulkultur..." (Schieder 1999, S.265).

Literatur

Anger, Th. (2000): Die Einführung des Unterrichtsfaches „LER" in Brandenburg – ein Paradigmenwechsel im deutschen Staatskirchenrecht? In: Seul, O. (Hrsg.) : Les nouveaux Länder dans le processus d'unification, Vol. 2, Nanterre: BDIC, 349-400. – Berg, H.K. (1989): Ein Wort wie Feuer. Stuttgart: Calwer. – Berg, H. K. (1993): Grundriss der Bibeldidaktik. München & Stuttgart: Kösel. – Brüning, B. (2000): Philosophie und Lehrplangestaltung in den 16 Bundesländern der Bundesrepublik Deutschland: [verfügbar unter: http://www.arifs.it/deutschl.htm (letzter Zugriff am 5.7.2005) – Gloy, H. (1969): Evangelischer Religionsunterricht in einer säkularisierten Gesellschaft. Göttingen: Vandenhoek & Ruprecht. – Halbfas, H. (1976): Religion. Stuttgart: Kreuz. – Halbfas, H. (1982): Das Dritte Auge. Düsseldorf: Patmos. – Nipkow, K. E. (1968): Glaubensunterricht in der Säkularität. Die zwei didaktischen Grundtypen des ev. Religionsunterrichts. In: Evangelischer Erzieher, 20, 169-189. – Nipkow, K. E. (2001): Problemorientierter Religionsunterricht. In: Mette, N. & Rickers, F.: Lexikon der Religionspädagogik, Bd. 2. Neukirchen-Vluyn: Neukirchener, 1559-1565. – Orth, P. (2003): Vorlesung zur Bibeldidaktik. Kath. Fachhochschule Mainz, SS 2003. – Rahmenrichtlinien Bildung Sachsen-Anhalt. [verfügbar unter: http://www.rahmenrichtlinien.bildung-lsa.de/ (letzter Zugriff am 09.03.2009)]. – Schieder, R. (1999): Religionspädagogik/Fachdidaktik. In: Heiligenthal, R. & Schneider, T.M. (Hrsg.): Einführung in das Studium der Evangelischen Theologie. Stuttgart : Kohlhammer. – Stallmann, M. (1958): Christentum und Schule. Stuttgart: Schwab. – Theißen, G. (2003): Die Religion der ersten Christen, 3. Aufl. Gütersloh: Gütersloher Verlagshaus. – Treml, A. K. (1994): Ethikunterricht in den verschiedenen Bundesländern. Bilanz und Perspektiven. In: Ders. (Hrsg.): Ethik macht Schule! Edition Ethik kontrovers, 2 Frankfurt: Diesterweg. – Vierzig, S. (1975): Ideologiekritik und Religionsunterricht. Zürich: Benziger.

6.2 Überfachlicher Unterricht

89| Fächerübergreifende Unterrichtsaufgaben
Bernd Thomas

1 Historische Aspekte

Das Nachdenken über fächerübergreifende Unterrichtsaufgaben und Interdisziplinarität hat das Vorhandensein und Wahrnehmen von Fächern und Disziplinen zur Voraussetzung. Dies scheint auf den ersten Blick recht selbstverständlich zu sein, ist es aber nicht, wie ein Blick in die Wissenschaftsgeschichte schnell verdeutlicht. So war es beispielsweise am Ende des 18. Jahrhunderts auch an der führenden Aufklärungsuniversität Göttingen an der Tagesordnung, dass höchst unterschiedliche Disziplinen und Fächer von ein- und derselben Person gelehrt und beforscht wurden. So lagen etwa Staatsrecht, Geschichte, Politik, Statistik und Pädagogik in einer Hand. Auf der anderen Seite bildeten Disziplinen, die sich heute sehr ausdifferenziert haben, noch eine relative Einheit und wurden von nur einem Gelehrten vertreten. Als Beispiel sei hier die Medizin genannt, deren damaliger Göttinger Lehrstuhlinhaber auch Chirurgie, Anatomie, Physiologie und Botanik vertrat (ADB 1970, ADB 1968). Schon zu Aufklärungszeiten wurden jedoch Grenzen zwischen den Fächern und Disziplinen wahrgenommen und der bekannte Aufklärungspädagoge Johann Heinrich Campe schrieb dazu in seinen Pädagogikgeschichte gewordenen „Fragmenten": „Allein die Grenzen zwischen den Wissenschaften, welche auf seltsamen Krümmungen und Zickzacken durcheinander laufen, lassen sich noch viel weniger, als von manchem Staate, durch eine stetige Linie bestimmen ..." (Campe 1969). Seit damals hat der Differenzierungs- und Spezialisierungseffekt in den Wissenschaften enorm an Fahrt zugelegt, so dass sich mitunter selbst Vertreter einer Disziplin nicht mehr fachlich angemessen miteinander verständigen können und etwa der Molekularbiologe nicht mehr versteht, was der Wildbiologe treibt und umgekehrt. Um solche Trennungs- und Aufsplitterungstendenzen zu überwinden oder doch wenigstens zu mildern, wird immer wieder die Forderung nach interdisziplinärer Zusammenarbeit erhoben, die bereits in der Schule beginnen soll. Der Gedanke, bereits in der Schule über Fachgrenzen hinweg zu arbeiten, ist nicht neu. Die bereits im Mittelalter gebräuchlichen Fachgruppierungen Trivium (Grammatik, Rhetorik, Dialektik) und Quadrivium (Arithmetik, Geometrie, Astronomie, Musik) – die sogenannten Sieben Freien Künste (septem artes liberales) – stellten einen frühen Versuch dar, verwandte Fächer zu größeren Sinneinheiten zusammenzufassen (Keck 1973). Im 17. Jahrhundert war es Johann Amos Comenius, der versuchte, Realien- und Sprachunterricht zusammenzuführen. Auch Johann Friedrich Herbarts Konzentrationsbegriff des 19. Jahrhunderts beinhaltete durchaus das Überwinden von Fachgrenzen, wenn nach der Stufe der

Klarheit auf der Ebene der Assoziationen Verknüpfungen aufgezeigt werden sollten, die zusammen mit einer reflektierten Besinnung das System bilden, das durch Methode zu einem fortschreitenden Erkenntnisgewinn führen sollte (Feige 2000).

Die tatsächliche Organisation des Schulalltags folgte aber ab etwa 1820 eher administrativ-bürokratischen und ökonomischen Vorgaben als pädagogischen. Um den Schulbesuch durchzusetzen, mussten effektive Organisationsformen gefunden werden. Das Jahrgangsprinzip wurde das allein bestimmende Organisationsmuster für Schulklassen (Feige 2004b). Ebenfalls von der höheren Schule ausgehend, wurde ein fachlich bestimmter Unterricht im 45-Minuten-Takt eingeführt. Dies hatte eine Zerstückelung von Lernprozessen zur Folge, denn die Schüler müssen sich alle 45 Minuten auf neue Unterrichtsstoffe konzentrieren. Diese werden für sich stehend isoliert vermittelt, das Herstellen von Zusammenhängen geschieht nicht und bleibt den Schülern selbst überlassen. Die Struktur der Stundenschule ist bis heute erhalten geblieben, auch wenn in der Grundschule teilweise nach anderen Zeitmustern gearbeitet wird.

Dieses Fach- und Stundenmuster erschwert fächerübergreifendes Arbeiten ganz erheblich, wozu oftmals noch die Unklarheit kommt, was denn darunter zu verstehen sei.

2 Klärung der Begrifflichkeit

Gudjons, der selbst das Begriffswirrwarr bedauert, das um den fächerübergreifenden Unterricht herrscht, schlägt auf einer ersten Abstraktionsebene drei größere Bereiche vor, die er als ungefächerten Unterricht, als fächerübergreifenden Unterricht und als Neue Lernbereiche kennzeichnet. Dabei wird der zweite Bereich – der fächerübergreifende Unterricht – eingehender differenziert. Je nach Planungs- und Organisationsaufwand unterscheidet er aufsteigend fachüberschreitenden Unterricht, fächerverknüpfenden Unterricht und fächerkoordinierenden Unterricht. Bei der ersten Variante zeigt der Lehrer in seinem angestammten Fachunterricht fächerüberschreitende Aspekte auf, die zweite Variante verweist auf die Zusammenarbeit von zwei Lehrern mit ihren jeweiligen Fächern, während die dritte Alternative ein Thema in den Mittelpunkt stellt, an dem ein größeres Lehrerteam mit den jeweiligen Fachkompetenzen beteiligt ist. Ferner werden noch der kursartige fächerergänzende Unterricht und der projektförmige fächeraussetzende Unterricht genannt (Gudjons 2000).

Auf eine ältere Arbeit geht die Einteilung zurück, die Schelten vorschlägt. Sein Stufenmodell kennt drei Stufen. Auf der ersten Stufe wird der fächerverbindende Unterricht, der die Fächerteilung beibehält, genannt. Auf Stufe 2 befindet sich der fächerübergreifende Unterricht, der die Fächerung zeitweise zugunsten gemeinsamer Bearbeitung übergeordneter Themen aufhebt und auf diese Weise eine vielperspektivische Sicht ermöglicht. Kommen dann noch intensive Handlungsphasen hinzu, ist die dritte Stufe erreicht, die projektartige Züge trägt (Schelten 1999).

Im vorliegenden Zusammenhang sei auf die durch Labudde erfolgte Klassifizierung verwiesen. Dieser bezeichnet vom Einzelfach ausgehende überfachliche Bezüge als fachüberschreitenden Unterricht, die Zusammenarbeit zweier Fächer als fächerverknüpfenden Unterricht und die Bearbeitung komplexerer Themen aus der Sicht verschiedener zusammenarbeitender Fächer als fächerkoordinierenden Unterricht. Diese Einteilung stimmt weitgehend mit den entsprechenden Kategorien überein, die Gudjons herausgearbeitet hat.

Eine weitere Akzentuierung wird unter inhaltlicher Perspektive sichtbar, denn fächerübergreifender Unterricht geht zunächst von den bestehenden Schulfächern aus. Daneben konstituieren sich aber immer mehr Problemzusammenhänge, die nicht mehr angemessen von den bisherigen Schulfächern bearbeitet werden können, da sie quer zu den üblichen Fachgrenzen liegen. Diese werden auch als Neue Lernbereiche bezeichnet (Gudjons 2000). Hier sind die fächerübergreifenden Unterrichtsaufgaben anzusiedeln, die inhaltlich auf Problemzusammenhänge wie beispielsweise Gesundheitserziehung, Umweltbildung oder Friedenserziehung verweisen.

3 Konzeptionen fächerübergreifenden Unterrichts

Auf die Kritik des Fachunterrichts fanden zunächst Reformpädagogen konzeptionelle Antworten. Als eine frühe fächerübergreifende Konzeption ist der freie Gesamtunterricht zu nennen. Dieser geht auf den Berliner Reformpädagogen Berthold Otto zurück. Leitfigur seiner Gesamtunterrichtskonzeption war das Gespräch am heimischen Familientisch. In seiner Vollform, die Otto an seiner Berliner Reformschule durchführte, umfasste der Gesamtunterricht alle Schüler der Schule, alle Lehrer sowie gerade anwesende Gäste der Schule. Die Initiative ging dabei grundsätzlich von den Schülern aus, ihren Fragen, Interessen, Neigungen und Gedankengängen folgte der Gesamtunterricht der ganzen Schule meist in Form eines freien Gesprächs, wobei es keine Fachgrenzen gab. Allerdings schloss Otto Fachunterricht auf keinen Fall aus, denn die angesprochenen Fragestellungen sollten ihre Weiterbearbeitung im Fachunterricht erfahren. Fächerübergreifender Gesamtunterricht und Fachunterricht werden demnach nicht gegeneinander ausgespielt, sondern vielmehr produktiv aufeinander bezogen. Darüber hinaus nahmen auch alle Fachlehrer am freien Gesamtunterricht teil, so dass sie jederzeit ihre fachliche Sicht einbringen konnten. Schulisch überformt fand der Gesamtunterricht als gebundener Gesamtunterricht Eingang in die Regelschule und wurde für die Weimarer Grundschule zur verbindlichen Unterrichtskonzeption (Feige 1996). Da er hier aber vor jeder Fächerung zum Einsatz kam, ist sein grundschulförmiger Zuschnitt nicht als fächerübergreifend, sondern als ungefächert oder vorfachlich zu bezeichnen.

Von vornherein gegen Fachunterricht sprach sich der Ansatz des integrativ-mehrperspektivischen Unterrichts (MPU) aus (Giel u.a. 1974, 1975). Stattdessen gehe es in der Grundschularbeit darum, die Unterrichtsgegenstände unter möglichst vielen – auch fachlichen bzw. wissenschaftlichen – Perspektiven zu bearbeiten. Der Arbeitsgruppe um Giel ging es darum, Kindern eine allgemeine Handlungskompetenz zu vermitteln, die sie dazu befähigen soll, an gesellschaftlichen Prozessen kritisch-konstruktiv und abständig-reflektierend teilzuhaben. Dieser anspruchsvolle Zielhorizont kann nicht durch eine bloße Abbilddidaktik erreicht werden, die die Realität so nimmt, wie sie vorderhand augenscheinlich ist. Vielmehr soll durch Rekonstruktion von Realität nach didaktischer Maßgabe eine Dekontextualisierung erreicht werden (im Sinne einer Herauslösung aus den zum reaktiven Verhalten zwingenden Alltagsverstrickungen), die eine bewusste Distanz schafft und eine kritisch-reflektierte Aufklärung erst ermöglicht. Es gilt, gesellschaftlich bedingte Handlungsmuster, Sprachkonventionen, Werthaltungen, Vorurteile, Macht-, Verwertungs- und Interessenskonstellationen aufzudecken. Fachgrenzen treten dabei notwendigerweise in den Hintergrund. Um Realität nach didaktischer Maßgabe rekonstruieren zu können, werden vier Rekonstruktionstypen benannt:

Der erlebnis- und erfahrungsbezogene Rekonstruktionstyp sichert individuelle, erfahrungs- und erlebnisbezogene Zugangsweisen.

Der szenische Rekonstruktionstyp bringt die jeweils agierenden Personen als Rollenträger ins Spiel. Die Rollenhaftigkeit des Verhaltens soll durch das Einnehmen verschiedener Perspektiven in einem reflektierten Rollenspiel entschlüsselt werden.

Der politisch-öffentliche Rekonstruktionstyp verdeutlicht die jeweiligen Macht- und Interessenskonstellationen und fragt nach Änderungsmöglichkeiten.

Der scientische Rekonstruktionstyp erfasst die wissenschaftlich (fachlich) abgesicherten Fakten (Feige 2004a).

Ein Beispiel dazu sei ausgeführt. Das Thema „Supermarkt" erhielte unter Berücksichtigung der vier Rekonstruktionstypen folgenden Zuschnitt: Auf der erlebnisbezogenen Ebene werden die Vorerfahrungen der Schüler in den Unterricht mit einbezogen und reflektiert. Auf der szenischen Ebene werden typische Kommunikationssituationen nicht nur im Rollenspiel nachgestellt, sondern beispielsweise auch Strategien entwickelt, wie denn Auskünfte und zusätzliche Informationen einzuholen seien oder wie man es als Kind schafft, an der Kasse oder Frischwarentheke nicht zurückgedrängt zu werden. Auf der politisch-öffentlichen Rekonstruktionsebene wird etwa nach den Folgen gefragt, die die Ansiedlung von Supermärkten und anderer Großgeschäfte auf der grünen Wiese nach sich ziehen. Dabei geraten in den Blick: das Verschwinden kleinerer Geschäfte, die Verödung der Innenstädte, die Versorgungsprobleme wenig mobiler Menschen. Auf der wissenschaftsbezogenen Ebene könnte bearbeitet werden, in welcher Weise und mit welchen Absichten die Warenanordnung vorgenommen wird, welche Werbestrategien eingesetzt werden oder warum bestimmte Wegeführungen vorgegeben sind.

Es geht dem MPU also um die Erzeugung eines hochreflektierten Wissens, verbunden mit Qualifikationen, die bereits den Grundschüler dazu befähigen, komplexe gesellschaftliche Prozesse zu durchschauen und an ihnen gestaltend teilzuhaben. Die hierzu nötige Unterrichtsgestalt ist nach Lesart des MPU mindestens fächerübergreifend, bisweilen zeigt sie durchaus fächerüberwindende – bzw. wie weiter oben gesagt wurde – fächeraussetzende Züge.

Für den Bereich der Sekundarstufen sind im Wesentlichen zwei Ausprägungen fächerübergreifenden Unterrichts entwickelt worden: das additive und integrative Konzept. Der additive Ansatz verursacht keine grundsätzliche Veränderung der fachgebundenen Unterrichtsorganisation. Vielmehr sollen sich die fächerübergreifenden Anteile dem Fachunterricht erweiternd und vertiefend anschließen. Dies geschieht punktuell an Studien-, Projekt- oder Fachtagen, die in einem Gefüge disziplinär bestimmter Methoden und interdisziplinärer Leitbegriffe auf eine vergleichende Zusammenschau fächerübergreifender Zusammenhänge abzielen. Zu einem bestimmten Thema („Raum und Zeit", „Reformation – die Wende zwischen Mittelalter und Neuzeit" oder „Bionik – Lernen von der Natur") machen die Fächer an zwei Tagen spezielle Angebote dazu, an denen in arbeitsteiliger Gruppenarbeit teilgenommen wird. Plenarvorträge und der gegenseitige Austausch der Gruppen führen zusammen und ermöglichen das Mitteilen und Präsentieren der jeweiligen Ergebnisse (Loos & Popp 1996). Ausgangs- und Bezugspunkt bleibt der Fachunterricht, wobei das Fachwissen nicht Selbstzweck bleibt, sondern als Fundament für den Aufbau fächerübergreifender Perspektiven und Qualifikationen dient.

Der integrative Ansatz steht teilweise in der Tradition der ehemaligen Spezialschulen der DDR, so dass insbesondere Schulen aus den neuen Ländern Konzepte für die Gestaltung der Gymnasialen Oberstufe entwickelt haben, die fächerübergreifendes Überblickswissen mit fachlicher Vertiefung verbinden wollen. Hierbei handelt es sich aber oftmals eher um eine Spezialisierung im Rahmen des umfassenderen Bildungsauftrags, so dass etwa in den Thüringer „Spezialklassen" oder in den sächsischen „Vertiefungsprofilschulen" Schüler mit besonderen Fähigkeiten ab der 9. Klasse gezielt im mathematisch-naturwissenschaftlichen, im musischen oder im sprachlichen Bereich gefördert werden (Loos & Popp 1996).

Das Oberstufen-Kolleg der Universität Bielefeld verfolgt entschieden fächerübergreifende Ziele. Das Oberstufen-Kolleg fasst die Aufgaben der Gymnasialen Oberstufe und des Grundstudiums der Hochschule zu einer durchgängig wissenschaftspropädeutischen Ausbildung zusammen. An die Stelle eines aus Schulfächern zusammengesetzten Kanons oder Kurssystems tritt eine Kombination von Spezialisierungsfächern, fächerübergreifenden Kursen und Projektphasen (Catenhusen 2001).

4 Inhalte und Ziele fächerübergreifenden Unterrichts

4.1 Schlüsselprobleme und Schlüsselqualifikationen

Als zentrales Inhaltsfeld einer tragfähigen Allgemeinbildung werden seit der Mitte der 1980er Jahre die epochaltypischen Schlüsselprobleme gesehen (Klafki 1985), deren Durcharbeiten nicht vor Fachgrenzen Halt machen kann. Als Schlüsselprobleme nennt Klafki:

– die Frage nach Krieg und Frieden
– die ökologische Frage
– das Problem des rapiden Bevölkerungswachstums gerade in den ärmsten Ländern
– das Problem der gesellschaftlich produzierten Ungleichheit
– die Möglichkeiten und Gefahren neuer Steuerungs-, Informations- und Kommunikationstechnologien
– das Verhältnis zwischen den Geschlechtern im Bezugsfeld zwischenmenschlicher Verantwortung.

Das fächerübergreifende Potential all dieser Themen ist offenkundig. Soll beispielsweise das Schlüsselproblem „gesellschaftlich produzierte Ungleichheit" unter dem Aspekt der Ungleichheit verschiedener sozialer Schichten intensiv bearbeitet werden, wird schnell klar, dass dies nur unter Einbezug historischer, politischer, sozialgeographischer, ökonomischer, kultureller, statistischer, soziologischer, psychologischer und sicherlich noch vieler anderer Aspekte geschehen könnte. Deutlich wird: Das Bearbeiten von Schlüsselproblemen kann nur fächerübergreifend gelingen. Demzufolge fordert Klafki in diesem Zusammenhang auch exemplarisches Lehren und Lernen, Epochen- und Projektunterricht ein.

Im Zuge der Renaissance des Bildungsbegriffes im Zusammenhang mit der Allgemeinbildungsdebatte der 1980er Jahre (z.B. Klafki 1985, Sandfuchs 1987), in der unter anderem die Aufhebung der Trennung von beruflicher und schulischer Bildung gefordert wurde, erlangte das Nachdenken über Schlüsselqualifikationen, die bis dahin vor allem in der Erwachsenenbildung eine Rolle spielten, nun auch im schulpädagogischen Zusammenhang Aufmerksamkeit. Besonders mit Blick auf den Übergang vom allgemeinbildenden Schulsystem in die berufliche Ausbildung erhalten Schlüsselqualifikationen erhöhte Relevanz. Dabei sind sie meist sehr stark auf den Arbeitsmarkt bezogen, denn in Hinblick auf die sich rasant ändernden Bedingungen und Anforderungen des Arbeitsmarktes erscheint es zunehmend wünschenswert, Schulabgängern neben Fachkenntnissen eine breite, den Fächerkanon überschreitende Fähigkeitspalette mit auf den Weg zu geben. Da fachgebundene Spezialkenntnisse verhältnismäßig schnell veralten können, sind Schlüsselqualifikationen gefragt, die auf eine gesteigerte Disponibilität des Individuums abzielen.

Grundsätzlich müssen Schüler heute verstärkt lernen, ihre Lernprozesse selbst zu organisieren. Folgende Schlüsselqualifikationen sollen demnach aufgebaut werden: Es ist anzustreben, dass Schüler den Einsatz von Lern- und Arbeitstechniken beherrschen, Kommunikations- und Kooperationsfähigkeit entwickeln, Problemlösungs- und Entscheidungskompetenzen erwerben, Flexibilität und Kreativität zeigen und Arbeitsaufgaben eigengesteuert durchführen und selbstständig Verantwortung übernehmen (z.B. Belz & Siegrist 2000).

Dies verweist durchaus auf wünschenswerte pädagogische Zielvorstellungen – wie z.B. Selbstständigkeit, Eigenverantwortlichkeit und Sozialkompetenz – und auch auf pädagogisch sinnvolle Verfahren – wie etwa entdeckendes Lernen, fächerübergreifendes Arbeiten, Gruppenarbeit oder Projekt. Allerdings kann das nun nicht bedeuten, dass sich Schule willfährig nach den jeweiligen Anforderungen des Arbeitsmarktes auszurichten habe. Das Eigenrecht des Kindes bzw. des Jugendlichen ist hier ein die ökonomischen Begehrlichkeiten in die Schranken weisendes Regulativ.

4.2 Überfachliche Erziehungsaufgaben

Quer zu dem üblichen Fächerkanon der Schule entwickeln sich immer mehr Erziehungsbereiche, die oftmals gesellschaftliche Problemlagen kennzeichnen und deren Bearbeitung der Schule angetragen wird. Ob dies die Schule in ihrer jetzigen Gestalt und Ausstattung überhaupt angemessen leisten kann, soll an dieser Stelle nicht diskutiert werden. Festzustellen ist jedoch eine stete Zunahme dieser auch als „Bindestricherziehungen" bezeichneten Bereiche. Einige dieser Erziehungsaufgaben sollen im Folgenden benannt und kurz charakterisiert werden.

Ein fast schon klassischer überfachlicher Erziehungsbereich ist die Verkehrserziehung. Mit Beginn des motorisierten Individualverkehrs wurde der Schule die Aufgabe gestellt, die Schüler zu sicheren Verkehrsteilnehmern zu erziehen. Lange Zeit standen dabei Sicherheitserziehung und Regelkunde im Mittelpunkt. Ab den 1970er Jahren kamen dann sozialerzieherische und verkehrskritische Aspekte hinzu, die sich in der Folgezeit besonders mit Umwelt- und Gesundheitsfragen befassten. Gegenwärtig sind Bestrebungen festzustellen, die die Verkehrserziehung zu einer modernen Mobilitätserziehung weiterentwickeln wollen, um ein umweltgerechtes und intelligentes Mobilitätsverhalten zu bewirken. Besonders im Sekundarbereich fristet die Verkehrserziehung oftmals nur ein Schattendasein, während ihr in der Grundschule gute Arbeit attestiert wird (z.B. Warwitz 2003).

Seit den ausgehenden 1960er Jahren fand die Sexualerziehung im Zuge gesellschaftlicher Liberalisierungs- und Demokratisierungsentwicklungen ihren teilweise sehr umstrittenen Weg in die Schule. Dabei ging es darum, den Erziehungs- und Bildungsauftrag der Schule mit dem Elternrecht juristisch abzugleichen, was dazu führte, dass Sexualerziehung einerseits relativ hoch verrechtlicht ist, andererseits dadurch aber ein fester Bestandteil schulischer Arbeit wurde. Ging es zu Beginn der schulischen Sexualerziehung vorwiegend um biologische Fragen, traten bald soziale und emotionale Inhalte hinzu, wie etwa das Rollenverständnis von Frau und Mann oder der qualifizierte Umgang mit Gefühlen. Mit der Aidsproblematik und der Missbrauchsdebatte sind der Sexualerziehung neue, nicht unproblematische Themen zugewachsen (z.B. Kluge 1997).

Umwelterziehung wurde auf zweierlei Wegen zur Aufgabe der Schule. Auf der einen Seite häuften sich in den 1970er und 1980er Jahren die Umweltkatastrophen – allen voran seien die Atomkraftwerksunglücke von Harrisburg (Three Mile Island, USA 1979) und Tschernobyl (Sowjetunion 1986) genannt – und damit die Umweltprobleme, auf der anderen Seite schärften Umweltkonferenzen der Vereinten Nationen (z.B. Stockholm 1972, Tiflis 1977, Rio de Janeiro 1992) weltweit das Umweltbewusstsein. In Rio wurde die Agenda 21 als weltpolitischer Plan formuliert, die Umweltproblematik unter der Leitidee der Nachhaltigkeit in den Griff zu bekommen, wobei der Erziehung eine bedeutende Rolle zukommt. Konzeptionell ist im Laufe der 1990er Jahre Umwelterziehung zur Umweltbildung und damit zum unveräußerlichen Bestandteil von Allgemeinbildung weiter entwickelt worden. Zentrierungsfach für Umwelterziehung ist in der Grundschule der fächerintegrative Sachunterricht, im Sekundarbereich soll Umwelterziehung fächerübergreifend vorwiegend durch Erdkunde und Biologie geleistet werden. Aktuelle Zahlen über den realen Anteil von Umwelterziehung in der schulischen Praxis liegen nicht vor – er dürfte aber geringer sein, als erhofft (z.B. Umweltbundesamt 1998).

Seit der Epoche der Aufklärung gehört Gesundheitserziehung zu den Aufgaben schulischer Erziehungsbemühungen. Im 19. Jahrhundert ging es dann unter dem Begriff der Schulhygiene vor allem darum, in dem sich allmählich flächendeckend entwickelnden Schulsystem hygienisch unbedenkliche Schulgebäude mit entsprechenden Ver- und Entsorgungseinrichtungen zu schaffen. Im Zeichen der Reformpädagogik fanden Körperlichkeit bejahende, asketische und erlebnisorientierte Momente Eingang in die Gesundheitserziehung. Bis heute kennzeichnen zwei Bezugsfelder schulische Gesundheitserziehung: Auf der einen Seite gilt es, in der Schule selbst gesunde Bedingungen zu schaffen, andererseits geht es auch immer um Anleitung und Gewöhnung zu gesundem Verhalten und um Unterricht über eine gesunde Lebensweise. Dabei haben sich Angst auslösende Konzepte als ebenso erfolglos erwiesen wie einseitig rational-aufklärerische Ansätze. Daher finden mittlerweile ganzheitliche Konzepte mit den programmatischen Bezeichnungen wie Gesunde Schule oder Gesundheitsförderung verstärkte Beachtung. Leitidee ist die Verbindung von gesundem Leben in der Schule mit der Erarbeitung und Vermittlung gesundheitsbewusster Einstellungen (Bennack 1990 und 1999).

Seit den 1960er Jahren begannen internationale Migrationsprozesse, die zu multikulturellen Situationen in den westlichen Industriegesellschaften führten. Schulisch wurde zunächst versucht, durch eine kompensatorische Ausländerpädagogik, die vor allen Dingen Sprachdefizite ausgleichen und Assimilation bewirken sollte, auf diese neuen gesellschaftlichen Herausforderungen zu reagieren. Dieser Ansatz ist mittlerweile überwunden und durch das Konzept der Interkulturellen Erziehung abgelöst worden. Diese richtet sich nicht nur auf Zuwanderer, denen dieser Ansatz helfen will, eine selbstständige kulturelle Identität zu bewahren bzw. zu erarbeiten, sondern darüber hinaus auch auf die Einheimischen, die ihre Kultur als eine unter anderen gleichberechtigten Kulturen verstehen sollen. Ziel der Interkulturellen Erziehung ist es im Zeichen von Vernunft, Toleranz und Verständnis von einem kulturellen Nebeneinander (multikulturell) zu einem kulturellen Miteinander (interkulturell) zu gelangen. Insofern versteht sich Interkulturelle Erziehung auch als ein Beitrag zur Friedenserziehung, der notwendigerweise auch utopische Momente innewohnen (z.B. Sandfuchs 2000).

In einer immer mehr von Medien bestimmten Gesellschaft wird der qualifizierte Umgang damit immer wichtiger. Das übergeordnete Ziel schulischer Medienerziehung ist die Erarbeitung von Medienkompetenz, die in die Dimensionen Medienkritik (analytische und reflexive Einschätzung von Medien), Medienkunde (Wissen über Medien), Mediennutzung (rezeptive und interaktive Nutzung von Medien) und Mediengestaltung (Kreativer Umgang mit Medien) eingeteilt werden kann (Baakke 1996). Auch Medienerziehung ist wiederum fächerübergreifend konzipiert, denn es ist Aufgabe aller beteiligten Fächer, den Umgang z.B. mit Computer und Internet nicht nur technisch, sondern auch immer kritisch-distanziert und analytisch-reflexiv zu gestalten (Vollbrecht 2004).

Es ließe sich noch eine Vielzahl sogenannter Bindestricherziehungen aufzählen, wie etwa Verbrauchererziehung, Brandschutzerziehung oder Ernährungserziehung. Dabei muss im Einzelfall immer kritisch gefragt werden, wie hoch die Relevanz der einzelnen „Erziehungen" jenseits tagesaktueller Konjunktur tatsächlich sein mag. Forschungsergebnisse, die Auskunft über ihren Stellenwert in der schulischen Arbeit oder über ihren Erfolg oder Misserfolg geben, liegen nicht vor. Ausnahme ist die Untersuchung von Blaseio (2004), die für die Grundschule und hier besonders für den Sachunterricht eine deutliche Zunahme dieser fächerübergreifenden Bereiche auf Kosten angestammter Inhalte festgestellt hat.

Literatur

ADB (1968): Allgemeine Deutsche Biographie, Band 10. Berlin: Duncker & Humblot, 420-427. – ADB (1970): Allgemeine Deutsche Biographie, Band 31. Berlin: Duncker & Humblot, 567-600. – Baacke, D. (1996): Medienkompetenz – Begrifflichkeit und sozialer Wandel. In: Rein, A. v. (Hrsg.): Medienkompetenz als Schlüsselbegriff. Bad Heilbrunn: Klinkhardt, 112-124. – Belz, H. & Siegrist, M. (2000): Kursbuch Schlüsselqualifikationen: ein Trainingsprogramm. 2. erw. Auflage. Freiburg: Lambertus. – Bennack, J. (1990): Gesundheit und Schule. Köln, Wien: Böhlau. – Bennack, J. (1999): Schulproblem: Erziehung. Neuwied: Luchterhand. – Blaseiso, B. (2004): Entwicklungstendenzen der Inhalte des Sachunterrichts. Bad Heilbrunn: Klinkhardt. – Campe, J. H. (1786 / 1969): Über einige verkannte wenigstens ungenützte Mittel zur Beförderung der Industrie, der Bevölkerung und des öffentlichen Wohlstandes: in zwei Fragmenten. Wolfenbüttel. Reprint mit einer Einleitung von G. Koneffke. Frankfurt am Main. – Catenhusen, M. (2001): Das Bielefelder Oberstufen-Kolleg. Begründung und Konzept. Unveröffentlichte Wissenschaftliche Hausarbeit. Universität Potsdam. Archivnummer: K 7749. – Feige, B. (1996): Gesamtunterricht. Entstehungszusammenhang – didaktische Konzepte – seine Bedeutung für die Schule von heute.

In: Seyfarth-Stubenrauch, M. & Skiera, E. (Hrsg.): Reformpädagogik und Schulreform in Europa, Band 1. Hohengehren: Schneider, 126-139. – Feige, B. (2000): Integrativer und fächerübergreifender Sachunterricht – historische, fachdidaktische und allgemeindidaktische Orientierungen. In: Löffler, G., Möhle, V., Reeken, D. v. & Schwier, V. (Hrsg.): Sachunterricht – Zwischen Fachbezug und Integration. Bad Heilbrunn: Klinkhardt, 63-79. – Feige, B. (2004a): Der Sachunterricht und seine Konzeptionen. Historische, aktuelle und internationale Entwicklungen. Bad Heilbrunn: Klinkhardt. – Feige, B. (2004b): Schulklasse. In: Keck, R. W., Sandfuchs, U. & Feige, B. (Hrsg.): Wörterbuch Schulpädagogik. Bad Heilbrunn: Klinkhardt. 406-408. – Giel, K. (1974): Perspektiven des Sachunterrichts. In: Giel, K., Hiller, G. G. & Krämer, H.: Stücke zu einem mehrperspektivischen Unterricht. Aufsätze zur Konzeption 1. Stuttgart: Klett, 34-66. – Giel, K. (1975): Vorbemerkungen zu einer Theorie des Elementarunterrichts. In: Giel, K. (Hrsg.): Stücke zu einem mehrperspektivischen Unterricht. Aufsätze zur Konzeption 2. Stuttgart: Klett, 8-181. – Gudjons, H. (2000): Methodik zum Anfassen. Bad Heilbrunn: Klinkhardt. – Keck, R. W. (1973): Trivium – Quadrivium. In: Nicklis, W. S. (Hrsg.): Handwörterbuch der Schulpädagogik. Bad Heilbrunn: Klinkhardt, 227-228. – Klafki, W. (1985): Neue Studien zur Bildungstheorie und Didaktik. Beiträge zur kritisch-konstruktiven Didaktik. Weinheim, Basel: Beltz. – Kluge, N. (Hrsg.) (1997): Sexualerziehung in der Grundschule. Bad Heilbrunn: Klinkhardt. – Loos, B. & Popp, S. (1996): Praxis der gymnasialen Oberstufe. Varianten zur Gestaltung eines fächerverbindenden Lernens und Arbeitens. In: Zeitschrift für Pädagogik, 4, 557-574. – Sandfuchs, U. (1987): Unterrichtsinhalte auswählen und anordnen. Vom Lehrplan zur Unterrichtsplanung. Bad Heilbrunn: Klinkhardt. – Sandfuchs, U. (2000): Interkulturelles Lernen in der Schule. In: Grundschule, 1, 52-55. – Schelten, A. (1999): Fächerübergreifender Unterricht. In: Kaiser, F.-J. & Pätzold, G. (Hrsg.): Wörterbuch Berufs- und Wirtschaftspädagogik. Bad Heilbrunn, Hamburg: Klinkhardt, Handwerk und Technik, 189-190. – Umweltbundesamt (Hrsg.) (1998): Nachhaltiges Deutschland. Wege zu einer dauerhaft umweltgerechten Entwicklung. 2. Aufl. Berlin. – Vollbrecht, R. (2004): Medienkompetenz. In: Keck, R. W., Sandfuchs, U. & Feige, B. (Hrsg.): Wörterbuch Schulpädagogik. Bad Heilbrunn: Klinkhardt, 305-306. – Warwitz, S. (2003): Verkehrserziehung vom Kinde aus. 4. erw. Auflage. Hohengehren: Schneider.

90| Anfangsunterricht in der Grundschule
Sabine Martschinke

1 Das „Besondere" am Anfangsunterricht

Der Begriff Anfangsunterricht (engl. *elementary instruction*) wird unterschiedlich verwendet und bezeichnet die ersten Tage, Wochen oder Monate der Schulanfangsphase, tw. aber auch das erste Schuljahr oder sogar die ersten beiden Schuljahre. Zunächst kann der Anfangsunterricht institutionsbezogen als Beginnphase der Grundschule gesehen werden. Die Grundschule als „erste" Schule und als „Schule für alle Kinder" nimmt eine Sonderstellung in dem gegliederten Bildungssystem Deutschlands ein. Das „Besondere" der Grundschulzeit trifft aber in noch höherem Maße auf den Anfangsunterricht zu. Alle aktuellen Forschungsergebnisse aus Längsschnitt- oder Schulleistungsvergleichsstudien machen darauf aufmerksam, dass die frühe schulische Förderung entscheidend ist für die gesamte Leistungs- und Persönlichkeitsentwicklung: „Auf den Anfang kommt es an" (Faust, Götz, Hacker & Roßbach 2003, S.7).

2 Historische Entwicklung des Anfangunterrichts

Der Anfangsunterricht hatte bereits seit Einführung der Grundschule eine bedeutende Stellung. Reifungstheoretische Vorstellungen vom kindlichen Lernen blockierten zu Beginn des 19. Jahrhunderts die Entwicklung eines anspruchsvollen Anfangsunterrichts. Ausgehend von der Annahme eines altersgemäß sehr begrenzten kindlichen Aufnahme- und Fassungsvermögens wurde die Gefahr der Verfrühung schulischen Lernens gesehen. So war in der ersten Hälfte des letzten Jahrhunderts ein am vermeintlichen Entwicklungsstand orientiertes Vorgehen bei der Auswahl und Gestaltung der Inhalte üblich. Anfangsunterricht war als Gesamtunterricht um den heimatkundlichen Anschauungsunterricht herum angeordnet. Charakteristische Merkmale waren Spiele und Aktivitäten in der heimatkundlichen Erfahrungswelt.

In der Reformzeit der 60er und 70er Jahre wurden konträre Leitvorstellungen entwickelt. Die Forderung, schon in der Grundschule auf das Bildungsangebot weiterführender Schulen vorzubereiten, schlug sich in der Gestaltung des Anfangsunterrichts als elementarem Fachunterricht nieder. Seit den 80er Jahren wurden dann ausgewogenere Modelle favorisiert, die die Balance zwischen Kindorientierung einerseits und Wissenschafts- und Fachorientierung andererseits suchten. Für den Anfangsunterricht wurde der Blick verstärkt auf den Schulanfang und seine bruchlose Gestaltung gerichtet.

3 Innovative Strukturmodelle durch jahrgangsübergreifende Eingangsklassen

Neuere Modelle setzen gegen den eher selektiven Charakter bisheriger Schuleingangsmodelle auf mehr Flexibilität. Weniger Zurückstellungen, frühere und flexiblere Einschulungstermine, kein Sitzenbleiben und eine flexible Verweildauer sind äußere Merkmale eines integrierten Schulanfangs für alle. Die Verweildauer in Schuleingangsmodellen reicht von einem Jahr über zwei Jahre bis hin zu drei Jahren, so dass Kinder unterschiedlichen Alters, aber auch mit unterschiedlich langer Schullaufbahn gemeinsam in diesen Klassen lernen. Damit wird die ursprüngliche Idee der Homogenisierung durch Jahrgangsklassen aufgegeben zugunsten einer gewünschten Heterogenität. Auf der Basis eines sozial-konstruktivistischen Lernbegriffs sind gemeinsame Lernaktivitäten gewünscht, die das Lernen miteinander und voneinander ermöglichen.

Die Forschungslage zum jahrgangsgemischten Unterricht im deutschsprachigen Raum (Rossbach 1999) ist uneinheitlich und unbefriedigend. Begleituntersuchungen ermutigen aber, die Richtung der Innovation fortzusetzen (vgl. z.B. Arbeitskreis Wissenschaftliche Begleitung „Schulanfang auf neuen Wegen" 2002). Die Kinder des Modellversuchs zeigten im Vergleich zu Jahrgangsklassen das gleiche Leistungsniveau, obwohl viel mehr jüngere Kinder und mehr Kinder mit geringen Deutschkenntnissen bzw. geringen Ausgangswerten in phonologischer Bewusstheit beteiligt waren.

Internationale Wege führen in eine ähnliche Richtung. Der frühere Beginn, beispielsweise in England, wird kombiniert mit der Erhebung wichtiger Lernvoraussetzungen zu Schulbeginn (baseline assessment). Diese Informationen fließen in eine gezielte, individuelle Förderung ein, die Leistungen der Kinder können dann in Beziehung zu den Ausgangswerten gesetzt und der Erfolg von Fördermaßnahmen überprüft werden.

4 Anschlussfähige Bildungsprozesse

Die aktuelle Diskussion erweitert den Aufgabenkatalog für die Grundschule neben der Forderung nach grundlegender Bildung und neben propädeutischen Aufgaben in Bezug auf weiterführende Schulen um eine dritte Aufgabe speziell für den Anfangsunterricht: Die Problematik des Schulanfangs ist hinlänglich bekannt. Unterschiede zwischen Kindergarten und Grundschule, seien sie nun im personalen Umfeld, in den curricularen Vorgaben, in den Anforderungen an das Kind, können zu Brüchen führen, die den Übergang zum kritischen Lebensereignis machen. Mit dieser Übergangssituation können damit einerseits Risiken insbesondere für die Persönlichkeitsentwicklung verbunden sein. Andererseits spricht auch viel dafür, den Eintritt in die Schule als Entwicklungsaufgabe zu sehen, die mit großen Chancen und Anreizen, auch speziell für Lernen und Leisten, verbunden ist.

Viele einschlägige Ratgeber nehmen sich der Aufgabe an, diesen Übergang möglichst bruchlos, effektiv und kontinuierlich gleichzeitig zu gestalten. Solche Überlegungen und praktischen Ansätze, einen so genannten bruchlosen Übergang zwischen Kindergarten und Grundschule zu schaffen, enthalten wichtige und hilfreiche Gestaltungselemente. Neuüberarbeitungen solcher didaktischer und pädagogischer Empfehlungen nehmen neuere Entwicklungen auf und deuten ein neues Verständnis der Übergangssituation an, greifen aber in der Argumentation teilweise noch zu kurz. Griebel und Niesel (2003) unterstreichen sowohl die Bedeutung von Kontinuität als auch von Diskontinuität beim Übergang Kindergarten – Grundschule. Die Diskontinuitäten bei einem solchen Übergang sind auch durch pädagogische Interventionen und strukturelle Korrekturen im Bildungssystem nicht aufzulösen und stellen Erzieher und Lehrer vor die Aufgabe, Kindern Fähigkeiten und Überzeugungen mitzugeben, die es ihnen erlauben, Übergänge – auch in weiteren Übergangsphasen des Lebens – positiv zu bewältigen. Der Begriff „anschlussfähige Bildungsprozesse" (Faust u.a. 2004) betont die Kontinuität und markiert eine neue und weiterführende Sichtweise auf die Konzeption des Anfangsunterrichts. Anschlussfähigkeit der Bildungsprozesse sieht Grundschule nicht nur als Einrichtung, die grundlegende Bildung so ausrichten muss, dass sie nach „oben" zu den weiterführenden Schulen anschlussfähig ist, sondern eben auch nach „unten" zu den Lernerfahrungen, die Kinder in Familie und Kindergarten gemacht haben. Entscheidende Grundüberzeugung sollte sein, dass elementare Bildungsprozesse bereits vorschulisch und nicht mit Schulbeginn einsetzen. Kinder eignen sich schon vorschulisch Wissen und Können über Schrift, Schreiben und Lesen an („emergent literacy"). Gleiches gilt für den mathematischen Bereich („emergent numeracy").

Nicht zuletzt wegen der Unterschiedlichkeit dieser vorschulischen Bildungsprozesse bestehen zu Beginn der Grundschule erhebliche Kompetenzunterschiede zwischen den Schülern. Der Spielraum in der ersten Klasse ist jedoch noch größer als in der weiteren Schullaufbahn. Außerdem bieten die neu entstandenen Bildungspläne für den Primarbereich Chancen für eine inhaltliche Zusammenarbeit zwischen Kindergarten und Grundschule. So gibt es mittlerweile auch Unterrichtskonzepte, wie z.B. „Mathe 2000" (Wittmann), die sich mit übergreifenden Ideen und Materialien für eine kontinuierliche Fortsetzung von Bildungsprozessen über die Bildungsstufen hinweg einsetzen.

5 Anknüpfen an Lernvoraussetzungen

Die zunehmende Stabilität der Leistungen über die Grundschulzeit und die etwas geringere Stabilität im ersten Schuljahr (Kammermeyer & Martschinke 2004a) sprechen dafür, möglichst früh bestimmte Lernvoraussetzungen zu fördern, so dass optimale Ausgangsbedingungen für eine schulische Leistungsentwicklung bereits zu Beginn der Grundschulzeit zu schaffen sind.

Es ist hinlänglich bekannt, dass durch Jahrgangsklassen, Zurückstellungen, Nichtversetzung und Überspringen keineswegs hinreichend homogene und zugleich optimale Lernvoraussetzungen in Grundschulklassen erreicht werden können. Unter dem Schlagwort „Pädagogik der Vielfalt" wird dieses Ziel auch nicht als wünschenswert angesehen. Forschungen zu Lernvoraussetzungen im Leistungsbereich zeigen ein beträchtliches Ausmaß an Heterogenität und gleichzeitig eine erhebliche Stabilität dieser Unterschiede.

Für erfolgreichen Schriftspracherwerb lässt sich beispielsweise überzeugend nachweisen, dass phonologische Bewusstheit eine sehr wichtige Lernvoraussetzung darstellt. Die Unterschiede zwischen den Kindern zeigen sich nahezu in jeder Klasse, aber auch die Klassenunterschiede sind erheblich (Martschinke & Kammermeyer 2003). Da für den Schulanfang Diagnoseinstrumente für die Hand des Lehrers vorliegen (z.B. ARS: Martschinke, Kammermeyer, King & Forster 2004), können Konsequenzen für unterrichtliche Fördermaßnahmen gezogen werden. Das können Trainingskonzepte sein, aber auch offenere Unterrichtskonzepte, die unterschiedliche Lernvoraussetzungen stärker berücksichtigen.

Klassische Lehrgänge gehen zumeist davon aus, dass der Unterricht auf den sog. Durchschnittsschüler ausgerichtet werden kann. Vielfältige Differenzierungsangebote, z.B. in Fibellehrwerken, versuchen zwar, Unterschieden in den Lernvoraussetzungen Rechnung zu tragen. Eine Gegenüberstellung mit aufgefundenen Lernvoraussetzungen macht aber deutlich, dass die Streuung zu groß ist, um auf diesem Weg aufgefangen werden zu können.

Neben diesem Blick in die Tiefe bei wichtigen Ankervoraussetzungen muss der Blick aber auch in die Breite gehen. Im Sinne multikriterialer Zielerreichung muss Anfangsunterricht ergänzend zu den Leistungsindikatoren auch auf die Gesamtpersönlichkeit des Kindes Rücksicht nehmen. Beispielhaft werden hier Selbstkonzept und Selbstwertgefühl als wichtige Identitätsvariablen angeführt. Auch in diesem Bereich gibt es Kinder, die schon oder gerade zu Schulbeginn als Risikokinder mit eher negativer Selbsteinschätzung angesehen werden müssen und denen damit Ressourcen für eine positive Bewältigung des Anfangs bzw. des Übergangs fehlen oder zumindest nicht ausreichend zur Verfügung stehen.

Die Ergebnisse einer gezielten Diagnostik von Lernvoraussetzungen zu Schulanfang tragen zur Objektivierung der Eindrucksbildung der Lehrer bei und bieten zu Schulanfang die Möglichkeit, Kompetenzen von Lehrern und Erziehern zu bündeln. Diese Fokussierung auf den Schulanfang bedarf jedoch dringend der Ergänzung und Begleitung durch ein prozessbegleitendes Vorgehen im Verlauf der weiteren Schulzeit.

6 Unterrichtsgestaltung im Anfangsunterricht

Für den Schriftspracherwerb gibt es eine Vielzahl an experimentell angelegten Untersuchungen, die sich mit der Frage nach der Gestaltung des Anfangsunterrichts beschäftigen. Nach dem historischen Streit um synthetische versus analytische Methoden steht im Mittelpunkt neuerer Untersuchungen die Frage, inwieweit Kinder in der Lage sind, sich Schriftsprache in einem offenen Unterricht selbstständig anzueignen oder ob sie eine direkte, systematische Unterweisung brauchen.

Bei der Sichtung amerikanischer Metaanalysen ergibt sich eine Pattsituation. Auch für Studien in Deutschland findet sich eine eher uneinheitliche Befundlage mit eher geringen Unterschieden. Differenzielle Effekte zugunsten eines geschlossenen Unterrichts lassen sich am ehesten noch für schwächere Schüler nachweisen.

Grundannahme offener Schriftspracherwerbskonzeptionen ist die mittlerweile etablierte entwicklungspsychologische Sichtweise des Erwerbsprozesses. In Entwicklungsmodellen ist die typische Abfolge eines Literalisierungsprozesses modelliert. Im Gegensatz zu früheren Annahmen aus der Entwicklungspsychologie gibt es bei diesen Stufenmodellen der Strategieentwicklung keine Zuweisungen zum Alter. Wichtig scheint den Autoren dieser Forschungsrichtung nur die Abfolge sich wandelnder und immer ausdifferenzierter und komplexer werdender Strategien und Strategienbündel. Entscheidender und erster Zugriff zu unserem Schriftsystem gelingt über die so genannte alphabetische Strategie, mit der Kinder sich zunehmend phonetisches Verschriften und das buchstabenweise Erlesen und Synthetisieren von Lauten aneignen. In der Folge kennzeichnen Zugänge zu morphematischen und orthographischen Elementen und Regeln die Entwicklung.

Poerschkes (1999) Untersuchung zum Anfangsunterricht weist auf ein Grundproblem des empirischen Vergleichs offenen und geschlossenen Unterrichts hin. Er konnte feststellen, dass die Qualität offenen Unterrichts mehr variiert als die geschlossenen Unterrichts und damit bei schlechter Umsetzung auch geringe Lernerfolge zu erwarten sind. Die Forschung zur Unterrichtsqualität, die fast ausschließlich Kriterien für geschlossenen Unterricht verwendet, kann keine Aussagen über die Qualität offenen Unterrichts machen und damit nur wenig zur Qualitätsentwicklung beitragen. Das Bemühen um konzeptionelle Qualität von entwicklungsorientiertem Unterricht müsste in weiteren

Forschungen differenziert erhoben und bewertet werden. Einzelfallstudien (Kummer, im Druck) gehen in diese Richtung und legen Wert auf die Beschreibung der jeweils praktizierten offenen Lernumgebung. Hinweise, dass unter Umständen die Lernbegleitung und Lernberatung qualitätsentscheidend sind, müssten weiter gebündelt werden. Quantifizierungen für die Beschreibung des Unterrichts finden sich in der KILIA-Studie. Unter anderem wurde erhoben, in welchem Ausmaß Lehrer mit Differenzierungsmaßnahmen und Freiheitsspielräumen auf die Heterogenität ihrer Klassen reagieren (Martschinke & Kammermeyer 2003). Über 30 Tage hinweg führten die Lehrkräfte im Anfangsunterricht Protokoll darüber, ob sie am jeweiligen Tag Freiheitsspielräume für die Kinder eröffnet haben bzw. ob und wie sie Differenzierungsmaßnahmen eingesetzt haben. Überdeutlich wird hier, wie stark sich Lehrer unterscheiden. So gab es beispielsweise eine Lehrerin, die nur an einem der 30 Tage den Kindern Wahlmöglichkeiten ließ, und eine Lehrerin, die nahezu jeden Tag Kinder frei wählen ließ bei der Wahl der Aufgaben, der Sozialform oder des Partners.

Für den Mathematikunterricht konnten Staub und Stern (2002) zeigen, dass Lehrer, die der Überzeugung sind, dass Mathematik ein aktiver Konstruktionsprozess und nicht vorwiegend das Anwenden zuvor erworbener Rechenwege ist, auch bei ihren Schülern bessere Mathematikleistungen erreichen können. Eine erhebliche Varianzaufklärung von 31 Prozent für die konstruktivistische Orientierung des Lehrers machen auf den Einfluss der Unterrichtsgestaltung aufmerksam. Dieses Ergebnis ist indirekt ein Ergebnis zugunsten des offenen Unterrichts, der aktive Konstruktionen, Umwege und Fehler zulässt, für einen Unterricht, in dem viele Freiheitsspielräume dem Kind eröffnet werden, also für einen Unterricht mit bestimmten Öffnungsgraden.

So setzten auch die Lehrer der KILIA-Studie, deren Klassen sich im Laufe des ersten Jahres in ihrer Mathematikleistung steigerten, mehr konstruktivistische Elemente in ihrem Unterricht ein, sie ließen insgesamt mehr individuelle und soziale Konstruktionen zu (Kammermeyer & Martschinke 2004b).

Alternativ oder ergänzend werden Trainingskonzepte evaluiert. Im von einer Nürnberger Forschungsgruppe getragenen Training zeigten Kinder, die im Bereich phonologischer Bewusstheit gefördert wurden, in dieser wichtigen Lernvoraussetzung nach einem halben Jahr signifikant höhere Werte als Fibelklassen oder entwicklungsorientierte Klassen. Die vermuteten Auswirkungen auf Lesen und Rechtschreiben ließen sich vor allem für den Bereich der Lesefertigkeit nachweisen (Kirschhock, Martschinke, Treinies & Einsiedler 2002). Unabhängig von der Leistungsstärke der Kinder sprechen aber die Befunde von Kirschhock (2004) für einen eher offenen Schriftspracherwerb. Kinder, die ihr Verständnis von Struktur und Funktion von Sprache in einer offenen Lernumgebung erfahren hatten und selbst konstruieren konnten, schnitten besonders im Bereich des metalinguistischen Wissens besser ab. Sie hatten mehr Gelegenheiten, sich handelnd und kommunizierend über den Gegenstand kognitive Klarheit zu verschaffen.

Insgesamt wird Methodenpluralität gefordert, allerdings sollte der Weg nicht nur zu einer pragmatischen Mischung verschiedener methodischer Ansätze führen, sondern durch Forschungen ergänzt werden, die prüfen, wie komplementäre Methoden und Ansätze sich sinnvoll ergänzen können.

7 Entwicklung von Selbstkonzept und Leistung im Anfangsunterricht

Ein eingeengter Blick auf den Leistungsbereich verstellt den Blick auf die Persönlichkeitsentwicklung, der gerade in Übergangsphasen – wie sie der Anfangsunterricht darstellt – besondere Bedeutung zukommt. Die Logik-Studie (Helmke 1998) untersuchte längsschnittlich die Selbstkonzeptentwicklung unter anderem über die Schulanfangsphase hinweg. Nach optimistischer Selbsteinschätzung im Kindergarten fällt ein starker Knick in der Verlaufslinie auf, der einen zunehmenden Abwärtstrend über die Grundschulzeit hinweg einleitet. Das Selbstkonzept in der ersten Klasse unterscheidet sich somit signifikant vom Selbstkonzept im Kindergarten und im 2. Schuljahr. Unterschiedlich diskutiert wird, inwiefern das Selbstkonzept realistisch oder optimistisch sein sollte. Wenn man als Argument die Leistungsentwicklung heranzieht, ist die Antwort klar: Ein leicht überhöhtes Selbstkonzept kann positive Impulse für die Leistungsentwicklung geben und einen positiven Aufschaukelungsprozess zwischen Leistung und Selbstkonzept in Gang setzen.

Für die ersten Klassen geben Studien aus der ability-formation-Theorie den Hinweis, dass so genannte eindimensionale Klassen mit hohem Anteil an Frontalunterricht, Leistungsgruppierung, leistungsvergleichenden, öffentlichen Rückmeldungen und einem niedrigen Anteil an Autonomie für Schüler und Differenzierungsangeboten den Zusammenhang zwischen Leistung und Selbstkonzept eng führen.

In die gleiche Stoßrichtung weisen die Ergebnisse der KILIA-Studie (Kammermeyer & Martschinke 2003). So genannte Optimalklassen in der ersten Klasse zeigen dann einen lockereren Zusammenhang zwischen Selbstkonzept und Leistung in Mathematik, wenn reichlich Freiheitsspielräume gewährt wurden und die individuelle Bezugsnormorientierung angewandt wurde. Die Entkoppelung des Zusammenhangs von Selbstkonzept und Leistung könnte sich insbesondere für schwache Kinder mit geringen Lernvoraussetzungen als Entwicklungschance bemerkbar machen. Unter Umständen lassen gerade die jahrgangsübergreifenden Klassen, in denen Heterogenität „zum Normalfall" erhoben wird, vermehrt Leistungsnischen entstehen, die erlauben, dass Kinder – begleitet vom Lehrer – individuelle Wege gemäß ihren Voraussetzungen gehen können.

8 Offene Forschungsfragen und Entwicklungsperspektiven

Anfangsunterricht als eigenes Forschungsfeld wurde erst in jüngster Zeit „entdeckt" und ist vorläufig noch eng an die Fachbereiche Schriftspracherwerb und Mathematik bzw. an Innovationsmodelle, wie z.B. die jahrgangsübergreifende Klasse, gebunden. Entscheidend ist aber, dass erkannt wurde, dass der Anfangsunterricht an der Schnittstelle zwischen Kindergarten und Grundschule „besondere" Kinder aufnimmt und „besondere" Aufgaben hat. Zukünftige Bemühungen sollten auf eine Unterrichtsgestaltung zielen, die sich speziell auf die individuellen Bedürfnisse der Schulanfänger einstellt, und diese – empirisch begründet – optimiert.

Literatur

Arbeitskreis Wissenschaftliche Begleitung (2002): Schulanfang auf neuen Wegen. Vorläufiger Abschlussbericht zur Eingangsstufe der Grundschule. Stuttgart: Landesinstitut für Erziehung und Unterricht. – Faust, G., Götz, M., Hacker, H. & Rossbach, H.-G. (Hrsg.) (2004): Anschlussfähige Bildungsprozesse im Elementar- und Primarbereich. Bad Heilbrunn: Klinkhardt. – Griebel, W. & Niesel, R. (2003): Die Bewältigung des Übergangs vom Kindergarten in die Grundschule. In: Fthenakis, W. E. (Hrsg.): Elementarpädagogik nach PISA. Wie aus Kindertagesstätten Bildungseinrichtungen werden können. Freiburg: Herder, 136-151. – Helmke, A. (1998): Vom Optimisten zum Realisten? Zur Entwicklung des Fähigkeitsselbstbildes vom Kindergarten zur 6. Klassenstufe. In: Weinert, F. E. (Hrsg.): Entwicklung im Kindesalter. Weinheim: Beltz, 117-132. – Kammermeyer, G. & Martschinke, S. (2003): Schulleistung und Fähigkeitsselbstbild im Anfangsunterricht – Ergebnisse aus dem KILIA-Projekt. In: Empirische Pädagogik, 17, 486-503. – Kammermeyer, G. & Martschinke, S. (2004a): Selbstkonzept- und Leistungsentwicklung in der Grundschule. Unveröff. Vortrag, gehalten auf der AEPF Nürnberg. – Kammermeyer, G. & Martschinke, S. (2004b). KILIA – Selbstkonzept- und Leistungsentwicklung im Anfangsunterricht. In: F. Faust, F., Götz, M., Hacker, H. & Rossbach, H.-G. (Hrsg.): Anschlussfähige Bildungsprozesse im Elementar- und Primarbereich. Bad Heilbrunn: Klinkhardt, 204-217. – Kirschhock, E.-M., Martschinke, S., Treinies, G. & Einsiedler, W. (2002): Vergleich von Unterrichtsmethoden zum Schriftspracherwerb mit Ergebnissen zum Lesen und Rechtschreiben im 1. und 2.Schuljahr. In: Empirische Pädagogik, 16, 433-459. – Kirschhock, E.-M. (2004): Entwicklung schriftsprachlicher Kompetenzen im Anfangsunterricht. Bad Heilbrunn: Klinkhardt. – Kummer, U. (im Druck): „Stefanie", ein Fallbeispiel für eine gelungene Leistungs- und Persönlichkeitsentwicklung. In: Helbig, P., Kirschhock, E.-M., Kummer, U. & Martschinke, S.: Lernwege bereiten und begleiten – Schriftspracherwerb im entwicklungsorientierten Unterricht. Bad Heilbrunn: Klinkhardt. – Martschinke, S. & Kammermeyer, G. (2003). Jedes Kind ist anders. Jede Klasse ist anders. Ergebnisse aus dem KILIA-Projekt zur Heterogenität im Anfangsunterricht. In: Zeitschrift für

Erziehungswissenschaft, 6, 257-275. – Martschinke, S., Kammermeyer, G., King, M. & Forster, M. (2005): Anlaute hören, Reime finden, Silben klatschen. Erhebung phonologischer Vorläuferfähigkeiten. Donauwörth: Auer. – Poerschke, J. (1999): Anfangsunterricht und Lesefähigkeit. Münster. Waxmann. – Roßbach, H. (1999): Empirische Vergleichsuntersuchungen zu den Auswirkungen jahrgangsheterogenen und jahrgangshomogenen Klassen. In: Laging, R. (Hrsg.): Altersgemischtes Lernen in der Schule. Baltmansweiler: Schneider Verlag Hohengehren, 80-91. – Staub, F. C. & Stern, E. (2002): The nature for teacher´s pedagogical content beliefs matters for students´achievement gains: Quasi-experimental evidence from elementary mathematic. In: Journal of Educational Psychology, 93, 144-155.

91| Sachunterricht
Joachim Kahlert

1 Sachunterricht – ein vielfältiger und vernetzter Lernbereich

Im schulischen Bildungswesen gibt es wohl kaum einen zweiten Lernbereich, der so unterschiedliche Gebiete zu bearbeiten hat wie das Grundschulfach Sachunterricht. Die in Lehrplänen eingeforderten Inhalte reichen von Eigenschaften ausgewählter Stoffe über Zahnpflege, gesunde Ernährung, Fairnessregeln beim Spielen, Ortsgeschichte, Lebensgewohnheiten einheimischer Tiere, Versuche mit Luft, Umgang mit Zeit, Magnetismus und Elektrizitätslehre bis hin zu Erkundungen über die Wasserversorgung der Gemeinde, Untersuchungen von Werbespots und Veränderungen in der Arbeitswelt.
Die Lehrpläne der einzelnen Bundesländer setzen zwar verschiedene inhaltliche Akzente, die auch in unterschiedlichen Fachbezeichnungen zum Ausdruck kommen wie Sachunterricht, Heimat- und Sachunterricht, Heimat- und Sachkunde. Aber sowohl in der fachpolitischen als auch in der fachdidaktischen Diskussion herrscht Einigkeit über den grundlegenden Bildungsauftrag des Faches. Sachunterricht soll Kinder dabei unterstützen, sich zuverlässiges Wissen über die soziale, natürliche und technisch gestaltete Umwelt anzueignen und sich in der modernen Gesellschaft zunehmend selbstständig und verantwortlich zu orientieren (vgl. als Überblick Kahlert 2002, S.17ff).
In dem Maße, wie dies gelingt, trägt das Fach dazu bei, die jungen Menschen zu kompetentem Handeln in gegenwärtigen und zukünftigen Lebenssituationen zu befähigen – verständig in der Sache und verantwortungsvoll in der Wahl von Zielen und Mitteln. Zudem legt Sachunterricht die fachlichen Grundlagen für die Lern- und Leistungsentwicklung in den natur- und sozialwissenschaftlichen Sachfächern der weiterführenden Schulen.
Der Bildungsanspruch, Kinder bei der Erschließung ihrer Umwelt durch bewährte Denk- und Arbeitsweisen und curricular anschlussfähiges Sachwissen zu unterstützen, unterscheidet den Sachunterricht grundlegend von seinem schulischen Vorläuferfach, der Heimatkunde. Auch die Heimatkunde sollte zur Orientierung des Kindes in seiner Umwelt und zur Persönlichkeitsentwicklung beitragen. Aber dieser Anspruch wurde nicht mit einer konzeptionell geregelten Bezugnahme auf Wissen verbunden, das auch für weiteres fachliches Lernen anschlussfähig ist. Daher war Unterricht in Heimatkunde besonders anfällig dafür, Inhalte von geringem Bildungswert auszuwählen und sie anspruchsarm und mitunter sogar verfälschend anzubieten. Außerdem wurden die Interessen der Kinder, deren kognitive Leistungsfähigkeit und pädagogische Fördermöglichkeiten unterschätzt.
Mit den Bildungsreformen Ende der 60er/Anfang der 70er Jahre des letzten Jahrhunderts verlor auch in Deutschland die inhaltlich eher diffuse Heimatkunde an Bedeutung zugunsten eines fach-

lich anspruchsvoller konzipierten Sachunterrichts. Ein kurzer Überblick über die Entwicklung des konzeptionellen Denkens in der Geschichte der Didaktik des Sachunterrichts findet sich in Kahlert (2002, S.151ff).

Die damals eingeleitete Wende zu den Inhalten ging mit der Erwartung einher, das Fach möge Kindern eine solide Orientierungshilfe in einer Umwelt bieten, die zunehmend differenzierter und komplexer wird und von Wissenschaft und Technik durchdrungen sei. Auch die Lernbereiche im Ausland, die am ehesten dem Sachunterricht entsprechen, folgen diesem Anspruch, wie zum Beispiel „Sach- und Sozialunterricht" (Schweiz), „Lebenskunde" (Japan), „science" und „social studies" (u.a. England, USA), „Orientierungsunterricht Mensch und Welt" (Niederlande), „Découverte du monde" und „Education civique" in der ersten und „Histoire/Géographie", „Education civique" und „Sciences et technologie" in der zweiten Stufe der französischen Primarschule.

2 Zwischen Fachansprüchen und Erfahrungsbezug

2.1 Von Alltagsvorstellungen zu belastbarem Wissen

Im Sachunterricht werden Inhalte zum Unterrichtsthema, zu denen die Schülerinnen und Schüler bereits Wissen und Vorstellungen mitbringen. Für dieses im Alltag erworbene Wissen, gibt es, je nach Theorietradition, unterschiedliche Bezeichnungen. In der Wissenssoziologie benutzt man eher den Ausdruck „Alltagswissen". Aus pädagogisch-didaktischen Zusammenhängen stammt der Begriff „Vorwissen". In der Kognitionspsychologie wird von Präkonzepten gesprochen. Gemeint ist im Kern das Gleiche: Menschen erwerben in der handelnden Auseinandersetzung mit ihrer Umwelt Vorstellungen über natürliche und soziale Gegebenheiten und Phänomene, ohne sich dabei gezielt um fachlich geprüftes und systematisch gewonnenes Wissen zu kümmern. So kennen Kinder, bereits bevor sie in die Grundschule kommen, eine Anzahl von Tieren und Pflanzen. Sie haben Vorstellungen über andere Länder erworben, Wettererscheinungen beobachtet, sich Gedanken über die Herkunft von Blitz und Donner gemacht und sich Erklärungen dafür zurechtgelegt, warum es Kriege gibt und warum manche Gegenstände schwimmen und andere untergehen.

Das Vorwissen, das Kinder über ihre Umwelt mitbringen, ist mitunter phantasievoll, manchmal anrührend, bisweilen erstaunlich realistisch, dann wieder märchenhaft, mal kreativ und mal wie eine bloße Wiederholung von dem, was Kinder von Erwachsenen oder anderen, die es scheinbar wissen oder denen sie glauben, aufgeschnappt haben.

Allerdings stehen die im Alltag erworbenen Vorstellungen über die Umwelt unter einem Geltungsvorbehalt. Sie können manchmal brauchbar, solide, langfristig belastbar und ausbaufähig sein, aber eben auch unsinnig und von flüchtiger Gültigkeit. Weil Alltagsvorstellungen auf „Hintergrundüberzeugungen" (Habermas 1988, S.107) beruhen, die selten bewusst und noch seltener geprüft sind, ist die Orientierung, die sie geben können, trügerisch. Ihre Gewissheit stützt sich eher auf Glauben statt auf Wissen, das kritisch geprüft und deshalb belastbar ist. Zudem sind die Alltagsvorstellungen nicht ohne weiteres anschlussfähig für weiteres schulisches Lernen auf natur- und sozialwissenschaftlichen Gebieten. Diese Anschlussfähigkeit grundzulegen ist ein wichtiger Beitrag des Sachunterrichts zur schulischen „Kultivierung der Lernfähigkeit" (Tenorth 1994, S.166).

Dafür genügt es jedoch nicht, den Alltagsvorstellungen das in Fachkulturen erarbeitete, gepflegte, kommunizierte und als gesichert geltende Wissen entgegenzusetzen. Sachunterricht, der nicht oder zu wenig auf die Präkonzepte der Kinder Bezug nimmt und dem es nicht gelingt, deren Hintergrundüberzeugungen zu erreichen, wird kaum erfolgreich sein können.

Zumindest für den naturwissenschaftlichen Lernbereich ist erwiesen, dass ohne intensive Auseinandersetzung mit eigenen Präkonzepten der Erwerb fachlich gesicherten Wissens nicht zu nachhaltig

verfügbaren Kenntnissen und Einsichten führt. Daher müssen die Kinder Gelegenheit bekommen, ihre eigenen Vorstellungen zu formulieren, zu prüfen, untereinander auszutauschen und so zu erfahren, weshalb das neu zu erwerbende Wissen gegenüber den bisherigen Vorstellungen von Vorteil ist (Jonen, Möller & Hardy 2003). Ohne solche guten, einsichtigen und verstandenen Gründe erreicht neues Wissen nicht die Hintergrundüberzeugungen, es bleibt oberflächlich. So entsteht das viel beklagte zusammenhanglose Faktenwissen. Dieses mag beim Abfragen reproduzierbar sein, aber es hat weder aufklärenden Wert für die eigenen Erfahrungen noch bietet es stabile Grundlagen für den Fachunterricht auf weiterführenden Schulen. Daher sind die Inhalte und Themen des Sachunterrichts so auszuwählen, dass sie
– zum einen von den Schülern mit eigenen Fragen, Erfahrungen und Vorstellungen verbunden werden können
– zum anderen zu Kenntnissen und Einsichten führen, die zuverlässigere, intersubjektiv teilbare und damit stabilere und belastbarere Urteils- und Orientierungsgrundlagen bieten als die bisherigen Alltagsvorstellungen.

Um diesen Anforderungen gerecht zu werden, kann Sachunterricht inhaltlich keinesfalls als eine Propädeutik weiterführender Schulfächer konzipiert werden. Das Fach benötigt eine eigenständige Didaktik.

2.2 Inhaltsbereiche und didaktische Kriterien

Schon allein die Frage, ob es wichtiger ist, in der Grundschule elementare Geschichtskenntnisse, grundlegende Einsichten aus den Naturwissenschaften, ökonomisches Grundwissen, soziologische Kenntnisse oder philosophische Grundorientierungen zu erwerben, lässt sich nicht allein mit fachsystematischen Ansprüchen weiterführender Schulfächer beantworten. Sicherlich kann jede einzelne Fachdidaktik gute Gründe dafür anführen, warum man schon im Sachunterricht Grundlagen für das jeweilige weiterführende Schulfach legen sollte. Aber wenn viele starke Angebote miteinander konkurrieren, dann benötigt man eine Entscheidungsgrundlage, die über die curriculare Binnenrationalität der einzelnen Fächer hinausweist. Diese Entscheidungsgrundlage bietet die Didaktik des Sachunterrichts.

Die Auswahl und Gewichtung von Inhalten des Sachunterricht bezieht sich auf
– *natürliche Gegebenheiten, Vorgänge, Phänomene und technische Konstrukte*, sofern Kinder sich für diese interessieren und Fragen dazu entwickeln oder die wenigstens so in den Wahrnehmungshorizont der Kinder gerückt werden können, dass sie den Wunsch wecken, zu verstehen;
– *soziale Beziehungen, Ereignisse und Entwicklungen*, in denen die Kinder verstrickt sind oder die in einen für Kinder sinnvoll nachvollziehbaren Zusammenhang zu ihrer Gegenwart oder Zukunft gebracht werden können;
– *Gewohnheiten und Gebräuche* aus früheren Zeiten und/oder aus anderen Ländern und Kulturen, von denen Schülerinnen und Schüler auch etwas über sich selbst und über ihr Zusammenleben mit anderen lernen können.

Inhalte aus diesen Erfahrungsbereichen können zu ergiebigen Themen des Sachunterricht werden, wenn wenigstens eines der folgenden didaktischen Kriterien erfüllt wird:
– *Über Wahrgenommenes aufklären – Verstehen unterstützen*: Dieses Kriterium zielt darauf ab, das Kind möge durch Sachunterricht die Umwelt, in der es aufwächst, angemessener verstehen. Das bedeutet, dass es die für sich selbst neuen, unbekannten, irritierenden Wahrnehmungen und Erfahrungen auf Bekanntes, Vertrautes, Gesichertes zurückführen kann und dabei Vorstellungen nutzt und entwickelt, die zumindest in Richtung intersubjektiv nachvollziehbarer Interpretationen gehen und bewährtem Wissen nicht widersprechen.

- *Für Neues öffnen – Interessen entwickeln*: Diesem Kriterium liegt das Verständnis zugrunde, Sachunterricht habe auch auf Aspekte, Gesichtspunkte, Inhalte, Probleme aufmerksam zu machen, die nicht so ohne weiteres in den Horizont der Kinder rücken. Damit hat Sachunterricht eine zeigende, hinweisende, herantragende Funktion. Er beschränkt sich nicht darauf, vorhandene Interessen der Kinder aufzugreifen, sondern hat auch die Aufgabe, sie für den Erwerb von Kenntnissen und Fähigkeiten zu interessieren.
- *Sinnvolle Zugangsweisen zu Wissen und Können aufbauen – Sachlichkeit fördern*: Das Kind soll zunehmend in die Lage versetzt werden, ohne fremde Anleitung und Hilfe Wissen zu erwerben und sein Können zu entwickeln. Dafür benötigt es geeignete und bewährte Methoden und Arbeitsformen. Mit der Entwicklung methodischer Kompetenzen, um eigenständig Wissen zu erwerben, zu ordnen, darzustellen und anzuwenden, wird eine Haltung der Sachlichkeit gefördert. Sachlichkeit bedeutet, sich mit seiner natürlichen und sozialen Umwelt überlegt, umsichtig, um Verständigung mit anderen bemüht, aber auch hartnäckig und zielgerichtet fragend auseinander zu setzen.
- *Zum Handeln und Lernen ermutigen – Kompetenzerfahrung stiften*: Sich die Umwelt zu erschließen heißt nicht nur, in ihr subjektiv Neues zu entdecken und mit ihren Anforderungen zurechtzukommen. Dazu gehört auch, sie nach Maßgabe eigener Ziele, Vorstellungen und Fähigkeiten mit gestalten zu können. Dafür benötigen Kinder mehr als deklaratives Fakten- und Sachwissen und prozedurale Fertigkeiten und Fähigkeiten. Hinzu kommen sollte die ermutigende Erfahrung, dass Lernen im Sachunterricht tatsächlich dabei hilft, eigene Absichten umzusetzen und attraktive Ziele zu erreichen. Die mit dieser Erfahrung verbundene „Kompetenzmotivation" (schon Bruner, 1973, S.22) trägt zudem dazu bei, die motivationalen Grundlagen für schulisches Lernen zu schaffen und zu sichern.

2.3 Ausgewählte Befunde über Wirkungen des Sachunterrichts

Bereits Martin Wagenschein u.a. konnten zeigen, dass Kinder im angeleiteten Gespräch untereinander und mit Lehrerinnen und Lehrern zu tragfähigen, belastbaren und anknüpfungsfähigen Vorstellungen über naturwissenschaftliche Phänomene kommen (Wagenschein, Bannholzer & Thiel 1973). Hagstedt und Spreckelsen machten mit ihrer Beobachtungsstudie über Kinder beim Deuten naturwissenschaftlicher Phänomene deutlich, dass der Lernerfolg besonders dann groß ist, wenn genügend Zeit dafür zur Verfügung steht, damit die Kinder ihre Gedanken formulieren, austauschen und revidieren können (Hagstedt & Spreckelsen 1986, S.322). Die intensive Beschäftigung mit geeigneten Phänomenen sei wirksamer für die verständige Aneignung neuen Wissens als rasches Bewältigen von Stofffülle (Spreckelsen 1997).

Dass Handlungs- und Wahlmöglichkeiten bei der Auseinandersetzung mit Unterrichtsinhalten sich positiv auf die Interessenentwicklung auswirken, legte Hartinger in einer Untersuchung mit vier Schulklassen zum Thema „Leben am Gewässer" dar (Hartinger 1997, S.216ff). Als besonders förderlich erwies sich, den Schülern die Ziele der Handlungen erkennbar zu machen und sie diese Ziele mitbestimmen zu lassen (ebd., S.221).

Eine von Kornelia Möller und Elsbeth Stern geleitete Arbeitsgruppe untersuchte die Lernwirksamkeit zweier unterschiedlich strukturierter konstruktivistischer Unterrichtsangebote zum Themenbereich „Schwimmen und Sinken". In dem Unterricht, der Strukturierungshilfen durch Lehrerimpulse und Materialien gab, zeigten sich bessere Effekte im Hinblick auf Lernzuwachs, Lernmotivation und Transfer des Gelernten als in einem Unterricht, der eher ein offenes Material- und Stationenangebot unterbreitete (vgl. Möller u.a. 2002).

Auch auf dem Gebiet sozialwissenschaftlicher Inhalte scheint ein gemäßigt anleitender Unterricht Lernfortschritte zu begünstigen. So macht zum Beispiel eine über vier Jahre währende Beobachtungsstudie deutlich, dass Viertklässler in Konfliktsituationen zu reflektierten und selbstkritischen Einschätzungen in der Lage sind, wenn die Lehrerin Ansprüche an die Selbstverantwortung der Kinder stellt und eine Atmosphäre schafft, die sozial anerkennend wirkt (Beck & Scholz 1995, S.178-184).

Folgt man den Ergebnissen der internationalen Vergleichsuntersuchung über den Leistungsstand von Grundschülerinnen und -schülern (IGLU-Studie), dann gelingt es im Sachunterricht, Interesse und Motivation für Sachthemen zu wecken und bis zum Ende der Grundschulzeit hoch zu halten. In dieser Studie stimmten 85,7% der Kinder der Aussage zu „Ich lerne gerne im Sachunterricht". Nur 7,7% finden den Sachunterricht „wirklich langweilig"; 90,7% schätzen die Sachunterrichtsinhalte als „lebenswichtig" ein (Prenzel u.a. 2003, S.177).

Außerdem bringt im Bereich der Naturwissenschaften ein großer Teil der Kinder am Ende der Grundschulzeit gute Voraussetzungen für weiterführendes Lernen mit (ebd.). Allerdings macht die IGLU-Studie auch deutlich, dass keineswegs alle Schülerinnen und Schüler zufriedenstellend gefördert werden. So sind Mädchen und Kinder aus unteren Sozialschichten in den unteren Kompetenzstufen überproportional präsent, Jungen und Kinder aus oberen Sozialschichten dagegen in den höheren Stufen (Prenzel u.a. 2003, S.175f).

Eine wichtige Herausforderung für den Sachunterricht ist damit die Förderung des spezifischen Interesses der Mädchen an Naturwissenschaften sowie die Förderung von Kindern, die außerhalb der Schule wenig Möglichkeiten haben, Neugierde und Interesse an naturwissenschaftlichen Inhalten zu entwickeln und bildungswirksame Erfahrungen in Auseinandersetzung mit naturwissenschaftlichen Phänomenen und Kenntnissen zu sammeln. Im Hinblick auf die nach wie vor vorhandenen schichtenspezifischen Nachteile beim Lernen von Naturwissenschaften wäre die bisher entwicklungs- und kognitionspsychologisch dominierte Forschung über Präkonzepte von Kindern stärker auch auf sozio-kulturelle Merkmale auszurichten. Noch wenig bekannt ist, ob in Bezug auf sozialwissenschaftliche Inhalte des Sachunterrichts Zusammenhänge zwischen Kompetenz und sozialer Herkunft auftreten. Erkenntnisse über mögliche Beziehungen zwischen Merkmalen des häuslichen Milieus und der inhaltlichen und strukturellen Qualität von Alltagsvorstellungen würden gezielte Förderangebote sowohl im Bereich des naturwissenschaftlich orientierten Lernens als auch für das soziale Lernen erleichtern.

Außerdem ist die schulstufenübergreifende Kooperation mit anderen Fachdidaktiken dringlich. Wie die Befunde aus TIMSS und PISA zum Leistungsstand von Schülerinnen und Schülern der Sekundarstufe in Naturwissenschaften zeigen, geht das im Grundschulalter noch vorhandene Interesse an Naturwissenschaften im Laufe der Sekundarstufe zurück. Schon früher machte eine Metaanalyse von 57 Evaluationsstudien naturwissenschaftlicher Curricula deutlich, dass die in der Primarstufe erreichten Fortschritte beim Verständnis für elementare wissenschaftliche Arbeitsweisen sowie eine positive Einstellung gegenüber naturwissenschaftlichen Inhalten wieder verloren gehen, wenn die offener und aktivitätsorientiert unterrichteten Schüler der Grundschule in höheren Klassen traditionell unterrichtet werden (Bredderman 1983, S.513).

Neuere konzeptionelle Entwicklungen im Sachunterricht bieten inzwischen eine Grundlage für eine ausgewogene Kooperation mit den unterschiedlichen Fachdidaktiken der weiterführenden Schulfächer.

3 Neuere Entwicklungen und Ausblick

Seitdem Sachunterricht aus der Heimatkunde hervorgegangen ist, vollzieht sich die konzeptionelle Entwicklung des Sachunterrichts im Spannungsfeld von fachlicher Systematik und Erfahrungsbezug. Diese Entwicklung ist zu vielfältig, um sie hier angemessen darstellen zu können. Ein knapper

Überblick findet sich in Kahlert (2002 S.168ff); speziell über die frühen Ansätze informieren die Beiträge in Köhnlein und Schreier (2001). Neuere Ansätze versuchen, sowohl den Fachansprüchen als auch dem Erfahrungsbezug systematisch Rechnung zu tragen.

Bereits Köhnlein (1990) hatte angeregt, die Inhalte des Sachunterrichts aus dem Blickwinkel von Dimensionen zu erschließen, die sowohl einen fachlichen als auch einen auf die Lebenswelt des Kindes zugeschnittenen Zugang ermöglichen. Später wurde die Unterscheidung von fachlichen Perspektiven und lebensweltlich orientierten Dimensionen mit Bezug auf Luhmanns Theorie der Beobachtung Handelnder in sozialen Systemen eingeführt, sowohl wahrnehmungs- als auch erkenntnistheoretisch begründet und zur Konzeption der „Didaktischen Netze" weiterentwickelt (Kahlert 2002, S.219ff).

Auch der von der Gesellschaft für Didaktik des Sachunterrichts herausgegebene Perspektivrahmen Sachunterricht erschließt das Bildungspotenzial des Sachunterrichts orientiert an Perspektiven, die sowohl auf wichtige Erfahrungsbereiche der Kinder als auch auf fachlich anschlussfähige und voneinander abgrenzbare Fachkulturen bezogen sind (Gesellschaft für Didaktik des Sachunterrichts 2002). Der Perspektivrahmen unterscheidet dabei fünf Lernbereiche, die die Lerninhalte des Faches unter einer sozial- und kulturwissenschaftlichen, einer raumbezogenen, einer naturwissenschaftlichen, einer technischen und einer historischen Perspektive begründen und entfalten. Zu jeder dieser fünf Perspektiven werden die angestrebten Kompetenzen der Schülerinnen und Schüler dargelegt sowie inhalts- und verfahrensbezogene Beispiele und Vernetzungsmöglichkeiten angeführt.

Um Lernfortschritte beim Erwerb dieser Kompetenzen bestimmen und entwicklungsorientiert erfassen zu können, ist es eine vordringliche wissenschaftliche Aufgabe für die Sachunterrichtsdidaktik, die in verschiedenen Teil- und Nachbardisziplinen verstreuten Einzelbefunde über die Entwicklung domänenspezifischen Wissens, Könnens und Verstehens, bezogen auf die jeweiligen Perspektiven, zu Kompetenzstufen zu integrieren.

Literatur

Beck, G. & Scholz, G. (1995): Soziales Lernen. Kinder in der Grundschule. Reinbek: Rowohlt. – Bredderman, T. (1983): Effects of Activity-based Elementary Science on Student Outcomes: A Quantitative Synthesis. In: Review of Educational Research, 4, 499-518. – Bruner, J. F. (1973): Der Akt der Entdeckung. In: Neber, H. (Hrsg.): Entdeckendes Lernen. Weinheim: Beltz, 15-27. – Gesellschaft für Didaktik des Sachunterrichts (GDSU) (2002): Perspektivrahmen Sachunterricht. Bad Heilbrunn: Klinkhardt. – Habermas, J. (1988): Theorie des kommunikativen Handelns. Band 1. Frankfurt am Main: Suhrkamp. – Hagstedt, H. & Spreckelsen, K. (1986): Wie Kinder physikalischen Phänomenen begegnen. In: Sachunterricht und Mathematik in der Primarstufe, 9, 318-323. – Hartinger, A. (1997): Interessenförderung. Eine Studie zum Sachunterricht. Bad Heilbrunn: Klinkhardt. – Jonen, A., Möller, K. & Hardy, I. (2003): Lernen als Veränderung von Konzepten – am Beispiel einer Untersuchung zum naturwissenschaftlichen Lernen. In: Cech, D. & Schwier, H.-J. (Hrsg.): Lernwege und Aneignungsformen im Sachunterricht. Bad Heilbrunn: Klinkhardt, 93-198. – Kahlert, J. (2002): Der Sachunterricht und seine Didaktik. Bad Heilbrunn: Klinkhardt. – Köhnlein, W. (1990): Grundlegende Bildung und Curriculum des Sachunterrichts. In: Wittenbruch, W. & Sorger, P. (Hrsg.): Allgemeinbildung und Grundschule. Münster: Lit, 107-125. – Köhnlein, W. & Schreier, H. (Hrsg.) (2001): Innovation Sachunterricht. Befragung der Anfänge nach zukunftsfähigen Beständen. Bad Heilbrunn: Klinkhardt. – Möller, K., Jonen, A., Hardy, I. & Stern, E. (2002): Die Förderung von naturwissenschaftlichem Verständnis bei Grundschulkindern durch Strukturierung der Lernumgebung. In: Prenzel, M. & Doll, J. (Hrsg.): Bildungsqualität von Schule: Schulische und außerschulische Bedingungen mathematischer, naturwissenschaftlicher und überfachlicher Kompetenzen. Zeitschrift für Pädagogik, 45. Beiheft, 176-191. – Prenzel, M., Geiser, H., Langeheine, R. & Lobemeier, K. (2003): Das naturwissenschaftliche Verständnis am Ende der Grundschule. In: Bos, W., Lankes, E.-M., Prenzel, M., Schwippert, K., Walter. G. & Valtin, R. (Hrsg.): Erste Ergebnisse aus IGLU. Schülerleistungen am Ende der vierten Jahrgangsstufe im internationalen Vergleich. Münster u.a.: Waxmann, 143-187. – Tenorth, H.-E. (1994): „Alle Alles Zu Lehren." Möglichkeiten und Perspektiven allgemeiner Bildung. Darmstadt: Wissenschaftliche Buchgesellschaft. – Spreckelsen, K. (1997): Phänomenkreise als Verstehenshilfe. In: Köhnlein, W., Marquardt-Mau, B. & Schreier, H. (Hrsg.): Kinder auf dem Weg zum Verstehen der Welt. Bad Heilbrunn: Klinkhardt, 111-127. – Wagenschein, M., Banholzer, A. & Thiel, S. (1973): Kinder auf dem Weg zur Physik. Stuttgart: Klett.

92| Fächerübergreifender Unterricht in den Naturwissenschaften
Andreas Müller

1 Begriffe und Argumente

1.1 Begriffliche Einordnung

Terminologie: Für eine definitorische Abgrenzung des Begriffsspektrums (fächerüberschreitend etc.) sei auf Kap. 74 verwiesen; wie dort wird hier fächerübergreifender Unterricht (FU) als Oberbegriff benutzt.
Schnittstellen: Häufig geht der FU als primär *inhaltlicher* Ansatz auch mit der Wahl einer *methodischen* Variante zum konventionellen Unterricht einher, etwa Projektunterricht. Solche Verbindungen sind zwar z.T. naheliegend, dennoch ist eine begriffliche und empirische Trennung nötig.

1.2 Argumentative Einordnung: Erwartungen und Befürchtungen

Die wichtigsten für den FU auch in den Naturwissenschaften angeführten Argumente sind:
– Interessensorientierung und Motivationsförderung (insbes. geschlechtergerechter Unterricht);
– Lebenswelt-, Alltags-, Selbstbezug (insbes. sog. „Schlüsselprobleme");
– Situiertes Lernen;
– Förderung außerfachlicher Kompetenzen (u.a. sog. „Schlüsselkompetenzen");
– Förderung innerwissenschaftlicher Kompetenzen.
Gleichzeitig dürfen fundierte Gegenargumente nicht übersehen werden. Sie lauten:
– Authentizitäts-Komplexitäts-Problem: Fächerübergreifende Themen sind zwar oft interessant, aber auch sehr kompliziert (z.B. Elektrosmog). Das schafft für den Unterricht eine hohe Barriere.
– Lebenswelt-Wissenschaftlichkeits-Problem: Es ist gerade ein Hauptcharakteristikum der modernen Naturwissenschaften, Einzelfragen aus dem Lebensweltbezug herausgelöst zu haben (Mittelstrass 1995), z.B. aus einer anthropozentrischen Auffassung (Bsp. Muskelkraft vs. Newtonscher Kraftbegriff). Ein weiteres Charakteristikum der Naturwissenschaften ist deren Fach- und Begriffssystematik. Ein dominanter Lebensweltbezug kollidiert mit beiden Charakteristika.
– Beliebigkeitsproblem: Die disziplinäre Systematik begründet auch die Stoffauswahl und -reihenfolge, während bei einem Lebenswelt-orientierten Unterricht die Gefahr der Beliebigkeit besteht.

2 Geschichtliches

„Klassische" Wurzeln (Böhm 1994) des FU hinsichtlich einer Betonung der Lebenswelt (u. Arbeitswelt) liegen in der Reformpädagogik: vor allem die Arbeitsschulbewegung (insbes. Kerschensteiner) und Elemente der Montessori-, Waldorf- und Odenwaldschule.
Über modernere Entwicklungen berichtet Häußler (1973). Als methodische Idee sind darüber hinaus die didaktischen Strukturgitter (Böhm 1994) zu nennen, die unter dem ursprünglichen Primat der Koordination mit gesellschaftlichen Kontexten für naturwissenschaftliche Inhalte nicht überzeugt haben, in einer weiteren Sicht aber weiterverfolgt werden sollten.

3 Empirische Resultate

3.1 Wissenschaftstheoretische Aspekte

Eine Studie über die konzeptionellen und methodischen Repertoires der verschiedenen Naturwissenschaften (Schaefer 2000, vgl. Tabelle 1 und 2) weist auf *komplementäre Funktionen* für den FU hin: Einerseits entfällt auf die Physik der größte Anteil an gemeinsamen grundlegenden *naturwissenschaftlichen* Begriffen und Arbeitsweisen (Physik: 59 %, Chemie: 30%, Biologie: 10%, Geowissenschaften: 1%); dies bedeutet eine *Grundlegungsfunktion der Physik*, die sie für das Verständnis von Grundbegriffen und Grundformen wissenschaftlichen Denkens und Arbeitens (1.2, Pro-Argument 5) wichtig macht. Andererseits liefert die Biologie etwa ¼ mehr Beiträge zu den wichtigsten *allgemeinwissenschaftlichen* (und z.T. alltagsweltlichen) Begriffen und Arbeitsweisen als Physik und Chemie; dies begründet eine *Einbettungsfunktion der Biologie*, die sie für den Lebenswelt- und Alltagsbezug (1.2, Pro-Argument 2) wichtig macht.

3.2 Interessens- und Motivationsaspekte

Viele Untersuchungen belegen das mangelnde Interesse vor allem von Schülerinnen an Chemie und Physik. Die derzeit aussagekräftigste Untersuchung zu dieser Frage liegt mit der Kieler Interessensstudie (Hoffmann, Häußler & Haft-Peters 1997) vor. Sie zeigt deutlich, dass sich durch Wahl geeigneter fächerübergreifender Kontexte das Interesse auch der Schülerinnen für Physik (bei etwa gleichem Interesse der Schüler) über die Klassen 5 bis 10 wecken oder sogar steigern lässt. Es wurden drei Bereiche mit dieser günstigen Wirkung ausgemacht:
– Biologie und Medizin;
– Geowissenschaften (Naturphänomene wie „Himmelsfarben", „Gewitter");
– Astronomie, Astrophysik.
Darüber hinaus hat Muckenfuß (1996) eine wichtige Differenzierung belegt. Abbildung 1 zeigt, wie subjektives Interesse für Physik und die ihr zugeschriebene Bedeutung in Alltag und Beruf im Laufe der Zeit auseinander klaffen. D.h., dass Selbst- und Lebensweltbezug (s. 1.2., Pro-Argument 2) *nicht* dasselbe sind. Der genannte Befund bedeutet auch ein Warnsignal für die sog. „Schlüsselthemen" (zwar *relevant*, aber keineswegs zwingend auch *interessant)*.
In diesem Zusammenhang ist die o.g. Astronomie/Astrophysik bemerkenswert: von geringer Bedeutung für Alltag und Beruf, aber dennoch von hohem persönlichen Interesse, aufgrund ihres Beitrages zum Weltbild. Dies belegt die Bedeutung für die Lehrpläne und die Kurzsichtigkeit einer einseitigen Konzentration auf Relevanz.

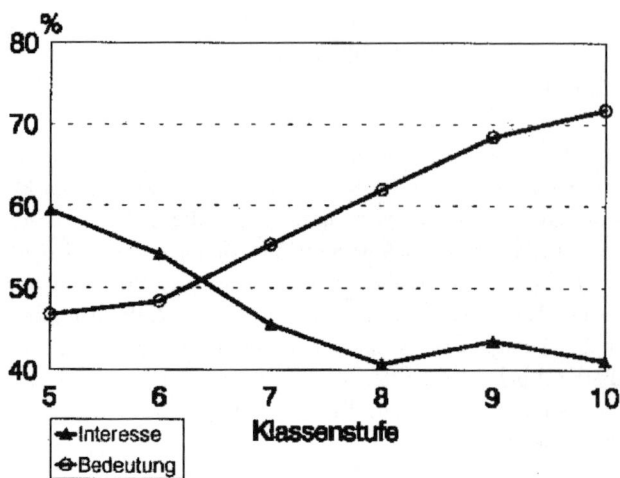

Abb. 1: Entwicklung des Interesses und der Bedeutung (subjektiv, in % der maximalen Bekundung) für das Fach Physik.

3.3 Lernerfolgs- und Kognitionsaspekte

Der FU sieht sich mit der Frage konfrontiert, ob denn auch das reine fachliche Lernen gelingt. Aus der empirisch unklaren Lage (Häussler u.a. 1998) können hierzu z.Zt. nur zwei sichere Schlüsse gezogen werden: es ist auch im FU unzweifelhaft möglich (s. etwa die Arbeiten der Gruppe von Wiesner, z.B. Wiesner & Colicchia, 2002), und das Gelingen hängt mehr von anderen Unterrichtsfaktoren ab als vom FU als solchem.

Betreffs der Förderung übergeordneter Kompetenzen liegen sehr wenige systematische Untersuchungen vor, unter denen wegen seiner Vorreiterrolle für den deutschsprachigen Raum das Projekt PING (Praxis integrierter naturwissenschaftlicher Grundbildung, 90er Jahre) zu nennen ist. Dort stand neben einer thematischen Ausrichtung auf 'Mensch und Umwelt' im Kognitionsbereich das Erlernen von wichtigen Methoden naturwissenschaftlicher Erkenntnisgewinnung im Vordergrund. Zwei Hauptergebnisse wurden gefunden: Die Einschätzung der *Lehrer* für die *Förderung* dieser Methoden durch PING und die Angaben der *Schüler* (Klassen 5/6) zu deren *Nutzung* im Unterricht sind stark antikorreliert (r = -0.89; Lang, 1997, S.121). Eine Faktorenanalyse der Schülerdaten ergab weiter für die sieben behandelten Methoden einen *einzigen* Hauptfaktor, d.h., dass die Schüler deren Verschiedenheit kaum nachvollziehen können. (Lang, 1997, S.123ff). Beide Ergebnisse zeigen, dass auch der FU der bekannten Diskrepanz zwischen Intention des Unterrichtes und Wahrnehmung durch die Schüler unterliegt, und dass der Versuch der Förderung innerwissenschaftlicher Methodenkompetenz (1.2, Pro-Argument 5) mit Schwierigkeiten im Differenzierungsvermögen der Schüler rechnen muss.

In diesem Zusammenhang ist das CASE-Projekt (Cognitive Acceleration through Science Education, Mitte 80er bis Mitte 90er Jahre) zu berücksichtigen, das in dem integrierten Fach „Science" des britischen Curriculums angesiedelt war. Es hatte die Förderung der allgemeinen Denk- und Lernfähigkeit der Schüler als Hauptziel, mit großem Erfolg (Adey & Shayer, 1993), der für die Jungen aber erst in einem höheren Anfangsalter (12 J.) einsetzt als für die Mädchen (11 J.), was auf deren entwicklungspsychologisch wohlbekannten Reifevorsprung zurückgeführt werden kann. Der Altersfaktor für Denkkompetenzen im Allgemeinen bietet auch eine sehr plausible Erklärung für den o.g. Negativ-Befund (PING) für naturwissenschaftliche Arbeitskompetenzen im Besonderen.

4 Beispiele und Modelle

Neben den o.g. Beispielen ist der SINUS-Modellversuch zu nennen, in dem eines der Arbeitsmodule dem FU gewidmet ist. Aus der Programmbeschreibung sind für den FU (BLK, 1997; S.66f) zwei Desiderata festzuhalten:
– Unterricht, der eine fächerübergreifende Perspektive aus dem Fach selbst heraus entwickelt;
– didaktische Anregung (insbes. Unterrichtsmaterialien und Lehrerbildung).
Ganz aktuell sind die Programme ChiK (Chemie im Kontext; Parchmann, Demuth & Ralle, 2000) und PiKo, die thematische Kontexte erarbeiten und um die Kontext-Dimensionen 'Lernumgebungen' und 'Außerschulische Lernorte' erweitern.

5 Ausblick

Die Chancen des FU können zu einer Verbesserung des naturwissenschaftlichen Unterrichtes beitragen, wenn neben den o.g. Desiderata auch ein Fortschritt erreicht wird für:
– Praktikable Organisationsformen (als 1. Schritt FU aus dem Fach heraus);
– Empirische Forschung, vor allem im Kognitionsbereich.
Voraussetzung ist darüber hinaus die in Bildungsfragen allgemein nötige Entpolitisierung; z.B. werden didaktische Argumente für ein integriertes Fach 'Naturwissenschaften' auch gerne aufgegriffen, um ein politisches Interesse an Einsparung von Unterricht zu kaschieren.
Last but not least ist auf der Ebene der Schulentwicklung die Schaffung eines kooperationsfreundlichen Klimas zu nennen. Wo sich die beruflichen Verbindungen zwischen *Lehrern* verbessern, nutzt dies auch der Verbindung zwischen den *Fächern*, die sie unterrichten.

Literatur

Adey, P. & Shayer, M. (1993): An Exploration of Long-term Far-Transfer Effects Following an Extended Intervention Program in the High School Science Curriculum. Cognition and Instruction, 11 (1), 1-29. – BLK (1997): Gutachten zur Vorbereitung des Programms „Steigerung der Effizienz des mathematisch-naturwissenschaftlichen Unterrichts". Bonn: BLK. – Böhm, W. (1994): Wörterbuch der Pädagogik. Stuttgart: Kröner. – Häussler, P. (1973): Bisherige Ansätze zu disziplinübergreifenden naturwissenschaftlichen Curricula – eine Übersicht. In: Hrsg. Frey, K. & Häussler, P. : Integriertes Curriculum Naturwissenschaft. Weinheim: Beltz, 31-70. – Häussler, P., Bünder, W., Duit, R., Gräber, W. & Mayer J. (1998): Naturwissenschaftsdidaktische Forschung: Perspektiven für die Unterrichtspraxis. Kiel: IPN. – Hoffmann, L., Häußler, P. & Haft-Peters, S. (1997): An den Interessen von Mädchen und Jungen orientierter Physikunterricht. Kiel: IPN. – Lang, M. (1997): Neue Wege für den naturwissenschaftlichen Unterricht. Kiel: IPN. – Mittelstrass, J. (Hrsg.) (1995): Enzyklopädie Philosophie und Wissenschaftstheorie. Stichwort: Kraft. – Muckenfuß, H. (1996): Orientierungswissen und Verfügungswissen. Zur Ablehnung des Physikunterrichts durch die Mädchen. In: Naturwissenschaften im Unterricht/Physik, (1996/7), 20-25. – Parchmann, I., Demuth, R. & Ralle, B. (2000): Chemie im Kontext – eine Konzeption zum Aufbau und zur Aktivierung fachsystematischer Strukturen in lebensweltlichen Kontexten. In: MNU, 53 (3), 132ff. – Schaefer, G. (Hrsg.) (2000): Wittenberger Initiative – Vorschläge zur Allgemeinbildung durch Naturwissenschaften. Bad Honnef: Gesellschaft deutscher Naturforscher und Ärzte. – Wiesner, H. & Colicchia, G. (2002): Physik und Medizin. Ergebnisse eines Unterrichtsversuchs. In: Tagungsband (CD-ROM) des Fachverbandes Didaktik der Physik der Deutschen Physikalischen Gesellschaft (DPG), Hrsg. V. Nordmeier. Bad Honnef: DPG.

93| Fächerübergreifender Unterricht in den Sozialwissenschaften
Sibylle Reinhardt

1 Der Lernbereich Sozialwissenschaften

1.1 Der Kranz der Fächer

Welche Fächer gehören zu den Sozialwissenschaften? Unstrittig ist dies für Soziologie, Politikwissenschaft und Wirtschaftswissenschaft. Recht, Philosophie, Geschichte, Geographie, Ethnologie, Erziehungswissenschaft, Psychologie (und andere) sind mindestens in Teilen den Sozialwissenschaften zuzuordnen. Der gemeinsame Gegenstand sind das soziale Zusammenleben von Menschen und die Entscheidung über deren Regelungen. Die Eigenlogiken der Teilbereiche Gesellschaft, Wirtschaft und Politik haben zur Ausdifferenzierung der Wissenschaften geführt: Wirtschaftliches Handeln verläuft in anderen Strukturen und Rationalitäten als gesellschaftliches Handeln im Primärbereich z.B. der Familie und wieder anders als politisches Handeln in einem demokratischen politischen System. Wie können so unterschiedliche Bereiche verbunden oder verknüpft werden? *Politische Bildung* umgreift in der Regel die drei Bereiche Politik, Wirtschaft und Gesellschaft, ist also ein fächerübergreifendes Schulfach. Eine Expertise systematisiert den Zusammenhang von Inhalten, ohne vollständig sein zu können (Behrmann, Grammes & Reinhardt 2004, S.398f):

1.2 Sozialwissenschaften: Differenzierung und Vernetzung der Lernbereiche (Beispiele)

	Gesellschaft	Politik	Wirtschaft
Handeln	*homo sociologicus*	*Motive, Interessen, Zweck- und Wertrationalität* *homo politicus*	*homo oeconomicus*
Prozesse	Sozialisation	Gesellschaftliche Kommunikation, Interaktion Politische Willensbildung Entscheidung	Preisbildung Güterallokation
Strukturen	Sozialstruktur	Strukturbildung, Wandlungsprozesse Parteien- und Verbändesystem	Strukturwandel
Policies	Rentenpolitik	Schlüsselprobleme: z.B. demographischer Wandel, Finanzpolitik	Arbeitsmarktpolitik
Europäische Integration	kulturelle Vielfalt in der gemeinsamen Zivilisation	*Erweiterung und Vertiefung,* Staatenbund oder Bundesstaat Europäische Institutionen	Euro, Gemeinsamer Markt
Globalisierung	Globale Kommunikation, Ungleichheit der Lebenschancen	*OECD-Welt – Dritte Welt – Eine Welt?* UNO, Internationale Regime, Staatsversagen	Weltmarkt, wirtschaftliche Entwicklung, Unterentwicklung
Recht	Zivil-/Strafrecht	*Menschenrechte, Naturrechte, Positives Recht* Verfassungsrecht	Eigentumsrecht
Ordnungen, normative Theorien	Zivilgesellschaft	Entdeckungen von *Ordnungsprinzipien,* Ideen und Ordnungen Demokratie	Marktwirtschaft
Wissen, Wissenschaftspropädeutik	Soziologie	Wissenschaftliche Methoden, Theoriebildung Entstehungs-, Begründungs-, Verwendungszusammenhänge Politikwissenschaft	Ökonomie

1.3 Das gemeinsame Ziel

Politische Bildung ist das übergreifende Ziel, in das die Realprobleme der Teilbereiche und die Frage nach den Rahmenbedingungen und Regulierungen eingehen. Es geht um kognitive, emotionale und evaluative Lernprozesse, die den Lernenden die Wahrnehmung unterschiedlicher Rollen (Staatsbürger, Wirtschaftsbürger, Mitglied der Zivilgesellschaft) und die Einsicht in deren Differenzen und Komplementaritäten ermöglichen. Aus dem gemeinsamen Ziel lässt sich ableiten, dass der Kranz der Fächer am sinnvollsten in einem Fach (Politik oder Sozialwissenschaften) zu integrieren wäre. Dieser Punkt ist aber didaktisch umstritten (s. 3.4) und historisch kontingent (s. 2.1).

2 Historische Entwicklung

2.1 Späte Fächer

Die Sozialwissenschaften sind im Konzept der Schulfächer späte Fächer, weshalb sie keineswegs alle ihr „eigenes" Schulfach abbekommen haben. Die zeitlichen Ressourcen waren verteilt und die Sozialwissenschaften konnten nach dem Zweiten Weltkrieg in der Regel nur als Politische Bildung den Status des Pflichtfaches erreichen. Wegen fehlender Tradition und wegen der Länderhoheit sind die Fächerschneidungen sehr unterschiedlich.

2.2 Alte Kontroversen

In den 1950er Jahren wurde gestritten, ob Sozialerziehung oder politische Bildung im Vordergrund stehen solle, ob politische Bildung ein getrenntes Fach oder fächerübergreifend ein Unterrichtsprinzip darstellen solle, ob sie im Fach Geschichte aufgehoben oder ein eigenes sozialwissenschaftlich definiertes Fach sein sollte und ob es primär um Erfahrungen oder um Wissen und Einsicht gehen müsse (Sutor 1999, S.11). Die alleinige Betonung der Sozialerziehung birgt die Gefahr, zu entpolitisieren. Die Forderung nach dem Unterrichtsprinzip hatte teilweise den verborgenen Sinn, das sozialwissenschaftliche Fach (und damit Politik-Lernen) zu verhindern. Die Idee der Integration von Geschichte und Politik (auf den ersten Blick einleuchtend) ist didaktisch kaum tragfähig: Die historischen bzw. die strukturell-systematischen Zugänge sind im Lernprozess so unterschiedlich, dass sie eigene Inhalts- und Verlaufslogiken brauchen (vgl. die Fachdidaktiken von Günther-Arndt 2003 für Geschichte und von Reinhardt 2005 für Politik).

3 Addition, Integration oder Verbindung von Fächern?

3.1 Disziplinarität und Inter-Disziplinarität

In der Sekundarstufe I begründet die Komplexität der Gegenstände bzw. Probleme das Zusammenführen von Fächern (z.B. erfasst Arbeitslosigkeit Elemente aus allen Sozialwissenschaften). In der gymnasialen Oberstufe muss das Zusammenführen der unterschiedlichen Disziplinen bewusst (sie müssen ihre Eigenlogik zeigen können) und reflektiert (geleitet durch Gegenstand und Erkenntnisinteresse) in Richtung der Inter-Disziplinarität erfolgen.
Die größten Chancen hat fächerübergreifendes Arbeiten sicher dann, wenn die Einzelfächer in einem einzigen Schulfach verknüpft worden sind. Die Verbindung von Fächern bei der Behandlung gemeinsamer Themen bleibt auch wegen der Koordinationsprobleme (Kurse mit unterschiedlichen Schülern, Lehrer mit inkompatiblen Stundenplänen, Kooperation braucht zeitliche Ressourcen)

sonst eher die Ausnahme. Volker Reinhardt (2004) berichtet über ein fächerübergreifendes Projekt zum Kopftuchtragen im Unterricht, an dem Gemeinschaftskunde, Wirtschaft/Recht, Datenverarbeitung und Religion teilnahmen. Es zeigen sich die strukturellen Voraussetzungen für fächerübergreifendes Arbeiten: Interesse und Engagement aller Beteiligten, zeitliche und thematische Freiräume in den Lehrplänen, stabile Lerngruppen in Klassenform, ein relevantes aktuelles Problem.

3.2 Lernertypen

Weißeno hat 1989 durch Befragung von Abiturienten nach ihren Erfahrungen mit dem Fach Sozialwissenschaften unterschiedliche Lernertypen ermittelt, die sich den drei Bezugsdisziplinen zuordnen lassen:
a) Der soziologische Lernertyp sucht Hilfen zur Identitätsfindung und geht offen mit Unsicherheiten um. Subjektive Betroffenheit ist die Brücke zur objektiven Wirklichkeit, die mit dem Interesse an Kritik und Aufklärung betrachtet wird. Vom Unterricht wird Diskursivität erwartet.
b) Der ökonomisch orientierte Lernertyp ist eher stofforientiert und weniger problemorientiert. Formal-logische Verknüpfungen von Fakten und sach-systematische Vorgehensweisen werden bevorzugt. Anwendungsbeispiele werden gewünscht, sollten aber nicht die eigene Person betreffen.
c) Der politisch orientierte Lernertyp hat jederzeit Herrschafts- und Machtfragen im Blick und interessiert sich für das Politische auf der Ebene des öffentlichen Geschehens. Aktuelle Geschehnisse sind der Anlass für das Lernen und ihr Anwendungsfeld. Problemorientierter Unterricht mit schülerorientierten Methoden wird bevorzugt.
Diese unterschiedlichen Lernertypen – von denen der erste eher einen weiblichen Zugang zur Welt repräsentiert, der zweite eher einen männlichen und der dritte einen vermittelnden Zugang – demonstrieren, dass unterschiedliche Fächer mit ihren Fachkulturen unterschiedlichen Gruppen von Lernenden entgegenkommen. Welche didaktische Konsequenz folgt daraus? Zum Einen bieten sich Fächerverbindungen an, die die unterschiedlichen Lernkulturen umfassen, zum Zweiten können verknüpfende didaktische Prinzipien (wie politisch-moralische Urteilsbildung im Politikunterricht) den eher kommunikativen, wertenden, ganzheitlich-lebendigen Zugriff verknüpfen mit einem analytisch-systembezogenen und Machtprozesse betonenden (Reinhardt 1999).

3.3 Getrennte Fächer oder integrierte Fächer?

Die Frage der Trennung oder Zusammenführung von Einzelfächern ist besonders für den Bereich Wirtschaft ausführlich diskutiert worden (von Rosen 2000, Hartwich 2000, Kruber 2000, Reinhardt 2000). Sollte Wirtschaft ein gesondertes Fach belegen oder in den Politikunterricht integriert werden? Den didaktischen Argumenten für die Trennung (Klarheit, Eigenlogik, Profil) stehen die Argumente für die Zusammenführung entgegen (Mangel an zeitlichen Ressourcen, Einzelgegenstand nicht trennen vom sozialen und politischen Zusammenhang). Auch könnten Mädchen und Jungen ihre Vorlieben in getrennten Fächern einseitiger kultivieren. In einem Verbundfach hingegen würden dessen soziale Komponenten auch Mädchen ansprechen, bei denen sich geringeres ökonomisches Allgemeinwissen zeigt (Klein 2002, S.16).

4 Das BLK-Programm „Bildung für eine nachhaltige Entwicklung"

Die Bund-Länder-Kommission hat ein Programm „Politische Bildung für Nachhaltigkeit" für die Jahre 1999-2004 aufgelegt, an dem 15 Bundesländer und 200 Schulen beteiligt sind. „Themen der Nachhaltigkeit (lassen) sich in aller Regel nur interdisziplinär bearbeiten" (de Haan 2004, S.44). Die beteiligten Lehrer und Lehrerinnen vertreten sehr unterschiedliche Fächer. Entsprechende Themen sind in unterschiedlichsten Fächern verankert. Der Ansatz überzeugt insofern, als Probleme der Nachhaltigkeit sich inhaltlich nicht einer bestimmten Fachdisziplin zuordnen lassen. Eine Gefahr ist die Reduktion auf unpolitische Alltagsphänomene, wenn nämlich „Demokratie als Herrschaftsform" als Perspektive „in der Bildung für eine nachhaltige Entwicklung eher nachrangig" eingestuft wird (a.a.O., S.43). Dagegen ist festzuhalten, dass „die Idee von partizipativer Demokratie allein (…) ungeeignet ist, Verbindungen zu rechtsstaatlicher Demokratie mit speziellen politischen Funktionen herzustellen" (Breit & Eckensberger 2004, S.8).

5 Offene Forschungsfragen

Die Zugänge von Lernenden zu den einzelnen Sozialwissenschaften sind wenig bekannt; weitgehend unbekannt sind Zugänge zu fächerverbindendem Arbeiten. Auch gibt es kaum empirische Lehr-Lern-Forschung zu verbindenden Aspekten (wie z.B. dem Zusammenhang von moralischem und politischem Lernen). Didaktische Forderungen stützen sich auf Unterrichtserfahrungen von Lehrern und auf fachdisziplinäre Wünsche oder verbandliche Interessen.

Literatur

Behrmann, G. & Grammes, T. & Reinhardt, S. (2004): Expertise für ein Kerncurriculum Sozialwissenschaften in der gymnasialen Oberstufe. In: Tenorth, H.-E. (Hrsg.): Kerncurriculum Oberstufe II: Biologie, Chemie, Physik – Geschichte, Politik. Weinheim: Beltz, 322-406. – Breit, H. & Eckensberger, L. H. (2004): Demokratieerziehung zwischen Polis und Staat. In: DIPF informiert 6/2004, 6-11. – Günther-Arndt, H. (Hrsg.) (2003): Geschichts-Didaktik. Praxishandbuch für die Sekundarstufe I und II. Berlin: Cornelsen-Scriptor. – Haan, G. de (2004): Politische Bildung für Nachhaltigkeit. In: Aus Politik und Zeitgeschichte B7-8/2004, 39-46. – Hartwich, H.-H. (2000): Kein neues Fach Ökonomie, aber eine modernere Wirtschaftslehre in der schulischen politischen Bildung! In: Gegenwartskunde, 49, 23-36. – Klein, H. J. (2002): Solides Wirtschaftswissen bei Schülern – Fehlanzeige in Deutschland? In: Gesellschaft-Wirtschaft-Politik, 51, 11-22. – Kruber, K.-P. (2000): Kategoriale Wirtschaftsdidaktik – der Zugang zur ökonomischen Bildung. In: Gegenwartskunde, 49, 285-295. – Reinhardt, S. (1999): Werte-Bildung und politische Bildung. Opladen: Leske+Budrich. – Reinhardt, S. (2000): Ökonomische Bildung für alle – aber wie? Plädoyer für ein integrierendes Fach. In: Gegenwartskunde, 49, 413-422. – Reinhardt, S. (2005): Politik-Didaktik. Praxishandbuch für die Sekundarstufe I und II. Berlin: Cornelsen-Scriptor. – Reinhardt, V. (2004): Urteilsbildung durch fächerverbindenden und projektorientierten Unterricht. In: Gesellschaft-Wirtschaft-Politik, 53, 369-378. – Rosen, R. v. (2000): Wirtschaft in die Schule! Plädoyer für ein Schulfach Ökonomie an allgemein bildenden Schulen. In: Gegenwartskunde, 49, 11-22. – Sutor, B. (1999): Restauration oder Neubeginn? Politische Bildung 1945-1960. In: Aus Politik und Zeitschichte B 7-8/99, 3-12. – Weißeno, G (1989): Lernertypen und Lernerdidaktiken im Politikunterricht. Frankfurt/M.: Haag+Herchen.

94| Berufspropädeutischer Unterricht
Margitta Rudolph und Heike Seupel

1 Begriff Berufspropädeutischer Unterricht

Nicht erst seit der TIMSS- oder PISA-Studie wird bemängelt, dass die Institution Schule in der Bundesrepublik Deutschland immer weniger dazu in der Lage sei, die ihr anvertrauten Kinder und Jugendlichen entsprechend auf die durch den gesellschaftlichen Wandel bedingten Veränderungen vorzubereiten. Dies gilt in besonderer Weise für den berufspropädeutischen Unterricht; obwohl Element der allgemeinbildenden Schulen im Sekundarbereich I, gestaltet sich eine Definition des Begriffs schwierig. In pädagogischen Nachschlagewerken (z.B. Keck & Sandfuchs 1994; Lenzen 1996) ist der Terminus unterrepräsentiert. Die Behandlung des Themas erfolgt zumeist nicht eigenständig sondern im Rahmen von Darstellungen zu Berufsberatung, -orientierung, -vorbereitung und -wahl sowie zu Arbeitslehre und Betriebspraktikum, wobei dann eher Begriffe wie Berufswahlunterricht, vorberuflicher oder berufskundlicher Unterricht Verwendung finden (z.B. Bundesanstalt für Arbeit 1992; Lackmann 1994). In der Berufsbildung und -pädagogik wird die Ausbildung thematisiert, während der Bereich der allgemeinbildenden Schulen ausgeklammert bleibt.

Unter berufspropädeutischem Unterricht sollen im Folgenden Maßnahmen im unterrichtlichen Rahmen verstanden werden, deren Gegenstand die Berufs(wahl)vorbereitung ist. Sie stellen einen Teil einer umfassenderen schulischen Berufsorientierung und zugleich den didaktischen Zusammenhang zur Berufsberatung dar (Kell 1996, S.186f).

2 Entwicklung des berufspropädeutischen Unterrichts

Das Verhältnis von allgemeiner und beruflicher Bildung wird mindestens seit dem 18. Jahrhundert im pädagogischen Kontext diskutiert. Bereits für die „teutschen" Schulen wird eine berufsbezogene Ausrichtung des Schreib- und Rechenunterrichts berichtet (Endres 1996, S.379). Die Wurzeln der schulischen Vorbereitung Jugendlicher auf die Arbeitswelt können aber auch in der handwerklichen Berufserziehung im Mittelalter gesehen werden; weitere Eckpunkte sind die Industrialisierung sowie die insbesondere mit dem Namen Kerschensteiner verbundene Arbeitsschulbewegung (z.B. Lackmann 1994). Nach dem Zweiten Weltkrieg werden berufsbezogene Inhalte in den Lehrplänen der allgemeinbildenden Schulen verankert, wobei die Entwicklung in den beiden deutschen Staaten unterschiedliche Wege nimmt. In der DDR scheinen berufsbezogene Inhalte über die polytechnische Ausrichtung stärkeren Eingang in den Unterricht gefunden zu haben (z.B. Herrlitz, Hopf & Titze 1998). Beispielhaft seien die Fächer Produktives Arbeiten, Einführung in die sozialistische Produktion und Technisches Zeichnen genannt. In der BRD setzte sich vor allem der Begriff Arbeitslehre durch, zu dessen Aufgabenbereichen die sozioökonomisch-technische Bildung und die Realisierung von Berufswahlunterricht gehören, wobei sich die Entwicklung von Lehrplänen schwierig gestaltete und bis heute eine bundesweit einheitliche Fächerstruktur fehlt (Lackmann 1994). Unabhängig von ihrer praktischen Umsetzung in den einzelnen Bundesländern und Schulformen ist die Berufs(wahl)vorbereitung heute Aufgabe aller Schulen der Sekundarstufe I.

3 Lernfeld berufliche Orientierung und Vorbereitung

3.1 Berufsbezogene Angebote im schulischen Kontext

Berufsorientierende und -vorbereitende Inhalte finden zum einen als Querschnittsaufgabe im Unterricht aller Fächer Berücksichtigung, sofern Unterrichtsthemen die Verknüpfung mit Aspekten der Arbeitswelt nahe legen. Zum anderen sind spezielle Fächer wie z.B. Arbeitslehre, Arbeit-Wirtschaft-Technik oder Hauswirtschaft vorgesehen (vgl. Lackmann 1994). Insofern sind für den berufspropädeutischen Unterricht interdisziplinäre und disziplinäre Ansätze zu verzeichnen. Ergänzende bzw. darüber hinaus gehende Kernelemente der gegenwärtigen schulischen Angebotsstruktur vorberuflichen Lernens sind die Kooperation mit der Berufsberatung und den Berufsinformationszentren (BIZ) der Arbeitsagenturen sowie Betriebserkundungen und/oder -praktika. Diese Strukturen werden von den meisten Schulen durch eigene Initiativen wie z.B. Gesprächsrunden mit Arbeitgebern oder zusätzliche Praktika erweitert.

3.2 Probleme der schulischen Berufsorientierung und -vorbereitung

Die Wissensexplosion verbunden mit Strukturen globaler Vernetzung in einer gewandelten Kommunikationskultur haben die Lebens- und Arbeitswelt unserer Gesellschaft stark verändert. Jährlich entstehen neue Berufsbezeichnungen und vollständig neue Berufsfelder, in denen die persönliche Bereitschaft zum lebenslangen Lernen eine immer größere Rolle spielt. Dies gilt umso mehr mit Blick auf die Veränderung traditioneller Laufbahn- und Karrieremuster hin zu unsteten Erwerbsbiographien (Sachverständigenrat Bildung 2002, S.21). Beratung, Orientierung und Vorbereitung auf den Berufswahlentscheidungsprozess werden zunehmend problematischer. Die Möglichkeiten unterrichtlicher und flankierender schulischer Maßnahmen sind aufgrund zeitlicher und personeller Rahmenbedingungen aber auch in ihrer didaktischen und methodischen Ausgestaltung begrenzt und häufig punktuell, so dass nur schwerlich eine Langzeitwirkung erreicht werden kann. Auch die Praxiserfahrungen sind unzureichend. Eltern, deren Einfluss auf die Berufswahl ihrer Kinder groß ist, fühlen sich häufig überfordert und können ihre eigenen Erfahrungswerte nur teilweise weitergeben, da der Fortschrittswandel innerhalb einer Generation so groß geworden ist, dass viele Informationen und Erfahrungen sich überholt haben. Nach wie vor haben Jugendliche ein eingeengtes und kanalisiertes Berufswahlspektrum, das sich mehrheitlich auf ca. zehn typisch Geschlechterrollen zuordnende Berufe beschränkt (z.B. Berufsbildungsberichte). Die Frage nach dem „Warum" führt zu den beteiligten Gruppen bzw. Institutionen, die einen berufsberatenden Einfluss geltend machen können. Aber auch die Inkonsistenz im Ausbildungsangebot und die veränderten Lebenssituationen Jugendlicher sind analysebedürftig.

3.3 Umsetzung in einen handlungsorientierten und praxisnahen Unterricht

Ein zeitgemäßer Unterricht muss die Aufgabe haben, sich den Entwicklungen der Lebens- und Arbeitswelt zu stellen, um Lernende auf die Zukunft vorzubereiten. Die zunehmende Komplexität dieses sich verändernden Lernfeldes erfordert sowohl erweiterte und verbesserte Informations- und Lernmöglichkeiten über die verschiedenen Berufe als auch eine gezielte Vermittlung von Schlüsselqualifikationen in einem praxisorientierten Unterricht. Die Lernbereiche, in denen die Verknüpfung von Lebensplanungskonzepten und Berufsorientierung aufzuarbeiten ist, sollten fächerübergreifend angelegt sein, um unterschiedliche Zugangsweisen zu eröffnen. Das Schaffen von mehr Passungsmomenten in der Orientierungsphase Jugendlicher wäre nicht nur mit Blick auf die Abbrecherquote in der Ausbildung von Bedeutung. Das Erkennen und Reflektieren der persönlichen Interessen und Fähigkeiten begünstigt auch eine individuell adaptierte Wahl an die je unterschiedlichen Persönlichkeiten, ihre Motivation und ihre Zufriedenheit im Beruf. Differierende Ansätze im Berufsorientierungsprozess sowie die unterschiedlichen Ausgangspositionen im Hinblick auf die Lebensentwürfe von Mädchen und Jungen und ihre oft geschlechterspezifische Berufswahl machen eine partielle Aufhebung des Koedukationsprinzips nötig. Die Jugendlichen sollten sich als Mädchen- bzw. Jungengruppe mit verschiedenen Eigenschaften und Möglichkeiten wahrnehmen und sich ihrer bewusst werden. Eine abschließende gemeinsame Auseinandersetzung über die jeweiligen Vorstellungen und eine Bereitschaft, sich mit der jeweils anderen Sichtweise auseinander zu setzen, ist allerdings zum Abschluss der Unterrichtseinheit wünschenswert und notwendig (vgl. Rudolph 1999).

4 Modellprojekte im Lernfeld Beruf

Neben den bereits skizzierten unterrichtlichen und außerunterrichtlichen Elementen der Angebotsstruktur des schulischen vorberuflichen Lernens gibt es diverse (außerschulische) Modellprojekte und Programme unterschiedlichster Träger wie z.B. der Landesministerien, von Fort- und Weiterbildungsinstitutionen, Vereinen oder Verbänden. Dabei variieren Angebotsspektrum, Organisation und Durchführung zwischen Schulformen und Bundesländern. Beispielhaft seien die Jugendberufshilfe und Jugendsozialarbeit z.B. des Landes Baden-Württemberg (vgl. www.sm.baden-wuerttemberg.de) oder das Projekt „BORIS" des Landes Rheinland-Pfalz mit seinen verschiedenen Modulen (vgl. www.projekt-boris.de) genannt. Die meisten dieser Angebote richten sich an spezielle Zielgruppen, insbesondere an Jugendliche, die aus unterschiedlichen Gründen als am Ausbildungs- und Arbeitsmarkt benachteiligt gelten, und weisen über den Rahmen der allgemein bildenden Schule hinaus.

5 Perspektiven berufspropädeutischen Unterrichts

Notwendig erscheinen eine stärkere Verzahnung von Allgemeinbildung und Berufsbildung sowie eine verstärkte Orientierung an der sich verändernden Arbeitsmarktwirklichkeit, die z.B. auch die Vorbereitung der Jugendlichen auf eine unstete Erwerbsbiographie mit Phasen der Neuorientierung und des Suchens in den Blick nimmt (z.B. Hiller 1997, S.235). In der Schule existiert ein Defizit für den beruflichen Lernbereich an Raum, Zeit und Zuständigkeit. Um die Veränderungen im Beschäftigungssystem ausreichend im schulischen Kontext berücksichtigen zu können, ist es unumgänglich, einen besonderen Lernraum zu etablieren, der dieses gesellschaftlich relevante Problemfeld behandelt (vgl. Rudolph 1999). Dabei sollte den Schüler/innen von heute als den Arbeitnehmer/innen von morgen eine aktive Rolle im Berufswahlentscheidungsprozess zugestanden werden. Angeraten ist eine enge Netzwerkarbeit im Zusammenspiel von allgemeinbildender und berufsbildender Schule, den Arbeitsagenturen und den Unternehmen der Region im jeweiligen Einzugsgebiet der Schule, um erweiterte Praxiserfahrungen zu ermöglichen und den berufspropädeutischen Unterricht durch das Aufzeigen vielfältiger Lerngelegenheiten sinnvoll zu ergänzen bzw. zu erweitern. Darüber hinaus sollte die Kooperation mit den Kammern und Fort- und Weiterbildungsinstitutionen gestärkt werden. Besonders notwendig erscheint aber auch eine veränderte Elternarbeit, da Eltern immer noch die Gruppe mit dem höchsten Einfluss im Berufswahlprozess der jungen Menschen darstellen. Sinnvoll erscheint es, in den Schulkollegien eine(n) Beauftragte(n) für Berufs- und Lebensplanung zu benennen, eine Person, die als Expertin auf diesem Gebiet fungiert und als Ansprechpartnerin für diejenigen Kolleg/innen da ist, die sich im interdisziplinären Rahmen mit der Thematik befassen. Auch die Koordination der Zusammenarbeit mit Eltern und außerschulischen Partnern sowie der Praktika sollte zu ihrem Aufgabengebiet gehören. Nicht zuletzt erscheint eine Explizierung der Begriffe zur Beschreibung des vorberuflichen Lernens im Kontext der allgemein bildenden Schule erforderlich; dies auch mit Blick auf eine wünschenswerte Vereinheitlichung der Maßnahmen und Strukturen in diesem Lehr- und Lernfeld.

Literatur

Bundesanstalt für Arbeit (1992): Handbuch zur Berufswahlvorbereitung. Nürnberg. – Bundesministerium für Bildung und Forschung (1999 bis 2001): Berufsbildungsberichte. Bonn. – Endres, R. (1996): Handwerk – Berufsbildung. In: Hammerstein, N. (Hrsg.): Handbuch der deutschen Bildungsgeschichte. Band I: 15. bis 17. Jahrhundert. Von der Renaissance und der Reformation bis zum Ende der Glaubenskämpfe. München: Beck, 375-424. – Herrlitz, H.-G., Hopf, W. & Titze, H. (1998): Deutsche Schulgeschichte von 1800 bis zur Gegenwart. Eine Einführung. 2. Aufl. Weinheim, München: Juventa. – Hiller, G. G. (1997): Ausbruch aus dem Bildungskeller. Pädagogische Provokationen. 4. Aufl. Langenau-Ulm: Armin Vaas. – Kell, A. (1996): Berufswahl. In: Lenzen, D. (Hrsg.): Pädagogische Grundbegriffe, Band 1. 4. Aufl. Reinbek: Rowohlt, 180-191. – Keck, R. W. & Sandfuchs, U. (Hrsg.) (1994): Wörterbuch Schulpädagogik. Ein Nachschlagewerk für Studium und Schulpraxis. Bad Heilbrunn: Klinkhardt. – Lackmann, J. (1994): Arbeitslehre – Polytechnik. In: Keck, R. W. & Sandfuchs, U. (Hrsg.): Wörterbuch Schulpädagogik. Ein Nachschlagewerk für Studium und Schulpraxis. Bad Heilbrunn: Klinkhardt, 25-28. – Lenzen, D. (Hrsg.) (1996): Pädagogische Grundbegriffe, Band 1. 4. Aufl. Reinbek: Rowohlt. – Ministerium für Arbeit und Soziales Baden-Württemberg: Gemeinsame Richtlinien des Sozialministeriums und des Kultusministeriums für die Förderung der Jugendsozialarbeit an Schulen und des Projektes Jugendberufshelfer [verfügbar unter: http://www.sm.baden-wuerttemberg.de/sixcms/media.php/1442/gem._foeri_i.d.f.v._22.pdf, 28.02.2009]. – Projekt BORIS: eine Initiative des Programms „Schule-Wirtschaft/Arbeitsleben" des Bundesministeriums für Bildung und Forschung und des Ministeriums für Bildung, Frauen und Jugend des Landes Rheinland-Pfalz [verfügbar unter: http://www.projekt-boris.de/index.htm, 28.02.2009]. – Rudolph, M. (1999): Die Problematik des Berufswahlentscheidungsprozesses in Verbindung mit Lebensplanungskonzeptionen vor dem Hintergrund gesellschaftlicher und arbeitsmarktpolitischer Veränderungen. Didaktische und schulorganisatorische Überlegungen im Hinblick auf einen neuen Lernbereich in der Sekundarstufe I. In: Jahrbuch der Internationalen Akademie zur Humanisierung der Bildung. Frankfurt a.M.: Peter Lang, 192-204. – Sachverständigenrat Bildung bei der Hans-Böckler-Stiftung (2002): Reformempfehlungen für das Bildungswesen. Weinheim und München: Juventa.

7 Schüler und Lehrer

7.1 Schüler

95| Kognitive Voraussetzungen
Friedrich-Wilhelm Schrader

1 Kognitive Voraussetzungen

Unter kognitiven Voraussetzungen (engl. *cognitive prerequisites*) werden individuelle kognitive Personenmerkmale verstanden, die für schulisches Lernen und die schulische Leistung bedeutsam sind. Schulischer Lernerfolg hängt davon ab, wie gut die von der Schule bereit gestellten Lernangebote von den Schülern genutzt werden. Dazu sind Aufmerksamkeitsleistungen sowie unterschiedlich komplexe kognitive und metakognitive Aktivitäten erforderlich, die ihrerseits wiederum von allgemeinen und spezifischen kognitiven Fähigkeiten abhängen (Helmke 2004).

Kognitive Voraussetzungen lassen sich unter zwei Perspektiven betrachten: zum einen im Sinne allgemeiner altersabhängiger Entwicklungsvoraussetzungen (Entwicklungsstand), die für die Bewältigung bestimmter Anforderungen erforderlich sind, zum anderen als individuell unterschiedlich ausgeprägte Merkmale, mit denen sich der unterschiedliche Lernerfolg von Schülern eines bestimmten Alters vorhersagen und erklären lässt. Die Vorstellung von allgemeinen Entwicklungsvoraussetzungen hat ihren Ursprung in traditionellen Stadientheorien der Entwicklungspsychologie, bei denen Lernbereitschaft und -fähigkeit am Erreichen bestimmter Entwicklungsstadien oder -stufen festgemacht werden. Im Unterschied dazu wird in neueren Entwicklungstheorien die Bereichsspezifität und Variabilität von Entwicklungsverläufen stärker betont, so dass sich Feststellungen über allgemeine Entwicklungsveränderungen und individuelle Unterschiede in bestimmten Fähigkeiten nur schwer voneinander abgrenzen lassen. Für schulisches Lernen bedeutsame, mit dem kognitiven Entwicklungsstand zusammenhängende Veränderungen und Unterschiede betreffen vor allem den Einsatz von kognitiven und metakognitiven Strategien und das damit verbundene Wissen (Hasselhorn 1997, Paris & Cunningham 1996, Wigfield, Eccles & Pintrich 1996). Ob und in welchem Umfang Schüler für die Bewältigung der alters- bzw. klassenstufenspezifisch unterschiedlichen Anforderungen schulischen Lernens gerüstet sind, hängt aber nicht nur von ihren kognitiven Fähigkeiten, sondern auch von ihren Vorerfahrungen, dem Unterricht und der außerunterrichtlichen Unterstützung ab.

2 Traditionelle und moderne Sichtweisen

Ältere Stadienansätze, die auch Grundlage des überholten und durch differenziertere Konzepte der Schulfähigkeit ersetzten Schulreifeansatzes waren, setzen Entwicklung mit einer von Umwelteinflüssen nur wenig beeinflussten Ausreifung des Nervensystems gleich (Flammer 1996). Der klassische Ansatz von Piaget, der kognitive Entwicklung als Aufbau allgemeiner geistiger Strukturen versteht, geht von Wechselbeziehungen zwischen Reifungsprozessen und Umwelteinflüssen aus. In neueren Ansätzen der Entwicklungspsychologie (Neo-Piaget-Theorien, Theorien der Informationsverarbeitung und der Entwicklung begrifflichen Wissens) werden Entwicklungsveränderungen sehr viel stärker als bereichsspezifisch angesehen (Sodian 2002, Stern 2002). Unterschiedliche Auffassungen bestehen hinsichtlich der Natur der Veränderungen (eher kontinuierlich oder eher strukturell) und der Bedeutung allgemeiner Faktoren wie der Geschwindigkeit der Informationsverarbeitung oder der Kapazität des Kurzzeit- oder Arbeitsgedächtnisses (Siegler 2001). Demgegenüber geht es in dem auf Binet zurückgehenden psychometrischen Ansatz der Intelligenz um individuelle Unterschiede in der geistigen Leistungsfähigkeit und deren Veränderung und Stabilität. Heutzutage werden zur Erklärung und Vorhersage von Unterschieden im Lernerfolg zunehmend prozessnähere kognitive Merkmale herangezogen (Helmke & Schrader 2001a, 2001b).

3 Allgemeine kognitive Voraussetzungen: Denken und Intelligenz

Intelligenz wird meistens als Fähigkeit verstanden, sich an neuartige Situationen, Anforderungen und Aufgaben anzupassen und mit abstraktem Denken, Problemlösen und der Fähigkeit zu lernen in Verbindung gebracht (Helmke & Schrader 2001b). Im Ansatz von Piaget werden mit dem Übergang vom präoperationalen zum konkret-operationalen Stadium (ca. 6 bis 7 Jahre) wichtige Voraussetzungen für erfolgreiches schulisches Lernen entwickelt: Einzelne Schemata werden zu flexibel nutzbaren Strukturen organisiert, die ein systematisches und logisches, zunächst allerdings noch auf konkret-anschauliche Sachverhalte beschränktes Denken erlauben. Im formal-operationalen Stadium (ab ca. 11 bis 12 Jahre) wird dann die Fähigkeit zu abstraktem, hypothetisch-deduktivem Denken entwickelt (Flammer 1996; Siegler 2001; vgl. aber kritisch dazu Stern 2002). Grundlage des psychometrischen Ansatzes sind mit Hilfe statistischer Methoden identifizierte Dimensionen der intellektuellen Leistungsfähigkeit. So bezieht sich etwa fluide Intelligenz auf grundlegende Fähigkeiten zur Informationsverarbeitung wie das Entdecken von Beziehungen in relativ wissensfreien Bereichen, während kristalline Intelligenz die wissens- und erfahrungsabhängigen Fähigkeiten repräsentiert. Allgemeine, insbesondere fluide Intelligenz wird als Indikator für die flexible, mit hohen mentalen Anforderungen und Belastungen verbundene Anpassung von Strategien an neue Situationen und komplexe Aufgaben gesehen. Intelligente Personen sind in der Lage, Probleme schneller und effizienter zu lösen. Sie haben auch eine bessere Chance, eine reichhaltige, „intelligent" organisierte und flexibel nutzbare Wissensbasis zu erwerben, die dann ihrerseits einen wichtigen Einfluss auf nachfolgende Lernprozesse hat. Deshalb wird Intelligenz auch oft mit Lernfähigkeit gleichgesetzt (Helmke & Schrader 2001b).

4 Spezifische kognitive Voraussetzungen

4.1 Sprachliche Fähigkeiten

Der kompetente Umgang mit Zeichensystemen wie mündlicher und schriftlicher Sprache oder mathematischen Symbolen als kulturell geprägten geistigen Werkzeugen ist nach modernem Verständnis eine der zentralen Leistungen der kognitiven Entwicklung (Stern 2002). Verbale Fähigkeiten sind Grundlage für das Instruktionsverständnis als einer wichtigen Determinante des Schulerfolgs. Für die Erklärung von Unterschieden in der Lesefähigkeit und die Vorhersage von Leseschwierigkeiten spielen phonologische Fähigkeiten eine bedeutsame Rolle. Wichtig ist insbesondere das Verständnis, dass sich Sprache aus Lauteinheiten zusammensetzt (phonologische Bewusstheit), die mit schriftlichen Symbolen in Beziehung gebracht werden können. Phonologische Fähigkeiten sind nicht nur ein guter Prädiktor der späteren Leseleistung, sondern können auch durch Training verbessert werden (Paris & Cunningham 1996, Schneider & Küspert 2004).

4.2 Aufmerksamkeit

Aufmerksamkeits- und Konzentrationsleistungen (Aufmerksamkeitsspanne, selektive Aufmerksamkeit, Einschätzung der Wichtigkeit von Informationen, Einsatz planvoller Suchstrategien, Wissen über Aufmerksamkeitsleistungen) verändern sich im Vorschul- und Schulalter erheblich. Diese Leistungsmöglichkeiten hängen mit neurophysiologischen Veränderungen und mit dem Erwerb von kognitiven und metakognitiven Selbstregulationsprozessen zusammen. Bei einem Teil der Kinder sind diese Fähigkeiten nachhaltig gestört, und es kommt zu Störungen der Aufmerksamkeit und der Verhaltenskontrolle (Aufmerksamkeits-Defizit-Hyperaktivitäts-Störung, ADHS) (Shaffer 2002, vgl. auch Lauth 2004).

4.3 Lern- und Gedächtniskompetenzen

Neben allgemeinen Lernstilen (etwa der Tendenz zu einer tiefen oder oberflächlichen Informationsverarbeitung) sind Lernstrategien für den effektiven Wissenserwerb wichtig: Sie repräsentieren zielgerichtete Bemühungen, das eigene Lernverhalten zu beeinflussen und stellen eine wesentliche Grundlage selbstgesteuerten Lernens dar. Kognitive Strategien umfassen unterschiedlich komplexe Prozesse der Informationsverarbeitung, die sich auf Kernaktivitäten der Wiederholung, Organisation (Strukturierung) und Elaboration (Verknüpfung mit anderen Informationen) stützen. Metakognitive Strategien beziehen sich auf die Planung, Überwachung und Regulation des Lernverhaltens (Hasselhorn 1997). Ressourcenbezogene Strategien zielen auf die Schaffung einer günstigen Lernumwelt (z.B. Gestaltung des Arbeitsplatzes) sowie auf die Kontrolle von Aufmerksamkeit und Konzentration ab (Helmke & Schrader 2001b). Lern- und Gedächtnisstrategien und metakognitive Kompetenzen werden im Laufe der Schulzeit zunehmend eingesetzt und weiter entwickelt (Paris & Cunningham 1996, Wigfield, Eccles & Pintrich 1996).

4.4 Vorwissen

Forschungen haben gezeigt, dass die Leistungsüberlegenheit von Experten gegenüber Novizen hauptsächlich auf die größere Quantität und Qualität des zugrunde liegenden Wissens zurückgeführt werden kann. Wissen ist dabei nicht als Anhäufung isolierter Kenntnisse zu verstehen, sondern als ein Netzwerk von Beziehungen zwischen verschiedenen Wissenselementen. Es beschränkt sich zudem nicht auf Kenntnisse (deklaratives Wissen), sondern umfasst auch das umgangssprachlich als Können bezeichnete Wissen, wie Aufgaben gelöst werden (prozedurales Wissen). Das erworbene Wissen hängt von den Lernerfahrungen in den jeweiligen Sachgebieten ab und ist somit bereichsspezifisch. Unterschiede im bereichsspezifischen Wissen tragen mit 30% bis 60% stärker noch als Intelligenzunterschiede (ca. 25% bis 36%) zur Vorhersage von Leistungsunterschieden bei, wobei sich allerdings die Erklärungsbeiträge von Intelligenz und Vorwissen überlappen. Für die Leistung in einem bestimmten Aufgabengebiet ist in erster Linie das dazu vorhandene Wissen maßgeblich, dessen Erwerb und vermutlich auch dessen Qualität jedoch von den intellektuellen Fähigkeiten abhängt. Fehlendes bereichsspezifisches Vorwissen kann nicht durch hohe intellektuelle Fähigkeiten ausgeglichen werden. Umgekehrt kann aber eine niedrige Intelligenz zumindest bis zu einem gewissen Grade durch eine gut entwickelte Wissensbasis kompensiert werden (Dochy, de Rijdt & Dyck 2002). Um ein gut organisiertes und flexibel nutzbares Wissen zu erwerben, ist eine intensive und zeitaufwändige Auseinandersetzung mit Aufgaben des jeweiligen Sachgebiets erforderlich. Dabei spielen motivationale Faktoren eine erhebliche Rolle. Die Beschäftigung mit bestimmten Sachgebieten trägt auch dazu bei, leistungsfähige Strategien für diese Gebiete zu entwickeln. Strategien lassen sich nur begrenzt direkt trainieren. Je bereichs- und aufgabenspezifischer sie sind, umso nützlicher sind sie in der Regel auch. Allgemeine bereichsübergreifende Strategien (im Sinne von Schlüsselqualifikationen) sind zwar breit anwendbar, aber für das Lösen spezifischer Aufgaben nur von begrenztem Nutzen (Weinert & Schrader 1997). Der Wissenserwerb ist Ergebnis einer aktiven geistigen Konstruktionsleistung des Lernenden (Stern 2002), wird aber durch einen systematisch aufgebauten und gut strukturierten Unterricht nachhaltig erleichtert und in vielen Fällen erst gewährleistet (Weinert 1996). Erfolgreiches Lernen wird allerdings oft nicht nur durch mangelndes Vorwissen behindert, sondern auch durch Fehlkonzeptionen (z.B. naive, tief im Alltagswissen verwurzelte Vorstellungen über physikalische Phänomene), die den Erwerb von neuem Wissen beeinträchtigen können und daher oft erst einmal abgebaut werden müssen (Helmke & Schrader 2001b).

5 Perspektiven

Für schulischen Lernerfolg spielen nicht nur kognitive Voraussetzungen, sondern auch sozialemotionale und motivationale Faktoren, schulische und häusliche Lernumwelt sowie allgemeine Rahmenbedingungen eine Rolle. Die Bedeutung individueller Lernvoraussetzungen hängt zudem davon ab, welche Unterstützungsangebote und Kompensationsmöglichkeiten der Unterricht für die Lernaktivitäten der Schüler bereit stellt. So sind allgemeine intellektuelle Fähigkeiten vor allem bei niedriger Unterrichtsqualität wichtig: Lernende sind dann gezwungen, selbstständig Beziehungen und Regeln zu entdecken, Strategien zu entwickeln und Lücken zu schließen. Außerdem gibt es Wechselwirkungen zwischen Unterrichtsmerkmalen (*Aptitude-Treatment*-Interaktionen): So ist etwa ein hoch strukturierter Unterricht für weniger intelligente wie auch für ängstliche Schüler günstig, während intelligentere und weniger ängstliche Kinder von einem weniger stark strukturierten Unterricht profitieren können (Helmke & Schrader 2001a, 2001b).

Literatur

Dochy, F., de Rijdt, C. & Dyck, W. (2002): Cognitive prerequisites and learning: How far have we progressed since Bloom? Implications for educational practice and teaching. In: Active Learning in Higher Education, 3 (3), 265-284. – Flammer, A. (1996): Entwicklungstheorien. Psychologische Theorien der menschlichen Entwicklung. 2. Aufl. Bern: Huber. – Hasselhorn, M. (1997): Entwicklung und Beeinflussbarkeit der kognitiven Voraussetzungen des Lernens. In: Bayerische Schule, 50, 359-362. – Helmke, A. (2004): Unterrichtsqualität. Erfassen, Bewerten, Verbessern. 3. Aufl. Seelze: Kallmeyer. – Helmke, A. & Schrader, F.-W. (2001a): Determinanten der Schulleistung. In: Rost, D. H. (Hrsg.): Handwörterbuch Pädagogische Psychologie. 2. Aufl. Weinheim: Beltz, 81-91. – Helmke, A. & Schrader, F.-W. (2001b): School achievement, cognitive and motivational determinants. In: Smelser, N. J. & Baltes, P.B. (Hrsg.): International encyclopedia of the social and behavioral sciences. Vol. 20. Oxford: Pergamon, 13552-13556. – Lauth, G. W. (2004): Förderung von Aufmerksamkeit und Konzentration. In: Lauth, G. W., Grünke, M. & Brunstein, J. C. (Hrsg.): Interventionen bei Lernstörungen. Göttingen: Hogrefe, 239-248. – Paris, S. G. & Cunningham, A. E. (1996): Children becoming students. In: Berliner, D. C. & Calfee, R. C. (Hrsg.): Handbook of Educational Psychology. New York: Macmillan, 117-147. – Schneider, W. & Küspert, P. (2004): Förderung von phonologischer Bewusstheit. In: Lauth, G. W., Grünke, M. & Brunstein, J. C. (Hrsg.): Interventionen bei Lernstörungen. Göttingen: Hogrefe, 219-227. – Shaffer, D. R. (2002): Developmental psychology. Childhood and Adolescence. 6th ed. Belmont,

CA: Wadsworth. – Siegler, R.S. (2001): Das Denken von Kindern. 3. Aufl. München: Oldenbourg. – Sodian, B. (2002): Entwicklung begrifflichen Wissens. In: Oerter, R. & Montada, L. (Hrsg.): Entwicklungspsychologie. 5. Aufl. Weinheim: Psychologie Verlags Union, 443-468. – Stern, E. (2002): Wie abstrakt denkt das Grundschulkind. Neuere Ergebnisse der entwicklungspsychologischen Forschung. In: Petillon, H. (Hrsg.): Individuelles und soziales Lernen in der Grundschule – Kindperspektive und pädagogische Konzepte. Opladen: Leske + Budrich, 27-42. – Weinert, F. E. (1996): Für und Wider die 'neuen' Lerntheorien als Grundlagen pädagogisch-psychologischer Forschung. In: Zeitschrift für Pädagogische Psychologie, 10, 1-12. – Weinert, F. E. & Schrader, F.-W. (1997): Lernen lernen als psychologisches Problem. In: Weinert, F. E. & Mandl, H. (Hrsg.): Enzyklopädie der Psychologie. Pädagogische Psychologie, Band IV: Psychologie der Erwachsenenbildung. Göttingen: Hogrefe, 295-335. – Wigfield, A., Eccles, J. S. & Pintrich, P. R. (1996): Development between the ages of 11 and 25. In: Berliner, D. C. & Calfee, R. C. (Hrsg.): Handbook of Educational Psychology. New York: Macmillan, 148-185.

96| Motivationale und volitionale Voraussetzungen des Unterrichts
Matthias Jerusalem

1 Motivation und Volition als Wirksamkeitsbedingungen von Unterricht

Wichtige Bedingungen für die Wirksamkeit von Unterricht sind die Bereitschaft zu lernen (Motivation, engl. *motivation*) und die Fähigkeit bzw. Willenskraft (Volition, engl. *volition*), Lernabsichten mit Anstrengung und Ausdauer in Lernaktivitäten umzusetzen.

2 Historische Entwicklung

Die Unterrichtsmotivationsforschung wurde vor allem durch das kognitive Motivationsmodell beeinflusst, in dem zunächst erwartete Handlungsergebnisse und -folgen sowie deren Anreize, später auch in der Lernhandlung selbst liegende Anreize als motivierend angenommen werden (Heckhausen & Rheinberg, 1980). Wichtige Forschungsimpulse stammen auch aus Theorien und Studien zu handlungs- und inhaltsbezogenen Lernanreizen, selbstbestimmtem Lernen, Zielorientierungen, Ursachenerklärungen und Selbstwirksamkeit als motivationale Faktoren. In jüngerer Zeit wird vermehrt die Umsetzung von Lernabsichten in Lernverhalten (Volition) untersucht (Kuhl & Heckhausen 1996).

3 Determinanten von Motivation und Volition

Motivation und Volition hängen neben Selbst- und Fremdbewertungen von Leistungen wesentlich ab von Anreizen und Werten, Motiv- und Zielorientierungen sowie Erwartungen (Rheinberg 2004).

3.1 Anreize und Werte

Eine wirkungsvolle motivationale Grundlage für Lernen ist, wenn Lernaktivitäten Spaß bereiten (tätigkeitsspezifische Anreize) oder so spannend sind, dass man selbstvergessen von der Aufgabenbearbeitung gefesselt ist (Flow-Erleben) und wenn aufgrund der persönlichen Bedeutsamkeit von Lernfortschritten bei Erfolg Gefühle von Befriedigung und Stolz locken (Rheinberg 2002) oder man sich für den Lerngegenstand oder ein Unterrichtsfach interessiert (Schiefele & Wild 2000). Handlungs-, inhalts- und lernbezogene Anreize unterliegen eigener Kontrolle, erfüllen Bedürfnisse nach Autonomie und Kompetenzerleben und begünstigen selbst bestimmtes Lernen, insbesondere, wenn zusätzlich soziale Eingebundenheit durch ein positives soziales Lernklima vermittelt wird (Deci & Ryan 1993).

Demgegenüber stehen fremd kontrollierte Lernanreize (z.B. Lob des Lehrers, Note), die in der Schule nicht selten zur Motivierung genutzt werden, da Schüler nicht nur selbst bestimmt lernen können, was Spaß macht, interessiert oder persönlich bedeutsam ist. Wegen der motivationalen Vorteile selbst bestimmten Lernens sind aber Freiräume hierzu wichtig (z.B. Anknüpfung an Schülerinteressen, Wahlmöglichkeiten im Unterricht). Zudem kann man Schülern positive Konsequenzen von Lernen verdeutlichen mit dem Ziel, dass sie auch persönlich attraktive Folgen sehen und Lernhandlungen als selbst bestimmt erleben.

3.2 Motiv- und Zielorientierungen

Von der aktuellen Lernmotivation zu unterscheiden ist die überdauernde Bereitschaft zu lernen (*Motivorientierung*). Nach dem Selbstbewertungsmodell der Leistungsmotivation (Heckhausen 1978) entstehen leistungsbezogene Motivorientierungen im Wechselspiel von Anspruchsniveau, Leistungen und erlebten Leistungsursachen. *Erfolgszuversichtliche* Schüler suchen herausfordernde Aufgaben, führen selbstwertdienlich Erfolg auf Anstrengung oder Tüchtigkeit, Misserfolg auf mangelnde Anstrengung oder Pech zurück und sind auch relativ erfolgreich (positive Selbstbewertungsbilanz). *Misserfolgsängstliche* Schüler meiden herausfordernde Aufgaben, erleben deshalb kaum Zusammenhänge zwischen Anstrengung und Lernergebnis, und sie machen – in Selbstwert schädigender Weise – für Erfolg Glück oder die leichte Aufgabe, für Misserfolg Unfähigkeit verantwortlich, was demotiviert, effektives Lernen stört und eher zu Misserfolgen führt (negative Selbstbewertungsbilanz). Bei misserfolgsängstlichen Schülern geht es also darum, ein realistisches Anspruchsniveau, Erfolgserfahrungen und günstigere Ursachenerklärungen zu vermitteln.

Zielorientierungen kennzeichnen übergreifende Ziele (z.B. Karriereziel), zu deren Erreichung einzelne Lernaktivitäten beitragen können. Systematische Forschung gibt es zur Unterscheidung von Lernorientierung und Leistungsorientierung (Pintrich & Schunk 1996). Eher *lernorientierte* Schüler wollen die eigenen Kompetenzen prüfen und verbessern, eher *leistungsorientierten* geht es mehr um die Demonstration der eigenen Leistungsfähigkeit. Lernorientierungen sind für Motivation und effizientes Lernen günstiger als Leistungsorientierungen (Köller 1998), aber schwierig zu fördern, da Noten im sozialen Vergleich einer Klasse Lernfortschritte kaum sichtbar machen. Fördermöglichkeiten sind Entschärfung von Wettbewerb (kooperative Lernformen) und Individualisierung, die persönliche Lernfortschritte erlebbar macht (Binnendifferenzierung, Portfolios, individuelle Bezugsnorm).

3.3 Erwartungen

Nach dem kognitiven Motivationsmodell sind, wenn Schüler z.B. vor einer Klassenarbeit ihre Kenntnisse als unzureichend einschätzen, zwei Erwartungen motivational relevant: die *Ergebniserwartung* (Welche Handlungen zur Meisterung der Anforderungen gibt es?) und die *Folgeerwartung* (Wie wahrscheinlich und attraktiv sind Folgen des Leistungsergebnisses?). Besondere motivationale Kraft haben die erwarteten *Folgeanreize*, d.h. gelernt wird, wenn wichtige, attraktive Folgen wahrscheinlich erscheinen (z.B. positive Selbst- oder Fremdbewertung, Fortschritte hin zu Oberzielen wie Schulabschluss, Berufswunsch). Schüler sind demnach instrumentell motiviert, da Lernen zum Zweck der Erreichung von wertbesetzten Folgen eingesetzt wird.

Bandura (1997) unterscheidet zusätzlich zwischen der Ergebniserwartung einer Handlung und der Selbstwirksamkeit(serwartung), d.h. der Überzeugung, selbst über die erforderliche Handlung zu verfügen. Ein Schüler mag überzeugt sein, dass Lernen zum Erfolg führt (Ergebniserwartung), sich aber nicht in der Lage fühlen zu lernen, etwa wegen Zeit- oder Begabungsmangel (geringe Selbstwirksamkeit). *Selbstwirksamkeit* als persönliche Einschätzung eigener Handlungsmöglichkeiten stärkt die Motivation und unterstützt volitionale, selbstregulative Zielerreichungsprozesse. Wenn z.B. ein Schüler sich auf eine Prüfung vorbereiten möchte, seine Freunde ihn aber zu Freizeitaktivitäten (Parties, Surfen) auffordern, muss er neben Lernkompetenzen von eigenen Widerstandskompetenzen überzeugt sein, um nicht nachzugeben (engl. *resistance self-efficacy*). Will er konsequent und zielführend lernen, muss er Strategien wie Zeitmanagement, Arbeitstechniken etc. entwickeln (engl. *action self-efficacy*), sich gegen Rückfall abschirmen (engl. *coping self-efficacy*), und sollte doch ein Ausrutscher passieren (Surfen oder Parties statt Lernen), muss er überzeugt sein, aus eigener Kraft zu Lernverhalten zurückzufinden (engl. *recovery self-efficacy*).

Selbstwirksamkeit ist förderlich für Lernprozesse, unabhängig von den tatsächlichen Fähigkeiten. Bei gleicher Fähigkeit zeichnen sich Kinder mit höherer Selbstwirksamkeit gegenüber solchen mit niedrigerer Selbstwirksamkeit durch mehr Anstrengung und Ausdauer, ein höheres Anspruchsniveau, effektiveres Arbeitszeitmanagement, eine größere Flexibilität der Lösungsstrategien, ein höheres Durchhaltevermögen, bessere Leistungen und selbstwertförderlichere Ursachenzuschreibungen aus (Bandura 1997, S.215f).

Selbstwirksamkeit wird am besten durch Erfolg gestärkt, wobei erreichbare Nahziele, die Interpretation von Erfolg als anstrengungs- oder fähigkeitsbedingt und die Unterstützung konstruktiver Bewältigungsstrategien (z.B. Arbeitstechniken, Selbstbewertungen) wichtig sind. Selbstwirksamkeit förderlich sind auch Verhaltensmodelle wie Lehrer (z.B. durch lautes Denken bei der Demonstration von Aufgabenlösungen) und wegen der größeren Nähe und Vergleichbarkeit vor allem andere erfolgreiche Schüler, von denen man etwas lernen kann (z.B. durch kooperatives Lernen, Schüler als Lehrer). Selbstwirksamkeit kann schließlich auch gefördert werden durch persönliche Überzeugung wie Ermutigung und Kommunikation von Vertrauen in die Fähigkeiten des Schülers, konkrete Hinweise auf Lernfortschritte und Verbesserungsmöglichkeiten sowie selbstwertdienliche Rückmeldungen zu Leistungsursachen angesichts herausfordernder, aber bewältigbarer Anforderungen.

4 Parallelentwicklungen und integrative Forschungsperspektiven

Die Entwicklung der motivations- und volitionsbezogenen Unterrichtsforschung (kognitives Motivationsmodell, Zielorientierungen, Selbstwirksamkeit, Anreize für Lernaktivitäten) haben sich teilweise parallel entwickelt und verschiedenste motivationale Lernbedingungen herauskristallisiert. In letzter Zeit finden sich zunehmend Bemühungen um die Integration dieser Perspektiven in übergreifende Handlungsmodelle (Rheinberg, 2004), die unter noch stärkerer Berücksichtigung schulischer Unterrichtskontexte (z.B. die spezifische Dynamik von Schulklassen) weiterzuentwickeln sind.

5 Anwendungsbereiche

Im Rahmen von Modellprojekten zur Motivationsförderung wird unter anderem versucht, die Selbstwirksamkeit und Selbstbestimmung von Schülern im Unterricht zu stärken (Jerusalem & Hopf, 2002). Ziel dabei ist, persönliche Lernzuwächse erlebbar zu machen durch eine individuelle

Lehrerbezugsnorm, erreichbare und herausfordernde Anforderungen, die Diagnose, Rückmeldung und Bewertung persönlicher Lernfortschritte, die Unterscheidung von notenfreien Lernzeiten und bewertungsrelevanten Leistungszeiten, Angebote für selbst bestimmtes Lernen durch Wahlmöglichkeiten im Unterricht, Transparenz von Lernzielen, Anforderungen und Bewertungen sowie kooperative Lernformen.

Literatur

Bandura, A. (1997): Self-efficacy: The exercise of control. New York: Freeman. – Deci, E.L. & Ryan, R.M. (1993): Die Selbstbestimmungstheorie der Motivation und ihre Bedeutung für die Pädagogik. In: Zeitschrift für Pädagogik, 39, 223-238. – Heckhausen, H. (1978): Selbstbewertung nach erwartungswidrigem Leistungsverlauf: Einfluss von Motiv, Kausalattribution und Zielsetzung. In: Zeitschrift für Entwicklungspsychologie und Pädagogische Psychologie, 10, 191-216. – Heckhausen, H. & Rheinberg, F. (1980): Lernmotivation im Unterricht, erneut betrachtet. In: Unterrichtswissenschaft, 8, 7-47. – Jerusalem, M. & Hopf, D. (Hrsg.) (2002): Selbstwirksamkeit und Motivationsprozesse in Bildungsinstitutionen (Beiheft 44 der Zeitschrift für Pädagogik). Weinheim: Beltz. – Köller, O. (1998): Zielorientierungen und schulisches Lernen. Berlin: Waxmann. – Kuhl, J. & Heckhausen, H. (Hrsg.) (1996): Motivation, Volition und Handlung. Enzyklopädie der Psychologie, Themenbereich C, Serie IV, Bd. 4. Göttingen: Hogrefe. – Pintrich, P.R. & Schunk, D.H. (1996): Motivation in education. Theory, research and application. Englewood Cliffs: Prentice-Hall. – Rheinberg, F. (2002): Freude am Kompetenzerwerb, Flow-Erleben und motivpassende Ziele. In: von Salisch, M. (Hrsg.): Emotionale Kompetenz entwickeln. Stuttgart: Kohlhammer. – Rheinberg, F. (Hrsg.) (2004): Motivation. 5. Aufl. Stuttgart: Kohlhammer. – Schiefele, U. & Wild, K.-P. (Hrsg.) (2000): Interesse und Lernmotivation. Münster: Waxmann.

97| Emotionale Voraussetzungen des Lernens
Anne C. Frenzel, Reinhard Pekrun und Thomas Götz

Neben der Motivation werden in den letzten Jahren zunehmend auch Emotionen (engl. *emotions*) als treibende bzw. blockierende Kräfte für Lernen und Leistung erforscht. Emotionen spielen eine zentrale Rolle bei der Erklärung von Schülerreaktionen auf herausfordernde Aufgaben und sind relevant für die Auslösung, Aufrechterhaltung oder Reduzierung von Motivation (Schutz & Lanehart 2002). Sie sind aber auch wichtige Bestandteile des allgemeinen Wohlbefindens und der psychischen Gesundheit von Schülern.

1 Lern- und Leistungsemotionen – eine Begriffsbestimmung

Unter dem Begriff Lern- und Leistungsemotionen (engl. *academic emotions*) werden diejenigen Emotionen von Schülern verstanden, die sie in Bezug auf Situationen des Lernens und Leistens erleben: dazu gehören emotionale Reaktionen auf Erfolgs- und Misserfolgserlebnisse (wie Stolz, Scham oder Enttäuschung), aber auch prospektive Gefühlslagen wie Vorfreude und natürlich die Angst. Hinzu kommen prozessbezogene Emotionen wie Freude oder Langeweile bezüglich des Lernvorgangs oder seinen Inhalten.

Emotionen können als mehrdimensionale Konstrukte aufgefasst werden, die sich aus affektiven, kognitiven, physiologischen und expressiven Komponenten zusammensetzen. Prüfungsangst ist beispielsweise charakterisiert durch spezifische Kognitionen wie Sorgen wegen drohender Misserfolge und physiologisch-expressive Symptome wie erhöhte Herzfrequenz oder Zittern.

2 Forschungstraditionen in der Analyse von Lern- und Leistungsemotionen

Im Zentrum der Theoriebildung zu Emotionen im Lern- und Leistungskontext stand traditionell die Prüfungsangst. Zu Ursachen, Wirkungen und möglichen Interventionsstrategien bezüglich Prüfungsangst liegen umfangreiche Daten vor (z.B. Schnabel 1998; Zeidner 1998). Andere Emotionen haben dagegen vergleichsweise wenig Forschungsaufmerksamkeit gefunden.

Für die Theorieentwicklung zu Lern- und Leistungsemotionen im Allgemeinen sind vor allem zwei größere Forschungstraditionen wertvolle Quellen: einerseits die Aufmerksamkeits- und Stimmungsforschung und andererseits die Leistungsmotivationsforschung. Erstere lieferte Befunde zum möglichen Einfluss von Emotionen auf Leistung, während der Leistungsmotivationsforschung Hinweise zu Bedingungen von Emotionen im Lern- und Leistungskontext zu entnehmen sind.

3 Wirkungen und Bedingungen von Lern- und Leistungsemotionen

3.1 Emotionen und Leistung

Obwohl Emotionen oft Reaktionen auf Erfolgs- oder Misserfolgserlebnisse sind, haben prospektive und prozessbezogene Emotionen auch bedeutenden Einfluss auf resultierende Leistungen. Aus der Stimmungsforschung ist bekannt, dass Emotionen kognitive Prozesse in Form von stimmungsabhängigem Lernen (engl. *mood-dependent memory*) und stimmungskongruentem Erinnern (engl. *mood-congruent recall*) beeinflussen (z.B. Blaney 1986; Bower 1981).

Bezüglich spezifischer lern- und leistungsbezogener Emotionen ist anzunehmen, dass sie über verschiedene Wirkmechanismen auf die Leistung Einfluss nehmen (Pekrun, Götz, Titz & Perry 2002). Es wurde beispielsweise gezeigt, dass Angsterleben *kognitive Ressourcen* verbraucht und die Aufmerksamkeit von der zu bearbeitenden Aufgabe ablenkt. Dass intensives Erleben von Emotionen kognitive Ressourcen bindet, ist auch für negative Emotionen jenseits der Angst und auch für positive Emotionen anzunehmen (vgl. Meinhardt & Pekrun 2003). Darüber hinaus wirken Emotionen differenziell auf die *Motivation* von Schülern. Prüfungsangst kann die intrinsische Motivation senken, zugleich steigert sie aber u.U. die Anstrengung aufgrund von erhöhter Misserfolgsvermeidungsmotivation. Tätigkeitsbezogene Emotionen wie Freude und Langeweile begünstigen bzw. senken dagegen vermutlich sowohl die intrinsische als auch die extrinsische Motivation und haben damit eindeutigere Leistungsbezüge. Schließlich beeinflussen Emotionen auch den Einsatz von *Lernstrategien*. An Befunde der Stimmungsforschung (z.B. Abele 1999) anknüpfend konnte gezeigt werden, dass positive Emotionen mit verständnisorientierten, flexiblen Strategien wie Elaboration einhergehen, während Angst eher zu rigiden Lernstrategien wie Wiederholen führt. Schüler, bei denen der Lernprozess durch Emotionen wie Hoffnungslosigkeit oder Langeweile geprägt ist, verzichten oft auf einen gezielten Einsatz von Lernstrategien, mit negativer Auswirkung auf die Leistung (z.B. Pekrun u.a. 2004).

3.2 Bedingungen von Lern- und Leistungsemotionen

Bedingungsfaktoren für die Qualität und Intensität des emotionalen Erlebens liegen einerseits im Individuum selbst und andererseits in seiner sozialen Umwelt. Innerhalb des Individuums wirken persönlichkeitsbasierte Dispositionen, Konditionierung sowie kognitive Bewertungsprozesse (in der

Emotionsliteratur appraisals genannt). Aus den diversen kognitiven Appraisaldimensionen, die für die Entstehung von Emotionen vorgeschlagen wurden (vgl. z.B. Roseman & Smith 2001), haben sich in empirischen Studien insbesondere zwei für Lern- und Leistungsemotionen als relevant herausgestellt: subjektive Kontrolle und Valenz. Gerade für die Prüfungsangst ist dieser Kontroll-Wert-Ansatz (vgl. Pekrun u.a. 2002) gut belegt: Ein Schüler erlebt intensivere Angst, wenn er das Erreichen von Erfolg oder Vermeiden von Misserfolg als besonders wichtig erachtet (Wert-Appraisal) und zugleich z.B. aufgrund von niedrigem Selbstkonzept bezweifelt, dies erreichen zu können (Kontroll-Appraisal). Auch für das Erleben anderer Emotionen scheinen diese beiden Appraisals eine wichtige Rolle zu spielen. Aus der Kausalattributionsforschung ist bekannt, dass kontrollbezogene Attributionen das emotionale Erleben nach Leistungsrückmeldung prägen (zusammenfassend vgl. Weiner 1986): Sieht ein Schüler die Ursache von Erfolg bzw. Misserfolg bei sich selbst (internale Attribution), erlebt er Stolz bzw. Scham. Empfindet er die Ursachen außerhalb seiner Kontrolle liegend (externale Attribution), wird er z.B. eher mit Dankbarkeit auf Erfolg bzw. mit Ärger auf Misserfolg reagieren (vgl. Meyer & Turner 2002).

Hinweise zum Einfluss der Sozialumwelten auf das emotionale Erleben von Schülern sind ebenfalls der Prüfungsangstforschung zu entnehmen: Negativ wirken sich hier vor allem (zu) hohe Leistungserwartungen, Leistungsdruck, leistungsbezogene Bestrafung durch Eltern und Lehrer sowie Wettbewerb in der Klassengemeinschaft aus (Zeidner 1998). Zugleich ist aber anzunehmen, dass eine solche Betonung der Leistungsvalenz durch die Sozialumwelt bei Schülern auch das Erleben von positiven Emotionen wie z.B. Stolz nach Erfolg intensivieren kann.

4 Anregungen für die Gestaltung eines emotionsgünstigen Unterrichts

Aus den oben beschriebenen Bedingungsfaktoren für Emotionen im Lern- und Leistungskontext leiten sich Empfehlungen für die Gestaltung eines emotionsgünstigen Unterrichts ab (vgl. auch Götz, Zirngibl & Pekrun 2004). Positiven Emotionen von Schülern zuträglich und negative Emotionen mildernd dürfte eine Schulumwelt sein, die durch klare Regeln und Ziele gekennzeichnet ist. Aufgrund der ambivalenten Wirkung von Leistungsvalenz (die zugleich z.B. Angst vor Misserfolg und Stolz nach Erfolg steigern kann) sollten Leistungsergebnisse durch Lehrkräfte eher weniger in der Vordergrund gestellt werden. Außerdem sollte der sach- und fachbezogene Wert des jeweiligen Unterrichtsfachs betont werden, was sich im Allgemeinen positiv auf das emotionale Erleben von Schülern auswirken dürfte. Dies kann beispielsweise durch Aufgaben mit Alltagsrelevanz und enthusiastisches Unterrichten erreicht werden. In seinem FEASP-Ansatz schlägt Astleitner (1999) Lehrstrategien vor, die das Auftreten von Angst, Neid und Ärger im Unterricht senken und Sympathie und Vergnügen stärken sollen. Dazu zählt, Fehler als Chancen zum Lernen zu akzeptieren, ungleich verteilte Privilegien zu vermeiden und kooperative Lernumgebungen einzurichten.

5 Perspektiven der Untersuchung von Emotionen in der Unterrichtsforschung

Insgesamt besteht zum Thema Emotionen und Leistung – mit Ausnahme der Angst – noch erheblicher Forschungsbedarf. Gerade für das Grundschulalter, in dem sich Einstellungen zu Lernen und Leistung entscheidend formieren, gibt es bisher kaum empirische Befunde zum emotionalen Erleben der Schüler.

Was die Forschungsmethodik betrifft, ist außerdem anzumerken, dass die Mehrheit der Studien, die Emotionen im Lern- und Leistungskontext untersuchen, fragebogenbasiert sind bzw. qualitative Ansätze wie z.B. Interviews und Tagebücher nutzen (z.B. Glaeser-Zikuda & Mayring, 2003). Obwohl die meisten Komponenten des emotionalen Erlebens introspektiv gut zugänglich sind, könnten wertvolle Erkenntnisse daraus resultieren, wenn auch implizite Maße zur Erhebung von affektiven Einstellungen zu bestimmten Domänen eingesetzt würden. Die Entwicklung des sogenannten „Implicit Association Tests" speziell für das Fach Mathematik (Nosek, Banaji & Greenwald 2002) weist in diese Richtung.

Literatur

Abele, A. (1999): Motivationale Mediatoren von Emotionseinflüssen auf die Leistung: Ein vernachlässigtes Forschungsgebiet. In: M. Jerusalem & R. Pekrun (Hrsg.): Emotion, Motivation und Leistung. Göttingen: Hogrefe, 31-49. – Astleitner, H. (1999): Emotionale Unterrichtsgestaltung. Pädagogische Rundschau, 53, 307-326. – Blaney, P.H. (1986): Affect and memory: A review. Psychological Bulletin, 99, 229-246. – Bower, G.H. (1981): Mood and memory. American Psychologist, 36, 129-148. – Glaeser-Zikuda, M. & Mayring, Ph. (2003): A qualitative oriented approach to learning emotions at school. In: Mayring, Ph. & von Rhoeneck, C. (Eds.): Learning Emotions. Frankfurt: Lang, 103-126. – Götz, T., Zirngibl, A., & Pekrun, R. (2004): Lern- und Leistungsemotionen von Schülerinnen und Schülern. In: Hascher, T., H. Badertscher (Hrsg.): Schule positiv erleben. Erkenntnisse und Ergebnisse zum Wohlbefinden von Schülerinnen und Schülern. Bern: Haupt, 49-66. – Meinhardt, J. & Pekrun, R. (2003): Attentional resource allocation to emotional events: An ERP study. Cognition and Emotion, 17, 477-500. – Meyer, D.K. & Turner, J.C. (2002): Discovering emotion in classroom motivation research. Educational Psychologist, 37, 107-114. – Nosek, B.A., Banaji, M.R. & Greenwald, A.G. (2002): Math=Male, Me=Female, therefore Math≠Me. Journal of Personality and Social Psychology, 83, 44-59. – Pekrun, R. Götz, T., Titz, W. & Perry, R.P. (2002): Academic emotions in students' self-regulated learning and achievement: A program of qualitative and quantitative research. Educational Psychologist, 37, 91-105. – Pekrun, R., Götz, T., vom Hofe, R., Blum, W., Jullien, S., Zirngibl, A., Kleine, M., Wartha, S. & Jordan, A. (2004): Emotionen und Leistung im Fach Mathematik. In: Doll, J. & Prenzel, M. (Hrsg.): Studien zur Verbesserung der Bildungsqualität von Schule: Lehrerprofessionalisierung, Unterrichtsentwicklung und Schülerförderung. Münster: Waxmann, 345-363. – Roseman, I.J. & Smith, T.S. (2001): Appraisal theory: Overview, assumptions, varieties, controversies. In: Scherer, K.R., Schorr, A. & Johnstone, T. (Eds.): Appraisal processes in emotion. Oxford: University Press, 3-19. – Schnabel, K.U. (1998): Prüfungsangst und Lernen. Münster: Waxmann. – Schutz, P.A. & Lanehart, S.L. (2002): Introduction: Emotions in education. Educational Psychologist, 37, 67-68. – Weiner, B. (1986): An attributional theory of motivation and emotion. New York: Springer. – Zeidner, M. (1998): Test anxiety. The state of the art. New York: Plenum Press.

98| Selbstkonzept
Sabine Martschinke

1 Selbstkonzept – das „Bild vom Selbst"

Jeder Mensch entwickelt im Laufe der Zeit ein „Bild" über sich, nimmt immer mehr für das „Selbst" relevante Informationen wahr, verarbeitet und generalisiert diese Informationen dann als so genanntes Selbstkonzept (engl. *self concept*). Neue „Nahrung" erhält dieses Selbstkonzept immer wieder, weil Menschen dazu neigen, sich mit anderen zu vergleichen und sich selbst zu bewerten. Aber auch verzerrende Motive wie z.B. Selbstkonsistenz, Selbstwertschutz und Selbsterhöhung beeinflussen die Selbstkonzeptentwicklung. Einmal generalisierte Selbstaussagen wieder zu revidieren ist aufwändig und erfolgt nur, wenn viele geeignete Situationen wahrgenommen werden, die ein Umdenken über sich selbst herausfordern.

All diese selbstbezogenen Kognitionen („Wie sehe ich mich?") bilden in der Theorie Haußers (1995) die kognitive Komponente der Identität ab, die damit von der affektiven Komponente („Wie bewerte ich mich?"), dem Selbstwertgefühl, und den handlungsbezogenen Kontrollüberzeugungen („Wieviel Einfluss habe ich darauf?") abgrenzbar ist.

Dieser wichtige Aspekt der Persönlichkeit ist zwar gut erforscht, allerdings ist die Begriffsverwendung sehr unterschiedlich und die Forschungslage teilweise widersprüchlich. Empirisch gut belegt ist, dass es kein globales Selbstkonzept gibt, sondern dass das Selbstkonzept in verschiedene Bereiche aufgesplittet ist und sich in Kindheit und Jugend ausdifferenziert (vgl. z.B. Marsh, Byrne & Shavelson 1988). Man unterscheidet – hierarchisch geordnet – verschiedene Ebenen: Das Spektrum geht von sehr situationsspezifischen Selbstkognitionen („Ich kann gut Kopfrechnen") über bereichs- oder domänspezifische Aussagen („Ich bin gut in Mathematik") bis hin zu Generalisierungen („Ich bin ein guter Schüler" oder „Ich bin ein guter Mensch"). Für den schulischen Kontext sind neben dem Selbstkonzept der sozialen Integration besonders die verschiedenen Fähigkeitsselbstkonzepte, die beschreiben, wie ein Schüler sich in bestimmten Bereichen oder Fächern selber einschätzt, von Bedeutung.

2 Der Blick in den „sozialen Spiegel"

Um den Zeitpunkt des Schulbeginns herum wird der Blick in den sozialen Spiegel bedeutsam. Informationen über das „Me" werden aufgebaut durch die bedeutsamen Anderen, insbesondere durch soziale Vergleichsprozesse mit der Gleichaltrigengruppe, aber auch über temporale und dimensionale Vergleiche.
Die Wirksamkeit externaler, interindividueller Vergleiche sieht man vorrangig am Bezugsgruppeneffekt. Diese Prozesse und ihre Auswirkungen auf das Selbstkonzept sind durch die Selektionsmechanismen im deutschen Schulsystem besonders wichtig und zudem bisher vergleichsweise gut untersucht.
Es ergibt sich ein relativ homogenes Bild für die Phase nach dem Übergang von der Grundschule in weiterführende Schulen (vgl. Überblick bei Wagner 1999): Hauptschüler erleben einen Aufwärtstrend im Fähigkeitsselbstkonzept („big fish in a little pond" bzw. „BFLP-Effekt"), Gymnasiasten eher einen Abwärtstrend („little fish in a big pond"). Diese Entwicklung ebnet sich im Laufe der Zeit ein und trifft auch nicht auf alle Schüler zu.
Insgesamt lassen die Ergebnisse erkennen, dass vermutlich eher der soziale Vergleich geringer Reichweite mit der eigenen Klasse genutzt wird, nicht so sehr der Vergleich mit der ganzen Jahrgangsstufe über die Schulart hinweg, der Gymnasiasten einen Vorteil einräumen müsste. Soziale Aufwärtsvergleiche, d.h. die für das Selbstkonzept eher ungünstigen Vergleiche mit deutlich besseren Schülern, können dabei vom so genannten „BIRG-Effekt" („basking-in-reflected-glory"), der zu günstigen Selbstbewertungen führt, nur bedingt aufgefangen und kompensiert werden (Köller 2004).
Der Blick auf internale, intraindividuelle Vergleiche über mehrere Domänen (z.B. sprachliches versus mathematisches Selbstkonzept) erklärt u.a. Unterschiede in den Selbstkonzepten zwischen Schülern bei gleicher Leistung. Pädagogisch wünschenswert wäre, dass Fachlehrer weiterführender Schulen, die Kinder nur in einem Fach oder einer Domäne kennen, sich genauer über das Selbstkonzept in verschiedenen Fächern informieren würden (vgl. Streblow 2004).

3 Die Stabilisierung der Selbstkonzeptentwicklung

Damon und Hart (1982) modellieren Teilergebnisse der empirischen Forschung zur Entwicklung des Selbstkonzepts. Das Selbstkonzept der schulischen Kindheit basiert insbesondere auf sozialen Vergleichen; für das Jugendalter werden zusätzlich soziale Beziehungen und im weiteren Verlauf persönliche Werthaltungen bedeutsam.
Aufgrund der Längsschnittdaten aus drei deutschen Grundschuluntersuchungen LOGIK, SCHOLASTIK und KILIA lassen sich für diese Altersphase deskriptiv Verläufe dokumentieren, die aber

nicht unbedingt gleichsinnig gerichtet sind. So findet man in den beiden erstgenannten Studien in der Selbstkonzeptentwicklung einen deutlichen „Abwärtrend vom Optimisten zum Realisten" (Helmke 1998), wobei „Knickstellen" in der Verlaufslinie auf Schnittstellen der Schullaufbahn (Einschulung, Lehrerwechsel und Einführung der Noten zu Beginn der dritten Klasse, Übertritt) hindeuten. Im Gegensatz dazu findet sich in der KILIA-Studie ein gleichbleibend recht hohes Niveau des Selbstkonzepts. Zu vermuten ist, dass die Lehrer, die sich freiwillig für die Untersuchung gemeldet hatten, die Selbstkonzeptentwicklung in der ersten und zweiten Klasse so stark fördern, dass das hohe Selbstkonzeptniveau unter Umständen als „Puffer" für die Persönlichkeitsentwicklung in der Grundschule gedient hat.

Im Laufe der Schulzeit scheinen die Einflussmöglichkeiten auf die Selbstkonzeptentwicklung, der Spielraum, der dem Lehrer für Interventionen zur Verfügung steht, immer kleiner zu werden. Die SCHOLASTIK- und die KILIA-Studie zeigen steigende Stabilitätskoeffizienten über die Klassenstufen der Grundschule an (Kammermeyer & Martschinke 2004; Helmke 1997), ein Trend, der sich auch in den weiterführenden Schulen fortsetzt.

Aber speziell labilere Übergangsphasen wie z.B. Schulanfang und Übertritt können und sollten für eine Stärkung des Selbstkonzepts genutzt werden. Asendorpf und van Aken (2004) sprechen von der Persönlichkeit (und ihrer Entwicklung) als „Lawine": Sozial-emotionale Basistendenzen werden ihrer Meinung nach langsam stabil, so dass Richtung und Intensität der Persönlichkeitsentwicklung bzw. der Lawine zumindest in Übergangsphasen geändert werden können. Dies ist besonders bedeutsam bei ungünstigen kindlichen Entwicklungen, damit die Lawine nicht „auf kürzestem Wege ins Tal stürzt" (ebd. S.23).

4 Das Zusammenspiel von Selbstkonzept und Leistung

Sowohl Ziele der Persönlichkeitsentwicklung als auch der Leistungsentwicklung im Sinne einer multikriterialen Zielerreichung kennzeichnen die Bildungsintention von Schule. Ob allerdings das schulische Selbstkonzept eher realistisch oder eher optimistisch, also überschätzend, sein sollte, wird unterschiedlich diskutiert. Lehrplanformulierungen aus verschiedenen Bundesländern zielen eher auf ein realitätsnahes Selbstkonzept ab. Die empirische Forschung konnte aber belegen, dass eine leicht optimistische Überhöhung des Selbstkonzepts als „Zusatzmotor" für die Leistungsentwicklung dienen kann (vgl. Helmke 1992). Damit wird schon die enge Beziehung zwischen Leistung und Selbstkonzept deutlich, die reziproke Prozesse zwischen beiden Variablen wahrscheinlich macht. So gibt es empirische Belege für die gesamte Schullaufbahn, dass Leistung die Entwicklung des Selbstkonzepts bestimmt (skill-development-Ansatz), aber auch Hinweise, dass in sensiblen Übergangsphasen, z.B. Schulanfang und Übertritt, die gegensätzliche Kausalrichtung dominiert oder zumindest mitbestimmend ist (Krapp 1997; van Aken, Helmke & Schneider 1997; Kammermeyer & Martschinke 2004). Der letztgenannte Ansatz ist aus pädagogischen Überlegungen sehr bedeutsam. In Transitionsphasen der Schullaufbahn könnte somit über die Förderung des Selbstkonzepts ein positiver Einfluss auf die Leistungsentwicklung von Kindern ausgeübt und somit Risikoentwicklung reduziert werden.

Für den Anfangsunterricht konnten Kammermeyer und Martschinke (2003) eine Entkoppelung des Zusammenhangs zwischen Selbstkonzept und Leistung für die Klassen nachweisen, in denen die Kinder viele Freiheitsspielräume hatten und ihnen besonders individuelle Lernfortschritte rückgemeldet wurden. Soziale Vergleiche wurden dadurch vermutlich erschwert, so dass Schüler ihren Rangplatz in der Leistungsskala der Klasse nicht genau kannten. Insbesondere für leistungsschwächere Schüler resultieren so größere Chancen, ihre Erfolgszuversicht und Anstrengungsbereitschaft zu erhalten.

5 Perspektiven für die Forschung

Die Forschungslage zur Frage, wie es dem System Schule und dem einzelnen Lehrer gelingen kann, Schüler zu einer positiven Selbsteinschätzung zu führen, ist noch relativ heterogen und wenig ergiebig. Für die Gestaltung der Lehrer-Schüler-Interaktion gibt es mittlerweile aber recht klare Hinweise, dass Schüler ein positiveres Selbstkonzept ausbilden, wenn Lehrer eher die individuelle Bezugsnorm anwenden und ein Klima schaffen, das durch häufiges Lob und persönliche emotionale Zuwendung gekennzeichnet ist (z.B. Eder 1996). Auch wenn Kinder mehr Freiheitsspielräume haben, kann es gelingen, soziale Aufwärtsvergleiche anzahlmäßig zu verringern und damit das Selbstkonzept zu stützen.

Spezifische Interventionsstudien sind noch rar und vorwiegend auf handlungsbezogene Kognitionen, auf Kausalattributionen und Selbstwirksamkeit gerichtet, versprechen aber Erfolge in der gewünschten Richtung (Ziegler & Schober 1997).

Für die gesamte Entwicklung kann ein positives Selbstkonzept als sog. Schutzfaktor verstanden werden, der auch die Bewältigung belastender oder zumindest „kritischer" Lebensereignisse begünstigt.

Literatur

van Aken, M. A. G., Helmke, A. & Schneider, W. (1997): Selbstkonzept und Leistung – Dynamik ihres Zusammenspiels: Ergebnisse aus dem SCHOLASTIK-Projekt. In: Weinert, F. E. & Helmke, A. (Hrsg.): Entwicklung im Grundschulalter. Weinheim: Beltz, 341-350. – Asendorpf, J. B. & van Aken, M. A. G. (2004): Die Persönlichkeit als Lawine: Konsequenzen früher Persönlichkeitsunterschiede auf die weitere Entwicklung. In: Schneider, W. & Knopf, M. (Hrsg.): Entwicklung, Lehren und Lernen. Göttingen: Hogrefe, 109-124. – Damon, W. & Hart, D. (1982): The development of self-understanding from infancy through adolescense. In: Child Development, 53, 841-864. – Eder, F. (1996): Schul- und Klassenklima. Innsbruck: StudienVerlag. – Haußer, K. (1995): Identitätspsychologie. Berlin: Springer. – Helmke, A. (1992): Selbstvertrauen und schulische Leistungen. Hogrefe: Göttingen. – Helmke, A. (1998): Vom Optimisten zum Realisten? Zur Entwicklung des Fähigkeitsselbstkonzeptes vom Kindergarten bis zur 6. Klassenstufe. In: Weinert, F. E. (Hrsg.): Entwicklung im Kindesalter. Weinheim, 115-132. – Kammermeyer, G. & Martschinke, S. (2003): Schulleistung und Fähigkeitsselbstbild im Anfangsunterricht – Universelle Beziehungen oder kontextspezifische Zusammenhänge. Ergebnisse aus dem KILIA-Projekt. In: Empirische Pädagogik, 17 (4), 486-503. – Kammermeyer, G. & Martschinke, S. (2004): Selbstkonzept- und Leistungsentwicklung in der Grundschule. Unveröff. Vortrag, gehalten auf der AEPF Nürnberg. – Köller, O. (2004): Konsequenzen von Leistungsgruppierungen. Waxmann: Münster. – Krapp, A. (1997): Selbstkonzept und Leistung – Dynamik ihres Zusammenspiels: Literaturüberblick. In: Weinert, F. E. & Helmke, A. (Hrsg.): Entwicklung im Grundschulalter. Weinheim, 325-339. – Marsh, H. W., Byrne, B. M. & Shavelson, R. J. (1988): A multifaceted self-concept: Its hierarchical structure and its relation to academic achievement. In: Journal of Educational Psychology, 80, 366-380. – Streblow, L. (2004): Bezugsrahmen und Selbstkonzeptgenese. Münster: Waxmann. – Wagner, J. W. L. (1999): Soziale Vergleiche und Selbsteinschätzungen. Münster: Waxmann. – Ziegler, A. & Schober, B. (1997): Reattributionstrainings. Regensburg: Roderer.

99| Soziale, kulturelle und sprachliche Herkunft
Leonie Herwartz-Emden und Sibylle Schneider

1 Soziale Herkunft und Bildungserfolg

Bildungszertifikate stellen wichtige Weichen für schulische und berufliche Karrieren dar und bestimmen die gesellschaftliche Platzierung von Individuen, insofern ist die Frage der Chancengleichheit (engl. *equality of educational opportunity*) eng verknüpft mit der Funktionalität und Programmatik von Bildungssystemen in Gesellschaften. Als Fazit aus verschiedenen Studien (z.B. Blossfeld 1993), Müller & Haun 1994), Henz & Maas 1995, Schimpl-Neimanns 2000) ist festzuhalten, dass Uneinigkeit über das Ausmaß des Abbaus von Bildungsungleichheiten in Deutschland besteht. Unbestritten ist hingegen, dass die Bildungsexpansion nicht zu einer Nivellierung von Bildungsungleichheiten, sondern lediglich zu höheren Beteiligungsquoten und einer Verschiebung von Selektionsprozessen geführt hat (Baumert, Watermann & Schümer 2003).
Seit etwa Mitte der 1990er Jahre erlebt die Bildungs- und Ungleichheitsforschung eine Renaissance, was vor allem auf die Ergebnisse neuerer international vergleichender Schulleistungsstudien wie PISA und IGLU zurückzuführen ist. Damit wurde erstmalig eine Möglichkeit geschaffen, sowohl ein breites Spektrum von Indikatoren für Bildungsungleichheiten als auch verschiedene Kompetenzbereiche wie Lesen, Mathematik und Naturwissenschaften zu erfassen. Ein differenzierter Blick auf die Bildungsbeteiligung nach sozialer Herkunft (engl. *social background*) in der PISA-Stichprobe bestätigt die genannten Befunde insofern, als ein Rückgang von Ungleichheiten vor allem im mittleren Bildungsbereich stattgefunden hat (Baumert u.a. 2003). Von der Expansion des mittleren Schulwesens haben insbesondere Kinder aus unteren Sozialschichten profitiert, die Disparitäten des Gymnasialbesuchs blieben weitgehend stabil, im Kontrast von Gymnasium und Realschule deuten sich sogar zunehmende Ungleichheiten an (Baumert u.a. 2003).
Will man Bildungsungleichheiten erforschen, so sollte man nicht nur Bildungsergebnisse und Zertifikate, sondern auch Bildungsübergänge wie den Wechsel von der Grundschule in die Sekundarschule fokussieren (Mare 1980). Bildungsübergänge stellen wichtige „Gelenkstellen" für Bildungskarrieren dar (Baumert, Watermann & Schümer 2003), hier finden Selektionsprozesse statt. Solche Prozesse gewinnen aufgrund der Tatsache, dass im deutschen Schulwesen eine hohe Übereinstimmung zwischen der besuchten Schulform und dem erzielten Abschluss besteht, an Bedeutung.

1.1 Bildungsungleichheiten und Schulleistungen im Sekundarschulwesen

In Anlehnung an die Unterscheidung zwischen primären (leistungsbedingten) und sekundären (sozialschichtbedingten) Disparitäten in der Bildungsbeteiligung stellen Baumert u.a. (2003) fest, dass die sekundären sozialen Disparitäten besondere Aufmerksamkeit verdienen, da sie Auskunft über die Bildungsgerechtigkeit eines Schulsystems im engeren Sinne geben. Die Effekte sekundärer Disparitäten am Übergang von der Grundschule in die Sekundarstufe in den PISA-Daten bestätigen die Tatsache, dass Übergangsentscheidungen in Deutschland in einem hohen Maße von sozialen Merkmalen der Schüler und nicht nur von ihren schulischen Leistungen (engl. *performance at school*) abhängen. Erwartungsgemäß sind die Chancen auf einen Gymnasialbesuch für Kinder aus höheren

Sozialschichten größer als für Kinder aus der Arbeiterschicht selbst dann, wenn primäre Disparitäten wie kognitive Grundfähigkeiten und Lesekompetenz konstant gehalten werden. Das bedeutet, dass eine Kompensation schwacher Leistungen bei Kindern aus höheren sozialen Schichten eher möglich ist als eine Kompensation der sozialen Herkunft von begabten Kindern aus unteren sozialen Schichten. Die Analysen belegen außerdem für Deutschland nicht nur einen engen Zusammenhang zwischen sozialer Herkunft und Bildungsbeteiligung, sondern auch zwischen sozialer Herkunft und erworbenen Kompetenzen.

Die dafür zugrunde liegenden Prozesse prüfen Baumert u.a. (2003) mit einem komplexen Erklärungsmodell und differenzieren darin zwischen Struktur- und Prozessmerkmalen familiärer Herkunft sowie zwischen sozialen und kulturellen Ressourcen, um „Transmissionsprozesse" abbilden zu können. Ein wesentliches Ergebnis ist, dass sich die soziale und kulturelle Herkunft (engl. *cultural background*) im Zusammenspiel auf Bildungsbeteiligung und Kompetenzerwerb der jüngeren Generationen auswirken und die disparitätserzeugenden Effekte sozialer und kultureller Strukturmerkmale familiärer Verhältnisse vor allem über Prozessmerkmale wie die kulturelle Praxis in der Familie vermittelt werden.

1.2 Lesekompetenzen und soziale Disparitäten im Primarbereich

Ähnlich können auch Schwippert, Bos und Lankes (2003) anhand der international vergleichenden Studie zu Lesekompetenzen von Schülern am Ende der vierten Klassenstufe (IGLU) einen beträchtlichen Zusammenhang zwischen Sozialschicht und Lesekompetenz nachweisen. Je höher die Sozialschicht ist, desto besser sind die Leseleistungen. Die Autoren identifizieren drei signifikante Leistungsgruppen, wobei der Unterschied zwischen der ersten und dritten Leistungsgruppe eine ganze Klassenstufe beträgt: (1) obere und untere Dienstklasse, (2) Routinedienstleistungen, Selbstständige, Facharbeiter und leitende Angestellte, (3) un- und angelernte Arbeiter. Im Vergleich zu PISA sind die Herkunftseffekte in der IGLU-Stichprobe jedoch schwächer. Mädchen schneiden im Lesen besser als Jungen ab – ein Ergebnis, das auch international zu beobachten ist. In Deutschland ist die geschlechtsspezifische Differenz im Primarbereich geringer als in vielen anderen Ländern. Leistungsschwache Grundschüler stammen vor allem aus Familien mit Migrationshintergrund (engl. *migration background*) und aus niedrigen Sozialschichten, wobei diese Merkmale stets konfundiert sind.

1.3 Bedingungsfaktoren für Schulleistung

Wie Helmke (2003) feststellt, zeigt sich in Bezug auf die Frage der Bedingungsfaktoren für Schulleistung immer ein ähnliches Bild: Je bildungsnäher die Eltern der jeweiligen Schüler einer Klasse im Durchschnitt sind, desto günstiger ist die Schulleistung. „Sozialschicht" an sich hat keinen direkten Erklärungswert, sondern die dahinter liegenden eigentlichen Wirkfaktoren – wie der kognitive Anregungsgehalt und die Qualität des sprachlichen Vorbildes im Elternhaus, die elterlichen Standards und Aspirationen, ihre leistungsbezogenen Erklärungen und Sanktionen und ihr Engagement für die Schulleistung des Kindes.

2 Kulturelle Herkunft und Bildungserfolg

Der kulturelle Kontext eines Kindes ist ein Aspekt der soziokulturellen Rahmenbedingungen für Schulleistung (Helmke 2003). Die Bedeutung des kulturellen Kontextes wird in Deutschland augenfällig an der Gruppe der Kinder mit Migrationshintergrund, was aber nicht heißt, dass ihre kulturelle Herkunft für den nicht selten ausbleibenden Bildungserfolg ausschlaggebender Faktor wäre. Die kulturelle Herkunft eines Kindes ist immer konfundiert mit den Effekten der Sozialschicht und steht im Zusammenhang mit den individuellen Eingangsvoraussetzungen, dem Faktor des Geschlechts des Kindes und oft mit einer spezifischen Migrationsgeschichte der Familie. Bei der Erklärung der Ursachen für ausbleibende Schulleistungen muss demnach weniger nach der kulturellen Herkunft, sondern vielmehr nach den familiären Bedingungen und Ressourcen der einzelnen Herkunftsgruppen gefragt werden.

2.1 Akkulturation von Kindern und Jugendlichen mit Migrationshintergrund

Kinder und Jugendliche mit Migrationshintergrund haben im Vergleich zu nicht migrierten Schülern Akkulturationsleistungen zu erbringen. Ein neueres Konzept zur Akkulturation (engl. acculturation), das die Situation der zweiten Immigrantengeneration am besten beschreibt, ist das der segmentierten Akkulturation (Portes & Rumbaut 2001). Zentrale Determinanten in diesem Modell sind einerseits der Erwerb der Sprache und Normen der Immigrationsgesellschaft durch Eltern und Kindern, andererseits deren Einbettung in die ethnische Gemeinde.
Teilhabechancen an der aufnehmenden Gesellschaft steigen nicht automatisch dadurch, dass Migrantenkinder im Land geboren oder eingeschult werden. Ein Blick in die US-amerikanische Forschung macht deutlich, dass sich in den USA bei der zweiten (und dritten) Generation eine Tendenz zur Abwärtsmobilität feststellen lässt (Portes & Rumbaut, 2001).
Aufgrund von Migration besitzen vorhandene kulturelle Ressourcen von Migranten im kulturellen Kontext des Einwanderungslandes nicht mehr den gleichen Wert wie im Herkunftsland, was als wesentliche Ursache für Unterschiede im Bildungsverhalten von Familien mit Migrationshintergrund anzusehen ist. Hinzu kommt, dass dieses Anfangsdefizit die Akkumulation zusätzlicher Ressourcen erschwert (Kristen & Granato 2004). Entsprechend findet sich zwar das typische Muster, dass Familien mit Migrationshintergrund hohe Bildungsaspirationen für ihre Nachkommen haben, aber häufig nicht das nötige Wissen zur Struktur des Bildungswesens und seinen Leistungsanforderungen verfügen und damit nicht die sachgerechte Unterstützung geben können.

2.2 Integration von Kindern mit Migrationshintergrund im Schulsystem

Für die Integration von Schülern mit Migrationshintergrund sind sozialstrukturelle Variablen und Mechanismen im Bildungssystem von besonderer Bedeutung. Auch Kontextmerkmale wie unterrichtsbezogene Organisationsformen, die je spezifische Situation in der Schule sowie die Größe und Zusammensetzung der Klasse sind entscheidende Merkmale.
Vor allem Grundschulklassen sind in verschiedenen Dimensionen sehr heterogen (Martschinke & Kammermeyer 2003), Schuleinsteiger mit Migrationshintergrund stellen in den ersten Klassen in vielen Großstadtschulen die Hälfte der Schülerschaft. Je nach sprachlicher, kultureller, regionaler und schichtbezogener Herkunft eines Kindes muss von unterschiedlichen Lernstilen und Kommunikationsmustern der Schüler ausgegangen werden, die den Unterricht erschweren oder erleichtern (Helmke 2003).
Diese Thematik, die die Frage nach kulturspezifischen Zugängen zu einzelnen Fächern bzw. fachlichem Wissen beinhaltet, ist im deutschsprachigen Raum jedoch wenig erforscht. Eine weitere Erschwernis für die Integration ist in den oftmals nicht sachgerechten diagnostischen Instrumentarien zu sehen sowie in der nicht ausreichenden Ausbildung bzw. professionellen Kompetenz des Lehrpersonals.

2.3 Erklärungsansätze der Schulerfolge von Schülern mit Migrationshintergrund

Die Schulerfolge und Schulkarrieren von Schülern mit Migrationshintergrund unterscheiden sich in vielerlei Hinsicht vom Schulerfolg einheimischer Schüler und sie befinden sich gegenwärtig nicht auf dem gleichen Niveau. Die Erklärungsansätze dafür reichen von Erklärungen zu kulturellen Defiziten von Migrantenkindern und -jugendlichen bis zu humankapitaltheoretischen Ansätzen (Diefenbach 2004). Es finden sich Forschungsergebnisse zur Verursachung durch Merkmale der Schule bzw. Schulklasse, denn Schüler mit Migrationshintergrund sind an Gesamtschulen erfolgreicher.
Eine zentrale Kontextbedingung wird in der Zusammensetzung der Schülerschaft in den Schulen und Klassen gesehen, was jedoch nicht direkt auf Schulerfolg, sondern über andere Merkmale wie Gruppennormen, Normalitätsstandards oder die Qualität des Unterrichts vermittelt wird. Ein wesentlicher Erklärungsansatz richtet den Blick auf institutionelle Diskriminierung bzw. auf Mechanismen und Praktiken bei Übertrittsempfehlungen in Sekundarschulen, Überweisungen an Sonderschulen und der Einschulung (Gomolla & Radtke 2002).
Institutionell verankerte Inkompetenz im Umgang mit kultureller Differenz trägt ebenso zum Scheitern von Kindern mit Migrationshintergrund bei. Diskriminierungen ergeben sich bei Selektionsentscheidungen aufgrund vermuteter Defizite, finden sich aber auch im Unterricht und führen, obwohl oft nicht intendiert, zu einer Exklusion von Migrantenkindern (Auernheimer, van Dick, Petzel, Sommer & Wagner 1998).

2.4 Bildungsverläufe von Schülern und Schülerinnen mit Migrationshintergrund

Auch die Bildungsverläufe *(engl. educational transition)* von Kindern und Jugendlichen mit Migrationshintergrund sind wesentlich brüchiger als die nicht gewanderter Kinder. Wie Krohne, Meier und Tillmann (2004) herausstellen, tragen Migrantenkinder ein zwei- bis dreimal so hohes Risiko wie Kinder deutscher Herkunft, eine Klasse zu wiederholen. Vor allem in der Grundschule wiederholen Migrantenkinder zu einem sehr hohen Anteil. Zwar wiederholen Jungen – ähnlich wie in der Gruppe der deutschen Kinder – auch häufiger als Mädchen, die Unterschiede zwischen den Geschlechtern sind jedoch bei den Migranten nicht annähernd so ausgeprägt. Die geschlechtsspezifischen Unterschiede im Schulversagen sind bei Migrantenkindern damit deutlich geringer als bei deutschen Kindern. Zu vermuten ist, dass der zentrale Faktor Ethnizität und begleitende Faktoren (z.B. die Sprachkompetenz) den Faktor Geschlecht in dieser Gruppe überlagern.
In einer aktuellen regionalen Studie wurden Akkulturationsprozesse im Grundschulalter und insbesondere das bereichsspezifische Selbstkonzept und Selbstwertgefühl von Schülern der zweiten und dritten Klasse an großstädtischen Grundschulen ermittelt. Die ersten Ergebnisse der Voruntersuchungen sind ähnlich alarmierend: Migrantenkinder weisen zwar ein höheres Selbstkonzept, aber ein niedrigeres Selbstwertgefühl auf als einheimische Kinder, wobei die Mädchen in der zweiten Klasse stärkere Beeinträchtigungen zeigen als Jungen. Der Migrationshintergrund schlägt sich vor allem auf das affektive Selbstbild nieder, was bei gleichen Voraussetzungen zu den schlechten Schulleistungen der Kinder mit Migrationshintergrund beitragen wird. Darüber hinaus ist anzunehmen, dass in den ersten drei Grundschuljahren offensichtlich Selektionsprozesse stattfinden, die für Kinder mit Migrationshintergrund erhebliche negative Konsequenzen haben (Herwartz-Emden, Küffner & Schneider 2004).

3 Sprachliche Herkunft und Zweitspracherwerb

Die Bildungsvoraussetzungen von Schülern mit einer anderen Muttersprache als der Unterrichtssprache (engl. *English Language Learners (ELL), English as a Second Language (ESL), Limited English Proficiency (LEP)*) unterscheiden sich von denen einheimischer Kinder. Sie besitzen nicht nur ein anderes Vokabular, sondern nehmen sprachbasiertes Wissen auch unterschiedlich wahr. Herkunftssprachen haben in der täglichen, nicht offiziellen Unterrichtskommunikation, auf dem Schulhof und in der Freizeit eine wesentliche Funktion, was Gogolin und Neumann (1997) in ihren Untersuchungen zu Sprachsituationen und Sprachpraxis von Grundschülern belegen. Auch muss die sprachsoziologische Annahme, dass in der Generationenfolge Herkunftssprachen an Bedeutung verlieren und die Sprache des Immigrationslandes immer mehr dominiert, zurückgewiesen werden (Siebert-Ott 2003).

Wenig Erkenntnis ist zur Sprachenvielfalt an Schulen zu konstatieren. Sprachenerhebungen an Schulen finden im Gegensatz zu anderen europäischen Ländern in Deutschland im Hinblick auf die Bildungsplanung nicht statt. Rückschlüsse von der Staatsbürgerschaft auf den sprachlichen Hintergrund von Schülern mit Migrationshintergrund sind jedoch nicht immer möglich.

3.1 Theorien des Zweitspracherwerbs

Von besonderem Interesse in der zweisprachigen Bildungsforschung ist die Frage, ob ein Zusammenhang zwischen Erstsprache und Zweitspracherwerb besteht. Der Interdependenzhypothese von Cummins (2000) zufolge sind positive, wechselseitige Transfereffekte in der Entwicklung von Erst- und Zweitsprache anzunehmen. In verschiedenen Studien wurden Leistungen in einzelnen Sprachkompetenzbereichen der Erst- und Zweitsprache miteinander verglichen. Deren Ergebnisse bestätigen tendenziell die Annahme von Cummins. Transfereffekte finden vor allem auf einer metalinguistischen Ebene statt, weshalb zweisprachige Kinder höhere sprachbasierte Analyse- und Kontrollfähigkeiten als einsprachige Kinder besitzen (Reich & Roth 2002).

Untersuchungen verweisen sowohl auf Unterschiede in der Erwerbsdauer mündlicher und schriftlicher Kompetenzen in der Zweitsprache als auch auf Unterschiede in den schriftlichen Kompetenzen, wie zwischen Lese- und Schreibfähigkeiten und Literalität, dem Verstehen und Produzieren von Texten (Reich & Roth 2002). Positive Transfereffekte von Erst- auf Zweitsprache konnten für Lese- und Schreibfähigkeiten ermittelt werden.

In Bezug auf Literalität liegen differenzierte Forschungsergebnisse vor. Die Schwellenhypothese von Cummins (2000) besagt, dass ein anspruchsvoller Umgang mit der Schriftsprache der Zweitsprache eine Beherrschung der Schriftsprache in der Erstsprache voraussetzt, was bisher nur für makrostrukturelle Textkompetenzen wie Textkohärenz und Textkonventionen, aber nicht für mikrostrukturelle wie Grammatik oder lexikalischer Reichtum nachgewiesen werden konnte.

3.2 Mehrsprachigkeit und Bildungserfolg

Auf dem Hintergrund der Sprachpraxis in Schulen lässt sich feststellen, dass das entscheidende Kriterium für Schulerfolg die Standardsprache ist bzw. die Schriftsprachlichkeit und die „Fachsprachen" im Unterricht. Zweisprachige Schüler sind somit in einer benachteiligten Position; ein großer Teil hat aufgrund sprachlicher Defizite in der Unterrichtssprache Schwierigkeiten damit, den Anforderungen der Schule zu genügen. Ihre Sprachkenntnisse gehen oft über den Alltagsgebrauch nicht hinaus, aber sie kaschieren sprachliche Lücken gut, was eine Einschätzung ihrer Sprachkompetenzen zusätzlich erschwert.

Entscheidungen zur Einstufung von Schülern werden damit legitimiert, dass der Schriftspracherwerb ein selbst gesteuerter Prozess sei, was dazu führt, dass pädagogische Interventionen nicht in Angriff genommen werden (Siebert-Ott 2003). Für zweisprachige Schüler werden einsprachige und zweisprachige Unterrichtsmodelle angeboten (Reich & Roth 2002), auch bilinguale Alphabetisierung im Anfangsunterricht wird erneut diskutiert.

Durchschnittlich dauert der Schriftspracherwerb in der Zweitsprache etwa fünf bis sieben Jahre, um ein Niveau erreichen zu können, das Schulerfolg sicherstellen kann (Reich & Roth 2002). Folglich muss dem Schriftspracherwerb von Migrantenkindern vor allem aus bildungsfernen Familien mehr Aufmerksamkeit geschenkt werden, denn sie haben die schlechteren Ausgangsbedingungen.

Nicht nur im Sekundar- sondern auch im Primarbereich ist das Heranführen der Kinder mit Migrationshintergrund an die sprachlichen Leistungsanforderungen der Schule nicht zufriedenstellend: bereits in der Grundschule ist der Zusammenhang zwischen Migrationshintergrund und Leseleistungen signifikant. Die deutschen Grundschulen gehören nach IGLU zu der Ländergruppe, die die höchste Leistungsdifferenz zwischen den Kindern aus zugewanderten Familien und denen ohne Migrationshintergrund erzeugt. Die schlechtesten Leseleistungen weisen Kinder auf, von denen beide Elternteile im Ausland geboren sind (Schwippert u.a., 2003). Im Sekundarbereich werden die Unterschiede in der Lesekompetenz zwischen deutschen Schülern und Migrantenschülern sogar noch größer (Baumert u.a. 2003).

4 Offene Forschungsfragen und Entwicklungsperspektiven

Abschließend ist festzuhalten, dass gegenwärtig für viele der vorgestellten Themen noch keine gesicherten Forschungsergebnisse vorliegen, weshalb Empfehlungen für die Unterrichtspraxis nur vage sein können. Dies betrifft in erster Linie Fragen zur interkulturellen Didaktik, zu Unterrichtsformen für mehrsprachige Schüler, zur schulischen Praxis im Umgang mit Heterogenität, aber auch zum Zweitspracherwerb sind viele Fragen offen, deren Klärung quasiexperimentelle Untersuchungen und Längsschnittstudien erfordern.

Aus der Perspektive der Transmigration werden verschiedene sprachliche und kulturelle Kontexte zu einer dauerhaften und ernstzunehmenden biographischen Erfahrung für eine große Gruppe von Kindern und Jugendlichen. Der Umgang mit kultureller und sprachlicher Multidimensionalität stellt deswegen eine zentrale Herausforderung für die pädagogische Zielsetzung und Gestaltung des Unterrichts dar.

Literatur

Auernheimer, G., van Dick, R., Petzel, T., Sommer, G. & Wagner, U. (1998): Wie gehen Lehrer/innen mit kulturellen Differenzen um? In: Zeitschrift für Erziehungswissenschaft, 1 (4), 598-613. – Baumert, J., Watermann, R. & Schümer, G. (2003): Disparitäten der Bildungsbeteiligung und des Kompetenzerwerbs. Ein institutionelles und individuelles Mediationsmodell. In: Zeitschrift für Erziehungswissenschaft, 6 (1), 46-71. – Cummins, J. (2000): Language, power and pedagogy. Bilingual children in the crossfire. Clevedon: Multilingual Matters. – Diefenbach, H. (2004): Ethnische Segmentation im deutschen Bildungssystem – Eine Zustandsbeschreibung und einige Erklärungen für den Zustand. In: Forschungsinstitut Arbeit, Bildung, Partizipation e.V. (FIAB) an der Ruhr-Universität Bochum (Hrsg.): Bildung als Bürgerrecht oder Bildung als Ware (Band 21/22 des Jahrbuchs Arbeit, Bildung, Kultur). Recklinghausen: Forschungsinstitut Arbeit, Bildung, Partizipation e.V. (FIAB), 225-255. – Gogolin, I. & Neumann, U. (1997): Großstadt – Grundschule. Eine Fallstudie über sprachliche und kulturelle Pluralität als Bedingung der Grundschularbeit. Münster: Waxmann. – Gomolla, M. & Radtke, F.-O. (2002): Institutionelle Diskriminierung. Opladen: Leske und Budrich. – Helmke, A. (2003): Unterrichtsqualität erfassen, bewerten, verbessern. Seelze: Kallmeyer. – Herwartz-Emden, L., Küffner, D. & Schneider, S. (2004): Sozialisation und Akkulturation in Erfahrungsräumen von Kindern mit Migrationshintergrund – Schule und Familie. Arbeitsbericht an die Deutsche Forschungsgemeinschaft. Augsburg: Universität Augsburg. – Krohne, J. A., Meier, U. & Tillmann, K.-J. (2004): Sitzenbleiben, Geschlecht und Migration. Klassenwiederholungen im Spiegel der PISA-Daten. In: Zeitschrift für Pädagogik, 50 (3), 373-391. – Kristen, C. & Granato, N. (2004): Bildungsinvestitionen in Migrantenfamilien. In: Bade,

K.J.& Bommes, M. (Hrsg.): Migration – Integration – Bildung: Grundfragen und Problembereiche, IMIS-Beiträge, 23 (2004), 123-141. Osnabrück: IMIS. – Martschinke, S. & Kammermeyer, G. (2003): Jedes Kind ist anders. Jede Klasse ist anders. In: Zeitschrift für Erziehungswissenschaft, 6 (2), 257-275. – Portes, A. & Rumbaut, R. (2001): Legacies. The story of the immigrant second generation. Berkeley: University of California Press. – Reich, H. H. & Roth, H.-J. u.a. (2002): Spracherwerb zweisprachig aufwachsender Kinder und Jugendlicher. Hamburg: Behörde für Bildung und Sport [verfügbar unter: http://fhh.hamburg.de/stadt/Aktuell/behoerden/bildung-sport/service/veroeffentlichungen/handreichung/gutachten-zur-zweisprachigkeit-pdf,property=source.pdf, 04.10.2004]. – Schwippert, K., Bos, W. & Lankes, E.-M. (2003): Heterogenität und Chancengleichheit am Ende der vierten Jahrgangsstufe im internationalen Vergleich. In: Bos, W., Lankes, E.-M., Prenzel, M., Schwippert, K., Walther, G. & Valtin, R. (Hrsg.): Erste Ergebnisse aus IGLU. Schülerleistungen am Ende der vierten Jahrgangsstufe im internationalen Vergleich. Münster: Waxmann. – Siebert-Ott, G. (2003): Mehrsprachigkeit und Bildungserfolg. In: Auernheimer, G. (Hrsg.): Schieflagen im Bildungssystem. Opladen: Leske und Budrich, 161-176.

100| Mädchen und Jungen im Unterricht
Marianne Horstkemper

1 Die Geschlechterfrage als Thema von Unterrichts- und Schulforschung

In Deutschland wurde die Frage nach Geschlechterdifferenzen (engl. *gender related differences*) im Bildungssystem im Vergleich zu anderen Ländern erst verhältnismäßig spät zum Thema. Immerhin liegen inzwischen aber Erkenntnisse aus etwa dreißigjähriger intensiver Forschung dazu vor. Im Zentrum der Genderforschung stand zunächst die Frage nach dem Abbau von Ungleichheit der Bildungschancen, wobei weibliche Benachteiligung den Ausgangspunkt darstellte. Im Zuge der weiteren Entwicklung differenzierte sich diese Perspektive zunehmend aus. Theoretisch und empirisch wurden vor allem der Erwerb von Geschlechtsidentität und die Sozialisationswirkung von Schule untersucht.

Ein kurzer historischer Rückblick lässt bei der Etablierung der allgemeinen Schulpflicht bereits faktische Ungleichzeitigkeiten erkennen: Es waren zunächst vor allem die Jungen, für die Bildung besonders notwendig erschien. Ob sich Ausmaß und Inhalte deutlich unterscheiden und beide Geschlechter möglichst getrennt voneinander unterrichtet werden sollten, wurde vor allem in den Debatten um die Koedukation in der „höheren Bildung" am Ende des 19./Anfang des 20. Jahrhunderts heftig diskutiert. Vertreterinnen der ersten Frauenbewegung wie Helene Lange und Hedwig Dohm waren die Wegbereiterinnen für die in den 1960er Jahren wieder aufgenommene Diskussion um weibliche Bildungsbenachteiligung – das Bild vom „katholischen Arbeitermädchen vom Lande" fasste dies prototypisch zusammen (vgl. Kleinau & Opitz 1996). Dass mit dem Zugang zu Bildung jedoch nicht gleichsam automatisch die Emanzipation und die Überwindung von einengenden Geschlechtsrollenvorstellungen gesichert ist, wurde insbesondere in der in den achtziger Jahren neu aufgelebten Auseinandersetzung um Vor- und Nachteile der Koedukation differenziert aufgezeigt (vgl. Faulstich-Wieland 1991).

2 Unterricht als Erfahrungsfeld für Mädchen und Jungen

Wissensvermittlung und Wissenserwerb finden immer im Kontext sozialer Lern- und Interaktionsprozesse statt, Unterricht und Erziehung lassen sich allenfalls analytisch trennen, in der Schulrealität sind sie unauflöslich miteinander verknüpft. Die folgende Strukturierung versteht sich also nicht als trennscharfe Abgrenzung, sondern fokussiert jeweils einen Akzent des komplexen Geschehens.

2.1 Die Tradierung der geschlechtshierarchischen Zweiteilung der Welt

Differenziert haben Schulforscherinnen dokumentiert, dass das in der Schule vermittelte Wissen ein männlich geprägtes ist, aus dem Frauen mit ihren Interessen, Erfahrungen und Leistungen weitgehend ausgegrenzt bleiben. Im Rahmen einer kritischen Analyse des Curriculums – insbesondere in Schulbuchanalysen (vgl. Stürzer u.a. 2003) – wurde in den 70er und 80er Jahren zutage gefördert, welche Vorstellungen über Geschlechterrollen (engl. *sex-typing*) offen oder auch mehr oder weniger verschleiert vermittelt werden. In umfangreichen Bestandsaufnahmen wurde gezeigt, dass die Situation und das Alltagsleben der Frauen, erst recht aber auch ihre produktiven Beiträge in den Bereichen Arbeit, Kunst, Wissenschaft und Kultur kaum zum Thema werden. Es gibt inzwischen aber auch viele Versuche und Materialien, die modellhaft weibliche Identifikationsfiguren anbieten, die Teilhabe an der Erforschung und Gestaltung von Welt vorleben. Die geschlechtsspezifische Zweiteilung der Welt, in der Frauen für Sprachen, Soziales und Ästhetisches als geeignet und besonders aufgeschlossen gelten und Männer die technisch, mathematisch und naturwissenschaftlich Interessierten (und Begabten) sind, wird somit nicht von der Schule produziert; sie wird dort aber nur sehr in Grenzen aufgebrochen, sondern – z. B. durch geschlechtstypische Fächerwahlen – eher noch verstärkt (vgl. Faulstich-Wieland 1991).

2.2 Ungleichgewichtige Kommunikationsstrukturen – komplementäre Selbstbilder

In mehreren Untersuchungen ließ sich zeigen, dass Jungen deutlich mehr Zuwendung von Lehrern und auch von Lehrerinnen erfahren. Aber es geht nicht nur um Quantitäten der Beteiligung. Lehrer und Lehrerinnen betrachten häufig Jungen als die interessanteren, die „wirklich glänzenden" Schüler. Sie wissen mehr über männliche Schüler, beziehen sich eher namentlich auf sie und greifen auch häufiger ihre Anregungen und Interessen auf. Als Schlussfolgerung aus der Aufarbeitung einer großen Anzahl empirischer Studien resümiert Ulich (1991), diese Verschiebung der Aufmerksamkeit und Wertschätzung in der Lehrer-Schüler-Interaktion gehe einher mit dominantem Verhalten seitens der Jungen und beeinflusse deutlich auch die bei Mädchen weniger günstig verlaufende Entwicklung des Selbstbildes. Gleichzeitig ernten Schülerinnen offenbar nur wenig Gratifikationen für ihr positives Sozialverhalten. Unangepasstes Sozialverhalten wird ihnen dagegen in der Regel sehr negativ angelastet, während es bei Jungen – solange dies in tolerablen Grenzen bleibt – eher hingenommen und oft als Erklärung für „underachievement" herangezogen wird. Die Konsequenzen für das Selbstbild sind entsprechend unterschiedlich: Jungen können gute Leistungen besser als Mädchen in ein positives Selbstbild umsetzen (vgl. Horstkemper 1995). Trotz erfolgreicher Schulkarriere nimmt daher das Selbstvertrauen der Mädchen im Laufe der Sekundarschulzeit deutlich weniger zu als das der Jungen. Zum Ende der Sekundarschulzeit haben die Jungen ihre Klassenkameradinnen hinsichtlich eines positiven Selbstbildes weit überflügelt. Die bei den Mädchen geschätzten, allerdings nur selten explizit anerkannten sozialen Kompetenzen scheinen nicht ausreichend als „Stützpfeiler" von Selbstvertrauen zu wirken.

2.3 Die soziale Unterforderung von Jungen hat Schattenseiten

Lange Zeit wurde die Debatte um die Koedukation überwiegend von Frauen im Interesse der Mädchen geführt. Diese Sichtweise wurde als zu einseitig kritisiert und vor allem auf das Problem verwiesen, dass viele Jungen sozial nicht gut eingebunden sind und schon deshalb mit Recht größerer Zuwendung durch die Lehrkräfte bedürften (vgl. Preuss-Lausitz 1992). Solche kritischen Anmerkungen verweisen vor allem auf einen Bedarf an Förderung sozialen Lernens. Es geht darum, Jungen Verhaltensänderungen zu ermöglichen, die für sie selbst und für die Mädchen positive Folgen hätten. Solche fehlenden Förderungsangebote erklären vielleicht die häufig berichteten Beobachtungen über größere Schwierigkeiten von Jungen, sich in Gruppenarbeitsprozesse einzufinden (vgl. Appel 1993). Dies verknüpft sich dann mit hohen Erwartungen, die Jungen gemeinhin an die sozialen Fähigkeiten der Mädchen stellen (vgl. Horstkemper 1994). Viele delegieren offenbar zu weiten Teilen die sozialen Belange an die weiblichen Klassenkameradinnen, statt sich selbst dafür zuständig und kompetent zu fühlen. Wenn aber Kooperations- und Kommunikationsfähigkeiten als Bedingungen für beruflichen und sozialen Erfolg in einer zunehmend komplexer werdenden Welt immer bedeutsamer werden, dann muss Schule der Förderung beider Geschlechter im Hinblick auf diese Aspekte dringend mehr Aufmerksamkeit schenken.

3 Perspektiven einer geschlechterbewussten Unterrichtsforschung

Die hier nur ausschnitthaft präsentierten Erkenntnisse haben vor allem die Bedeutung der Interaktionsebene im Unterricht in ihrer Verflechtung mit Wissensvermittlung und Persönlichkeitsbildung in den Blick genommen. Ausgeblendet blieb eine Fülle weiterer wichtiger Aspekte, z. B. auch die Erkenntnisse zu Interessen- und Leistungsunterschieden, die in den groß angelegten nationalen und internationalen Vergleichsstudien zutage gefördert wurden (vgl. Stürzer u.a. 2003). Auch die schulentwicklungstheoretische Frage der Gestaltung einer für beide Geschlechter förderlichen Lern- und Schulkultur (engl. *gender mainstreaming*) konnte hier nur begrenzt behandelt werden. Die Perspektive weiterer Forschung liegt in der Verbindung der verschiedenen Ebenen: In den Blick kommen muss die Entwicklung der Subjekte ebenso wie die Gestaltung der einzelnen Schule und des Bildungssystems (vgl. Kraul & Horstkemper 1999). Zu fragen ist dabei nach förderlichen Bedingungen für die Entfaltung individueller Potenziale – unabhängig von Beschränkungen durch Geschlecht, soziale oder kulturelle Herkunft.

Literatur

Appel, K. (1993): Jungen und Mädchen bauen eine Stadt – und lernen voneinander. In: Pfister, G. & Valtin, R. (Hrsg.): MädchenStärken. Probleme der Koedukation in der Grundschule. Frankfurt a. M., Arbeitskreis Grundschule, 124-134. – Faulstich-Wieland, H.(1991): Koedukation – enttäuschte Hoffnungen? Darmstadt: Wissenschaftliche Buchgesellschaft. – Horstkemper, M. (1994): Zwei Hälften ergeben noch nicht ein Ganzes. Geschlechtsrollenselbst- und -fremdbilder bei Mädchen und Jungen im Grundschulalter. In: Glumpler, E. (Hrsg.): Koedukation. Entwicklungen und Perspektiven. Bad Heilbrunn: Klinkhardt, 130-161. – Horstkemper, M. (1995):Schule, Geschlecht und Selbstvertrauen. 3. Aufl. Weinheim: Juventa. – Kleinau, E. & Opitz, C. (Hrsg.) (1996): Geschichte der Mädchen- und Frauenbildung. 2 Bde. Frankfurt a. M.: Campus. – Kraul, M. & Horstkemper, M. (1999): Reflexive Koedukation in der Schule. Evaluation eines Modellversuchs zur Veränderung von Unterricht und Schulkultur. Mainz: von Hase & Köhler. – Preuss-Lausitz, U. (1992): Mädchen an den Rand gedrängt? Soziale Beziehungen in Grundschulklassen. In: Zeitschrift für Sozialisationsforschung und Erziehungssoziologie, 12 (1), 66-79. – Stürzer, M., Roisch, H., Hunze, A. & Cornelißen, W. (2003): Geschlechterverhältnisse in der Schule. Opladen: Leske und Budrich. – Ulich, K. (1991): Schulische Sozialisation. In: Hurrelmann, K. & Ulich, D. (Hrsg.): Neues Handbuch der Sozialisationsforschung. Weinheim: Beltz, 377-396.

101| Lernschwierigkeiten
Rudolf Kretschmann

1 Definitionen

Unter Lernschwierigkeiten (engl. *learning difficulties*) versteht Zielinski (1996, S. 369) „Probleme der Informationsaneignung durch ein Individuum". Im schulischen Kontext spricht man von Lernschwierigkeiten, wenn Lernende entweder hinter ihren eigenen Möglichkeiten zurückbleiben oder hinter den Zielen der Institution. Als Lernstörungen (engl. *learning disorders*) können gravierende Lernschwierigkeiten bezeichnet werden, deren Ursache identifiziert ist. Um eine „partielle Lernstörung" handelt es sich, wenn sich das Zurückbleiben auf einen einzelnen Lernbereich bezieht (z.B. Schriftspracherwerb). Als „generalisierte Lernstörungen" werden langdauernde und umfangreiche Formen des Zurückbleibens in mehreren Unterrichtsfächern bezeichnet. Können solche generalisierten Lernstörungen mit Mitteln der Regelschule nicht überwunden werden, wird für gewöhnlich ein schulisches Überprüfungsverfahren eingeleitet, um festzustellen, ob bei dem Schüler bzw. der Schülerin ein „sonderpädagogischer Förderbedarf" im „Förderschwerpunkt Lernen" gegeben ist (KMK 1999). Aus klinisch-psychologischer Sicht sind Klassifikationen von Lernstörungen ausformuliert worden (s. DSM IV, Saß u.a. 1996), die in ICD 10 (s. Dilling u.a. 1996) als „umschriebene Entwicklungsstörungen" bezeichnet werden.

2 Historische Aspekte

Als ein besonderes Problem wurden Lernschwierigkeiten mit der Entwicklung eines allgemeinen Schulwesens erkannt. So wurden (vgl. Schröder 2000) bereits Mitte des 19. Jahrhunderts Konzepte zur Unterrichtung „schwach befähigter" Kinder entwickelt. Lernschwierigkeiten wurden als ein genetisch bedingter Begabungsmangel angesehen. Erst gegen Ende des 20. Jahrhunderts setzte ein zweifacher Paradigmenwechsel ein. Ergebnisse der Sozialisationsforschung ließen eine hochgradige Abhängigkeit des Lernerfolgs von den Sozialisationsbedingungen der Lernenden erkennen. Während man bis dahin die bestmögliche Hilfe für Lernende mit umfangreichen Schwierigkeiten darin sah, diese Kinder in Sonderschulen zu unterrichten, setzten etwa zur gleichen Zeit Bestrebungen einer gemeinsamen Unterrichtung behinderter und nicht behinderter Kinder in der Regelschule ein; mithin auch Bemühungen, Kinder mit Lernschwierigkeiten nicht mehr aus der Regelschule auszusondern.

3 Häufigkeit des Vorkommens

Den Angaben der Deutschen Kultusministerkonferenz (2003) zufolge erreichten in den Jahren 1994 bis 2002 regelmäßig etwa 9 % der Schülerinnen und Schüler nicht das Mindestziel des Bildungssystems, den Hauptschulabschluss. Etwa ein Viertel aller Schülerinnen und Schüler bleibt während seiner Schulzeit wenigstens einmal sitzen. Die PISA-Studie von 2000 (Deutsches PISA-Konsortium 2001) kommt zu dem Ergebnis, dass in Deutschland 23 % aller Schülerinnen und Schüler hinsichtlich der Lesekompetenz nicht über die unterste der in der Untersuchung definierten

Kompetenzstufen hinauskommen und „... ein Viertel der 15-Jährigen muss als Risikogruppe eingestuft werden, deren mathematische Grundbildung nur bedingt für die erfolgreiche Bewältigung einer Berufsausbildung ausreicht".

4 Bedingungen von Lernerfolg und Lernversagen

Bei den Bedingungen von Lernerfolg und Lernversagen unterscheiden Zielinski (1996, S.371) und andere Autoren zwischen internen, im Lernenden selbst liegenden Bedingungen und externen, die aus der Lernumgebung, also der Schule und dem häuslichen Umfeld stammen. Bezugnehmend auf Carroll (1973) geht er davon aus, dass der Lernerfolg bzw. das Lernversagen abhängig ist von „... (1) der Fähigkeit eines Schülers, Instruktionen zu verstehen, (2) der zur Bewältigung einer Aufgabe vom Schüler benötigten Lernzeit und (3) der von ihm konkret aufgewandten Lernzeit sowie ... (4) der ihm vom Lehrer zugestandenen Lernzeit und (5) der Qualität des Unterrichts...". Zu einem nicht zu unterschätzenden hohen Anteil ist der Lernerfolg von Schülerinnen und Schülern durch das außerschulische Umfeld und die vorschulischen Sozialisationserfahrungen mit bedingt. Als „Risikofaktoren" können z.B. aufgrund der PISA-Ergebnisse im deutschen Schulsystem niedrige Sozialschicht, niedriges Bildungsniveau und Migrationshintergrund der Herkunftsfamilie sowie männliches Geschlecht bezeichnet werden. Zum späteren Lernerfolg tragen in hohem Maße präliterale und pränumerische Kenntnisse bei, die Kinder bereits vor Schuleintritt erworben haben (vgl. Helmke 1997). Ein Migrationshintergrund erweist sich der PISA-Studie zufolge nur dann als lernhemmend, wenn die Lernenden die Unterrichtssprache nicht genügend beherrschen. Bei den schulischen Rahmenbedingungen sind es weniger die materiellen und die personellen Ressourcen, von denen die Effizienz eines Systems abhängt, sondern eine hohe Kooperationsdichte und ein Ringen der Lehrkräfte um einen pädagogischen Konsens (s. Rutter, Maughan, Mortimore & Ouston 1980).

5 Prozessaspekte

Lernen ist ein Prozess, der in verschiedenen Teilschritten und in der Regel unter mehr oder weniger hoher emotionaler Beteiligung verläuft. Lernschwierigkeiten sind zu erwarten, wenn wesentliche Teilschritte eines Lernprozesses nicht oder nicht zweckmäßig vollzogen werden. Bedeutsame Lernschritte sind die Orientierung auf die Lernaufgabe, d.h. die sorgfältige Beachtung von lösungsrelevanten Details, der Entwurf eines Handlungsplans sowie der fortlaufende Abgleich der Teilergebnisse mit dem angestrebten Ziel. Sog. „kognitiv impulsive" Kinder scheitern nicht selten an Lernanforderungen, weil sie planlos und überhastet operieren. Durch Selbstinstruktionstraining und kognitives Modellieren kann diesen Kindern zu einem „reflexiven" Arbeitsstil" verholfen werden (vgl. Lauth und Schlottke 1993).
Erfolgreiches Lernen setzt eine domänspezifische Lernmotivation voraus (s. Helmke 1997). Zur Überwindung von Lernschwierigkeiten kann es wirkungsvoll sein, den Anreiz eines Lernangebots zu erhöhen, etwa durch ein handlungs- und erlebnisbezogenes Angebot bzw. durch Herstellen von Bezügen zu der Lebenswirklichkeit und den persönlichen Bedürfnissen der Person. Nicht weniger wichtig ist es jedoch, entmutigten Lernenden zur Wiederherstellung ihrer Erfolgszuversicht zu verhelfen, etwa durch eine sorgfältige Passung der Lernangebote an die individuelle Lernausgangslage, durch entlastende und beruhigende Hilfestellungen, durch modellhafte Demonstration von Lösungswegen und durch das Selbstwertgefühl stärkende Kausalattribuierungen (vgl. Kretschmann & Rose 2002).
Lernen vollzieht sich in sozialen Bezügen unter Beteiligung von Mithandelnden – Gleichaltrigen, Lehrerinnen und Lehrern und Familienangehörigen. Bleiben Lernende jedoch hinter ihren eigenen

und den Erwartungen der anderen zurück, können sie in sog. „Teufelskreise" (Betz & Breuninger 1987) geraten. Nicht genug, dass sie selbst unter dem Zurückbleiben leiden, können sie Zurückweisung, Druck und Missbilligung durch Lehrkräfte oder Familienmitglieder erfahren – wodurch ein bereits beschädigtes Selbstwertgefühl noch mehr beeinträchtigt wird und die Lernenden Lernblockaden und Versagensängste ausbilden können. Lerntherapeutische Ansätze versuchen solche negativen Transaktionen zu berücksichtigen. Das Ziel ist, sog. „Ressourcenverlustspiralen" zunächst anzuhalten und den Lernenden zu einem zunehmend größeren Ressourcengewinn zu verhelfen – zu vermehrten Lernerfolgen, zu einem Wiedererstarken von Erfolgszuversicht und Selbstwertgefühl und einem balancierten Verhältnis zu den Mithandelnden.

6 Prävention

In Anlehnung an eine Systematik der Weltgesundheitsorganisation (WHO) kann bei den Präventionsangeboten unterschieden werden zwischen primärer, sekundärer und tertiärer Prävention Unter *primärer Prävention* ist eine kindgerechte Gestaltung schulischer und außerschulischer Lebens- und Lernbedingungen für alle Kinder zu verstehen. Dies schließt eine ausreichende Finanzierung der Bildungsinstitutionen, eine zureichende Lehrerausbildung, eine zweckrationale Organisation der Bildungssysteme und einen effizienten Unterricht ebenso ein wie die Stärkung von Familien (insbesondere deren Erziehungskompetenz) oder eine entwicklungsfördernde Gestaltung außerschulischer Umfelder (z.B. in Form von Bildungs- und Freizeitangeboten, Bibliotheken, Lesekampagnen etc.). Die *sekundäre Prävention* umfasst Angebote für Kinder und deren Familien, die von Lernschwierigkeiten bedroht sind. Hierzu zählt die Sprachförderung für Kinder nichtdeutscher Muttersprache (möglichst schon vor Schuleintritt) bzw. Hilfs- und Stützangebote für Kinder aus bildungsfernen Familien. Angesichts der großen Bedeutung des häuslichen Umfeldes werden in den englischsprachigen Ländern sog. „family literacy"-Programme angeboten. Hier haben Eltern die Möglichkeit, ihren eigenen Bildungsstandard anzuheben. Gleichzeitig werden sie beraten, wie sie die schulische Entwicklung ihrer Kinder bestmöglich vorbereiten und unterstützen können (s. DeBruin-Parecki & Krol-Sinclair 2003). Unter *tertiärer Prävention* werden nach dieser Systematik Förder- und Therapieangebote verstanden.

7 Diagnose und Förderung

Sofern nicht durch teilnehmende Beobachtung und theoriegeleitete Auswertung der Lernleistungen im Unterricht ersichtlich, lassen sich Lernschwierigkeiten durch Schulleistungstests ermitteln. In der Regel wird ein Interventionsbedarf gesehen, wenn die Leistung von Lernenden im Bereich der unteren 10-15 Prozent der Leistungsverteilung liegen. Ist über den Förderbedarf entschieden, bedarf es curriculumbezogener Diagnosen, um zu ermitteln, welche Lernschritte vollzogen wurden bzw. welche Komponenten des Lerngegenstands einem Individuum besondere Schwierigkeiten bereiten (vgl. Kretschmann 2004). International üblich ist, dass für Kinder mit einem diagnostisch festgestellten Förderbedarf individuelle Entwicklungspläne erstellt werden. In den Plänen sollen operationale Förderziele für einen definierten Förderzeitraum aufgelistet werden und es sollen die Mittel, Methoden und Zuständigkeiten benannt werden, mit denen die Förderziele erreicht werden sollen. Empfehlungen für die Gestaltung von Förder- und Entwicklungsplänen finden sich bei Kretschmann und Arnold (1999).

8 Perspektiven für die Forschung

Die Analyse bereichsspezifischer Lernschwierigkeiten hat insbesondere für den Schriftspracherwerb beträchtliche Fortschritte gemacht. Für den Erwerb mathematischer Fähigkeiten werden Analysen von Lernvoraussetzungen und -prozessmerkmalen ausgearbeitet. Gleichwohl erscheint es wenig sinnvoll, den Kanon der Schulfächer mit jeweils eigenständigen Theorien zu den darin zu erwartenden Lernschwierigkeiten zu ergänzen. Vermutlich werden entweder differenziertere Lernprozess- und Lernumgebungsanalysen weiterführen oder aber ein stärkerer Rückgriff auf bereits bekannte Konstrukte der Lernwirksamkeit eintreten.

Literatur

Betz, D. & Breuninger, H.(1987): Teufelskreis Lernstörungen. Weinheim: Beltz. – Carroll, J. B. (1973): Ein Modell schulischen Lernens. In: Edelstein, W. & Hopf, D. (Hrsg.): Bedingungen des Bildungsprozesses. Stuttgart: Klett, 234-250. – DeBruin-Parecki, A. & Krol-Sinclair, B. (2003): Family literacy: From theory to practice. Newark, DE: International Reading Association. – Deutsches Pisa-Konsortium (Hrsg.) (2001): PISA 2000. Basiskompetenzen von Schülerinnen und Schülern im internationalen Vergleich. Opladen: Leske und Budrich. – Helmke, A. (1997): Das Stereotyp des schlechten Schülers: Ergebnisse aus dem SCHOLASTIK-Projekt. In: Helmke, A.. & Weinert, F.E. (Hrsg.): Entwicklung im Grundschulalter. Weinheim: Beltz, 269-279. – Kretschmann, R. (2004): ‚Pädagnostik' – Zur Förderung der Diagnosekompetenz von Lehrerinnen und Lehrern. In: Bartnitzky, H. & Speck-Hamdan, A.: Leistungen der Kinder – wahrnehmen, würdigen, fördern. Frankfurt: Grundschulverband, 180-215. – Kretschmann, R. & Arnold, K.H. (1999): Leitfaden für Förder- und Entwicklungspläne. In: Zeitschrift Heilpädagogik, 9, 410-420. – Kretschmann, R. & Rose, M.A. (2002): Was tun bei Motivationsproblemen? Förderung und Diagnose bei Störungen der Lernmotivation. Horneburg: Persen. – Kultusministerkonferenz (1999): Empfehlungen zum Förderschwerpunkt Lernen. Bonn. – Kultusministerkonferenz (2003): Schüler, Klassen, Lehrer und Absolventen der Schulen 1993 bis 2002. Bonn. – Lauth, G.W. & Schlottke, P.F. (1993): Training mit aufmerksamkeitsgestörten Kindern. Weinheim: Beltz. – Rutter, M., Maughan, B., Mortimore, P. & Ouston, J. (1980): Fünfzehntausend Stunden. Schulen und ihre Wirkung auf Kinder. Weinheim: Beltz. – Saß, H., Wittchen, H. & Zaudig, M. (Hrsg.) (1996): Diagnostisches und Statistisches Manual psychischer Störungen DSM-IV. Göttingen: Hogrefe. – Schröder, U. (2000): Lernbehindertenpädagogik. Stuttgart: Kohlhammer. – Zielinski, W. (1996): Lernschwierigkeiten. In: Weinert, F. E. (Hrsg.): Psychologie des Lernens und der Instruktion. Pädagogische Psychologie, Bd. 2. Göttingen: Hogrefe, 369-402.

102| Behinderung
Karl Dieter Schuck

1 Behinderung als ein Begriff der Alltags- und Wissenschaftssprache

Der Begriff der Behinderung (engl. *disability*) gehört zum festen Inventar der deutschen Alltags- und Wissenschaftssprache. Er wird vor allem im System der Bildung und der sozialen Sicherung mit Überschneidungen seiner Bedeutungen mit weiteren zentralen Begriffen z. B. des „Lernens", der „Erziehung", der „Bildung" und der „Entwicklung" benutzt. Bezeichnet werden komplexe Prozesse des Zusammenwirkens individueller und sozialer Bedingungen und Möglichkeiten in der menschlichen Entwicklung zum Zweck der schulischen Förderung, der sozialen Integration, der beruflichen Rehabilitation und des behinderungsbedingten Nachteilsausgleiches. Behinderungsbegriffe sind ambivalent, bieten Schutz und Hilfe und können aber zugleich zu Stigmatisierung und Aussonderung führen. Die Statistik der KMK (Sekretariat der Ständigen Konferenz der Kultusminister der

Länder in der Bundesrepublik Deutschland 2003, S.XI ff) zählt für das Jahr 2002 nach ihren institutionell orientierten Kriterien 495.244 (5,5 %) Schülerinnen und Schüler als behindert. Davon werden 65.804 (13,3 %) in integrativen Einrichtungen und 429.440 (86,7 %) in Sonderschulen gefördert. Von 1994 bis 2002 stieg die Zahl Behinderter in den Schulen von 382.330 auf 495.244 und damit die so genannte Förderquote von 4,26 % auf 5,54 %. Von der Gesamtbevölkerung der Bundesrepublik gelten ca. 4 bis 7 Millionen Menschen als behindert.

2 Fassungen von Behinderungsbegriffen

Am Anfang des zwanzigsten Jahrhunderts tauchte im Zusammenhang mit der „Krüppelfürsorge" für Körperbehinderte ein erster Begriff von Behinderung auf. Großen Einfluss – besonders in der Sozialgesetzgebung – haben seit 1957 die Klassifikationssysteme der Weltgesundheitsorganisation (WHO). Erziehungswissenschaftliche Kontexte wurden durch Behinderungsbegriffe des Deutschen Bildungsrates (1973) und der Kultusministerkonferenz der Länder geprägt. Allgemein hat sich der zunächst defektologisch am medizinischen Modell orientierte und nach ätiologischen Kategorien suchende Begriff zu einem sozialwissenschaftlichen und finalen Behinderungsbegriff entwickelt.

2.1 Die Klassifikationssysteme der WHO

Die WHO unterschied in ihrem ersten Klassifikationssystem, im ICIDH 1 drei Aspekte , (1) „impairment" (Schädigungen von Organen oder Funktionen), (2) „disability" (die daraus entstehende Lebensbeeinträchtigung, Fähigkeitsstörung oder spezifische soziale Beeinträchtigung) und (3) „handicap" (Benachteiligung bzw. allgemeine Beeinträchtigung im gesellschaftlichen und privaten Leben (vgl. z. B. Jochheim & Matthesius 1995). Mit der ICIDH 2 von 1997 wird die defektologische zugunsten einer sozialaktiven Einstellung aufgegeben. Klassifiziert wird nach Funktionen und Beeinträchtigungen sowie nach den möglichen Aktivitäten und Handlungen und der davon abhängigen Teilhabe am gesellschaftlichen Leben. Aufgenommen sind umweltbezogene und personale Rahmenbedingungen der Entwicklung. Die Partizipation steht zwar im Mittelpunkt, geblieben ist aber eine Zentrierung auf einen regelwidrigen körperlichen Zustand und auf das ätiologische, defektorientierte Paradigma. Der schädigungsorientierten Klassifikation des ICIDH 1 folgend wurde nach 1972 das Sonderschulwesen in neun Sonderschultypen untergliedert.

2.2 Sozialwissenschaftliche Behinderungsbegriffe

Die Definition des Deutschen Bildungsrates von 1973 (S.32) wird als Wegmarke in der Entwicklung von Behinderungsbegriffen verstanden: „Als behindert im erziehungswissenschaftlichen Sinne gelten alle Kinder, Jugendlichen und Erwachsenen, die in ihrem Lernen, im sozialen Verhalten, in der sprachlichen Kommunikation oder in ihren psychomotorischen Fähigkeiten so weit beeinträchtigt sind, dass ihre Teilhabe am Leben der Gesellschaft wesentlich erschwert ist." Es konnten sich jedoch weder die Vorschläge der WHO noch die des Bildungsrates vollständig durchsetzen und zwar aufgrund der Relativität und Relationalität der Phänomene (vgl. Bleidick 2000, S.128f). Denn was als biologischer Mangel, Defekt, Krankheit und Schädigung, als körperliche und psychische Beeinträchtigung und schließlich als individuelle oder soziale Benachteiligung angesehen wird, ist relativ und das Ergebnis einer konstruierenden Aktivität im Kontext gesellschaftlicher Interaktion.
Als heuristische Prinzipien dienen Behinderungsbegriffe der Deutung der Wirklichkeit und wirken darauf zurück. In ihnen spiegelt sich ein Verständnis über das Zusammenwirken des Organischen und des Sozialen im Entwicklungsgeschehen. Die klassische Vorstellung eines linearen Zusammenhangs zwischen einer Schädigung ist zugunsten der Betonung des Sozialen und des Subjektstand-

punktes längst aufgegeben. So entwickelte Jantzen sein Konzept der „Isolation", mit dem die scheinbaren psychischen Folgen des Defekts als „zweckhafte Konstruktionen unter Bedingungen des Defekts und einer unter diesen Bedingungen versagenden gesellschaftlichen Umgebung" (Jantzen 2001, S.285f) gedeutet werden. Behinderung ist demnach subjektlogisch „als Problematik der *Emanzipation unter Bedingungen der Isolation*" (Jantzen 2001, S.286) zu begreifen. Ein sozialwissenschaftlicher, finaler Behinderungsbegriff hat danach zu klären, in welcher Weise die erschwerte gesellschaftliche Teilhabe nicht aus der Schädigung, sondern aus den Möglichkeitsräumen entsteht, die dem Subjekt zur „Gewinnung von Weltverfügung" im Sinne Holzkamps (vgl. Lemke & Schuck 2003, S.554) zugestanden werden und daraus, welche zweckbestimmten Unterstützungsleistungen zur erweiterten Teilhabe am gesellschaftlichen Geschehen vorhanden oder nicht vorhanden sind.

2.3 Die Wendung zu einem finalen Behinderungsbegriff in der Pädagogik

Mit den KMK-Empfehlungen von 1994 wird in Überwindung des ätiologischen Paradigmas der schädigungsorientierte Begriff der Sonderschulbedürftigkeit durch den des „Sonderpädagogischen Förderbedarfs" ersetzt und es wird damit im schulischen Feld der inzwischen final orientierten Sozialgesetzgebung gefolgt. Ihren Ausgang nimmt die Zweckbestimmtheit der Hilfezumessung im schuladministrativen Denken im Anforderungsprofil der allgemeinen Schule, welches den Sonderpädagogischen Förderbedarf als gegeben ansieht, sobald eine Förderung im Unterricht der allgemeinen Schule ohne sonderpädagogische Unterstützung nicht mehr möglich erscheint. Eine solche Umdeutung dessen, was Behinderung sein soll, erfordert erziehungswissenschaftliche Fassungen der handlungsleitenden Konstrukte der Förderung und des Förderbedarfs. „Der Begriff der pädagogischen Förderung bezeichnet pädagogische Handlungen bzw. Qualitäten, die gemäß einem impliziten oder expliziten Förderkonzept auf die Anregung und Begleitung einer an Bildungszielen orientierten, für wertvoll gehaltene Veränderung individueller Handlungsmöglichkeiten von Menschen in ihren Lebensgemeinschaften und an den sozialen Folgen von Benachteiligungen und Behinderungen ausgerichtet sind" (Schuck 2001, S.63f). Pädagogischer und sonderpädagogischer Förderbedarf ist dabei das, was ein Individuum in seinen Lern- und Lebensgemeinschaften (vgl. auch Beck 1996) an Unterstützung benötigt, um die intendierten Ziele zu erreichen.

Im Geiste der KMK-Empfehlungen ist der vorhandene Sonderpädagogische Förderbedarf nach gegebenen Förderschwerpunkten per Diagnostik zu spezifizieren und zu erfüllen. Inzwischen werden in den KMK-Statistiken (S.XI) folgende Förderschwerpunkte im schulischen Kontext unterschieden und die entsprechenden Auftretenshäufigkeiten relational zur Gesamtschülerzahl genannt: Lernen (2,9 %), Sehen (0,07 %), Hören (0,2%), Sprache (0,5 %), Körperliche und motorische Entwicklung (0,3 %), Geistige Entwicklung (0,8 %), Emotionale und soziale Entwicklung (0,5 %), Förderschwerpunkt übergreifend bzw. ohne Zuordnung (0,2 %), Unterricht kranker Schülerinnen und Schüler (0,1 %).

3 Offene Fragen und Entwicklungsperspektiven

Die Entwicklung der Behinderungsbegriffe in unterschiedlichen Kontexten folgt einem anspruchsvollen Programm. Sie ist geprägt durch ausgesprochen subjektnahe Vorstellungen menschlicher Entwicklung. Nicht mehr Schädigungen sind es, die die Entwicklung bestimmen, sondern die alltäglichen Austauschprozesse zwischen den Menschen von Lebensgemeinschaften in einer konkreten gesellschaftlichen Wirklichkeit. Behinderung ist damit kein individuelles, sondern ein soziales Verhältnis und ein gesellschaftliches Problem, welches unter einer kollektiven Verantwortlichkeit aller für behinderte, benachteiligte und randständige Menschen steht. Dieser Entwicklungsschritt im kollektiven Denken muss jedoch erst noch geleistet werden.

Literatur

Beck, I. (1996): Behinderung – spezielle Erziehungsbedürfnisse – sonderpädagogischer Förderbedarf: Theoretische Begründungs- und Vermittlungsprobleme einer „lebensweltlich" und final orientierten Bestimmung des individuellen Bedarfs an Hilfen. Die Neue Sonderschule, 41 (6), 443-456. – Bleidick, U. (2000): Konstruktion und Perspektivität behindertenpädagogischer Theorienbildung. In: Borchert, J. (Hrsg.): Handbuch der Sonderpädagogischen Psychologie. Göttingen: Hogrefe, 127-134. – Deutscher Bildungsrat (Hrsg.). (1973): Empfehlungen der Bildungskommission: Zur pädagogischen Förderung behinderter und von Behinderung bedrohter Kinder und Jugendlicher. Bonn: Bundesdruckerei. – Jantzen, W. (2001): Behindertenpädagogik. In: Bernhard, A. & Rothermel, L. (Hrsg.): Handbuch Kritische Pädagogik. 2. Aufl. Weinheim: Beltz, 280-290. – Jochheim, K.-A. & Matthesius, R.-G. (1995): Zum Konzept der ICDH und zum Stand der internationalen Diskussion. In: Matthesius, R.-G., Jochheim, K.-A., Barolin, G. S. & Heinz, C. (Hrsg.): Teil 1: Die ICDH – Bedeutung und Perspektiven. Berlin: Ullstein Mosby, 5-12. – Lemke, W. & Schuck, K. D. (2003): Symptomatologie, Ätiologie und Diagnostik bei Beeinträchtigungen der kognitiven Entwicklung. In: Leonhardt, A. & Wember, F. B. (Hrsg.): Grundfragen der Sonderpädagogik. Bildung - Erziehung - Behinderung. Weinheim: Beltz. 545-576. – Schuck, K. D. (2001): Fördern, Förderung, Förderbedarf. In: Antor, G. & Bleidick, U. (Hrsg.): Handlexikon der Behindertenpädagogik – Schlüsselbegriffe aus Theorie und Praxis. Stuttgart: Kohlhammer, 63-67. – Sekretariat der Ständigen Konferenz der Kultusminister der Länder in der Bundesrepublik Deutschland (KMK) (1994): Empfehlungen zur sonderpädagogischen Förderung in den Schulen in der Bundesrepublik Deutschland. Beschluss der Kultusministerkonferenz vom 06.05.1994. Bonn: KMK. – Sekretariat der Ständigen Konferenz der Kultusminister der Länder in der Bundesrepublik Deutschland (KMK) (Hrsg.) (2003): Sonderpädagogische Förderung in Schulen 1993 bis 2002 (Dokumentation Nr. 170). Bonn: KMK.

7.2 Lehrer

103| Beruf, Rolle und Professionalität von Lehrern
Axel Gehrmann

Jenseits der auch in den Medien präsenten, nicht-wissenschaftlichen Beobachtung und Beurteilung der Lehrerschaft hat sich in den letzten dreißig Jahren eine berufswissenschaftliche Lehrerforschung entwickelt, die facettenreich insbesondere in jüngster Zeit zu immer ausdifferenzierteren Erkenntnissen über den Lehrerberuf gelangt ist. Vor dem Hintergrund sinkender öffentlicher Haushalte (Einsparnotwendigkeiten beim Personal bzw. Arbeitszeiterhöhung) und vermeintlich nicht akzeptabler Fachleistungen der Schülerschaft (Internationale Wettbewerbsfähigkeit) erhält diese Forschungsrichtung nicht unerhebliche Brisanz. Insgesamt stehen die Forschungen zum Lehrerberuf jedoch in Deutschland noch am Anfang. Eine Monographie zur Rekonstruktion professioneller Lehrerarbeit aus unterschiedlicher Forschungstradition und thematischer Ausdifferenzierung fehlt bis heute.

1 Beruf, Rolle und Professionalität in disziplinären Bezügen

1.1 Berufssoziologische Definitionen

Beruf und Profession (engl. *profession*) bilden „Fixpunkte" berufssoziologischer Argumentation (Hartmann 1972, S.36), in der konzeptualisiert werden soll, wie aus einer zunächst nicht erwerbsmäßig betriebenen Tätigkeit (*Arbeit*) eine solche wird (*Beruf*) und wie sich diese teilweise zu einem Grad an Spezialisierung wandelt, dass nur noch ausgewiesene, langjährig geschulte Experten der Tätigkeit nachgehen können (*Profession*). Die sich dahinter verbergende Entwicklungslogik wird *Verberuflichung* genannt, wenn der Übergang von nicht erwerbsmäßig betriebener Tätigkeit hin zu einer solchen beschrieben wird, und *Professionalisierung*, wenn der Beruf ohne eine wissenschaftliche Fundierung nicht auskommt. *Professionalität* gerinnt danach zu einem Merkmalsbündel *Professioneller*, welches sich auf basale Werte der Gesellschaft richtet. Helsper beschreibt professionelles Handeln als „immer auf existenzielle lebenspraktische Probleme bezogen: auf die Erzeugung und Begründung gültigen Wissens und damit kognitive Integrität; auf die Wahrung bzw. Wiederherstellung physischer Integrität; auf die Ermöglichung, Sicherung und Restituierung psychischer Integrität; auf die Gewährleistung und Wiederherstellung moralischer Integrität bzw. des Seelenheils" (Helsper 1996, S.528).
Verbindet sich mit dem Diskurs um Professionalität und Professionen immer berufliche Autonomie und wissenschaftliche Expertise des Professionellen, so entstammt der Diskurs um *Rollen* und Rollenverteilung in der Gesellschaft der Weberschen Herrschaftssoziologie, die u.a. in Talcott Parsons ihre kongeniale Ausprägung findet. Danach ist die „Rolle (...) die Strukturkomponente, der in der

Hauptsache Anpassungsfunktionen zukommen" (1985, S.16) und sie ist festgelegt auf eine vom Haushalt strukturell begrenzte „Betriebsorganisation" (ebd., S.100).

So einfach, wie es sich zunächst anhört, gestaltet sich die Rollen-Definition nur temporär, denn schon früh wird klar, dass der einzelne Mensch im Handeln in Organisationen nicht selbstverständlich in den ihm vermeintlich zugewiesenen Rollen aufgeht und bar seiner individuellen Vorlieben und Präferenzen quasi mechanisch handelt. Im Gegenteil, der einzelne Mensch besitzt inhärent das, was Dahrendorf einmal den „'zehnten', (den) intelligiblen, moralischen Charakter" nannte (1973, S.93). Das heißt, selbst wenn die modernen Bürokratien und Organisationen eigentlich des Menschen als Rollenträger bedürfen, fügt sich dieser nicht selbstverständlich genau in die Rolle ein. Letztlich hat sich diese Argumentation auch durchgesetzt, je stärker über Organisationsentwicklung geforscht wurde und sich zeigte, dass „Mittun" des Einzelnen und „Ko-Operation" (Türck 1995, S.88) viel wichtiger für das Organisationsziel sind als alleinige Rollenerfüllung.

1.2 Erziehungswissenschaftliche Transformationen

Die historische Bildungsforschung als Professionsforschung führte Beobachtungskriterien für die Beschreibung der Entwicklung des Lehrerberufes ein und konnte so der in den Beruf eingewurzelten Klage eine Erfolgsgeschichte entgegenhalten, die auf die Akzeptanz und den Rückhalt des Lehrgeschäftes in der Gesellschaft aufmerksam machte. Dies gründete auf dem Transfer sozialwissenschaftlich geborgener Professionalisierungsmuster auf die Erziehungs- und Unterrichtstätigkeit der Lehrer und deren Vergleich mit der Entwicklung originärer Professionen (z.B. Jurisprudenz, Theologie, Medizin). Im Ergebnis hieß es, die Lehrertätigkeit als eine von Professionellen betriebene Aufgabe auszuweisen, denn „Profession und Professionalisierung (scheinen) auch für pädagogische Arbeit durchaus angemessen" (Tenorth 1999, S.437), weil der Beruf „nach Status und Prozess über Konstruktionsleistungen der Berufsinhaber, der Profession und über das in dieser Konstruktion erzeugte Wissen – von der Berufsaufgabe und vom Berufsvollzug und seinen Kriterien – her bestimmt sind" (ebd.).

Disziplingeschichtlich begründete Terhart eine neue *empirische Lehrerforschung* und bemühte sich damit um die „Verstetigung wissenschaftlicher Beschäftigung" mit dem Lehrerberuf (Terhart 1990, S.236), die der *„unbefriedigende(n) Forschungslage"* (Terhart 1996, S.173) zu entraten gedachte. Er bestimmte sein Verständnis von Lehrerprofessionalität damit vom Kern der beruflichen Tätigkeit bzw. von der empirisch fassbaren Realität des Berufes selbst. *Entwicklung* wird dabei zum Schlüsselbegriff beruflicher Lehrersozialisation, *„Lehrer-Werden und Lehrer-Bleiben"* zum lebenslangen Prozess (Terhart 1990, S.247). Die zunächst hypothetisch angenommene berufliche Autonomie der Lehrer und ihre berufsbiographische Professions*entwicklung* muss schließlich an der Realität empirisch verifiziert werden (Terhart u.a. 1994). Dabei geht es darum, jeweils zwischen „Außen- und Innenvariablen" (Terhart 1990, S.246) zu unterscheiden, um so „dem biographischen Leitmotiv der Erarbeitung von beruflicher Identität" (ebd.) Genüge zu tun. Nicht selbstverständlich entwickelt sich diese nämlich in allen Teilbereichen parallel, sondern Brüche, Ambivalenzen und Antinomien ließen sich denken, die sowohl mit der administrativen Verstörung durch die Schule als auch der persönlichen Entwicklung des Berufsgenossen konfundiert sein können.

2 Lehrerprofessionalität im historischen Prozess – Zwei kollektive Statuswechsel

Strukturell verweist die Geschichte des Lehrerberufes auf eine dreistufige Entwicklungslogik hin. Um von einer nebentätigen Arbeit, die nur an wenigen Tagen, zu bestimmten Jahreszeiten oder an unterschiedlichen Orten ausgeübt wird („Wandellehrer"), über einen vollzeitlichen Beruf zu einer akademisierten Profession zu gelangen, braucht es bei einem gut begründbaren Startpunkt um 1820 je nach Lehrerstand im höheren bzw. niederen Schulwesen 70 bis 100 Jahre. Die so genannten *Oberlehrer* des Gymnasiums werden von Beginn der systematischen Institutionalisierung dieses Schultyps an in Universitäten ausgebildet (aber erst um 1890 gibt es Prüfungsordnungen für die erste und zweite Ausbildungsphase), wohingegen die Lehrer des niederen Schulwesens noch bis zum Beginn der Weimarer Republik mit der Etablierung Pädagogischer Akademien (Hochschulen) ausharren müssen. Müller und Tenorth (1984) beschreiben diese Entwicklungslogik als *zwei kollektive Statuswechsel*. Letztlich ist die Integration der vormaligen *Volksschullehrerausbildung* in die bundesdeutschen Universitäten erst in den 1980er Jahren abgeschlossen bzw. in einem Bundesland sogar bis heute nicht angegangen (Baden-Württemberg).

3 Empirische Befunde

Mit dem Beginn der letzten Dekade des 20. Jahrhunderts sind in Deutschland Forschungsergebnisse greifbar, die sowohl mit quantitativem als auch qualitativem methodischen Zugriff die berufliche Tätigkeit von Lehrerinnen und Lehrern vermessen. In loser Folge erscheinen nun Arbeiten zur Berufsbiographie (z.B. Terhart u.a. 1994), zur Zufriedenheit (z.B. Ipfling u.a 1995), zur Beanspruchung (z.B. Scheuch & Knothe 1997) und zur geschlechtlichen Differenz (z.B. Flaake 1989) bei zunächst westdeutschen, dann auch ostdeutschen Lehrerinnen und Lehrern. Die askriptiven Merkmale *Lebensalter, Berufsalter, Beschäftigungsum-fang*, das *Geschlecht* und die *Fächerkombinationen*, die *Schularten* und die *Regionen* werden zu entscheidenden Differenzierungskategorien der in Schulen arbeitenden Akteure. Hinzu tritt die in diesem Bereich anhebende Expertise- und Wissensforschung.

Insgesamt fügte sich das vorgelegte Material jedoch nicht zu einem stabilen Bild professioneller Lehrerarbeit, weil sich die Studien wenig aufeinander bezogen bzw. auch nicht aufeinander aufbauten. In den letzten Jahren kommt es hingegen zu einer dezidierteren Ausformulierung der Berufsrealität der Lehrer durch zum Teil Reanalysen älterer als auch Durchführung neuer Studien, welche hypothesengestützt vermeintlich stabile Erkenntnisse in Zweifel ziehen bzw. neu bewerten. Dies gilt etwa für die *Berufszufriedenheit* sowie *Belastung* und *Beanspruchung* oder die Prädiktoren *Alter* und *Geschlecht* als erklärenden Variablen für die professionelle Auslegung des Berufes. Nicht zuletzt lassen sich replizierbare *Muster professioneller Lehrerarbeit* identifizieren, die jetzt schon darauf verweisen, eingelebte Vorurteile deutlich in Zweifel zu ziehen.

3.1 Beanspruchung – Belastung – Berufszufriedenheit

Beanspruchung markiert die messbare Veränderung von Körperfunktionen u.a. in Phasen der arbeitsmedizinischen Entspannung bzw. Anstrengung und *Belastung* gibt die messbaren beruflichen Einstellungen der Lehrer zu den arbeitsspezifischen Anforderungen ihrer Tätigkeit selbst wieder bzw. beschreibt ihre subjektiven Einstellungen zu ihren Erwartungen in der Berufstätigkeit. Insgesamt ergeben arbeitsmedizinische Untersuchungen bisher nicht, dass im Lehrerberuf eine überproportionale Beanspruchung vorliegt (vgl. Scheuch & Knothe 1997). Die Herzfrequenz steigt insbesondere zum Unterrichtsbeginn (Vorspannung – „Lampenfieber"), um sodann zurückzugehen. Die deutlichste Beanspruchung entsteht beim Treppensteigen zwischen den Unterrichtsstunden in den Pausen. Festgestellt wurde hingegen eine überproportionale Beanspruchung durch Lärm, die jedoch individuell durch Methodenwechsel im Unterricht bzw. schallmindernde Maßnahmen im Klassenraum reduziert werden kann (vgl. Tiesler u.a. 2002). Eine Untersuchung bei Bremer Lehrern zeigte dabei im Übrigen, dass Lehrer an den üblichen Zivilisationskrankheiten des Rücken- und Bewegungsapparates, an Erkältungen und Allergien leiden und dass eine überproportional häufige Konsultation von Ärzten wegen psychischer Leiden nicht vorzuliegen scheint (vgl. Berndt u.a. 2002).

Studien zur Berufszufriedenheit belegen über vierzig Jahre relativ konstante Ergebnisse und relativieren insgesamt die eingelebte Klage besonderer Disponibilität der Lehrkräfte für berufliche Unzufriedenheit. Jeweils über 65% der Befragten geben an, sie seien mit ihrer beruflichen Situation sehr bzw. durchaus zufrieden. Im Umkehrschluss machen damit aber auch alle Studien darauf aufmerksam, dass mit ca. einem Drittel der Population zu rechnen ist, die mit ihrer Tätigkeit zumindest hadern.

3.2 Alter – Geschlecht

Zu einer zentralen Metaphorik um die Lehrerprofessionalität gerinnt in der Lehrerforschung die Einschätzung, wonach Alter und Geschlecht als zentrale Prädiktoren zur Beschreibung des Lehrerberufes anzusehen sind. Danach käme es auch vor dem Hintergrund der Arbeiten um das *Burnout* in sozialen Berufen zu der Einschätzung, dass berufsbiographisch mit dem Älterwerden die Belastbarkeit und die inhaltliche Bindung an den Beruf sinkt und Frauen mit der Tätigkeit anders umgehen als Männer, bei unzufriedenerer Grundhaltung durch Doppelbelastung (vgl. Böhm-Kasper u.a. 2001). Gehrmann (2003) prüfte die Stichhaltigkeit der Hypothesen und gelangte zu einer vorsichtigeren Einschätzung von Entwicklungsverläufen und geschlechtlicher Differenz.

Vor dem Hintergrund der Metaphorik vom „frühzeitigen Ausbrennen" der Lehrer müsste sich zeigen, dass sich der Anteil der besonders stark belasteten Lehrer im Zeitverlauf deutlich erhöht. Dies war aber nicht der Fall, denn mit dem Altern der Population ließ sich dies gerade *nicht* feststellen, weil der Anteil der als beruflich sehr belastet Zeichnenden tendenziell immer gleich groß bei ca. 20-25% lag. Letztlich ergeben sich *Plateaueffekte* (ebd., S.459). Das heißt, bis zu zwei Jahrzehnte bleiben die beobachteten Werte fast konstant. Dies gilt im Übrigen auch schon für Lehramtsstudierende, denn mittlerweile ließ sich diese Perspektive auch durch eine Längsschnittstudie in Baden-Württemberg beobachten (vgl. Lipowsky 2003). In ihr belegt Lipowsky die hohen Risikoanteile auch schon bei ehemaligen Studenten, dies schon kurz nach ihrem Berufseintritt und sogar im konstanten Zeitverlauf.

Die Rede von der *Doppelbelastung* der Frauen im Lehrerberuf basiert auf der Einschätzung, dernach Frauen durch ihr Engagement für Haushalt, Kinder und männliche Partner zum einen und durch berufliches Eingebundensein zum anderen eine besondere Herausforderung in ihrer außerhäuslichen Tätigkeit erfahren, die sie anfälliger für Beanspruchung und Belastung in dieser selbst werden lässt. Diese Einschätzung findet sich in vielen empirischen Erhebungen zum Lehrerberuf und gründet in der Regel auf einer bipolaren Ausprägung der Variable Geschlecht nach *männlich* und *weiblich* als unabhängigem Konstrukt, wiewohl bei näherem Hinsehen schon in ersten Studien zum Lehrerinnensein darauf aufmerksam gemacht wurde, dass für „die Verheirateten (...) der Doppelberuf weniger Belastung als Erleichterung (bedeutet). Das Problem liegt bei den Alleinstehenden" (Gahlings & Moering 1961, S.15). Auch bei Gehrmann (2003) finden sich für das bipolare Konstrukt einmal mehr Unterschiede in der Berufszufriedenheit zwischen Lehrerinnen und Lehrern. Signifikant zeichnen Lehrerinnen unzufriedener als Lehrer. Diese Einschätzung wurde aber nicht dazu genutzt, Rückschlüsse auf eine vermeintliche Doppelbelastung zu ziehen, denn eine Compound-Variable mit acht Ausprägungen konnte zeigen, dass Doppelbelastung im Lehrerberuf geradezu abzuweisen ist (vgl. ebd., S.235). Am unzufriedensten zeichnen nämlich neben den allein erziehenden Lehrerinnen und Lehrern nicht die vermeintlich doppelt belasteten Lehrerinnen, die verheiratet waren und Kinder zu versorgen hatten, sondern es sind die allein lebenden Lehrerinnen ohne Kinder, die sich signifikant von den anderen familialen Lagen unterscheiden.

3.3 Muster professioneller Orientierungen

Die Mehrzahl der vorliegenden Studien weist darauf hin, in persönlichen und einzelschulischen Lagen den zentralen Grund für Zufriedenheit und Belastung zu sehen. Dieses Ergebnis prägt die Diskussion um die Lehrerarbeit in der letzten Zeit, denn mehr und mehr wird offensichtlich, dass sich weder durch den objektiven Zuwachs an Erfahrung (Alter) noch durch veränderte Situationen (z.B. Berufsübergänge) habituelle Orientierungen nachdrücklich verändern.

Schaarschmidt & Fischer (2001), Gehrmann (2003) und Lipowsky (2003) konnten im Übrigen Muster beruflicher Orientierungen belegen, die sich clusteranalytisch abtragen ließen. Danach sprechen drei Autoren von vier Clustern beruflicher Orientierungen (Schaarschmidt & Fischer; Lipowsky), ein Autor von drei Clustern (Gehrmann). Die Studie von Schaarschmidt & Fischer modellierte dabei *Muster G* (Gesundheit), *Muster S* (Schonung), *Risikomuster A* und *Risikomuster B* (Burnout), Lipowsky *selbstbewusste Protagonisten, aufgeschlossene Mitspieler, gefährdete Mitspieler* und *belastete Komparsen*. Bei Gehrmann hießen die Cluster *konservativ Zufriedene, liberal Zufriedene* und *Desintegrierte*.

Ungeachtet einer näheren Erörterung der einzelnen Gruppen sei prinzipiell darauf hingewiesen, dass also ein nicht zu unterschätzender Anteil von Lehrern an-scheinend berufliche Orientierungen besitzt, die die Tätigkeit selbst eigentlich dauerhaft verunmöglichen müsste. Dieser Anteil liegt über alle Untersuchungen bei 30% der Population. Bei Schaarschmidt & Fischer heißt es dazu pointiert, über „alle Altersgruppen hinweg sind annähernd gleiche (...) Risikoanteile aufzufinden" (Schaarschmidt & Fischer 2001, S.67). Selbst schon in der jüngsten Population würden sich ungünstige Verteilungen replizieren lassen (Risikomuster B ca. 30%) (vgl. ebd., S.68). Gehrmann bilanziert die Gruppe der *Desintegrierten* als jene Lehrkräfte, die „ die die unterrichtliche Selbständigkeit der Schüler besonders abweisen (…) (und) für die verstärkte Selbständigkeit der Einzelschule (…) nicht besonders ein(treten). Vor dem Hintergrund einer besonderen reformpädagogischen Gegnerschaft im Vergleich zu den anderen Gruppen beurteilen diese Lehrkräfte (…) die Ausstattung, die Kollegialität und die Leitung ihrer Schule besonders schlecht und die Schulaufsicht nehmen sie für unbedeutend. Sie sehen dabei eher ein miserables einzelschulisches Profil und indifferente Leistungsanforderungen. Letztlich sehen sie die Lernbereitschaft der Schüler besonders kritisch und ihre berufliche Autonomie besonders eingeschränkt. Dabei fühlen sie sich subjektiv von schulinternen Planungen besonders stark belastet und dem Vertrauen der Schüler entzogen. All dies geht mit einer besonderen beruflichen Unzufriedenheit einher" (Gehrmann 2003, S.442). Aus dieser Einschätzung ließ sich im Übrigen ein Professionsmodell ableiten, das moderiert wird durch den Eindruck nach *beruflicher Autonomie*, nach erlebter *Kollegialität* und *positiv wahrgenommener Lernbereitschaft der Schüler*. Einstellungen zur *Schulleitung*, zur *Schulaufsicht* und zur *Schulpolitik* haben hingegen so gut wie keine Bedeutsamkeit. Auch zeigt sich darin, dass nicht die unterrichtliche Verpflichtung am Vormittag mit die eigentliche Belastung ausmacht, sondern das, was am Nachmittag zu Hause stattfindet und selbst gestaltet werden kann und muss (etwa Korrekturen bzw. Vor- und Nachbereitungszeiten).

4 Entwicklungstendenzen der Lehrerforschung

Offensichtlich verstetigen sich die Ergebnisse der kleinteiligen Lehrerforschung aus den letzten Jahren und relativieren eingelebte Vorurteile über den Lehrerberuf und die professionelle Auslegung der täglichen Aufgabe durch die Professionellen selbst. Zweidrittel der Population scheinen dabei einen sehr dezidierten Korpus an Handlungsweisen und Orientierungen dauerhaft auszuprägen, die es ermöglichen, ohne große Einbrüche genau diese Aufgabe auszuüben. Dieser Korpus ist dann besonders stabil, wenn die Lehrer den Eindruck behalten, sehr selbstständig und eigenverantwortlich handeln zu können, sei es mit ihren Schülern, sei es mit ihren Kollegen und sei es mit ihrer für die Öffentlichkeit nicht einsehbaren Tätigkeit am Nachmittag. Nichtsdestotrotz heißt dies im Umkehrschluss auch, dass mit ca. einem Drittel der Population zu rechnen ist, welches dauerhaft womöglich tätig ist, aber dabei kaum Orientierungen ausbildet, die professionellen Standards genügen.

Tendenziell richtet sich schon jetzt das Augenmerk der Lehrerforschung auf besondere Gelingensbedingungen professioneller Lehrerarbeit. Im Zuge der TIMSS- und PISA-Ergebnisse fokussiert sich der Blick dabei auf Gelingensbedingungen erfolgreichen Unterrichtens vor der Folie besonderer Unterrichtsskripte. Jenseits unterrichtsbezogener wird dabei auch hier ein Ineinanderwirken selbst- und belastungsbezogener sowie schulumweltbezogener Kognitionen angenommen.

Nicht zuletzt eröffnet sich mit dem Bologna-Prozess ein neuerlicher Diskurs um die professionelle Lehrerarbeit selbst, denn in den *Standards für die Lehrerbildung* der Kultusministerkonferenz der Länder der Bundesrepublik Deutschland (2004) wird ein Lehrerbild modelliert, das nicht selbstverständlich mit dem in der Realität empirisch vorhandenen übereinstimmt. Hier wird es zukünftig unabweisbar, von normativen Strukturen abzukommen, um überhaupt den systemischen Umsteuerungsprozess von Ausbildung und täglicher Aufgabe allgemein akzeptiert moderiert zu bekommen.

Literatur

Berndt, J., Ströver, F. & Tiesler, G. (2002): Ein gesunder Geist in einem gesunden Körper? Zur psychophysischen Verfassung von Lehrerinnen und Lehrern. In: Beetz-Rahm, S. u.a. (Hrsg.): Jahrbuch für Lehrerforschung und Bildungsarbeit, Bd. 3. Weinheim: Juventa, 263-281. – Böhm-Kasper, O. u.a. (2001): Sind 12 Schuljahre stressiger? Belastung und Beanspruchung von Lehrern und Schülern am Gymnasium. Weinheim: Juventa. – Dahrendorf, R. (1973): Homo Sociologicus. Ein Versuch zur Geschichte, Bedeutung und Kritik der Kategorie der sozialen Rolle. 12. Aufl. Opladen: West-deutscher Verlag. – Flaake, K. (1989): Berufliche Orientierungen von Lehrerinnen und Lehrern. Eine empirische Untersuchung. Frankfurt a.M.: Campus. – Gahlings, I. & Moering, E. (1961): Die Volksschullehrerin. Sozialgeschichte und Gegenwartslage. Heidelberg: Quelle & Meyer. – Gehrmann, A. (2003): Der professionelle Lehrer. Muster der Begründung – Empirische Rekonstruktion. Opladen: Leske und Budrich. – Hartmann, H. (1972): Arbeit, Beruf, Profession. In: Luckmann, T. & Sprondel, W.M. (Hrsg.): Berufssoziologie. Köln: Kiepenheuer und Witsch, 36-52. – Helsper, W. (1996): Antinomien des Lehrerhandelns in modernisierten pädagogischen Kulturen. Paradoxe Verwendungsweisen von Autonomie und Selbstverantwortung. In: Combe, A. & Helsper, W. (Hrsg.): Pädagogische Profesionalität. Untersuchungen zum Typus pädagogischen Handelns. Frankfurt a.M.: Suhrkamp, 521-569. – Ipfling, H. J., Peetz, H. & Gamsjäger, E. (1995): Wie zufrieden sind die Lehrer? Empirische Untersuchungen zur Berufs(un)zufriedenheit von Lehrern/Lehrerinnen der Primar- und Sekundarstufe im deutschsprachigen Raum. Bad Heilbrunn: Klinkhardt. – Lipowsky, F. (2003): Wege von der Hochschule in den Beruf. Eine empirische Studie zum beruflichen Erfolg von Lehramtsabsolventen in der Berufseinstiegsphase. Bad Heilbrunn: Klinkhardt. – Müller, S. F. & Tenorth, H.-E. (1984): Professionalisierung der Lehrertätigkeit. In: Lenzen, D. (Hrsg.): Enzyklopädie Erziehungswissenschaft, Bd. 5: Organisation, Recht und Ökonomie des Bildungswesens. Stuttgart: Klett, 153-171. – Parsons, T. (1985): Das System moderner Gesellschaften. München: Juventa. – Schaarschmidt, U. & Fischer, W. (2001): Bewältigungsmuster im Beruf. Persönlichkeitsunterschiede in der Auseinandersetzung mit der Arbeitsbelastung. Göttingen: Vandenhoeck & Ruprecht. – Scheuch, K. & Knothe, M. (1997): Psychophysische Beanspruchung von Lehrern in der Unterrichtstätigkeit. In: Buchen, S. u.a. (Hrsg.): Jahrbuch für Lehrerforschung. Band 1. Weinheim: Juventa, 285-299. – Tenorth, H. E. (1999): Der Beitrag der Erziehungswissenschaft zur Professionalisierung pädagogischer Berufe. In: Apel, H. J., Horn, K.-P., Lundgreen, P. & Sandfuchs, U. (Hrsg.) (1999): Professionalisierung pädagogischer Berufe im historischen Prozess. Bad Heilbrunn: Klinkhardt, 429-461. – Terhart, E. (1990): Sozialwissenschaftliche Theorie- und Forschungsansätze zum Beruf des Lehrers: 1970-1990. In: Zeitschrift für Sozialisationsforschung und Erziehungssoziologie, 10, 235-254. – Terhart, E. (1996): Neuere empirische Untersuchungen zum Lehrerberuf. Befunde und Konsequenzen. In: Böttcher, W. (Hrsg.): Die Bildungsarbeiter. Situation – Selbstbild – Fremdbild. Weinheim: Juventa, 171-201. – Terhart, E., Czerwenka, K., Ehrich, K., Jordan, F. & Schmidt, H. J. (1994): Berufsbiographien von Lehrern und Lehrerinnen. Frankfurt a. M.: Lang. – Tiesler, B., Berndt, J., Ströver, F. & Schönwälder, H.-G. (2002): Laut = Lärm? Eine orientierende Untersuchung zu Lärm in Schulen. In: Beetz-Rahm, S. u.a. (Hrsg.): Jahrbuch für Lehrerforschung und Bildungsarbeit, Bd. 3. Weinheim: Juventa, 247-261. – Türk, K. (1995): Die Organisation der Welt. Herrschaft durch Organisation in der modernen Gesellschaft. Opladen: Westdeutscher Verlag.

104| Lehrerhandeln: Lehrerkognitionen und Lehrerexpertise
Ludwig Haag und Katrin Lohrmann

Wie in so manch anderen Berufen wird auch im Lehrerberuf das Moment des „geborenen Erziehers" (Spranger 1958) diskutiert, frei nach dem Motto „Man kann's oder man kann's halt nicht". Wenn man weiter nach Kompetenzen fragt, die ein Lehrer beherrschen soll, ist die Persönlichkeit als Ganzes im Selbstverständnis der pädagogischen Praktiker von ungebrochener Aktualität (Hertramph & Herrmann 1999).

Demgegenüber ist es Anliegen der empirischen Unterrichtsforschung, insbesondere der Lehrerhandlungsforschung, das „Knäuel" Lehrerpersönlichkeit zu „entwirren" und über die Ausbildung dem Lehrberuf den Charakter des „Erlernbaren" zu geben. Dabei wird der Empirie allzu leicht die Begrenztheit ihres Blickwinkels zum Vorwurf gemacht.

1 Lehrerforschung im Spiegel der Geschichte

Die Diskussion um den idealen Lehrer-Typus, den guten Lehrer oder die Lehrerpersönlichkeit ist nie verloschen und wird, gerade in der heutigen Zeit, wieder verstärkt aufgenommen (Bauer, Kopka & Brindt 1996). In der traditionellen Lehrerforschung werden ideale Lehrerpersönlichkeiten als Leitbilder für künftige Lehrer entworfen. Solche Lehrerbilder haben ihre Wurzeln bereits in der Antike, heute werden sie von der empirischen Forschung wieder aufgegriffen.

1.1 Grundpositionen in der Antike

Die Sophisten und Sokrates haben die Vorstellung von Pädagogen in der europäischen Geschichte entscheidend geprägt. Während die Sophisten das Lehren zum Beruf gemacht haben, hat Sokrates das Erziehen als persönliche Berufung erfahren.

Die *Sophisten* entdeckten Erziehung als einen strukturierten und rational lenkbaren Handlungszusammenhang. Sie waren die ersten professionellen Lehrer des Abendlandes, die einen kollektiven Unterricht erteilten. Mit ihrem Lehrangebot vermittelten sie ihren Schülern gegen angemessene Bezahlung gesellschaftlich und politisch nützliche Kenntnisse und Fertigkeiten. Ganz im Sinne eines solchen Utilitarismus sahen sie beispielsweise die Rhetorik als bloße berufliche Technik. Die Kompetenz für ihre Lehrtätigkeit leiteten sie aus ihren Fachstudien und aus ihrer Vertrautheit mit den für gesellschaftlich-politischen Erfolg erforderlichen Qualifikationen her. Der Unterricht löste sich aus dem Insgesamt der informellen Erziehungskräfte heraus und verselbstständigte sich. In dieser Funktionalisierung des Unterrichts geriet die sittliche Substanz der Erziehung in Gefahr. An diesem sophistischen Bildungsverständnis setzt die philosophische Kritik des Sokrates an (Lichtenstein 1970).

Sokrates erweckte das Normbewusstsein im Selbstaufbau der menschlichen Existenz. Plato lässt Sokrates im Laches resümieren: „Das Wesen des Erziehers ruht in dem Gesamt der Persönlichkeit" (Lichtenstein 1970, S.84). So hat die Gestalt des Sokrates in allen Epochen der abendländischen Bildungsgeschichte, in denen ein besonderer Impuls zum Werdegang eines Persönlichkeitsbewusstseins lebendig war, immer wieder eine Symbolkraft ausgestrahlt. In der abendländischen Bildungsgeschichte lebt er weiter als reinste Verkörperung des erziehenden Menschen. Die Gefahr ist groß, dass hier ein Ensemble von Eigenschaften betont wird, die den Charakter des „Nichterlernbaren" tragen. Für die eigene erfolgreiche Berufsausübung werden von Lehrkräften fünfzig bis achtzig Prozent der Voraussetzungen als nicht erlernbar beschrieben (Hertramph und Herrmann 1999).

1.2 Empirischer Zugang

Was in der Antike bereits erkannt wurde, nämlich den Lehrerberuf einerseits von seinen erforderlichen Kompetenzen, den Tätigkeiten im Berufsalltag her zu bestimmen und andererseits den großen Einfluss einer Erzieherpersönlichkeit im Lehr-Lern Prozess zu betonen, wurde durch empirische Analysen erst jüngeren Datums zugänglich gemacht. Während sich in den Anfängen der empirisch orientierten Unterrichtsforschung das Interesse kaum auf den Lehrer, sondern fast ausschließlich auf den Schüler richtete, bahnte sich erst in den 50er Jahren des letzten Jahrhunderts eine radikale Umkehrung dieser Sichtweise an. Der Lehrer wird als unabhängige Variable, d.h. als Wirkfaktor betrachtet. Sein Verhalten gilt als die entscheidende Bedingungsvariable des Unterrichtsgeschehens. Doch im Gegensatz zu früheren Analysen fragt die empirische Unterrichtsforschung nicht danach, wie Lehrer sein sollten, sondern sie fragt danach, wie Lehrer tatsächlich sind, d.h. was sie in konkreten Situationen denken, fühlen und tun. Der Lehrer wird hier zu einem Sammelbegriff für eine Vielzahl beobachtbarer bzw. aus beobachtbarem Verhalten erschließbarer Persönlichkeitsmerkmale.

Das Prozess-Produkt-Paradigma (vgl. Bromme 1997) entstand im Bemühen, das Lehrer- und Schülerverhalten systematisch im Sinne einer engen Wenn-Dann Beziehung zwischen Lehrerverhalten und Schülerleistung zu erfassen. Einzelne Lehrerverhaltensweisen wurden im Sinne eng umgrenzter Fertigkeiten als Prozesse und ihre Auswirkungen auf Schülerseite als Produkte aufgefasst. Beim Prozess-Produkt-Paradigma interessierten die einzelnen Lehr-Fertigkeiten und dabei ging es nicht um die Frage, inwieweit diese alle von einer einzelnen Lehrkraft realisiert werden können.

Trotz der Berücksichtigung immer mehr und qualitativ neuartiger Variablen setzte sich die Einsicht durch, dass man mit empirischen Methoden den durchweg kompetenten Lehrer nicht identifizieren kann. Es ist nicht möglich, mit einem Pfad von Variablen die maximal lernwirksame Lehrkraft zu charakterisieren. Wenn man gleichzeitig verschiedene Lernkriterien der Schüler und unterschiedliche pädagogische Funktionen der Lehrkräfte berücksichtigt, gibt es auf dem Hintergrund aktueller Forschungsergebnisse viele hinreichende, aber kaum notwendige Bedingungskonstellationen erfolgreichen Lehrens. So kann beispielsweise ein von der Lehrkraft stark kontrollierender Unterricht je nach Art dieser Kontrolle sowohl positive als auch negative Auswirkungen auf die Lernleistungen der Schüler haben. Weinert (1996) resümiert: „Lehrkräfte können auf eine sehr unterschiedliche, aber nicht beliebige Art und Weise gleichermaßen guten und erfolgreichen Unterricht halten" (S.143).

2 Lehrerhandeln als Forschungsgegenstand

Auf diesem Hintergrund und im Rahmen der kritischen Auseinandersetzung mit dem Behaviorismus erfuhr auch die Unterrichtsforschung einen grundlegenden Wandel. Die Forschung zum Lehrerhandeln (engl. *teachers' actions*) zeigte sich nun als Analyse der Denkprozesse beim Unterrichten (engl. *teachers' thought processes*), den Lehrerkognitionen (engl. *teachers' cognitions*; s. 2.1). Als prominentester Forschungszweig für die Lehrerforschung hat sich der Expertenansatz (engl. *teachers as experts*) herausgebildet (s. 2.2).

2.1 Lehrerkognitionen

Dann (2000) umreißt die allgemeinen Grundannahmen der Lehrerkognitionsforschung folgendermaßen:
- Lehrkräfte werden als autonom und verantwortlich Handelnde gesehen, d.h., sie sind aktive Agenten bei der Erfüllung ihrer beruflichen Aufgaben.
- Bei diesem Handeln gehen sie in der Regel zielgerichtet vor, d.h., sie verfolgen bestimmte Zwecke.
- Im Zuge des zielgerichteten Handelns strukturieren die Lehrkräfte ihren Hand-lungsraum aktiv-kognitiv, es laufen Denkprozesse, kognitive Prozesse oder handlungsbezogene Kognitionen ab.
- Bei alldem greifen Lehrkräfte auf Wissensbestände zurück. Diese im Laufe der Zeit aufgebauten kognitiven Strukturen können als professionelles Wissen bezeichnet werden, das reicher als nur Fachwissen ist.
- Das individuelle professionelle Wissen enthält auch überindividuelle gesellschaftliche Wissensbestände.

Somit wird auch wieder deutlich, dass für die Gestaltung von Unterricht die Lehrkraft zentral ist. Jetzt sind es weniger die einzelnen Fertigkeiten, die interessieren, sondern durch die Hinwendung zu kognitiven Aspekten der Lehrperson rückt diese in den Mittelpunkt. Wissen und Können sind für die Gestaltung von Lerngelegenheiten verantwortlich.

Im Rahmen der Forschung über Lehrerkognitionen sind eine Reihe sehr komplexer Rahmenmodelle entwickelt worden, die unterschiedliche Akzentuierungen der kognitiven Prozesse darstellen. Sie alle gehen davon aus, dass Lehrerhandeln als das Ergebnis einer aktiven Auseinandersetzung mit Unterrichtssituationen aufgefasst wird (Dann 2000):
- Unterrichten als Entscheidungshandeln,
- Unterrichten als flexible Anpassung,
- Unterrichten als Informationsverarbeitung,
- Unterrichten als Problemlösen.

Letzteres Modell wird hier näher aufgeführt, da es in der Metapher „Der Lehrer als Experte" ein zentrales Element in der aktuellen Professionalisierungsdebatte einnimmt (Bromme 1992).

2.2 Lehrerexpertise

(a) Anliegen des Expertenansatzes

Während beim Prozess-Produkt-Paradigma die einzelnen Lehr-Fertigkeiten interessierten und es dabei nicht um die Frage ging, inwieweit diese alle von einer einzelnen Lehrkraft realisiert werden können, sucht demgegenüber der Expertenansatz nach dem kompetenten Lehrer in dem Sinne, dass Wissen und Fertigkeiten in ihm eine Einheit bilden. Wenn der erfahrene Lehrer als Experte bezeichnet wird, geht es um die Hinwendung zu kognitiven Aspekten der Lehrerpersönlichkeit, wobei es nicht um die Analyse einzelner Handlungen, sondern um komplexe Analyseeinheiten geht.

Im schulischen Kontext geht es nicht um die Analyse von Spitzenleistungen, sondern es werden Personengruppen, die berufliche Aufgaben lösen und dabei praktische Erfahrungen besitzen, im Vergleich zu Berufsanfängern, sog. Novizen, untersucht. Als durchgängiges Ergebnis lässt sich festhalten, dass bereichsspezifisches deklaratives und prozedurales Wissen Voraussetzung für eine erfolgreiche Berufsausübung ist. Dabei geht es nicht so sehr um quantitative Unterschiede im Sinne „Experten wissen mehr", sondern um qualitative Unterschiede, was den Inhalt und die Organisation des Wissens betrifft.

(b) Identifizierung von hoch fähigen Lehrern

Die Frage, nach welchen Kriterien Experten bestimmt werden können, impliziert eine normative Entscheidung. Ganz allgemein geht es um berufliche Erfolge. Auf den Lehrerberuf nun bezogen sind dies die Lernerfolge bei den Schülern. Dies ist freilich ein problematisches Kriterium. Dabei geht es sowohl um die Frage der Gütekriterien bei der Feststellung von Schulleistungen als auch darum, eine Vielzahl von Schülermerkmalen zumindest statistisch zu kontrollieren.

Auch sind die vielen Einflussfaktoren, die neben dem Lehrer für Schülerleistungen verantwortlich sind, zu berücksichtigen. Zur Identifikation von Experten sind große Untersuchungsstichproben notwendig, was in der Forschungspraxis kaum zu realisieren ist. Außerdem sind Expertenstudien mit großem Aufwand verbunden, da Lehrerwissen kaum anders als über individuelle Interviews und Beobachtungen erhoben werden kann.

Zur Reduzierung des empirischen Aufwands werden zur Identifizierung auch externe Kriterien herangezogen: In der Praxis üblich sind Beurteilungen durch Kollegen, Vorgesetzte oder Schüler. Bei Beurteilungen durch Vorgesetzte ist zu bedenken, dass diese durch die Auswahl an Dienstjahren überlagert werden können. Als Qualitätskriterium für Berufserfahrung und damit als Expertisekriterium kann auch die Anzahl und erfolgreiche Teilnahme an Fortbildungsveranstaltungen genommen werden. Allgemeiner Konsens besteht, dass ein einziges Kriterium zur Identifizierung kaum ausreichen dürfte.

Als gesichert darf man annehmen, dass sich zwischen Novizen und Experten in Bezug auf die Wissensrepräsentation zwar qualitative Unterschiede zeigen, dass aber kein sprunghafter Übergang gemäß einem Alles-oder-Nichts-Prinzip in der Entwicklung von Expertise anzunehmen ist. Eher ist von einer kontinuierlichen Zunahme auszugehen (vgl. Gruber 1994, S.72). Gruber konstatiert (dort in Bezug auf Schachexperten, aber auch in unserem Zusammenhang bedeutsam): „... sie [die Experten] stellten durchaus bisweilen auch „Novizenfragen", wenn sie ihnen dienlich waren. Experten gingen also nicht grundsätzlich anders vor als Novizen, sondern sie gingen *auch* anders vor" (S.172).

(c) Kennzeichen von hoch fähigen Lehrern

(1) *Unterschiedliche kategoriale Wahrnehmung von Unterrichtssituationen.* Die grundlegenden Einheiten, mit denen Unterrichtssituationen aufgefasst und interpretiert wurden, waren anders beschaffen. Die Experten verfügten z. B. über Konzepte typischer Unterrichtsereignisse, unterrichtsmethodische Maßnahmen und dazugehörige Arbeitsaktivitäten der Schüler und achteten weniger auf äußerliche, für den Aktivitätsfluss unwesentliche Details. Während die Anfänger beobachtbare Details der Bilder wiedergaben, wie z.B. die Haarfarbe der Schüler und ihre genaue räumliche Anordnung im Klassenzimmer oder die Unterrichtsmaterialien, hatten die Experten eher einen Begriff von der ganzen Klasse, sie gingen von komplexeren und abstrakteren Analyseeinheiten aus, die über einzelne Unterrichtsepisoden hinausreichten.

(2) *Stabil-flexibles Verfolgen von Zielen.* Ein weiterer empirischer Befund betrifft die Flexibilität der Handlungen bei Experten. Leinhardt und Greeno (1986) berichten, dass Experten situationsangemessen ein elaboriertes Repertoire von Handlungszielen verfolgen. Konkrete Ziele im Unterricht sind beispielsweise das Überprüfen von Hausaufgaben bei allen Schülern, die Darbietung eines mathematischen Algorithmus oder das Anbieten von Übungsaufgaben. Wenn diese Ziele auch für alle Experten charakteristisch sind (stabil), so verfolgten sie diese doch je nach Situation und auftretender Schwierigkeit unterschiedlich (flexibel). Außerdem verfolgten Experten im Vergleich zu Anfängern gleichzeitig eine größere Zahl von unterschiedlichen Teilzielen.

(3) *Routiniertes und flexibles Handeln.* Flexibilität setzt auch Routinen voraus; mit anderen Worten, viele der notwendigen Lehrfertigkeiten werden ohne bewusste Entscheidungen durchgeführt. Wie

bei jeder komplexen Tätigkeit erleichtern praktizierte Routinen das Handeln und sind notwendige Voraussetzungen, um Ziele zu setzen, Feinabstimmungen durchzuführen und gleichzeitig andere Ziele zu überlegen. Routiniertes Handeln ist weitgehend domänspezifisch und wird vom Ausmaß früherer Erfahrung bestimmt.

(d) Wissensbereiche

In Anlehnung an Shulman (1986) können im Kontext Schule die folgenden Wissensbereiche eines Lehrers akzentuierend unterschieden werden:

(1) *Inhaltswissen*. Es umfasst das gesamte Fachwissen des zu unterrichtenden Schulfachs (beispielsweise das Wissen über Mathematik bei Mathematiklehrern).

(2) *Curriculares Wissen*. Hier handelt es sich um eine Sonderform des Inhaltswissens, die nicht identisch mit dem wissenschaftlichen Fachwissen oder dessen Anfangsgründen ist. Die Lerninhalte bilden einen eigenen Kanon von Wissen. Die Schulfächer haben in ihrem fachlichen Aufbau innerhalb der Klassenstufen und über diese hinweg eine eigene Logik, in die auch Zielvorstellungen über Schule und Unterricht eingehen und äußere Bedingungen (z. B. verfügbare Stundenzahlen) sowie Auffassungen über Eigenarten der Lerner Berücksichtigung finden. Eine Unterscheidung zwischen Inhaltswissen und curricularem Wissen ist wichtig, da die Erfordernisse des Curriculums in Konflikt mit den Vorstellungen der Lehrer kollidieren können, die sich in erster Linie als kompetente Vertreter ihres Faches verstehen.

(3) *Philosophie des Schulfachs*. Hier geht es um die Überzeugungen über den Sinn und Zweck eines Schulfachs im schulischen und außerschulischen Zusammenhang. Die Philosophie des Schulfachs ist auch ein impliziter Unterrichtsinhalt. Im Mathematikunterricht beispielsweise lernen die Schüler, ob ihr Lehrer der Überzeugung ist, dass der Kern der Mathematik aus Operationen mit einer klar, vorab definierten Sprache besteht, oder aus wechselseitigen Beziehungen verwendeter Zeichen oder dass Mathematik vorrangig ein Werkzeug zur Beschreibung der Wirklichkeit ist.

(4) *Pädagogisches Wissen*. Darunter ist fächerübergreifendes Wissen über die Gestaltung des Unterrichtsablaufs, die gemeinsame Stoffentwicklung, die Strukturierung von Unterrichtszeit und über das Klassenmanagement (Aufrechterhaltung von Disziplin) zu verstehen, ebenso wie Wissen über allgemeine Lehrmethoden, den Einsatz von Medien und Sozialformen des Unterrichts. Ähnlich wie das stoffbezogene Fachwissen kann man das pädagogische Wissen in zwei Teilbereiche untergliedern, den Teilbereich des pädagogischen Wissens im engeren Sinn, bei dem es um empirisch getestete Fakten, Gesetzmäßigkeiten oder Techniken geht, und den Teilbereich, bei dem es um Aspekte einer pädagogischen Philosophie geht. Hierher gehören beispielsweise die Auffassungen über Schulkultur und deren Entwicklung, Erziehungsziele sowie das pädagogische Ethos.

(5) *Fachspezifisch-pädagogisches Wissen*. Die logische Struktur des Unterrichtsstoffes erlaubt per se noch keine Entscheidung über die beste Art zu unterrichten. Empirische Unterrichtsanalysen zeigen große Unterschiede im didaktischen Zugang verschiedener, jedoch ähnlich erfolgreicher Lehrer auf, selbst beim Unterrichten desselben Unterrichtsstoffes. Dies zeigt, wie hoch individualisiert das Wissen von Expertenlehrern sein kann. Während eines Berufslebens kann es zu einer zunehmenden Integration allgemeinen pädagogischen, didaktischen und psychologischen Wissens und eigener spezifischer Unterrichtserfahrungen kommen.

(e) Bewertung

Das Alltagsverständnis des Expertenbegriffs verbindet dieses Konzept häufig mit solchen Bedingungen erfolgreicher beruflicher Tätigkeit, die nicht dem Lehrer als „Persönlichkeit" im engeren Sinne zugerechnet werden, nämlich umfassendes Wissen, effizientes Handeln und technische Rationalität. Der Begriff „Experte" impliziert eine Spezialisierung, die bei Lehrern nicht vermutet wurde und er wurde von einem Teil der Befragten ganz explizit in Kontrast zu 'persönlichen Qualitäten' gesehen, von denen die Probanden vermuten, dass sie die soziale Beziehung zwischen Lehrern und Schülern wesentlich bestimmen.

Es soll hier betont werden, dass das professionsbezogene Wissen immer in die personale Entwicklung einer Lehrkraft integriert sein muss. Unterrichtskompetenz sollte nicht unabhängig vom personalen Hintergrund gesehen werden. Und dennoch können die empirischen Forschungen zum Expertentum zu einer detaillierten Beschreibung und Erforschung der Habitualisierung erzieherischen Handelns fruchtbar gemacht werden.

3 Beziehungsgeflecht zwischen Lehrerkognitionen und Lehrerhandeln

Lehrerkognitionen zu betrachten, macht nur dann Sinn, wenn man sie als Bedingungen und nicht nur als Begleitphänomen unterrichtlichen Handelns betrachten kann. Dabei darf man sich das Verhältnis wiederum nicht monokausal vorstellen. „Action is steered by knowledge, and knowledge is confirmed or changed through action" (v. Cranach 1992, S.13). Die Sichtung der Literatur zeigt, dass Studien, in denen Lehrerhandeln und handlungsleitende bzw. handlungsbegleitende Kognitionen erhoben und auch aufeinander bezogen werden, relativ selten sind (vgl. Synopse in Haag 1999).

Hier sollen zwei Untersuchungen aufgeführt werden, die das sich gegenseitig bedingende Beziehungsgeflecht zwischen Wissen und Handeln aufdecken können.

(1) Weinert, Helmke und Schrader (1992) zeigten, wie fruchtbar es ist, die beiden theoretischen Konzeptionen des Expertenansatzes („master teacher") und des allgemeinen Lehrmodells („teaching model") zu verknüpfen. Sie entwarfen ein Modell der Unterrichtsexpertise, das von drei getrennten Strukturkomponenten ausgeht: Lehrerexpertise (Wissenskomponente), Lehrkompetenz (Qualität des unterrichtlichen Handelns) und Lehrerfolg. Basierend auf Daten der Münchener SCHOLASTIK-Studie konnte empirisch nachgewiesen werden, dass Lehrer- und Unterrichtsvariablen, die sowohl verhaltensnah (Klassenführung und unterrichtsmethodische Kompetenz als Komponenten des unterrichtlichen Handelns) als auch verhaltensfern (diagnostische Kompetenz und Sachwissen als Wissenskomponenten) operationalisiert werden, zur Vorhersage des Lernerfolgs der Schüler und Schülerinnen beitragen.

(2) Im konkreten Praxisfeld Gruppenunterricht konnte der Nachweis der Wissensbasis subjektiver Theorien als einer Sonderform von Lehrerkognitionen für unterrichtliches Handeln erbracht werden (Haag & Dann 2001). Qualitätsmerkmale von Gruppenunterricht wurden über beobachtbare Unterrichtsvariablen und Wissensstrukturen, d.h. Können und Wissen der Lehrkräfte, bestimmt. Der traditionelle variablenzentrierte Forschungsansatz der Lehr-Lern-Forschung wurde dabei durch einen personorientierten ergänzt. Bei zehn Lehrkräften wurden 40 Gruppenunterrichtssequenzen audiovisuell aufgezeichnet und transkribiert. Die subjektiven Theorien dieser Lehrkräfte wurden als Handlungswissen mit einem Dialog-Konsens-Verfahren rekonstruiert. Nach entsprechender Aufbereitung ließen sich beide Datensätze hypothesenorientiert verknüpfen. Es konnte gezeigt werden, dass die subjektiven Theorien der Lehrkräfte, die erfolgreichen Gruppenunterricht durchführen, formal hinreichend entfaltet und auch inhaltlich von besonderer Qualität sind. Umgekehrt waren Lehrkräfte ohne diese kognitiven Voraussetzungen nicht in der Lage, einen qualitativ hochwertigen Gruppenunterricht zu praktizieren.

Abschließend soll hier betont werden, dass die Frage des Beziehungsgeflechtes von Wissen und Handeln keine rein wissenschaftliche ist, sie betrifft auf höherer Ebene das Theorie-Praxis-Problem, ein heute in der Lehrerausbildung wieder aktuell diskutiertes Thema.

Literatur

Bauer, K.-O., Kopka, A. & Brindt, S. (1996): Pädagogische Professionalität und Lehrerarbeit. Eine qualitativ empirische Studie über professionelles Handeln und Bewusstsein. Weinheim: Juventa. – Bromme, R. (1992): Der Lehrer als Experte. Zur Psychologie des professionellen Wissens. Bern: Huber. – Bromme, R. (1997): Kompetenzen, Funktionen und unterrichtliches Handeln des Lehrers. In: Weinert, F. E. (Hrsg.): Psychologie des Unterrichts und der Schule. Enzyklopädie der Psychologie, Pädagogische Psychologie, Bd. 3. Göttingen: Hogrefe, 177-212. – Cranach, M. v. (1992): The multi-level organization of knowledge and action – an integration of complexity. In: Cranach, M. v., Doise, W. & Mugny, G. (Eds.): Social representations and the social bases of knowledge. Lewiston: Hogrefe & Huber, 10-22. – Dann, H.-D. (2000): Lehrerkognitionen und Handlungsentscheidungen. In: Schweer, M. K. W. (Hrsg.): Lehrer-Schüler-Interaktion. Opladen: Leske und Budrich, 79-108. – Doyle, W. (1977): Paradigms for research on teacher effectiveness. In: Shulman, L. (Ed.): Review of Research in Education, Vol. 5. Itasca, IL: Peacock, 163-198. – Gruber, H. (1994): Expertise. Modelle und empirische Untersuchungen. Opladen: Westdeutscher Verlag. – Haag, L. (1999): Die Qualität des Gruppenunterrichts im Lehrerwissen und Lehrerhandeln. Lengerich: Pabst. – Haag, L. & Dann, H.-D. (2001): Lehrerhandeln und Lehrerwissen als Bedingungen erfolgreichen Gruppenunterrichts. In: Zeitschrift für Pädagogische Psychologie, 15, 5-15. – Hertramph, H. & Herrmann, U. (1999): „Lehrer" – eine Selbstdefinition. In: Carle, U. & Buchen, S. (Hrsg.): Jahrbuch für Lehrerforschung, Band 2. München: Juventa, 49-72. – Leinhardt, G. & Greeno, J. G. (1986): The cognitive skills of teaching. In: Journal of Educational Psychology, 7, 75-95. – Lichtenstein, E. (1970): Der Ursprung der Pädagogik im griechischen Denken. Hannover: Schroedel. – Shulman, L. S. (1986): Those who understand: Knowledge growth in teaching. In: Educational Researcher, 15, 4-14. – Spranger, E. (1958): Der geborene Erzieher. Heidelberg: Quelle und Meyer. – Weinert, F. E. (1996): 'Der gute Lehrer', 'die gute Lehrerin' im Spiegel der Wissenschaft. In: Beiträge zur Lehrerbildung, 14, 141-151. – Weinert, F. E., Helmke, A. & Schrader, F.-W. (1992): Research on the model teacher and the teaching model. In: Oser, F. K., Dick, A. & Patry, J.-L. (Eds.): Effective and responsible teaching. San Francisco, CA: Jossey Bass, 249-260.

105| Belastung im Lehrerberuf
Uwe Schaarschmidt

1 Lehrerbelastung – ein wichtiges Thema

Auf Lehrerinnen und Lehrer bezogene pädagogische und psychologische Untersuchungen sollten sich nicht allein auf deren Rolle im Kontext von Lehr- und Lernprozessen beziehen. Aufmerksamkeit muss auch der Frage gelten, wie die Auseinandersetzung mit den lehrerspezifischen Anforderungen auf die Betreffenden selbst zurückwirkt, wie es im Schulalltag um die Belastung (engl. *teacher demands*, auch: *teacher stress and burnout*), d.h. die ungünstigen Emotionen und Befindlichkeiten der Lehrerinnen und Lehrer bestellt ist, kurzum: welche gesundheitsrelevanten Auswirkungen die Lehrertätigkeit hat. Es gilt zu bedenken, dass eine hohe Qualität des Lehrens und Lernens auf Dauer nur mit psychisch gesunden Lehrern gewährleistet werden kann, d.h. mit Lehrern, die sich mit Zufriedenheit, Engagement und Widerstandsfähigkeit den Anforderungen ihres Berufes stellen.

2 Untersuchungen zur Lehrergesundheit

Frühere Untersuchungen zur Lehrergesundheit (engl. *teacher health*) waren gewöhnlich darauf ausgerichtet, Belastungseffekte in Form von psychischen und körperlich-funktionellen Beeinträchtigungen zu erfassen, sie mit den schulischen Arbeitsbedingungen in Zusammenhang zu bringen und von daher auf die Beanspruchungssituation der Lehrer zu schließen. In diesem Sinne standen zunächst Publikationen zu „Lehrerstress" und „Lehrerangst" im Vordergrund (vgl. u.a. die Übersichten bei Weidenmann 1984; Rudow 1994). Dabei wiesen das Verständnis und die Operationalisierbarkeit beider Konzepte große Unterschiede auf, was die Vergleichbarkeit und theoretische Verallgemeinerung dieser Befunde z. T. erschwert. In den achtziger Jahren mehrten sich insbesondere in der angloamerikanischen Literatur die Arbeiten zum „Burnout-Syndrom". Der Lehrerberuf wurde dabei (i. S. Freudenbergers 1974) als Prototyp der helfenden und einseitig gebenden Berufe und damit als besonders burnoutgefährdet betrachtet. Für den deutschsprachigen Raum sei die einschlägige Publikation von Barth (1992) erwähnt. Die meisten dieser Arbeiten zeichneten ein wenig erfreuliches Bild. Sie kamen zu dem Schluss, dass die Berufsgruppe der Lehrerinnen und Lehrer unter dem Gesichtspunkt der psychischen Gesundheit (engl. *mental health*) als eine Risikopopulation zu betrachten ist.

Die ausschließliche Analyse von Beeinträchtigungen und Schädigungen ist jedoch nicht ausreichend. Der „salutogenetische Ansatz" überwindet diese symptomorientierte Erfassung, in dem individuelle und soziale Ressourcen, Hilfen und Schutzfaktoren für die gesundheitsförderliche Bewältigung der Anforderungen berücksichtigt werden (Antonovsky 1987; Becker 1995). Diese Perspektive ist vor allem deshalb wichtig, weil sie nicht auf die Korrektur bereits vorliegender Störungen und Beschwerden, sondern auf die gezielte und wirksame Prävention (über die Nutzung von Ressourcen) ausgerichtet ist.

Mehrere jüngere Arbeiten zur Lehrerbelastung verfolgen einen solchen ressourcenorientierten Ansatz. Stellvertretend seien die Untersuchungen zur Selbstwirksamkeitserwartung erwähnt, worunter die subjektive Überzeugung verstanden wird, Anforderungen und Schwierigkeiten des Lebens aufgrund persönlicher Kompetenzen bewältigen zu können (Jerusalem 1990; Schwarzer 1997). Den Ergebnissen dieser Studien zufolge fördert das Selbstwirksamkeitserleben von Lehrern die Stressbewältigung, beugt dem Burnout vor und steigert das Wohlbefinden sowie die Berufszufriedenheit (vgl. auch Schmitz 1998). In ähnlichem Zusammenhang sind die Untersuchungen einzuordnen, die van Dick, Wagner & Petzelt (1999) zum Einfluss von Kontrollüberzeugungen und sozialer Unterstützung auf die Belastungsbewältigung im Lehrerberuf durchführten. Ihre Befunde machen deutlich, dass internale Kontrollüberzeugung (d.h. die Erwartung, die Konsequenzen des eigenen Handelns aktiv beeinflussen zu können) und das Erleben sozialer Unterstützung u.a. mit einer deutlichen Verringerung körperlich-funktioneller Beschwerden einhergehen.

Schaarschmidt und Fischer (2001) sowie Schaarschmidt (2004) gehen der Frage nach, wie im berufsbezogenen Verhalten und Erleben von Lehrerinnen und Lehrern zum einen Gesundheitsressourcen und zum anderen Gesundheitsrisiken zum Ausdruck kommen. Erfasst werden Merkmale des *Arbeitsengagements*, der *Widerstandsfähigkeit* gegenüber Belastungen und der arbeitsbezogenen *Emotionen*. Unter Beachtung dieser Bereiche lassen sich vier Muster beruflichen Verhaltens und Erlebens unterscheiden:

– *Muster G* - Gesundheit: hohes, aber nicht überhöhtes Engagement, Belastbarkeit und Zufriedenheit (engl. *„Healthy-ambitious Type"*)
– *Muster S* - Schonung: reduziertes Engagement, Ruhe und Gelassenheit sowie relative Zufriedenheit (engl. *„Unambitious Type"*)
– *Risikomuster A* - Selbstüberforderung: exzessive Verausgabung und verminderte Erholungsfähigkeit, Einschränkung der Belastbarkeit und Zufriedenheit (engl. *„Excessively-ambitious Type"*)
– *Risikomuster B* - Resignation: reduziertes Engagement bei geringer Erholungs- und Widerstandsfähigkeit, Unzufriedenheit und Niedergeschlagenheit (engl. *„Resigned Type"*).

Unter Bezug auf die Musterdifferenzierung sind folgende Ergebnisse festzuhalten (vgl. Schaarschmidt 2004):
(1) Regionen- und schultypübergreifend treten wenige G-Muster (in der Regel deutlich unter 20%), dafür aber viele A- und B-Muster auf (pro Muster um die 30%). In anderen Berufsgruppen lässt sich

kein derart hoher Anteil von Risikomustern feststellen. Insgesamt ist also ein bedenkliches Ausmaß an Gesundheitsgefährdung zu konstatieren.

(2) Als die belastendsten Bedingungen werden von den Lehrern aller Regionen das Verhalten schwieriger Schüler, große Klassen und hohe Stundenzahlen genannt. Als ein gewichtiger Faktor möglicher Entlastung erweist sich das Erleben sozialer Unterstützung im Kollegium.

(3) Die Betrachtung der Altersabhängigkeiten weist auf eine progressive Verschlechterung der Beanspruchungssituation über die Berufsjahre hin. Dabei sind für die Frauen die noch deutlicheren Beeinträchtigungen festzustellen.

(4) Zu beachten ist auch, dass bereits bei den Studierenden des Lehramtes eine relativ ungünstige Musterkonstellation vorgefunden wird (höherer B- und S-Anteil als bei Studierenden anderer Fächer).

3 Weitere Aufgaben für Forschung und Praxis

Die weitere Forschung orientiert sich somit an einer zweifachen Perspektive. Zu untersuchen ist, wie am wirksamsten auf die Veränderung der Belastungsverhältnisse und ebenso wie auf die Gesundheitsförderung im Lehrerberuf Einfluss zu nehmen ist. Das erfordert ein breites Spektrum verhältnis- und personenbezogener Maßnahmen und deren wissenschaftliche Evaluierung (vgl. Schaarschmidt 2004):

Erstens geht es um Veränderungen in Rahmenbedingungen des Berufs. Für notwendig erachten wir u.a. die breitere gesellschaftliche Unterstützung der Lehrerschaft in den Erziehungs- und Bildungsaufgaben, die Gewährleistung von mehr Selbstbestimmung, Ruhe und Kontinuität in der schulischen Arbeit, die Verstärkung des Anteils jüngerer Lehrer und die Ermöglichung beruflicher Alternativen für diejenigen, die den spezifischen Anforderungen der Schule nicht mehr gewachsen sind.

Zweitens gilt es, an konkreten Arbeitsbedingungen im schulischen Alltag anzuknüpfen. Die Aufgaben erstrecken sich hier von der Schaffung zumutbarer Klassengrößen bis hin zur Gestaltung einer Schulkultur, die durch Gemeinsamkeit und gegenseitige Unterstützung gekennzeichnet ist.

Drittens geht es um Schlussfolgerungen, die das Vorfeld der Berufstätigkeit betreffen, d. h. das Studium und die Studienorientierung. Sowohl unter dem Gesichtspunkt der späteren Leistungsfähigkeit als auch unter dem der Gesundheitsvorsorge ist bei der Vorbereitung auf den Lehrerberuf der Entsprechung von Eignungs- und Anforderungsprofil stärkere Beachtung zu schenken.

Viertens ist für Lehrerinnen und Lehrer mit bereits fortgeschrittenem Belastungserleben konkrete psychologische und medizinische Hilfe zu gewährleisten. Dazu bedarf es der Entwicklung eines qualifizierten Beratungs- und Betreuungssystems. Aber klar ist auch, dass der Schwerpunkt der Prävention im Vorfeld liegen muss, nämlich bei der Veränderung der Bedingungen, von denen die stärksten Gesundheitsrisiken ausgehen.

Literatur

Antonovsky, A. (1987): Unraveling the mystery of health. How people manage stress and stay well. San Francisco, CA: Jossey-Bass. – Barth, A. R. (1992): Burnout bei Lehrern. Göttingen: Hogrefe. – Becker, P. (1986): Theoretischer Rahmen. In: Becker, P. & Minsel, B. (Hrsg.): Psychologie der seelischen Gesundheit, Bd. 2. Persönlichkeitspsychologische Grundlagen. Göttingen: Hogrefe, 1-90. – Freudenberger, H. J. (1974): Staff burn-out. In: Journal of Social Issues, 30, 159-165. – Jerusalem, M. (1990): Persönliche Ressourcen, Vulnerabilität und Stresserleben. Göttingen: Hogrefe. – Rudow, B. (1994): Die Arbeit des Lehrers. Bern: Huber. – Schaarschmidt, U. & Fischer, A. W. (2001): Bewältigungsmuster im Beruf. Göttingen: Vandenhoeck & Ruprecht. – Schaarschmidt, U. (Hrsg.) (2004): Halbtagsjobber? Psychische Gesundheit im Lehrerberuf. Analyse eines veränderungsbedürftigen Zustandes. Weinheim: Beltz. – Schmitz, G. (1998): Entwicklung der Selbstwirksam-keitserwartungen von Lehrern. In: Unterrichtswissenschaft, 26 (2), 140-157. – Schwarzer, R. (1997): Ressourcen aufbauen und Prozesse steuern: Gesundheitsförderung aus psychologischer Sicht. In: Unterrichtswissenschaft, 25 (2), 99-112. – van Dick, R., Wagner,

U. & Petzelt, T. (1999): Arbeitsbelastung und gesundheitliche Beschwerden von Lehrerinnen und Lehrern: Einflüsse von Kontrollüberzeugungen, Mobbing und Sozialer Unterstützung. Psychologie in Erziehung und Unterricht, 46, 269-280. – Weidenmann B. (1984): Psychische Belastung von Lehrern – ein kritischer Überblick über neuere empirische Arbeiten. In: Ingenkamp K. (Hrsg.) (1984): Sozial-emotionales Verhalten in Lehr-Lern-Situationen. Landau: Erziehungswissenschaftliche Hochschule, 140-153.

8 Lernen und leisten

106| Diagnostische Aufgaben und Kompetenzen von Lehrkräften
Reinhold S. Jäger

1 Einordnungen in die Thematik und Definitionen

Es ist selbstverständlich, dass in unserer westlich orientierten Gesellschaft von einem Leistungserbringer Perfektion in seinem Handeln verlangt wird. Diese Perfektion wird nicht nur bei Dienstleistungen erwartet, sondern auch ebenso in der Produktion. Mit Hilfe von Standards und Normen wird hierbei der Versuch unternommen, möglicher Diskrepanzen zwischen den Erwartungen und der Realität Herr zu werden.
Dass nunmehr seit geraumer Zeit statt des Qualifikationsbegriffes im Sinne von Schlüsselqualifikationen der Begriff Kompetenzen (engl. *competence*) im Vordergrund steht, hat zwar einerseits mit der Dynamik innerhalb der Wirtschaft zu tun, andererseits aber auch mit der Tatsache, dass nicht durch jede Qualifikation auch der Grad an Kompetenz erreicht wird, der heute an der jeweiligen Stelle der Berufsausübung notwendig ist. Was hier für die Wirtschaft gilt, hat gleichermaßen für den Bildungsbereich Bedeutung. In der Lehrerbildung wird insbesondere der Diagnostik ein durchweg höherer Stellenwert zugeschrieben und damit eine Steigerung der z.T. eher geringen diagnostischen Kompetenzen intendiert (Schrader 1989, 2002).
Jäger (2004, S. 77) gibt eine – auch für Lehrer geltende – Aufgabenbeschreibung: „Ein Diagnostiker ist eine Person, die diagnostische Daten über andere Personen, aber auch Institutionen, Situationen oder Sachen gewinnt, diese zu einem Datum – dem Urteil – verdichtet und anschließend in eine Entscheidung umsetzt". Diagnostizieren im engeren Sinne umschreiben Jäger & Petermann (1999, S. 11) wie folgt: „Diagnostik besteht im systematischen Sammeln und Aufbereiten von Informationen mit dem Ziel, Entscheidungen und daraus resultierende Handlungen zu begründen, zu kontrollieren und zu optimieren. Solche Entscheidungen und Handlungen basieren auf einem komplexen Informationsverarbeitungsprozess. In diesem Prozess wird auf Regeln, Anleitungen, Algorithmen usw. zurückgegriffen. Man gewinnt damit pädagogisch-psychologisch relevante Charakteristika von Merkmalsträgern und integriert gegebene Daten zu einem Urteil (Diagnose, Prognose). Als Merkmalsträger gelten Einzelpersonen, Personengruppen, Institutionen, Situationen, Gegenstände etc.".

2 Historische Entwicklung

Lehrkräfte nehmen das Prüfungsrecht wahr. Dabei wird von der Prämisse ausgegangen, dass diese die entsprechenden Kompetenzen haben, dieses Recht und die Pflicht nach den Regeln der Kunst wahrzunehmen. Die zunehmende Verrechtlichung des Schulalltags, aber auch entsprechende Untersuchungen zur Kompetenz von Lehrkräften (s. Schrader 1989) haben es notwendig gemacht darüber zu reflektieren, auf welche Weise die Diskrepanz zwischen zu erfüllenden Aufgaben einerseits und vorhandenen Kompetenzen andererseits zu überwinden ist.
Mit der Entwicklung der Intelligenzmessung Anfang des 20. Jahrhunderts wurde die Voraussetzung geschaffen, die instrumentelle Seite abzudecken. In Deutschland hat aber erst der Leipziger Lehrerverein (s. Ingenkamp 1990) wichtige Werke zur Schülerbeurteilung vorgelegt. Erst nach dem zweiten Weltkrieg kam mit dem reeducation act der Siegermacht Amerika eine Wende dadurch zustande, dass Lehrkräfte und Erziehungswissenschaftler mit dem amerikanischen System des Testens in der Schule vertraut gemacht wurden. Durch die Reihe „Deutsche Schultests" entstand dann ab den 60er Jahren des vorherigen Jahrhunderts ein Zugang, der zu einer Objektivierung beitragen sollte. Der zunehmenden Testkritik in den 70er Jahren und dem Verschwinden der Pädagogischen Diagnostik aus dem Repertoire der Lehre an den deutschen Universitäten folgte in den 80er Jahren durch die Entwicklung von Hochschuleingangstests ein erster Versuch, die diagnostischen Leistungen von Lehrkräften zumindest zu ergänzen. Mit den ersten Ergebnissen aus PISA 2000 wurde dann die diagnostische Kompetenz von Lehrkräften deutlich hinterfragt. Sie ist – so das Urteil vieler Fachleute – so gering ausgeprägt, dass den Bedingungen der Lernenden eher nicht entsprochen werden kann.

3 Diagnostische Aufgaben

In der konkreten Situation des Unterrichts fällt ein breites Spektrum von diagnostischen Aufgaben an (vgl. Jäger 2004, S. 80), das die folgende Auflistung inventarisiert, nicht jedoch systematisiert. Dabei fällt auf, dass es sich hierbei um Aufgaben handelt, die einen einzelnen Schüler/eine einzelne Schülerin betreffen und/oder den Klassenkontext, ebenso aber auch unterschiedliche Zielgruppen wie Eltern, Schüler oder eine Klasse.

1. Vergabe von Zensuren
2. Bewertung vorgegebener Daten, z.B. Rechtschreibung
3. Einordnen einer Leistung in einen Gesamtkontext
4. Aussage über den Besuch weiterführender Schulen
5. Aussage über den Besuch einer Fördermaßnahme
6. Aussage, dass ein Schüler wegen erheblicher fachlicher Mängel eine Klasse wiederholen muss
7. Aussage über die Nichteignung zum Studium
8. Rat bei der Fächerwahl
9. Rat zur beruflichen Eignung einer Auszubildenden
10. Bewertung des eigenen Unterrichts
11. Bewertung des Lernzuwachses im Berufsunterricht
12. Aussagen über den Grad, Lernziele erreicht zu haben
13. Rat an die Eltern (nach einer diagnostischen Abklärung), wie die besondere Begabung zu fördern ist
14. Rat für die Eltern (nach einer diagnostischen Abklärung) bei Verhaltensproblemen
15. Aussage über die Schulreife
16. Aussage über das Klassenklima

Nunmehr stellt sich die Frage, was das Diagnostizieren und Unterricht (engl. instruction) bzw. Unterrichtsentwicklung miteinander verbindet. Horster & Rolff (2001, S. 9) stellen für die Unterrichtsentwicklung fest: „Prinzipiell sind mindestens sechs Ausgangspunkte für die Unterrichtsentwicklung denkbar: Erstens: Vom Lehrer selbst, seinen subjektiven Vorstellungen von Unterricht sowie seinem Handwerkszeug; zweitens von Lerntheorien und deren Stand und Bedeutung für die Unterrichtsgestaltung; drittens den Inhalten, welche die Schülerinnen und Schüler lernen sollen (z.B. als Qualifikation zur Bewältigung künftiger Lebenssituationen); viertens der allgemeinen Didaktik, also der Theorie des Lernens durch Unterricht; fünftens der Fachlichkeit, deren Inhaltlichkeit und geeigneter Vermittlungsform; und sechstens dem Schulcurriculum bzw. Schulprogramm, das Leitlinien für den gesamten Unterricht einer Schule enthält." Alle genannten Sachverhalte dienen letztendlich dazu, die Unterrichtsqualität (vgl. Helmke 2004) zu steigern und damit den Erfolg für die Lernenden zu sichern. Unter dieser Perspektive kann allgemein festgehalten werden, dass überall dort, wo mittelbare oder unmittelbare Rückmeldungen dafür notwendig sind, Verbesserung der Unterrichtsqualität zu intendieren, diagnostische Funktionen der jeweiligen Lehrkraft gefordert sind. Helmke & Hosenfeld (2004) verweisen hierbei auf den sich vollziehenden Paradigmenwechsel in der Bildungspolitik, indem sie auf die Notwendigkeit der empirischen Wende in der Schule hinweisen und der lerndiagnostischen Kompetenz der Lehrkräfte eine zentrale Rolle zuweisen. Alles in allem belegen diese Positionen die Bedeutung diagnostischer Aufgaben und Kompetenzen der Lehrkräfte für die Weiterentwicklung von Unterricht und Schule (s. Helmke 2004, Jäger 2004, Schrader 1989, 2002).

4 Unterrichten, diagnostische Aufgaben und Kompetenzen

Keine andere Institution bietet in einem organisatorischen Rahmen so viele Möglichkeiten zum Wissenserwerb wie die Schule. Der zeitlich organisierte Ort ist der Unterricht. Mit dem Begriff Unterricht wird ein zeitlich begrenzter Ausschnitt in der Schule verstanden, bei dem mit pädagogischer Absicht und intentional betrieben von professionell tätigen Personen (Lehrkräfte) Lernenden die Chance vermittelt wird, Lernprozesse zu beginnen, sie zu vertiefen und zu erweitern. Hierbei wird die jeweilige Lernumgebung genutzt, verändert und verbessert, um den Lernerfolg von Einzelnen oder Gruppen zu steigern. Die Lernumgebung wird dabei als eine Konfiguration von Unterrichtsmethoden, Unterrichtstechniken, Lernmaterialen und Medien (s. Reinmann-Rothmeier & Mandl 2001, S. 603f) verstanden, in welcher die Interaktion aus Lehrer, Schüler und Lerngruppe einbezogen ist.

Verdeutlicht man den Prozess Unterrichtsentwicklung, so lässt sich dieser an Hand folgender Hauptschritte skizzieren:
– Unterrichtsvorbereitung: Entwicklung einer Unterrichtseinheit unter Berücksichtigung der jeweils gegebenen Bedingungen seitens der Schülerinnen und Schüler, der Lehrkraft sowie der Schulmerkmale und der fachlichen Inhalte. Hinsichtlich der diagnostischen Aufgaben gehört hierzu insbesondere das Erkennen der Wissensbasen auf Seiten der SchülerInnen, unter anderem auch das In-Erfahrung-Bringen der situativen Kontexte der Lerner, um auf deren Basis neue Lernerfahrungen „andocken" zu können.
– Durchführung: Sie bedeutet nicht, das einmal Vorbereitete im unterrichtlichen Kontext einfach „abzuspulen", sondern durch gezielte Frage-Strategien zu hinterfragen, ob bestimmte Lernergruppen dem vorgetragenen Duktus folgen können. Da gegebenenfalls durch innere Differenzierung unterschiedliche Unterrichtsangebote angeboten werden, müssen diagnostische Daten darüber vorliegen, welche Lerner, welches (Teil-)Angebot wahrnehmen sollen.
– Adaptation: Es würde jeglicher Erfahrung widersprechen, wenn ein zunächst erarbeitetes Un-

terrichtskonzept nicht bereits in der Durchführungsphase an die individuellen Voraussetzungen adaptiert werden müsste. Das bedeutet, dass die Lehrstrategien, die Instruktion, die Beispiele an die situativ gegebenen Bedingungen des Unterrichtsgeschehens angepasst werden. Auch hierzu besteht die Voraussetzung, die unbedingt notwendigen diagnostischen Fakten zu kennen.

- Evaluation: Sie hat die Aufgabe, die Frage zu beantworten, ob der Unterricht erfolgreich war. Selbstverständlich gehört die Akzeptanz als eine notwendige, keineswegs aber hinreichende Voraussetzung dazu. Unabdingbar ist aber der Erfolg, der sich im aktiven und transferierbaren Wissen vollzieht. Vielfach wurde in der Vergangenheit der Erfolg ausschließlich über die vergebenen Noten erfasst. Dass diese Einseitigkeit sehr kritisch zu bewerten ist, liegt in dem Umstand begründet, dass das erworbene Wissen nicht unabhängig von der Fähigkeit einer Lehrkraft zu lehren ist sowie ihren sonstigen Fähigkeiten und Fertigkeiten. Deshalb kommt in dieser Phase des Prozessmodells der Diagnostik der eigenen Lehrbefähigung, der eigenen Fähigkeiten und Fertigkeiten sowie dem erworbenen Wissen der Lernenden eine besondere Funktion zu.
- Revision: Jegliche Erfahrung, die nach der Unterrichtsvorbereitung gewonnen wurde, geht in eine Revision des ursprünglichen Unterrichtskonzepts ein. Sie kann formal als ein Urteil aufgefasst werden, das zunächst summativ und formativ zu ziehen ist und das nur auf der Basis von einzelnen Beobachtungen und Bewertungen zustande kommt. Mit Beobachtungen und Bewertungen werden diagnostische Funktionen angesprochen.

Lehrkräfte benötigen eine berufliche Handlungskompetenz, welche im Rahmen der Lehrerbildung erworben und gefestigt wird und die sich an Standards der Lehrerbildung ausrichtet (vgl. Oser 2001). Der Begriff Handlungskompetenz kann dabei, orientiert an Frey, Balzer & Renold (2002, S. 8), wie folgt beschrieben werden: „Wir verstehen unter beruflichen Kompetenzen körperliche und geistige Dispositionen im Sinne von Potentialen, die eine Person als Voraussetzung benötigt, um anstehende Aufgaben oder Probleme zielorientiert zu lösen, die gefundenen Lösungen zu bewerten und das eigene Repertoire an Handlungsmustern weiterzuentwickeln. Hierzu werden von einer Person fachliche, methodische und insbesondere soziale Kompetenzen benötigt".

Welches aber sind die diagnostischen Kompetenzen (engl. *diagnostic competences*), welche insbesondere für Lehrkräfte Bedeutung haben? Zunächst muss man von der Vorstellung ausgehen, dass die genannten Kompetenzen auf der Basis des deklarativen, prozeduralen und metakognitiven Wissens etabliert werden. Durch diese Konstruktion wird aber nicht erläutert, welche spezifischen diagnostischen Kompetenzen existieren und für den Lehreralltag gefordert werden. Welche Kompetenzen sind hierbei zu unterscheiden?

Wir unterscheiden insgesamt fünf verschiedene Arten, die als Wissensbasen ausformuliert sind (s. Jäger, 2004 S. 113ff):

- Kompetenzwissen: Hinter diesem Wissen verbirgt sich die Frage: „Wie kann ich als Lehrkraft diese Fragestellung überhaupt beantworten?" Kann eine Lehrkraft diese bestimmte Frage mit „Ja" beantworten, so verfügt sie demnach über das notwendige Kompetenzwissen. Die kritische Reflexion über ihr eigenes Wissen kann somit aber auch zur Aussage führen, dass nicht sie selbst, sondern vielleicht eine andere mit höherer Expertise oder gar ein ausgewiesener Experte aus der Schulpsychologie diese Frage beantwortet.

In der Realität des Schulalltags stellt man aber vergleichsweise häufig fest, dass vorschnell Schlüsse gezogen werden, z.B. darüber, dass ein Schüler nicht die notwendige Begabung habe, um eine weiterführende Schule zu besuchen, oder dass ein ADS-Syndrom vorliege, wodurch man erklären will, dass ein Schüler schlechte Schulleistungen erbringt. Hierbei liegt häufig eine Überforderung der Befähigungen einer Lehrkraft vor, weil die eigentlichen Voraussetzungen für ein sachgerechtes Diagnostizieren nicht gegeben sind. Die Konsequenzen sind für die Betroffenen fatal, weil sie in einen

Labeling-Prozess hineingeraten, der ohne externe Hilfe nur sehr schwer beseitigt werden kann.
– Das Bedingungswissen betrifft die Kenntnisse über die möglichen Bedingungen eines gegebenen Verhaltens. Fragen in diesem Zusammenhang sind: Wie ist es zu erklären, dass bei einer Schülerin plötzlich und ohne erkennbaren Grund ein Leistungsabfall zu verzeichnen ist? Wodurch kann erklärt werden, dass eine geringe Leseleistung zustande kommt? Was kann ich als Lehrkraft dafür tun, dass das selbstgesteuerte Lernen forciert wird?

Eine Lehrkraft sollte daher wissen, ob die Gründe gerechtfertigt sind, die sie als Erklärung für eine bestimmte Reaktion oder eine bestimmte Verhaltensweise eines Schülers präsentiert. Ein Nachweis der Rechtfertigung ergibt sich aus der Theorie. Eine Rechtfertigung würde sich dann ergeben, wenn empirische Untersuchungen einen entsprechenden Zusammenhang nachweisen oder wenn sich aus der Kumulierung von Einzelfällen ein empirischer Zusammenhang ableiten lässt. Hierzu kann das Prinzip der kumulativen Erfahrungsbildung herangezogen werden (Seidenstücker 1999, S. 490). Damit ist gemeint, dass aus ähnlich gelagerten Einzelfällen Schlussfolgerungen für das diagnostische, pädagogisch-psychologische Angehen bei künftigen Schülerinnen und Schülern dieser Gruppe gezogen werden.
– Technologisches Wissen: Dieses Wissen betrifft die für die Diagnostik wesentliche Frage, auf welche Art und Weise sich ein vermutetes Phänomen objektivieren lässt. Allein die Schülerleistung objektiv zu erfassen, ist bereits ein sehr aufwändiges Unterfangen. Hierbei kommen Beachtungsmethoden genauso in Frage wie mündliche und schriftliche Prüfungen oder aber auch Portfolioanwendungen (s. Jäger 2004). Grundlage der endgültigen Entscheidung muss sein, unter allen Alternativen diejenige auszuwählen, die mit Blick auf den Gegenstand zugleich messtechnisch die jeweils beste ist. Angesichts der Verrechtlichung der Schulwirklichkeit darf dabei die Frage der Justiziabilität nicht unterschätzt werden. Gerichte werden sich im Zweifelsfall auch an Normen halten, wie sie beispielsweise durch die DIN 33430 vorgegeben ist.
– Änderungswissen bezieht sich auf das Wissen, wie das Verhalten verändert werden kann. Insbesondere in der Schule existiert üblicherweise kein kumuliertes Wissen darüber, wie das Leistungsverhalten systematisch gefördert werden kann.

Ob allerdings eine entsprechende pädagogische Maßnahme oder ein Training Erfolg hat, wird erst unter dem Blickwinkel kumulativer Erfahrungsbildung (Seidenstücker 1999) entschieden werden. Um hierfür entsprechende Voraussetzungen zu realisieren, wurde innerhalb eines Projekts zur Ganztagsschule Rheinland-Pfalz eine Software konzipiert, welche diese Erfahrungsverwertung automatisiert (Konsortium der Universität Koblenz-Landau, 2004).
– Das Vergleichswissen ist bei einer Vielzahl von Tätigkeiten von Lehrpersonen von Bedeutung. Eine hervorgehobene Bewandtnis besitzt es im Zusammenhang mit der Frage: Wie ist eine Leistung eines bestimmten Schülers zu beurteilen?

5 Offene Forschungsfragen und Entwicklungsperspektiven

Die diagnostischen Aufgaben von Lehrkräften werden häufig verkannt und die faktischen diagnostischen Kompetenzen werden meist überschätzt. Es ist an der Zeit – orientiert an Standards – Voraussetzungen zu schaffen, damit Lehrkräfte in allen Kontexten des Unterrichts (echte) diagnostische Kompetenzen einbringen können, die nicht nur der Verbesserung der Unterrichtsqualität dienen, sondern letztendlich der Förderung der Lernenden zugutekommen.

Folgende Forschungsfragen und Entwicklungsperspektiven ergeben sich:
(1) Auf welche Art und Weise kann Lehrkräften aller Bildungsgänge die notwendige diagnostische Kompetenz vermittelt werden, damit in der Folge Fehlentscheidungen reduziert und Voraussetzungen für Fördermaßnahmen optimiert werden können?

(2) Wie können auf der Grundlage der jetzt bereits entstandenen oder noch entstehenden Bildungsstandards Kompetenzmodelle entstehen, so dass in der Folge des Einsatzes entsprechender diagnostischer Verfahren Hinweise auf Fördermaßnahmen abgeleitet werden können?
(3) Wie kann das diagnostische Instrumentarium der Pädagogischen Diagnostik genutzt werden, um frühzeitig zu erkennen, welche Voraussetzungen bei Lernenden fehlen oder welche Bedingungen zum Lernen (Konzentration, Aufmerksamkeit, Lesekompetenz etc.) hinderlich sind? Dabei geht es nicht nur um das Erkennen von Problemen, sondern ebenso um das Diagnostizieren von besonderen Begabungen.
(4) Schließlich ist ein essentielles Problem ebenso zu lösen: Wie sind Fördermaßnahmen für den Unterricht zu konzipieren, damit Lehrkräfte diese gezielt einsetzen und den Erfolg überprüfen können?

Literatur

Arbeitsgruppe Curriculare Standards Bildungswissenschaften (2004): Standards der Lehrerbildung. Curriculare Standards des Faches Bildungswissenschaften und Standards der Systementwicklung. Mainz: Ministerium für Wissenschaft, Weiterbildung, Forschung und Kultur des Landes Rheinland-Pfalz. – Frey, A., Balzer, L. & Renold, U. (2002): Kompetenzen in der Grundausbildung. Panorama, 2, 8-10. – Helmke, A. & Hosenfeld, I. (2004): Bildungsstandards und Unterrichtsqualität. Pädagogische Führung, 15, 173-176. – Helmke, A. (2004): Unterrichtsqualität: Erfassen, Bewerten, Verbessern. 3. Aufl. Seelze: Kallmeyersche Verlagsbuchhandlung. – Horster, L. & Rolff, H.-G. (2001): Unterrichtsentwicklung. Grundlagen, Praxis, Steuerungsprozesse. Weinheim: Beltz. – Ingenkamp, K. (1990): Pädagogische Diagnostik in Deutschland 1885-1932. Weinheim: Deutscher Studienverlag. – Jäger, R. S. (2004): Von der Beobachtung zur Notengebung. Ein Lehrbuch. Diagnostik und Benotung in der Aus-, Fort- und Weiterbildung. 5. Aufl. Landau: Verlag Empirische Pädagogik. – Jäger, R. S. & Petermann, F. (1999): Psychologische Diagnostik – ein Lehrbuch. 4. Aufl. Weinheim: Psychologie Verlags Union. – Konsortium der Universität Koblenz-Landau (2004): Zwischenbericht „Wissenschaftliche Begleitung der Ganztagsschule Rheinland-Pfalz. Landau: Universität, Campus Landau. – Oser, F. (2001): Standards: Kompetenzen von Lehrpersonen. In: Oser, F. & Oelkers, J. (Hrsg.): Die Wirksamkeit der Lehrerbildungssysteme. Chur: Ruegger, 215-342. – Reinmann-Rothmeier & Mandl, H. (2001): Unterrichten und Lernumgebung gestalten. In: Krapp, A. & Weidenmann, B. (Hrsg.): Pädagogische Psychologie. Weinheim: Psychologie Verlags Union, 601-646. – Schrader, F.-W. (1989): Diagnostische Kompetenzen von Lehrern und ihre Bedeutung für die Gestaltung und die Effektivität des Unterrichts. Frankfurt: Lang. – Schrader, F.-W. (2002): Diagnostische Kompetenz von Eltern und Lehrern. In: Rost, D.H. (Hrsg.): Handwörterbuch Pädagogische Psychologie. Weinheim: Beltz, 91-96. – Seidenstücker, G. (1999): Indikation und Entscheidung. Jäger, R.S. & Petermann, F. (Hrsg.): Psychologische Diagnostik. 4. Aufl. Weinheim: Beltz, 478-491.

107| Lernprozessdiagnostik
Gabi Ricken

1 Konzeption einer Lernprozessdiagnostik

Lernprozesse, mittels derer Menschen ihr Wissen und ihr Verhaltensrepertoire erweitern, korrigieren oder neu bewerten, wurden und werden in verschiedenen psychologischen Gebieten analysiert. Lernprozesse, die den Aufbau von Wissen ermöglichen, sind in der kognitiven Psychologie seit Beginn der Intelligenzforschung von Interesse (z.B. Schlussfolgerndes Denken, engl. *reasoning*). Die Arbeiten von Piaget (1923) haben in beeindruckender Weise gezeigt, wie aus Lösungsfehlern auf kognitive Prozesse geschlossen werden kann. In der Verhaltenstheorie stehen die Bedingungen für

Lernprozesse im Mittelpunkt. Unter handlungstheoretischer Perspektive werden die Prozesse untersucht, durch die Menschen lernen, sich selbst zu steuern, d.h. ihre Handlungen zu planen.

In der pädagogischen Psychologie ist die Lernprozessdiagnostik (engl. *diagnostic assessment, dynamic assessment*) dann von Bedeutung, wenn über die Auswahl von Personen hinaus Modifikationen von Bedingungen oder Fähigkeiten und Fertigkeiten vorbereitet oder evaluiert werden sollen (Pawlik 1976). Eine Diagnostik in diesem zweiten Sinne wird seit den 80er Jahren insbesondere in der sonderpädagogischen Psychologie gefordert (Schuck 2005). Hintergrund dafür ist, dass Zuordnungen von Kindern zu Schulorten anhand diagnostischer Kriterien kaum Informationen für die Förderungen enthalten. Diesem Anspruch soll eine lernprozessbegleitende Diagnostik gerecht werden, indem eine „systematische, reflektierte Beobachtung von Lernprozessen allgemein oder im Hinblick auf den handelnden Umgang einer Person mit dem Lerngegenstand" (Bundschuh 1998, S. 94) erfolgt. Als Bewertungskriterien für die Beobachtungen werden weitgehend individuelle Bezugssysteme gewählt. Im Mittelpunkt der Analysen stehen die individuellen Prozesse, in denen schulische Fertigkeiten wie Lesen, Schreiben und Rechnen erworben werden. Die Analysen individueller Prozesse sollen vor dem Hintergrund eines aktiv lernenden Menschen und unter Einbeziehung aller wirkenden Faktoren über Zeiträume hinweg erfolgen. Die Nutzung der Daten für die Planung der folgenden pädagogischen Prozesse wird mit dem Namen „Förderdiagnostik" besonders betont (Bundschuh 1998). Im Folgenden werden Prinzipien skizziert, nach denen man Lernprozesse (engl. *learning processes*) unterschiedlich differenziert betrachten kann. Die Basis dazu bilden immer Theorien über den Erwerb der Kompetenzen.

2 Prinzipien für Prozessanalysen

2.1 Diagnostik von Leistungsentwicklungen

Lernprozesse müssen aus Ergebnissen erschlossen werden. Eine Möglichkeit besteht darin, Veränderungen in der Zeit festzustellen und zu Interventionen in Beziehung zu setzen. Dazu werden die Leistungen der Kinder mit strukturgleichen Aufgaben überprüft. Umgesetzt wird diese Strategie im niederländischen „Leerlingvolgsysteem" (vgl. Dinges 2002) und in einem Aufgabensystem von Klauer (1994) für einzelne Anforderungen im Rechnen. Auf diese Weise werden Zuwächse in der Zeit abbildbar.

2.2 Diagnostik von Voraussetzungen und Teilfertigkeiten

Studien zu Schulleistungsentwicklungen haben die Bedeutung von Voraussetzungen und Teilfertigkeiten nachgewiesen. Störungen in Lernprozessen werden entsprechend auf Störungen in den Voraussetzungen und Teilfertigkeiten zurückgeführt. In den letzten Jahren wurden für die schulischen Kompetenzen Modelle und diagnostische Ansätze entwickelt, die solche Komponenten spezifizieren und erfassen.

Beim Erwerb der Schriftsprache wird die phonologische Bewusstheit im Vorschulalter als entscheidend bewertet und diagnostisch erfasst. Außerdem stehen Modelle für das Lesen- und Schreibenlernen zur Verfügung, in denen Teilfertigkeiten des Lesens, Schreibens und Rechnens differenziert werden wie z.B. das Verstehen gehörter Informationen, die Beherrschung der Laut-Graphem-Verbindungen oder das Rekodieren von Lauten aus Graphemen (zusammenfassend Ricken & Fritz 2005).

Wichtige Voraussetzungen für das Rechnen sind das Mengenverständnis und die Zahlkenntnis. Diese können darüber hinaus differenziert und unterschiedlich umfangreich erfasst werden (Ricken

2003, Fritz & Ricken 2005). Unklar ist gegenwärtig noch, welcher dieser Teilfertigkeiten ursächliche Bedeutung zukommt und wie diese in Prozessen des Rechnens zusammenwirken.

Mit der Strategie, theoriegestützt Teilfertigkeiten zu untersuchen, gewinnt man Hinweise auf Ursachen gestörter Prozesse. Beobachtet wird jedoch nicht das Zusammenwirken der verschiedenen Teilfertigkeiten in einem Prozess.

2.3 Diagnostik durch Bedingungsvariation

Prozesse und deren Veränderungen rücken ins Blickfeld, wenn systematisch Bedingungen für die Prozesse variiert werden. Ziel ist es herauszufinden, wie Aufgaben zu stellen sind, damit Lösungen gelingen. Einerseits kann die Idee der Lernfähigkeitsdiagnostik (Resing u.a. 2002) aufgegriffen werden. Das bedeutet, dass Prozesse durch systematische Hilfen bzw. Rückmeldungen unterstützt werden. Im Rahmen der Lernfähigkeitsdiagnostik werden die Aufgaben wiederholt, Teillösungen vorgegeben oder Lösungen demonstriert. Für leistungsschwächere Kinder erhält man auf diese Weise Informationen, die über Statustestergebnisse hinausgehen. Bisher liegen jedoch erst wenig Erfahrungen vor, wie die Informationen für Förderkonzepte zu nutzen sind (Klauer 2003).

Andererseits können Aufgabenmerkmale variiert werden. Ein häufig benutztes Prinzip geht u.a. auf Bruner zurück und besteht darin, Aufgaben gegenständlich, bildlich/modellhaft oder abstrakt darzustellen, ohne dass sich der Kern der Aufgabe ändert (z.B. 3 Würfel und 4 Kugeln, 3 gezeichnete Kreise und 4 Quadrate, 3+4). Insbesondere Verfahren zur Erfassung mathematischer Kompetenzen verwenden dieses Prinzip (s. Fritz 2003, Ricken & Fritz 2005) und lassen darauf schließen, auf welchem Repräsentationsniveau Kinder Aufgaben bearbeiten.

2.4 Diagnostik durch Fehleranalysen

Eine Analyse der Fehlerlösungen führt zu Hypothesen, welche Strategien Menschen nutzen. Wertet man z.B. die Qualität der Schreibungen aus, lässt sich darauf schließen, ob die Kinder noch auf gespeicherte Wortbilder zugreifen, bereits Laute in Buchstaben übersetzen oder orthographische Regeln nutzen (z.B. zusammenfassend Ricken & Fritz 2005). Für das Rechnen liegen in Abhängigkeit von der Anforderung verschiedene Fehlerklassifikationssysteme vor (Fritz 2003). Aus dem so genannten „plus1–Fehler" (2+6=9) ist z.B. auf ein zählendes Rechnen und unzureichendes Mengenverständnis zu schließen.

3 Perspektiven der Lernprozessdiagnostik

Fasst man den erreichten Stand der Lernprozessdiagnostik zusammen, so ist zu schlussfolgern, dass es sich um ein übergeordnetes Konzept handelt, für das sich allgemeine Prinzipien formulieren lassen. Aus diesen Prinzipien (Aufgabenvariationen und Fehlerinterpretationen) folgt, dass eine Lernprozessdiagnostik nur auf der Basis von Theorien über den jeweiligen Wissenserwerbsprozess, also *bereichsspezifisch* erfolgen kann.

Die Lernprozessdiagnostik stellt gegenwärtig eher ein Forschungsprogramm als ein ausgearbeitetes Konzept dar. So fallen umfangreiche Beobachtungen an (z.B. zum Lösungsverhalten: systematisch vs. impulsiv), die keinesfalls eindeutig bewertbar sind. Beziehungen zwischen Teilfertigkeiten und deren Zusammenspiel in Prozessen sind theoretisch noch unklar. Gegenwärtig erscheint auch nur eine „Außenperspektive" auf Lernprozesse möglich. Inwiefern die subjektive Sichtweise des Lernenden (Schuck 2005) letztlich angemessen einbezogen werden kann, ist ebenso eine Aufgabe für die weitere Konzeptentwicklung wie die Einbeziehung aller wirkenden Lernbedingungen.

Obwohl der empirische Beleg für die Verwertbarkeit der Daten im Sinne einer besseren Förderung aussteht, ist die Entwicklung von Prozess- und Strategieanalysen eine viel versprechende Aufgabe der pädagogisch-psychologischen Diagnostik. Sicher ist jedoch schon jetzt, dass auch Lernprozessanalysen nur theoriegeleitete Bausteine im diagnostischen Prozess sein können (Schuck 2005).

Literatur
Bundschuh, K. (1998): Zum Begriff und Problem der Lernprozessanalyse. In: Eberwein, H. et al. (Hrsg.): Handbuch Lernprozesse verstehen. Weinheim: Beltz, 94-108. – Dinges, E. (2002): Systematische Beurteilung und Förderung schulischer Leistungen. Horneburg: Persen. – Fritz, A. & Ricken, G. (2005): Früherkennung von Kindern mit Schwierigkeiten im Erwerb von Rechenfertigkeiten. In: Hasselhorn, M. et al. (Hrsg.): Tests u. Trends 4: Diagnostik von Mathematikleistungen, -kompetenzen und -schwächen. Jahrbuch der pädagogisch-psychologischen Diagnostik. Weinheim: Beltz, 5-27. – Fritz, A. (2003): Bedingungsvariation und Fehleranalyse als Beobachtungszugänge zur Diagnostik arithmetischer Kompetenzen. In: Fritz, A. u.a. (Hrsg.): Handbuch Rechenschwäche. Weinheim: Beltz, 283-308. – Klauer, K. J. (1994): Diagnose- und Förderblätter. Rechenfertigkeiten 4. Schuljahr. Berlin: Cornelsen. – Klauer, K. J. (2003): Über internationale Entwicklungstendenzen sonderpädagogischer Diagnostik unter förderdiagnostischem Aspekt. In: Ricken, G. u.a. (Hrsg.): Diagnose: Sonderpädagogischer Förderbedarf. Lengerich: Pabst, 127-143. – Pawlik, K. (1976): Modell- und Praxisdimensionen psychologischer Diagnostik. In: Pawlik, K. (Hrsg.): Diagnose der Diagnostik. Stuttgart: Klett, 13-43. – Piaget, J. (1923): Le langage et la pensée chez l'enfant. Neuchâtel: Delachaux et Niestlé. – Resing, W. C. M., Ruissenaars, W. A. J. J. M. & Bosma, T. (2002): Dynamic assessment: Using measures for learning potential in the diagnostic process. In: van der Aalsvoort, G. M. u.a. (Eds.): Learning potential assessment and cognitive training. London: Elsevier, 29-64. – Ricken, G. & Fritz, A. (2005, im Druck): Gegenstandstheoretische Konzepte als diagnostische Basis. In: Walter, J. u.a. (Hrsg.): Handbuch der Pädagogik und Psychologie bei Behinderungen. Förderschwerpunkt Lernen. Göttingen: Hogrefe. – Ricken, G. (2003): Psychometrische und entwicklungsorientierte Verfahren zur Diagnostik des Rechnens. In: Fritz, A. u.a.. (Hrsg.): Rechenschwäche. Lernwege, Schwierigkeiten und Hilfen bei Dyskalkulie. Weinheim: Beltz, 260-282. – Schuck, K. D. (2005, im Druck): Wegmarken der Entwicklung diagnostischer Konzepte. In: Walter, J. u.a. (Hrsg.): Handbuch der Pädagogik und Psychologie bei Behinderungen. Förderschwerpunkt Lernen. Göttingen: Hogrefe.

108| Bezugsnormorientierung
Falko Rheinberg

1 Definitionen

Bezugsnormen (engl. *reference norms*) sind Standards, mit denen man ein vorliegendes Resultat vergleicht, wenn man dieses Resultat als Leistung beurteilen will. Einem Resultat lässt sich auch bei höchster Messgenauigkeit nicht ablesen, ob es sich um eine gute oder schlechte Leistung handelt. So können z.B. 32,75 Punkte als Ergebnis einer Klausur viel oder wenig sein, je nachdem, welchen Vergleichsstandard man heranzieht. Solche Vergleichsstandards können verschieden hoch sein. Über die Veränderung der Standardhöhe (z.B. geforderte Mindestkompetenz) lässt sich z.B. bei einer Klausur die Anzahl „guter" und „schlechter" Leistungsbewertungen beeinflussen, auch wenn die erzielten Resultate exakt die gleichen geblieben sind. Das kann in der schulischen Leistungsbeurteilungspraxis zu erheblichen Konsequenzen führen. Weniger offensichtlich ist die Tatsache, dass solche Vergleichstandards in qualitativ verschiedenen Bezugssystemen verankert sein können. Im Wesentlichen lassen sich drei unterscheiden.

(1) Man vergleicht ein vorliegendes Resultat mit den Resultaten einer sozialen Bezugsgruppe, z.B. einer Schulklasse oder eines Altersjahrgangs. Bei diesem Vergleich ist ein Resultat dann günstig,

wenn es klar über dem Üblichen liegt, und dann ungünstig, wenn es deutlich darunter liegt. Standards, denen ein sozialer Leistungsvergleich zugrunde liegt, nennt man *soziale Bezugsnormen* (Heckhausen 1974; Rheinberg 1980, 2001).

(2) Man kann das vorliegende Resultat einer Person aber auch an dem messen, was diese Person bei solchen Aufgaben bislang geschafft hat. Bei dieser längsschnittlichen Vergleichsperspektive bildet jedes Individuum sein eigenes Bezugssystem. Liegt ein solcher intraindividueller Längsschnittsvergleich zugrunde, so haben wir es mit einer *individuellen Bezugsnorm* zu tun (Heckhausen 1974; Rheinberg, 1980, 2001).

(3) Soziale und individuelle Bezugsnormen sind Realnormen, weil ihnen bereits erzielte Resultate zugrunde liegen – erzielt von anderen oder von derselben Person. Das ist anders bei der dritten Bezugsnorm, nämlich der *sachlichen Bezugsnorm* (auch *kriteriums-* oder *lehrzielorientierte Bezugsnorm* genannt; Heckhausen 1974; Klauer 1978). Hier liegt das Kriterium in der Sache: Jemand kann aus eigener Kraft über eine bestimmte Mauer klettern, die den Weg versperrt, oder kann das nicht. Das Kriterium liegt allein in der Höhe und Beschaffenheit der Mauer und ist gänzlich unabhängig davon, ob ein Überklettern für diesen oder alle Menschen überhaupt möglich ist oder nicht. Wir haben es hier nicht mit einer Realnorm, sondern mit einer Idealnorm zu tun, die die Frage der Realisierbarkeit außer Acht lässt.

Bezugsnormen bilden den Hintergrund, vor dem ein erreichtes Resultat als Leistung in Erscheinung tritt. Die Verwendung einer jeweiligen Bezugsnorm nennt man Bezugsnormorientierung (BnO; engl. *reference norm orientation*; Rheinberg 1980, 2001).

Wie bei dem Figur-Grundverhältnis in der visuellen Wahrnehmung werden Bezugsnormen als „natürlicher" Hintergrund selbst nicht wahrgenommen, obwohl sie die „Figur", also die wahrgenommene Leistung, entscheidend beeinflussen. Nur ganz vereinzelt wird die BnO auch strategisch eingesetzt, um das eigene Abschneiden in einem möglichst guten Licht erscheinen zu lassen. So etwas lässt sich z.B. bei Politikerinterviews an Wahlabenden beobachten.

2 Bezugsnormorientierung in unterschiedlichen Theorie- und Forschungskontexten

2.1 Frühe pädagogische Positionen

Im regulären Schulunterricht laufen größere Lernergruppen häufig synchron durch die gleiche Instruktion. Das sind Bedingungen, die bei der Leistungsbeurteilung die soziale BnO aufdrängen. Zugleich finden aber auch Kompetenzzuwächse als Folge vom Lernen statt. Das legt wiederum den Vergleich mit dem zuvor Gekonnten, also die individuelle BnO nahe. Schließlich schreiben Lehrpläne und/oder Zielvorstellungen des Lehrers bestimmte Kompetenzen vor, die im Unterricht erreicht werden sollen. Das legt eine sachliche BnO nahe.

Von daher überrascht nicht, wenn im erziehungswissenschaftlichen Kontext schon früh die Frage unterschiedlicher BnO aufgegriffen wurde. Das geschah zunächst aber eher unsystematisch. Oft gepaart mit einer engagierten Kritik an der Ziffernbenotung wird in der frühen pädagogischen Literatur zur Leistungsbeurteilung mehr oder weniger intuitiv eine individuelle BnO empfohlen (zusammenfassend Furck 1961).

2.2 Pädagogische Diagnostik

Mit der Entwicklung der psychodiagnostischen Testmethodik wurde es möglich, pädagogisches Überzeugungswissen und Beurteilungspraxis mit empirischen Methoden zu prüfen. Dabei fielen als erstes gravierende Beurteilungsfehler dahingehend auf, dass das gleiche Resultat eines Schülers (z.B. sein Abituraufsatz) je nach beurteilendem Lehrer ganz verschieden benotet werden konnte. Damit war die Vergleichbarkeit von Schulleistungen entscheidend in Frage gestellt.

Wir haben es hier mit teilweise krassen Fehlern bei der Verwendung von *sozialen Bezugsnormen* zu tun. Solche Fehler werden besonders dann alarmierend, wenn von der Beurteilung Vergünstigungen oder Berechtigungen abhängen (z.B. ein begehrter Studienplatz). Ingenkamp (1971) konnte empirisch zeigen, dass in der Praxis solche Fehler zum erheblichen Teil darauf zurückgehen, dass Lehrer bei ihren sozialen Leistungsvergleichen ein *klasseninternes Bezugssystem* zugrunde legen, ohne dabei die Leistungsniveauunterschiede zwischen Schulklassen hinreichend zu beachten. Wie Daten aus aktuellen Großuntersuchungen (z.B. PISA oder TIMSS) zeigen, hat sich an dieser Problematik bis heute wenig geändert.

Als Konsequenz aus diesen beunruhigenden Befunden wurde zunächst die Verwendung *standardisierter Schulleistungstests* empfohlen, wie sie im angloamerikanischen Bereich traditionell eingesetzt werden (Ingenkamp 1971). Damit wird es möglich, soziale Bezugsnormen relativ fehlerfrei über Schulklassen, Schultypen und Regionen hinweg anzuwenden.

Kritiker dieser (sozial-)normorientierten Messstrategie betonten allerdings, dass es in der Pädagogischen Diagnostik weniger darauf ankomme, zwischen Leistungsständen verschiedener Schüler zu unterscheiden. Stattdessen sei es für Pädagogen wichtiger zu ermitteln, wie weit die aktuellen Kompetenzen eines Lerners von einem zu erreichenden Lernziel entfernt seien. Von daher brauche man Tests, die die Distanz zum Lehrziel zuverlässig erfassen. Die dazu entwickelte „Lehrziel-" bzw. „Kriteriumsorientierte Leistungsmessung" legte dann statt der sozialen eine *sachliche Bezugsnorm* zugrunde (Klauer 1978).

Solche inhaltlich-sachlichen Leistungsstandards werden auch bei aktuellen Großuntersuchungen verwandt (z.B. das Konzept der Kompetenzstufen bei TIMSS und PISA; zusammenfassend Weinert 2001).

2.3 Motivationspsychologische Perspektive

Aus motivationspsychologischer Sicht wurde der Unterschied zwischen sozialer und individueller BnO wichtig. Insbesondere Heckhausen (1974) leitete aus der Leistungsmotivationsforschung den motivationspsychologischen *Primat der individuellen BnO* ab. Wird jeder Lerner im zeitlichen Längsschnitt mit sich selbst verglichen, so hat jeder – relativ unabhängig von seinem Leistungsniveau – die ungefähr gleiche Chance auf eine positive (vs. negative) Leistungsrückmeldung. Da in der Leistungsbeurteilung aktuelle Kompetenz*veränderungen* direkt zum Ausdruck kommen, ergibt sich auch ein relativ variables Leistungsbild, das Lehrenden und Lernern den Zusammenhang zwischen Leistungen und beeinflussbaren Ursachenfaktoren (Anstrengung/Konzentration, Lernzeit, Lernstrategie, etc.) erkennbar macht. Solche Wahrnehmungen von Lernzuwächsen und ihren beeinflussbaren Ursachen wirken sich förderlich auf die Lernmotivation aus (Heckhausen 1974; Rheinberg 1980).

Legt man stattdessen soziale Bezugsnormen zugrunde, werden in hinreichend leistungsheterogenen Lernergruppen gerade die zeitstabilen Kompetenz*unterschiede* zwischen den Schülern deutlich und wollen erklärt sein. Das lenkt die Aufmerksamkeit auf schwer beeinflussbare Leistungsursachen (Begabung, Arbeitscharakter, häusliches Milieu etc.), die eine baldige Veränderung des jetzigen Leistungsstandes nicht erwarten lassen. Im Übrigen fällt beim Vergleich zwischen den Lernern der gemeinsame Lernzuwachs aller aus der Leistungsrückmeldung heraus. Unter individueller Bezugsnorm wird aber gerade der besonders deutlich gemacht, so dass Lerner und Lehrende sehen, wie als Folge von Lernen die Kompetenzen des Lerners wachsen.

Lehrer unterscheiden sich darin, ob sie eher soziale oder individuelle Bezugsnormen bevorzugen und für gerecht halten. (Rheinberg 1980; zur online-Messung der eigenen BnO: s. Rheinberg 2001). Die empirische Untersuchung dieser BnO-Unterschiede belegte, dass Lehrer, die neben der sozialen auch individuelle Bezugsnormen verwenden, günstigere Motivierungsbedingungen schaffen als Lehrer, die ausschließlich soziale Bezugsnormen anlegen (Rheinberg 1980, 2001). Erfolgreiche Trainings zur Förderung einer individuellen BnO von Lehrern zeigen Möglichkeiten, die BnO von Lehrern im Unterricht zu verändern (Rheinberg & Krug 2004).

3 Nachteile einseitiger Bezugsnormorientierung

Jede Bezugsnorm hat ihre „blinden Flecken", weil sie bestimmte Sachverhalte des Lern- und Leistungsgeschehens nicht bzw. nur unzureichend abbildet. Bei der *sozialen BnO* werden, wie erwähnt, (a) der gemeinsame Lernzuwachs aller ausgeblendet. Unberücksichtigt bleibt auch (b) der Grad, in dem die Lernergruppe insgesamt noch von einem angestrebten Lehrziel entfernt ist. Schließlich wird (c) das Ausmaß der individuellen Variabilität und Beeinflussbarkeit von Kompetenzständen schwer erkennbar.

Die *individuelle BnO* hat „blinde Flecken", weil sie interindividuelle Unterschiede ignoriert. Das kann (a) bei Übergangsempfehlungen und Berechtigungszuteilungen zu irrationalen Konsequenzen führen. So würde z. B. ein Abiturient, der sich von zuvor „mangelhaft" auf jetzt „ausreichend" gesteigert hat, einen begehrten und anspruchsvollen Studienplatz bekommen, der jemandem mit gleichbleibend „gut" verwehrt würde. Weiterhin können (b) Lerner zu Fehleinschätzungen über die eigene Fähigkeit kommen, wenn sie immer nur erfahren, dass sie überall dazulernen, sobald sie sich nur anstrengen. So etwas kann zu falschen Entscheidungen z. B. bei der Berufs- oder Studienwahl führen. Diese „blinden Flecken" der individuellen BnO betreffen vornehmlich Beurteilungskonsequenzen, die *außerhalb* des unmittelbaren Lehr-/Lerngeschehens liegen (Berechtigungen, Berufswahlen, Fähigkeitsselbsteinschätzungen etc.).

Innerhalb des Lehr-/Lerngeschehens sind die motivationalen Folgen individueller BnO eher günstig, weil sie den Zusammenhang zwischen eigenem (Lern-)Handeln und Erfolg besonders sichtbar machen.

Die *sachliche BnO* setzt zunächst voraus, dass es für jede Lerneinheit inhaltlich klar umschriebene Kompetenzen gibt, bei denen sich angeben lässt, in welchem Ausmaß sie ein Lerner erreicht hat. Das ist in der Praxis noch keineswegs realisiert. Abgesehen davon hat auch die sachliche BnO „blinde Flecken". (a) Da sie als Idealnorm individuelle Erreichbarkeitschancen ignoriert, werden für besonders langsame Lerner Kompetenzzuwächse kaum erkennbar. Wer z. B. zum fünften Mal durch die Führerscheinprüfung fällt, der weiß ohne Zusatzinformationen nicht, ob er nun schon etwas besser Auto fährt oder nicht. (b) Weiterhin sieht man dem erreichten Leistungskriterium ohne Zusatzinformation nicht an, nach welchem Lernaufwand es erreicht wurde. Mit Blick auf das künftig zu erwartende Lerntempo eines Schülers macht es einen erheblichen Unterschied, ob er das Kriterium „kann sich ohne Hilfe im Zahlenraum von Eins bis Hundert bewegen" nach zwei oder nach zehn Schuljahren erreicht hat.

4 BnO – Kombinationen in der Praxis

Wegen solcher und anderer Nachteile einer jeden Bezugsnorm ist es in Lehr-/Lernkontexten wenig sinnvoll, sich durchgängig auf eine einzige BnO festzulegen und die anderen auszublenden. Für die Motivationsentwicklung ist es nach Heckhausen (1974) ohnehin anzustreben, dass es Kinder und Jugendliche lernen, sich unter verschiedenen Bezugsnormen zu bewerten. Dabei soll für die affektive

Selbstbewertung (Stolz/Zufriedenheit mit dem Geschafften) die *individuelle BnO die Leitfunktion* übernehmen, ohne zu ignorieren, wenn (a) andere Personen hier deutlich schlechter oder besser als man selber ist (soziale BnO) und was man (b) auf dem Weg zu einem angestrebten Kompetenzstand alles noch lernen muss (sachliche BnO).

Als Leitlinie ist diese Bewertungsstruktur auch für die Fremdbewertung durch Lehrende zu empfehlen. Dabei werden je nach Kontext (z. B. informelle Leistungsrückmeldungen im Unterricht, Gespräche mit dem Schüler allein, Übergangsentscheidungen etc.) die Schwerpunkte der BnO anders zu legen sein. Man muss dann aber explizieren, welche Bezugsnorm verwandt wurde. Die Leitfunktion der individuellen BnO empfiehlt sich insbesondere dann, wenn es um Bewertungen und Rückmeldungen innerhalb des Lehr-/Lernkontextes geht.

Literatur

Furck, C. L. (1961): Das pädagogische Problem der Leistung in der Schule. Weinheim: Beltz. – Heckhausen, H. (1974): Leistung und Chancengleichheit. Göttingen: Hogrefe. – Ingenkamp, K. (1971): Die Fragwürdigkeit der Zensurengebung. Weinheim: Beltz. – Klauer, K. J. (Hrsg.) (1978): Handbuch der Pädagogischen Diagnostik. 4 Bde. Düsseldorf: Schwann. – Rheinberg, F. (1980): Leistungsbewertung und Lernmotivation. Göttingen: Hogrefe. – Rheinberg, F. (2001): Bezugsnormen und Leistungsbeurteilung. In: Weinert, F. E. (Hrsg.): Leistungsmessung in Schulen. Weinheim: Beltz, 59-71. – Rheinberg, F. & Krug, S. (2004): Motivationsförderung im Schulalltag. 3 Aufl. Göttingen: Hogrefe. – Weinert, F. E. (Hrsg.). (2001): Leistungsmessung in Schulen. Weinheim: Beltz.

109| Lernstandsbeurteilung: Tests, Zensuren, Zeugnisse
Werner Sacher

1 Zeugnisse und Lernstandsbeurteilungen

1.1 Zur Geschichte der Zeugnisse und Lernstandsbeurteilungen

Die Schule kam in ihrer fünftausendjährigen Geschichte viereinhalbtausend Jahre weitgehend ohne formalisierte Notensysteme (engl. *grading systems*) und Zeugnisse (engl. *school reports, report cards*) aus. Vorläufer der heutigen Zeugnisse sind die *Benefizienzeugnisse* des 16. Jahrhunderts: Empfehlungsschreiben für bedürftige Schüler und somit Ausdruck schichtenspezifischer Selektion.

Das Prüfungs- und Beurteilungswesen gelangte dann im 16. und 17. Jahrhundert vor allem an den *jesuitischen Schulen* rasch zu einer ersten Perfektion. An den *staatlichen höheren Schulen* etablierte es sich auf breiter Front erst im 18. und 19. Jahrhundert. Dabei schwankten die Verordnungen und die entsprechende Praxis lange zwischen freien Formulierungen, die unseren Verbalzeugnissen, und Schematismen, die unseren Zensuren vergleichbar waren (Sacher 1992, S.11).

Das Erlangen eines *Abiturzeugnisses* wurde erst Ende des 18./Anfang des 19. Jahrhunderts Bedingung für die Zulassung zu einem Universitätsstudium. Selbst das Nichtbestehen der in Preußen 1788 eingeführten Abiturientenprüfung schloss zunächst noch nicht vom Universitätsstudium aus. Mit dem Reifezeugnis wurde anfangs nur der Nachweis der Würdigkeit erbracht, ein Stipendium zu erhalten. Die Intention des Staates bei der Einführung des Abiturientenexamens galt vielmehr der Sicherung von Bildungsniveau und politischer Zuverlässigkeit des Beamtennachwuchses (Breitschuh 1991).

Die Durchsetzung der allgemeinen Schulpflicht in den deutschen Ländern am Ende des 18. / Anfang des 19. Jahrhunderts war eng verbunden mit der Ausfertigung von *Entlassungszeugnissen* (sog. Schulentlassscheinen), aus welchen die ordnungsgemäße Erfüllung der Schulpflicht hervorging, was wiederum Bedingung war für eine Anstellung als Dienstbote oder Lehrling und für die Genehmigung, ein Haus zu erwerben oder zu heiraten (Ziegenspeck 1999; Hohenzollern & Liedtke 1991).

1.2 Das Leistungsprinzip und sein Stellenwert in der Schule

Die Verbreitung und Bedeutung von Zeugnissen ist eng verknüpft mit der Entwicklung des Leistungsprinzips im Zusammenhang beginnender Demokratisierung und Industrialisierung im 18. und 19. Jahrhundert (Nipkow 1978, S.7ff; Furck 1975). Je mehr die ständischen Privilegien der Geburt an Bedeutung verloren, desto größere Bedeutung erlangte das Leistungsprinzip als neues Verteilungsprinzip für Berufs- und Lebenschancen. Bei sozialer Chancenungleichheit wird es zum strategischen Instrument von Gruppen und Schichten, die über die Macht verfügen zu definieren, was als hohe Leistung gelten soll.

1.3 Funktionen von Zeugnissen und Lernstandsbeurteilungen

Zensuren und Zeugnisse können ganz unterschiedliche Funktionen erfüllen. Sie dienen
- der *Selektion* befähigter Anwärter auf höhere Bildungslaufbahnen, begehrte Abschlüsse und angesehene berufliche und gesellschaftliche Positionen,
- der *Sozialisation*, insbesondere der Einübung der nachwachsenden Generation in die Leistungsorientierung unserer Gesellschaft,
- der *Kontrolle und Legitimierung* bildungspolitischer, administrativer und unterrichtlicher Entscheidungen und dem Nachweis von Arbeitsqualität auf allen Ebenen des Bildungswesens,
- der *Prognose* künftiger Lern- und Arbeitsleistungen einzelner Schüler und ganzer Generationen,
- der *Rückmeldung* an Schüler über ihre Lernfortschritte,
- der *Information* von Eltern, Lehrern aufnehmender Klassen und Schularten, betrieblichen Ausbildern und potenziellen Arbeitgebern über den erreichten Lernstand von Schülern,
- der *Disziplinierung* von Schülern (die nur zulässig ist, wenn die natürlichen Folgen eines unangemessenen Lernverhaltens demonstriert, nicht aber, wenn Misserfolge absichtlich herbeigeführt und Zensuren als Mittel eingesetzt werden, um Schüler gefügig zu machen),
- der *Diagnose* der Lernfortschritte von Schülern und des Lehrerfolgs von Lehrkräften als Grundlage für die Gestaltung des weiteren Unterrichts,
- der *Lern- und Leistungserziehung* von Schülern, die sukzessive ihren Lernstand selbst diagnostizieren und angemessene Konsequenzen daraus ziehen sollen.

Ganz offensichtlich besteht die Gefahr einer funktionalen Überfrachtung von Lernstandsbeurteilungen und Zeugnissen. Die Situation wird noch dadurch verschärft, dass manche dieser Funktionen diametral entgegengesetzte Anforderungen an die Prüfungs- und Beurteilungspraxis stellen. Die unterrichtlichen und erzieherischen Funktionen (Information und Rückmeldung, recht verstandene Disziplinierung, Lernerziehung und sich auf individuelle Lern- und Entwicklungsprozesse beziehende Prognose haben für die schulische Alltagspraxis größere Bedeutung und sind zuverlässiger zu erfüllen als die gesellschaftlichen, politischen und schulorganisatorischen Funktionen (Selektion, Sozialisation, Legitimierung, Kontrolle und sich auf Generationenveränderungen beziehende Prognose; s. Sacher 2004, S.21ff; Ziegenspeck 1999, S.97ff).

2 Konstruktion von informellen Tests (Probearbeiten, Schulaufgaben, Stegreifaufgaben)

Neben praktischen und mündlichen Leistungen sind sehr häufig – vielleicht sogar allzu häufig – schriftliche Prüfungen Grundlage für Lernstandsbeurteilungen. Solche von Lehrkräften selbst erstellte informelle Tests haben gegenüber formellen Tests, wie sie in der Testpsychologie entwickelt werden, eine Reihe von Schwächen:
– Es wird nicht in einem Testvorlauf vorneweg überprüft, inwieweit sie den Testgütekriterien der Objektivität, Validität und Reliabilität (vgl. 3.1) genügen und taugliche Aufgaben von hinreichender Trennschärfe und angemessener Schwierigkeit enthalten.
– Die Testdurchführung ist nicht standardisiert, so dass Durchführungsmodalitäten die Ergebnisse verfälschen können.
– Lehrkräfte sind unmittelbar beteiligt an der Entwicklung der zu messenden Schülerleistungen, messen also stets zu ungeklärten Anteilen ihre eigene Leistung mit.
– Lehrkräfte sind relativ frei in der Beurteilung der Ergebnisse, was beträchtliche Möglichkeiten eröffnet, sachfremde Aspekte einzubeziehen. Empirische Untersuchungen von Zeugniszensuren zeigen allerdings, dass das Lehrerurteil nur in geringem Maße von z.B. sozialen Merkmalen (z.B. Herkunft) abhängig ist (Tent 2001).

Andererseits ist die Verwendung formeller standardisierter Leistungstests zur Diagnose von Schulleitungen ebenfalls nicht unproblematisch. Vor allem müsste der Unterricht weitgehend standardisiert werden, damit nicht die Unterrichtsqualität unkontrolliert in die Messergebnisse mit einfließt. Das widerspräche aber dem Ethos pädagogischen Handelns, das ganz essenziell situationsspezifisches und adressatenorientiertes Handeln ist.

2.1 Konstruktionsprinzipien

Für die Konstruktion von informellen Tests sind zwei Grundsätze leitend:
– *Der Grundsatz der proportionalen Abbildung:* Auch wenn man sich in einem Test gewöhnlich darauf beschränken muss, nur eine kleine Stichprobe jener Kompetenzen zu überprüfen, die der vorangehende Unterricht zu vermitteln suchte, sollte der Test wenigstens einen repräsentativen Querschnitt des Unterrichts enthalten, gewissermaßen ein proportionales Abbild von ihm sein.
– *Der Grundsatz der Variabilität:* Alle Prüfungsmodalitäten bevorzugen bestimmte Schüler und benachteiligen andere. Deshalb müssen Tests abwechslungsreich gestaltet werden und einen gewissen Formenreichtum aufweisen.

2.2 Konstruktionsschritte

Auswahl der Prüfungsinhalte
Aus dem Grundsatz der proportionalen Abbildung folgt: Was im Unterricht über lange Zeitstrecken behandelt und geübt wurde, muss auch im Test ausführlich berücksichtigt werden. Was nur am Rande angesprochen wurde, darf in ihm allenfalls eine marginale Rolle spielen.

Auswahl der Aufgabenformen
Eine *Aufgabe* besteht aus drei Teilen:
– Im *Informationsfeld* werden Ausgangsbedingungen beschrieben, die man kennen muss, um eine Lösung zu finden. Manchmal werden diese Informationen auch einfach als bekannt vorausgesetzt.

– Im *Fragefeld* wird dem Bearbeiter der Aufgabe das Problem mitgeteilt, welches er auf der Grundlage der verfügbaren Informationen zu lösen hat.
– Das *Antwortfeld* enthält mögliche Lösungen.

Während Informationsfeld und Fragefeld immer sowohl dem Prüfer als auch dem Schüler vorliegen, kann hinsichtlich des Antwortfeldes unterschiedlich verfahren werden, und daran orientiert sich die *Einteilung der Aufgabenformen:*

– Bei *geschlossenen Aufgaben* ist das Antwortfeld sowohl dem Prüfer als auch den Schülern zugänglich. Diese haben dann (wie z. B. bei Multiple-Choice-Aufgaben) die richtige Antwort nur noch zu identifizieren.
– Bei *halb offenen Aufgaben* ist das Antwortfeld zwar dem Prüfer vorgegeben, der präzise und feststehende Vorstellungen von den richtigen Antworten hat, während die Schüler keine Lösungsalternativen angeboten bekommen. Formen sind halb offene Ergänzungsaufgaben (am bekanntesten ist die Variante des Lückentextes), halb offene Substitutionsaufgaben, bei denen die Schüler Teile der vorgegebenen Information durch bessere oder richtige ersetzen müssen, und halb offene Freiantwortaufgaben mit klar definierten richtigen Antworten.
– Bei *offenen Aufgaben* ist das Antwortfeld sowohl für die Schüler als auch für den Prüfer unbesetzt. Auch der Prüfer hat sich hier noch nicht (völlig) festgelegt hinsichtlich der Antworten, die er als richtig akzeptieren wird. Eine solche Aufgabenform kann sinnvoll sein, wenn kreative Lösungen zugelassen werden sollen oder wenn es ohnehin keine präzise definierbare Lösungsmenge gibt.

Die Besonderheiten, Vorzüge und Nachteile der verschiedenen Aufgabenformen (Sacher 2004, S.65 ff.) sind bei der Konstruktion von Tests sorgfältig abzuwägen. Jede Aufgabenform bevorzugt bestimmte Schüler und benachteiligt andere. Dem Umstand, dass bei geschlossenen Aufgaben mit einer gewissen Wahrscheinlichkeit das Ergebnis einfach erraten werden kann, lässt sich leicht dadurch begegnen, dass die rein zufällig zu erzielende Leistung (bei vier Antwortalternativen 25% richtige Antworten) noch als ungenügend gewertet wird.

Festsetzen des Anforderungsniveaus
Nach dem Prinzip der Proportionalität müssen Prüfungsinhalte im Unterricht auf dem Niveau behandelt worden sein, auf dem sie abgeprüft werden. Verständnis z. B. darf nur dann geprüft werden, wenn der Unterricht auch Verständnis anbahnte, nicht aber, wenn er nur Informationen vermittelte.

Bestimmung des Aufgaben- und Prüfungsumfangs
Die Leistungen der Schüler werden – so lange nicht die Grenze zur Ermüdung überschritten wird – umso zuverlässiger erfasst, je mehr Aufgaben die Prüfung enthält. Da die für einen Test verfügbare Zeit aber meist recht beschränkt ist, würde eine Vielzahl von Aufgaben in vielen Fällen zu relativ kleinen und knapp zu beantwortenden Aufgaben führen, mit denen sich nur sehr einfache Leistungen überprüfen lassen. Aufgaben, die anspruchsvollere Kompetenzen und ganzheitliche Leistungen überprüfen, sind meistens umfangreicher. Um beiden Gesichtspunkten Rechnung zu tragen, empfiehlt es sich, entweder abwechselnd einmal mit vielen kleinen Aufgaben mehr auf Breite und Vollständigkeit und ein andermal mit wenigen und komplexen mehr auf Tiefe zu prüfen oder Test generell aus zwei entsprechenden Teilen aufzubauen.

Formulierung der Aufgaben
Die Aufgaben sollten in verständlicher und altersgemäßer Sprache formuliert sein. Da das Sprachverständnis von Prüfungskandidaten stark eingeschränkt ist, weil Prüfungen emotional besetzte Situationen darstellen, sollte das Sprachniveau möglichst noch schlichter sein als im Unterricht. Bewährt haben sich zusätzliche Strukturierungshilfen.

Reihung der Aufgaben
Selbst wenn die Bearbeitungsreihenfolge freigestellt ist, werden die Aufgaben zumindest in der vorgegebenen Reihenfolge gelesen. Erfahrungsgemäß durchbrechen aber auch bei der Bearbeitung nur wenige Schüler die vorgegebene Sequenz. Deshalb sollte die Darbietungsreihenfolge auf dem Angabenblatt eine psychologisch günstige sein.

Ausarbeiten einer Musterlösung bzw. eines Erwartungshorizontes
Der Mangel informeller Tests, keinen Testvorlauf zu haben, kann durch die Ausarbeitung einer Musterlösung oder durch die Formulierung eines Erwartungshorizontes vor der Durchführung des Tests teilweise gemildert werden. Dadurch entdeckt man oft noch Ungereimtheiten, ungewollte Schwierigkeiten und Missverständlichkeiten. Auch eine vorgenommene Punkte- oder Fehlerzuweisung für die einzelnen Aufgaben wird dadurch meistens präziser und stimmiger, und es kann auch die Bearbeitungszeit realistischer eingeschätzt werden.

3 Beurteilen und Bewerten von informellen Tests

3.1 Gütekriterien und Urteilsfehler

Die Messung von Schülerleistungen muss wie alle Messungen bestimmten *Gütekriterien* genügen:
– Die *Objektivität* einer Messung ist die Unabhängigkeit ihrer Ergebnisse von der Person des Messenden (des Prüfers). Sie bestimmt sich danach inwieweit die Durchführung eines Tests *(Durchführungsobjektivität)*, die beschreibende Erfassung der Prüfungsleistung bei der Korrektur *(Auswertungsobjektivität)* und die Beurteilung der sich in Lösungs- und Fehlerhäufigkeiten manifestierenden Leistungen *(Interpretationsobjektivität)* reglementiert und vereinheitlicht ist.
– Die *Reliabilität* (auch: Zuverlässigkeit) einer Messung bezeichnet ihre Genauigkeit und Sicherheit, d.h. den Grad, in dem ein Messergebnis frei von Messfehlern ist. In der Testpsychologie überprüft man die Reliabilität nach der *Wiederholungs-, Halbierungs- und Paralleltestmethode*.
– *Validität* (auch: Gültigkeit) einer Messung ist dann gegeben, wenn gewährleistet ist, dass tatsächlich das gemessen wird, was man vorgibt zu messen. Im Fall einer Prüfung liegt Validität also vor, wenn wirklich vor allem jene Fachkompetenz gemessen wird, um die es angeblich zu tun ist. Im Einzelnen unterscheidet man *Inhaltsvalidität, Prognosevalidität, Übereinstimmungsgültigkeit, Konstruktvalidität und Testfairness*.

Zur Reduzierung der Gütekriterien kommt es häufig durch sog. *Urteilsfehler*:
– Oft wird das *Beurteilungsspektrum ungleichmäßig ausgeschöpft*, d.h., es werden überwiegend gute oder schlechte, mittlere oder extreme Beurteilungen gegeben (Strenge- oder Mildefehler, Tendenz zur Mitte oder zu Extremurteilen).
– Teilweise verfälschen auch *Interferenzen im Urteil (Voreingenommenheiten)* die Leistungsmessung. So ergeben sich *Reihungsfehler* aus dem Zusammenhang mit vorangehenden Urteilen oder *logische Fehler* durch voreilige Schlussfolgerungen von einem Leistungsmerkmal, das man schon kennt, auf ein anderes, erst zu beurteilendes. Wenn ein besonders prägnantes Merkmal oder auch der Gesamteindruck die Wahrnehmung aller (übrigen) Einzelmerkmale bestimmt, spricht man vom *Halo-Effekt*.

3.2 Bezugsnormen

Man unterscheidet drei Bezugsnormen der Leistungsbeurteilung:
– *die soziale Norm,* welche Leistungen des Einzelnen auf die Leistung einer Gruppe bezieht,

– *die kriteriale Norm,* die der Beurteilung fachlich-sachliche Anforderungen zugrunde legt, und
– *die individuelle Norm,* für die der Lernfortschritt ausschlaggebend ist, der sich in einer Leistung zeigt.

Eine professionelle Beurteilungspraxis muss mindestens angeben, welche Bezugsnorm zugrunde liegt, sonst sind Leistungsbeurteilungen von Außenstehenden nicht interpretierbar. Zu den Wirkungen der individuellen und sozialen Bezugsnorm liegen einige Forschungen vor (Rheinberg 1995). Empirische Untersuchungen zu den Effekten der kriterialen Norm fehlen bislang.

3.3 Benotungsmodelle

Anforderungen an ein Benotungsmodell
Unter Benotungsmodellen versteht man Regeln oder ein Regelsysteme, die Schülerleistungen Bewertungen zuweisen. Dabei muss diese Zuweisung folgenden Anforderungen genügen (Sacher 2004, S.103ff):
– Sie muss logisch eindeutig sein.
– Sie muss mit der jeweiligen Bezugsnorm verträglich sein (Normvalidität), d.h. möglichst nur das Leistungsmerkmal berücksichtigen, welches für die zugrunde gelegte Bezugsnorm relevant ist (Rangplatz in der Gruppe, Erfüllung von Anforderungen oder Lernfortschritte).
– Sie sollte die Anzahl der Entscheidungen minimieren (Entscheidungsökonomie), aus denen sich eine Benotungsskala ergibt.
– Sie sollte Flexibilität gewährleisten, d.h., sie sollte es ermöglichen, unterschiedlich streng und mild zu zensieren, da ja auch die Anforderungen entsprechend der Bedeutsamkeit der geprüften Kompetenzen variabel gehandhabt werden müssen.
– Die Zuweisung von Noten sollte fehlerkontrolliert erfolgen. Das besagt, dass ein Benotungsmodell über die Größenordnung des unvermeidlich mit einer bestimmten Benotung verbundenen Messfehlers informieren und Möglichkeiten eröffnen muss, diesen zu minimieren.
– Sie muss die Messfehler gerecht (d.h. gleichmäßig auf alle Leistungsbereiche) oder jedenfalls sinnvoll verteilen, z. B. in Leistungsbereichen besonders gering halten, in denen besonders genau gemessen werden muss.

Benotungsskalen
Die logische Eindeutigkeit von Benotungsmodellen wird häufig durch Benotungsskalen hergestellt. Bei *Punkteskalen* wird die Zuordnung der Noten nach der Anzahl der richtig gelösten Aufgaben bzw. der bewältigten Teilleistungen und der darauf gegebenen Rohpunkte vorgenommen. Bei *Fehlerskalen* vergibt man die Noten nach der Anzahl der gemachten Fehler bzw. der nicht bewältigten Teilleistungen.
Nach dem Verhältnis, in welchem die Breiten der Punkte- bzw. Fehlerbereiche einer Skala zueinander stehen, kann man *lineare und nichtlineare Skalen (bzw. gleichmäßige und ungleichmäßige Skalen)* unterscheiden: *Lineare Skalen* weisen jeder Notenstufe gleich breite Punkte- und Fehlerbereiche zu, schreiben also eine Einheitsbenotung fest, die pädagogisch nur dann vertretbar ist, wenn das Anforderungsprofil aller Tests gleich ist. In der Praxis werden neben *durchgehend linearen Skalen* auch *partiell lineare Skalen* verwendet, bei welchen nur einige Notenstufen gleich breit gehalten sind.
Ungünstig sind *willkürlich eingeteilte Skalen*, bei welchen für jede Note gesondert festgelegt wird, auf welche Punkte- oder Fehlerzahlen sie vergeben wird. Sie verstoßen gegen das oben formulierte Kriterium der Entscheidungsökonomie.
Zumeist ähneln die Ergebnisverteilungen von Benotungen der sog. Gauß'schen Glockenkurve (Normalverteilung). Aus didaktischer Sicht liegt dafür kein zwingender Grund vor; bei zielorien-

tiertem Lehren und Lernen wären eher rechtsschiefe Verteilungen zu erwarten, d.h. erheblich mehr Zielerreicher als leistungsschwache Schüler.

3.4 Messfehler

Naturwissenschaftler und Techniker kennen die auch ihnen unvermeidlich unterlaufenden Messfehler und stellen sie bei ihren Entscheidungen in Rechnung, während Lehrkräfte zumeist nur vage Vorstellungen darüber haben, mit welcher Unsicherheit ihre Leistungsbeurteilungen behaftet sind. Sie betragen bei umfangreicheren Prüfungen mindestens ca. eine halbe Notenstufe nach unten und oben, bei kürzeren sogar jeweils eine ganze Notenstufe (Sacher 2004, S.108ff). Empirische Untersuchungen zur Genauigkeit von Lehrerbeurteilungen zeigen das immer wieder gleiche Bild: für die Einzelfalldiagnostik werden zwar numerisch genaue Zensuren gebildet, deren faktische Ungenauigkeit ist jedoch beträchtlich (Tent 2001).

3.5 Von der Einzelzensur zur Zeugnisnote

Zensuren sind Messwerte auf Ordinalskalenniveau, d.h., sie liefern lediglich eine Information über Rangplätze, welche Schüler entsprechend ihrer Leistung in einer Klasse bzw. in einem Kurs einnehmen. Die Abstände zwischen verschiedenen Zensurenstufen sind somit nicht definiert. Dies hat eine wichtige Konsequenz: Es ist offensichtlich unsinnig und überdies auch mathematisch unzulässig, aus Ordinaldaten arithmetische Mittelwerte (sog. Durchschnitte) zu berechnen (Fischer 1991, S.235). Das auf Ordinaldaten anzuwendende „Maß der zentralen Tendenz" ist eigentlich der Median, d.h. der mittlere Wert in einer Rangordnung. Der Median ist aber für Zwecke der Benotung nur eingeschränkt brauchbar, weil er unempfindlich gegenüber der Größe der unter und über ihm liegenden Werte ist. Deshalb wird man in der Praxis nicht umhin können, dennoch einen arithmetischen Mittelwert aus einer größeren Zahl von Einzelnoten zu errechnen, um wenigstens einen Anhaltspunkt für die Gesamtleistung zu bekommen, die man in einer Zeugnisnote ausdrücken will. Man muss sich aber im Klaren darüber sein, dass Mittelwerte von Noten lediglich eine grobe Information über die mittlere Leistung geben. Zensurenmittelwerte können zwar auf Nachkommastellen genau gerechnet werden, sinnvoll interpretierbar sind diese numerischen Werte zumeist nicht. Im Übrigen ist die schematische Berechnung von Notendurchschnitten auch deshalb problematisch, weil damit ignoriert wird, in welcher Reihenfolge die einzelnen Noten erzielt wurden.

3.6 Zur Problematik von Zensuren und Noten

Ziffernzensuren erfüllen wegen ihrer hochgradigen Abstraktheit alle in 1.3 aufgezeigten Funktionen nur unzureichend, teilweise sogar nur scheinbar und sind erzieherisch von recht zweifelhaftem Wert. Andererseits werden Verbalbeurteilungen von Schülern, Eltern und Abnehmern häufig nicht richtig verstanden und bieten keineswegs Gewähr, dass es nicht zu ähnlichen nachteiligen Effekten kommt wie bei Zensuren (Sacher 2004, S.156ff). Eine Aufschlüsselung von Fachnoten in Noten für einzelne Lernbereiche, welche die Abbildung von Leistungsprofilen ermöglicht, und die Kombination von Zensuren mit Wortgutachten scheint am ehesten geeignet, Leistungen hinreichend differenziert zu beschreiben und unliebsame Nebeneffekte weitgehend zu vermeiden. Empirische Untersuchungen zur faktischen Rückmeldequalität von Zensuren und verbalen Leistungsbeschreibungen fehlen allerdings. Schüler und Eltern bevorzugen jedenfalls eindeutig kombinierte Verfahren (Beutel 2001).

Literatur
Beutel, S.-I. (2001): Zeugnisse mit Zahl und Wort: Ein Weg für die Sekundarstufe? In: unterrichten/erziehen 20 (1), 22-25. – Breitschuh, G. (1991): Der Frankfurter Wachsensturm von 1833 und seine Bedeutung für das Reifezeugnis in Deutschland. In: Hohenzollern, J. & Liedtke, M. (Hrsg.): Schülerbeurteilungen und Schulzeugnisse. Bad Heilbrunn: Klinkhardt, 132-147. – Fischer, W. L. (1991): Mathematische Kritik der Ziffernnoten und ihrer Interpretation. In: Hohenzollern, J. & Liedtke, M. (Hrsg.): Schülerbeurteilungen und Schulzeugnisse. Bad Heilbrunn: Klinkhardt, 225-249. – Furck, C. L. (1975): Das pädagogische Problem der Leistung in der Schule. 5. Aufl. Weinheim: Beltz. – Hohenzollern, J. G. & Liedtke, M. (Hrsg.) (1991): Schülerbeurteilungen und Schulzeugnisse. Historische und systematische Aspekte. Bad Heilbrunn: Klinkhardt. – Nipkow, K.-E. (1978): Leistungsprinzip und Lernverständnis. In: Beckmann, H. K. (Hrsg.): Leistung in der Schule. Braunschweig: Westermann, 7-32. – Rheinberg, Falko (1995): Individuelle Bezugsnormen der Leistungsbewertung und Motivation im Unterricht. In: Pädagogische Welt, 49 (2), 59-62. – Rösger, A. (1991): Zur Schülerbeurteilung in der Antike. Hellenistische Schülerwettbewerbe. In: Hohenzollern, J. & Liedtke, M. (Hrsg.): Schülerbeurteilungen und Schulzeugnisse. Bad Heilbrunn: Klinkhardt, 49-60. – Sacher, W. (1992): Schulleistung: Forderung – Überprüfung – Beurteilung (Akademiebericht Nr. 178). 2. Aufl. Dillingen: Akademie für Lehrerfortbildung. – Sacher, W. (2004): Leistungen entwickeln, überprüfen und beurteilen. 4. Aufl. Bad Heilbrunn: Klinkhardt. – Tent, L. (2001): Zensuren. In: Rost, D.H. (Hrsg.): Handwörterbuch Pädagogische Psychologie. 2., überarb. u. erw. Aufl. Weinheim: Psychologie Verlags Union, 804-811. – Ziegenspeck, J. (1999): Handbuch Zensur und Zeugnis in der Schule. Bad Heilbrunn: Klinkhardt.

110| Veröffentlichung und Würdigung von Unterrichtsergebnissen
Thorsten Bohl

1 Gegenstandsbereich

Dem Gegenstandsbereich liegt ein erweitertes Lern-, Leistungs- und Beurteilungsverständnis (engl. *learning, performance and assessment in an extended sense*) zu Grunde, das im deutschsprachigen Raum seit den neunziger Jahren intensiv thematisiert wird (vgl. Jürgens 1992; Klafki 1993, S. 209-247; Bohl 2004; Winter 2004). Der schulische Leistungsbegriff wird um ganzheitliche, prozessbezogene, kooperative und selbstbestimmte Elemente erweitert und ergänzt damit ein traditionell enges, d.h. individuelles, wissensbasierendes, fachlich-inhaltliches, ergebnisorientiertes und kognitives Verständnis. Ein erweitertes Leistungsverständnis beruht auf einer „neuen" Lernkultur (Winter 2004) und zeitigt Folgen für die schulische Leistungsbeurteilung. Mittels traditioneller Beurteilungsverfahren wie Klassenarbeiten, Tests oder mündliche Überprüfungen können diese Unterrichtsergebnisse nur unzureichend erfasst werden. Um etwa prozessbezogene Leistungen zu erheben, sind systematische Beobachtungen durch den Lehrer (z.B. Beobachtungsbogen für Freiarbeit) oder differenzierte Beschreibungen und Reflexionen durch die Schüler selbst (z.B. Portfolio, Lerntagebücher, Projektpläne oder Arbeitsprozessberichte) notwendig. Der Prozessbezug ermöglicht es, einzelne Phasen, Teilarbeiten, Zwischenergebnisse oder Entscheidungen und damit bestimmte Fähigkeiten (z.B. Volition, Flexibilität, Reflexion) hervorzuheben und für eine Verständigung und didaktische Konsequenzen zu erschließen. Insbesondere bei leistungsschwächeren Schülern entstehen Anknüpfungsmöglichkeiten für weiterführende Fördermaßnahmen. Eine Verständigung zwischen Lehrern und Schülern über Leistungserwartung und -beurteilung wird als grundlegend erachtet. Schüler sind vielfältig beteiligt, etwa bei der Entwicklung der Beurteilungskonzeption, im Rahmen von Mitbewertungen (z.B. bei Präsentationen) und mittels Formen der Selbstbewertung.

Im Gegensatz zur nicht-öffentlichen Korrekturtätigkeit des Lehrers bei traditionellen Beurteilungsformen wird die Schülerleistung unter jeweils bestimmten Bedingungen (z.B. sachliche Rückmeldung) und für bestimmte Personenkreise (Mitschüler, Eltern, Dritte) öffentlich. Die Würdigung einer Leistung zeigt sich in der differenzierten, sachlichen und wertschätzenden Betrachtung und Beschreibung der Leistung selbst und in einem förderorientierten, unterrichtlichen und schulischen Umfeld.

2 Historische Aspekte

Mit der Ausdifferenzierung des Schulwesens steigt die Bedeutung der Ziffernote und der Selektionsfunktion der Schule. Daher erfolgt der öffentliche Beleg einer Schülerleistung bis heute vorrangig in symbolischer Form als Ziffernote. Die geschichtliche Entwicklung des Schulzeugnisses verdeutlicht, dass diese Form weniger einer pädagogischen, als vielmehr einer sozialen und organisatorischen Funktion entspringt (Dohse 1967). Eine historisch-systematische Betrachtung des Gegenstandsbereichs kann daher nicht nur auf die Entwicklung des Schulzeugnisses und Prüfungswesens begrenzt bleiben, sie orientiert sich zudem an pädagogischen und didaktischen Konzepten.

Aus der Geschichte der Pädagogik sind zahlreiche Beispiele bekannt, in denen Leistungen von Schülern in besonderer Weise gewürdigt und/oder veröffentlicht wurden. So vollzieht sich in der Disputation der katholischen Pädagogik der *Jesuiten* ein Wechsel von Wettstreiten und Bewerten (vgl. Keck 1991, S. 79). Dieser Wettbewerb erfolgt vor den Augen von Lehrern, Schiedsrichtern, Protokollanten und weiterem Publikum. Eine formale Würdigung dieses konkurrenzorientierten Verlaufs wird dadurch gewährleistet, dass Wutausbrüche o.ä. sanktioniert werden. *Johann Heinrich Pestalozzi* (1746-1827) hatte in den Briefen an die Eltern die Arbeiten seiner Zöglinge leidenschaftlich und individuell gewürdigt. Vertreter der sog. *Reformpädagogik* lehnten Zensuren ab und entwickelten alternative Konzepte (vgl. Bohl 2005), etwa mittels halbjährlicher Präsentation von Unterrichtsergebnissen (Pädagogische Rückschau bei Peter Petersen), künstlerisch-ästhetischer oder schauspielerischer Auftritte (in der Waldorfpädagogik), Besprechung und Würdigung von Arbeitsergebnissen in Klassenversammlungen oder mittels Fertigkeitsbescheinigungen (bei Célestin Freinet).

3 Diagnostische, didaktische und schultheoretische Implikationen

3.1 Diagnostische Güte

Eine Veränderung der Beurteilungsform (z.B. verbale Beurteilung statt Zensur) bewirkt nicht unmittelbar eine im testtheoretischen (vgl. Ingenkamp 1987) oder pädagogischen (vgl. Bohl 2004, S. 73-88; Winter 2004, S. 141-157) Sinne bessere Qualität der Rückmeldung oder Beurteilung. Daher sind auch Verfahren eines erweiterten Beurteilungsverständnisses auf ihre Güte zu überprüfen.

3.2 Didaktische Implikationen

Die didaktische Grundkonzeption des Unterrichts bestimmt den Rahmen, in welchem individuelle Lern- und Arbeitsprozesse gewürdigt und unterstützt werden können. Beispielhaft deutlich wird dies im Konzept des dialogischen Lernens (Ruf & Gallin 1999). Hier wird die Verständigung zwischen Schülern über (Zwischen-) Ergebnisse ihres Lernprozesses ebenso konstitutiv und systematisch entwickelt wie eine Verschriftlichung des Arbeitsprozesses und der subjektiven Überlegungen der Schüler bei der Bewältigung einer Aufgabe.

3.3 Schultheoretische Implikationen

Die seit den achtziger Jahren thematisierte „Gestaltungsfreiheit der Einzelschule" eröffnet die notwendige Freiheit für profilbildende unterrichtliche und außerunterrichtliche Ziele und Handlungspläne. Über Bildungspläne hinaus entstehen Möglichkeiten der Würdigung und Veröffentlichung spezifischer Anstrengungen und Leistungen, z.B. Aufführungen oder Ausstellungen im Rahmen von Schulversammlungen. In theoretischer Hinsicht wird eine Nähe zum Begriff der Schulkultur deutlich, der die Anerkennungs- und Partizipationsverhältnisse innerhalb der Einzelschule als grundlegend entfaltet (Helsper u.a. 1998).

4 Besondere Anwendungsbereiche

4.1 Erweiterte Bewertungs-, Prüfungs- und Zeugnisregelungen

Zahlreiche Bundesländer verändern ihre Bewertungs-, Prüfungs- und Zeugnisregelungen mit dem Ziel, Leistungen eines erweiterten Lernbegriffs stärker zu berücksichtigen (vgl. Bohl 2003), so etwa im Rahmen von Projektprüfungen (Baden-Württemberg, Hessen) oder Rasterskalierungen zur Einschätzung von Kompetenzen (Thüringen).

4.2 Portfolio

Das Portfolio ermöglicht eine direkte und nicht symbolisch (z.B. als Zensur) vermittelte Leistungsvorlage. Vierlinger (1999) verwendet daher den Begriff der „direkten Leistungsvorlage". Unter Berücksichtigung insbesondere US-amerikanischer Erfahrungen und Studien werden im deutschsprachigen Raum seit Ende der neunziger Jahre pädagogisch und didaktisch begründete Portfoliokonzeptionen entwickelt, deren Ansatz über die ursprüngliche Funktion von Portfolio als Sammelmappe (z.B. Kunstmappe) hinausgeht (Winter 2004; Häcker 2002). Konstitutives Merkmal ist eine prozessbezogene und reflexive Praxis, die häufig in enger Anbindung an Konzepte der Schreibpädagogik erfolgt (Bräuer 2004).

5 Entwicklungsperspektiven und offene Forschungsfragen

Das beschriebene Leistungs- und Beurteilungsverständnis auf der Grundlage einer neuen Lernkultur führt zu Spannungsfeldern, die Lehrkräfte vor besondere Herausforderungen stellen, etwa zwischen der Zensierungspflicht an Staatsschulen und dem Anspruch einer differenzierten und wertschätzenden Beurteilung. Ein weiteres Spannungsfeld entsteht zwischen einerseits individueller Wertschätzung von Unterrichtsergebnissen sowie andererseits zentralisierter Vergleichstests und Systemsteuerungsmaßnahmen, die in Deutschland in Folge der PISA - Ergebnisse systematisch entwickelt und implementiert werden. Dies eröffnet unterrichtspraktische (z.B. Entwicklung neuer Bewertungskonzeptionen), professionsbezogene (z.B. diagnostische Kompetenz, Arbeitszeitmodelle mit erhöhtem Diagnose- und Beratungsbudget) und schulrechtliche (z.B. flexible Bewertungs-, Prüfungs- und Zeugnisregelungen) Entwicklungsfelder.

In forschungsmethodischer Hinsicht fehlen im deutschsprachigen Raum bisher Studien zur Erforschung der Wirksamkeit einzelner Konzepte (z.B. von Portfolio), etwa im Hinblick auf die (langfristige) Verbesserung fachlicher oder überfachlicher Kompetenzen oder auf die Auswirkungen auf die Leistungsmotivation von Schülern.

Literatur

Bohl, T. (2003): Aktuelle Regelungen zur Leistungsbeurteilung und zu Zeugnissen an deutschen Sekundarschulen. In: Zeitschrift für Pädagogik, 49 (4), 550-566. – Bohl, T. (2004): Prüfen und Bewerten im Offenen Unterricht. Weinheim: Beltz. – Bohl, T. (2005): Leistungsbeurteilung in der Reformpädagogik. Weinheim: Beltz. – Bräuer, G. (Hrsg.) (2004): Schreiben(d) lernen. Ideen und Projekte für die Schule. Hamburg: Edition Körber-Stiftung. – Dohse, S. (1967): Das Schulzeugnis. 2. Aufl. Weinheim: Beltz. – Häcker, T. (2002): Der Portfolioansatz - die Wiederentdeckung des Lernsubjekts? In: Die Deutsche Schule, 94 (2), 204-217. – Helsper, W., Böhme, J., Kramer, R.-T. & Lingkost, A. (1998): Entwürfe zu einer Theorie der Schulkultur und des Schulmythos – struktur-theoretische, mikropolitische und rekonstruktive Perspektiven. In: Keuffer, J., Krüger, H.-H., Reinhardt, S., Weise, E. & Wenzel, H. (Hrsg.): Schulkultur als Gestaltungsaufgabe. Weinheim: Beltz, 29-75. – Ingenkamp, K. (1987): Zeugnisse und Zeugnisreformen aus der Sicht empirischer Pädagogik. In: Olechowski, R. & Persy, E. (Hrsg.): Fördernde Leistungsbeurteilung. München: Jugend und Volk, 22-37. – Jürgens, E. (1992): Leistung und Beurteilung in der Schule. 2. Aufl. Augustin: Academia. – Keck, R. (1991): Zensieren und Zertieren: Zur Kontroll- und Gratifikationspraxis der katholischen Pädagogik im jesuitischen Einflußbereich. In: Hohenzollern, P. J. & Liedtke, M. (Hrsg.): Schülerbeurteilungen und Schulzeugnisse. Bad Heilbrunn: Klinkhardt, 69-88. – Klafki, W. (1993): Neue Studien zur Bildungstheorie und Didaktik. Zeitgemäße Allgemeinbildung und kritisch-konstruktive Didaktik. 3. Aufl. Weinheim: Beltz. – Ruf, U. & Gallin, P. (1999): Dialogisches Lernen in Sprache und Mathematik. Band 1: Austausch unter Ungleichen. Grundzüge einer interaktiven und fächerübergreifenden Didaktik. Seelze: Kallmeyer. – Vierlinger, R. (1999): Leistung spricht für sich selbst. Direkte Leistungsvorlage (Portfolios) statt Ziffernzensuren und Notenfetischismus. Heinsberg: Dieck. – Winter, F. (2004): Leistungsbewertung. Baltmannsweiler: Schneider.

111| Erklärungsansätze für Schulleistung
Friedrich-Wilhelm Schrader und Andreas Helmke

1 Erklärungsansätze für Schulleistung – Eine Übersicht

Schulleistungen lassen sich in unterschiedlicher Weise und auf unterschiedlichen Ebenen erklären. Die Erklärung hängt ab vom betrachteten Zeitraum, der Art der geforderten Leistung (z.B. deklaratives, prozedurales Wissen, Strategien) und dem Aggregationsniveau (einzelne Schüler, gesamte Klassen oder Schulen). Schulleistungen sind meistens nicht das Ergebnis einer genau eingrenzbaren Lernsituation, sondern das Resultat vieler einzelner, sich über einen längeren Zeitraum erstreckender Lernvorgänge (kumulatives Lernen). Die vorherrschenden Erklärungsansätze sind demzufolge auch meistens keine Prozessmodelle, sondern Bedingungsmodelle für das Zustandekommen von Leistungs*unterschieden* zwischen Schülern, Klassen oder Schulen. Die Erklärung bezieht sich darauf, welche Faktoren eine Rolle spielen und wie sie zusammenhängen und verknüpft sind. Schulleistungen sind multipel determiniert. Maßgebliche Bedingungsfaktoren für Schulleistungen (oder auch für Lern- und Leistungsschwierigkeiten) sind individuelle Schülermerkmale, Merkmale des Unterrichts, des schulischen und außerschulischen Kontexts, des familiären Hintergrunds sowie Medien und Gleichaltrige (Helmke & Weinert 1997; Helmke & Schrader 2001a).

2 Einzelne Erklärungsfaktoren

2.1 Individuelle Bedingungen

Individuelle, in der Person des Lernenden liegende Bedingungsfaktoren spielen eine überragende Rolle für den Lernerfolg. Sie umfassen kognitive, motivationale und volitionale Schülermerkmale. Bei den kognitiven Merkmalen ist neben intellektuellen Fähigkeiten vor allem das Vorwissen von großer Bedeutung. Schüler mit hohem Vorwissen zeigen in der Regel auch höhere Leistungen, wobei der Vorhersagebeitrag des Vorwissens oft noch größer ist als der der Intelligenz. Mangelndes Vorwissen kann zudem durch hohe Intelligenz nicht ausgeglichen werden (Weinert & Helmke 1998). Weitere wichtige kognitive Bedingungsfaktoren sind Lernstile und Lernstrategien sowie epistemologische (die Natur des Wissens und Lernens betreffende) Überzeugungen (Helmke & Schrader 2001b). Bei den motivationalen Bedingungsfaktoren stehen vor allem selbstbezogene Kognitionen (Selbstkonzept der eigenen Fähigkeit, Selbstwirksamkeit, subjektive Kompetenz, Erfolgserwartungen), die Einstellung zum Lernen, die subjektive Wichtigkeit verschiedener Ziele und Folgen sowie das Lerninteresse in positiver Beziehung zur Leistung, während Leistungsangst meistens (aber nicht immer) leistungsmindernd wirkt. Die Zusammenhänge zwischen motivationalen Variablen und Schulleistungen sind häufig nicht sehr hoch und hängen von verschiedenen Vermittlungsprozessen und vom Kontext ab (Helmke & Weinert 1997). Während motivationale Faktoren die Bereitschaft, eine Lernhandlung auszuführen, betreffen, sorgen volitionale Schülermerkmale für die Aufrechterhaltung und Umsetzung einmal getroffener Entscheidungen und gebildeter Absichten. Auch hier sind die Zusammenhänge mit Schulleistungen nicht sehr hoch. Möglicherweise haben volitionale Prozesse im typischerweise stark lehrerkontrollierten Unterricht, anders als beim selbstgesteuerten Lernen, nur einen begrenzten Stellenwert (Helmke & Schrader 2001b).

2.2 Kontextbedingungen

Kontextbedingungen betreffen vorgegebene und durch Unterricht (zumindest nicht kurzfristig) beeinflussbare Faktoren. Neben gesellschaftlichen und kulturellen Rahmenbedingungen sind dies vor allem Merkmale des sozialen Hintergrundes sowie des Schul- und Klassenkontexts. So gibt es deutliche Zusammenhänge zwischen der Schulleistung und der sozialen Herkunft, die darüber hinaus zwischen einzelnen Ländern deutlich variieren (siehe etwa Prenzel, Heidemeier, Ramm, Hohensee & Ehmke 2004). Neben dem schulischen Kontext (etwa Schulqualität) ist vor allem der Klassenkontext wichtig, der Merkmale wie das Leistungsniveau und die Leistungsvariabilität der Klasse, deren Zusammensetzung (etwa Anteil von Migranten) und Größe umfasst. Die internationalen Vergleichsstudien haben deutlich gemacht, dass es zwischen verschiedenen Ländern erhebliche Unterschiede in der Schulleistung gibt. Dafür sind unter anderem Unterschiede im Bildungssystem (etwa der Schulorganisation), aber auch kulturelle Faktoren wichtig. In den letzten Jahren haben insbesondere die guten Leistungen von Schülern aus südostasiatischen Ländern für Aufsehen gesorgt und die Besonderheiten der asiatischen Lernkultur mit ihrer starken Betonung von Werten wie Anstrengung, Disziplin, Autorität usw. sichtbar gemacht (Helmke, Schrader, Vo, Phuc & Tra, 2003).

2.3 Unterricht

Während frühere Forschungen gelegentlich den Eindruck erweckt haben, der Unterricht spiele keine oder nur eine geringe Rolle, gibt es mittlerweile eine Vielzahl von Belegen für die Bedeutung von Unterschieden in der Quantität und Qualität des Unterrichts (Helmke 2004). Die Unterrichtsquantität betrifft Faktoren wie den für die Behandlung eines Stoffgebiets vorgesehenen Zeitumfang oder den Umfang der im Unterricht für fachliche Belange genutzten Zeit. Im Hinblick auf die Unterrichtsqualität wurden eine Reihe von Variablen identifiziert, die mit Lernerfolg der Schüler einhergehen: Klarheit und Strukturiertheit des Unterrichts; Motivierungsqualität; Adaptivität und Merkmale der Unterrichtsorganisation und Klassenführung (siehe Helmke 2004). Das zugrunde liegende Prozess-Produkt-Modell, bei dem Prozessmerkmale (Lehrerverhalten; Lehrer-Schüler-Interaktion) mit Produktmaßen (Leistungszuwachs) in Verbindung gebracht werden, stößt mittlerweile aus theoretischen und empirischen Gründen zunehmend an seine Grenzen. Heute versucht man deshalb verstärkt, der Unterrichtswirklichkeit durch komplexere Modelle gerecht zu werden, die Wechselwirkungen zwischen verschiedenen Unterrichtsmerkmalen sowie deren Zusammenspiel und Abhängigkeit von den Lernvoraussetzungen der Schüler berücksichtigen und kompensatorische Beziehungen enthalten. Aus theoretischer Sicht bieten das Expertenparadigma, das die kognitiven Grundlagen der Lehrkompetenz herauszuarbeiten versucht, oder das kognitive Vermittlungs-Paradigma wichtige Fortschritte (Helmke 2004, Shuell 1996).

3 Integrative Ansätze

Helmke und Weinert (1997) haben ein allgemeines Rahmenmodell entwickelt, das den Stellenwert der verschiedenen Bedingungsfaktoren für die Schülerleistung verdeutlicht. Danach haben individuelle, in der Person des Lernenden liegende Merkmale einen *direkten* Einfluss auf die Schulleistung. Alle anderen Bedingungsfaktoren sind nur *indirekt* wirksam, indem sie zunächst den Lernenden und sein Lernverhalten und nicht direkt die Leistung beeinflussen. Der Schüler wird außer durch Medien und Gleichaltrige beeinflusst durch Prozessmerkmale des Unterrichts und des elterlichen Erziehungsverhaltens, die ihrerseits abhängen von der Persönlichkeit der Lehrkräfte und Eltern sowie von der jeweiligen Lernumwelt. Alle diese Bedingungsfaktoren unterliegen dem Einfluss soziokultureller Rahmenbedingungen. Das Modell verdeutlicht insbesondere, dass Faktoren wie die Erzieherpersönlichkeit oder die soziale Schicht nicht direkt wirksam werden, sondern dass ihr Einfluss in vielfältiger Weise durch Prozessmerkmale vermittelt wird.

Zusammenhänge sind nicht unbedingt linear (Je-desto-Beziehungen), sondern Merkmale können in verschiedener Weise zusammenwirken. Während bei mittelmäßigen Leistungen mangelnde Fähigkeiten durch hohe Anstrengung kompensiert werden können, sind für das Zustandekommen hoher Leistungen Mindestausprägungen beider Faktoren erforderlich (Koppelung). Aus pädagogischer Sicht besonders wichtig sind kompensatorische Beziehungen zwischen Unterricht und individuellen Lernvoraussetzungen. So konnten Weinert und Helmke (1987) zeigen, dass das Selbstkonzept der eigenen Fähigkeit als eine wichtige Komponente der Lernmotivation vor allem dann mit dem Lernerfolg zusammenhängt, wenn der Unterricht durch ein geringes Maß an individueller fachlicher Unterstützung gekennzeichnet ist. Bei einer hohen Ausprägung individueller fachlicher Unterstützung steht das Selbstkonzept dagegen nur schwach mit dem Lernerfolg in Zusammenhang. In ähnlicher Weise können auch die Beziehungen zwischen Intelligenz sowie Ängstlichkeit und Leistung von Merkmalen des Unterrichts abhängen (Helmke & Weinert 1999).

Speziellere Modelle, etwa zur Rolle des Unterrichts, sind noch prozessnäher angelegt. Die Besonderheiten des Lehr-Lern-Prozesses kommen besonders gut in einem Angebots-Nutzungs-Modell (Helmke 2004) zum Ausdruck. Danach ist der Unterricht als Angebot zu verstehen, das sich durch verschiedene Qualitätsmerkmale kennzeichnen lässt. Erfolgreiches Lernen setzt voraus, dass dieses Angebot von dem Schüler ausreichend genutzt und in geeignete Lernaktivitäten umgesetzt wird. Dafür sind verschiedene Mediationsprozesse auf Schülerseite notwendig, etwa die Wahrnehmung und Interpretation des Unterrichtsgeschehens sowie motivationale und emotionale Vermittlungsprozesse. Das Modell trägt der konstruktivistischen Sichtweise Rechnung, derzufolge Wissenserwerb das Ergebnis eines subjektiven und vom Lernenden selbstständig zu leistenden Konstruktionsprozesses ist. Kognitive Selbsttätigkeit ist mit einem lehrergesteuerten direktiven Unterricht, der sich in vielen Untersuchungen gerade für leistungsschwächere Schüler als erfolgreich erwiesen hat, keineswegs unvereinbar (Weinert 1996).

4 Perspektiven

Leistung ist nicht das einzige Zielkriterium schulischen Unterrichts. Andere wichtige Zielkriterien sind etwa die Förderung von Lernfreude, Selbstvertrauen, soziale und kommunikative Kompetenzen. Untersuchungen haben gezeigt, dass diese Zielkriterien durchaus miteinander vereinbart werden können (Helmke & Schrader 1990, Schrader, Helmke & Dotzler 1997). Darüber hinaus sind nicht alle Maßnahmen und unterrichtlichen Bedingungen für alle Schüler in gleicher Weise wirksam. Vielmehr gibt es Wechselwirkungen zwischen Lernvoraussetzungen und Unterrichtsmaßnahmen (*Aptitude-Treatment*-Interaktionen). So hat sich etwa gezeigt, dass leistungsschwächere und leistungsängstliche Schüler von einem strukturierten Unterricht besonders profitieren, während für leistungsstärkere und weniger leistungsängstliche Schüler ein weniger strukturierter Unterricht günstiger ist (Helmke & Weinert 1997). Stabile Merkmale wie Intelligenz usw. eignen sich zwar für die Vorhersage der Leistung, haben aber für das Verständnis von Lernprozessen nur einen begrenzten Wert. In den letzten Jahren gibt es daher verstärkte Bemühungen, prozessnähere Schülermerkmale wie Vorkenntnisse, Lern- und Gedächtniskompetenzen oder epistemologische Überzeugungen zu berücksichtigen (Snow & Swanson 1992).

Literatur

Helmke, A. (2004): Unterrichtsqualität: Erfassen, Bewerten, Verbessern. 3. Aufl. Seelze: Kallmeyer. – Helmke, A. & Schrader, F.-W. (1990): Zur Kompatibilität kognitiver, affektiver und motivationaler Zielkriterien des Schulunterrichts – Clusteranalytische Studien. In: Knopf, M. & Schneider, W. (Hrsg.): Entwicklung. Allgemeine Verläufe – Individuelle Unterschiede – Pädagogische Konsequenzen. Göttingen: Hogrefe, 180-200. – Helmke, A. & Schrader, F.-W. (2001a): Determinanten der Schulleistung. In: Rost, D. H. (Hrsg.): Handwörterbuch Pädagogische Psychologie. 2. Aufl. Weinheim: Beltz PVU, 81-91. – Helmke, A. & Schrader, F.-W. (2001b): School achievement, cognitive and motivational determinants. In: Smelser, N. J. & Baltes, P. B. (Eds.): International encyclopedia of the social and behavioral sciences. Vol. 20. Oxford: Pergamon, 13552-13556. – Helmke, A., Schrader, F.-W., Vo Thi Anh Tuyet, Le Duc Phuc & Tran Thi Bich Tra (2003): Selbstkonzept und schulische Leistungen im Kulturvergleich: Ergebnisse der Grundschulstudie SCHOLASTIK in München und Hanoi. In: Schneider, W. & Knopf, M. (Hrsg.): Entwicklung, Lehren und Lernen. Göttingen: Hogrefe, 187-206. – Helmke, A. & Weinert, F. E. (1997): Bedingungsfaktoren schulischer Leistungen. In: Weinert, F. E. (Hrsg.): Enzyklopädie der Psychologie. Pädagogische Psychologie. Psychologie des Unterrichts und der Schule. Göttingen: Hogrefe, 71-176. – Helmke, A. & Weinert, F. E. (1999): Schooling and the development of achievement differences. In: Weinert, F. E. & Schneider, W. (Eds.): Individual development from 3 to 12. Cambridge: Cambridge University Press, 176-192. – Prenzel, M., Heidemeier, H., Ramm, G., Hohensee, F. & Ehmke, T. (2004): Soziale Herkunft und mathematische Kompetenz. In: Prenzel, M., Baumert, J., Blum, W., Lehmann, R., Leutner, D., Neubrand, M., Pekrun, R., Rolff, H.-G., Rost, J. & Schiefele, U. (Hrsg.): PISA 2003. Der Bildungsstand der Jugendlichen in Deutschland – Ergebnisse des zweiten internationalen Vergleichs. Münster: Waxmann, 273-282. – Schrader, F.-W., Helmke, A. & Dotzler, H. (1997): Zielkonflikte in der Grundschule: Ergebnisse aus dem SCHOLASTIK-Projekt. In: Weinert, F. E. & Helmke, A. (Hrsg.): Entwicklung im Grundschulalter. Weinheim: Psychologie Verlags Union, 299-316. – Shuell, T. (1996): Teaching and learning in the classroom context. In: Berliner, D. C. & Calfee, R. C. (Eds.): Handbook of Educational Psychology. New York: Simon & Schuster Macmillan, 726-764. – Snow, R. E. & Swanson, J. (1992): Instructional Psychology: Aptitude, adaptation, and assessment. In: Annual Review of Psychology, 43, 583-626. – Weinert, F. E. (1996): Für und Wider die 'neuen' Lerntheorien als Grundlagen pädagogisch-psychologischer Forschung. In: Zeitschrift für Pädagogische Psychologie, 10, 1-12. – Weinert, F. E. & Helmke, A. (1987): Compensatory effects of student self-concept and instructional quality on academic achievement. In: Halisch, F. & Kuhl, J. (Eds.): Motivation, intention, and volition. Berlin: Springer, 233-247. – Weinert, F. E. & Helmke, A. (1998): The neglected role of individual differences in theoretical models of cognitive development. In: Learning and Instruction, 8, 309-323.

112| Schulsystembezogene Evaluation
Vera Husfeldt

1 Aufgaben und Ziele schulsystembezogener Evaluation

Schulsystembezogene Evaluationen (engl. *evaluations of education systems*) sind seit der Veröffentlichung der Ergebnisse großer Schulleistungsstudien wie TIMSS und PISA ein Thema, das weit über die Kreise von Bildungsexperten hinaus diskutiert wird. In den vorangehenden Beiträgen dieses Handbuchs ist bereits auf die Evaluation von Schülerleistungen zur Einzelbeurteilung im Rahmen von Lernstands- und Lernprozessdiagnostik eingegangen worden. Dieser Beitrag konzentriert sich auf die Erhebung von Schülerleistungen zur Beurteilung von Bildungssystemen. Während die Güte von Schulsystemen bis in die 1990er Jahre hinein hauptsächlich auf der Basis von Inputfaktoren wie Bildungsausgaben, Lehrpläne etc. beurteilt wurde, rücken die schulsystembezogenen Evaluationen den Focus mehr in die Richtung der Outputfaktoren in Form von Schülerleistungen.

Schulsystembezogene Evaluationen haben – wie andere Formen der Evaluation auch – mehrere Funktionen und Ziele. Zum einen sollen sie Informationen über Bildungssysteme oder Teilsysteme liefern, zum anderen sollen sie eine umfassende Rechenschaftslegung ermöglichen und schließlich die Grundlage für eine nachhaltige Qualitätsentwicklung bilden. Die erhobenen Schülerleistungen können sich dabei auf unterschiedliche Bereiche beziehen und Sach- und Methodenkompetenzen, soziale Fähigkeiten und Einstellungen beinhalten. In den meisten bisher veröffentlichten Studien liegt der Schwerpunkt jedoch auf der Messung von Sachkompetenzen und beschränkt sich häufig auf die Bereiche der in der Schule vermittelten Fächer Mathematik, Naturwissenschaften, Lesen, Rechtschreiben, Grammatik, Englisch, Politik u.a.

In großangelegten Schulleistungsstudien steht deshalb nicht die Einzelschule im Blickfeld der Forschung, sondern das übergeordnete System, wie das Schulsystem eines Bundeslandes oder in internationalen Studien die Systeme der einzelnen teilnehmenden Länder. Aussagen, die aus diesen Studien abgeleitet werden können, sind deshalb auch immer nur in Bezug auf die gemessenen Variablen und in Bezug auf das untersuchte System möglich.

2 Schulsystembezogene Evaluationen in Deutschland

Die erste großangelegte internationale Schulleistungsstudie, die First International Mathematics Study (FIMS) wurde 1964 durchgeführt (vgl. Husén 1967). Deutschland beteiligte sich mit lediglich zwei Bundesländern daran, so dass repräsentative Aussagen über die mathematischen Kompetenzen deutscher Schüler nicht möglich waren. Weitere Studien, die sich in den 80er Jahren teilweise auf repräsentative Stichproben aus der Bundesrepublik stützten, fanden wenig Akzeptanz von Seiten der Bildungspolitik und wurden von der Öffentlichkeit kaum wahrgenommen. Erst nach der Veröffentlichung der Third-International-Mathematics-and-Science-Study (TIMSS), die deutschen Schülerinnen und Schülern nur durchschnittliche Fähigkeiten in Mathematik und den Naturwissenschaften bescheinigte und damit den sogenannten TIMSS-Schock auslöste, entwickelte sich ein immer größeres politisches Interesse an der Durchführung und den Ergebnissen von groß angelegten Schulleistungsstudien (einen detaillierten Überblick bieten Peek und Neumann 2003). Die OECD-Studie *Programme-in-International-Student-Assessment* (PISA) und die IEA-Studie *Progress-in-International-Reading-Literacy-Study* (PIRLS), die in Deutschland unter dem Akronym

IGLU für Internationale Grundschul-Leseuntersuchung bekannt ist, stellen mit ihren Erweiterungen unter den schulsystembezogenen Evaluationen eine zusätzliche Besonderheit dar, da sie durch ihr Design mit repräsentativen Stichproben einzelner deutscher Bundesländer erstmalig einen Bundesländervergleich zulassen (Deutsches PISA-Konsortium 2002; Bos u.a. 2004).

Parallel zu den internationalen Schulleistungsstudien entwickelten sich auch innerhalb Deutschlands Initiativen, die von jeweils einzelnen Bundesländern ausgehen. Einen ersten Vorstoß machte der Hamburger Senat 1996 mit dem Auftrag, Kompetenzen von Schülerinnen und Schülern eines gesamten fünften Klassenjahrgangs in Hamburg zu erheben (LAU, Lehmann & Peek 1997). Erstmalig wurden darüber hinaus klassenbezogene Ergebnisse den Einzelschulen zurückgemeldet, so dass sie den Lehrern sowohl als Information über den Leistungsstand ihrer Klasse als auch als Ausgangspunkt für eine Diskussion um Schul- und Unterrichtsentwicklung zur Verfügung stand.

3 Schulsystembezogene Evaluation: Untersuchungsgegenstand und Funktionen

Der Focus schulsystembezogener Evaluationen liegt in aller Regel auf der Messung von Leistungen der Schülerinnen und Schüler am Output des Systems. Unabhängig von der individuellen Lerngeschichte des einzelnen Schülers oder der einzelnen Schülerin werden die Lernstände in unterschiedlichen Gebieten festgestellt. Nur am Rande werden in einigen dieser Studien Prozessfaktoren zu Aspekten der Qualität der Institutionen oder der pädagogischen Praxis (z.B. Leitung der Schule, Lehrerkooperationen, differenziertes oder integriertes Lernen) erhoben. Die Ergebnisse dieser Studien können dazu genutzt werden, die leistungsbezogenen Ziele eines Bildungssystems mit den tatsächlich erreichten Schülerleistungen abzugleichen und darüber hinaus Vergleiche zwischen einzelnen Bildungssystemen oder Teilsystemen herzustellen. Diese Information dient zum einen der Rechenschaftslegung und zum anderen kann sie Ausgangspunkt für die Qualitätsentwicklung eines Bildungssystems sein.

Tatsächlich ist der Output von Schulen und der Output unseres Bildungssystems im Zuge der großen Schulleistungsuntersuchungen seit den 1990er Jahren verstärkt in die Diskussion geraten und spielt heute neben den Inputfaktoren oder im Zusammenhang mit den Inputfaktoren eine wichtige Rolle bei der Begründung von bildungspolitischen Maßnahmen. Aussagen über den Prozess des Unterrichtens und Lernens in der Schule können jedoch nur in den seltensten Fällen aus den vorliegenden Untersuchungen abgeleitet werden, auch wenn prozessverändernde Maßnahmen häufig mit den Ergebnissen großangelegter Schulleistungsstudien begründet werden.

4 Schulsystembezogene Evaluationen: Unterschiedliche Systemebenen

Schulsystembezogene Evaluationen können auf unterschiedlichen Ebenen unterschiedliche Ziele verfolgen und dabei unterschiedliche Wirkungen auslösen. International vergleichende Untersuchungen dienen dazu, die Qualität von nationalen Bildungssystemen in einen größeren Bezugsrahmen zu setzen. Generelle Einschätzungen über bildungspolitische Entscheidungen können zwar daraus abgeleitet werden, doch eine konkrete Ursachenforschung ist in der Regel auf der Grundlage von Daten aus solchen großangelegten Schulleistungsstudien nicht möglich. Bis in den Lehr- und Lernprozess der Einzelschule reichen internationale Vergleiche in den meisten Fällen nicht. Die Länderunterschiede unseres föderalen Bildungssystems können in internationalen Studien kaum abgebildet werden, es sei denn, es werden hinreichend große und repäsentative Stichproben repräsentativ für jedes Bundesland untersucht, wie es erstmals mit der Erweiterung der PISA-Studie (PISA/E) realisiert wurde (Deutsches PISA-Konsortium 2002).

Neben den internationalen Untersuchungen gibt es eine Reihe von Studien wie z.B. LAU (Lehmann u.a. 2001) und MARKUS (Helmke & Jäger 2002), die beschränkt auf einzelne Bundesländer einen genaueren Vergleich von Schulformen, Einzugsbereichen usw. ermöglichen und dabei den einzelnen Schulen oder sogar den einzelnen Klassen Rückmeldungen darüber geben können, wo sie im Vergleich zu anderen Schulen oder Klassen stehen.

5 Perspektiven

Schulsystembezogene Evaluationen sind im Zusammenhang der Schul- und Unterrichtsentwicklung ein wichtiges Instrument. Sie können Anregungen für schulinterne Diskussionen um die Qualität der Schule und des Unterrichts liefern und damit auch Anstöße für tiefer gehende interne Evaluationen geben. Allerdings sind sie weit davon entfernt, die Lösung für alle Probleme des Schulalltags zu sein. In der Form, die sie bisher durch ihre Entwicklung in vierzig Jahren angenommen haben, sind sie in der Lage, umfassende Informationen über bestimmte Outputfaktoren in einem Kernbereich von messbaren Kompetenzen zu geben. Darüber hinaus sind noch zahlreiche andere Kompetenzbereiche zu bedenken, deren Ausbildung genauso wie z.B. die Ausbildung der Lesekompetenzen zum Auftrag der Schule gehört. Schulsystembezogene Evaluationen haben weiterhin bisher wenig über den Prozess des Lernens und Unterrichtens aussagen können. Auch hier besteht noch erheblicher Forschungsbedarf. Klassen- und schulbezogene Rückmeldungen im Zusammenhang mit Fortbildungs- und Entwicklungsprojekten sind in diesem Zusammenhang erste Versuche, sich von Seiten der Bildungsforschung über die direkte Bereitstellung von Informationen Zugang zum Prozess des Lehrens und Lernens zu verschaffen. Bedenkt man, welch kleiner Ausschnitt aus dem Aufgabenspektrum der Schule dabei berücksichtigt wird, wird deutlich, dass wir erst am Anfang eines Prozesses stehen, für den die Erforschung, Beurteilung und Optimierung einer Vielzahl von schul- und unterrichtsbezogenen Faktoren große Herausforderungen sind.

Literatur

Bos, W., Lankes, E.-M., Prenzel, M., Schwippert, K., Valtin, R. & Walther, G. (2004): IGLU: Einige Länder der Bundesrepublik Deutschland im nationalen und internationalen Vergleich. Münster: Waxmann. – Deutsches PISA-Konsortium (Hrsg.) (2002): PISA 2000: Die Länder der Bundesrepublik Deutschland im Vergleich. Opladen: Leske und Budrich. – Helmke, A. & Jäger, R. S. (Hrsg.) (2002): Das Projekt MARKUS. Mathematik-Gesamterhebung Rheinland-Pfalz: Kompetenzen, Unterrichtsmerkmale, Schulkontext. Landau: Verlag Empirische Pädagogik. – Husén, T. (1967): A comparison of twelve countries: International study of achievements in mathematics. Stockholm: Almquist & Wiksell. – Lehmann, R. H. & Peek, R. (1997): Aspekte der Lernausgangslage von Schülerinnen und Schülern der fünften Klassen an Hamburger Schulen. Bericht über die Untersuchung im September 1996. Hamburg: Behörde für Bildung und Sport. – Lehmann, R. H., Peek, R., Gänsfuß, R. & Husfeldt, V. (2001): Aspekte der Lernausgangslage und der Lernentwicklung – Klassenstufe 9. Ergebnisse einer längsschnittlichen Untersuchung in Hamburg. Hamburg: Behörde für Bildung und Sport. – Peek, R. & Neumann, A. (2003): Schulische und unterrichtliche Prozessvariablen in internationalen Schulleistungsstudien. In: Auernheimer, G. (Hrsg.): PISA – Schieflagen im Bildungssystem. Die Benachteiligung der Migrantenkinder. Opladen: Leske und Budrich, 139-160.

113| Beratung im Schulsystem
Norbert Grewe

1 Bedeutung der Beratung im Schulsystem

Aufgrund gestiegener bildungs- und gesellschaftspolitischer Ziele – wie z.B. die Ausschöpfung der Begabungsreserven, das Ziel der Chancengleichheit, eine stärkere Differenzierung und Flexibilisierung von Bildungs- und Ausbildungsmöglichkeiten – hat sich der Beratungsbedarf im Schulsystem deutlich erhöht.

2 Definition

Die ersten Ansätze, Beratung (engl. *counseling*) wissenschaftlich zu definieren, waren geprägt von dem Versuch, die Beratung zu den verwandten Begriffen der Erziehung und der Therapie (engl. *therapy*) in Beziehung zu setzen bzw. von diesen abzugrenzen.
Heute haben sich dagegen Definitionen durchgesetzt, die besonders die spezifischen Merkmale der Beratung hervorheben.
„Beratung ist eine freiwillige, kurzfristige, oft nur situative, soziale Interaktion zwischen Ratsuchenden (Klienten) und Berater mit dem Ziel, im Beratungsprozess eine Entscheidungshilfe zur Bewältigung eines vom Klienten vorgegebenen aktuellen Problems durch Vermittlung von Informationen und/oder Einüben von Fertigkeiten gemeinsam zu erarbeiten" (Schwarzer & Posse 1993). Zur Verdeutlichung seien die Hauptmerkmale, die in dieser Definition enthalten sind, noch einmal benannt:
– Beratung ist freiwillig. Die ratsuchende Person bestimmt, ob sie einen Berater in Anspruch nehmen will und ob sie eine begonnene Beratung fortsetzt oder zu einem beliebigen Zeitpunkt abbricht.
– Beratung ist problembezogen. Der Ratsuchende gibt das Problem vor und setzt den Rahmen, in dem eine Problemlösung erarbeitet werden soll.
– Beratung ist unverbindlich. Der Ratsuchende erwartet Hilfe bei der Lösung seines Problems. Ob er die erarbeitete Problemlösung danach in die Praxis umsetzt oder nicht, unterliegt allein seiner Entscheidung, ohne dass er bei dieser Entscheidung Sanktionen von Seiten des Beraters fürchten muss.

3 Historische Entwicklung der Schulberatung

Historisch hat sich die schulische Beratung bisher in zwei Phasen entwickelt, die die veränderten gesellschaftlichen Aufgaben und die Entwicklung der wissenschaftlichen Grundlagen widerspiegeln (vgl. Nestmann 2002). Mit der Entstehung erster testdiagnostischer Verfahren zu Beginn des 20. Jahrhunderts entwickelten sich Möglichkeiten, den Schulerfolg genauer vorherzusagen und damit Schullaufbahnentscheidungen unabhängig von der aktuellen Schulleistung zu treffen. Die ersten Schulpsychologischen Dienste entstanden in dieser Zeit und unterstützten Eltern und Lehrkräfte durch ihre Gutachten bei der Wahl der geeigneten Schulform.
Die zweite Phase der schulischen Beratung wurde wiederum durch neue wissenschaftliche Entwicklungen begründet. In den 50er bis zu den 80er Jahren des 20. Jahrhunderts entstanden in der Klinischen Psychologie neue therapeutische Verfahren, die auch die Form und die Möglichkeiten

der Beratung beeinflussten. Die Entwicklungen der Gesprächspsychotherapie, der Verhaltenstherapie und später der Systemischen Therapie führten zu neuen Vorgaben für die Vorgehensweise in der Beratung und darüber hinaus zu wissenschaftlich begründeten Verfahren der Behandlung von Lern- und Verhaltensschwierigkeiten in der Schule. Aufgrund dieser neuen Möglichkeiten dominiert heute die Einzelfallhilfe die Praxis der professionellen schulischen Berater (vgl. Grewe 1999). Korrespondierend zu dieser Entwicklung in den Wissenschaften führten viele Bundesländer auf der Grundlage der Empfehlungen der Bund-Länder-Kommission für Bildungsplanung (1973) weitere Funktionsträger ein, um die Möglichkeiten der Beratung für das Schulsystem stärker zu nutzen. In allen Bundesländern wurden deshalb flächendeckend Schulpsychologinnen und Schulpsychologen eingeführt.

Darüber hinaus werden seit Beginn der 70er Jahre in den meisten Bundesländern Beratungslehrkräfte ausgebildet und eingesetzt. Nach einer ca. zweijährigen berufsbegleitenden Ausbildung erhalten sie – je nach Bundesland – zwischen drei und fünf Stunden Entlastung und stehen in dieser Zeit ihrer Schule für besondere Beratungsaufgaben zur Verfügung.

Zur Frage der Akzeptanz und Effektivität dieser neuen Rolle liegen inzwischen auch einige Untersuchungen vor. In einem Längsschnitt-Einzelfallvergleich konnte Sassenscheidt (1993) nachweisen, dass die Gruppe der durch Beratungslehrkräfte betreuten Schüler/innen bei der Nachmessung bessere Leistungs- und Verhaltensergebnisse zeigte als eine nicht behandelte Kontrollgruppe. Zusammenfassend zeigen die Ergebnisse der Evaluationsstudien, dass Beratungslehrkräfte einen hohen Grad an Akzeptanz erreicht haben und ihre Arbeit von sehr vielen Schülerinnen und Schülern, Eltern und Kolleg/innen in Anspruch genommen und geschätzt wird (vgl. Zumhasch 1999).

4 Aufgabenfelder der Beratung

Eine wesentliche Aufgabe schulischer Beratung besteht in der Schullaufbahnberatung. Die Weitergabe von Informationen über die verschiedenen Schulformen, Abschlüsse und Möglichkeiten der Fächerwahl sowie die beratende Hilfe bei der Entscheidungsfindung gehört heute zum festen Bestandteil des Beratungsangebots.

Die Einzelfallhilfe als zweites wichtiges Aufgabenfeld schulischer Beratung geht über eine reine Entscheidungshilfe hinaus. Hierbei wird versucht, Lern- und Leistungsprobleme sowie Verhaltensprobleme einzelner Schüler, die die Entwicklung der Schülerpersönlichkeit behindern, über eine Beratung positiv zu beeinflussen. Im Gespräch mit dem Schüler, den Eltern und Lehrkräften wird dabei versucht, das Problem zu analysieren, Ursachen herauszufinden und geeignete Maßnahmen zur Veränderung zu initiieren.

Mit der Möglichkeit der Veränderung der Rahmenbedingungen schulischen Lehrens und Lernens befasst sich das dritte Aufgabenfeld schulischer Beratung: die Beratung von Schule und Lehrern (Systemberatung). Neben der Durchführung von Fortbildungsmaßnahmen gehört hierzu vor allem die Beratung von Lehrkräften, Schulleitern und der Schulaufsicht in Fragen der Prävention schulischer Probleme, der Optimierung des Lehr-Lern-Prozesses und der Verbesserung des Schulklimas.

Auch wenn für spezielle Aufgaben Beratungslehrkräfte und Schulpsycholog/innen eingesetzt werden, gehören Beratungsaufgaben weiterhin zum Aufgabenfeld von allen schulischen Funktionsträgern. Lehrerinnen und Lehrer haben neben den Tätigkeiten des Lehrens, Erziehens, Beurteilens und Innovierens auch die Aufgabe der Beratung.

5 Ausblick und Perspektiven

In der aktuellen Diskussion um die Weiterentwicklung der Schulberatung werden zwei Schwerpunkte deutlich. Im Rahmen der Qualitäts- und Schulprogrammentwicklung entdecken viele Schulen die Beratung als wichtiges Element ihrer Außendarstellung und als ein bedeutsames Mittel, um andere Teile ihres Schulkonzepts flankierend zu unterstützen. Ein zweites Thema der aktuellen Diskussion entstand im Rahmen der Netzwerktheorie, die eine stärker präventiv ausgerichtete Schulberatung fordert. Beide Konzepte sollen im Folgenden kurz erläutert werden.

5.1 Schulen erstellen ein Beratungskonzept

Ausgehend von ihrer besonderen Situation sind die Schulen bundesweit aufgefordert, eigene Schulprogramme zu entwickeln, um die allgemein geltenden Bildungsstandards zu erfüllen. Mittel- und kurzfristige Schwerpunkte einer Schule werden darin formuliert und Maßnahmen zur Umsetzung vereinbart. In mehreren Bundesländern wird deshalb zurzeit versucht, die Beraterfunktionen, die im Schulsystem vorhanden sind (Beratungslehrkräfte, Sozialpädagogen, Fachberater, Schullaufbahnberater, Schulpsychologie) in diese Schwerpunktsetzung durch besondere Aufgaben einzubinden. Die vorhandenen Ressourcen sollen auf diese Weise in einem Beratungskonzept der Schule gebündelt und in die Bildungsziele der Schule integriert werden.

5.2 Orientierung an der Netzwerktheorie

Ausgehend von der Theorie der persönlichen Netzwerke findet zurzeit eine Diskussion über die zukünftigen Aufgabenfelder schulischer Beratung statt. Nestmann (2002) kritisiert die traditionelle Arbeit in den Aufgabenfeldern der Schullaufbahnberatung und der Einzelfallhilfe und fordert eine neue präventive Ausrichtung der Beratungspraxis.
Die zukünftigen Aufgaben der Beratung sieht Nestmann weniger in der Lösung eines aktuellen Problems oder in der Einzelfallhilfe, sondern im präventiven Aufbau von inneren und äußeren Strukturen, die es dem Individuum ermöglichen, auch in späteren Situationen Probleme selbstständig zu lösen.
Dabei kann Beratung durch drei Zielsetzungen hilfreich sein:
(1) Konzept empowerment (Stark 1996): Lehrkräfte und Schüler/innen sollten lernen und darin unterstützt werden, bewusst und reflektiert Einfluss und Kontrolle über sich und ihr Leben und die sie beeinflussenden Umweltfaktoren zu erlangen. Die leitende Idee der Beratung wäre dann nicht mehr die Anpassung an eine vorgegebene Entwicklungsnorm, sondern das Verstehen von Zusammenhängen und das Ausbalancieren von eigenen Wünschen und Möglichkeiten.
(2) Konzept soziale Netzwerke stärken: Die zweite Leitidee der Beratung sollte nach Nestmann darin bestehen, Lehrer/innen und Schüler/innen dabei zu unterstützen, eigene soziale Netzwerke aufzubauen und zu erhalten.
(3) Das eigene Beratungsangebot als Teil eines sozialen Unterstützungssystems organisieren: Um diesen beiden Aufgaben gerecht zu werden, sollte auch das Beratungsangebot selbst als soziales Netzwerk organisiert und für Lehrkräfte und Schüler/innen im Sinne einer Beratungskultur der Schule präventiv im Alltag erfahrbar sein. Ratsuchen und Beraten unter Schülerinnen und Schülern (z.B. peer-counseling bei Leistungsproblemen) und unter Lehrkräften (z.B. in Fallbesprechungs- und Hospitationsgruppen) sollten nicht erst bei schwierigen Problemlagen einsetzen, sondern zum normalen Schulalltag selbstverständlich dazugehören.

Literatur
Bund-Länder-Kommission für Bildungsplanung (1973): Bildungsgesamtplan. Stuttgart: Enke. – Grewe, N. (1997): Beraten im Schulsystem. In: Müller, A. et al. (Hrsg.): Leitung und Verwaltung einer Schule. Neuwied: Luchterhand, 243-258. – Grewe, N. & Wichterich, H. (Hrsg.) (1999): Beratungslehrer in der Praxis. Neuwied: Luchterhand. – Nestmann, F. (2002): Beratung als Ressourcenförderung. Weinheim: Juventa. – Sassenscheidt, H. (1993): Welche Wirkungen hat Einzel-

fallberatung? Hamburg: Kovacs. – Schwarzer, Ch. & Posse, N. (1993): Beratung. In: Weidenmann, B. & Krapp, A. (Hrsg.): Pädagogische Psychologie. München: PVU, 631-666. – Schwarzer, Ch. (1997): Beratung in der Schule. In: Weinert, F. (Hrsg.): Psychologie des Unterrichts und der Schule. Göttingen: Hogrefe, 771-804. – Stark, W. (1996): Empowerment: neue Handlungskompetenzen in der psychosozialen Praxis. Freiburg: Lambertus. – Willmann, M. & Hüper, L. (2004): Möglichkeiten und Grenzen schulinterner Beratung. Berlin: uni-edition. – Zumhasch, C. (1999): Schulische Beratung aus der Perspektive von Schülern. Frankfurt: Lang.

9 Vorbereitung und Analyse des Unterrichts

114| Didaktische Theoriemodelle und Unterrichtsplanung
Werner Wiater

1 Für die Unterrichtsplanung relevante Theoriemodelle der Didaktik

Die in der Gegenwart bei Planungsüberlegungen am häufigsten herangezogenen Theoriemodelle sind die fünf folgenden:

1.1 Das bildungstheoretische, kritisch-konstruktive Didaktikmodell von W. Klafki

W. Klafki hat sein bildungstheoretisch fundiertes Theoriemodell 1958 („Didaktische Analyse als Kern der Unterrichtsvorbereitung") erstmals konzipiert und in den folgenden Jahren (1970er Jahre, Ende der 1980er Jahre) mehrfach überarbeitet und erweitert. Sein „Perspektivenschema zur Unterrichtsplanung" dient seit 1980 als Grundlage bei der Unterrichtsplanung.
Diesem Planungsmodell liegen folgende Leitvorstellungen zugrunde: Ziel jeden Unterrichts soll die Emanzipation der Schüler sein, wie der Unterricht überhaupt ein Interaktionsprozess ist; die Lernenden sollen mit Unterstützung des Lehrenden selbstständige Erkenntnisse gewinnen, der Lehrende gleichzeitig wichtige Erfahrungen mit den Lernenden und dem Lernen machen. Der Unterricht soll möglichst in größeren Einheiten geplant werden, wobei die Schüler ihn mitplanen und mitgestalten sollen. Nicht mehr die Inhalte, sondern die Zielentscheidungen haben nun den Primat und auch das Exemplarische betrifft nicht den Inhalt an sich, sondern die unterschiedlichen Sichtweisen zum Unterrichtsinhalt. Die Themen des Unterrichts sollen immer potenziell emanzipatorisch sein, außer sie sind instrumenteller Art. Auch haftet ihnen Methodisches an, wie übrigens die Methoden dem ziel- und sachorientierten Lernprozess dienen müssen. Außerdem ist es wichtig, dass beachtet wird, dass Unterrichtsstörungen Beziehungsschwierigkeiten zur Ursache haben können und dass diese bei der Unterrichtsplanung zu berücksichtigen sind.
Im neuen Schema sind die Fragen der Didaktischen Analyse gegenüber der frühen Fassung von 1958 vermehrt, ihr Inhalt verändert und ihre systematische Zuordnung geklärt worden. Ihre Be-

antwortung ist grundsätzlich abhängig von der Bedingungsanalyse. Sie beeinflusst die Begründung für die Auswahl des Bildungsinhalts: Gegenwartsbedeutung, Zukunftsbedeutung, exemplarische Bedeutung bezüglich der allgemeinen Zielsetzungen Selbstbestimmung, Mitbestimmung, Solidarität. Die Bedingungsanalyse wirkt auf die thematische Strukturierung ein (thematische Struktur mit Lernzielen, Erweisbarkeit und Überprüfbarkeit), sie bestimmt die Zugänglichkeits- und Darstellungsmöglichkeiten mit und ist für die methodische Strukturierung maßgeblich (Lehr-Lern-Prozessstruktur).

Klafki nennt selbst einige Grenzen seines Unterrichtsplanungskonzepts und gibt Hinweise zu dessen praktischen Verwendungsmöglichkeiten:

1. Der Entwurf zur Unterrichtsplanung kann und darf nicht normativ sein, d.h. er kann dem planenden Lehrer bzw. den an der Planung beteiligten Schülern die einzelnen Entscheidungen nicht abnehmen.
2. Der Entwurf ist allgemeindidaktisch, d.h. er muss noch fachdidaktisch konkretisiert werden.
3. Wegen der hohen Anforderungen, die die Unterrichtsplanung an den Lehrer stellt, sollte sie von mehreren Lehrern gemeinsam, möglichst unter Beteiligung von Schülern vorgenommen werden.
4. Die Unterrichtsplanung sollte sich nicht auf Schuljahre oder Halbjahre bzw. einzelne Unterrichtsstunden beziehen, sondern auf Themenabschnitte.
5. Die Unterrichtsplanung soll ein offener Entwurf sein, der zu flexiblem Unterrichtshandeln befähigt.
6. Ein Planungsraster soll möglichst alle wesentliche Dimensionen des Unterrichts zur Sprache bringen.

1.2 Das lehr-/unterrichtstheoretische Didaktikmodell von P. Heimann, G. Otto, W. Schulz und seine Weiterentwicklung

Anfang der 1960er Jahre haben P. Heimann, G. Otto und W. Schulz (1965) ein eigenes, erfahrungswissenschaftliches Didaktikmodell ("Berliner Didaktik") vorgelegt. Didaktik wird hier verstanden als Theorie des Unterrichts, und das Didaktikmodell ist der Versuch einer deskriptiven, wertneutralen Totalerfassung aller im Unterricht wirksamen Faktoren, um sie unter wissenschaftliche Kontrolle bringen zu können. Das Berliner Didaktikmodell unterscheidet die Strukturanalyse und die Faktorenanalyse.

Bei der *Strukturanalyse* unterscheiden Heimann, Otto und Schulz vier Entscheidungsfelder und zwei Bedingungsfelder.

Die Entscheidungsfelder sind:
– Intentionen: die pädagogischen Absichten des Lehrers, beim Schüler kognitive, emotionale und pragmatische Lernprozesse zu bewirken
– Themen: Die Thematik bildet mit der Intentionalität zusammen das Unter-richtsziel, ist aber dennoch ein selbstständiges Planungselement mit einer eigenen Struktur (Elemente, Verbindung der Elemente, Bedeutungsschichten, vorfachlich oder überfachlich)
– Verfahren: Die Methodik kennt unterschiedliche Verfahrensweisen wie ganzheitlich-analytisches Verfahren, elementenhaft-synthetisches Verfahren, Projektverfahren, fachgruppenspezifisches Verfahren (z.B. die direkte Methode im Fremdsprachenunterricht), dann Artikulationsschemata, Sozialformen (Frontalunterricht, Kreissituation, Teilgruppenunterricht, Einzelunterricht), Aktionsformen (direktes Agieren des Lehrers – indirektes Agieren des Lehrers) und Urteilsformen (Zustimmung, Ablehnung, Unterrichtsstil)
– Medien: Medien sind Unterrichtsmittel, die den Schülern Intentionen, Themen und Verfahren

verständlich machen; sie können polyvalent oder monovalent sein, Abbildung, Muster, Symbol oder Gestaltungs-, Lehr- oder Lernmittel sein.

Die Bedingungsfelder sind:
– Anthropogene Voraussetzungen: die Vorgeprägtheit der Teilnehmer (Schüler, Lehrer) durch Anlagen, Erfahrungen und Individuallage
– Sozial-kulturelle Voraussetzungen: Schulklasse, Schule, Gesamtsituation.

Bei der *Faktorenanalyse* handelt es sich um eine Prüfung der Bedingungen, unter denen der faktische Unterricht steht. Sie untersucht
– bei der Normenkritik die einfließenden normierenden Faktoren wie die Werte/Normen des Lehrers, der Lehrpläne, der Gesellschaft, die als Ideologien bezeichnet werden, und ob der Lehrer kontrolliert und distanziert mit ihnen umgeht
– bei der Faktenbeurteilung, ob und wie der Lehrer die Forschungsergebnisse der Human- und Sozialwissenschaften berücksichtigt
– bei der Formenanalyse, mit Hilfe welcher (alter oder neuer) Unterrichtsformen er den Unterricht gestaltet.

Es gibt im Modell nur drei formale Planungsprinzipien:
– das Prinzip der Interdependenz, d.h. der widerspruchsfreien Wechselwirkung der Planungsmomente
– das Prinzip der Variabilität, d.h. der Planung mehrerer Verlaufsmöglichkeiten wegen der unvorhersehbaren Schülerreaktionen
– das Prinzip der Kontrollierbarkeit, d.h. der grundsätzlich möglichen Erfolgskontrolle.

Bis heute gilt das lehr-/bzw. unterrichtstheoretische Didaktikmodell als geeignete und üblicherweise verwendete Ordnungs- und Strukturierungshilfe für Unterricht aus der Lehrerperspektive.

Das neue Modell
Einer der Mitbegründer der Berliner Didaktik, W. Schulz, erarbeitete um 1980 ein verändertes Strukturschema, das als „Hamburger Didaktik" bekannt ist.

Dieses Strukturmodell unterscheidet
1. die Unterrichtsziele
2. die Ausgangslage, auf die sich diese beziehen
3. die Vermittlungsvariablen, d.h. die Methoden und Medien, die während des Unterrichts verwendet werden und zur Endlage führen sollen,
4. die Erfolgskontrollen, die Schülern wie Lehrern die Selbststeuerung in der unterrichtlichen Kommunikation ermöglichen.

Die Verständigung über diese vier Strukturmomente des Unterrichts steht allerdings unter den institutionellen Bedingungen, die Lehrenden wie Lernenden sowohl einen gewissen Handlungsspielraum eröffnen als auch Handlungsmöglichkeiten ausschließen oder hemmen können. Ständiger Einfluss geht dabei von den gesellschaftlichen Feldern der Arbeit, Herrschaft und Kultur aus, die über die Unterrichtsteilnehmer und die institutionellen Bedingungen in den Unterricht einwirken.

1.3 Das curriculare Didaktikmodell von S. B. Robinsohn

Die deutsche Diskussion um veraltete Lehrpläne der Reformphase Anfang der 1960er Jahre erhielt bedeutsame Impulse durch den amerikanischen Lernzielforscher R. F. Mager (1971) und durch die amerikanische Curriculumforschung, die über S. B. Robinsohn (1967) in die deutsche Pädagogik eingeführt wurden. Nach Mager ist ein Lernziel die Beschreibung eines Verhaltens, das der Lernende nach erfolgreicher Lernerfahrung nachweisbar erworben hat. Dieses Verhalten muss in Form einer genau bestimmten beobachtbaren Leistung angegeben werden können, damit es für den Unterricht geplant und hernach geprüft werden kann. Es muss operational definiert sein, d.h. so spezifiziert werden, dass das beobachtbare Verhalten des Lernenden, die Bedingungen, unter denen es ausgeführt, und der Maßstab, mit dem es beurteilt werden soll, angegeben sind. Die Lernziele sind nach Lernzielarten zu unterscheiden (übergreifende Richtziele für die gesamte Schulform oder einzelne Jahrgänge, Grobziele/Teilziele für Unterrichtseinheiten, Feinziele für Unterrichtsstunden bzw. bei den Feinzielen: kognitive, affektive, psychomotorische Lernziele) und hinsichtlich ihres Komplexitäts-, Koordinations- und Internalisierungsniveaus in Taxonomien beschreibbar (z.B. bei den kognitiven Lernzielen: Wissen–Verstehen–Anwendung–Analyse–Synthese–Beurteilung/Bewertung).

Nach Robinsohn, der die Lernzielproblematik mit der Curriculumtheorie verbunden hat, müssen Lehrpläne durch Curricula (fortschreitende Lehr-Lern-Pläne mit präzise angegebenen Lernzielen, denen passende Lerninhalte, Lernmethoden, Lernmedien und Lernkontrollen zugeordnet sind) ersetzt werden, die mit rationalen Verfahren erstellt wurden. Die curriculare Didaktiktheorie, die eine grundsätzliche und permanente Revision aller Inhalte, Schulfächer und Schulformen mit sich bringt, geht dazu von den zukünftigen Lebenssituationen aus, auf die die Schule die nachwachsende Generation vorzubereiten habe. Sind diese zukünftigen Lebenssituationen von Experten herausgefunden, können Qualifikationen oder Dispositionen erschlossen werden, die für die spätere Bewährung in den Lebenssituationen erforderlich sind. Nun erst kann überlegt werden, an welchen konkreten Lehrinhalten und in welchen Lernsituationen diese Qualifikationen am besten erworben werden können, d.h. es werden Curriculumelemente abgeleitet. Aus den Elementen wird dann ein Curriculum erstellt. Besonderes Kennzeichen des Curriculums ist der Primat der Ziele vor allen anderen didaktischen Entscheidungen.

1.4 Das kritisch-kommunikative Didaktikmodell von R. Winkel

Die Unterrichtstheorie der kritisch-kommunikativen Didaktik (Winkel 1980) unterscheidet (wie schon Comenius) Didaktik als Perspektive des lehrenden Lehrers und Mathetik als Perspektive des lernenden Schülers. Didaktik hat bei Winkel die Aufgabe, eine systematische, nachprüfbare, helfende Analyse und Planung unterrichtlicher Lehr- und Lernprozesse zu leisten; ihre Theorie ist die Theorie eines gesellschaftlichen Handelns im Bereich von Unterricht, Schule und Bildungssystem, das den Prinzipien der Kommunikation und der Kritik gesamtgesellschaftlicher Zustände aus emanzipatorischem Interesse folgt.

Die Unterrichtsanalyse
Alle unterrichtlichen Prozesse werden unter den Aspekten ihrer Vermittlung, ihrer Inhalte, ihrer Beziehungen und ihrer Störfaktizität betrachtet. Zum Vermittlungsaspekt, d.h. zu den lehrenden und lernenden Verfahren der Sachauseinandersetzung, gehören: Lerngriffe und Lernakte, Medien, Unterrichtsmethoden, Unterrichtsgliederung, Unterrichtsorganisation. Der Inhaltsaspekt wird auf drei Lehrplanebenen diskutiert, auf der Ebene der idealen Curriculumstrategien, der offiziellen Curriculumstrategien und der geheimen Curriculumstrategien sowie auf den Stufen der Sacherfahrung als Bezugnahme, als Erschließung und als Integration. Die Beziehungsstrukturen konstituieren sich beim schulischen Lernen; man unterscheidet dabei Elemente, Richtungen und Formen der sozialen Interaktion. Der störfaktoriale Aspekt wiederum lässt sich nach Störungsarten, Störungsfestlegungen, Störungsrichtungen, Störungsfolgen und Störungsursachen genauer differenzieren.

Die Unterrichtsplanung

Zur kritisch-kommunikativen Didaktik passt kein starres Schema für die Unterrichtsplanung; das Prinzip Offenheit des Unterrichts, die Unplanbarkeit seiner Kommunikation und Metakommunikation, spricht dagegen. Deshalb gibt Winkel nur einige Hinweise zur Erstellung eines Unterrichtsentwurfs:

– Unterrichtsskizzen lassen sich wie folgt nach fünf Aspekten strukturieren:

| Zeit | Arrangement | Vermittlungshilfe | Lösungssituation/Ziel | Kommentar |

– Jede Unterrichtsstunde ist nur Glied einer Kette von Lehr- und Lernprozessen; deshalb sollen die Planungsschritte flexibel und mit Alternativen versehen sein.
– Unterrichtsziele können allgemeiner (z.B. Motivieren), fächerübergreifender (z.B. Sinnverständnis wecken) und fachspezifischer (z.B. Beherrschen mathematischer Operationen) Art sein.
– Es gibt 3 Arten von Zielen: a) geschlossene Ziele (2+3=5), b) halb offene Ziele (z.B. Angst in bestimmten Situationen beschreiben), c) offene Ziele (z.B. freiwillig in Gruppen arbeiten).
– Planung und Analyse stehen in einem zirkulären Fortführungsprozess.
– Unterrichtsplanung lässt sich nur lernen und optimieren durch die kritische Analyse der in die Praxis umgesetzten Planungsskizze (Nachbereitung).

Alle Formen der formellen Leistungsüberprüfung und Notengebung lehnt Winkel ab; auf Schaller rekurrierend spricht er sich für eine angstfreie Überprüfung des in der Schule erworbenen Wissens und Könnens aus, möchte dabei aber die Beziehung zwischen Lehrern und Schülern und die in der Beziehung praktizierten gesellschaftlichen Verkehrsformen nicht ausschließen. Als Form solcher Evaluation schlägt er rationale Diskurse darüber vor, ob und inwieweit der Lernprozess der Schüler dem Ziel näher gekommen ist, an der Verbesserung der menschlichen Zustände mitzuwirken.

1.5 Das systemisch-konstruktivistische Didaktikmodell von E. Kösel, K. Reich, R. Voß

Das konstruktivistische Didaktikmodell wurde in den 1980er Jahren von E. Kösel als „Subjektive Didaktik" vorbereitet, dann aber durch die breite Rezeption der Systemtheorie und des Konstruktivismus in der deutschen Pädagogik differenzierter elaboriert und durch die Theorien zum Lernen mit multimedialen Lernumgebungen und zum situierten Lernen erweitert.

Die Grundgedanken dieses Didaktikmodells sind:

1. Die herkömmliche Didaktik ist eine „objektive Didaktik", allein aus der Lehrerperspektive entworfen; ihr ist eine subjektive Didaktik entgegenzustellen, die Lernen konsequent aus der Schülerperspektive denkt.

2. Im Sinne der Systemtheorie ist jeder Mensch, jede Gruppe und jede Institution ein System, ein komplexes Ganzes mit Elementen, die zueinander und zum ganzen System in Beziehung stehen, das sich selbst organisiert (Autopoiesis), verstärkt (Autokatalyse), thematisiert (Autoreflexivität), stabilisiert (Homöostase) und in ständigen Wechselbeziehungen nach innen und außen steht (Interferenz).

Als sich selbst steuerndes System ist der Mensch (Schüler, Lehrer) von außen nicht unmittelbar beeinflussbar, vielmehr wird er angeregt, in bestimmter Weise zu denken oder zu handeln. Ob er die Anregung annimmt, hängt davon ab, wie er sie autoreflexiv und selbstbezüglich bewertet und wie sie mit seinem Interesse an Identität und Kontinuität im Lebenslauf zusammenpasst. Dabei ist allerdings zu bedenken, dass die Erfahrungen, die ihm die Systeme um ihn herum anbieten, seine Systemverhaltensweisen strukturieren.

3. Im Sinne des Konstruktivismus ist Lernen ein aktiver Prozess individueller Selbstorganisation in übergeordneten Systemen. Jeder Schüler und jede Schülerin ist ein personales Handlungssystem, das sein Wissen, Fühlen und Können auf individuelle Weise konstruiert. Dabei gehen Schüler/innen subjektiv-biografisch vor, d.h. sie konstruieren ihr Wissen, Fühlen und Können auf der Basis vorangegangener Lernerfahrungen und individueller neurophysiologischer Bedingungen, die bereits zur Ausprägung individueller Strukturen des Denkens, Fühlens, Handelns und Wollens geführt haben.

4. Die didaktische Theorie kann nur als Didaktik der Verständigung, als Vereinbarungsdidaktik gefasst werden. Aufgabe des didaktischen Handelns ist das Konstruieren und Modellieren einer Lernanreizstruktur für Schüler/innen, damit diese die Selbstreflexivität über ihren Habitus in Gang setzen und dazulernen.

5. Beim Lerninhalt geht es nicht um Wahres oder Falsches, Richtiges oder Wirkliches, sondern um dessen Viabilität; d.h. was vom Schüler akzeptiert wird, sich für ihn als brauchbar, nützlich und tragfähig erweist, ist „richtig".

Die Unterrichtsplanung: Berücksichtigt man die absolute Subjektivität des individuellen Lerners, dann kann Unterricht nicht mehr als Lernplanvorgabe für Schüler gesehen werden, sondern nur noch als Ort und Anlass für die je eigene Bildung von Modellen der Wirklichkeit im Schüler. Deshalb müssen im Unterricht didaktische Landschaften, Lernwelten modelliert werden. Dabei ist prinzipiell zu berücksichtigen, dass beim Lerner die drei Basis-Komponenten Ich, Wir, Sache interdependent zueinander stehen und sich dynamisch im Unterrichtsprozess verhalten, und zwar als ein ständig ablaufender Verstehens- und Interpretationsprozess, bei dem jeder einzelne seine „individuelle Landkarte" der Realität herausbildet. Didaktisches Handeln heißt in diesem Sinne, dass Lehrer und Lehrerinnen sich als Konstrukteure und Modellierer einer Anreizstruktur für Schüler und Schülerinnen verstehen, die auf beiden Seiten die Autonomie und Kongruenz respektiert, wohl aber – transparent und authentisch – bei der Lehrer-Schüler-Interaktion zur Provokations- und Perturbationsmöglichkeit wird und dadurch die Selbstreflexivität der Lernenden in Gang setzt. Denn die Außenwelt wird grundsätzlich von jedem Individuum eigenständig im Rahmen bisheriger subjektiver Erfahrung konstruiert. Statt einer eingleisigen Unterrichtsplanung und Leistungskontrolle muss es deshalb einen multiplen, modellierungsfähigen, flexiblen Unterricht mit vieldimensionaler Lernleistungskontrolle geben. Da es um eine Modellierung von Wissen beim Schüler geht, kann der Lehrer seine Vorgehensweise nicht als einzig mögliche vertreten, sondern er muss sich fragen, ob sie vom Lernenden als viable Anreizstruktur angenommen werden kann. Bei aller Bedeutung subjektiver Deutungen kommen dann durch die anderen Subjekte und die Lerngemeinschaft als Ganze transversale Dimensionen ins Gespräch. Solcherart „Modellierung von Wissen als viable Anreizstrukturen" macht nach Kösel die professionelle Kompetenz des Lehrers aus. All dies spricht für offenen, mehrdimensionalen Unterricht mit didaktischer Mitwirkung von Schüler/innen. Denn Unterricht wird hier verstanden, als ein Feld, in dem Strukturen des Ich, des Wir und der Sache aufeinanderstoßen, Beziehungen sich aufbauen und dynamische Vorgänge ablaufen; allerdings geht dabei von den Lehrenden die größere Definitions-Macht aus.

Das macht die Unterrichtsplanung und die Unterrichtsgestaltung für Lehrer/innen angesichts von 25 bis 30 individuell lernenden Schüler/innen sehr schwierig.

2 Die Funktion didaktischer Theoriemodelle bei der Unterrichtsplanung

Die Absicht, mit Hilfe eines Theoriemodells differenzierte Einsichten in das Unterrichtsgeschehen zu gewinnen und neue Erkenntnisse darüber zu fördern, bestimmt alle Modelle der Gegenwartsdidaktik. Viele von ihnen empfehlen sich zugleich als Planungshilfe für den Unterricht. Dennoch werden sie häufig als „Feiertagsdidaktiken" abgelehnt und dem Vorwurf ausgesetzt, für die Bewältigung der im Schulalltag dominierenden Probleme wie Stofffülle, Zeitdruck, Disziplinschwierigkeiten,

Unterrichtsstörungen, ungünstige Rahmenbedingungen usw. unbrauchbar zu sein. Allenfalls als ein „didaktisches Gewissen", das eine Idealkonstruktion von Unterricht, eine regulative Idee gut geplanten Unterrichts in angehenden Lehrern verankern will oder soll, werden die Theoriemodelle akzeptiert. Dem ist entgegenzuhalten, dass die Erwartung der unmittelbaren Praxisrelevanz didaktischer Theorie einem Missverständnis über deren Zustandekommen und Funktion entspringt. Didaktische Theorien sind das Ergebnis einer reflektierenden wissenschaftlichen Beschäftigung mit der Unterrichtswirklichkeit, die zu differenzierten und möglichst allgemeingültigen Aussagen führt. Die didaktische Praxis hingegen vollzieht sich während des komplexen und mehrdimensionalen Unterrichtsgeschehens, unter Handlungs- und Entscheidungsdruck, verlangt vom Lehrer Flexibilität und Disponibilität; sie ist deshalb nie einfach die Transformation der Unterrichtsskizze oder des Unterrichtsplans in Lehrerhandlungen. Verinnerlichte Maximen, Routinisierungen und Versuch-Irrtum-Handeln prägen die konkrete Unterrichtsdurchführung oft viel mehr. Und selbst bei der Unterrichtsplanung gehen Lehrer/innen anders vor; sie handeln nicht schrittweise Unterrichtsfaktoren ab, sondern gehen eher ganzheitlich an die Planungsaufgabe heran, entwickeln eine innere Vorstellung, wie die Stunde methodisch verlaufen könnte und suchen dazu geeignete Medien aus Lehrerbegleitheften, vorgefertigten Stundenbildern, früheren Unterrichtsentwürfen des eigenen Fundus oder aus dem befreundeter Kollegen sowie aus den Schulbüchern. Der Nutzen der didaktischen Theoriemodelle für die Unterrichtsplanung kann infolgedessen nicht in deren unmittelbaren Anwendung gesehen werden. Didaktische Praxis ist stets das Konglomerat der Erfahrungen der Lehrkraft mit dem Unterrichten und Lernen in der Schule bzw. in Schulklassen, während didaktische Theorien sowohl ein auf die Praxis bezogenes Denken als auch ein metatheoretisches Reflektieren über Situationen, Phänomene und Prozesse dieser Praxis sind.

Dessen eingedenk ist es die Aufgabe der Lehrer/innen, eine für sie nutzbringende und erhellende Synthese oder Integration der unterschiedlichen Didaktiktheorien herzustellen, die ihre je eigene Praxis aufklärt, ihnen hilft, die Praxis zu verstehen und ihnen bei der Generierung von Handlungsmöglichkeiten Orientierung bietet. Dies ist deshalb möglich, weil die referierten Didaktikmodelle jeweils spezifische Aspekte des Unterrichts und damit der Unterrichtsplanung in den Vordergrund stellen:

– beim bildungstheoretischen, kritisch-konstruktiven Didaktikmodell: die Eignung von auszuwählenden Lerninhalten für die Bildung des Schülers (Selbstbestimmung, Mitbestimmung und Solidarität) bei Förderung all seiner Persönlichkeitsbereiche
– beim Berliner Didaktikmodell: die Beachtung der sechs wichtigen Strukturfelder bei der Unterrichtsplanung, die Berücksichtigung von deren Interdependenz, Variabilität und Kontrollierbarkeit
– beim Hamburger Didaktikmodell: die kritische Reflexion darüber, dass das Unterrichten des Lehrers und seine Entscheidungen bei der Unterrichtsplanung, gesellschaftlich überformte Handlungen sind, wie sich diese gesellschaftliche Dimension im eigenen Handeln jedes einzelnen Lehrers (und auch des einzelnen Schülers) darstellt und dass dafür Aushandlungsprozesse nötig sind
– beim curricularen Didaktikmodell: die Präzisierung aller Lernziele in (teil-) operationalisierten Aussagen über erwartete Schülerverhaltensweisen
– beim Kritisch-kommunikativen Didaktikmodell: die Bewusstmachung, dass jede Unterrichtsstunde durch kommunikative Akte determiniert wird, dass Unterrichtsstörungen gesellschaftlich und institutionell bedingt sind und deshalb bei der Unterrichtsplanung Berücksichtigung finden müssen
– beim systemisch-konstruktivistischen Didaktikmodell: der Nachweis, dass Lernen nicht das kausal erklärbare Ergebnis von Lehren ist, sondern dass beide didaktischen Akte, Lehren und Lernen, individuelle, aktive, konstruktive und selbstgesteuerte Akte sind, für die Lernumgebungen und Moderationen nötig sind.

Literatur

Adl-Amini, B. & Künzli, A. (Hrsg.) (1980): Didaktische Modelle und Unterrichtsplanung. München: Ehrenwörth. – Dubs, R. (1995): Konstruktivismus: Einige Überlegungen aus der Sicht der Unter-richtsgestaltung. In: Zeitschrift für Pädagogik. 41/1995, 889-903. – Gerstenmaier, J. & Mandl, H. (1994): Wissenserwerb unter konstruktivistischer Perspektive (Forschungsbericht Nr. 33 des Instituts für Pädagogische Psychologie und Empirische Pädagogik der LMU-München). München. – Gudjons, H. u.a. (1993): Didaktische Theorien. 7. Aufl. Hamburg. – Heimann, P., Otto, G. & Schulz, W. (1965): Unterricht – Analyse und Planung. Hannover: Schroedel. – Klafki, W. (1958): Didaktische Analyse als Kern der Unterrichtsvorbereitung. In: Didaktische Analyse. hg. v. Roth, H. & Blumenthal, A. (1964). Hannover: Schroedel. – Klafki, W. (1996): Neue Studien zur Bildungstheorie und Didaktik. 5. Aufl. Weinheim: Beltz. – Kösel, E. (1995): Die Modellierung von Lernwelten. Ein Handbuch zur Subjektiven Didaktik. 2. Aufl. Elztal-Dallau. – Mager, R. F. (1980): Lernziele und programmierter Unterricht. Weinheim: Beltz. – Mandl, H. & Reinmann-Rothmeier, G. (1995): Unterrichten und Lernumgebungen gestalten. Forschungsbericht Nr. 60 des Instituts für Pädagogische Psychologie und Empirische Pädagogik der LMU-München. München.– Meyer, H. (2004): Leitfaden zur Unterrichtsvorbereitung. 12. Aufl. Berlin: Cornelsen. – Peterßen, W. H. (2000): Handbuch Unterrichtsplanung. 9. Aufl. München: Oldenbourg. – Reich, K. (2002): Konstruktivistische Didaktik. Neuwied: Luchterhand. – Robinsohn, S. B. (1967): Bildungsreform als Revision des Curriculums. Neuwied: Luchterhand. – Schulz, W. (1980): Ein Hamburger Modell der Unterrichtsplanung – Seine Funktionen in der Alltagspraxis. In: Adl-Amini, B. & Künzli, R. (Hrsg.), 49-87. – Terhart, E. (1999): Konstruktivismus und Unterricht. Gibt es einen neuen Ansatz in der Allgemeinen Didaktik? In: Zeitschrift für Pädagogik, 45./1999. H. 5, 629-647. – Voß, R. (Hrsg.) (2002): Unterricht aus konstruktivistischer Sicht. Neuwied: Luchterhand. – Winkel, R. (1980): Die kritisch-kommunikative Didaktik. In: Westermanns Pädagogische Beiträge, 32/1980, H. 5, 200-204.

115|Grundfragen der Unterrichtsplanung
Uwe Sandfuchs

1 Begriff und Problematik von Unterrichtsplanung

Als Unterrichtsplanung oder Unterrichtsvorbereitung werden alle dem Unterricht vorausgehenden Maßnahmen bezeichnet, die das Lehren und Lernen im Unterricht selbst optimieren sollen. Die Begriffe werden teils synonym verwandt, teils wird Planung als weiterreichend verstanden und entweder als übergeordnet angesehen oder für größere Planungszeiträume verwandt.

Unterricht ist ein hochkomplexes Geschehen, das durch Zielorientierung und Planmäßigkeit gekennzeichnet ist. Unterrichtliches Handeln ist wie jedes Handeln planvoll, bewusst und zielgerichtet. Eine vollständige Handlung besteht aus Planung, Ausführung und Kontrolle (Hacker 1998). Da Unterrichten die zentrale Lehrerkompetenz ausmacht, müssen Lehrkräfte zur selbstständigen Planung, Durchführung und Kontrolle (Reflexion, Überprüfung) ihres Unterrichts befähigt sein. Dabei fließen Erfahrungen und Erkenntnisse der Durchführung und der Kontrolle (traditionell als Nachbereitung oder Nachbesinnung bezeichnet) ebenso in die Planung ein wie der weitere Kompetenzerwerb in der Fort- und Weiterbildung sowie der Erwerb grundsätzlicher Einstellungen zu Unterricht und Lehrerrolle.

Planungsentscheidungen sind jeweils rational zu begründen. Einen hohen Rechtfertigungsbedarf haben insbesondere Studierende, Referendare, Berufsanfänger und Bewerber um Funktionsstellen (Wiater 1997), die schriftlich in der Planung und/oder im Gespräch nach dem Unterricht ihre Planung und Unterrichtsdurchführung begründen müssen. Peterßen (2003) unterscheidet zwischen Anfängern und Routiniers. Anfänger haben Schwierigkeiten die Komplexität der Planung und Durchführung zu überblicken und sind zuweilen auch mit der Reflexion ihres Handelns überfordert

(Sandfuchs 1982). Sie sollten in der Ausbildung zunächst einfache Lehraufgaben und Planungshilfen erhalten, die Reflexion sollte auf wechselnde Schwerpunkte konzentriert werden. Die Planung und ihre Begründung sind i.d.R. schriftlich und relativ ausführlich zu explizieren. Im Studium ist die Zahl angeleiteter Unterrichtsversuche meist gering; im Referendariat verhindern die Ritualisierung von „Vorführstunden" und der geringe Anteil eigenverantwortlichen Unterrichts eine (positive) Routinisierung von Planung und Durchführung des Unterrichts. Routinierte Lehrkräfte verfügen über Planungsstrukturen und Handlungsmuster, die sie gleichsam automatisiert einsetzen; sie können so ihren Unterricht insgesamt ökonomisch planen und die Planung ggf. auf Schwerpunkte (ein neues Thema, eine bislang nicht praktizierte Methode, die organisatorische Sicherung des Unterrichts) konzentrieren. Das wirkt sich auch auf Form und Umfang der schriftlichen Vorbereitung aus, die dann z.B. nur das Thema, das Ziel der Stunde, den Verlauf in Stichworten, die Medien, organisatorische Maßnahmen, Tafelbild oder Tafeltext und Hausaufgaben enthält.

Wegen seiner Komplexität ist der tatsächliche Verlauf von Unterricht nur begrenzt berechenbar, so gehen in seine Planung Annahmen über Lernstand, Lernmöglichkeiten und Lernmotivation einer größeren, oft heterogenen Schülergruppe ein, die sich als irrig erweisen können. Da die landläufige Schulkritik unterstellt, im Unterricht werde das lernende Subjekt nicht ernst genommen und den Inhalten des Lernens der Sinn genommen, so dass nur noch der Tauschwert des Gelernten zähle, wird gelegentlich Planung gegen Intuition ausgespielt. In der einschlägigen didaktischen Literatur wird dagegen einhellig die Auffassung vertreten (Peterßen 2000, S.17ff), dass Planung und Improvisation keine Gegensätze sind, sondern sich ergänzen. Die Komplexität unterrichtlicher Lernprozesse erfordere eine sorgfältige Planung, nur auf einer guten Planungsgrundlage sei ein angemessenes, spontanes Lehrerhandeln möglich, das auch die Spontaneität und Eigenständigkeit der Schüler fördere. Unterrichtsprozesse gelten nicht per se als gelungen, wenn die Planung vollständig aufgehe; die oft notwendigen Abweichungen vom Plan seien aber rational zu begründen. Gute Planung sehe zudem Alternativen vor. Im Übrigen stoße alles menschliche Planen an Grenzen seiner Realisierung, woraus sich die Forderung nach Optimierung der Planung bei gleichzeitiger situativer Offenheit ergebe.

2 Lehrerwissen und Planungskompetenz

Die zielgerichtete Umsetzung einer Planung bei gleichzeitiger situationsangemessener Offenheit wird auf die Anwendung von Expertenwissen zurückgeführt. Bromme (1997, S.196ff) unterscheidet die folgenden Bereiche des Lehrerwissens:
– *Fachliches Wissen* als Wissenschaftswissen der den Schulfächern korrespondierenden Disziplinen
– *Curriculares Wissen* als Wissen vom Schulfach, seinen Inhalten und Zielen sowie dem Beitrag eines Faches zur Allgemeinbildung
– *Philosophie des Schulfaches*, d.h. Auffassungen über Nützlichkeit eines Faches und seine Beziehungen zu anderen Bereichen menschlichen Wissens; Philosophie meint auch die Wissenschaftsauffassung, der eine Lehrkraft anhängt und die sie im Unterricht implizit oder explizit behandelt. Bromme hält dies für einen schwer abgrenzbaren Bereich des Lehrerwissens.
– *Allgemeines fächerunabhängiges pädagogisches Wissen* vom Umgang mit erziehungsschwierigen Kindern bis zur Bedeutung des Einflusses der Familie auf das Schülerverhalten sowie die Einstellung („pädagogische Philosophie") dazu.
– *Fachspezifisch-pädagogisches Wissen* verstanden als Wissen, in dem curriculares Wissen, fachdidaktische und pädagogisch-psychologische Kenntnisse sowie eigene Erfahrungen integriert werden. Generell ist die Integration der verschiedenen Bereiche des professionellen Wissens Voraussetzung erfolgreicher Planung und Durchführung von Unterricht.

Planungskompetenz entsteht in einem komplexen berufsbiographischen Prozess. Sie setzt sich zusammen aus dem Erwerb theoretischer Erkenntnisse in der Ausbildung, Fort- und Weiterbildung, aus praktischen Erfahrungen in der Berufsausübung, in der das Handlungsrepertoire sowie Routine, d.h. automatisierte Handlungsabläufe, erworben werden. Hinzu kommen persönliche Fähigkeiten vor allem zur Reflexion und zu flexibler Reaktion sowie die professionelle Grundeinstellung, z.B. zu den Berufsaufgaben, zur Lernfähigkeit der Schüler oder die Bevorzugung eines didaktischen Konzeptes.

Mit einem an der realen Tätigkeit von Lehrkräften orientierten Verständnis von Professionalität wird eine Verbesserung der Lehrerbildung und der Lehrerarbeit vom Erwerb von *Kompetenzen und der Vermittlung von Standards* erwartet. Unterrichten steht dabei im Zentrum der Lehrerarbeit und die KMK (Standards 2004) formuliert als erste Kompetenz die fach- und sachgerechte Planung und Durchführung von Unterricht. Standards für die theoretische und praktische Ausbildung konkretisieren die Inhalte der Planungskompetenz (s. Abb. 1).

Kompetenz 1: Lehrerinnen und Lehrer planen Unterricht fach- und sachgerecht und führen ihn sachlich und fachlich korrekt durch.	
Standards für die theoretischen Ausbildungsabschnitte	**Standards für die praktischen Ausbildungsabschnitte**
Die Absolventinnen und Absolventen … – kennen die einschlägigen Bildungstheorien, verstehen bildungs- und erziehungstheoretische Ziele sowie die daraus abzuleitenden Standards und reflektieren diese kritisch. – kennen allgemeine und fachbezogene Didaktiken und wissen, was bei der Planung von Unterrichtseinheiten beachtet werden muss. – kennen unterschiedliche Unterrichtsmethoden und Aufgabenformen und wissen, wie man sie anforderungs- und situationsgerecht einsetzt. – kennen Konzepte der Medienpädagogik und -psychologie und Möglichkeiten und Grenzen eines anforderungs- und situationsgerechten Einsatzes von Medien im Unterricht. – kennen Verfahren für die Beurteilung von Lehrleistung und Unterrichtsqualität.	Die Absolventinnen und Absolventen … – verknüpfen fachwissenschaftliche und fachdidaktische Argumente und planen und gestalten Unterricht. – wählen Inhalte und Methoden, Arbeits- und Kommunikationsformen aus. – integrieren moderne Informations- und Kommunikationstechnologien didaktisch sinnvoll und reflektieren den eigenen Medieneinsatz. – überprüfen die Qualität des eigenen Lehrens.

Abb. 1: Planungskompetenz von Lehrkräften (Standards 2004, S.41)

3 Dimensionen der Planung

In der didaktischen Planungsliteratur werden die Dimensionen der Unterrichtsplanung in der Regel an dem von Heimann entwickelten Didaktik-Modell orientiert (z.B. Wiater 1997, Peterßen 2000):

Als Rahmenbedingungen gelten die soziokulturellen und die anthropologischen Voraussetzungen, die das Lehrerhandeln und das Schülerhandeln bestimmen (sog. Bedingungsfelder).

Entscheidungen sind zu treffen über
– die angestrebten Lehr-Lernziele,
– die Auswahl und Anordnung der Inhalte,
– die Verwendung von Methoden der Vermittlung,
– den Einsatz von Unterrichtsmitteln (Lehr-, Lern- und Arbeitsmittel, Arbeitsmaterialien),
– die Formen der Interaktion und Kommunikation im Unterricht,
– die Sicherung der organisatorischen Voraussetzungen (sog. Entscheidungsfelder).

Die Erweiterung der ursprünglichen vier Entscheidungsfelder ist teils auf den Einfluss der kommunikativen Didaktik zurückzuführen (Interaktionen und Kommunikationsformen), sie hat zudem pragmatische Gründe (Organisation). Für alle Entscheidungsfelder gilt Interdependenz, d.h. sie sind wechselseitig aufeinander bezogen, jede Planungsentscheidung in einem Feld wirkt sich auf die anderen Felder aus.

1. Frage: Exemplarität	Allgemeine Sinn- oder Sachzusammenhänge des Themas: Welche Prinzipien, Probleme, Gesetze, Methoden, Arbeitstechniken können exemplarisch erschlossen werden?		
	1.1. Wofür soll das Thema exemplarisch sein?	1.2. Wo kann und soll es später fruchtbar werden (Transfer)?	
2. Frage: Gegenwartsbedeutung	Bedeutung des Themas im geistigen Leben der Schüler:		
	2.1. Tatsächliche Bedeutung aufgrund bestehender Interessen und vorliegender Erfahrungen	2.2. Angestrebte, erwünschte Bedeutung aufgrund der Repräsentabilität des Gegenstandes	
3. Frage: Zukunftsbedeutung	Bedeutung des Themas für die Zukunft der Schüler bezogen auf:		
	3.1. späteren Bildungserwerb	3.2. berufliche und gesellschaftliche Aufgaben	3.3. die Entwicklung der Persönlichkeit (unpragmatisch)
4. Frage: Analyse der Gegenstandsstruktur	Sachstruktur des Inhalts		
	4.1. Elemente der Sachstruktur (Grundbegriffe)	4.2. Zusammenhang der Elemente (Struktursyntax, grundlegende Prinzipien)	4.3. evtl. Sinn- und Bedeutungsschichten
	4.4. Einordnung in größere sachliche Zusammenhänge	4.5. Schwierige Eigentümlichkeiten, notwendige Lernhilfen	4.6. festzuhaltender Wissensbesitz (Mindestwissen)
5. Frage: Zugänglichkeit	Wie kann das Thema den Schülern interessant, fragwürdig, zugänglich, begreiflich, anschaulich werden?		
	5.1. Gegenstände, Sachverhalte usw. zur Weckung bestimmter Fragestellungen	5.2. Anschauungen, die helfen, Wesentliches selbstständig herauszufinden	5.3. Situationen und Aufgaben zur Fruchtbarmachung, Übung und Anwendung des elementar Gewonnenen

Abb. 2: Fragen zur Didaktischen Analyse (Klafki 1958)

Die Bedeutung und den Vorrang von Reflexionen über die Unterrichtsinhalte und deren bildenden Wert hat W. Klafki in seiner „Didaktischen Analyse" (1958) hervorgehoben. Erst wenn die Fragen zur Struktur des Inhalts, seiner Bedeutung für Gegenwart und Zukunft der Lernenden und seiner Exemplarität (vgl. Abb. 2) den Bildungswert freigelegt hätten, könne eine sinnvolle methodische Planung erfolgen. Diese Analyse sei immer bereits pädagogisch geleitet, erkenntnistheoretisch und pragmatisch sei keine „vorpädagogische" Fachanalyse möglich.

Im Gegensatz dazu hat H. Roth (1960) vor allem wohl mit Blick auf die seinerzeitige Unterrichtskultur von Volksschullehrern postuliert, es gehe im ersten Vorbereitungsschritt nur um die Sache als Kulturgut. Klafki hat m. E. grundsätzlich recht, Lehrkräfte haben im Planungsprozess immer schon die Lernenden und den Unterricht im Kopf, sie blicken bei der Strukturierung von Themen jeweils auf den „Bildungswert", also auf die angestrebten Ziele. (Die Entscheidung über Lehr-Lern-

Ziele wiederum ist die wohl bedeutsamste und folgenreichste Planungsentscheidung.) Tatsächlich aber führen Klafkis Leitfragen (1985 vor dem Hintergrund der allgemeindidaktischen Diskussion neu formuliert – s. Abb. 3) ungewollt von der Sachanalyse weg, so dass sich (auch in vielen Fachdidaktiken) die pragmatische Trennung von Sachanalyse und Didaktischer Analyse durchgesetzt hat.

In diesem Zusammenhang ist anzumerken: In Klafkis Perspektivschema sind alle wesentlichen Entwicklungen in der Allgemeinen Didaktik seit seinem Erstentwurf einer Didaktischen Analyse aufgenommen. Diese Integration wesentlicher Aspekte der unterrichtstheoretischen Didaktik von Heimann, Otto und Schulz sowie auch des kommunikationstheoretischen Didaktikmodells ist von hohem Wert. Allerdings erweckt das Perspektivschema (ungewollt) den Eindruck, es sei Unterrichtsplanung ohne Rückgriff auf fachdidaktische Konzepte möglich. Da jeder Unterricht fachlich determiniert ist (das gilt auch für fächerübergreifenden Unterricht), kann die Frage nach dem Bildungswert von Unterrichtsinhalten, nach notwendigen Zielen von Unterricht nicht ohne Rückgriff auf fachdidaktische Kategorien beantwortet werden. Das gilt sowohl für Fächer insgesamt als auch für einzelne Lernfelder innerhalb von Fächern. Wenn beispielsweise im Deutschunterricht beim kreativen Schreiben das Konzept der „Schreibkonferenz" (Menzel 1996) verfolgt wird, ist damit sowohl ein spezifisches Konzept der Arbeit mit Texten als auch ein fachdidaktisches Muster des Unterrichtsablaufs bereits weitgehend vorgegeben: Autor liest den Text vor, Gespräch zum Inhalt, satzweises Lesen und Besprechen des Textes, Rechtschreibkontrolle, Endredaktion, Übertragung des Textes auf Veröffentlichungspapier.

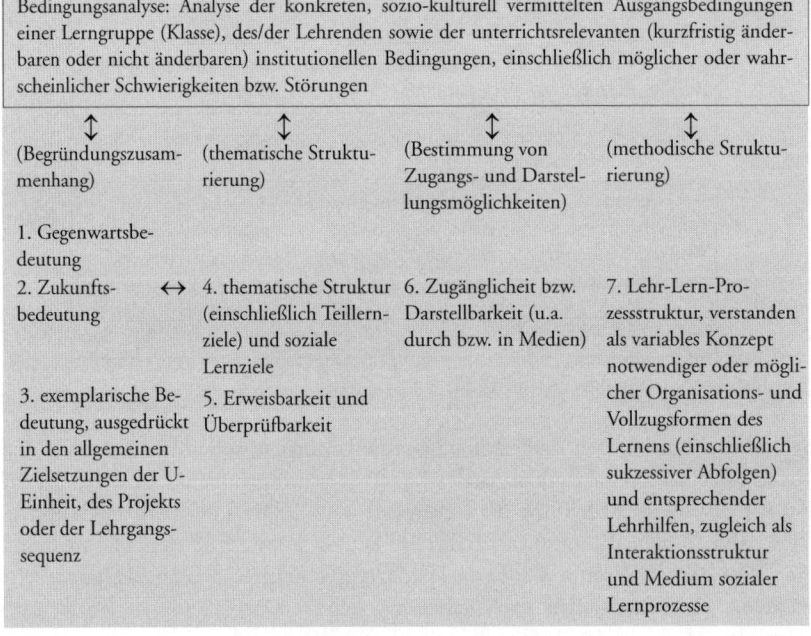

Abb. 3: Perspektivenschema zur Unterrichtsplanung (Klafki 1985, S.215)

In seiner handlungs- und praxisorientierten Konzeption beschreibt Becker (1984) insgesamt 14 Planungstätigkeiten:
1. Die Lernvoraussetzungen einschätzen
2. Die Lerninhalte auswählen
3. Die Lerninhalte strukturieren
4. Mögliche Lernziele formulieren
5. Die Rahmenbedingungen berücksichtigen
6. Die Schüler an der Planung beteiligen
7. Einen Wechsel der Sozialformen anstreben
8. Medien wählen und den Medieneinsatz planen
9. Konflikte analysieren und Maßnahmen überlegen
10. Unterrichtskonzeption und Methode wählen
11. Lehr-Lern-Folgen konzipieren
12. Die Lehrvoraussetzungen verbessern
    – ausprobieren, simulieren, trainieren –
13. In verschiedenen Stadien der beruflichen Sozialisation Unterricht planen
14. Die Grenzen der Planung sehen.

Dabei wird deutlich, dass dieses Konzept zeitbedingte und persönliche Vorstellungen von gutem Unterricht enthält. Dies gilt auch für Lehrerinnen und Lehrer. Jede Lehrkraft hat bewusst oder unbewusst solche Vorstellungen; Dann (1989) spricht von „Kernannahmen", die als biographisch erworbene, subjektive Unterrichtstheorie das professionelle Selbstverständnis bestimmen und die Planung von Unterricht leiten.

4 Zur Planungspraxis

Die systematische Darstellung der Planungsdimensionen und -tätigkeiten erweckt den unzutreffenden Eindruck, eine Planung entstünde, indem die Planungsdimension oder die Fragen Klafkis Schritt für Schritt abgearbeitet werden. Tatsächlich entsteht eine Unterrichtsvorbereitung analog der Planung eines Hauses, in der Vorstellungen, Wünsche und Möglichkeiten unsystematisch zu einer am Ende stimmigen Konstruktion gelangen. Bei der Planung von thematischen Unterrichtseinheiten gehen Lehrkräfte vielfach von Unterrichtsmaterialien (Lehrwerke, fachdidaktische Beispiele) oder Materialien, die sie in Publikumszeitschriften finden, aus. Viele Lehrkräfte systematisieren daher die Materialsuche und den Austausch von Materialien mit Kollegen und strukturieren ihre Planungstätigkeiten von den ihnen vorliegenden Unterrichtsmaterialien aus.

In der didaktischen Literatur werden *Schemata zur Unterrichtsvorbereitung als Planungshilfe* angeboten (s. Abb. 4); sie enthalten die wesentlichen Gesichtspunkte einer Planung in übersichtlicher und systematischer Form. Diese Schemata können nur Ausgangspunkt für eigene situationsangemessene Formen schriftlicher Vorbereitung sein. Erfahrungsgemäß verleiten sie zuweilen zu schematischer, unreflektierter Benutzung und führen dann zu redundanten Ergebnissen und unökonomischer Arbeitsweise. Planerische Originalität und die Fähigkeit zu stringentem didaktischen Zugriff entwickeln sich erst in einem langen Professionalisierungsprozess.

Name, Vorname
Schule   Ort, Datum

Unterrichtsvorbereitung zum …

Klasse:
Schülerzahl: Mädchen: Jungen:
Fach:
Unterrichtseinheit:
Thema der Stunde:
Zeit: ….   min. …   bis … Uhr

Zur Situation der Klasse:
(Es sind zumeist nur Angaben erforderlich, die für dieses Fach, diese Unterrichtseinheit oder -stunde von Belang sind, z.B. Leistungsstand und Kenntnis notwendiger Arbeitstechniken in diesem Fach, Interesse der Schüler für dieses Fach, häufiger Lehrerwechsel. Die umfassende Erkundung der pädagogischen Situation muss bereits vorausgegangen sein.)

Didaktische Analyse:
(Evtl. unterteilt in 1. Sachanalyse und 2. Didaktische Analyse.)
(Didaktische Reflexionen werden sinnvollerweise vorwiegend bei der Planung der gesamten Unterrichtseinheit angestellt. Bei der Vorbereitung von Einzelstunden werden oft nur Ergänzungen nötig sein. Gleiches gilt für eine Reihe methodischer und organisatorischer Probleme, beispielsweise die Beschaffung von Unterrichtsmitteln, die rechtzeitig bedacht werden müssen, um den reibungslosen Ablauf des Unterrichts sicherzustellen.)

Methodische Überlegungen:
(Vor allem: Gliederung des Unterrichts und deren Begründung, Auswahl und Begründung der Verfahrensweisen und der Unterrichtsmittel, Sicherung der organisatorischen Voraussetzungen.)

Unterrichtsziele:
(Pragmatisch konzentriert auf wenige zentrale Ziele)

Literatur:
(für den Lehrer)
a. sachlich
b. didaktisch-methodisch

Lehr-, Lern- und Arbeitsmittel (Medien):

Tafelbild:
(Ein präzise vorbereitetes Tafelbild ist besonders für den Anfänger eine große Hilfe.)

Hausaufgaben:

Unterrichtsverlauf:

Zeit und Unterrichtsstufen	Unterrichtsgeschehen (Lehrer- und Schülertätigkeiten und Fachinhalt)	Verfahrensweisen und Unterrichtsmittel	pädagogisch-didaktische Absichten (Begründungen und Teilziele)
(Abfolge und Inhalte einzelner Spalten sind jeweils den Erfordernissen anzupassen.)			

Abb. 4: Beispiel eines Schemas zur Unterrichtsplanung als Hilfe für Anfänger (Sandfuchs 1982, S.5)

Literatur

Becker, G. E. (1984): Planung von Unterricht. Handlungsorientierte Didaktik, Test I. Weinheim: Beltz. – Bromme, R. (1997): Kompetenzen, Funktionen und unterrichtliches Handeln von Lehrern. In: Weiner, F. E. (Hrsg.): Psychologie des Unterrichts und der Schule. Göttingen: Hogrefe. – Brophy, J. (2002): Gelingensbedingungen von Lernprozessen. Material im Rahmen der Lehrerfortbildungsmaßnahme des Landes Nordrhein-Westfalen, ‚Schulprogramm und Evaluation', Landesinstitut für Schule und Weiterbildung, Soest. – Dann, H. D. (1989): Was geht im Kopf von Lehrern vor? Lehrerkognitionen und erfolgreiches pädagogisches Handeln. In: Psychologie in Erziehung und Unterricht 36, 81-90. – Deutsches PISA-Konsortium (Hrsg.) (2001): PISA 2000. Basiskompetenzen von Schülerinnen und Schülern im internationalen Vergleich. Opladen. – Dick, A. (1992): Vom unterrichtlichen Wissen zur Praxisreflexion. Das praktische Wissen von Expertenlehrern im Dienste zukünftiger Junglehrer. Bad Heilbrunn: Klinkhardt. – Glöckel, H. (1996): Vom Unterricht. Lehrbuch der Allgemeinen Didaktik. 3. Aufl. Bad Heilbrunn: Klinkhardt. – Gudjons, H. (2001): Handlungs-orientiert lehren und lernen. Schüleraktivierung, Selbsttätigkeit, Projektarbeit. Bad Heilbrunn: Klinkhardt. – Hacker, W. (1998): Allgemeine Arbeitspsychologie – Psychische Regulation von Arbeitstätigkeiten. Göttingen: Hogrefe. – Helmke, A. (2003): Unterrichtsqualität. Erfassen – Bewerten – Verbessern. Seelze: Kallmeyer. – Klafki, W. (1958): Didaktische Analyse als Kern der Unterrichtsvorbereitung. In: Roth, H. & Blumenthal, A. (1964) (Hrsg.): Didaktische Analyse. Hannover: Schroedel. – Klafki, W. (1985): Zur Unterrichtsplanung im Sinne kritisch-konstruktiver Didaktik. In: Ders.: Neue Studien zur Bildungstheorie und Didaktik. Weinheim: Beltz, 194-227. – Kramis, J. (1989): Grundlegende Gütekriterien für Unterricht und didaktische Prinzipien. Freiburg i. B.: Universität. – Menzel, W. (1996): Station der Erarbeitung und Überarbeitung eines Textes. In: Praxis Deutsch, Heft 137, 62 ff. – Meyer, H. (2004): Was ist guter Unterricht? Berlin: Cornelsen/Scriptor. – Roth, H. (1960): Die Kunst der rechten Vorbereitung. In: Ders.: Pädagogische Psychologie des Lehrens und Lernens. 4. Aufl. Hannover: Schroedel. – Standards für die Lehrerbildung: Bildungswissenschaften. Beschluss der Kultusministerkonferenz vom 16. 12. 2004. In: Erziehungs-wissenschaft. 16. Jg. 2005, Heft 31. Hrsg. von der Deutschen Gesellschaft für Erziehungswissenschaft (DGfE), 36-47. – Weinert, F. E., Schneider, F. & Helmke, A. (1990): Unterrichtsexpertise – Ein Konzept zur Verringerung der Kluft zwischen zwei theoretischen Paradigmen. In: Alisch, L. M., Baumert, J. & Beck, K. (Hrsg.): Professionswissen und Professionalisierung. Braunschweig: TU, 173-207. – Wiater, W. (1997): Unterrichten und lernen in der Schule. Eine Einführung in die Didaktik. 2. Aufl. Donauwörth: Auer. – Peterßen, W. H. (2000): Handbuch Unterrichtsplanung. Grundfragen, Module, Stufen, Dimensionen. 9. Aufl. München: Oldenbourg. – Peterßen, W. H. (2003): Lehreraufgabe Unterrichtsplanung. Das Weingartener Planungsmodell. München: Oldenbourg.

116| Ebenen, Prinzipien und Situationen der Planung
Uwe Sandfuchs

1 Planungsebenen

Mit Unterrichtsplanung oder -vorbereitung ist meist die Planung von Unterrichtseinheiten zu einem Thema bzw. einzelner Stunden gemeint. Tatsächlich wird Unterricht von Lehrkräften auf verschiedenen Ebenen geplant (vgl. Sandfuchs 1982):
1. Planung für größere Zeiträume in einer Klasse, einem Fach oder einer Fächergruppe (Jahres-, Halbjahres- oder Quartalsplanung),
2. Planung einer Unterrichtseinheit, eines abgeschlossenen Themas im fachlichen oder überfachlichen Unterricht,
3. Planung einzelner Unterrichtsstunden zu einem Thema,
4. Planung von kurzzeitigen Sequenzen im Rahmen von Unterrichtsstunden (z.B. Übungsphasen) mit anderem Thema (Beispiele bei Menzel 1982, Baurmann 1982).

Peterßen (2000) erweitert den Blick über die Lehrerarbeit hinaus und identifiziert durchgängige sowie für die einzelnen Stufen spezifische Planungsaufgaben. Durchgängig geht es um die Konkretisierung der Planung, die Sicherung der Kontinuität, aktuelle Korrekturen der Planungsmaßnahmen, die Rückmeldung der Erfahrungen im konkreten Lehr-Lern-Prozess.

Die Planungsstufen im Einzelnen:
- Bildungspolitische Programme treffen Aussagen über zentrale Ziele, Funktionen und Struktur des Bildungswesens. Sie werden von Politikern und Experten erstellt, sie dienen Lehrkräften zur allgemeinen, kritisch-konstruktiven Orientierung ihrer Arbeit.
- Lehrpläne, Curricula, Rahmenrichtlinien strukturieren die Lehrinhalte nach Fächern, Kernbereichen, Schulstufen und -jahren mit unterschiedlichem Verbindlichkeitsgrad. Sie sind an leitenden schulpolitischen, schulspezifischen und fachlichen Zielen orientiert; sie enthalten zugleich didaktisch methodische Hinweise und sind Ausgangspunkt der konkreten Unterrichtsplanung. An ihrer Erstellung sind „Experten-Lehrer" für das jeweilige Fach maßgeblich beteiligt. Kritisch-konstruktiver Umgang mit Lehrplänen erfordert ein rational begründetes Maß an „Lehrplantreue" bei gleichzeitiger Distanz, die fachlich und didaktisch mit Blick auf die jeweilige Situation der Lerngruppe erfolgt.
- Der Jahresplan enthält Inhalte und Ziele eines Faches oder Lernbereiches und wird von einzelnen Lehrkräften oder im Team erstellt. Er vermittelt zwischen Vorgaben, der je konkreten Situation (regionale Besonderheiten, Zusammensetzung der Lerngruppe) und der real verfügbaren Zeit.
- Der Arbeitsplan konkretisiert den Jahresplan im Jahresablauf; terminiert auch besondere schulische und unterrichtliche Unternehmungen (Klassenfahrt, Unterrichtsgänge, Sommerfest), enthält z.B. einen Übungsplan (für Mathematik, Deutsch, Fremdsprachen) sowie Termine für Klassenarbeiten und Tests (ein Beispiel gibt Baurmann 1982). Weiterhin sind fachübergreifende Bezüge und Kooperationen einzuplanen und abzusprechen.
- Planung von fachlichen oder überfachlichen Unterrichtseinheiten, Projekten oder Vorhaben: Diese umfassen meist 1-4 Wochen. Die Planung begründet die Inhalte und Ziele (Didaktische Analyse) in eine Abfolge, der Zeitaufwand für Teilthemen wird festgelegt, die Unterrichtsmittel werden bereitgestellt, Methoden und Maßnahmen (Übungen, Hausaufgaben, Tests, Prüfungen) festgelegt.
- Der Entwurf einer Einzelstunde (z.B. 45 oder 90 min.) ist der konkrete Vorentwurf des realen Unterrichts, den er umfassend und detailliert in allen Planungsdimensionen vorwegzunehmen sucht. Die Orientierung an Lernpotential und Lernmöglichkeiten der Lerngruppe insgesamt oder einzelner Schüler, die Antizipation von erwartbaren Lernschwierigkeiten bzw. Unterrichtsstörungen nimmt breiten Raum ein.

2 Planungsprinzipien

Die Stimmigkeit und die Qualität der Planung und Durchführung von Unterricht sollen durch Berücksichtigung von Prinzipien erreicht werden. Peterßen (2000) nennt als einander ergänzende *Planungsgrundsätze:*
- *Kontinuität* verstanden als Durchhalten von Planungsentscheidungen auf verschiedenen Planungsebenen, z.B. muss ein im Lehrplan vorgegebenes Lehrziel sich bis in die Stundenplanung durchziehen.
- *Reversibilität* meint die Revision von Planungsentscheidungen im Lichte neuer Erfahrungen
- *Eindeutigkeit* der Lehrentscheidung und deren klare, d.h. unmissverständliche Formulierung
- *Widerspruchsfreiheit* aller Planungsmomente angesichts deren Interdependenz, optimale Abstimmung der Lehrerentscheidungen

– *Angemessenheit* meint vor allem eine zweckrationale Abwägung des Aufwandes bei der Planung, sollte aber originelle didaktische Zugriffe nicht ausschließen.

Um die Qualität von Unterricht zu gewährleisten, soll sich die Planung an Unterrichtsprinzipien oder Gütekriterien orientieren. In Anschluss an Glöckel (1996) werden vielfach die fundierenden Prinzipien, Sachgemäßheit, Schülergemäßheit und Zielgemäßheit sowie eine größere Anzahl regulierender Prinzipien – z.B. Anschaulichkeit, Selbsttätigkeit, Motivation – genannt.

Analog dazu werden unterschiedlich detaillierte Kataloge mit Gütekriterien (Helmke 2003) zur Kontrolle der Planungsqualität empfohlen, Kramis z.B. nennt als fundamentale Gütekriterien: 1. die Bedeutsamkeit der ausgewählten Inhalte und Ziele, 2. die Effizienz von Lernorganisation, Lernaktivitäten und des Medieneinsatzes, 3. ein gutes Lernklima.

Meyer (2004) differenziert zehn Gütekriterien: Klare Strukturierung des Unterrichts, hoher Anteil echter Lernzeit, lernförderliches Klima, inhaltliche Klarheit, sinnstiftendes Kommunizieren, Methodenvielfalt, individuelles Fördern, intelligentes Üben, transparente Leistungserwartungen, vorbereitete Umgebung.

Ähnlich die von Brophy (2002, S.2ff) zusammengestellten *Bedingungen für das Gelingen von Unterricht*, die auch international akzeptiert sind:

1. *Unterstützendes Klassenklima:* In „intakten und rücksichtsvollen Lerngemeinschaften" wird am besten gelernt.
2. *Gelegenheit zu lernen* meint die Konzentration von Lerngruppe und Klassenführung auf „lehrplanbezogene Aktivitäten".
3. *Ausrichtung des Lehrplans:* Der Lehrplan insgesamt bildet ein „stimmiges Gesamtkonzept mit als nützlich akzeptierten Lernzielen".
4. *Herstellung von Lernorientierungen:* Der Lernprozess wird durch advance organizers vorstrukturiert oder beginnt mit previews, d.h. Zusammenfassungen des zu Lernenden.
5. *Innerer Zusammenhang der Lerninhalte:* Klar strukturierte Inhalte ermöglichen „sinnvolles Lernen und Behalten".
6. *Sinnhafte Unterrichtsgespräche:* Fragen oder Denkanstöße auf hohem kognitiven Niveau lösen eine längere thematische Auseinandersetzung aus.
7. *Vielfältige Übungs- und Anwendungsmöglichkeiten* und Rückmeldungen dienen der Leistungsverbesserung.
8. *Das Interesse an Aufgaben unterstützen,* Hilfen zum produktiven Lernen geben.
9. *Lern- und Arbeitsstrategien* vermitteln.
10. *Kooperatives Lernen:* Zu zweit oder in Gruppen lernen lassen.
11. Regelmäßige *lernzielorientierte Leistungsbewertung* durchführen.
12. *Lernerwartungen formulieren.*

Brophy schreibt (2002, S.1), dass diese Grundsätze auf drei Annahmen beruhen: Erstens gebe es nicht die *eine* Unterrichtsmethode. Eine optimale Mischung berücksichtigt zweitens in der Planung Fach und Lerngebiet sowie Lernstand und Fortschritt der Schüler/innen. Drittens müsse sehr gründlich bis zur sicheren Beherrschung der Inhalte in abgestimmter Schrittfolge gelernt werden. Inhalte und Methoden müssen Lernen herausfordern aber nicht überfordern. Letzteres wird im Anschluss an Piaget als *Passung* bezeichnet (vgl. Mietzel 1998, S.96ff) und hat sich als wirksamer Faktor der Lernmotivation im Unterricht erwiesen.

3 Kooperative Planung

Unterrichtsplanung erfolgt in der traditionellen deutschen Schulkultur durch die einzelne Lehrkraft. Inzwischen wird die gemeinsame Planung im Team immer bedeutsamer: Die Arbeit in Jahrgangsteams oder in Fachkonferenzen, Formen des arbeitsteiligen Team-Teaching (integrative Förderung bei Lernschwächen bzw. leistungsstarken Schülern in Doppelbesetzung, Parallelunterricht im bilingualen Unterricht durch Lehrkräfte beider Sprachen, fächerübergreifende Projekte u.a.m.), die schulinterne Entwicklung neuer Unterrichtskonzepte, die Zusammenarbeit mit Eltern oder außerschulischen Experten, die Abstimmung der Inhalte zwischen den Schulfächern, die Vorbereitung abgestimmter Klassenarbeiten oder von Vergleichsarbeiten erzwingen *Formen kooperativer Planung*. Der generellen Öffnung von Schule und Unterricht entspricht eine Öffnung der Planungsarbeit.
Der Grundsatz der Schülerorientierung erfordert zudem eine *Beteiligung der Schüler/innen an der Planung*. Die Möglichkeiten dazu variieren nach Schulstufe und -fach: Erläuterung und Diskussion der Planung und eventuelle Revision einzelner Planungsschritte, Entscheidung über alternative Vorgehensweisen oder Inhalte (z.B. Auswahl der zu einer literarischen Gattung erarbeiteten Literatur, freie Wahl von Zusatzangeboten). Grundsätzlich verbindet sich damit die Hoffnung auf die Förderung einsichtiger und selbstständiger Lernprozesse (Warum und wie lernen wir etwas?).
Da die Erziehung und Bildung von Schülern gemeinsam von Eltern und Schule zu leisten ist, stellt sich die Frage nach der Einbeziehung der Eltern in den Unterricht und seine Planung (Sandfuchs 1982). Wie auch bei der Schülerbeteiligung gilt, dass die didaktisch-methodische Kompetenz (bis auf wenige Ausnahmen, z.B. Sexualerziehung) bei der Lehrkraft liegt. Eltern haben jedoch ein Informationsrecht und sind mindestens in Teilbereichen kompetente Partner, deren Verständnis, Hilfe und Unterstützung die Effektivität des Unterrichts erhöhen kann. Neben den traditionellen Formen der Information durch Erläuterung und Diskussion oder Hospitation kann die Kompetenz von Eltern unterschiedlich genutzt werden: Als Experten am Arbeitsplatz, durch Mitarbeit im Wahlbereich, durch Betreuung lernschwacher oder leistungsstarker Schüler mit besonderen Interessen („Lesemütter", Hausaufgabenhilfe). In allen diesen Formen ist eine Beteiligung an der Planung angeraten.
Der grundsätzlichen Öffnung von Schule und Unterricht entspricht die Hereinnahme von Experten (Hameyer & Sandfuchs 2005), den sog. „Dritten": Künstler, Trainer für Leistungssport, Coaches für Bewerbungstraining, Handwerker für Lernwerkstätten u.v.m. Die funktionsgerechte Nutzung ihrer Expertise setzt gemeinsame Planung voraus.

4 Differenzierte Planung

Unterrichtsplanung wird traditionell mehr oder minder undifferenziert für eine Schulklasse vorgenommen. Die Heterogenität der einzelnen Lerngruppen mit je unterschiedlicher Ausgangssituation, wie z.B. viele lernschwache Schüler, der Unterricht in Fördergruppen, z.B. mit Teillernschwächen oder mit Hochleistern sowie die Bevorzugung bestimmter Methodenkonzepte (Apel & Sandfuchs 2003, Henze, Sandfuchs & Zumhasch u.a. 2005), wirken sich auf die Planung aus. Wir verdeutlichen dies an drei Planungssituationen:

4.1 Planung offenen Unterrichts

Bei den Formen offenen Unterrichts (Hagstedt 1992, Wallrabenstein 1996) rückt die präzise Prozessplanung in den Hintergrund. Es werden vielfach lediglich die Anfangs- und Endsituation, z.B. ein Kreisgespräch, markiert. Die Planung wird konzentriert auf erstens die Herstellung, Prüfung und Bereitstellung von Lernmaterialien und Aufgabenstellungen, z.B. für die Wochenplanarbeit und Freiarbeit. Dieser Teil der Planung ist immer auch eine Antizipation der Arbeits- und Lernprozesse der Schüler/innen. Aus der Materialerstellung ergibt sich zweitens die Gestaltung der Lernumgebung, vor allem des Klassenraumes. Drittens sind Benutzung der Lernmaterialien, die Bewegung im Raum und das Lernverhalten im nicht direkt gelenkten Unterricht, Erstellung und Durchsetzung von Regeln zu planen. Da offener Unterricht sich unmittelbar an Lernstand und Lernentwicklung jedes einzelnen Kindes orientiert, ergibt sich viertens die Planung oftmals aus der Durchsicht der Schülerarbeiten oder aus der Schülerbeobachtung. Um eine zielstrebige kontinuierliche und individuelle Lernentwicklung zu gewährleisten, spielt bei der Planung des Unterrichts das strategische, auf langfristige Entwicklungen gerichtete Moment eine große Rolle: Dem Außenstehenden mag das Unterrichtsgeschehen teilweise zufällig, ungeordnet oder gar chaotisch erscheinen; tatsächlich jedoch hat die Lehrkraft Überblick und Durchsicht und die Lehr-Lernaktivitäten folgen einem langfristigen Plan.

4.2 Schüler/innen mit Lernschwächen

Diese Schülergruppe ist gekennzeichnet durch schlechte Lernvoraussetzungen, geringe Lernfähigkeit und hat i.d.R. eine nur noch schwache Lernmotivation. Sie braucht einen durchgängig *helfend-unterstützenden Unterricht*, um zu Lernerfolgen zu kommen, d.h. viel Lernzeit, kleine Lernschritte, kurze Problemphasen, viel Anschauung, intensive Übung und Wiederholung, optimal dosierte Leistungsansprüche, kompetente Lernhilfen, ein störungs- und angstfreies Lernklima.
In Schulklassen wird die Aufgabe der Planung differenzierter Lernhilfen oft vernachlässigt, insbesondere wenn lernschwache Schüler sich unauffällig verhalten. Die Notwendigkeit präziser, differenzierender und individualisierender Planung von Unterricht in Fördergruppen wird wegen der geringen Schülerzahl unterschätzt. Es kommt dann oft zu einem nacharbeitenden Förderunterricht („Wo fehlt's denn heute?") mit relativ wirkungslosen Ad-hoc-Maßnahmen.

4.3 Leistungsstarke und hochbegabte Schüler/innen

Lernvoraussetzungen, Lernfähigkeiten und Motivation dieser Gruppe sind stark ausgeprägt, ihre Lerninteressen gehen teilweise weit über das allgemeine Lernangebot hinaus. Diese Schüler/innen benötigen einen Unterricht, der sie *zum Lernen herausfordert* (vgl. Henze u.a. 2006), der hohe Anforderungen an ihre kognitiven und sozialen Fähigkeiten sowie an die Selbstständigkeit des Wissenserwerbs stellt. Es sind also Lernsituationen zu planen mit komplexen Unterrichtsinhalten und Aufgabenstellungen, mit anspruchsvollen methodischen Formen der Arbeit im Unterricht, die selbstgesteuerte Lernprozesse und das Verfolgen eigener Lerninteressen ermöglichen. Vielfach bewährt hat sich die Zuweisung von tutoriellen Aufgabenstellungen (Lernhilfe für Mitschüler) und von zeitweiligen Lehraufgaben (reziprokes Lernen). Ein derart geplanter Unterricht ermöglicht diesen Schüler/innen den Einsatz ihres Vorwissens, die Erweiterung ihres Wissens und Könnens. Zum Vorteil der Lerngruppe insgesamt können sie den Unterricht vorantreiben und auf ein höheres Niveau führen sowie auch die Lernprozesse einzelner Mitschüler/innen fördern.

Literatur
Apel, H. J. & Sandfuchs, U. (2003): Guter Unterricht. Sichtweisen, Befunde, Hindernisse. In: Lernchancen 31/2003, 4-13. – Baurmann, J. (1982): Zur Grobplanung im Deutschunterricht – Vorschläge gegen die Kurzatmigkeit und Zersplitterung im Deutschunterricht. In: Baurmann, J., Menzel, W. & Sandfuchs, U. (Hrsg.): Unterricht planen und vorbereiten. Praxis Deutsch. Sonderheft 1982. Seelze: Friedrich, 15-26. – Brophy, J. (2002): Gelingensbedingungen von Lernprozessen. Material im Rahmen der Lehrerfortbildungsmaßnahme des Landes Nordrhein-Westfalen ‚Schul-programm und Evaluation', Landesinstitut für

Schule und Weiterbildung, Soest. – Glöckel, H. (1996): Vom Unterricht. Lehrbuch der Allgemeinen Didaktik. 3. Aufl. Bad Heilbrunn: Klinkhardt. – Hagstedt, H. (1992): Offene Unterrichtsformen. Methodische Modelle und ihre Planbarkeit. In: Hameyer, U., Lauterbach, R. & Wiechmann, J. (Hrsg.): Innovationsprozesse in der Grundschule. Fallstudien, Analysen und Vorschläge zum Sachunterricht. Bad Heilbrunn: Klinkhardt, 367-382. – Hameyer, U. & Sandfuchs, U. (2005): Experten in der Grundschule. In: Grundschule 10/2005, 9-11. – Helmke, A. (2003): Unterrichtsqualität. Erfassen – Bewerten – Verbessern. Seelze: Kallmeyer. – Henze, G., Sandfuchs, U., Zumhasch, C., Bringmann, S., Koch. U. & Schulz, N. (2006): Integration hochbegabter Grundschüler. Längsschnittuntersuchung zu einem Schulversuch. Bad Heilbrunn: Klinkhardt. – Kramis, J. (1989): Grundlegende Gütekriterien für Unterricht und didaktische Prinzipien. Freiburg i. B.: Universität. – Menzel, W. (1982): Die didaktische Analyse. Ein exemplarischer Vorschlag. In: Baurmann, J., Menzel, W. & Sandfuchs, U. (Hrsg.): Unterricht planen und vorbereiten. Praxis Deutsch. Sonderheft 1982. Seelze: Friedrich, 26-30. – Meyer, H. (2004): Was ist guter Unterricht? Berlin: Cornelsen/Scriptor. – Mietzel, G. (1998): Pädagogische Psychologie des Lehrens und Lernens. 5. Aufl. Göttingen: Hogrefe. – Peterßen, W. H. (2000): Handbuch Unterrichtsplanung. Grundfragen, Module, Stufen, Dimensionen. 9. Aufl. München: Oldenbourg. – Sandfuchs, U. (1982): Unterrichtsvorbereitung – Bedeutung und Probleme, Hinweise und Ratschläge. In: Baurmann, J., Menzel, W. & Sandfuchs, U. (Hrsg.): Unterricht planen und vorbereiten. Praxis Deutsch. Sonderheft 1982. Seelze: Friedrich, 4-9. – Sandfuchs, U. (1987): Unterrichtsinhalte auswählen und anordnen. Vom Lehrplan zur Unterrichtsplanung. Bad Heilbrunn: Klinkhardt. – Wallrabenstein, W. (1996): Wie planbar ist offener Unterricht? In: Pädagogik 4/1996, 27-31.

117| Analyse und Beurteilung von Unterricht
Werner Wiater

1 Konzeptionen zur Analyse von Unterricht

Bei der Unterrichtsanalyse erfolgt eine Untersuchung der zentralen Aspekte und Wirkfaktoren des komplexen Geschehens „Unterricht" aus unterschiedlichen Perspektiven, mit verschiedenen Zielsetzungen und mit Hilfe unterschiedlicher Methoden (z.B. Beobachtung, Videografie, Dokumentenanalyse). Gegenstand der Unterrichtsanalyse sind sowohl die äußeren Rahmenbedingungen des Unterrichts (Raum, Zeit, Ausstattung, Lehrplanvorgaben, Schülerzahl, Klassenzusammensetzung, Lernausgangslagen sowie Lern- und Verhaltensbesonderheiten der Schüler/innen, Alter, Geschlecht, Lehrkompetenz der Lehrer/innen usw.), die Stimmigkeit, Interdependenz und Schüleradaptivität der didaktischen Entscheidungen des Lehrers zu den einzelnen Strukturmomenten des Unterrichts (Ziele, Inhalte, Methoden, Medien), die Wahl der Unterrichtsform und die Beachtung von Unterrichtsprinzipien, das Lernarrangement, die Artikulation, der Verlauf und die Lehr-Lern-Effekte der Stunde als auch die verbalen und nonverbalen Aktions- und Reaktionsweisen der Beteiligten (Lehrer, Schüler), die Lernatmosphäre, das Unterrichtsklima sowie der persönliche Einsatz und das Verhalten der Lehrer/innen. Die Unterrichtsanalyse kann zum einen im Anschluss an den gehaltenen Unterricht als nachträgliche Selbstreflexion des oder als gemeinsame Reflexion zwischen dem Lehrer und Hospitanten oder Evaluatoren seines Unterrichts („critical friends", Studenten, Schulaufsichtspersonen) stattfinden; dabei stützt sich die Analyse in der Regel auf eine systematische Beobachtung, auf eine wörtliche, narrative oder formalisierte Protokollierung oder auf eine Videografie des erteilten Unterrichts. Die Unterrichtsanalyse kann zum anderen als Instrumentarium für die bei der Unterrichtsplanung zu beachtenden Aspekte dienen. Hierzu wird meist auf ein Strukturmodell von Unterricht zurückgegriffen, das die wichtigsten Faktoren des Unterrichts erfasst, beschreibt, kategorisiert und in ihrem Zusammenwirken systematisiert. Daneben kann die Unterrichtsanalyse noch Forschungszwecken dienen, insofern sie gesichertes Wissen über tatsächlich gehaltenen Unterricht zu erheben erlaubt. Schließlich nützt die Unterrichtsanalyse noch in der Lehrerausbildung und der Lehrerfortbildung, da mit ihrer Hilfe durch Bewusstmachen zentraler Unterrichtsfaktoren die Handlungskompetenz der Lehrkräfte vergrößert werden kann. Grundsätzlich erfolgt sie auf den drei Unterrichtsebenen Inhaltsebene, Beziehungsebene und Lehr-Lern-Prozessebene (Sacher 2005).

1.1 Die Analyse von lehrergesteuertem Unterricht

Obwohl schon vor vier Jahrzehnten erarbeitet, eignet sich das Strukturmodell der sogenannten „Berliner Didaktik" von P. Heimann, G. Otto und W. Schulz (1965) nach wie vor für die Analyse eines Unterrichts, bei dem der Lehrer die Lernprozesse initiiert, unterstützt und überprüft. Das Modell unterscheidet zwei Bedingungsfelder (anthropogene und soziokulturelle Voraussetzungen), die Einfluss auf vier, in Interdependenz zueinander stehende Entscheidungsfelder (Intentionen, Themen, Verfahren, Medien) nehmen, was nach erteiltem Unterricht zu Folgen anthropogener und sozialer Art führt, die wiederum die Ausgangssituation für nachfolgende Unterrichtsprozesse sind. Mit Hilfe des Berliner Didaktikmodells lassen sich Unterrichtsstunden einer differenzierten Analyse unterwerfen. Im Einzelnen lassen sich bei den Strukturfeldern folgende Gesichtspunkte untersuchen:

– bei den anthropogenen Bedingungen des Unterrichts: (1) Art und Ausmaß der Berücksichtigung von individuellen Schülervoraussetzungen beim Unterricht (Alter, Geschlecht, Entwicklung, Herkunftsmilieu/Migrationshintergrund, Familiensituation, Vorwissen/Vorkenntnisse/Vorerfahrungen, vorhandene Kompetenzen allgemeiner und vor allem sprachlicher Art, Stärken und Schwächen, Interesse/Neugier, Motivation, Lernfähigkeit, Lernbereitschaft, erreichter Lernstand, Lerntempo, Schülergruppierungen und Gruppenverhaltensweisen, Störverhalten, Allgemeinverhalten); (2) Art des Lehrerverhaltens (Auftreten vor der Klasse, Angemessenheit von Sprache und Körpersprache, akzeptierendes, lern- und persönlichkeitsförderndes Interaktionsverhalten, Eingehen auf die individuellen Lernwege der Schüler, flexible und sachgerechte Variation der Unterrichtsmethoden, kompetente Thematisierung der Unterrichtsinhalte, Vorbeugen von Unterrichtsstörungen durch Aktivierung der Schüler, durch flüssigen Unterricht, durch klare Regeln, durch Allgegenwärtigkeit und Stoppsignale, Übernahme der Erzieherfunktion, beispielhaftes Verhalten)
– bei den soziokulturellen Bedingungen des Unterrichts: Art und Ausmaß der Berücksichtigung der Rahmenbedingungen beim Unterricht (Anspruch der Schulform und des Unterrichtsfachs, Schülerverhaltensweisen, die sich aus der Zusammensetzung der Klasse ergeben, Position der Einzelschule und der Schulform in der Gesellschaft)
– bei den Entscheidungen zum Unterrichts-/Lerninhalt: (1) Grad der Sachgerechtigkeit (Lehrplanbezug, Stellung der Einzelstunde in einer Unterrichtseinheit, Verfügen über die aktuellen Erkenntnisse und Forschungsergebnisse zum Lerninhalt, Verwenden der Fachsprache, Verweis auf Anwendungsbereiche des Lernstoffs im Alltags-, Schul- und Berufsleben, Beachten der Strukturierung des Themas und seiner Einzelaspekte, Behandeln themenbezogener Arbeits- und Lerntechniken, Auswahl des für alle Schüler verbindlichen Mindestwissens und Mindestkönnens bei dem Thema); (2) Kompetenz bei der Didaktischen Analyse (Auswahl des Inhalts und seiner Aspekte für die Schüler/innen einer Klasse, Wahl der Exempla, Wahl der Unterrichtsform, der fachlichen und überfachlichen Ziele sowie der methodischen Vorgehensweise, Strukturierung des Lernwegs der Schüler durch die Artikulation der Stunde, Beachtung der Unterrichtsprinzipien Selbsttätigkeit, Differenzierung/Individualisierung, Veranschaulichung, Ganzheitlichkeit usw., Herstellen von Vernetzungen des Themas mit anderen Unterrichtsfächern und Sicherung der erreichten Lernzuwächse)
– bei den Entscheidungen zu den Unterrichts-/Lernzielen: Korrektheit und Angemessenheit der Zielsetzungen des Unterrichts (klare Zielformulierungen in teiloperationalisierter Form unter

Berücksichtigung der Lernausgangslagen der Schüler, Beteiligung der Schüler bei der Zielfestlegung, Lernzielkontrollen)
- bei den Entscheidungen zu den Unterrichts-/Lernmethoden: Vielfalt, Ausgewogenheit, flexibler Einsatz und Ziel-Inhalts-Schüler-Adäquatheit der im Unterricht verwendeten Methoden (Auswahl der Methoden, Berücksichtigung insbesondere der Unterrichtsprinzipien Selbsttätigkeit und Differenzierung, Beachten der Forderung nach Rhythmisierung und Variation der Schülerlerntätigkeiten, Vermeiden von Überforderung und Unterforderung der Schüler und Vermeiden von Monotonie, Förderung der Methodenkompetenz und des Lernenlernens auf Schülerseite, Art und Umfang der Übungsphasen, Passung zwischen Methode und Lernstoff sowie zwischen Methode und Schüler)
- bei den Entscheidungen zu den Unterrichts-/Lernmedien: Reflektierter Einsatz von geeigneten Medien im Unterricht (Vor- und Nachteile des eingesetzten Mediums, Ziele und Zwecke der herangezogenen Medien, didaktische Einbettung der Medien in den Unterrichtsverlauf, Berücksichtigung der Mediennutzungsstile der Schüler, Entsprechung des Mediums mit den Lerninhalten und Lernzielen der Stunde, Alternativen zum gewählten Medium, Berücksichtigung der didaktischen Leistungsfähigkeit neuer Medien).

1.2 Die Analyse von offenem Unterricht

Die Analyse von Formen des Offenen Unterrichts betrifft einerseits die vorangegangenen Planungsentscheidungen der Lehrkraft und andererseits das Schülerverhalten während der selbstständigen Arbeitsphasen.

(1) Analysefragen zu den vorangegangenen Planungsentscheidungen
1. Sind die ausgewählten Ziel-Inhaltsbereiche (Unterrichtsthemen) des Lehrplans für diese Unterrichtsform geeignet?
2. Ist die Unterrichtsform in den Jahresarbeitsplan didaktisch begründet eingepasst?
3. Konnten die Schüler sich bei der Planung des Offenen Unterrichts beteiligen?
4. Hat die Lehrkraft zum geplanten Offenen Unterricht eine fundierte Sachanalyse und Didaktische Analyse durchgeführt, die die folgenden Aspekte berücksichtigt hat:
- die Entscheidung über die Form des Offenen Unterrichts (Freie Arbeit/materialgeleitetes Lernen, Tages-/Wochenplan, Lernzirkel/Stationentraining, Werkstatt)
- die Auswahl zentraler Teilaspekte des zu lernenden Sachverhalts, die sich für Lernstationen oder Elemente von Lernumgebungen eignen
- die Festlegung der zu erreichenden kognitiven, emotionalen und pragmatischen Ziele und der diesen zugeordneten Kompetenzen (Sach-, Sozial-, Selbst- und Methodenkompetenz)
- die didaktische Qualität der zur Verfügung gestellten Lernmaterialien (die Berücksichtigung der unterschiedlichen Interessen, Fähigkeits- und Fertigkeitsniveaus, Lerntypen, Lernniveaus, Lernformen, Lerninteressen und Lernbesonderheiten der Schüler)
- die Festlegung von Pflicht-, Wahlpflicht- und Wahlaufgaben
- die Bereitstellung von ansprechenden, möglichst alle Sinne herausfordernden Lernmaterialien
- das Erstellen eines Auftragsblatts für den Umgang mit den Lernmaterialien, das einfach und kurz formuliert, klar gegliedert und für die Schüler sofort und ohne Hilfe verstehbar ist
- die Entwicklung eines Kontrollsystems, mit dessen Hilfe die Schüler den Erfolg ihres Lernens selbst überprüfen können und das gleichzeitig dem Lehrer Rückmeldung über den Lernprozess der Schüler geben kann (Kontrollbögen, Arbeitspass, tutorielle Überprüfung usw.)
- die Vorklärung, welche Schüler beim Offenen Unterricht für welche Bereiche Sonderfunktionen (z. B. Experten für Rechtschreibung, Rechnen, Computer oder Streitschlichter bei Uneinigkeiten) übernehmen könnten

– die Organisation hinsichtlich Raum, verfügbarer Lernzeit, Bereitstellung von Lernwerken, Nachschlagewerken, Handwerkszeug, Papier usw.
– die Strukturierung des Offenen Unterrichts in die Phasen: (1) Einstieg mit der Orientierung über die Inhalte/Themen der Arbeit im Offenen Unterricht allgemein (im Kreisgespräch) und mit der Rahmenvereinbarung, in der die Regeln für diese Arbeit besprochen und verbindlich gemacht werden, (2) Arbeitsphase oder Phase der selbstständigen Schülerarbeit, an deren Ende die Dokumentation und Präsentation der Lernergebnisse steht, und (3) Reflexionsphase am Schluss über die Lernarbeit, die Verhaltensweisen der Schüler/innen während der Arbeitsphase im Kreisgespräch.

(2) Analyse der Verhaltensweisen während des Offenen Unterrichts

Mit Hilfe einer Videografie oder systematischen Beobachtungen sollen nach erfolgter Lernphase am Schülerverhalten genauer betrachtet werden: die Auswahl der Arbeitsmaterialien durch die einzelnen Schüler/innen, deren Ausdauer und Konzentration bei der Arbeit, Art, Ursache und Urheber von Störungsverhalten, Sauberkeit und Ordnung beim Erledigen der Aufgabenstellungen, Art und Weise der Ergebnispräsentation und Ergebnissicherung, Überforderung, Unterforderung und nicht sachgemäßes Arbeiten, Sozialverhalten der Schüler untereinander, Art und Qualität der Arbeitsergebnisse und der Lerneffekte. Die Ergebnisse dieser Analysen sind dann mit den Planungsüberlegungen der Lehrkraft zu konfrontieren.

Außer den Schülerverhaltensweisen sind aber auch die Lehrerverhaltensweisen Gegenstand der Unterrichtsanalyse, insbesondere die Rolle als Lernhelfer/Impulsgeber, Moderator und Diagnostiker sowie die Fähigkeit, die Schülerinnen und Schüler selbstständig arbeiten zu lassen.

2 Konzeptionen zur Beurteilung von Unterricht

Um den Wert des Unterrichts ermitteln und beurteilen zu können, bedarf es zuvor der Klärung, wer über die Qualität des Unterrichts unter Zuhilfenahme welcher methodischer Verfahren (quantitative und/oder qualitative Datenerhebungen und Datenauswertungen) und aus welchem Interesse heraus eine Aussage macht (Lehrer, Schüler, Eltern, Externe). Des Weiteren ist zu beachten, um welche Art von Qualität es sich handeln soll, um die Orientierungsqualität des Unterrichts (= Vermittlung von Einstellungen in Erziehungs- und Bildungsfragen), um die Strukturqualität des Unterrichts (= Gegliedertheit und Verständlichkeit des Unterrichts), um die Prozessqualität des Unterrichts (= Interaktionen und Kompetenzentwicklungen während des Unterrichts) oder um die Produktqualität des Unterrichts (= die messbaren bzw. erfassbaren Lehr-Lern-Ergebnisse). Für die verschiedenen Arten von Qualität braucht es je eigene Kriterienkataloge.

Dem heutigen Verständnis nach ist das Lernen in der Schule nicht das Produkt der Belehrung, sondern ein aktiver, selbstgesteuerter situativer und sozialer Vorgang, den jeder Schüler selbst vollziehen muss, für dessen nachhaltigen und messbaren Erfolg er der Lehrkraft als Experten für Unterricht und Erziehung bedarf. Im Vordergrund steht der Output, die Outcomes, die sich messen lassen und die ein nationales und internationales Ergebnisranking ermöglichen. Zu einem solcherart guten Unterricht gehören heute: inhaltliche Kompetenz und eine klare Strukturierung, ein hoher Anteil echter Lernzeit, ein lernförderliches Klima, Methodenvielfalt, die individuelle Förderung der Schüler einschließlich Motivation und Interessenbildung, qualitätsvolle Lernmaterialien, pädagogisch-didaktisch stringentes Klassenmanagement, Lehrerengagement und Lehrerdiagnostik (Helmke 2004, Meyer 2004). A. Helmke schreibt: „Guter Unterricht in diesem Sinne ist ein Unterricht, dem es gelingt, die Schülerinnen und Schüler entsprechend ihren Eingangsvoraussetzungen optimal zu fördern und intelligentes Wissen aufzubauen. Man kann und muss die Qualität des Unterrichts aber auch danach beurteilen, ob die Realisierung anderer Lernziele gelingt, z.B. der Aufbau von Schlüsselkompetenzen (wie selbstreguliertes Lernen und Problemlösen), die Entwicklung sozialer und interkultureller Kompetenzen, wichtiger affektiver, emotionaler und motivationaler Orientierungen (wie Lerninteresse, Lernmotivation etc.) sowie die Förderung von Selbstkompetenz, Selbstkontrolle und Emotionskontrolle." (2004, S.15).

In den letzten Jahren haben sich zwei unterschiedliche Konzeptionen bei der Beurteilung von Unterricht durchgesetzt, die Beurteilung durch Selbstreflexion und Selbstevaluation, durchgeführt von der Lehrkraft selbst, und die Beurteilung durch objektive Beschreibung und quantifizierte Erfassung von Unterrichtskriterien, die in der Forschung als relevant gelten, ermittelt durch Evaluatoren von außen (Fremdevaluation). In der Praxis findet die Beurteilung von Unterricht meist als Nachbesprechung zwischen Student/Referendar und Ausbildungslehrer im Rahmen der Lehrerausbildung oder als Prüfungsgespräch im Anschluss an erteilten Unterricht („Lehrproben") bei der Anstellung oder später bei der Beförderung im Lehramt Tätiger statt.

2.1 Die Beurteilung durch Selbstreflexion und Selbstevaluation

Bei der Selbstreflexion geht es um das Nach-Denken über das eigene Handeln und Verhalten in Unterricht und Schule, um das kritisch-selbstkritische nachträgliche Überlegen, um ein besseres Verständnis der Realität durch Bewusstmachen und durch Selbstwahrnehmung. Selbstreflexion ist deshalb nicht dasselbe wie Selbsterfahrung, die jemand einem anderen mitteilt. Reflexion setzt voraus, dass man die Erfahrungen, die man mit sich selbst und mit anderen gemacht hat, mit Theorien zur Interaktion, zur Kommunikation, zur Qualität von Schule und Unterricht und zur Selbstentwicklung konfrontiert, sie für sich strukturiert und dadurch aussagbar und intersubjektiv verstehbar macht (Schiek 1997a, 1997b). Bei der Selbstevaluation kommt ein neuer Aspekt hinzu, nämlich der der Sammlung objektiv gegebener Daten und Informationen. Insofern kann man Selbstevaluation definieren als „die von außen nachprüfbare selber vorgenommene Dokumentation wesentlicher Planungen, Prozesse und Ergebnisse der eigenen Arbeit" (Belardi 2000, S.23). Die Selbstevaluation dient der „Selbstaufklärung der Schule und der Reflexion der eigenen Ziele und Leistungen", ist eine Art „interne Rechenschaft", die auf der Sammlung und Bewertung von Informationen über die Prozesse, Produkte und Wirkungen/Nebenwirkungen schulischer Arbeit basiert.

Bei der Selbstreflexion und Selbstevaluation geht es um das Durchschauen, Verstehen und Auswerten der eigenen Handlungsweisen in den Interaktionsprozessen des Unterrichtens und Erziehens, des Kooperierens und des Führens von Gruppen (Klassenmanagement), also um die berufliche Handlungskompetenz. Sowohl das eigene Berufsverständnis und das eigene Handeln als auch die Interaktionsweisen und die kommunikative Beziehung zu den Schülern/Schülerinnen oder Kollegen/innen wie auch die Sachaspekte der Inhaltsvermittlung und des Methodenrepertoires sind ihr Gegenstand.

Praktische Verfahren zur individuellen Reflexion sind beispielsweise das berufliche Tagebuch, der strukturierte Tagesrückblick, Notizen zum Unterricht, die Energiebilanzierung, Selbsterkundungen usw. Erfolgt die Reflexion zusammen mit den sogenannten „kritischen Freunden", so bieten sich als Verfahren an: die Stärken-Schwächen-Analyse, das Analysegespräch in der kollegialen Gruppe, die kollegiale Fallberatung, das Ausfüllen einer Evaluationszielscheibe, das Einbeziehen von Schülerrückmeldungen usw.

2.2 Die Beurteilung durch Fremdevaluation

Je systematischer und subjektunabhängiger evaluiert wird, desto besser lässt sich die Rechenschaftslegung leisten. Die externe Unterrichtsevaluation erfüllt diese Funktion, indem sie von außen einen Blick auf das Unterrichtsgeschehen wirft. Beeinträchtigungen, wie sie durch gewohnheitsmäßiges Verhalten, langjährige Praxis, „Betriebsblindheit" oder mangelnde Fähigkeit oder Bereitschaft zur Unterrichtsentwicklung entstehen, können durch Personen von außerhalb der Schule leichter entlarvt und erfasst werden. Dabei versteht es sich von selbst, dass die externen Evaluatoren mit den konkreten Rahmenbedingungen und spezifischen Interaktionsformen von Schule und Unterricht vertraut sein müssen. Idealtypisch durchläuft die externe Evaluation die folgenden Schritte:

1. Auswahl eines Evaluationsbereichs, der von den Evaluatoren und von den Beteiligten als relevant, wichtig und repräsentativ betrachtet wird
2. Festlegung der Ziele der Evaluation
3. Festlegen der Evaluationskriterien und Evaluationsinstrumente
4. Vereinbaren von Qualitätsindikatoren
5. Erarbeiten eines Evaluationsplans mit den „Spielregeln"
6. Schaffen einer Datengrundlage durch systematische Sammlung und unter Einbezug unterschiedlicher Sichtweisen (Lehrer, Kollegen, Schulleitung, Schüler, Eltern)
7. Aufbereitung der Daten
8. Analyse der Daten
9. Bewerten der Daten nach den festgelegten Evaluationskriterien und unter Berücksichtigung der Qualitätsindikatoren
10. Präsentation der Evaluationsergebnisse und Besprechung der Konsequenzen für Schule, Unterricht, Lehrer- und Schülerverhalten usw.

Definiert man Unterrichtsqualität nach output und Lernwirksamkeit, dann muss bei der Fremdevaluation dem Aufbau von intelligentem Wissen bei den Schülern/Schülerinnen vorrangige Beachtung gelten.

Für die einzelne Lehrkraft wie für die Schule als Ganzes ist die Unterrichtsbeurteilung eine wichtige Rückmeldung über den Leistungsstand, die Einhaltung von Standards und die Erreichung von Zielen. Sie hält Schule und Lehrern gewissermaßen den Spiegel vor, gibt ihnen objektivierte Rückmeldung über die Wirksamkeit und Effizienz ihrer Arbeit und veranlasst dazu, gegebenenfalls Reformen in Angriff zu nehmen.

3 Forschungsperspektiven

Zur Zeit liegt bei der Analyse und Beurteilung von Unterricht die Priorität bei der empirischen Unterrichtsforschung, und dort wiederum bei deskriptiven Erhebungen und Korrelationsstudien, weniger bei experimentellen Arbeiten. Auf deren Basis arbeiten in allen Bundesländern von den Kultusministerien eingesetzte Qualitätsagenturen an der Evaluation der Schulen und des Unterrichts im Lande zum Zwecke des Bildungsmonitoring und der Erstellung von Bildungsberichten, aus denen für die Umgestaltung und Weiterentwicklung des Schulsystems Konsequenzen gezogen werden sollen. Angesichts dieser Zusammenhänge wären Forschungen zu folgenden Aspekten zu verstärken:

1. die Erforschung des Verhältnisses und Zusammenwirkens von Input- und Output-Faktoren beim Unterricht unter Verwendung von quantitativen und qualitativen empirischen Methoden (vgl. Forderung nach Triangulation der Methoden; Flick 2004)
2. die Erforschung der Wirksamkeit formativer und partizipativer Evaluation (Kromrey 2001, Ulrich & Wenzel 2003) für die Verbesserung der Analyse und Beurteilung von Unterricht im

Unterschied zu summativen Evaluierungsverfahren mit anschließender Implementation des Veränderungsbedarfs an den Schulen
3. die separate und differenzierte Erforschung der Schülersicht und der Schülereinstellungen zu den einzelnen Qualitätsaspekten von Unterricht
4. die Erforschung von Rolle und Bedeutung der Lehrerausbildung einerseits und der Schulaufsicht andererseits bei der Entwicklung und Sicherung von Qualitätsstandards für den Unterricht.

Literatur
Belardi, N.: Praxisbericht (2000): Selbstevaluation als Lernprozess. In: Sozialmagazin 6/2000, 23-25. – Burkard, Chr. & Eikenbusch, G. (2000): Praxishandbuch Evaluation in der Schule. Berlin. – Flick, U. (2004): Triangulation – Methodologie und Anwendung. Wiesbaden. – Heimann, P., Otto, G. & Schulz, W. (1965): Unterricht – Analyse und Planung. Hannover: Schroedel. – Helmke, A. (2004): Unterrichtsqualität – erfassen, bewerten, verbessern. 3. Aufl. Seelze: Friedrich. – Kromrey, H. (2001): Evaluation – ein vielschichtiges Konzept. Begriff und Methodik von Evaluierung und Evaluationsforschung. In: Sozialwissenschaften und Berufspraxis 2/2001, 105-131. – Kullmann, J. (2000): Selbst-Supervision in der Schule. Neuwied: Luchterhand. – Meyer, H. (2004): Was ist guter Unterricht? Berlin: Cornelsen. – Sacher, W. (2005): Evaluation von Unterricht und Schülerleistungen. In: Apel, H.J. & Sacher, W. (Hrsg.): Studienbuch Schulpädagogik. 2. Aufl. Bad Heilbrunn: Klinkhardt, 254-285. – Schiek, G. (1997): Artikel „Selbsterfahrung". In: Hierdeis, H. & Hug, Th. (Hrsg.): Taschenbuch der Pädagogik. Bd. 4. 5. Aufl. Baltmannsweiler: Schneider, 1304-1310 (1997 a). – Schiek, G. (1997): Artikel „Selbstreflexion". In: Hierdeis, H. & Hug, Th. (Hrsg.): Taschenbuch der Pädagogik. Bd. 4. 5. Aufl. Baltmannsweile: Schneider, 1311-1319 (1997 b). – Ulrich, S. & Wenzel, F. (2003): Partizipative Evaluation. München: Centrum für angewandte Politikwissenschaft (Manuskript). – Vötter, M. (Hrsg.) (1999): Spiegel aufstellen. Zur Praxisreflexion und Selbstevaluation an Schulen. Bozen. – Weinert, F. (1998): Neue Unterrichtskonzepte zwischen gesellschaftlichen Notwendigkeiten, pädagogischen Visionen und psychologischen Möglichkeiten. In: Bayerisches Staatsministerium für Unterricht, Kultus, Wissenschaft und Kunst (Hrsg.): Wissen und Werte für die Welt von morgen. München, 101-125. – Wiater, W. (2005): Evaluation in Schule und Unterricht. In: Maisch, J. (Hrsg.): Evaluation. Donauwörth: Auer, 8-21. – Wiater, W.: Unterrichten und lernen in der Schule. 3. Aufl. Donauwörth: Auer.

Sachregister

Additum	262
advance organizers	201
Akkulturation	441f.
Aktionsformen	506
aktives Lernen	211
Aktivierung	173
Allgemeinbildung	65, 134ff., 397
Allgemeine Didaktik	15,17f., 29,187f.
Allgemeine Pädagogik	16
Allokation	64f.
Allokationsfunktion	95
Alltagstheorie	364, 367
Alltagswissen	407
Analyse von Unterricht	13, 17, 22, 171
Anchored Instruction	145, 249ff.
Anfangsunterricht	400ff.
Anforderungen an Lehrer im Unterricht	58
Angebots-Nutzungs-Modell	495
Anschauung	300
Anschlussfähige Bildung	138
Anschlussfähigkeit	77
Anwendung	178
Appraisal	434
aptitude-treatment-interaction (ATI)	36,48, 428, 496
Arbeitslehre	421ff.
Arbeitsmittelkonzept	293
Arbeitswelt	286f., 421f.
Attribution	434
Audiovisuelle Medien	314ff.
Aufgabenformen	485f.
Aufgabenstellungen	294
Aufmerksamkeit	427
Ausbildungsberufe	80f.
Auswahlprozesse von Unterrichtsmaterialien	58
Authentizität	252f, 412
Autorität	172f.
Bausteinkonzept	293
Beamer	300ff.
Beanspruchung	457f.
Bedingungen des Unterrichts	20
Bedingungsanalyse	506
Begegnungssprache	348
Begleitmedium	309f.
Belastung	457, 467ff.
Benotungsmodelle	488
Benotungsskalen	488
Beratung	500ff.
Beratungslehrkraft	501
Bereichsdidaktik	15
Berliner Didaktik	13, 16f.
Berufliches Gymnasium (BG)	83
Berufsausbildung	80ff.
Berufsbildendes Schulwesen	80ff.
Berufsbildung	135
Berufsfachschulen (BFS)	82
Berufsfelddidaktik	81
Berufsfelder	81
Berufsgrundbildungsjahr (BGJ)	82
Berufsoberschule (BOS)	83
Berufspädagogik	81
Berufsschule	80ff.
Berufsschulunterricht	82f.
Berufsschulunterricht, handlungsorientiert	85
Berufsvorbereitungsjahr (BVJ)	81
Beurteilung	464, 483ff. 487
Bewusstheit, phonologische	401f., 404, 427
Beziehungsdimension	179
Beziehungsebene	179
Bezugsgruppeneffekt	436
Bezugsnormen	47, 479ff., 487f.
BFLP-Effekt	436
Bildung	63f., 131f.
Bildung, formale	151
Bildung, materiale	151
Bildungsbegriff	134ff.
Bildungsgangdidaktik	187f.
Bildungsgänge	76f., 80f., 268
Bildungsgehalt	17,179
Bildungsinhalt	179,184
Bildungsmonitoring	332f.
Bildungsplan	127
Bildungsstandards	70, 127ff., 131ff., 143, 332
Bildungsziel	178, 211
Bindung	113
Binnendifferenzierung	265ff.
Biologieunterricht	353ff.
Blended Learning	325

Sachregister

Buchdruckkunst	96
Budgetierung	69
Burnout	458f., 467f.
Chancengleichheit	77, 278, 439
Chemieunterricht	356ff.
Choreographien	171
classes	15
Classroom Management	171ff.
Coaching	257
Cognitive Apprenticeship	221, 250, 254, 281
Cognitive Flexibility Theory	35
Community of practice (Lerngemeinschaft)	280
Computerbasierte Medien	317ff.
concept maps	322
Conceptual-Change-Forschung	364
cooperative learning	226
course of instruction	15
Cross-Curricular Competence	150
Curriculum	127ff.
Darbietung	219
Darstellendes Spiel	244
DDR, Untericht in der	26f.
deklaratives Wissen	34, 50, 151, 427
Dekontextualisierung	250
Demokratie	369ff.
Deutsch als Zweitsprache	440ff.
Deutschunterricht	39, 337ff.
Diagnose	450
diagnostische Aufgaben von Lehrern	471ff.
diagnostische Kompetenzen von Lehrern	471ff.
Diagramme	297f.
Didaktik	13f.
Didaktik des beruflichen Lehrens und Lernens	86
Didaktik i. e. S.	17, 184
Didaktik, bildungstheoretische	17, 178f.
Didaktik, curriculare	141
Didaktik, kommunikative	179
Didaktik, konstruktivistische	187
Didaktik, kybernetische	140f.
Didaktik, lerntheoretische	179, 189, 506f.
Didaktik, lernzielorientierte	140
Didaktik, subjektive	509
Didaktik, subjektorientierte	187f.
Didaktische Analyse	13, 120, 189, 505, 518ff, 526
didaktische Modelle	178, 189, 505ff.
didaktische Texte	57
didaktische Theorien	505ff.
didaktische Verantwortung	171
Didaktisches Dreieck	99
Differenzierung	75, 78, 100, 261f., 370f.
Differenzierung, äußere	263, 273
Differenzierung, flexible	100
Differenzierung, innere	263, 273
dimensionsanalytische Ansätze	169
Direkte Instruktion	107, 200
Diskussion	223ff.
Diskussionsforen, asynchrone	326
Disputation	237
Disziplinierung	22, 24f., 484
Doppelbelastung	458
drill & practice-Programme	319
Duale Kodierung	298
Durchlässigkeit	77
Einheitsschulsystem	27
einklassige Dorfschule	25
Einstellungen	35
Einzelfallhilfe	501f.
Einzelschule	67f., 101ff.
Elaboration	472
elaborieren	51
Elementarbereich	71
Elementarisierung des Unterrichts	24
Elementarmethode	24
Elementarschulen	24
Eltern	26, 96ff., 111ff., 148, 275, 277f., 423f., 440
Email-Projekt	325
Emotionen	434ff.
Empathie	244
Entschulung	66
Entwicklung	40ff., 147f.
Entwicklung sozialer Tugenden	39
Entwicklung sozialer Verhaltensweisen	39
Entwicklung und Lernen	40
Entwicklungsvoraussetzungen	425f.
epistemologische Überzeugungen	494
Epochenfächer	209
Epochenunterricht	207ff.
Erfahrungsformen	291f.
Erfolgskontrolle	507
Erstsprache	340ff.
Erwachsenenbildung	16
Erziehender Unterricht	38f.
Erziehung	37ff.
Erziehungsstil	98
Erziehungsstil, elterlicher	112
Erziehungsziel	137
Ethikunterricht	385ff.
Evaluation	47, 347, 474, 497ff.
Exemplarisches (Lehren und) Lernen	17, 27
Experten, Lernen mit	279ff.
Expertenansatz	463
Expertenforschung	59
Expertenlehrer	59
Expertenparadigma	123
Expertenwissen	145, 256, 280
Expertiseerwerb	32
Fachdidaktik	13, 15, 29
Fachoberschule (FOS)	82

Fachunterricht	21, 331ff.
Fachwissen	59
Fachzeitschrift	59
Faktenwissen	248
Fallstudie	236ff.
Familie	95ff., 111ff.
Familien-Kindheit	97
Fehlkonzeptionen	428
Feinziel	508
Fernsehen	315f.
Fertigkeitsvermittlung	14f.
Folien	300ff.
Förderbedarf, sonderpädagogischer	448, 450
Förderprogramme	69
Förderung fächerübergreifender Kompetenzen	89
Förderunterricht	271
Formalstufen	198
Formalstufenschema	25
Formalstufentheorie	24, 162, 198
Forschungsuniversität	87
Frage-Antwort-Bewertung-Muster	170
Frauenbewegung	445
Freie Träger	71
Freinet	155, 227, 269
Fremdsprache	343ff.
Fremdsprachenunterricht	343ff.
Freundschaften	114ff.
Frontalunterricht	25, 27, 200ff., 219
Frühbeginn	348
Führung	172f.
Führungskompetenz	174
Fundamentum	262
Funktionen der Schule	63ff., 95
Funktionen von Unterricht	95
Funktionszusammenhang	285
FWU	314
Gaudig	155, 198
Gedächtnisstrategien	427
Gender	445
gender mainstreaming	447
Geographieunterricht	363ff.
Gesamtschule	266f.
Gesamtunterricht	359ff.
Geschichte des Unterrichts	22ff.
Geschichtsunterricht	366ff.
Geschlechterrollen	445ff.
Gesellschaft	22, 95ff.
gesellschaftliche Bedingungen des Unterrichts	95ff.
gesellschaftliche Erwartungen an Lehrkräfte	99
Gesinnungsunterricht	25
Gespräch	223ff.
Gestaltungsrichtlinien für Texte und Bilder	298f.
Gesundheitserziehung	398
Gesundheitsförderung	399
Gleichaltrige (Peer-Forschung)	114ff., 148
Gleichaltrigenbeziehung	114f.
Gleichaltrigengruppe	114
Grobziel	130, 141
Grundbildung	135, 143
Grundlegende Bildung	26
Grundlegende Ziele des Unterrichts	137ff.
Grundrechte	99
Grundschule	26, 71ff., 97f.
Gruppe	105f.
Gruppe, leistungshomogene	97
Gruppenadaptivität	36
Gruppenarbeit	226ff.
Gruppenbewertung	100
Gruppenpuzzle	226, 228
Gruppenunterricht	149, 153, 227
Gruppierung	97
Handbook of Research on Teaching	18, 20, 168
Handeln, didaktisches	510
Handlungskompetenz	474
Handlungskontexte	253
Häppchen-Unterricht	208
Hausaufgaben	287ff.
Hausordnung	66
heimlicher Lehrplan	95, 121
Herbartianer	24f., 161f., 172, 201
Herkunft	439ff.
Heterogenität	35, 78, 83f., 97, 212
Hochschuldidaktik	88f.
Hochschule	87ff.
Hochschulentwicklung	87
Hochschulunterricht	87ff.
Hörbücher	312
Hörfunk	293, 311ff.
Hörspiele	311ff.
Hörtexte	311ff.
IGLU	498
implizite Persönlichkeitstheorie	169
Individualisierung der Lernprozesse	138
Individualisierung des Lehrangebots	36
Informationsrecherche	325
Informationssysteme, hypermediale	320ff.
Inhalte des Unterrichts	21
Inhaltswissen	58
Initiation-Reply-Evaluation-Sequenz (I-R-E-Sequenz)	170
Initiationsriten	23
Institution	63ff.
Institutionelles Schulentwicklungsprogramm (ISP)	68
instruction	15
Instruktion	200ff., 211
Instruktionspsychologie	14
Integration	64f., 261ff.
Integrationsfunktion von Schule	36, 65
Integrationsklasse	36
Intelligenz	34, 42, 426f., 494

Interaktion, soziale	165, 168f.
Interaktionsklima	177
Interaktivität	315, 318
Interdependenz	184f.
Interdependenzhypothese	443
Jahrgangsklasse	105, 261
Jugendamt	71
Jungen	445ff.
Kanon	134
kategotiale Bildung	17
kategoriale Organisation	51
Kausalattribution	438
Kerncurriculum	127, 131
Kernfach	350
Kinder- und Jugendhilfegesetz (KJHG)	71f.
Kinderfreundschaften	114
Kindergarten	71
Kinderkultur	115
Kindheitsentwürfe	116
Klassenführung	39, 171ff.
Klassengröße	96, 107
Klassenkontext	47, 494
Klassenunterricht	173, 200
Klassenwiederholung	267
Koedukation	445ff.
Kognitionen, selbstbezogene	494
kognitionswissenschaftliches Modell des Lehrens und Lernens	32
kognitive Förderung in vorschulischen Bildungseinrichtungen	71ff.
Kognitive Meisterlehre	256ff.
kognitive Prozesse	41
Kohärenz	299
Ko-Konstruktion	147
Kommunikation	165ff., 223ff., 324ff.
Kommunikation, netzbasierte	324ff.
Kommunikationsanalyse	166
Kompetenz	142f.
Kompetenz, fachübergreifend	182
Kompetenz, kommunikative	166
Kompetenzbegriff	142
Kompetenzen, fächerübergreifende	150ff.
Kompetenzerwerb	38, 177
Kompetenzmodelle	142f, 332ff.
Kompetenzstufe	142
Konflikte	215
Konstitutionsprozess	491f.
Konstitutionsthese	185
konstruktivistische Lerntheorien	33
Kontext	63ff.
Kontextbedingungen	494
Kontexte des Unterrichts	20
Kontextmerkmale	45ff.
Kontiguität	299
Kontroll-Wert-Ansatz	434
Kontroverse	202f.
Kooperation	85, 324ff.
Kooperation, netzbasierte	326
Krippe	71f.
Kritische Theorie	135
kritisch-konstruktive Bildungstheorie	135
kritisch-konstruktive Didaktik	17
Kulturstufentheorie	128
Kunstunterricht	376ff.
Landeskunde	345
Lateinschule	96
LAU	498f.
lebenslanger Lernprozess	37
lebenslanges Lernen	40ff.
Lebenswelt	284
Lebensweltfunktion	95
Legitimation	64
Legitimierung der Lehrziele	142
Lehren	27f.
Lehren als Intelligenzsteigerung	34
Lehren des Lehrens	34
Lehren des Lernens	34
Lehren und Lernen, reziprokes	153
Lehren und Lernen, wissenschaftsbestimmtes	28
Lehren von Einstellungen	35
Lehren von Kreativität	35
Lehren von Kritikfähigkeit	35
Lehrerausbildung	34, 87, 89f.
Lehrerberuf	455ff.
Lehrerbildung	58, 235, 272
Lehrerexpertise	463
Lehrerhandeln	122ff., 461ff.
Lehrerkognitionen	463f.
Lehrerpersönlichkeit	45, 173, 461
Lehrerrolle	455ff.
Lehrer-Schüler-Interaktion	168ff.
Lehrerwissen	58, 123, 513
Lehr-Lern-Arrangement	229
Lehr-Lern-Forschung	13f., 15ff., 28f., 32ff., 230f.
Lehrmittelfreiheit	308
Lehrplan	127ff.
Lehrplanimplementation	132f.
Lehrplantheorie	17, 128ff.
Lehrvoraussetzungen	21
Lehrwerke	60, 304ff.
Lehrziele	140ff.
Leistungsbereitschaft	98, 113
Leistungsdifferenzierung	77, 262, 267
Leistungsentwicklung	179f., 289
Leistungsgruppen (Setting)	75
Leistungsklassen (Streaming)	75
Leistungsmotivation	430
Leistungsmotivsystem	43
Leistungsprinzip	484

Sachregister

leistungsschwache Schüler	33, 202
Leistungsvorlage	492
Leitidee	130ff.
Leitmedium	309f.
Leitziele	99
Lektionenunterricht	208
Lernaktivität	157, 429
Lernbedürfnis	26
Lernbereich, ästhetischer	378
Lernen	31
Lernen als Intelligenzstabilisierung	34
Lernen aus Erfahrung	51
Lernen aus Fehlern	35
Lernen des Lernens	34
Lernen mit Experten	279ff.
Lernen, außerschulisches	286f.
Lernen, eigenständiges	208
Lernen, entdeckendes	214ff.
Lernen, erfahrungsorientiertes	162
Lernen, handlungsorientiertes	204
Lernen, kooperatives	521
Lernen, kumulatives	355, 493
Lernen, problembasiertes	255
Lernen, selbstbestimmtes	174
Lernen, selbstentdeckendes	72
Lernen, selbstgesteuertes	30, 154ff., 211
Lernen, selbstorganisiertes	173
Lernen, sinnerschließendes	208
Lernen, soziales	147ff.
Lernfähigkeitsdiagnostik	478
Lernfeldkonzept	84
Lernforschung	35
Lerngemeinschaft (community of practice)	240f., 326
Lerngruppen	65, 262, 265
Lerngruppen, altersgleiche	96
Lerngruppen, homogene	78
Lerngruppenheterogenität	35f.
Lernmotivation	52
Lernort, außerschulische	283ff.
Lernprozess	41, 449
Lernprozessdiagnostik	476ff.
Lernprozesse, selbstregulierte	153
Lernschwierigkeiten	60, 448ff.
Lernstandsbeurteilung	483ff.
Lernstile	427
Lernstrategien 34, 52, 89, 156ff.	247, 427
Lerntheoretische Didaktik	17
Lerntypen	309, 318
Lernumgebung	252ff.
Lernumgebung, problemorientierte	252ff.
Lernumgebungskonzept	293
Lernvoraussetzungen	21, 100, 119ff., 402f.
Lernziele	140ff.
Lernziele, affektive	141
Lernziele, kognitive	141
Lernziele, psycho-motorische	141
Lernziele, soziale	149
Lesebuch	304
Lesekompetenz	338, 439ff.
lesson	15
linguistische Pragmatik	166
Literacy	136
Mädchen	445ff.
MARKUS	499
Mastery-Learning	36
Mathematikunterricht	350ff.
Medien	230, 291ff., 294
Medien, interaktive	315
Medienbildung	327ff.
Mediendidaktik	292
Medienerziehung	292, 327ff.
Medienkompetenz	152, 313, 327ff.
Menschenrechte	99
Mentoring	281ff.
Merkmale erfolgreichen Unterrichts	180ff., 194f., 201
Messfehler	489
Metadaten	316
Metakognitionen	51, 157f.
metakognitive Kompetenzen	43
metakognitive Strategien	427
metakognitives Wissen	51, 157f.
Methodenlernen	152
Methodenrepertoire	163, 203
Methodentraining	34
Methodenvielfalt	164, 228
methodische Leitfrage	185
Migrationshintergrund	98
Modell, mentales	298
Modelllernen	147
Moderator	238f.
Modernisierung der Lehrpläne	140
moralisches Lernen	147
Motivation	429ff., 494
Motivation, intrinsische	433
Multimedia-Prinzip	299
Mündigkeit	369f.
Musikunterricht	373ff.
Nachhilfe	276ff.
Nachhilfeunterricht	15
Nationalsozialismus	26
Naturwissenschaft	412ff.
naturwissenschaftlicher Unterricht	39
Neo-Piaget-Theorien	426
Netzbasierte Information, Kommunikation und Kooperation	324ff.
Netzwerk, propositionales	298
Notebook-Einsatz	323
Novizen	280f., 463f.

Objektivität	487
offener Unterricht	28, 211ff., 523, 526f.
Ökonomisierung des Lehrprozesses	138
open education	28
Operationalisierung von Lernzielen	141
Optimalklasse	202
Organisationsentwicklung	69, 85f.
orientierendes Lehren und Lernen	28
Orientierung, berufliche	459
Orientierungsarbeit	79
Orientierungsstufe, schulformunabhängig	74
originale Begegnung	28
Output	358
Pädagogik der Vielfalt	97
Pädagogische Anthropologie	134
Pädagogische Psychologie	16
Pädagogische Schulentwicklung (PSE)	68f.
Pädagogische Tatsachenforschung	168
pädagogischer Bezug	65
Paradigmen der Unterrichtsforschung	45ff.
Partnerarbeit	226ff.
Partnerbewertung	100
Peerbeziehungen	148
Peer-Forschung	148
Peers	114ff.
personale Aspekte des Lehrens	32
Personalentwicklung	69
Persönlichkeitsbildung	38
Persönlichkeitsentwicklung, allseitige	134
personzentrierter Ansatz	46
Pestalozzi	24, 293
Petersen	18, 155
Philanthropen	24
Philosophieunterricht	385ff.
Physikunterricht	360ff.
PING (Praxis integrierter naturwissenschaftlicher Grundbildung)	414
PISA	69f., 261, 448f., 497f.
Planspiel	240ff., 244
Planungskompetenz	513f.
Planungsprinzipien	519ff.
Politische Bildung	369ff.
Portfolio	490, 492
Powerpoint	303
Prävention	450
Praxis, kulturelle	352
Primarbereich	73
Primat der Didaktik	184f.
Probehandeln	244
Problemlösekompetenzen	152
Problemlösen	51f., 144ff., 204
Problemorientierung	351, 387
Produktorientierung	205
Professionalität von Lehrern	455ff.
Projekt	204

Projektarbeit	204
Projektlernen	204
Projektmethode	204ff.
Projekttag	204
Projektunterricht	156, 204ff.
Projektwoche	204
prozedurales Wissen	34, 50
Prozess-Produkt-Modell	495
Prozess-Produkt-Paradigma	46ff., 169, 179, 462f.
psychische Disposition	37
Psychodrama	243
Qualifikation	64
Qualifikationsfunktion	95
Qualität von vorschulischen Bildungseinrichtungen	73
Qualitätsentwicklung	69f.
Qualitätsmerkmale des Unterrichts	180
Qualitätssicherung	69
Reciprocal Teaching	229, 231f.
Redundanz	299
Reflexion	241, 245, 390f.
Reformation	96
Reformpädagogik	119, 202
Reformpädagogische Bewegung	25f.
Reichsjugendwohlfahrtsgesetz (RJWG)	71
Reifungstheorien	41
Reliabilität	487
Religionsunterricht	385ff.
Repräsentation, mentale	298
Repräsentationsprinzip	297
Revisionsberichte	25
Richtziel	130f., 332
Risikofaktoren	449
Rollenerwartungen	65f.
Rollenspiel	243ff.
Rollentheorie	244
Sachanalyse	516
Sachkompetenz	135
Sachunterricht	406ff.
salutogenetischer Ansatz	468
Schemata	426
Schichtzugehörigkeit	113
Schlüsselkompetenzen	95f., 135, 138, 152
Schlüsselprobleme	39, 135f., 333
Schlüsselqualifikationen	134, 150f.
Schreibkonferenz	516
schriftliche Informationen	297ff.
Schriftspracherwerbskonzeptionen	403
Schulbücher	304ff.
Schulbuchforschung	310
Schulbuchverlag	60
Schuldisziplin	22, 26
Schule als Institution	63ff.
Schuleingangsmodelle	401f.

Sachregister

Schuleintrittsalter	76
Schulentwicklung	67ff., 101ff.
Schülerbefragungen	182
Schülergruppe als sozialer Erfahrungsraum	149
Schülerinteressen	204
Schülermitbestimmung	154
Schülerorientierung	180, 205, 522
Schulfach	350
Schulfeier	244
Schulformen	76f.
Schulforschung	67f..
Schulfunk	293, 311
Schulklasse	96f., 105ff.
Schulklima	109
Schulklimaforschung	109, 179
Schullaufbahnberatung	501
Schulleben	284
Schulleistung	439ff., 493ff.
Schulleistungsstudie	497ff.
Schulleistungsvergleichstests	70
Schulmethodus (1642)	23
Schulpädagogik	16, 55
Schulpflicht	96
Schulprogramm	66, 102, 104
Schulpsychologische Dienste	500
Schulqualität	68, 103
Schulreform	67ff., 69, 102
Schulstruktur	77
Schulsystem	64, 76
Schulwesen	74f., 80, 83
Scripted Cooperation	231
Sekundarschule	76
Selbständigkeit	98, 101
Selbstbestimmung	212
Selbstbildung	72
Selbstkompetenz	130, 135
Selbstkontrolle	100
Selbstkonzept	403ff., 435ff., 495
Selbstlernen	30
Selbstreflexion	101
Selbstregulation	154ff., 211f.
Selbststeuerung	154ff.
Selbstwertgefühl	403
Selbstwirksamkeit	431
Selektion	64f., 78, 278, 484
Selektionsfunktion	95
Selektivität	96
self-regulated learning	154
Setting	75, 262
Sexualerziehung	398
Simulation	240ff., 320
Situation, didaktische	221
situationsorientierte Ansätze	72
situiertes Lernen	249ff.
Skript	123, 231
Sonderschulbedürftigkeit	453
soziale Interaktion	165ff.
Soziales Lernen	147ff.
Sozialform	226
Sozialisation	112, 374
Sozialisationsfunktion	95
Sozialkompetenz	130, 135
Sozialpädagogik	16
Soziodrama	243
Sportunterricht	381ff.
Sprechakttheorie	166
Stimmung	433
Stofffülle	179
Strafe	24
Strategien, metakognitive	425f.
Streaming	75, 262
Strukturanalyse des Unterrichts	184f., 506
Strukturen	426
Strukturmerkmale von Unterricht	180
Strukturplan für das Bildungswesen	28, 75f., 137
Stufung des Unterrichts	25
Symbolischer Interaktionismus	166
Systemberatung	501
Systemkonzept	293
Systemtheorie	165
Tafel	300ff.
Tafelarbeit	300f.
Taxonomien von Lernzielen	141
Teacher effectiveness research	45
teaching	15
Teamentwicklung	235
Team-Teaching	233ff., 522
Techniken der Klassenführung	172
Test	483ff.
Testverfahren	332, 347
Text-Chats	326
Threads	326
TIMSS	29, 497
TIMSS-Videostudie	180
Tonmedien	311ff.
TOTE (Test-Operation-Test-Exit-Modell)	154
training	15, 158, 248
Trainingskonzepte	153
Transfer	178, 253
tuition	15
Tutor	25, 146, 229
Tutorielle Systeme	320
Tutoring	229f.
Üben	246ff.
Überfachlicher Unterricht	21
Übergang	436
Umwelterziehung	398
Ungleichheitsforschung	439
Unterricht	15ff., 37
Unterricht mit Medien	21

Unterricht, akademischer	88
Unterricht, fächerübergreifender	182, 331ff., 393ff., 412ff., 416ff.
Unterricht, fragend-entwickelnd	334
Unterricht, individualisierter	264
Unterricht, jahrgangsgemischter	401
Unterricht, kooperativer	264
Unterricht, lehrergelenkter	201f.
Unterricht, lehrerzentrierter	98
Unterricht, offener	28, 211ff.
Unterricht, problemorientierter	180
Unterricht, verständnisorientierter	180
Unterrichtsanalyse	49, 508, 524ff.
Unterrichtsbeurteilung	524ff.
Unterrichtsentwicklung	24f., 67ff., 213, 473
Unterrichtsfach	340, 385
Unterrichtsforschung	44ff., 206
Unterrichtsgespräch	164, 223ff., 521
Unterrichtsklima	108ff.
Unterrichtsklimaforschung	179
Unterrichtskultur	69
Unterrichtsmaterialien	57ff.
Unterrichtsmethodik	17, 21, 161ff., 197, 200, 247, 277, 358
Unterrichtsplanung	18, 100, 505ff., 509f., 510f., 512ff., 519ff.
Unterrichtspraxis	238
Unterrichtsprinzipien	189ff.
Unterrichtsqualität	177ff., 180, 403, 495, 529
Unterrichtsquantität	494f.
Unterrichtsrelevante Wissensquellen	53ff.
Unterrichtsrezepte	178
Unterrichtssprache	340, 399
Unterrichtssteuerung	200
Unterrichtsstil	169
Unterrichtsstoff	59
Unterrichtsstörung	167
Unterrichtsverlauf	163
Unterrichtsvorbereitung	474, 512ff.
Unterrichtsziel	64, 166f., 201
Urteilsfehler	487
Validität	487
variablenzentrierter Ansatz	46
Vergleichsstudien, internationale	494
verhaltensauffällige Schüler	202
Verhältnis von Didaktik und Methodik	183ff.
Verhandlungspädagogik	98
Verordnung über die Unterrichtsstunde (1950)	27
Videografie des Unterrichts	49
Videostudie	29, 180, 362
Vielseitigkeit des Interesses	38
vocational training	15
Volition	429ff., 494
Voraussetzung, kognitive	425ff.
Vorbereitung von Unterricht	22, 206, 288, 422, 505
Vorbildwirkung	39
Vorführen	219ff.
Vormachen	219ff.
Vorschulische Bildungseinrichtungen	71ff.
Vorwissen	407, 425, 427f., 494
Waldorfschule	209
Wanderungsprozesse	98
Weiterbildung	14, 90ff.
Werte	99
Wertvorstellungen	139, 194
Wiederholen	156, 246ff.
Wirklichkeitsorientierung	205
Wirksamkeit von Unterricht	19
Wirtschaftspädagogik	16
Wissen, deklaratives	34, 50, 151, 427
Wissen, normatives	370
Wissen, prozedurales	427
Wissen, soziales	148
Wissen, träges	52
Wissensanwendung	50ff.
Wissensbasis	139
Wissenschaftsorientierung	28, 87
Wissenschaftspropädeutik	333
Wissenserwerb	31, 33, 38, 42, 50ff.
Wissensexplosion	50
Wissenspsychologie	50
Wissenswerkzeuge	321f.
Wochenplanarbeit	211
Würdigung	490ff.
Zensuren	483ff.
Zeugnis	483ff.
Ziele des Unterrichts	21
Zielerreichung	138
Zielklarheit	143
Zielkriterien	138
Zielorientierung	130ff., 138, 429
Ziffernzensur	100
Zulassung von Lehrwerken	306
Zusammensetzung, ethnische	98
Zusammensetzung, soziale	98
Zuwandererfamilien	98
Zweisprachigkeit	340
Zweitsprachenerwerbsforschung	343ff.
Zweitspracherwerb	443

Autorenverzeichnis

Apel, Hans Jürgen, Dr.,
  em. Professor für Schulpädagogik an der Universität Bayreuth
Appel, Joachim, Dr.,
  Professor für Englische Sprache und ihre Didaktik an der Pädagogischen Hochschule Ludwigsburg
Arnold, Karl-Heinz, Dr.,
  Professor für Schulpädagogik an der Universität Hildesheim
Bernhardt, Markus, Dr.,
  Professor für Geschichte und ihre Didaktik an der Pädagogischen Hochschule Freiburg
Bittner, Stefan, Dr.,
  PD an der Universität Bayreuth, Hansa-Gymnasium Köln
Blömeke, Sigrid, Dr.,
  Professorin für Systematische Didaktik und Unterrichtsforschung an der Humboldt-Universität zu Berlin
Bohl, Thorsten, Dr.,
  Professor für Schulpädagogik an der Universität Tübingen
Bremerich-Vos, Albert, Dr.,
  Professor für deutsche Sprache und Literatur und ihre Didaktik an der Universität Hildesheim
Brettschneider, Volker, Dr., PD,
  wissenschaftlicher Mitarbeiter, Institut für Ökonomische Bildung und Technische Bildung, Carl von Ossietzky Universität Oldenburg
Brünken, Roland, Dr.,
  Professor für Erziehungswissenschaft und Bildungsforschung an der Universität des Saarlandes
Demuth, Reinhard, Dr.,
  Professor für Didaktik der Chemie am Leibniz-Institut für die Pädagogik der Naturwissenschaften an der Universität Kiel
Ditton, Hartmut, Dr.,
  Professor für Allgemeine Pädagogik mit dem Schwerpunkt Erziehungs- und Sozialisationsforschung an der Universität München
Dühlmeier, Bernd, Dr., PD,
  Vertreter der Professur Sachunterricht an der Universität Leipzig
Eickhorst, Annegret, Dr., PD,
  Verwalterin einer Professur für Schulpädagogik an der Hochschule Vechta
Fees, Konrad, Dr., PD,
  wissenschaftlicher Mitarbeiter, Institut für Allgemeine Pädagogik, Universität Karlsruhe (TH)
Fischer, Frank, Dr.,
  Professor für Empirische Pädagogik und Pädagogische Psychologie, Ludwig-Maximilians-Universität München
Frenzel, Anne, Dr.,
  Akademische Rätin, Lehrstuhl für Pädagogische Psychologie, Diagnostik und Evaluation, Ludwig-Maximilians-Universität München
Friedrich, Helmut Felix, Dr.,
  wissenschaftlicher Angestellter, Institut für Wissensmedien (IWM), Tübingen
Fuhs, Burkhard, Dr.,
  Professor für Lernen und Neue Medien, Kindheit und Schule an der Universität Erfurt
Fürstenau, Bärbel, Dr.,
  Professorin für Wirtschaftspädagogik an der Technischen Universität Dresden
Gehrmann, Axel, Dr.,
  Professor für Schulpädagogik an der Universität Erfurt
Gellert, Uwe, Dr.,
  Professor für Erziehungswissenschaft unter besonderer Berücksichtigung der Mathematikdidaktik an der Universität Hamburg

Götz, Thomas, Dr.,
  Professor für Pädagogische Psychologie an der Universität Konstanz
Gräsel, Cornelia, Dr.,
  Professorin für Lehr-, Lern- und Unterrichtsforschung an der Bergischen Universität Wuppertal
Graumann, Olga, Dr.,
  Professorin für Schulpädagogik an der Universität Hildesheim
Grewe, Norbert, Dr.,
  apl. Professor am Institut für Psychologie der Universität Hildesheim
Gruber, Hans, Dr.,
  Professor für Allgemeine Pädagogik an der Universität Regensburg
Haag, Ludwig, Dr.,
  Professor für Schulpädagogik an der Universität Bayreuth
Hammann, Marcus, Dr.,
  Professor für Didaktik der Biologie an der Westfälische Wilhelms-Universität Münster
Hasselhorn, Marcus, Dr.,
  Professor für Psychologie mit dem Schwerpunkt Bildung und Entwicklung am Deutschen Institut für Internationale Pädagogische Forschung in Frankfurt/Main
Heckt, Dietlinde H., Dr.,
  Professorin für Theorie der Schule an der Universität Bremen
Heiligenthal, Roman, Dr.,
  Professor für Evangelische Theologie an der Universität Koblenz-Landau, Campus Landau
Helmke, Andreas, Dr.,
  Professor für Entwicklungspsychologie und Pädagogische Psychologie an der Universität Koblenz-Landau, Campus Landau
Herwartz-Emden, Leonie, Dr.,
  Professorin für Pädagogik der Kindheit und Jugend an der Universität Augsburg
Hildebrandt-Stramann, Reiner, Dr.,
  Professor für Sportwissenschaft und Bewegungspädagogik an der Technischen Universität Braunschweig
Horstkemper, Marianne, Dr.,
  Professorin für Schulpädagogik an der Universität Potsdam
Hron, Aemilian, Dr.,
  wissenschaftlicher Angestellter, Institut für Wissensmedien (IWM), Tübingen
Husfeldt, Vera, Dr.,
  Professorin für Pädagogik an der Fachhochschule Nordwestschweiz, Standort Aarau
Jäger, Reinhold S., Dr.,
  Professor für Psychologie an der Universität Landau
Jerusalem, Matthias, Dr.,
  Professor für Pädagogische Psychologie und Gesundheitspsychologie an der Humboldt-Universität zu Berlin
Jürgens, Eiko, Dr.,
  Professor für Theorie der Schule und des Unterrichts an der Universität Bielefeld
Jürgens, Ulrike,
  Geschäftsführerin, Bildungshaus Schulbuchverlage Westermann Schroedel Diesterweg Schöningh Winklers GmbH, Braunschweig
Kahlert, Joachim, Dr.,
  Professor für Grundschulpädagogik und -didaktik an der Universität München
Kamm, Helmut, Dr.,
  em. Professor für Schulpädagogik an der Pädagogischen Hochschule Weingarten
Kemnitz, Heidemarie, Dr.,
  Professorin für Schulpädagogik an der Technischen Universität Braunschweig
Kerres, Michael, Dr.,
  Professor für Mediendidaktik und Wissensmanagement an der Universität Duisburg-Essen
Kiper, Hanna, Dr.,
  Professorin für Schulpädagogik und Allgemeine Didaktik an der Carl von Ossietzky Universität Oldenburg
Kirk, Sabine, Dr.,
  Akademische Rätin, Institut für Angewandte Erziehungswissenschaft und Allgemeine Didaktik, Universität Hildesheim
Kirschhock, Eva-Maria, Dr.,
  wissenschaftliche Mitarbeiterin, Grundschulpädagogik und -didaktik I, Universität Erlangen-Nürnberg

Knoll, Michael, Dr.,
  Leiter und Geschäftsführer der Schloß-Schule Kirchberg/Jagst
Koch-Priewe, Barbara, Dr.,
  Professorin für Schulpädagogik an der Universität Bielefeld
Kretschmann, Rudolf, Dr.,
  Professor für Pädagogik bei Lern- und Entwicklungsstörungen an der Universität Bremen
Labudde, Peter, Dr.,
  Professor für Naturwissenschaftsdidaktik, Fachhochschule Nordwestschweiz Basel, Pädagogische Hochschule, Leiter Zentrum Naturwissenschafts- und Technikdidaktik
Lehmann-Wermser, Andreas, Dr.,
  Professor für Musikpädagogik an der Universität Bremen
Levin, Anne, Dr.,
  Vertretungsprofessorin für Allgemeine Didaktik und Empirische Unterrichtsforschung an der Universität Potsdam
Lindner-Müller, Carola, Dr.,
  wissenschaftliche Mitarbeiterin, Institut für Erziehungswissenschaft, Universität Hildesheim
Linser, Hans Jürgen,
  Realschullehrer, IGS Delmenhorst, Universität Oldenburg
Lohrmann, Katrin, Dr.,
  wissenschaftliche Angestellte, Lehrstuhl Grundschulpädagogik und Grundschuldidaktik, Universität Augsburg
Martschinke, Sabine, Dr.,
  Professorin für Grundschulpädagogik an der Universität Erlangen-Nürnberg
Melzer, Wolfgang, Dr.,
  Professor für Schulpädagogik: Schulforschung und Leiter der Forschungsgruppe Schulevaluation an der Technischen Universität Dresden
Müller, Andreas, Dr.,
  Professor für Physik an der Universität Koblenz-Landau, Campus Landau
Nattland, Axel, Dipl.Päd.,
  wissenschaftlicher Mitarbeiter, Lehrstuhl für Mediendidaktik und Wissensmanagement, Universität Duisburg-Essen
Neber, Heinz, Dr.,
  Professor, Psychology of Excellence in Business and Education, Ludwig-Maximilians-Universität München
Nückles, Matthias, Dr.,
  wissenschaftlicher Assistent, Abt. Pädagogische Psychologie, Universität Freiburg
Papastefanou, Christiane, Dr., PD,
  Lehrstuhl für Psychologie III, Universität Mannheim
Paradies, Liane,
  freie Trainerin und Moderatorin zum Schwerpunkt Unterrichtsentwicklung, Universität Oldenburg
Pekrun, Reinhard, Dr., PD,
  Professor für Pädagogische Psychologie an der Ludwig-Maximilians-Universität München
Preuss-Lausitz, Ulf, Dr.,
  Professor für Schulpädagogik an der Technischen Universität Berlin
Reinhardt, Sibylle, Dr.,
  Professorin für Didaktik der Sozialkunde an der Martin-Luther-Universität Halle-Wittenberg
Reinhold, Peter J., Dr.,
  Professor für Didaktik der Physik an der Universität Paderborn
Rheinberg, Falko, Dr.,
  Professor für Psychologie an der Universität Potsdam
Richert, Peggy, Dr.,
  wissenschaftliche Mitarbeiterin, Schulpädagogik, Universität Hildesheim
Ricken, Gabi, Dr., PD,
  Hochschuldozentin, Fakultät für Erziehungswissenschaft, Behindertenpädagogik, Universität Hamburg
Roßbach, Hans-Günther, Dr.,
  Professor für Elementar- und Familienpädagogik an der Universität Bamberg
Rudolph, Margitta, Dr.,
  wissenschaftliche Mitarbeiterin, Institut für Angewandte Erziehungswissenschaft und Allgemeine Didaktik, Universität Hildesheim
Sacher, Werner, Dr. Dr.,
  Professor für Schulpädagogik an der Universität Erlangen-Nürnberg

Sandfuchs, Uwe, Dr.,
em. Professor für Grundschulpädagogik und Historische Pädagogik an der Technischen Universität Dresden
Schaarschmidt, Uwe, Dr.,
Professor für Psychologie an der Universität Potsdam
Schill, Wolfgang,
Gesellschaft für Medienpädagogik und Kommunikationskultur (GMK), Fachgruppe Schule in Berlin
Schleicher, Yvonne, Dr.,
Professorin für Geographie und ihre Didaktik an der Pädagogischen Hochschule Weingarten
Schmidt, Bernhard, Dr.,
wissenschaftlicher Mitarbeiter, Allgemeine Pädagogik und Bildungsforschung, Ludwig-Maximilians-Universität München
Schneider, Sibylle, Dipl.Soz., Dipl.Psych.,
Kinder- und Jugendpsychiatrie/Psychotherapie, Universitätsklinikum Ulm
Schrader, Friedrich-Wilhelm, Dr.,
Akademischer Direktor, Fachbereich Psychologie, Universität Koblenz-Landau, Campus Landau
Schreiner, Sabine, Dr.,
Bischöfliches Gymnasium Josephinum, Hildesheim
Schuck, Karl Dieter, Dr.,
Professor für Psychologie der Behinderten an der Universität Hamburg
Seibert, Norbert, Dr.,
Professor für Schulpädagogik an der Universität Passau
Seufert, Tina, Dr.,
Professorin für Medienpädagogik und Mediendidaktik an der Universität Ulm
Seupel, Heike, Dipl.Päd.,
z.Z. Programmabteilung der Deutschen Kinder- und Jugendstiftung Berlin, Leitung des Bereichs Serviceagenturen im IZBB-Begleitprogramm „Ideen für mehr! Ganztägig lernen."
Steinmüller, Ulrich, Dr.,
Professor i.R. für Deutsch als Fremdsprache, Deutsch als Zweitsprache und Fachdidaktik Deutsch an der Technischen Universität Berlin
Stickan, Walter, Dr.,
IWF Wissen und Medien gGmbH
Thiel, Felicitas, Dr., PD,
wissenschaftliche Mitarbeiterin, Institut für Allgemeine Pädagogik, Freie Universität Berlin, z. Z. Vertretung des Lehrstuhls für Philosophie der Erziehung an der Freien Universität Berlin
Thomas, Bernd, Dr., (ehemals Bernd Feige)
apl. Professor, Institut für Grundschuldidaktik und Sachunterricht, Universität Hildesheim
Tippelt, Rudolf, Dr.,
Professor für Allgemeine Pädagogik und Bildungsforschung an der Ludwig-Maximilians-Universität München
Tosch, Frank, Dr.,
apl. Professor für Historische Bildungsforschung an der Universität Potsdam
Tulodziecki, Gerhard, Dr.,
Professor für Allgemeine Didaktik und Schulpädagogik an der Universität Paderborn
Uhlig, Bettina, Dr.,
Professorin für Kunst und ihre Didaktik, Pädagogische Hochschule Ludwigsburg
Vollbrecht, Ralf, Dr.,
Professor für Medienpädagogik an der Technischen Universität Dresden
Vollmer, Thomas, Dr.,
Professor für Berufspädagogik, Schwerpunkt Didaktik der beruflichen Fachrichtungen Elektrotechnik und Metalltechnik an der Universität Hamburg
von Saldern, Matthias, Dr.,
Professor für Schulpädagogik an der Universität Lüneburg
Walter, Paul, Dr.,
Professor für Lehr-Lern-Forschung an der Universität Bremen
Wecker, Christof, M.A.,
Doktorand an der Universität Tübingen
Werning, Rolf, Dr.,
Professor für Pädagogik bei Lernbeeinträchtigungen an der Universität Hannover

Wesemann, Matthias, Dr.,
  Professor für Schulpädagogik: Allgemeine Didaktik an der Technischen Universität Dresden
Wiater, Werner, Dr., Dr.,
  Professor für Schulpädagogik an der Universität Augsburg
Wiechmann, Jürgen, Dr.,
  Professor für Didaktik an der Universität Koblenz-Landau, Campus Landau
Wolter, Andrä, Dr.,
  Professor für Organisation und Verwaltung im Bildungswesen an der Technischen Universität Dresden, Leiter der Abteilung Hochschulforschung bei der HIS Hochschul-Informations-System GmbH in Hannover
Zumhasch, Clemens, Dr.,
  wissenschaftlicher Mitarbeiter, Institut für Schul- und Grundschulpädagogik, Technische Universität Dresden